S.F.
V.

Mark Helprin

EIN SOLDAT AUS DEM GROSSEN KRIEG

Roman

Aus dem
Amerikanischen von
Peter Torberg

S. Fischer

Die amerikanische Originalausgabe
erschien 1991 unter dem Titel
›A Soldier of the Great War‹
bei Harcourt Brace Jovanovich, Publishers, New York

Umschlaggestaltung: Buchholz/Hinsch/Walch
Umschlagabbildung: Ausschnitt aus dem Gemälde
›Das Gewitter‹ von Giorgione, Venedig, Galleria dell'Accademia
Satz: Wagner GmbH, Nördlingen
Druck und Einband: Clausen & Bosse, Leck
Printed in Germany 1991
ISBN 3-10-030204-4

Für Alexandra und Olivia

INHALT

I. ROM, AUGUST

Am 9. August 1964 lag Rom schlafend im Nachmittagslicht, während die Sonne als blendendes Windrädchen über seine Dächer, flachen Hügel und vergoldeten Kuppeln dahinwirbelte. Die Stadt war still, und nichts regte sich, bis auf die Kronen einiger sich leicht wiegender Pinien, eine verlorene, zaghafte Wolke und einen alten Mann, der allein durch den Park der Villa Borghese eilte. Er humpelte über die Kieswege und gab mit seinem Stock den Takt zu jedem Schritt, während er über die Verästelungen von Sonnenlicht und Schatten hinwegstürmte, die sich vor ihm über den dunklen Gartenboden breiteten wie goldene Spitze.

Alessandro Giuliani war groß und ungebeugt. Sein lebhaft weißes Haar hob und senkte sich um seinen Kopf wie der weiße Schaum einer brechenden Woge. Vielleicht weil er so lange ohne seine Familie und allein gewesen war, ließen sich die Hirsche in Parks und manchmal sogar in der freien Natur von ihm über die wolkig-fleckigen Flanken streichen und die Köpfe berühren. Auf den heißen Terrakotta-Böden von Dachterrassen und an Orten, wo man dies kaum erwartete, waren ihm Tauben auf die Hand geflogen, aber dies mochte Zufall gewesen sein. Die meiste Zeit hielten sich die Tauben zurück und starrten ihn mit ihren runden grauen Augen an, bis sie mit einem sanften Flügelschlag davonsegelten, den er nicht nur wegen seiner Zartheit und Anmut so schön fand, sondern auch weil das Geräusch noch in der dann vollkommenen Stille nachhallte.

Während er durch den Park der Villa Borghese eilte, spürte er, wie sein Blut raste und sich seine Sehfähigkeit durch den Schweiß hindurch schärfte. Wenn er sich durch die langen Tunnel aus dunklem Gebüsch näherte, begannen die Vögel wie wild zu singen, verharrten aber in völliger Stille, wenn er direkt unter ihnen vorbeikam, so daß er ihr ohrenbetäubendes Gezwitscher vor sich in Bewegung setzte und mit sich zog wie eine Welle, die durch einen Meeresarm wogte. Mit seinem weißen Haar und dem dicken weißen Schnurrbart hätte Alessandro Giuliani einen Engländer abgeben können, wenn da nicht dieser cremefarbene Anzug von deutlich römischem Schnitt und ein dünner Bambusstock gewesen wären, die unmöglich zu einem Engländer gehören konnten. Noch immer atemlos laufend und den Takt schlagend, trat er aus dem Park der Villa Borghese auf eine lange breite Straße, die bergan ging und auf beiden Seiten von einer Reihe würdevoller Gebäude flankiert wurde, von deren Ziegeldächern das Licht reflektierte, als sei es ein auf grobes Gestein stürzender Wasserfall.

Wenn er hochgeschaut hätte, hätte er Lichtgestalten über den flimmernden Plätzen tanzen sehen können – in Wirbeln, Irrlichtern und goldenen Strudeln –, aber er schaute nicht hoch, denn er war entschlossen, an das Ende der langen Straße zu gelangen, an einen Platz, wo er eine Straßenbahn erreichen mußte, die ihn bis zum Abend weit hinaus aufs Land bringen sollte. Er hätte sowieso behauptet, daß es wichtiger sei, zum Ende der Straße zu gelangen, als Engel zu sehen, denn er hatte sie schon viele Male gesehen. Ihre Gesichter strahlten auf Gemälden; ihre Stimmen glitten über die langen, lieblichen Töne von Arien; sie stiegen herab, um die Körper und Seelen von kleinen Kindern einzunehmen; sie sangen und saßen in den Bäumen; sie waren in Meeresschaum und Flüssen; sie inspirierten den Tanz; und sie waren die wahre und heilige Verbindung von Worten in der Dichtung. Während er den Hügel hinanstieg, dachte er nicht an Engel und ihre Erscheinungsweisen, sondern an die Straßenbahn, die letzte, die Rom sonntags verließ und die er nicht versäumen wollte.

*

Die Straße stieg ziemlich gerade bis zur Spitze des Hügels an, fiel auf der anderen Seite aber in Serpentinen ab, in deren Kurven, anders als bei ihren Gegenstücken in den Bergen, Springbrunnen standen. Stufen schnitten durch die Kehren, und Alessandro Giuliani nahm sie schnell und mühevoll. Er schlug seinen Stock bei jedem Schritt auf, teils zur Erinnerung, teils aus Vergeltung, und teils um ihn als Metronom zu benutzen, denn er hatte vor langer Zeit entdeckt, daß man zur Bekämpfung des Schmerzes diesen von seinem stärksten Verbündeten, der Zeit, trennen müsse. Je weiter er hinabstieg, desto leichter wurde es, und ein kurzes Stück von der Kreuzung entfernt, an der er in die Straßenbahn steigen wollte, fand er sich auf zehn Treppen mit sanft abfallenden Stufen und Absätzen in einem dichten grünen Hohlweg wieder. Durch ein Gitter ineinander verwobener Bäume hindurch, die in einer langen dunklen, in Abständen von der blendenden Sonne durchbrochenen Galerie standen, sah er einen blassen Lichtschimmer, der sein Ziel markierte.

Beim Näherkommen bemerkte er an der ausgestellten Markise, daß – anders als alles andere in Rom an diesem Tag – das Café, das nur für die Menschen zu existieren schien, die auf die seltenste Straßenbahn Italiens warteten, nicht geschlossen hatte. Er hatte versäumt, Geschenke für seine Enkelin und ihre Familie zu besorgen, und nun wußte er, daß er ihnen etwas mitbringen konnte. Seine Urenkelin würde sich wohl nicht über Nahrungsmittel als Geschenk freuen, aber bei seiner Ankunft schlief sie bestimmt schon, und am Morgen konnte er mit ihr ins Dorf gehen und ihr ein Spielzeug kaufen. Bis dahin wollte er etwas Prosciutto, Schokolade und Trokkenobst kaufen, in der Hoffnung, daß dies ebenso freudig entgegengenommen würde wie seine erleseneren Geschenke. Einmal hatte er dem Mann seiner Enkelin ein teures englisches Gewehr mitgebracht, und andere Male war er mit den Dingen gekommen, die man wohl von einem Mann erwartete, der schon viele Jahre zuvor jede mögliche Verwendung seines Geldes ausgeschöpft hatte.

Die Tische und Stühle auf der Terrasse des Cafés waren von Menschen und Bündeln belegt. Die über den Köpfen hängenden Leitungen vibrierten und zischelten nicht, was bedeutete, daß Alessandro Giuliani sich Zeit lassen, Einkäufe machen und etwas trinken konnte. Auf dieser Linie begannen die Kabel zehn Minuten vor Ankunft der Bahn zu singen, weil sie bei der Umrundung des Hügels an ihnen zerrte.

Während er sich einen Weg durch das Gestrüpp aus Stühlen bahnte, warf er einen kurzen Blick auf die Leute, die mit ihm in Richtung Monte Prato fahren würden, obwohl die meisten den Wagen weit vor dem letzten Halt verließen, und einige sogar, bevor die

Bahn ihren peitschenartigen Fühler einzog, auf Diesel umsprang und weit über das Netz der elektrischen Drähte hinausfuhr, denen sie in den Straßen der Stadt ihre Kraft entnahm. Die Straßenbahn hatte Gummibereifung und einen Stromabnehmer, und wegen dieser Mischung aus Straßenbahn und Bus nannten die Fahrer sie Maulesel.

Ein Bauarbeiter, der sich aus Zeitungspapier einen Hut gefaltet hatte, steckte seine rechte Hand in einen Eimer, um einen schlaffen Tintenfisch aufzumuntern, von dem Alessandro wußte, daß er in weniger als einer Stunde an Sauerstoffmangel eingehen würde. Die Schlagzeile am Hutrand lautete rätselhaft »Griechen bauen Goldene Brücken bis Ende 1964«. Vielleicht hatte das mit der Zypernkrise zu tun, aber vielleicht doch, so dachte Alessandro, irgend etwas mit Sport, ein Gebiet, auf dem er sich überhaupt nicht auskannte. Zwei Dänen, ein Junge und ein Mädchen mit blau-weißen Studentenmützen, saßen in einer Ecke der Terrasse neben deutschen Armeerucksäcken, die fast so groß waren wie sie selber. Ihre Shorts lagen so eng an wie Chirurgenhandschuhe, und sie waren so heftig und schamlos ineinander verschlungen, daß es unmöglich war, seine glatten, unbehaarten Beine von den ihren zu unterscheiden.

Einige einfache Frauen aus Rom, vielleicht Putzfrauen oder Kantinenangestellte, saßen über Gläsern mit Eistee und brachen aus Erschöpfung und Anstrengung ab und zu in schrilles Gekicher aus. Manchmal hatten sie frei und fuhren ein paar Tage zurück aufs Land, wo sie früher einmal elfenhafte Mädchen gewesen waren, ganz anders als die gehorsamen, mit Wolljacken bekleideten Tonnen, zu denen sie geworden waren. Als Alessandro an ihnen vorüberging, senkten sie ihre Stimmen, denn obwohl er höflich und ehrerbietig war, weckten sein Alter, seine Haltung und ungewöhnliche Gelassenheit ihre Erinnerungen an vergangene Zeiten. Sie schauten auf ihre Hände und erinnerten sich an die strengen Vorschriften, nicht die der Fabrik, sondern der Kindheit.

An einem anderen Tisch saßen fünf kräftige Männer in der Blüte ihrer Jahre. Sie waren Lastwagenfahrer und trugen Sonnenbrillen, gestreifte Hemden und verblichene Armeebekleidung. Ihre Arme und Handgelenke waren dick wie gepanzert; sie hatten riesige Familien; sie arbeiteten unglaublich hart, und sie hielten sich für welterfahren, weil sie über die hohen Alpenpässe gefahren waren und Zeit bei blonden Frauen in deutschen Bordellen verbracht hatten. Unwillkürlich formte sie Alessandro zu einem Zug Soldaten um, in einem Krieg, der lange vorbei war und bald vergessen sein würde, doch dann ertappte er sich dabei und ließ sie links liegen.

»Die Bahn war noch nicht da, oder?« fragte er den Inhaber des Cafés.

»Nein, noch nicht«, antwortete der Inhaber und lehnte sich über die Kupfertheke, um nach den Leitungen zu schauen, denn er konnte ihre Vibrationen lesen, als seien sie der Fahrplan. »Sie ist noch weit weg; sie wird mindestens zehn Minuten brauchen.«

»Sie sind spät dran«, fuhr er fort. »Als ich Sie nicht kommen sah, habe ich schon gedacht, Sie hätten endgültig aufgegeben und sich ein Auto gekauft.«

»Ich hasse Autos«, sagte Alessandro ohne jeden Nachdruck. »Würde mir nie eins kaufen. Sie sind häßlich, und sie sind klein. Ich fahre lieber in etwas Luftigem und Offenem oder gehe zu Fuß, denn wenn ich in einem Auto sitze, bekomme ich Kopfschmerzen. Ihre Bewegung weckt Brechreiz in mir, obwohl ich mich nie übergebe. Und sie sind so billig gemacht, daß ich sie mir nicht einmal anschauen möchte.« Er machte eine Bewegung, wie um das Ausspukken nachzuahmen. Er war zu kultiviert und hätte dies unter normalen Umständen nicht getan, aber hier sprach er die Sprache des Mannes hinter der Theke, der, wie Alessandro, ein Veteran des Krieges in den Alpen war.

»Diese *Automobile*«, sagte er, als würde er gerade die Existenz eines neuen Wortes eingestehen, »sind überall, wie Taubendreck. Seit zehn Jahren habe ich keine freie Piazza mehr gesehen. Sie stehen überall herum, daß man sich nicht mal mehr rühren kann. Eines Tages werde ich nach Hause kommen und überall Autos vorfinden, in meiner Küche, in allen Schränken und in der Badewanne.

Rom ist nicht erbaut worden, um in Bewegung zu sein, sondern um schön zu sein. Der Wind sollte hier das Schnellste sein, und die sich wiegenden und rauschenden Bäume sollten ihn bremsen. Jetzt ist es hier wie in Mailand. Jetzt werden die schnellsten Katzen überfahren, weil sie nicht schnell genug sind, um über die Straße zu kommen, auf der früher – und ich erinnere mich noch daran – eine Kuh den ganzen Nachmittag dösen konnte. Früher war das nicht so – so wild und angespannt, alle rennen, reden, essen und vögeln die ganze Zeit. Keiner sitzt mehr still außer mir.«

Er betrachtete eine Reihe von Orden, die in einer Vitrine über einer Schnapsflaschenbatterie ausgestellt waren. Alessandro hatte auch Orden. Er bewahrte sie in einer Saffianleder-Mappe in dem Büfett in seinem Arbeitszimmer auf. Er hatte die Mappe seit vielen Jahren nicht mehr aufgeschlagen. Er wußte ganz genau, wie sie aussahen, wofür und in welcher Reihenfolge er sie bekommen hatte, aber wollte sie nicht sehen. Jeder einzelne Orden, ob angelaufen oder glänzend, würde ihn in eine Zeit zurückversetzen, die er zugleich als zu schmerzhaft und zu schön empfand, um sich daran zu erinnern; er hatte nie einer von den vielen alten Männern sein wollen, die sich, wie Absinthtrinker, in Träumen verlieren. Wenn er ein Café besessen hätte, dann hätte er seine Orden wohl in einer Vitrine über der Bar aufbewahrt, weil dies gut fürs Geschäft gewesen wäre, aber solang es ging, bis zum letzten Augenblick, wollte er gewisse Erinnerungen unter Verschluß halten.

»Darf ich Ihnen etwas anbieten«, sagte der Inhaber, »auf Kosten des Hauses.«

»Danke«, erwiderte Alessandro. »Ich nehme ein Glas Rotwein.« Er hatte den Ausdruck »auf Kosten des Hauses« stets mit einem riesigen Etablissement assoziiert, das zwanzig- oder fünfzigmal größer war als das, in dem er sich befand – mit einem enormen Casino vielleicht oder mit einem Badeort auf einer Insel, auf der es von Deutschen in knappen Badeanzügen wimmelte.

Während seine Hand nach der Flasche griff, fragte der Inhaber: »Etwas zu essen? Brot? Käse?«

»Ja, aber auf meine Rechnung«, sagte Alessandro zu ihm.

Dies wurde von einer schnellen Geste beantwortet, die deutlich zum Ausdruck brachte: ›Ich habe es zumindest angeboten, aber ich bin froh, daß Sie bezahlen wollen, denn obwohl die Lage nicht aussichtslos ist, gehen die Geschäfte doch in letzter Zeit recht schleppend.‹ Dann, als der Gast beim Essen war, rückte der Inhaber näher und sprach mit gesenkter Stimme.

»Sehen Sie die beiden?« fragte er mit Blick auf die lasziven Dänen. »Schauen Sie sich die an. Alles, was sie können, ist essen und vögeln.«

»Ich wünschte, ich könnte das.«

Der Inhaber schaute verwirrt. Er sah, daß Alessandro abwechselnd kräftige Bisse von Brot und Käse nahm. »Was machen Sie denn gerade?«

Alessandro schluckte und schaute dem Inhaber direkt ins Gesicht. »Ich kann Ihnen sagen, was ich nicht mache«, sagte er.

»Ja, aber das ist *alles*, was die können.«

»Woher wissen Sie das?«

»Nun, wenn ich so rummachen würde wie die beiden, dann könnte ich nichts anderes mehr tun, oder?«

»Wenn Sie so rummachen würden wie die beiden«, erwiderte Alessandro aus fester Überzeugung, »wären Sie tot. Wissen Sie, was die beiden treiben? Ich werd's Ihnen sagen. Sie essen zu Abend, und dann gehen sie zurück in ihr Hotel, und dann mühen sie sich zwölf Stunden lang wie Turner ab, alle Löcher zu stopfen und sich aneinanderzuschweißen. Bei Tag schlafen sie in Bussen und am Strand. Des Nachts sind sie Paolo und Francesca.«

»Es ist widerlich.«

»Nein, das ist es nicht. Sie beneiden sie um ihre Seligkeit, weil zu unserer Zeit so etwas kaum möglich gewesen wäre.«

»Ja, aber als ich so alt war wie sie, trieb ich Maultiere, richtige Maultiere!«

Alessandro wartete auf den Zusammenhang.

»Ich trieb mitten im Winter Maultiere über die Pässe. Die Tiere waren so schwer bepackt und das Eis so hart und glatt, daß wir sie verloren. Sie verschwanden einfach und fielen tief, ohne einen Laut von sich zu geben, aber wir zogen weiter. Der Schnee blendete uns, und über uns hingen die eisbedeckten Felswände, Sprühnebel auf tausend Meter.«

»Was hat das denn mit den beiden zu tun?« fragte Alessandro und schaute zu den Dänen hinüber.

»Sie haben von solchen Dingen keine Ahnung, und das nehme ich ihnen übel. Ich beneide sie, ja, aber ich bin stolz.«

»Wenn Sie einer der Maultiertreiber waren«, sagte Alessandro, »dann bin ich Ihnen vielleicht begegnet. Ich habe vielleicht mit Ihnen gesprochen, vor einem halben Jahrhundert.«

Sie ließen das Thema fallen, aber sie waren sicher an denselben Orten gewesen: Die Front im Norden hatte sich nur über ein paar hundert Kilometer erstreckt. Zweifellos hätten sie im Gespräch rekonstruieren können, wie manches gewesen war, aber sie wußten, daß es nicht richtig wäre, dies mit einigen hingeworfenen Worten zu tun, während man auf die Straßenbahn wartete.

»Eines Tages werden wir uns unterhalten«, sagte der Inhaber, »aber ...« Er zögerte. »Ich weiß nicht. Das ist so wie in der Kirche.«

»Ich verstehe. Ich rede auch nie darüber. Also, ich möchte etwas zu essen einkaufen, bevor die Bahn kommt. Können Sie mir etwas zurechtmachen?«

Der Inhaber schlurfte zwischen den Behältern und Theken hin und her, und als die Drähte zu singen begannen und die Menschen draußen ihr Gepäck berührten, um sicherzugehen, daß es nicht davongewandert oder von kleinen oder unsichtbaren Dieben gestohlen worden war, übergab er Alessandro Giuliani ein halbes Dutzend säuberlicher Päckchen, die dieser in seiner kleinen Lederaktentasche verstaute.

Die Drähte zirpten wie Nachmittagsheuschrecken. Ab und zu wurde einer der Drähte so angespannt, daß er wie die schlechteste Sopranistin in der heißesten Stadt Italiens zu kreischen begann.

»Was macht das?« fragte Alessandro. Er eilte sich, weil er wußte, daß er Schwierigkeiten haben würde, die hohe Stufe des Straßenbahnwagens zu erklimmen, daß er nach dem Geld suchen, sich dabei mit seinem Stock abstützen und Aktentasche und Brieftasche balancieren mußte, während der Wagen von einer Seite zur anderen schaukelte.

Der Inhaber erwiderte nichts. Die Straßenbahn quietschte um die Kurve. Es hörte sich an wie eine fahrbare Werkstatt. »Was macht das?« fragte Alessandro erneut. Die Menschen draußen waren aufgestanden und warteten neben den Schienen.

Der Inhaber hob die Hand, als wolle er den Verkehr anhalten.

»Wieviel? Noch mal?« fragte Alessandro.

Der Inhaber schüttelte den Kopf.

»Wir sind keine Soldaten mehr«, sagte Alessandro leise. »Das war vor einem Menschenleben. Alles hat sich geändert.«

»Ja«, sagte der Inhaber, »aber vor einem Menschenleben waren wir Soldaten, und manchmal kehrt die Erinnerung zurück und rührt mein Herz.«

*

Der Fahrpreis nach Monte Prato war von 1900 Lire auf 2200 Lire gestiegen, was hieß, daß Alessandro nicht einfach zwei 1000-Lire-Scheine reichen, das Wechselgeld einstecken und davonbalancieren konnte, wie er es vorgehabt hatte. Statt dessen fand er sich viele Dinge gleichzeitig festhaltend, während der luftige Straßenbahnwagen heftig schaukelte und die Sonne durch die Bäume blitzte. Eine 500-Lire-Note aus der Brieftasche zu ziehen war schwierig, aber es wäre schlimmer gewesen, wenn nicht der junge Däne sich für einen Moment von seiner sonnenverbrannten und schönen Geliebten getrennt hätte, um Alessandros Aktentasche zu halten und ihn am Arm zu fassen, wie ein Sohn es für den Vater getan hätte.

Alessandro bedankte sich bei dem Jungen, erfreut darüber, daß ein Mangel an Anstand nicht notwendigerweise einen Mangel an Höflichkeit implizierte.

Der beste Platz war neben dem Mann mit dem Zeitungshut und dem Tintenfisch. »Guten Tag«, sagte er und wandte sich an Mann und Tintenfisch. Alessandros Mutwillen spürend, schaute der Bauarbeiter mürrisch weg.

Ein paar Minuten später schaute er in den Eimer und stupste den Tintenfisch mit dem Finger. Dann blickte er auf und starrte Alessandro an, als wäre es dessen Schuld. »Tot«, sagte er anklagend.

Alessandro zuckte mit den Schultern. »Nicht genug Sauerstoff im Wasser.«

»Was meinen Sie damit?«

»Er braucht sauerstoffhaltiges Wasser zum Atmen.«

»Das ist Unsinn. Fische atmen nicht. Sie leben unter Wasser.«

»Aber natürlich atmen sie. Im Wasser ist Sauerstoff, und sie filtern ihn durch die Kiemen aus.«

»Und warum nicht der hier?«

»Das hat er getan, bis keine Luft mehr da war, und dann ist er eingegangen.«

Der Bauarbeiter zog es vor, etwas anderes zu glauben. »Die Arschlöcher in Civitavecchia haben mir einen schlechten Tintenfisch verkauft.«

»Wie Sie wollen.«

Der Bauarbeiter überlegte einen Moment. »Wäre er noch am Leben, wenn ich mit einem Strohhalm ins Wasser gepustet hätte?«

»Wahrscheinlich nicht, weil Sie dann mehr Kohlendioxyd als Sauerstoff ins Wasser geblasen hätten. Wie weit fahren Sie?«

»Bis Monte Prato.«

»Unmöglich«, sagte Alessandro und schloß zur Bekräftigung kurz die Augen. »Es ist viel zu warm. Der Eimer hätte halbvoll mit Eis sein müssen.«

»Woher wissen Sie das alles? Ich glaube, Sie haben unrecht.«

»Ich weiß es, weil es offensichtlich ist.«

»Haben Sie ein Fischgeschäft?«

»Nein.«

Der Bauarbeiter war äußerst mißtrauisch. »Wenn Sie kein Fischgeschäft haben, was machen Sie dann?«

»Ich bin Professor.«

»Für Fisch?«

»Für Hühner«, entgegnete Alessandro.

»Dann wissen Sie nicht, wovon Sie reden.«

»Ah«, sagte Alessandro und hob einen Finger. »Ein Tintenfisch ist kein Fisch!«

»Nein?«

»Nein.«

»Was dann?«

»Ein Tintenfisch ist eine Art Huhn, ein Wasserhuhn.«

Der Bauarbeiter blickte niedergeschlagen drein. Weil er ihm leid tat, sagte Alessandro: »Ich bin kein Hühnerprofessor, und so weit ich weiß, gibt es so was auch nicht, aber das mit dem Sauerstoff stimmt. Es tut mir leid, daß der Tintenfisch eingegangen ist. Er hatte schon den ganzen Weg von Civitavecchia hinter sich, und davor ist er aus dem Meer gezogen worden, wo seine Heimat ist, und er mußte viele Stunden in der Augusthitze im Rumpf eines Fischerboots ertragen, bis das Boot wieder anlegte. Die Reise war zu lang.«

Der Bauarbeiter nickte. »Aber für was sind Sie Professor?«

»Ästhetik.«

»Was ist das?«

»Das Studium der Schönheit.«

»Der Schönheit? Wozu?«

»Der Schönheit. Warum nicht?«

»Warum muß man denn so was studieren?«

»Man muß nicht. Schönheit ist überall in großer Fülle und wird es auch immer geben. Würde ich aufhören, sie zu studieren, würde sie dennoch nicht verschwinden, wenn Sie das meinen.«

»Also wozu dann?«

»Es fasziniert mich, hat mich immer schon fasziniert, deshalb tu ich es – trotz gelegentlichen Spotts.«

»Ich verspotte Sie nicht.«

»Ich weiß, aber manche Leute meinen, mein Beruf sei weibisch oder nutzlos. Nun, für einige mag es das sein. Nicht für mich.«

»Verstehen Sie mich nicht falsch; ich finde nicht, daß Sie weibisch aussehen.« Der Bauarbeiter rückte etwas ab, um ihn zu betrachten. »Sie sind ein zäher alter Hund, denke ich. Sie erinnern mich an meinen Vater.«

»Danke«, erwiderte Alessandro leicht alarmiert.

Nun lag der Weg nach Monte Prato frei vor ihnen. Er mußte sich nur der angenehmen Hypnose des Reisens überlassen; die langen Reihen der Bäume im Vorbeifahren betrachten; die Berge anschauen, wenn sie das erste Mal über den Feldern auftauchten; den großen runden Mond und die ihn begleitenden hellen Sterne ansehen, die durch die gläsernen Wände der Straßenbahn schienen; das Sirren des Motors mit dem wilden Chor der Zikaden in Einklang bringen; sich wohl fühlen und alt, sich mit den kleinen Dingen zufriedengeben. Er nahm an, daß die verbleibenden Stunden ohne Zwischenfall vorüberziehen würden und er sich ausruhen konnte und allein blieb – frei von Erinnerungen, die zu groß waren, als daß sie ein Herz ertragen konnte.

*

Bevor die Straßenbahn den Stadtrand erreichte, wo sie dann die Geschwindigkeit erhöhen konnte, schlängelte sie sich durch viele kleine Straßen, die nicht zu vergleichen waren mit jener an der Seite des Hügels, wo Alessandro Giuliani zugestiegen war. Sie fuhr über den Fluß Aniene und wieder zurück und ratterte durch verlassene Alleen, die durch die regelmäßigen Schatten der Eisenzäune und Bäume markiert wurden. Bei jeder Kirche bekreuzigten sich die Putzfrauen, und ab und zu bemerkte der Trupp der Lastwagenfahrer einen neuen deutschen LKW oder eine Baumaschine, und sie drehten ihre Köpfe, um sie zu betrachten, während einer von ihnen mitteilte, was sie kostete oder wie viele Pferdestärken sie hatte.

Bei jedem Halt schaute der Fahrer in seinen Spiegel, um zugleich das Wageninnere und die Straße zu beobachten und zu sehen, ob ihn irgend jemand mit dem Wunsch, aus- oder zuzusteigen, behelligen und aufhalten wollte. Obwohl niemand eine Kurzstreckenkarte hatte, änderten die Leute manchmal ihre Meinung darüber, wie weit sie fahren wollten, er mußte also aufpassen: aber Rom rührte sich kaum und bot keine Seele auf, um sein Fortkommen zu verlangsamen. Die Straßenbahn kam sehr gut voran, und als sie den Stadtrand erreichte, lag sie bereits vor dem Fahrplan. Das freute den Fahrer. Wenn er einen Halt herausschlagen konnte, dann konnte er sich beeilen und am nächsten Halt noch früher ankommen, wo die Wahrscheinlichkeit immer geringer würde, jemanden anzutreffen. Auf diese Weise konnte er seine zähe Überlandfahrt in einen höchst ätherischen Expreß verwandeln. Er haßte es zu bremsen, und er haßte es, Wechselgeld herauszugeben, aber er liebte es zu fahren, und jeder Halt, an dem er in voller Fahrt vorbeisausen konnte, befriedigte ihm ein Stückchen seines langgehegten Wunsches, beim Querfeldeinrennen teilzunehmen, sei es als Jockey oder als Pferd.

In einer Gegend, die weder Rom noch offenes Land war, wo die Mais- und Weizenfelder sich mit Sägewerken und Fabrikanlagen abwechselten und von wo aus man eine entfernte Autobahn sehen konnte, die wie ein Fluß glänzte, während der Verkehr auf ihr gegen das Sonnenlicht ankämpfte, machten sie einen heuchlerischen Zwischenstopp an einer verlassenen Haltestelle und fuhren wieder weiter. Alessandro hatte zu träumen begonnen, wurde aber durch die beharrliche und gewissenhafte Bewegung seines Augenwinkels aus seinem Schlummer geweckt. Rechterhand lag eine leicht abschüssige Schotterstraße voller Schlaglöcher. Ein wenig weiter diese Straße hinunter rannte jemand verzweifelt, sprang über die Schlaglöcher und ruderte mit den Armen.

Ein langer Augenblick verging, in dem Alessandro darum bettelte, seine Ruhe zu behalten, aber wieder von seinem Augenwinkel überstimmt wurde. Er wandte den Kopf. Wer immer das war, er wollte die Straßenbahn erreichen und schrie, daß sie anhalten solle. Obwohl man ihn nicht hören konnte, wurde dies durch die Bewegung seiner Arme deutlich, denn sie ruckten leicht bei jedem Ruf.

»Da ist jemand«, sagte Alessandro schwach. Dann räusperte er sich. »Da ist eine Person!« rief er. Weil sonst niemand den Läufer gesehen hatte, wußte keiner, was Alessandro meinte. Sie waren nicht überrascht, daß ein alter Mann, selbst wenn er so würdevoll aussah wie er, an einem heißen Nachmittag etwas Unzusammenhängendes plapperte. Abgesehen von einer Putzfrau, die idiotisch lächelte, war die allgemeine Reaktion, sich nicht zu rühren und ihn nicht anzuschauen. Die Bahn fuhr auf einer Geraden und beschleunigte in südöstliche Richtung.

Alessandro sprang hoch. »Fahrer!« schrie er. »Da ist jemand, der mitfahren will!«

»Wo?« rief der Fahrer, ohne den Blick von der Straße zu nehmen.

»Dahinten.«

Der Fahrer wandte sich um. Es war niemand zu sehen. »Sie irren sich«, sagte er. Sie hatten sich inzwischen weit von der Kreuzung mit der Schotterstraße entfernt. »Außerdem«, fuhr der Fahrer fort, »kann ich zwischen den Haltestellen niemanden mitnehmen.«

Alessandro setzte sich. Er schaute zurück und sah niemanden. Es war nicht fair von dem Fahrer, einfach die Haltestellen zu überfahren, besonders wo dies die letzte Bahn des Tages war. Alessandro begann, einen Beschwerdebrief zu entwerfen. Er war kurz, aber er formulierte ihn mehrfach um. In dieser Zeit legte die Straßenbahn einen oder zwei Kilometer zurück und war gezwungen, hinter einem Schwertransporter zu bremsen, der ein geheimnisvolles Stück elektrischer Maschinerie von der Größe eines Hauses transportierte.

»Heh, schauen Sie«, sagte der Bauarbeiter zu Alessandro.

Alessandro wandte sich in die Richtung um, in die der Bauarbeiter zeigte. Weit hinter ihnen auf der Straße stürmte die dünne Gestalt von der Schotterstraße hinter ihnen her, nachdem sie zwei oder drei Kilometer gerannt war, ohne zu winken. Er bettelte nicht länger und hatte aufgehört, mit den Armen zu rudern, als hätte er entschieden, seine Kräfte zu sparen, um sich selbst zu nehmen, was er wollte, wenn die Straßenbahn es ihm schon nicht gab.

»Ich werde dem Fahrer Bescheid sagen«, bedeutete Alessandro dem Bauarbeiter. Er stand auf und ging nach vorn. »Signore«, beschwor er den Fahrer, »schauen Sie nach hinten. Jemand läuft hinter uns her.«

Der Fahrer schaute in den Spiegel. Er sah den Läufer. »Es ist zu spät«, sagte er. »Der nächste Halt ist erst in fünfzehn Kilometern. Das schafft er nie.«

»Warum lassen Sie ihn nicht einsteigen?« verlangte Alessandro mit lauter werdender Stimme.

»Ich hab's Ihnen gesagt. Wir nehmen zwischen den Haltestellen keine Fahrgäste auf. Setzen Sie sich bitte hin.«

»Sie sind beim letzten Halt einfach durchgefahren und waren zu früh. Deshalb rennt er.«

»Setzen Sie sich bitte.«

»Nein«, sagte Alessandro. »Ich möchte aussteigen.«

»Sie steigen in Monte Prato aus.«

»Ich möchte statt dessen hier aussteigen.«

»Das geht nicht.«

»Warum nicht?«

»Hier? Hier gibt es nichts! Wir lassen hier niemanden raus.«

»Dies sind meine Felder. Alle diese Felder gehören mir. Ich möchte den Weizen prüfen.«

Die Straßenbahn hielt an, und die Türen öffneten sich. »Also gut«, sagte der Fahrer und blickte in den Spiegel, »prüfen Sie den Weizen.«

»Einen Augenblick«, entgegnete Alessandro. »Ich muß meine Aktentasche holen.« Er begann ganz langsam an seinen Platz zurückzukehren.

Der Fahrer wurde wütend. »Na los!« brüllte er. »Sie halten uns auf.«

»Einen Augenblick, einen Augenblick«, sagte Alessandro und fügte hinzu, als er seinen Platz erreichte, »ich habe etwas fallenlassen.«

Der Fahrer schloß die Tür und fuhr wieder an, aber der hartnäkkige Läufer holte auf. Alessandro blickte zurück und sah einen achtzehn oder neunzehn Jahre alten Jungen, der hinter der Bahn hersprintete. Er trug schwere lederne Arbeitsschuhe, und er sah so aus, als stürbe er gleich an Überanstrengung. Sein schweißnasses Haar klebte ihm an den Schläfen. Er atmete schwer durch den geöffneten Mund. Er hatte die Farbe einer reifen Paprika.

»Er ist da!« rief Alessandro.

Der Fahrer blickte stur geradeaus, aber der Junge legte noch ein letztes Mal an Tempo zu und rannte bis zur Tür vor. Dort sprang er auf die Stufe und hielt sich keuchend und schweißüberströmt fest; sein Kopf senkte sich.

Alessandro tappte sich mit der Aktentasche unterm Arm nach vorn und schlug mit dem Stock gegen die Wagendecke. »Signore«, sagte er mit einer erstaunlich tiefen und kraftvollen Stimme. »Ich glaube, Sie haben einen Fahrgast.« In demselben Augenblick begann der Junge, der aussah, als käme er aus einem wilden Tal Siziliens, wütend gegen das Glas zu trommeln. Wie er da an der Tür hing und mit seinen Fäusten hämmerte, erinnerte er Alessandro an seine eigene Starrköpfigkeit zu anderen Zeiten, und Zuneigung und Stolz erfüllten Alessandro, als sei der Junge sein eigener Sohn.

Der Fahrer trat heftig auf die Bremse. Alessandro flog gegen die Windschutzscheibe, wurde aber durch seine Aktentasche und seine Arme abgefedert und konnte so das Gleichgewicht halten. Der Junge schwang herum und schlug wie eine biegsame Peitsche gegen die Straßenbahn, hielt sich aber fest.

Als die Tür geöffnet wurde, glaubten sowohl Alessandro als auch der Junge, gewonnen zu haben, aber als sich der Fahrer von seinem Sitz erhob, sahen sie, daß er ein Riese war. Alessandro legte den Kopf zurück und schaute an ihm hoch. »Ich wußte nicht, daß ...«, fing er an. Dann betrachtete er den Fahrersitz und sah, daß er bis zum Boden heruntergelassen war.

Als der Fahrer ausstieg, wich der Junge von der Tür zurück. »Wenn du das Fahrzeug noch einmal anrührst ...«, sagte der Fahrer, bevor es ihm vor Wut die Stimme verschlug.

Alessandro stieg die Stufen hinab und sprang auf die Erde. »Wenn Sie ihn nicht mitfahren lassen, fahre ich auch nicht weiter. Ich bin ein alter Mann. Das kann Sie Ihre Stelle kosten.«

»Scheiß auf die Stelle«, sagte der Fahrer und sprang zurück in den Wagen. »Ich wollte immer Jockey werden.« Er schloß die Tür, und die Straßenbahn schoß plötzlich los und begann wegzufahren.

Alessandro war empört, den Bauarbeiter mit dem Zeitungshut gegen die Scheibe gepreßt zu sehen, hinter der er selbst noch vor wenigen Minuten gelehnt hatte. Der Bauarbeiter hob seine Hände in einer Geste der Hoffnungslosigkeit. Dann änderte er seine Meinung und rannte nach vorn, aber was immer er dort tat oder sagte, die Bahn hielt nicht an, und die Gesichter der Lastwagenfahrer, der Putzfrauen und der Dänen schauten zurück zu dem alten Mann und dem Jungen, wie ausdruckslose Monde.

»Siebzig Kilometer bis Monte Prato«, flüsterte Alessandro, als die Straßenbahn die lange gerade Straße entschwand.

»In ein paar Stunden wird die andere Bahn auf dem Rückweg nach Rom vorbeikommen«, erklärte der Junge, der vom Laufen immer noch schwer atmete. »Vielleicht nicht mal so lang.«

»Ich komme gerade aus Rom«, sagte der alte Mann. »Welchen Sinn hätte es für mich zurückzufahren? Ich gehe nach Monte Prato. Und du?«

»Ich wollte nach Sant' Angelo, zehn Kilometer vor Monte Prato.«

»Ich weiß, wo das ist.«

»Ich wollte zu meiner Schwester. Sie lebt dort in einem Konvent.«

»Sie ist Nonne?«

»Nein. Sie wäscht für sie. Sie sind sehr reinlich, aber sie schaffen nicht alles allein.«

Alessandro schaute zurück und sah, daß die Straße, nachdem sie den Großteil der Stadt hinter sich gelassen hatte, schön geworden war. Rechts und links lagen Felder, die nun in der untergehenden Sonne golden waren, und die schlanken Bäume zu beiden Seiten glänzten und wiegten sich im Wind. »Ich werd dir was sagen«, schlug er vor. »Ich werde mit dir bis Sant' Angelo gehen und dann allein bis Monte Prato weiterlaufen.«

»Ich weiß nicht, ob wir zusammen ein Auto anhalten können«, erwiderte der Junge. »Soviel Verkehr ist heute sowieso nicht. Auf dieser Straße ist meist nicht viel los, und heute schon gar nicht, nicht an einem Feiertag.«

»Glaubst du, ich stelle mich auf die Straße und bettle um eine Mitfahrt?« fragte Alessandro entrüstet.

»Ich mache das für Sie.«

»Nein, das wirst du nicht. Ich habe nun seit vierundsiebzig Jahren Beine, und ich weiß sie zu gebrauchen. Außerdem«, sagte er und stieß mit seinem Stock auf den Boden, »habe ich das hier. Er ist so lang wie der Penis eines Rhinozeros' und doppelt so steif.«

»Aber Sie können doch keine siebzig Kilometer laufen. Das kann ich nicht mal«, sagte der Junge.

»Wie heißt du?«

»Nicolo.«

»Nicolo, ich bin einmal mehrere hundert Kilometer über Gletscher und Schneefelder gelaufen, ohne Rast, und wenn man mich entdeckt hätte, hätte man mich erschossen.«

»War das im Krieg?«

»Natürlich war das im Krieg. Ich gehe nach Monte Prato«, erklärte Alessandro, zog seinen Gürtel enger, zog die Jacke gerade und strich sich über den Schnurrbart. »Wenn du willst, begleite ich dich bis Sant' Angelo.«

»Bis ich dort zu Fuß ankomme«, entgegnete Nicolo, »werde ich umkehren und zurückgehen müssen.«

»Hält dich so ein kleiner Umstand ab?« fragte Alessandro.

Nicolo betrachtete den alten Löwen vor sich und schwieg.

»Nun, also?« forderte Alessandro, und sein Gesicht war so angespannt und sah so merkwürdig aus, daß Nicolo es mit der Angst bekam.

»Nein, natürlich nicht«, sagte er. »Warum sollte es?«

*

»Das erste, was du zu machen hast«, meinte Alessandro zu ihm, »ist eine Inventur und einen Plan.«

»Was für eine Inventur, was für einen Plan?« fragte Nicolo abschätzig. »Wir haben nichts, und wir gehen nach Sant' Angelo.«

Der alte Mann schwieg. Sie gingen etwa hundert Schritte.

»Was meinen Sie mit Inventur?« wollte Nicolo wissen. Als er keine Antwort erhielt, schaute er nach vorn und beschloß, auch nichts zu sagen, wenn der alte Mann nicht reden wollte. Dieser Entschluß, und Alessandro wußte das, hielt für kaum mehr als zehn Schritte.

»Ich dachte, Inventur ist das, was sie in einem Laden machen.«

»Das ist es auch.«

»Wo ist der Laden?« fragte Nicolo.

»Kaufleute machen Inventur«, erklärte Alessandro, »damit sie, wenn sie wissen, was sie haben, im voraus planen können. Das können wir auch. Wir können im Kopf überschlagen, was wir haben und welche Hindernisse vor uns liegen und überwunden werden müssen.«

»Wozu?«

»Voraussicht ist die Mutter der Weisheit. Wenn du eine Wüste durchqueren willst, setzt du voraus, daß du Durst bekommen wirst, und nimmst Wasser mit.«

»Aber dies ist die Straße nach Monte Prato und am Weg liegen mehrere Ortschaften. Wir brauchen kein Wasser.«

»Bist du jemals siebzig Kilometer gelaufen?«

»Nein.«

»Vielleicht wird es dir schwerfallen. Es wird für mich sehr schwer werden. Ich bin einiges älter als du und, wie du sehen kannst, halb lahm. Wenn ich es schaffen will, dann wird es knapp genug, und deshalb muß ich sehr überlegt vorgehen. So habe ich es immer gemacht. Was hast du bei dir?«

»Ich habe nichts.«

»Nichts zu essen?«

»Essen?« Der Junge sprang in die Luft und wirbelte um seine Achse, drehte sich einmal um sich selbst, um zu zeigen, daß er nichts verbarg. »Ich habe nichts zu essen bei mir. Und Sie?« fragte er.

Der alte Mann ging zur Straßenseite und setzte sich auf einen Stein. »Ja«, sagte er und öffnete seine Aktentasche. »Brot und jeweils ein halbes Kilo Prosciutto, Trockenfrüchte und Zartbitterschokolade. Wir werden viel Wasser brauchen. Es ist heiß.«

»In den Dörfern«, schlug Nicolo vor.

»Es liegen nur ein paar Dörfer auf dem Weg, aber zwischendrin gibt es Quellen. Sobald es hügelig wird, haben wir genug Wasser, du wirst schon sehen.«

»Wir brauchen nichts zu essen. Wenn wir in ein Dorf kommen, können wir dort essen.«

»Das nächste Dorf ist fünfzehn Kilometer entfernt«, sagte der alte Mann, »und ich gehe langsam. Bis wir dort ankommen, werden die Sterne schon halb über den Himmel gezogen und alle Fenster fest verschlossen sein. Auch wenn wir in den Dörfern nichts zu essen bekommen werden, das hier wird uns genügen. Du wirst überrascht sein, welchen Hunger du beim Marschieren bekommst.«

»Wo werden wir schlafen?« fragte Nicolo.

»Schlafen?« wiederholte Alessandro und zog dabei eine weiße buschige Augenbraue so hoch über die andere, daß es einen Moment lang aussah, als sei er in einen Autounfall verwickelt gewesen und noch nicht wieder ganz bei sich.

»Wollen wir denn nachts nicht schlafen?«

»Nein.«

»Warum nicht?«

»Bei einem Siebzig-Kilometer-Marsch braucht man keinen Schlaf.«

»Ja, man *braucht* keinen Schlaf«, sagte der Junge, »aber warum sollten wir nicht schlafen? Wer sagt denn, daß wir nicht schlafen könnten?«

»Wenn du schläfst, dann wärst du nicht wirklich aufmerksam. Du würdest dich von Träumen entführen lassen und die Wachträume verpassen. Und du würdest die Straße beleidigen.«

»Das verstehe ich nicht.«

»Schau«, sagte Alessandro und griff nach Nicolos Handgelenk. »Wenn ich mich entschließe, nach Monte Prato zu gehen, siebzig Kilometer hin oder her, dann gehe ich nach Monte Prato. Man handelt nicht stückchenweise. Wenn du eine Frau liebst, dann liebst du sie ganz. Du gibst alles. Du verplemperst deine Zeit nicht in Cafés; du schläfst nicht mit anderen Frauen; du nimmst sie nicht für selbstverständlich. Verstehst du?«

Nicolo schüttelte mit dem Kopf, um auszudrücken, daß er nicht verstand. Er vermutete, daß der alte Mann mehr war, als er verkraften konnte, oder vielleicht aus einer Irrenanstalt entflohen sei, oder noch schlimmer, jemand sei, der es geschafft hatte, sich überhaupt vor den Irrenanstalten zu drücken.

»Gott verleiht allen Kreaturen Gaben«, fuhr Alessandro fort, »ganz gleich, welche Stellung sie innehaben oder in welchem Zustand sie sich befinden. Er mag einem Verrückten Unschuld verleihen oder einem Dieb den Himmel. Entgegen den meisten Theologen habe ich immer geglaubt, daß selbst Würmer und Wiesel eine Seele haben und daß auch sie erlöst werden können.

Aber eines verleiht Gott nicht, etwas, das verdient werden muß, etwas, das ein fauler Mensch niemals kennenlernen wird. Nenn es Verständnis, Barmherzigkeit, Vornehmheit des Geistes – nenn es wie du willst. Das erwirbt man nur durch Arbeit, Opfer und Leid.

Du mußt alles geben, was du hast. Du mußt bis zur völligen Erschöpfung lieben, bis zur völligen Erschöpfung arbeiten und bis zur völligen Erschöpfung laufen.

Wenn ich nach Monte Prato gehen will, dann gehe ich nach Monte Prato. Ich hänge nicht rum wie ein Esel, der mit einem halben Dutzend Koffer nach Montecatini zur Kur reist. Solche Menschen setzen ihre Seelen ständig tödlicher Gefahr aus, indem sie sich einbilden, daß ihnen keine Gefahr droht, wo doch tatsächlich die einzig tödliche Gefahr für die Seele darin besteht, ihr zu lange fernzubleiben. Die Welt ist aus Feuer gemacht.«

Alessandros Moralpredigt war ein Erfolg, und Nicolo war bereits Feuer und Flamme. Erstaunlich schnell von einem Sturm der Leidenschaft und der Träume erfaßt, hatte er in ein oder zwei Minuten sein Schicksal entschieden und erklärte, daß er nach Sant' Angelo laufen würde, nach Monte Prato, zweimal so weit, dreimal so weit, ohne Rast, um sich bis zum Umfallen vorwärtszutreiben. Sein Gesicht mit den dunklen schrägstehenden, wolfsartigen Augen, einem schiefen Mund und einer spitzen großen Nase war angespannt vor Entschlossenheit.

Alessandro löste seinen Griff und hielt einen Finger hoch. »Natürlich«, sagte er, »muß man stets eine Rast einlegen.« Ein Schatten zog über das Gesicht des Jungen, als er aus seinen Träumen gerissen wurde. »Es gibt Zeiten zum Schlafen, zum Nichtstun, Träumen, Sich-Gehenlassen, sogar für Teilnahmslosigkeit. Du wirst merken, wenn du solche Zeiten brauchst. Sie kommen, nachdem du dich verausgabt hast. Ich spreche von einer Zeit der Hilflosigkeit und Ruhe vor der großen Erregung der Morgendämmerung.«

»Morgendämmerung …«, wiederholte Nicolo verwirrt.

»Ja«, sagte Alessandro, »Morgendämmerung. Sag mir, was für Füße du hast?«

»Meine Füße?«

»Ja, deine Füße, die, die an deinen Beinen angewachsen sind.«

»Ich habe menschliche Füße, Signore.«

»Natürlich, aber es gibt zwei verschiedene Arten von Füßen. Jede Armee weiß das, gibt es aber nicht zu, aus Angst, Rekruten zu verlieren.

Du kannst groß, hübsch, intelligent, anmutig und begnadet sein, aber wenn du Füße der Verzweiflung hast, kannst du genauso gut ein Zwerg sein, der auf der Via del Corso Schuhe putzt. Füße der Verzweiflung sind zu zart und halten nichts aus. Bei größeren Strapazen fallen sie auseinander. Sie bluten sich zu Tode. Nach einer halben Stunde sind sie wund und geschwollen. Ich habe Männer gesehen, die nach weniger als einem Tagesmarsch Füße aus den Stiefeln zogen, die kaum mehr waren als blutige Schwämme, weiche, formlose Dinger, die wie gehäutete Tiere aussahen.

Auf der anderen Seite gibt es die Füße der Unbesiegbarkeit, wenn ich sie mal so nennen darf. In extremen Fällen, wie bei den südamerikanischen Bergbauern, mag es so aussehen, als ob ein Mann ein altes, ausgelatschtes, schlammverschmiertes Paar Stiefel trägt, dabei ist er barfuß. Füße der Unbesiegbarkeit sind häßlich, aber sie leiden nicht und sie halten ewig – bilden Bollwerke, wo sie angegriffen werden, wechseln die Farbe, passen sich in der Form an, bis sie wie Bulldoggen aussehen. Sie tun alles außer bluten und schmerzen.

In den ersten Tagen in der Armee wird einem klar, daß ungeachtet aller anderen Unterschiede die Menschheit in zwei Klassen zerfällt. Nun, welche Art Füße hast du?«

»Ich weiß nicht, Signore.«

»Zieh die Schuhe aus.«

Nicolo setzte sich auf den Boden und zog die Schnürsenkel auf. Als die Schuhe und die Socken auf den Steinen neben ihm verstreut lagen, rollte er sich auf den Rücken und streckte seine Beine in die Luft, so daß Alessandro seine Füße inspizieren konnte.

Zuerst betrachtete der alte Mann die Fußsohlen. Dann fühlte er unter der Ferse. Er warf einen Blick auf die Zehen. »Deine Füße sind unansehnlich, abstoßend und unbesiegbar. Zieh die Schuhe wieder an.«

»Und was ist mit Ihren Füßen, Signore? Sind die unbesiegbar?«

»Was für eine Frage!«

Nicolo hätte nicht zu fragen brauchen, denn er hatte bemerkt, daß Alessandro selbst auf den Handflächen Narben trug.

Dann inventarisierte Alessandro seine Aktentasche. Die ersten Gegenstände freuten Nicolo nicht sehr, denn es waren Tragegurte, die man an der Aktentasche befestigen konnte, um sie wie einen Rucksack zu tragen. »Trag das«, sagte Alessandro beiläufig, »bis Sant' Angelo. Du bist jung.« Danach kam ein Taschenmesser zum Vorschein, sehr scharf und sehr alt, mit einem Feuerstein im Griff. »Den Feuerstein kann man rausziehen, schau«, sagte Alessandro, »und wenn man dann gegen die Klingenspitze schlägt, gibt es Funken. Wenn wir rasten, brauchen wir vielleicht ein Feuer, um uns zu wärmen.«

»Im August?«

»Je höher man kommt, desto kälter wird es, selbst im August.«

Nach den Essenspaketen kam eine Landkarte. Wie Alessandro erläuterte, hatte er das zwanghafte Bedürfnis, stets die passende Karte zur Hand zu haben, schon seit langer Zeit. Er wußte gerne, wo in der Welt er war und was sich um ihn herum befand. Eine Karte, so erklärte er, sei für ihn wie die Bibel für den Priester, wie ein Buch für den Intellektuellen und so fort.

Auf ihrer Karte entdeckten sie zwischen den Bergen, Flüssen, offenem Land und Ansiedlungen, die zu klein waren, als daß ihre Namen aufgezeichnet waren, vier Orte, die wie Leuchttürme entlang der Straße aufgereiht waren. Alessandro wußte, daß diese Orte bei Nacht glitzerten und leuchteten. Ihre wenigen Lichter in der schieferblauen Dunkelheit würden in ihrer Einfachheit und Reinheit mehr von der Substanz des Lichts haben als die gesammelte Phosphoreszenz ganzer Reihen großer Städte.

Er zeigte auf der Karte, wo sie zum Essen Rast machen würden, wenn sie bis dahin Hunger bekämen und nicht schon vorher gegessen hätten. Von hier aus würden sie Rom weit hinter sich liegen sehen, tiefer und brodelnd vor Lichtern. Hier würden sie kein Dorf sehen, Rom wäre verdeckt und sie hätten nur die Sterne – denn der Mond würde heute nacht spät aufgehen, sagte Alessandro, doch wenn der Mond aufginge, dann als perfekter Vollmond. Hier würden sie die Straße verlassen und eine Gruppe runder Kuppen überqueren, die Sant' Angelo und, etwas weiter, Monte Prato überblickten.

Alessandro sagte, daß sie die Nacht über gehen würden, den nächsten Tag, die ganze folgende Nacht und den frühen Morgen des kommenden Tages. Das Wetter würde gut sein, und der Mond wäre ihre Laterne.

Sant' Angelo und Monte Prato waren nun bereits viel mehr als nur Bergdörfer entlang der Straßenbahnlinie. Sie schienen weit weg zu sein, herrlich und hoch. Bis dorthin mußten Alessandro Giuliani und Nicolo lange laufen und kamen dabei durch die Ortschaften Acereto, Lanciata und vielleicht noch fünf oder sechs andere mit wunderschönen Namen, die gleich weit voneinander entfernt waren; dazwischen Äcker und Gehölze, die sich gegen einen makellos blauen Himmel abzeichneten. Zu Beginn ihrer langen Wanderung lag die Straße verlassen da und, vielleicht weil die Welt schwieg, schwiegen sie auch.

*

Alessandro Giuliani glaubte, daß bei einer gelungenen Reise die Bewegung und das Gleichmaß des Gehens oder Fahrens alles in den Schatten stellte, was der Reisende hinter sich gelassen hatte und was er mit seiner Reise zu erreichen suchte. Auf dem Weg gut vorwärts zu kommen, war selbst schon Grund zur Begeisterung.

In einer Vorlesung hatte er dies einmal beiläufig erwähnt, nur um abrupt von einem Studenten unterbrochen zu werden, der wissen wollte, ob der geschätzte Professor meine, daß diese Begeisterung auch einem Verurteilten auf dem Weg zum Schafott zuteil werde.

»Ich weiß es nicht«, hatte Alessandro erwidert. »Gewöhnlich ist der Weg zum Schafott nicht lang genug, um als Reise bezeichnet zu werden, aber nehmen wir zum Beispiel einmal an, der Verurteilte muß von einem Ende eines Landes zum anderen gebracht werden, um dort hingerichtet zu werden, und daß seine Reise Tage oder Wochen dauert.«

»Ist das realistisch?« fragte der Student.

»Ja«, sagte er. »Ja, das ist realistisch. In solch einem Falle«, fuhr er fort, »mag der Mann die größte Begeisterung und die wildeste Verzweiflung erfahren – als würde er in Erwartung der Ewigkeit im Himmel oder in der Hölle beides vorher erleben.«

»Ich verstehe nicht. Begeisterung bei einem Mann, der zum Tode verurteilt wurde?«

»Begeisterung, verrückte Begeisterung, Visionen, Euphorie.« Ein langes Schweigen folgte darauf, während dessen seine Zuhörer so regungslos blieben, als hätte man ihnen ein Gewehr vorgehalten, und der Professor wegen der Erinnerungen, die ihn zeitweilig vergessen ließen, wo er war und was er tat, nicht imstande war, mit der Vorlesung fortzufahren.

Selbst eine Fahrt durch die Stadt barg kleinere Freuden und Leiden; wenn diese auch geringfügiger waren als die auf einer Reise von Tagen und Wochen, so standen sie doch miteinander in Beziehung wie jene auf einer Reise rund um die Welt. Der Maßstab mochte ein anderer sein, aber die Muster waren dieselben. Alessandro nahm an, daß für Nicolo die Wanderung eine Sache aus einem Guß sei. Warum auch nicht? Trotz der mannigfaltigen Erfahrungen, die bereits ein Junge mit vierzehn gemacht hatte, die ihm zwanzigfach klarmachten, daß das Leben irritierend und kompliziert war, trieb ihn eine einzige große Kraft voran und verlieh ihm sowohl den Schwung, den er für den Rest seines Lebens brauchen würde, als auch die plötzliche Spannkraft, um die Schläge zu überstehen, die er mit seinem jugendlichen Leichtsinn und seinen Verrücktheiten heraufbeschwor. Er hätte die Straßenbahn nicht nur bis Acereto verfolgt, sondern, falls er sie dort nicht erwischt hätte, bis Lanciata und vielleicht sogar die ganze Strecke bis Sant' Angelo. Er erwartete, daß die Welt sich dementsprechend verhielt.

Nicolo würde von dem Langsamen und Schwierigen bitter enttäuscht sein, aber Alessandro hatte gelernt, dies ebenso, vielleicht noch stärker, zu lieben als das Schnelle und Einfache. Ihm schienen sie nicht so weit auseinander zu liegen. Es war fast so, als ob sie, scheinbar unabänderlich im Streit miteinander liegend, eine geheime Verbindung eingingen und unter dem Tisch Händchen hielten.

Nicolo konnte dies noch nicht wissen, und er würde besorgt sein, wenn es dunkel und die Straße steil wurde. Aus diesem Grund bedauerte Alessandro, daß sie in all dieser Schönheit ringsum aufgebrochen waren – der Schönheit der sich leicht wie Meereswellen wiegenden Bäume, der satten Farben des Spätnachmittags, während die Sonne den Osten in eine schattenlose Vollkommenheit gleichmäßig bebenden Lichts verwandelte; des leicht staubigen Dunstes, der mit Anbruch des Abends aufstieg, trocken und kühl; des Weizens, durch den der Wind so langsam hindurchzog wie ein Boot im trägen Wasser der Polarmeere; und all der Erinnerungen, die diese Schönheiten heraufbeschworen und zum Klingen brachten, bis sie sich in ihrer ekstatischen Vervielfältigung durch die Kraft des Lichts, das zu hell ist, um es zu sehen, dem menschlichen Auge entzogen.

Nicolo hatte keine Ahnung, daß irgend etwas nicht in Ordnung war. Er hielt das schöne Wetter, die flache Straße und die Sonne in ihrem Rücken für selbstverständlich. Er war von Alessandros Schweigsamkeit überrascht, denn er hatte vom ersten Augenblick an angenommen, daß die Wanderung mit seinen Worten gepflastert sein würde, weil der alte Mann doch Nicolos wegen die Straßenbahn verlassen hatte. Hatte er nicht mit seinen ersten Sätzen den Startschuß für seine Flucht über die Eisfelder gegeben? Die Alten waren zwar launisch und mürrisch, aber manchmal erzählten sie gute Geschichten, und dieser Kerl mit seiner Mähne aus glatten weißen Haaren, seinem fein geschnittenen Anzug, dem dünnen Rohrstock und der noblen Haltung, die Nicolo bisher nur bei ... nun, noch nie gesehen hatte ..., hatte bestimmt eine Menge zu erzählen.

Er wollte, daß Alessandro ihm endlos lang Geschichten erzählte und ihn mit Dingen aus einer Zeit überschüttete, bevor er geboren worden war. Er wollte gut zuhören, nicht weil er irgendeine Vorstellung davon hatte, was der alte Mann offenbaren würde, sondern weil er im Gegenteil nicht den blassesten Schimmer hatte, was den Mann, der stetig neben ihm auf der Straße nach Sant' Angelo und Monte Prato humpelte, ausmachte.

Nicolo wußte auch nicht, daß Alessandro ganz genau wußte, was ein junger Mann erwartete, und sich (bevor Nicolo noch irgendeine Andeutung von seinen Erwartungen geben konnte) von den Vorstellungen verletzt fühlte, die der Junge tatsächlich hatte.

Schließlich bezahlte man Alessandro Giuliani mehr als genug dafür, daß er redete und schrieb. Warum also nahm der Junge an, daß er beim Gehen vor Worten geradezu übersprudeln würde? Und warum also nahm der Junge an, daß der alte Mann, der gesehen hatte, was er gesehen hatte, der sein Leben lang mit großen und unbeschreiblichen Mächten gerungen hatte, der sich ins hohe Alter hinübergerettet hatte und der beide, die Schönheit der Natur und die weibliche Schönheit mit tiefer Inbrunst erfahren hatte, überhaupt etwas sagen wollte? Kilometer um Kilometer gingen sie die gerade Straße in völligem Schweigen dahin.

*

Nicolo konnte nur schwer begreifen, daß Alessandro nicht schneller ging, denn wahrscheinlich wegen des flirrenden Speicheneffekts, den die Bewegung seiner Beine und sein aktiver Stock auslösten, und wegen der ungewöhnlichen Auf-und-ab-Bewegung seines humpelnden Ganges machte er den Eindruck, als ginge er sehr schnell. Es schien, als hätte er schneller als eine Gazelle sein können, wenn er nur all die Energie, mit der er ging und verzögerte, auf eines hätte konzentrieren können. Aber er war langsam.

Nicolo, der sich fließend und mühelos bewegte, drängte es zu laufen oder zu klettern. »Was ist das?« fragte er, meinte es aber nicht als Frage und deutete auf einen Erdhügel mitten auf einem Feld. Schon rannte er darauf zu, und die Aktentasche schlug ihm gegen den Rücken, als er über Bewässerungsgräben sprang und die Ackerfurchen entlang rannte. Dann kehrte er über einen kleinen Damm zurück, über den das Wasser in einem Bogen strömte, der wie ein springender Fisch aussah.

»Was sollen diese Ausflüge?« erkundigte sich Alessandro.

Nicolo zuckte mit den Schultern.

»Weißt du, ich hatte mal einen Hund«, fuhr der alte Mann fort, »einen großen schwarzen englischen Hund namens Francesco. Jedesmal, wenn ich ihn ausführte, legte er die dreifache Entfernung zurück wie ich.«

»Wozu erzählen Sie mir das?« fragte Nicolo.

»Nur so«, sagte Alessandro, »es fiel mir nur gerade ein.«

»Haben Sie ihn noch?«

»Nein, das war vor langer Zeit. Er starb, als ich in Mailand war, aber ich denke noch ab und zu an ihn, und wenn ich unterrichte, nehme ich ihn oft als Beispiel.«

»Sie sind Lehrer?« platzte es aus Nicolo mit spürbarem Unbehagen heraus, denn er war nie zur Schule gegangen und hielt Lehrer für eine gefährliche Spezies männlicher Nonnen.

Alessandro gab keine Antwort. Die Sonne stand schon tief. Alles war warm und golden, und sie waren noch zehn Kilometer von Acereto entfernt. Bald würde es dunkel sein. Der alte Mann wollte keine Energie verschwenden, weil er sich langsam aufwärmte und ein wachsendes Gefühl der Stärke und des Gleichmuts verspürte. Wenn er es nicht verpatzte, würde ihn dieser Gleichmut wie in Trance vorwärtstragen.

Sie gingen schweigend weiter, bis ihm Nicolo vor den Füßen herumtanzte.

»Du hast so viel überschüssige Energie, daß du dich nicht beherrschen kannst, oder?«

»Ich weiß nicht.«

»Erstaunlich. Ich könnte, wenn ich deine Kräfte hätte, Europa in anderthalb Wochen vereinigen.«

»Sie waren jung«, meinte Nicolo herausfordernd. »Haben Sie Europa vereinigt?«

»Ich war zu sehr damit beschäftigt, an Mädchen und ans Bergsteigen zu denken.«

»Welche Berge?«

»Die Alpen.«

»Mit Seilen und all dem?«

»Ja.«

»Wie funktioniert das? Ich hab mal einen Film gesehen, wo der Typ abstürzte. Werfen Sie ein Seil über einen Felsen, oder wie?«

»Nein, das geht anders, aber wenn ich dir das erkläre, habe ich keine Luft mehr.«

»Aber Sie sind doch Lehrer. Lehrer sollten Dinge erklären.«

»Nicht, wenn sie sich auf langen Märschen befinden.«

»Was unterrichten Sie?«

»Ästhetik.«

»Wer ist das denn?« fragte Nicolo und dachte an Eingeweihte einer religiösen Berggemeinschaft.

»Du meinst, was ist das denn. Du bist heute schon der zweite, der mich das fragt«, entgegnete Alessandro. »Bist du sicher, daß du eine Antwort von mir willst? Wenn ja, dann könnte dein Tintenfisch eingehen.«

Nicolos Befürchtungen ob der Gesundheit des alten Mannes kehrten wieder.

»Er hatte den ganzen Weg von Civitavecchia hinter sich.« Alessandro wandte sich dem Jungen zu und schaute ihm in die Augen. »Marco ... das Wasserhuhn.«

»Erzählen Sie mir nichts von Marco, dem Wasserhuhn«, befahl Nicolo. »Was ist Ästhetik?«

»Die Philosophie und das Studium des Schönen.«

»Was?«

»Was?« echote der alte Mann.

»So was wird unterrichtet?«

»Ich unterrichte es.«

»Das ist doch Quatsch.«

»Warum ist das Quatsch?«

»Was gibt's denn da zu unterrichten?«

»Ist das eine Frage oder eine Feststellung?«

»Eine Frage.«

»Ich werde es dir nicht sagen.«

»Warum nicht?«

»Ich habe dir bereits in einem Buch geantwortet. Kauf das Buch und laß mich in Frieden. Oder noch besser, lies Croce.«

»Sie haben ein Buch geschrieben?«

»Ja, viele Bücher.«

»Worüber?«

»Über Ästhetik«, sagte Alessandro und verdrehte die Augen.

»Wie heißen Sie?«

»Alessandro Giuliani.«

»Ich habe nie von Ihnen gehört.«

»Ich existiere trotzdem. Wer bist du?«

»Nicolo Sambucca.«

»Was tust du, Herr Sambucca?«

Reichlich gequält, in der Art des sich selbst unterschätzenden Anfängers, der eine lange Lehrzeit vor sich hat, sagte Nicolo: »Ich mache Propeller.«

Alessandro hielt inne und sah Nicolo Sambucca groß an. »Propeller«, sagte er. »Natürlich. Ich werde siebzig Kilometer wandern mit einem Jungen, der Propeller macht.«

»Was ist denn falsch an Propellern?« fragte Nicolo.

»Nichts ist falsch an Propellern«, antwortete Alessandro. »Sie sind notwendig, um Flugzeuge anzutreiben. Wo machst du das, wenn ich fragen darf? Sicherlich nicht daheim.«

»Bei der F.A.I. Ich mache sie nicht wirklich, ich helfe dabei. Nächstes Jahr werde ich als Lehrling anfangen, aber jetzt bin ich Handlanger. Ich fege die Schnitzer und Späne zusammen, halte das Werkzeug in Ordnung, hole das Essen und schiebe die großen Rahmen umher, auf denen die Propeller gemacht werden. Es dauert lange, einen Propeller herzustellen: man muß ihn testen. Wir haben Windkanäle. Wegen der Gewerkschaft darf ich die Propeller noch nicht anrühren. Ich darf sie nicht mal mit der Hand anfassen.«

»Hast du die Schule beendet?«

»Ich war nie dort«, sagte der Junge. »Als ich klein war, zogen wir von Girifalco in Kalabrien hierher. Als ich klein war, habe ich Zigaretten verkauft.«

»Was arbeitet dein Vater?«

»Er stellt Wäscheleinen auf, diese Sorte mit dem Stahlturm, wissen Sie, nah am Haus.«

»Die sind sehr nützlich.«

»Ich verstehe Sie einfach nicht«, sagte Nicolo.

»Gut. Wir sind uns heute nachmittag das erste Mal begegnet, und wir haben kaum miteinander gesprochen. Ich bin froh, daß mich immer noch eine Aura der Rätselhaftigkeit umgibt.«

»Ja, aber Sie sind Lehrer.«

»Was ist daran nicht zu verstehen?«

»Es paßt nicht zusammen.«

»Was paßt nicht zusammen?«

»Eine Menge Sachen, aber Lehrer tun so etwas nicht.«

»Tun was nicht?«

»Über Eisfelder laufen und von bewaffneten Soldaten verfolgt werden.«

»Im Krieg haben eine Menge Leute Dinge getan, die sie nicht gewohnt waren zu tun.«

»Haben Sie gegen die Engländer gekämpft?«

»Manchmal, aber sie waren auf unserer Seite.«

»Ich dachte, wir haben gegen sie und die Amerikaner gekämpft. He, wir mögen die Amerikaner, aber sie waren auf der anderen Seite«, sagte Nicolo.

»Das war im *Zweiten* Weltkrieg. Da war ich schon zu alt. Alles, was ich tat, war, am Boden zu hocken, während ich mit Granaten beschossen und bombardiert wurde. Ich wußte, wie das geht, ich hatte schon eine Menge Erfahrung aus dem vorigen Krieg.«

»Es gab noch einen?«

»Ja«, sagte Alessandro, »es gab noch einen.«

»Wann? Davon hab ich nie was gehört. Gegen wen haben wir gekämpft? Sind Sie sicher?«

»Was glaubst du, warum der Zweite Weltkrieg der Zweite genannt wird?«

»Das klingt einleuchtend. Vielleicht bin ich dumm, aber ich wußte nichts über den ersten. War er groß? Hat er lange gedauert? Was haben Sie dabei gemacht? Wie alt waren Sie?«

»Das sind eine Menge Fragen auf einmal.«

»Jaah.«

»Wenn ich sie beantworte, wirst du den ganzen Weg bis Sant' Angelo zuhören müssen. Ich habe nicht genug Luft, die ganze Strecke zu laufen und diese Dinge zu erklären. Die Berge sind viel zu steil für mich, um einen Vortrag zu halten. Es gibt zahlreiche Bücher über den Ersten Weltkrieg. Ich kann dir eine Liste machen, wenn du willst.«

»Gibt es ein Buch über Sie im Krieg?«

»Natürlich nicht. Wer sollte denn ein Buch über meine Kriegszeit schreiben? Warum sollte das jemand wollen, und wer sollte all das wissen?« Alessandro beäugte Nicolo mißtrauisch von der Seite. »Laß es mich so ausdrücken«, sagte er. »Ich kenne mich selbst nicht genug, um meine Autobiographie zu schreiben, und wenn es jemand anderes versuchen sollte, würde ich sagen, vergessen Sie es. Erzählen Sie die Geschichte von Paolo, Guariglia und Ariane.«

»Wer waren sie?«

»Vergiß es.«

»Sie reden mit mir, Signore, als wären wir in der Propellerwerkstatt. Dies ist nicht die Werkstatt.«

Alessandro schaute ihn an und lächelte.

Es war fast dunkel, und während sie die Straße entlanggingen, konnten sie kaum des anderen Gesicht erkennen. Sie fielen wieder in Schweigen, lauschten nur dem Klicken von Alessandros Stock und beobachteten, wie die heller werdenden Planeten aufzogen, wie Vorreiter für die ängstlicheren Sterne, die schließlich aus dem Hintergrund aufstrahlen und auf die Erde herablächeln würden.

Sie sahen in der Ferne das Funkeln der Feuer, über denen die Feldarbeiter bei der Ernte ihr Essen kochten. Und die vielen Sternschnuppen, die im August fallen, sagte Alessandro, machten den fehlenden Regen wieder wett.

Einige Kilometer vor Acereto, die Lichter des Ortes waren immer noch nicht zu sehen, sagte Alessandro: »Wir werden beim Brunnen in Acereto essen. Wenn noch irgendwas geöffnet ist, werden wir einen heißen Tee zu uns nehmen, aber ich zweifle daran.«

Sie gingen weiter. »Um den Ersten Weltkrieg zu begreifen«, sagte er, »mußt du einige Geschichtskenntnisse haben. Hast du welche?«

»Nein.«

»Warum frage ich nur? Du bist eine Tabula rasa.«

»Eine was?«

»Es hat keinen Sinn.«

Sie gingen etwa zehn Minuten lang schweigend weiter. Wieder wandte sich Alessandro Nicolo zu, so wie er es nach Nicolos Erklärung wegen der Propeller getan hatte. »Oder vielleicht doch«, sagte er. »Vielleicht kann ich es kurz zusammenfassen.«

»Ist mir egal«, sagte Nicolo. »Ich hoffe nur, daß wir in Acereto einen Tee oder Kaffee bekommen. Kann ich jetzt schon ein Stück Schokolade haben, um meinen Hunger bis zum Essen zu stillen?«

»Zuerst«, begann Alessandro, ohne sich um Nicolo zu kümmern, »zuerst mußt du begreifen, daß die Geschichte aus der richtigen und falschen Interpretation von Leidenschaft erwächst. Was will ich damit sagen? Es ist kompliziert, aber vielleicht solltest du achtgeben.«

*

»Ich bin kein Historiker. Meine Kollegen wären wahrscheinlich höchst beleidigt, daß ein Humanist den Zaun zu ihrem Acker überklettert, und würden wie Hunde bellen, bis ich zurückgestiegen wäre.«

»Das ist genau wie bei F.A.I.«, sagte Nicolo. »Wir hatten einen Ingenieur namens Guido Castiglione. Er war der Chef der Testabteilung, also versuchte er bei jedem Produktionsschritt die Sachen zu testen, in jeder Abteilung. Das wäre das Beste gewesen und hätte die Fehler aufgedeckt, wo sie entstehen. Aber alle Abteilungsleiter – wie Cortese bei der Fluggastzelle und mein Chef bei den Propellern, Garaviglia – hielten zusammen, um ihn abzusägen. Du kannst nicht dem anderen sein Brot stehlen – sagt mein Vater immer. Jedenfalls arbeitet Guido Castiglione nicht mehr bei F.A.I. Und bei den Handlangern ist es dasselbe. Wenn der eine fegen soll und er sieht jemand anderen mit einem Besen, der kann aber beten.«

»Bei uns ist das genauso«, sagte der alte Mann, »nur daß das Gebet aus Wörtern und Blicken besteht und aus dem, was sie hinter deinem Rücken über dich verbreiten.

Die Historiker haben ihre Methode, wie alle anderen auch, und sie bewachen sie eifersüchtig, aber die *Ilias* beschämt jede Geschichte Griechenlands, und Dante steht weit über den gesammelten Werken aller Mediävisten der Welt. Natürlich weiß das jeder, außer den Mediävisten. Wenn man zur Wahrheit gelangen will, sind letztlich Genauigkeit und Methodologie der Vision und Apotheose unterlegen. Ich behaupte nicht, auf beides ein Patent zu haben, und Geschichte ist auch nicht mein Gebiet, aber ich habe einige Theorien über die Zeiten, die ich erlebt habe. Verzeih mir, wenn ich nicht so gelehrt und subtil bin wie sonst.«

»Wie?« fragte Nicolo.

»Eine Vorbemerkung, um dich zu warnen, daß ich über etwas spreche, das außerhalb meines Fachgebiets liegt.«

»Sie sind verrückt. Hören Sie auf, sich zu entschuldigen«, sagte Nicolo. »Sie haben nichts falsch gemacht. Erzählen Sie mir einfach die Geschichte. Ich sehe schon, wie Sie Kaffee und Brot bestellen. Sie gehen zu dem Typen und sagen: ›Entschuldigen Sie, ich bin kein Bäcker und ich war noch nie in Brasilien. Außerdem arbeite ich nicht in einem Restaurant, aber könnten Sie mir wohl bitte, obwohl ich mein Mikroskop nicht bei mir habe, einen Cappuccino und ein Brötchen bringen?‹«

Alessandro nickte. »Du hast recht«, sagte er. »Der Grund für mein Zögern liegt nicht in meinen akademischen Manieren, davon habe ich nie viel besessen. Ich zögere, weil diese Dinge mich einmal wie eine riesige Welle, wie ein Erdrutsch umgeworfen haben und es mir lange Zeit so vorkam, als träumte ich einen langen, emotionalen Traum, in dem ich weder sprechen noch mich bewegen konnte und die Welt an mir vorüberzog.

Aber das ist nun vorbei. Ich werde dir einen kurzen Abriß der Geschichte des Krieges geben. Ich werde nicht vom eigentlichen Thema abweichen. An meiner Person ist nichts Bedeutsames.«

»Okay«, sagte Nicolo. »Hier bin ich. Legen Sie los.«

»Obwohl Italien von drei Seiten vom Meer und im Norden durch eine Gebirgssperre begrenzt wird«, begann Alessandro, »und obwohl seine frühe Geschichte ein Muster für den Erfolg von einheitlicher Verwaltung und Zentralismus darstellt, ist dieses Land ein Beispiel für Zersplitterung, Hader und Atomisierung. Wohlgemerkt, für die Kunst, für die Entwicklung der Seele gibt es nichts Besseres als eine Landschaft deutlich unterschiedener, uneinnehmbarer Türme. Die Vielfalt, das Gefühl für die Möglichkeiten und die Wachsamkeit, die eine solche Umgebung auslöst, haben uns viel Ehre eingebracht, die in der Welt ihresgleichen sucht. In der Politik jedoch ist dies eine andere Geschichte.«

Nicolo hörte aufmerksam zu und strengte sich an, alles zu verstehen. Noch nie hatte jemand so zu ihm gesprochen.

»Paradoxerweise fanden Länder mit offenen und verletzlichen Grenzen – Frankreich, Deutschland, Polen, Rußland, Ungarn – und jene mit einer Bevölkerung, die durch Sprache, Rasse und Religion untergliedert war, die Kraft und die Mittel, sich zusammenzuschließen und als Nationen zu handeln, viel früher als wir. Vielleicht waren sie durch eben diese Verschiedenartigkeit, die sie zu überwinden hatten, dazu gezwungen worden. Ich kenne die Gründe nicht, aber ich kenne die Ergebnisse des Unterschiedes zwischen ihnen und uns.

Wir waren politisch schwach und sind es immer noch. Während die Politik jener Länder anderen Nationen gegenüber aufgrund ihrer elementaren politischen Harmonie relativ einheitlich blieb, waren wir stets wie die Familie, die Gäste empfangen muß und bitterlich zerstritten ist, bis die vor der Tür stehen. Was ist, wenn die Besucher plündern wollen? Wie wird eine solche Familie mit der Bedrohung fertig? Wenn die Besucher mit dem Schwert in der Hand kommen, dann vergißt die Familie ihre Streitigkeiten und kämpft mit vereinten Kräften. Das neunzehnte Jahrhundert war allerdings das Jahrhundert der Diplomatie. Das war ein hervorragendes System, wäre es jedenfalls gewesen, wenn es nicht 1914 kollabiert wäre, wobei niemand mit Schwertern herbeistürmte. Das ging subtiler vonstatten.

Als sie vor der Tür standen, hatten sie ihr Auge auf alle Gegenstände im Haus geworfen, aber eher wie Juwelendiebe und nicht wie Vandalen. In einer Atmosphäre internationalen Wohlverhaltens befanden wir uns in einem fürchterlichen Nachteil, weil die Bedrohung nicht groß genug war, um uns von unseren eigenen Streitigkeiten abzubringen.«

Zu diesem Zeitpunkt waren Nicolos Augen dabei, glasig zu werden, wie sehr er sich auch anstrengte, etwas zu verstehen, aber Alessandro hatte keine Bedenken, grünes Rohr zu biegen, denn er wußte, daß dieses selten bricht.

»Behalte dies also bitte im Gedächtnis – auch wenn du nicht zustimmen solltest – aus zwei Gründen. Erstens, Parteienstreit schwächte Italien auf der internationalen Bühne, und zweitens, Inkonsistenz und Wankelmütigkeit in inneren Angelegenheiten wurde dadurch nur noch verschlimmert. Verstehst du mich?«

»Ja«, erwiderte Nicolo.

»Gut. Einer der Hauptgründe, warum das neunzehnte Jahrhundert nach dem Wiener Kongreß so friedlich verlief, ist, daß die europäischen Mächte damit beschäftigt waren, sich Kolonien anzueignen und zu verwalten. Dies federte viele Energieausbrüche ab, die sonst vielleicht zu einem Krieg geführt hätten, und sorgte für einen gewissen Reichtum und Spielraum, der Europa größtenteils von seinen Spannungen befreite. Einige kleinere Kriege fesselten die Phantasie der Öffentlichkeit wegen ihrer exotischen Schauplätze, aber das waren keine richtigen Kriege. Weißt du, so, wie wenn du dich mit deinem Freund streitest und es kommt zum Kampf und das erste, was ihr tut, ist Regeln aufstellen, wie der Kampf durchgeführt werden soll? Keine Schläge ins Gesicht, keine Waffen, draußen kämpfen, damit keine Möbel zu Bruch gehen? So war das letzte Jahrhundert. Die Regeln waren klar, und Europa hatte ein Draußen – den Rest der Welt –, in dem es einen Kampf ausfechten konnte, ohne das eigene Geschirr zu zerschlagen.

Italien blieb von alldem ausgeschlossen. Wir hatten unser unterentwickeltes Land gleich in unserem Süden. Und als wir versuchten, England, Frankreich, Deutschland, Holland und sogar Spanien bei der Eroberung anderer Weltgegenden zu imitieren, war das peinlich. Es war komisch. In den frühen Jahren dieses Jahrhunderts war Italien versessen darauf, verlorenen Boden wiederzugewinnen. Seit den neunziger Jahren blickten wir rachsüchtig nach Afrika. Wir bauten Marinestützpunkte in Augusta, Taranto und Brindisi und warteten auf eine Chance, unser Prestige in Europa durch die Inbesitznahme von Kokosnüssen und Diamanten wieder zu stärken. Warum nicht? In der Antike gehörte uns ganz Nordafrika.

Unsere kolonialen Fehlschläge ließen uns in dem Gefühl zurück, stets den Zug zu verpassen. Beim nächsten Mal würden wir kein ›*il gran rifiuto*‹ machen. Nein, beim nächsten Mal, ganz gleich wie gefährlich es auch aussah, ganz gleich wie dumm es war, würden wir uns mit aller Macht in die Bresche werfen. Beim nächsten Mal würden wir Rache nehmen für Custoza, Lissa und Aduwa.«

»Was waren denn die?« fragte Nicolo.

Alessandro schien sich über Demütigungen zu ärgern, die so weit zurücklagen, daß Nicolo nicht einmal von ihnen gehört hatte.

»Das waren Schlachten, in denen man uns lächerlich aussehen ließ – bei Custoza in den Bergen und bei Lissa zu Wasser, und in Aduwa in Eritrea durch eine Handvoll Afrikaner.«

»Ich wünschte, ich wäre dabeigewesen«, sagte Nicolo.

»Wirklich?« fragte Alessandro. »Wir hätten dich auch bei Caporetto brauchen können.«

»Erzählen Sie mir doch vom Krieg.«

»Es gibt nichts über einen Krieg zu erzählen, wenn man nicht erzählt, wie er begann.«

»Das ist langweilig.«

»Nur für jemanden, der von nichts weiß. Wenn du älter wirst, werden all die Schlachten weniger interessant sein als das, was zu ihnen geführt hat und welche Folgen sie hatten. Ich weiß, ich weiß. Ich habe drei Hufe auf der Weide und einen Huf im Grab, aber ich habe noch einiges zu erzählen, bevor ich zu Rauch und Donner komme. Hast du jemals vom Dreibund gehört?«

»Natürlich nicht.«

»Das war eine Allianz mit Österreich-Ungarn und Deutschland, in der wir zu dem europäischen Gleichgewicht der Mächte das beisteuerten, was wir daheim über eine bewegliche, schwache Faktion gelernt hatten, die weit jenseits ihrer eigenen Größe agiert. Mit unseren Verbündeten im Dreibund standen wir Frankreich, Großbritannien und Rußland gegenüber, verhielten uns einmal so und änderten dann wieder unsere Meinung, saßen zwischen allen Stühlen, und der italienische Schwanz wedelte die großen Hunde Europas, sozusagen. Die Lektion, die wir von unserer eigenen Innenpolitik, von der Geschichte und der menschlichen Natur hätten lernen können, war uns nicht klar. Wenn man eine Seite gegen die andere ausspielt, wird man früher oder später zwischen beiden zerrieben oder ist gezwungen, sich auf eine der beiden Seiten zu schlagen. Am Ende verloren wir das Interesse daran, uns rauszuhalten, weil wir viel lieber das Alto Adige von den Österreichern haben wollten als Korsika von den Franzosen. Was hätten wir mit Korsika anfangen können? Sardinien ist schon Problem genug.

Die Elemente der Instabilität hätten kontrollierbar sein können, wenn wir unserer Kultur erlaubt hätten, die Schläge der falschen Politik zu mildern. Das war nicht zuviel verlangt. Schließlich sind wir hier nicht in Grönland. Seit Jahrtausenden haben wir die Kultur an die Stelle der Politik gesetzt und hatten damit Erfolg.

Doch in den Jahren vor 1915 waren wir wie alle anderen. Das Fehlen einer starken Ethik gefiel unserer Generation, der Aufstieg der Maschine, die Dekadenz des Romantizismus, als seine lange, fruchtbare Periode zu Ende ging ... wer weiß? Welche Faktoren und in welcher Kombination auch immer, jedenfalls führten sie zu der Überzeugung, daß die Dinge auseinanderfielen, daß alles, woran wir geglaubt hatten, nicht mehr wahr war, daß Gott uns verlassen hatte und es auf der ganzen Welt nichts gab, was man schön nennen konnte. Eine halbe Dekade der Dissonanz, und schon erklimmen die Philosophen in nicht enden wollendem Strom das Podium und klagen, daß das Licht der Welt für immer erloschen sei.

Ich habe nie so gedacht. Als ich jung war, war ich vom Guten in der Welt überzeugt, von ihrer Schönheit und ihrer letztgültigen Gerechtigkeit. Und selbst als ich gebrochen war, wie man manchmal gebrochen sein kann, und obwohl ich darniederlag, fand ich beim Wiederaufrichten, daß ich stärker war als zuvor, daß die Herrlichkeiten, wenn ich sie einmal so nennen darf, die ich so sehr geliebt hatte und die sich bei meinem Sturz verdüstert hatten, nur um so heller erstrahlten. Und fast jedesmal, wenn ich später gefallen bin und Finsternis mich umgab, sind sie beharrlich wieder aufgetaucht, nicht so, wie sie vorher waren, sondern klarer.

Als wäre die Geschichte nicht der ständige Wechsel von Dunkelheit und Licht, resignierten die Menschen und wurden pessimistisch, und wenn das Feld bereitet ist, stürzen die Mondsüchtigen und die Idioten herbei. Erinnert dich das an die Parteienpolitik und den

Dreibund? Genau dasselbe. Wenn die größeren Kräfte bewegungsunfähig sind, laufen die Splitterfaktionen Amok.

Wie in anderen demoralisierten Ländern, so hatten auch wir unsere bedeutenden Verrückten. Eine Bewegung der ›Futuristen‹ wurde von einem Fall für den Psychiater namens Marinetti angeführt. Als ich mit neunzehn sein Manifest las, war selbst ich entsetzt. Es ist nahezu unmöglich, einen Jungen von neunzehn Jahren zu entsetzen. Bist du jemals entsetzt gewesen?«

Nicolo schüttelte den Kopf. »Nein.«

»Einzelne Stellen daraus weiß ich heute noch. Ich kann daraus zitieren: ›Wir besingen die Liebe zur Gefahr. Mut, Waghalsigkeit und Rebellion sind die Elemente unserer Poesie ... Wir stehen für aggressive Bewegung, fiebrige Schlaflosigkeit, tödliche Sprünge und Schläge mit der Faust ... Unsere Verehrung gilt dem Mann am Rad. Es gibt nun keine Schönheit mehr außer im Kampf, ein Meisterwerk muß aggressiv sein, und deshalb feiern wir den Krieg.‹

Fiebrige Schlaflosigkeit? Tödliche Sprünge? Das wäre lustig gewesen, wenn es nicht einen solchen Einfluß auf den Rest des Landes gehabt hätte. Wenn die Menschen Absurditäten der Gewalt an die Wände der Stadt schreiben, wird die Stadt gewalttätig und absurd.

Du bist wahrscheinlich nicht mit Folgores Oden an die Kohle und die Elektrizität vertraut, und das brauchst du auch nicht. Schon möglich, daß man eine anständige Ode an die Kohle oder an die Elektrizität schreiben kann, aber diese waren humorlose, monomanische, erschreckende Übungen, die sich mit dem sozialistischen Realismus auf der anderen Seite des politischen Spektrums recht gut ergänzten.«

An dieser Stelle faßte sich Nicolo, errötete und erklärte in der Art, wie sich ein Polizeiagent in einem Melodrama einer Gruppe von Saboteuren erklärt: »Ich bin Kommunist.« Obwohl er stolz darauf war, war er doch gleichzeitig gekränkt.

Alessandro machte ein paar Schritte, fragte sich, warum genau er unterbrochen worden war, und schaute den Jungen mit dem gleichen sanft spöttischen Gesichtsausdruck an, mit dem er Nicolos Erklärung über die verlorenen Schlachten gefolgt war, in denen seine Anwesenheit Italien vielleicht zum Durchhalten hätte bewegen können. »Gut«, sagte er. »Soll ich jetzt etwas Bestimmtes dazu sagen, oder kann ich fortfahren?«

»Nein, aber was Sie da über ... was immer es war, sagten, war nicht nett. Bitte denken Sie daran, daß ich Sozialist bin.«

»Ich dachte, du wärst Kommunist.«

»Was ist der Unterschied?«

»Bist du Mitglied einer Partei?«

»Ich glaube nicht.«

»Einer Jugendorganisation?«

»Ich bin in der Fußballmannschaft von der Fabrik.«

»Warum sagst du dann, daß du Sozialist seist, oder Kommunist?«

»Ich weiß nicht, ich bin es einfach.«

»Wie hast du gewählt?«

»Ich bin zu jung.«

»Wie wirst du wählen?«

»Ich werde mich anstellen, man gibt mir ein Stück Papier, das nehme ich dann mit in eine Kabine, wo ich ...«

»Das meine ich nicht. Ich meine, für wen wirst du stimmen, für welche Partei?«

»Woher soll ich das wissen?«

»Woher weißt du dann, was du bist.«

»Ich sagte es schon, ich bin es einfach.«

»Also was?« beharrte der alte Mann indigniert, plötzlich verärgert über die Unterbrechung.

»Sind *Sie* Kommunist?« fragte Nicolo und hoffte aus einem ihm unerfindlichen Grund, daß Alessandro sich nicht als Kommunist, sondern eher als Christdemokrat entpuppte.

»Nein.«

»Was sind Sie dann?«

»Was spielt das für eine Rolle? Würde es für dich einen Unterschied machen, was ich bin? Nein. Also laß mich fortfahren. Es gab noch andere. Sie vermehrten sich wie die Kaninchen. Papini, dieser Hurensohn, wollte alle Bibliotheken und Museen in Brand stecken. Er behauptete, daß die profundeste Philosophie die eines Schwachsinnigen wäre; er konnte zu diesem Schluß wohl nur durch Eigenlob gekommen sein.

Verknüpf dies mit Marinettis Kampagne gegen Spaghetti, De Felices Wunsch, alle Kinder sollten lernen, Tiere zu schlachten, und den verschiedenen Oden und Symphonien auf Kohle, Bohrpressen, Dolche und Stecknadeln, und du hast eine Schule. Verknüpf dies mit D'Annunzio, und du hast eine Bewegung.«

»D'Annunzio wer?«

»D'Annunzio – *wer?*« wiederholte Alessandro.

»Der Name kommt mir bekannt vor.«

»Ich kann dir nicht die ganze Welt erklären. Das hätte ich wissen müssen. Wie kann ich von dir erwarten, daß du die Theorie begreifst, wenn du die Geschichte nicht kennst. Es war ein Fehler, an solch einem späten Punkt zu beginnen. Laß mich so einfach wie möglich anfangen.

Es gab einen großen zerstörerischen Krieg. Er wurde in Europa zwischen 1914 und 1918 ausgetragen. Italien hielt sich bis zum Frühjahr 1915 heraus. Dann zogen wir gegen Österreich-Ungarn in den Krieg, vor allem, weil wir ein Auge auf Südtirol, das Alto Adige, geworfen hatten, und fast eine Million Menschen kamen dabei um.«

»War das der Krieg, an dem Sie teilgenommen haben?«

»Das war der Krieg, an dem ich teilgenommen habe.«

»Erzählen Sie mir, wie es war.«

»Nein«, sagte Alessandro. »Abgesehen von einigen anderen Dingen, habe ich nicht die Kraft dazu.«

Sie kamen durch die wenigen am Rande von Acereto liegenden Straßen. Schon um zehn Uhr lag die Stadt schlafend da, die Fenster waren verschlossen. In der Dorfmitte lag eine Piazza, und in der Mitte der Piazza gab es einen Springbrunnen. Sie ließen sich auf dessen Rand nieder.

*

Es brannte kein einziges Licht, und der Mond war noch nicht aufgegangen, aber die Piazza und die sie umgebenden Gebäude waren von einer blassen Farbe, die das Sternenlicht genug verstärkte, daß sie die Umrisse nachzeichnete und alles verriet, was sich über Flächen unterschiedlichen Kontrasts bewegte. Wasser stieg in einem dicken stetigen Strahl aus der Spitze des Brunnens, wogte hin und her und fiel sanft in sich zusammen, indem es in das kühle untere Becken stürzte. Manchmal zog der Sprühregen von den kollidierenden Massen fallenden Wassers leicht über Alessandro Giuliani und Nicolo Sambucca hinweg.

Alessandros Hände lagen gefaltet auf dem Knauf seines Stocks. Bei Tage hätte man ihn für einen Landbesitzer, den Bürgermeister oder einen Doktor halten können, der am Brunnen rastete, nachdem er einen sehr kranken Patienten besucht hatte. Sein rechtes Bein schmerzte ihn, im Oberschenkel und direkt über dem Knie. Es war eine der Wunden, die mit der Zeit schlimmer wurden, aber er akzeptierte den Schmerz. Schmerz war unausweichlich, und er wußte, daß er im Kampf mit ihm letztlich Sieger blieb. Als er im Winter aus dem Krieg zurückgekehrt war in die düstere und demoralisierte Stadt Rom, hatte er das Kämpfen vermißt, dem er so sehnlich hatte entkommen wollen. So war das auch mit dem Schmerz.

Vielleicht kam sich Alessandro wegen des Alters seines Reisegefährten so jung vor, in eine andere Zeit versetzt, und er fürchtete sich vor der Aussicht, seine Jugend wieder zu durchdenken. Einige seiner Studenten und oft auch seine Kollegen behaupteten manchmal, von einem Buch so fasziniert zu sein, daß sie es immer und immer wieder lasen. Wer waren sie? Woraus bestanden sie? Heuchelten sie? Vielleicht war er ein Dummkopf, aber er glaubte, wenn ein Werk wirklich groß sei, bräuchte man es nur ein einziges Mal zu lesen und würde sich selbst verlieren, wäre bis zur Verzweiflung bewegt, für immer verändert. Das Buch würde Teil von einem werden und einen nie wieder loslassen, und man würde seine Personen lieben, als seien es die eigenen Erfindungen. Wer will denn schon ein Feld pflügen, das bereits gründlich gepflügt worden ist? Wäre das nicht unendlich schmerzvoll und widersinnig, so als lebe man sein Leben erneut? Bei seiner Arbeit mußte er Dinge oft mehrmals lesen, und meist empfand er dies als Zumutung und Quälerei.

Er schaute Nicolo an, der auf der Seite lag, das rechte Ohr gegen die Steinfassung des Brunnens gepreßt, den Arm mit aufgerolltem Hemdsärmel vollständig ins Wasser getaucht, und sich anstrengte, eine versunkene Münze mit seinen Fingerspitzen zu greifen.

»Glaubst du, sie ist es wert?« fragte Alessandro.

Nicolo, der als Antwort eine glitzernde 100-Lire-Münze hochhalten wollte, erwiderte nichts.

Als er die Münze hochhob, richtete er sich erleichtert auf und nahm eine Schachtel Streichhölzer aus der Tasche, wovon er eines mit seiner linken Hand, die trocken war, anzündete. »Was ist das?« fragte er Alessandro, der in dem flackernden Streichholzlicht sah, daß der Arm des Jungen durch das Eintauchen in das kalte Wasser weiß geworden war.

»Laß mal sehen.«

Nicolo zündete ein weiteres Streichholz an.

»Eine griechische Münze«, sagte Alessandro.

»Was ist sie wert?« fragte Nicolo mit jener besonderen Spannung von Menschen, die eine ausländische Münze finden, von der sie annehmen, daß sie viele Male wertvoller ist, als sie insgeheim befürchten.

»Etwa eine Lira oder weniger«, bekam er zur Antwort.

»Eine Lira? Eine?«

Alessandro nickte zustimmend, bevor das Streichholz ausging.

»Wie kann das sein?«

»Was hast du erwartet? Glaubst du, die Menschen werfen Gold fort? Geld aus einem Brunnen zu fischen lohnt sich nur, wenn er voll ist mit Münzen. Ich habe das selber getan.«

»Aber Sie waren reich.«

»Na und? Ich war ein Kind. Wir holten uns das Geld für Eis aus dem Brunnen.«

»Hat Ihnen Ihr Vater kein Geld gegeben?«

»Nicht für Eis.«

»Warum nicht?«

»Er wußte, daß ich mein Eisgeld aus den Brunnen fischte.«

»Er war klug.«

»Das war das wenigste«, sagte Alessandro. »Wie alt bist du, Nicolo? Du siehst aus wie achtzehn.«

»Siebzehn.«

»Nicolo, 1908, vor mehr als einem halben Jahrhundert, war ich Student und fing gerade an der Universität an. Eines Tages kam ich an einem Brunnen vorbei, der mit Silber vollgefüllt war. Ich wußte, es war eigentlich nicht recht, daß ich meine Jacke auszog, meine Ärmel hochkrempelte und mich mühte, das Geld vom Grund hochzuholen. Obwohl ich mir nicht sicher war, warum, schien es etwas mit Würde zu tun zu haben. Dann kam ein Polizist und gab mir zu verstehen, in der eindringlichen Art, in der sie einem oft etwas zu verstehen geben, daß ich das Geld wieder ins Wasser werfen solle. Er sagte mir, daß ich nicht tun dürfe, was ich da tat, daß ich es für die Kinder lassen solle.

Es hatte nichts mit Würde zu tun. Man sollte nie etwas tun, um seine Würde zu verteidigen. Entweder man hat sie, oder man hat sie nicht. Es war eine Frage der Fairneß, schien mir. Und indem ich erkannte, daß dies eine Frage der Fairneß war, näherte ich mich der Idee von Würde, statt darauf zu warten, daß sie sich mir näherte. Verstehst du, was ich meine?«

»Aber das ist doch eine griechische Münze, Signore«, protestierte Nicolo.

»Wäre das nicht aufregend für einen kleinen Jungen?« fragte der alte Mann.

Nicolo bog den Arm, um die Münze in die Brunnenmitte zu werfen.

»Ah!« fiel ihm Alessandro in den Arm. »Wie soll er sie denn kriegen? Willst du, daß er ertrinkt?«

»Soll er schwimmen«, sagte Nicolo.

»Nein«, wurde ihm entgegnet. »Sie ist für ein kleines Kind bestimmt.«

Nicolo ließ die Münze fallen und rollte seinen Ärmel herunter. Er mochte die Vorstellung nicht, auch nur eine Lira fortzuwerfen. »Diese ganze blöde Stadt ist geschlossen«, sagte er. »Stellen Sie sich vor, kein einziges Licht, nicht ein einziges ...«

»Ich sah ein Licht, als wir hereinkamen, an der Kreuzung.«

»Aber nicht in der Ortsmitte. Ich kann es nicht glauben. Es ist erst zehn Uhr. Auf der Via Veneto fängt der Rummel jetzt erst an«, stellte er fest, als ginge er dort jeden Abend hin.

»Verkehrst du auf der Via Veneto?« fragte ihn Alessandro.

»Manchmal.«

»Was tust du da?«

»Ich halte nach Frauen Ausschau«, antwortete Nicolo und errötete so tief, selbst in der Dunkelheit, daß Alessandro *»Pomodoro«* murmelte.

»Das ist ein guter Ort, um Frauen anzuschauen«, sagte Alessandro. »Viele gehen dorthin, aber findest du sie auch?«

»Eigentlich nicht...«, war die Antwort in einer Art heiserem Flüstern.

»Hast du jemals mit einer Frau geschlafen?«

»Noch nicht«, gestand Nicolo beschämt.

»Mach dir keine Gedanken«, sagte ihm Alessandro. »Das wirst du noch. Du weißt wahrscheinlich nicht mal, daß die Frauen ebenso sehr mit dir schlafen wollen, wie du mit ihnen schlafen willst.«

»Das tun sie?«

»Ja, aber ich weiß, du glaubst mir nicht. *Ich* hätte mir auch nicht geglaubt. Wie auch immer, das ist eine Sache, die du niemals völlig akzeptieren wirst. Wenn, dann wäre das tragisch, weil das hieße, daß du ein eitler Pfau geworden wärst. Du wirst nicht mal eine Spur davon begreifen, bis du viel älter bist als jetzt.

Du solltest zuversichtlich sein. Du bist jung, du meinst es ernst, und du hast eine gute Arbeit. Ich möchte meinen, daß Frauen sich stark von jemandem angezogen fühlen, der Propeller macht.«

»Meinen Sie?«

»Ja. Es ist ehrenvoll, ungewöhnlich, interessant, mit Aufstiegsmöglichkeiten. Zugegeben, es ist nicht mit einem Arzt oder Anwalt zu vergleichen, aber wer sagt denn, daß du mit harter Arbeit nicht Ingenieur werden kannst und vielleicht, eines Tages, Chef von F.A.I.«

»Von F.A.I.?« fragte Nicolo skeptisch, in der Art, wie Menschen mit unterdrückten Träumen oft ihre eigenen Möglichkeiten ausschließen. »Ich? Niemals. Bei F.A.I. arbeiten hundertzwanzigtausend Leute.«

Alessandro gab Nicolos mangelndem Selbstvertrauen nicht nach. »Schau, Dummkopf«, sagte er, und Nicolo wechselte von Rot zu Weiß. »Es wird schwer genug für dich sein aufzusteigen. Das Schicksal, die Umstände und andere Männer werden manchmal übermächtig gegen dich sein. Du wirst sie nur dann schlagen können, wenn du dich ihnen nicht anschließt, nur dann, wenn du dich nicht von Anfang an selbst verdammst. Wenn du kein Vertrauen in dich selbst hast, wer dann? Ich nicht. Ich würde meine Zeit nicht damit verschwenden, und die anderen werden es auch nicht. Verstehst du? Du kannst Chef von F.A.I. werden. Du bist jung genug, um selbst Papst zu sein.«

»Papst? Sie würden niemals jemand so jungen wie mich zum Papst nehmen.«

Alessandro seufzte hoffnungslos. »Du bist noch jung genug, um Papst zu *werden*.«

»Müßte ich zuerst Priester werden?«

»Ich denke, das ist die Grundvoraussetzung, ja.«

»Ich möchte nicht Papst werden.«

»Ich schlage nicht vor, daß du Papst wirst, du kleiner Idiot! Ich sage nur, daß du noch jung genug bist, um es zu versuchen.«

»Warum sollte ich?«

»Du tust es natürlich nicht, aber deine Jugend ist ein magisches Instrument, mit dem du alles erreichen kannst.«

»Alle zwei Sekunden sagen Sie, daß ich ein Idiot bin. Warum?«

»Weil du es alle zwei Sekunden bist. Du vergeudest was du hast.«

»Sie hören sich an wie der Fußballtrainer, und wir verlieren gegen jeden. Gegen Olivetti verlieren wir immer. Wir verlieren sogar gegen die Musiker-Gewerkschaft. Fabrica Aeronautica Italiana, Erbauer von Kriegsflugzeugen, verliert gegen kahlköpfige Typen, die Geige spielen.«

»Ich will nicht den ganzen Weg bis Sant' Angelo mit einem ... mit jemandem laufen, der aufgibt, bevor er begonnen hat«, sagte Alessandro. »Ich möchte dir etwas sagen, das du vielleicht verstehst, vielleicht auch nicht, und ich will, daß du es im Gedächtnis behältst und dir ab und zu vorsagst, und dann wirst du es eines Tages verstehen.«

»Ist es lang?«

»Nein.«

»Na dann.«

»Nicolo«, sagte Alessandro.

»Nicolo«, wiederholte Nicolo.

»Der Funke des Lebens ist nicht Nützlichkeit.«
»Der Funke des Lebens ist nicht Nützlichkeit.«
»Und auch nicht Luxus.«
»Und auch nicht Luxus.«
»Der Funke des Lebens ist Bewegung.«
»Bewegung.«
»Farbe.«
»Farbe.«
»Liebe.«
»Liebe.«
»Und außerdem ...«
»Und außerdem ...«
»Wenn du das Leben wirklich genießen willst, mußt du ruhig und bescheiden arbeiten, um deine falschen Vorstellungen von Größe zu erkennen.«
»Aber ich habe keine.«
»Fang damit an, welche zu haben.«
Nicolo nickte zustimmend mit dem Kopf. »Ich verstehe, Signore, ich verstehe, was Sie meinen. Wirklich. Ich glaube schon.«
Alessandro brummte.
Keiner von ihnen sprach, während Alessandro ein Mahl aus Prosciutto, Früchten und Schokolade ausbreitete, er und Nicolo zu essen begannen und sich ab und zu herabbeugten, um eine hohle Hand in das betäubend kalte Wasser zu stecken und zu trinken.
»Du frißt wie ein Tier«, stellte Alessandro nüchtern fest. Nicolo hielt erneut geschockt einen Augenblick inne, Mund und Backen mit einer zähen Scheibe Prosciutto vollgestopft. Er konnte nichts erwidern und hatte den alten Mann fast in Verdacht, seine Kritik zeitlich entsprechend plaziert zu haben. Mit aufgeblähten Backen wie bei einem Eichhörnchen hörte er zu. »Du darfst beim Essen nicht brummen – nicht, daß Tiere das täten –, denn das läßt auf eine gewisse primitive Idiotie schließen. Niemand wird dir etwas wegnehmen, also kannst du es zerschneiden oder zerteilen, bevor du es in den Mund steckst. Schnauf nicht so – das hört sich an, als würdest du gleich sterben. Und mach nicht so einen Krach beim Kauen.
Cafés auf der Via Veneto sind voll mit Menschen, die sich an die

Regeln halten, die ich gerade aufgezählt habe. Glaub mir, gut gekleidete Frauen schauen niemanden zweimal an, der frißt wie ein Schakal in der Serengeti. Noch etwas: hör auf, deine Augen beim Essen herumwandern zu lassen. Das ist schon halb gewonnen.«

»Ich habe noch nie von der Serengeti gehört«, sagte Nicolo, nachdem er aus Scham einen Essensbrocken heruntergeschluckt hatte, der ihm im Hals hätte steckenbleiben und ihn hätte töten können. »Ist das eine Straße oder eine Piazza?«

»Das ist ein Ort halb so groß wie Italien, voller Löwen, Zebras, Gazellen und Elefanten.«

»In Afrika?«

»Ja.«

»Ich möchte gern einmal nach Afrika«, sagte Nicolo und schob sich wieder ein riesiges Stück Prosciutto in den Mund.

»Es gibt bessere Orte als Afrika«, stellte Alessandro fest. »Viel bessere Orte.«

»Wo?«

»Da«, sagte der alte Mann und wies in Richtung Nord-Nordost zu den großen Bergen, von denen er wußte, daß sie sich weit entfernt in der Dunkelheit erhoben, zum Alto Adige, den Karnischen Alpen, den Julischen Alpen und nach Tirol.

Nicolo drehte sich um und schaute in die Richtung, die sein Führer angedeutet hatte, und sah eine kaum beschienene Ansammlung von Gebäuden, die selbst in der Dunkelheit einen beruhigenden und unverwechselbar italienischen Eindruck des Verfalls boten. »Was ist denn da so Tolles?« fragte er. »Da brennt ja nicht mal Licht.«

»Ich meine nicht da«, sagte Alessandro und dachte an die schneebedeckten Berge und die elektrisierende Vergangenheit. »Ich meine viel weiter; wenn du wie in einem Traum in die Nacht hinaus fliegen und in die Höhe steigen könntest, den Wind im Gesicht, die Sterne, die dich anziehen, die Landschaft unter dir blauschwarz. Ich fand mich plötzlich in den Bergen wieder«, sagte er, »nachdem ich nie wieder dorthin zurückgekehrt bin, niemals, aus Angst, meinem verlorenen Ich wiederzubegegnen.«

»Dort oben ist niemand mehr und kämpft im Krieg. Wenn die Dinge passiert sind, sind sie vorbei, und damit hat sich's.«

»Nein«, sagte Alessandro. »Was einmal geschehen ist, bleibt für immer. Ich habe nie davon gesprochen, weil ich glaube, daß die Dinge auf immer da sind, ob mit mir oder ohne mich. Ich habe keine Angst zu sterben, weil ich weiß, daß das, was ich gesehen habe, sich nicht verlieren und eines Tages in voller Blüte in jemandem erstehen wird, der noch gar nicht geboren ist, der mich und meine Zeit nicht kennt, und auch nicht das, was ich liebte. Ich bin mir sicher.«

»Wie?«

»Weil dies die Seele ist, und ganz gleich, ob du Soldat, Gelehrter, Koch oder Lehrling in einer Fabrik bist, dein Leben und dein Werk werden dich lehren, daß es sie gibt. Der Unterschied zwischen deinem Fleisch und den beseelenden Kräften, die fühlen, verstehen und lieben können, in genau dieser Reihenfolge, der Unterschied wird sich dir in zehntausend Arten zehntausendmal offenbaren.«

»Haben Sie jemals einen Geist gesehen?« fragte Nicolo.

»Millionen von ihnen«, kam die Antwort, die sogar Alessandro überraschte, der sich in diesem Moment nicht ganz unter Kontrolle hatte. »Millionen von ihnen, Scharen von Toten, die in einem Lichtstrahl aufsteigen.

Hör mir zu«, sagte er zu dem Jungen, beugte sich vor und schlug sich mit der Faust in die Handfläche. »Wenn du alle Museen der Welt aufsuchst und dir die Bilder anschaust, in denen ein solcher Lichtstrahl Himmel und Erde miteinander verbindet, weißt du, was du dann findest? Du findest, daß der Winkel des Lichts in welcher Zeit auch immer, in welchem Land auch immer, bei allen Malern ungefähr der gleiche ist. Ein Zufall?«

»Das müßte ich sehen. Ich müßte nachmessen. Ich weiß nicht.«

»Messen?«

»Mit einem Winkelmesser.«

»So etwas kann man ganz allein mit den Augen messen, und außerdem, wenn das jüngste Gericht kommt, haben selbst Marxisten keinen Winkelmesser.«

»Ich schon. Ich habe immer einen in der Tasche. Sehen Sie«, sagte Nicolo und zog eine kleine rote Plastikschachtel hervor, in der säuberlich verstaut ein sechsskaliges Lineal, ein Winkelmesser, ein kleines Kurvenlineal, ein Greifzirkel und ein Präzisionszirkel lagen; sie waren dort aufbewahrt, als hätten sie nur darauf gewartet, daß Alessandro Giuliani sie sehen sollte. »Man weiß nie. Wenn man an Maschinen arbeitet und Teile formt, muß man stets messen und nachmessen, um es hinzukriegen. Die Maschine duldet keine Fehler oder Ausreden. Das hat nichts damit zu tun, was man will oder was man hofft. Man muß es richtig machen, sonst funktioniert es nicht.« Während dieser Erklärung war er so treuherzig und so genau, daß er den alten Mann zum Verstummen brachte. »Wie?« fragte Nicolo, um Alessandro zum Reden zu bringen.

»Dein Argument ist wunderschön und erstaunlich, Nicolo«, sagte Alessandro. »Kurz gesagt, du hast recht. Man muß messen und nachmessen, um alles richtig zu machen. Und weil ich die Lichtstrahlen nicht alle gemessen habe, bin ich beschämt.«

»Signore, was war mit Ihnen?«

Bei diesem Satz ließ der alte Mann, vielleicht weil er vom Wandern angestrengt und erschöpft war, seinen Kopf auf die leicht geballte linke Faust sinken.

Nicolo beugte sich in einer weiten Gebärde vor, die anzeigte, daß aus ihm ein verständiger und mitfühlender Mann werden würde. Er entschuldigte sich nicht dafür, daß er Alessandro zu diesem Gang verleitet hatte, denn Alessandro hatte sich selbst verleitet, und dennoch war Nicolo bewegt, und er spürte eine Zuneigung zu dem alten Mann, der, selber lahm, ihm das Gehen beibrachte.

*

Außerhalb von Acereto gingen sie zu einem schnelleren Schritt über. Vielleicht weil sie gegessen und gerastet hatten, fand Alessandro neue Kräfte. »Gott gleicht alles vollkommen aus«, sagte er zu seinem Begleiter. »Man kann nicht fallen und glauben, man stehe nicht wieder auf. Nenn es das Rad, die Lektion des Antaeus, wie du willst, aber nach einem Fall fließt einem neue Stärke zu.

Und dann«, sagte er fröhlich, »mag es auch wieder nur sein, daß der Mond aufgeht, oder es kann die Schokolade gewesen sein oder eine Kraftreserve. Sag mir, wenn du etwas langsamer gehen willst.«

»Ich denke, ich kann mit Ihnen mithalten«, entgegnete Nicolo sarkastisch.

In den folgenden ein, zwei Stunden stellte sich das Mithalten mit Alessandro als eine Aufgabe heraus, die den Jungen schnaufen und glauben ließ, daß mit seinem Herzen etwas nicht stimme, denn er fand es schwer, mit einem alten Mann Schritt zu halten, der einen Stock benutzte und bei dem jeder Schritt eine Mischung aus einem unkontrollierten Schwenk und einem kaum gebremsten Fall war.

Sie stiegen hinan. Die Straße von Acereto nach Lanciata war an einigen Stellen steil, führte bis hinauf zur Kammlinie der niedrigen Berge, die von den Dächern Roms aus wie die Alpen aussahen, und wand sich dann schwindelerregend hinab in die geschützten Täler, in denen Schafherden im Mondlicht leuchteten wie Schneefelder.

Sie kamen an Abhängen vorbei, wo das milchweiße Straßenbankett zu einer leuchtenden Rampe in eine verlockende Leere von Schwerelosigkeit und Entrückung wurde. In den Kurven kam Alessandro dem Abgrund gefährlich nahe, und manchmal bröckelte die Böschungskante geräuschlos ab, nachdem sein Fuß sie verlassen hatte. Er schien es nicht zu bemerken oder sich nicht darum zu kümmern, aber von ihrem nahezu übernatürlichen Schwung beschützt zu werden, den Nicolo als freundliches Wettrennen auffaßte, wer schneller bis zum höchsten Kamm aufstieg, wo der Mond dann mächtig über einer schweigenden Welt hing.

Nicolo hielt sich vom Rand fern, und Alessandro amüsierte sich darüber. »Eines der vielen großartigen Dinge beim Bergsteigen«, sagte er ebenso zur Nacht, zu den Hängen und der Luft wie zu dem Jungen, der neben ihm schnelle Schritte machte, »eine der schönsten Belohnungen ist es, keine Angst mehr vor der Höhe zu haben. Als ich noch ein Junge war und mit meinem Vater und den Bergführern kletterte, die er kannte oder anheuerte, hatte ich furchtbare Angst vor dem Vakuum eines Abgrunds, und meine Fäuste waren weiß, so sehr krallte ich mich in den Fels. Währenddessen saßen die Führer da und baumelten mit den Beinen über einer unendlichen Tiefe, standen auf winzigen Vorsprüngen, rauchten Pfeife, rollten Seile auf und sortierten die Bergsteigerausrüstung, und sie rannten Ziegenpfade hinauf und hinab, die manchmal nicht weniger senkrecht waren und wenig mehr Konturen aufwiesen als die Trajanssäule.

Nach ein paar Tagen in den Bergen kümmerte sich mein Vater kaum noch um das Gefälle unter den überhängenden Wänden, auf denen er mit den Schuhspitzen stand, während der Rest seiner Stiefel ins Leere zeigte.

Ich weiß nicht mehr, wann ich meine Angst verlor, aber, als ich sie schließlich abgelegt hatte, kehrte sie nie wieder zurück, vielleicht weil ich mich so lange gefürchtet hatte. Ich bin seit dem Krieg nicht mehr in den Bergen gewesen, aber ich habe keine Höhenangst. In all den Jahren – an den Klippen von Capri, auf der Spitze von St. Peter, aufs Dach kletternd, um eine verschobene Dachpfanne zu richten – habe ich gemerkt, daß wenigstens dieser Teil von mir jung geblieben ist.«

Er hatte sich in einen Eifer hineingesteigert wie ein jugendlicher Läufer an einem guten Tag. »Möchtest du, daß ich langsamer gehe?« fragte er Nicolo.

»Nein«, entgegnete Nicolo außer Atem, »aber vielleicht sollten wir doch lieber, denn schließlich geht es bergauf.«

»Meinetwegen brauchst du nicht langsamer zu werden«, sagte Alessandro. »Ich werde bis zum Morgen am Boden zerstört sein, ganz gleich, was ich tue, also kann ich mich auch genausogut vorantreiben, solange es geht. Nicolo, die Welt ist voller kleiner herber Überraschungen. Hier bin ich nun, 74 Jahre alt, stürme einen Berg hinauf und beschäme dich, weil du ein Junge von siebzehn Jahren bist und schnaufst wie ein Neunzigjähriger. Mach dir nichts draus, in ein paar Stunden wirst du mich wahrscheinlich tragen müssen, aber für den Moment laß mich ruhig, schwitz ein wenig, nimm das Rennen auf.«

»Und was, wenn Sie so den ganzen Weg bis an Sant' Angelo vorbei weitermachen?« fragte Nicolo verzweifelt.

»Dann wirst du jede Menge Zeit haben, um sie mit deiner Schwester zu verbringen, und mich werden sie in Monte Prato beerdigen. Besser dort beerdigt zu werden als in einem dieser Marmoraktenschränke in Rom.«

»Haben Sie keine Angst zu sterben?«

»Nein.«

»Ich schon.«

»Du bist nicht müde.«

»Ich bin auch nicht mutig.«

»Das hat mit Mut nichts zu tun. Mut ist bei anderen Dingen wichtig.«

»Ja, aber Sie vermissen Menschen.«

»Ich weiß.«

»Und Sie können nichts daran ändern, oder?«

»Man erhält sie am Leben.«

»Tun Sie das?«

»Ja.«

»Also wirklich!«

»Man erhält sie nicht durch besondere Fähigkeiten am Leben, nicht durch Kunst, nicht durch die Erinnerung, sondern durch Liebe. Wenn du das begreifst, hast du keine Angst mehr zu sterben. Aber das heißt nicht, daß du dem Tod entgegengehst wie ein Narr. Der Tod, Nicolo, ist emotional.«

»Das Leben auch.«

»So steht zu hoffen.«

»Schauen Sie, Signore. Sie sterben besser nicht unterwegs, erst recht nicht, wenn ich nicht dabei bin, und besser Sie sterben nicht, erst recht nicht, wenn ich dabei bin, verstehen Sie, was ich meine?«

»Meine Enkelin wird wissen, daß ich neben meiner Frau begraben sein möchte. Und sie und ich haben eine solch starke Verbindung, daß es kaum einen Unterschied macht, wo wir begraben sind, denn wir haben uns nie wirklich getrennt.«

»Oh«, sagte Nicolo, unfähig mehr zu sagen, weil er mit dem Atmen zu sehr beschäftigt war.

»Es ist wahr. Wie auch immer, der Tod weckt die Anwälte. Sie werden geschäftig, wenn ich abtrete. Ich habe genaue, maschinengeschriebene Instruktionen hinterlassen. Ich schreibe sogar vor, was mit meinen Anzügen, meinen Papieren und den kleinen Dingen, die ich in meinem Schreibtisch aufbewahre, geschehen soll.

Fast alles soll verbrannt werden. Man lebt nicht weiter kraft der Dinge, die man angehäuft hat, oder des Werks, das man vollbracht hat, sondern durch seinen Geist, auf eine Art und Weise, die man weder kontrollieren noch vorhersehen kann. All mein Besitz und all meine Papiere werden in dem Pinienwäldchen hinter meinem Haus verbrannt werden.

Dort habe ich einen Metallkäfig, um die Funken einzufangen, die ausreichen würden, andere Dinge in Brand zu stecken. Es ist gegen die Stadtverordnungen, Abfall im Zentrum Roms zu verbrennen, aber ich habe vorgesorgt. Ich habe einen Umschlag an den örtlichen Inspektor adressiert und einen an seinen Vorgesetzten. Ich habe eine sorgfältig komponierte Ode in fehlerlosen jambischen Pentametern verfaßt und um eine einzige Gefälligkeit gebeten. Da ich weiß, daß sie sich vielleicht nicht für meine Poesie interessieren, dachte ich daran, fünfundzwanzigtausend Lire für den Inspektor und vierzigtausend für seinen Vorgesetzten beizulegen.«

»Zehntausend wären genug gewesen. Warum so viel?«

»Weil Inflation in diesem Land nicht ganz unbekannt ist und ich vielleicht länger leben werde, als ich erwarte. Obwohl mir ein Rätsel ist, warum ich das wünschen sollte. Ich bin so umsichtig und gewissenhaft, damit ich mich völlig frei fühle zu sterben. Wenn ich unterwegs sterbe, geh einfach weiter. Sie werden mich finden. Es wird für alles gesorgt sein.«

»Glauben Sie, daß Sie sterben werden?« stieß Nicolo zwischen den Atemzügen hervor. »Ich glaube, *ich* sterbe.«

»Mach dir keine Sorgen«, sagte Alessandro und machte ihn wütend. »Ich bin noch recht fit. Ich denke, du hast wohl meine Gangart mißverstanden. Seit dem Krieg bin ich etwas langsamer geworden, und in letzter Zeit muß ich dies hier benutzen«, sagte er und stieß den Stock auf die Straße, »aber ich rudere seit vierzig Jahren auf dem Tiber, außer wenn er trockenliegt oder über die Ufer tritt. Ich rudere bei Hitze und bei Regen. Ich bin von Motorbooten gerammt und von Schwänen attackiert worden. Ich habe siegreiche Armeen über die Brücken über mir einmarschieren und einige Jahre später wieder abmarschieren sehen. Ich bin sogar bei Schnee auf dem Fluß gewesen und habe ihn in das Wasser neben mir zischen sehen, als meine Ruder vorbeizogen, so als sei ich nicht in Rom, sondern in England. Ich versuche, es nicht zu übertreiben, aber ich bin nicht schwächlich wie viele Männer in meinem Alter.«

»Das sehe ich«, erwiderte Nicolo mit schweißglänzender Stirn.

»Sie machen einen ganz anderen Eindruck«, fuhr er fort. »Wie Sie sich kleiden – darin sehen Sie aus wie ein glasierter Kuchen.«

»Was meinst du damit?« fragte Alessandro und schaute an seiner Kleidung herunter.

»Alles in Weiß. Und Ihr Haar ist weiß. Sie sehen aus wie ein Priester im Sommer oder ein Eisverkäufer.«

»Ein Eisverkäufer!«

»Nun, so sehen Sie aus. Sie sehen so zerbrechlich aus, daß ich Sie für neunzig oder hundert gehalten habe.«

»Hundert?!« Alessandro war über solches Lob nicht erbaut. »In sechsundzwanzig Jahren vielleicht, wenn du dreiundvierzig bist, werde ich hundert sein. Und der Anzug ist nicht weiß. Er ist hell cremefarben. Siehst du?«

»Für mich sieht er weiß aus.«

»Bei Sternenlicht ist der Unterschied schwer zu erkennen. Warte, bis der volle Mond aufgeht.«

»Woher wissen Sie, daß es Vollmond gibt?«

»Unter anderem deshalb, weil er gestern voll war bis auf einen winzigen Streif. Heute nacht wird er absolut rund sein. Deshalb gehe ich so schnell.«

»Sie gehen schnell bei Vollmond?«

»Etwas außerhalb von Acereto gibt es einen hohen Bergrücken. Dort drüben«, sagte er und deutete nach vorn und nach rechts, zu einem dunklen Hügel, der höher war als die anderen um ihn herum. »Von dort aus kann ich den Sonnenuntergang über dem Meer sehen, wenn ich nicht aus dem Bus geworfen werde – obwohl das Meer aus dieser Entfernung nur eine dünne blaue Linie ist, wie ein zarter Strich mit Wasserfarbe. Und man kann sehen, wie Rom aufleuchtet, zuerst nur leicht, aber dann sieht es aus, als brenne die Stadt. Gen Osten liegen ein halbes hundert Gebirgsketten. In der Dämmerung sehen ihre Wellenkämme aus wie das Meer, mehr noch als das Meer selbst.

Wenn wir schnell genug sind, können wir dort sein, wenn der Mond aufgeht. Zuerst wird er orange und bernsteinfarben sein, wie Rom auf der anderen Seite, und wird glühen wie die Überreste eines Ackerfeuers.

Einen Moment lang werden der Bernsteinmond im Osten und die Bernsteinstadt im Westen wie Spiegelbilder aussehen, und von der Kammhöhe aus werden wir beobachten, wie sie sich gegenseitig anschauen wie zwei Katzen zu beiden Seiten eines Zauns. Dann, wenn der Mond in tausend Farben höhersteigt, werden wir etwas trinken und Schokolade essen – es ist besser, als im Kino zu sitzen.«

»Gibt es dort oben Wasser?« fragte Nicolo. »Ich bin jetzt schon durstig. Das kommt, weil Sie so schnell gehen.«

»Nein, dort oben gibt es kein Wasser. Es liegt zu hoch, aber ich habe eine Weinflasche gefüllt, die ich gefunden habe. Auf der Kammhöhe werden wir das kalte Wasser von Acereto trinken. Das werden wir nötig haben, denn wir werden Schwerarbeit hinter uns haben.«

»Wo ist es?«

»In der Aktentasche auf deinem Rücken. Mit ein Grund, warum du so keuchst.«

»Sie haben eine Flasche mit Korken gefunden?«

»Ich habe eine Flasche gefunden, aber ohne Korken.«

»Woher wissen Sie, daß das Wasser noch nicht verschüttet ist?«

»Ich habe dich genau beobachtet«, sagte Alessandro. »Seit wir Acereto verlassen haben, hast du keinen Moment lang auf dem Kopf gestanden. Lauf also nicht auf den Händen.«

»In Ordnung«, versprach Nicolo. Bei seinen Freunden und in der Fabrik war er dafür bekannt, daß er auf den Händen laufen konnte.

»Eine erstaunliche Sache«, sagte Alessandro, »so ein Mondaufgang. Besonders bei Vollmond. Er ist so sanft, so rund und so leicht. Jedesmal wenn ich den Vollmond aufgehen sehe, denke ich an meine Frau. Ihr Gesicht war strahlend und wunderschön, und wenn es irgendeinen Makel hatte, dann den, daß es zu vollkommen schien, besonders als sie jung war.

Ich gehe schnell, weil ich den Mond aufgehen sehen will. Und ich will den Mond aufgehen sehen, weil ... ich habe es dir schon gesagt. Komm, er wartet nicht auf uns, aber er wird dort sein.«

Sie gingen zügig weiter. Nicolo fand seinen Atem wieder. Er schob sich sorgfältig das Hemd in die Hose und strich sich die Haare von den Augen, so als sollte er jemandem vorgestellt werden. Und während sie gingen, ermahnte er sich ab und zu, nicht auf den Händen zu laufen.

*

»Keine einzige Wolke«, sagte Alessandro, als sie sich auf einen flachen Felsen am höchsten Punkt des Kammes setzten, auf den sie zugegangen waren. »Über dreihundertsechzig Grad und bis zur Himmelsspitze, als seien Wolken noch gar nicht erfunden.«

Die Dunkelheit breitete sich um sie herum in alle Richtungen aus. Selbst die weißer werdende Straße machte auf der Spitze eine kleine Kehre und verschwand dann, während sie am Kamm entlang abwärts glitt. Sie hatten die Straße verlassen und waren ein oder zwei Minuten lang geklettert, um einen Vorsprung auf der höchsten Spitze eines Hügels zu erreichen, um den herum die Welt drapiert war wie eine wirbelnde Flüssigkeit, die plötzlich gefroren war.

»Dort liegt Rom«, verkündete Alessandro, »bernsteinfarben, aber glitzernd wie ein Diamant. Das dunkle Band, das du siehst, ist der Tiber, der durch das Licht schneidet, und diese weißen Flocken, wie Glimmer, sind die großen *piazze*.

Wenn du nach Westen schaust, siehst du eine ruhige Linie gerade jenseits der Hügel. Das ist das Mittelmeer. Man kann es trotz der gleichen Farbe vom Himmel unterscheiden, weil in dem schmalen Band des Meeres keine Sterne sind. Der Unterschied ist winzig, weil die Atmosphäre die Sterne verblassen läßt, wenn sie sich dem Horizont nähern, aber wenn du genau hinsiehst, kannst du es erkennen.«

»Ich sehe nichts«, erklärte Nicolo. »Ich sehe dort keine Sterne, nur über uns.« Er strengte sich an und blinzelte und drehte den Kopf hin und her.

In seiner Freude, den Mond bis zur Hügelspitze geschlagen zu haben und einen schönen Rastplatz gefunden zu haben, von dem aus sie seinen Aufstieg beobachten konnten, hätte Alessandro Nicolos Unfähigkeit, die Sterne am Horizont zu sehen, fast ignoriert, aber ein halbes Jahrhundert der Erklärungen und Erläuterungen erlaubte es ihm nicht. »Schau senkrecht nach oben«, befahl er.

»Wohin?«

»Dort.« Er deutete auf Rigel, seinen Lieblingsstern. »Zähl die Sterne, die du auf der Fläche von der Größe einer Münze sehen kannst.«

»Das kann ich nicht.«

»Warum nicht?«

»Sie überschneiden sich.«

»Was meinst du, ›sie überschneiden sich‹?«

»Sie sind zu verschwommen.«

»Sehen sie nicht wie Stecknadelköpfe aus?«

»Nein. Sie sehen aus, als wenn jemand Farbe vergossen hätte.«

Der alte Mann zog aus einer seiner Jackentaschen ein festes Lederetui, das er mit einer geläufigen Bewegung seiner linken Hand öffnete. »Versuch einmal, hier durchzuschauen. Vielleicht werden die Dinge schärfer.«

Nicolo nahm eine Brille mit Goldfassung aus dem Samtbett, auf dem sie geruht hatte, und setzte sie auf. Er legte den Kopf wieder Richtung Rigel zurück und sah zum ersten Mal die Sterne.

»Und die Brille ist für dich noch ganz falsch«, sagte Alessandro. »Und, besser?«

»Ja! Die Sterne liegen tief im Himmel, und ich kann sie einzeln sehen.«

»Hast du nie eine Brille getragen?«

»Nie. Ich brauche keine.« Er schwieg. »Ich brauche eine.«

»War sie zu teuer?«

»Nein. In der Klinik hätte ich sie umsonst kriegen können. Man sieht besser, aber Mädchen mögen sie nicht.«

»Wer sagt das?«

»Alle.«

»Ich finde, genau das Gegenteil ist wahr, und daß Mädchen, die eine Brille tragen, weniger schön sind, können nur Affen behaupten. Viele Male waren die dicken Brillengläser eines jungen Mädchens der Haken, den sie mir tief ins Herz senkte. Selbst heute noch bin ich von den Kurzsichtigen bezaubert, die in der ersten Reihe sitzen und mich durch konzentrische Ringe glitzernden Kristalls anstarren. Und wenn sie leicht schielen, um so besser.«

»Sie sind verrückt.«

»Eine wunderbare Erfindung, mit physischer Schönheit absolut zu vereinbaren.«

»Sie wurden erfunden?«

»Glaubst du, sie wachsen wild?«

»Wer hat sie erfunden?«

»Ein Florentiner, Alessandro di Spina. Brillen haben sogar einen Schutzpatron, den Heiligen Hieronymus, denn in Ghirlandaios Porträt von ihm hängen sie von der Tischkante, als seien sie das Alltäglichste von der Welt. Es war allerdings Raffael, der sie berühmt machte, in seinem Gemälde von Papst Leo X., dem vieräugigen Sohn Lorenzo de' Medicis, dem, der Luther exkommunizierte.«

»Ich kenne keinen von diesen Typen«, sagte Nicolo.

»Das ist schon in Ordnung. Ich auch nicht.«

»Außer dem Heiligen Hieronymus. Ich kenne die Heiligen.«

»Das ist gut. Was ist heute für ein Tag?«

»Ich weiß nicht.«

»Ich dachte, du wüßtest es.«

»So genau nun auch wieder nicht. Glauben Sie, der Papst weiß es?«

»Da würde ich drauf wetten.«

»Also welcher Heilige?«

»Ich bin nicht der Papst, aber heute ist der neunte August. Der Heilige Romanus, glaube ich. Er war Byzantiner.«

Nicolo, der das Wort *Byzantiner* noch nie gehört hatte, sagte: »Das tut mir leid.«

»Wo ist das Wasser?« fragte Alessandro. »Und die Schokolade.«

»Mein Vater sagt, daß man schwarz wird, wenn man zuviel Schokolade ißt.«

»Das ist zweifellos richtig«, antwortete Alessandro. »Schließlich kommt Schokolade aus Afrika und Afrikaner sind schwarz. Aber was ist mit dem Schweizer Land? Eine Menge Schokolade kommt aus der Schweiz.«

»Und?«

»Sind die Schweizer schwarz?«

»Sie sind es nicht?«

»Nun, was glaubst du?«

»Ich weiß es nicht«, gestand Nicolo offensichtlich verwirrt. Er nahm die Wasserflasche aus Alessandros Aktentasche und stellte sie vorsichtig auf die flache Steinplatte und fragte: »Ist Schwetziland in Afrika?«

»Du meinst *Swaziland*?«

»*Schwetziland*«, insistierte Nicolo.

Alessandro spürte sein Herz gegen die Brust klopfen. Sein Atem ging langsam. »Was hast du gesagt?«

Nicolo hatte Mühe, sich die Welt vorzustellen. »Welches Land ist das mit dem Meer, Afrika oder Peru?«

»Fangen wir in der Umgebung an«, sagte Alessandro. »Zuerst, nenn mir die Länder Europas.«

»Welche sind das?«

»Ich frage dich.«

»Sie fragen mich was?«

»Was sind die Länder Europas?«

»Sie sind Länder«, sagte Nicolo.

»Wie heißen sie?«

»Italien natürlich ...«

»Ausgezeichnet.«

»Frankreich.«

»Ja.«

»Deutschland, Spanien, Irland und Mahagoni.«

»Mahagoni?«

»Das ist doch ein Land, oder? In Brasilien.«

»Ist es nicht, aber mach weiter.«

»Ist Deutschland ein Land?«

»Ja, aber das hattest du schon.«

»Es gibt noch mehr?«

Alessandro nickte.

»Gibt es eins, das Großer Bernhardiner heißt?«

»Wenn du nach Rom zurückkommst«, sagte Alessandro ernst, »mußt du mal auf eine Landkarte schauen. Hast du noch nie eine Weltkarte gesehen?«

»Schon, aber ich versteh nicht, was da steht. Ich kann nicht lesen.«

»Du kannst überhaupt nicht lesen?«

»Nein, nicht mal meinen eigenen Namen. Ich habe Ihnen gesagt, daß ich nie zur Schule gegangen bin.«

»Du mußt lesen lernen. Das werden sie dir in der Fabrik beibringen.«

»Sie haben gesagt, ich muß lesen können, bevor ich Lehrling werde, und daß sie es mir beibringen. Ich soll zu einer Stelle in Monte Sacro gehen. Das ist in Ordnung. Ich kann zählen. Ich kann sehr gut zählen. Sehen Sie! Der Mond.«

Alessandro wandte sich nach Osten. Sein Stock fiel auf den Felsen, als er den winzigen orangefarbenen Bogen sah, der kühl, ganz anders als der schmelzende Sonnenaufgang, über der entferntesten Hügelkette erschien.

Der Bogen verwandelte sich schnell in einen schweigenden Halbkreis, der sie mit seinem alten und müden Gesicht beäugte. Er wirkte ungeheuer geschäftig, so als sei er mit der Aufgabe, in perfekten Umdrehungen zu schweben, völlig zu Recht mit sich selbst beschäftigt.

»Die ganze Welt hält inne, wenn dieser erstaunliche Tänzer auftritt«, bemerkte Alessandro, »und seine Schönheit beschämt all unsere Zweifel.«

Wie ein Tänzer, dachte Nicolo, als der vollkommen runde Mond luftleicht über der Hügelsilhouette schwebte, die er zu bescheinen begonnen hatte. »So glatt«, sagte er.

»Ohne etwas zu sagen, sagt er so viel«, fuhr Alessandro fort. »In dieser Hinsicht ist er besser als die Sonne, die sich stets herzeigt und dich wie ein Hammelbock angreift.«

Mit Hilfe von Alessandros Brille konnte Nicolo sehen, daß der Mond Berge und Meere hatte. Seine plötzliche Wahrnehmung des Mondes, der so nah und so voll über ihnen schwebte wie ein riesiges Luftschiff, prägte sich ihm für immer ein. Vielleicht zum ersten Mal in seinem Leben war er sich selbst völlig entrückt. Während er die riesige schwellende Scheibe betrachtete, konnte er mühelos die Zeit und das Gefühl der Schwerkraft aufheben, und eine Art innerer Elektrizität durchflutete ihn. Sie kam in Wellen und wurde immer stärker, als der Mond von Orange zu Bernstein, zu Perlfarben und Weiß hinüberglitt. Und dann, nach nur wenigen Minuten, kehrte die

Seele, die davongeflogen war, in einen Körper zurück, in dem das Herz pochte wie das Herz eines Vogels, der gerade nach einem langen schnellen Flug niedergegangen war.

»Was ist mit mir geschehen?« fragte er mit einem ergriffenen Schauder.

»Als ich in deinem Alter war«, entgegnete Alessandro, »hatte ich bereits gelernt, das, was du gerade erfahren hast, zu reinen Lichtbündeln zu verdichten.«

Nicolo wußte nicht, was er davon halten sollte, und starrte vor sich hin.

»Wenn ein ungeheurer Anblick dich niederzuwerfen droht, kämpfe dagegen an. Es wird dich packen, das steht fest, aber halt die Augen offen, und du kannst es wie geschmolzenen Stahl zu Lichtstrahlen umbilden.

Ich habe früher lange Märsche durch die Stadt unternommen, und wenn ich in ein Kreuzfeuer von wunderschönen Eindrücken eintauchen konnte, entbrannte ich so, wie du es gerade getan hast. Es gibt viele Namen dafür, es ist eine der Urkräfte der Geschichte, und dennoch hält sie sich verborgen, als sei sie schüchtern.

Einer meiner bevorzugten Tricks, den ich seitdem aufgegeben habe, war, diesen Überfluß auf die Pferde der Carabinieri zu leiten, damit sie sich auf die Hinterbeine stellten und wieherten. Sie sind für menschliche Gefühle sehr empfänglich, und wenn sie merken, daß du sehr bewegt bist, reagieren sie oft auf teilnehmende Weise.«

»Wie haben Sie das gemacht?«

»Das war nicht schwer. Ich mußte ganz aufgeregt sein, aber als ich jung war, war ich wie ein fortwährender Gewittersturm. Ich konzentrierte mich auf das Pferd, als sei es Inbegriff und Verkörperung aller Pferde, die jemals waren oder jemals sein würden, und warf dann die Spannung über den Zwischenraum.

Das Pferd wandte mir dann seinen Kopf zu und drehte ihn mit geweiteten Augen weg. Dann schüttelte es sich, als wäre ihm plötzlich kalt geworden. An diesem Punkt öffnete ich die Schleusen und ließ die ganze Kraft auf einmal heraus, und das Pferd scheute und schrie nach Pferdeart, mit einem Ton, der alle Dinge zu durchdringen scheint.

Ich werde nie die Überraschung der Carabinieri vergessen, das Herabrutschen ihrer Mäntel und den Klang ihrer Säbel, wenn sie sich steif in die Steigbügel stellten, um nicht abgeworfen zu werden. Sie waren niemals wütend. Nachdem sich die Pferde so alteriert hatten, schienen sie und ihre Reiter immer großen Respekt voreinander zu haben. Wenn ich an ihnen vorbeiging, konnte ich oft den Reiter zu seinem aufgeregten Pferd sagen hören: ›Was ist denn in dich gefahren? Was hat dich so erschreckt?‹ Man konnte sehen, wie sie die Hälse der Pferde tätschelten, um sie zu beruhigen.

Ich tue das nicht mehr. Ich bin nicht sicher, daß ich es noch könnte.

Aber der Mond, wie schön er ist. Ihn zu sehen, macht mich sehr glücklich. Das Gesicht meiner Frau, besonders, als sie jung war, wäre makellos gewesen – in dem Sinne, daß sie ein Filmstar hätte sein können –, wenn ihre Augen nicht so voller Liebe gewesen wären. Wenn sie lächelte«, sagte er und wies auf das kühle Leuchten, das steil in den Himmel zu steigen begann, »war es so schön wie das da.«

»Dies ist, wie Sie sie nie verlassen haben«, bemerkte Nicolo.

Alessandro machte eine kurze Verbeugung und schloß seine Augen für einen Moment. »Auf diese Weise und auf viele andere, aber es ist nicht genug. Meine Symbole, die Vergleiche, die ich ziehe, meine Entdeckungen können ihr nicht annähernd gerecht werden und bringen sie nicht zurück. Das einzige, was ich tun kann, ist, die Erinnerung an sie strahlen zu lassen. Deshalb rühre ich nur leicht, ganz, ganz leicht daran und suche nach den sanften Dingen, denn sie war sanft.

Nun«, sagte er und machte sich von dem los, was ihn leicht hätte straucheln lassen, »schau dir das Nebeneinander des Mondes auf der einen und der Stadt Rom auf der anderen Seite an.

Rom sieht immer noch aus wie Katakomben aus Feuer und wird diese gesprenkelte Bernsteinfarbe die ganze Nacht über behalten; erst wenn der Morgen kommt, werden die weißeren Lichter den Strängen von bernsteinfarbenen Straßenlaternen mehr und mehr das Feld überlassen. Doch der Mond hat dann auf seinem Weg bereits eine Reihe von Szenen durchlaufen. Zuerst war er ein Strohfeuer, fast ausgeglüht auf dem Feld, rubinrot. Dann reifte er durch tausend Schattierungen von Orange, Bernstein und Gelb. Während er heller wird, verliert er an Masse, bis er irgendwo zwischen Cremefarben und Perlfarben, auf halbem Wege zum höchsten Punkt, wie eine Rauchschwade erscheint, die mit dem Wind davoneilen möchte. Weißt du, was dann geschieht?«

Nicolo schüttelte den Kopf.

»Er wird so weiß und hart wie Gletschereis. Er glitzert, daß man ihn kaum anschauen kann – und das ganze Gewicht kehrt zurück, bis er wie einer dieser riesigen Kandelaber aussieht, die in der Oper oder in Staatspalästen so hoch, strahlend und schwer hängen, daß sie die Menschen entmutigen, sich unter ihnen aufzuhalten.

Mit der Stadt auf der einen Seite und dem Mond direkt über uns, hoffe ich, daß ich nicht krumm gehe wie eine holländische Milchmagd, die einen Eimer am einen Ende ihres Jochs und den anderen auf dem Kopf balanciert.

In der Dunkelheit siehst du zwei große Lichtflecken – ein Flecken liegt fest und der andere bewegt sich auf vorgezeichneter Bahn. Nur gegen Morgen, wenn die Sonne aufgeht, wirst du drei sehen, und wenn die Sonne steigt, werden die anderen beiden vergehen.«

»Stimmt nicht«, sagte Nicolo. »Sehen Sie. Hier ist der dritte. Er macht Krach.«

Alessandro schaute sich um und sah Lichter einen unregelmäßigen Pfad hinaufkriechen. Das vollkommene Nebeneinander des Mondes und der Stadt Rom wurde durch die unerwartete Ankunft eines Konvois von Wagen und Lastwagen gestört. Auf einem der Lastwagen, die mit weithin blinkenden Lichtern geschmückt waren, saß eine Blaskapelle.

»Deshalb also war Acereto menschenleer«, spekulierte Alessandro. »Sie haben wohl in Lanciata ausgeholfen. Es liegt höher, und dort ist es kälter. Sie legen wahrscheinlich alle Kräfte zusammen, um die Ernte in Lanciata zuerst einzubringen. Und sie nehmen eine Kapelle mit.«

»Sie werden vorbeifahren«, erklärte Nicolo.

»Natürlich. Dies ist die Straße.«

»Was sollen wir tun?«

»Was willst du denn, daß wir tun?«

»Sollen wir hier einfach sitzen bleiben?«

»Es sei denn, daß du sie aus irgendeinem Grund anhalten willst«, antwortete Alessandro.

»Sie werden uns nicht mal sehen.«

»Na und. Wir werden sie sehen.«

»Wir werden im Dunkeln sitzen. Sie werden direkt vorbeifahren.«

»Was ist daran falsch?«

»Ich weiß nicht. Das ist, als würden wir gar nicht existieren, als wären wir tot.«

Alessandro nickte.

»Ich wäre hingerannt und hätte sie gegrüßt.«

»Das kannst du immer noch.«

»Ich möchte nicht ein Augenpaar im Dunkeln sein.«

»Du kannst machen, was du willst«, sagte Alessandro, »genau das wirst du eines Tages sein. Sag mir, vor einer Minute, war da Rom um etwas geringer, war der Mond um etwas geringer, weil du nicht hinrennen und sie grüßen konntest?«

Nicolo hatte sich schon dreingeschickt, die Lichter in der Dunkelheit vorbeiziehen zu sehen. »Nein«, sagte er, »waren sie nicht.«

»Wenn überhaupt«, fuhr Alessandro fort, »dann ist die Distanz zu unserem Vorteil. Es genügt mir völlig, die Feiernden von hier aus der Dunkelheit zu beobachten. Laß sie vorüberziehen. Wir verlieren nichts. Im Gegenteil, und Gott möge uns verzeihen, während sie vorüberziehen und wir hierbleiben, werden wir alles von ihnen nehmen, was sie haben.«

*

Liedfetzen wehten mit dem Wind zu ihnen und wurden unterbrochen wie ein Telefongespräch in einer schlechten Leitung, doch als der Laster mit der Kapelle und der Konvoi, den er anführte, sich näherten, wurde die Musik zusammengefügt und ihr Stammeln hörte auf. Auf dem Lastwagen fuhr eine Dorfkapelle mit alten Instrumenten, zu wenig Zeit zum Üben und etwas zu viel Wein intus. Doch jeder einzelne Musiker war ein Virtuose, der seine eigene Linie verfolgte. Wenn auch der Kapellmeister dramatische, schwungvoll elegante Gesten machte, deren Bedeutung er nie gelernt hatte: hätte er gewußt, was sie bedeuten, hätten seine Musiker es nicht gewußt.

Dennoch war die Musik hinreißend, wenn auch nur wegen der zufälligen Harmonien innerhalb der kollektiven Dissonanz. Die Klarinette und das Glockenspiel waren unwissentlich für einen kurzen Moment in ein offensichtlich unbeabsichtigtes Duett verwickelt, das die Musiker der Scala beschämt hätte, um dann wieder ihre eigenen drolligen Wege zu gehen. Einzelne Klänge, die sich außerhalb der notdürftig verfolgten Vorlage zusammenfanden und verstärkten, ließen das Amateurorchester gelegentlich in einer Art Herrlichkeit erstrahlen, die dem alten Mann zu Herzen ging; er wußte, daß eben damit die Blaskapellen die Dorfplätze seit unvordenklichen Zeiten füllten.

Auf improvisierten Bänken, die auf die Heuwagen montiert waren, saßen Reihen von erschöpften Bauern und ihren Frauen. Eine Zugmaschine zog einen mit blinkenden Gerätschaften beladenen Anhänger. Als der Konvoi an Alessandro und Nicolo vorbeikam, sahen sie, wie sich auf einem der Lastwagen eine Gestalt erhob und gegen die Lattenaufbauten lehnte. »Weck mich morgen früh aber pünktlich, Bernardo, sonst kannst du nach Hause laufen, du Hundesohn.«

Von dem anderen Wagen kam die Antwort. »Was soll ich machen? Der Vollmond bringt die Uhren durcheinander!«

»He, was ist das?« fragte der erste Mann und deutete zu dem Vorsprung, auf dem Alessandro Giuliani und Nicolo Sambucca stumm im Mondlicht saßen. Das Wort ging von einem Fahrzeug zum nächsten, der Konvoi kam zum Stehen, und die Kapelle hörte zu spielen auf. Das einzige Geräusch war das Klopfen der Dieselmotoren.

»Ganz gleich was sie sagen, antworte nicht«, flüsterte Alessandro zu Nicolo, »und rühr dich nicht.«

»Warum? Wozu?« protestierte Nicolo.

»Um ihr Volksgut anzureichern.«

»Sie sind verrückt!«

»Sei still.«

»Hallo!« rief jemand von einem Lastwagen herab. »He da!«

Als keine Antwort kam, drängten alle zur einen Seite, und die Lastwagen neigten sich.

Eine Zeitlang blieben die Bauern so still wie die Objekte ihrer Neugier. Dann sprang einer von ihnen herab und kletterte zum Felsen hoch. Er näherte sich Alessandro und Nicolo vorsichtiger, als er sich einem wütenden Bullen genähert hätte. Obwohl es schien, als mache er für jeden Schritt vorwärts zwei Schritte zurück, kam er ihnen auf wunderbare Weise bis auf fünf Schritte nahe. »Was wollt ihr?« fragte er, als hätten sie ihn beleidigt.

Da keiner von beiden etwas wollte, war es leicht, nicht zu antworten.

Der Bauer starrte sie eine Weile an, murmelte etwas und rannte davon. Als er die Straße erreichte, sagte er: »Ich habe einen alten Mann gesehen, fein angezogen, und einen Jungen. Sie sagen nichts. Sie sind wie versteinert.« Das sorgte für einiges Gemurmel.

»Leuchtet sie an!« rief jemand.

Ein Lastwagen setzte zurück und stellte sich so hin, daß seine Scheinwerfer die beiden mysteriösen Gestalten anstrahlten. Sie starrten in die Lichter und blieben absolut regungslos.

»Siehst du! Ich hab's doch gesagt, oder nicht? Genau wie ich gesagt habe.«

»He ihr«, brüllte jemand. »Wer seid ihr? Was seid ihr, Geister oder so was?«

Eine der Frauen fing zu jammern an. Bald war es ein ganzer Chor. Der Lastwagen, der die Reihe verlassen hatte, kehrte schnell zurück, und die Bauern fuhren, sich bekreuzigend, davon.

»In tausend Jahren«, sagte Alessandro, »wird man sich noch an dieses Ereignis erinnern. Bis dahin werden wir natürlich zu Engeln, Teufeln oder einem feuerspeienden Drachen geworden sein – aber wir haben diesem Felsen eine Geschichte gegeben, die man weitererzählen wird.«

»Wozu soll das gut sein?«

»Es ist nicht zu unserem Nutzen, wenn du das meinst. Aber manchmal ist es angenehm, eine Leine in die Zukunft auszuwerfen, ganz gleich wie dünn sie auch sein mag. Man kann nie wissen, vielleicht wird die Schnur bis zum jüngsten Tag nicht zerrissen.

Das ist besser, als einfach nur zu leben und zu sterben, siehst du, und in einem Aktenschrank neben einer Chemiefabrik beerdigt zu werden. Oder möchtest du einfach nur die Mühle treten, bis du umfällst? Nicolo, ein bißchen für Unruhe zu sorgen ist manchmal wichtig. Aber wozu erzähle ich dir das eigentlich? In deinem Alter solltest du es in den Knochen spüren, selbst wenn du nicht weißt, wozu. Das ist, weil wir nicht alles wissen. Deshalb hat es ab und zu durchaus seinen Sinn, den Plan umzustoßen und dort zu gehen, wo man es nicht erwartet.

Außerdem ging die das überhaupt nichts an. Ich wollte nicht mitten in der Nacht ausgefragt werden. Das ist unsere Reise, nicht ihre.«

Die Kapelle begann wieder zu spielen. »Sie haben sich erholt«, sagte Alessandro, »aber sie werden mich dafür zahlen lassen.«

»Zahlen? Wie können sie Sie zahlen lassen?«

»Mit ihrer Musik.« Alessandro schien schwach. Er schloß die Augen.

»Was kann ich tun? Möchten Sie Wasser?« fragte Nicolo.

»Nein«, sagte der alte Mann und winkte ihn fort. »Ich bin in Ordnung. Laß mich eine Weile allein, und dann werden wir weitergehen.«

Nicolo ging zum anderen Ende des Vorsprungs. Er hörte Alessandro seufzen und sah dann, wie er seinen Kopf in die Hände stützte. Er war der merkwürdigste Mann, den Nicolo je gesehen hatte. Sein Benehmen war manchmal unerklärlich, aber obgleich Nicolo Alessandro nicht verstand, wußte er, daß dieser, ganz gleich, was ihm zustieß, seinem eigenen Plan folgte, unabhängig von den Ereignissen unterwegs, selbst wenn sie sich diesem Plan fügten.

Alessandro wurde in der Zeit zurückversetzt. Als sei es wirklich direkt vor ihm, sah er ein Metallrad, das sich vor einem völlig klaren Himmel abzeichnete und sich gleichmäßig drehte, um ein Stahlkabel einzuziehen und auszugeben. Er beugte seinen Kopf und bedeckte die Augen, als die Sonne auf den Speichen blendete. Das Rad war die obere Station einer Lastenseilbahn, die über einen tiefen Abgrund ging.

*

In Südtirol, im Juli 1899, lag die kleine Ortschaft Völs, umgeben von glockenbehangenen Kühen und flachem Bauernland, einsam auf einem Plateau am Fuß von Wäldern und Matten, die einen steilen Berghang erklommen bis zu dem Punkt, wo dieser zu senkrechtem Fels wurde. Zwei Kilometer oberhalb des Ortes, höher oft noch als die Wolken, stand auf einem befestigten Plateau, über das der Wind selbst im Sommer eisig strich und wo keine Bäume wachsen konnten, das Schlernhaus. Die meisten Gebäude der verschiedenen europäischen Alpinvereine wurden Hütten genannt, und zu Recht, aber dieses nicht, denn es war riesig. Um die Steine, Balken und den Schiefer, woraus es gebaut war, heraufzuschaffen, und um dann weiter versorgt werden zu können, hatten Bergsteiger Rolle für Rolle immer schwerer werdenden Seils hochgezogen, bis am Ende der letzten Leine ein glänzendes Stahlkabel hing (mit einer Dampfmaschine zu ihnen hochgezogen, die sie in vielen Einzelteilen auf ihren Rücken herbeigeschleppt hatten).

Das Rad, über welches das Kabel umgelegt wurde, hatte sich seit über zehn Jahren reibungslos im Dreivierteltakt gedreht, als der römische Anwalt Giuliani seinen Sohn zum erstenmal in die Berge mitnahm, und der Junge von neun Jahren war über eine steinige Matte zu der Maschinerie gerannt, die sich vor einem Himmel abzeichnete, welcher sich mit den maritimen Blautönen Venedigs messen konnte.

Das vierspeichige Rad schien leicht wie Luft. Als hätte es einen eigenen Willen, zerrte es manchmal an der Seilbremse, hielt zurück, bremste ab oder wurde schneller oder hielt manchmal völlig an, um dann wieder anzufahren, voller Entschluß und mit Vorsatz. Alessandro war erstaunt zu sehen, daß das massive Schlernhaus über die feinen Stränge der Seilbahn und durch das anmutige Drehen des Rades erbaut worden war und versorgt wurde.

»Sandro!« rief sein Vater und schaute zu, wie sein Sohn über die Matte zu ihm zurückkehrte und von Fels zu Fels sprang wie eine kleine Ziege.

Es genügte Alessandro nicht, die Größe eines Zimmers mit den Augen zu erfassen; er mußte jede Wand berühren und von einer Begrenzung zur anderen stürmen, als sei er ein Gebirgsbach, der in einen Teich stürzt, und in ihrer winzigen Schlafkammer mit Holzwänden hüpfte er hin und her wie eine Kanonenkugel. Die Betten waren so hoch, daß er die Holzstopfen in den Wänden zu Hilfe nehmen mußte, um hinaufzusteigen, und er sprang von einem Bett ins andere und segelte über den schmalen Abgrund zwischen ihnen hinweg. Das Fenster war zwar klein, gab aber doch den Blick frei auf eine Szenerie silberner und weißer Berge, die das Auge aufforderten, ihnen bis in die Ferne zu folgen. Vor dem Abendbrot in der ersten Nacht kletterte Alessandro auf das Sims, um das Fenster zu öffnen. Als er den Haken löste, stürmte der Wind so wütend herein, daß es ihn zuerst rücklings aufs Bett warf. Als der Anwalt Giuliani mit der Porzellanschüssel in der Hand von der Rasur zurückkam, sah er seinen Sohn ganz in Wolldecken gehüllt auf dem Sims kauern wie eine Katze. Die Luft heulte durch alle Ritzen in den Wänden, und der junge Alessandro starrte in den Wind, als hätte er ihn entdeckt.

Bei Tageslicht stiegen sie auf die Gipfel, Alessandro war wie ein Hund an der Leine an seinen Vater geseilt, wenn sie über Felswände und blendende Schneefelder kletterten. Sie bestiegen den Schlern selber, die Roterdspitze (die sie Cima Rossa nannten) und den Mittagskofl. Sie stiegen die Seiser Alm hinab, sanft abfallende Matten, die keinerlei erkennbare Grenze hatten und wie eine Welt für sich schienen. Sie zogen an der Kammlinie weiter östlich bis zur Cresta Nera, wo sie nur zwei andere Bergsteiger sahen, aber ein Dutzend zottiger milchweißer Ziegen, die auf Überhängen standen, die sie nur durch Zauberei erreicht haben konnten. Bei ihren Wanderungen über viele Stunden im Licht lernten der Anwalt Giuliani und sein Sohn den kalten Wind lieben, so daß sie sich stärker fühlten, je länger sie ihm ausgesetzt waren. Ihre Augen folgten den allgegenwärtigen Entfernungen, und während die Berge auf sie wirkten und ihre Seelen sich beruhigten und erweiterten, nahmen sie den Unterschied wahr zwischen dem, was sie früher gewesen waren, und dem, was aus ihnen geworden war. Nach ein oder zwei Tagen Abwesenheit von Rom wären sie nie in der Lage gewesen, sich mitten auf einem Schneefeld sitzend an der Stille und der Sonne zu laben, aber nach einer Woche konnten sie es, und sie stiegen mühsam zu den Schneefeldern, Felswänden und einsamen Hochtälern auf, wo sie ihre Zeit so ruhig wie Ziegenhirten verbrachten.

Eines Abends kehrten sie im Dunkeln zum Schlernhaus zurück. Seine Fenster, die durch Fetzen gefrorener Wolken leuchteten, waren wie Strahlen eines Leuchtturms. Drinnen arbeiteten mürrische Kadetten in blauen Schürzen und runden blau-weißen Armeekäppis fieberhaft in einer riesigen Küche, die so heiß und feucht wie ein Dampfbad war, und warfen, so oft sie konnten, einen Blick in den Speisesaal, um zu sehen, ob sie eine Frau entdecken konnten.

Es war Hochsommer, also brannten nur die Küchenöfen und nicht die riesigen Kachelöfen in den Haupträumen. Nach zwölf oder vierzehn Stunden auf den Schneefeldern und im Wind zitterten viele Abendgäste vor Kälte.

Alessandro fiel es schwer, von draußen, wo es unter null Grad war, hereinzutreten und eine heiße Suppe in einem Raum zu essen, in dem es kaum wärmer war als auf den rauhreifbedeckten Matten, die sie gerade verlassen hatten. Jeden Abend bei Sonnenuntergang überkam ihn eine tiefe Traurigkeit, und er sehnte sich nach seiner Mutter, seinem Zuhause und dem Sommer in Rom. Auch sein Vater war zu dieser Tageszeit ungewöhnlich still und sprach oft davon, den Aufenthalt um ein paar Tage abzukürzen, doch eines Abends kehrten sie ins Schlernhaus zurück und dachten überhaupt nicht an so was.

Zwei Soldaten des Leibregiments der Kaiserlich Habsburgischen Garde waren an der Eingangstür postiert. Wie Elitesoldaten in der ganzen Welt sahen sie aus, als würden sie liebend gern die ganze Nacht draußen verbringen, und ihre schweren Pelzmäntel erweckten den Eindruck, als hätten sie dies auch vor. Die riesigen Räume im Schlernhaus, selbst die kaninchenstallhaften oberen Etagen, waren warm und trocken. In jedem Ofen brannte ein Feuer, Fahnen waren über die Dachbalken drapiert, und einer der Flure war abgesperrt. Hinter der Absperrung standen wieder zwei Soldaten, die noch größer waren als die beiden unten.

Alessandro zog sich um und ging hinunter in den ungewöhnlich warmen Speisesaal. Der Anwalt Giuliani beugte sich zu dem Tisch hinüber, an dem ein halbes Dutzend Wiener saß, und fragte in seinem besten Deutsch nach dem Grund für die plötzliche Hitze und die Wachen und warum die Küchenkadetten so zugeknöpft, geschniegelt und unter Kuchenblechen, ofenheißen Kasserollen und gebratenem Wild geradezu begraben waren.

Die Österreicher konsultierten einander mit Blicken. Der Anwalt Giuliani war Italiener, und Italien erhob Ansprüche auf eben jene Berge, auf denen sie, die Österreicher, auf Fragen antworten sollten, die ihnen von Italienern gestellt wurden, die die Frechheit besaßen, überhaupt hierherzukommen. Dennoch antworteten sie ihm kühl und knapp mit zwei Worten: »Eine Fürstin.« Das genügte, 1899 in Südtirol, um alles zu erklären.

Alessandro lernte schnell Deutsch, aber seine Lehrer hatten dieses Wort ausgelassen. »Was ist das? Was ist das?« schnatterte er, rutschte auf seinem Sitz herum, von dem seine Beine, weit über dem Boden, baumelten, doch sein Vater fragte einen vorbeikommenden Kellner, warum kein Brot auf dem Tisch sei.

»Niemand ißt, bevor sie herunterkommt«, sagte der Kellner. »Doch als Ausgleich dafür bekommen Sie dasselbe zu essen wie die Herrschaften – Wild, Fasan, Kuchen, Dinge, die ich selbst noch nie gesehen habe. Sie haben zwei Köche mitgebracht, und die Seilbahn war den ganzen Tag mit Nahrungsmitteln unterwegs, eine volle Gondel nur mit Backutensilien.«

»Was hat er gesagt? Was hat er gesagt?« fragte Alessandro und platzte fast vor Neugier. »Was ist ›*Eine Fürstin*‹?«

Als sei seine Sprache häßlich und verboten, beugte sich der Anwalt Giuliani vor und sagte: »Eine Fürstin *è una principessa*.«

Alessandro erstarrte. Schon das Wort *principessa* hatte ihn sofort zum Schweigen gebracht, und nun saß er wie in Trance da, mit glasigen Augen und offenem Mund. Er hatte soviel über Prinzen und Prinzessinnen gelesen, weit über das Maß hinaus, das mit *ad nauseam* bezeichnet wird, und hier gab es nun eine Burg auf einem Berg, Soldaten in Pelzüberwürfen und eine richtige Prinzessin. Plötzlich fanden sich all die Einzelheiten seiner Träume hier wieder, in diesem normalerweise kühlen Raum, in dem sie Suppe und Koteletts aßen, und schlugen ihm ins Gesicht wie ein Hermelinhandschuh.

Alarmiert von dem merkwürdigen, verzerrten Ausdruck auf dem

Gesicht seines Sohnes, packte der Anwalt Giuliani Alessandro bei den Schultern und schüttelte ihn.

Dann hörten sie das Klingeln einer kleinen Silberglocke, und ein richtiger professioneller Lakai mit einer gepuderten Perücke glitt in den Raum und rief: »Erheben Sie sich!«

Alle taten das, auch der Anwalt Giuliani, der an Gleichheit glaubte und Republikaner war, vielleicht weil er wußte, daß alte Katzen und sterbende Monarchien stur an der Etikette festhalten.

Weiter das Atmen vergessend, stieg Alessandro auf seinen Stuhl und hielt seine Serviette in der Hand. Aus der Entfernung sah er wie ein großer Mann mit einem sehr kleinen Kopf aus. Als eine Gruppe von Personen die Treppe hinunterpolterte, war Alessandro so aufgeregt, daß er Angst hatte, vom Stuhl zu fallen. Dann betrat, genau so, wie er es sich vorgestellt hatte, ein etwa elfjähriges Mädchen den Raum, als hätte sie ihr ganzes Leben dort verbracht. Sie war, was Erwachsene als schmächtiges Mädchen bezeichnen, schmal und zart, mit makellosen, leuchtend klaren Gesichtszügen, blondem Haar und rosigen Wangen. Sie trug ein geblümtes Dirndl, das sich von den gewöhnlichen dadurch unterschied, daß es aus zobelartigem schwarzem Samt und die Stickerei mit echten Goldfäden durchwirkt war.

Alessandros Herz platzte, brach, schwoll an, hob sich, gefror, blieb stehen und ergab sich, alles zur gleichen Zeit. Er verbeugte sich tief und fuhr mit der Serviette über den Tisch. Zum Glück für ihn sah dies niemand, denn sie warteten darauf, daß die Prinzessin, die noch immer unterwegs war, den Raum betrat. Das kleine Mädchen war die Tochter von jemandem aus der kaiserlichen Entourage.

Die Prinzessin trat langsam ein und stützte sich dabei auf zwei Ebenholzstöcke. Zwei Gefolgsleute gingen neben ihr, damit sie nicht stürzte. Sie trug Schwarz, und ein dichter Schleier verdeckte ihr Gesicht. Sie war so zerbrechlich, daß es durchaus im Bereich des Möglichen lag, zu denken, die Soldaten des Leibregiments hätten sie den Berg hinaufgetragen.

Sie wandte sich den Bergsteigern und Wanderern zu, die sich mit ungeheurer Befriedigung verbeugten oder einen Knicks machten. Sie war ihr Spiegel. Sich vor ihr zu verbeugen zollte ihnen nur selber Respekt, sie ehrten die von ihnen geschaffene Welt und bekräftigten, daß alles damit zum besten stand. Egal, ob dies stimmte oder nicht, sie glaubten daran, daß es keinen besseren Schild der Ruhe gab als ein Reich auf Erden. Über Jahrhunderte hatten die Habsburger ruhige, fast menschenleere Täler regiert und beschützt, Ebenen, über die Reiter dahinstoben, und himmlische, unbezwingbare Bergketten – all dies mit einer Ruhe und Gelassenheit, die in Widerspruch stand zu der Unlogik ihres riesigen Herrschaftsgebietes, das nicht zu halten war.

Als sich die Prinzessin setzte, taten ihr alle nach. Das kleine Mädchen, dessen Haar nach Landessitte geflochten und aufgesteckt war, saß an einem Ende der kaiserlichen Tafel. Ihre Beine baumelten auch, aber nicht so weit vom Boden entfernt wie die Alessandros. Sie spielte nervös mit ihrem Messer herum, was den Anwalt Giuliani zu der Bemerkung veranlaßte, daß Menschen, die mit dem Besteck spielen, dies normalerweise mit dem Messer tun.

Die Kellner stürzten aus der Küche herbei, um der Prinzessin als erster aufzutragen, doch diese lehnte praktisch alles ab. Schließlich fanden sich auf ihrem Teller neun oder zehn Erbsen, ein Salatblatt und ein Stück Fleisch von der Größe einer Elritze; doch ihr Weinglas war ordentlich gefüllt, und sie leerte es in einem Zug. Es wurde sofort entfernt und durch ein neues ersetzt. Das zweite Glas war mit Champagner oder Bier gefüllt – man konnte es schwer erkennen –, und daran nippte sie langsam.

Als die Kellner das Wild aufschnitten und Gemüse und Röstkartoffeln aus Kupferschüsseln servierten, trat die Dorfkapelle von Völs in den Saal und stellte sich vor einem glühenden Kachelofen auf, der bis zur Decke reichte. Von den acht Musikern waren sechs auffallend korpulent, und sie alle waren gerade erst den Berg hinaufgestiegen. Um den Raum angenehm zu temperieren, war der Ofen angeheizt worden und brannte wie ein Schmiedefeuer. Direkt davor zu stehen war unerträglich, besonders in einem nassen Ziegenhaar-Überwurf. Der Trompeter glühte wie eine Fackel. Sein Gesicht hätte bei der Eisenbahn als Haltesignal dienen können. Noch hielt er mit, als das Orchester zu spielen begann. Einige der Anwesenden nickten, denn sie erkannten das erste Stück als die Regimentshymne der Landesschützen und wollten alle anderen wissen lassen, daß sie es wußten.

Alles schien gut zu gehen, bis es dem Trompeter gegen Ende des zweiten Titels, »Die lautlose Bergziege«, schlecht wurde.

Er hatte große Mühe beim Atmen, und um seine Pein zu verbergen, lächelte er, bis er seinen Einsatz ernsthaft verpatzte. Dann fiel er vornüber, drehte sich im Fallen und stürzte unter dem Krachen und Klappern der Instrumente rücklings zu Boden.

Die Prinzessin zeigte ihre Betroffenheit, indem sie die Gabel auf ihren Teller legte. Der Hüttenwirt kam mit dem Offizier der Wache aus der Küche herbeigerannt. Sie öffneten die Kleidung des Trompeters und trugen ihn hinaus, woraufhin der Hüttenwirt sogleich zurückkehrte und mit seinem Stab gegen einen der vorkragenden Balken klopfte. »Ist ein Arzt anwesend?« fragte er. »Befindet sich unter den zur Zeit eingetragenen Gruppen ein Arzt?« Es war kein Arzt anwesend. Dennoch ließ der Hüttenwirt, einer der berühmtesten Bergsteiger der Welt, den Blick mit dem willensstarken und besitzergreifenden Ausdruck eines Kletterers, der sicheren Halt sucht, über seine Klientel schweifen. Es schien, als hätten sich die Ärzte nur versteckt und er sei entschlossen, sie auszuräuchern. Sein Blick fiel auf Alessandro.

»Ich?« fragte Alessandro in tonloser Pantomime und deutete mit dem Daumen auf seine Brust. Der Hüttenwirt hielt seinen Blick starr auf ihn gerichtet. Alessandro sah seinen Vater an, um ihm zu versichern, daß er weder Arzt noch Krankenschwester sei. Der Anwalt Giuliani blinzelte den Hüttenwirt an und versuchte dessen Motive zu ergründen. Es war deutlich. Der berühmte Bergführer, von dem man wußte, daß er gesund war, und der verzweifelt nach einem Arzt suchte, hatte Alessandro mit seinen Augen fixiert.

»Er ist erst neun«, sagte Alessandros Vater.

Der Hüttenwirt drehte sich auf dem Absatz um und ging. Alessandro atmete erleichtert auf. Dann schaute die Prinzessin in seine Richtung und lächelte. Er lächelte zurück, so gut er konnte, und sie lachte, weil man ihn für einen Arzt gehalten hatte. Dann spießte sie eine Erbse auf und steckte sie sich in den Mund, woraufhin jeder in dem großen Speisesaal seine Gabel in die Hand nahm und zu essen begann, und die Musiker fingen an, eine zweite, trompetenlose Version der »Lautlosen Bergziege« zu spielen.

Bald waren selbst die Musiker in die Musik vertieft und schienen davon überzeugt, daß mit ihrem Kameraden schon alles gut wäre. Der Aufstieg von Völs war schwierig, und dann das Warten in der Kälte draußen und der heiße Ofen und die Aufregung, für eine Prinzessin zu spielen. Er war sicherlich in der Küche, mit einem Tuch über der Stirn, und nippte an einem Schnaps. Während die Gedanken an den plötzlichen Zusammenbruch ihres Freundes verblaßten, spielten sie mit wachsender Energie. Die Flammen in den Öfen und den Kaminen züngelten im Takt der Musik. Alessandro begann mit seinem Angriff auf ein brutzelndes Stück Wild, das ihm ein schwitzender Kadett vorgelegt hatte, der auch eine enorme Portion Röstkartoffeln und Gemüse dazugelöffelt hatte. Ein Krug mit Bier stand auf dem Tisch. Weder der Anwalt noch sein Sohn tranken davon.

Alessandro hätte beinahe seinen Vater gebeten, das Fleisch für ihn zu zerteilen, entschied aber, daß dies angesichts des blonden Mädchens, das er für die Prinzessin gehalten hatte, nicht passend wäre. Nach einigen Minuten schaffte er es, ein kleines Stück Fleisch vom Rest zu trennen, und war gerade dabei, es zu essen, als der Hüttenwirt zurückkam und mit großen Schritten quer durch den Saal kam.

Die Prinzessin interessierte sich für sie beide, ihre Entourage interessierte sich für das, was sie interessierte, und der Saal verfiel in Schweigen.

Alessandro ließ sein Besteck auf den Teller fallen.

»Wir brauchen den Jungen«, sagte der Hüttenwirt auf Italienisch zu dem Anwalt Giuliani.

»Wozu?« entgegnete dieser.

»Das werde ich Ihnen draußen erklären.«

Sie gingen in die Küche. Unter einer großen Kupferhaube drehte sich ein ganzes Stück Wild über einem Feuer, das nach den Bratensafttropfen gierte und sie verschlang. Kessel kochten über mit Sachen, die an die Oberfläche stießen, als wollten sie schreien, und dann hinabgezogen wurden, bevor sie sich Gehör verschaffen konnten. Die Kadetten arbeiteten an Tischen und reichten sich Teig und Dessertplatten und füllten Terrinen auf. Mitten auf dem Boden stand eingeklemmt zwischen einem Tisch mit Gebäck und einem Sack

Zwiebeln eine Bahre mit dem niedergestreckten Musiker. Einer der Soldaten war über den kranken Mann gebeugt und knetete seine Brust, als bereite er einen Teig.

Alessandro wußte, daß er kein Arzt war. Was, wenn sie von ihm erwarteten, daß er den Mann kurierte? Die einzige Arznei, die er kannte, war heißer Tee mit Zitrone und Honig, und wenn er krank war, backte ihm seine Mutter Schokoladenplätzchen und saß neben dem Bett, um ihn stundenlang zu beobachten. Das waren die einzigen medizinischen Handlungen seiner Erfahrung.

»Ich glaube, er hat einen Herzanfall«, erklärte der Hüttenwirt, »aber er lebt noch, und vielleicht übersteht er es, wenn wir ihn nach unten und zum Arzt nach Völs bringen können. Wenn ich Arzt sage, so trifft das nicht ganz zu, aber er wird es schon schaffen.«

»Vielleicht«, sagte der Anwalt Giuliani, »aber was habe ich mit all dem zu tun?«

»Sie nicht, er«, sagte der Hüttenwirt und deutete auf Alessandro. »Er ist der einzige, der ihn retten kann.«

Alessandro kam sich fürchterlich fehl am Platze vor.

»Das Herz des Kranken muß massiert werden, sonst bleibt es stehen. Die Gondel bietet nicht Platz genug für zwei ausgewachsene Männer.«

»Auf keinen Fall!« hörte Alessandro seinen Vater sagen. »Haben Sie den Verstand verloren? Sie wollen, daß er mit einem sterbenden Mann in diesem Ding, in diesem, diesem Ding fährt?«

»Es ist absolut sicher. Wir werden ihn festbinden. Er kann unmöglich rausfallen. Selbst wenn, wird er nicht abstürzen.«

»Ich würde nicht einmal daran denken. Die Seilbahn ist nicht für den Transport von Menschen gebaut«, sagte der Anwalt Giuliani, in einem Ton, der vielleicht eher in Italienisch zu Hause war als in irgendeiner anderen Sprache.

»Genau!« erwiderte der Hüttenwirt. »Sie wurde gebaut, um Ladungen von Steinen und Schiefer zu transportieren, Sockelplatten von tausend Kilo Gewicht – das Zehnfache ihrer beider Gewicht. Das Seil wird jede Woche überprüft. Es hat einen Durchmesser von fünf Zentimetern. Es kann ohne Schwierigkeiten einen voll beladenen Waggon halten, einen Eisenbahnwaggon ...«

»Die Bäder von Caracalla?«

»Ja, einen Stein nach dem anderen. Ich fahre seit Jahren damit. Als meine Tochter krank war, haben wir sie darin nach unten geschickt.« Er nahm den älteren Giuliani beiseite und flüsterte. »Sagen Sie es niemandem weiter, aber heute kam die Prinzessin in der Gondel nach oben. Sie hat sich dabei sehr wohl gefühlt.«

»Wenn mein Sohn einwilligt und Sie Ihr Leben auf den Ausgang verpfänden. Wenn er in der Gondel ist, werde ich ein Gewehr auf Sie richten. Wenn ihm irgend etwas zustößt ...«

Einen Moment lang waren das Drehen des Spießes und das Kochen des Wassers die einzigen Geräusche neben der Musik im Speisesaal. »Welches Gewehr?«

»Fragen Sie einen der Soldaten. Ich bestehe darauf. Das ist die einzige Möglichkeit, herauszufinden, ob Sie die Wahrheit sagen. Ich bluffe nicht. Ich werde Sie töten, wenn ihm irgend etwas zustößt.«

»In Ordnung.«

»Und nur, wenn er einwilligt.«

»Natürlich.«

Der Anwalt Giuliani nahm Alessandro beiseite. »Sandro, wenn du dies nicht tun willst, dann brauchst du es nicht. Der Hüttenwirt ist ein großer Bergsteiger. Jeden Tag vertrauen ihm Menschen ihr Leben an. Jedesmal, wenn wir mit dem Zug fahren oder auf einem Balkon stehen, haben wir dasselbe Vertrauen. Was sagst du?«

»Können wir morgen heimfahren, wenn ich es tue?«

»Wir machen alles, was du willst, selbst wenn du es nicht tust.«

»Ich mach's. Warum nicht?«

»Holt ihm ein schweres Schaffell«, befahl der Hüttenwirt einem Kadett, »und füllt eine Thermosflasche mit heißem Tee.«

Nachdem Alessandro und sein Vater nach oben gegangen waren, um warme Sachen zu holen, traten sie und ein Dutzend Männer zusammen mit dem Musiker auf der Bahre hinaus in die Nacht. Während sie durch den Nebel zu der Seilstation gingen, fuhr der Soldat fort, die Brust des Trompeters zu kneten, und erklärte in regelmäßigen Abständen, daß er noch lebe.

Der Hüttenwirt band Alessandro fest an den Stahlhaken, an dem die hölzerne Gondel an dem Seil hing. Er und der Anwalt Giuliani prüften die Montur und die Knoten wieder und wieder. »Solltest du aus der Gondel fallen«, erklärte der Hüttenwirt Alessandro, »laß dich einfach an der Seite hängen. Du bist doppelt gesichert. Ich habe Leute mit viel weniger, als du hier hast, die Marmolada hinaufgebracht. Hab keine Angst.«

Alessandros Vater nahm das Gewehr eines der Soldaten. Irritiert von seinem Mißtrauen gegenüber dem berühmten Bergsteiger und wohl wissend, daß die Deutschen seine Reaktion für eine übertrieben italienische halten würden, erkannte er, daß er mit seiner Drohung Ernst machen mußte. Obgleich er das Gewehr nicht auf den Hüttenwirt richtete, lud er es doch, und der Hüttenwirt hörte das unmißverständliche Geräusch eines sich öffnenden Gewehrkolbens, das Klikken einer Patrone, die Patrone, die in den Lauf geschoben wird, und das Schließen das Kolbens.

Alessandro knöpfte seinen Lodenmantel zu.

»Willst du die Kapuze?« fragte sein Vater.

»Nein, ich möchte sehen, was um mich herum ist.«

Er wurde in die Gondel gehoben und setzte sich auf das Schaffell, in das der Trompeter eingewickelt war. Man sagte ihm, was er zu tun habe, heftete ihm eine Nachricht auf den Rücken und zog an einem hölzernen Hebel, der in der unteren Station eine Glocke anschlug.

»Hör nicht auf, bis dich jemand ablöst«, instruierte ihn der Hüttenwirt. Nach ein paar Minuten erzitterte das Seil und die Gondel glitt in die Dunkelheit hinaus.

»Wozu ist das hier?« rief Alessandro, als er die Thermosflasche zwischen Schaffell und dem Seitenbrett der Gondel entdeckte.

»Gegen die Kälte. Trink ihn auf der Rückfahrt«, schrien sie, um den Wind zu übertönen, aber er hörte nur ›Kälte‹, denn er flog schon durch eine Wolke, die so dicht wie Watte war.

Er stemmte sich gegen das dicke Sämischleder-Hemd des Musikers, wie der Soldat es getan hatte. Obwohl er nichts sehen konnte, wußte er, daß er immer noch über das Gipfelplateau schwebte und daß die Gondel ihn bald rückwärts über die Felswand hinaustragen würde.

Er konnte die Gegenwart des Abgrunds spüren, wie ein Blinder die Gegenwart des Meeres jenseits des Sandes spürt. Dann fuhr er hinaus, und er spürte eine gewichtslose Kälte, als er die gleichgültige Stille der großen Höhe bemerkte. Weil das Seil recht steil verlief, mußte er sich nach vorn beugen, um aufrecht zu bleiben. Obwohl sein Geschirr ihn vielleicht gerettet hätte, wenn er hinausgefallen wäre, so hielt es ihn doch nicht an seinem Platz: er mußte mit seinen Knien nachhelfen, indem er die Füße gegen die Gondelwände stemmte.

In weniger als einer Minute stießen sie durch die sie umgebende Wolke, die den Berg umhüllte, und schwebten durch die klare Luft. Überall waren Sterne zu sehen, sogar unter ihnen, sie schwankten in erhabener Seekrankheit. An den dunklen Umrissen der Berge und Täler konnte Alessandro ablesen, daß er tausend Meter über Grund war und sich keinerlei Felsvorsprung in der Nähe befand. In welche Richtung auch immer er greifen würde, er würde nichts finden, und alles, was er hören konnte, war das Geräusch der Rollen auf dem Seil.

Plötzlich rührte sich der Körper unter ihm. Dennoch drückte er weiter, wie ihm gesagt worden war. »Marie!« rief der Musiker in schmerzvoller Verwirrung. Alessandro hoffte, daß der Gegenstand seiner Bemühungen begreifen würde, was geschah.

»Marie!« rief der Trompeter noch einmal erstaunlich kräftig, und Alessandro wurde klar, daß er ohne Sattel auf einem Pferd saß.

»Was tust du da?« fragte der Trompeter in seinem lokalen Dialekt auf Deutsch, die Augen aufgerissen wie die eines wütenden Aals.

Alessandro verstand den Dialekt nicht und nahm an, daß der Mann nach der Zeit gefragt hatte. »Es ist Nacht«, sagte er, da er die Stunde nicht genau wußte. Er fühlte sich verpflichtet, ein Gespräch anzuknüpfen. »Kein Mond, keine Nachtigall, aber alles ist gut, und der Dachs ist in seinem Bau.«

Das dünne italienische Stimmchen, der schwere Geruch des Schaffells, das wiegenartige Schaukeln der Gondel, das Zischen der Luft, die Dunkelheit und sein eigener Schmerz und seine Verwirrung waren für den einfachen Musiker aus Völs zuviel. Er geriet in Panik. Dies war ein Alptraum, und sein ganzes Leben lang hatte er um sich geschlagen, wenn er einen Alptraum gehabt hatte. Nun war sein Hauptanliegen, sich von diesem kleinen dämonischen Wasserspeier zu befreien, der mit seinen wie bei einer Fledermaus gefalteten Flügeln auf ihm hockte und regelmäßig gegen seine Brust drückte. Diese teuflischen Kreaturen wußten, warum, und sie waren fürchterlich grausam, denn das Herz war der Ort, an dem es am meisten schmerzte.

»Waldteufel!« schrie er. Er hob seinen massigen Oberkörper und packte Alessandro. Beide Hände, große fette Dinger wie Reihen von Cabanossi, griffen nach dem dünnen Hals des Jungen und klammerten sich dort in Totenstarre fest, obwohl der Musiker einen recht lebendigen Eindruck machte und offensichtlich genesen war.

Als Alessandro spürte, wie sich das Blut in seinem Kopf staute, fiel ihm ein, was mit dem Quecksilberthermometer passiert war, das er in den Küchenofen gelegt hatte. Wenn er herangereicht hätte, hätte er den Trompeter an den Ohren gezogen, ihm eine Faust ins Gesicht geschlagen und an seinen Nasenlöchern gezerrt, aber seine Hände taten all dies bloß in der Luft vor dem Gesicht des Angreifers.

»Dreckige Fledermaus! Ekelhafte Kreatur! Ahhh! Furchtbar! Furchtbar!« trompetete der Trompeter.

Sich nach einer Waffe umschauend, entdeckte Alessandro die Thermosflasche. Er führte sie hinter seinem Rücken von der linken zur rechten Hand. Dann schlug er seinen Peiniger damit. Nach einem Knall und dem gedämpften Splittern von Glas änderte sich nichts, außer daß der Würgegriff fester wurde.

Wissend, daß er das nicht mehr lange aushalten konnte, mühte sich Alessandro, den Verschluß der Thermosflasche aufzuschrauben. Der Kadett, der sie gefüllt hatte, hatte nicht bedacht, daß sie von einem neun Jahre alten Jungen geöffnet werden sollte. Mit letzter Kraft gelang es Alessandro, sie aufzuschrauben. Er glaubte, sich jeden Muskel im Körper gezerrt zu haben, und der Stopfen segelte in den Abgrund. Dampf stieg auf und verbrannte ihm die Hände.

»Laß mich los«, dachte er mehr, als daß er es sagte, denn seine Lungen waren luftleer. Als der riesige Musiker auf Alessandros klägliches Gegurgel mit stärker werdendem Griff reagierte, bis Alessandro dachte, es würde ihm das Genick brechen, bleckte der Junge die Zähne und schleuderte die offene Flasche in das Gesicht des Würgers.

Ein verkümmerter Regenbogen aus kochendheißem Tee und Glassplittern schoß direkt ins Ziel. Der Trompeter schrie auf, ließ die Hände fallen und stürzte auf den Holzboden, wo er sich selbst ohnmächtig schlug. Ohne zu wissen, wo er war, sprang Alessandro zur Seite und stürzte in die Leere, doch wie der Hüttenwirt gesagt hatte, war er angeseilt und fand sich im Geschirr in kurzer Entfernung von der Gondel hängend wieder.

»Mama!« brüllte er fast in Tränen, doch dann kam er sich dumm vor, weil offensichtlich niemand außer ihm da war und er selbst tun mußte, was zu tun war.

Obwohl er Angst hatte, auch nur nach oben, geschweige denn nach unten zu schauen, streckte er die Hand aus und griff die Seitenplanke der Gondel. Mit einem Strom von Flüchen, die grundsätzlich der vierten Klasse der Accademia San Pietro in Rom geläufig waren, zog er sich hoch.

Der Trompeter lag völlig still auf dem Schaffell. Vielleicht war er tot, aber tot oder nicht, Alessandro mußte sein Herz massieren. Er begann wieder, sich gegen die Brust zu stemmen. Zwischen den Druckstößen warf er die Flasche über Bord und dann rasch die einzelnen Glasscherben.

Der Trompeter lebte noch. Er rührte sich. Der Wind hatte sich gelegt, und als sie jetzt durch die Kiefernspitzen schwebten, konnte Alessandro in nicht weiter Entfernung die Seilwinde keuchen hören.

Auf dem Weg zurück legte sich Alessandro auf das Schaffell. Warm, in Sicherheit und angewidert, wunderte er sich darüber, daß der Trompeter in der Lage gewesen war, aufzuspringen und aus der Seilbahnstation fortzurennen. Trotzdem, Alessandro würde ein Held sein, wenn er zurückkam. Das ließ sich nicht vermeiden. Sie würden ihn hineintragen und eine halbe Stunde lang hochleben lassen, während er sein Essen beendete. Nachdem er sie entlassen hätte, würde er nicht in sein Zimmer gehen, sondern in das Zimmer des blonden Mädchens in dem Samtkleid. Sie würde ihn mit in ihr Bett nehmen, wo sie die ganze Nacht allein im Dunkeln verbringen würden, aneinandergeschmiegt, regungslos. Das würde ihre Herzen für immer verbinden, und dann würden sie heiraten. Das Problem war, wo leben –

in Rom oder in Wien. Vielleicht in Paris, als Kompromiß. Er entschied, daß ihr Name Patrizia sei.

Er hörte Hochrufe, als er über den Felsrand kam, der nun wolkenlos dalag, aber das war nicht die kaum zu unterdrückende Begeisterung, die er erwartet hatte. Wie auch immer, der Hauptteil würde im Speisesaal kommen, mit einer Kapelle, Lichtern, Flaggen und warmen Feuern.

Der Anwalt Giuliani gab das Gewehr einem Soldaten und schaute dem Hüttenwirt zu, der das Geschirr löste. Das Abendessen war vorbei, sagte man Alessandro, aber sie würden ihm kochen, was immer er wolle, und es ihm in der Küche servieren. Er wollte nur Nachtisch. Obwohl er dünn wie eine Gerte war, glaubte er doch, zu dick zu sein, um neben Patrizia zu liegen, wenn er diese Nacht noch aß.

Der Speisesaal im Schlernhaus war dunkel. Alle waren nach oben gegangen, außer ein paar Soldaten und Bergführern, die im Zimmer der Bergführer um einen Kamin mit glühenden Kohlen saßen und über Krieg sprachen. Der Klang einer Zither wehte sanft von den oberen Stockwerken herab – für die Prinzessin.

Niemand jubelte. Die Bergführer starrten ihn an, weil er so pompös einherschritt, und der Küchenkadett, der länger aufbleiben mußte, um ihm das Essen zu servieren, beeilte sich, ins Bett zu kommen, weil er um vier Uhr in der Früh wieder aufstehen mußte.

»Erzähl mir«, bat der Anwalt Giuliani, »wie es war. Warum war der Tee verschüttet? Die Nachricht, die sie dir mitgegeben haben, besagt, daß Herr Willgis den ganzen Weg bis nach Hause gerannt ist. Das erstaunt mich ...

Na gut«, sagte sein Vater, »ich kann verstehen, warum du nichts sagen willst. Ich gehe jetzt zu Bett. Wenn du magst, können wir morgen nach Hause fahren.«

Alessandro nickte.

Der Kadett stellte ein Stück Sachertorte auf den Tisch, nahm seine blaue Schürze ab, stolperte benommen zur Küchentür hinaus in Richtung Kadettenbehausung und sagte: »Stell nur das Geschirr in den Ausguß, damit die Ratten nicht auf den Tisch springen.« Allein gelassen in der Küche, verlor Alessandro seinen Mut und dachte daran, nach Patrizia zu suchen, bevor er zuviel Angst hätte, es zu tun. Es lockte ihn, einfach zu Bett zu gehen, aber das Bild des schönen, scheuen blonden Mädchens ließ ihn aufstehen. Er zitterte so sehr, als er das Geschirr in den Ausguß stellte, daß die Gabel gegen den Teller und die Tasse gegen die Untertasse klapperte wie gebrechliche alte Männer. Dann ging er mit dem schweren herzzerreißenden Schritt eines Mannes auf dem Wege zum Schafott zur Treppe. Er wollte sie festhalten, sie küssen, ihren Atem einatmen, stieß im Dunkeln gegen die Stufen und begann den Aufstieg zu den oberen Etagen und ihren schwindeln machenden intimen Kammern.

Bei Tag standen die Soldaten des Leibregiments steif neben den Türpfosten zu den kaiserlichen Gemächern, und nichts in der Welt, nicht einmal eine kleine Julimücke, wäre an ihnen vorbeigekommen, doch bei Nacht liefen sie unerklärlicherweise hin und her wie Bären im Schießstand, marschierten in genau festgelegten Abständen den Flur entlang und machten es einem kleinen Jungen, der leise auf Wollsocken schlich, nicht schwer, in den verbotenen Flügel einzudringen, wo er unter zwanzig Türen in zwei angrenzenden Gängen auswählen konnte.

Seine Chancen, sie zu finden, bevor er selbst entdeckt wurde, standen nicht gut: An den Türen konnte er nichts ablesen; es war ziemlich dunkel; und seine Zeit war begrenzt, weil zweifellos jemand auf den Flur treten würde.

Er wählte willkürlich eine der mittleren Türen aus, wollte gerade seine Hand auf die Türklinke legen, wurde aber durch eine rasselnde Stimme von innen davon abgehalten. Jemand sprach mit sich selbst. »... für Gisella! Aber Hermann wird noch in dieser Woche als das entlarvt, was er ist. Binnen eines Jahres werde ich der Favorit bei Hofe sein und der Affe wird sich schwarz ärgern. Andererseits ist noch niemand damit reich geworden, andere anzuschwärzen, und der Kaiser hält einiges auf von Schafthausen – zu Unrecht natürlich ...« Offensichtlich wollte dieser Mann die ganze Nacht aufbleiben, und offensichtlich war er nicht Patrizia.

Alessandro ging zu einer Tür am Ende des Ganges. Langsam, leise öffnete er die Tür und schaute hinein. Dort lag in dem strahlenden Mondlicht ein riesiger gestrandeter Wal von einer Frau mit riesigen

Zahnlücken, ungeheuer fleischigen Lippen, einer Schweinsnase und Ohren wie Pulverhörnern. Wer war sie? Sie war zu häßlich, um zum Abendessen zu erscheinen. Vielleicht war sie eine Kammerzofe oder eine unglückliche kaiserliche Verwandte, die sich für immer auf den oberen Etagen der Paläste und Wirtshäuser verbarg.

Alessandro zweifelte, als er die Tür wieder geschlossen hatte, ob er Patrizia finden würde, doch nachdem seine Augen sich an die Dunkelheit gewöhnt hatten, sah er, daß säuberlich vor jeder Tür ein Paar Schuhe oder Stiefel abgestellt war. Eigentlich war es nicht gestattet, daß im Schlernhaus jemand Schuhe trug, sie wurden auf Regalen unter der Treppe aufbewahrt, aber kaiserliche Schuhe und Stiefel durften bei ihren Herren und Damen schlafen.

Einige waren riesig, andere damenhaft, und die Schuhe der Dienerschaft zierten verräterische Schnallen. Die Tür ohne Schuhe davor war sicherlich die der Prinzessin, da ihr wahrscheinlich gestattet war, die Schuhe selbst im Bett zu tragen. Ein Paar Halbschuhe war von unverkennbar winziger Größe und nicht säuberlich abgestellt, sondern vor die Tür geworfen worden, als habe ihre Trägerin über den kalten Boden ins warme Bett stürmen müssen. Alessandro näherte sich diesen Schuhen, als wären sie Reliquien. Sie lagen vor der letzten Tür neben dem Fenster am Ende des Ganges, gegenüber von dem Monster im Mondenschein. Er war verzaubert von dem zufälligen Winkel, in dem sie die Schuhe zurückgelassen hatte, von der Art, wie die Bändel gefallen waren, und von ihrem Aussehen in dem weißen Licht, das durch schnell dahingleitende Wolken hindurch über sie hinwegschoß, und er fragte sich, ob er Patrizia wohl ebenso lieben könne wie ihre rührenden und absichtslosen Spuren.

Dann begann ein Soldat, den Gang hinunterzuschreiten. Vor die Wahl zwischen Liebe und Tod gestellt, öffnete Alessandro die Tür, wand sich hinein und schloß sie leise hinter sich.

Patrizia lag unter einer silbernen, vom Mondlicht beschienenen Satindecke. Sie sah mit ihren offenen Zöpfen und dem goldenen, auf dem Kissen ausgebreiteten Haar anders aus. Sie öffnete die Augen, als er hereinkam, und verfolgte ihn mit ihnen, als er sich näherte. Sie selbst blieb regungslos und ohne Furcht.

Er legte seine Finger vor die Lippen. Ihre Hand tauchte unter der

Bettdecke auf, und sie tat es ihm nach. Es war ein Spiel, aber es war mehr als ein Spiel.

»Kannst du italienisch?« flüsterte er.

»Ja«, antwortete sie, ebenfalls flüsternd. »Wir fahren jedes Frühjahr nach Italien.«

»Erinnerst du dich an mich?«

»Von Italien?«

»Nein, von heute abend.«

»Nein«, log sie.

»Oh«, sagte er geknickt. »Ich habe dich im Speisesaal gesehen.«

»Wie heißt du?«

»Alessandro Garibaldi«, antwortete er.

»Bist du mit Garibaldi verwandt?« Die meisten Leute, die sie kannte, waren mit anderen Leuten verwandt, von denen alle anderen schon gehört hatten.

»Ich bin sein jüngster Sohn.«

»Aber ist er nicht vor langer Zeit gestorben?«

»Ja. Mach dir nichts draus. Er war der Vater meines Bruders, und der Onkel seiner zweiten Frau war die Schwester einer Cousine meiner Großmutter. Sie heiratete den Bruder meines Onkels, das war er selber, und ich bin ihr Sohn. Wer ist die merkwürdige Frau in dem Zimmer gegenüber?«

»Warst du in jedem Zimmer?« fragte das Mädchen überrascht und, zu Alessandros Entzücken, eifersüchtig.

»Es war ein Irrtum.«

»Das ist Lorna. Sie ist meine Cousine. Sie versteckt sich, weil sie so häßlich ist. Das ist sehr traurig, aber sie ist nett, und ich mag sie. Sie liest mir vor.«

»Schau dir mal die Wolken an, wenn sie den Mond verdecken«, sagte Alessandro. »Mir wird ganz schwindlig.«

»Ist dir kalt?« fragte sie auf eine Weise, die jedem unmißverständlich gewesen wäre, außer einem Neunjährigen, der verzweifelt versuchte, genau das zu tun, was sie wollte, daß er tat.

»Nein«, sagte er und zitterte nicht vor Kälte, sondern gleichzeitig wegen der Möglichkeit, weggestoßen, und dem Schrecken, angenommen zu werden.

»Du kannst hierher zu mir kommen«, bot sie ihm an, obwohl es auszusprechen ihr schwerfiel. »Wenn du willst ...« Sie hob die Bettdecke, und er sprang hinein.

Es war warm. Es war mehr als warm. Mit dem Federbett, ihrem Flanellnachthemd, dem dicken Daunenüberwurf und den Wollsokken war es heiß wie ein Röstblech.

Alessandro wußte nicht, was er tun sollte. Als sie ihren Kopf an seine Brust legte, durchfuhren ihn Stürme der Verwunderung und des Gefühls. Er küßte ihr Haar. Niemals in seinem Leben hatte er so etwas Süßes gerochen oder so etwas Zartes berührt.

Doch dieser Augenblick absoluter Vollkommenheit war gegen Störungen so anfällig wie die spiegelnde Wasseroberfläche eines Sees bei Morgendämmerung. Plötzlich und gegen seinen stärksten Willen war er verwirrt und unglücklich, weil sein Vater nicht wußte, wo er war. Vielleicht war der Anwalt Giuliani nach unten gegangen, um ihn zu suchen, und war, nachdem er die Küche leer vorgefunden hatte, hinausgegangen, um die Kadetten zu fragen, was Alessandro zugestoßen sei, nur um sich in Nebel und Kälte zu verlaufen. Alessandro jammerte, als er an seinen Vater dachte, wie dieser blindlings über die Matte wanderte, nahe an den Abgründen. Oder vielleicht lag er nur im Bett, dachte nach und erinnerte sich auf jene Weise, die Alessandro immer sehr traurig vorkam.

Alessandro hatte keine andere Wahl, als zurückzugehen. So schön und leicht die Dinge jetzt waren – und er hatte das Gefühl, als sei er geboren, um in Patrizias Bett zu schlüpfen –, er mußte sie verlassen und zu seinem Vater zurückkehren, der von weniger engelhafter Gestalt war, mit seinem römischen Anwaltsziegenbart, seinen schweren Händen und dem Geruch von Pfeifentabak, der sich für immer auf ihm niedergeschlagen hatte. Welch kraftvolle Figur dieser Mann auch abgab, er war viel verletzlicher als das schmale kleine Mädchen neben Alessandro. Selbst Alessandro wußte, sogar in diesem Augenblick, daß die Welt dem Anwalt Giuliani auf vielerlei Weise zugesetzt hatte, die sein Sohn einfach nicht verstehen konnte. Die Kleinen, die Zarten von neun oder elf Jahren, besaßen in Wirklichkeit die ganze Kraft.

Alessandros Gedanken wurden urplötzlich von dem metallischen

Geräusch einer Türklinke unterbrochen, die von jemandem betätigt wurde, der nicht auf Wollsocken umherzuschleichen brauchte.

Er fuhr unter die Decke. Wie groß die Gefahr auch war, das Eintreffen einer dritten Partei war ein Segen. Tief unter dem Satin hielt ihn Patrizia zärtlich und beschützend. Daß sie dies heimlich tat, war die intimste Geste, die Alessandro je zuteil geworden war. Der Druck ihrer Hände, ihre Standhaftigkeit, während sie sich um den Eindringling kümmerte, das war es, wovon er geträumt hatte, als er daran dachte, daß sich ihre Herzen verbinden würden.

Mitten in der Tür stand Lorna in einer kaum vorstellbar plumpen Haltung fast auf Zehenspitzen, hatte ihre Arme vor der Brust übereinandergeschlagen und das Gesicht dem einstürmenden Mondlicht zugewandt. Und dennoch, sie war eine gute Seele, die, unermeßlich gefoltert, auf immer in einem Körper ausharren mußte, der eine Festung, ein unüberwindliches Glacis gegen die Liebe bildete. Sie stand in verzerrter Erregung im Zimmer ihrer Cousine, in einer Haltung wie eins der drei kleinen Schweinchen beim Gebet, und trank mit ihren verträumten Kuhaugen das Mondlicht.

»Ich hatte den wunderbarsten Traum!« erklärte sie. »Ich träumte, ich tanzte mit einem Schwan! Er hatte die wunderbarsten flauschigen Polster an den Füßen, und er war auf einem Mondstrahl in mein Zimmer gekommen.«

»Lieber Gott«, sagte Patrizia sanft, denn sie wußte, wenn Lorna einen ihrer wirklich wunderbaren Träume gehabt hatte, besaß sie die Angewohnheit, in das Bett ihrer Cousine zu schlüpfen, um ihr ausführlich davon zu erzählen. »Lorna, Liebste, glaubst du, daß du mir wohl morgen früh davon berichten kannst? Morgen stehen wir früh auf, um zur Seiser Alm hinabzusteigen, und ich bin so müde!«

»Bestimmt nicht!« erklärte Lorna mit aufreizender Unempfindlichkeit. »Du weißt, wenn ich bis morgen warte, vergesse ich die Einzelheiten, und du magst doch die Details.«

»Aber Lorna ...«

»Es war ein schlanker Schwan, er hatte einen Schnabel, der so orange war wie das Orange im Regenbogen, und er liebte mich. Ich fragte ihn, wie er denn auf einem Mondstrahl reisen könne, und er sagte mir, indem er ein goldenes Lied sänge ... Rutsch beiseite.« Sie hob die Decke halb in die Höhe und hopste mit einem einzigen plumpen Satz ins Bett – ganz. Das Schlernhaus erbebte.

Patrizia, deren Name natürlich nicht Patrizia war, war alarmiert. Sie hatte Alessandro verloren, der unter Lorna lag und vollständig versunken war. Sie fragte sich, ob er Luft bekam oder ob er schrie.

»Das goldene Lied klang wie ein zitterndes Horn. Ich habe einmal einen Vogel so singen hören, auf dem Landsitz von Großvater in Klagenfurt ... Was ist das? Ist das dein Bein?«

Wie zur verneinenden Antwort biß Alessandro, der sich innerhalb weniger Stunden ein zweites Mal bewegungsunfähig und ohne Luft wiederfand, Lorna kräftig in eine ihrer gewaltigen Hinterbacken.

Der Schrei, der der massigen jungen Frau entfuhr, ließ das seltene goldene Lied ihres eingebildeten Schwans zu einem gewöhnlichen Gassenhauer verkommen. Er hatte die Stärke und die Kraft eines großen Eisenbahnhorns. Er klang so schrecklich, daß das ganze Schlernhaus aufwachte. Jeder einzelne Bergsteiger, die Kadetten in ihrer Unterkunft im Nebel, der Anwalt Giuliani, die kaiserliche Gesellschaft, und auch sonst jeder saß senkrecht in seinem Bett, als sei der Blitz eingeschlagen. Selbst die kleine Patrizia begann zu weinen.

»Was ist das? Mach es tot! Mach es tot!« schrie Lorna und nahm ihr verrücktes Geheul wieder auf.

Niemals zuvor waren die Lichter im Schlernhaus alle auf einmal und so schnell angezündet worden. Das Licht, das gegen den Nebel blitzte, schien das Werk eines Fotografen oder einer Kanone zu sein. Vier Soldaten stampften mit aufgepflanzten Bajonetten in schweren Stiefeln über den Flur. Sie waren so in Fahrt, daß sie die Tür, statt sie zu öffnen, einrannten. Als sie auf den Boden krachte, klang das wie eine Bombe. Die Angehörigen der kaiserlichen Gesellschaft, die mit Attentaten geboren und aufgewachsen waren, gaben ein kollektives Stöhnen von sich.

Alessandro suchte Rettung, indem er sich unter der Decke zu einer Kugel zusammenrollte. Patrizia weinte. Lorna, die sich gegen die Bettpfosten drückte, war völlig still. Ihr ausgestreckter Finger wies anklagend auf das Bündel im Bett.

»Was ist das? Ein Tier?« erkundigte sich der Wachoffizier und zog seinen Säbel.

»Es hat *fürchterliche Fänge*!« schrie Lorna.

Alessandro blinzelte unter der Satinmasse hervor. Die Soldaten waren für einen Augenblick verblüfft, als er sich aus der Decke befreite, aus dem Bett kletterte und davongehen wollte, um in sein Zimmer zurückzukehren. Er war sich allerdings nicht sicher, ob ihm dies gelingen würde.

Zwei Unteroffiziere packten ihn bei den Ohren und schleiften ihn den Flur hinunter. Er begriff vage, daß sie gedemütigt worden waren, daß er die heilige Ordnung verletzt hatte und daß es im Augenblick eindeutig von Nachteil war, Italiener zu sein. »Papa! ... Papa! ... Papa!« schrie er rhythmisch, aus Angst davor, erschossen zu werden. Während die ganze Welt einstürzte, flossen seine Tränen lautlos. Er war nicht länger Patrizias Geliebter oder Garibaldis Sohn, sondern ein Kapitalverbrecher gegen das Habsburger Kaiserreich, ein Attentäter, ein Tier mit Fängen.

»Was tun Sie da!« brüllte der Anwalt Giuliani die bewaffneten Soldaten an, obwohl er im Morgenmantel war und sie doppelt so groß schienen wie er. »Lassen Sie ihn los!«

Alessandro sah in seinem Vater alles Heil der Welt, doch die Soldaten hielten ihn noch immer fest.

»Sind Sie wahnsinnig?« fragte der Anwalt aus Rom den Wachoffizier. »Behandelt man so denn Kinder?«

»Unsere Kinder sind anständig, sauber und wohlerzogen!« brüllte der Offizier mit einer so haß- und racheerfüllten Stimme, daß Vater und Sohn Giuliani in Schweigen fielen. Dann verkündete der Offizier vor den anwesenden Zuschauern seine Version dessen, was vorgefallen war. Obwohl er nur wenig davon verstand, zitterte Alessandro.

Die Prinzessin erschien, finster vor Wut, mit einer Greisenhand an der Hüfte. »Dies Kind hat versucht, meine Enkelin zu schänden«, erklärte sie. Und dann fügte sie leicht zitternd hinzu, »zu anderen Zeiten hätte ich ihn erschießen lassen.«

Der Anwalt Giuliani wurde bleich. Er fürchtete um Alessandros Leben, und er mußte die Initiative ergreifen.

»Sandro«, fragte er. »Ist das wahr?«

Alessandro, der die Anschuldigung nicht verstanden hatte, hatte dennoch ihren Ton verstanden, und er wußte, daß die Umarmung Patrizias die schönste und reinste Sache auf der Welt gewesen war. »Nein«, sagte er.

Dennoch erhob sein Vater die Hand und gab ihm eine Ohrfeige. Der Schlag war durchs ganze Treppenhaus zu hören, als Alessandro zu Boden fiel.

Dann hob der Anwalt Giuliani seinen Sohn auf. »Wir brechen morgen früh auf«, sagte er und trug den Jungen in ihr Zimmer.

Dort angekommen, legte er Alessandro auf sein Bett und deckte ihn zu. Sie mußten flüstern.

»Mir geht's gut«, sagte Alessandro.

»Das war nicht meine Hand«, sagte sein Vater zu ihm. »Ich hatte furchtbare Angst, sie können dir etwas antun. Sie sind nicht wie wir.«

»Ich weiß«, entgegnete Alessandro.

»Du mußt verstehen«, bat ihn sein Vater. »Ich habe dich noch nie geschlagen, und ich werde es auch nie wieder tun. Die Soldaten waren bewaffnet. Sie hatten die Bajonette aufgepflanzt. Diese Leute strafen ihre Kinder hart. Ich wollte dich nicht schlagen ...«

»Ich weiß«, sagte Alessandro und berührte das Gesicht seines Vaters, wie sein Vater es oft bei ihm tat. Obwohl er den Anwalt Giuliani anstarrte, sah er nur das Rad, das sich stetig im Sonnenlicht drehte, fast aus eigenem Antrieb.

»Papa? Wenn wir morgen nach Hause gehen, wird sich das Rad drehen, oder?«

»Welches Rad?«

»Das Rad von der Seilbahn.«

»Ja, es dreht sich die ganze Zeit.«

»Auch wenn wir es nicht sehen? Auch wenn wir nicht da sind?«

»Natürlich. Es hat nichts mit uns zu tun.«

»Auch wenn wir tot sind?«

»Ja.«

»Dann«, verkündete Alessandro, »dann habe ich keine Angst zu sterben, Papa.«

*

»Geht es Ihnen gut?« fragte Nicolo. »Wir sind seit Stunden hier. Der Mond geht unter. Vielleicht sollten wir weitergehen, es sei denn, Sie wollen schlafen.«

»Hilf mir auf, wir gehen weiter«, sagte der alte Mann.

Als sie sich auf den Weg machten, fragte Nicolo: »Woran haben Sie gedacht? Ich habe gemerkt, daß Sie nicht geschlafen haben.«

»Ich habe nicht geschlafen. Ich habe über etwas nachgedacht, das vor langer Zeit geschehen ist.«

»Was?«

»Über die Art, wie Geschichte, Geographie und Politik die Liebe beeinflussen. Und wie sie im Gegenzug die anderen beeinflußt.«

»Hört sich nicht sehr interessant an. Ich meine, man könnte Hunderte von Geschichten erfinden, die das beweisen, oder?«

»Ja.«

»Und das ist nicht sehr einfallsreich – Sachen erfinden – oder?«

Alessandro schloß ein Auge und senkte den Kopf fast wie ein Stier. »Ich glaube nicht, Herr Sambucca«, sagte er.

»Was ist die wahre Geschichte? Ich frage Sie, woran Sie denken, und Sie erzählen mir Geschichte, Geographie, Politik, Liebe. Alles, was ich wissen wollte, war, was geschah wem. Ist das nicht genug?«

»Genug, wenn man siebzehn ist und noch vieles vor sich hat, aber wenn das meiste davon vorüber ist, versucht man, dem Ganzen einen Sinn zu geben. Manchmal gelingt es, manchmal nicht. Ich dachte nur gerade an meinen Vater. Ich hätte ihn stärker trösten sollen, als ich es getan habe. Einmal mußte er mich vor einigen österreichischen Soldaten ohrfeigen, und das machte ihn über alle Maßen unglücklich, nicht nur damals, sondern für den Rest seines Lebens. Er glaubte, er hätte mich verraten, und ich konnte ihn nie davon überzeugen, daß dem nicht so war.«

»Zwangen sie ihn dazu?«

»In gewisser Weise.«

»Sie hätten sie töten sollen.«

»Das habe ich getan. Und auch nicht sehr viel später.«

»Wie haben Sie das gemacht?«

»Wie habe ich was gemacht?«

»Sie getötet.«

»Ich habe mit einem Gewehr auf sie geschossen, und bei kurzen Entfernungen habe ich ein Bajonett genommen.«

»Jesus!« sagte Nicolo und riß die Augen auf. »Wie haben Sie das gemacht? Ich meine, wie genau macht man das?«

»Ich fürchte, ich werde deine Neugier nicht befriedigen.«

»Warum nicht? Sie waren nicht der einzige, der jemals in einem Krieg war.«

»Ich weiß, aber ich habe überlebt. Das setzt mich auf eine niedrigere Stufe.«

»Eine *niedrigere* Stufe?«

»Niedriger als die Stufe derjenigen, die umgekommen sind. Das war ihr Krieg, nicht meiner. Ich konnte da raus, konnte ihn hinter mich bringen. Obwohl Gott mich gerettet hat, waren die besten Geschichten die ihrigen, und die wurden jäh unterbrochen. Die wahre Geschichte eines Krieges ist überhaupt keine Geschichte – Schwärze, Trauer, Schweigen. Die Geschichten, die man über Kameradschaft und Mut erzählt, sind nur Ersatz für das, was sie nicht erzählen. Als ich in der Armee war, war ich ständig von Tausenden von Männern umgeben, und dennoch war ich fast immer allein. Wann immer ich Freunde fand, wurden sie getötet.

Wenn ich dir beschreibe, was ich im Krieg gesehen habe, wirst du es vom Blickwinkel der Lebenden aus sehen, und das ist nur der kleinste Teil der Wahrheit. Die Wahrheit selbst ist, was letztlich von jenen begriffen wurde, die nicht zurückkehrten.«

»Dann erzählen Sie mir den kleinsten Teil der Wahrheit«, sagte Nicolo, »wie sonst soll ich davon erfahren?«

»Es ist nicht genügend Zeit von hier bis Sant' Angelo für den allerkleinsten Teil der Wahrheit«, war Alessandro Giulianis Antwort.

Sie wanderten hinab in ein langes Tal. Der Vollmond stand tief. Während er auf dem zackigen Horizont unter ihnen ruhte, schien er wunderbar nah zu sein, als seien sie zu ihm aufgestiegen oder als habe er sich zur Erde hinuntergelassen, um sie in Augenschein zu nehmen. Er schien mit der Morgendämmerung im Bunde zu sein und leuchtete gleichzeitig perlfarben und blau.

Obwohl der Mond bald hinter dem Bergrücken hinter ihnen verschwand, lag der Großteil der Welt in seinem Licht, selbst als sie im

Schatten wanderten. Alessandro hatte begonnen, vor Erschöpfung zu zittern. Wie dumm von mir, dachte er, mich auf solch eine Wanderung zu begeben. Er hatte einfach nicht mehr die Kraft wie früher, und nun schlug Nicolo ein schnelleres Schrittempo an, ohne zu merken, wie schwer es dem lahmen alten Mann fiel, mitzuhalten. Doch vielleicht weil die Welt von einem sanften weißen Glühen beschienen war, machte Alessandro weiter, in der Hoffnung, daß ihn, auch wenn er es nicht verdiente, die Kraft finden würde, wie sie es so viele Male zuvor getan hatte.

Wenn sie es tat, und wenn ihn das gütige Schicksal von seiner Erschöpfung und seinen Schmerzen befreien sollte, dann würde er Nicolo erzählen, worum Nicolo gebeten hatte. Sie hatten nicht allzu weit zu laufen, bis sie sich trennten, und in der Zeit, die sie hatten, würde er eine einfache Geschichte erzählen, bei der er die Gefahr eines verlorenen oder gebrochenen Herzens meiden würde, obwohl seiner Erfahrung nach die Erinnerung stärker und gefährlicher war als das Erleben selbst. Welche Eitelkeit hatte ihn dazu gebracht zu glauben, er könne wieder über die Berge gehen und sich Tag und Nacht vorwärtstreiben wie der junge Soldat, der er einst gewesen war?

Und dann beantwortete er die Frage, die er sich selbst gestellt hatte. Sein ganzes Leben hatte er Zeiten der Verzweiflung erlebt, nur um von ihnen befreit zu werden und sich mit der Schnelligkeit, mit der er gefallen war, wieder aufzurichten. Es war ihm bei Wettrennen widerfahren, bei denen er manchmal wie ein Neugeborener wachgeschlagen worden war und dann mühelos und ohne Vorwarnung die Führung übernommen hatte. Es war ihm beim Bergsteigen widerfahren, wenn er sich plötzlich von einem furchtsamen Neuling in jemanden verwandelte, der auf den Felsen tanzen konnte. Und es war ihm bei seinen Prüfungen zum Doktor widerfahren, als der junge Alessandro, der vor Angst zitterte, zum Prüfer seiner Prüfer wurde.

»Möchten Sie eine Pause einlegen?« fragte Nicolo kurz vor Sonnenaufgang, als sie begannen, durch das zwanzig oder dreißig Kilometer lange, landwirtschaftlich genutzte Tal zu wandern. »Es ist fast Morgen. Wir haben eine gute Strecke zurückgelegt, aber jetzt werden Sie sehr langsam. Ich denke, wenn wir eine Rast einlegen, können wir danach unser Tempo erhöhen. Ich weiß, Sie können schnell gehen; Sie hätten mich bergauf beinahe abgehängt. Wie Sie gesagt haben, der Abstieg am frühen Morgen ist schwer.«

»Mein Herz fühlt sich nicht gut«, sagte Alessandro. »Es fällt mir schwer zu atmen. Ich fürchte, wenn ich haltmache, werde ich so steif und müde, daß ich nicht mehr weiterlaufen kann. Geh langsam, wenn du kannst, hab Geduld, bis ich mich wieder gefangen habe. Diese Nachtzeit ist immer die schwierigste. Wenn ich es bis Tagesanbruch schaffe ...«

Ein feiner weißer Nebel war aus den Bewässerungsgräben gestiegen. Er bedeckte die Felder und versuchte vergeblich, die Seitenstreifen rechts und links der Straße miteinander zu verbinden. Der Himmel war nun hell genug, um die Sterne und Planeten zu überstrahlen. Während die Nacht zum Morgen wurde, schien es, als würden alle Vögel Mittelitaliens in einer sich steigernden Ekstase, die bald das Land mit Klang überzog, singen und tanzen. Die Bäume summten wie Bienenkörbe von den hüpfenden oder herabstürzenden Vögeln und den abfallenden Blättern, die durch die regungslose Luft in Spiralen zu Boden fielen.

Mit dem steigenden Licht erhoben sich auch Geräusche, der Wind und das Zittern und Rascheln der Blätter. Sich schließlich geschlagen gebend, von Wind, Wärme und Licht besiegt, wurde der Nebel von den Feldern gewischt. Leuchtende Farben erblühten in der Luft, wo zuvor nur blasse Grautöne waren.

Als der Wind die Straße entlangfegte und den Staub aufwirbelte, wußte Alessandro, daß etwas geschah. Er erschauerte, als er die starre und leblose Welt sich bewegen und die toten Dinge tanzen sah.

Zur Linken ging die Sonne auf und verwandelte die glatten Blätter der Pappeln in ein blendendes Wirrwarr aus Licht, das zu hell war, um es zu betrachten, bis der Wind durch die Bäume fuhr und sich die Blätter drehten und den blendenden Glanz milderten.

Alessandro spürte, wie die Welt Feuer fing. Sein Herz kehrte in die Vergangenheit zurück, und er berührte kaum den Boden, während er zwischen den Bäumen hindurchging, die nun in der Morgendämmerung schimmerten. Wenn ferner Donner auch gedämpft und verzögert ist, er zieht nur um so klarer durch die Luft. Nach einem halben Jahrhundert und mehr war er im Begriff, einen letzten Blick zurückzuwerfen. Es kümmerte ihn nicht mehr, was es ihm wohl antun würde. Er wollte nur zurückkehren. Und das tat er.

II. DAS RENNEN ZUM MEER

Der Garten, der zu Anwalt Giulianis Haus gehörte, war in Viertel aufgeteilt, und noch lange, nachdem Alessandro sein Zuhause zurückgelassen hatte, wußte er alle ihre Besonderheiten. Das erste Viertel war zu einem Obstgarten geworden, den die Gärtner niemals in Ruhe lassen zu können schienen; ständig schnitten sie zurück, pfropften auf und lockerten die Erde um die gedeihenden Bäume. Jahr für Jahr gaben vierzig Bäume Früchte für den Tisch der Giulianis und für die Bastkörbe, die die Gärtner auf ihren Schultern heimtrugen oder auf den Lenkern ihrer Fahrräder balancierten. Das zweite Viertel wurde als Gemüsegarten bestellt, der soviel abwarf wie ein kleiner Bauernhof und der selbst im Januar ein halbes Dutzend verschiedener Gemüse anbot, die die Köchin täglich ernten konnte, und kleine weiße Gänseblümchen, die die Gärtner beim Unkrautjäten zu übersehen pflegten, weil sie die einzigen Blumen im Winter waren. Im dritten Viertel blühte der Blumengarten in so vielen Farben, daß er in kalten Flammen zu stehen schien, und im letzten Viertel sorgte ein Weingarten für einen Großteil des Giulianischen Weins.

Zwischen dem Gemüsegarten und der Obstplantage auf der einen Seite und den Blumen und dem Wein auf der anderen verlief ein Kiesweg, der von Hecken, so hoch, daß der zwanzigjährige Alessandro sie nur mit Mühe überspringen konnte, begleitet wurde. Zwischen den Vierteln war grüner Rasen wie emaillierte Intarsien eingesät, und Reihen von Pinien und Dattelpalmen an den Begrenzungen ließen den Garten wie eine Lichtung im Wald erscheinen. Obwohl die Palmen so hoch waren, daß man von der Villa Borghese aus sehen konnte, wie sie den Gianicolo nahe der Villa Aurelia überragten, waren sie unfruchtbar. Die Früchte, die in Riesenbüscheln herunterhingen, wurden nicht reif, und im Herbst erstrahlte es von vergeudetem Gelb, das unberührt blieb von den Vogelschwärmen, die sich in ihren Kronen niederließen.

Wenn auch ein Teil des bescheidenen Reichtums der Giulianis nicht von Alessandros Vaters erwirtschaftet worden war, den Rest hatte er hart erarbeiten müssen. Viele, deren Geld nur eine Frage der Geburt war, sahen auf den fleißigen Anwalt herab, weil er gearbeitet hatte, andere, die nur durch ihre eigene Arbeit reich geworden waren, rümpften die Nase, weil er eine Erbschaft gemacht hatte, und jene, die keines von beiden getan oder erhalten hatten, waren verbittert darüber, daß er beides hatte. Doch die Giulianis kümmerten sich nicht darum, und der zwanzigjährige Alessandro wußte nichts davon. Sie hatten ihr Haus, und sie hatten ihren Garten.

Der Garten lag in Richtung Ostia und Meer. Obwohl sie nicht sehr weit in diese Richtung sehen konnten, gaben die Vorderfenster den Blick auf Rom frei, aus genügend großer Höhe, um auf dessen Gegenwart herabzublicken, als sei sie Vergangenheit. Der östliche Blick auf die Stadt und den Tiber war so tief in Alessandros Gedächtnis eingegraben, daß er ihn jederzeit abrufen konnte. Selbst wenn er sich in dem Straßenwirrwarr dort unten befand, wußte er genau, wo er war, und konnte alles so sehen, als schaue er von einer der blassen Wolken herab, die so oft und so beharrlich am römischen Himmel hängen.

Der Blick schweifte weit über Rom hinaus zum Apennin. Im Sommer waren die Berge an den Kuppen und Kämmen entlang kreideweiß, und in der untergehenden Sonne leuchtete der riesige und etwa halbspindelförmige Gran Sasso über die Entfernung hinweg, bis sich sein Licht schwach in dem Glas eines gerahmten Bildes an der westlichen Wand in Alessandros Zimmer spiegelte. Das Bild zeigte das Matterhorn, doch das seidige Bild, halb im Glas verloren und viel reizvoller, war die ungeladene Gegenwart des Gran Sasso, die unverschämt geltend machte, daß das Leben selbst besser war als noch die beste Erinnerung.

*

Eines Morgens im April stand Alessandro auf dem Weg hinunter zum Frühstück neben einem Flurfenster und knöpfte sich das Hemd zu. Er hatte für kurze Zeit seinem Studium im Norden den Rücken gekehrt und war froh, zu Hause zu sein. Die Morgensonne erhellte den westlichen Teil des Gartens so sehr, daß Alessandro in der Lage war, jede Einzelheit ganz genau zu erkennen. In der Mitte einer einstmals soliden Ziegelmauer am anderen Ende des Gartens befand sich ein eisernes Tor, durch das er die Fenster des Hauses auf der anderen Seite der Mauer sehen konnte.

Jemand hatte die Mauer durchbrochen und konnte nun in den Privatpark der Giulianis blicken, sogar in die Fenster der Giulianis. Sie hätten Alessandro sogar beim Zuknöpfen seines Hemdes zuschauen können.

Er rannte nach unten in die Küche, wo sich sein Vater blind seinem Frühstück widmete, während er die Zeitung las. Der Anwalt Giuliani nahm von seinem Sohn kaum Notiz. Alessandros jüngere Schwester Luciana stand, mit einer weißen Schürze angetan, in einer Ecke. Sie war im Begriff, die Küche zu verlassen, und ihre Hände lagen an der Schürzenschleife, doch die Aufregung ihres Bruders hielt sie davon ab, sie aufzuziehen.

»Was ist dieses Ding in der Gartenmauer?« verlangte Alessandro in einem Ton zu wissen, der andeutete, daß er glaubte, sein Vater würde einfach leugnen, daß überhaupt etwas da sei, und daß tatsächlich nichts da sein würde, wenn Alessandro noch einmal hinschaute.

»Welches Ding?« fragte sein Vater, außerstande, sich von einem Bericht über die anhaltende Instabilität in Marokko zu lösen.

»Das Loch in der Mauer und das Tor.«

»Was ist damit?«

»Was hat das da zu suchen?«

»Ich weiß nicht«, entgegnete sein Vater und wollte den Bericht zu Ende lesen. Zeitungen hatten ihn immer gefesselt.

»Was heißt das, du weißt nicht?« fragte Alessandro.

»Es ist ein Tor, damit andere Leute in den Garten können.« Der Anwalt Giuliani beendete seine Lektüre und biß in ein Stück Toast.

»Andere Leute? Welche anderen Leute? Wer?«

»Die Leute, die auf der andern Seite des Tors leben. Sie heißen Bellati.«

»Warum sollten die in unseren Garten wollen?« fragte Alessandro.

»Es ist nicht unser Garten. Es ist ihr Garten.«

Alessandro sah aus wie von einer Kugel getroffen.

»Ich habe ihnen den Garten verkauft, aber wir haben eine Pacht auf zwanzig Jahre. Während dieser Zeit wird alles beim alten bleiben, außer daß sie den Garten so benutzen dürfen, wie wir das tun. Sie zahlen die Hälfte für die Gärtner, wir werden die Ernte gerecht teilen, sie werden uns wissen lassen, wann sie ein Fest geben, wir werden es ihnen sagen, etcetera, etcetera. Das ist ein vorteilhaftes Arrangement.«

»Und was machen wir in zwanzig Jahren?«

»Darüber werden wir uns den Kopf zerbrechen, wenn es soweit ist.«

»Die könnten ein Haus dort bauen, vielleicht sogar ein Wohnhaus. Hundert Familien könnten direkt vor unserer Nase wohnen!« schrie der Junge.

»Alessandro«, sagte der Anwalt Giuliani, »was mit dem Land geschieht, ist per Gesetz geregelt, und ich habe in dem Vertrag als Kaufbedingung festgeschrieben, daß der Garten fünfzig Jahre lang nicht verändert werden darf, selbst wenn sich die Gesetze ändern sollten. Das wäre 1960, Alessandro. Bis dahin wird es riesige schwimmende Städte auf dem Meer geben, Europa wird ein vereintes Land sein und du wirst siebzig sein. Mach dir deswegen also heute keine Sorgen.«

»Aber warum hast du das getan?« fragte Alessandro mit einer so verwirrt und verloren klingenden Stimme, daß sein Vater die Zeitung zusammenlegte und Tee und Toast beiseite schob.

»Das ist sehr einfach«, sagte der Anwalt Giuliani in dem Ton, den er anschlug, wenn er etwas Wichtiges zu verkünden hatte. »Kennst du die Via Ludovisi?«

»Nein.«

»Niemand kennt sie. Das ist eine schmale Straße in der Nähe der Villa Medici.«

»Was ist damit?«

»Es gibt ein kleines Dreieck Land zwischen der Villa Medici, der Villa Borghese und eben der Via Ludovisi, die die Grundlinie bildet. In diesem Dreieck liegen Felder, Wege und ein paar Gebäude. Jetzt werde ich dir sagen, was ich denke. Ich denke folgendes.«

Alessandro war ebenso beeindruckt von der Überzeugungskraft seines Vaters wie wohl viele der Magistratsbeamten, vor denen sein Vater in Ausübung seiner Amtsgeschäfte erschien.

»Rom ist eine Stadt voller Ruinen. Sie ist sehr ruhig, wie sich dies für eine alte Stadt gehört. Die Wirtschaft hat Probleme, ebenso das Transportwesen und alles andere. Die englischen Touristen kommen her und sehen sich Steine an und wollen, daß Rom ländlich aussieht.«

»Und?«

»So wird es nicht ewig bleiben. Die Tage sind gezählt, an denen die Schafherden über die Piazza Navona getrieben werden, und da sich die Dinge ändern, wird Rom mehr und mehr wie Paris, London und Berlin werden. Die Stadt wird wachsen; sie muß, sie tut es bereits.«

Der ältere Giuliani schüttelte seinen Finger nach seinem Sohn, als wollte er sagen, hinter diesem Finger steckt dein Vater. »Die Frage ist, wie wird sie wachsen?«

»Und du weißt es.«

»Ich habe gut geschätzt. Ich bin in jeder größeren Stadt in Europa gewesen, und dabei ist mir bei allen eins aufgefallen, etwas Offensichtliches. Die bevorzugten Gegenden, die reichen Bezirke liegen alle in der Nähe von Parks – Passy, der Bois de Boulogne, Hyde Park und Mayfair, Belvedere in Wien. Dort wird das Land meistens am höchsten taxiert. So wird es schließlich auch mit der Villa Borghese werden. Rom wird um die Villa Borghese herum bauen, und der ausgesuchteste Abschnitt liegt gerade südlich davon, den Hügel hinunter Richtung Stadtmitte. Dies voraussehend, habe ich ein und sieben Zehntel Hektar Land in dem von mir beschriebenen Dreieck erworben – genug Land, um etliche Häuser darauf zu errichten. Lange nach meinem Tod werden vielleicht deine Mutter, aber sicher du und Luciana und alle eure Kinder davon profitieren. Es könnte euch eines Tages sehr reich machen.«

»Es ist mir egal, ob ich reich werde«, protestierte Alessandro.

»Das war es mir auch, als ich in deinem Alter war. Ich weiß, was dir nicht egal ist, ich bezahle dafür, und ich war dir recht ähnlich, nur alles hat sich verändert, und alles ändert sich, selbst wenn du es noch nicht weißt. Ich habe den Garten unter deinen Füßen weg verkauft, damit in einem halben Jahrhundert, in einem Jahrhundert die Giulianis frei sind zu tun, was sie wollen, oder vielleicht auch nur zu überleben.

Es ist ein Spiel, und Rücklagen haben wir keine mehr. Ich habe eine Hypothek auf das Haus aufgenommen, und ich habe den Garten an Bellati verkauft, der entweder die gleichen Ideen hat wie ich, aber noch nicht in Paris war, oder die Natur genug liebt, um eine erkleckliche Summe auszugeben, ein Stück davon zu erwerben.«

*

Bellati war in der Leitung der Bank von Italien. Sein Sohn, zehn Jahre älter als Alessandro, war Hauptmann in der Armee und trug einen Säbel. Wenn der König von Italien über Geld reden wollte, bestellte er Bellati zu Hofe. Niemals hatten die beiden Männer miteinander über etwas anderes gesprochen als Zinsen, den relativen Wert der Währungen oder die Vorteile einer bestimmten Unternehmung. Der König von Italien wollte nicht bei Gesprächen über so etwas Vulgäres wie Geld belauscht werden, also zog er sich mit Bellati an einen ruhigen Ort außer Hörweite, aber voll in Sichtweite zurück, um dort mit ihm zu konferieren, während andere neiderfüllt zuschauten. Bellati machte ein Vermögen mit dem, was die Leute glaubten, und war als Gast bei Diners sehr gefragt, wo er den König niemals erwähnte, was alle völlig sicher sein ließ, daß er und der König so eng miteinander waren wie Rad und Achse.

Die Bellatis waren so gesellig und gesellschaftlich orientiert, wie es die Giulianis nicht waren. Anwalt Giuliani verließ sich lieber auf seine Fähigkeiten im Gerichtssaal als auf seine Verbindungen, ging seine eigenen Wege und zog dem öffentlichen Leben in der Hauptstadt das Risiko des Bergsteigens vor. Er und seine Familie blieben daheim, und die Lichter brannten den ganzen Abend.

Die Lichter in dem seit kurzem sichtbaren Haus jenseits der Mauer brannten normalerweise bis acht Uhr abends und wurden dann gelöscht, bis sie gegen ein oder zwei Uhr in der Frühe gerade lang genug angezündet wurden, um den Bewohnern den Weg zu den oberen Etagen und in ihre Betten zu beleuchten.

Alessandro, der als Student der Ästhetik und Philosophie geschult war, die Muster zu erkennen, nach denen sich Dinge voneinander unterschieden, bemerkte dies augenblicklich. Und in den etwa zehn Tagen, die er zu Hause war, registrierte er auch, daß diese Leute kein einziges Mal aufgetaucht waren, und er war dankbar dafür. Alessandro dachte wieder an den Garten als den seinen, und während er in ihm herumspazierte, waren seine Gedanken wieder in der Lage, frei umherzuwandern, und er konnte mit sich selbst reden, auf jene fiebernde Art von Mondsüchtigen oder von Universitätsstudenten, die mit vielen großen Schönheiten und widersprüchlichen Wahrheiten beladen sind.

Und das tat er; eines Abends zur Dämmerstunde schritt er auf und ab, bis sein Intellekt von seinem Magen besiegt wurde und er beschloß, die Meditation über die Ästhetik zugunsten gegrillter Lammkoteletts aufzugeben. Er war gerade dabei umzukehren, als er bemerkte, daß einer der Gärtner einen Spaten an die Hecke gelehnt und vergessen hatte. Er nahm ihn, sprang über die Hecke und ging auf den Geräteschuppen zu. Obwohl es nun fast dunkel war, leuchtete der Himmel noch in der hellen und delikaten Farbe, die an die warmrosafarbene Seide erinnerte, mit der oft das Innere alter Kutschen verkleidet ist.

Die Bellatis bereiteten sich auf ein Diner auf der anderen Seite des Tiber vor, wie sie dies fast jeden Abend taten. Ihr Sohn befand sich im Augenblick mit einem Trupp Soldaten auf einem Kriegsschiff, das durch die Adria fuhr, und ihre Tochter war in den Garten gegangen, um die Blumen zu holen, die sie ihren Gastgebern mitbringen wollten. Sie hatte zuviel Zeit mit dem Ankleiden verbracht, und nun war es dunkel, doch ihr Vater hatte ihr von einer Laterne im Geräteschuppen erzählt, die noch neu sei und die sie ohne Sorge vor schwarzem Ruß nehmen könne.

Als sich Alessandro mit dem Spaten in der Hand dem Schuppen näherte, entschied er, daß der Gärtner ihn wohl nicht ohne Grund dort hatte stehen lassen und daß es das beste sei, ihn gegen die Tür zu lehnen.

In dem Schuppen zog Lia Bellati in völliger Dunkelheit eine Schachtel finnischer Streichhölzer aus der Tasche ihres Samtcapes.

Sie schob das widerspenstige kleine Kästchen auf, nahm ein Streichholz heraus und zündete es an. Sie sah sich um. Eine funkelnagelneue Laterne hing von einem Dachbalken. Obwohl Lia Bellati makellose Proportionen hatte, war sie doch klein, und manchmal sprang sie hoch, um an Dinge heranzukommen, doch erst, wenn sie sich vergewissert hatte, daß niemand zuschaute. Mit zweiundzwanzig Jahren und noch unverheiratet konnte sie es sich nicht leisten, lächerlich zu erscheinen, und man konnte nie wissen, wer gerade in die Küche oder in die Bibliothek kam und wer daher sah, wie sich ihr Körper wie eine Katze streckte, wenn sie nach etwas hüpfte, an das sie heran wollte.

Der Gartenschuppen war am Dachfirst recht hoch, und die Gärtner waren alle große Männer, wenigstens im Vergleich zu Lia Bellati. Sie hatten die Laterne am Boden angefaßt und den Drahtgriff über einen Nagel gehängt. Das Streichholz war halb abgebrannt, als Lia sich nach etwas umschaute, worauf sie sich stellen konnte. In der Ecke stand ein Zementmischer, zu schwer, um ihn zu bewegen. Leitern, die beim Stutzen der Bäume Verwendung fanden, waren an einer Seite gestapelt. Die kürzeste davon war länger als der höchste Teil des Schuppens. Das Streichholz ging aus.

Alessandro lehnte den Spaten gegen die Tür. Das Geräusch ließ die junge Frau drinnen erschrecken, aber sie schloß, daß es der Wind gewesen sein mußte, und zündete ein weiteres Streichholz an.

Gerade als er sich umdrehte, sah Alessandro Licht durch die Ritzen der Bretter flackern. Er hatte die Gärtner viel früher gehen sehen. Vielleicht war es ein entlaufener Dieb oder ein Dieb, der nicht entlaufen war. Die Leitern waren aus altem geöltem Hartholz, ihre Beschläge aus Messing. Der Zementmischer würde sich vielleicht lohnen, wenn man ihn durch die Straßen bugsieren konnte. Er spähte durch einen Spalt zwischen den Brettern.

In der Mitte des Schuppens hielt ein elegant gekleidetes junges Mädchen ein brennendes Streichholz in der linken Hand und sprang mehrfach in die Höhe. Sie hatte dies schon ein paarmal getan und deshalb ihr Cape über die Leitern gelegt. Das Cape war wie ihr Kleid aus feinem schwarzen Samt, und am Revers war eine Brosche, die wie ein Diamant funkelte, denn wenn auch Alessandro ihn für zu groß für einen Diamanten hielt, so war es doch ein Diamant. Ihr Haar war nicht eigentlich blond, aber doch hell genug, um das Licht des Streichholzes zu fangen und an manchen Stellen aufzuleuchten, als seien Goldfäden eingewebt. Wieder verlosch das Licht.

Alessandro schaute weiter in die Dunkelheit, fragte sich, ob er sich den Tanz, den er gesehen hatte, nur eingebildet hatte, und hoffte, daß er fortgesetzt würde. Das wurde er. Ein weiteres Streichholz glomm auf. Sie starrte zum Himmel, atmete schwer und murmelte vor sich hin. Dann sprang sie hoch in die Luft. Das schreckte Alessandro so sehr auf, daß er mit der Nase gegen den Schuppen fiel, doch er hatte Geistesgegenwart genug, nicht aufzuschreien.

Dies war eine kleine Frau, aber sie war sehr graziös und, wie sie auf solch merkwürdige Art demonstrierte, athletisch. Obwohl ihr Gesicht aus einem bestimmten Blickwinkel von der Seite etwas schief erschien, war es von vorn wunderschön. Wie sie sich bei ihren Sprüngen drehte, fand Alessandro den Wechsel der Gegensätze unerträglich aufregend. Zudem schmiegte sich ihre seidene, cremefarbene Bluse eng an einen Körper an, der selbst dann höchst begehrenswert gewesen wäre, wenn er so still wie eine Marmorstatue in der Villa Doria Pamphili gestanden hätte, aber sie bewegte sich angestrengt, und während sie sprang, waren ihre Brüste, wie Alessandro keineswegs unbeteiligt bemerkte, auf dem Weg nach oben der Erdanziehung freundlicher gesinnt und zögerten auf dem Weg nach unten mit ihrem Abstieg. Vererbung und vielleicht Liebe zu Gymnastik und Schwimmen hatten ihre Figur sehr schön und sehr voll werden lassen.

Alessandro begriff nicht, daß sie an die Laterne heranzureichen versuchte. Alles, was er wußte, war, daß sie im Gartenschuppen in die Luft sprang und mit sich selber sprach. Das Streichholz ging wieder aus.

Beim nächsten Mal, mit einer weiteren Flamme, ging sie zum Zementmischer und rüttelte heftig daran, um zu sehen, ob er sich bewegen ließ. Alessandro öffnete die Tür. Sie drehte sich um und hielt das Streichholz hoch. Er hatte die Laterne immer noch nicht gesehen, aber der Vorteil lag auf seiner Seite. »Möchten Sie irgendwohin?« erkundigte er sich.

Sie lief so tiefrot an, daß das Blut und der Hitzeschwall, der ihr ins Gesicht stieg, ihr Parfum durch den Raum wogen ließen. Hätte Alessandro nichts anderes als ihr Parfum gekannt, hätte er sich verlieben können. »Was tun Sie hier?«

»Das geht Sie nichts an«, sagte sie streng.

Alessandro lächelte, was sie um so mehr verwirrte.

Sie griff nach ihrem Cape und rannte an ihm vorbei.

Er glaubte, sie nie wiederzusehen, doch als sie an ihm vorbeilief, drückte sie ihm die finnischen Streichhölzer in die Hand und befahl ihm, ihr zu folgen.

Das tat er. Als sie die Hecke erreichten, warf sie ihr Cape darüber und ging in den Blumengarten. Alessandro folgte ihr, von ihrem Parfum und dem Duft der Blumen völlig überwältigt. Er würde zu spät zum Abendessen kommen, aber das war ihm gleich. »Zünden Sie die Streichhölzer an«, sagte sie.

»Alle auf einmal?«

»Natürlich nicht, Sie Idiot. Eins nach dem anderen.«

Als er ein Streichholz anriß und hochhielt, sah sie ihn das erstemal an und schaute so lange, wie das Streichholz brannte.

Bis Alessandro ein weiteres Streichholz angezündet hatte, war sie bereits über die Blumen gebeugt. Sie hatte sich nicht von ihm abwenden können, bis das Streichholz ausgegangen war, denn er war ihr wie der Mann vorgekommen, den sie vielleicht heiraten wollte. Männer mit Vermögen, Männer, die zehn oder fünfzehn Jahre älter waren als sie, hatten sie heiraten wollen, und sie hatte abgelehnt. Zuviel in *Dolce Stil Nuovo* geblättert, hatte ihr Vater gesagt, zuviel Petrarca gelesen, zu unabhängig. »Wen wirst du heiraten?« hatte er gefragt, »einen Tennislehrer? Einen Schäfer?« Jedesmal, wenn ihr Vater so sprach, starben zwei Dutzend Bankiers und Industrielle in ihrem Herzen. Sie würde heiraten, wen sie wollte.

»Sie müssen von dort drüben sein«, sagte Alessandro und wies in Richtung des Hauses ihres Vaters.

Sie hatte einen Armvoll Blumen gepflückt und stand ihm nun von Angesicht zu Angesicht gegenüber. »Das stimmt.«

»Wie heißen Sie?«

»Lia Bellati. Sie sind ein Giuliani.«

»Alessandro.«

Sie streckte ihre Hand nach den Streichhölzern aus, und er gab sie ihr. Dann ging sie zur Hecke und nahm ihr Cape. »Ich geleite Sie zum Tor«, bot er an. »Ich kenne den Garten gut genug, um mich im Dunkeln zurechtzufinden.«

Sie nahm seinen Arm. Obwohl er ihn steif hielt, spürte er die von ihr aufsteigende Hitze, und er atmete schwer, nur weil sie sich berührten.

»Wie alt sind Sie?« fragte er, als sie an das Tor kamen.

»Alt genug, um solche Fragen nicht gestellt zu bekommen«, entgegnete sie. Das saß, was sie auch beabsichtigt hatte.

»Ich habe ein Pferd«, sagte er, als sie durch das Tor schritt.

»Das ist schön.«

»Reiten Sie? Ich weiß, daß Sie springen.«

»Ich reite«, antwortete sie, »na und.« Dann ging sie, ohne sich noch einmal umzublicken, auf ihr Haus zu.

Alessandro drehte sich um und ging den Weg entlang, der durch die säuberlich abgeteilten Bereiche des Gartens führte. Seine Hände rochen noch immer nach Parfum und Schwefel vom Halten der Streichholzschachtel. Er überlegte, wie er sie wiedersehen konnte. Wenn sie nicht mit ihm reiten wollte, mußte er sie auf andere Weise treffen, aber er war unbeholfen in solchen Dingen, und Gesellschaften und Empfänge, bei denen er nicht wußte, wohin mit den Beinen, versetzten ihn in Schrecken.

*

Alessandro saß an seinem Fenster und wartete darauf, daß Lia erschien. Jede Minute, manchmal noch öfter, schaute er von seiner Lektüre auf, um zu sehen, ob sie in den Garten gekommen wäre. Er war stundenlang durch Monteverdi und die Villa Doria gelaufen, in der Hoffnung, ihr dort zu begegnen, und nach einer Woche, in der er keinen Erfolg gehabt hatte, begann er den ersten einer Vielzahl von Briefen, die im Feuer endeten. Die meisten bestanden aus einem Blatt mit nur ein oder zwei Zeilen, weil sein Verlangen nach ihr und seine merkwürdige Erregung solche Sätze gebaren wie: »Mein Herz ist zermalmt, meine Seele schwarz, ich bin wie gelähmt.«

Als wollte er die Scham darüber, derart überschäumend zu sein, kompensieren, wurde er zu einem von Lermontows jungen Offizieren, die ein Glas Brandy trinken, sich den Revolver an den Kopf halten, lächeln und abdrücken, nur um zu zeigen, daß sie zu jener Sorte Mensch gehören, der nichts irgend etwas bedeutet. Nachdem er Lermontow und andere Russen gelesen hatte und bis vier Uhr in der Früh aufgeblieben war, ertappte sich Alessandro dabei, daß er Erklärungen abgab wie: »Alles, was ich ersehne, ist eine Nacht mit Dir, nach der ich mich ohne Zögern entleiben würde.«

Eines klaren Morgens, als der Himmel von wildem Blau war und die Sonne vom ersten Augenblick an brannte, den sie über die Berge schien, ging Alessandro früh aus, in der Hoffnung, Lia auf der Straße oder in der Villa Doria zu begegnen. Er war gerade an den Ställen nahe der Porta San Pancrazio vorbeigekommen, als er zurückblickte und sie aus dem Garten auf sich zukommen sah. Sie trug Reitstiefel und die merkwürdigen Hosen, die Frauen beim Reiten tragen: außerhalb des Sattels sahen sie aus wie ein Kleid. Er glaubte, daß man sie *cotillons* nannte, doch um sicherzugehen, nannte er sie *mezzi pallonetti*, »Halbballönchen«. In der linken Hand hielt sie eine Reitgerte.

»Sie gehen reiten«, sagte er anklagend.

Sie betrachtete ihre Aufmachung, schaute hoch und sagte: »Isaac Newton.«

»Würde es Ihnen allzu viel ausmachen, wenn ich Ihnen Gesellschaft leistete?«

Sie lächelte und ging weiter in Richtung Stall.

»Ich muß mich nur noch umziehen, aber ich hole Sie ein«, sagte er und rannte den Hügel hinab zu seinem Haus.

Er stieß die Tür mit solcher Wucht auf, daß alle Anwesenden in Erwartung eines fürchterlichen Ereignisses in die Eingangshalle stürzten. In einer Sekunde war er oben. In einer weiteren Sekunde hatte er seine Sachen abgeworfen. Hinein in die Sommerreithosen, ein Polohemd und (unter vielen Flüchen) in die Reitstiefel. Er zog seine Brieftasche aus einer Tischschublade, nahm das Geld heraus und ließ den Rest fallen. In kürzester Zeit spülte er sich den Mund mit Dentalsalzen und kämmte sich das Haar mit einem Strich. Er schoß zur Tür hinaus. Er schoß zurück, um nach seiner Reitgerte zu greifen. Er schoß wieder hinaus und machte einen ungeheuren Lärm in seinen schweren Stiefeln, als er die Treppe hinunterstürmte.

»Du siehst sehr ansprechend aus«, rief ihm seine Mutter nach, als er jenseits der Eingangstür verschwand.

Er rannte den Hügel hinauf. Lia war verschwunden. Ihr Pferd war wahrscheinlich gesattelt gewesen und hatte schon auf sie gewartet.

Obwohl sie vielleicht fünfzehn oder zwanzig Minuten Vorsprung hatte, konnte er sie noch einholen. Er war ein verwegener Reiter, und er hatte ein sehr gutes Pferd. Sein Vater hatte das Tier angeschafft und sorgte für Zaumzeug und Verpflegung, denn er wollte, daß Alessandro das Land nicht aus einem dahinrasenden Zug sah, sondern langsam und in allen Einzelheiten, so wie er es gesehen hatte.

»Du wirst auf deinen Reisen nach Bologna und zurück, wenn du sie auf dem Rücken eines Pferdes machst, mehr lernen als von all deinen Professoren zusammengenommen«, hatte der Anwalt Giuliani gesagt und hatte damit beinahe recht. Nur für diesen Besuch war Alessandro von Bologna hergeritten und hatte den Weg über Florenz und Siena genommen und dazu acht Tage gebraucht. Er ritt mit Kompaß und oft abseits der Straßen, besonders auf der baumlosen Seenplatte nördlich von Rom. Sein Pferd war das beste Jagdpferd, jung, aber nicht unerfahren, von der Farbe eines teuren Gewehrschafts, und ähnelte im Körperbau einem Rennpferd, nur daß seine Fesseln stämmiger und stärker waren. Es konnte den ganzen Tag laufen, über hohe Mauern springen und war manchmal erstaunlich schnell. Es konnte gut durch Flüsse schwimmen, und wenn die Wellen nicht zu hoch waren, stürmte es sogar ins Meer.

Obwohl Alessandro den Hügel hinaufgerannt war und schweißgebadet im Stall ankam, trat er ruhig ein und schwang den Sattel aufs Pferd, als wollte er es im Park spazierenführen. Es war ein Jagdsattel, und das Pferd, das auf den Namen Enrico hörte, wurde nervös.

»Ist Lia Bellati vor einer Weile ausgeritten?« fragte Alessandro den Stallburschen, als er den Sattel festzog und die Steigbügel wie für ein Rennen kürzte.

»Vor einer halben Stunde«, sagte der Stallbursche ungenau. »Sie wollte über die Laurentina ans Meer.«

»Ich werde sie einholen«, sagte Alessandro, als er Enrico das Zaumzeug anlegte.

»Ich glaube nicht«, erwiderte der Stallbursche.

»Warum nicht? Du kennst Enrico. Du weißt, wie schnell ich reiten kann.«

»Die Signorina Bellati reitet äußerst gut. Ihr Bruder ist bei der Kavallerie, und sie reitet sein Pferd.«

»Ich dachte, er sei bei der Marine.«

»Ich glaube nicht. Er trägt einen Säbel.«

»Die haben alle Säbel.«

»Er hat einen von der langen Sorte, wissen Sie, einen, der bis zum Boden reicht, selbst wenn man im Sattel sitzt. Die Art, die so aussieht wie eine Sense, mit der man jemanden zerteilen kann.«

»Zum Teufel mit seinem Säbel. Du kannst doch Pferde beurteilen. Welches ist besser?«

Der Stallbursche schwieg.

»Ach so«, sagte Alessandro. »Ich hole sie trotzdem ein. Enrico geht über Zäune wie ein Vogel. Ich werde sie in dem Wald einholen, kurz bevor sie zum Meer kommt.«

»Sagen Sie mir, wenn Sie es geschafft haben«, sagte der Stallbursche und führte das Pferd aus dem Stall.

Als das Pferd ans Licht kam, scheute es und schüttelte den Kopf. Alessandro sprang in den Sattel und wurde dabei von der hellen Sonne geblendet.

»Reiten Sie in der Stadt nicht so schnell«, warnte der Stallbursche. »Die Carabinieri werden Sie verfolgen.«

»Ich muß schnell reiten. Sie hat mir keine Wahl gelassen«, erwiderte Alessandro. Dann gab er Enrico die Sporen und galoppierte halsbrecherisch den Hügel hinunter.

Sie überquerten den Ponte Aventino über den Tiber so früh am Morgen, daß die Fischer noch auf der Brücke standen und ihre quadratischen Netze an komplizierten kleinen Kränen zu Wasser ließen. Der Fluß war schon nicht mehr sehr tief, war aber im April noch sauber und roch frisch. Das Gras an den Ufern war grün, und die Gehwege waren von den Märzfluten saubergespült worden.

Alessandro hielt seitwärts und nach vorn Ausschau nach Carabinieri. Sie würden noch nicht unterwegs sein, denn die berittene Polizei haßte die Morgenstunden. Daß er dies wußte, erlaubte ihm, viel schneller durch die Stadt zu reiten, als Lia sich traute, da war er sicher, und er nahm an, daß er ihre Führung um fünf Minuten verkürzen konnte.

Ein Mann mit weißem Schnurrbart und in einem weißen Anzug mochte die Art nicht, wie Alessandro an seiner Kutsche vorbeistürmte. »Affe! Kretin! Idiot! Wer hat Ihnen erlaubt, so schnell zu reiten?«

Alessandro drehte sich im Sattel um. Er war zwanzig Jahre alt, und die Schimpfwörter kamen schnell und automatisch. »Ein Käse wie Sie hat kein Recht zu sprechen«, brüllte er. »Kannibale, Egel, Lüstling, Schwanzkopf, Saftpilz.«

Die Straßen wurden breiter und die Flächen offener. Alessandro ließ Enrico galoppieren, denn es schien sicher genug, daß kein berittener Carabiniere durch die weniger bevölkerten Teile Roms streifen würde. Er preßte Enricos kräftige Flanken mit seinen Stiefelabsätzen. Obwohl er keinen Fuchs oder Hasen vor sich hatte, holte Enrico aus; Pferd und Reiter nahmen eine weite Kurve und dachten an nichts anderes als an die Geschwindigkeit und den blauen Himmel, der sich über dem Land wölbte.

Zwei berittene Carabinieri, in einem präzisen Tandem auf feurigen, kastanienfarbenen Pferden reitend, hielten auf die Stadt zu. Sie saßen hoch zu Roß, gekleidet in makellose blaue Uniformen und lange schwarze Stiefel. Ihre Knöpfe glänzten, und leuchtend-weiße Schärpen kreuzten ihre Brust und dienten als Schlinge für ihre Kavalleriesäbel. Beide Männer trugen schimmernde Holster, die sich über großen hölzernen Pistolengriffen schlossen, und ihre Sättel waren mit Scheiden ausgestattet, aus denen die geölten Ladestöcke und polierten Läufe von militärischen Standardgewehren hervorschauten. Die Munition trugen sie in ordentlichen kleinen Lederbeuteln, die an ihren Gürteln und Sätteln hingen. Ihre Mützen zierten große Insignien, die sich auf einem leuchtend-roten Band abhoben. Sie trugen sogar weiße Handschuhe.

Alessandro hatte sich oft gefragt, ob ein Mann in einer maßgeschneiderten Uniform, behangen mit Schnüren, Schnallen, Schärpen, Beuteln, einem Hut, einem Säbel, einer Pistole, weißen Handschuhen, einem riesigen Gewehr und, vielleicht noch wichtiger, seiner Würde, tatsächlich richtig reiten und kämpfen konnte.

Er nahm aufgrund seiner Erfahrungen als Junge und als Bergsteiger an, daß das Kämpfen äußerst schwierig wäre, wenn einem nicht bequem war, man sich nicht vorbeugen konnte oder durch seine Ausrüstung behindert oder beschwert war.

Wenn auch die Carabinieri nur noch Symbole waren, die zur Erinnerung an die wirkliche Arbeit durch die Straßen und Parks ritten, die sie an wüsteren Orten und in derberer Bekleidung zu tun hatten – würde nicht ihr Stolz, ihre Ausbildung und ihre Erfahrung sie vergessen lassen, daß sie berittene Pfauen waren, und würden sie nicht doch wie der Teufel reiten? Wäscherinnen und Näherinnen, die in ihren streng bewachten Festungen arbeiteten, standen wohl schon bereit, Risse in ihrer Uniform zu flicken und sie übermäßig zu stärken. Doch würden sie und ihre Pferde Spaß an der Aktion haben, beladen wie sie waren? Er hatte noch nie ein Rennen gewinnen können, wenn er nicht Spaß daran hatte. Konnten sie das?

Enrico nahm die Kurve mit großen Sätzen, rannte beinahe wie eine Katze und streckte seinen ganzen Körper.

Sie stürmten mitten in die Carabinieri hinein, deren Pferde auseinanderwichen und scheuten. Man konnte auf eigenes Risiko an diesen Herrschaften vorbeigaloppieren, aber man durfte niemals, niemals zwischen ihnen hindurchgehen. Lieber hätten sie sich erschießen lassen.

Alessandro hatte nicht die Absicht gehabt, sie zu trennen oder ihre Pferde in Panik zu versetzen, doch jetzt hatte er fünf Sekunden, um zu entscheiden, was zu tun war.

Würde er aufgeben, Enrico zum Stehen bringen und schwören, sein Pferd sei von einer Hornisse gestochen oder vom Pfeifen der Eisenbahn erschreckt worden, könnten seine Strafe und das Urteil halbwegs erträglich ausfallen. Wenn er jedoch andererseits Enricos erhitzte Schenkel mit der Gerte peitschen, sich in den Wind legen und um seine Freiheit reiten würde, dann könnte er der Schmach, der Strafe und Einkerkerung entgehen, er bekäme eine Antwort auf seine Frage, wie die Carabinieri ritten und kämpften, und er wäre sich fast sicher, Lia Bellati einzuholen. In diesem Falle wären jedoch die Strafen, würde man ihn fassen, erheblich härter. Und tatsächlich würden die Carabinieri vielleicht absitzen, ihre Gewehre zücken und auf ihn schießen.

Das würden sie nicht sofort tun. Aus ihrer Sicht war er ein Anfänger auf einem durchgegangenen Pferd, ein Irrer oder ein zurückgebliebener Junge, der in einem Stall arbeitete. Selbst wenn sie sich entschlössen, ihn zu fassen zu kriegen, dachte er, hätten sie keine große Chance, ihn zu erwischen, es sei denn, sie zogen sofort ihre Pistolen, denn selbst auf freier Strecke mit klarem Schußfeld würde, bis sie abgestiegen waren, die Pferde gesichert, ihre Gewehre zur Hand genommen, sich auf den Boden geworfen, gezielt und gefeuert hätten, weder er noch Enrico ein gutes Ziel abgeben, wie sie da mit hoher Geschwindigkeit über unebenes Gelände ritten, das sie auf und nieder tanzen ließ. Und nicht nur das, er bewegte sich bereits recht schnell in die Richtung, in die er zu reiten wünschte, und er bezweifelte, daß die hübsch anzusehenden Pferde der Carabinieri über einen Zaun setzen oder Bäumen und Sträuchern ausweichen konnten wie Enrico. Die Beutel und Säbel der Carabinieri würden an ihnen herumschlenkern und klappern, und Alessandro war gekleidet, um geradewegs durch den Wind zu gleiten. Außerdem hatte ihn das Dahinjagen bereits beflügelt. Nur recht, daß er gejagt werden sollte. So würde er nicht nur gezogen, sondern auch angetrieben werden. Furcht, Freude und Zwanzig zu sein paßten bestens zusammen: Er peitschte Enricos Flanken und beugte sich vor. Enrico, der nie die Peitsche bekam und der sehr intelligent war, verstand die Botschaft und zündete wie eine Rakete.

Die Carabinieri waren ausgebildete Soldaten. Sie sagten nichts und schauten sich nicht an. Sie zogen einfach nur ihre Mützen tiefer, holten tief Luft, fanden sich damit ab, sich die Uniformen zu ruinieren, und gruben die Sporen in die Seiten ihrer Pferde. Vielleicht wäre Alessandros Entscheidung anders ausgefallen, wenn er gewußt hätte, daß ihre Waffen und Beutel für eine schnelle Verfolgung zu Pferd eingerichtet und gesichert waren und daß man diese Männer, die so schwer beladen waren, dazu ausgebildet hatte, in aufwendiger Kleidung zu reiten und zu kämpfen.

Alessandro ritt auf einer schnurgeraden Parallele neben der Ruine eines Aquädukts. Dessen Bögen flogen an ihm vorbei, als wären es die Zwischenräume zwischen den Wagen eines Zuges, der in die entgegengesetzte Richtung fuhr. Die Straße war frei, eben und trokken, er hatte mindestens einen Kilometer Vorsprung, und obwohl er nicht zurückblickte, spürte er, daß der Vorsprung größer wurde. Er ritt so schnell, daß sich alle nach ihm umdrehten, an denen er vorbeikam, doch die Pferde der Carabinieri waren auf der Geraden um etliches schneller als Enrico, dessen Beine so stark und kräftig waren wie die eines Pferdes fürs Querfeldeinrennen.

Nach fünf Minuten des Rennens hörte Alessandro zwei Pistolenschüsse. Er schaute zurück. Die Carabinieri waren ungemütlich nahe. Ihre Pistolen ragten in die Höhe. Er konnte sogar die Silberabzeichen auf den roten Bändern ihrer Mützen erkennen.

Es schnürte ihm den Hals zu, als sie näher kamen, doch er hoffte, daß ihre Pferde schneller ermüdeten als Enrico, schon allein wegen des größeren Gewichts und weil ihre Sättel schwer und reichverziert waren. Die Straße machte eine Rechtskehre, führte durch einen der Bögen des Aquädukts und bog dann wieder links in eine Parallele zu einer Eisenbahnstrecke. Links von der Straße lag ein Graben, mit cremefarbenem Wasser, dahinter ein Feld, das durch brusthohen Stacheldraht abgeteilt war. Die Straße und die Eisenbahn setzten ihre parallele Bahn auf der anderen Seite fort. Das war die Art von U-Kurve, die abzukürzen er sich vorgenommen hatte, um Lia einzuholen. Er dachte sich, wenn er schon die Gelegenheit hatte, ein schönes Mädchen einzuholen, das einen Vorsprung von zwanzig Minuten hatte, dann konnte er sie auch nutzen, um den Carabinieri zu entkommen; statt also auf die Brückenbögen zuzureiten, hielt er Enrico in der Kurve auf gerader Linie und setzte über den Graben.

Enrico liebte es zu springen. Er machte einen viel zu weiten Satz und stieg zu hoch, einfach nur aus Übermut. Die Carabinieri kannten ihre Pferde und wußten, daß sie nicht über Zäune springen konnten. Sie hielten sich auf der Straße und verschwanden durch die Bögen des Aquädukts. Enrico sprang über den Draht, ließ viel Luft zwischen diesem und seinem Bauch, und Alessandro drehte sich erst um, nachdem sie den dritten und letzten Zaun genommen hatten.

Als er niemanden hinter sich sah, wußte er, daß sie der Straße gefolgt waren, und nachdem Enrico über einen Grünstreifen zurück auf die Straße gesprungen war, erblickte Alessandro sie ungefähr zwei Kilometer entfernt, in der Kurve. Es war so heiß, daß die Hitzewellen, die von den Feldern stiegen, die Reiter wie eine einzelne schwarze Kutsche erscheinen ließen, die sich von der Straße erhoben hatte und durch die Luft schwebte.

Alessandro vernahm ein halbes Dutzend Pistolenschüsse. Er wußte, daß sein Schicksal nun nicht von der Einstellung und der Ausbildung der Carabinieri abhing, sondern vom Grad ihrer Frustration, und es wurde ihm klar, daß er wegen der Carabinieri die Laurentina für ein Jahr zu meiden hatte, und daß er, um am Abend nach Rom zurückzukehren, mit seinem Pferd nahe bei Ostia durch den Tiber schwimmen müsse, dort, wo der Fluß tief und breit war, um sich der Stadt von Norden her zu nähern. Doch dieser Gedanke war verfrüht, denn er schaute zurück und sah, daß die Reiter ihn immer noch verfolgten, immer noch über der Straße schwebten und hypnotisierend rasselten, als seien sie eine Flugmaschine oder ein Automobil. Wann würden ihre Pferde aufgeben? Bald hoffentlich, wegen des Gewichts, das sie zu tragen hatten, aber es war kaum noch wichtig. Bald würde er sie in riesige Wäldereien führen, die von unübersichtlichen Senken, Wasserläufen, Steinmauern und Weidenzäunen durchzogen waren und in denen sich ein Pferd wie ein Boxer ducken und ein Reiter wendig und schnell sein mußte, um herabhängenden Ästen und dornigem Gestrüpp, so dick wie eine Anaconda, auszuweichen.

Wenn Enrico seine Führung noch ein paar Kilometer geradeaus halten konnte, dann würden sie sie endgültig in den Wäldern loswerden. Sie würden für ein paar lustlose Gewehrschüsse absitzen, bevor ihre Beute in dem stadtgroßen grünen Dickicht verschwinden würde. Dann würde Alessandro, vor den Carabinieri sicher, durch den Blätterwald jagen und sich von den dunklen Blättern und dem Wind in den Pinien verzaubern lassen, bis er an der Küste aus dem Wald an einen leeren weißen Strand käme, wo das Geräusch der Wellen sein Keuchen übertönen und der Wind sein schweißgebadetes Pferd abkühlen würde.

Alessandros Vorstellungen von den Wellen und dem Wind am Meer ließen ihn die Augen zusammenkneifen und kühle elektrische Schauer durch ihn hindurch fahren. Enrico tat es ihm gleich und schüttelte sich sogar beim Laufen, startete dann durch, als ob er gestochen worden wäre.

Während er über seinen erstaunlichen Vorteil und seinen beruhigend großen Vorsprung nachdachte, wurde Alessandro von einem ungeheuren Stoß von hinten nach vorn geschlagen. Er wandte sich im Sattel um, und dort hing ein großes Licht hoch oben in der Luft. Das überraschte ihn so sehr, daß er ein oder zwei Sekunden brauchte, um zu erkennen, daß es der Scheinwerfer einer Lokomotive war, die auf den Gleisen neben der Straße fuhr. Langsam zog die Lokomotive gleich. Das Flirren des Gestänges und der Räder, der Dampf, der dem Stahl entwich, die Distanz, die von dem Feuer gejagt und zurückgelegt wurde, die zehntausend Geräusche und die verwirrenden und widersprüchlichen Bewegungen, die zusammentrafen, um die Lokomotive auf den zwei vor ihr liegenden, seidigen Schienen voranzutreiben, waren wie ein Traum.

Zwei Männer im Führerhäuschen und einer auf dem Kohlentender lachten ihm zu und schwenkten die Arme. Sie wußten weder, daß er Lia Bellati verfolgte, noch daß er vor den Carabinieri floh. Sie waren bei dem schönen Wetter guter Laune. Sie waren stolz auf ihre Maschine. Sie wollten ein Rennen.

Warum nicht? Alessandro schaute durch die Hitze, die das Licht flimmern ließ, und hob seine rechte Hand mit nach oben weisendem Daumen. Die schwarze Lokomotive wühlte die Luft auf und ratterte über die silbernen Schienen. Der Heizer begann, Kohlen in den Kessel zu schaufeln, und die Lokomotivführer hörten auf zu lächeln. Während ihre Geschwindigkeit zunahm, stürzte sich das Gewirr aus hysterischen Kolben und Speichen in einen Wahnsinnsrausch, der Alessandro anzog wie das magnetisch schwarze Wasser unter einer Brücke; er mußte dagegen ankämpfen, sich nicht in dessen Richtung zu beugen.

Ab und zu kam er auf der Straße an erstaunten Menschen vorbei. Hätten zwei Karren den Weg blockiert, er wäre über sie hinweggesetzt. Er glaubte nicht daran, die Lokomotive schlagen zu können, und hätte das Rennen länger gedauert, hätte er es auch nicht geschafft, doch sie näherten sich dem Wald und das Pferd roch ihn und streckte sich vor, als würde es von den unsichtbaren Bugwellen der donnernden Maschine getragen.

Als das Rennen vorüber war, verschwanden sie im Grün. Der Wald nahm sie so auf, wie Alessandro es vermutet hatte, hell und freundlich. Sie rasten hindurch, verschwanden in den Schatten und verlangsamten nach und nach das Tempo. Enrico tanzte so federleicht durch das Unterholz wie eine Schwalbe, die durch ein Gewirr von Bäumen gleitet.

*

Wenn Lia die Laurentina genommen hatte, dachte Alessandro, dann hatte sie wahrscheinlich den Weg zum Meer eingeschlagen, der dem Lauf eines klaren Bachs folgte. Das war der direkte Weg und der schönste, und wenn man im Meer gebadet hatte, konnte man sich aus den Wellen einfach in dessen warm pulsierenden Zulauf schieben und sein glasklares seichtes Wasser hinaufwandern, um sich Salz und Kälte abzuwaschen. Selbst in den ersten Frühlingstagen konnte der Bach warm wie Badewasser sein.

Daß sie allein schwimmen gehen wollte und allein zu einem solch verlassenen Ort geritten war, verwirrte ihn. Obwohl die Gegend um Rom weder Sizilien noch Kalabrien war, war es doch für eine Frau ohne Begleitung nicht ungefährlich, war es nie und würde es wohl auch nie sein. Er lief fast blau an bei dem Gedanken, daß sie unterwegs einen Liebhaber getroffen haben könnte – getroffen haben mußte –, in welchem Falle sein dreifaches Rennen umsonst gewesen war und die Scham ihn dazu treiben würde, nach Argentinien auszuwandern. Er fing an, über Argentinien nachzudenken, was nicht unangenehm war, doch bevor er aufbrach, wollte er bei dem kühlen Bach stehen, der ins Meer floß, und zuschauen, wie Lia und ihr Liebhaber aus den Dünen auftauchten. Welch ausgesuchten Blick er ihnen zuwerfen würde. Sein Ausdruck würde dem eines abgewiesenen Reiters zu Fuß in einem Budapester Café gleichen, der, im Begriff, sich eine Kugel in den Kopf zu jagen, die Frau, die er liebt, ansieht und lächelt. Alles war vergeben, und sei es nur, weil alles so wundervoll bittersüß war. Selbst mit Zwanzig wußte Alessandro bereits, daß er sich von der Größe Puschkins hatte verzaubern lassen, und daß die Italiener, trotz der Verlautbarungen der Oper, in solchen Fragen viel pragmatischer veranlagt waren als die Mitteleuropäer, die Epauletten und Bärenfellmützen trugen und sich gegenseitig in Cafés umbrachten oder mit Spielkarten in der Hand aus Fenstern sprangen. Dennoch, viele Italiener, darunter Garibaldi, waren nach Argentinien gegangen und als bessere, weitsichtige Männer mit weißen Schnurrbärten, faltigen Gesichtern und Augen, die sozusagen in den Anden weise geworden waren, zurückgekehrt.

Während Enrico das warme Flußwasser soff und Alessandro den Grundriß einer Hazienda in der Pampas entwarf, tauchte Lia über den Dünen auf. Sie war beeindruckt davon, wie Enrico seinen langen Hals gestreckt und seine Vorderläufe vorsichtig gespreizt hatte, um zu trinken, und daß Alessandro, nachdem er das Unmögliche geschafft hatte, in Gedanken versunken war. Er hätte mit seinem Pferd auf und ab paradieren können, stolz darüber, daß er ihren ungeheuren Vorsprung aufgeholt hatte, doch er schien fast ein wenig unglücklich, und das gefiel ihr noch besser, als sie sich eingestand.

Als ihr Kavalleriepferd wegen der Balance mit hocherhobenem Kopf leise den kühlen Sand hinabglitt, wandte sich Alessandro überrascht um.

»Sie müssen geflogen sein«, sagte sie. »Ich habe mein Pferd den ganzen Weg über angetrieben.«

»Wir sind durch den Wald geritten.« Er schaute auf Enrico herab. »Er glaubt, es sei seine Pflicht, über Zäune und Mauern zu springen, wie ein Kaninchen durch Gebüsch und Wald zu huschen und große Entfernungen zurückzulegen, ohne zu ermüden – und ich habe ihm nie gesagt, daß es nicht so ist.«

»In Argentinien ist man früher so geritten«, sagte sie.

»Argentinien?« fragte Alessandro erstaunt.

»Mein Vater beaufsichtigte die Bauarbeiten einer Eisenbahnlinie von Bahia Blanca nach Buenos Aires.«

»Ich dachte, Ihr Vater sei Bankier.«

»Wer, glauben Sie, sorgt für das Geld, um Eisenbahnen zu bauen?«

»Wie lange waren Sie dort?«

»Ein paar Jahre. Die Strände dort sind noch schöner«, sagte sie und schaute aufs Meer hinaus. Ihr Haar blieb durch die Brise, die von den Wellen herüberwehte, rhythmisch in Bewegung. »Es gab dort über Dutzende von Kilometern keinen Menschen. Ich bin im Meer geschwommen mit nichts an, nicht einmal einen Ring.«

Sie lief an Gesicht und Hals rot an und, obwohl er es nicht sehen konnte, auch an Brust und Schultern. Die Hitze stieg ihr sogar den Rücken hoch, doch der Wind bauschte ihre Bluse und kühlte sie.

»War es gefährlich?« fragte Alessandro. Sie hatten begonnen, ihre Pferde südlich des Bachs in Richtung Anzio zu führen.

»Die Wellen waren hoch, aber die Strömungen waren nur leicht«, sagte sie.

»Ich meine, ohne Kleidung.«

»Ich war nicht allein.«

Alessandro fühlte sich wie ein Stein, der in einen unermeßlich tiefen Abschnitt des Meeres geworfen wird. Sich einen weiteren ihrer Liebhaber vorstellend, begriff er, was Vergessen heißt.

»Ich hatte ein Pferd dabei.«

»Was, wenn jemand gekommen wäre?«

»Wer?«

»Jemand mit schlimmen Absichten.«

»Dort war niemand, soweit das Auge sehen konnte.«

Alessandro nickte. Dennoch kam er nicht gegen die Verwirrung über das skandalöse Benehmen an, das, sollte er sie heiraten, ein schlechtes Licht auf ihn werfen würde. Etwas stimmte nicht, wenn eine schöne und feine junge Dame so sorglos mit sich umging. »Was, wenn jemand gekommen wäre?« fragte er. »Was, wenn sich ein Mann in den Dünen versteckt gehabt hätte? Niemand da, um zu helfen, außer Ihrem Pferd.«

»Mein Pferd hätte genügt.«

»War es abgerichtet zu beißen?« fragte Alessandro sarkastisch.

»Nein, es war darauf trainiert, nicht wegzulaufen und meine Satteltaschen zu tragen, in denen ich dies hatte«, sagte sie und griff in eine der kleinen Satteltaschen, die, wenn schon nicht argentinisch, zumindest unitalienisch aussahen. Sie zog einen schweren Revolver hervor und hielt ihn fachkundig in der rechten Hand, wobei sie mit dem Lauf direkt nach oben wies. »Ein britischer Revolver«, sagte sie, »ein Webley & Scott.«

Eine halbe Stunde lang führten sie ihre Pferde am Strand entlang und plauderten über Argentinien, Ballistik und das Meer. Obwohl es nicht warm genug zum Baden war, konnte sich Alessandro nicht von dem Bild befreien, wie Lia schwamm. Als er sie beide in den Wellen treiben sah, spielte Skandal keine Rolle mehr.

Welche Gedanken Alessandro auch immer in dieser Richtung hegen mochte, sie wurden davongefegt, als er bemerkte, daß über dem Tyrrhenischen Meer ein Sturm wie aus dem Nichts aufgezogen war und direkt auf sie zukam. Sie hörten den weit entfernten rollenden Donner, der auf dem Meer begann und in dichtem Schwarz, wie die Schwalben, die entlang des Tiber nisten und manchmal den Novemberhimmel verdunkeln, auf Rom zuwanderte.

Bald reichte die massive Sturmfront vom Cap bei Anzio bis zum Horizont. Kleine gelbe Schlangen aus Blitzen, die durch die Windungen der kohleschwarzen Wolken gewebt waren, beschienen das Meer und färbten es smaragdgrün. Der Sturm ritt auf dem Wind, türmte weit entfernte Wellen zu weißen Schaumkronen, raste auf die Küste zu und ließ das Licht darüber grau, purpurn und gold werden.

Lia drehte sich zu Alessandro um.

»Ich kann es bis Rom schaffen«, sagte er.

»Natürlich können Sie das nicht.«

»Ich kann.«

»Das ist töricht«, sagte sie zu ihm.

»Ist es nicht. Ich kenne meine Chancen. Ich habe immer gewußt, wann sie gut waren, und sie sind in diesem Augenblick gut.« Er legte seine Hand auf Enricos festen Hals.

»Das möchte ich sehen. Sagen Sie mir Bescheid, wenn Sie es geschafft haben.«

»Warum kommen Sie nicht mit?«

»Ich habe nicht die Absicht, gegen Stürme anzukämpfen oder mit ihnen um die Wette zu rennen, und ich habe nicht die Absicht, jemanden zu begleiten, der dies vorhat. Es funktioniert nicht.«

*

Hätte Alessandro gewußt, daß Lia früh am Morgen in den Garten ging, er wäre jeden Morgen um fünf Uhr aufgestanden und dort gewesen, um ihr zufällig zu begegnen. Es war Ende April, und er hatte sie seit Wochen nicht gesehen. Er hatte auch nichts von ihr gehört. Er hatte auch nicht gewußt, wie er sich ihr nähern sollte. In Ermangelung gesellschaftlicher Gewandtheit war er nicht in der Lage, sie ins Theater oder in die Oper einzuladen, und er würde ihr wohl kaum bei einem Diner begegnen, da er nie bei einem gewesen war. Er löste das Problem, indem er im Bett blieb.

Eines frühen Morgens, bevor die Sonne auf das Bild vom Matterhorn fiel, kam sein Vater in sein Zimmer und schüttelte ihn.

»Ich möchte schlafen.«

»Du kannst aber nicht.«

»Was heißt das, ich kann nicht?« fragte Alessandro.

»Ich brauche dich heute. Umberto ist krank und ist seit drei Tagen nicht erschienen, wir haben einen ungeheuren Rückstand, und Orfeo teilte mir gestern mit, daß er nicht arbeiten würde, wenn ich nicht für Ersatz sorgen würde. Du weißt, wie Orfeo ist. Rasier dich und zieh dich an. Wir sind spät dran.«

»Kannst du nicht einen Schreiber anheuern?« fragte Alessandro erzürnt.

»Schreiber sind keine Glühwürmchen«, erwiderte sein Vater. »Sie sind vorsichtig und langsam. Ich habe es noch nie geschafft, einen für weniger als drei Monate zu bekommen oder einen in weniger als zwei Monaten zu finden.«

»Mit meiner Hand stimmt etwas nicht«, stellte Alessandro fest. »Wenn ich nur ein wenig schreibe, wird sie steif und heiß. Ich denke, ich habe eine Paralyse oder das frühe Stadium einer schrecklichen Krankheit ...«

»Wahrscheinlich ist das Gold von der Spitze deines Füllfederhalters abgenutzt. Orfeo wird sich darum kümmern: er ist Experte.«

»Aber ich wollte heute nach Bracciano reiten, um im See zu schwimmen.«

»Heute mußt du für Umberto einspringen.«

»Ich möchte lieber nicht.«

»Du hast keine Wahl.«

»Ich möchte trotzdem lieber nicht.«

Sein Vater verließ das Zimmer.

»›Du hast keine Wahl! Du hast keine Wahl‹«, wiederholte Alessandro. Obwohl er sich zuerst die Hosen falsch herum anzog, hatte er in fünf Minuten gebadet und sich rasiert und erschien unten, gekleidet wie ein Anwalt, in Anzug, Schlips und Weste.

»Frühstück!« rief er, als ihn sein Vater zur Tür hinauszog.

»Im Büro«, entgegnete der Anwalt Giuliani.

Sie gingen den Gianicolo gewundene Pfade, Gassen und Treppen hinab. Bald waren sie am Rand von Trastevere und stiegen eine Folge von steilen und verfallenen Stufen hinab, die der Tod von alten Männern gewesen waren und an glatten Januarmorgen selbst so vorsichtige und agile Geschöpfe wie Katzen ins Jenseits befördert hatten.

Vom Abwärtsgehen wurden Alessandro und sein Vater immer schneller, und wie sie dem Takt ihrer Schritte auf dem Pflaster lauschten, rannten sie beinahe durch die flachen Abschnitte von Trastevere. Sie nahmen eine Brücke über den Tiber und schlossen sich dem Strom anderer Männer an, die so zielstrebig auf ihrem Weg zur Arbeit waren, als sei das Morgenlicht auf all den Marmorpalästen und wie es sich durch die Gärten vorschob und die Plätze mit ihren vollkommenen Proportionen erfüllte, gar nichts.

»Wenn du am Morgen durch die Stadt gehst, woran denkst du da?« fragte Alessandro seinen Vater.

»An viele Dinge.«

»Denkst du auch an die Stadt selbst?«

»Nein. Das habe ich früher getan, aber ich bin nun schon viele Jahre im Beruf, und er hat mich besiegt. Ein Beruf ist wie eine große Schlange, die sich um einen wickelt. Wenn du erst einmal eingewikkelt bist, kämpfst du den Rest deines Lebens einen schleichenden Kampf, und die Leichtigkeit der Jugend verläßt dich. Du hast zum Beispiel keine Zeit, an die Stadt zu denken, selbst wenn du durch sie hindurchgehst.«

»Es sei denn, du machst es zu deinem Beruf.«

»Dann bist du Architekt und denkst ständig daran, woher du neue Auftraggeber bekommst.«

»Aber was wäre, wenn man sich zum Beruf machte, Dinge zu betrachten, um ihre Schönheit zu erkennen, zu schauen, was sie bedeuten, und in der Welt so viel Wahrheit zu entdecken, wie man finden kann?«

»Dafür müßtest du reich und unabhängig sein.«

»Wie wäre es mit einer Professur?«

»Für was?«

»Für Ästhetik.«

»Ästhetik?« fragte der Vater. »Das ist lächerlich. Du wirst fünfundzwanzig Jahre wie ein Sklave leben. Geh lieber zur Kirche.«

»Lieber sterbe ich, als ohne Frauen zu leben«, sagte Alessandro.

»Wie wäre es mit der Armee?« fragte Alessandros Vater weiter. »Nach meinem Dafürhalten sind Universitäten wie die Armee. Der einzige Unterschied besteht darin, daß deren ›Offiziere‹ ihre Ränge nicht auf der Uniform tragen, sie schreiben sie vor ihre Namen und geben sie in dem Grad zu erkennen, wie ihre Redeweise pompös, phrasenhaft und monoton wird.«

»Die Armee?« fragte Alessandro. »Die Armee tötet Menschen!«

Der Anwalt Giuliani sah seinen Sohn spöttisch an. »Hat es da grundlegende Veränderungen gegeben, von denen ich nichts gehört habe? Weißt du denn nicht, daß die einzigen Menschen, die die Armee umbringt, jene sind, die ihr Brot essen? Unsere Armee besteht in letzter Zeit aus Heiligen und Märtyrern. Sie ziehen in die Schlacht und kommen nicht zurück, und der Feind hält seine Stellungen. Ihnen vorzuwerfen, sie würden Menschen umbringen, wäre wirklich Verleumdung.«

»Lias Bruder ist in der Armee. Er scheint dazu in der Lage zu sein.«

»Lia ...«, sagte sein Vater.

»Lia Bellati.«

»Ach so. Wie alt ist sie?«

»Ungefähr in meinem Alter.«

»Wie alt ist ihr Bruder?«

»Dreißig.«

»Welchen Rang bekleidet er?«

»Hauptmann.«

»Beeindruckend«, sagte der Anwalt Giuliani. »Er trägt einen Säbel und eine prächtige Uniform.« Er blieb mitten auf der Straße stehen und sah seinem Sohn fest in die Augen, während die Kutschen zu beiden Seiten an ihnen vorbeirollten. »Respektiere ihn deswegen, aber stell dir seine Uniform einmal blutbefleckt vor und den darin steckenden Mann todesbleich, verlassen auf einem Acker liegend. Wofür? Normalerweise für nichts. Was immer du tust, geh nicht in die Armee. Hast du mich verstanden?«

»Ich habe nicht die Absicht, in die Armee zu gehen! Du bist derjenige, der gesagt hat, die Armee sei besser als die Universität.«

»Das stimmt auch.«

»Was soll ich denn dann machen, Anwalt werden?«

»Möchtest du nicht ein erfolgreicher Anwalt sein?«

»Und du?« schoß Alessandro sofort zurück. Daß sein Vater erfolgreich war, tat nichts zur Sache. Alessandro wollte ihn verletzen, und das war ihm gelungen, aber sein Vater vergab ihm augenblicklich, weil er wußte, daß Alessandro sich vielleicht selbst niemals vergeben würde.

In der Anwaltskanzlei gingen sie viele Treppenabsätze hinauf, die rings um ein riesiges Atrium angelegt waren. Sie stiegen schweigend hinauf, aber das Herz des Anwalts war beschwingt, weil sein Sohn genau das ausgesprochen hatte, wenn auch nur indirekt, was der Anwalt sich immer erträumt hatte.

Sie drückten die Klinke einer enormen hölzernen Tür von der Farbe Enricos. Der Fußboden drinnen war mit Marmor ausgelegt, der so auf Hochglanz poliert war, daß sie vorsichtig darüber schritten, als gingen sie auf Eis. Die geräumigen Büros dieser Kanzlei, dessen Hauptpartner der Anwalt Giuliani war, überblickten Rom, als wollten sie es regieren, und waren bemerkenswert heiter, bis auf das Büro der Schreiber, in dem die Federhalter mit einem Geräusch übers Papier kratzten, das an einen Getreidesilo voller Mäuse oder einen Stall mit hundert scharrenden Hühnern erinnerte.

Bevor sich Alessandro stumpf zu den Schreibern setzen wollte, verlangte er nach Frühstück. Ein schöner hölzerner Tisch stand in Nähe der Fenster im Büro des Hauptpartners. Sie setzten sich daran nieder, und ein Kellner in einer weißen Jacke erschien. Der Anwalt

Giuliani hob einen Finger: Dies bedeutete, wie üblich, ein Brioche und einen Cappuccino. Der Kellner wandte sich zu Alessandro.

»Viermal heiße Schokolade, fünf Brioches und fünf *cornetti.*«

»Ist das alles?« fragte Alessandros Vaters zusammenzuckend.

»Ich bin nicht hungrig«, erwiderte Alessandro.

Sie hörten, wie der Kellner die Treppe hinabstieg, um in einer *pasticceria* für Nachschub zu sorgen. Zehn Minuten später goß sich Alessandro eine Tasse Schokolade ein, dick und heiß wie Lava. Die dicke Konsistenz, so schien es, speicherte die Hitze. Sie sah sogar wie Lava aus, denn sie war durchsetzt mit trägen Blasen und schwammartigen, runden Erhebungen. Alessandro begann, die Brioches und Cornetti durchzuschneiden und zu buttern. Auf einige davon tat er Marmelade.

»Du wirst doch nicht jedes einzelne mit Butter und Marmelade bestreichen, oder?«

»Warum nicht?« fragte Alessandro und bemerkte, daß die Leute, die an der offenen Tür zum Büro seines Vaters vorbeikamen, stehenblieben und hereinschauten. Der Kellner hatte ihn zur Legende gemacht.

»Ich möchte dich etwas fragen«, begann der Anwalt.

»Was?«

»Diese Lia ...«

»Ja?«

»Kennst du sie?«

»Natürlich kenne ich sie.«

»Kennst du sie gut?«

»Ja und nein.«

»Was heißt das, ›ja und nein‹?«

»Was bist du so aufgeregt?«

»Hast du, wirst du, macht sie ... man sagt, sie sei ein Wildfang, aber vielleicht hat sie eine Schwester. Jemand deutete an, sie sei unmoralisch.«

»Er war wahrscheinlich in sie verliebt und sie nicht in ihn«, sagte Alessandro voller Zutrauen. Die Cornetti waren verspeist.

»Ich warne dich strikt ...«, begann der Vater.

»Du warnst mich strikt? Was ist denn das für eine Syntax?«

»Du weißt nicht, wohin solches Benehmen führen kann. Es kann zum Desaster führen.«

»Welches Benehmen? Ich habe nichts gesagt.«

»Ich gehe davon aus, daß dies sofort unterbleibt.«

»Daß *was* unterbleibt?«

»Die Produktion kleiner menschlicher Wesen!« schrie sein Vater.

»Ich habe nicht vor, kleine menschliche Wesen zu produzieren«, sagte Alessandro.

Der Anwalt Giuliani beugte sich auf beide Hände gestützt über den Tisch. »Mach bloß keine Dummheiten.«

»Werd ich nicht«, antwortete Alessandro und ging rückwärts aus dem Zimmer.

»Benimm dich anständig.«

»Habe ich mich jemals nicht anständig benommen?«

Der Anwalt Giuliani setzte das Gesicht eines Mannes auf, der gerade eine Lunte angezündet hat.

»Papa«, sagte Alessandro und schloß die Augen. »Sie schwimmt nackt im Meer. Sie trägt eine Pistole bei sich. Und sie benutzt ein Parfum, das mich schwindeln macht. Manchmal gehe ich ans Gartentor und rieche an der Klinke, denn wenn sie sie berührt, bleibt ihr Parfum daran haften.«

Der Anwalt Giuliani stand wie angefroren da. »Zügle dich«, bat er inständig.

»Hast du dich gezügelt?«

»Nicht genug. Deshalb weiß ich ja, wovon ich rede.«

*

Alessandro wurde von Orfeo empfangen, der Chefmaus im Getreidespeicher, dem Kommandeur der scharrenden Hühner, der ihn zu einem Tisch neben dem seinen geleitete. Beide teilten sich einen wunderschönen Blick auf Rom. »Es ist sonnig heute«, sagte Orfeo. »Wie angenehm, wenn man drinnen im Schatten bleiben kann.«

Alessandro spähte nach dem verführerischen tiefen Blau, schloß die Augen und sah eine riesige weiße Welle in der Sonne glitzern. In ihrem luftigen runden Wellenkamm waren er und Lia Bellati, ohne jedes Kleidungsstück, bar jeder Schwerkraft, und sie taumelten, waren ganz Gliedmaßen, glänzten feucht und trieben in dem Schaum.

»Denken Sie nur an all die armen Teufel da draußen in der Hitze«, fuhr Orfeo fort, »schwerbepackt wie Maultiere schwitzend.« Orfeo war ein alter Mann, der um die Mitte des neunzehnten Jahrhunderts seine Arbeit als Schreiber aufgenommen hatte und der noch immer kein einziges graues Haar hatte. Vielleicht färbte er sein stets glänzendes Haar mit Kohlenteer oder sonst einer tiefschwarzen Substanz. Seine Größe und seine Körperhaltung waren Auslöser vieler Tausender von flüchtigen Gesprächen, wenn sich die Leute, die ihm auf der Straße begegneten, fragten, ob er ein Zwerg war oder nicht, oder ob er ein Buckliger war oder nicht. Tatsächlich war er weder das eine noch das andere, obwohl er klein war und gebeugt ging, konnte aber wie das eine oder das andere erscheinen, je nach dem Maß seiner Aufregung und der Stärke seiner Empörung. Er hatte das Gesicht eines viel größeren Mannes, den man in eine Olivenpresse gesteckt hätte. Es war alles vorhanden, doch gab es dazwischen nur wenig Platz. »Viel besser für einen feinen Herrn, so aus der Sonne!« sagte er und hoffte damit, dem Sohn des *padrone* zu schmeicheln.

Alessandro lächelte schmerzlich, weil er im Schatten sein mußte, doch Orfeo hielt diesen Ausdruck für einen der Verärgerung und peinlichen Berührtseins. Orfeo hätte nicht andeuten dürfen, daß er und der Sohn des Anwalts Giuliani auf gleichem Fuße standen. Wäre der Junge ein Jahr jünger gewesen, dann vielleicht ja, aber Alessandro hatte eine kaum merkbare Grenze überschritten und hatte zweifellos seit geraumer Zeit aufgehört, mit den Bediensteten zu essen, ganz gleich, wie sehr er sie mochte. Orfeo jedoch hielt dies nicht für eine bedrohliche Lage. Sie bot vielmehr tausend Fluchtmöglichkeiten, er wählte blind eine davon aus und redete wie aus der Pistole geschossen.

»Es gibt jede Art feiner Herren. Es gibt Herren von gehobenem Stand wie Ihren Vater und Sie. Vielleicht nicht von erhabenstem Stand: Gott und die Engel und Sein Heiliger gebenedeiter Sohn, gelobt sei er, sind gewiß die Erhabensten, doch wie es die Sonne und den Saturn gibt, so gibt es die Monde, die sie in reicher Zahl umkreisen. Und dann gibt es die anderen Ränge, die weit unter den erhabenen stehen, die sich zu den Monden der Planeten verhalten wie die Berge des Mondes zum Mond selbst. Sie reiten auf dessen Schultern, obwohl sie aufrecht stehen und nicht verborgen sind, und wenn Sie und Ihr ehrwürdiger Vater die Monde sind, die in den Ringen des Saturn schwimmen und tauchen, bin ich nur ein Baum, aber ein stolzer Baum, auf den Mondbergen, der aufrecht in dem kühlen Licht seines gepriesenen Beschützers steht, dessen seidiger Umhang wie ein leuchtender Mantel über die Sterne gebreitet ist, und von dem Hund, der durch die göttliche See des Raumes läuft und versucht, dessen leuchtenden Lebenssaft aufzulecken, rinnt diese Erhabenheit im Strom herab.«

Einer der anderen Schreiber, ein junger Mann mit Schnurrbart, schaute Alessandro in die Augen. Der Zeigefinger seiner linken Hand deutete auf seinen Kopf, und während er mit der rechten Hand schrieb, drehte sich die linke kreisförmig.

Orfeo hatte begonnen, in spektakulären Einzelheiten den »huldvoll strahlenden Lebenssaft« zu beschreiben, »der, wie das Blut vom Kreuz, vom Baume in das Tal der knochenweißen Berge fällt, die den Mond umgeben«, als Alessandro den schönen Füllfederhalter aus seiner Westentasche zog, mit dem er alles und jedes niederschrieb – seine Abhandlungen in Ästhetik, seine Prüfungsarbeiten, Briefe, in denen er verheirateten Frauen in Bologna seine Liebe erklärte, die diese nicht zu beantworten wagten, Summen von Beträgen, Anweisungen, wie sein Pferd zu füttern sei, Episteln an den Ministerpräsidenten von Italien (ebenfalls nie beantwortet). Er war der wertvollste Gegenstand, den er besaß, seinen Penis eingeschlossen, obwohl der Stift zugegebenermaßen unersetzlich war.

»Mein Vater sagte mir, ich könnte Sie deshalb fragen«, sagte er zu Orfeo. »Wenn ich länger als zehn Minuten schreibe, verliere ich die Kontrolle über meine Hand, die mich schmerzt und dann zittert. Sie wird auch sehr heiß. Aber sonst ist mit mir alles in Ordnung, denke ich.«

»Lassen Sie mich einmal sehen, der Herr.« Orfeo nahm den Füllfederhalter, griff nach einem Vergrößerungsglas und untersuchte die Schreibfeder. »Sie Dummkopf!« sagte er. »Sie halten ihn nicht richtig, Herr! Die linke Seite ist völlig abgenutzt, überhaupt keine Goldauflage mehr. Jetzt ist er wie ein Messer. Ein guter Schreiber gleitet über das Papier. Sie, mein Junge, reißen das Papier. So geht das nicht. Der hier braucht eine neue Feder. Stecken Sie ihn wieder ein. Kommen Sie. Ich werde Ihnen einen neuen Füllfederhalter geben.«

Alessandro folgte ihm geduldig zu einer Kapitänstruhe, die neben dem Fenster stand. Orfeo zog eine ungeheuer breite und tiefe Schublade auf, die ihnen entgegenfloß, als liefe sie auf Seidenschienen, ohne das geringste Geräusch zu verursachen. Das nördliche Licht beschien Dutzende, -zig, ja Hunderte von Federhaltern. »Dieser Reichtum, dieser Schatz«, sagte Orfeo, »gehört Ihrem Vater, doch ist er mir anvertraut. Ich werde Ihnen den besten davon geben. Die meisten sind aus Ebenholz. Dieser nicht. Schauen Sie.«

Er hielt einen glatten, mattschwarzen Stift hoch. Die schwere Feder glänzte sogar im Licht der Nordseite. »Ihr Vater ließ mich ihn in England bestellen. Er ist aus Porzellan – Wedgwood. Sie dürfen ihn nicht fallen lassen. Er ist makellos – glatt, fehlerlos, kühl in der Hand, und die Spitze ist gerade so massiv, daß sie flexibel wie eine Peitsche ist. Ich werde ihn für Sie füllen. Ich werde Vertragstinte nehmen, bei der eine kleine Flasche doppelt so teuer kommt wie ein Liter der Standardtinte.« Er füllte den Federhalter und wischte die Spitze an einem sauberen Leinentuch ab, das von einem Haken an der Kapitänstruhe hing.

»Nun werden wir kopieren«, sagte er, nachdem sie ihre Plätze eingenommen hatten. »Hier ist der dritte Abschnitt des portugiesischen Vertrags. Sie werden eine Kopie für die Unterlagen erstellen. Das ist keine Kopie zur Präsentation, und sie muß nicht sehr kunstvoll sein, aber man muß sie lesen können. Arbeiten Sie tüchtig. In zwei Stunden werden die Sänger kommen, und die Arbeit wird Ihnen leichter erscheinen.«

»Welche Sänger?« fragte Alessandro.

»Eine Stunde vor Mittag kommen die Sänger«, antwortete der schnurrbärtige Schreiber, ohne von der Arbeit aufzusehen. »Sie singen, bis wir zu Mittag nach Hause gehen.«

»Sind sie gut?«

»Sie sind *Engel*«, erwiderte Orfeo und blickte zur Decke. »Zwei Frauen und ein Mann mit Stimmen, die über die Piazza hallen.«

»Wenn sie so gut sind«, fragte Alessandro, »warum singen sie dann auf der Piazza? Und wer bezahlt sie?«

»Das ist ganz einfach. Sie kommen aus Afrika, deshalb singen sie auf der Piazza, und deshalb bezahlt sie niemand, obwohl sie wie Engel singen und in der Scala sein sollten. Das geht natürlich nicht. Sie sind schon seit einem Monat hier. Sie müssen wohl wegen der Regenzeit aus Afrika hierher gekommen sein oder weil ihre Ziegen eingegangen sind. Ich hoffe, sie gehen niemals zurück. Nach jedem Lied prasselt ein Hagel von Silber auf die Piazza nieder. Sie werden sehen. Aus jedem Fenster, jedem Büro.«

In Erwartung der Sänger machten sie sich an die Arbeit. Bei der Kopierarbeit an dem portugiesischen Vertrag bemerkte Alessandro, daß die massive Goldfeder einen eigenen Willen hatte. Wenn Tinte gebraucht wurde, floß sie heraus. Zögerte Alessandro, hielt sich die Tinte zurück, statt auf dem Papier einen Klecks zu hinterlassen. Das Ergebnis war ein müheloses Dahingleiten, wie Schlittschuhlaufen mit dem Wind im Rücken auf jungfräulichem Eis, in dessen Oberfläche sich die zarten Bahnen einritzten. Abgesehen von der Tatsache, daß er auf portugiesisch war, gab es an dem portugiesischen Vertrag selbst nichts Geheimnisvolles, da er sich hauptsächlich mit den Grundbedingungen für Wechselkursbestimmungen beim Kauf von Vieh, Pökelfisch und Öl befaßte.

Ab und zu schaute Orfeo seinem zeitweiligen Lehrling über die Schulter. »Die Handschrift eines hohen Herrn. Seht euch nur dieses Fliegen und Gleiten an!«

»Sie fliegen und gleiten auch«, entgegnete Alessandro.

»Ja, aber sehen Sie, auf immer die gleiche Weise. Das ist das Merkmal eines Schreibers der alten Schule – Regelmäßigkeit. Jeder Buchstabe ist immer gleich. Die hohen Herren galoppieren mit ihren Pferden über die Felder und springen über Zäune, wie es ihnen gefällt. Schreiber müssen den Schienen der Straßenbahn folgen; doch diese Disziplin birgt ihren Lohn in sich. Sie ist wie der Mond, der die äußeren Planeten umkreist, und wie der Tanz der aufgeblähten Tiere im Bett des ausgetrockneten Baches ...«

»Sagen Sie, wenn Schreibern so sehr an Regelmäßigkeit gelegen ist«, unterbrach ihn Alessandro, um den Monolog zu stoppen, bevor

Orfeo zu dem strahlenden Lebenssaft kam, »warum verwenden Sie dann nicht eines dieser neuen Geräte, Schreibmaschinen, und schon ist jeder Buchstabe exakt gleich?«

Orfeo unterbrach sein Schreiben. »Lassen Sie mich Ihnen etwas erläutern«, sagte er eindringlich. »Wir in diesem Büro sind sehr fortschrittlich. Wir machen Gebrauch von den Wundern, die Gott für uns ausgewählt hat – kleine vogelgleiche Maschinen, Füllfederhalter, Flaschen mit Schraubverschlüssen, Stühle, die man nach oben oder unten verstellen kann. Wir sind an der vordersten Front. Wenn diese Schreibmaschine, von der Sie sprechen, eine plausible Erfindung wäre, würden wir nicht zögern, sie zu verwenden.« Er lehnte sich befriedigt mit einem amüsierten Lächeln zurück.

»Ist sie denn keine plausible Erfindung?«

Kaum in der Lage, ein Lachen zu unterdrücken, schüttelte Orfeo mit dem Kopf. »Natürlich nicht! All die Unternehmen, die diese Maschinen anschaffen, sind verdammt! Sie werden in den Büros niemals Anwendung finden, *niemals*! Darauf gebe ich Ihnen mein Wort. Sie sind zu unpersönlich. Man kann nichts darüber sagen, was hinter dem Wort verborgen ist. Und außerdem muß sowieso erst alles von Hand geschrieben werden. Ich bin seit fünfzig Jahren Schreiber. Ich will auf der Stelle tot umfallen, wenn das, was ich sage, nicht wahr ist. Diese Maschinen werden keine allgemeine Verwendung finden. Sie sind absolut unpraktisch. Ich bedaure den Erfinder. Ich bedaure die Benutzer. Ich bedaure den Verkäufer.«

»Ich weiß nicht«, sagte Alessandro. »Wenn man sie verbessern würde ...«

»Wie um alles in der Welt sollte man sie verbessern können!« rief Orfeo.

»Nun, wenn man zum Beispiel einen Motor einbaute.«

»Einen Motor?« Orfeo brach in Gelächter aus. »Was, eine Dampfmaschine?«

»Nein, einen Elektromotor, um die Anschläge auszuführen.«

»Unmöglich! Jedesmal, wenn Sie sie berührten ... würden Sie getötet! Und selbst wenn Sie eine sichere Möglichkeit fänden, sie zu berühren – einen Gummiüberzug vielleicht oder Elfenbeinstifte, daß die Finger wie Stelzen wären, oder auf einem Gummithron sitzen –, selbst dann würde die Elektrizität nicht wissen, was sie tun sollte. Woher soll die Elektrizität wissen, was sie tun soll? Menschliche Finger! Menschliche Finger! Sie sind geschaffen, um wunderschöne Bögen zu ziehen, nicht, um auf Tasten zu drücken.«

»Was ist mit dem Klavier?«

»Was soll damit sein?«

»Die Musik eines Klaviers verläuft in wunderschönen Bögen, und man erzeugt sie, indem man auf Tasten drückt.«

»Ein Deutscher, ja, aber wir nicht.«

»Italiener spielen kein Klavier?«

»Es gibt verschiedene Grade an Sympathie«, sagte Orfeo in einer Art Panik, und sein Gesicht zuckte. »Was wäre, wenn sie uns überrennen, mit dieser häßlichen Sprache, die sich anhört, als ob ein Affe an einer Orange erstickt. Manchmal träume ich, daß ein Deutscher mich auslacht, weil ich klein bin. Er schaut mich an und zeigt auf mich, und sein Mund kringelt sich wie eine Schriftrolle. ›Sie sind so klein‹, sagt er. ›Wie groß *sind* Sie, einen Meter?‹

Aber ich habe alles unter Kontrolle. Ich kümmere mich einfach nicht darum. Ich bin Herr der Lage. Ich habe diesen Traum jede Nacht. Diese Menschen sind groß, aber sie sind verrückt. Deshalb sprechen sie so, als würden sie ohne Narkose operiert.«

»Ich finde ihre Sprache nicht häßlich«, sagte Alessandro. »Sie ist fast so schön wie unsere.«

»Überlassen Sie Venedig nicht diesen Gurglern.«

»Ich habe nie gesagt, daß ich das würde.«

Orfeo streckte einen Arm in die Höhe und machte eine Faust. »Werden Sie kämpfen?«

»Gegen wen?«

»Gegen die Deutschen, wen sonst!«

»Es ist doch gar kein Krieg.«

»Muß es dazu unbedingt einen Krieg geben?«

»Ja! Es sind keine Deutschen da außer den Touristen!«

»Leute wie Sie ...«, sagte Orfeo mit unverhohlenem Abscheu, »sind der Ruin Roms. So ist das seit Tausenden von Jahren.«

»Warum? Weil ich keine Touristen umbringe?«

»Nein, wegen der Elefanten.«

»Elefanten.«

»Sie glaubten sich in Sicherheit, weil die Elefanten jenseits des Meeres waren, aber Hannibal war klüger als sie. Er fütterte die Elefanten mit Trauben und Honig, bis sie fett wie Sofas waren, und dann lockte er sie bei Ceuta ins Wasser und sagte: *Wie wär's mit einem kleinen Bad*, und die Strömung trug sie nach Spanien, wo sie an den Strand stiegen.« Er wandte sich an den schnurrbärtigen Schreiber. »Stimmt doch?«

»Ich weiß es nicht, ich war nicht dabei«, sagte der Schreiber.

»Ah! Zwei Feiglinge«, sagte Orfeo, »und den beiden Feiglingen zwei Dinge. Sie hatten schon fast ganz Italien erobert – Mailand, Venedig, Florenz, Bologna, Genua. Es war knapp, und die Leute, die sie schlugen, waren diejenigen, die die ganze Zeit über das Kämpfen geübt hatten und bereit waren zu kämpfen, wie die Gänse, die in der Nacht schnatterten.«

»Das sind drei Dinge«, sagte der andere Schreiber.

»Na und! Wer bist denn du, um an Zahlen herumzunörgeln? Ich kann nicht mal deine Fünfen lesen; sie sehen wie Sechsen aus.«

Daraus entwickelte sich schnell ein Streit unter den Schreibern. Alessandro wandte sich wieder dem portugiesischen Vertrag zu und dachte an fette Elefanten, die an der Südküste Spaniens aus dem Meer stiegen. Die Österreicher hatten natürlich Kriegsschiffe auf diesem Meer und brauchten nur von Tirol her einzudringen, elefantenlos, aber es war Frieden und er brauchte nicht ans Kämpfen zu denken, und er würde nicht jung sterben. Dies war das Geschenk der Geschichte an ihn, er war dankbar dafür, und er weigerte sich, dieses Geschenk dadurch herabzuwürdigen, daß er sich einen Krieg vorstellte, den es nicht gab. Er war frei, und er wußte es.

Um elf kamen die Sänger. Sie waren keine Afrikaner. Sie waren auch keine Engel, aber sie waren sehr gut, und die Zeit bis Mittag glitt so dahin, als würden all die Schreiber einen Fluß hinabtreiben. Um eins, als die Sängerin ihre letzte Arie beendete, drängten sich in den Türen und Fenstern zur Piazza Hunderte von Angestellten, die ihre Silbermünzen in einem kurzen und heftigen Hagelsturm niederprasseln ließen.

*

Sein ganzes Leben hatte Alessandro im Schoße seiner Familie verbracht, und eine gesellschaftliche Verpflichtung, gleich welcher Art, war eine Tortur für ihn. Er hielt die ständig im Ansatz abgebrochenen Konversationen, das mikroskopische Geschwätz, Menschen, die herumstanden und miteinander sprachen, während ihre Augen den Raum durchstreiften wie Jäger, die nach Vögeln Ausschau hielten, und das erdrückende Gewicht der Hierarchie, des Anstands und der Manieren, die man für einen Abend ohne unangenehme Zwischenfälle brauchte, für so anstrengend und so schrecklich wie eine Schlacht. Obwohl er noch nie an einer Schlacht teilgenommen hatte, wußte er, daß er sie einer Situation vorzog, in der er gezwungen wäre, sich selbst mit Schlips und Kragen zu erhängen, mit häßlichen Frauen zu tanzen und Puderzucker über seine Hose zu bekommen.

Als die Einladung eintraf, war sie mit Wachs versiegelt und mit jener Art Kordel umwunden, wie sie in dickerer Ausführung bei den Draperien teurer Hotels Verwendung fand. Das Papier sah wie weißes Leder aus, und die Einladung war in erhabenen schwarzen, goldenen und roten Lettern gedruckt und mit dem Habsburger Wappen versehen. Signora Giuliani hatte den ganzen Tag damit zugebracht, sie nicht zu öffnen.

»Was ist das?« fragte Alessandro.

»Öffne es«, befahl seine Mutter.

»Später«, sagte Alessandro, da es Teil seiner häuslichen Pflichten war, zu widersprechen.

»Es ist wahrscheinlich für deinen Vater. Wenn du es nicht öffnest, werde ich es tun. Vielleicht ist es wichtig.«

»Ich werde es später öffnen«, sagte Alessandro. »Ich habe den ganzen Tag kopiert – einen sechsunddreißigseitigen Vertrag auf portugiesisch –, und ich bin müde. Das hat Zeit bis morgen früh. Zweifellos ist es unwichtig.«

Er ging auf sein Zimmer, schloß ruhig die Tür und riß den Umschlag auf, als enthalte er das letzte bißchen atembaren Sauerstoffs auf dem Mars. Seine Exzellenz Baron Zoltán Károly, Minister mit unbeschränkten Vollmachten, Außerordentlicher Legat des Kaisers von Österreich, bat um Alessandros Anwesenheit bei einem Diner in der kommenden Woche im Palazzo Venezia, der Botschaft Österreich-Ungarns.

Warum ihn?

Warum nicht? Tatsächlich war es absolut richtig. Jahrelang hatte Alessandro Cicero und die englischen Parlamentsdebatten studiert, ohne Gelegenheit für seine Redekunst zu haben, außer bei ungeduldigen Kommilitonen, die den Wert der großen Kadenzen, die Alessandro nun auswendig konnte, nicht zu schätzen wußten. In letzter Zeit las er die Zeitungen wie mit Juweliersaugen und hatte sich nach einer Gelegenheit gesehnt, sein, wie er meinte, wachsendes politisches Talent einzusetzen. Natürlich hatte nicht jeder von den Hunderten von Gästen bei einem Botschaftsempfang Gelegenheit, eine Rede zu halten, aber Alessandro brauchte wirklich nicht mehr als die Chance, einen belgischen Zweiten Sekretär eine Viertelstunde anzubellen, und darin, oder etwas Ähnlichem, war er zuversichtlich.

Er brauchte zwei Tage, um passendes Briefpapier zu kaufen, die blumige Sprache zu komponieren, in der man zusagt, und Orfeo zu bitten, dies mit all den vielen Häkchen und Schleifen niederzuschreiben, die Alessandro normalerweise zu vermeiden suchte. Alessandro steckte den Umschlag in eine Ledertasche, saß auf Enrico auf und ritt zum Palazzo Venezia. Am Tor standen zwei Grenadiere, Privatsoldaten, die so fein gekleidet waren, daß daneben die brasilianischen Vögel im Zoo verblassen würden, die jeden Winter in Scharen eingingen, weil für sie Rom so kalt war wie die Arktis.

Die Soldaten trugen hautenge Lacklederstiefel, weiße Pantalons, grüne schwalbenschwänzige Jacketts mit Goldbesatz, roten Schleifen, Insignien, Biesen, die ganz über sie hinliefen, wie Mäuse über den Kadaver eines toten Pferdes, weiße Säbelgurte, Bärenfellmützen, Federschmuck, hohe rote Kragen, Schärpen, Medaillen, Lederbeutel und Säbel, die mit Troddeln verziert waren. Es war ein Wunder, daß sie sich bewegen konnten. Es war ein Wunder, daß sie stehen konnten. »Kurier für den Botschafter«, sagte Alessandro und reichte seinen Brief einem der Soldaten.

»*Grazie*«, antwortete der Soldat.

Als Alessandro fortritt, dachte er an den Augenblick, in dem er im Hof der Botschaft stehen würde, allein in einer Welt, die er nicht verstand. Er drückte zweimal in dieser Woche ein Auge zu, das eine Mal, als er sich Abendgarderobe anpassen ließ, und ein zweites Mal, als er Enricos Zaumzeug und Sattel polierte, und dann stieg er kaum atmend im Hof des Palazzo Venezia aus dem Sattel, wo ein Lakai, der wie ein Affe gekleidet war, sein Pferd entgegennahm.

Mit zittrigen Knien ging er zur Eingangstür. Die Lichter von Palästen und Botschaften sind ganz anders als irgendwo sonst, sie glitzern, als hätte jemand herausgefunden, wie man Eiskristalle einfangen könnte. Der Klang eines ganzen Orchesters schallte durch die Türen, und Alessandro konnte weiße Lichtblitze sehen, als Abendroben vorbeiwalzten, geführt oder verfolgt von schlanken schwarzen Anzügen mit Scherpen von der Schulter bis zur Hüfte. Hundert Menschen tanzten in einer riesigen Runde Walzer in einem höhlenartigen weißen Saal, der wie ein nach innen gekehrter Hochzeitskuchen aussah, während andere langsam um die Ränder herum flanierten, so daß jeder die Chance hatte, mit jedem anderen zu sprechen.

Alessandro war der einzige Mann ohne Schärpe oder Orden. Die Diener trugen helle Leibgurte, die in Schärpen übergingen, kleine Mädchen in weißen Kleidern und roten Schuhen paradierten mit königlich aussehenden Bändern, und die Frauen waren verwirrende Gebilde aus Stoff, nackter Haut und Edelsteinen. Die Art, wie sie sich gleich windbewegten Wellen zum Walzer drehten, erhöhte ihre Reize noch mehr, besonders, da sie zu den merkwürdigen dürren, buckligen Matronen kontrastierten, die Diamanttiaras trugen, sich auffallend steif bewegten und deren fahles Fleisch von Krankheit leicht angegraut war.

Die Musik schwoll zu einem Rausch an, als ein ekstatischer Schlagzeuger die kleinen Instrumente rührte, die den Klang trällernder Singvögel imitierten. Je mehr Vögel, desto besser. Ihr Lied, obschon das Produkt eines wahnsinnigen Musikers, der hölzerne Schrauben eindrehte, war wunderschön. Die Lichter an den Kronleuchtern und Kandelabern vervielfachten sich und tanzten tausendfältig in den fröhlichen kristallenen Eiszapfen, die den Raum mit seinen weißen Säulen glitzern ließen wie ein Bergdorf im Schnee.

Alessandro fand sich einem Mann gegenüber, den er für einen Militärattaché hielt – ein Mann in gewienerten Stiefeln, scharlachroten Hosen, einem weißen Jackett mit Goldkragen und einer rotweißen Schärpe. Er trug eine Unzahl von Orden.

»Es tut mir leid, aber ich glaube, wir sind uns noch nicht begegnet«, sagte der Attaché.

»Giuliani, Alessandro.«

»Ah!« sagte der Militärmensch, für den Alessandro eine ebenso große Überraschung war, als sei er dem Kopf des Zeus entsprungen. »Wir sind so erfreut darüber, daß Sie kommen konnten. Bitte amüsieren Sie sich. Und warum sollten Sie auch nicht? Sie sind der Jüngste der anwesenden Herren.« Als er dies gesagt hatte, versuchte er zu zwinkern. »Viele ungebundene Damen sind anwesend, und wenn Sie schnell genug mit ihnen tanzen, können Sie deren Anstandsdamen überlisten, die an den Seiten stehen und mit dem Kopf wackeln und den Augen blinzeln wie Eulen. Machen Sie viele Drehungen. Das macht sie schwindlig. Dann können Sie mit der jungen Dame in den Garten gehen.«

Alessandro war froh, an diesem Ort auf einen Mann gestoßen zu sein, mit dem er offen reden konnte. Wahrscheinlich, weil dieser Soldat war. Und weil Alessandro niemanden von den Gästen kannte, nahm er den Attaché beim Ellbogen und zog ihn beiseite.

»Sehen Sie«, gestand er, »ich bin noch nie bei so etwas gewesen. Ich säße lieber auf meinem Pferd. Was soll ich tun?«

»Wann?«

»Überhaupt.«

Der Attaché dachte über die Frage nach. »Sind Sie nervös?« Alessandro schüttelte den Kopf. Nun, da er einen Freund hatte, war er nicht mehr so nervös wie vorher, doch fühlte er sich immer noch äußerst unbehaglich. »Machen Sie sich keine Sorgen. Ich werde auf Sie achtgeben.«

»Darf ich mich beim Diner neben Sie setzen?«

»Man wird nach Protokoll plaziert.«

Alessandro schaute enttäuscht drein.

»Aber machen Sie sich keine Sorgen. Alles, was Sie tun müssen, ist, in die Menge einzutauchen, sich ein Glas Champagner zu nehmen und nach einer Dame Ausschau zu halten, deren Gesicht Sie mögen. Zeit und Umstände werden für alles Weitere sorgen.«

»Und wenn ich dem Botschafter begegne, nenne ich ihn Exzellenz, Ihre Hoheit, Baron?«

»Nein.«

»Wie dann?«

»Nennen Sie ihn nichts dergleichen.«

»Und wenn ich ihm vorgestellt werde?« Alessandro fühlte sich jetzt sicherer, und war es auch nur, weil zehn Minuten vergangen waren und er seine Sache ganz gut machte. Tatsächlich schien es ihm, obwohl er sich das wahrscheinlich nur einbildete, daß alle Augen auf ihm ruhten.

»Wenn Sie ihm vorgestellt werden, nennen Sie ihn Zóltan. So heißt er.«

»Man würde mich rausschmeißen.«

»Sind Sie sicher? Er ist auch nur ein Mann. Er hat einen Sohn in Ihrem Alter. Außerdem war er selbst einmal Student. Nennen Sie ihn Zóltan.«

Alessandro beugte sich nah an das Ohr seines Freundes. »*Zóltan* ist so ein merkwürdiger Name. Auf Italienisch klingt er lächerlich, wie der Name einer persischen Gottheit oder einer Firma, die Elektromotoren herstellt.«

»Ich weiß, ich weiß. Also, warum gehen Sie nicht einfach hinein und suchen sich ein hübsches Mädchen. Ich muß ein paar Leute begrüßen. Wir sehen uns später.«

Alessandro trat zuversichtlich auf den Kreis der trunkenen Tänzer zu, griff sich schnell ein Glas Champagner von einem silbernen Tablett auf der erhobenen Hand eines vorbeieilenden Kellners. Im selben Augenblick, da er den dünnen Kristallstiel ergriffen hatte, war er von einer riesenhaften Frau in glitzernder Robe umgeben. Sie war gut einen Kopf größer und hatte einen Unterkiefer, der an den Bug einer Trireme erinnerte. Aber sie hatte wunderschöne Haselnußaugen, eine gerade Nase und kräftige weiße Zähne. Und obwohl sie groß war, war sie gutgebaut. Ihre Brüste lagen zu drei Vierteln frei und wurden vom Dekolleté derart eingeengt, daß ein Betrachter an ihnen nicht nur ihre Atemzüge, sondern auch ihren Herzschlag ablesen konnte. Sie hatte zwei Flaschen Champagner intus.

»Lassen Sie mich Ihre Nationalität erraten«, sagte sie und drückte

Alessandro gegen einen Tisch mit Hors d'œuvres, als wollte sie ihn verhaften. Ihr heftig wogender Busen war direkt vor seinem Gesicht. Er kam sich vor wie jemand, der an einem stürmischen Tag auf einem Wellenbrecher steht, um seine Füße das Tosen der See. »Sie sind Tscheche!«

Alessandro schüttelte den Kopf.

»Brite!«

Wieder mußte er den Kopf schütteln.

»Sie können sich nicht vor mir verstecken. Ich habe Sie gleich entdeckt«, sagte sie und preßte ihren Unterkörper gegen den seinen, wie ein Bauarbeiter, der etwas an einer Wand befestigt. »Ich bin kein kleines Huhn, aber Sie haben mich völlig erobert. Sie sind wie ich Bulgare.«

»Ich bin Italiener.«

Sie blinzelte.

»Ist es wahr«, fragte sie, als ob sie über Politik spräche, »daß junge italienische Männer bis zur Heirat mit keiner Frau schlafen?«

»Doch, aber nur im Kopfstand.«

Ihre Verwirrung machte einer Art Schnurren Platz, und sie kam mit ihrem Gesicht nah an das seine. »Eine Frau, die doppelt so alt ist wie Sie«, sagte sie, als wollte sie ihn betäuben, »würde Sie wohl gern mehrere Tage hintereinander im Bett haben.« Sie blickte unschuldig zur Decke. »Ich stehe normalerweise um ein oder zwei Uhr auf.«

»Nachmittags?«

»Mein Mann ist in Triest, und ich bin in der Via Massimo einhundertvierzig.«

Das nächste, was er wußte, war, daß sie verschwunden war. Sie begegnete einer Gruppe von Leuten, die sie in der vergangenen Woche zweifellos ein dutzendmal gesehen hatte, und begrüßte sie, als wären sie sich per Zufall am Nordpol begegnet.

Alessandro fand, daß er sich ganz gut machte, da er bereits eine halbe Stunde überlebt und zwei Freunde gewonnen hatte. Er wandte sich dem Tisch zu, auf dem er sich so weit zurückgelehnt hatte.

Viele Gläser Champagner, fünfzig Shrimps und zwanzig Petit fours später machte er sich auf die Suche nach einem Gesicht, das ihm gefiel. Er verstand nun, wie man Gespräche ertragen konnte, die in winzig kleine Fetzen und Brocken atomisiert waren, wie Männer mit kranichhaften Witwen und Frauen mit Männern tanzen konnten, die so fett waren wie Fässer mit türkischem Olivenöl.

Lauschend zog er im Umkreis der Tanzenden umher. Die Leute sprachen von Orten, an denen er nie gewesen war, über Dinge, die er sich nicht leisten konnte, über Personen, von denen er noch nie gehört hatte, und über vollbrachte Leistungen, die er schwer glauben mochte. Die Fürstinnen und Diplomaten logen wie Arbeiter in einer Taverne. Alessandro fiel ein, daß sein Vater gesagt hatte: »Von allen Menschen auf der Welt sagen nur die Kaufleute die Wahrheit, aber nur, wenn sie unter sich sind, und manchmal nicht einmal dann.«

Ein Diener mit Perücke arbeitete sich durch die Menge und läutete mit einem Silberglöckchen. Das Orchester verstummte, und eine lange Schlange von Gästen bewegte sich auf den Speisesaal zu.

Während die Musiker eine Pause machten, war der Schlagzeuger, der die Vogelmaschinen betätigte, außerstande aufzuhören, und die Gäste standen in Reih und Glied wie die Jäger in einem von Ucellos dunkelgrünen Wäldern. Zwei Diener zu jeder der beiden Türseiten hielten gravierte lederne Plazierungspläne – Diagramme der langen Tafel mit Namenskarten anstelle der Stühle.

Ein uraltes neapolitanisches Paar kam zu dem Schild. »De Felice«, erklärte der Mann.

»Onorevole Dottore Fabio De Felice«, sagte einer der Diener und deutete auf eine Position in ziemlicher Nähe zur Gattin des Botschafters, die an einem Ende der Tafel saß, *»e La Signora.«* Er hielt seine Hand über einen Platz am anderen Ende der Tafel, der genauso weit vom Botschafter entfernt war wie der des Ehemanns von der Gattin des Botschafters.

»Giuliani«, sagte Alessandro, der nicht glauben konnte, daß sie seinen Namen und seinen Platz auswendig wußten.

»Il Signor Alessandro Giuliani«, intonierte der Diener und wies auf eine Karte direkt in der Mitte der langen Tafel.

»Dort steht *De Sanctis, Maria*«, stellte Alessandro fest.

Der Diener überflog den Plan und las die auf dem Kopf stehenden Karten. Er stieß die Namen in einer Panik hervor, die an das hastige

Reden eines Mannes erinnerte, der Gelder veruntreut hat und nun seine Spuren zu verwischen sucht.

»Es gab eine Veränderung«, instruierte ihn ein anderer Diener und deutete auf die Karte, die Alessandro repräsentierte. »Pardon.«

Alessandro war zur Linken des Botschafters plaziert worden, dem Botschafter von Frankreich gegenüber. »Das ist ein Versehen«, sagte er.

Die Diener überprüften ihre Karten. »Nein, mein Herr«, wagte sich einer vor. »Die Baroneß selbst hat die Karte umgesteckt.«

»Das ist unmöglich«, erklärte Alessandro.

Das rechte Auge eines der Diener begann unwillkürlich zu blinzeln, während der linke Mundwinkel nach innen fiel.

Als Alessandro zum Ende der Tafel ging, war er nicht sehr überrascht festzustellen, daß der Botschafter der nette militärische Mensch mit dem Goldkragen und dem weißen Jackett war.

Direkt links von Alessandro saß Lia Bellati. Ihr Haar war hochgesteckt, sie trug ein Smaragdhalsband, und ihr Kleid war so blau, daß Alessandro an den Atlantik dachte. Er konnte nicht glauben, daß die Welt derart beschaffen war, und wenn sie es war, dann würde sich sein Glück bestimmt bald wenden. »Zóltan!« sagte er in einer Stimme, die freundlich, gebieterisch und tief war, und all dies zustande zu bringen, war so schwierig, daß er fast vom Stuhl fiel, als er sich setzte.

Der Botschafter schüttelte Alessandro die Hand. »Gut, Sie zu sehen, Alessandro«, sagte er. »Als wir uns das letzte Mal trafen, war alles anders.« Dann stellte er Alessandro dem französischen Botschafter vor, der zutiefst verwirrt war, daß er den jungen Mann ihm direkt gegenüber nicht kannte, zweifellos ein Prinz oder ein musikalisches Wunderkind. Der französische Botschafter strengte sein Hirn derartig an herauszufinden, wer Alessandro war, daß es einem Bienenschwarm ähnelte.

Alessandro wandte sich Lia zu und spürte, daß er all seine Kraft aufbieten mußte, um sie nicht auf der Stelle zu küssen. Ihre Augen funkelten, und das ozeanblaue Kleid und das Smaragdhalsband rahmten ihr junges Gesicht so schön ein, daß er die Vertreter der Großmächte vergaß. »Wie haben Sie das fertiggebracht?« fragte er.

»Mein Bruder«, antwortete sie und warf einen Blick schräg über die Tafel auf einen jungen Mann in italienischer Militäruniform. Sein Gesicht war freundlich und in allen Einzelheiten ausgeprägter als das Alessandros, wohl weil er Prüfungen ausgesetzt gewesen war, vor denen Alessandro verschont geblieben war. Wenn man ihn ansah, konnte man sofort erkennen, daß er nicht nur ein exzellenter Schütze war, sondern auch einer jener Menschen, die in einem Krieg normalerweise unversehrt bleiben. »Er hat die Einladungen arrangiert«, sagte Lia, »aber wir hatten keine Ahnung, daß Sie den Botschafter bereits kennen; er hat mir gerade erzählt, daß seine Frau entgegen dem Protokoll überall dafür sorgt, daß Sie zu seiner Linken sitzen.«

»Wer interessiert sich auch schon für ihn?« fragte Alessandro.

Ein Diener in Livree nahm den Teller mit Goldrand, auf dem Alessandros Namenskarte gelegen hatte, und stellte einen exakt gleichen an dessen Stelle. Alessandro fragte sich, warum er nicht einfach die Karte entfernt hatte.

»Diese Karten könnten schmutzige Ecken haben«, sagte Lia, als sie während des Austauschs seinen Gesichtsausdruck bemerkte.

Das Besteck und das Porzellan, das vor Alessandro arrangiert war, bildete eine kleine Stadt, hinter der sich eine Spielzeugbergkette aus Kristall erhob – fünf Gabeln, drei Messer, ein halbes Dutzend Löffel, drei Servietten, vier Weingläser, ein Champagnerglas und ein Wasserbecher. Vor jedem Platz thronten drei Karaffen – für Rotwein, Weißwein und Wasser. Dies, so schien es, war so Sitte bei der kaiserlichen Familie.

Während die Suppe aufgetragen wurde, begann das Orchester (das in einer luftigen Laube hinter der Baroneß Platz genommen hatte) damit, die verschiedenen Wiener Vogeltaumelwalzer zu spielen, die Alessandro ermuntert hatten, die Hors d'œuvres im Takt dazu zu verspeisen. Er begann sich zu wiegen, doch als er merkte, daß die Musiker sich mit der Lautstärke zurückhielten, tat er dies auch, weil er größere Fehler vermeiden wollte. Sein Zutrauen wuchs, und die Erleichterung darüber, eine derart schwierige gesellschaftliche Prüfung überlebt zu haben, beruhigte ihn nicht nur, sondern versetzte ihn in Euphorie.

»Was für eine Suppe ist das?« fragte er den Botschafter gradeheraus. »Das ist die beste Suppe, die ich je gekostet habe.«

»Sie hat eine besondere Zutat«, antwortete der Botschafter.

»Und die wäre?«

»All den Champagner, den Sie im Laufe der letzten Stunde getrunken haben.« Er beugte sich vor und flüsterte, so daß weder der französische Botschafter, noch sonst jemand etwas hören konnte. »Ich trinke nichts, damit ich über Politik reden und Geheimnisse für mich behalten kann, und aus meiner nüchternen Position heraus betrachtet, halte ich die Suppe nicht für so gut. Ich habe in der Armee beim Manöver bessere Suppen gegessen, und jeder weiß, daß sie in der Armee mit Pferdepisse kochen.«

Alessandro prustete in seine Suppe.

»Erzählen Sie mir das Lustige«, rief der französische Botschafter über die Tafel.

»Nein.«

»Warum nicht?«

»Ich möchte keinen Zwischenfall heraufbeschwören.«

»Zoltán«, entgegnete der französische Botschafter und knüpfte an ihre vorherige Unterhaltung an, »die einzigen Zwischenfälle, die wir zu befürchten haben, sind jene zwischen Ihren Freunden, den Deutschen, und den Italienern.«

»Wie meinen Sie das?« fragte Alessandro in seiner Eigenschaft als ranghöchster Italiener in diesem Gespräch.

»Die armen Deutschen«, erklärte der französische Botschafter mit vollendetem gallischem Sarkasmus, »verzehren sich geradezu nach Kolonien. Wir haben gesehen, wie sie versucht haben, in Nordafrika Fuß zu fassen; wir haben sie scheitern sehen. Und sie werden weiter scheitern, weil ihnen Marinestützpunkte im Mittelmeer fehlen, und sie werden wohl keinen Krieg in Europa um der Kolonien willen anzetteln. Aus genau diesem Grund können sie nichts gegen uns ausrichten, und sie haben keine Chance gegen die Briten. Sie haben nur eine Chance gegen *Sie*.«

»*Mich*?«

»Italien.«

»Wie?«

»In der Cyrenaika und in Tripolitania.«

»Nein, ich glaube nicht«, erwiderte der Baron Károly. »Die Deutschen haben kein Interesse an dieser Wüstenei. Außerdem würde es uns ungeheuer mißfallen.«

»Sie zeigen vielleicht im Augenblick kein Interesse, doch während sie die Küste entlang sondieren und wir unsere Position in Marokko, Algerien und Tunesien halten und die Briten die ihre in Ägypten, wohin werden sie sich wenden?«

»Aber sie sondieren gar nicht.«

»Gestern haben deutsche Kanonenboote Gibraltar passiert«, sagte der französische Botschafter. »Natürlich, vielleicht versuchen sie nur etwas Sonne zu kriegen.«

»Wer hat dies berichtet?«

»Die Briten. Es stand noch nicht in der Presse. Aber es wird. Wir hätten sie wohl selbst entdeckt. Ich wollte Sie heute abend fragen, ob Sie irgend etwas darüber wissen, denn schließlich sind das *Ihre* Freunde.«

»Das ist das erste, was ich höre.«

»Es sind keine Anlegepunkte in Triest oder Dubrovnik ausgemacht?«

Der Botschafter Österreich-Ungarns schüttelte den Kopf. »Ich müßte es wissen.«

Erstaunt darüber, in genau das Gespräch einbezogen zu sein, das er sich gewünscht hatte, fragte Alessandro: »Mir kommt das so vor, als sei dies ein Zwischenfall zwischen Deutschland und Österreich, nicht zwischen Deutschland und Italien.«

»Nein«, entgegnete der französische Botschafter. »Italien wird reagieren, aus Angst um die Cyrenaika und Tripolitania – der Schwachstelle an der nordafrikanischen Küste. Das könnte einen Krieg zwischen Italien und der Türkei heraufbeschwören.«

Obwohl sie nicht am Gespräch teilnahm, nickte Lia.

»Die Türkei?« fragte Alessandro.

»Italien wird in Libyen Präsenz zeigen müssen«, erklärte Baron Károly, »um seine Interessen zu schützen. Ich denke, noch bevor das Jahr um ist, werden Sie dem Sultan den Krieg erklären.«

»Nicht, wenn es nach mir geht«, sagte Alessandro.

Vielleicht weil sie soviel Übung darin hatten, Gesprächen zwischen Mächtigen zu lauschen, spürten die Botschafter instinktiv, daß Alessandro für Italien sprach. Statt zu entgegnen, »nach Ihnen geht es aber nicht«, fragte der französische Botschafter: »Warum nicht?«

»Nichts in Libyen ist einen Krieg wert«, sagte Alessandro. Endlich hatten seine rhetorischen Fähigkeiten, zusammen mit der Kraft seiner Stimme, eine Tafel in einer Botschaft zum Verstummen gebracht.

Lias Bruder meldete sich zu Wort. »Das stimmt so nicht«, sagte er. »Italien hat Libyen über die Jahre hinweg entwickelt. Es gibt Rohstoffvorkommen von großem Wert, und das landwirtschaftliche Potential bietet der Überbevölkerung im Süden eine Ausweichmöglichkeit. Und was ist mit unserer Ehre, ganz zu schweigen von dem Recht auf eine Kolonie in Afrika, unsere Geschichte dort, das Problem des Zugangs zum Kanal und die völlig unakzeptable Situation einer deutschen Marinebasis vor unserer Südküste.«

Alessandro antwortete, angespornt durch die Tatsache, daß so viele Menschen ihm zuhörten.

»Herr Hauptmann«, sagte er respektvoll, »Libyen ist ottomanisches Territorium. Wir sind dort als Gäste, und all die Anstrengungen, die wir in den letzten zehn Jahren dort unternommen haben, sind nicht halb so groß wie die allein für die Neugestaltung der Via del Corso. Sie sagen, daß die Rohstoffvorkommen großen Wert haben, Sie hätten besser sagen sollen, daß sie großes Geschick haben, denn sie verbergen sich so gut im Boden, daß sie bisher noch niemand gefunden hat.

Und was Libyens landwirtschaftliches Potential angeht – ein Potential, das ernstlich durch die Tatsache beeinträchtigt ist, daß dort nichts wächst –, sollte der Tag kommen, daß ein Süditaliener seinen verdorrten und felsigen Boden gegen Sand eintauschen will, dann wird es vielleicht klug sein, einen Krieg gegen den Sultan zu führen. Diese Menschen wandern aber nach Amerika aus, und das werden sie weiterhin tun, ganz gleich, ob wir nun gegen die Türkei kämpfen oder nicht, wodurch in dieser Hinsicht unser Kampf gegen die Türkei ziemlich nutzlos erscheint.

Und was unsere Geschichte angeht, so sollten wir, wollten wir ihr in unserer Politik folgen, nicht nur unseren früheren Besitzungen in

Libyen den Krieg erklären, sondern auch Großbritannien, Spanien, Deutschland, Frankreich, Österreich und Karthago. Vielleicht können wir die Errichtung einer deutschen Marinebasis im Süden verhindern, nicht indem wir der Türkei den Krieg erklären, was wohl eine recht umständliche Art wäre, sondern indem wir die Deutschen wissen lassen, daß dies der *casus belli* wäre. Und was unsere Ehre angeht, Ehre ist eine komplexe und wichtige Angelegenheit, der man am besten dadurch dient, daß man das Richtige tut.«

»Also lieber später einen Krieg mit Deutschland als jetzt einen mit der Türkei?« fragte Lias Bruder.

»Lieber einen Krieg mit keinem von beiden.«

»Lieber einen Krieg mit Deutschland *riskieren*, später, als jetzt einen Krieg gegen die Türkei gewinnen?« setzte der Hauptmann nach.

»Wer sagt denn, daß wir gewinnen?«

»Ich versichere Ihnen, wir würden siegen, allerdings bin ich nicht in der Lage, solche Versicherungen in bezug auf Deutschland abzugeben.«

»Soweit ich das beurteilen kann«, sagte Alessandro, »wäre es erheblich klüger, die Deutschen eine Marinebasis in Libyen errichten zu lassen, wenn sie denn wollen, und drei Marinebasen im Absatz Italiens zu errichten, um jene zu übertrumpfen. Auf diese Weise brauchten wir uns keine Sorgen zu machen, wir wären stärker, und wir würden es vermeiden, Blut und Geld in einem Krieg zu vergeuden.«

»Taktisches Manövrieren«, sagte der Hauptmann, »ist erheblich wichtiger als Masse oder Gleichgewicht. Sie haben die Taktik zugunsten der Gleichheit vernachlässigt. Im Krieg und im Wettkampf zwischen Staaten ist die Position alles.«

»Ah, ja«, sagte ein Engländer in makellosem Deutsch. »Man gebe mir eine geeignete Plattform, und ich werde die Welt aus den Angeln heben!«

Weil niemand genau sagen konnte, wann Engländer sarkastisch sein wollen, nahmen jene, die auf Alessandros Seite standen, an, daß der Engländer sich über das, was Lias Bruder gesagt hatte, lustig machte, und jene, die auf der Seite von Lias Bruder standen, glaubten, daß er ihnen zustimmte. Die Baroneß ergriff die Gelegenheit und begann ein halbes Dutzend Unterhaltungen über ein halbes Dutzend Themen gleichzeitig. Das Mittelmeer hinter sich lassend, begannen die Botschafter über Rußland zu sprechen.

Alessandro lehnte sich in seinem Stuhl zurück und lief an wie eine Pflaume. Von Stolz und Verwirrung überwältigt, war er zu jung, zu erkennen, daß die Frage offengeblieben war: Er glaubte, triumphiert zu haben.

Dann machte er die Entdeckung, daß diplomatische Diners viele Gänge haben und daß es falsch gewesen war, es nicht dem Botschafter und Lia gleichzutun, die jeden Gang nur kosteten. Statt dessen aß er, vom Triumph beflügelt, fast alles, was man ihm vorsetzte, und nach vierzehn Gängen und drei Desserts kam er sich so schwer vor, daß er nicht sicher war, ob Enrico sein Gewicht noch tragen könnte.

Dies und der Champagner zwangen ihn, wie ein alter Mann in einem Sessel Platz zu nehmen und Lia zuzuschauen, die zu nicht enden wollenden Walzern über das Parkett glitt. Der Trick, so schien es, bestand darin, nicht so viel zu essen, als daß man es nicht durch sofortiges Tanzen danach wieder abarbeiten konnte. Lia tanzte mit einem Soldaten Walzer. Alessandro wollte später mit ihr tanzen. So hatte er das Privileg, ihre Schönheit aus der Entfernung zu genießen, und obwohl er wenig Erfahrung hatte, die ihm dies hätte bestätigen können, spürte er, daß dies besser war, weil der Eindruck wahrscheinlich länger anhalten würde. Sie bewegte sich wie eine Wolke.

*

Lia und ihr Bruder verließen den Palazzo Venezia um halb zwölf. Während Alessandro auf dem Pflaster stand und zusah, wie die beiden eine Kutsche bestiegen, fragte er sich, ob er sie wohl heiraten würde. Sie war vollkommen, und er fürchtete, daß er allem anderen gegenüber blind war, daß er sich aus Schwäche zu ihr hingezogen fühlte, daß seine Leidenschaft für sie unvollständig war. Er kannte die tief religiöse Liebe der italienischen Dichter zu Frauen, die ihnen bloß auf der Straße begegnet waren, nur zu gut und befürchtete, daß seine Hingabe an Lia niemals mit der elementaren Verbindung verglichen werden konnte, die zwischen Männern und Frauen auftreten konnte, wenn Gott anwesend war und Licht sie umgab.

Er wußte genau, Liebe konnte wie der schönste Gesang sein, konnte den Tod unwichtig erscheinen lassen, und sie trat in so reinen und starken Formen auf, daß sie das Universum neu ordnen konnte. Er wußte dies und daß es bei ihm fehlte; doch, wie er da im Hof des Palazzo Venezia stand und die Diplomaten still zum Tor hinausgehen sah, war er zufrieden, denn er ahnte, daß über die tiefste Liebe zu gebieten letztlich viel weniger schön sein mochte, als an ihrer Abwesenheit zu leiden.

Einmal hatten er und sein Vater hoch oben in den Julischen Alpen einen Vogelschwarm beobachtet, der sich in Gegenwart eines Adlers gebildet hatte. Während sich der Adler mit unwahrscheinlicher Langsamkeit bewegte, wie ein großes Kriegsschiff, das selbstsicher übers offene Meer fährt, und die Vögel umherflatterten, um den Adler von ihren Jungen wegzulocken, sagte Alessandros Vater: »Ihre Seelen sind in diesem Augenblick erfüllt, und der Adler ist nichts. Gott ist mit ihnen und gibt ihnen, woran es ihnen mangelt.«

Seine Träumerei wurde durch die Rückkehr seines Pferdes unterbrochen, das froh war, die ungewohnten Ställe hinter sich gelassen zu haben; er saß auf, und Enrico galoppierte durch das Tor in die warme Frühlingsnacht hinaus.

Es war ein Mittwoch. Rom lag ruhig da. Sie folgten der Via del Corso bis zur Piazza del Popolo, doch statt abzubiegen, um den Tiber zu überqueren und nach Hause zu reiten, galoppierten sie in die Viale del Muro Torto und durch die Porta Pinciana zu dem schmalen Dreieck Land, das der Anwalt Giuliani für den Garten eingetauscht hatte. Er blickte über die leeren Grundstücke und unauffälligen Gebäude, und plötzlich fiel ihm ein, daß er den Garten behalten könnte, wenn er Lia heiratete. Wenn diese Verbindung die Frage eines Gartens auf dem Gianicolo klärte, dann würden vielleicht auch andere Dinge ihre richtige Gewichtung bekommen.

Während sie an der Villa Medici vorbei in der kühlen Nachtluft unter Sternen nach Hause ritten, die heller leuchteten als in irgendeiner anderen Stadt in Europa, hörte Alessandro ein Orchester. Noch vor wenigen Stunden wäre dies ein Schock für ihn gewesen, ein Orchester, das unter freiem Himmel spielt, und während er näher kam, hörte er Gesang. Im Garten der französischen Akademie begleitete ein ganzes Orchester die Sänger zu »*Ma di'* ...« aus *Norma*. Alessandro band Enrico an ein eisernes Fenstergitter in der Mauer und benutzte dies als Leiter, um darüberzuklettern.

Obwohl es fast Mitternacht war, zeigten weder die Sänger noch die Musiker irgendwelche Anzeichen von Ermüdung, und bis Alessandro in den Garten hinuntersprang, perfekt getarnt durch seine formelle Kleidung, hatten sie die Arie beendet und ein neues Stück begonnen. Wenn die Österreicher sich vor Begeisterung für Strauß geradezu umbringen konnten, so konnten die Franzosen bei *Norma* in einen Rausch geraten, obwohl in beiden Fällen die Sänger und Musiker Italiener waren. Sie ließen *Norma* hinter sich und sprangen zu *Ernani* und dann zu »*Ecco la barca*« aus *La Gioconda*, und die ganze Zeit über wandelten Hunderte von Menschen durch die Gärten. Unter ihnen befanden sich viele attraktive Frauen, vielleicht weil dies die französische Akademie war. In dieser Hinsicht war die Botschaft im Palazzo Venezia (von Lia abgesehen) ein hoffnungsloser Fall. Alessandro fragte sich, warum er nicht hierhin gegangen war, statt zu dem Diner. Die Musik war besser, die Atmosphäre weniger formell, die Mitglieder der Akademie und ihre Gäste nicht sehr viel älter als er. Als die Sänger das Orchester zu »*Già nella notte densa* ...« führten, spürte Alessandro jedes einzelne Atom der kühlen Nachtluft.

Während die breiten Wege im Garten der Villa Medici mit flakkernden Fackeln erleuchtet waren, wurde der Brunnen von einem halben Dutzend elektrischer Lampen illuminiert. Irgendwo jenseits der Villa trieb, ohne daß man ihn sehen konnte, ein Motor in unfehlbaren Drehungen einen Generator an, um den Strom zu erzeugen, der das Licht erzeugte. In den musikalischen Pausen konnte man, wenn man genau hinhörte, dessen gleichmäßiges optimistisches Geräusch vernehmen.

Hatten die Walzer der österreichischen Botschaft Alessandro wunderbar beschwingt, versetzte ihn der Gesang im Garten der Villa Medici in tiefe Nachdenklichkeit. Er wanderte langsam zwischen den Gästen der französischen Akademie umher und suchte nach Ankern für seine schweifenden Gedanken – ein dunkel wogender Zweig mit wächsernen Blättern, der Anblick der Sterne durch einen Einschnitt zwischen den Bäumen, ein Mädchen, das sein Haar zu dem unwiderstehlichen Rhythmus des Liedes zurückwarf, ein Farbklang in seinem fackelbeleuchteten Blickfeld, die Bewegungen von Frauen in seidenen Gewändern.

Nicht weit vom Brunnen entfernt, außerhalb von Alessandros Blickfeld, standen drei Mädchen, die wie Modelle für Fragonard, einen der früheren Bewohner der Akademie, aussahen, denn sie schienen das Licht nicht nur widerzuspiegeln, sondern irgendwie auch zu halten und sogar zu erzeugen. Jünger als die jüngsten der Akademiemitglieder, wußten sie nicht recht, was sie anfangen sollten. Sie sprachen zum Schein miteinander, obwohl sie zu weit von den anderen entfernt standen, als daß man ihnen hätte lauschen können, denn sie spürten ganz genau, daß sie, wie unbeholfen auch immer, eine Rolle zu spielen begannen.

Die erste in der Reihe, wie sie dastanden, um die Spiegelungen im Wasser zu betrachten, war Jeannette, die jüngste Tochter eines der gegenwärtigen Bewohner der Akademie. Die zweite war Isabelle, Tochter eines Zweiten Sekretärs in der französischen Botschaft. Und die letzte war Ariane, Tochter eines italienischen Arztes und einer Französin. Sie konnte so schnell von Französisch zu Italienisch wechseln wie eine Schwalbe ihre Flugrichtung, und sie hatte genug Latein, Griechisch und Englisch gelernt, um in ihnen weitgehend fehlerfrei zurechtzukommen.

Sie war die jüngste von den dreien, doch sie überragte die anderen Mädchen an Schönheit. In ihrer Kindheit waren die physischen Eigenarten, die sie später so schön werden ließen, so überdeutlich gewesen, daß sie fast reizlos erschienen war. Nur jemand mit langer Erfahrung hätte die atemberaubende Schönheit entdeckt, die dort unbeholfen in Gesichtszügen schlummerte, die schrecklich falsch arrangiert erschienen – die breiten Wangenknochen und die Stirn, die eigenwillige Entschiedenheit ihres Blicks, die schmerzhaft schönen Bögen ihrer Augenbrauen, das Lächeln, das selbst auf die Distanz, selbst in der Erinnerung jeden, der es gesehen hatte, mit Liebe und sprachloser Freude erfüllte.

Die ganze Kindheit über hatte sie sich für häßlich gehalten, und obwohl aller Augenschein später gegen ihre frühesten Schlußfolgerungen ankämpfte, konnte sie diese nie ablegen, und sie, die schöner war als jede Frau, die Alessandro je im Leben, in der Malerei oder auf Fotografien gesehen hatte, lebte in der Überzeugung, daß sie weniger als unscheinbar war, und bewegte sich in dem Unbehagen jemandes, dem es peinlich ist, gesehen zu werden. Selbst später, als sie viele Beteuerungen des Gegenteils gehört hatte, konnte sie nie so recht glauben, daß die Leute sie nicht anstarrten, weil sie, wie sie meinte, häßlich sei, und das ließ sie so schön werden, daß man es kaum glauben konnte.

Jeannette, Isabelle und Ariane umkreisten den Springbrunnen, gingen so langsam, wie sie konnten, ohne bei jedem Schritt anzuhalten, und redeten so begeistert miteinander, als ob ihnen jeder zuhörte, während sie sich auf einer erleuchteten Bühne hin und her bewegten. Sie sprachen über Aix-en-Provence. Wenn man sie hörte, hätte man glauben können, daß Aix-en-Provence nicht nur die Hauptstadt Frankreichs oder gar Europas wäre (zumindest des Heiligen Römischen Reiches), sondern ein französisches Walhalla.

Junge Mädchen in Paris sprachen so über Deauville, Biarritz oder Nizza, und junge Mädchen an anderen Orten sprachen so über Paris, aber diese drei kannten Paris nicht und mußten sich mit Aix begnügen. Sie klangen verschwörerisch oder blasiert, um sich selbst und andere davon zu überzeugen, daß sie etwas Wichtiges zu bereden hatten. Sie wechselten versuchsweise zwischen den beiden Stimmlagen und suchten nach dem passenden Tonfall.

Als Jeannette einen Nachmittag an einem Wasserfall beschrieb, tat sie dies mit erotischer Fülle. Die Mädchen und Jungen waren von der Idee fasziniert gewesen, die fleckigen Forellen zu fangen, die in den hüfttiefen Wasserstellen standen, und waren bekleidet hineingestiegen, zuerst nur knietief, doch dann bis zur Hüfte, und nach und nach waren sie langsam unter Wasser getaucht, um die Fische zu verfolgen, und waren mit ihren naßanliegenden Haaren aufgestiegen, aus denen das kalte Wasser lief und in der Sonne glänzte. Die Sommerkleider der Mädchen klebten an ihnen, und ihre Brüste und Brustwarzen zeichneten sich darin ab. Die Jungen hatten ihre Hemden ausgezogen. Sie verloren das Gefühl für die Zeit, das, so Jeannette, passiere nun mal im Wasser, und begannen bald, sich im kalten Fluß zu umarmen und zu tanzen, drängten sich aneinander der Liebe und der Wärme wegen. Es wäre noch skandalöser gewesen, erklärte Jeannette, wenn nicht ab und zu jemand eine Forelle gefangen und so den Bann gebrochen hätte.

»Warst du am Ufer und hast zugeschaut?« fragte Ariane, denn Jeannette war die Jüngste gewesen.

»Nein«, antwortete Jeannette, als wolle sie beichten, daß ihr Leben durch eine Indiskretion ruiniert worden sei. »Ich war im Wasser«, log sie. »Ich war in jemandes Armen.«

»Wessen Arme?« fragte Isabelle vor Neugier brennend. Jeannette wollte und konnte es nicht sagen.

Vielleicht weil sie zu groß war und eine Menge Sommersprossen hatte, erwartete Isabelle, schließlich wie ihre Mutter zu werden, eine Frau mehr eines Hauses als eines Mannes. Sie war Herrin eines Bauernhofs auf einem Hügel, mit Obst- und Weingärten. Eines Tages, sagte sie, wolle sie ihn umbauen, und sie beschrieb Zimmer und neue Bezüge, als ob ihr Herz bei dem Gedanken in Zeitlupe breche, diese Dinge an die Stelle der Liebe zu setzen, obwohl das Haus in der Nähe eines Flusses lag, ihre Kinder dort schwimmen könnten und ihr Leben vielleicht ideal wäre.

Als Isabelle und Jeannette sich zweimal an die Bäckerei erinnert hatten und dreimal an das Café, wo sie mit ihren Freunden gesessen und Wein getrunken hatten, wandten sie sich an Ariane, damit diese eine neue Begründung beibrachte, warum Aix der überragende Ort war, der sie so faszinierend machte, weil sie dort gewesen waren.

Ariane versuchte es, schaffte es aber nicht. »Ich liebe das Licht in Aix«, sagte sie, aber obwohl das stimmte, war sie nicht bei der Sache. »Und die Felder. Mein Vater und ich sind im letzten Sommer jeden Tag über die Felder gelaufen, fast jeden Tag.«

Man sprach nicht über die Eltern, es sei denn, um über ihre jugendlichen Eigenarten zu lügen, von denen man annahm, daß sie bald vererbt würden, oder um einen Hinweis auf ihren Reichtum fallenzulassen, oder darauf, wen sie kannten.

»Worüber habt ihr gesprochen?« fragte Jeannette schroff.

»Über alles«, sagte Ariane. Sie war erst sechzehn, und obwohl sie alles wußte, was Alessandro wußte, hatte sie es noch nicht in Worte gefaßt. Sie war keinesfalls zungenfertig, außer wenn sie auf den Meeren ihrer vielen Sprachen segelte.

»Zum Beispiel?« fragte Isabelle.

»Über meine Mutter«, sagte Ariane.

Jeannette und Isabelle wußten, daß Ariane ihre Mutter verloren hatte, und erkannten, daß sie in eine Sackgasse geraten waren.

Sie gingen weiter, alle drei dachten verzweifelt über einen anderen Gesprächsfaden nach, am meisten Ariane. Die Liebe zu ihrer Mutter war in ihr aufgestiegen, wie sie es oft tat, und ließ ihre Abendunterhaltung, ihren Spaziergang rund um den Springbrunnen, ihr Kleid, ihre Hoffnungen, Erwartungen und all das, was sie sich vom Leben wünschte, als Betrug erscheinen. Eine zufällige Erwähnung genügte, und sie war von Liebe erfüllt und für alles andere um sich herum blind.

Sie spürte, wie die Welt zerfiel, wie sie es eines Tages wirklich tun würde, das wußte sie, und sie spürte nichts außer Liebe zu einer Frau, die gestorben war, als Ariane zwölf Jahre alt war, zu einer Frau, die in ihrem Tod gelitten hatte, weil sie ihre Familie für immer verließ, aber glücklich darüber war, daß sie es war, die starb, und nicht der Ehemann oder die Tochter.

Alessandro war in demselben Schrittempo gegangen wie Isabelle, Jeannette und Ariane und blieb ihnen hinter der Fontäne des Brunnens so vollständig verborgen wie der spekulative Planet auf der anderen Seite der Sonne, der Zwilling der Erde, den man nicht sehen kann. Doch dann, als sich die Stimmen der drei Sänger in der Luft trafen, um eine vierte Stimme zu erschaffen, die noch schöner war als die anderen und wie durch Zauberei auftauchte, hatte er auf dem Absatz kehrtgemacht und war im Gegenuhrzeigersinn gegangen.

Er schaute auf. Vor ihm stand ein junges Mädchen, das weinte.

*

Im Januar 1911 war es in der Bibliothek in Bologna, in der Alessandro meistens arbeitete, oft so kalt, daß es den Atem weiß färbte. Eines Nachmittags, eine gute Stunde vor der Abenddämmerung, befanden sich nur wenige Studenten im Lesesaal, der so riesig war, daß ein großer Holzofen nur eine dünne Luftschicht nahe der Saaldecke erwärmte. Mit zusammengepreßten Beinen, um die Wärme zu bewahren, und hochgeschlagenem Kragen saß Alessandro über ein halbes Dutzend Bücher gebeugt, die auf einem langen Tisch ausgebreitet lagen. Er las oft sechs Bücher auf einmal, nicht, weil es ihm Spaß machte, sondern um eines am anderen zu messen und Argumentationen und Darstellungen zu vergleichen. Die Wahrheit war oft groß genug, um innerhalb ihrer widersprüchlichen Ausdehnung wenigstens sechs verschiedene Ansichten abzudecken, und wo eine der Ansichten schwach oder unvollständig war, setzte die andere die Beschreibung fort. Alessandro befragte die Bücher, als seien sie Zeugen, und obwohl er unentwegt vor- und zurückblättern mußte, um die verschiedenen Hinweise in eine Linie zu bringen, hatte diese Technik einen beachtlichen Vorteil: Die Kompilation der Darstellungen schien etwas Neues zu ergeben statt einer Summe.

Aber um sechs Bücher gleichzeitig zu lesen, mußte er sehr hart arbeiten, und das ließ ihm keine Zeit für gesellschaftliche Dinge. Er hatte nur wenige Freunde, und wenn sie ihn nicht vergaßen, hielten sie ihn für exzentrisch. Tatsächlich war er stets kurz davor, von der Universität verwiesen zu werden. Er hatte nie gezögert, einem Professor zu widersprechen, denn er glaubte daran, daß das Richtige die einzige Autorität sei. »Die beste Chance aufzusteigen«, hatte ihm sein Vater gesagt, »hast du, wenn du dich der Einsamkeit ergibst, nichts fürchtest und hart arbeitest.«

»Sind Sie Giuliani?« fragte jemand über den alten Tisch hinweg, an dem Alessandro arbeitete, aber er hatte so leise geflüstert, daß Alessandro ihn nicht gehört hatte.

»Giuliani?«

Alessandro blickte auf. Ihm gegenüber saß jemand, der wie ein Engländer aussah, aber ein akzentfreies Italienisch sprach.

»Ja?«

»Sie kennen Lia Bellati?«

»Ja.«

»Es ist mehr als das.«

»Mehr als was?«

»Nicht wichtig, was ich schon weiß. In Bologna ist ein Bekannter ihrer Familie in Schwierigkeiten. Werden Sie ihm helfen? Er hat sehr wenige Freunde, und er könnte jetzt einen brauchen.«

»Ich habe auch nicht viele Freunde«, sagte Alessandro.

»Bestens.«

»Ich weiß nicht, wer er ist, und ich weiß nicht, wer Sie sind.«

»Ich bin hergekommen, weil ich gehört habe, daß Sie es einmal mit zwei Carabinieri aufgenommen haben.«

Alessandro legte seinen Stift hin. »Sie haben mich verfolgt.«

»Die haben geschossen, und Sie sind weitergeritten, oder?«

»Sehen Sie das als eine Großtat an?«

»Die meisten wären auf der Stelle stehengeblieben.«

Alessandro drehte die Handflächen nach oben. »Was wollen Sie von mir?«

»Es gibt hier ziemlich viele Monarchisten unter den Studenten.«

»Natürlich. Sie studieren nicht – sie marschieren, kleben Plakate und tragen Duelle aus. Ich muß gestehen, daß ich sie nicht verstehe, wir haben doch bereits einen König.«

»Sie wollen ihn zu einem Gott machen.«

»Er ist zu klein.«

»Das wird sie nicht davon abhalten.«

»Vielleicht nicht, aber wegen all der Inzucht, glaube ich, sieht er aus wie ein kalabresischer Bergzwerg. Da haben sie sich eine Menge vorgenommen.«

»Und sie werden dabei eine Menge Ärger machen.«

»So?«

»Sie haben einen Fechtklub. Die zwanzig Klubmitglieder haben in der juristischen Fakultät einen Juden ausgemacht.«

»Angesichts der großen Zahl von Juden in der juristischen Fakultät ist das nicht sehr beeindruckend, finden Sie nicht?«

»Sie reden davon, ihn umzubringen.«

»Warum?«

»Er ist aus Venedig. Seine Mutter ist Deutsche. Sie halten ihn für illoyal.«

»Wem gegenüber?«

»Italien gegenüber.«

»Das ist nahezu unmöglich. Ist er das?«

»Nein. Er ist unpolitisch, und wenn er politisch wäre, dann eher zurückhaltend.«

»Warum helfen *Sie* ihm nicht?«

»Wenn ein Jude dem anderen zu Hilfe kommt, bringt das nicht viel.«

Alessandro war verwirrt. Die Wolke seines Atems erstarb in der Luft.

»Sie sind uns zahlenmäßig immer überlegen, und das wissen sie, aber ein Christ ... Mein Freund wohnt in der Via Piave Nummer sechzehn, oberster Stock. Heute nacht wollen sie ihn auf die Straße werfen und verprügeln.«

»Was ist mit der Polizei?«

»Da war ich schon. Sie wußten bereits davon, und es ist ihnen gleichgültig.«

»Was hat Lia mit der ganzen Sache zu tun? Sie kennen sie, und er kennt sie, und ihr scheint euch alle zu kennen ... Sie ist Jüdin?«

»Ja. Unser Freund heißt Raffaello Foa. Sie glauben, daß sein Vater ein Bankier ist, der im Bunde mit den Österreichern ist.«

»Ist er das?« fragte Alessandro und schlug sechs Bücher auf einmal zu.

»Er ist Fleischer.«

»Und warum sagt dieser Rafi das den Monarchisten nicht?«

Der andere Student lächelte so bitter, wie es Alessandro noch nie an einem so jungen Menschen gesehen hatte. »Das würde keinen Unterschied machen.«

Bis auf das langsame Schmelzen des sacht fallenden Schnees lag der Park still da. Nicht weit von seiner Wohnung lag das Geschäft eines Waffenschmieds, und Alessandro hatte oft die Pistolen, Schrotflinten und Jagdausrüstungen im Schaufenster betrachtet. Einmal hatte er gesehen, wie der Waffenschmied eine Pistole durch das Sicherheitsgitter gezogen hatte, ohne dieses aufzuschließen.

In der Dunkelheit waren die Straßen verwaist und die Fensterläden geschlossen. Der Schnee hatte alle in die Häuser getrieben, und die Holzfeuer aus Hunderten von Kaminen versüßten die Luft mit dem Geruch von Weichhölzern aus Finnland und Rußland.

Alessandro war zu verängstigt, um viel wahrzunehmen. Sein Gesichtsfeld war verengt und sein Herz raste, als er den Fuß hob und mit dem Stiefelabsatz gegen das Glas trat. Die Scheibe zerbrach mit einem Geräusch, daß Alessandro glaubte, man würde es bis Neapel hören. Er zog eine Pistole durch das Gitter und steckte sie in den Mantel.

»Geh langsam«, flüsterte er sich zu. Niemand kam.

Als er im Park verschwand, war er immer noch ängstlich, aber nun wußte er, daß er eine gute Chance hatte, Raffaello Foa zu beschützen, der sich entweder selbst ein Gewehr hätte besorgen oder in Venedig hätte bleiben sollen. Bald würde es vorbei sein und dann, wenn er Glück hatte, konnte Alessandro nach Hause gehen, sich unter seine Daunendecke verkriechen und mindestens vierzehn Stunden schlafen. Am nächsten Tag würde die Sonne den Schnee zum Schmelzen gebracht und die kleinen Rinnsale, die übers Pflaster tröpfelten, verdunstet haben.

Via Piave Nummer sechzehn war ein dunkles Gebäude, durch dessen mit Läden verschlossene Fenster nicht ein einziges Licht schimmerte. Während Alessandro still dastand, hörte er ein fernes Gewitter. Donner kam selten mit Schnee zusammen, und der Gedanke an Blitze, die blind durch die kalte graue Luft schlagen, ließ Alessandro nach oben blicken. Am Himmel waren keine Blitze, sondern nur ein Donnerrollen, das alles erzittern ließ. Alessandro spürte, wie sein Brustkorb mit jeder Erschütterung vibrierte, und obwohl er noch viele Male hören sollte, wie sie aus dem Verborgenen in die schneegesättigte Luft hervorpeitschten, als riefen sie ihn und seine Generation zu Taten auf, die so ungeheuerlich und unerwartet waren, daß niemandem auch nur eingefallen war, sie sich vorzustellen, waren die Erschütterungen so weit entfernt und so entrückt, daß sie nicht real zu sein schienen.

Er tastete sich die Stufen hinauf, und als er die vier Stockwerke hinaufstieg, erschütterten die Druckwellen das Oberlicht. Je höher er kam, desto heller wurde es, und in der obersten Etage warf das weiße, schneebedeckte Glas, das vibrierte wie eine Schnarrtrommel, seinen Schein auf alles.

Die Tür wurde von einem großen jungen Mann in Alessandros

Alter geöffnet, dessen Wangenknochen so hoch saßen und dessen Augen so geschlitzt waren, daß Alessandro an Tamerlan dachte. Die Größe des Mannes (er mußte in der Türöffnung den Kopf beugen) und sein Gesichtsausdruck ließen Alessandro sich fragen, warum er, Alessandro, angenommen hatte, ihn zu beschützen, wo er doch aussah, als könne er es mit allen Monarchisten und Anarchisten Italiens aufnehmen.

»Sind Sie Italiener?« fragte Alessandro.

»Ja, ich bin Italiener. Und Sie?«

»Sie sehen aus wie einer von der Goldenen Horde«, sagte ihm Alessandro.

»Magyar«, entgegnete Rafi Foa, »und deutsche und russische Anteile und alles Juden, wenn Sie darauf hinauswollen, aber auch wenn Sie nicht darauf hinauswollen.«

»Darauf wollte ich nicht hinaus.«

In Rafis Zimmer brannte in einem kleinen Terrakotta-Ofen ein Holzfeuer. Bücher und Notizbücher waren zwischen zwei Petroleumlampen auf einem riesigen Bibliothekstisch ausgebreitet. In einer Zimmerecke stand das Bett. Außer einem Bücherregal und einem Stuhl war das Zimmer leer.

»Sie können sich auf den Stuhl setzen«, sagte Rafi, nachdem sie sich miteinander bekannt gemacht hatten.

Rafi hatte nichts von den Monarchisten gehört, und obwohl er zur Kenntnis nahm, was Alessandro sagte, schien er weder verängstigt noch überrascht.

»Kennen Sie ihn?« fragte Alessandro und bezog sich damit auf den Mittler. »Er hatte blaue Augen, glattes braunes Haar und ein rotes Gesicht. Er sah wie ein Engländer aus.«

»Ich kenne ihn nicht. Vielleicht ist er Monarchist.«

»Woher kennen Sie Lia Bellati?«

»Ich bin vor einigen Jahren ihrem Bruder begegnet, als er bei Venedig stationiert war. Wir schlossen ihn in unser *minyan* – unser Gebet ein. Ich wohnte bei den Bellatis in Rom, als er einmal dort war, und ein zweites Mal, als er auf Sardinien war. Diese Militärleute kommen viel herum.«

Sie hörten, wie jemand die Treppe heraufkam.

»Was werden Sie tun?« fragte Alessandro. »Ich habe dies.« Er zog eine Jagdpistole mit langem Lauf und schwerem Griff aus dem Mantel. »Sie ist nicht geladen, aber das wissen die ja nicht.«

»Es sei denn, sie haben selber eine dabei«, sagte Rafi. »Nehmen Sie sie mit. Gehen Sie zur Treppe, die zum Dach führt.«

»Und was ist mit Ihnen?«

»Gott wird mich beschützen.«

»Gott?« fragte Alessandro verwundert. Wer immer auf der Treppe war, hatte fast den obersten Stock erreicht und war bereits zu nah, als daß Alessandro ungesehen hätte entkommen können. »Sie glauben, Ihr Vater sei im Bunde mit den Österreichern.«

»Mein Vater?«

»Ja. Sie glauben, er sei Bankier.«

Aus einer Schublade des Bibliothekstisches zog Rafi einen Gebetsschal, den er sich über die Schulter warf. Außer auf Zeichnungen hatte Alessandro noch nie einen Juden beim Gebet gesehen. Für ihn war das so erschreckend wie die herannahenden Monarchisten.

»Mein Vater ist Fleischer«, sagte Rafi, »im Bunde mit den Hausfrauen von Venedig.«

»Wollen Sie nicht kämpfen?« fragte Alessandro.

Rafi schlug ein Gebetbuch auf, erhob sich zu voller Größe und küßte es. Gerade als sie an die Tür hämmerten, begann er zu beten, und während er sich vor- und zurückwiegte, trat Alessandro hinter einen Vorhang, der als Kabinettür diente.

Das gußeiserne Türschloß sprengend, stürmten fünf junge Männer ins Zimmer. Von den flackernden Petroleumlampen eingerahmt, Gebete murmelnd und alle überragend, schüchterte Rafi sie mehr ein, als sie ihn, doch sie waren mit einer Absicht gekommen, würden ihre Angst überwinden, sich auf ihn stürzen und ihn niederschlagen. »Bist du Raffaello Foa?« fragten sie, als würde seine Bestätigung die Begründung für ihr weiteres Handeln abgeben. Mit seinem merkwürdigen Gebet fortfahrend, verweigerte dieser die Antwort.

Alessandro wußte, daß sie zuerst über die Sachen herfallen würden, bevor sie das Fleisch anrührten. Sie würden ihm den Gebetsschal und das Käppi herunterreißen und ihn dann, wenn er war wie sie und sie keine Angst mehr hatten, dafür bestrafen, daß er ihnen Angst gemacht hatte.

Sie warfen die Bücher durcheinander und rissen sie in Stücke. Bevor dies vorbei war, hatte jemand den Schal gepackt und ihm den weggerissen. Rafi weigerte sich, sie anzusehen, selbst als sie begannen, ihn zu schlagen. Sie hielten den Atem an und schlugen ihn, so fest sie konnten. Sie trafen seine Brust, seine Arme und seinen Kopf.

Er blieb stehen und wiederholte einen Satz immer und immer wieder. Gegen den Tisch gepreßt, weigerte er sich, zu Boden zu gehen. Sein Gesicht war blutüberströmt, und wenn sie ihn schlugen, spritzte das Blut von ihm weg auf die Wände. Sie trafen ihn in den Rücken, die Nieren, in die Rippen, die Genitalien. Sie traten ihm gegen die Beine. Aber er weigerte sich, zu Boden zu gehen.

»Jüdische Bankiers beherrschen dieses Land!« schrie einer von ihnen, »aber nicht mehr lange, nicht mehr lange.«

Rafi murmelte noch immer, und seine Augen waren geschlossen, als einer der Studenten, die ihn schlugen, einen in der Scheide steckenden Säbel unter dem Mantel hervorzog und auf ihn einhieb, als prügle er einen Segeltuchsack, der im Fechtsaal von der Decke hing. Rafi wirbelte herum, spuckte Blut und fiel über den Tisch, wo er zwischen die Lampen zu liegen kam, sich immer noch rührte und immer noch murmelte.

Als der Student den Säbel mit beiden Händen ergriff und ihn langsam in die Höhe hob, tauchte Alessandro von hinten auf und zog ihm mit einem seitlichen Schlag die Pistole über den Hinterkopf, schlug ihm den Schädel auf und streckte ihn zu Boden.

Mit der Pistole in beiden Händen sprang Alessandro schnell hinter den Tisch. Er zog den Abzugshahn, und das Klicken hallte von Wänden und Decke.

Er dachte, sie würden fliehen, doch einer von ihnen öffnete langsam seinen Mantel, steckte seine Hand hinein und holte seine eigene Pistole hervor. Alessandro wußte nicht, was er tun sollte. Der Donner war kaum zu hören, und der Wind hatte gerade so viel zugenommen, daß er in den Fensterspalten pfiff. Er hielt seine Position.

»Die Juden sind im Bunde mit ...«

»Halt die Schnauze!« schrie Alessandro und spannte sich an, so daß er den Eindruck machte, als wolle er gleich schießen. »Das Problem mit den Juden ist, daß sie mit *niemandem* im Bunde sind.«

Der Donner hielt an. Alessandro wußte nicht, daß Donner, durch dichtes Schneetreiben gemildert, genau wie Artillerie klingt. Er hielt seine Position, weil das das einzige war, was er tun konnte, und die Monarchisten wichen zurück.

*

Junge Sänger mit wenig Erfahrung und alte mit schwacher Stimme fanden sich häufig in Bologna in einem Theater wieder, das von riesigen Gerüsten und Balken entlang der bauchigen Außenmauern gestützt wurde. Die architektonischen Fassadenverzierungen dieses todgeweihten Opernhauses waren von Wind und Wetter so mitgenommen, daß die Teufel zahnlos, die Wasserspeier gesichtslos und die Mauersimse abgeflacht waren, aber Italien war schon immer voller Gebäude gewesen, die kurz vor dem Einsturz zu stehen schienen, und dieses hier in seinem Balkenkorsett wartete damit, bis Alessandro die Stadt verlassen hätte.

Dreimal die Woche brachten Rossini und Verdi genug Kraft und Schönheit auf, um die Studenten zum Schweigen zu bringen und sie in einen Zustand hingerissener Aufmerksamkeit zu versetzen, den die Sänger der Scala für den natürlichen Zustand der Menschheit hielten. Fragte ein Sänger den anderen über eine Aufführung in diesem Theater, lautete die Frage: »Für wie lange haben Sie die Luft gereinigt?« womit gemeint war, für wie viele Minuten seiner Arie er es geschafft hatte, den Himmel von den Papierfliegern frei zu halten, die über dem Orchester in einer Dichte kreuzten und zusammenstießen, wie man es auf der Welt noch nie gesehen hatte. Manchmal waren zehn oder zwanzig Lagen übereinander, sie mäanderten in Kreisen und im Zickzack, und hundert Flieger oder mehr zogen ungestört ihre Bahnen.

Jedermann behielt sein eigenes oder ein favorisiertes Flugobjekt im Auge. Während die Papierflieger durch den riesigen leeren Raum schossen, beobachteten die Sänger nicht nur die Flugkörper, sondern auch die tausend Jungen, deren Köpfe sich wie in einem völlig anarchischen Tennismatch in vielen verschiedenen Richtungen hin und her bewegten – und nicht nur hin und her, sondern auch langsam und stetig abwärts. Das war, als sänge man in einer Nervenheilanstalt.

Bei anderen Gelegenheiten standen die Studenten, wenn sie den Text kannten und mit einer kräftigen Stimme ausgestattet waren, einzeln oder zu mehreren auf und sangen gegen den armen Teufel an, der so unglücklich war, auf der Bühne zu stehen. Ob dies als Kompliment oder als Verulkung gemeint war, tat nichts zur Sache. Das Ergebnis war das gleiche. Noch schlimmer vielleicht war das Entfalten von mehreren hundert Zeitungen, das eine beleidigende Teilnahmslosigkeit signalisierte. Das Bombardement mit Eiern und Gemüse, gerufene Beleidigungen und ein gelegentlicher Schuh, der neben einer erschrockenen Sopranistin landete, waren natürlich unzweideutig.

Doch wenn ein junger Sänger mit Herz und der Courage, sich diesen Dingen auszusetzen und durchzuhalten, gut sang, verstummten schlagartig tausend Jungen, die so unbändig waren wie Tiere und so störrisch wie ungezähmte Pferde oder koffeinisierte Stiere bei einer Fiesta. Das Haus war elektrisiert, jenseits des Rampenlichts zeigten tausend Gesichter den Ausdruck von Trauer, Hingabe und Leidenschaft, und die Lichter spiegelten sich in den Tränen wider, die die Wangen herab aus hellen Augen flossen. Und wenn die Arie beendet war, brachen die Studenten nach einigen Sekunden der Stille in einen Begeisterungsschrei aus, der das Publikum der großen Opern beschämt hätte.

Nach einer lebhaften Ouvertüre mit orchestralen Zügen, die hauptsächlich auf die Tatsache zurückzuführen waren, daß Theaterimpresarios seit alters wissen, daß Heranwachsende durch Jagdhörner zur Ruhe gebracht werden können, hob sich der Vorhang und zerdrückte mehrere Papierflieger in seinen Falten. Ein außergewöhnlich bemalter Prospekt leuchtete im Hintergrund. Giottos Blautöne und Caravaggios Schatten hatten sich vereinigt, um einen ruhigen Wald, weder bei Nacht noch bei Tag, sondern eher in einem spirituellen Zustand, darzustellen. Zusammen mit der Ouvertüre, dem blassen traumartigen Blau, den Wolken von Dunkelgrün, die die

Baumwipfel bezeichneten, und den beweglichen und verwirrenden Schatten, hielten mehrere Kunstformen die Studenten so still wie Tote.

Doch nicht lange, nachdem eine Gruppe von korpulenten ›Jägern‹ aus den Bäumen hervorgetreten war und zu singen begonnen hatte, bemerkte Alessandro, daß die weißen Objekte von den oberen Balkonen herabzuschweben anfingen. Im Orchestergraben hatten zwei Studenten, allen Brandschutzbestimmungen hohnsprechend, eine Kohlenpfanne aufgestellt und grillten kleine Fleischstückchen. Alessandro lehnte sich an etwas, das einstmals die samtbezogene Brüstung des mittleren Balkons gewesen war, und lächelte. Er dachte an das Mädchen in der Villa Medici. Obwohl sie zu jung und Französin war, er ihren Namen nicht kannte, sie von beschützenden Begleiterinnen umgeben und ihre Begegnung wie ein Traum gewesen war, war sie ihm vertrauter als irgend jemand, den er sein ganzes Leben gekannt hatte. Als sich ihre Blicke trafen, hatte er eine ungeheure Schwere verspürt, als wenn fünfzig Jahre zu zehn Sekunden zusammengepreßt worden wären. Er war von ihr nicht betört, sondern liebte sie so still, daß er glaubte, sie bald vergessen zu haben, doch wenn er an die Aussicht dachte, sie zu vergessen, wuchs seine Liebe für sie, und das erinnerte ihn daran, daß schwere Blizzards mit leisem und anhaltendem Schneefall beginnen.

In ihrer Abwesenheit oder der Abwesenheit von jemandem wie sie, fühlte er sich zu vielen Dingen hingezogen, die durch ihre Schönheit ihre Verbündeten waren – das Blau der Kulisse im Bühnenlicht, die Anmut einer Katze, die ihr kleines löwenhaftes Gesicht fragend nach einer Bewegung umwandte, ein Feuer, das aus der Dunkelheit einer Schmiede oder einer Bäckerei hervorleuchtete und seinen Blick auf sich zog, wenn er vorüberging, ein einzelner Ton, der aus dem Chor einer Kirche aufstieg, um mit seiner entrückten Schönheit eine ermattete Gemeinde aufzuschrecken, die Berggipfel, wenn blaue Winde den Schnee von ihnen wegpeitschten, das vollkommene und unerfindliche Lächeln eines Kindes. Da solche Beobachtungen ihm so zahlreich zuflossen, hatte er begonnen, ein Depot für unzusammenhängende ästhetische Prinzipien anzulegen. Obwohl das System, das sich dadurch bildete, keineswegs wohlgeordnet war, vertraute er darauf, daß er das Zusammenwachsen der Eindrücke beobachten konnte, während die Dinge sich entwickelten.

Nachdem ihr Lied beendet war, verließen die Jäger enttäuscht die Bühne, und danach folgten mehrere Szenen, die nicht für ein Publikum komponiert waren, das auf den Stühlen hin und her schaukelte wie unruhige Leoparden im Zoo.

Alessandro beugte sich vor und betrachtete die beleuchtete Malerei. Wenn die Luft über die Kerzen des Rampenlichts strich und deren Flammen dagegen ankämpften, fiel das Licht anders auf den dichten Wald.

»Ich tippe dir schon seit mindestens einer Minute auf die Schulter«, sagte Rafi zu Alessandro.

Alessandro wandte sich um und blinzelte in die Dunkelheit.

»Du siehst ziemlich dumm aus, wenn du der Musik lauschst.«

»Geht es dir besser?« fragte Alessandro.

»Ja. Ich habe sogar Tennis gespielt. Können wir hier reden?« fragte Rafi, als säßen sie in einem richtigen Theater.

»Wir könnten ein Duell austragen, und niemand würde Notiz davon nehmen«, erwiderte Alessandro, »aber laß uns gehen.«

Als sie auf einer hohen Treppe mit weißen Marmorstufen saßen, von denen sie weit in das umliegende Land hinausblicken konnten, fragte Alessandro: »Warum hast du nicht gekämpft?«

Im letzten Jahr seines Jurastudiums, konnte Rafi mit einer Frage oder einer Antwort alles machen, was er wollte. »Ich habe gekämpft«, sagte er. »Ich habe so heftig gekämpft, wie ich konnte, und ich trage die Narben davon.«

»*Sie* nicht.«

»Das ist nicht meine Sorge.«

»Eine merkwürdige Art zu kämpfen.«

»Es bindet mich an das, wonach ich strebe.«

»Das mag wohl sein«, erwiderte Alessandro, »und wenn ich nicht mit einer Pistole dagewesen wäre, die ich gestohlen habe, indem ich ein Schaufenster eingeschlagen habe, dann wärst du so eng an das gebunden gewesen, wonach du strebst, daß du fast überhaupt nichts mehr gesehen hättest.«

»Stimmt«, sagte Rafi in einer Weise, die Alessandro hätte rasend machen können.

»Warum hast du nicht gelernt, zurückzuschlagen?«

»Wie du vielleicht weißt«, sagte Rafi, »sind die Straßen in Venedig aus Wasser. Kämpfe sind dort meist sehr kurz, weil nach ein paar Sekunden einer der Kontrahenten gewöhnlich im Kanal endet. Als ich jung war, bin ich einige Male von Brücken und Uferbefestigungen geworfen worden.«

»Hör mal«, sagte Alessandro, der noch nie im Leben in einen richtigen Kampf verwickelt gewesen war, »ich kann dir beibringen, wie du dich in einem körperlichen Kampf richtig verhältst.« Er dachte über den Gegenstand der Unterhaltung nach. »Du bist riesig, aber wahrscheinlich bist du nicht sehr stark. Die Größe allein ist unwichtig: Du mußt üben. Warum lächelst du?«

»Ich bin ziemlich stark, weißt du.«

»Oh, das bezweifle ich«, sagte der kleinere von den beiden großspurig.

»Sechs Monate im Jahr studiere ich Jura, aber die anderen sechs arbeite ich für meinen Vater.«

»Koteletts schneiden macht noch keinen Herkules.«

»Mein Vater hat kein Geschäft mit Schaufenster und Vitrine. Er ist Großhändler. Sein Warenhaus hat die Größe des Arsenals, und er hat hundertfünfzig Angestellte. Die meisten davon sind Metzger. Da das Zerlegen von großen Fleischteilen besondere Geschicklichkeit erfordert und ich Anwalt werden sollte, gab es nie einen Grund für mich, das Zerteilen zu lernen, also schleppe ich das Fleisch und hänge es auf.«

»Wieviel?«

»Viertel.«

»Was wiegen die?«

»Hundert Kilogramm oder mehr. Man trägt einen blauen Mantel mit Kapuze. Bevor du trägst, setzt du die Kapuze auf, damit dein Haar nicht blutig wird. Du nimmst das Viertel vom Haken, legst es dir über den Rücken und gehst. Wenn du im Bauch eines Ozeandampfers bist, kann es zehn Minuten dauern, bis du zum Lagerhaus kommst. Dann stemmst du den Brocken auf die Schulter und hängst ihn auf. Fleisch kann auch gestapelt geliefert werden. In dem Fall mußt du es vom Boden aufheben und auf die Schulter wuchten.«

»Und warum hast du die Monarchisten nicht hochgehoben und die Treppe runtergeschmissen?«

»So etwas habe ich noch nie gemacht.«

»Ich werde es dir zeigen.«

»Gut«, sagte Rafi, »zeig es mir.«

»Am Wochenende«, fügte Alessandro hinzu, »wenn das Wetter gut ist.«

Sie schüttelten sich die Hand.

*

Weil er nicht die geringste Ahnung hatte, wie er es anstellen sollte, verwendete Alessandro die folgenden Tage darauf, zu überlegen, wie er Rafi Foa abhärten könnte, und so standen die beiden am Sonntagmorgen neben den Eisenbahngleisen, als sich ihnen aus der Wintersonne ein Zug näherte. Um nicht von den Lokomotivführern gesehen zu werden, versteckten sie sich im Gebüsch.

»Was machen wir jetzt?« fragte Rafi.

»Zuerst springen wir auf den Zug«, erwiderte Alessandro. »Wir klettern aufs Dach und laufen zum Bremswagen.«

»Wozu?«

»Damit uns die Bremser über die Waggondächer verfolgen, während der Zug rollt.«

»Was ist, wenn sie uns kriegen?«

»Das werden sie nicht: das ist der Sinn der Übung.«

»Auf einem fahrenden Zug, wohin sollten wir ihnen denn da entwischen?«

»Zehn Kilometer von hier führt eine Eisenbahnbrücke über den Fluß. Stell dir nur vor, wie überrascht die sein werden, wenn wir springen!«

»Stell dir nur vor, wie überrascht *ich* sein werde, wenn wir springen. Es ist Januar.«

»Tu einfach genau das, was ich tue.«

»Hast du so was schon jemals gemacht?« fragte Rafi besorgt, als der Zug sich näherte und der Lärm der Maschine alles um sie herum erschütterte und ihnen in die Brust fuhr, daß ihre Stimmen vibrierten.

»Natürlich«, sagte Alessandro.

Sie rannten am Zug entlang und sprangen auf einen Viehwaggon. »Kletter hoch wie an einer Leiter«, brüllte Alessandro über den Lärm der Räder hinweg. Sie kletterten die offenen Seitenbretter hinauf bis zum Ansatz eines gerundeten rutschigen Dachs, auf dem es keine Handgriffe gab.

»Was jetzt?« schrie Rafi.

»Arbeite dich zur Ecke vor«, improvisierte Alessandro. Sie schoben sich zur Ecke. »Halt dich mit den Händen an den Dachenden fest und klettere hoch, aber halte die Füße auf dem Querbalken.«

»Wie soll ich denn meine Füße dort hinstellen?« rief Rafi, während sie über den Schienen hin und her geschleudert wurden. »Der Spalt ist nicht groß genug und zu weit oben.«

»Er ist groß genug. Du mußt dich krümmen.« Alessandro zog sich über das Ende des Waggons. Seine Hände waren von den Kanten des verdreckten Metalldachs zerschnitten, und er mußte jeden Muskel in seinem Körper anstrengen, um nicht in den Schlund zwischen den Waggons zu stürzen. Rafi folgte ihm.

Der Lärm war ungeheuer – donnernde Schläge, wenn leere Waggons über unebene Stellen in den Gleisen schlugen, Stahl, der sich an Stahl rieb, wenn die Räder gegen die Schienen schrammten, das ungeheure Klappern all der ungefederten leeren Viehwaggons, die mit hoher Geschwindigkeit dahinrasten.

Rauch und Funken zogen über den Zug hinweg. Die Hälfte der Zeit mußten Alessandro und Rafi die Augen schließen, und die andere Hälfte nahmen ihnen Tränen die Sicht. Sie bekamen kaum Luft. Wenn sie zwischen die Waggons gestürzt wären, wären sie von ihrem Zerren und Schneiden bis zur Unkenntlichkeit verstümmelt worden.

Alessandro blickte zu Rafi hinüber, dessen Gesicht die ungeheure Anspannung zeigte. »Zieh dich hoch«, sagte er.

»Ich hab nicht genug Halt«, sagte Rafi verzweifelt. »Es ist zu hoch. Ich werde runterfallen.«

Alessandro wußte nicht, ob er es schaffen würde. Seine Hände waren von Schweiß und Blut rutschig. »Du schaffst es. Leg deine Hände aufs Dach, so«, sagte er, während er sich hochzog.

Seine Hände rutschten ab, doch als sie zurückglitten, krallte er sich fest wie eine Katze und zog sich aufs Dach. Dann griff er nach Rafis Handgelenk und half ihm bei den gleichen verzweifelten Bewegungen, bis sie beide mit dem Gesicht nach unten auf dem Dach lagen, keuchend, schwitzend, verdreckt und mit Blut von ihren aufgeschnittenen Händen verschmiert. Der Qualm hüllte sie hin und wieder in erstickende schwarze Wolken.

»Machst du das oft?« fragte Rafi.

»Wenn ich kann«, entgegnete Alessandro und spuckte Rußpartikel und Schmiere.

»Du bist verrückt!« schrie Rafi.

»Ich weiß.«

»Was ist mit den Tunneln?«

»Auf Tunnel müssen wir achtgeben«, sagte Alessandro, dankbar, daß er daran erinnert worden war. »Beim ersten Anzeichen eines Tunnels mußt du zwischen den Waggons hängen. Sonst wirst du vom Dach gekratzt. Es gibt wahrscheinlich keine Tunnel in der Nähe, denke ich.« Er richtete sich auf dem fahrenden Waggon auf. Wind, Rauch und die seitlichen Schläge der Güterwaggons verbündeten sich, ihn abzuwerfen, doch es gelang ihnen nicht.

Rafi stand auf, als Alessandro im Begriff war, zu dem Waggon hinter ihnen hinüberzuspringen. »Was ist, wenn du runterfällst?« brüllte Rafi.

»Dann fall du nicht!« rief Alessandro, bevor er Anlauf nahm und ohne erkennbares Zögern durch die Luft segelte. Er landete mit dem rechten Fuß auf dem Dach des nächsten Waggons und schaute sich nicht um, da er annahm, daß Rafi direkt hinter ihm war, denn bei dieser Aktion hatte Alessandro keine andere Möglichkeit, Rafi anzuleiten, als es ihm vorzumachen.

Während er im Lauf über die Waggondächer schneller wurde, wurde es zunehmend einfacher, die Zwischenräume zu überspringen. Er landete mit einem Gefühl der Freude, das er nie vergessen sollte. Nach den ersten fünf oder zehn Malen verlor er seine Angst und rannte durch die schneidende Luft und den Qualm. Glimmende

Funken trafen ihn im Nacken. Er hörte das Aufschlagen von Rafis Schritten hinter sich.

Sie überwanden vierzig Waggons, flogen, die Arme wie Flügel ausgebreitet, um die gleichbleibende und stabilisierende Luft einzufangen. Je länger sie in der Luft blieben, desto glücklicher fühlten sie sich, und als sie den Bremswagen erreichten, begannen sie mit ihren Absätzen aufs Dach zu trommeln.

Drei Männer stürzten auf die Plattform am Ende des Bremswagens. Einer hatte eine Flasche Wein in der Hand und ein anderer ein Brot. Als sie die zwei Jungen mit ihrem verrückten Gesichtsausdruck und ihren blutigen Kleidern sahen, begannen sie zu rufen und zu gestikulieren, und der mit der Weinflasche wedelte damit in der Luft herum, als sei es eine Pistole.

»Ist dies der Zug nach Rom?« rief Alessandro durch seine trichterförmigen Hände. »Wo ist der Speisewagen? Darf ich meinen Pudel mit an Bord bringen, wenn ich ihm einen Korken in den Hintern stecke?«

Während Alessandro und Rafi lachten, warf der Mann die Weinflasche nach ihnen, doch sie verfehlte sie und zerschlug an einer Kante. Der andere warf das Brot nach ihnen, so fest er konnte, doch es flog im Wind auseinander und der Schinken kringelte sich um Rafis Fuß. Während Rafi den verdutzten Eisenbahnern zu erklären versuchte, daß er Jude war und keinen Schinken aß (der erste Teil der Pantomime bestand in der Darstellung, daß er beschnitten sei), packte Alessandro ihn bei der Schulter. »Die Brücke!« brüllte er.

Die Brücke war so hoch über dem Wasser wie die doppelte Höhe des Zuges selber, und der Fluß war voll und tief. Den Eisenbahnern standen die Münder offen, als erst Alessandro und dann Rafi vom Dach sprangen, für eine wundersam lange Zeit durch die Luft segelten und wie Steine ins Wasser klatschten.

Der Schock des kalten Wassers war elektrisierend. Er beruhigte ihre Wunden und wusch ihnen Blut, Schweiß und Dreck ab. Als sie auftauchten, waren ihre Münder voll Eiswassers, und es war schwer, etwas zu erkennen, doch die Strömung trug sie schnell zu einer Flußbiegung; sie schwammen an ein sandiges Ufer, wo sie an Land gingen.

Während sie über die Felder liefen, um sich nicht zu Tode zu frieren, spürten sie, daß sie sich alles zutrauen konnten. Alessandro sagte: »Die meisten Menschen machen so etwas nicht, aber so etwas rettet einen. Das stellt einen in der richtigen Weise auf die Probe.«

»Aber nur für den Krieg«, fügte Rafi hinzu.

»Wir werden höchstwahrscheinlich niemals in den Krieg müssen. Es ist unwahrscheinlich, daß in Europa ein Krieg ausbrechen wird, und wenn, dann ist es noch unwahrscheinlicher, daß Italien sich daran beteiligt, aber ich will vorbereitet sein. Aber dies hier ist nicht nur für den Krieg, verstehst du, es ist für alles gut.«

*

Eines Abends, als Alessandro in seine Wohnung zurückkehrte, fand er einen Brief vor. Er war auf allerfeinstem Papier in einer gebieterischen und eleganten Hand geschrieben. Nachdem er sein feuchtes Jackett abgelegt hatte, zündete er die Lampen und das Feuer an. Dies war die Art von Brief, dachte er, die dem Leben eine neue Wendung gibt. Während das Zimmer wärmer wurde, öffnete er den Umschlag.

»Hochverehrter Herr«, begann der Brief. »Mein Leben als Mann auf dieser Tigerwelt geht rapide seinem Ende entgegen. In siebzig schmerzensreichen Jahren bin ich bei meinem Kampf, meinen Lebensunterhalt zu verdienen, meine Familie zu ernähren und den mir vorgezeichneten Weg zu gehen, nicht wenig herumgestoßen worden.

Als junger Mann glaubte ich, daß mit Geduld aus mir so etwas wie ein König werden könnte. Ich war davon überzeugt, daß ich in einem Schlafgemach, fünf Stockwerke hoch und fünfzig Meter breit, schlafen würde, daß ich Armeen führen, daß das Schicksal mich auf jene hohen Positionen heben würde, von denen aus das Leben schnell und schön erscheint.

Doch mir war das Glück nicht hold. Die höchste Position, die ich erklimmen sollte, war die des Vorgesetzten der Schreiber alten Schlages in der Anwaltskanzlei Ihres Vaters. Die anderen Schreiber alter Art erweisen mir ihre Ehrerbietung, und dies ist mehr, als ich erwartet habe, zumal sie mir nie gehorchten.

In dieser Woche erlitt ich die äußerste Entwürdigung. Am Dienstag brachte Ihr Vater eine Maschine mit ins Büro, die, wie ich glaube, als ›Schreibmaschine‹ bezeichnet wird. Binnen eines Tages hatte Antonio, ein junger Mann mit einer spastischen und uneleganten Schrift, seine Profession verraten, tippte an dieser Monstrosität herum wie ein schielendes Huhn und verfertigte Verträge von größter Bedeutung. Er schafft zwei Seiten in der Stunde! Diese wundersame Geschwindigkeit hat mich überflüssig gemacht.

Nicht nur sollen die allerwichtigsten Dokumente auf dieser und vielleicht bald einer weiteren Maschine geschrieben werden, nein, der Teufel, den sie in unser Büro geholt haben, erschien am Donnerstag in Form einer großen Menge von widerlich schwarzem Papier, das, wenn man es in abwechselnder Reihenfolge zwischen das Schreibpapier legt, bis zu *fünf Kopien* des ursprünglichen Dokumentes erstellt.

Obwohl die Ergebnisse scheußlich sind, geht doch jetzt alles viel schneller und die Arbeit, die wir haben, reicht nur für drei Schreiber und drei Maschinen. Ihr Vater plant, einen Schreiber alten Schlags wie mich zu behalten, um Gespräche mitzuschreiben, Briefe aufzunehmen und damit er ihn ins Gericht begleite. Meine Hand ist für diese Art von Arbeit nicht mehr schnell genug. Es ist nicht einfach, wie Sie wissen.

Ich werde in den Ruhestand treten müssen, aber ich kann es mir nicht leisten. Ich habe all mein Geld für den Lebenssaft ausgegeben.

Da Sie die gleichen Ansichten über diese schreibenden Maschinen geäußert haben wie ich, bitte ich Sie nun um Ihre Unterstützung. Helfen Sie mir bei meinem letzten Sprung.

Ich muß Professor der Theologie und Astronomie an der Universität werden, die Sie zur Zeit besuchen. Seit vielen Jahren habe ich die Ideen und Theorien studiert und formuliert, die das Mysterium dieses schmerzensreichen Lebens aufklären werden. Ich bitte nicht um viel Geld, sondern nur um eine Summe, die dem Jahresbetrag dessen entspricht, was ich für den Lebenssaft verbraucht habe.

Sie müssen mir diese Position verschaffen. Wenn sie bereits besetzt ist, werde ich dem jetzigen ehrenwerten Amtsinhaber bei seinen Pflichten assistieren, ohne Entlohnung, wenn es verlangt wird, da ich bald eine kleine Rente ausgezahlt bekomme. Wenn es notwendig sein sollte, kann ich auch selbst zum Unterhalt und Auskommen der

Professur beitragen, gleich welche Summe notwendig ist, um meine Beteiligung zu sichern.

Ich werde Mitte nächster Woche eintreffen, um meinen letzten Sprung zu tun. Mit hochachtungsvollen Grüßen usw., Orfeo Quatta.«

Am nächsten Tag wartete Orfeo vor der Tür, als Alessandro von seiner letzten Vorlesung heimkehrte.

»Was ist denn das?« fragte Alessandro und deutete auf eine riesige runde, pfropfenförmige Fellkiste, die mit Riemen umspannt war.

»Das ist mein Koffer«, erwiderte Orfeo, als ob Alessandro sehr dumm sei.

»Ja, aber er hat Haare. Ich habe noch nie einen Koffer mit Haaren gesehen.«

»Ungegerbte Felle sind die haltbarsten«, erwiderte Orfeo. »Die Amerikaner haben solche Koffer, nur daß die Amerikaner Kopf und Schwanz dranlassen.«

»Was für ein Tier war das?«

»Eine Kuh.«

Alessandro lud Orfeo ein, bei ihm zu wohnen, um ihn von seinen Sprüngen abzubringen und ihn mit einem Brief, den er an seinen Vater richten und in dem er ihm die humanitäre Notwendigkeit erläutern wollte, den Schreiber wieder einzustellen, nach Rom zurückzuschicken.

Aber Orfeo war nicht leicht davon abzubringen.

»Orfeo«, hörte sich Alessandro sagen, als sie vor einem gemütlichen Feuer saßen, »es gibt keine Möglichkeit in der Welt, daß man Sie zum Professor macht oder Sie auch nur assistieren läßt. Nicht einen Tag, nicht eine Minute, nicht eine Sekunde lang. Wenn Sie mit dem Brief, den ich schreiben werde, nach Rom zurückkehren, wird alles wieder wie früher.«

»Adam und Eva.«

»Was auch immer.«

»Die Wassergärten von Babylonien.«

»Ich weiß nicht, was immer Sie wünschen, Orfeo.«

»Nein«, sagte Orfeo mit einem selbstsicheren Lächeln. »Wenn sie von dem strahlenden Lebenssaft hören, den ich in allen Brunnen entdeckt habe, werden sie mich sicher einladen, ihrer Fakultät beizutreten.«

»Ich glaube nicht.«

»Aber natürlich. Ich weiß, sie werden es tun. Ich habe alle Theorien hier«, sagte er und legte sich den Finger an die Schläfe, »Schwerkraft, Zeit, Sinn, freier Wille, was Sie wollen. Der Schmerz der Welt ist erklärbar.«

»Nun gut. Ich werde Sie zu der dafür zuständigen offiziellen Stelle bringen, und dort können Sie alles erzählen.«

»Nicht ganz!« erklärte Orfeo. »So wird das nie was.«

Alessandro schaute verdutzt drein.

»Ich habe keine Titel. Sie kennen mich nicht. Es dauert Jahre, bis man Professor wird.«

»Genau das meine ich.«

»Und diese Herren wissen vielleicht gar nichts von dem hündischen heulenden Schmerz des Universums oder dem barmherzigen Lebenssaft.«

»Ich versichere Ihnen, daß sie es nicht zugeben würden, selbst wenn sie es täten.«

»Wir müssen sie überlisten. Öffnen Sie meinen Koffer.«

Alessandro band vorsichtig das haarige Faß auf, das er die Treppen hinaufgetragen hatte, und zog die ungewöhnlichste akademische Robe hervor, die er je gesehen hatte. Sie war mit purpurnen Bändern und mit Pelz besetzt. Eine Rotfuchsrosette prangte auf der Brust, und eine scharlachrote Kette hing über die Schulter. Der Hut sah aus wie ein Kriegsschiff aus dem 14. Jahrhundert, das als purpurnes Kissen wiedergeboren worden war.

»Was ist das?« fragte Alessandro.

»Die Robe des Präsidenten der Universität von Trondheim: Trondheim in Norwegen. Niemand hat je von ihm gehört, und außerdem ist er tot.«

»Haben Sie sein Grab geschändet?«

»Jedermann weiß, daß mein Schwager Schneider in Hamburg ist. Als der Präsident der Universität von Trondheim vor Jahren in der Stadt weilte, gab er meinem Schwager die Robe zum Auslassen. Er mußte eine Rede halten und hatte zugenommen – wahrscheinlich weil er zu viele norwegische Pfannkuchen gegessen hatte, die *Jopkeys* heißen. Allerdings verstarb er, und seine Witwe sagte zu meinem Schwager, er könne die Robe behalten. Mein Schwager, der meinen Wunsch zu springen schon seit langem kennt, hat sie mir geschickt.«

»Wie wollen Sie sie benutzen?«

»Ist das nicht offensichtlich? Ich, der Präsident der Universität von Trondheim, komme gerade durch Bologna, wo ich einen wichtigen Vortrag halten werde.«

»Aber Sie sprechen doch gar kein Norwegisch.«

»Niemand spricht Norwegisch. Und mein Italienisch ist so perfekt, selbst wenn jemand norwegisch könnte, es wäre ihm egal.«

»Und was ist mit einem anderen Norweger?«

»Ich sage ihm, daß ich Ungar bin und mich auf dem Weg nach Trondheim befinde, um den Posten zu bekleiden, und daß er, wenn er mit mir reden will, entweder Ungarisch, Latein oder Italienisch sprechen soll. Welche Sprache davon, glauben Sie, wird er wohl wählen? Ha!«

»Ich hoffe, Sie haben sich einen Namen ausgedacht, der sowohl für norwegisch als auch für ungarisch durchgeht, wenn es so etwas überhaupt gibt.«

»Orflas Torvos«, sagte Orfeo, ohne zu zögern.

Alessandros Augen schossen hin und her und suchten nach einem Fluchtweg.

»Alles, was Sie zu tun haben«, sagte Orfeo, »ist, herauszufinden, wann der wichtigste Hörsaal frei ist, und mir dabei zu helfen, die Plakate aufzuhängen.«

»Welche Plakate?«

Orfeo griff in das haarige Faß. »Diese.« Er hatte Dutzende von wunderschön gedruckten Plakaten, die seinen Vortrag mit dem Titel »Astronomie, Theologie und der Gesegnete Lebenssaft, der das Universum zusammenhält« ankündigten. Leerstellen für Ort, Tag und Uhrzeit warteten auf seine superbe Schreibkunst. Er war entschlossen zu springen.

Am frühen Abend eines der letzten Januartage, als glitzernde gasbetriebene Kandelaber in dem höhlenartigen Teatro Barbarossa strahlten und ein Expreßzug kalter Luft aus der Schweiz herabgekommen war und Italiener im Bett erfrieren ließ, machte Orfeo seinen Sprung. Wie so oft in schicksalhaften Augenblicken, blieb der Mann, der sein Glück zu machen sucht – in diesem Falle Orflas Torvos –, absolut ruhig und gesammelt.

*

Allein auf der hohen Bühne, schritt er in seiner prächtigen Robe und dem purpurnen Hut hin und her, eine erstaunliche Fälschung. Er wollte den gelangweilten, irritierten, arroganten Ausdruck aufsetzen, wie er akademischen Vortragenden eigen ist, die aufgeblasen und grausam genug sind, mehrere hundert Menschen gleichzeitig erniedrigen zu wollen.

Ein paar Sekunden lang unterhielt sich Orfeo mit seiner Taschenuhr. Dann schloß er sie und wartete. Die letzten der etwa tausend Personen, die gekommen waren, ihn zu hören, nahmen ihre Plätze im hinteren Teil des alten gasbeleuchteten Vortragssaals ein, und er räusperte sich und trat zum Podium.

Er ließ seinen Blick durch das riesige Innere des Teatro Barbarossa schweifen und wich beinahe vor Schreck und Traurigkeit zurück. Der Schrecken erwuchs aus dem Anblick von tausend Menschen, die ihn wie Babys anschauten, die in die Luft gehoben werden wollen, und die Traurigkeit aus der Erinnerung, daß seine Mutter und sein Vater ihr ganzes Leben vor Publikum verbracht hatten, von wallendem Rampenlicht und flackernden Fackeln angestrahlt. Sie waren vor fast einem dreiviertel Jahrhundert gestorben und irgendwo am Straßenrand in einfachen Gräbern zurückgelassen worden. Der letzte Blick auf die hölzernen Markierungen, den ihr vierjähriger Sohn werfen konnte, war vom Dach eines der Zirkuswagen gewesen, die zur nächsten Aufführung rollten.

Orfeo war noch keine zehn Jahre alt, als der Zirkusdirektor ihn zu sich unter einen Apfelbaum rief und sagte: »Orfeo, du mußt uns verlassen. Du bist nicht verkrüppelt genug, und du bist schon viel zu groß geworden.«

»Wo liegen meine Eltern begraben?« hatte er gefragt.

»Ich erinnere mich nicht. Ich glaube, das war irgendwo in Rumänien.«

»Wo?«

»Am Straßenrand.«

»Ich weiß, aber wo?«

Der Zirkusdirektor schüttelte den Kopf. »Es war nicht in der Nähe des Schwarzen Meeres, daran würde ich mich erinnern.«

»Danke.«

Die nächsten zehn Jahre verbrachte er mit einer Gruppe von Zigeunern, Viehhändlern, die ihn als ihren Schreiber beschäftigten. Als er ins heiratsfähige Alter kam, ließen sie ihn in Triest zurück, weil er keiner von ihnen war. Von dort hatte er sich nach Rom durchgeschlagen, wo er ein halbes Jahrhundert lang als Kanzleischreiber zugebracht hatte, da das erste Büro, das er vom Bahnhof aus erreichte, das eines Anwalts gewesen war.

Nun war er es, der vom Rampenlicht und von flackernden Fackeln angestrahlt wurde, und es schien nur gerecht, daß sich die Welt in solchen Kreisen bewegte, denn ein Kreis war die einzige Möglichkeit für ihn, zu dem verlorenen Ort zurückzukehren, an dem sein Herz gebrochen war. Er hatte immer daran geglaubt, daß ihm jeder gut formulierte Brief, jedes fleckenlose Blatt Ehre einbrächte. Die ganze Welt war eine einzige Aufgabe des Wartens, die man erfüllen mußte.

»Ich vermisse mein Zuhause in Trondheim«, sagte er mit einer erstaunlich bestimmenden, quasi-offiziellen Kontrabaßstimme. »Ich vermisse die arktischen Winde, die die Eiszapfen von den Dachrinnen fegen, und wie sie beim Fallen zerspringen, wie eine Bombe, die in einer Stadt aus Glas explodiert.«

Die Zuhörer auf ihren Plätzen wurden aufmerksam. Was sie nicht wußten, war, daß Orfeos Seele sich zu der Zirkusmusik wiegte, während er in seinem tiefen Kontrabaß sprach.

»Sie wissen nichts über den Lebenssaft«, sagte er. »Sie haben nicht die geringste Vorstellung von dem gesegneten Lebenssaft, dem allerbarmherzigsten Lebenssaft, der die knochenweißen Täler des Mondes füllt.«

Seine Zuhörer hielten sich kerzengerade und furchten ihre Stirnen, um seinen Erklärungen folgen zu können.

»Ihr kleinen Rotznasen, Tölpel. Ihr seht aus wie die Affen auf dem Felsen von Gibraltar.«

Ihre Herzen pochten, sie konnten spüren, wie sich das Blut in ihren Aorten sammelte, und sie waren zum Bersten angespannt. Er fuhr fort und entspannte sich mehr und mehr, seine innere Ruhe die umgekehrte Funktion ihrer sich zusammenziehenden Mägen.

»Mein ganzes Leben habe ich diese Verkrüppelung erduldet, während ihr in den gut ausgestatteten Küchen eurer Eltern gehockt und euch Zabaglione in eure prächtigen Körper gestopft habt – die Mädchen, sonnengebräunt und grünäugig, mit dicken Zöpfen aus blondem Haar, zu einem lasziven Korb geschlungen, der ihnen über die starken Rücken fiel ...

Die Burschen, dumme granitkiefrige Idioten, doppelt so groß wie ich, trunken von ihrer Stattlichkeit, kamen einfach des Nachmittags, spielten Tennis, aßen und überließen sich der herrlichen Nacktheit mit diesen schönen, makellos gewachsenen Frauen.

Bevor in mir noch das Verlangen erwachte, wußte ich, daß ich verwachsen und knotig, schwarz und hart war, ein Baum, der niemals Früchte tragen, ein Fisch, der nie springen, eine Katze, die nie miauen würde. All mein Leben, Verbitterung und Bedauern, Verbitterung und Bedauern.

Und dennoch«, sagte er und schloß kurz die Augen, »war ich in der Lage, mir eine Zeitlang die Zartheit und Süße der Liebe vorzustellen.« Er stützte seinen Kopf in die rechte Hand, in einer Geste, die eines klassischen Schauspielers würdig gewesen wäre, und jedermann im Teatro Barbarossa hörte seinen Atem.

Er schaute auf, und dann begann er würdevoll, fast monoton zu sprechen. »Der gefrorene gesegnete Lebenssaft, der erhabene barmherzige Lebenssaft wird auftauen und die Welt wird in Flammen aufgehen. Von den Graden der Erhabenheit ist das Innehalten aller Bewegung in der profundesten aller Handlungen der erste. Der Barmherzige blickt auf die Weiße der Pole. Der zweite Grad ist der langsam fließende Lebenssaft, der wie Lava von den Säumen der entfernteren Gestade fließt, undsoweiter undsoweiter, bis der gesegnete Lebenssaft des zehnten Grades, physikalisch nicht unterscheidbar von dem, was als«, und hier hielt er inne, als hätte er Schmerzen, »... *Gas* ... bezeichnet wird, den wahren, den allerbarmherzigsten Lebenssaft darstellt, der den größten Teil davon ausmacht.

Ihr könnt aufspringen, und ihr könnt abspringen. Es ist wie auf eine Vogelfeder springen oder der Tanz der aufgeblähten Tiere im Bett des ausgetrockneten Baches. Nehmt zum Beispiel einen Thron, der in einem Hain steht. Der Sauerstoff des öde weißen Tales auf dem knochenlosen stummen Mond stellt dich auf den Kopf. Du schließt die Augen. Du lauschst den Grillen, die in der Nacht singen. Deine Mutter streicht dir über den Kopf, während der Wagen dahinrollt. Ganz gleich, ob sie nur einen halben Meter groß ist, ganz gleich. Sie liebt dich. Die Liebe einer Mutter und eines Kindes ist genug, selbst für gebeugte Menschen, die nur einen halben Meter groß sind, weil die Babys nichts davon wissen. Sie lieben, und sie können geliebt werden.

Worin besteht die Tragödie? Das ist die Tragödie, aber was wißt ihr denn schon?« fragte er, »ihr Haufen ignoranter kleiner Rotznasen. Bevor eure *Väter* geboren waren, führte meine Hand die Ströme des gesegneten Lebenssaftes über weiße Meere von Pergament, die – wenn meine Herren nur die Vision und den Mut gehabt hätten – die Welt hätten verändern können, als hielte ich hundert Könige in meiner Hand.

Ströme von Weiß durchflossen meine Feder, und ich hielt das gegenteilige Bild des barmherzigen Lebenssaftes in Formen fest, die mein Herz betäubten. Wir hatten die richtigen Siegel, ich hätte sie mir wenigstens beschaffen können. Die Anweisungen, die ich geschrieben habe, hatten, alle zusammengenommen, die Kraft, ganze Bergketten zu versetzen. Mein Wille sang das richtige Lied, aber der Lebenssaft war schwarz wie Blut.

Ich begann, die Wirkung von Gegensätzen zu studieren, damit ich aufgrund dieses Wissens den Barmherzigen herbeirufen und den Weg seines Mantels über das Pergament ändern könnte. Nach vielen Jahren hatte ich die zehn Grade des heiligen gesegneten Lebenssaftes sorgfältig wieder von mir gegeben und sie in jeder nur denkbaren Rezeptur vermischt. Ich stand kurz davor herauszufinden, wie ich die Grade transponieren und den Lebenssaft zurückfließen lassen könnte, um auf das Pergament zu stoßen und es schwarz zu brennen, was den gesegneten Lebenssaft von Schwarz zu Weiß und wieder zu Schwarz hätte werden lassen.

Meine Befehle hätten eine Zeitlang weiß geleuchtet und die Welt strahlend reformiert. Doch der Vater dieses Jungen«, donnerte er, ohne, zu Alessandros ewiger Dankbarkeit, jemand Bestimmten zu bezeichnen, »ging in den letzten Sekunden durch und beraubte mich meiner Herrschaft über den Lebenssaft. Er zerstörte das gesamte System, das ich so sorgfältig errichtet hatte, um den Lebenssaft an den Schlagpunkt zu locken.

Wißt ihr, was er tat? Ich werde euch sagen, was er tat«, sagte Orfeo und trat vom Podium, um die ersten Reihen anzustarren, bis niemand mehr zu atmen wagte.

»Er brachte Maschinen zum Schreiben, diese sogenannten ›Schreibmaschinen‹, die lauter sind als ein Spülklosett, unglaublich häßlich und in einzelnen Lettern schreiben, die alle gleich sind, exakt gleich, tot. Maschinen haben keine Anmut. Sie kann keinen Schnörkel machen, die Stärke der Linie nicht verändern noch den Leser mit einem Sprung zu einem unlesbaren, aber schönen Stil verzaubern. Ein guter Schreiber kann Ströme erschaffen, die zum Meer stürmen, Flüsse, so wild und schwindelerregend wie eine Klamm in den Alpen, so wirbelig wie der Isarco, so weit und sanft wie der Tiber bei Ostia oder so tief wie der Po, dort wo er in die Adria mündet.

Aber die sogenannte ›Schreibmaschine‹? Sie hat den heiligen gesegneten Lebenssaft attackiert, der alle Dinge miteinander verbindet. Sie ist mein Henker. Mechanisiert und schnell, tot wie Stahl, wie jene Gewehre, die hundert Kugeln auf einmal abfeuern, sie hat mein Leben zerstört, meine wundervollen Zeilen vernichtet, sie hat die Zeit drangsaliert und geschlagen. Die alte Welt ist tot, und jetzt bauen sie Motoren ein, wißt ihr, und man muß auf einem Gummithron sitzen oder einen Gummianzug tragen, um nicht von ihnen hingerichtet zu werden.

Und sie werden einem die Hände an den Tasten befestigen, und man wird nur dasitzen, in dem elektrischen Licht, von dem einem die Augen schmerzen, und nichts wird vom Leben übrigbleiben. Seht ihr das nicht? Absolut nichts.«

Er war ans Ende gelangt. Er ging schweigend den Mittelgang hinauf. Köpfe drehten sich, als er vorüberging, aber niemand stand auf, um ihm zu folgen. Nachdem er das Teatro Barbarossa verlassen hatte, entwich ein riesiger kollektiver Seufzer aus tausend Seelen, aber niemand sprach, während das Publikum in die kalte Nachtluft strömte. Mehrere Absolventen der Universität von Trondheim verschwanden in den schmalen Gassen und fragten sich, was das Morgen wohl bringen möge.

Als Alessandro zu Hause eintraf, fand er weder Orfeo noch den runden Koffer vor. Er rannte zum Bahnhof, wo der letzte Zug nach Rom gerade zur Abfahrt bereitstand. Er rannte den Bahnsteig auf und ab und suchte nach Orfeo, sah ihn zuerst nicht, weil Orfeo auf der Toilette war und Angst hatte, die Spülung zu betätigen, bevor der Zug den Bahnhof verließ. Schließlich gab Orfeo auf und ging in sein Abteil zurück, wo Alessandro ihn seinen merkwürdigen Koffer auf eine der Gepäckablagen heben sah.

Alessandro stand draußen und atmete schwer. Orfeo öffnete die Abteiltür, damit sie reden konnten.

»Was haben Sie jetzt vor?« fragte Alessandro.

»Nach Rom zurückkehren und sterben«, sagte der alte Schreiber.

»Ich werde mit meinem Vater reden. Ich werde dafür sorgen, daß er die Maschinen abschafft oder Sie wenigstens so lange behält, wie Sie wollen. Sie werden die Verträge auf die alte Art schreiben können, so als wäre nichts geschehen.«

»Das hat keinen Sinn«, sagte Orfeo. »Ich habe mir selbst etwas vorgemacht. Diese Maschinen sind allgegenwärtig. Heutzutage benutzt sie jeder. Sie haben sie schon vor zehn Jahren eingesetzt, aber ich wollte es einfach nicht wahrhaben. Als die Broschüren in unser Büro flatterten und berichteten, was diese Maschinen können, habe ich sie einfach weggeworfen.« Er schüttelte den Kopf. »Es ist alles vorbei.«

»Ich werde meinem Vater schreiben«, sagte Alessandro und ging neben dem Zug her, der angefahren war und allmählich an Geschwindigkeit gewann.

Orfeo schüttelte wieder den Kopf. »Danke«, sagte er. »Es ist vorbei.«

Er lehnte sich hinaus, um die Tür zuzuziehen, und als er den Jungen ansah, der nun neben dem Zug herrannte, stand tiefes Mitleid in sein Gesicht geschrieben. Die Tür schlug zu, und der Zug verschwand aus dem Bahnhof in die Winternacht, und Alessandro erinnerte sich daran, wie Orfeo ihm den Finger in die Brust gebohrt und gesagt hatte: »Wenn die Welt nicht durch den heiligen Lebenssaft zusammengehalten wird, wodurch dann?«

*

Im Juni 1911 war es über mehrere Wochen so heiß, daß die Katzen im Garten der Giulianis in den Bäumen lagen wie Tiger. In der Minute, in der die Sonne über dem Apennin aufblitzte, begann die Stadt zu brüten, selbst auf der Höhe des Gianicolo, wo ein Luftzug durch die dichten Pinien strich.

Alessandro und Lia waren im Garten. Das Gras war von einer Sonne, die Tag für Tag aus einem wolkenlosen Himmel niederbrannte, und von einem heißen trockenen Wind, der aus allen Richtungen zu kommen schien, weißgebleicht, mit Sprenkeln von Silber und Gold, doch die Hitze war trocken und golden genug, um nie unangenehm zu sein. Im ersten Teil des Monats, mit der Erinnerung an die Winterregen und die Feuchtigkeit, war sie so willkommen, wie sie es im August nicht mehr sein würde.

Wenn Lia in Gedanken versunken war, verdüsterte sich ihr Gesicht gerade soviel, daß es an einen Scharfschützen erinnerte, der sich auf ein schwieriges Ziel konzentriert. Wenn sie lachte, dann tat sie dies nicht nur mit ihrem Gesicht und ihrer Stimme, sondern mit einer leichten Bewegung ihrer Schultern und Arme, einem winzigen, begeisterten Peitschenschlag, der stets in einem leichten Ballen und Entspannen ihrer Finger endete.

Alessandro begehrte sie heftig. Manchmal konzentrierte er sich auf eines ihrer physischen Attribute, etwas Geringfügiges, dessen sie sich vielleicht nicht einmal bewußt war, wie die Kurve ihres Halses, da wo er in die Schultern überging, oder die mikroskopische Geographie ihrer Lippen, und versetzte sie damit in erstaunte und angenehme Verblüffung. Sie redete mit ihm, hielt den Kopf leicht gesenkt und bemerkte auf einmal, daß er den Bogen ihrer Oberlippe anstarrte. Zuerst versuchte sie, dem zu entfliehen, doch hätte sie sich dazu völlig abkehren müssen. Sie wurde langsam davon benommen und spürte, wie ihre Oberlippe allmählich taub wurde, und dann der

Rest, und das war besser als ein Kuß, denn es konnte ebenso lang und länger andauern und vergeudete seine Kraft nicht mit Erfüllung.

Daß er Lia selbst bei völligem Schweigen in einen Zustand sexueller Erregtheit versetzen und sie fast so rot anlaufen lassen konnte wie eine Mohnblume in der Villa Doria, war ein Triumph für die Akademiker, die der Anwalt Giuliani zu verachten beliebte, denn sie hatten Alessandro ein paar Dinge über das Sehen beigebracht.

Ein Habicht stürzte aus dem leeren Himmel in die obersten Zweige einer hohen Pinie. Lia schaute schnell auf und beschattete ihre Augen vor der Sonne, und in diesem Augenblick tauchte Rafi Foa aus dem Haus der Giulianis auf, gekleidet in einen Geschäftsanzug und eine Lederaktenmappe tragend. Er war gerade den Hügel hinaufgestiegen und sah aus wie ein Soldat beim Wüstenmanöver, doch weder lockerte er den Schlips noch legte er sein Jackett ab, weil der Anzug eine eigene Logik hatte und er, da er entschlossen war, ihn zu tragen, dieser Logik nicht zuwiderhandeln wollte.

»Der Herr ist kompliziert«, sagte Alessandro, als sich Rafi näherte. »Er hat große Fortschritte gemacht, aber an einem Tag wie heute trägt er immer noch einen Anzug.«

Rafi setzte sich auf das blonde Gras und warf die Aktenmappe vor sich hin. Er hatte sein Studium mit Auszeichnung abgeschlossen und machte nun die Runde durch die Paläste und Ministerien, in der Hoffnung, nahe an der Spitze zu beginnen, doch wegen der Arbeitsweise der Bürokratie und weil er nicht mit dem Herzen bei der Sache war, hatte er bisher keine Stelle gefunden. Selbst die Wachen und Türsteher spürten sein Zögern, und die Richter und geschäftsführenden Minister wußten sofort, daß er von etwas weit jenseits des Rechts angezogen war, von etwas Heiligem und Lebendigem.

»Ich war beim Protokollchef des Obersten Gerichtshofs«, sagte Rafi schweißgebadet. »Er ist alt genug, um über einen Nachfolger nachzudenken. Er war von meinen Zeugnissen beeindruckt und fragte nach meinem Französisch. Ich sagte, es sei ausreichend, und er begann in dem Dialekt der Savoyarden zu brüllen – Aostisches Italienisch haben wir es in der Schule genannt –; er redete dermaßen verquer und mit einer so quietschigen Stimme, daß ich lachen mußte.«

»Du hättest nicht lachen sollen«, sagte Alessandro. Er war stolz auf Rafi und wollte, daß er eine möglichst hohe Stellung bekam.

»Ich konnte nicht anders. Er stellte eine Menge Fragen, die ich nur zur Hälfte verstand, und er machte zwischen ihnen keine Pause. Ich glaube, er wollte beweisen, daß ich kein Französisch kann, obwohl ich es gesagt hatte.«

»Was hast du dann getan?«

»Ich sagte es ihm.«

»Was hast du?« fragte Lia.

Rafi nickte. »Ich sagte es ihm ... ich sagte: ›Mag sein, Sie halten das, was Sie da sprechen, für Französisch, aber anhören tun Sie sich wie der Dorftrottel.‹ Er lief rot an und begann, merkwürdige Geräusche zu machen.«

»Was geschah dann?«

»Dann? Ich verließ sein Büro. Vielleicht bin ich nicht für die Juristerei bestimmt.«

*

Das erste, was Signora Giuliani getan hatte, nachdem Alessandro und Rafi nach einem Ritt von einer Woche aus Bologna eingetroffen waren, war, Rafi ein kleines Zimmer zu geben, das auf den Garten hinausging. Als sie ihm das Bad zeigte, war sie auf Zehenspitzen hereingekommen und hatte sich einen Finger vor die Lippen gelegt.

»Sie müssen sehr leise sein«, flüsterte sie, »sonst wecken Sie Luciana auf. Sie fährt morgen mit ihren Klassenkameradinnen auf eine Jahresabschlußfahrt nach Neapel. Sie wird fort sein, bevor Sie aufwachen.«

»Wer ist Luciana?«

»Meine jüngere Schwester«, antwortete Alessandro.

»Du hast sie nie erwähnt.«

Alessandro zuckte mit den Schultern.

Signora Giuliani schloß sorgfältig und leise die Tür zu Lucianas Zimmer und ließ Wasser in eine riesige Badewanne einlaufen, die auf ägyptischen Füßen stand. »Es gibt jetzt genügend heißes Wasser«, sagte sie.

Allein im Bad, legte Rafi seine dreckige Kleidung ab und ließ sich in die geräumige Wanne sinken. Nachdem er untergetaucht war, brach er schnaubend durch die Wasseroberfläche, doch dann bemühte er sich, leise zu sein. Als er fertig war und eben das Licht löschen wollte, um die Badewanne im Dunkeln vor sich hingurgeln zu lassen, während das Wasser ablief, bemerkte er eine Tasse auf einer Ablage. Darauf geklebt war ein Stück Papier mit dem Hinweis in einer weiblichen Schrift, »Für ein Kleidungsstück«. Die Tasse war zur Hälfte mit kleinen Münzen gefüllt. Die Handschrift war weder unabhängig genug von den Regeln der Schönschrift, um die einer Erwachsenen, noch ausreichend unschuldig, um die eines Kindes zu sein.

Er schlief fest, und als er am nächsten Morgen aufwachte, war Luciana auf halbem Wege nach Neapel. Mehrere Tage nahm er ihren Platz beim Abendessen ein. Der Anwalt Giuliani nannte seine Tochter oft Lucianella. Rafi fragte nicht nach ihr. Sie war ein Schulmädchen, ein Kind, aber jeden Abend, wenn er von seiner Runde durch die Paläste und Ministerien zurückkehrte, näherte er sich der kleinen Tasse mit dem handgeschriebenen Schildchen und studierte sorgfältig die Schrift.

*

Der Assistent des Justizministers wäre der bessere Gesprächspartner für ihn als der Minister, hatte der Anwalt Giuliani ihm gesagt, weil der Assistent die Einstellungen vornahm.

»Sagen Sie Giuliani nichts davon«, meinte Lias Vater zu Rafi, »aber gehen Sie zuerst zum Minister. Wenn er Sie mag, wird er Sie ins Büro seines Untergebenen geleiten, daß er Sie bestätigt und vorrangig behandelt – kommt ganz darauf an.«

»Worauf kommt es an?«

»Auf die spezielle Situation zur Zeit in dem türkischen Bienenschwarm, den wir Justizministerium nennen. Die Untergebenen des Ministers werden versuchen, jeden seiner Schritte zu kontrollieren. Wenn er ein Dummkopf ist, wird er sich zu sehr und zu oft auf sie verlassen, und sie werden seine Macht an sich reißen, bis sie sie, wenn er Glück hat, in den Rangeleien untereinander wieder verspielen.«

»In welcher Situation ist das Justizministerium?«

»Ich weiß es nicht.«

»Der Anwalt ist ein Freund des Assistenten.«

»Dann müssen Sie sich für eine der Möglichkeiten entscheiden. Wenn Sie wünschen, kann ich für Sie einen Termin mit dem Minister direkt machen. Meine Frau sagt, der Bruder seiner Geliebten sei mit einer Venezianerin verheiratet. Es liegt an Ihnen.«

Am Abend von Lucianas Rückkehr aus Neapel waren Rafi, Alessandro, Lia und ihr Bruder ausgegangen, um das Konzert eines Orchesters aus Budapest zu hören. Rafi war erstaunt darüber, die Musik über ein Dutzend aufgeregt geflüsterter Debatten über die Diplomatie Österreich-Ungarns hinweg nicht hören zu können, denn in Venedig wurde die Musik von Gesprächen über erotische Dinge und Geld übertönt.

In der darauffolgenden Debatte in einem Restaurant in Trastevere erwies sich Rafi, wie die meisten Anwälte, die über Politik nachdenken, als langweilig. Alessandro hegte widersprüchliche und unbeständige Ansichten und zeichnete sich darin aus, diese zu begründen, selbst wenn sie völlig absurd waren. Er las weiterhin die diplomatischen Verlautbarungen und verschlang die verschiedenen Zeitungen, die in der Morgendämmerung eintrafen. Er kombinierte sein wachsendes Wissen mit Logik, Enthusiasmus und Rhetorik und konnte sich über ein Nichts endlos auslassen.

Sie kehrten um Mitternacht heim. Rafi bemerkte, daß Lucianas Tasse verschwunden und die Klinke sich in einer anderen Position befand. Am nächsten Morgen hatte er eine Verabredung mit einem Bürokraten, der sich, während die Hähne in den Gärten hinter seinem Ministerium krähten, darüber verbreiten würde, welche Anforderungen er an seine Mitarbeiter stellte. Bevor er sich zu diesem Termin begab, hatte Rafi Hose und Schuhe angezogen und war mit herabhängenden Hosenträgern und ohne Hemd zum Rasieren gegangen. Eine Hälfte seines Gesichts war bereits freigelegt und die andere noch mit Schaum bedeckt, als sich die Tür zu Lucianas Zimmer öffnete. Den Rasierer, der ihm gerade von oben nach unten über die Wange gleiten wollte, in der Hand, wandte er sich um.

Luciana hatte vergessen, daß ein Gast im Hause war, und war

nach dem Aufwachen in ihr Bad gegangen, und nun stand sie vor ihm in einem kurzen Nachthemd, völlig unbeweglich und kaum atmend. Er war fast ebenso erschrocken wie sie, nicht durch ihr Eintreten, sondern eher durch ihre bezaubernde Erscheinung. Sie war größer als ihr Bruder, trug einen Berg goldenen Haars, das erst noch gekämmt werden mußte. Ihre Beine und Arme waren so lang und schlank, daß es schwer war, aus ihnen Schlüsse auf ihr Alter zu ziehen, so wie es schwer gewesen war, ihrer Handschrift irgend etwas zu entnehmen, außer den Widersprüchen, die ihm, wenn er sich Mühe gegeben hätte, ihr exaktes Alter verraten hätten.

Sie war zu groß, um noch Kind zu sein. Doppelt so groß wie Lia Bellati, so schien es, besaß sie bereits Autorität; sie würde nicht weiter wachsen. Auf der anderen Seite war sie zu leicht, um schon Frau zu sein. Die Zartheit ihrer Gliedmaßen bewies, daß sie noch nicht lang genug existiert hatten, um etwas anzusetzen.

Rafi wußte wenig über Frauen, aber er war ein guter Beobachter. Weil sie ihn auf eine bestimmte Art anschaute, die ihren überraschten Blick verstärkte und sie wie jemand erscheinen ließ, der noch nie ein anderes menschliches Wesen gesehen hatte, wußte er augenblicklich, daß sie eine Brille trug. Er nahm an, daß sie sie aus Gründen der Eitelkeit absetzte, sooft sie konnte, und obwohl er nicht genau wußte, warum, gefiel ihm das.

Sie und ihre Klassenkameradinnen waren vor Capri viel geschwommen, und deshalb war sie sonnengebräunt und ihr Haar von wildem Blond. Die Kürze ihres Nachthemds versetzte Rafi einen süßen Schock, aber er konnte seine Augen nicht von ihrem Gesicht abwenden.

Und sie erschien zerbrechlich wie ein Schilfrohr, wie sie da auf der Stelle festgefroren stand in der Gegenwart eines hünenhaften Mannes, der bis zur Taille nackt und über ihr Waschbecken gebeugt war. Der Tisch, in den das Waschbecken eingelassen war, reichte ihm bis zur Mitte der Oberschenkel und der obere Teil des Spiegels gab seine Schultern und seinen Kehlkopf wieder. Zum Rasieren mußte er sich hinabbeugen. Wäre er vollständig bekleidet gewesen, hätten seine schwarzen Haare und seine funkelnden Kirgisenaugen ihr Herz zum Stillstand gebracht, doch außerdem noch diesen schlanken Körper zu sehen, den Jahre schwerer Arbeit in etwas verwandelt hatten, das so fest und kraftvoll wie eine Marmorstatue aussah, bereitete ihr befremdliche Freude. Erst nach einigen Minuten, in denen der Dampf aus dem Wasserhahn gestiegen war, hatte sie gesagt: »Oh, ich denke, ich gehe besser.« Die Erinnerung daran hielt Rafi in den folgenden Nächten stundenlang wach.

Beim Abendessen war sie nicht in der Lage, ihn anzuschauen, außer mit kurzen Blicken. Sie trug ihre Schuluniform, stolperte über ihre Wörter und verließ die Tafel, so schnell sie konnte. Er war ein Muster an Gelassenheit.

Er hätte nach Venedig zurückgehen können, aber er blieb.

*

In Alessandros Ohren klingelte es, als er und Rafi nahe der Bahnstation von Barrenmatt aus ihrem Zug auf ein steiniges Gleisbett herabkletterten. Die Luft war in zweitausend Metern Höhe so dünn und ruhig, daß sie wie ein Hauch von Licht erschien. Geräusche wurden anders übertragen und waren nicht so dringlich. Die dem Körper aufgezwungene Ökonomie der Bewegungen verwandelte sich in ein Geschenk der Grazie, und die Augustsonne war weniger warm denn klar. Sie hoben ihre Bündel aus dem Türrahmen des einzigen Gepäckwagens, stapelten sie neben dem Gleis und setzten sich auf ihr zusammengerolltes Zelt.

Gegen Mittag stand kaum eine Wolke am Himmel. Linkerhand lag auf einer felsigen Erhebung das Dorf. Von den fünf Gebäuden, den Bahnhof eingeschlossen, war das Hotel mit vier Stockwerken und einem Dachgeschoß das größte. Jedes Fenster im Dorf war von Läden und von Blumenkästen eingerahmt, aus denen Geranienranken wucherten. Die einzige Straße führte bergauf und schlug einen Bogen zurück zur Bahnstation, und der Rest von Barrenmatt war Fels, Gleis, Haus, Straße oder Weide. Die Weiden lagen schon brach, denn die Kühe waren weiter nach oben gezogen, wo sie nervös und ununterbrochen ihre Blech- oder Kupferglocken klingen ließen. Weil man solche Glocken meist aus der Entfernung hört und man sich schnell daran gewöhnt, klingen sie weit entfernt, selbst wenn sie ganz nah sind.

Der Zug zog ein paar Meter weiter und hielt an, damit einige Frauen mit Sonnenschirmen vorsichtig die Außenleiter hinabsteigen konnten. Der Raum zwischen diesen Frauen und den beiden jungen Männern und ihrer Bergsteigerausrüstung bezeichnete die Entfernung zwischen dem Fracht- und dem Passagierbahnhof, aber es hätte genausogut ein Ozean dazwischen sein können. Der Zug selbst war ein Gebirgszug, die Lokomotive ein muskulöses kleines Ding aus Zylindern und Gestänge. Sie hatte nur zwei Waggons gezogen, die kleiner als normale Eisenbahnwaggons waren, aus aromatischen Hölzern gebaut waren und bei jeder Biegung in den Gleisen knirschten. Die Fenster in dem Passagierwaggon waren tatsächlich aus Kristall, schwer, klar und dick, mit einem kaum wahrnehmbaren Anflug von Purpur, und die Felsgesichter, die man durch sie sehen konnte, erschienen gestochen scharf und waren in allen Einzelheiten zu erkennen. Dampf floß träge zu Boden und verging dann zu Füßen eines Eisenbahnarbeiters, der Schrauben anzog, als die Damen seinem wunderschön gebauten Spielzeug entstiegen.

Wären all diese Dinge in Rom gewesen, wären sie von anderen derartigen Dingen umgeben gewesen und ihre Eigenschaften hätten sich zu einer verwirrenden Illusion vermischt. In Rom wären sie einem größer vorgekommen, doch in zweitausend Metern über dem Meer unter freiem Himmel schienen sie so unscheinbar wie die Kühe auf den oberen Weiden, die man über die Entfernung hinweg nicht sehen konnte. Der Zug und die kleinen Häuser waren zusammengedrängt, weil sie allein mitten in einem riesigen offenen Raum standen. Die Farben schienen intensiv und freundlich, ihre Masse solide und dicht. Wie viele von Menschen geschaffene Gegenstände, die ihren Ursprung in den Bergen haben, schienen sie innerhalb genau festgelegter Grenzen erschaffen worden zu sein. Die Schönheit einer Schweizer Uhr lag in ihrer Präzision, und ihre Präzision entsprang der Bescheidenheit. Sie mußte sowenig Planetarium oder Turmuhr sein, wie ein Jodler in Symphonien singen mußte, und diese freundliche Beschränkung hatte die Schöpfer der Perfektion näher gebracht.

Alessandro meinte, dies käme einfach daher, daß die Menschen in den Bergen wüßten, daß alle wirklich großen Dinge bereits erschaffen waren. Sie brauchten sich keine Leitern vorzustellen, die zum

Himmel reichten, oder massive Dinge von ungeheurer Größe, die das Herz erstaunen würden, weil sie sie in solchem Übermaß besaßen, daß es schwer war, von einer Stadt zur nächsten zu gelangen, und daß sie der Sonne selbst oft die Chance verweigerten zu scheinen oder sie sich durch opake Grate aus Eis und Schnee, der weißer war, als die Physik zuließ, golden brechen ließen.

Zu Mittag war die Größe der Landschaft erschreckend klar, und alles außer den Bergen erschien zwergenhaft klein. Der Himmel selbst hatte ein Drittel seines Volumens den Thronen aus Fels und Eis überlassen, und obwohl das Massiv einen halben Tag entfernt lag, stieg es doch in eine solche Höhe, daß Alessandro und Rafi sich vorkamen, als stünden sie in Armesnähe neben einer hohen Gartenmauer.

Es war kein Ende abzusehen der silbrigen Risse, die zwischen Falten ochsenblutfarbenen Felsgesteins glimmerten, der zerklüfteten Gletscher, die zwischen Spitzen und blanken Wänden hervorströmten, und den Matten, welche die Ausmaße einer Stadt hatten. In diese elektrisierende Höhe und Masse der Felsen waren umgekehrte Brunnen, Spitztürme, Blitzableiter und glänzende Türme, die den Donner zurückwarfen und die Blitze wie Wolle sponnen, eingeschnitten.

Alessandro und Rafi lehnten sich gegen ihre Ausrüstung, beschirmten mit den Händen ihre Augen und legten die Köpfe zurück. Nachdem der Zug abgefahren und die Sonne hinter einem Berg verschwunden war, leuchteten die Kathedralen vor ihnen immer noch, obwohl sie selber bald in kalten Schatten gehüllt waren.

*

Am folgenden Tag unternahmen sie zwei Touren zu ihrem Lagerplatz am oberen Ende einer weiten Alm neben einer Kiefernwand. Bei der ersten Tour trugen sie ihre Ausrüstung und bei der zweiten Proviant für zehn Tage. Sie aßen im Hotel, bevor sie sich am Nachmittag an den Aufstieg machten. Mit den schweren Rucksäcken aufzusteigen war eine Qual, und als sie ihr Lager erreichten, war es dunkel. Sie ließen ihre Packsäcke an einen Baum gelehnt stehen und schliefen wie tot.

Das Zelt war groß genug, um darin zu stehen, und sie hingen ihre Kletterausrüstung an den Tragestangen auf – Seile, Schlingen, Eisschrauben und Klemmkeile, in Felsspalten zu treiben, Karabinerhaken, Klettergürtel, Eispickel, Steigeisen, gefärbte Brillen. Alessandro hielt einen Sack voll Kletterhaken am ausgestreckten Arm und schüttelte ihn. »Es gibt mehr Menschen auf der Welt, die Wale jagen oder Elefanten dressieren, als Menschen, die damit umzugehen wissen«, sagte er.

»Wirklich?« fragte Rafi.

»Mehr Menschen, die Mißgeburten in Kuriositätenkabinetten sind, als Menschen, die damit umzugehen wissen.«

Rafi starrte ihn verständnislos an.

»Mehr Menschen«, fuhr Alessandro unbeirrt fort, »haben beim König von England diniert.«

»Aber der König von England hat Diners mit Hunderten von Menschen.«

»Ja. Aber er ist erst seit kurzem König.«

»Was willst du damit sagen?«

»Ich will sagen, daß wir mehr oder weniger allein sind und daß die Orte, zu denen wir gehen werden, oft Orte sind, an denen noch kein menschliches Wesen war – noch nie, seit Anbeginn der Zeit. Du wirst es spüren, wenn du da bist. Es ist anders als alles andere, was du je gespürt hast.«

Die linke Zeltseite gehörte Rafi, die rechte Alessandro. Proviant und Bekleidung wurde in einem Haufen in der Mitte aufgestapelt. Vor dem Zelt richteten sie eine Küche ein, bauten eine Feuerstelle aus Steinen und einen Tisch und arrangierten Holzklötze zu Stühlen. Sie holten das Wasser von einem Wasserfall, der waagerecht aus dem Berg schoß, bevor er fünfzig Meter tief in einen Felskessel stürzte, der ständig mit Sprühregen gefüllt war. Der Wasserstrahl, so dick wie ein Zug, war so schnell und mächtig, daß sie direkt daneben stehen und ihr Spiegelbild in dessen glatter Wand sehen konnten. Nicht ein Tropfen verließ die Begrenzung des eiskalten Strahls. Um Wasser zu schöpfen, berührten sie ihn einfach mit ihren Fingern und leiteten einen Strom in ihre Gefäße.

»Es ist Verschwendung, das Wasser nicht abzustellen, wenn man fertig ist«, sagte Rafi, während eine Million Tonnen Wasser vorbeirauschte.

In der ersten Nacht kochten sie Trockenfleisch, Kartoffeln, Pilze und verschiedene Gemüse in dem reinsten Wasser der Welt. Sie hatten vier Flaschen Bier mit heraufgebracht; die tranken sie zur Suppe, während sie die Lichter von Barrenmatt betrachteten. Außer einem vagen rosafarbenen Leuchten am westlichen Himmel über einem entfernten Dorf waren keine anderen Lichter zu sehen. Die Sterne waren noch nicht draußen, die Luft war warm, und sie waren vom Bier und von der Höhe leicht beschwipst. An diesem Tag hatte Alessandro zehn Stunden damit verbracht, die Ausrüstung und deren Verwendung durchzugehen.

»Ich kann dir so viel erzählen, wie ich will«, sagte er und schwankte leise in der Dunkelheit. »Wir können tagelang herumsitzen, du lernst Knoten, Techniken und Seilführung, aber in der ersten Stunde Klettern wirst du mehr lernen, als dir jeder in einem Monat erzählen kann – weil dein Leben von den Knoten abhängen wird, davon, wie du einen Haken plazierst und wie du das Seil laufen läßt.«

»Manchmal, Alessandro, klingst du wie ein Rabbi.«

»Ich habe nie einen gehört. Singen sie?«

»Andere singen.«

»Hast du keine Angst? Die meisten fürchten sich in der Nacht vor dem Aufstieg zu Tode, obwohl sie ihre Angst als Unruhe bezeichnen. Ich atme schwer, wenn ich über die Almen zum Fuß der Wand steige, aber sobald ich an nichts anderes als den Fels und die Aufstiegsroute denke, verliere ich meine Angst.«

»Ich habe keine Angst«, sagte Rafi.

»Warum nicht?«

»Wenn ich morgen sterbe, wird es nutzlos gewesen sein, daß ich mich heute gefürchtet habe.«

Um zehn Uhr konnten sie kaum noch die Augen offenhalten. Nachdem sie Töpfe und Eßgeschirre saubergekocht hatten, stolperten sie ins Zelt und fielen auf ihre Decken.

Alessandro versuchte den Kopf zu heben, um das Mondlicht auf den Bergen zu sehen, das in der Ferne auf die Matten und die großen Räume klarer Luft schien, aber er konnte sich nicht rühren. Als seine

Augen zufielen, zwang er sich, sie zu öffnen, doch nach zwei Atemzügen waren sie wieder zu, und nach einem weiteren war er fest eingeschlafen.

*

Am nächsten Tag erkletterten sie eine Hundert-Meter-Wand. Der Wandfuß lag nicht weit vom Wasserfall, und sie hörten den Donner des Wassers unter sich und das Rauschen des Windes, der über die Spitze des Felsens weit über ihnen pfiff. Rafi fragte, warum sie Regenschutz tragen sollten. Es wäre doch schon schwer genug, sich selbst an der Felswand hochzuziehen mit dem Gewicht der Seile und Eisen. »Was ist, wenn es regnet?« fragte Alessandro zurück. »Was ist, wenn die Temperatur fällt und ein Wind aufkommt? Du könntest fünfundsiebzig Meter hoch in der Wand hängen und noch fünfundzwanzig Meter vor dir haben. Da kannst du es dir nicht leisten, zu frieren oder naß zu werden.«

»Aber schau dir den Himmel an!«

Alessandro studierte den Himmel. Ein paar matronenhafte Wolken glitten über ein blaues Feld, ihre Herkunft hinter der Felsspitze war nicht zu sehen. »Eine riesige Gewitterwolke könnte gerade hinter dem Grat hängen«, sagte er und schaute immer noch hoch. »In zehn Sekunden von jetzt ab könnten wir in einem Regen- und Gewittersturm sein, wie du ihn noch nicht erlebt hast.

Was wir tun werden, ist relativ einfach«, sagte Alessandro und entrollte eines der Kletterseile. »Ich werde anfangen zu klettern, und du wirst mich von unten sichern. Beim Aufstieg werde ich hier und da einen Haken einschlagen oder einen Klemmkeil in einen Spalt treiben. Dann hänge ich eine Seilführung ein und befestige einen Karabinerhaken daran. Ich führe das Seil durch den Karabiner. Jetzt ist das Seil an diesem Punkt des Felsens gesichert, wenn ich also falle, fall ich daran vorbei, und das Seil läuft durch den Karabiner: Du spürst dann einen Aufwärtszug. Du läßt das Seil um deinen Körper und durch deine Hände gleiten und bremst es langsam ab, um meinen Sturz abzufangen.

Siehst du diese Vorsprünge und Bäume? Der erste ist etwa vierzig Meter hoch und der andere etwa dreißig Meter darüber.«

Zwei winzige Flecken Vegetation hoben sich vor der scheinbar glatt überhängenden Wand ab. Rafi schaute zweifelnd. »Bäume?«

»Zwergkiefern. Die Stämme sind wahrscheinlich dreimal so dick wie dein Arm und tragen das Gewicht von fünfzig Männern. Ihre Wurzeln sind stark genug, Granit zu sprengen, und sie reichen tief in den Fels. Die Kiefer selbst ist zäh und dick. Das sind die Sicherungspunkte, die wir heute benutzen. Das ist einfacher, als den Fels zu nehmen. Wenn ich zur ersten Sicherung komme, werde ich mich einhängen und dich heraufholen.

Wenn du aufsteigst, entfernst du die Haken, die ich eingetrieben habe, und schlägst die Klemmkeile aus. Du öffnest die Karabiner und wirfst die Seilschlingen über Kopf. Wenn du Angst hast zu fallen, keine Sorge, du wirst nicht fallen. Ich werde dich den ganzen Weg hinauf am straffen Seil halten. Wenn du bei mir an der Sicherung bist, hängst du dich an den Baum ein, gibst mir das Zeug, das du unterwegs eingesammelt hast, und ich mach mich auf und wiederhole das, was wir bis dahin getan haben. Den Raum zwischen zwei Sicherungen nennt man Etappe. Drei Etappen«, sagte er, schaute nach oben und beschattete seine Augen, »und wir sind oben.«

»Was geschieht, wenn *du* fällst?«

»Ich kann nur die doppelte Entfernung der Länge des Seils zwischen meiner letzten Sicherung und der Stelle, von wo ich stürze, fallen. Wenn der Halt schlecht ist, werde ich häufiger Sicherungen einschlagen, wenn ich also falle, wird es nicht tief sein. Dann werde ich all meinen Verstand zusammennehmen und wieder hinaufklettern, wie eine Spinne.«

»Und wenn du verletzt oder ohnmächtig bist?«

»Dann seilst du mich ab.«

»Der erste Baum ist in vierzig Metern ...«

Alessandro trat zurück, um noch einmal zu schätzen. Es schien, daß er in den Bergen stets den Kopf zurückgelegt hatte und stets blinzelte. »Ungefähr.«

»Das Seil ist fünfzig Meter lang. Wie kann ich dich zu mir herunterlassen? Ich bräuchte weitere vierzig Meter, sonst hängst du in der Luft und ich habe kein Seil mehr zum Nachlassen.«

»Das ist einer der Gründe, warum der zweite Mann noch ein Seil trägt; der andere ist der, daß der erste Mann, bis er zum Sicherungspunkt gelangt, das gesamte Gewicht des Seils trägt, an dem er befestigt ist. Warum sollte er zwei Seile tragen, zumal er eher der Gefahr eines Sturzes ausgesetzt ist, weil er nicht von oben angeseilt ist wie der zweite Mann?«

»Ich knote sie dann also zusammen.«

»Mit einem Achterknoten, einem doppelten Achterknoten, wenn ich bitten darf, *bevor* du das erste Seil vom Bauch löst, natürlich.«

»Das ist ein trickreiches System«, stellte Rafi fest.

»Das ist ein wunderbares System. Die Feinheiten sind sogar noch besser. Ich knote mir das Seil zum Beispiel nicht um die Hüften. Statt dessen nehme ich einige Schlingen und hänge mich in das Seil mit einem Achterknoten und einem Karabiner. Und warte erst mal, bis du siehst, wie wir uns abseilen. Das ist wie Fliegen.«

»Ich hoffe, das ist nicht so wie bei der Kathedrale, Alessandro.«

»An der Kathedrale gab es praktisch keinen Halt. Ich konnte keine Haken einschlagen, und wir mußten im Dunkeln klettern.«

»Ich weiß.«

»Und hier werden keine Priester rausrennen und uns anbrüllen, weil nicht die Kirche diese Berge gebaut hat, sondern Gott. Ich klettere jetzt. Zieh nicht am Seil, sonst reißt du mich vom Felsen. Achte auf mich. Wenn ich falle, wirst du es sehen, bevor du es im Seil spürst. Dann kannst du dich auf den Ruck vorbereiten.«

Rafi schaute sehr ernst drein.

»Wir sehen uns am ersten Baum.« Alessandro trat an den Fuß der Wand und schob die Schlinge mit den Karabinern und Felshaken nach hinten. Ein breiter Spalt reichte fast bis zum ersten Sicherungspunkt. Auf halbem Weg verschwand er an einer Reihe von Felsvorsprüngen, die so aussahen, als wenn sie guten Halt boten. Dann tauchte er wieder auf und lief etwa einen Meter unter dem Baum aus. Der Fels dort war absolut glatt. Rafi hatte keine Ahnung, wie Alessandro daran vorbeikommen wollte.

Alessandro begann fließend und langsam zu klettern. Zuerst atmete er schwer und war sich der Tiefe bewußt. Dann, beim Aufstieg, vergaß er die Tiefe, vergaß seine Atmung und vergaß alles in der Welt außer der Route und der Strategie, wie er sie bezwingen wollte.

Er hielt erst nach etwa zehn Metern inne, um einen Haken einzuschlagen. Der Spalt war tief und weit, er wies viele gute Handgriffe auf, und Alessandros Anfangsschwung hatte ihn schnell und hoch vorangetrieben.

»Ich schlage hier einen Haken ein«, rief er und hämmerte ihn in einen schmalen Riß parallel zu einem größeren, »weil die Risse schwieriger werden und ich hoch genug bin, um Sicherung zu brauchen.« Als das Singen des Felshammers gegen das Eisen einen ganz hohen Ton erreicht hatte, steckte ihn Alessandro wieder ein und klickte einen Karabiner durch das Loch in dem Haken. »Ich nehme hier keine Schlinge«, rief er nach unten. »Der Spalt verläuft relativ gerade, selbst ohne Schlinge wird das Seil einer senkrechten Linie folgen. Darum geht es: Wenn das Seil von einer Seite zur anderen zickzackt, gibt es an den Ecken viel Reibung, was sich in mehr Gewicht niederschlägt, wenn du das Seil nachziehst. Wenn deine Sicherung oder die Route selber nach links oder rechts gehen, nimmst du eine Rolle, die zu einer Mittellinie aushängt, an der das Seil ungehindert laufen kann. Verstanden?«

»Ja!« rief Rafi nach oben.

Alessandro hängte das Seil in den Karabiner ein. »Wenn ich falle, kann ich nur die doppelte Entfernung bis zu diesem Haken fallen. Ich klettere!« rief er und setzte seinen Aufstieg fort, nachdem er sich hinausgelehnt und seinen Kopf zurückgelegt hatte, um zu sehen, wohin er ging und was er tun müsse, um dorthin zu gelangen. Die Griffe wurden zu Tritten, und während er stieg, war alles vor und über ihm wie die Erfüllung eines Versprechens.

Alessandro war einem Riß gefolgt, in den er, wenn er wollte, den halben Körper von Kopf bis Fuß hineinstecken konnte, woraufhin er einfach nur die Knie anziehen und zurückzusitzen brauchte, um vollständig eingeklemmt zu sein, frei, einen Haken einzuschlagen, auszuruhen oder die weitere Route zu erkunden. Der Spalt wurde schmaler, und er mußte seine Füße seitlich stellen; er suchte daneben die Felswand nach Griffen für seine Linke ab, während die Rechte sich in dem Spalt hinaufarbeitete. Selbst jetzt konnte er ausruhen, indem er einfach seinen Körper zu einer Seite lehnte und seine Füße fest in den Spalt klemmte. Dies tat er, um einen Haken einzuschlagen, und dann, fünf Meter weiter, setzte er einen Klemmkeil in den schmalen Spalt.

Ein Klemmkeil war aus Eisen und hatte mehrere Löcher, um sein Gewicht für den Bergsteiger zu vermindern. Wenn der Spalt klein war oder wenn er ihn in einen kleinen Spalt stecken und ihn festklemmen konnte, zog er eine Schlinge hindurch, befestigte einen Karabiner daran und klinkte das Seil ein. Als der Spalt auslief und er sich dem Überhang näherte, setzte er einen Klemmkeil und sagte Rafi, was er getan hatte.

Dann stieg er über den Überhang, als wäre er eine Leiter, bis zum Beginn des nächsten Spalts. Er schlug bald einen neuen Haken ein und fand sich in kurzer Zeit fast am oberen Ende des Spalts wieder, etwa einen Meter unter dem Baum.

Der Baum war sehr verlockend. Wie oft an kleinen Bäumen in Felswänden zu beobachten, war er in einer U-Form nach unten gewachsen, bevor er wieder anstieg, so als versuchte der Baum, ihm entgegenzukommen. Er war immer noch eine Armlänge von ihm entfernt.

Der Fels zwischen Alessandro und dem Baum war völlig glatt. Vom Boden aus hatte er gehofft, mit einigem Glück einen Griff zu finden, der nur aus der Nähe zu erkennen war. Er mußte nicht sehr groß sein, da er ihn nur brauchte, um sich mit Schwung nach oben zu ziehen und nach dem Baum zu springen.

Der Fels sah aus wie poliert. »Ich bin einen Meter unter dem Baum«, rief er hinab, »und der Fels ist glatt wie Glas. Ich werde etwas tun, was wirklich nicht vorgesehen war, aber ich habe keine andere Wahl. Ich hatte nicht geplant, dir heute Kunstklettern vorzuführen. Nun wirst du es zu sehen kriegen.«

Er winkelte seine Füße in den Spalt, hielt sich mit der linken Hand fest – fünfunddreißig Meter über dem Boden – und zog einen Haken von der Schlinge. »Ich werde so hoch ich kann einen Haken einschlagen.« Er griff mit der linken Hand den Spalt entlang immer höher, bis sie keinen Halt mehr fand, und hielt den Haken mit der rechten Hand darüber, drückte ihn hinein, bis die Spitze hielt, und balancierte ihn auf dem aufgerichteten Zeigefinger der linken Hand.

Vorsichtig zog er seinen Hammer aus der Halterung und schlug den Hakenkopf, bis er die linke Hand zu einem festeren Halt zurückziehen und stärker auf den Haken schlagen konnte, der tief hineingetrieben wurde und erst mit dem charakteristischen singenden Ton am Kopf festsaß.

»Er sitzt fest«, sagte er und prüfte ihn mit einigen seitlichen Hammerschlägen. Er steckte den Hammer ein, zog einen Karabiner aus der Schlinge, klinkte ihn durch die Öse des Hakens und befestigte das Seil. »Jetzt bin ich gesichert, aber ich muß immer noch höher, also nehme ich noch einen Karabiner und hänge ihn ein.« Dann nahm er zwei Schlingen, hing sie zu einer Steigleiter zusammen, einer *étrier*, wie die Franzosen es nennen, und befestigte ein Ende davon am Karabiner.

Er klammerte sich am Haken fest und kletterte die zweistufige Leiter hinauf, bis er auf der oberen Stufe stand und sich gebückt hielt, um sich an dem Haken festhalten zu können, der nun nur wenig von seinem linken Fuß entfernt war. Sein Gleichgewicht war so unsicher, daß er es nicht wagte, nach oben zu blicken. Rafi hielt den Atem an.

In Zeitlupe hob Alessandro seinen rechten Arm so hoch er konnte, war aber immer noch zwei Handlängen von dem Bogen im Baumstamm entfernt. Er drehte den Kopf genauso langsam nach oben, hielt inne und drehte die Augen so nach oben, daß er sehen konnte, wie weit er noch kommen mußte, ohne seinen Stand zu verlieren.

Dann stand er einfach auf, als stünde er auf dem Boden eines Cafés in Trastevere, und griff wie ein Trapezkünstler nach dem Baum. Zwei Sekunden später saß er auf dem Vorsprung und beschäftigte sich mit seiner Ausrüstung.

Als er sich an den Baum gebunden, das durchhängende Seil angezogen und zur Sicherung um seinen Oberkörper gelegt hatte, rief er zu Rafi: »Kommen!«

In dem Augenblick, in dem er seine Hand auf den Felsen legte, wußte Rafi, daß sich alles verändert hatte. Die Sonne war über die Zinnen gestiegen, und die Luft war wärmer, sogar heiß. Er konnte in den aufsteigenden Winden, die das Geräusch des stetig donnernden Wasserfalls herbeiwehten, den Geruch von Kiefernharz riechen. Die

Welt und der blaue Himmel waren hinter ihm, und er stieg den Riß hinauf, als sei er eine Leiter. Ein Schock durchfuhr ihn, und er fürchtete, dem zu vertrauen, was er so stark empfand. Er war nicht dazu geboren, Fleischer oder Anwalt zu sein, so schien es, sondern um dies hier zu tun. Die Länge seiner Arme und Beine, die Kraft seiner Hände und Finger und sein außergewöhnliches und neuentdecktes Gleichgewichtsgefühl halfen ihm die erste Etappe hinauf.

Wenn er sich festklammerte, um Alessandros gut plazierte Haken auszuschlagen, zitterte und schüttelte er sich nicht, wie es Anfänger im Bergsteigen sonst oft tun, und er war den ganzen Weg hinauf glücklich. Er bat nicht um Rat, er brauchte keinen Seilzug, er kletterte doppelt so schnell, wie Alessandro erwartet hatte, und an dem Abschnitt unterhalb des Baumes versetzte er seinen Lehrer in ungläubiges Staunen.

Statt die Steigleiter zu verwenden und sie an dem Haken zurückzulassen, schlug er den Haken aus, steckte ihn ein und schaute hoch.

»Und was machst du jetzt?« fragte Alessandro. »Ich werde dich hochziehen müssen.«

»Nein«, sagte Rafi, kletterte weiter und nutzte einen kaum sichtbaren Griff. Als sich seine Hände, so hoch sie konnten, in dem schmalen Riß vorgearbeitet hatten, zog er seine Füße nach. Bald hatte er sich zu einem Bogen gekrümmt und seine Hände und Füße benutzten denselben nahezu unmöglichen Halt. »Kein Zug«, sagte er, als ihn Alessandro verwundert ansah. Dann stand Rafi auf, wie es Alessandro getan hatte, allerdings in dem unbequemen Riß und nicht in einer sicher verankerten Steigleiter.

Er begann zu fallen, doch dabei ergriff er den knorrigen Baum mit den Fingerspitzen, und kurz darauf saß auch er auf dem Vorsprung.

*

In zehn Tagen begann der Schüler, seinen Lehrer zu übertrumpfen, und führte die schwierigsten und steilsten Routen an, solche, an denen man frei klettern mußte, da sie nicht einen einzigen Standplatz boten. Das waren die Wände, an denen die Bergsteiger enorme Kräfte entwickeln und an einem Nachmittag fünfzig Haken in die Wand schlagen.

Fünfhundert Meter in der Luft, mit nichts hinter sich, fühlte sich Rafi völlig sicher und hämmerte sich seinen Weg einen unmöglichen Haarriß oder absolut gar nichts hinauf, ohne zu ermüden.

Sie seilten sich von so mancher Zinne ab, flogen fast, und legten einen ganzen Tag schwersten Kletterns in einer freudigen Stunde zurück. Sie kletterten über Eis und Schnee und erreichten Gipfel, auf denen sich das Licht durch Widerspiegelung verdoppelte. Sie schafften einige außergewöhnliche Abfahrten, fuhren Kilometer um Kilometer Ski ohne Skier durch Schluchten von unberührtem Pulverschnee.

Obwohl sie viel aßen, verloren sie an Gewicht, da die Höhe und die Anstrengung an ihnen zehrten. Sie schliefen, bevor es dunkel war, und waren auf, bevor es hell wurde. Wenn die Sonne gerade unterging und sie von einer Klettertour zurückgekehrt waren, wuschen sie sich, verschlangen ein paar Päckchen Kekse, Käse und Trockenfleisch und überließen sich dem Vergessen. Sie schliefen traumlos und sprangen jeden Morgen auf, wenn der Mond in der Schweiz versank, waren voller Energie, stärker, als sie jemals zuvor gewesen waren, konnten im Dämmerlicht über steile Matten rennen und sich in die vertikale Welt vorantreiben, in der gegen Mittag Habichte in schwindelnden Kreisen unter ihnen dahinschwebten.

Während Rafi immer sicherer wurde, entwickelte sich seine Leidenschaft für die Kletterei immer mehr von der Alessandros weg. Ihn interessierte es, seine Grenzen zu übersteigen, das zu tun, was weder er noch sonst jemand je getan hatte, und weil, per definitionem, die Grenze die Gefahr selber war, spielte er immer mit dem Risiko.

Er liebte es, direkt am Rand eines Felsvorsprungs zu stehen, manchmal nur mit den Absätzen auf dem Fels, nach Art der Bergführer, die ihre Klienten beeindrucken wollen, oder in einen Abgrund zu starren, der so tief war, daß Alessandro, wenn Rafi abgestürzt wäre, nicht ohne Fernrohr gesehen hätte, wo er angekommen wäre, und ihn nicht ohne Lupe dort gefunden hätte, wo er aufgeschlagen wäre. Sie warfen Felsbrocken aus dieser Höhe hinab, und wenn sie nach vielen Sekunden an die richtige Stelle schauten, sahen sie eine geräuschlose Staubwolke.

Rafi meinte, das Eisen, das er in den Fels schlug, und das Seil, das geschmeidig und schön war, wenn sie von einem Abseilpunkt flogen, wären viel besser als Indices und Zitate, und Alessandro verstand das, denn er wußte, die Schönheit des Bergsteigens bestand darin, daß das gelegentliche Versagen von Dingen, die genau funktionieren sollten, selbst gewöhnliche Menschen Prüfungen von Heiligen aussetzen, und solche Prüfungen sie weit über das hinaustragen, was sie erwartet haben, und daß die Rückkehr eines Bergsteigers ins Lager manchmal wie das Schweben von Engeln sein kann, welche die Höllenschlunde überqueren.

Rafi war den Bergen vollkommen angepaßt, denn wenn er geprüft und bis aufs blanke Nichts beansprucht wurde, blieb seine Seele unberührt und stieg auf, zog ihn näher dahin, wo er sein wollte. Er kümmerte sich wenig um Sicherheit und bemerkte die kleinen Dinge, die für Alessandro die wichtigsten Gründe fürs Klettern darstellten, immer seltener. Alessandro liebte den Geruch der Pflanzen, die am senkrechten Fels wuchsen. Wenn sie von einem Stiefel zertreten oder von der horizontalen Bewegung des Seils zerrieben wurden, gaben sie einen süßen und harzigen Duft von sich, der einem an der Kleidung hängenblieb, und wenn Alessandro ein Feuer machte, durchzog der würzige Rauch alles, was er besaß, und begleitete ihn auf angenehme Weise den ganzen Tag über. Die Morgensonne, die von riesigen lackierten Felsansammlungen weit oben herüberschien, von da, wo sich Wolken und Nebel jagten und glitzerten, war eine göttliche Explosion, die einem durchs Auge schoß, um das Herz einzunehmen. Und am allerbesten war der Donner.

Für ihren letzten Aufstieg waren sie um drei Uhr in der Früh zum Fuß einer senkrechten Zinne aufgebrochen, die tausend Meter hoch und so faltig und schrundig war, daß es hunderttausend Wege zu geben schien, sie zu besteigen, doch wie so oft, je höher sie kamen, desto schwieriger wurde es, und die letzte Zinne bildete da keine Ausnahme.

Weit unterhalb des Gipfels hörten die Vorsprünge auf, die Risse verschwanden im Nichts, die Überhänge nahmen zu, und mögliche Routen um sie herum waren immer schwieriger zu erkennen.

Um vier Uhr nachmittags, nach einem ganzen Tag freien Kletterns erschöpft, waren sie noch ein ganzes Stück vom Gipfel entfernt. Es waren nur noch wenige Stunden, bis es dunkel war, und sie beschlossen, sich abzuseilen. Der Abstieg würde länger dauern als sonst, weil ihre Sicherungen aus Haken bestanden, die sie in den Fels getrieben hatten, nicht aus Bäumen oder Felsbrocken. Weil sie sich an den Haken abseilen mußten, mußten sie sie erneut sorgfältig einschlagen.

Die Zeit rannte ihnen davon, und das Wetter wurde zunehmend schlechter. Wenn sie noch irgendwelche Zweifel über die Vorzüge eines Rückzugs hegten, so wurden diese von den sich auftürmenden Wolken zerstreut. Sie trafen ihre Entscheidung, als sie beide in Steigleitern standen, die an einem schweren Haken befestigt waren. Sie waren an ihren Hüften daran festgebunden und ruhten sich aus, indem sie sich über siebenhundert Metern leerer Luft zurücklehnten.

Sie bereiteten das Abseilen sehr sorgfältig vor. Den falschen Karabiner zu öffnen bedeutete, lautlos dem Tod entgegenzustürzen. Ihr Leben hing an den Seilen, den Karabinern und dem schweren Haken, den Rafi in den Fels getrieben hatte. Er hatte fünf Minuten gebraucht, ihn einzuschlagen, und während er arbeitete, war sein Schweiß in dem zunehmenden Wind verdunstet.

Mit den Eisen beladen, die er als zweiter beim Aufstieg eingesammelt hatte, war Alessandro gerade dabei abzusteigen, um den nächsten Haken zu setzen, als der Wind einen riesigen Ballen schwarzer Wolken über die Zinnenspitze trieb und durch die leeren Räume pfiff und der Himmel aufbrach.

Die dunklen Wolken taumelten auf die beiden Kletterer zu, entfalteten sich und rollten sich langsam wieder zusammen, trieben eine Masse aufgeregter und widerstrebender Winde vor sich her, die so heftig waren, daß sie Rafis Bart anpreßten und ihn wie eine Ziege aussehen ließen. In einem einzigen Windstoß wurden sie von Regen, Schnee und Hagel getroffen, eins folgte schnell auf das andere, und dann wurden sie von der kalten Luft trockengeblasen, die ihnen durch ihre Kleidung fuhr, bis alles, was sie trugen, in Ballons von ihnen abstand, als wollte der Wind es ihnen vom Leibe reißen.

Sie kämpften sich in ihre Regenjacken, als der erste Blitz den Abgrund hinunterschlängelte und ihnen die Haare zu Berge stehen ließ. Alles wurde weiß, und sie wurden wie Korken an Fischnetzen gegen den Fels geschleudert. Der sofort folgende Donner rüttelte ihre Schädel und rollte eine Minute lang oder länger auf die anderen Bergketten zu. Als er vorbei war, klingelten ihnen die Ohren, und sie konnten immer noch nichts sehen.

Als ihre Sehfähigkeit zurückkehrte, sahen sie dunkle Wolken aus den Kiefern steigen, in gefälligen Kurven um die Felsvorsprünge ziehend. Die Wetterfront stürmte westwärts und vollführte einen wunderschönen erschreckenden Sturz direkt über den beiden Kletterern, als sie die Zinne überstieg und hinter sich ließ, wie eine Schlange, die über eine Mauer kriecht.

Sie ließ eine Armee von Blitzeschleuderern zurück, um die Berge dafür zu strafen, daß sie sie aufgehalten hatten, aber die Bestrafung war wunderschön. Mit weit geöffneten Augen und tiefen Atemzügen, von den Erschütterungen um sie herum geschüttelt, hingen Alessandro und Rafi betäubt in der Luft. Der Donner war so tief, die Blitze so hell und der Wind so stark, daß sie sich fragten, wie sie dies überlebten. Vielleicht waren sie zu klein für die über sie hinwegziehenden Explosionen. Wären sie so groß wie Berge gewesen, hätten sie vielleicht Schmerz verspürt, aber so waren sie immun. Selbst als die scharfen Blitze so dicht und zahlreich waren, daß es Rafi und Alessandro vorkam, als hingen sie vor einer Kanone, die gerade abgefeuert wurde, blieben sie unberührt.

*

Zu Beginn des Winters veröffentlichte Alessandro einen Artikel, in dem er sich gegen den Krieg gegen die Türkei aussprach, der im Oktober 1911 ausgebrochen war. Zwar hatte er oft über dieses Thema gesprochen, aber in der Stille seines Zimmers hatte er jene Art kraftvoller Sprache gefunden, die ihm beim Sprechen nicht eingefallen wäre, weil deren Ursprung in der Zusammenarbeit von Hand und Stift lag.

Der Aufsatz erschien in einer Zeitung in Rom, nachdem Alessandro ihn zwanzigmal hatte umschreiben und ihn mindestens um die Hälfte seiner ursprünglichen Kraft hatte berauben müssen. Alessandro wurde mit Briefen überschüttet, von denen einige von Monarchisten, Garibaldini und Offizieren geschrieben waren, die seinen Patriotismus in Zweifel zogen. Ein paar kamen von einfachen Menschen, die schrieben, um ihre Mißbilligung oder Zustimmung zum Ausdruck zu bringen. Die meisten allerdings stammten von Arbeitern innerhalb eines unsichtbaren, völlig von ihnen selbst gesponnenen politischen Gewebes, etwas nicht wirklich Realem, das sie plötzlich mit Leben zu erfüllen hofften. Sie wollten Alessandro für ihre eigenen Zwecke einspannen und sahen das Ziel, den Krieg gegen die Türkei zu beenden, nur als ersten Schritt. Tatsächlich war ihnen der Krieg, die Türkei oder das meiste sonst gleichgültig, denn sie hatten geheime Zielvorstellungen, die alles andere außer acht ließen.

Drei Viertel dieser Leute ließen Orfeo Quatta im Vergleich dazu wie einen Ausbund an Klarheit erscheinen. Sie haßten Italien, das Militär, die Regierung, den Kapitalismus, Pferde, Säbel und Enzyklopädien. Sie haßten Enzyklopädien, weil sie in ihnen Konspirationen vermuteten, Konspirationen, die nicht nur anders als ihre eigenen, sondern auch subversiv waren. Sie verabscheuten Kapitalismus und Säbel: das war nicht überraschend, aber Alessandro konnte nicht begreifen, warum sie Pferde haßten.

In mehreren philosophischen Schulen gründlich bewandert, hatte er schon früh in seiner universitären Laufbahn erkannt, daß keine von ihnen, so bewundernswert sie im einzelnen auch sein mochten, ausreichte, das Leben in der Welt zu erklären. Selbst in Kombination waren sie jämmerlich unzureichend. Er hatte keine Geduld mit Marxismus, Julianismus, Sozialismus und den anderen ökonomischen Glaubensrichtungen, die bemüht waren, nicht nur alles zu erklären, sondern auch das neu zu ordnen und zu ersetzen, was trotz tausender Philosophien, zehntausender Theorien und unzähliger Jahrtausende Natur, Notwendigkeit und Zufall entstanden war.

Er haßte weder Italien, noch Säbel, Pferde oder Enzyklopädien, und er sah in dem Krieg in Libyen nicht das logische Resultat, sondern eher eine Fehlentwicklung dessen, wie die Dinge waren, und dennoch bekam er dringliche Briefe von merkwürdigen Italienern, die vom Osmanischen Reich angetan waren. Selbst einige Römer, die in der Nähe wohnten, bewegten sich in vollgestopften Plüschzimmern mit weichen zerknitterten Samtwänden und maurischen Dekorationen durch eine Traumwelt. Nachdem sie einmal gelernt hatten, mit islamischen Augen zu sehen, konnten sie nicht mehr zum Westen zurückkehren und waren wie junge Gefangene tief in Feindesland, die ihre Seelen neu ausrichten müssen.

An einem kalten Tag im Januar, als Millionen von Schwalben die Bäume entlang des Tiber in Besitz genommen hatten und in wilden schwarzen Wolken, die den Himmel verdeckten, umherflogen, hatte Alessandro vom Büro seines Vaters aus Tausende von Menschen beobachtet, die sich durch die verwinkelten Straßen unter ihm auf das Kapitol zubewegten. Sie hielten zwischen Stangen gespannte Spruchbänder, skandierten unisono und dann wieder nicht, forderten das Ende des Krieges und protestierten gegen die Art, wie der Krieg geführt wurde. Ihr stärkster Verbündeter war die Stagnation in der Libyschen Wüste, wo Cholera und Typhus die italienischen Expeditionsstreitkräfte dahinrafften.

Die Protestierenden füllten die regennassen Straßen, als wären sie das Kopfsteinpflaster. Abgesehen von dem, was sie riefen, versetzte allein schon ihr Skandieren Alessandro in höchste Erregung, und er wollte sich ihnen anschließen.

»Geh nur«, sagte sein Vater, ohne vom Schreibtisch aufzublicken. »Es kann nicht schaden. Vielleicht hilft es sogar.«

Alessandro ging zur Tür, und sein Vater fügte hinzu: »Ich muß dich allerdings warnen.«

»Vor den Säbeln der Carabinieri?«

»Ich weiß, daß du schnell genug bist, ihnen aus dem Weg zu gehen, und daß du schweigend und skeptisch am Rand der Menge marschieren wirst.«

»Wovor dann?«

»Daß du dir einbildest, eine Rede zu halten.«

»Tu ich nicht.«

»O doch. Ich sehe es dir an. Am Kapitol wirst du vortreten und plötzlich: Cicero. Aber, Alessandro, sie werden dich nicht lassen, und selbst wenn, würdest du zu tausend verschiedenen Vorstellungen reden. Jeder hat seinen selbst ausgestellten Paß für die Reise durch den Schrecken und die Traurigkeit der Welt, und weil letztlich nichts ausreicht, will jeder seine eigene Methode verbreiten und hofft auf die Stärke von Zahlen.

Als ich noch ein Kind war, erzählte mir mein Vater die Geschichte einer Truppe in Napoleons Armee in Rußland. Es waren zehntausend Mann, und sie konnten sich nicht vorstellen, daß sie mit ihrer Masse sich etwas so Banalem wie der Kälte beugen müßten. Zehntausend Seelen sind schließlich eine Stadt, und Städte frieren sich nicht zu Tode. Sie waren zu beschäftigt, sie waren zu viele, sie fühlten sich in Gesellschaft der anderen sicher – aber sie erfroren, weil sie im Schnee verloren waren.

Sterblichkeit ist wie Kälte. Sie kann weder durch großartige Einfälle noch durch Solidarität geändert werden, und am Ende bist du auf den Knien, zu Tode erschreckt und erstaunt, und hast nur ein Schwert, einen Schild, eine große Sache, die dir weiterhilft.«

Alessandro wartete darauf, zu hören, was die wäre, aber sein Vater wollte es ihm nicht sagen. »Wenn du nicht allein darauf kommst, wird es nicht mehr als eine Ermahnung von mir sein.«

In der Menge dort unten brach ein Kampf aus. Anarchisten benutzten die Stangen ihrer schwarzen Banner, um auf die Menge einzuschlagen, und berittene Carabinieri tänzelten seitlich auf ihren Pferden, um sie in das Gewirr der mäandernden Seitenstraßen abzudrängen.

»Du siehst«, sagte der Anwalt Giuliani, »in der Einigkeit liegt nicht nur kein Trost, sie können sie auch nicht mal zustande bringen.«

»Ich könnte sie vereinen.«

»Das ist unsinnig, Alessandro. Wenn sie dich unterstützen oder dir gar zuhören sollten, dann nur, weil du dich und deine Ideen so weit verflacht hättest, bis alles verschwunden wäre, was herausragend und hochherzig gewesen ist.«

»Was, wenn ich frei sprechen würde, kraftvoll, und sie mitreißen würde?«

»Das würde dich zu einem Demagogen machen, einem Windbeutel. Warum glaubst du, daß große Führer und große Reden stets mit Kriegen, Revolutionen und der Gründung oder dem Sturz von Regierungen und Staaten einhergehen? Gemeinsame Interessen sind dabei so offensichtlich, daß man ohne Mühen Reden daraus machen kann, doch im Augenblick sind weder die Fakten noch die Konsequenzen daraus genügend klar, um große Reden zu rechtfertigen.

Dies ist die Art von Krieg, die sich so hinzieht und seine Befürworter und Gegner gleichermaßen dumm aussehen läßt.«

Die Menge zerstreute sich. »Und noch etwas«, sagte der Anwalt, der immer noch an seinem Schreibtisch arbeitete und während er sprach, einige Passagen in einem Vertrag strich und darauf vertraute, daß die nachlassende Solidarität der Masse diese seinem Sohn weniger attraktiv erscheinen ließe. »Du weißt doch, wie im Frühling und Herbst die Schafe durch Rom getrieben werden? Sie halten alle das gleiche Tempo, sie haben ihre Schäfer und ihren Leithammel, und sie blöken nach Veränderung, aber alles, was sie tun, ist von einer Weide zur anderen hin und her zu laufen, und alles bleibt beim alten.

Du hast viel mehr zu bieten als Wolle und Lammkoteletts. Begib dich nicht in die Masse, bevor du sie nicht führen kannst, und versuche nicht sie zu führen, bevor sie dich braucht.«

»Und was mache ich in der Zwischenzeit?«

Der Anwalt blickte auf. »Gibt es nicht genug in der Welt, was dich beschäftigt?«

»Ja, sicher, aber ich möchte einen Rückzug aus Libyen erreichen.«

»Schreib noch einen Aufsatz.«

»Ich habe schon gesagt, was ich zu sagen hatte.«

»Wenn du glaubst, daß du alles gesagt hast, was du zu sagen hast«, meinte sein Vater zu ihm, »dann rede mit der Opposition.«

*

Anfangs glaubte Lia, sie habe Alessandro besiegt, als wenn Geschehen Rechtfertigung wäre, als wenn die Kriegserklärung ein Beweis ihrer Argumentation oder besser der ihres Bruders wäre, daß ein Krieg notwendig sei. Alessandro jedoch gab in seinen Punkten nicht nach, nur weil irgendwelche Regierungsbeamte sich falsch entschieden hatten. In der ersten Runde mußte sich weder er noch Lia mit etwas Unangenehmem auseinandersetzen. Kampfhandlungen waren nicht ausgebrochen, nichts war bewiesen, und alles befand sich in einem Zustand der Unsicherheit. Elio, Lias Bruder, der mit einer Kavallerieeinheit in Norditalien stationiert war, hatte geschrieben, daß es so aussehe, als ob der Krieg mit einem schnellen Bombardement gewonnen werden würde und er Afrika nicht zu sehen bekäme.

Je mehr Alessandro mit Lia stritt, um so mehr wurde er von ihr angezogen. Während sie debattierten, vergaß er, was er sagen wollte, und ihm wurde in vielen Variationen des Begehrens schwindlig – einigen vulgären, einigen normalen und einigen ätherischen. Manchmal griff er zur Bekräftigung eines Arguments nach Lias Hand, auch wenn sie nicht allein waren, und aller Streit löste sich auf. Manchmal neckten sie sich, und manchmal waren sie mit Ernst bei der Sache – sie quälten sich gegenseitig mit Geschichte, Vernunft und Statistiken, aber da der Krieg noch nicht bitter war, waren sie es auch nicht, und im Oktober, nachdem der Krieg offiziell erklärt worden war und ihre Auseinandersetzungen kühles Feuer ausgelöst hatten, begannen sie, sich zu küssen.

Sie hatten vierzig Runden durch den Garten hinter sich und schauten nach oben, um den Schwalben und Spatzen zuzusehen, die in den kühlen grauen Wolken herumschwirrten. In der Abenddämmerung waren die Lichter ihrer Häuser anheimelnd und friedlich gelb. Am Gartentor sagte Lia: »Es tut mir leid, daß wir nicht einer Meinung sind, Alessandro.«

Von der Dunkelheit umhüllt und durch Entfernung und die Mauer geschützt, zog er sie an sich, und sie berührten einander mit nicht mehr Druck, als bei einem Tanz in einer Botschaft angemessen gewesen wäre, doch dann führte er seine linke Hand auf ihrem Samtcape ihren Rücken entlang bis zur Taille und hielt sie fest. Sie erwiderte die Umarmung, und zum erstenmal spürten sie sich von Kopf bis Fuß, fest genug, um ihr Blut rasen zu hören. Er küßte ihren Mund, ihr Parfum stieg auf, ihre Brüste drängten ihm entgegen, und für eine halbe Stunde lehnten sie an der Mauer. Als sie sich trennten, war ihnen heiß, sie waren wie betäubt und angenehm außer Atem. Politik und Krieg schienen leicht zu vergessen zu sein.

Im November waren die Felder trocken und abgeerntet. Es war nur eine kurze Distanz vom Aventin, bis sie einen Platz fanden, wo das Heu aufgehäuft war, oder einen Pinienhain mit weichem Boden. Die Pferde hätten sie gewarnt, wenn zufällig ein Bauer oder ein Jäger vorbeigekommen wäre, aber niemand näherte sich, um die außergewöhnlichen Szenen zu sehen, die sich zwischen den Bäumen und gegen die weiß gewordenen Heubüschel abspielten.

Doch der kleine Krieg weigerte sich, sie in Ruhe zu lassen. Elio war nach Venedig verlegt worden, wo er und seine Kavalleriebrigade in der Morgendämmerung heimlich eingeschifft wurden. Seine Familie hatte bis zum 10. Dezember nichts von seinem Aufenthalt in Libyen gewußt; da war er schon fast einen Monat lang dort.

Dreißig Tage genügten, ihn zu lehren, daß es eher Zufall als eigene Fähigkeit war, was ihn am Leben erhielt. Er klang, als schriebe er aus einem Gefängnis und wüßte, daß seine Wärter den Brief lesen würden – und dennoch war er voller Hoffnung.

Sie fragten sich, was er gesehen hatte, und sie begannen, es herauszufinden. Die Zeitungen brachten ständig revidierte Voraussagen vom Sieg, Freiwilligenaufrufe, berichteten von einem Schiff der Malteserritter, das Hunderte von Choleraopfern aufnahm und nach Neapel zurückbrachte, dort nur einen Tag vor Anker lag, um Nachschub zu laden, brachten schwarzumrandete Todesanzeigen und die panischen Gerüchte über jene, die an der Macht waren.

Die italienischen Truppen klammerten sich an die Küste, wurden kaum mit der Krankheit fertig, die durch ihre Reihen lief. Sie hatten die Stärke des Feindes unterschätzt, hatten angenommen, daß die Libyer an der Seite Italiens gegen die türkischen Oberherrn kämpfen würden, doch die Libyer zogen sich in die Wüste zurück und kämpften keineswegs wie Gentlemen. Wenn eine italienische Einheit überrannt wurde, konnten die Soldaten damit rechnen zu sterben, indem sie langsam zerstückelt wurden. Der Winter rückte näher, und nur wenige in Rom wußten, wie schwierig es wirklich war.

*

Rafis Unterhaltungen mit Luciana waren stets vorsichtig und höflich gewesen. Obwohl sie manchmal lachte, wenn er ihr von seinen Bemühungen erzählte, eine Anstellung in den Ministerien zu finden, die von Bürokraten überquollen, endete ihr Lachen traurig, und in dem Bruchteil der Sekunde zwischen diesen Stimmungen erforschten sie sich gegenseitig mit Blicken. Keiner von beiden wußte, daß der andere sich dessen bewußt war, doch einmal, als sie ihm auf sein Läuten die Tür geöffnet hatte, verhakten sich ihre Blicke im Überraschtsein, und von jenem Moment an hatten sie es gewußt.

Im Hof der Spanischen Synagoge in Venedig gab es einen kleinen Garten, in den nicht viel Sonne fiel. Ein alter Mann mit einem weißen Bart benutzte eine schmale Hacke, um ein ausgeklügeltes Netz flacher Bewässerungskanäle um den Fuß mehrerer Dattelpalmen zu ziehen. Sein Hemd war schweißdurchnäßt, und er sprach mit sich selbst, während er arbeitete.

Rafi trat hinter einer der Palmen hervor, bekleidet mit Jackett und Krawatte. Der Rabbi blickte auf. »Eine Beerdigung oder eine Hochzeit?« fragte er.

Rafi schüttelte den Kopf.

»Warum bist du so angezogen? Ist das deine Art?«

»Das habe ich mir bei den Gängen von Büro zu Büro angewöhnt. Ist der Rabbi da?«

Der Rabbi schaute in den offenen Himmel. »Das kommt darauf an, was du mit da meinst.«

»Sie sind der Rabbi.«

»Du suchst Arbeit.«

»Kann ich mit Ihnen sprechen?«

»Warum um Erlaubnis für etwas bitten, was man bereits tut?«

»Aus Höflichkeit.«

»Höflichkeit ziert am Anfang, und das ist die Mitte. Ich bin kein Zigeuner oder Seher. Wenn du mit mir reden willst, dann mußt du dies mit Worten tun.«

»Es ist schwer«, sagte Rafi.

»Die Menschen bringen oft die Bedeutung von Zeit und Schwierigkeit durcheinander.«

»Ich liebe ein junges Mädchen.«

»Was ist daran falsch?«

»Sie ist zu jung.«

»Wie jung?«

»Noch keine Frau.«

»Wie liebst du sie?«

»Wie?«

»Ja. Liebst du sie physisch, materiell?«

»Nein.«

»Warum?«

»Sie ist noch nicht soweit.«

»Liebst du sie wie eine Tochter?«

»Nein, dazu ist sie zu alt und ich bin zu jung.«

»Was, was soll das alles? Wieviel Unterschied liegt zwischen euch, ein Jahr Altersunterschied?«

»Acht.«

»Nun, das ist schon was, aber nicht allzu viel. Liebst du sie wie eine Schwester?«

»Nein.«

»Warum?«

»Ich liebe sie zu sehr.«

»Soweit«, sagte der Rabbi und schob seine Hacke weiter, »ist alles völlig in Ordnung, deshalb kommt es dir so schwierig vor. Ohne diese Schwierigkeit wären du und sie in fürchterlichen Schwierigkeiten. Ich spüre an der Art, wie du sprichst, daß du sie wirklich liebst, auf die vielleicht beste Art, wie ein Mann eine Frau lieben kann. Du liebst sie so sehr, daß du zu mir gekommen bist.

Du möchtest wissen, was du tun sollst. Du bist nicht der erste Mann, der mir so eine Frage stellt, und, ich könnte hinzufügen, auch nicht die erste Frau. Der erste, der fragte, war ich selbst, und sogar ich kannte die Antwort, vor langer Zeit, als ich kaum etwas wußte – und du kennst die Antwort jetzt.«

»Ich habe keine Frage gestellt«, sagte der junge Anwalt.

»Das hängt davon ab, was du mit *fragen* meinst. Wenn es nach mir geht, dann hast du gefragt. Du bist rot wie eine Dattelpflaume. Deine Augen sind geweitet, du atmest langsam und du bist still wie ein Hirsch. Nach meinem Dafürhalten ist das Fragen. Ich kenne die richtige Antwort und du auch: *Warte*.«

»Wie lang?«

»Drei Jahre.«

»Drei Jahre?«

»Bis dahin wird sie nicht mehr eingeschüchtert sein von dir, und sie wird Gelegenheit gehabt haben, dich abzuweisen. Du wirst Zeit haben zu beweisen, daß du sie nicht nur wegen dem liebst, was sie heute ist, sondern wegen dem, was sie dann sein wird und was aus ihr werden wird. Womit verdienst du deinen Lebensunterhalt?«

»Ich bin Anwalt.«

»In diesem Falle wird es einfach sein, dich drei Jahre beschäftigt zu halten.«

»Kann ich sie sehen?«

»Natürlich kannst du sie sehen. Du mußt sie sehen. Und du kannst es sie wissen lassen, aber du mußt warten. Es kann schwierig werden. Lerne, die Schwierigkeiten zu lieben.

Ich nehme an, sie liebt dich? Sonst müßten wir wieder ganz von vorn anfangen, wenn sie es nicht tut. Sie liebt dich, oder nicht. Ah, ja, ich kann es an deinem Gesichtsausdruck erkennen. Haargenau! Du siehst aus wie eine christliche Seligpreisung.« Der Rabbi hatte vergessen zu fragen, ob sie Jüdin sei. Vielleicht nahm er das einfach an, oder vielleicht spürte er, daß dies keinen Unterschied machte.

*

Eines Nachmittags im Spätaugust spielte Rafi mit Luciana im Garten Schach. Jeder andere war im Schatten oder im Haus, schlief, verlor vom Schirokko den Verstand oder lag, wie in Alessandros Fall, unbekümmert lesend in einer Wanne kalten Wassers.

Ohne die Hitze zu bemerken, saßen Rafi und Luciana auf Segeltuchstühlen mitten im Obstgarten, das Schachbrett auf einer umgedrehten Obstkiste zwischen sich. Lucianas Haar hatte nun die Farbe von Weißgold, und ihre glatte sonnengebräunte Haut war von einer vollkommen gleichmäßigen Farbe, die der Farbe der Markisen an vielen der Gebäude Roms ähnelte, doch ihre Augen waren in Kontrast dazu von polarem Blau.

Hauptsächlich ihr zuliebe verwendeten sie keine Schachuhr. Sie brauchte fünf oder zehn Minuten für jeden Zug und war schnell verwirrt. Sobald sie gezogen hatte, folgte ihr Rafi ohne Pause. Nicht einmal grübelte er nach, immer setzte er seine Position sofort durch. Er kalkulierte alles weit im voraus, behielt mehrere Strategien gleichzeitig im Auge und betrachtete Luciana, während sie finster das Brett anstarrte. Er liebte es, ihre winterlichen Augen zu beobachten, wie sie in vollkommener Symmetrie über dem Schlachtfeld auf der Obstkiste hin und her glitten. Sie war immer schön, aber sie war am schönsten, wenn sie nicht bemerkte, daß sie beobachtet wurde.

»Was hast du dir vorgenommen, Luciana?« fragte Rafi. »Als ich in deinem Alter war, habe ich beschlossen, Jura zu studieren. Es war tragisch.«

»Ich möchte nicht Jura studieren«, sagte sie, in demselben Ton, als wenn sie gesagt hätte, *ich möchte mich nicht in eine Küchenschabe verwandeln*.

»Eine Familie zu haben ist das Wichtigste«, sagte Rafi, »aber wenn man es richtig macht, wird es mit der Zeit weniger interessant und irgendwie gleichförmig. Ich frage mich, ob du vielleicht an etwas anderes denkst, oder etwas Zusätzliches.«

»Was zum Beispiel?«

»Ich weiß nicht. Klavierspielen? Durchbrennen in die Südsee?«

»Nein, aber ich träume auch nicht von der Ehe, vielleicht weil ich nicht weiß, wer mein Ehemann sein wird.« Selbst in der hellen Sonne errötete sie und war gezwungen nach unten zu blicken. »Wie kann ich ans Heiraten denken, wenn ich nicht weiß, wie er aussehen wird.«

»Und was hast du dir überlegt?«

»Ich habe nie mit jemandem darüber gesprochen«, sagte sie, während sie im Garten die Katzen betrachtete, die auf den unteren Zweigen der Obstbäume liegend schliefen, »aber ich werde nicht in Rom leben. Ich bin nicht ehrgeizig, und ich möchte keinen ehrgeizigen Ehemann, der sein Leben damit vergeudet, auf eine Stellung hinzuarbeiten. Und Geld ist mir gleichgültig.«

Rafi wußte nicht, ob sie dies von der Mutter hatte, vom Vater oder von beiden, aber die Giulianis waren alle zum Verrücktwerden gleich.

»Ich werde nach Norden gehen«, sagte sie, »in die Berge.«

Rafi ließ sich in seinem Stuhl zurückfallen.

»Ich habe es noch nicht durchdacht, aber ich werde einfach dorthin ziehen. Es wird vielleicht am Anfang schwierig sein – ich werde mich daran gewöhnen. Es ist nicht allzu weit weg, und wir sind im Sommer immer in die Alpen gefahren.«

»Würdest du dich damit zufriedengeben«, fragte er, »einen Bergführer zu heiraten oder einen Waldarbeiter oder einen kleinen Ortsbeamten – jemand, der im Vergleich zu einem Bewohner der Hauptstadt nur wenig Einfluß hat, der nicht auf der Bühne steht, sozusagen?«

»Ich sehe das anders. Ich habe immer gedacht, das Schönste wäre, auf einem Bergbauernhof zu leben, mit Schafen, Ziegen und Weinreben. Das hieße doch, einen Bauern zu heiraten, ob er nun auf der Bühne steht oder nicht. Ich glaube, je näher man der Macht ist, um so weniger begreift man, was es heißt zu leben.«

*

Rafi fand einen Platz zum Wohnen im obersten Stock eines Hauses in Trastevere. Weil das Zimmer klein war und man die Ausdauer eines Alpinisten brauchte, um dorthin zu gelangen, war die Miete äußerst gering. Während andere in seiner Position ihr Geld in Restaurants und im Theater und für Kleidung, Droschken und unnütze Talismane wie Gehstöcke und hübsche Uhren verplemperten, aß Rafi mit den Eisenbahnarbeitern, kleidete sich bescheiden und erledigte alle Gänge zu Fuß.

Das Geld, das er sparte, war für ein Haus oberhalb eines Alpendorfs bestimmt. Die Fenster seines Zimmers gingen auf den Gianicolo hinaus, wo er die Lichter des Hauses der Giulianis sehen konnte, und etwa einmal die Woche ging er zum Abendessen dorthin.

Die Zeit verging, der Krieg wurde erklärt, die Blätter fielen raschelnd, und dann, nach Weihnachten, schneite es. Eines Tages brachte er einen Freund zum Essen mit, einen Mailänder, und der Mailänder bezahlte die Kutsche, die sie den Hügel hinauf und wieder hinunter brachte. Nachdem sie das Haus verlassen hatten und in die Kutsche gestiegen waren, blickte Rafi zurück und entdeckte Luciana am Fenster von Alessandros Zimmer.

»Warte einen Augenblick«, sagte er zu dem Mailänder. »Ich habe etwas vergessen.«

Er stürmte ins Haus und die Treppen hinauf. Als er in Alessandros Zimmer ankam, war er außer Atem. Obwohl sich Luciana ihm zuwandte, blieb sie am Fenster stehen und er an der Tür. »Luciana«, sagte er. »Ich weiß nicht, wie ich mich ausdrücken soll. Deine Eltern sind unten, und sie müssen mich wohl für verrückt halten. Luciana, ich liebe dich.«

Ihre Antwort zeigte sich zuerst auf ihrem Gesicht und dann in ihrer Atmung. »Wirst du auf mich warten?« fragte sie.

»Wir brauchen nur zwei Jahre zu warten«, sagte Rafi. »Das sollte genug sein.«

Luciana bewegte ihren Kopf von einer Seite zur anderen, als erteile sie ihm eine Verwarnung, und hob dann ihren rechten Zeigefinger. »Ein Jahr«, sagte sie. »Was sonst jemand denkt, was sonst jemand sagt, ist unwichtig.«

*

Im Februar 1912 trafen die Seuchenschiffe Nacht für Nacht mit den Verwundeten, Kranken und Sterbenden in Neapel ein, und ein unablässiger grauer Regen fiel auf Rom. In Gewittern und Hageln von Blitzen wurde deutlich, daß jene, die im vergangenen hellen Oktober aufgebrochen waren, eine Küste der Hölle erreicht hatten. Man konnte, wenn man ein Gespür dafür hatte, das Leid und den Schmerz an den Berichten über Tapferkeit ablesen. Es war leicht, die Journalisten, die tatsächlich dagewesen waren, von denen zu unterscheiden, die auf den Schiffen geblieben waren und ihre Feldstecher benutzten, denn diejenigen, die wirklich dort gewesen waren, waren von Details besessen. Einer schien zu glauben, daß ein bestimmter Wassereimer das traurigste Ding auf der Welt war, nachdem niemand mehr da war, um daraus zu trinken. Ein anderer war bewegt von den elektrischen Lichtern auf den Schiffen, die die Verwundeten transportierten: Wenn sich die Schiffe ihren Weg durch die Stürme im Mittelmeer bahnten, hoben sich manchmal die Schiffsschrauben aus einem Wellental, und die Lichter flackerten kurz auf wie in einem göttlichen Signal für jene, deren letzte Augenblicke auf dem winterlichen Meer gekommen waren.

Allein in seinem Zimmer in Bologna, mit einem Feuer im Ofen und einer Welt von schiefergrauen Wolken am Himmel, verfolgte Alessandro besonders den Bericht eines Journalisten über die Artillerie: *Wenn man es einmal gehört hat, gleich ob von weitem oder aus der Nähe, wird man für immer an Dinge glauben, die man in einem behaglichen Leben wohl niemals kennenlernt. Kein Donner war je so tief oder so bedrohlich, denn Donner kommt von oben und wird vom*

Licht angekündigt. Obwohl die Artillerie manchmal einen breiten weißen Blitz zeigt, der die Nacht zum Tage macht, scheint er einem Riß im Boden entsprungen zu sein, und der tiefe furchtbare Ton hat nichts mit den luftigen Wutanfällen zu tun, mit denen wir Blitze sonst verbinden. Nein, der Ton der Artillerie kommt von unten, und obwohl ihr gelegentliches Rollen und Knallen so selbstverständlich daherkommt wie rollende Wellen, treibt es die Seele in eine Welt der Dunkelheit.

Zu Beginn des neuen Jahres war der Name Alessandro Giuliani unter Artikeln in mehreren der wichtigsten Zeitungen im Land aufgetaucht. Obwohl er nicht der beste, der bekannteste und auch nicht der effektivste Kritiker des Krieges war, hielt er einen besonderen Platz, weil seine Prosa außergewöhnliche Kraft hatte und nicht die leiseste Spur von Verbitterung zeigte. Die Oppositionellen klangen oft so sehr wie Krieger, daß niemand ihnen glaubte, wenn sie sich gegen den Krieg aussprachen. Alessandro hingegen war ganz Urteilskraft; es ging ihm nicht um Krittelei, Bestrafung, Schuld und Anklage. Er wollte nur tun, was richtig war – nicht aus einem vagen Gefühl der Humanität heraus oder den Türken zuliebe, oder für den Sozialismus, sondern für Italien. Diese disziplinierte Haltung und der Eindruck der Ausgewogenheit verschafften ihm eine Anhängerschaft, und seine Leser hielten ihn für einen Mann mindestens doppelten Alters. Den Januar hindurch wuchs seine Überzeugungskraft, seine Argumente wurden klarer, er lernte, keine Angst davor zu haben, sie zu wiederholen, und er freute sich an der neugewonnenen Macht, das Land bewegen zu können – wenn auch nur ein wenig –, während er mit dem Stift in der Hand auf seinem Stuhl saß und versuchte, der Wahrheit näher zu kommen.

Gegen Ende des Monats, als Wolken von Schwalben immer noch in ständiger Bewegung über den von Bäumen gesäumten Alleen kreisten, kehrte er aus Bologna heim und hatte Nachdrucke seiner Artikel in mehreren Zeitungen und Journalen bei sich. Er wußte, sein Vater und seine Mutter würden stolz sein, und er hoffte, daß Lia beeindruckt wäre, auch wenn sie ihm nicht zustimmte.

Er traf zu Hause ein, gerade als es in Rom begann, dunkel zu werden. Sein Vater war früh heimgekehrt, und bevor Alessandro noch seinen Mantel abgelegt hatte, warf er die Nachdrucke auf den

Eßtisch. Der Anwalt Giuliani war nun ein alter Mann. Es war ohne jemandes Wissen geschehen, so als hätte niemand ihm die nötige Aufmerksamkeit geschenkt. Er zog seine Lesebrille hervor, schaltete ein Licht an und begann zu lesen.

»Kommt Rafi heute abend?« fragte Alessandro.

»Rafi ist in Paris«, antwortete Luciana.

»Was macht er denn da?«

»Für die Kanzlei«, erwiderte Alessandros Vater, der kurz aufschaute. »Ein italienisches Kohlenschiff ist im Hafen von Cherbourg beschädigt worden. Wir verklagen die französische Reederei, deren Schiff es gerammt hat.«

Alessandros Mutter schaute ihn mit einem Ausdruck an, von dem er dachte, er sollte etwas andeuten, das nur sie ernst nehmen konnte, wie zum Beispiel, ob er mit zerrissenem Hemd vor seinen Professoren erschien. »Hast du meinen Brief nicht erhalten?« fragte sie.

»Nein«, entgegnete er mit der besonderen Genugtuung dessen, der absolut nicht fähig gewesen war, einen Brief zu erhalten.

»Dann weißt du noch nicht.«

»Was weiß ich noch nicht?« Alessandro bekam einen Schreck vor Angst, so als ob er aus großer Höhe blicke. Lucianas Augen standen voller Tränen, und sein Vater schaute von der Kolumne auf, die er gerade lesen wollte, als habe er nicht vor, sie zu beenden.

»Was ist los?« fragte Alessandro und erhob sich von seinem Stuhl. Er wollte es augenblicklich wissen. »Ist jemand gestorben? Wer ist gestorben?«

Signora Giuliani schloß die Augen und ließ den Kopf sinken.

»Wer?« fragte er nun schwach.

»Elio Bellati.«

Luciana weinte, und Alessandro verstand nicht warum. Sie zitterte, als wenn sie es mit eigenen Augen gesehen hätte.

Ihre Mutter tröstete sie, und ihr Vater stand auf, setzte die Brille ab und wandte sich seinem Sohn zu. »Alessandro, sie haben die Leiche verstümmelt ...«

Alessandro ließ sich in seinen Stuhl fallen. »Woher weißt du das?«

»Man hat es mitgeteilt. Er war nicht der einzige. Es waren viele.«

»Was ist mit Lia? Hast du sie seitdem gesehen?«

»Ich denke, du solltest dich besser mit dem Gedanken vertraut machen, ohne sie auszukommen, Alessandro.«

»Warum?«

»Weil die Dinge nun mal so sind.«

Später ging Alessandro durch den Garten, der mit nassen und verrottenden Blättern bedeckt war. Obwohl im Hause der Bellatis nur ein paar Lichter brannten, öffnete er das Eisentor. Ein Diener, den er nie zuvor gesehen hatte, ein alter Mann, der so aussah, als sei er darauf spezialisiert, in Trauerhäusern auszuhelfen, öffnete die Tür. Seine Art war ein Puffer für jegliche Emotion und jeden Wunsch. Wenn man ihn bat, die Zeitung zu bringen, würde er sagen: »Einen Moment. Ich werde sehen, ob vielleicht eine eingetroffen ist.«

Alessandro stellte sich vor. Der Diener verschwand und kehrte zurück. »Vielleicht könnten Sie Ihre Karte dalassen.«

»Ich habe keine Karte«, sagte ihm Alessandro. »Ich lebe auf der anderen Seite des Gartens.«

Der Diener schüttelte sanft den Kopf. »Sie möchten Sie nicht sehen«, sagte er.

III. SEIN BILDNIS IN JUNGEN JAHREN

Im Oktober 1914 ritt Alessandro von Bologna nach Rom. Er war jung, das Wetter war herrlich, und Europa befand sich im Krieg. Obwohl Italien neutral geblieben war, war sich Alessandro sicher, daß das neu vereinte Land der Prüfung eines Kampfes nicht widerstehen könnte und daß er dazu gezwungen wäre, seinen Platz an der vordersten Front einzunehmen. In den wilden Tagen des August hatte der Anwalt Giuliani den plötzlichen Wunsch zum Ausdruck gebracht, sein Sohn solle nach Amerika gehen, doch Alessandro widersetzte sich allen Bemühungen, ihn vor der Gefahr zu bewahren, und protestierte, daß es nur noch wenige Monate seien, bis sein Doktorat angenommen wäre und er zum Rigorosum anwesend sein müsse.

»Dann kommst du zurück«, hatte sein Vater gesagt.

»Warum soll ich dann fahren, wenn ich wieder zurückkomme?« hatte Alessandro gefragt und dann Horaz zitiert. »›Neue Himmel der Flüchtling findet, doch das Herz bleibt stets dasselbe.‹«

Seine Gedanken waren nicht nur praktischer Natur und auf lateinische Verse ausgerichtet, sondern kreisten auch um das Mädchen in der Villa Medici. Hätte er ihren Namen gekannt, oder hätte er gewußt, daß er ihr ein halbes dutzendmal auf der Straße nahe gewesen war oder daß er von seinem Fenster ihr Haus weit jenseits des Tiber sehen konnte, wäre sein Leben vielleicht anders verlaufen. Mehr als einmal hatte er ihr Licht unter den zehntausend Lichtern des Abends gesehen, so weit weg, daß es wie ein Stern flimmerte.

Nun ritt er seit dem frühen Morgen, als es noch kalt war und der Mond sich geweigert hatte abzudanken und zart über von Pinien bewachsenen Hügeln stand, scheu wie ein Reh und ebenso still. Am höchsten Punkt eines Kammes, der diagonal durch die ganze Toskana zu laufen schien, stieg er ab, beruhigte Enrico und schlang die Zügel um einen vom Harz klebrigen Pinienast. Ein paar Schritte führten ihn aus dem Schatten in die Helligkeit bis zu einem Felsvorsprung, der steil abfiel, bis das Land in einer Bergkette weit im Norden wieder anstieg.

Er neigte den Kopf leicht zur Seite und betrachtete das Licht über dem Horizont. Im Norden war die Luft verdreht und schnell, flimmerte wie die Luft über einem Feuer und bog das Licht in trügerischen Krümmungen. Irgendwo in der Linie seines Blicks, unter dem Baldachin fahlen Blaus, lagen Frankreich und der Krieg. In der Stille verharrend, war Alessandro wie ein Bauer, der eine Feuersbrunst beobachtet, die den Wald am Rand seiner Felder verzehrt.

Die Welt würde in Scherben fallen. Mit der Trennung so vieler Familien würde jede Familie getrennt, mit dem Tod so vieler Ehemänner und Söhne würde jeder Ehemann und Sohn sterben. In der Anarchie und der Last des Leidens würden sich Gottes Gesetze in ihrer ganzen Farbigkeit, Härte und Ungerechtigkeit zeigen. Sollte Alessandro überleben, müßte er von vorn beginnen, aber er zweifelte, ob er ohne irgend etwas Vertrautes und ohne Zeichen der Liebe eines Menschen überhaupt daran denken könnte, von vorn zu beginnen.

Alessandro nahm die Schönheit der ihn umgebenden Landschaft auf wie ein Blinder, der sein Augenlicht plötzlich wiedererlangt, nicht in einem kleinen Zimmer in einem Krankenhaus, sondern auf einem hohen und windigen Ausguck, von dem aus man die halbe Welt sehen kann. Es gab runde grüne Hügel, dahintreibende Wolken, einen Fluß, Pinien und eine weit entfernte Bergkette. Obwohl das Gezwitscher der Vögel im Wald das einzige Geräusch war, konnte er Musik hören, die er aus der Erinnerung schöpfte und mit dem Rauschen des Windes in den Bäumen verschmolz. Aus der Fülle der Wolken, der Flugbahn einer Schwalbe und dem Glitzern der Sonne auf einem verschandelten Fluß stiegen Sonaten, Symphonien und Lieder.

Im schützenden Grün, unter einem Dach von Blau, beobachtete Alessandro die Vögel, die in kurz aufleuchtenden Bändern flirrender Farben vorbeischossen, doch das Geschehen, das die leidende Luft über dem Horizont erschütterte, rüttelte ihn wach wie aus einem Traum. Obwohl er das Ende nahen fühlte – das Ende des Vertrauten, die Umordnung der Elemente des Schönen, den Tod seiner Familie und seinen eigenen Tod –, hoffte er darauf, während die Nacht ihren Anspruch immer weiter durchsetzte, daß die Dinge, an die er glaubte, ihren leuchtendsten Mantel anlegen und ihre größte Lebendigkeit entfalten würden. Selbst die stillen Dinge würden singen und sich ihrer Vernichtung widersetzen, indem sie ihr zuvorkommen und sich zu ihrer vollen, größten Größe erheben würden. Nach Leid mußte Erlösung kommen. Daran hatte er keinen Zweifel.

*

Nach einer Woche Unterwegsseins war Enrico mager und halbwild. Als sie den Tiber überquerten, hatte Alessandro Mühe, ihn zu bändigen, denn das Pferd kannte den Weg und gewann mit jeder bekannten Biegung an Kraft. Enrico wußte, daß sein Stall an der Porta San Pancrazio oben auf dem Gianicolo lag, dort war er geboren und die Luft war ihm vollkommen vertraut; er stürmte los und trug Alessandro den zweithöchsten Hügel Roms hinauf, als sei er ein Vogel, der in einem Sturm die Kontrolle verloren hatte.

Einmal war Alessandro nach wochenlangem Ritt über heiße staubige Straßen zurückgekehrt und hatte, als er den Hügel zu seinem Haus heraufkam, seine Ankunft mit einem Pistolenschuß in die Luft angekündigt. Diesmal klopfte er nur an der Tür.

Als seine Mutter ihn begrüßte, zeigte sie nicht den gewohnten Tatendrang; sie zog ihn in das Empfangszimmer und schloß die Tür hinter sich.

»Warum bist du zu Hause?« flüsterte sie.

»Was ist los?« fragte er. »Darf ich nicht zu Hause sein?«

»Dein Vater fühlt sich nicht wohl. Er darf keine Aufregung haben. Hat man dich hinausgeworfen?«

»Wie könnten sie mich hinauswerfen?« fragte Alessandro, einmal mehr erstaunt über seine Mutter, die keine formale Erziehung genossen hatte und nicht verstand, daß Doktoranden loszuwerden ein Prozeß war, ähnlich dem, eine Pflanze verdorren zu lassen, statt sie auszureißen, und daß es nie weniger als fünf bis zehn Jahre dauerte. »Was ist denn mit ihm?« fragte er.

»Sein Herz ist nicht in Ordnung«, sagte seine Mutter und griff sich an ihr eigenes Herz. »Er muß einen Monat lang ruhen und darf keine Treppen steigen.«

»Wird er wieder arbeiten können?«

»Ja.«

»Wie wird er die Treppen zum Büro schaffen?«

»Der Doktor sagt, wenn es ihm besser geht, kann er es langsam wieder versuchen.«

»Wie ernst ist es?«

»Er wird wieder gesund. Er hat sogar wieder die Verantwortung für die Kanzlei übernommen. Jeden Nachmittag um halb sechs kommt Orfeo und notiert die Anweisungen deines Vaters und nimmt Briefe auf.«

»Orfeo!«

»Ja.«

»Ich dachte, er würde nicht zurückkehren.«

»Dein Vater wird dir alles erklären, aber ich will wissen, warum du früher nach Hause gekommen bist.«

»Die Universität hat wegen des Krieges geschlossen«, log Alessandro.

»Wir sind nicht im Krieg«, entgegnete seine Mutter.

»Die Hälfte der Studenten sind Franzosen und Deutsche und viele der Professoren auch, und viele der Italiener melden sich zur Armee. Der Krieg mischt sich überall ein.«

Er hatte versäumt zu erwähnen, daß er sich zur Marine gemeldet hatte.

Das Zimmer seines Vaters und seiner Mutter nahm fast den ganzen ersten Stock ein; ein halbes Dutzend Fenster blickte auf Rom hinaus, und an jedem Ende gab es einen Kamin. Vom Bett aus konnte man den Apennin sehen, der im Abendlicht badete, und darunter breitete sich die Stadt aus, Palmen erhoben sich hier und da aus den Ansammlungen der Mauern und Dächer, die Seen aus Ocker und Gold bildeten. Ein großer Schreibtisch stand am Nordende, gegenüber einer von Tischen und Bücherregalen umgebenen Couch.

Die Tür stand halb offen, um die Wärme hereinzulassen. Alessandro trat ein und blieb dort stehen. Sein Vater schlief, die Hände schicklich über seiner Mitte gefaltet.

»Papa«, flüsterte Alessandro. Die Augen des alten Mannes öffneten sich.

»Alessandro.«

»Warum liegst du nicht unter der Decke?« fragte Alessandro, als er bemerkte, daß sein Vater auf einem gemachten Bett geschlafen und sich mit einer schweren Wolldecke zugedeckt hatte.

»Ich döse nur ein wenig. Ich bin angezogen.« Er trug Hemd, Kragen, Krawatte, Hosen, Hosenträger und seine Anzugweste.

»Warum bist du angezogen?«

»Ich bin nicht krank. Ich ruhe mich nur ein wenig aus. Ich hasse es, den ganzen Tag im Bett zu liegen. Orfeo kommt heute nachmittag, damit ich ihm Briefe und Anweisungen diktieren kann, weil ich an einigen Fällen weiterarbeite. Wenn er kommt, ziehe ich meine Jacke an. Ich will nicht, daß er mich ohne Jacke sieht.«

»Seit dreißig Jahren hat er dich die Jacke ausziehen sehen.«

»Nicht in meinem Schlafzimmer.«

»Sind deshalb alle Bücher aufgeräumt, die Papiere säuberlich geschichtet und die Bleistifte aufrecht in den Bleistifthaltern?«

»Nein. Das ist schon länger so, für den Fall, daß ich sterben würde. Ich war sehr krank. Ich bin zusammengebrochen, und man hat mich mit der Ambulanz nach Hause gebracht.«

Alessandro starrte seinen Vater an, nicht willens, ihn sich so schwach vorzustellen.

»Ich wollte die kleinen Dinge aus dem Weg haben. Das letzte, was ich sehen möchte, ist das goldene Licht von Rom oder der Schnee auf den Bergen oder ein großes Gewitter – nicht ein Bleistifthalter. Nimm sie aus dem Zimmer.«

»Aber es geht dir besser.«

»Es spielt keine Rolle. Nimm sie weg.«

Alessandro sammelte die Bleistifthalter ein. »Der hier ist nicht so hübsch, der rote«, sagte er und hielt ihn hoch, »aber der schwarze ist schön: Er ist wie der Wedgwood-Federhalter im Büro.« Er trug sie in den Flur hinaus und kehrte zurück.

»Ich weiß«, sagte sein Vater. »Die schwarzen waren ein Set. Ich habe sie Vierundsiebzig in Paris gekauft. Bring ihn zurück und stell ihn auf den Schreibtisch.« Das tat Alessandro. »Das sieht gut aus.

Ich habe das Set auseinandergerissen, weil ... Ich weiß nicht, warum, aber als Set war es nicht so gut. Man steckt keinen Füller in einen Bleistifthalter, sonst trocknet die Spitze aus.«

»Was ist mit den anderen? Sie stehen noch im Flur.«

»Sie haben das Zimmer verstopft. Warum bist du zu Hause?«

Alessandro erzählte die Lüge von der geschlossenen Universität.

»Das ist eine Lüge«, sagte sein Vater.

»Ich bin gebeten worden, dich nicht aufzuregen.«

»Lügen regt mich auf.«

»Ich habe mich zur Marine gemeldet.«

»Zur was?« schrie sein Vater.

»Zur Marine.«

»Zur Marine? Wann hast du dich zur Marine gemeldet?«

»Letzte Woche.«

Der Anwalt Giuliani stützte sich auf, lehnte sich gegen die Kissen und zog die Decke zu sich heran.

»Du Dummkopf! Warum?«

»Es ist ein gewagtes Spiel, aber es macht Sinn.«

»Eine Professur aufzugeben, um sich von der Marine anheuern zu lassen, wo Italien vielleicht bald in den Krieg eintreten wird!« rief sein Vater. »Das macht Sinn?«

»Laß mich ausreden. Erstens ist die Professur rein hypothetisch. Ich fange als Dozent an, gehaßt von der Fakultät, weil ich die Dinge nicht so sehe wie sie ...«

»Warum haben sie dich genommen?«

»So können sie mich später wieder feuern.«

»Alessandro, man läßt sich nicht vor einem Krieg anwerben, es sei denn, du willst umkommen. War Elio Bellati noch nicht genug?«

»Papa«, sagte Alessandro zögernd und hob seinen Zeigefinger zur Betonung. »Ich weiß mein Leben zu schätzen. Ich gehöre nicht zu denen, die sich aus keinem anderen Grund in die Flamme des Krieges stürzen, als um darin umzukommen. So etwas tue ich nicht.«

»Nein?«

»Natürlich nicht. Du denkst an kleine Kriege, wie den letzten. Dieser ist anders. Du hast doch über die Schlachten gelesen, über den Ruf nach Männern, und wie schnell sie verschlissen werden.

Frankreich und Deutschland haben die allgemeine Wehrpflicht eingeführt, und Asquith wird scheitern, wenn er dies nicht auch in England tut. Wenn Italien in den Krieg eintritt, wird es eine Massenaushebung geben. In meinem Alter und bei meiner Kondition gehe ich gleich in die Schützengräben, und dort ist die Todesrate enorm.

Bei der Marine ist das anders. Bei der Marine sind die Ziele die Waffen selber, aber auf dem Land ist das Ziel der Mann, der die Waffe trägt. Verstehst du? Und wenn Italien nicht in den Krieg eintritt, werde ich halt in Friedenszeiten in der Marine sein. Aber ich glaube, daß wir in den Krieg ziehen werden. Ich bin ein Risiko eingegangen, das jeder, den ich kenne, scheut. Sie ziehen es vor, das Beste zu hoffen, aber wenn die Dinge schlecht gehen, werden sie in einer verzweifelten Lage sein.

Eben deshalb, weil ich nicht in einem sinnlosen Krieg sterben will, habe ich zum ersten Mal in meinem Leben kalkuliert. Ich habe alle meine Leidenschaften behalten, aber ich bin umgestiegen. Vielleicht, damit ich meine Leidenschaften am Leben erhalte.«

»Wann berufen sie dich ein?« fragte der Anwalt Giuliani.

»Zum ersten Januar.«

»Das ist nicht so früh, wie es hätte sein können«, sagte sein Vater, der sich mit dem Schicksal abfand.

»Ich weiß. Ich bin nach Hause gekommen, um meine Sachen zu ordnen – genau wie du.«

»Livorno?«

»Venedig, Offiziersausbildung, aber vorher fahre ich nach München.«

»Warum München?«

»Weil ich mir ein Gemälde ansehen möchte, solange ich noch kann.«

Bei einem dreimaligen kurzen Pochen an die Tür wandten sich Alessandro und sein Vater um. Vor ihnen stand steif und klein wie ein Pinguin, mit einer Aktentasche in der einen und einem Bleistifthalter in der anderen (er hatte mit seinem Kopf geklopft) der Präsident der Universität von Trondheim.

*

Luciana war Orfeo gefolgt und glitt so leise ins Zimmer, daß ihr Bruder sie nicht sofort bemerkt hätte, wenn da nicht das bemerkenswerte Bild gewesen wäre, das sie nun abgab; sie war nicht mehr dünn, und was sie an Zartheit eingebüßt hatte, hatte sie an Grazie und Haltung gewonnen. Sie trug ein gelbes Kleid, und ihr mit einem gelben Band zusammengeflochtenes Haar sah aus, als sei es selbst die Quelle des Lichts, das darin spielte, wie starkes Sonnenlicht, das sich in einem Fluß spiegelt.

»Herr«, sagte Orfeo, verbeugte sich leicht vor dem Anwalt Giuliani und warf Alessandro einen Blick zu. »Als ich den Gianicolo heraufkam, in Harmonie mit dem gesegneten nachmittäglichen Lebenssaft, der durchs Universum filtert und in den Palmen landet, dachte ich an denjenigen, dessen Mantel, *deliciae humani generis*, durch das Tal des Mondes schwebt. Weder Artemis noch Aphrodite, überwältigt von dem Gefühl für den barmherzigen Lebenssaft...«

»Bitte, Orfeo«, unterbrach ihn der Anwalt Giuliani. »Wir waren übereingekommen, daß wir meiner Gesundheit wegen nicht von dem Erhabenen und dem gesegneten Lebenssaft sprechen wollten.«

»Vergebt mir«, bat Orfeo, wedelte mit seinen Händen in einer völlig unerklärlichen Geste vor seinem Gesicht herum und schaute dann wie starr zur Decke. »Die Wagen des Erhabenen sind so nahe! Sie fahren in goldenen Kugeln über den Himmel. Ich muß mich sehr zwingen, nicht zu singen, aber ich weiß, das Herz. Das Herz ist ein Rad, das das Frohlocken so sehr drehen kann, daß es darüber zerbricht. In unserem Alter«, fügte er hinzu, »müssen wir vorsichtig sein, um nicht vom gesegneten Lebenssaft übermannt zu werden und zu sterben, bevor wir ihn empfangen haben.«

»Das stimmt«, sagte der Anwalt Giuliani in dem Glauben, daß Orfeo nun bereit war zu arbeiten. »Sind Sie jetzt bereit zur Arbeit?«

»Ja, ich bin bereit zur Arbeit.«

»Haben Sie sich beruhigt?«

»Ja, ich bin ruhig«, antwortete er. »Aber die Glorie!« rief er, während sein Körper angespannt zitterte und Wellen der Freude und des Wahns ihm durch jeden Muskel vibrierten. »Die Glorie und die Freude des gesegneten Lebenssaftes und des Erhabenen! Das Licht! Das Licht!«

»Orfeo. Orfeo«, flehte ihn sein ehemaliger Arbeitgeber an. »Das Herz. Das zerbrechliche Herz!«

»O ja«, sagte Orfeo und versuchte, seinen zitternden Körper unter Kontrolle zu bringen. »Herr«, fuhr er fast flüsternd fort, »die Reiche, die ich manches Mal sehe!«

»Lassen Sie uns über die Erde reden«, sagte der Anwalt Giuliani.

Orfeo nickte.

»Gut. Kleine Dinge, Orfeo, kleine Dinge, wie Öl aufs Wasser. Stille Freuden, gute Dinge.«

Orfeo schloß die Augen.

»Ein Baum im Schatten«, fuhr der Anwalt fort und versuchte, den Schreiber zu beruhigen. »Eine nette Tasse Minestrone. Eine stille Geige. Ein Vogel. Ein Kaninchen ...«

Orfeo, der nun zur Ruhe gekommen war, öffnete seine Aktentasche und legte dem Anwalt Papiere vor, die unterschrieben werden mußten, und welche mit schriftlichen Fragen, deren Beantwortung für die Weiterführung der Kanzlei notwendig war. Während der Kranke langsam las, drehte sich Orfeo pinguinhaft auf beiden Absätzen Alessandro zu. »Ich tue dies der Herrlichkeit halber«, sagte er. »Ich bin nicht länger bei Ihrem Vater angestellt.«

Alessandro schaute verwundert.

»Ich werde es Ihnen erzählen«, fuhr Orfeo fort, trat näher und senkte die Stimme, um den Anwalt nicht zu stören. Er bat Luciana näher zu sich. »Ich habe den unglaublichen Sprung geschafft«, er schlug mit seiner linken Hand einen Bogen und folgte ihm mit den Augen, »und bin über das tödliche Tier gesprungen, das dieses Jahrhundert verschlingen wird.

Sie wissen, daß es für mich in der Kanzlei Ihres Vaters nichts mehr zu tun gab. Die sogenannte Schreibmaschine ...« Er wandte sich ab und machte mehrere Gesten, wovon die letzte ein vorgebliches Ausspucken darstellte.

»Indem ich mich selbst treiben ließ, rettete ich mich, ohne es zu ahnen. Ihr Vater hat mir eine feste Anstellung angeboten, doch ich habe diese freundliche Fürsorge abgelehnt. Mehrere Wochen vergingen, und ich kehrte nach Hause zurück, bereit, nach dem Lebenssaft zu greifen.

Zur allergrößten Überraschung hielt eine Kutsche vor meiner Tür. Ihr Vater hatte über meine Lage nachgedacht und zusammen mit Signor Bellati eine Stelle für mich gefunden.

Mein Handwerk ist im Aussterben begriffen, findet im Rechtsgewerbe keine Nachfrage mehr, aber anderswo ist der Bedarf gewachsen. Ich, ein Schreiber alter Schule, bin als Vorgesetzter von hundert neuen Schreibern und tausend dieser ekelhaften Dinger, die man ›Schreibmaschinen‹ nennt, eingestellt worden.«

»Wo?« fragte Alessandro, der annahm, daß Orfeo wohl einen Traum beschrieb.

»Im Kriegsministerium. Beim Aufbau der Armee brauchen sie Schreiber, die Proklamationen, Beförderungen und ausgeschmückte Mitteilungen verfassen. Sie brauchten einen Schreiber alter Schule, um die Schreiber neuer Schule zu beaufsichtigen.«

Alessandros Vater blickte von seinen Papieren auf. »Bald wird er seinen Stift bewegen, und die Erde wird erbeben.«

»Ich gehe im Januar zur Marine«, teilte Alessandro Orfeo mit.

»Die Marine! Ich mache alles für die Marine. Ich mache Admirale, ich lasse Schiffe vom Stapel, ich lege neue Stützpunkte an. Was möchten Sie? Sagen Sie es nur.«

»Machen Sie mich zum Admiral«, sagte Alessandro lächelnd.

»In Ordnung«, sagte Orfeo. »Ich werde Ihnen morgen die Papiere bringen.« Er meinte es ernst.

»Orfeo, das können Sie nicht tun«, sagte Luciana streng.

»Aber natürlich kann ich. Ich werde eines der königlichen Siegel verwenden und den Kriegsminister beauftragen, ihn zum Admiral zu ernennen. Ich werde eine Anordnung des Marinebevollmächtigten schreiben, und dann werde ich Beförderungen ausfertigen, sie in allen Büchern nachtragen, etcetera, etcetera. Es wird vielleicht drei oder vier Stunden dauern, aber wenn ich fertig bin, sind Sie Admiral.«

»Einige Dinge werden ihn wohl entlarven, Orfeo«, sagte Alessandros Vater, »sein Alter, zum Beispiel.«

»Ich bin nur für seine Erschaffung verantwortlich, sonst nichts. Dann verschwinde ich. So was ist schon früher vorgekommen.«

»Wie wäre es mit etwas weniger Ehrgeizigem«, bat Alessandro, dem die Idee langsam gefiel.

»Je weniger ehrgeizig, desto schneller kann es erledigt werden. Möchten Sie ein Schiff kommandieren?«

»Ich wüßte nicht, wie, aber ich sage Ihnen was. Wenn ich den Offizierskurs beendet habe, möchte ich eine Schwadron kleiner Boote in der Adria befehligen.«

»Wie viele Boote möchten Sie?«

»Zwanzig.«

»Möchten Sie Ihre eigene Basis? Ich könnte Ihnen eine kleine Insel irgendwo geben, vielleicht im Wasser.«

»Wie wäre es mit einer der Isole di Tremiti?«

»Ich werde mich um die Einzelheiten kümmern. Ich werde Sie befördern müssen, aber ich werde Ihnen den Rang verschaffen, der Ihnen erlaubt, so viele Männer und soviel Nachschub zu nehmen, wie Sie brauchen. Teilen Sie mir das Datum mit, wann Sie Ihren Kurs absolviert haben, und überlassen Sie den Rest mir. Ich werde so viel Wachs und Kordel daran hängen, daß Sie eine Schubkarre brauchen, um das Dokument zu transportieren.«

»Nein«, sagte der Anwalt Giuliani. »Sie werden nichts dergleichen tun, Orfeo. Sie und er«, sagte er streng und zeigte auf seinen Sohn, »könnten erschossen werden. Ich verbiete es. Schlagen Sie sich das aus dem Kopf.«

»Wie Sie wünschen«, antwortete Orfeo.

Obwohl er tief enttäuscht war, war Alessandro doch auch erleichtert.

»Haben Sie die Stufen gezählt?« fragte der Anwalt Giuliani Orfeo.

»Ja«, antwortete Orfeo. »Sieben Treppen, oder vierzehn, wenn Sie die Absätze als Unterteilung sehen. Zwanzig Stufen auf jeder Treppe. Macht einhundertundvierzig Stufen. Ich habe sie einzeln gezählt, einmal aufwärts und einmal abwärts. Es kam beide Male dasselbe heraus.«

»Das überrascht mich nicht«, sagte der Anwalt Giuliani und zog eine goldene Taschenuhr aus seiner Westentasche, die die Mondphasen vor einem sternenübersäten Indigohimmel anzeigte. »Wenn ich alle fünf Sekunden eine Stufe nehme, was sich leicht einrichten läßt, weil die Uhr entsprechend eingeteilt ist, wären das siebenhundert Sekunden oder etwa zwölf Minuten.«

Während sein Vater Orfeo diktierte und Luciana ging, um beim Essen zu helfen, setzte sich Alessandro in den Stuhl am Fenster. Die Sonne verschwand hinter dem Gianicolo, ihr Licht fiel durch die Palmen und Pinien auf der Bergkuppe, und ein Teil Roms, obwohl von Gold und Ocker, war mit einer grünen Farbe überzogen, die an eine Stadt im Osten denken ließ.

Orfeo arbeitete etwa eine Stunde und schraubte dann seinen Füllfederhalter zu. Der Anwalt Giuliani instruierte ihn erneut, Alessandro nicht zu befördern, und Orfeo willigte ein. Als er ging, wandte er sich in der Dunkelheit des Flures um und schaute zu Alessandro hinüber, der reglos am Fenster saß. Alessandro war eingeschlafen, aber in dem Dämmerlicht, in dem er saß, sah er aus, als wache er, weil er den Kopf in die Hand gestützt hatte, so als sei er in Gedanken versunken. Orfeo vergewisserte sich, daß der Anwalt mit seinen Papieren beschäftigt war. Dann schaute er noch einmal zu Alessandro hinüber und zwinkerte, weil er dachte, Alessandro erwidere seinen Blick.

Im Laufe der nächsten Viertelstunde schaute eine Reihe von Bediensteten in den Küchen der Häuser auf den verschiedenen Höhen des Hügels von ihrem Teig und ihren Soßentöpfen auf, während eine fledermausartige Figur in einem dunklen Mantel die vielen Stufen der Steintreppen hinabfloh, beim Laufen laut auflachte und eine Art Beschwörung intonierte. Niemand verstand die Wörter, aber jeder hörte sie recht genau: »Cumbrinal der Oxitan, Oxitan der Loxitan, Loxitan der Oxitan.«

*

Das Abendessen wurde im ersten Stock aufgetragen, auf den sich Alessandros Vater beschränken mußte. Das Essen, die Teller und das Besteck wurden in ein Gästezimmer mit einem kleinen Kamin hinaufgetragen. Zu dieser Jahreszeit aßen die Giulianis normalerweise im Garten, aber nun wurden sie, selbst wenn der Anwalt nicht unter Herzbeschwerden gelitten hätte, durch einen ungewöhnlich frostigen und erstaunlich windigen Oktober ins Haus getrieben. Die Tische und Stühle der Cafés waren bereits zusammengestellt oder weggeräumt worden, die Straßen hatten sich geleert, und die Blätter hatten begonnen, die Straßen des Gianicolo zu sprenkeln. Mochte der November vielleicht auch wie der Sommer werden, der Oktober war fast wie Winter. Jeder, der durch die dunklen schmalen Gassen rund um die Piazza Navona ging, sah die orangenen Sonnen in den Läden und Restaurants glühen, wo duftendes Apfelholz und Eiche in Terrakottaöfen brannte.

»Wer will mit nach Deutschland?« fragte Alessandro mitten im Suppeessen alle gleichzeitig. Seine Mutter, sein Vater, Luciana und Rafi, der gerade aus der Kälte hereingekommen war, aßen weiter ihre Suppe, ohne aufzublicken. »Wer will mit nach Deutschland?« fragte Alessandro erneut, als hätte man ihn nicht gehört.

Schließlich blickte Rafi auf und sagte: »Niemand.« Dann nahm er sich noch Suppe.

»Warum nicht?« fragte Alessandro mit der ihm eigenen Hartnäkkigkeit.

»Meistens will niemand nach Deutschland, Alessandro«, versicherte ihm Rafi, »besonders Italiener nicht. Das weißt du doch. Und im Winter wollen noch weniger Leute nach Deutschland. Kommt die Tatsache hinzu, daß sich Deutschland im Krieg befindet.«

Luciana gluckste vor Vergnügen.

»Ich schlage nicht vor, daß wir als Touristen nach Deutschland reisen«, sagte Alessandro, irritiert, daß sein bester Freund nun der Sklave seiner kleinen Schwester war.

»Was schlägst du dann vor, daß wir dort einfallen?« fragte Rafi.

»Das kann schon bald passieren«, sagte Alessandro, »aber das meine ich nicht. Ich werde nach Deutschland fahren, und ich dachte, daß du mich vielleicht begleiten würdest, aber da ich mit Eremiten zu reden scheine, werde ich allein reisen.«

»Alessandro, sei vorsichtig«, ermahnte ihn seine Mutter. Er hörte nicht hin, weil sie, wann immer er irgendwohin fuhr oder irgend etwas tat, dasselbe sagte.

»Das ist eine gute Idee«, sagte Rafi.

»Was?« wollte der Anwalt Giuliani wissen.

»In Deutschland einzufallen.«

»Es würde genügen, Orfeo zu schicken«, versicherte Luciana.

»Es ist sinnlos, ein verrücktes Pferd zu schlagen«, sagte ihr Vater zu ihr. »Er hat ein ruhiges Leben geführt und unermeßlich viel gelitten.«

»Warum ist er verrückt, Papa?« fragte Luciana.

»Ich weiß es nicht.«

»Alessandro«, fuhr Luciana fort, »warum willst *du* nach Deutschland?«

»Um mir Raffaels Porträt von Bindo Altoviti anzusehen.«

»Die ganze Reise nach Deutschland, nur um ein Gemälde zu betrachten?« fragte Rafi.

»Den ganzen Weg nach Antwerpen«, schoß Alessandro zurück, »um sich wegen einer Delle in einem Schiff zu streiten?«

»Wir wurden dafür bezahlt.«

»Das mag sein«, sagte Alessandro, »aber bedenke bitte eines.«

»Was?«

»Eine Delle ist eine Delle.«

*

Obwohl Alessandro ein Zweiter-Klasse-Schlafwagenbillett hatte, teilte man ihm am Bahnhof mit, daß der Zweite-Klasse-Schlafwagen außer Betrieb genommen worden war.

»Und was mache ich nun?« fragte er. »Ich möchte nicht den ganzen Tag und die ganze Nacht stehen, und wenn ich in München ankomme, nicht mehr von einem Wäschesack zu unterscheiden sein. Ich habe für das Bett bezahlt. Ich habe eine Reservierung.«

»Ich kann es nicht ändern, mein Herr«, sagte der Schalterbeamte. »Ich würde Sie gern in die Erste Klasse umsetzen . . .«

Alessandro hob erwartungsvoll die Augenbrauen.

»Aber die Erste Klasse ist belegt.«

Alessandro gab auf und wurde dann von einem Stromschlag von tausend Volt wiederbelebt.

»Der einzige freie Platz wäre in einem Abteil, das Sie mit einem Passagier des anderen Geschlechts teilen müßten.«

»Sie meinen eine Frau?« fragte Alessandro, und sein Puls pochte gegen seine Handgelenke.

»Ja«, erwiderte der Schalterbeamte und studierte seine Listen. »Das Abteil ist für zwei Personen. Es ist bis Venedig frei und dann von einer Person belegt, und das ist eine Frau. Ich kann Sie nicht mit einer Frau zusammen unterbringen.«

»Ich werde es ertragen«, sagte Alessandro in der Hoffnung, daß die Frau, die in Venedig zustieg, keine albanische Witwe mit eingedrücktem Gesicht, drei verschiedenen Hautkrankheiten und einem sich übergebenden Hund war.

»Ich kann Ihnen kein Abteil mit einem Passagier des anderen Geschlechts geben«, protestierte der Beamte.

»Warum nicht? Jeder muß schlafen – Männer, Frauen, jeder.«

»Ich bekäme Schwierigkeiten.«

»Aber doch nicht in diesen Zeiten«, erklärte Alessandro in einer Stimme, die für seine gelegentlichen Auftritte am Redepult des Teatro Barbarossa gepaßt hätte. »Dieser Zug endet in München. München ist in Deutschland. Deutschland ist im Krieg mit Frankreich, Großbritannien und Rußland. Hunderttausende sind bereits gestorben, und Millionen könnten folgen. Glauben Sie, daß irgendein Beamter, wenn der Zug in München ankommt, an der leeren Luft im Wagen erkennen kann, ob ein Eisenbahnangestellter in Rom die Geschlechter zusammengebracht hat? Glauben Sie, es wird irgend jemanden kümmern?«

»Wir reden hier über Vorschriften«, bekräftigte der Beamte, »und wir reden über Deutsche.«

»Aber die ganze Nation befindet sich im Krieg!« bettelte Alessandro. Hinter ihm stand eine kalabresische Familie auf ihrem Weg nach Norden. Zwei der drei Söhne hielten hölzerne Käfige mit Hühnern – merkwürdigen, erdfarbenen, glänzenden, muskulösen Hähnen. Es waren Kampfhähne aus Catanzaro. Der Druck auf den Schalterbeamten wuchs.

»Es würde mich doch sehr interessieren, mein Herr, ob Sie wirklich um Ihre Bequemlichkeit besorgt sind oder nicht bloß von der Idee erzwungener und zufälliger Intimität angetan?« fragte der Schalterbeamte, der vor Entrüstung schier platzte, doch da die kalabresische Familie immer unruhiger wurde, hatte Alessandro ihn im Schwitzkasten. Dennoch gab er eine wahrheitsgemäße Antwort, denn bei den Worten ›erzwungene und zufällige Intimität‹ war ihm ein angenehmes Gefühl durch den Körper gefahren.

»Ich muß gestehen«, sagte er, »die Idee, sechzehn Stunden allein mit einer Frau in einem kleinen Kasten mit einem Bett zu verbringen, entzückt mich ...«

»*Kra kraah*«, sagte der Hahn.

»In Ordnung«, unterbrach ihn der Beamte, »aber denken Sie daran, ich habe Ihnen das Billett nicht gegeben. Ich habe es einer Frau gegeben, die an Ihrer Stelle hier war. Gleis vier.«

War Alessandro mit dem Pferd unterwegs, dann schärften sich seine Sinne bis zur Überanstrengung, doch eine Eisenbahnfahrt versetzte ihn geradezu in tibetanische Trance. Auf Enrico reitend, traf er ständig Entscheidungen und bewegte sich wie ein Tänzer, wenn er dem Gestrüpp auswich, doch auf einem Eisenbahnzug befand er sich in einer Art Scheintod, war ganz Auge, während die Landschaft in einem kurzen Abriß der Geschichte der Welt an ihm vorbeizog. Sogar als er durch die große Bahnhofshalle schritt, deren eiserne Tore dem kunstvollen Gitterwerk einiger spanischer Kirchen ähnelten, begann er das erhebende Gefühl zu verspüren, das der eigentliche Zweck der Eisenbahnen ist.

Der Bahnhof war wie eine Vase voller üppiger Blumen. In dem goldenen Licht eines leicht schwülen späten Oktobermorgens waren die Farben erstaunlich leuchtend, und die Strahlen der Sonne schienen besondere Aufmerksamkeit auf Staubpartikel zu richten, die unter dem gewölbten Dach schwebten. Eine Gruppe müder Soldaten, im Begriff, von dem Strahl der Sonne niedergestreckt zu werden, der den Staub zum Leben erweckte, lagerte auf Bündeln und Seesäkken; Gewehre und Bajonette stachen aus ihrer Mitte hervor wie Stangen in einem Weinberg. Ihre Uniformen waren unter dem Licht zu einer goldenen Mischung aus Gelb und Rot geworden, leuchtend wie Tulpen, und als die Soldaten ihre Köpfe vor Erschöpfung sinken ließen und dabei ihre Mützen in den Händen hielten, rührten sie selbst eilige Passanten.

Die Geschäfte und Restaurants, die die Halle säumten, waren voller Menschen, die etwas einkauften und damit weitereilten oder Gläser und Tassen hoben und dabei die Augen schlossen. Kofferträger, die einen erschöpften und verärgerten Eindruck machten, zogen quietschende Karren, die meist leer waren; die Ladenzeile entlang zog einer von ihnen einen riesigen Karren aus Holz und Stahl hinter sich her, auf dem ein einziger bastumsponnener Weinkrug stand.

Alessandro kaufte ein halbes Dutzend Brötchen und zwei Flaschen Fruchtsaft, bevor er den lebhaften Strom der Passanten durchquerte. Nachdem sein Billett gelocht und er durch die Absperrung getreten war, begann er, eine lange Kette von lackierten Eisenbahnwagen entlangzugehen. Er war früh dran. Die wenigen Leute, die mitfahren wollten, gingen den Bahnsteig entlang und verschwanden dann urplötzlich, als seien sie Fliegen, die von hungrigen Fischen geschnappt worden waren. Fast jeder ging auf der rechten Seite, dicht am Zug, nur ein alter Mann in einem weißen Anzug machte neben dem leeren Gleis zur Linken ein paar Schritte und ruhte sich dann auf einen Stock gestützt aus. Er schaute auf, betrachtete zuerst das Licht, das von außen in die Abfahrtshalle fiel, dann das rußgeschwärzte Dach und dann den Zug. Nachdem er einen Moment auf den Boden gestarrt hatte, ging er weiter.

Der alte Mann hatte große Mühe mit einem kleinen Koffer, den er in der linken Hand hielt. Alessandro erbot sich, ihn zu tragen.

»Sie werden zehn Minuten auf mich warten müssen«, sagte der alte Mann, »die Sie einfach weitereilen und die Stufen hinaufspringen könnten.«

»Es macht mir nichts aus, langsam zu gehen«, erwiderte Alessandro und nahm den Koffer.

»Wissen Sie, warum man langsam geht, wenn man alt ist?«

»Nein.«

»Weil man mit dem Alter das Geschenk der Mühsal erhält. Je weniger Zeit man hat, desto mehr leidet man, desto mehr fühlt man, desto mehr sieht man, und desto langsamer vergeht die Zeit, selbst wenn sie dahinrast.«

»Das verstehe ich nicht.«

»Das kommt schon noch.«

»Je weniger Zeit, desto größere Mühsal, Schwierigkeit und Trägheit. Die Zeit wird länger. Ist das richtig?«

»Ja.«

»Zum Schluß, wenn keine Zeit mehr bleibt, wird sie so langsam vergehen, daß sie gar nicht vorbeigeht.«

»Genau.«

»Und dann, mit dem Tod, bleibt die Zeit stehen?«

»Was glauben Sie, was der Tod ist?« fragte der alte Mann und machte wieder ein paar Schritte. »Mit dem Tod *vereint* sich die Zeit. Alte Männer auf dem Sterbebett rufen nicht aus Angst nach ihren Vätern, sondern weil sie erlebt haben, wie die Zeit in sich zurückfällt.«

»Woher wissen Sie das?« fragte Alessandro höflich.

»Ich weiß es nicht wirklich. Als ich in Ihrem Alter war, war ich skeptisch und schnell. Ich tat die Mythen des Himmels und der Hölle und der ungeheuer mangelhaften Idee des Nichts schnell ab. Als ich älter wurde, fiel mir auf, daß die Welt aus vollkommen ausgeglichenen Teilen und exakten Gegenstücken zusammengesetzt ist. Je schwerer die Last ist, und je näher man dem Ende kommt, desto zäher wird die Zeit, und man sieht in Zeitlupe Andeutungen der Ewigkeit.«

»Welche zum Beispiel?«

»Lichtstrahlen, Vögel, die aufflattern.«

»Vögel, die aufflattern?«

Der alte Mann blieb stehen. »Es klingt verrückt«, sagte er, »aber wenn ich Vögel aufflattern sehe, als hätte sie etwas erschreckt, wird ihr graziöser Flug bewegungslos. Ihr aufgeschrecktes Singen, das so schnell und kurz sein sollte, gefriert zu einem langen Ton, bevor der Jäger schießt. Ich habe es nun viele Male beobachtet. Sie fliegen in Bögen. Der Bogen bleibt still stehen, für immer.

Wenn es Tauben unter dem Vordach gibt«, sagte er und schaute hoch, »und ein Zug seine Pfeife schrillen läßt und sie aufflattern, werden Sie es sehen, wenn Sie sich auf den Augenblick des Pfeiftons konzentrieren.«

Der alte Mann betrachtete Alessandro. »Sie halten mich für verrückt«, sagte er.

»Nein.«

»O doch. Kommen Sie, helfen Sie mir die Stufen hinauf.«

Sie überquerten den Bahnsteig, und Alessandro hob den alten Mann in den Zug.

»Was gibt es zu Mittag?« fragte der alte Mann.

»Im Speisewagen?«
»Ja.«
»Ich weiß nicht.«
»Warum nicht?«
»Ich arbeite nicht bei der Eisenbahn.«
»Seit wann?«
»Noch nie.«
»Oh«, sagte der alte Mann, weniger verlegen als verwirrt.
»Aber ich kann es herausfinden, wenn Sie möchten.«
»Nein. Nein. Ist nicht nötig. Ich bin manchmal etwas durcheinander.« Er fing an, über sich selbst zu lachen. »Und manchmal vergesse ich, wo ich bin. Aber das ist schon in Ordnung, junger Mann, denn manchmal zu vergessen, wo man ist, macht einen leicht und frei.«

*

Am späteren Vormittag, als der Zug in den lichterfüllten Bahnhof von Bologna keuchte, kaufte sich Alessandro eine Flasche Mineralwasser und stellte sie auf das Tischchen am Fenster. Er lehnte sich bei der Abfahrt hinaus und flog an den ziegelgedeckten Dächern der Stadt vorbei, die so lange Zeit seine Heimat gewesen war, und als der Zug schneller wurde und nach Norden fuhr, verschwanden die Gelb- und Goldtöne der gerade abgeernteten oder kurz vor der Ernte stehenden Felder in der Bläue. Ein Lassoseil Rauch wurde hinter dem Zug hergezogen und stieg dann in der Stille, kurz bevor die Grillen am Nachmittag ihr Lied aufnehmen, schwerelos in den klaren Himmel.

Während der rasenden Fahrt durch die Tiefebenen des Po und des Adige nahm Alessandro seinen Blick nicht von der Oktoberlandschaft. Im Verhältnis zu den Punkten, an denen sein Blick sich fixierte, bewegte er sich mehr oder weniger im Dreivierteltakt und die Bewegung des Zuges wurde zu einer Art Musik, die über der Landschaft lag. Wieder stieg von dem Unbeseelten, dem Elementaren und dem Toten Musik auf, als wollte sie all dies zum Leben erwecken. Die Landschaft selbst erschien in immer neuen Schwällen satter Farbe, dann und wann von einem weißlichen Flußlauf oder einer Senke unterbrochen.

Sie rollten durch die Sümpfe vor Venedig. Alessandro ließ sich, vom Wind erhitzt und erschöpft, in seinen Sitz zurückfallen und bemerkte, daß die Flasche Wasser, abgesehen von ihrer leichten und anmutigen blauen Färbung, der glatteste, klarste und durchsichtigste Gegenstand war, den er je gesehen hatte. Alles, was sich darin spiegelte, erschien gestochen scharf, matt und gedämpft. Die Felder draußen, jenseits des Schilfs; das Schilf selber, das grün und gelb wogte; das Wasser, das in dem nördlichen Licht aufreizend blau war, alles wurde in der Linse geklärt, verdichtet und aufbewahrt. Und wenn Mineralwasserflaschen das Licht der Berge, Felder und des Meeres besänftigen konnten, bei welchen schmerzlichen Rätseln würde die Linse der Schönheit sich trüben? Selbst der Tod, dachte Alessandro, würde sich der Schönheit ergeben – wenn schon nicht wirklich, so doch in der Darstellung –, denn die Abbilder aller großen Fragen waren in so einfachen Formen wie Liedern wiederzufinden, und dort waren sie, wenn schon nicht erklärbar, so doch zumindest absolut verständlich.

Der Zug bremste, um die Brücke über die Lagune von Venedig zu überqueren. Bogen um Bogen stiegen Alessandros Gedanken auf und traten an deren Stelle, wie im Gebäude einer Kathedrale, und bis die Hälfte der Brücke zurückgelegt war, war er auf etwas gestoßen, das sich erst nach einem Leben der Überprüfung bestätigen sollte.

Er stellte die Flasche richtig hin, rückte seine Krawatte zurecht, steckte sein Hemd ein und wartete. Auf dem Bahnsteig gingen Schaffner in dunkelblauen Uniformen in einem wachtelartigen Gang auf und ab, dem man ansah, daß sie das Signal zur Abfahrt des Zuges stets ordnungsgemäß erteilt hatten. Die Maschine stieß Dampfwolken aus, damit sie auf ewig in dem blaßgrünen Licht hingen, aufgeschreckte Tauben flatterten auf, durch Glas und Stahl zu Flugbewegungen gezwungen, die enger und rascher waren als unter freiem Himmel. Venedig schien heiter wie in einem Traum und gab Alessandro das unheimliche Gefühl, daß er nur auszusteigen brauche, um mit einem Griff nach der gegenüberliegenden Seite der Schleife die Zeit zu besiegen, da, wo sie sich gerade überschlug. Doch selbst, wenn dies buchstäblich wahr gewesen wäre und er die Zeit hätte besiegen können, indem er sein Billett hätte verfallen lassen und früh und unplanmäßig ausgestiegen wäre, er hätte es nicht getan, denn die Verlockungen, die vor ihm lagen, waren zu groß, um sie auszulassen, und er hatte die Vorstellung, je fester und entschiedener er jede glitzernde Einzelheit ergriffe, um so größer würde am Ende das Licht sein.

*

Die getäfelte Tür des Erster-Klasse-Abteils öffnete und schloß sich schneller als ein Kameraverschluß, und plötzlich stand eine schlanke Frau mit einem kleinen Koffer in der Hand direkt vor ihm.

»Sieben C?« fragte sie.

Alessandro zuckte die Achseln. Er erinnerte sich nie an die Nummer seines Abteils, wenn er es gefunden hatte, und war stets bestrebt, sein Billett so schnell wie möglich wegzuwerfen. Sie stellte ihren Koffer ab, faltete ihr Billett auseinander und öffnete die Tür zum Abteil, um die außen angeschlagene Nummer lesen zu können. »Sieben C«, sagte sie, schloß die Tür und wandte sich dann an Alessandro, während sie ihr Gepäck auf die Ablage hob. »Vielleicht haben Sie den falschen Platz.«

Sie setzte sich ihm gegenüber, schaute ihm in die Augen und sagte: »Ich denke, Sie sind im falschen Abteil.« Sie setzte ein forciertes, absichtlich verlogenes Lächeln auf, das zu sagen schien: »Sie *Idiot*.«

Alessandro schüttelte langsam den Kopf von einer Seite zur anderen und schaute dann aus dem Fenster auf die Imbißkarren, die den Bahnsteig entlangrasten. Sie war eine auffallende, ungewöhnliche Frau. Sie war so groß, wie eine Engländerin sein konnte, ohne Schwierigkeiten zu bekommen, einen Ehepartner zu finden, und so zart und schlank, als sei sie in ein Korsett geschnürt. Doch die Art, wie ihr schwarz-rotes Seidenkleid an ihr saß, deutete an, daß sie kein Korsett trug und daß ihr Fleisch so fest war wie bei einer Frau vom Lande. Die Art, wie sie sich kleidete, wies weder auf Reichtum noch auf Unbefangenheit hin, sondern auf eine geringe Vertrautheit mit beidem. Ihre Fingernägel waren sorgfältig lackiert, und ihre Hände waren zwar lang und kräftig, aber dennoch zart.

»Nun?« fragte sie.

Immer noch damit beschäftigt, ihre Erscheinung in sich aufzunehmen, gab er keine Antwort, erwiderte aber ihren Blick. Eine Fülle roten Haars fiel um ihr Gesicht, das von einer ebensolchen Fülle von Sommersprossen nahezu zu glühen schien. Dies ist kein italienisches Merkmal, und er hatte begonnen, aus ihrem Akzent zu schließen, daß sie Irin war.

»Verdammt«, sagte sie zu sich selbst. »Können Sie sprechen?«

Er starrte sie weiter an. Nun stand ihr Mund ein wenig offen, während sie auf seine Antwort wartete. Die Haut ihres Gesichts saß so straff, und ihre weißen Zähne waren auf eine Weise angeordnet, daß sie ihr einen ständigen Ausdruck von Ironie, ja Wildheit verliehen. Er hatte noch nicht gesehen, wie ihr Lächeln die nordische Hagerkeit und Heftigkeit in weibliche Schönheit verwandelte, die einem das Herz stocken ließ.

»Nicht nur ein Mann«, sagte sie bei sich und blätterte durch ihre Billetts, »sondern auch noch ein tauber Esel.«

»Meine Freunde behaupten, ich könnte Schnecken in einen Orgasmus reden«, sagte Alessandro.

Zuerst war sie sprachlos, doch dann sagte sie in fehlerfreiem Italienisch mit irischem Akzent: »Also gut, von Schnecke zu Schnecke, ich fahre seit zehn Jahren mit diesem Zug. Ich denke, Sie sind in das falsche Abteil gesetzt worden oder sind einfach hier hereinspaziert. Schlafwagenabteil. Sie sind ein Mann. Ich bin eine Frau. Schlafwagenabteil.«

Er faltete sein Billett auseinander und reichte es ihr. Sie nahm es und studierte es sorgfältig. »Sieben C«, sagte sie. »Kardinalfehler.«

»Ja«, sagte er und beugte sich vor. »Das passiert nun mal, wenn man sein Billett in einem Kloster kauft.«

Der Zug hatte sich in Bewegung gesetzt und war bereits zur Hälfte im Sonnenlicht.

»Ich habe mein Billett nicht im Kloster gekauft, wenn es Ihnen nichts ausmacht«, sagte sie.

»Aber gar nicht. Ich aber«, erwiderte er. »Mönche betrügen nie.«

»Ich arbeite in einem Reisebüro«, sagte sie. »Von so etwas habe ich noch nie gehört.«

»Waren Sie jemals in Rom?«

»Natürlich.«

»Kennen Sie den Palazzo San Rafaello?«

»Nein.«

»Dort leben fünfundfünfzigtausend Mönche. Es gibt dort Friseurläden, Bäckereien, Uhrmacher, Schreibwarenläden, alles. Und sie haben ein Eisenbahnreisebüro. Warum auch nicht? Sie sind ständig unterwegs.«

»Das mag schon sein«, sagte sie, doch dann stockte sie und schaute ihn an.

»Für welche Art Reisen sind Sie zuständig?« fragte er.

»Ich bin bei Nederland-Lloyd für die Reservierungen zuständig«, war ihre Antwort. »Ich habe Zehntausende von englischen und skandinavischen Touristen in die Levante geschickt. Sie gehen dort hin, um sich die Ruinen anzusehen, und machen dann Zwischenstation in Griechenland, um sich das Licht anzusehen. Sie sind davon hypnotisiert, allesamt, und sie kehren heim und können eine weitere dieser dunklen Jahreszeiten ertragen.«

»Ich möchte Sie etwas fragen«, sagte er.

»Ja?«

»Sagen wir, Sie sind in Ihrem Büro – wo ist das?«

»Auf der Piazza San Marco, hinter den Säulen. Wir liegen im Schatten und müssen selbst im Sommer Licht machen.«

»Sie leben seit zehn Jahren in Venedig?«

»Seit sechs. Ich war vorher in Athen.«

»Sprechen Sie Griechisch?«

»Ja.«

»So gut, wie Sie Italienisch sprechen?«

»Nein. Es ist schwerer.«

»Aber nehmen wir einmal an, Sie sind da, in Ihrem Büro, und eine Frau kommt herein, um eine Passage zu buchen nach ...«

»Alexandretta.«

»Sie sitzt Ihnen gegenüber.«

»Ich stehe hinter einem Schalter.«

»Sie steht Ihnen gegenüber. Sie hat eine Kabine gebucht, aber Sie teilen ihr mit, daß keine mehr frei ist.«

»Ja?« Der Zug erhöhte nun seine Geschwindigkeit und fuhr über die Brücke, die Alessandro gerade erst vor einer halben Stunde in angespannter Ernsthaftigkeit überquert hatte.

»Und daß sie bis Alexandretta auf dem Zwischendeck reisen muß.«

»So etwas würden wir nie tun.«

»Eine Hypothese.«

»Fahren Sie fort.«

»Sie protestiert.«

»Natürlich.«

»*Ich reise nicht auf dem Zwischendeck. Mir steht eine Kabine zu.* Sie haben aber nur noch eine Kabine mit einem Mann. Was würden Sie tun?«

»Ich würde sie *nicht* zusammenlegen.«

»Selbst wenn sie Ihnen wie eine Frau vorkommt, die angespannt und nett und tugendhaft ist – eine Frau, die geliebt hat, eine Frau, die ein eingeschränktes Leben führt, für die aber eine gemischte Reise nach Alexandretta vielleicht genau das wäre, was ihre Einschränkung erträglich machen und rechtfertigen würde? Was würden Sie für eine Ihrer Schwestern in solch einer Lage tun?«

Nun durchquerte der Zug die Sümpfe. Die Irin, sie hieß Janet McCafrey, gab Alessandro keine direkte Antwort, doch ihr wildes, rotes, straffes und wunderschön kantiges Gesicht zeigte ein bezauberndes und geduldiges Lächeln.

»Die Mönche sind geschult, genau diese Art von Unterschied zu machen«, fügte er hinzu.

»Was habe ich verbrochen«, fragte sie niemanden, »daß ich mit diesem Mann mein Abteil teilen muß?«

»Wir haben zwei Betten«, sagte er und bemerkte, daß ihr Kleid enger an ihrem Körper saß, als nötig gewesen wäre, um ihr das ständige Bewußtsein einer Umarmung oder die Erinnerung daran zu geben. »Und was Ihr Schuldgefühl betrifft«, fügte er hinzu, »in meinem Beruf gibt es wie in der Landwirtschaft keinen Platz für Schuld oder Unschuld.«

Der Zug raste wieder über goldene Felder. Ab und zu schlug die Mineralwasserflasche gegen die Scheibe. Draußen war es sonnig und kühl in ihrem schattigen Abteil.

»Auch nicht in meinem, wenn ich das hinzufügen darf. Und lassen Sie mich sagen, ich weiß, daß wir zwei Betten haben.«

»Ich verstehe«, sagte Alessandro. Er stellte sich im Geiste das lange, langsame Ritual vor, wie sie sich bettfertig machte. Er würde sich bemühen, seine Augen zu schließen oder aus dem Fenster zu starren, und sie würde sich wenige Zentimeter von ihm entfernt ausziehen, in dem Bewußtsein, daß allein schon das Rascheln ihres Kleids unwiderstehlicher war als hundert sinnliche Nackte. Irgendwie würde er es schaffen, im Dunkeln ins Bett zu kriechen, und dann würde er sich hinüberbeugen, um mit ihr zu reden, und sie würde ihr Nachtgewand um eine Winzigkeit zu weit hinabrutschen lassen. Und dann lägen sie da, parallel zueinander, würden durch die Dunkelheit rasen, in den Laken gefangen, sie würden einander ins Gesicht schauen, und es würde sie schmerzlich danach verlangen, sich zu berühren.

*

Der Zug war lang: zwei Lokomotiven, zwei Kohletender, vier Schlafwagen, acht Passagierwagen, zwei Speisewagen, ein Postwagen und am Ende der Privatwagen eines unbekannten Aristokraten, der in einer kastanienbraunen Frackjacke auf der hinteren kleinen Plattform saß. Nahm der Zug eine langgezogene Kurve, konnte man die Lokomotiven sehen, die geschäftig wie immer an der Spitze fuhren, die Federbälle Europas, die hin und her schossen, wie verrückt gewordene Katzen auf der Jagd nach Wühlmäusen kreuz und quer durch einen Garten.

Sie hatten nun die gleichmäßige Geschwindigkeit erreicht, die die Landschaft zu einem Ding der Vollkommenheit macht und die Gedanken des Betrachters erhebt, doch Alessandro wurde durch die Gegenwart von Janet McCafrey auf dem Boden der Tatsachen gehalten und dachte an nichts anderes als an sie. In Eisenbahnwagen begegnete sie meist feisten Männern, die sie wegen ihrer unitalienischen, vogelhaften, anglo-irischen Hagerkeit für zickig hielten, doch Alessandro liebte diese herbe Art. Er hatte vor, sie aus der Ruhe zu bringen, um zu sehen, wie sich ihre bewundernswerte Intensität noch intensivierte. Während der Zug dahinjagte, beugte er sich vor und sagte: »Sagen Sie mal, jetzt, wo wir schon dasselbe Abteil miteinander teilen, warum fahren Sie nach Bukarest?«

Sie griff sich mit der rechten Hand an die Brust, wurde blaß und erstarrte. Sie stand auf, als wolle sie an irgendeiner Art Kordel ziehen, und sank verzweifelt zurück, denn sie hatte vorgehabt, von Venedig nach München zu fahren, und nun glaubte sie, mit siebzig Stundenkilometern Richtung Bukarest zu rasen. »Bukarest?« fragte sie schwach. »Bukarest?«

»Habe ich Bukarest gesagt?« fragte er zurück. »Das war ein dummer Fehler. Tut mir leid.«

Sie schloß die Augen und fuhr sich vor Erleichterung seufzend mit der linken Hand über die Brauen.

»Ich meinte *Budapest*!«

»O Gott!« sagte sie und gab jede Hoffnung auf.

»Machen Sie sich keine Sorgen«, versicherte ihr Alessandro, »wir sind auf dem Weg nach München.«

Sie war nicht wütend, nur auf der Hut. Sie fragte sich, wer er war, und sie wußte, daß er sie mochte. »Ich nehme an«, schlug sie vor, »daß Genauigkeit nicht eine Ihrer Stärken ist«, und dann zeigte sie ihm dasselbe Lächeln, das sie schon aufgesetzt hatte, als sie ihn beschuldigte, ein tauber Esel zu sein – so herausfordernd, so unverschämt, so einladend.

»Vielleicht nicht«, gab er mit einem Anflug von gespieltem Kummer zu. »Für mich sind sie alle gleich – Budapest, Bukarest, München, Prag, Barcelona. Ich bin ständig unterwegs. Alle Städte werden sich immer ähnlicher, besonders da meine Mission in jeder von ihnen dieselbe ist.«

Er verfiel absichtlich in Schweigen und schaute aus dem Fenster. Schließlich mußte sie fragen, und sie tat es, vorsichtig und mit Zurückhaltung: »Worin besteht Ihre Mission?«

»Ich bin Zahnbürstenvertreter«, sagte er und wühlte in seinem Handgepäck. Während sie enttäuscht wieder in ihrem Sitz zurücksank, strahlte er. »Wir vertreiben ein revolutionäres Zahnreinigungsinstrument von äußerst elegantem Charakter, das bisher ausschließlich von den Häuptern der königlichen Häuser verwendet wurde und nun an die Öffentlichkeit gebracht werden soll. Dieses Instrument ist zwar recht teuer, ist aber aus den besten Materialien hergestellt, hält ein Leben lang, verteilt das Zahnputzmittel auf sanfte und effektvolle Weise, greift den Zahnschmelz nicht an und ist angenehm in der Anwendung.« Seine Hand in dem Handgepäck ruhte auf Enricos Schweifbürste, wovon er ein Duplikat in München zu finden hoffte. Es war eine Wiener Erfindung, doppelt so lang wie die Hand eines Mannes und die Hälfte seines langen Griffes mit Borsten umgeben, die so dick wie Spaghetti waren und auf Fingerlänge steif herausragten. An seinem Ende war ein Sortiment bösartig aussehender, sensenartiger, zu Klingen geschliffener Haken befestigt, die, fuhr man damit sanft durch Enricos Schweif, diesem faszinierende Wellen verliehen. Unter den Borsten steckte ein breites schartiges Messer. Die Borsten selbst waren mit glänzendem schwarzen Pferdelanolin geschmiert, an dem aller möglicher Schmutz haftenblieb.

»Ich gehe von Apotheke zu Apotheke«, sagte er. »Es ist schwer. Manche Leute werden von der modernen Formgebung abgestoßen, sie mißtrauen dem Modernen, doch dann erzähle ich ihnen, daß der König von England damit seine Zähne weißt.«

Er lächelte stolz und zog die Schweifbürste hervor.

Sie betrachtete sie eine Weile, und ihre Augen sprangen dann zu ihm, zur Tür. Dann beugte sie sich vor. »Sagen Sie mal«, fragte sie ernsthaft, »wann sind Sie entsprungen und was haben Sie vor?« Sie lehnte sich zurück und fügte so trocken, wie dies nur eine Irin konnte, die zehn Jahre damit zugebracht hatte, ungeduldigen englischen Aristokraten Billetts für Dampfschiffe auszustellen: »Sie können mich Schwester Janet nennen.«

Alessandro mußte lachen, und sie schloß sich ihm an. Die Leute im Nachbarabteil klopften gegen die Wand, und durch das Furnier drang in tiefstem Plattdeutsch der gedämpfte Befehl: »Man lacht nicht in Kriegszeiten!«

»Wissen Sie«, sagte sie, »ich habe nie einen Italiener über sich selbst lachen hören. Sind Sie sicher, daß Sie Italiener sind? Was ist mit Ihrem Stolz passiert?«

»Mein Stolz«, sagte Alessandro. »Lassen Sie mich nachdenken. Ich hatte von Anfang an nicht viel davon – ich war zu beschäftigt. Es gibt zu viel zu sehen, zu viele schöne Dinge, die nichts mit mir zu tun haben.« Er zögerte. »In letzter Zeit habe ich allen übriggebliebenen Stolz genommen und ihn freiwillig zum Schlachter getragen.«

Ihre Augen waren grün und so funkelnd jetzt, daß es schien, als tanzte sie. »Warum?«

»Das hat mich mein Vater auch gefragt.«

Sie nickte und wartete darauf, daß er fortfuhr.

»Der Krieg«, sagte er. »Wie ein Tier durch die Jahreszeiten zu einer Abfolge von Verhaltensmustern gezwungen wird, die es nicht verstehen kann, fühle ich mich dazu verleitet, meine Haut abzustreifen, zu tanzen, mich im Schlamm zu wälzen, mich wie ein Idiot aufzuführen. Ich weiß nicht warum, aber irgend etwas sagt mir, *laß deinen Stolz fahren, laß ihn fallen, laß ihn zurück, sei albern, sei unbesonnen, beschäme dich selbst.* Ich verstehe es wirklich nicht, aber der Impuls ist überwältigend, und ich werde ihm nachgeben.«

»Sie werden *überleben*«, sagte sie.

»Ich bezweifle, daß ich den Schützengräben entgehen kann, aber ich werde mich auf jede nötige Art verändern, um wieder aus ihnen herauszukommen. Das habe ich fest vor.«

Sie lehnte sich zurück, um ihre Zufallsbegleitung zu betrachten. Es wäre ihr egal gewesen, wenn sie nach Bukarest unterwegs gewesen wäre, und ihm auch. »Wie heißen Sie?« fragte sie.

»Alessandro Giuliani«, antwortete er kurz vor einem langgezogenen Heulen der Dampfpfeife.

*

Der Zug fuhr durch große und kleine Städte und schob sich auf die Berge zu. Der Herbst, die Sonne und das Oktoberlicht hatten Italien in einen endlosen Teppich von Feldern verwandelt, deren Pracht und Friedlichkeit nur durch die Eisenbahn gestört wurde, doch wenn die Züge vorbeigefahren waren, schloß sich die Zufriedenheit hinter ihnen wieder, wie kaltes blaues Wasser die Mulde füllt, die ein Ruder hinterläßt.

Der italienische Schaffner sollte in Bozen durch einen österreichischen Schlafwagenmeister ersetzt werden. Er spürte daher deutlich, wie sein Prestige nachließ, und er beobachtete Alessandro und Janet mit Augen, die nicht flinker und aufmerksamer hätten sein können, hätten sie einem Wiesel gehört. Sein spitzer Hut und der gewichste Schnurrbart verstärkten diesen Eindruck. Hier waren ein Mann und eine Frau in geschlechtsreifem Alter, zusammen in ehelichem Bezirk, unverheiratet, kannten sich vielleicht nicht einmal.

»Möchte jemand das Recht auf Beschwerde ausüben?« fragte er.

Sie sahen ihn mit großen Augen an.

»Es liegt in meiner Befugnis, Gesetzwidrigkeiten zu korrigieren und zum Beispiel für das Wohl und die Würde der Passagiere zu sorgen, solange sich der Zug in Anfahrt auf Bozen befindet.«

Als sie keinerlei Wünsche äußerten, lochte er ihre Fahrkarten, verbeugte sich nervös und trat rückwärts zur Tür hinaus, wobei er eine dicke Österreicherin gegen die Fenster drückte.

»Was machen Sie, wenn Sie keine Zahnbürsten verkaufen oder geographische Fehler machen?« fragte Janet, als sie durch ein Dorf kamen, in dem die Glocken läuteten und die Vögel um die Glockentürme kreisten und darauf warteten, daß das Läuten aufhörte.

»Ich werde durch den Militärdienst aufgehalten werden, aber ich war gerade im Begriff, eine Stellung als Dozent an der Universität Bologna anzunehmen. Ich werde den Studenten zu erklären haben, was schön ist und warum, während ich es selber erst herausfinde. Natürlich kann weder ich noch sonst jemand so etwas, aber ich kann es versuchen, und dafür muß ich die Theorien des Schönen von Aristoteles bis heute kennen, und bevor ich sterbe, erwartet man von mir, daß ich mit einer eigenen aufwarte.«

»Nun«, sagte sie, »das ist eine hübsche Zahnbürste.«

»Danke. Ich könnte Ihnen eines der vielen Gesetze von Kontext und Kontrast zitieren. Sagen wir mal, zusammen mit einem Kavalleriesattel, Gewehr, Bajonett und Striegeln, zum Beispiel, gemalt in braunen und goldenen Tönen, wie zufällig an einer verwitterten Stalltür hängend, mit den sanften Linien des Pferdes, das gerade aus dem Bild verschwindet, und dem Reiter in seinen hellen Farben in der Bildmitte, könnte die Bürste wirklich schön sein, doch in Verbindung beispielsweise mit der Fülle Ihres roten Haares, Ihren weißen Zähnen, Ihrem außerordentlich schönen Mund und Ihren bloßen Schultern, wäre sie natürlich häßlich.

Das bezieht sich nur auf Sie oder mich. Sie könnte, mit den Augen eines anderen gesehen, besser wegkommen. Ein Oktopus ist eine widerliche, beutelige, schleimige, durch und durch eklige Kreatur. Was ist schlimmer, der scharfe Schnabel, der sich in weichen Hautfalten verbirgt, die schotenartigen Augen, der schlaffe Sack oder die pockigen Tentakeln? Manche haben ihn angeführt, um zu beweisen, daß Gott nicht das Universum erschaffen habe, doch aus der Entfernung betrachtet ist er, wenn er sacht durchs Wasser gleitet, so graziös wie eine Primaballerina. Seziert unter dem Mikroskop, bietet er Muster von unerschöpflicher Pracht dar. Und einem Oktopus des anderen Geschlechts oder selbst einem heranwachsenden Tintenfisch, der jemanden braucht, dem er nacheifern kann, kann er durchaus stattlich oder schön erscheinen.

Flechten Sie etwas Latein und Griechisch ein, vergrößern Sie, weiten Sie aus, ziehen Sie sich ab und zu auf Ihre Ausgangsposition zurück, und zeigen Sie, daß trotz Kontext, Position und Perspektive eigentlich nichts relativ und alles Schöne absolut ist, und Sie haben den Grundstein für eine Vorlesung.

Genau das tue ich.«

»Es ist *völlig* überflüssig«, sagte sie.

»Niemand weiß besser als ich, daß alles bereits vorhanden ist und keiner Erklärung oder Interpretation bedarf – sondern nur aufgenommen werden muß. Was wir durch das Abteilfenster sehen, während sich langsam unsere Perspektive verändert und verschiedene Register von Farbe und Form durchmißt; das Licht in dieser Wasserflasche; der Rhythmus der Maschinen; die Art, wie die Wolken auf Wellen von Wind vorangetrieben werden; Sie selber, Schwester Janet, Ihr Körper, im ganzen betrachtet, Teil für Teil, bei Licht, im Dunkeln; Ihr Lächeln, wie Sie Ihre Augen bewegen und sich auf Ihren Arm stützen; die farbliche Übereinstimmung zwischen Ihrem Kleid und Ihrem Haar; selbst die Winkel Ihrer Zähne; daß sie vor Feuchtigkeit glänzen; Ihre schmalen Finger, die von Ihrer Handfläche ausgehen wie die Strahlen eines Nautilus; die Schnelligkeit Ihrer Atmung; die Süße Ihres Atems, nehme ich an, und der Geschmack Ihres Mundes. Solche Dinge, und ich bin nur an der Oberfläche entlanggestreift, lassen meinen Beruf völlig überflüssig erscheinen, und ich weiß das.«

»Verschließen Sie die Tür«, sagte sie.

Er beugte sich vor und betätigte den Riegel.

Wie von der Natur zeitlich abgestimmt, standen beide auf, um sich schnell auf des anderen Bank zu setzen, und stießen im Stehen heftig in der Mitte zusammen. Der Zug schaukelte erst in die eine und dann in die andere Richtung, als er eine Kurve nahm. Sie wurde zuerst an ihn gedrückt, dann er an sie, und als der Schwung der Kurve sie beide zusammendrückte, verstärkten sie den Druck, indem sie sich eng umklammerten.

Sie blieben stehen, während der Zug in die Berge kletterte, und küßten sich, bis sie benommen waren. Dann sanken sie nieder, berührten sich nur leicht und küßten sich mindestens eine Stunde lang. Sie tauchte wie aus einer Unterströmung auf. »Es ist der Krieg, oder?« fragte sie, und dann zog er sie wieder hinab. Sie waren auf dem hohen Grat, der sich zwischen Krieg und Frieden erhebt, und wie Alpinisten waren sie von der Schönheit der Landschaft unter sich berauscht.

Sie verloren das Gefühl für die Zeit, doch nach dem Austausch der Maschinen in Bozen, wo sie die Vorhänge herunterzogen, begann es dunkel zu werden. Im Norden, in einer Gegend, die Alessandro gut kannte, waren die Berge in Schneehöhe rosenfarbenes Gold, und die Felsnadeln der Dolomiten, die aus dunklen Tälern emporragten, waren rot. Als der Zug in die Eiswelt hinaufstieg, glühten Alessandro und Janet vor Hitze, die sie selbst entfacht hatten. Ihre Augen waren glasig, ihr Haar sah aus wie in einem Hurrikan zerzaust, und sie sagten Dinge, die ganz anders als Worte waren.

Noch bevor der Mond aufging, klopfte jemand an die Tür, doch sie bemerkten es kaum. Der österreichische Schlafwagenmeister, der in Bozen zugestiegen war, als sie nur halb bei Bewußtsein waren, verkündete, daß das Essen serviert sei.

Als sie den Speisewagen betraten, drehten sich alle nach ihnen um. Sie sahen aus, als hätten sie einige Zeit in der Sonne verbracht; sie gingen gemeinsam, und ihr Benehmen war unmißverständlich.

*

Die Speisekarte bot nur zehn verschiedene Arten von Schnitzeln an.

»Was soll ich machen?« fragte Janet. »Ich mag keine Eier, ich mag keine Semmelbrösel, und ich mag kein Kalbfleisch.«

»Wie hast du sechs Jahre in Venedig überlebt?« fragte Alessandro.

Der Ober trat mit einer über seinen schlegelartigen Vorderarm drapierten Serviette herzu. »Es tut mir leid, Ihnen mitteilen zu müssen«, sagte er, »daß wir wegen des Krieges kein Wiener Schnitzel, Salzburger Schnitzel, falsches Schnitzel, Schweizer Schnitzel, Fest-Schnitzel, Schweineschnitzel, Jägerschnitzel, Cordon bleu, Schnitzel natur und überbackenes Schnitzel führen.«

»Was haben Sie statt dessen?«

»Huhn und Kartoffeln.«

»Wie haben Sie das Huhn zubereitet?«

»Über einer Flamme, mein Herr«, erwiderte der Ober kühl.

»Direkt?«

»Nein, mein Herr. In einem Topf mit heißem Wasser.«

»Gekochtes Huhn?«

Der Ober war zwischen Trotz, Abscheu, Scham und Stolz hin und her gerissen. »An der Front sterben die Männer.«

»Das tut mir leid«, sagte Alessandro. »Bringen Sie uns, was da ist. Was gibt es zu dem gekochten Huhn?«

»Kartoffeln, wie ich angedeutet habe ...«

Janet streckte ihren Zeigefinger vor und lächelte boshaft, doch der Ober begriff nicht, daß er in Wirklichkeit keine Kartoffeln *angedeutet* hatte.

»Einen kleinen Salat. Jede Menge Mineralwasser. Dessert nach Wahl – Rhabarberpudding oder Festtorte. Rhabarberpudding spricht ...« Er wurde von dem Salonchef an der Schulter gefaßt, der vorbeikam und ihm etwas zuflüsterte, und ließ Alessandro und Janet mit seinen letzten Worten im Ohr zurück: »Rhabarberpudding spricht ...«

»Und die Festtorte«, fuhr er mit einem Seufzer fort, »ist aus Zukker, Mehl und einer Spur Kakao.«

»Wir nehmen den sprechenden Pudding.«

»Italienisches Schwein«, zischte der Ober.

Janet hörte ihn. »Ich bin Irin«, stellte sie fest.

Nach dieser Ausfälligkeit fühlte sich Alessandro nicht länger schuldig, etwas essen zu wollen, während Männer an der Front starben. Zudem fiel ihm ein, daß er bald das gleiche tun könnte, oder sie zumindest umbrachte. »Bringen Sie uns Festtorte«, befahl er.

Nachdem der Ober gegangen war, sagte Janet: »Wenn wir in England wären, würde er in unsere Suppe pinkeln.«

»Er ist Deutscher, und ich bin Italiener«, erwiderte Alessandro. »Er hat es schon getan.«

»Gott sei Dank ist Irland neutral.«

»An wessen Seite?«

»An Englands Seite.«

»Vielleicht wird Italien gar nicht in den Krieg eintreten«, sagte Alessandro. »Wir sind nicht wirklich daran interessiert. Wir machen zwar Lärm, aber wir machen immer Lärm, und selten kommt etwas dabei heraus. Wenn wir den Krieg erklären, entweder den Mittelmächten oder der Entente, dann wird es gegen Ende sein, vielleicht nächstes Frühjahr. Wir werden vielleicht vor dem Waffenstillstand einige Schlachtschiffe in See stechen lassen und ein paar Schüsse abfeuern. Das ist das italienische Ethos.«

»Das ist nicht das englische Ethos«, sagte sie. »Und sicherlich nicht das deutsche Ethos.«

»Auch nicht das russische«, fügte er hinzu und spielte angespannt mit seinem Messer. »Die vielen Millionen sind in der Lage, großen Schaden anzurichten, nicht zuletzt an sich selbst.«

Außerhalb von Innsbruck bremste der Zug auf Schrittempo ab, durchquerte eine riesige Stacheldrahtbarriere und rollte in ein ausgedehntes Militärgebiet. Alessandro erhob sich von seinem Sitz, überrascht, daß ein ziviler Eisenbahnzug in ein Militärlager gelassen wurde. Die Wagen wurden die ganze Strecke über von Posten hinter sandsackbewehrten Mauern streng bewacht; elektrische Lichter beleuchteten die Unterbauten und schickten ein merkwürdiges weißes Leuchten nach oben, das nicht an Eisenbahngleise und Schotterbetten, sondern an den Eingang zu einer anderen Welt erinnerte.

Das langsame Tempo des Zuges erlaubte Alessandro, sich dieses

Lager der kaiserlichen Armee genau anzusehen. Soweit das Auge nach Westen reichte in Richtung der Berge, die eine Seite des Rützbachtals bildeten, erstreckten sich Reihen von Zelten, Waggons und Artilleriegeschützen, und Feuer zogen sich durch die langen Alleen wie brennendes Gestrüpp.

Dutzende von Männern umstanden die einzelnen Feuer; wenigstens hundert Feuer gab es in jeder Reihe, und die Reihen rissen nicht ab, während der Zug vorbeidefilierte – zwanzig, dreißig, vierzig, fünfzig; es kamen immer mehr. Alessandro rechnete hoch, daß es in diesem Lager hunderttausend Mann oder mehr geben mußte.

Ein Schauer lief ihm über den Rücken, als er dies sah, als blickte er durch ein Fenster in die Zukunft. Und gerade als der Schauer vorüber war, drehte er sich zur anderen Seite, um durch die gegenüberliegende Fensterreihe zu schauen. Auch dort waren die sorglos Speisenden durch die neue Welt überrascht worden, denn dort gab es noch einmal hunderttausend Mann in einer Stadt aus Zelten und Feuern.

Die meisten Soldaten waren Jungen, die nur wenig jünger waren als er. Ihr Haar war kurzgeschoren, und ihre großen, linkischen jugendlichen Gesichter paßten zu den Holzfällern oder Bergführern in einem Alpendorf oder zu den unzufriedenen Söhnen der Lebensmittelhändler in Städten, die gerade groß genug waren, um eine Kirche und einen Marktplatz zu haben. Die Wachtposten, die den Zug beobachteten, wie er durch ihr Lager fuhr, hatten den Gesichtsausdruck von Minenarbeitern, die aus der Dunkelheit blinzeln. Nicht nur, weil die Flutlichter, die von den glänzenden Unterbauten reflektiert wurden, sie fast blind machten, sondern auch, weil sie der Welt, die sie kannten, völlig entrissen worden waren. In ihren grauen Mänteln und hohen Stiefeln, bepackt mit Gewehren und Munition, machten sie einen schweigsamen, düsteren und seltsamen Eindruck.

Die Feuer reichten so weit in die Ferne, daß sie am Fuß der Hänge zu züngeln schienen, und die Erde schien sich geöffnet und ein gespenstisch weißes Licht freigegeben zu haben.

Dann marschierte ein Offizier mit gezogener Pistole durch den Speisewagen. Obwohl er das Innere inspizierte, war sein Blick nach oben gerichtet, um den Schritten eines anderen zu folgen, der, außer Sicht, auf dem Dach das Tempo vorgab.

Sie durchquerten die Vorpostenlinie und rollten lautlos in Innsbruck ein, wo nicht ein einziger Soldat zu sehen war.

*

Vor mehr als hundert Jahren war Raffaels Porträt des Bindo Altoviti ›in jungen Jahren‹ mit dem Pferdekarren von Florenz nach München gereist. In den Regenstürmen im Tal des Adige hatte das schmutzig graue Segeltuch, das den Karren überspannte, an vielen Stellen geleckt, doch die Holzkiste, in der das Bild steckte, war wasserdicht, da sie an den Kanten geteert worden war, und Bindo Altoviti blieb trocken. Am Brenner glitt eines der Maultiere nach einem kurzen Schneesturm auf einer vereisten Stelle aus und hätte um ein Haar alles über den Rand eines steilen Abgrunds mit sich gerissen. Sonst war die Reise nicht weiter bemerkenswert gewesen – wenn man davon absieht, daß ein wichtiger Teil der Seele Italiens nach Norden transportiert worden war, um in der Alten Pinakothek zu weilen. Daß die Deutschen die paar Pfennige an Farboxiden und Leinwand zu ihren stolzesten Besitztümern rechnen und die Italiener sich durch deren Abwesenheit verarmt fühlen sollten, sagte eine Menge über die Gesetze und Prinzipien aus, die zu verstehen sich Alessandro Giuliani ständig bemühte und die Raffael so vollkommen beherrscht hatte.

Alessandro hatte nicht nur nach München reisen wollen, um das Gemälde zu studieren, sondern um dem jungen Bindo Altoviti in die Augen zu schauen und einen Mann zu sehen, der nach den Gesetzen der Kunst durch die Zeit gereist und gedrängt worden war. Er stand mit Janet in einer stillen Galerie, die nach frisch aufgetragener Ölfarbe roch, Hunderte von Jahren nach der tatsächlichen Arbeit. Wie dies kam, wußten sie nicht, doch die Schatten, die riesigen Weiten dunklen Parkettbodens und die schneebedeckten Berge, die sie durch die Fenster sehen konnten, schienen sich zusammengetan zu haben, die Gemälde anzuheben und zu halten, als schwebten sie auf Säulen aus Wasser oder Licht. Wären die Gemälde einfach nur an der Wand befestigt gewesen, statt auf den sich brechenden Wellen von Sonnenlicht und Schatten zu ruhen, wären sie nur ein Zehntel so aufregend gewesen.

Janet trat nach links, um das riesige Gemälde einer mittelalterlichen Schlacht zu betrachten. Die Pferde waren so rund und geschwollen wie Ballons und hatten rote Sprungriemen und Zaumzeug aus Gold. Und die pathetisch aufgeblähten Pferde, erstarrt, durch die Zeit schwebend, entblößten im Kampf ihre Zähne, wie Hunde, während ihre Feinde und ihre Verbündeten still zu dem Ort der Imagination aufstiegen, wo ihre Bewegung sich auflöste und sie unendlich weise zurückließ.

Ohne Rechtfertigungen oder Bedenken, ohne Überlegung oder Rücksicht auf die vielen gegenteiligen Beweise glaubte Alessandro, daß das Porträt von Bindo Altoviti, ›*il ritratto suo quando era giovane*‹, sein Bildnis in jungen Jahren, so lebendig war wie das Licht, das die Zeit abmißt, die von uns sagt, daß wir leben. Seine Augen konnten sehen, seine Hände fühlen, und er atmete. Die schwarze Seide, die von seinen Schultern fiel, war neu, und jenseits der smaragdenen Wand hinter ihm atmete Rom im Mai.

Der junge Bindo Altoviti, der aus der Zeit herausblickte, ging eine vollkommene Verbindung mit den Bergen, dem Himmel und der großen rothaarigen Frau ein, die sich leicht vorgebeugt hatte, um eine wütende Schlacht zu untersuchen, die lange vorbei war. Alessandro stellte sich vor, daß Bindo Altoviti, halb aus Sehnsucht, halb aus Begeisterung, sagte: »Dies sind die Dinge, in die ich so hilflos verstrickt war, die Wellen, die mich mitrissen, das, was ich so liebte. Als Licht meine Augen füllte und ich unruhig wurde und mich rühren konnte, wußte ich nicht, was all diese Farben zu bedeuten hatten, sondern nur, daß ich eine Leidenschaft hatte zu sehen. Und nun, da ich reglos bin, übertrage ich dir meine Lebendigkeit und mein Leben, denn du wirst davon mitgerissen werden, wie ich es einstmals wurde, und obgleich du über deine Möglichkeiten zu kämpfen hinaus kämpfen mußt und über die Grenzen deines Gefühls hinaus fühlen mußt, denke stets daran, daß es in völligem Frieden enden wird und du so still und zufrieden sein wirst, wie ich es bin, ich, dem Jahrhunderte nicht einmal Sekunden sind.«

Das eindrucksvolle Gesicht von Bindo Altoviti war von einer Art, die weitervererbt worden war; man fand es an den Jungen wieder, die in den Cafés entlang der Via del Corso arbeiteten oder mit

Kutschen, die kaum zwischen den Mauern hindurchpaßten, Touristen durch entlegene Gassen fuhren. Wenn Bindo Altoviti die Zeit überdauern konnte, nicht nur um in seinem Porträt in einem deutschen Kloster fortzuleben, sondern um in den Bäckereien Roms zu schwitzen, dann mußte Alessandro vielleicht seine eigene kurze Sicht von Geschichte aufgeben zugunsten der sorgfältigen Betrachtung der Überlieferung, der ehrfurchtgebietenden Wiederholungen, der unerklärlichen Ähnlichkeiten und der Wiederkehr, die so viele Generationen von Vätern und Söhnen zu einer Einheit verknüpften.

In den Augen Bindo Altovitis sah Alessandro Weisheit und Belustigung, und er wußte, warum die Objekte der Malerei und Fotografie aus der Vergangenheit herüberzublicken schienen, als könnten sie hellsehen. Selbst brutale und unduldsame Männer nahmen auf Fotos den Ausdruck ungeheuren Mitgefühls an, als hätten sie den Gedanken ihrer Erlösung in die Fotografie zurückgespiegelt. In gewisser Weise lebten sie noch immer. Bindo Altoviti hatte sich, ohne es zu wissen, in die jungen Männer auf den Straßen Roms verwandelt. Hätten sie es gewußt, wären sie vielleicht gekommen, um sein Bildnis zu sehen, doch das war nicht wichtig, denn was sie taten, hatte keinen Einfluß auf die Art, wie die Zeit über ihren kurzen Lebensspannen krachend zerbarst wie eine donnernde Splittergranate. Nur daß Alessandro nun ein wohltätiges Diagramm von Leidenschaft und Farbe in vollkommener Ausgewogenheit gesehen hatte und er von Bindo Altovitis stolzem und anmaßendem Gesichtsausdruck abgelesen hatte, daß er für immer lebendig bleiben würde.

*

Ein ferner Knall erschütterte die Scheiben der Alten Pinakothek. Obwohl er nur schwach war, rüttelte er Alessandros Brustkorb und hallte in seinen Lungen nach.

»Was ist das?« fragte er einen alten Museumswärter.

»Machen Sie sich keine Sorgen«, erwiderte der Wärter auf italienisch, obwohl die Frage auf deutsch gestellt worden war. »Das haben wir jeden Morgen um elf, ohne Ausnahme, seit der Krieg begonnen hat. Sie probieren die Feldgeschütze aus.«

»Und wo?« In den widerhallenden Räumen konnte Alessandro die Richtung nicht bestimmen.

»Ich weiß es nicht.«

Alessandro und Janet gingen nach draußen und konnten feststellen, daß der Lärm von Osten kam. Sie mieteten eine Kutsche und sagten dem Kutscher, er solle sie dort hinbringen.

Nach einer Stunde Fahrt durch ruhige Straßen, über Eisenbahngleise hinweg und auf Überlandstraßen, die durch Wälder und Felder gingen, kamen sie an einen riesigen Exerzierplatz.

Rollen von Stacheldraht ergossen sich über den Lehmpfad und trennten das Militärlager von Wanderern und Ausflüglern. Kanonen, Munitionswagen und motorisierte Lastfahrzeuge in scharf bewachten Depots bedeckten den größten Teil dessen, was auf den Feldern grün gewesen war, und über ihnen und dahinter standen auf einem kleinen Hügel die Geschütze, Hunderte von ihnen in einer einzigen ununterbrochenen Linie. Die Abfolge der Kanonenschüsse zog stetig die lange Reihe entlang, fast wie das Ticken einer Uhr – nur daß eine Uhr abwechselt, erst tick, dann tack, und daß diese große Maschine sich ganz monoton ausdrückte.

»Kabumm!« machte die Maschine, sofort, nachdem einer ihrer Bestandteile gezuckt hatte, zurückgesprungen war und einen Stoß Feuer und Qualm ausgestoßen hatte, und dann, »Kabumm!« ging zwei Sekunden später das nächste Geschütz los.

So methodisch das war, verschlugen jedoch weder die Methode noch die zum Verrücktwerden exakte zeitliche Abfolge dem Kutscher und seinen beiden Fahrgästen den Atem, sondern eher der Ton als solcher. Alessandro glaubte, daß er sich niemals daran gewöhnen würde, ganz gleich, wie oft er es hören würde. Er irrte sich.

Die Signatur jeder Explosion war eine tiefe Erschütterung, für eine Zehntelsekunde allein und dann begleitet von einem scharfen metallischen Rasseln wie dem des Metallblechs, das man im Theater verwendete, um Donner zu imitieren. »Kabumm! Kabumm! Kabumm!« So wie der metallische Effekt nicht ganz synchron mit der initialen Erschütterung war, sondern einen Augenblick später begann und einen Augenblick später aufhörte, so war es auch mit den klanglosen Wellen, die nach jedem Schuß folgten. Sie waren durch den ganzen Körper zu spüren; am stärksten in Brust und Hals, aber auch in den Beinen, auf der Stirn und im Mund, je nach der Position der Kiefer und der Straffheit der Wangen. Natürlicher Donner war weder so tief noch so knallend wie dieser, und obwohl Alessandro in Rom aufgewachsen war, einer Stadt, die vielleicht die beste Donnerfängerin der Welt war, hatte er ihn niemals so regelmäßig rollen hören, denn selbst der Donner ruht aus.

Das Pferd scheute. Nur ein kurzes Stück weit über die Felder setzte die Schlange mit den hundert Gliedern ihre erschütternden Schläge fort, und jeder Stoß rüttelte die Kutsche und ließ die Räder quietschen.

»Ich bin davon ganz zittrig«, erklärte Janet, die nicht aus einem Gefühl heraus zitterte, sondern von der aufgeladenen Luft, die ihre Lippen, ihre Brust und die Muskeln in ihren Oberschenkeln und Armen schüttelte.

Der Lärm der Luftwellen rollte die Hügel hinab und über die Felder. Ohne Pause luden winzige Figuren in Grau, die neben jedem Geschütz standen, nach. Alessandros Betörtsein von Janet wurde von dem Befehlston der Geschütze niedergezwungen, denn er war tiefer als selbst der Donner. »Kabumm! Kabumm! Kabumm!« Das war der Ton, der an der Westfront begonnen hatte, die Musik der Welt zu übertönen. Für Alessandro war klar, und leicht zu verstehen, daß für manche Menschen die Musik aufhören würde zu existieren. Aber nicht für ihn, nicht für ihn. Elektrizität stieg seine Wirbelsäule hinauf, und er zitterte nicht wegen des Schocks, sondern weil er über den Lärm der Geschütze hinweg noch immer imstande war, Sonaten, Symphonien und Lieder zu hören.

IV. DIE 19. FLUSSWACHE

September 1916 ... Ein Dutzend Soldaten stand direkt in einer Tunneleinfahrt oder kauerte dort leicht vorgebeugt, Gewehre als Stütze benutzend. Sie lungerten dort herum, um aus der Sonne zu sein und den ständigen kühlen Luftzug einzufangen, der von innen kam. Ein Leutnant der Infanterie tauchte aus dem Gehölz blasser Bäume auf, das die Schachtöffnung schützte, und trat schnell auf sie zu; seine linke Hand ruhte auf seinem Pistolengürtel und die rechte umklammerte einen kurzen Stock. Ihm folgte ein stämmiger junger Marinekadett, der sich mit dem Gewicht eines Seesacks abmühte und dessen Gewehr ihm in die Seite schlug.

Die Männer im Tunnel begannen, sich zu erheben, sanken aber wieder zusammen, als der Leutnant ihnen mit der Hand bedeutete, ihn nicht zu beachten. Dennoch nahmen diejenigen, die rauchten, ihre Zigaretten von den Lippen und hielten sie in geziemendem Abstand vor ihren Bäuchen, bis der Offizier vorüber war.

»Ist dies eine Marinebasis?« fragte der Kadett, als sie in den Tunnel traten, hundert Kilometer vom Meer entfernt. »Das muß ein Irrtum sein.«

»Legen Sie Ihren Seesack und alles andere hier drauf«, sagte der Leutnant, der sich neben einen Holzkarren auf Schienen, welche durch den Tunnel führten, gestellt hatte.

Der Kadett hatte rote Haare und einen angeschlagenen Schneidezahn. Liebend gern warf er seine Sachen hin. Er folgte dem Leutnant in den Schacht und zog dabei den Karren hinter sich her. »Ich war auf See«, sagte er wie aus Protest.

»Wenn ein Versorgungszug vorbeikommt, ganz gleich in welcher Richtung, müssen wir den Karren von den Schienen heben. Wir nehmen jeder ein Ende und heben es auf die andere Seite. Der Versorgungszug ist schnell, aber man kann ihn schon von weitem hören.«

Sie waren etwa zehn Minuten gegangen und an scheinbar endlosen Ketten schwacher Glühbirnen und Holzverstrebungen vorbeigekommen, als der Leutnant die Frage des Kadetten beantwortete. Er kam nicht gleich zur Sache, so als sei es ihm egal, oder als ob er sich nicht genug konzentrieren konnte. »Machen Sie sich keine Sorgen«, sagte er. »Hier ist es nicht mehr allzu gefährlich. Auf See wären Sie auch nicht sicherer.«

»Sicherer? Ich war auf der *Euridice.*«

»Dem Kreuzer?«

»Ja, dem Kreuzer. Am Abend bin ich an Bord gegangen, am nächsten Morgen um vier liefen wir in Brindisi aus, um zwei Uhr nachmittags fuhren wir auf eine Mine, und um zwei Uhr zehn begannen wir zu sinken. Es hätten fast alle überlebt, aber ein U-Boot ist uns gefolgt. Es tauchte auf und umkreiste uns, um unsere Schlagseite auszunutzen. Auf der Steuerbordseite konnten unsere Geschütze nicht tief genug hinunter, um es zu treffen. Unsere Granaten flogen über den Kommandoturm, und je mehr wir zur Seite kippten, desto höher flogen sie.

Ich sah ihren Kapitän. Er feuerte drei Schuß voll in unsere Seite. Die ersten beiden ließen das Schiff erzittern. Der dritte traf das Magazin, und das Schiff flog in ein Dutzend Teile auseinander. Ich war im Melderaum und wurde durch die Tür geschleudert, hinaus aufs Meer. Mitten in der Luft kam die Wand an mir vorbei und ich kam wieder durch die Tür, als sie auf meiner Höhe war und weiterflog. Als ich aufs Wasser traf, wurde ich gegen die Karten geschleudert. Sie zerknüllten und ich rutschte ins Wasser. Ich schlug mir das Gesicht an irgendwas auf und schluckte Salzwasser, aber ich kam wieder an die Wasseroberfläche und schwamm umher, bis ich einen halb versunkenen Stuhl zu fassen bekam.«

»Einen Stuhl?«

»Ich denke, es war der vom Kapitän, aber ich weiß es nicht. Es war nicht der Stuhl des Melders, er war zu schwer. Ich setzte mich drauf und blutete eine Stunde lang, bis ich von einem unserer Zerstörer aufgefischt wurde. Ich hielt den Kopf über Wasser, bis der Stuhl umkippte, und dann setzte ich mich wieder drauf und versuchte, die Balance zu halten. Ich hatte das Gesicht verwundet, wie Sie sehen können. Ich hatte Glück. Wäre ich tiefer im Schiffsinnern gewesen, dann wäre ich im Meer verblutet, wie so viele andere.

Als das U-Boot durch die Trümmer fuhr, glaubte ich, daß die Besatzung schuldbewußt schaute – weil die Verwundeten aufgaben, sich fallen ließen, untergingen –, aber als sie an mir vorbeikamen, lachten sie. Die Bastarde.«

»Wieviel Mann sind dabei umgekommen?«

»Wir hatten zwölfhundertzweiundvierzig an Bord, als wir losfuhren. Der Zerstörer zog hundertsiebenundfünfzig aus dem Wasser.«

Der Leutnant schüttelte den Kopf.

»Ich habe einen Orden bekommen. Ich war weniger als einen Tag auf dem Schiff und habe nicht mal das Codebuch zu Gesicht bekommen. Ich habe einen Orden bekommen, weil ich auf einem schwimmenden Stuhl die Balance gehalten habe.«

»Jeden Tag«, sagte der Leutnant, »schlagen irgendwo entlang der Linie Granaten mit hoher Sprengkraft ein und Soldaten fliegen durch die Luft. Sie enden nicht in schwimmenden Sesseln.«

Ab und zu kamen sie an Gruppen von Männern vorbei, die hinausgingen. Unter ihnen gab es nur wenige Verwundete, und die, die verwundet waren, konnten laufen.

»Im Augenblick ist es ruhig«, teilte der Leutnant dem Seekadetten mit. »Seit Mitte August ist sehr wenig passiert, was wahrscheinlich heißt, daß es uns im Herbst richtig erwischen wird.«

»Es gibt Zyklen?«

»Wie beim Wetter.«

»Wir sind seit einer halben Stunde in diesem Tunnel.«

»Er ist vier Kilometer lang. Wir werden am Flußufer rauskommen. Das ist der einzige Weg zu und von den Schützengräben, der vor der Artillerie sicher ist. Wir steigen hinab, nicht weil wir tiefer in die Erde gehen, sondern weil das Gelände zum Fluß hin abfällt: Wir sind immer acht Meter von der Oberfläche entfernt, außer wenn wir unter einem Hügel durchkommen. Der Boden hier ist weich, kein Fels. Die Pioniere haben ihn in weniger als einem Monat angelegt.«

»Herr Leutnant, ich bin bei der Marine«, sagte der Seekadett und blieb stehen, als wolle er keinen Schritt mehr weiter.

»Ich auch.«

»Sie auch?« Der Kadett war erstaunt. In seiner eingetragenen grünen Uniform und mit den Infanteriegürteln war der Leutnant geradezu das Abbild eines kampferprobten Soldaten.

»Ja. Glauben Sie, daß Sie diese dumme Uniform tragen werden, wenn Sie dort rauskommen? Sie werden sie innerhalb eines Tages gegen eine Armeeuniform tauschen. Es ist zu einfach, in Blau erschossen zu werden. Man kann Sie sofort sehen.«

»Es gibt Kleiderkammern in den Schützengräben?«

»Nein, Sie ziehen sie einem toten Soldaten aus. Er wird in Ihrer Marineuniform begraben, Sie waschen seine Uniform und stopfen sie, und Sie beide sind glücklich.«

»Ich verstehe. Wir sind beide glücklich. Warum liegt die Marine überhaupt in den Schützengräben?« fragte der Kadett. Trotz seiner Erfahrung auf der *Euridice* hielt er es auf dem Meer für sicherer und er dachte daran, dorthin zurückzukehren.

»Wir sind die Flußwache«, antwortete der Leutnant. Er blieb stehen und nahm sich eine Zigarette. Der Tunnel schien unendlich lang, und der Kadett fragte sich, ob er wohl träumte oder tot war. »Der Fluß ist Wasser, oder nicht? Zu Beginn des Krieges wußte niemand, daß es hier oben so werden würde – so schlimm, so langwierig –, und man teilte der Marine zu viel zu.«

»Nicht, als ich eingezogen wurde.«

»Sie sind spät eingezogen worden. Davor war es anders. Alle möglichen Klugscheißer wollten zur Marine, um nicht in die Schützengräben zu kommen, und sind hier gelandet.«

»Ja, aber was *machen* wir hier?«

»Im Norden besteht immer die Gefahr, daß die Österreicher große Truppenbewegungen vornehmen, aber hier, weil die Berge so nah sind, gibt es nur wenige Operationsversuche. Die richtige Infanterie steht im Süden, und wir halten die Flußlinie. Irgend jemand glaubte wohl, es würde den Stolz der Marine wiederherstellen, wenn wir schon auf dem Land kämpfen müßten, uns Flußwache zu nennen.«

Sie gingen weiter. »Der Fluß verläuft folgendermaßen«, sagte der Leutnant und fuhr mit seinem Stock durch die Luft, »von den Bergen abwärts. Zehn Kilometer nordwärts übernehmen an den steilen

Kalksteinfelsen die Alpini. An einem so steilen Ort wie dort kann kein massiver Durchbruch erfolgen.

Wir sind am Westufer des Isonzo aufgezogen, von den Felsen bis zu einem Punkt etwa zehn Kilometer südlich von hier. Der Fluß erledigt die meiste Arbeit für uns, aber man muß ihn genau beobachten.

Die sind nicht Jesus Christus, oder? Sie können nicht übers Wasser gehen, also können sie auch keinen massiven Angriff starten, denn mit Booten, Schwimmern und Brücken werden wir fertig. Wenn sie so etwas versuchen, werden sie getötet: Freiwillige – Tschechen? Ungarn? Woher zum Teufel soll ich das wissen? Ich denke, man sagt ihnen nichts. Sie steigen in die Boote oder sie schwimmen. Selbst bei Nacht sterben die meisten, bevor sie unser Ufer erreichen.

Die einzigen, die es bis in unsere Gräben schaffen, sind die, die in mondlosen Nächten schwimmen, wie Indianer, und plötzlich tauchen sie aus dem Nichts auf und töten einen mit dem Bajonett.«

»Ist so was schon vorgekommen?«

»So was kommt jede Woche vor. Wegen der Kampfmoral. Es soll ihnen ein gutes Gefühl geben und uns ein schlechtes. Ich weiß, daß wir uns schlecht dabei fühlen, aber ich kann wirklich nicht begreifen, wie sie sich davon gut fühlen. Zumal sie selten zu ihren Linien zurückkommen. Wie ich gesagt habe. Freiwillige, Idioten. Selbstmörder. Bei uns das gleiche.«

»Bei uns?«

»Man erwartet von uns, daß wir auf gleiche Weise antworten.«

»Werde ich so etwas tun müssen?« fragte der Kadett mit versagender Stimme.

»Wie oft muß ich es denn noch sagen? Das sind alles Freiwillige – die schrägen Vögel, die sich für Indianer halten, die beschließen, daß es Zeit ist zu sterben.«

Ein weißer Nadelstich Licht tauchte vor ihnen auf. Während sie sich darauf zu bewegten, konnten sie den gedämpften Lärm von Maschinengewehrfeuer hören.

»Es ist ruhig«, sagte der Offizier, »aber wir haben ein Problem.«

»Und welches?«

»Kein Regen. Der Fluß trocknet aus. Noch zwei Wochen, und man kann hinüberlaufen.«

»Mein Gott.«

»Nun, ja, sie haben eine Menge Männer zusammengezogen. Im letzten Monat haben sich ihre Kochfeuer verdoppelt. Ich weiß nicht, was sie essen, aber es stinkt wie Scheiße.«

»Und wir tun dasselbe, oder?«

»Schlecht essen?«

»Nein. Verstärkung herbeiholen.«

»Wir haben nach Verstärkung geschrien, und sie haben sie uns schließlich geschickt.«

»Wieviel Mann?«

»Bisher nur Sie.«

Sie hatten den Ausgang erreicht, wo eine Gruppe von Soldaten, wie schon am Eingang, stand, um der Hitze zu entgehen.

»Sie sind etwas klein geraten«, fuhr der Leutnant fort, »aber Sie werden sich schon um uns kümmern, da bin ich sicher.«

Der Kadett hatte noch nie Maschinengewehrfeuer gehört und war noch nie in einem Schützengraben gewesen.

»Gut«, sagte der Leutnant, »ich werde Sie zur Neunzehnten bringen.« Nun war er angespannt. Er beugte sich vor. Er hatte die Pistole in der Hand. »Halten Sie den Kopf unten.« Sie begannen, durch ein Gewirr von Schützengräben zu gehen, die heiß wie die Hölle und mit Licht gefüllt waren, das viel zu hell war.

Ohne einen Karren für sein Gepäck begann der Kadett zu keuchen und zu schwitzen. Es war schwierig, einen Fuß vor den anderen zu setzen. Obwohl sie seit Monaten trocken waren, waren die Schützengräben mit dem Gedanken an Regen gebaut worden. Unebene und schnell konstruierte Plankenwege zogen sich über die Sohle hin, und man mußte über Löcher springen, über aufrecht stehende Stücke steigen und Füßen ausweichen, die aus Gräbern in den Grabenmauern ragten, wo der Sand abgerutscht war und man entweder den Fuß nicht zurückdrücken konnte oder niemand daran dachte.

Dort, wo die Wände des Schützengrabens einzufallen drohten und mit Stützbalken verstärkt waren, mußte der Kadett über die Balken springen oder unter ihnen hindurchkriechen. Er konnte, wie er feststellte, keine Ecke nehmen, ohne nicht entweder mit dem Seesack, dem Gewehr, dem Ellbogen oder seinem Kopf gegen Dinge zu stoßen, die aus den Wänden ragten. In manchen Abschnitten befahl ihm der Leutnant, sich tief zu ducken oder zu rennen oder beides zugleich. Der Schweiß brannte ihm in den Augen, und er war so erschöpft, daß er das Gefühl hatte, auseinanderzufallen. Selbst der Leutnant, der nichts trug außer seiner Pistole und seinem kurzen Stock, atmete schwer und hatte dunkle feuchte Flecken auf seiner Uniform.

»Wo sind unsere Soldaten?« fragte der Kadett. »Wir haben einige Kilometer im offenen Gelände zurückgelegt und haben niemanden gesehen, außer den paar, die uns entgegengekommen sind.«

»Das sind die Verbindungsgräben«, sagte der Leutnant, ohne anzuhalten. »Wenn wir zu den oberen Linien des T kommen, wird es überfüllt sein. Sie sollten die Leere genießen, solange Sie können.«

Sie gingen weiter, bis sie an die Kreuzung des T gelangten, wo ein breiterer Graben etwa fünfzig Meter in beide Richtungen ging, bevor eine leichte Biegung die Sicht abschnitt. Ungefähr fünfzig Männer saßen an den Grabenwänden, standen auf den Feuerleitern und spähten durch Schlitze am oberen Grabenrand oder schauten durch ausziehbare Periskope, um zu sehen, was über ihnen lag.

Die Gräben hatten keinen Schatten, die Sonne blendete, und der Kadett wollte einen Schluck Wasser.

»Wenn wir bei der Neunzehnten angekommen sind.«

»Wie weit noch?«

»Nicht so weit wie bis hierher. Wollen Sie mal was sehen?«

Der Kadett antwortete nicht, war aber dankbar für die Gelegenheit, sich auszuruhen.

»Sie sind an der Front«, sagte der Leutnant, »ich werde Sie nun mit den Fakten vertraut machen. Geben Sie mir Ihren Helm und Ihr Gewehr.«

Der Kadett öffnete seine Ausrüstungstasche und gab dem Offizier den eisernen Helm und dann sein Gewehr.

»In Ordnung«, sagte der Offizier und stülpte den Helm über die Spitze des gesicherten Bajonetts, »passen Sie auf.«

Er hob den Helm über die Oberfläche und nahm ihn wieder runter, alles in einer Sekunde. Als der Helm sich wieder senkte, waren Schüsse zu hören, und Erde spritzte in den Graben. »Diesmal haben sie unsauber geschossen. Sie sind nicht mal dran gewesen. Achten Sie jetzt drauf.«

Er hob den Helm hoch und schüttelte ihn. Nach Dutzenden von Maschinengewehr- und Gewehrschüssen verdunkelte sich der Himmel für einen Moment, und Sand und Erde wurden über den Grabenrand geworfen. Als der Helm sich wieder senkte, wies er zwei Streifschüsse auf.

»Die Österreicher sind darin besser als wir«, sagte der Leutnant. »Sie haben mehr Disziplin, und sie passen genau auf. Sie müssen Ihren Kopf ständig unten halten, außer bei Nacht. Sie werden den Fluß bei Nacht sehen. Es ist wunderschön, besonders, wenn sich der Mond auf der Wasseroberfläche spiegelt. Selbst bei Vollmond können sie Sie nicht sehen. Einige Verrückte in der Neunzehnten gehen nachts schwimmen. Sie behaupten, es sei sicher, solange man nahe bei der eigenen Seite bliebe. Sie können behaupten, was sie wollen.«

»Sie müssen verrückt sein«, bekräftigte der Kadett.

»Ja«, sagte der Leutnant, der seine Pistole wieder eingesteckt hatte und seine Schulter nach vorn bog, als er sich wieder auf den Weg zur Neunzehnten machte. »Können Sie sich vorstellen, bis zum Hals in eiskaltem Wasser zu stecken, nackt, und am anderen Ufer lauern zehntausend Gewehre?«

»Ich schwimme nicht ohne Sessel«, sagte der Kadett und entblößte seinen angeschlagenen Zahn, als er über seine eigene witzige Bemerkung grinste.

»Stehen Sie nicht so gerade, Sie Idiot. Sie stehen auf einer Plattform, Sie werden sich noch den Kopf abschießen lassen. Und setzen Sie den Helm auf.«

Sie gingen durch den vorgetriebenen Graben, kamen an Hunderten von Männern vorbei, an Dutzenden von Maschinengewehrnestern und an den leicht verbreiterten runden Ausbuchtungen, die nur durch einen schmalen Zickzack-Nebengraben zu erreichen waren und in denen Granatwerfer und ihre Munition gelagert waren. Man hoffte, daß die Explosion, wenn diese Lager von gegnerischem Feuer getroffen würden, von den Wänden des Nebengrabens abgefangen würde, doch träfe eine gegnerische Granate ihr Ziel und wären die Magazine frisch aufgefüllt worden, wäre die Detonation so gewaltig, daß die Schutzwälle ohne Belang wären, und die Erschütterung würde Männer, die fünfundzwanzig Meter weiter links und rechts im Schützengraben standen, erschlagen und Soldaten umwerfen, die viel weiter entfernt standen.

Verrottende Tarnnetze waren entlang der Erdwälle drapiert. »Warum nimmt man das Zeug nicht her, um ein wenig Schatten zu spenden?« fragte der Kadett.

»Das haben wir einmal gemacht«, entgegnete der Leutnant, »aber das zeigte ihnen, wohin sie zielen mußten.«

»Und warum bespannt man nicht alles damit?«

»Nicht genug Netze, und wenn Sie rausspringen, um zu feuern, verheddern Sie sich drin.«

Nachdem der Leutnant mehrmals stehen geblieben war, um mit den Soldaten in ihren Schanzen zu sprechen, kamen sie an eine Abzweigung in dem Grabennetz, die in einem Dreißig-Grad-Winkel in nordöstlicher Richtung vom Hauptgraben abging.

Der Leutnant sagte: »Der hier führt zu Ihrer Position, die vor der Front liegt und etwa hundert Meter weit auf das steile Ufer oberhalb des Flusses reicht. Wir nennen es den Glockenturm, wegen der Aussicht. Sehen Sie das?« fragte er und trat gegen zwei isolierte Drähte, die an einer Grabenseite befestigt waren. »Das sind Telefondrähte. Einer geht zum Bataillonshauptquartier, das gleich auf der anderen Seite des T liegt, wo wir eingestiegen sind, und der andere geht zum Divisionshauptquartier und dem Brigadestab. Wenn Sie also in das Telefon sprechen, wissen Sie nie, ob nicht Cadorna selber gerade zuhört. Und deshalb müssen Sie genau sein.«

»Ich werde mit Cadorna reden?«

»Scheiß auf Cadorna. Sie werden Bericht erstatten, wenn Sie raushaben, wie es geht, und wenn ich Sie rechtzeitig vorgewarnt habe. Noch etwas, was Sie wissen sollten: niemand hält sich in den Verbindungsgräben zwischen hier und dem Glockenturm auf.« Entlang der Linie brach Feuer aus – Maschinengewehre, Gewehre, einige kleine Granatwerfer.

»Was ist los?« fragte der Kadett nervös.

»Was soll los sein?« wurde er zurückgefragt.

»Diese Schießerei.«

»Ich weiß nicht«, sagte der Leutnant. »Es ist nichts. Niemand ist in diesem Graben – er liegt zu offen und ist zu flach, und der Winkel ist nicht gut. Wie Sie sehen, schützt er nicht vor einschlagenden Granaten. Sie müssen an beiden Enden das Paßwort kennen, sonst werden Sie erschossen. Bei Tag schauen sie normalerweise, wer es ist, bevor sie das Feuer eröffnen, aber wetten Sie nicht drauf. Bei Nacht schießen sie sofort. Sie müssen das Paßwort laut genug sagen, daß man es hören kann, aber nicht so laut, daß man es übers Wasser hören kann.«

»Was ist das Paßwort?«

»Erst war es *Ölkanne*, aber jetzt ist es *Vittorio Emanuele, Re D'Italia*, aber das ist zu lang, also sagen wir statt dessen *Verdi*.«

»Was ist, wenn ich es vergesse?«

»Das werden Sie nicht.«

»Und wenn ich es vergesse? Wörter können einem aus dem Kopf geschlagen werden.«

»Dann sagen Sie ihnen, wer Sie sind, reden Sie italienisch, so schnell Sie können, und beten Sie.«

Sie gingen den Verbindungsgraben zum Glockenturm entlang. Der Leutnant hatte seine Pistole gezogen, als warte er darauf, daß der Feind sich ihm irgendwo da vorne entgegenstellen würde.

Ein paar Minuten später kamen sie zum Eingang des Glockenturms und starrten in den Lauf eines Maschinengewehrs.

»Paßwort!« hörten sie, bevor sie sehen konnten, wer es gesagt hatte.

»*Verdi*!« sagten sie, wahrscheinlich deutlicher als jedes andere Wort, das sie je gesprochen hatten, und traten dann ein.

Man konnte im Glockenturm den Wind hören, als sei es wirklich ein Glockenturm – nicht in der Stadt, sondern eher an der Küste, wegen dem steten Luftzug, der von den Bergen kam und durch die Balken, das verrostete Metall und die Schießscharten fuhr. Der Wind pfiff an den Gewehrmündungen vorbei, in turbulenten Wirbeln, die die Gewehrläufe in außerirdische Flöten verwandelten. Trotz des Windes war es im Glockenturm heiß, weil die kühle Luft, die durch die Luken eindrang, nicht ausreichte, den Druck der Sonne auf die offenen Flächen und die verdeckten Bunker zu mildern.

»Ich habe einen neuen Mann gebracht«, sagte der Leutnant zu einigen Soldaten am Eingang. Dann drehte er sich um und ging wieder, ohne etwas zu sagen oder den Kadetten anzuschauen, der befürchtete, daß der Leutnant ihn nicht mochte. Der Leutnant hatte gar nicht erst seine Pistole gesichert und lief durch den Graben wie eine komische Art Hase, der Angst davor hat, den Kopf zu heben. Dann nahm er eine Kurve und verschwand.

»Er hat seine Arbeit für heute erledigt«, sagte einer der Soldaten. »Jetzt wird er etwas *rostissana Piacenza* essen und bis zum Einbruch der Nacht schlafen.«

»Na und? Wir gehen schwimmen«, sagte ein anderer Soldat. »Wer ist das denn?« fragte er wegen des Kadetten.

Der Kadett kam sich klein und erledigt vor, weil er klein und erledigt war, aber er wollte sich vor den Soldaten beweisen, die sich an den Krieg gewöhnt zu haben schienen, und so sagte er: »Ich war auf der *Euridice*.« Weil sie selten Zeitungen zu Gesicht bekamen, hatten sie nie von der *Euridice* gehört, und von da an nannten sie ihn so, obwohl es ein Frauenname war, selbst nachdem er gestorben war.

*

Der Glockenturm war eine runde Betonbefestigung von der Größe einer Stierkampfarena in der Provinz. Um einen runden *cortile*, den Innenhof, von acht Metern Durchmesser waren neun Bunker angeordnet, alle von gleicher Größe. Der *cortile* wurde hauptsächlich dazu verwendet, sich zu sonnen und Luft zu schöpfen. Granaten waren schon mitten ins Zentrum eingeschlagen und hätten jeden getötet, wenn es nicht eine schwere Wand aus Sandsäcken in einem konzentrischen Ring zwischen dem *cortile* und den Bunkern gegeben hätte. Die Österreicher schienen dies irgendwie herausgefunden zu haben und hatten aufgehört, direkte Treffer landen zu wollen.

Die neun Bunker hätten wohl verschiedene Größen gehabt, wenn die Befestigung von denen entworfen worden wäre, die sie zu benutzen hatten. Zwanzig Mann lebten in dem Glockenturm, einundzwanzig mit Euridice. Die drei Schlafkammern waren mit Pritschen vollgestellt. Ferngläser, Mäntel, Waffen und Provianttaschen hingen an Gewehrhülsen, die in die Bretter und Balken geschlagen worden waren. Entlang der Außenwände und unter den Schießscharten standen Stühle, Gewehre und Munitionskisten. In jeder Kammer schliefen sieben Mann. Wenigstens sieben Mann waren stets auf Wache und spähten durch die Schießscharten der sieben Bunker nach den österreichischen Linien. Manchmal vierzehn, manchmal alle einundzwanzig, feuerten, luden und zogen von einer Ecke der Befestigung in die andere und zerrten verzweifelt an ihren drei Maschinengewehren. Für den Angriff, von dem alle fürchteten, daß er kam, sollte ihre Zahl verdoppelt werden, so daß jede Schießscharte mit zwei Mann besetzt werden konnte, einem, der feuerte, und einem, der nachlud oder einfach den Platz des anderen einnahm, wenn dieser müde war oder fiel. Die Karten und Telefone waren in einer der Kammern, die Küche in einer anderen, gelagerte Munition und Proviant in drei weiteren. Der Glockenturm hatte keine Krankenstation, weil es keinen Arzt gab: Tragbahren, medizinische Instrumente und Verbandsmaterial waren in dem Karten- und Telefonraum gestapelt. Von all den Kammern war allerdings die Latrine die bemerkenswerteste.

Das hier war wirklich das Ende der Welt, diese zwei Reihen verdreckter Planken, die über überquellenden Gruben hingen. Man wäre lieber gestorben, als an diesem Ort zu atmen, zu hören oder zu sehen. Kein Tier, das auf freiem Feld seinen Kot abgab, gleich ob ein Pferd, dessen Schweif sich geschmeidig im Lauf aufrichtete, oder eine ernste, gleichgültige Kuh, besaß so wenig Würde wie diese beiden Reihen grimassierender, zuckender, grunzender Kreaturen mit geschorenen Schädeln und schlechten Zähnen, die Mühe hatten, nicht in die fürchterliche Suppe zu stürzen, die zu vermehren sie sich so anstrengten. Alessandro lernte, dort zu überleben, aber es dauerte seine Zeit. Er nahm nasse Granatwerferlappen mit, um die hölzernen Balken abzuwischen, auf denen er mit seinen Oberschenkeln balancieren mußte, wobei die Füße gefährlich weit über dem Boden hingen und er sich vorbeugen mußte, um nicht rückwärts in die Grube zu fallen – ein Schicksal, das zwei Neapolitaner ereilt hatte, die mit des anderen Geschlechtsteilen herumgespielt hatten. Er umwickelte seinen Kopf mit einer Decke, um nicht zu sehen, zu hören oder zu riechen und um nicht gesehen zu werden. Bald taten es ihm alle nach. Wenn Alessandro auf dem Balken litt und verzweifelt versuchte, im Gleichgewicht zu bleiben, und sein Kopf turbanartig von einer Menge dreckiger Wolle umwickelt war, träumte er davon, an einem kühlen klaren Herbsttag durch die Villa Borghese zu flanieren, in seinen feinsten Kleidern, und die Blätter und der frische Wind wehten an ihm vorbei wie ein Schnellzug. Einige der Soldaten sangen, während andere vor Schmerzen schrien, von den Wollhelmen gedämpft, die Alessandro erfunden hatte. An diesem Ort blind zu sein, war wünschenswert, aber gefährlich, denn wenn man in eine Vendetta verwickelt war, konnte man leicht und anonym nach hinten gestoßen werden, wie die Neapolitaner.

Euridice legte seinen Seesack auf die Pritsche neben Alessandro. »Was ist das für ein Buch?« fragte er und nahm an, daß er als Abschlußkandidat des *liceo* und als Seekadett der einzige am Fluß war, der wirklich lesen konnte. Er schaute genauer hin. »Das ist ja Griechisch«, sagte er und zog sich erstaunt zurück. Alessandro, der seit anderthalb Jahren an der Front war, war hager, muskulös und braungebrannt. Auf Euridice machte er einen erfahrenen Eindruck, zudem war er sechs oder sieben Jahre älter. »Du kannst Griechisch?«

Alessandro nickte.

»Das ist ja wunderbar, wirklich erstaunlich!« sagte Euridice und deutete auf die aufgeschlagene Seite. »Im *liceo* habe ich nur Latein und Deutsch gelernt, kein Griechisch.«

»Ich weiß«, sagte Alessandro und wandte sich wieder seinem Buch zu.

»Woher?« fragte Euridice.

Alessandro schaute auf. »Weil es Arabisch ist.«

Euridice knöpfte seinen Seesack auf und begann auszupacken. »Niemand ist fett«, sagte er, weil er bemerkt hatte, daß alle Soldaten schlank waren.

»Nur du«, sagte jemand böswillig.

»Niemand ist fett«, wiederholte Alessandro, ohne seine Augen von der Seite zu nehmen.

»Warum?«

Alessandro wandte den Kopf zur Seite. »Weil wir nervös sind.«

»Ich möchte gerne etwas abnehmen. Bei der Marine war das Essen zu gut.«

»Hol dir keine Schußlöcher. Du wärst nicht wasserdicht.«

»Wasserdicht?«

»Ich lagere meine Munition unter deiner Pritsche«, sagte Alessandro und blickte immer noch nicht auf. »Wenn es regnet, tropft es durch.«

Eine Katze schlich in die Kammer und rutschte so flach auf dem Bauch, wie sie nur konnte. Sie schaute sich um, sprang auf Alessandros Pritsche und putzte sich.

»Was ist das?« fragte Euridice und schaute die Katze an.

»Das ist eine Katze.«

»Ja, ich weiß, aber was trägt sie da?« Die Katze war von einer Rüstung aus Leder und Metall ummantelt, die wie eine Kreuzung aus medizinischer Anwendung und militärischem Apparat aussah.

»Sie wurde von einem Granatsplitter getroffen«, sagte Alessandro. »Er riß ihr ein großes Stück aus dem Rücken. Es dauerte sechs Monate, bis es verheilt war, und ohne die Bedeckung reißt sie es sich mit den Zähnen auf.« Wie auf Befehl drehte sich die Katze um und versuchte, sich über den Rücken zu lecken. Sie reichte nicht heran und leckte statt dessen die Luft.

»Wie heißt sie?«

»Serafina.«

»Was frißt sie?«

»Makkaroni und Ratten.«

Alessandro legte sein Buch hin und zog die Katze, ein Knäuel aus Braun, Orange und Blond, in seine Arme. »Was an ihr so traurig ist«, sagte er, »ist nicht, daß sie verwundet wurde, sondern daß sie hier rauskäme, wenn sie wollte – du weißt ja, wie schnell Katzen sind, wie schnell sie laufen und wie hoch sie springen können – und hingehen könnte, wohin sie will, nur weg von der Schlacht. Sie könnte in ein kleines Dorf im Apennin ziehen und Mäuse unter einem Olivenbaum fangen, und sie bräuchte ihr ganzes Leben lang keinen einzigen Schuß mehr zu hören, nur wenn die Bauern auf Vogeljagd gehen.« Er schaute Euridice an. »Aber sie hat davon keine Ahnung. Sie bleibt bei uns.«

*

Zwei Nächte darauf, als der Mond hinter einer dichten Decke von heißen grauen Wolken kaum zu sehen war, gingen sie schwimmen. Die Soldaten im Glockenturm glaubten, daß es völlig in Ordnung, sogar vernünftig war, schwimmen zu gehen, wenn die Badegesellschaft aus nicht mehr und nicht weniger als drei Mann bestand, obwohl es offensichtlich gefährlich war, in dem Abschnitt des Isonzo zu schwimmen, der sich unterhalb ihrer Stellung befand.

Bei diesen Exkursionen war bisher niemand ums Leben gekommen oder auch nur entdeckt worden. Als sie das erste Mal die Böschung hinab und durch die Minenfelder gekrochen waren, waren sie zu dritt, und bei keiner der folgenden Drei-Mann-Expeditionen war etwas schiefgegangen. Mehr als drei Mann, so hieß es, waren ein zu großer Pulk. Ihre Bewegung, ob simultan oder aufeinanderfolgend, würde die Aufmerksamkeit jenes Teils des Auges erregen, der durch Sequenzen irritiert wird. Zwei oder nur einer bewegten sich nicht ›schuppenartig‹ genug durch die Landschaft. Ein kleiner Mann aus Ligurien hatte behauptet, daß die Bewegung über nächtliches Gelände in drei Kategorien zerfiele: punkt-, schuppen- und plattenförmig. Platten, also mehr als drei Mann, wären groß genug, das Auge zu stören. Punkte, also weniger als drei Mann, wären klein genug, das Auge zu stören. Schuppen jedoch (und jedermann wußte, daß eine Schuppe aus drei Mann bestand) wären gerade richtig und beruhigend, blieben für die Wachtposten und Späher fast unsichtbar, wären Teil der Landschaft und nicht so groß, daß ihre Bewegung ungewöhnlich erschienen wäre. Jeder glaubte daran, auch Alessandro, der nicht wirklich daran glaubte, sich aber weigerte, nicht daran zu glauben. Der Ligurier, den sie *Microscopico* nannten, behauptete, dafür Beweise zu haben. Er selbst war ein Punkt, und als er einmal bis an den Rand der österreichischen Linien kriechen mußte, um einen verwundeten Kameraden zu bergen (Microscopico war ausgesucht worden, weil man annahm, daß seine geringe Größe ihn unbemerkt durchkommen ließ), ließ ihn die Nacht im Stich, und tausend Schuß wurden in seine Richtung abgefeuert. Er war nur deswegen davongekommen, weil ein Wildschwein, das sich von den Toten ernährte, durch die Schüsse aufgeschreckt worden war und durch das Niemandsland stürmte und so die österreichische Aufmerksamkeit auf sich zog, während er den Leichnam seines Freundes durch die schlammigen Einbuchtungen schleifte. Das Schwein war erlegt worden, denn auch das Schwein war ein Punkt, was alles als Beweis dafür diente, daß Schuppen die einzige Möglichkeit waren, sich zwischen Armeen hindurchzubewegen.

Ein Soldat namens ›Der Gitarrist‹, ein leutseliger Florentiner, der die langen Nächte mit seinen klassischen Liedern erträglich machte, hatte sich geweigert, der Schuppentheorie zu glauben. Er wurde ausgestoßen. Wenn er die Latrine betrat, gingen sie. Wenn er sprach, hörte ihm keiner zu. Er versuchte, sie dadurch zu bestrafen, daß er seine Gitarre an den Nagel hängte, aber das Fehlen der Musik schmerzte ihn mehr als jeden anderen. Nach einer Woche ihrer Tyrannei hatten sie ihn geschlagen, und er hatte zugegeben, daß die Schuppentheorie richtig sei, und sein Spiel wieder aufgenommen.

Alessandro sagte ihm, daß die Theorie natürlich Blödsinn sei, daß sie aber alles zusammenhielte. Alles würde gut sein, solange alle daran glaubten. In ein, zwei Tagen waren alle, sogar Microscopico, zum Gitarristen gekommen und hatten ihm genau dasselbe gesagt.

Es war so heiß, daß die Infanteristen tagsüber ihre Hemden hochsteckten und ihre Hosen bis zu den Knien aufrollten. Die fetten und erfolgreichen Sommerfliegen konnten sich kaum rühren: wenn sie sich irgendwo niederließen, dann wollten sie für immer dort bleiben und kamen daher oft zu Tode. Die Katze lag ausgestreckt auf dem Rücken, und es machte ihr nichts aus, mit kaltem Wasser bespritzt zu werden. Selbst die Maschinengewehre schienen langsamer zu feuern, obwohl das nur Einbildung war.

Nach Mitternacht machten sich Alessandro, Euridice und ein römischer Zaumzeugmacher namens Guariglia auf den Weg zum Fluß. Sie hatten keine Waffen dabei und trugen nur leichte Khakishorts. In diesem entkleideten Zustand war es wahrscheinlich, daß sie bei der Entdeckung durch eine feindliche Patrouille gefangengenommen und nicht erschossen wurden, und, wie jeder wußte, Gefangenschaft bedeutete Sicherheit. Guariglia war ein großer, dunkler Mann mit schütterem Haar und einem dichten Bart. Seine Augenbrauen waren zu einem einzigen moosbedeckten Ast zusammengewachsen.

Die drei Soldaten glitten die einstmals grasbewachsene Böschung hinab, die vom Glockenturm zum Fluß führte, erstarrten plötzlich oder duckten sich hinter Felsen, wenn die Wolken sich vom Mond erhellten. Ein breiter Streifen, der von der Befestigung zum Flußufer führte, war offen für italienisches Feuer und war nicht vermint worden. Sie waren durch eine kleine Stahltür am Fuß des Turms herausgekommen und hatten drei Reihen Stacheldraht gerade so weit zurückgebogen, daß sie hindurchschlüpfen konnten: Der Stacheldraht am Flußufer war schon vor langer Zeit fortgeschwemmt worden.

Der Boden war weich, ohne Dornen und Nesseln. Auf einen Wink des Mondes und der Wolken sich gegen einen Felsen zu drücken, sogar das war ein angenehmes Gefühl, denn der Fels war kühl und das blau-grüne Moos an der Nordseite roch süß, wenn es zerdrückt wurde. Ihr Tempo wurde vom Mond bestimmt, von den Felsen und der Schwerkraft, und sie glitten so leise hinab, als seien sie selber Teil des Hangs.

Der bis an die Zähne bewaffnete Feind hatte sich am gegenüberliegenden Ufer eingegraben, und die drei nackten Soldaten in dem wolkengedämpften Mondlicht befanden sich in Schußweite von fünfhundert Gewehren und einem halben Dutzend Maschinengewehren. Zudem warteten auf sie Granatwerfer, Splitterbomben, Flammenwerfer und Granaten. Hinter den Linien schwiegen die schweren Geschütze, standen aber bereit und würden sich auf jeden vorbestimmten Punkt magnetisieren, den ihre Späher angaben.

Dieses Arsenal bildete allerdings nicht die eigentliche Gefahr, die bestand vielmehr in einer aufgedrehten feindlichen Infiltrationsmannschaft, die bewaffnet war, um leise mit Beilen, Bajonetten und Keulen zu töten. Wenn die Nacktheit der Schwimmer einen solchen Feind nicht entwaffnete, dann hatten sie keine Chance.

Gerade als sie den Fluß erreichten, schossen die Österreicher ein paar hundert Meter weiter nördlich eine Leuchtrakete ab. »Rührt euch nicht«, flüsterte Alessandro, und sie erstarrten und drückten sich zwischen die gebleichten Felsbrocken im trockenen Teil des Flusses, so daß selbst die Mütter dieser Felsen sie nicht hätten auseinanderhalten können.

»Warum müssen wir flüstern?« flüsterte Euridice. »Das Wasser ist laut genug, um alles zu ertränken.«

»Für uns«, antwortete Alessandro. »Wir können nichts hören, weil wir direkt daneben sind, aber wenn man weiter weg ist, kann man alles hören. Eine ihrer Patrouillen hat genau diesen Fehler gemacht, und wir haben einige Leuchtraketen in einem flachen Winkel über das Flußbett abgefeuert. Der Phosphor brannte hell wie der Tag. Sie brannten zwar nur kurz, aber es gab keine Deckung, und wir trafen jeden einzelnen von ihnen.«

Das kalte weiße Licht der Leuchtrakete wurde heller und kam näher, während der Wind ihren bunten Fallschirm nach Süden trug und die Erdmasse nach ihm rief. »Sind sie immer noch hier?« fragte Euridice.

»Wer?« fragte Alessandro zurück.

»Die österreichische Patrouille.«

»Sie sind tot«, antwortete Guariglia.

»Aber sind sie noch hier?«

»Nein«, flüsterte Alessandro. »Es ist schon eine Weile her. Das Wasser stieg und hat sie fortgeschwemmt.«

Euridice fragte, wie viele es gewesen seien.

»Sechs haben wir gekriegt«, antwortete Guariglia, »eine Platte.« Er sprach mit einer Gewißheit zum Verrücktwerden. Dann sagte er: »Haltet's Maul, bis das Licht vorbei ist«, und dann warteten sie zwischen den Felsen, bis es soweit war.

*

Außer vielleicht in dem sandigen Delta, das zur Adria hinführt, sind der Isonzo und seine Zuläufe selten warm, besonders nicht im Norden, wo das Wasser immer noch ein Gefühl für seinen Ursprung im Bergschnee mit sich führt, doch der September bewahrt die Hitze des Sommers ebenso sicher auf wie der März das Eis auf den Seen. Die große Hitze, eine nahe gelegene flache Stelle, die Zeit in der Sonne und die Becken und die Sandbänke, in die es eingefangen war, hatten das Wasser erwärmt.

In den stillen Senken und dem ruhigen Wasser, wo sie es sich nicht erlauben konnten, die Oberfläche aufzurühren, schwammen sie leise und sanft wie in Öl, in unerwartet femininen Brustzügen oder unter Wasser in völliger Dunkelheit. In den Schnellen, wo die

Felsen das Wasser zu Schaum peitschten, schwammen sie kräftig, hüpften, traten, taten alles, nur um auf der Stelle zu bleiben und nicht abgetrieben zu werden.

Nach einer Weile kamen sie an einen weißen Baumstamm, der sich zwischen den Felsen verkeilt hatte und zu einer Sperre geworden war, über die das Wasser in einer makellosen silbernen Rolle hinwegfloß. Sie hielten sich an dem weichen Holz fest und hielten ihre Gesichter in den steten Wellenkamm. Er drückte sie zurück, bis ihnen die Muskeln schmerzten; das Wasser donnerte über sie hinweg und rieb sie kräftig ab, und sie konnten kaum atmen, doch sie blieben und starrten den Mond und die Sterne an, die in der kühlen Rolle, welche über sie hinwegschoß, blaß zitterten. Alessandro blickte auf. Abgesehen von ein paar Wolkenfetzen war der Himmel klar und still. Die Sterne strahlten.

»Es hat aufgeklart«, sagte er zu Euridice und Guariglia. »Schaut. Es ist klar.«

»Was machen wir jetzt?« fragte Guariglia.

»Vielleicht bewölkt es sich wieder«, sagte Alessandro, aber der Himmel näherte sich jener Klarheit, die den Süden Italiens im Sommer beherrscht und für die die Sommernächte dort zu Recht berühmt sind.

Guariglia schüttelte den Kopf. »Nein.«

»Ich muß verrückt gewesen sein, mit hier runterzukommen«, sagte Euridice.

»Warum sagst du das?«

»Sie werden uns entdecken«, sagte Euridice wütend. »Sie werden uns töten.«

»Na und?« fragte Guariglia. »Bist du zu fein für den Tod oder so was?«

»O Christus!« sagte Euridice und ließ beinahe den Stamm los.

»Einen Moment mal«, sagte Alessandro. »Wir haben Vollmond, na und? Wir werden uns als Schuppe fortbewegen. Wir sind zu dritt. Was ist das Problem?«

»O Christus«, sagte Euridice noch einmal und wiederholte es immer und immer wieder in die silberne Rolle hinein.

»Halt's Maul, du verdammte kleine Zecke«, fuhr ihn Guariglia an.

»Wartet«, flüsterte Alessandro. »Ihr regt euch wegen nichts auf. Sie haben uns nicht gesehen. Wir gehen einfach zurück. Es hat keinen Sinn, sich aufzuregen, bevor sie zu schießen anfangen.«

»Behaupte bloß nicht, du bist nicht nervös«, wies ihn Euridice zurecht.

»Er hat nicht gesagt, daß er nicht nervös ist, oder?« fragte Guariglia. »Er hat gesagt, er macht sich keine Sorgen. Das ist was anderes. Wir sind immer nervös, aber wir machen uns keine Sorgen ...«

»Stimmt«, fügte Alessandro hinzu.

»Bis sie anfangen zu schießen. Und mach dir nicht ins Hemd, weil du vielleicht erschossen wirst, du kleines Arschloch, sonst werden wir deinetwegen noch alle getötet.«

»So geht das also?« fragte Euridice böse und höhnisch.

»Ja!« sagte Guariglia. »Du bist noch keine zehn Minuten hier, du verdammte beschissene kleine zahnlose Zecke. Du hast doch keine Ahnung. Ich bin seit einem Jahr an der Front.« Guariglias Gesicht spannte sich. »So geht das.«

»Niemand weiß, wie es geht«, sagte Alessandro. »Also los.«

Sie zogen in einer sanften Linie nach links gegen die Strömung, schwammen kraftvoll und zielstrebig. In den Stromschnellen brachen sie aus wie Athleten, kamen gegen das Wildwasser, das um sie herum sprudelte, gut voran, peitschten es mit ihren Armen, mit gespannten Schlägen, und waren über ihre eigene Kraft erstaunt. An einem längeren Abschnitt mit schwarzem Wasser, das nur dahintrieb und verwirbelte, sagte keiner etwas, aber jeder wußte, daß sie es nicht aufrühren durften. Mit ihren von der vorherigen Anstrengung angespannten Armen und Beinen tauchten sie und schwammen unter Wasser, tauchten ganz vorsichtig auf, um einen tiefen Atemzug zu nehmen, sanken langsam wieder und schwammen weiter. Alessandro führte sie schweigend durch die Dunkelheit. Sie konnten ihm folgen, weil sie bei ihrer völligen Schwerelosigkeit die Turbulenzen seiner Schwimmzüge spürten, und manchmal, wenn sie nahe der Oberfläche waren, konnten sie das Mondlicht auf seinen Fußsohlen aufblinken sehen. Dann krochen sie ein flaches Wasserstück entlang, bis zu der Stelle, wo sie eingetaucht waren.

»Warum rennen wir nicht einfach?« fragte Guariglia. »Bis sie wissen, was los ist, sind wir den Hang halb oben, und bis sie eine Leuchtrakete feuern, sind wir daheim.«

»Sie brauchen keine Leuchtrakete zu feuern. Das ist der Punkt. Außerdem sehen sie uns bestimmt, wenn wir laufen. Vielleicht können wir die zweite Hälfte der Böschung hinaufrennen, aber jetzt laßt uns langsam gehen.«

»Sollen wir kriechen?« wollte Euridice wissen.

»Wozu?« fragte Alessandro. »Sie schauen auf uns hinunter. Es würde keinen Unterschied machen. Bleib den Felsen fern, halte dich gebückt wie ein Fels. Halte dich ruhig die meiste Zeit. Du weißt schon, mach es wie ein Indianer.«

In dem Moment, in dem Alessandro ›Indianer‹ sagte, hörten sie den Abschuß einer Granate.

»Los!« brüllte Alessandro und widersprach damit allem, was er gerade gesagt hatte. Sie stürmten über die Felsen, schlugen sich die Füße an, horchten auf das Pfeifen der Granate, während sie stieg. »Lauft weiter, bis kurz nach der Explosion!« schrie er. »Sie werden erst mal geblendet.«

Euridice tat wie befohlen. Die Leuchtgranate zerbarst zu gespenstischem Tageslicht.

»Jetzt!« rief Alessandro. Er und Guariglia fanden hinter Felsbrokken am Fuß der Böschung Deckung. Euridice kam nach, aber ein wenig zu spät. Sie hörten Geschützfeuer nördlich und südlich neben sich – unverständliche Ausbrüche, die weder Plan noch Ausgang erkennen ließen.

»Sie sehen uns«, jammerte Euridice.

»Nein, tun sie nicht.«

Eine weitere Granate wurde abgefeuert und noch eine und noch eine, direkt in ihre Richtung.

»Sie sehen uns«, sagte Alessandro.

»Warum bleiben wir nicht hinter den Felsen?« fragte Euridice in einer kläglich hohen Stimme. »Hier sind wir geschützt.«

»Das glaubst du, du verdammte kleine Zecke«, stieß Guariglia so schnell hervor, daß es sich fast wie eine Silbe anhörte. »Wenn sie eine Sprenggranate vor uns werfen, war's das.«

»Lauft«, sagte Alessandro.

Sie begannen zu rennen, während die drei Leuchtgranaten noch immer über sie hinwegpfiffen. Erst explodierte eine, dann die nächste, dann die nächste. Das Licht blendete so sehr, daß sie für einen Moment langsamer wurden, doch die vier Leuchtgranaten brannten so hell, daß es wie Tageslicht erschien, und ihnen blieb nichts anderes übrig, als wieder ihr Tempo aufzunehmen.

Die Soldaten im Glockenturm schossen nicht zurück, wollten die Österreicher nicht warnen oder anstacheln, noch mehr zu tun, als sie selber vorhatten, doch der Feind hatte die Gestalten auf der offenliegenden Böschung entdeckt. Zehn Meter vom Stacheldraht entfernt wurde der Hang von Maschinengewehrfeuer beharkt. Sie mußten stehenbleiben. Sie duckten sich hinter Felsen, doch die Blöcke waren nicht groß genug. Kugel- und Felssplitter flogen überall umher.

Irgendwas traf Alessandro am Hals, direkt unter seinem Adamsapfel. Er blutete, bekam aber noch Luft. Euridice schrie.

»Hör auf zu schreien, du kriegst keine Luft mehr«, sagte Guariglia, der kaum die Worte herausbrachte.

Alessandro schaute hoch und sah Gegenstände über den Glockenturm fliegen, die durch die Luft torkelten und die Sterne blockierten. Zuerst wußte er nicht, was es war, doch dann erkannte er sie.

»Genial!« rief er. »Genial! Sie werden mit Phosphor geblendet. Macht euch fertig...«

Aus dem Glockenturm waren zwanzig Phosphorgranaten über die Mauer gesegelt. Sie taumelten durch die Luft und explodierten und blendeten jeden, der in ihre Richtung schaute. Die österreichischen Maschinengewehrschützen hielten für zehn oder fünfzehn Sekunden inne, und als sie wieder sehen konnten, waren die Schwimmer durch den Stacheldraht gekrochen und im Glockenturm verschwunden.

Als sie aus dem engen Durchgang zum *cortile* auftauchten, bemerkten sie, daß Alessandro einen tiefen Schnitt am Hals davongetragen hatte. Das Blut floß ihm in Strömen über die Brust. Guariglia hatte einen Einschuß an der Wade. Er fürchtete, daß die Kugel noch steckte, und untersuchte wie wild sein Bein. Als er auf der anderen Seite ein zweites Loch entdeckte, hatte er den Ausdruck eines Mannes auf dem Gesicht, der gerade Geld beim Pferderennen gewonnen hat.

Euridice war stolz auf sich. »Ich bin nicht gestorben«, verkündete er. »Ich bin wieder nicht gestorben.«

»Jetzt wissen sie, daß wir schwimmen gehen«, sagte Alessandro, während einer der vielen Männer, die sie umstanden, ihm einen Verband an die Kehle drückte.

»Vielleicht nicht«, sagte Microscopico. »Vielleicht denken sie, daß wir halbnackt durch die Nacht laufen.«

»Hoffentlich«, sagte Guariglia, vor Schmerz gekrümmt. »Ich hoffe, daß sie das glauben, diese verdammten zeckenärschigen Österreicher.«

»Kein Schwimmen mehr«, kommandierte der Gitarrist.

»Macht nichts«, erklärte Alessandro. »Es wird sowieso allmählich zu kalt zum Schwimmen.«

*

Direkt in der Sonne und windgeschützt war es heiß, aber im Schatten trugen die Infanteristen ihren Uniformrock. Obwohl ein halbes Dutzend Männer hemdenlos im *cortile* saßen und die letzte Sommersonne aufsogen, waren Alessandro, Euridice und der Gitarrist in Wollpullover gekleidet im Kartenraum. Der Schatten war so kühl wie der dunkle Purpur der fernen Berge, die sie wie durch einen Block klaren Kristalls hindurch sehen konnten.

Der Kartenraum ging nach Norden. Bis zu einer Flußbiegung konnte man beide Ufer überblicken, Kilometer weiter, als Alessandros erbeutete Mauser 98 schießen konnte, die treffsicherer und besser war als die italienischen Martinis und ein kürzeres und besser zu handhabendes Bajonett hatte. Er hatte das Bajonett nie benutzt und hoffte, es nie tun zu müssen, aber der Tagesbefehl lautete, es stets montiert und mit offener Klinge zu tragen, was für eine Menge Ärger sorgte, wenn man sich in der Schanze bewegte.

Während Alessandro es vorgezogen hätte, in der Sonne zu sitzen, war es seine Aufgabe, von sechs Uhr früh bis mehrere Stunden nach Einbruch der Dunkelheit den Nordabschnitt zu beobachten. Er saß auf einem Rohrstuhl nahe der mittleren Schießscharte und blinzelte hinaus. Unten war die Schießscharte schmaler als oben. Hier lag sein Gewehr auf, entsichert, Zielfernrohr auf zweihundert Meter eingestellt, das Bajonett abmontiert und an der Wand lehnend. Ein Teleskop auf einem Stativ, das über das Gewehr reichte, war auf Augenhöhe eingestellt, und sein Rohr ruhte, wie der Gewehrlauf, in der Senke der Schießscharte. Mit zwanzigfacher Vergrößerung und einer großen 80-Millimeter-Linse gewährte dieses Instrument aus dem Marinearsenal Alessandro einen beispiellosen Blick auf die Berge.

Weit im Norden lag die blendend weiße Kette von Tirol, dem Herzen Österreichs. Daß Feindesland so ursprünglich, schön und hoch dalag, weißgefroren durch Sommer von Hitze und Blut, schien Alessandro ein unmißverständliches Versprechen. Es verging kaum ein klarer Tag, an dem er nicht in den Kartenraum ging und diese Bergkette betrachtete, bis er sich leicht und rein genug fühlte, um zu schweben.

Euridice saß auf der Kante einer Pritsche unterhalb der Abschnittskarte. Niemand konnte den ganzen Tag durch ein Teleskop sehen. Eine Ablösung war notwendig, sogar wenn, wie in Euridices Fall, der Beobachter noch nicht lange genug an der Front war, um genau zu wissen, was er da sah, und durch das farbenprächtige Terrain, das sich so mühelos mit dem Schwenken des Teleskops bewegte, so in Verzückung geriet, daß er darüber vergaß, sich auf den Feind zu konzentrieren. Es verwunderte Alessandro, daß man die unerfahrenen Männer im Glockenturm als Späher für einen großen Teil der italienischen Artillerie in diesem Abschnitt einsetzte. Ein Artillerist kam regelmäßig vorbei, um die Koordinaten zu überprüfen, trug alles in ein Buch ein und erklärte, daß sein Beruf nun meist bei Nacht ausgeübt werde, von Männern, die nicht selbst sehen mußten, sondern unersättlich Zahlen fraßen.

Am Nachmittag blendeten die Berge entlang der weißen Kette. Der Koch brachte drei Eßgeschirre mit *pasta in brodo*. Diesmal gab es zwar viel *brodo* und sehr wenig *pasta*, aber zu anderen Zeiten gab es viel *pasta* und sehr wenig *brodo*. Die Katze Serafina kam hinter dem Koch her, setzte sich aufmerksam hin und schaute dringend auf die drei Essensbehälter auf dem Kartentisch.

»*Pasta in brodo*«, sagte der Koch, bevor er ging, tief beleidigt, daß niemand außer der Katze sich umgedreht und ihn angeschaut hatte, wo er doch sein Bestes tat mit dem, was er kriegte.

Begierig, gespannt, entschlossen, stolz und mitleiderregend, alles zugleich, rührte die Katze nicht einen Muskel, blinzelte nicht und saß völlig still da wie ein Diplomat, der in eine Eule verwandelt worden war.

»Iß schnell, Euridice«, sagte Alessandro und beobachtete die nördliche österreichische Grabenlinie. »Ich bin hungrig.«

Euridice ließ es sich nicht zweimal sagen, schnell zu essen. Noch immer pummelig, genoß er das wenige Essen, das er bekam. Während er und der Gitarrist aßen und ab und zu etwas Makkaroni an die Katze verfütterten, wurde Alessandro immer angespannter.

»Geh an die Leitung«, sagte er dem Gitarristen. »Ich sehe jede Menge Bewegung in dem Nahgraben an der Grenze von Sektor Drei.« Der Gitarrist kurbelte am Telefon, um das Hauptquartier zu wecken. »Einheit von Brigadegröße strömt in den vordersten Graben südlich von Sektor Drei.« Der Gitarrist wiederholte.

»Kannst du sehen, welche Einheiten?« fragte der Gitarrist in Vertretung des Offiziers am anderen Ende der Leitung.

»Pickelhauben«, antwortete Alessandro.

»Federbüsche?«

»Ich glaube nicht, aber sie sind zu weit weg, um es mit Sicherheit zu sagen.«

»Bleib dran ...«

Alessandro sah ab und zu Helme auftauchen, wenn ein großer Soldat oder einer mit federndem Schritt eine Kurve in dem entfernter liegenden Graben nahm, und er wartete auf den italienischen Kommentar. Nach etwa anderthalb Minuten bekam er ihn. Donner stieg aus den Kanonen hinter den Linien auf, und weil es ein klarer Tag war und das Licht gut einfiel, konnte Alessandro die Granaten beim Einflug tatsächlich sehen. Gewaltige Explosionen, blechern und grell, erschütterten die Erde auf beiden Seiten des Schützengrabens.

Weitere zwei Dutzend Granaten schlugen ein und spritzten den sandigen Boden umher. »Perfekt getroffen«, berichtete Alessandro, »aber es hat nichts gemacht.«

Der Gitarrist gab die Meldung weiter. »Sie sagen, weiter beobachten und Gewehrfeuer, wenn nötig.«

Alessandro veränderte die hintere Sichteinstellung an seinem Gewehr, brachte sich in Position und feuerte eine Salve auf die Ecke des Schützengrabens, wo er die Helme gesehen hatte. Als er die erste Patronenhülse auswarf und das Gewehr nachlud und wieder schloß, klangen ihm die Ohren von der Erschütterung des letzten Schusses, und er roch das verbrannte Pulver, das durch die Schießscharte zurückgeweht wurde. Er feuerte weitere fünf Schuß auf die gleiche Stelle ab und lud nach.

Er konnte sich kaum selber hören und zitterte leicht von den Erschütterungen, als er sagte: »Jetzt haben sie ihr Gewehrfeuer gehabt. Ich mag es, den Boden zu durchlüften. Das ist wie gärtnern.«

»Ich begreif das nicht«, erklärte Euridice und aß weiter. »Warum konzentrieren die Österreicher nicht ihr Artilleriefeuer auf diese Stellung und löschen sie aus?«

»Das werden sie bei der Offensive tun«, antwortete der Gitarrist.

Euridice hörte auf zu essen. »Warum?«

»Wie kannst du ›warum‹ fragen, wenn du gerade ›warum nicht‹ gefragt hast?«

»Ich will auch wissen, warum, darum, und warum ist anders als warum nicht.«

»In diesem Falle«, sagte der Gitarrist, »wenn du weißt, warum nicht, weißt du auch, warum.«

»Wie denn?« fragte Euridice.

»Zieh das ›nicht‹ ab«, fügte Alessandro an, der immer noch am Teleskop stand, »und iß, hörst du?«

Euridice löffelte schnell seine Suppe aus und deprimierte die Katze. »Und du meinst, sie werden bei der Offensive den Glockenturm erledigen?«

»Sie müssen«, sagte der Gitarrist. »Als Beobachtungspunkt und Feuerposition ist er zu gut, selbst wenn er einem Totalangriff nicht standhalten kann.«

»Was machen wir dann?«

»Wenn die Bunker einzustürzen drohen, werden diejenigen von uns, die noch leben, zurück in die Linie rennen.«

»Und die, die es nicht können?«

»Die werden bleiben.«

»Und sterben.«

»Euridice, wenn die Bunker einstürzen, wird der Verbindungsgraben schon zugeschüttet sein. Wir werden an der Oberfläche zurücklaufen müssen, über unsere eigenen Minen, im offenen Gelände. Wahrscheinlich feuern dann beide Seiten auf uns. Was ist also der Unterschied?«

»Alle werden sterben«, sagte Euridice und begriff es zum ersten Mal.

»Das stimmt«, bestätigte Alessandro, der sich von der Schießscharte umgedreht hatte.

»Ich möchte eine Frage stellen«, fuhr Euridice fort.

»Bald wirst du uns dafür bezahlen müssen«, sagte der Gitarrist.

»Wann kommt die Offensive?«

»Wenn der Fluß seicht genug ist.«

»Und wann ist das?«

»In ein, zwei Wochen. Hängt vom Regen ab.«

»Es regnet aber doch nicht.«

»Eben.«

»Aber wir wissen nicht genau, ob sie eine Offensive starten, auch wenn der Fluß völlig austrocknet«, stellte Euridice fest.

»Warum sollten sie nicht?«

»Weil sie woanders Druck machen.«

»Wo woanders?«

»Herzegowina, Bosnien, Montenegro ...«

»Euridice«, sagte der Gitarrist, »die haben hier Druck gemacht. Im Krieg zwischen Italien und Österreich steht die österreichische Armee da drüben, und hier – du, ich, er – ist die italienische Armee.«

»Ich bin bei der Marine.«

»Wir auch.«

»Warum schicken sie uns nicht wieder aufs Meer?«

»Warum fragst du sie nicht?«

Euridice war bis zum Abend unzufrieden. Dann färbte der Sonnenuntergang die Berge rosa und golden, und er fand sich mit der Tatsache ab, daß er sterben würde, so wie die anderen es schon vor langer Zeit getan hatten.

*

Obwohl die Männer im Glockenturm die regulären Truppen als Subspezies betrachteten, hatten sie gewaltigen Respekt vor ihnen wegen der selbstmörderischen Angriffe, wie an der Westfront und in Rußland, wo sie aus ihren Gräben kletterten und in eine Wand aus Maschinengewehrfeuer liefen. Manchmal stiegen auf einem Abschnitt von weniger als einem Kilometer fünftausend Mann über den Rand, und in wenigen Minuten waren tausend auf der Stelle tot, tausend Verwundete starben langsam im Gelände, tausend waren schwer verwundet, tausend leicht und tausend blieben körperlich unversehrt, waren aber für den Rest ihres Lebens, das in manchen Fällen ohnehin nur noch ein paar Wochen währte, geistig zerrüttet.

Nur bestimmte Abschnitte der Front mußten ein Gemetzel wie das in Frankreich erleben, aber das Wissen darum war allgegenwärtig. Alles, was die 19. Flußwache wußte, hatte sie von den leisen Begegnungen in den Verbindungsgräben, Unterhaltungen mit schlaflosen, verbitterten Infanteristen, die von den schwereren Kämpfen im Süden hierher verlegt worden waren. Wenn einige der Flußwache schon kurz vor dem Zusammenbruch waren, so waren viele der regulären Einheiten längst darüber hinaus. Besonders verwirrend waren für die Marineeinheiten Berichte von weiter unten, daß italienische Truppeneinheiten gelegentlich aus disziplinarischen Gründen erschossen wurden und daß die italienischen Generäle, wie ihre französischen Gegenspieler, Männer reihenweise exekutieren ließen, für Verbrechen, die sie nicht begangen hatten. Männer mit Familie wurden aus den Reihen geholt, zusammen mit gleichermaßen entgeisterten Heranwachsenden, und erschossen für Taten, die anderen, die sie nie gesehen hatten, zur Last gelegt wurden.

An einem klaren Tag tauchte ein Major des medizinischen Korps, ein Mann ohne jede militärische Erfahrung, im Glockenturm auf und sprach vor der versammelten Mannschaft, die schon dachte, daß eine weitere nutzlose Lektion über Geschlechtskrankheiten erfolgen werde – sie hatten nie Ausgang –, doch statt dessen bat der Major um Freiwillige.

Natürlich meldete sich niemand, doch Alessandro, der darauf hoffte, daß die Armee keine Freiwilligen exekutieren würde, trat fast ohne nachzudenken vor. Guariglia folgte, aus Freundschaft und vielleicht weil er denselben Gedanken gehabt hatte. »Ich brauche nur zwei«, sagte der Doktor, und sie zogen los, ohne zu wissen wohin, während die anderen Soldaten, die mehr Zeit zum Nachdenken hatten, Moskitogeräusche machten, um anzudeuten, daß die beiden sich einem Malariaexperiment unterziehen sollten.

»Gibt es dabei irgendeine Todesgefahr?« fragte Alessandro, als die Männer durch den Verbindungsgraben trotteten.

»Nein, aber Käse und Tomaten.«

»Wie bitte?«

»Essen.«

»Ein Diätexperiment?«

»Wer hat irgendwas von einem Experiment gesagt? Folgen Sie mir einfach.«

Am Ende des Tunnels kletterten sie auf einen Lastwagen, der dann Richtung Berge fuhr. Zwei Stunden später kletterten die zwanzig Soldaten, die drinnen angespannt und schweigend gesessen hatten, auf einer sonnigen Bergwiese hinaus, die mit blauen Blumen bedeckt war. Ein kalter Luftzug ging, aber wenn man sich nahe genug an den Boden kauerte, war die Temperatur genau richtig.

Der Doktor und der Lastwagenfahrer breiteten karierte Tischdekken aus und brachten Brot, Käse, Flaschen mit Wein und Schokolade aus einer Kiste an der Wagenseite herbei. Als das Essen ausgebreitet war, hieß sie der Doktor essen, doch keiner rührte etwas an, aus Angst, es könnte vergiftet sein.

Also aß er ein wenig von allem, und nachdem sie sahen, daß er nicht daran starb, verschlangen die Soldaten große Mengen davon, ihre Augen schossen hin und her, und sie fragten sich, was weiter geschehen würde.

»Sie werden uns erschießen und unsere Gehirne sezieren«, sagte ein Sizilianer, der ein Haarnetz trug.

»Das macht doch keinen Sinn«, stellte Alessandro fest.

»Warum muß es einen Sinn machen? Was hat denn überhaupt Sinn? Du scheinst zu glauben, die haben uns auf ein Picknick mitgenommen.«

»Wir werden schon herausfinden, was sie von uns wollen.«

Nach dem Essen ließ sie der Doktor ihre Utensilien und die Weinflaschen einsammeln. Sie schüttelten die Tischdecken aus, breiteten sie aber wieder aus.

»Ihr seht diese kleine blaue Blume«, sagte der Doktor und drehte eine kleine Blüte zwischen rechtem Daumen und Zeigefinger. Sie nickten. Sie hielten ihn für verrückt. »Die nächsten fünf Stunden will ich, daß ihr sie sammelt, mit dem ganzen Stiel, und sie auf die Tischdecken häuft.«

»Die werden uns erschießen«, sagte der Sizilianer.

»Halt's Maul«, sagte Guariglia.

»Herr Major?« fragte Alessandro, »darf ich fragen wozu?«

»Nein. Tun Sie nur, was ich Ihnen befohlen habe.«

Fünf Stunden lang pflückten sie Blumen. Langsam, sehr langsam wuchsen die Haufen aus Blütenblättern und Stengeln zu großen Haufen, und die Angst der Soldaten ließ nach. Der Fahrer pflückte auch, während der Doktor in der Sonne schlief, eine Zeitung übers Gesicht gebreitet, den Kopf auf einem Laib Brot ruhend.

»Wozu?« fragten sie den Fahrer.

»Ich weiß es nicht. Das machen wir nun jeden Tag seit dem Frühling. Wir holen uns überall an der Front Freiwillige.«

»Was geschieht mit den Blüten?«

»Die werden in Kisten verpackt waggonweise nach Mailand verschifft.«

»Der Hurensohn hat eine Parfumfabrik!« rief der Sizilianer.

»Ich glaube nicht«, sagte Guariglia. »Riech mal dran.«

Der Sizilianer roch an den Blüten in seiner Hand und schüttelte sich. »Das sind stinkige Blüten!«

»Ja«, sagte der Fahrer.

»Ist es immer dieselbe Blüte?« wurde er gefragt.

»Immer dieselbe.«

Sie unterhielten sich beim Pflücken. Der Sizilianer, der in einer Trockenwarenhandlung arbeitete, erzählte ihnen von seinem Traum, der ihn so gefangengenommen hatte, daß er ihn von dem Laden in Messina bis zu der sonnigen Wiese in den Bergen, wo die Luft frisch und das Licht klar war, verfolgt hatte. Er redete zwei Stunden lang, wiederholte endlos die Gegenstände seiner Sehnsucht und zählte sie auf, als ob er sie so für sein späteres Leben reservieren könnte. Sein

Wunsch war, eine Villa zu besitzen, von der aus er das Tyrrhenische Meer sehen konnte, einen Bugatti, einen Caravaggio, eine Jacht aus Mahagoni und Teak und eine Wohnung in Sevilla. Die Villa sollte tausend Quadratmeter haben, der Bugatti grün sein, der Caravaggio eine Kreuzabnahmeszene, die Jacht eine Ketsch und die Wohnung in der Nähe der Kathedrale. Die weitere Beschreibung jeder Einzelheit und statistische Betrachtungen hinsichtlich dieser Gegenstände waren äußerst irritierend, weil er sie wie ein Papagei herunterleierte.

»Na und?« fragte Alessandro.

»Wenn ich das alles hätte, wenn ich das alles haben könnte ...«

»Ja?«

»Ich bräuchte mein ganzes Leben, um sie zu kriegen.«

»Und?«

»Wenn ich sie habe, werde ich glücklich sein.«

»Und was, wenn du sie jetzt hättest und du zu deiner Einheit zurückkehrtest und getötet würdest?« wollte Alessandro wissen.

»Ich weiß nicht, aber ich will sie haben.«

»Du wirst dein ganzes Leben hinbringen, sie zu kriegen, dabei macht es überhaupt keinen Unterschied.«

»Du bist nur neidisch.«

»Ich bin nicht neidisch. Du hast dich den Dingen zugewandt, als Trost angesichts des Todes, aber je mehr du auf sie baust, desto mehr wirst du leiden.«

»Ach, leck mich doch«, sagte der Sizilianer und warf eine Handvoll Blüten auf den Haufen. »Ich leide nicht. Und du? Mir geht's gut. Ich bin völlig in Ordnung. Ich weiß, was ich will. Das Leben ist einfach. Ich denke nicht an den Tod.«

»Natürlich nicht.«

»Warum sollte ich mir Sorgen machen?«

»Du wirst es schon merken«, sagte ihm Alessandro. »Dein Materialismus wird dich fürchterlich leiden lassen, nicht nur am Ende, sondern auch die ganze Zeit bis dahin.«

»Eines Tages«, sagte der Sizilianer, »werde ich in meiner Marmorbadewanne liegen, durchs Oberlicht blicken, eine Pizza neben mir, eine richtige Victrola spielt *Carmen,* und ich werde an dich denken.« Darüber freute er sich und lachte.

»Auf irgendeine Weise«, sagte Alessandro, »beneide ich dich«, und dann machte er sich wieder ans Blumenpflücken.

Man sagte ihnen niemals, was genau sie da eigentlich getan hatten, und sie würden niemals vergessen, daß sie es getan hatten.

*

Der Oktoberanfang war bewölkt, der Himmel schiefergrau und die Luft trocken und kühl. Der Sommer war vorbei, und sie mußten wieder lernen, im Dunkeln zu leben. Ein heftiger Niederschlag war nötig, die Offensive zu stoppen, doch die Tage vergingen ohne Regen.

Die Stimmung der Infanterie änderte sich. Kleine Ärgernisse, die von der Hitze und dem Licht des Sommers aufgesogen worden waren, traten nun zutage. Die Decke der Bunker schien viel niedriger. Zahnschmerzen quälten ihre Opfer und wurden nur noch schlimmer, denn alle Zahnärzte waren einen Halb-Tages-Ausgang entfernt. Ein Termin war nur mit dreimonatiger Vorankündigung zu haben, aber keiner wollte das Schicksal mit der Vermessenheit herausfordern, anzunehmen, daß er diesen Termin einhalten könnte.

Das Essen wurde unerträglich, obwohl nur wenige Soldaten je genug bekamen. Die Wäsche brauchte länger zum Trocknen, eine Dusche hieß, daß man noch zwei Stunden später fror, und bis auf die Augenblicke, wenn die Sonne gelegentlich durch die Wolken brach (um ihnen die Tatsache einzuschärfen, daß es nicht geregnet hatte), waren nur die Läuse glücklich.

In dieser Zeit blieb die Armee auf der anderen Seite des Isonzo ruhig. Sie feuerten kaum einen Schuß ab, doch nachts trafen Waggons mit Mannschaft und Material ein. Obwohl die Italiener den nächtlichen Nachschub und die Verstärkung mit konstantem Artilleriebeschuß störten, hörte er weder auf noch ließ er nach.

Dennoch, mit jedem Tag, der verstrich, wuchs die Hoffnung, daß der Feind, der so gründlich war in der Vorbereitung der Offensive, seine Chance, den Fluß zu überqueren, durch die Verzögerung verspielte, die ein Tag mörderisch schweren Regens mit sich bringen würde.

»Ist doch egal«, sagte Guariglia. »Der Tag, an dem es regnet, wird der Tag des Angriffs sein. Sie warten bis dahin; der Fluß wird seinen niedrigsten Wasserstand haben, und sie werden die größtmögliche Zahl an Männern herbeigeschafft haben.«

»Das Artilleriefeuer wird sofort einsetzen«, fügte Microscopico von seiner Pritsche aus zu. »Sechs Stunden konstantes Feuer. Dann werden viele Tausend Mann auf einmal aus den Gräben auftauchen. Sie werden langsam losgehen, doch nach ein paar Sekunden werden sie auf den Beinen sein und rennen. Wenn sie den Fluß überqueren, werden viele fallen, aber Tausende werden zum Hügel vordringen. Wie viele bis in unsere Gräben vordringen, ist eine andere Frage. Einige werden es schon schaffen, und du wirst ihnen von Angesicht zu Angesicht gegenüberstehen. Zu diesem Zeitpunkt werden sie ziemlich überreizt sein und einige werden sich für Gott halten. Sie werden schnell wie der Teufel feuern und ihre Bajonette nehmen.«

»Die Österreicher sind mit dem Bajonett besser als wir«, sagte Biondo, ein wortkarger Maschinist aus Turin, der zur Marine gegangen war, weil er geglaubt hatte, daß er in den Maschinenräumen getroffener und beschädigter Schiffe am nützlichsten sei.

»Warum?« fragte Euridice schwach.

Die Erklärung lag auf der Hand, aber niemand konnte sie in Worte fassen. Schließlich sagte jemand: »Sie sind größer«, und einen kurzen Moment lang waren alle krank vor Vorahnungen.

Bei Nacht unterhielten sie ein Feuer in einem Ölfaßofen, wegen des kalten Windes, der von den Alpen kam und phantastisch von Eis und Schnee durchdrungen war. Obwohl das meiste Holz, das sie verbrannten, Überreste der Bohlen waren, die vom Bau der Gräben und Befestigungen übriggeblieben waren, hatte irgendwie ein großer Stapel Apfelholz seinen Weg in den Glockenturm gefunden, und jedes Feuer wurde mit zwei oder drei Apfelholzscheiten belegt.

Es war eine Schande, denn an den Sprossen und Trieben konnten sie erkennen, daß der Baum noch Früchte getragen hatte, als er umgehauen worden war, und dies wohl noch weitere zwanzig Jahre getan hätte, und alles, was sie jetzt hatten, war der Duft.

Eine Woche vor der Offensive hatte Alessandro Tageswache und konnte nachts schlafen. Die Woche zuvor hatte er Nachtwache gehabt, und der Wechsel erschöpfte ihn bis zu dem Punkt, wo er befürchtete, sein Herz würde aufgeben. Doch mit der Zeit gewann er langsam wieder an Kraft und konnte fest schlafen und träumen. Er träumte von Rom.

Nach dem Essen wuschen sie ab, öffneten die Schießscharten, um die kalte Nachtluft hereinzulassen, warfen ein paar Apfelholzscheite ins Feuer, löschten die Lampen und wickelten sich in ihre Wolldekken. Der Schlaf kam schnell, während der Wind durch die Befestigung pfiff und das Feuer prasselte. Jeder sah in dem Feuer, was er in seinem Herzen sah. Bei Alessandro war das Eröffnungstableau stets dasselbe, ein makelloser heißer blauer Tag in der Villa Borghese, wenn die Schatten unter den Bäumen so dunkel waren, daß sie rot erschienen. In einem Hain hysterischer Zypressen, in dem die Blätter im Wind tanzten wie Ziermünzen, erzeugte der Aufprall so vieler Lichtstrahlen auf die Dunkelheit ein anhaltendes Phosphoreszieren. Überall zwischen den Schatten waren Schimmer von Blau, das so dicht war, daß man es fast einatmen konnte.

Das Wasser in den Springbrunnen der Villa Borghese war hell und kalt. Es konnte die Sonne aufsaugen zu einem Blenden wie dem Aufblitzen einer Klinge, konnte in sich zusammenfallen in weißer Gischt, in einem Nebel aus Regenbögen dahinschweben oder von einem Dunkel zum anderen eilen und ab und zu über einem Bett aus gelben Kieseln auftauchen, als brauche es die Erlaubnis der Sonne.

Sein Vater, seine Mutter und seine Schwester saßen auf einer Bank im Schatten, und Alessandro trug einen weißen Anzug, stand am Springbrunnen, halb von den Lichtern geblendet; seine Hand beschirmte seine Augen, als er die Dunkelheit durchsuchte. Luciana baumelte mit den Beinen, schwang sie vor und zurück und suchte rechts von sich nach einem Kind, mit dem sie spielen konnte. Alessandros Mutter und Vater waren gekleidet, wie er sie von den Fotografien des neunzehnten Jahrhunderts kannte, auf denen sie, selbst in der steifen Porträtdarstellung ihrer Jugend, so wenig um die Sterblichkeit bekümmert schienen, als ob das Jahr 1900 eine Kappe besessen hätte, gegen die der Geysir der Zeit nur ansteigen konnte, um in hübschen Fontänen zurückzufallen.

*

Am nächsten Tag saß Alessandro mit dem Rücken zur Wand des *cortile* im Glockenturm. Sein Gewehr lehnte mit aufgepflanztem Bajonett gegen dieselbe Wand. Hoch über dem Rand der Befestigung, in dem kreisförmigen Himmelssee, den die Soldaten im *cortile* sehen konnten, ritten dunkle Wolken auf hohen Winden. Ihre Unterseiten waren schwarz, der Rest grau. Obwohl die Sonne ab und zu durchbrach und die Soldaten die Hälse reckten und ihre Augen salutierend beschirmten, waren sie die meiste Zeit über im kühlen Schatten.

Die Eile der Wolken, die vom Norden herbeirasten, war selbst für jene faszinierend, die den Grund dafür nicht kannten. »Weil sie aus dem Norden kommen«, sagte Alessandro zu dem Gitarristen. »Sie sind über Wien geflogen, über die Donau geeilt und über die Militärlager und das Kriegsministerium gezogen. Jetzt sind sie hier und betrachten uns. Sie wollen mit all dem nichts zu tun haben und stürmen auf die Adria zu. Sie werden das Meer überqueren und unberührt nach Afrika hineinschweben, wie verlorene Ballons. Sie hören nichts. Sie schweben über stille Wüsten und kämpfende Armeen hinweg, als seien die beiden nicht zu unterscheiden. Ich wünschte, ich könnte das auch.«

»Laß nur«, sagte der Gitarrist. »Eines Tages wirst du es.«

»Glaubst du das wirklich?«

Der Gitarrist dachte nach. »Du meinst, ob es auf der anderen Seite des Zauns irgend etwas gibt?«

»Ja.«

»Ich weiß nicht. Das widerspricht jeglicher Logik, aber meine Frau hat gerade einen kleinen Jungen zur Welt gebracht – ich habe ihn noch nie gesehen. Wo ist er hergekommen? Aus dem All? Das ist überhaupt nicht logisch, also zum Teufel mit der Logik.«

»Es braucht eine Menge Mumm, die Hoffnung aufzugeben, oder?«

»Ja. Ich habe das Gefühl, daß ich bestimmt für diese Anmaßung bestraft werde, aber ich hatte schon das verdammte Pech, Musiker und Soldat zu sein, vielleicht hab ich ja mal Glück.

Musik«, fuhr der Gitarrist gerührt fort, »ist die eine Sache, die mir immer und immer wieder sagt, daß es Gott gibt und daß er mich beschützt. Warum sonst gäbe es sie in der Kirche?«

»Ich weiß, warum sie in der Kirche Musik spielen«, erwiderte Alessandro.

»Musik ist nicht rational«, sagte der Gitarrist. »Sie ist nicht *wahr*. Warum sprechen mechanische Variationen des Rhythmus und der Töne die Sprache des Herzens? Wie kann ein einfaches Lied so schön sein? Warum stärkt sie meinen Entschluß zu glauben – selbst wenn ich damit kaum meinen Lebensunterhalt verdienen kann?«

»Und Soldat zu sein?«

»Das einzige halbwegs Anständige an diesem Krieg, Alessandro, ist, daß er einem die Beziehung von Wagnis und Hoffnung zeigt.«

»Du hast gelernt, ein Wagnis einzugehen, und du wagst zu glauben, eines Tages wie eine Wolke dahinzuschweben.«

»Wenn es die Musik nicht gäbe«, antwortete der Gitarrist, »würde ich die Liebe für sterblich halten. Wenn ich nicht Soldat wäre, hätte ich vielleicht nie gelernt, gegen alle Widrigkeiten anzustehen.« Er holte tief Luft. »Nun, das klingt alles ganz hübsch, aber die Wahrheit ist, ich möchte einfach nicht sterben, bevor ich meinen Sohn gesehen habe.«

Euridice und Microscopico kickten einen Fußball über den *cortile* hin und her. Stets ein bißchen tolpatschig, traf Euridice den Ball mit dem Zeh zu tief und hob seinen Fuß zum Ausgleich etwas zu hoch. Der Ball schoß in die Luft. Alle im *cortile* beobachteten, wie er vor dem Hintergrund der Wolken stieg, und hofften, daß er nicht über die Mauer fliegen würde. Das tat er und war fünf Meter weiter draußen, als der Wind ihn zum Zentrum des *cortile* zurücktrieb. Er traf gegen die nächste Wand, sprang auf, flog in einem flachen Bogen durch die Luft und landete auf dem begrasten Rand, der das Dach des Glockenturms bildete.

Sie schauten schweigend zu, wie er liegen blieb. Jemand sagte: »Guter Schuß.« Die Hälfte der Soldaten, die sich an die Wand gelehnt hatten, standen auf, um besser sehen zu können. Alessandro und der Gitarrist blieben sitzen, weil sie ihn von dort aus sehen konnten.

»*Ich* habe ihn getreten«, sagte Euridice und ging auf die Wand zu.

»Kletter nicht da rauf«, warnte ihn Guariglia, gerade als er dabei war, die Handgriffe in der Mauer zu ergreifen und hochzuklettern.

»Warum nicht?« fragte Euridice. Er war immer noch der neue Mann.

»Er liegt auf der Kante«, erwiderte Guariglia. »Die haben die Kante im Visier.«

»Aber wenn ich schnell mache, geduckt bleibe und ihn nur greife und mich fallen lasse, haben sie keine Zeit zu schießen.«

»Ich würde es nicht tun«, sagte Biondo.

»Aber wir haben keinen anderen Ball«, beharrte Euridice.

»Laß doch Microscopico ihn holen«, rief der Gitarrist.

»Arschloch«, sagte Microscopico, der es leid war, ein kleines Ziel zu sein. »Warum holst du ihn nicht selber?«

»Ich hab ihn nicht da rauf geschossen«, sagte der Gitarrist, »und ich bin kein Zwerg.«

»Ich hab dir gesagt, was du bist«, rief Microscopico.

Euridice war schon auf dem begrasten Teil des Dachs. Guariglia rief ihm zu, er solle warten. Alessandro und der Gitarrist standen auf. »Komm zurück«, rief Guariglia. »Laß ihn bis zur Nacht dort liegen. Nicht jetzt. Das ist er nicht wert.«

Euridice kroch flach auf dem Bauch auf den Ball zu. Er blieb kurz vor der Kante liegen und schaute zurück. »Es ist nett hier oben«, sagte er. »Ich brauche nur noch die Hand auszustrecken.«

Alessandro trat vor und rief wütend. »Euridice, sei kein Idiot. Komm da runter.«

Einen Augenblick lang rührte sich Euridice nicht. Er zitterte und schaute an seinem Körper entlang zu den anderen, die zu ihm emporblickten. Jetzt war er einer von ihnen. »Na gut«, sagte er. »Ich hol ihn später.«

Sie seufzten erleichtert auf, doch dann, aus einem Grund, den keiner von ihnen je erfahren sollte, vielleicht, weil er sich so nah am Ziel wähnte, vielleicht weil alle zuschauten, weil niemand gestorben war, seit er eingetroffen war, oder weil er vergaß, wo er war, und sich eingebildet hatte, immer noch in der Schule zu sein, streckte Euridice die Hand aus, um nach dem Ball zu greifen.

Dabei hob er den Kopf. Die Soldaten in dem *cortile* erstarrten auf der Stelle, hofften, daß Euridices Impulsivität sein Schutz sein würde, doch unmittelbar bevor seine Hand den Ball berührt hätte, um ihn den grasigen Hang hinunterzufegen, schnappte sein Kopf zurück, und Euridice taumelte die Schräge hinab. Der rechte Arm schlug durch die Luft und zog den Körper mit sich. Er fiel über die Sandsackmauer und blieb auf der Seite im *cortile* liegen.

Sie hatten gelernt, den Tod zu erkennen, und sie standen schweigend da. Hundert Wolken zogen über sie hinweg und eilten nach Süden.

*

Liebste Mama, liebster Papa, schrieb Alessandro.

Ich bin nur selten zum Schreiben gekommen. Wir haben hier zwar nicht viel zu tun, aber das bißchen kostet uns alle Zeit, die wir haben. Mein Leben ähnelt dem eines Försters, man könnte also glauben, ich hätte meine Ruhe. Ich starre zwölf Stunden lang die Hügel und Berge an, und dann habe ich frei. Man sollte meinen, genug Zeit, um nachzudenken. Ich könnte brillante Aufsätze und Briefe schreiben, die Ihr mehr als einmal lesen würdet, aber ich kann nicht. Es ist zu anstrengend hier, und alle sind zu unglücklich. Wenn ich jemals einen kurzen Ausgang bekommen sollte, werde ich nach Venedig fahren und drei Flaschen Wein trinken.

Heute sah ich etwas Merkwürdiges. Ich schaute durch eine Schießscharte nach Süden, mit einem Teleskop. Es war Abend, und das Licht schien von Nordwesten. Über den Schützengräben tauchte eine schwarze Wolke auf, änderte ihre Richtung und bewegte sich schnell wie ein Aeroplan, hatte aber die Größe eines Palastes. Sie wand sich, fiel, stieg und fiel wieder, das Licht fing sich darin wie in einer Kettenrüstung oder in mattgewordenen Münzen. Es war eine Wolke von Staren oder Schwalben, die sich von den Leichen im Niemandsland zwischen den Fronten ernähren. Guariglia, der weiter unten gedient hat, sagt, daß sie jeden Abend kommen und über den Toten tanzen. Ich weiß nicht, was ich davon halten soll, es ist gleichzeitig so schön und so schauerlich.

Wir sind ständig auf einen österreichischen ›Zeckenarsch‹ gefaßt, der aus dem Nichts auftaucht, eine Granate wirft, ein paar Schuß abfeuert und einen armen Idioten, der gerade von der Latrine kommt, mit dem Bajonett ersticht. Solche Sachen lassen einen vierundzwanzig

Stunden am Tag angespannt sein. Und die Granaten. Im Durchschnitt schlagen in der Woche acht bis zehn Stück im Glockenturm ein, und man weiß nie, wann sie kommen. Wenn sie einschlagen, wirft es einen aus dem Bett, wenn man schläft, oder man wird von den Beinen geholt, wenn man steht, oder auf die Beine, wenn man gerade sitzt. Diese Granaten, die halten nichts vom Status quo. Sie kehren alles um. Dreck fällt vom Dach, die Wände wackeln, Gegenstände fallen zu Boden.

Wir müssen ständig auf Kanonen achtgeben, die bis zu unserer Position vorgeschoben werden. Der Gegner möchte gern in einer nahezu flachen Kurve direkt auf unsere Schießscharten feuern. Das Geschoß würde durch die Stahlplatten schlagen, und das wäre das Ende des Glockenturms. Wenn wir also eine Kanone sehen, rennen wir alle los und feuern aus Gewehren und Maschinengewehren, wir ziehen den Granatwerfer in den cortile, *stopfen Granaten hinein und rufen unsere eigene Artillerie an. Selbst wenn wir irgendwelche optischen Einrichtungen oder Holzrahmen sehen, nehmen wir an, daß sie die Schießscharten ausmessen, damit sie die Kanone bei Nacht herbeischaffen können, und wir begegnen dem mit den gleichen Aufmerksamkeiten. Wenn jemand ein Kreuz aufstellen würde oder eine Wäschestange, würde er unser ganzes Feuer auf sich ziehen und wahrscheinlich nie erfahren, wieso.*

Ich feuere zwanzig oder dreißig Schuß ab pro Tag, daher wohl meine zittrige Hand. Ich höre auch nicht mehr allzu gut. Ich weiß nicht, ob ich je wieder in die Oper gehen kann, weil ich kaum noch etwas höre, denn ich habe mir mit dem eigenen Gewehr das rechte Trommelfell ruiniert.

Eine andere Quelle der Anspannung hier ist, daß wir keine Privatsphäre haben. Die meisten Leute haben niemals ein eigenes Zimmer gehabt, so wie ich, und weil sie nie allein waren, haben sie gelernt, ohne Nachdenken und Kontemplation zu leben. Wenn ich zum Beispiel mit Guariglia, einem Römer, ein Zaumzeugmacher, in einem Raum bin und ich versinke in Gedanken, dann merkt er es, fühlt sich unwohl und wird sein Bestes tun, um mich abzulenken oder mich in ein Gespräch zu verwickeln. Physisches Alleinsein gibt es hier nicht. Das einzige, was man tun kann, ist, in eine der Vorratskammern zu gehen, wo vielleicht nur zwei andere sind, die sich auf das Beobachten konzentrieren und durch die Schießscharten feuern.

Auch wenn ich nicht oft schreibe, wenigstens nicht so oft wie früher, möchte ich doch ein paar Dinge mit Euch besprechen oder es wenigstens versuchen, solange ich kann. Ich spüre, daß meine Zeit abgelaufen ist und daß wir uns vielleicht nie wiedersehen. Am Anfang war das nicht so, aber es hat sich geändert. Wie auch immer, die Zeit, die ich Ausgang bekomme, reicht nie, um nach Hause zu kommen, und ich habe keine Möglichkeit, Euch vorher zu informieren, damit Ihr nach Venedig kommt. Vielleicht kann ich dieses Weihnachten nach Haus – ich weiß noch nicht. Wir sind hier in Sicherheit im Augenblick, mehr oder weniger. Der letzte, der ums Leben kam, war ein Junge, der sich dem feindlichen Feuer ausgesetzt hat, um einen Fußball zurückzuholen, statt damit bis zum Dunkelwerden zu warten. Man weiß nie, was geschehen wird, und wir rechnen jeden Moment mit einer Offensive.

Ich meine eine lokal begrenzte Offensive, weil es unwahrscheinlich ist, daß die Österreicher die ganze Front entlang vorrücken, aber möglich wäre auch das. Es hat diesen Sommer so wenig geregnet, daß der Fluß fast ausgetrocknet ist. Wir sind nachts immer schwimmen gegangen, und beim letzten Mal ging mir die tiefste Stelle nur etwa bis zur Brustmitte. Das war vor ein paar trockenen Wochen, und seitdem hat der Schnee in den Bergen zu schmelzen aufgehört. Jetzt ist der Fluß seicht genug, um an einem Dutzend Stellen hindurchzuwaten. In ein paar Tagen werden sie überall rüberkommen. Selbst wenn es heute regnet, wäre es zu spät, deshalb schreibe ich.

Ich verspreche Euch verschiedene Dinge. Ich werde gut kämpfen. Ich werde versuchen, am Leben zu bleiben, und ich werde mich mehr auf ersteres konzentrieren als auf das zweite, weil der beste Weg zu überleben darin besteht, entschlossen zu sein und Risiken einzugehen. Irgendwelche Ansprüche auf das Alto Adige sind mir gleich, also kämpfe ich für nichts, aber so macht das jeder, und das ist auch nicht der Punkt. Ein Alptraum braucht keine Begründung, aber man gibt sein Bestes, um ihn durchzustehen, selbst wenn das bedeutet, die Regeln zu akzeptieren. Ich nehme an, einen Alptraum haben heißt, nach Regeln spielen, die keinen Sinn haben, einem Ziel dienen, das völlig fremd ist, ohne Kontrolle über das eigene Schicksal oder die eigenen Handlungen sein. Soweit ich die Kontrolle habe, tue ich, was ich kann. Unglücklicherweise wird der Krieg übermäßig stark vom Zufall regiert, fast bis zu dem Punkt, wo menschliche Handlungen ihren Sinn zu verlieren scheinen. Soldaten werden exekutiert, nicht nur wegen Diebstahls oder Desertion, sondern manchmal wegen nichts. Ich glaube, daß die Folgen davon nach dem Krieg für lange Zeit, vielleicht sogar für den Rest dieses Jahrhunderts, fast alles durchdringen werden, aber ich werde mir diese Art von Spekulation für die Zeit aufheben, wenn ich nach Hause komme. Wir werden im Garten sitzen und über all dies sprechen, denn wenn ich nach Hause komme, möchte ich den Garten zurückkaufen. Ich möchte Unkraut jäten, das Gras pflegen, die Bäume schneiden und ihn wieder so herrichten, wie er mal war. Ich habe die Energie, den Willen und nun, zum erstenmal in meinem Leben, die Geduld dazu.

Ich möchte Euch jetzt sagen, wie sehr ich Euch liebe, Euch alle. Ich habe Luciana immer vernachlässigt, aber jetzt bin ich sehr stolz, daß sie eine so schöne und beeindruckende Frau geworden ist. Macht Euch meinetwegen keine Sorgen, ganz gleich, was geschieht. Wir sind hier nervös, aber nicht ängstlich. Wir haben alle in unsere Seelen geblickt, auf die eine oder andere Weise, und haben uns damit abgefunden zu sterben, wenn es denn sein muß. Das Einzige, was mir noch zu sagen bleibt, ist, ich liebe Euch.

Alessandro

Gegen Ende des Monats war der Sommer zurückgedrängt, der Winter begann, den Veneto mit hohen Wolken zu überfluten, die ihren gelassenen Flug nach Afrika angetreten hatten, und die Berge waren weißüberzogen. Wenn weit im Norden ein blauer See in den Wolken die Größe eines Fürstentums annahm und die Sonne durchbrach, glühten die gesamten Alpen wie Magnesiumpulver, und das große weiße Bild rollte über den Norden Italiens und hing in der azurnen Luft, damit alle es sehen konnten.

Dreißig neue Männer trafen im Glockenturm ein, Armeewehrpflichtige, die seit Beginn des Krieges der ganzen Wucht der Kämpfe in den flachen Gräben ausgesetzt gewesen waren. Zynisch, gewalttätig und aufsässig, zerstörten sie das zivilisierte Gleichgewicht des Marinekontingents vollständig, machten jede Menge Lärm, verdreckten die Latrine und stritten miteinander. Sie spielten Karten, tranken, kotzten und schlugen sich gegenseitig mit den geschützten Bajonetten.

Die Flußwache war ihnen ausgeliefert, weil sie einen Unteroffizier mitgebracht hatten, der alles änderte und jedem sagte, was er zu tun hätte. Mit ihrem rohen Gelächter, ihrem Unrasiertsein, ihren Hautkrankheiten, ihrer Syphilis und ihrem offensichtlichen Vergnügen am Töten schienen sie so übermächtig wie der Krieg selbst.

Sie sandten nächtliche Patrouillen mit Männern aus, die im Dunkeln sehen konnten und die einen Eber, ein wildes Schwein und einmal sogar ein dummes Reh mitbrachten, das dem fast trockenen Flußbett fern seiner Heimat in den Bergen gefolgt war. Riesige Gelage mit Fleisch und Wein folgten jeder der Patrouillen, und selbst diese Gelage trugen mit dazu bei, daß alle aufs äußerste gereizt waren und die Flußwache davon überzeugten, daß ihr Schicksal besiegelt sei.

Nach einer Woche rissen die Wolken für kühlen Sonnenschein auf und die Hoffnungen stiegen, doch kurz nachdem die Sonne zurückgekehrt war, tauchten auch Tausende Mann feindlicher Kavallerie auf. Man konnte sie im Hintergrund ihrer eigenen Linien sehen, jenseits der Artilleriereichweite, wie sie Staub aufwirbelten, als sie in Formation aufritten oder von einem Sektor zum anderen verlegt wurden. Man konnte ihre Anwesenheit auch ohne Teleskop erkennen. Waggons und Munitionswagen wirbelten Staubwolken auf, die wie glimmende Grasfeuer aussahen. Die Kavallerie wirbelte Staub auf wie eine Lokomotive. Sie bewegte sich gleichmäßig und gemächlich durch die Landschaft, ein unmißverständliches Anzeichen von schnellen, gut im Futter stehenden Kriegsrössern.

»Ich wünschte, ich wäre in der Kavallerie«, sagte Alessandro zu Guariglia. »Ich bin dazu erzogen worden. Mein ganzes Leben habe ich Reiten und Fechten gelernt.«

»Sei nicht blöd«, sagte Guariglia. »Unsere Maschinengewehre warten nur auf diese Bastarde und ihre armen Pferde. Sie werden keine Minute überleben.«

Die Soldaten wußten genau, was auf sie zukam, als hätten sie es im Blut. »Die sind hier, um eine Bresche zu schlagen«, sagten sie über die entfernt stehende Kavallerie, »um an verschiedenen Stellen Löcher in unsere Linien zu schlagen und dann durchzustoßen, wie Korn aus einem geplatzten Sack quillt. Pferde sind nicht wie Männer. Sie haben nicht die Geduld, herumzusitzen und zu warten. Sie bringen die Pferde erst kurz vor der Attacke. Der Wasserstand ist niedrig. In zwei, drei Tagen werden sie bei uns anklopfen.«

Der gesamte Frontabschnitt erwachte zum Leben und war stark mit Soldaten besetzt, aber nicht so sehr wie die österreichischen Linien, die zum Bersten voll waren mit neuen Uniformen und hüpfenden Bajonetten. Es wurde so viel Munition in den Glockenturm geschleppt, daß kaum noch Platz in den Bunkern war. Die Armeeleute schnitten neue Schießscharten, legten neue Minen und zogen neuen Stacheldraht.

»Ihr Marineschwanzlutscher wißt doch gar nicht, wie man auf dem Land kämpft. Warum geht ihr nicht zurück aufs Meer, wo ihr hergekommen seid?« fragte ein Infanterist, der anstelle eines großen Teils seines Kinns eine scheibenförmige Narbe hatte.

»Gib mir 'ne Fahrkarte«, sagte Biondo.

Sie bedrängten Microscopico so lange, bis er ihnen erzählte, warum er in der Marine war. Man hatte ihm befohlen, die Schornsteine zu fegen und die Kessel zu reinigen. »Weil ich so klein bin«, sagte er, »ich kann durch die Rohre kriechen. Und erzähl mir nichts von Mut, bevor du nicht durch die Gedärme eines Kessels und zum Schornstein wieder hinaus gekrochen bist. Wenn du steckenbleibst, bist du erledigt. Die demontieren doch keine Kriegsschiffe nur wegen einem Schornsteinfeger, und man *kann* steckenbleiben. Behalt deine Fahrkarte, danke: Ich bleibe lieber hier.« Das Ganze war eine glatte Lüge: Er war ein Bäckergeselle auf einem Versorgungsschiff gewesen.

Riesige Regenwolken tauchten an dem Tag über den Bergen auf, an dem das Artilleriebombardement begann. Die Wolken sahen aus wie weinfarbene Felswände, und sie bewegten sich langsam südwärts, tasteten sich mit Fühlern aus gelben und weißen Blitzen ihren Weg voran.

Die italienische Artillerie war seit Wochen aktiv und hatte den österreichischen Aufmarsch gestört. Granaten schossen mehrmals in der Minute über sie hinweg, und die Österreicher konzentrierten ihre Antwort auf die Zeit zwischen Abend- und Morgendämmerung. Sie brauchten nicht zu beobachten, denn nichts entging ihrem Feuer.

Als Alessandro am Rand des Versuchsgeländes in München gestanden hatte, war er erschüttert und eingeschüchtert gewesen. Nun war die Linie aus hundert Geschützen zehn Geschütze tief, und sie feuerten ununterbrochen, hundert auf einmal, ohne Unterbrechung, ohne eine Sekunde des Aufatmens zu erlauben. Wenn eine Granate tatsächlich im Glockenturm einschlug, was in jener Nacht einige dutzendmal passierte, wurden alle zu Boden geworfen, und alle hofften, daß das Dach nicht nachgab.

»Ich frage mich, ob sie uns befehlen werden, anzugreifen«, wiederholte der Armeesoldat, der zwischen Alessandro und Guariglia war, ständig. »Ich sehe keine Anzeichen dafür, aber vielleicht beschließen sie, daß wir losstürmen sollen.« Dann lachte er. Das tat er die ganze Nacht hindurch. Um vier Uhr früh, als alle taub waren und von den Erschütterungen der Artillerie zitterten, kam er zu Guariglia und sagte: »Du wirst ihnen nicht sagen, wer ich bin, oder?«

»Wer bist du?«

Deutlich von Schmerz und Furcht gezeichnet, erwiderte der Soldat: »Der Sohn des Königs.«

»Was machst du hier?« fragte Guariglia.

»Mein Vater hat mich zum Sterben hierhergeschickt.«

»Wer ist dein Vater?« fragte Alessandro, der nichts mitbekommen hatte.

»Der König.«

»Der König von wo?«

»Von Italien.«

»Oh.«

»Ich möchte mal nach dem Krieg mit ihm reden«, sagte Guariglia. »Ich habe ihm ein paar Dinge zu erzählen.«

»Das sagen alle«, antwortete der Soldat, »aber in seiner Gegenwart stellen sie fest, daß sie kaum sprechen können.«

»Du wirst da sein, oder?«

Der verrückte Soldat schüttelte den Kopf. »Ich werde tot sein.«

»Da ist was dran«, sagte Alessandro. Der Prinz litt so sehr unter seiner Angst, daß er sich umdrehte und zur Latrine rannte. »Schon gut, schon gut«, rief ihm Alessandro nach. »Du wirst in den Himmel kommen. Der Sohn des Königs kommt immer in den Himmel.«

Um fünf Uhr, kurz bevor es hell wurde, hörte das Artilleriefeuer auf. Die italienische Artillerie würde alles auf die vordersten Gräben werfen, sobald die gegnerischen Formationen sich aus den Gräben erhoben, doch im Moment blieb es ruhig. Eine Weile verstanden sie nichts. Ihre Sinne waren von den explodierenden Granaten so durcheinander, daß sie eine Viertelstunde brauchten, um die Stille zu begreifen.

Der Regen hatte eingesetzt, und in der Nacht war der Fluß wegen des Gewitters in den Bergen gestiegen. Der Wind peitschte den Glockenturm, und Tropfen flogen durch die Schießscharten. Alle paar Sekunden folgte auf die Blitze ein tiefer Wald aus Donner, doch nach dem Dauerfeuer schienen diese Donnerschläge sanft. Die Luft roch nach Whisky, als die belagerte Neunzehnte Flußwache dem beruhigenden Geräusch des Regens lauschte, der leicht auf das Dach trommelte, und alle dachten an zu Hause.

*

Der Gitarrist saß in der Verbindungskammer, und um fünf Uhr fünfzehn brüllte er, daß seine Leitungen unterbrochen seien. Im Graben gab es einen Eindringling.

Die Flußwache schaute ängstlich auf die Infanterie, die voller Verachtung zurückschaute. »Ist doch nicht unsere Schanze«, sagte einer von ihnen.

»Na los«, fügte ein anderer gleichgültig hinzu. »Da klopft jemand.«

Alle schauten sie Guariglia an, der der härteste und der größte war, aber das war nicht fair, und sie wußten es. Sie kannten seine Kinder, als hätten sie sie kennengelernt, und sie verstanden die Liebe, die ihn dazu bewegte, sie immer und immer wieder zu beschreiben. Außerdem hatte er mehr als seinen Anteil an schwierigen und gefährlichen Situationen gehabt. Dann schauten sie den Gitarristen an, der seinen Teil noch nicht getan hatte, aber er war Musiker, er war weich, er hatte Familie, und er starrte zu Boden. Microscopico war zu klein. Biondo war an der Schießscharte. Die anderen waren in den anderen Bunkern.

Mit flatterndem Herzen warf Alessandro den Schutz von seinem Bajonett; er flog gegen die Wand und klirrte zu Boden. In einer Sekunde hatte er das Gewehr gegriffen und rannte zur Tür hinaus, dann quer über den *cortile*, dann an den Maschinengewehrschützen vorbei in den Verbindungsgraben.

Als er losrannte, hatte er Angst gehabt, doch bei jedem Schritt stieg seine Wut, bis er, als er den leichten Biegungen im Graben folgte, wild und elektrisiert war. Er entsicherte sein Gewehr und schob das erhobene Bajonett geschickt durch die Kurven. Er fühlte sich körperlos, als bestünde er nur aus zwei starken Armen, einem gutgeölten Gewehr und einem glänzenden Bajonett, das mit höchster Geschwindigkeit durch den Graben glitt. Er wollte nur die Eindringlinge töten, die es gewagt hatten, die Leitungen zu kappen.

Es war zu gefährlich für sie, zurückzukehren. Sie würden da sein und warten. Und so war es auch.

Als er eine enge Kurve nahm, wurde ein Schuß auf ihn abgefeuert. Die Kugel verfehlte ihn und drang in die Grabenwand. Der österreichische Soldat, der geschossen hatte, sank in Panik zurück und zerrte an dem Schloß seines Gewehrs.

Alessandro rannte weiter. Gerade als der feindliche Soldat, ein junger Mann mit einem zarten Gesicht, ein Fremder, eine weitere Kugel in die Kammer geschoben hatte und eben sein Gewehr heben wollte, drückte ihm Alessandro das Bajonett in die Brust, daß er sich zusammenkrümmte, als sei sein Körper eine geballte Faust, und tötete ihn. Von weiter vorn klangen zwei Schüsse herüber.

Die beiden Begleiter des Jungen, den Alessandro gerade getötet hatte, schossen auf ihn. Einer verfehlte ihn. Der andere Schuß traf Alessandro oben an der Schulter und warf ihn zurück gegen die sandige Wand des Grabens. Er hatte sein Gewehr nicht losgelassen, und es zog sich aus dem toten Soldaten und richtete sich in seiner Hand aus.

Die Österreicher fielen auf die Knie und zerrten an den Schlössern. Alessandro war nicht imstande zu zielen. Er hielt das Gewehr in ihre Richtung und feuerte. Einer der beiden rollte zu Boden. Der andere schoß und verfehlte ihn wieder. Als er sah, daß sein Freund nun still war, daß Alessandro nachlud und daß er selber nicht schneller nachladen konnte, ließ er seine Waffe fallen und warf sich über den Grabenrand.

Alessandro sah, daß der Mann, auf den er geschossen hatte, sich nicht mehr rührte. Der andere hatte nicht einmal gezuckt. Sie lagen reglos in Lachen von Blut. Sein Gesicht spannte sich, als er sich sein blutiges Gewehr überwarf. Er preßte die rechte Hand gegen die Wunde und stolperte zurück zum Glockenturm.

Leicht benommen schob er sich in den Kartenraum und stand dort vor den anderen. Die, die saßen, standen auf. Sie schauten seine blutige Hand an, die die Wunde bedeckte, und blickten in seine wüsten Augen.

Selbst die Infanteristen begriffen nicht, was los war. Einer führte Alessandro zu einer Pritsche. Ein anderer nahm das Gewehr und machte sich daran, das Bajonett zu säubern. Das war ihr Metier. Das war keine angeborene Eigenschaft, so was lernte man, und es war nicht einmal sehr schwer zu erlernen.

Sie nahmen Verbandsscheren und schnitten schnell Alessandros Hemd auf, so wie sie es getan hätten, wenn er hätte sterben müssen, doch dann traten sie zurück. »Nichts«, sagte ein Infanterist.

»Es hat dir einen kleinen Kanal über die Schulter gezogen, das ist alles«, sagte Guariglia, bevor er einen alkoholgetränkten Lappen auf die Wunde drückte, die wie ein Säbelschnitt aussah. Der Alkohol ließ Alessandro gellend aufschreien.

»Sie kommen!« rief einer der Infanteristen, als ein markerschütternder Ton durch den Glockenturm rollte – der Schrei von zwanzigtausend Mann, die einen Angriff starteten.

*

Entlang der gesamten Linie schienen Tausende von Österreichern und Deutschen aus dem Boden zu steigen, erst langsam, als sie über den Rand kletterten, und dann schneller, als sie, von zerfetzten Rauchschwaden geschützt, auf den Fluß zurannten. Tausend und Zehntausend brüllten. Die Italiener stiegen auf die Schießrampen, schauten über die Gräben und feuerten. Granatwerfer auf beiden

Seiten wurden fortwährend nachgeladen. Sie konnten blindlings eine Angriffsreihe fällen, die durch den Fluß zu waten begann, oder die Verteidiger töten, die über ihren Gräben auftauchten, und das taten sie auch. Die schwere Artillerie schwieg, bis auf ein zehnminütiges Dauerfeuer auf den Glockenturm, der von Hunderten von Granaten getroffen wurde.

Serafina, die Katze, die schon vorher unter dem Artilleriefeuer gelitten hatte, verkroch sich voller Panik in der dunkelsten Ecke des Verbindungsbunkers. Alessandro lag auf einer Pritsche, bandagiert und zittrig.

Zuerst konnte sich niemand rühren, doch dann wurden die Erschütterungen durch die Granaten so stark, daß sich alles schüttelte und die Leute in dem Raum umhergeworfen wurden wie Würfel in einem Becher.

Dann, als drängten sie sich durch Wellen bei stürmischem Seegang, brüllten sie Dinge, die niemand wirklich hören konnte, die aber Flüche der Wut und Entschlossenheit waren, und die Infanteristen und die Männer der Flußwache kämpften sich zu den Schießscharten. Sie wurden umgeworfen. Sie wurden unter herabstürzenden Teilen der Decken begraben, wurden unter Staub erstickt, wurden gegeneinandergeworfen, doch einige schafften es bis zur Außenwand. Dort schrien und fluchten sie und griffen nach ihren Waffen.

Sie konnten kaum etwas sehen oder hören, wurden durch den Rauch geblendet und von Pulverdampf erstickt, sie feuerten auf den Fluß, wischten mit den Maschinengewehren hin und her und bissen die Zähne zusammen, als benutzten sie Schwerter und Piken. Ein Mann im Zentrum wurde nach innen geworfen und bis zur Unkenntlichkeit verstümmelt, als eine Granate direkt vor seiner Schießscharte explodierte. Ein anderer stürmte an seinen Platz, fand aber kein Gewehr vor.

Als Alessandro aufstand, um einen gefallenen Mann zu ersetzen, flog einer der anderen Bunker in die Luft. Nach einem fürchterlichen Aufschrei fingen alle, die noch am Leben waren, an zu rennen, weil die Schießscharten zugefallen waren und die Österreicher, die mehrere tausend Mann im Fluß verloren hatten, nun bis an den zerfetzten Stacheldraht vorgedrungen waren. Alessandro war der letzte.

Biondo lag tot im *cortile*. Der Gitarrist kletterte über den Schutt, um wegzukommen. Der Maschinengewehrschütze war tot, und sein Maschinengewehr am Eingang zu dem Graben war zerschlagen. Guariglia hatte recht gehabt. Der Graben war zugeschüttet.

Alessandro kämpfte sich durch die Krater und rannte auf die italienischen Linien zu, sah aber nur ein Dutzend anderer aus dem Glockenturm. Die Katze rannte so schnell, daß sie fast augenblicklich verschwand, über den italienischen Graben hinwegsetzte, der jedermanns Ziel war, und wie eine Rakete auf die Felder des Veneto zustürmte.

Die schwere Artillerie hatte aufgehört, aber die Granatwerfer unterhielten weiter ihr Sperrfeuer. Einige der Männer fielen. Niemand kehrte um, um zu sehen, ob sie noch lebten, denn tausend Österreicher waren durch den Stacheldraht gedrungen und folgten ihnen auf den Fersen.

Alessandro kam an den Graben und sprang hinein. Die Italiener, über deren Köpfe hinweg er gesprungen war, arbeiteten wie verrückt an ihren Gewehren und hatten ihn kaum bemerkt.

Der Lärm ihrer Schießerei war ungeheuer, als wenn die ganze Welt von einem explosiven Sturm erfaßt worden wäre. Alessandro schloß die Augen und öffnete sie wieder, um den Gitarristen direkt vor sich kauern zu sehen. Er lächelte, also lächelte Alessandro automatisch zurück. Wenigstens waren sie durchgekommen. Dann schaute er genauer hin. Der Gitarrist war an Ort und Stelle erstarrt, und seine Augen waren tot.

»Wer ist übrig?« brüllte Alessandro.

Er schaute den Graben entlang. Microscopico feuerte. Einige der Infanteristen aus dem Glockenturm stellten in den Rauchwolken ein Maschinengewehr auf. Andere waren entlang der Linie vage zu erkennen. Alessandro griff nach einem Gewehr, das auf dem Boden lag. Er legte es über einen Sandsack, trat auf die Schießrampe und begann, kaltblütig auf die herannahenden Reihen feindlicher Soldaten zu schießen. Einige waren bis zum italienischen Graben vorgedrungen und kämpften dort drin. Alessandro war benommen. Er lud nach.

V. DER MOND UND DIE ACKERFEUER

Im Frühjahr wurden die Überreste der Flußwache nach Mestre zurückbeordert und neu zusammengestellt. Zur Überraschung der Marineinfanteristen gehörten sie nun zum Heer, und ihre Einheit trug keinen Namen. Obwohl sie die Privilegien der Marine vorgezogen hätten, waren sie erleichtert, endlich als das angesehen zu werden, was sie waren, denn sie waren fast von Anfang an Heeresinfanteristen gewesen, und nun schrieb man das Jahr 1917. Sie dachten, daß die Dinge so weniger verwirrend wären, doch wußten sie nicht, daß sie schon bald auf See wären.

Den gesamten März über wurden sie im Umkreis einer Minenmontageanlage bei Mestre gehalten. Venedig funkelte übers Meer, ein goldenes Schiff, das all die schönen und feinen Dinge barg, die sie seit Jahren entbehrten, aber weder durften sie über den Stacheldraht hinaus, noch durften sie ihre Familien wissen lassen, wo sie waren. Auch teilte man ihnen nicht mit, wann ihre Isolation enden würde oder warum sie interniert worden waren. Morgens wurden sie gedrillt, mehrmals am Tage nahmen sie ihre Gewehre auseinander, sie exerzierten stundenlang und fuhren dreimal die Woche mit einem Sonderzug zu einem Schießplatz in sandigem Gelände, wo sie ihre Treffsicherheit verbesserten und sich ihr Gehör von morgens bis abends mit Gewehren, Pistolen und Maschinengewehren ruinierten.

Selbst im Frühling war Mestre grau, wenigstens im Vergleich zu der byzantinischen Wasserlilie jenseits der Lagune. Die Kirchenglokken läuteten gegen Mittag, und Lokomotiven pfiffen Tag und Nacht, wenn Infanterieeinheiten zur Front geschickt wurden oder zurückkehrten. Dampfmaschinen schnauften wie erschrockenes Vieh, und die Luft war erfüllt vom Klang von Metall, das gegen Metall schlägt.

Alessandro lag auf einer Strohmatte in einem riesigen Schuppen, der vormals als Lager für die Zünder der Minen Verwendung gefunden hatte, welche zu Beginn des Krieges in einem Bogen um Venedig herum gelegt worden waren. Sie schlingerten seit Jahren im Wasser, rissen sich manchmal los und glitten langsam den Canale Grande entlang, zum Entsetzen der Gondoliere.

»Du solltest nicht wieder zu ihm gehen, Alessandro«, sagte Guariglia. Er und Alessandro waren die einzigen Überlebenden des Marinekontingents im Glockenturm. Microscopico war zu Beginn des Winters bei dem Angriff gefallen, der die Österreicher aus dem Brückenkopf, den sie im Herbst errichtet hatten, wieder vertreiben sollte. »Du bist seit einem Monat jeden Tag bei ihm, und die Antwort ist immer dieselbe.«

»Ich habe seit Januar keine Nachricht von meiner Familie«, sagte Alessandro, so als könne er nicht zwischen Guariglia und dem Leutnant, bei dem er vorstellig werden mußte, unterscheiden. »Warum also kann ich nicht drei Tage frei kriegen, um den Zug nach Rom zu nehmen? Nur drei Tage.«

»Sie lassen uns doch nicht mal nach Venedig«, sagte Guariglia, »und Venedig kannst du durch die Ritzen in der Wand sehen.«

Sie befanden sich in einem Raum, in dem 150 Mann auf grauen Decken lagen und die mächtigen Holzbalken, die das Dach aus Terrakottaziegeln trugen, anstarrten. Die Sonne fiel durch Risse und Löcher, so als ob ihr goldenes Licht über einen dunklen Himmel spielte. Als er hier eintraf, hatte Alessandro festgestellt, daß die Farbe, die sich um die Öffnungen streute, durch die das Licht eindrang, von einem milchigen Orange war, exakt der Farbe einer Orangeneiscreme, die römische Verkäufer in den Parks anboten.

»Hier geht's uns besser als im Glockenturm«, sagte Guariglia. »Es tut mir weh, daß ich meine Kinder nicht sehen kann, aber ich bete, daß ich zu ihnen nach Hause komme. Ich vergeude keine Wünsche mittendrin, und das solltest du auch nicht.«

»Ich habe meinen Eltern gesagt, sie sollen Rafis Eltern schreiben. Alles, was ich will, sind doch nur ein paar Stunden in Venedig.«

»Wenn du über die Mauer kletterst, erschießen sie dich.«

»Sie exekutieren nur an der Front.«

»Stimmt nicht, Alessandro. Auf der Zugfahrt habe ich mich auf dem Bahnhof in Treviso aus dem Fenster gelehnt und mit einem Unteroffizier unterhalten. Er sagte, es stimmt, sie verurteilen ganze

Einheiten, oder einen von zehn in der Einheit, oder die ersten fünf, und er war noch *nie* an der Front. Es ist verrückt. Sie wollen dich wissen lassen, daß sie dich erschießen können, auch wenn du *nichts* getan hast. Das kann nur zu einer Revolution führen.«

Alessandro drehte den Kopf zur Seite, ohne ihn vom Kopfkissen zu heben. Guariglia starrte weiter auf die Balken, und Alessandro sagte: »Wenn wir Wache schieben, wenn alle anderen auf dem Schießplatz sind ...«

»Sie sind gerade bei S. Bis sie zum G kommen, sind wir vielleicht schon weg.«

»Wohin?«

»Wer weiß?«

»Aber wenn wir noch hier sind ...«

»Du weißt nicht, ob sie an dem Tag rausfahren.«

»Aber wenn, dann werde ich nach Venedig gehen und zurück sein, bevor sie wiederkommen. Was kann schon schiefgehen?«

»Was schiefgehen kann? Selbst wenn du vor ihnen zurückkehrst, könnte ein Offizier kommen, während du weg bist.«

»Unsere Offiziere fahren immer alle mit. Wenn irgendwas passiert, brauchst du nur zu sagen, daß ich nicht da war. Sie werden mich erschießen, nicht dich.«

»Du hast nicht genug Geduld, Alessandro. Du bist zu sehr daran gewöhnt, daß alles so ist, wie du es haben willst.«

»Wenn der Gitarrist desertiert wäre, Guariglia, dann würden sie ihn jetzt verfolgen, aber er wäre noch am Leben.«

»Wir sind in Sicherheit. Wofür das aufs Spiel setzen?«

»Um einen Tag in Venedig zu verbringen, bevor ich sterbe.«

*

Nach vielen S', nicht wenigen T's, einigen R's und einer reichen Ausbeute an B's, C's und D's kamen zwei F's und zwei andere G's, Gastaldino und Garzatti, vor Giuliani und Guariglia. Alessandro verfolgte sorgfältig den Kalender und das Alphabet, während der April an ihnen vorbeizog.

Zwei Wochen lang gab es hauptsächlich Salat und Minestrone ohne Bohnen, und in dieser Zeit zogen sie täglich von ihren Behelfsbaracken zum Übungsplatz, wo die Minen gelagert worden waren, um sechs Stunden lang zu exerzieren – bei Sonnenaufgang, am Vormittag, mittags, am Nachmittag, nach dem Essen und kurz vorm Schlafengehen. Die tägliche Routine blieb immer dieselbe. Sie marschierten mit ihren Gewehren zum Übungsplatz. Dann rannten sie mit vorgehaltenen Gewehren eine Viertelstunde rund um den Platz. Daß sie ihr Tempo einhielten und es keine Meuterei gab, wurde durch einen Kunstgriff sichergestellt, den der Leutnant erfunden hatte, bei dem Alessandro vergeblich vorstellig geworden war. Ein Unteroffizier verteilte Stangenbrot an alle bis auf die letzten zehn Ankömmlinge, die, hatten sie häufig genug verloren, bald so dürr wurden, daß sie zu gewinnen begannen. Die Truppen waren hungrig, aber sonntags gab es Rindfleisch oder Huhn, und es gab Käse zum Frühstück, wenn sie zu den Schießplätzen fuhren.

Dort erhielt jeder Soldat zweihundert Schuß Gewehrmunition und hundert Schuß für die Pistole. Obwohl es keinen unter ihnen gab, der nicht bei einem Angriff an der Front in einer halben Stunde mehr abgefeuert hatte, schien dies, lediglich zu Übungszwecken, eine ungeheure Verschwendung, besonders weil sie seit Jahren mit ihren Waffen umgingen (wenn auch die meisten keine Pistole gehabt hatten) und eine Zigarette auf fünfzig Meter halbieren konnten. Die Zielscheiben wurden in den Dünen aufgestellt und sie übten, bis der Treffer ins Schwarze zur Gewohnheit geworden war. Man holte aus einem nahe gelegenen Arsenal Waffenschmiede. War ein Gewehr nicht absolut genau, wurde es rekalibriert oder zum Aufbohren gebracht. Wenn das nicht half, wurde es ausgetauscht. Die Flußwache schoß bedächtig und genau. Jedes Schußbild wurde angesagt, jede Zielscheibe nach vierundzwanzig Schuß zur Begutachtung eingeholt. Nach dem Verlassen des Minenmontageareals gab es nichts zu essen und nur eine Flasche Wasser für jeden, bis sie zurückkehrten. Gegen Ende des Monats war es heiß auf dem Sandplatz, und sie kamen mit einem schmerzhaftenSonnenbrandzurück.

Die Tage vergingen mit Übungsschießen, Laufen, verstrichen in den Baracken, wo das orangefarbene Licht in der Farbe des Orangeneises glühte, das man in der Villa Borghese kaufen konnte, und als die Umstände günstig waren, konnte Alessandro seine Chance wahrnehmen. Sie waren an einem klaren, windigen Tag im Spätapril zum Wachdienst eingeteilt, während die Flußwache zum Übungsschießen unterwegs war. Die Einheiten stiegen auf den kleinen Munitionszug, der sie zu den Dünen brachte, und Alessandro schaute durch die schmalen Fenster nahe der Decke und sah ganze Bergketten von Wolken langsam an einem Himmel vorbeiziehen, der alle Farben vom zartesten Blau bis zum härtesten dreckigsten Grau aufwies. Obwohl solche Wolken oft ein heftiges Gewitter ankündigen und ganze Bündel wirrer Blitze beherbergen konnten, waren diese hier, die die perlfarbene Adria hinunterglitten, zu hoch, um irgend etwas anderes tun zu können als dahinzugleiten.

Alessandro betrat den nun leeren Raum, wo Guariglia mit dem geschulterten Gewehr neben der Doppeltür am anderen Ende stand. Dahinter lag der Hof, zwei riesige Buchen flankierten ein Eisentor. Die Bäume standen in frischem Grün, und wenn der Wind durch die Blätter fuhr, klang es fast wie Herbst.

»Nur wir«, sagte Alessandro. Seine Worte hallten leicht durch die leere Baracke. Der kraushaarige Guariglia, der sich die Freiheit genommen hatte, eine Zigarre zu rauchen, lächelte.

»Wie willst du denn durch Venedig laufen, Alessandro?« fragte er. »Da gibt es eine halbe Million Militärpolizisten, und wir tragen keine Rangabzeichen.«

»Ich werde es machen, wie Orfeo es machen würde.«

»Wer ist Orfeo?«

»Er ist für all das verantwortlich.«

»Für die Minenmontageanlage?«

»Nein.«

»Für den Krieg?«

»Nein.«

»Wofür dann?«

»Für alles.«

»Ist er wie Saturn oder Zeus?«

»Er ist die Quelle allen Chaos, und er lebt in Rom.«

Guariglia zog ein paarmal an seiner Zigarre. »Ich würde ihn gern kennenlernen.«

»Das wirst du eines Tages vielleicht auch. Er würde damit durchkommen, und ich werde es auch.« Alessandro ging in das Quartier des Leutnants, das hinter einer niedrigen Trennwand lag. Er nahm den Bataillonspostsack und warf ihn sich über die Schulter.

»Und nun?« fragte Guariglia. »Ein Bataillonskurier muß einen Paß haben und Rangabzeichen tragen wie jeder andere auch.«

Alessandro knöpfte eine der goldenen Leutnantsepauletten von einer Ausgehuniform, die an der Trennwand hing. Er befestigte sie vorne an seiner Kappe, und die Goldlitze leuchtete wie ein elektrischer Signalgeber.

»Du bist verrückt«, sagte Guariglia.

*

In Venedig begegnete Alessandro richtigen Kurieren mit Posttaschen und Federbüschen, und weder sie noch sonst jemand achtete auf ihn. Er überquerte den Canale Grande und sog alles Nichtmilitärische gierig in sich auf. Sein Auge stürzte sich auf jeden kleinen Trieb an jeder Pflanze, auf jede Kurve oder Kannelierung in Eisen oder Stein, auf die verblaßtesten Farbflächen, auf Frauen in Kleidern mit fließenden Linien, auf Restaurantküchen, in denen es hoch herging, und auf Kinder, von denen er einige auf den Arm nahm und küßte, denn er hatte seit mehr als einem Jahr kein Kind mehr gesehen.

Er kannte Venedig. Tausend Orte fielen ihm wieder ein, während er durch die Straßen wanderte. Dann erinnerte er sich daran, daß er essen durfte. Obwohl sein innerster Instinkt ihm riet, in eine Bäckerei zu gehen, beschloß er, ins Excelsior zu gehen.

Um elf war der Speisesaal des Excelsior leer, bis auf einige englische Offiziere, die ein frühes Mittagessen zu sich nahmen. Alessandro setzte sich an einen Tisch nahe einem großen Fenster, von dem aus man den Kanal überblicken konnte. Kristall und Silber auf einer schimmernden Fläche leicht rosafarbenen Leinens erfüllten Alessandros Augen, als er seine Ledertasche ablegte und seine Kappe absetzte.

»Sie waren an der Front«, sagte der Kellner.

»Zweieinhalb Jahre.«

»Sie wollen alles essen, was es auf der Welt gibt.«

Alessandro äußerte seine Zustimmung.

»Tun Sie es nicht. Davon wird Ihnen schlecht. Essen Sie gut, aber essen Sie leicht.«

»Was soll ich dann essen?«

»Ich werde es Ihnen bringen.«

»Kein Stangenbrot und keine Minestrone.«

»Bitte«, sagte der Kellner, bereits zum Gehen gewandt.

Bevor noch die Küchentür zu schwingen aufgehört hatte, kehrte er mit einem Tuch über dem Arm zurück und brachte drei schwere Teller und eine Karaffe Wein. Einer war ein tiefer Teller mit kochend heißer Fischsuppe, einer ein Gericht mit Tomaten und Arugula, und der dritte ein Teller Spaghetti mit Muscheln.

»Die Portionen sind klein«, sagte der Kellner, »aber dies ist erst der Anfang.«

Alessandro aß, und während er aß, sang und sprach er mit sich selbst. Der Kellner räumte den Tisch ab und brachte einen Teller mit Räucherlachs, ein Filet Mignon vom Grill und eine Portion *funghi porcini*, zusammen mit einer weiteren Karaffe Wein und einer Flasche glitzernden Mineralwassers.

»Diese Dinge gibt es noch«, sagte Alessandro.

»Ja, ja, ja«, sagte der Kellner. »Sie wissen, daß es teuer wird?«

»Ich habe genug Geld.«

Danach gab es *vitello al tonno*, Ei Florentiner Art und etwas Bachforelle. Als dies abgeräumt war, brachte der Kellner einen Krug mit *cioccolato*, einen Fruchtsalat, eine Schale mit gehaltvoller Schokoladeneiscreme und einen Haselnußkuchen mit geschlagener venezianischer Glasur.

»Ich bin satt«, sagte Alessandro danach.

»Aber warten Sie«, sagte der Kellner und brachte einen Schwenker mit Birnenbrandy und einen Teller mit den stärksten und knusprigsten Pfefferminzplättchen, die Alessandro je gegessen hatte.

»Wo gibt es denn solche Pfefferminzplättchen?« fragte er.

»Seit Krieg ist, werden sie mit Nitroglyzerin hergestellt«, scherzte der Kellner.

»Sie schmecken aber nicht nach Nitroglyzerin«, sagte Alessandro.

»Sie haben Nitroglyzerin probiert?«

»Nach einem längeren Gefecht ist die Luft so dick davon, daß man es einatmet und noch tagelang schmeckt.«

Für dieses Mahl zahlte Alessandro den Sold von vier Monaten, und als er aus dem Hotel kam, ging er in eine Bäckerei und kaufte einen Laib frisch gebackenen Brotes. Es war erst Mittag, und er beschloß, etwas spazierenzugehen, bevor er Rafis Eltern aufsuchen wollte.

Auf der Piazza San Marco hielt eine hübsche junge Frau mit einer kräftigen Figur, schulterlangem blondem Haar und den allerblauesten Augen einen kleinen roten Regenschirm in die Höhe und redete vor einer Gruppe übergewichtiger älterer Damen in deutscher Sprache. Die junge Frau schien schwere Knochen zu haben. Sie war makellos gebaut, doch sie schien mit Gewichten behängt zu sein, so daß jede Geste, jede Bewegung der eines Schwertträgers glich, der etwas Todbringendes schwingt. Ihr Arm, dünner als jene, die Rubens dargestellt hat, aber ebenso sinnlich und dreißigmal stärker, sah aus, als könnte er Steinsäulen zertrümmern, und sie gestikulierte kraftvoll. Wie sie die Sehenswürdigkeiten beschrieb, zeichneten sich ihre Brüste lebhaft unter ihrer Baumwollbluse ab, und ihr Haar flog bei jeder Drehung des Kopfes hin und her.

Alessandro ging auf sie zu. Sie hielt den Schirm nach unten.

»Entschuldigen Sie«, sagte er leise. »Sie sprechen Deutsch.«

»Ja, ich spreche Deutsch«, sagte sie in akzentfreiem Italienisch.

»Warum?« fragte er. »Sie sind doch Italienerin, oder nicht?«

»Ich schon, aber sie nicht«, entgegnete sie und schaute zu den alten Damen hinüber, die geduldig warteten.

»Deutsche?«

Sie sagte ja.

»Wir sind im Krieg mit ihnen«, sagte er. »Nicht weit von hier bringen wir uns gegenseitig um. Wir töten ihre Söhne und Enkel, und ihre Söhne und Enkel töten uns.«

»Sie sind Frauen«, sagte die Führerin. »Sie sind gekommen, um die Sehenswürdigkeiten von Venedig zu bewundern.«

Alessandro war sprachlos.

»Sie tun niemandem was, diese alten Damen. Niemand nimmt Notiz von ihnen. Sie sind frei, zu kommen und zu gehen.«

»Geben Sie mir Ihre Adresse«, verlangte Alessandro.
»Wozu?«
»Ich möchte Sie einmal besuchen.«
»Sie sind verrückt.«
»Möchten Sie nicht, daß ich Sie besuche?«
Sie blickte ihn prüfend an. Dann sagte sie: »Ja, schon, aber ich lebe in Paris, und wir fahren heute nachmittag weiter nach Verona.«
»Eines Tages«, sagte er, »werde ich Sie in Paris besuchen. Ich werde mit Ihnen schlafen. Das passiert.«
»Bestimmt«, sagte sie lächelnd.
»Was hat er gesagt? Was hat er gesagt?« fragte eine der alten Damen auf Deutsch.
Die Führerin wandte sich ihr zu und sagte in fehlerfreiem, ausgezeichnetem enthusiastischem Deutsch: »Er sagt, er wird mich in Paris besuchen.«
Die Damen nickten zustimmend.
Alessandro lief tiefrot an. »Nach dem Krieg«, sagte er.
»Oder während des Krieges, wenn Sie können. Ich wohne in der Passage Jean Nicot. Fragen Sie dort nach mir, aber kommen Sie, bevor ich verheiratet bin, und kommen Sie, bevor ich alt bin.«
Sie beugte sich vor, nahm seine Hand und küßte ihn.
Die alten Damen machten »Ahhhhh!« und dann hob die Führerin ihren roten Schirm, wandte sich dem Dogenpalast zu und führte die Damen fort, während sie beschrieb, was vor ihnen lag.

*

Für den Besucher, der die Karte von Venedig nicht im Kopf hat, ist die Stadt ein Gewirr, das menschliche Absicht zunichte macht und wie das Leben selbst jene abblockt und ausschließt, die in Seitenkanälen, Alleen und stillen Plätzen leben, welche niemals Teil irgendeines Plans waren. Dies ergibt sich durch die Unterteilungen durch Kanäle, große und kleine, und durch Straßen, die sich so sanft krümmen, daß sie gar nicht die Richtung zu ändern scheinen, obwohl sie dabei sind, einen Kreis zu beschreiben, weshalb sich Alessandro, der nach dem Ghetto suchte, in der Accademia wiederfand.
Er war als Student oft hierhergekommen, doch jetzt kannte er

niemanden, niemand kannte ihn, und er kam sich fehl am Platze vor. Die fast leeren Museumssäle sagten mehr über den Kontrast von Krieg und Frieden als seine zwei Jahre in den Bergen, wo sein traumartiger Zustand nicht unterbrochen worden war, weil es dort nichts aus seinem früheren Leben gab.

Er war fast völlig allein auf den reichen Feldern der Accademia, wo er seine Kappe absetzte und langsam umherwanderte, nicht nur die Malereien in sich aufnehmend, sondern auch die Architektur des Gebäudes. Zu lange hatte er in der erker- und deckenlosen, allzu engen und fürchterlich niedrigen Welt der Gräben und Bunker gelebt. Hier gab es Höhe, Volumen, erstaunliche Proportionen und zauberhafte Details.

Am Ende eines der Säle stand in einem Sonnenstrahl ein Mann vor Giorgiones *La Tempesta*. Selbst in der Gegenwart eines so großen Gemäldes strahlte er Selbstsicherheit aus, und Alessandro konnte sehen, daß er in Gedanken versunken war und allein sein wollte.

Zweifellos, dachte Alessandro, hat er ein Stipendium, schreibt einen Aufsatz, versucht, seine Karriere voranzubringen. Wie ist er dem Krieg entronnen? Er war nicht viel älter als er selbst. Beim Näherkommen schlugen Alessandros Stiefel auf das Parkett wie Hämmer auf eine Holzkiste, und der Gelehrte zeigte einen Gesichtsausdruck irritierter und feiner Überlegenheit.

»Treten Sie zur Seite«, kommandierte Alessandro. »Sie nehmen mir die Sicht.«

Der Gelehrte konnte seinen Widerwillen nicht zum Ausdruck bringen, aber er lächelte entschuldigend. »Tut mir leid.«

»Es ist dunkler geworden, seit ich es das letzte Mal gesehen habe«, sagte Alessandro.

»Das Wetter?«

»Das Bild. Ich habe es seit drei oder vier Jahren nicht mehr gesehen.«

»Ein Gemälde, das sich seit Jahrhunderten nicht verändert hat«, sagte der Gelehrte, »dunkelt nicht plötzlich in wenigen Jahren nach. Sie glauben wahrscheinlich nur, daß es dunkler geworden ist.«

»Falsch«, sagte Alessandro.

»Falsch?«

»Das Gemälde ist nachgedunkelt. Ich kann es sehen.«

»Dann muß Ihr Auge aber erstaunlich sensibel und genau sein«, sagte der Gelehrte in sarkastischer Hochachtung.

»Das war von Vorteil, wenn ich es brauchte.«

»Beim Schießen?«

»Beim Schießen, beim Bewerten und Einschätzen.«

»Von was?«

»Gemälden. Meistens Gemälden. Wissen Sie warum? Weil sie so leicht zu erfassen sind. Sie sind sofort als Ganzes präsent, anders als Musik oder Sprache, mit denen man den einfachen Menschen belügen kann, weil er sich vielleicht nicht erinnert, was gerade gewesen ist, und nicht weiß, was noch kommt. Malerei hingegen ist unbewegt und spricht Herz und Seele direkt an.«

Der Gelehrte faßte sich an die Brille. »Was haben Sie vor dem Krieg gemacht?« fragte er. Wenn nämlich Alessandro selber ein Gelehrter gewesen war, wäre er über die Art seiner Behandlung zu Recht beleidigt, sonst allerdings nicht.

»Ich war Pferdetrainer.«

»Pferdetrainer?«

»Für die Jagd. Sie wissen schon, durch die Landschaft galoppieren und sich Dornen in den Hintern ziehen. Ich habe auch vier Aufsätze über dieses Gemälde geschrieben.« Er ratterte die Titel der Aufsätze und die Namen der Zeitschriften, in denen sie erschienen waren, herunter. »Ich erinnere mich nicht an die Publikationsdaten, aber wenn Sie einen Aufsatz über Giorgione schreiben, werden Sie sicherlich darüber stolpern.«

Der Gelehrte war bereits über die Artikel gestolpert und erinnerte sich an sie.

»Und wenn«, fuhr Alessandro fort, »vergessen Sie sie. Sie sind alle falsch. Ich weiß, intelligente Kunstbetrachtung kann nicht ›falsch‹ sein, aber ich habe den Fehler gemacht, mich der Tyrannei der Kunsthistoriker zu unterwerfen und ihrem Beispiel zu folgen: bloß um ihre Zunft und Profession zu behaupten, zergliedern sie Werke ausschließlich mit dem Intellekt, die allein wegen des Geistes groß sind.

Man wird mit Strafen belegt, wenn man ausschert«, fuhr er in leidenschaftlichem Ton fort, »aber ich habe keine Angst mehr vor der Zensur durch meine Kollegen oder davor, außerhalb der Gelehrtenwelt zu stehen, denn ich habe sie selber verlassen und kann nie wieder zurückkehren.

Wissen Sie, warum?« fragte er und trat näher an den Fremden heran. »Die Gelehrtenwelt ist ein Maushaus, und um darin leben zu können, muß man eine Hausmaus sein. Ich wollte keine Hausmaus in einem Maushaus sein.«

»Sie haben durch die Kämpfe gelitten«, sagte der Gelehrte. Er war durchaus von Mitleid erfüllt.

»Nicht soviel wie andere«, entgegnete Alessandro, »doch ja, habe ich, und es hat mich sowohl geduldig wie ungeduldig gemacht. Obwohl es alles, was einst in mir war, zerbrochen und ausgelöscht hat, habe ich nichts verloren. Die Decke ist noch da, nur jetzt blau und voller Sterne.«

»Ich verstehe«, sagte der Gelehrte und bedauerte Alessandros Ungenauigkeit.

»Das erscheint Ihnen ohne Sinn, oder?« fragte Alessandro. »Es kommt mir auch noch sinnlos vor. Ich werde ein halbes Jahrhundert, sollte ich so lange leben, mit dem Versuch zubringen, zu begreifen, warum das so ist, daß ich nicht zerbrochen bin, obwohl ich zerbrochen bin.

Und mich bei dem Bild getäuscht habe. Wie alle anderen scheute ich davor zurück und sagte: ›Wir werden *La Tempesta* niemals begreifen, es ist ein Geheimnis.‹ Ich beschränkte mich auf die visuellen Elemente, die Technik, seine merkwürdige kontra-historische Kraft. Ich dachte, es sei ein Traum, weil es die Klarheit und Freiheit eines Traumes hat, die Erleichterung eines Traums und eine traumartige Wahrheit.«

Der Gelehrte stimmte ihm zu. »*Ich* halte es für einen Traum, einen großen Traum, mit – wie Sie sich ausdrücken – der Klarheit, Freiheit, Erleichterung und Wahrheit eines Traums.«

»Nein«, sagte Alessandro, »obwohl es ein Traum sein könnte, ist es doch keiner. Ich weiß jetzt genau, was es ist, und ich kenne die Quelle seiner Kraft.«

»Darf ich sie erfahren?« fragte der Gelehrte nur halb sarkastisch, in der Hoffnung, daß ein schwergeprüfter Soldat aus dem Feuer seiner Leiden etwas von Wert gezogen haben mochte, das vielleicht jemand anders in einem Aufsatz über Giorgione verwenden konnte.

»Ich weiß genau, was Sie denken«, sagte Alessandro, »aber ich werde es Ihnen sagen, und Sie können damit machen, was Sie wollen. Mir ist es egal, Sie können von mir aus Präsident der Akademie werden. Ich werde an die Front zurückkehren. Mein Blut wird in die Adria gespült sein, bevor die Tinte von Ihrem Scheißartikel getrocknet ist. Macht nichts. Schneller, als Sie denken, werden Sie mir an einen Ort ohne Akademien und Illusionen folgen, wo die Wahrheit die einzige Architektur ist, die einzige Farbe, der einzige Klang – wo das, was wir nur selten verspüren und was uns erhebt und uns die seltenen und schönen Einblicke in die Dinge, die wir wirklich lieben, erlaubt, in tiefen Strömen fließt und dahinweht wie Wolken am Himmel.«

Er ging näher an das Bild heran. Ihm nur nahe zu sein, gab ihm Befriedigung.

»Ich glaube, daß Giorgione für einen Auftraggeber gemalt hat und daß er entsprechend einem in seiner Zeit üblichen Muster begann. Sehen Sie, man kann Reste davon noch erkennen – die erhöhte Fläche mit einem weiten Blick auf Fluß und Stadt. Die Brücke wiederholt diese Fläche. Der Fluß verschwindet zur Linken. Das ist wie ein Blick durch ein Fenster: Die Gebäude der Stadt werden eingerahmt durch die dem Betrachter näheren Gegenstände, um sie zu fixieren, denn zu jener Zeit hatte man die Perspektive noch nicht völlig im Griff. Auf der herausgehobenen Fläche stillt eine Frau ihr Kind – ganz flämisch inspiriert, eher traditionell.

Aber was ist mit dem Soldaten, der so ungeheuerlich fehl am Platze ist, so distanziert, so störend, und der dennoch die Hauptfigur des Bildes ist? Und was ist mit dem herannahenden Sturm?«

»Das ist kein Soldat«, sagte der Gelehrte, »das ist ein Schäfer.«

»Zur Hölle mit dem Schäfer. Schäfer sind nie so ordentlich und gut gekleidet gewesen. Wäre er ein Schäfer, hätte er einen Stab, keine Stange. Schäfer stehen so nicht. Und schauen Sie ihm in die Augen. Haben Sie noch nie die Augen eines Soldaten gesehen? Haben Sie noch nie einen Schäfer gesehen?

Ich werde Ihnen sagen, wie diese merkwürdige Koalition zustande gekommen ist«, flüsterte Alessandro beinahe. »Giorgione wollte zunächst eine konventionelle Szene malen. Ich verpfände mein Leben, daß andere bäuerliche Figuren für den Vordergrund vorgesehen waren, noch eine Nackte vielleicht, oder ein Satyr, wer weiß? Der Soldat kommt mir vor, als sei er erst später hineingemalt worden.

Während Giorgione an seiner Szene malte, die Akademie und seine Auftraggeber im Kopf, zog ein Sturm auf. Es war ein großer und ungewöhnlicher Sturm, so wie er ihn dargestellt hat. Zum Glück für ihn, denn man kann Geschichte nur begreifen, wenn man sie als ein ungeheures Gewitter betrachtet, das gerade vorübergezogen ist. Licht und Klang sprechen eine deutliche Sprache, als wollten sie Illusionen fortfegen und das Gesetz festlegen. Die Wolken stiegen in berghohen Wänden aus Grau und Grün auf, die Bäume bogen sich in Vorahnung, die Blitze waren so dick, schnell und jung, daß sie zuerst in den Wolken spielten und die Welt erhellten, bevor sie die Stadt angriffen, so wie junge Pferde über ein Feld galoppieren, nur um den Wind zu spüren.

Die Welt verdunkelte sich vor ihm, der Wind erhob sich, und Giorgione spürte seinen eigenen Tod und den Tod aller Menschen und Dinge, die er liebte. Er begriff den Zerfall. Er sah Ruinen und Nacht. Er sah die Zukunft von blühenden und stolzen Städten, von Bögen, Brücken und aufrechten Mauern. Diese geborstenen Säulen sind seine Vision der Akademie, von Regeln, Rivalitäten und Meinungen.

Nur in den Blitzen und im Vordergrund ist das Licht aktiv. Die Frau und der Soldat saugen das Licht aus allem, das in Trümmern liegt. Unbekleidet und ungeschützt, ihr Kind im Arm, trotzt sie nichtsahnend dem Sturm. Der Gefahr preisgegeben, erstrahlt sie. Verstehen Sie? Sie ist seine einzige Hoffnung. Nach allem, was er gesehen hat, können nur sie und das Kind die Welt im Gleichgewicht halten. Und doch steht der Soldat distanziert da, geschützt, gleichgültig. Alle sagen über den Soldaten, er sei gleichgültig. Das stimmt, denn er war im Auge des Sturms, sein Herz ist gebrochen, und er weiß es nicht einmal.«

*

Der Gondoliere, der ihn zum Ghetto brachte, wollte den direkten Weg nehmen, um die Biegungen des Canale Grande zu umgehen. Er nahm Kanäle, die so schmal und dunkel waren, daß er viel Zeit aufwenden mußte, entgegenkommende Boote unter Brücken passieren zu lassen, die so tief herunterhingen, daß er und Alessandro vom einen Ende der Gondel zum anderen rennen mußten, um Bug und Heck anzuheben, damit sie darunter hindurchgleiten konnten. Sie fuhren durch mehrere überflutete Gebäude, in denen der Gondoliere eine Laterne anzünden mußte.

In dem letzten dieser Gebäude war die Kammer, die sie durchfahren mußten, so lang und dunkel, daß Alessandro den Gondoliere anzubrüllen begann und ihm alles mögliche an den Kopf warf, vom Schwachsinn bis zur Impotenz, doch der Gondoliere erwiderte: »Ich kenne den einzigen direkten Weg in Venedig, und nichts, was Sie sagen, wird mich beschämen oder verärgern.«

Signor Foa und seine Frau waren daheim und hatten gerade ihr Mittagessen beendet. Alessandro stellte sich vor. Rafis Vater schien nur halb so groß wie sein Sohn, aber doppelt so stark. Die Signora war die Große, eine österreichische Jüdin mit silbergrauem Haar. Ihr Mann trug eine schwere Goldkette um seinen stiernackigen Hals, den man schwerlich als Hals bezeichnen konnte, da er wie der Pfeiler einer Brücke war.

»Was ist das?« fragte Alessandro und deutete auf die Kette.

Signor Foa glaubte, Alessandro habe auf ihn gedeutet. »Ich bin Rafis Vater.«

»Ich meine die Kette.«

»Das? Das ist die Kette«, sagte er und zog den Rest unter seinem Hemd hervor, »an dem dies hängt. Wissen Sie, was das ist?«

»Natürlich weiß ich das.«

»Das ist der Davidstern. Er zeigt, wer ich bin, und die Kette macht es ihnen leichter, mich aufzuknüpfen, wenn sie mich entdecken.«

»Bei Ihrem Hals, was könnte schon passieren, wenn sie es täten?«

»Ich hänge wahrscheinlich tagelang«, sagte er.

»Bestimmt«, fügte seine Frau hinzu. »Einmal blieb er an einem Fleischförderband hängen und wurde mit einem Strick um den Hals zwanzig Meter hoch in die Luft geschleift, bis zum Deck eines Frachters. Die Matrosen brauchten eine halbe Stunde, ihn loszumachen, und die ganze Zeit über fragte er sie über das Schiff aus und woher es kam.«

»Rafi ist schlank, wie Sie, Signora«, sagte Alessandro.

»Schade«, sagte Signor Foa. »Er hätte viel kräftiger sein können.«

Rafis Mutter brachte ein Silbertablett mit zarten weißen Waffeln, an die sich Alessandro immer erinnern, wie er sie aber nie wieder finden würde. »Ist das ein venezianisches Rezept?« fragte er.

»Nein, nein«, sagte die Signora. »Mein Rezept, aus Klagenfurt. Wir nannten sie türkische Irgendwas ... türkische Ziegel oder Kacheln, ich weiß nicht mehr genau.«

»Sie sind gut«, fügte Alessandro hinzu, um zu erklären, warum er die meisten davon schon gegessen hatte. »Werden Sie eine halbe Tonne davon zu Lucianas Hochzeit backen?«

»Wenn Rafi dabeisein wird«, sagte sie und ordnete das Thema der Assimilation unter die Frage des Überlebens.

»Sie können wenigstens meiner Mutter das Rezept verraten«, sagte Alessandro.

Signora Foas Augen schossen hin und her, und sie atmete tief, aber Alessandro bemerkte es nicht, weil er sich gerade dem silbernen Tablett zugebeugt hatte. Als er sich mit einem halben Dutzend Waffeln in der Hand in seinem Stuhl aufrichtete, sah er, daß die Augen seiner Gastgeberin in Tränen standen, und als niemand die Stille brechen konnte, legte er die Waffeln auf das Tablett zurück.

»Sagen Sie es«, bat er, »sagen Sie es mir.«

»Alessandro...«, sagte Signor Foa und beugte sich vor.

»Haben Sie einen Brief für mich?« unterbrach ihn Alessandro. »Ich hatte darum gebeten, meine Post hierher zu schicken, weil ich sie im Norden nicht bekommen habe. Wie geht es Rafi?«

»Rafi geht es gut, soweit wir wissen«, fügte die Signora bekümmert hinzu. »Er ist bei den Alpini.«

»Ich weiß.«

»Ich habe einen Brief für Sie, Alessandro«, sagte Signor Foa. »Er ist von Ihrem Vater. Wir dachten, Sie wüßten es, Alessandro. Ihre Mutter ist im Dezember gestorben.«

*

Eines Morgens in den ersten Maitagen wurde die Flußwache in ihrer Baracke um drei Uhr früh geweckt. Während sie sich rasierten und in der kalten Nachtluft anzogen, spekulierten sie – ein Angriff auf die dalmatische Küste, Feldzug gegen die Deutschen in Ostafrika, Besetzung einer Insel im Mittelmeer. Einer der Einfallsreicheren und weniger Intelligenten unter ihnen sagte, sie würden mit einem U-Boot die Donau hinauffahren und Wien einnehmen. Niemand, nicht einmal die Offiziere, wußte, wohin sie verlegt wurden, warum sie keine Abzeichen trugen und ihre Einheit keinen Namen hatte.

Um vier Uhr hatten sie sich auf dem Übungsplatz aufgestellt, vollbepackt, Gewehre geschultert; Patronengurte und Munitionsbeutel hingen ihnen von den Pistolengurten, Bajonette waren aufgepflanzt und geschützt. Einundzwanzig Munitionswagen auf Rädern waren zwischen den Reihen verstreut. Sie enthielten Feldküchen, Zelte, drei wassergekühlte Maschinengewehre, Signalausrüstungen und Munition.

Sie waren eine gut gedrillte Eliteeinheit und hatten lange genug in den Schützengräben gelegen, um hundertmal geblutet zu haben. Schlank und durchtrainiert, waren sie so an den Drill gewöhnt, daß sie ihn als angenehm empfanden, und sie waren stolz auf den kurzen und kraftvollen Ton der bei ›Achtung‹ zusammenschlagenden Hakken.

Ihre Gedanken in dieser Frühe wurden angeregt durch das Zusammenwirken von großer Energie und gerade dem Vergessen entstiegenem Geist. Es gab kein Licht, nichts, woran man den Unterschied zwischen Wachsein und Schlaf hätte ermessen können, keine pralle Morgensonne, die ihre Träume bestürmt und ihren Herzschlag reguliert hätte.

Nachdem sie hab acht standen, wurden sie auf höchst formelle militärische Weise abgezählt und anhand einer Liste aufgerufen. Dann stempelte ein Leutnant die Liste, steckte sie in eine Mappe und überreichte sie einem berittenen Divisionskurier, der sie entgegennahm und davongaloppierte. Der Leutnant zog eine weitere Liste hervor und wiederholte die Prozedur von vorn, doch diesmal las er nur die Vornamen vor.

»Ihr habt sicher bemerkt«, sagte er, als er mit der Liste fertig war,

»daß es in jedem Zug nur wenige Männer mit demselben Vornamen gibt. Wer immer denselben Namen trägt wie ein anderer, wird sich auf einen Spitznamen verständigen oder irgendeine andere Möglichkeit der Unterscheidung.

Von jetzt an werdet ihr die Städte und Orte, an denen ihr gelebt habt, nicht mehr erwähnen, ihr werdet eure Nachnamen und die Heimatorte eurer Kameraden vergessen, man wird euch nur mit Vornamen kennen, und ihr werdet eure Kameraden und Offiziere nur mit Vornamen oder Rang anreden. Ist das klar?«

Der Leutnant blickte auf. Er war groß und dünn, hatte eine Adlernase und trug einen Schnurrbart, der ihn zugleich sehr altmodisch und sehr flott erscheinen ließ. Im Zivilleben war er Chemiker. Er hieß Giovanni Valtorta, doch alle nannten ihn nur Leutnant. Zwei Unteroffiziere taten so, als verstünden sie die Gründe für die Befehle, und waren peinlich berührt, als der Leutnant auf die verwirrten und verächtlichen Blicke seiner Männer reagierte und sagte: »Diese Befehle sind offensichtlich legitim, und wir müssen sie befolgen. Fragt mich nicht warum, ich weiß es nämlich auch nicht.« Er trat zwei Schritt zurück, ließ den Blick über seine Männer schweifen und sagte: »Ihr könnt jetzt eine Minute lachen und fluchen.«

Die Soldaten waren wütend. Sie hatten ihre Familien nicht gesehen, und es schien besonders grausam, daß sie nicht nur keine Gelegenheit gehabt hatten, bei ihren Müttern, Vätern, Schwestern und Brüdern zu sein und zu ihren Frauen und über alles geliebten und anbetungswürdigen Kindern zurückzukehren, und sei es auch nur für kurze Zeit, sondern auch seit einem Monat keine Nachricht von ihnen bekommen hatten, und nun befahl man ihnen, ihre Namen zu vergessen. Als die Flüche und das Gelächter abklangen, fragte jemand: »Was wird aus uns?«

Die Frage reinigte die Luft und sorgte für völliges Schweigen.

»Ich weiß es nicht«, antwortete der Leutnant. »Wir werden sehen.«

Dann befahl er ihnen, strammzustehen, und das taten sie, so als ob das Letzte, das an ihnen noch sanft gewesen war, an ihren Gewehren und glänzenden Bajonetten entlang geradewegs in den dunklen Himmel über Mestre fuhr.

Sie zogen in der Dunkelheit anderthalb Stunden südwestwärts über staubige Straßen, über Eisenbahngleise, Felder und an Fabriken vorbei und legten doppeltes Marschtempo vor. Als der Himmel heller wurde, kamen sie an einen Nebenarm der Lagune, die Venedig umgibt. Sie marschierten an ihm entlang, bis sie an einer hölzernen Pier haltmachten, die zur aufgehenden Sonne hinzeigte. Drei große Dampfbarkassen lagen mit aufgeheizten Kesseln bereit, sie aufzunehmen. Normalerweise brauchen Militäreinheiten ziemlich lange, um an Bord zu kommen, doch die Flußwache war so flink und im Zusammenspiel so geübt, daß sie innerhalb von fünf Minuten mitsamt den Munitionswagen und allem auf den Booten waren.

Guariglia wandte sich an den Seemann, der die Ruderpinne des Bootes bediente, in dem er und Alessandro achtern steuerbord saßen. »Kommen wir auf ein Kriegsschiff?« fragte er.

»Nein«, entgegnete der Seemann. »Ihr kommt auf einen Eimer Scheiße.«

»Ich verstehe nicht«, sagte Guariglia, der dachte, daß der Seemann vielleicht einfach nur sein Schiff nicht mochte.

»Ich auch nicht«, sagte der Seemann, und dann: »Ich darf nicht mit euch reden.«

Die drei Barkassen legten ab, schoben sich seitlich in die bewegungslose Bucht und nahmen dann Fahrt auf. Die Flußwache wußte zwar nicht, wohin sie gebracht wurde, doch brauchte man wenigstens nicht zu laufen. Das Land und sein Getümmel wurden durch die blanke Schiefertafel der Wellen ersetzt, doch die Seereise brachte die Infanteristen nicht auf die offene See. Aus irgendeiner Perversion heraus dirigierten die Seeleute die Barkassen direkt auf die vieltürmige Silhouette Venedigs zu. Sie kamen näher und näher, und die Sonne stach durch die Spalten und Einschnitte in der dunklen Masse der Stadt und blendete die Männer mit ihrem fahlen, grellen Licht. Von dem Schein gefangen, wirkte Venedig bedrohlich und riesig, bis sie herankamen und in den Canale Grande einfuhren.

Mit Ausnahme von Alessandro war seit vielen Monaten niemand in die Nähe einer Stadt gekommen, und mit ihren ausgehungerten Augen plünderten sie jede Kleinigkeit. Junge Soldaten, die nicht die leiseste Vorstellung von Form besaßen (außer der einer Frau), sogen die Linien Venedigs in sich auf wie Architekten auf dem Weg zur Hinrichtung. Als ein Kellner in schwarzer Frackjacke und gestärkter Schürze an den Kanal trat und einen Eimer voll Seifenwasser in die Luft schleuderte, beobachteten sie gespannt die Bewegung seines Armes. Während in ihrer Nähe Gondoliere vorwärts stakten, passierte die Flußwache ein Haus am Ende des Kanals und hörte Klavierspiel, und als sie mit ihren geschulterten Gewehren vorbeifuhren, wünschten sie sich, dableiben zu können.

So schnell, wie sie in Venedig eingefahren waren und den Canale Grande hinunter, so schnell verließen sie die Stadt. Die Sonne erfaßte mit einem warmen Aufflammen in Orange, Ocker und Weiß San Giorgio Maggiore, und die zögernde blaue Morgendämmerung über der Adria klarte bis auf einige zarte Wolken auf. Diese hatten rote oder goldene Unterseiten und reihten sich zu langen beleuchteten Ketten wie goldene Weidenzweige.

Die Wellen wurden größer, während die Sonne heißer wurde, und die Flußwache bewegte sich auf die Wasserstraßen zu, in denen viele Schiffe vor Anker lagen. Die Bugspriete der Barkassen hoben und senkten sich und warfen das Wasser manchmal zu weißem Sprühnebel auf, der zurück ins Boot gedrückt wurde.

*

Als die hysterischen Morgenglocken Venedigs sechs Uhr schlugen, machten die drei Barkassen einen Bogen um einen rostigen Viehtransporter zwischen einem Zerstörer und einem Kreuzer. Zuerst glaubte die Flußwache, sie würden an Bord des Kreuzers gehen, dann an Bord des Zerstörers. Als sie an dem Viehtransporter anlegten, stöhnten sie.

»Er hat nicht mal einen Namen«, sagte jemand. »Haben Schiffe denn nicht immer Namen?«

»Wozu sollte er? Wir haben auch keinen.«

»Was werden sie denn schreiben, wenn wir torpediert werden?«

»Mach dir keine Sorgen. Torpedos sind zu teuer, um sie zu vergeuden. Was kümmert die eine Ladung von Kühen, Schafen und Ziegen?«

»Und wenn sie *uns* sehen?«

»Davon rede ich ja.«

»Weißt du, was ich sage«, rief Guariglia über alle Barkassen hinweg. »Ich sage, ich habe keinen Namen, ich komme von nirgendwo her, ich habe keine Familie, ich weiß nicht, wohin ich gehe, was ich da mache, oder wann ich zurückkomme. Wißt ihr, was ich sage? Ich sage ... leckt mich!«

»Ich weiß, wohin wir fahren«, sagte ein normalerweise schweigsamer Soldat. »Wir fahren nach Süden.«

»Vielleicht, weil Schiffe nicht über Land fahren.«

»Wir werden die Türkei erobern.«

»Das ist mir lieber, als gegen die Deutschen zu kämpfen.«

Dann dachten sie an den Krieg von 1911, und jemand sagte: »Mir nicht.«

Als sie eingeschifft wurden, waren sie guter Laune und zogen die Munitionswagen immer zwei auf einmal mit Winden, die sonst zu Tode erschrockene Pferde und Kühe hoben, über die Reling. Die Barkassen legten ab, die Wagen wurden unter Deck verstaut, und der Viehtransporter begann sich in Bewegung zu setzen. Im Bug schlug eine Luke auf, und zwei Seeleute tauchten auf, um den Anker hochzuziehen. Bald waren sie unterwegs, lagen vor dem Wind, Möwen umkreisten sie, und Schaumkronen tauchten auf dem Wasser auf.

Die beiden Seeleute, die zerschlissene Uniformen ohne Abzeichen trugen, brachten einen großen Metallbehälter, dessen Seiten reifüberzogen und voller Tropfen waren. Es war eine Kiste Vanilleeiscreme mit Erdbeeren. »Ein Geschenk des Kreuzers«, sagten sie, »und das ist der Rest. Wir haben keine Kühlung.«

»Wohin fahren wir?« wurden sie gefragt.

»Keine Ahnung. Der Kapitän weiß es auch nicht. Sie geben ihm einen Umschlag mit dem Namen des nächsten Hafens, dem Kurs und der Geschwindigkeit. Wenn wir dort eintreffen, kriegt er einen weiteren Umschlag. So geht das schon seit Kriegsanfang.«

Der Leutnant kam von der Brücke zurück. Er wußte es. »Zuerst segeln wir zum Marinestützpunkt nach Brindisi, wo ein Oberst an Bord kommt. Es wird uns sagen, was wir zu tun haben und wohin wir fahren.«

»Leutnant?«

»Ja?«

»Einen Oberst?«

»Wie ich schon sagte.«

»Für drei Züge? Oberste gibt's doch nur bei Brigaden.«

»Sucht euch Schlafplätze an Bord«, befahl der Leutnant.

»Auf See ist das bei dem Tau unmöglich«, sagte ein Soldat. »Wir werden naß bis auf die Knochen.«

»Nein. Das Schiff hat wenig Tiefgang, weil es gebaut wurde, um über die Riffs von Vorinseln zu kommen, von wo es Tiere transportierte. Der Kapitän sagt, wir folgen der Küste. Der Wind weht bei Nacht vom Land, und es wird trocken sein. Wir werden so nah am Ufer sein, daß ihr glaubt, ihr seid auf der Eisenbahn.«

Nach der Eiscreme machten es sich Alessandro und Guariglia auf dem Oberdeck in der Mitte der Steuerbordseite bequem. Sie wuschen ihr Eßgeschirr, indem sie es über die Reling hängten und dem Meer überließen, es sauberzuwaschen, dann legten sie sich auf die Lager, die sie aus ihren Decken und ihrem Gepäck gemacht hatten. Sie fühlten sich so wohl und waren so müde, daß sie trotz der großen Hitze schliefen, und sie wachten nur ab und zu auf, um die Möwen zu beobachten, wie sie auf dem Wind segelten und ihre Position über dem Schiff beibehielten.

*

Am späten Nachmittag waren ihre Uniformen steif und weiß vor Salz. »Ich habe einmal die Asche eines Menschen gesehen«, sagte Guariglia. »Sie war grauweiß, genau wie diese Linien auf deinem Hemd.«

»Das ist gar nicht so schlecht«, stellte Alessandro fest. »Wenn dir bewußt wird, daß wir alle gar nicht so verschieden sind von dem Zeug, das sie auf den Rückseiten von Mineralwasserflaschen auflisten, bekommt der Tod etwas ziemlich Selbstverständliches.«

»Warum machen sie das eigentlich nicht auf Weinflaschen?« fragte Guariglia.

»Weil im Wein zuviel Zeugs ist; und wenn die Stoffe im Wasser schon die ganze Flaschenrückseite einnehmen, und das in mikroskopisch kleiner Schrift, dann müßte jeder Liter Wein mit einem Handbuch daherkommen.«

»Als mein Bruder noch klein war«, sagte Guariglia, »versuchte er, Wein aus Hühnerscheiße zu machen.«

»Hat's geklappt?«

»Ja und nein. Was er zustande brachte, füllte er in eine Chiantiflasche und trug sie durch die Cafés. Niemand mochte es, aber viele kauften ihm ein oder zwei Glas ab.«

»Oder *zwei*?«

»Sie wollten nett zu einem Kind sein. Die meisten von ihnen waren sowieso schon ziemlich alt.«

Die Soldaten standen an den Wasserfässern Schlange und tranken lange von dem warmen und verdreckten Wasser, das ihnen nicht besser hätte schmecken können, wenn es aus einer eiskalten Alpenquelle gesprudelt wäre. Sie ließen es sich über den Kopf laufen und machten sich damit ihre Hemden naß.

Als die Sonne noch immer weiß und gelb über den Bergspitzen zitterte, stolperte einer der Seeleute mit einem Rinderviertel bepackt aus der Luke. Es hingen so viele Fliegen um ihn herum, daß sie zuerst dachten, er schleppe eine riesige Traube Wein.

»Das sollen wir essen?« fragte jemand.

»Es wird euch schmecken«, sagte der Seemann. »Das ist gutes Fleisch, und es ist abgehangen.«

»Seit vor oder nach Christi Geburt?«

»Es ist in Ordnung. Wir leben noch.«

Ein kleiner Kreis Männer, darunter Alessandro und Guariglia, umstanden den Seemann, der einen Kasten öffnete und ein langes Seil und einen stählernen Enterhaken hervorholte. Er schlug den Haken durch das Rinderviertel, befestigte das Seil an einer Klampe an Deck und warf das Fleisch ins Meer. Es schlug auf das Salzwasser und schlidderte an der Oberfläche entlang, drehte sich und hüpfte in einer riesigen Schaumkrone wild auf den Wellen. Die Fliegen verschwanden, und das Fleisch nahm eine gute Farbe an.

Während das Fleisch durchs Meer gezogen wurde, nahm der Koch ein kurzes Bajonett, um mehrere Säcke Karotten, Kartoffeln und Zwiebeln zu schneiden, die er in einen riesigen Kessel warf. Der

Kessel wurde zu einer Gitterabdeckung getragen, an der sich einige Stunden zuvor ein barfüßiger Soldat verbrannt hatte. Der Koch zog die Abdeckung mit dem Bajonetthaken hoch. »Hauptdampfrohr«, sagte er und stellte den Kessel auf einer eigens dafür vorgesehenen Halterung ab. »Bringt mir zwei Eimer Meerwasser.«

Sie holten das Fleisch ein, das nun aussah wie das Fleisch in den Schaufenstern der teuren Metzgerläden auf der Via del Corso. Der Koch stürzte sich mit dem Bajonett darauf, bis das Blut vom Deck ins Meer floß, und warf die Stücke in den Kessel, damit sie mit dem Seewasser und dem Gemüse kochten.

Während die Soldaten das Deck schrubbten, verschwand er und kam mit zwei übergroßen strohumflochtenen Weinflaschen und einem Strang Knoblauch zurück, den er auf Deck legte und unter seinen Stiefeln zerdrückte. Er warf den Knoblauch, eine Dose Pfeffer, zwei Liter Olivenöl und fünf Liter Wein in die kochende Salzlake. »Eine Stunde«, sagte er. »Die andere Flasche ist für euch, zwei große Schlucke für jeden – nicht zu große.«

Nachdem die Flasche herumgereicht worden war und jeder Soldat so viel getrunken hatte, wie er konnte, hockten sie weiter auf ihren improvisierten Schlafstätten und schauten zu, wie die Sonne hinter den Bergen unterging. Kühl und trocken, ungeheuer hungrig, verloren, verwirrt und in Sicherheit, lehnten sie gegen ihre Bündel und Decken und lauschten den Motoren und dem Meer und beobachteten das vorbeiziehende Ufer.

Die Strände waren vollkommen leer, nur dann und wann sah die Flußwache einen Bauern auf dem Feld oder einen Ochsenkarren auf der Straße, die parallel zum Meer verlief. Die makellosen Reihen der Olivenbäume und das Netz der Steinmauern sahen aus, als seien sie schon seit der Schöpfung da. Selbst die festungsartigen Dörfer, die sich an die aufragenden Felsen kauerten, sahen verlassen aus, bis zur Abenddämmerung, als die Lichter angingen. Bei Dämmerung wiesen auch gelegentliche Lagerfeuer auf Militärposten und Armeeverpflegung hin.

»Warum konnten wir nicht so einen Posten kriegen?« fragte Guariglia. »Ich hätte gern den ganzen Krieg über am Strand verbracht, hätte gefischt, Feuer gemacht und nie einen Schuß abgefeuert.«

»Das ist für die alten Männer der Zivilverteidigung«, antwortete Alessandro.

»Da muß es doch auch richtige Einheiten geben.«

»Wozu?«

»Was ist, wenn die Österreicher angreifen? Rom liegt gerade hinter den Bergen.«

»Wie können sie hier angreifen?« fragte Alessandro. »Jeder Mann, den sie haben, liegt da oben«, sagte er und deutete in Richtung Isonzo, »und wenn sie die abziehen, nehmen wir Wien ein.«

Guariglia zündete sich eine Zigarre an. Er saß genau in Alessandros Windrichtung, aber Alessandro störte das nicht.

Die Felder jenseits des Strandes waren flach und golden und reichten bis zu den Bergen. Am Tag zeichnete weißer Rauch die Konturen des Landes in langsam steigenden Wänden, die wie ein Vorhang die gesamte Küste entlangzogen. Die Bauern flammten ihre Felder für eine zweite Saat ab, und an manchen Stellen waren die Ackerfeuer hell genug, um sie auch bei vollem Tageslicht sehen zu können. Obwohl tausend menschliche Hände sie gelegt hatten und unterhielten, konnte man die Männer aus dieser Entfernung nicht sehen, und so schien das Feuer außer Kontrolle geraten zu sein. Als die Sonne hinter den Bergen unterging, wurde der Rauch dunkel und die Flammen heller, bis der Rauch schließlich unsichtbar war, außer wenn er die Sterne verdeckte, und die Flußwache konnte nur die Silhouette des Apennin sehen und die gestaffelten, endlosen Ketten glimmenden orangenen Feuers am Fuß der Berge. Der Wind zog landauswärts und brachte den Duft fetten Sommergrases und Rauch mit sich. Das erweckte sie wieder zum Leben.

»Ich komme mir wie ein Zivilist vor«, sagte Guariglia, »weil mich das an früher erinnert. Manchmal bekomme ich einen großen Auftrag von einem Gut. Ich arbeite monatelang und bringe die Sachen dann selber vorbei und passe sie den Pferden auf der Weide an; ich binde die Pferde in einer Reihe am Zaun fest und nehme mir eins nach dem anderen vor. Die Stallburschen nutzen die Gelegenheit und suchen ihnen die Zecken ab und werfen sie ins Feuer. Ich glaube nicht, daß ich jemals glücklicher bin, als wenn ich auf einer Weide stehe und in Ruhe eine Reihe guter Pferde mit Zaumzeug ausstatte.

Man sagt, Gott sei überall, aber ich glaube, das sagen sie nur so, Er bevorzugt bestimmt die weiten Felder.«

»Guariglia«, sagte Alessandro und starrte weiter die Berge an.

»Ja?«

»Kannst du schwimmen?«

Guariglia nickte. »Natürlich kann ich schwimmen.«

»Dreihundert Meter?«

»Dreitausend.«

»Rom liegt neunzig Kilometer jenseits der Berge.«

»Sie würden uns erwischen und dann erschießen.«

»Aber die Berge sind menschenleer, und ich kenne mich dort aus.«

»Sie würden dort gar nicht nach uns suchen, sie würden warten, bis wir nach Hause kommen.«

»Wer sagt, daß sie uns suchen würden?«

»Rom wird es auch noch nach dem Krieg geben.«

»Wir könnten nach Amerika gehen.«

»Ich dachte, du wolltest nach Rom?«

»Wir könnten ein, zwei Jahre in Rom bleiben.«

»Sicher.«

»Über Bord«, grübelte Alessandro, »durchs Meer schwimmen, bei Dunkelheit an Land, ein Fußmarsch durch die Felder und über die Feuerreihen, in die Berge bei Sonnenaufgang und dann, nach ein paar Tagen, Rom.«

*

Nachdem sie gegessen hatten, richtete der Kapitän einen Scheinwerfer auf den Laderaum. Dann öffnete er ein Fenster an der Brücke und warf einen Fußball hinab, der von Schot zu Schot hüpfte; noch bevor er zu hüpfen aufgehört hatte, hatten sich zwei Mannschaften formiert, und die Flußwache spielte ein überschnelles Spiel ohne Aus, und viele Soldaten schlugen sich blutig, wenn sie gegen die Wände stießen. »Warum spielst du nicht?« fragte Alessandro Guariglia, weil er von den Spielen im *cortile* des Glockenturms wußte, daß Guariglia die jüngeren Männer ohne weiteres in den Schatten stellen konnte.

»Es macht mir keinen Spaß, mir den Schädel an einem Stahlträger aufzuschlagen, danke. Als ich noch ein Kind war und mich beim Fußballspielen aufschlug, haute mich meine Mutter mit einem Besen. Ich erinnere mich noch, wie sie mich um den Küchentisch jagte. Ich war größer als sie, als ich acht war, aber immer noch jagte sie mich.

Ich hielt sie für verrückt, daß sie mich schlagen wollte, weil ich mir wehgetan hatte, doch dann tat ich mir nicht mehr weh, damit sie mich nicht schlug, und es machte Sinn. Es wurde zur Gewohnheit. In der Werkstatt verletzen sich meine Lehrlinge andauernd. Sie treiben sich Nadeln und Dornen in die Hände und Schenkel, als ob sie betrunken wären.« Er deutete stolz auf die eigene Brust. »Ich nicht. Nie. Ich vergeude mein Blut nicht.« Dann lehnte er sich zurück. »Alles wegen eines Besens.«

»Meine Mutter hat diesen Teil meiner Erziehung meinem Vater überlassen«, sagte Alessandro, »und der wußte nichts von Besen.«

»Was hat er genommen, eine Reitgerte?«

»Er hat mich nur zweimal in meinem Leben geschlagen, und das eine Mal zählt nicht, da hatte er keine andre Wahl.«

»Wer hat dich dann gehauen?«

»Niemand. Einmal habe ich aus Versehen die Speichen aus einem der Kutschräder geschlagen. Dann versuchte ich, das Muster mit einem Beil auszugleichen. Bei meinem Drang nach Symmetrie ließ ich meinem Vater eine Kutsche zurück, die auf vier leeren Reifen ruhte.«

»Er hat's dir wirklich gegeben ...«

»Nur das eine Mal. Er verfolgte mich in den Garten. Als ich einen Apfelbaum hochkletterte, wartete er, bis mein Hintern in guter Schlaghöhe war, und klopfte mich wie einen Teppich.«

»Deine Mutter hat dich nie mit dem Besen gehauen?«

»Nie.«

»Hat sie dich nicht geliebt?«

»Ich weiß nicht«, entgegnete Alessandro und starrte in die Ackerfeuer.

»Wieso weißt du das nicht?«

»Ich kannte sie nicht. Sie ist 1868 in Rom geboren, und sie starb

1916 in Rom. Ich habe an sie stets nur als meine Mutter gedacht. Sie war nur meine Mutter, wie eine Wand des Hauses – immer da, immer dieselbe, man mußte nicht über sie nachdenken.«

»Ich wußte nicht, daß sie gestorben ist«, sagte Guariglia.

»Als ich nach Venedig gegangen bin, habe ich erfahren, daß sie im Dezember gestorben ist. Die Armee sagt, sie konnten mich nicht erreichen.«

»Diese Bastarde«, sagte Guariglia und warf seine Zigarre ins Meer.

»Ich frage mich, wie sie aussah, als sie jung war. Wir haben ein Bild von ihr, auf dem Schreibtisch meines Vaters. Sie muß ungefähr siebzehn gewesen sein, aber man kann sie nicht wirklich erkennen. Das Bild ist braun, sie ist steif wie ein Brett, und ihr Haar ist zu allen möglichen kleinen Knoten gedreht, das war die Mode damals. Ich frage mich, wie ihre Stimme war. Mein Vater weiß es. Er hat sie geliebt, und er wird ihr Vermächtnis in sich tragen, aber er kann es nur eine Weile tun.«

»Eines Tages wird der Krieg vorbei sein, Alessandro. Dann wirst du nach Hause fahren, und sie werden dich nicht wieder einberufen. Im nächsten Krieg holen sie sich irgendeinen anderen armen Teufel, und du kannst im Café sitzen und in der Zeitung über jede einzelne Offensive nachlesen.«

Alessandro hörte nicht zu. Er betrachtete die Feuer vor den Bergen. »Guariglia, was passiert, wenn man aufgibt, wenn einen die Kraft verläßt und man in Dunkelheit versinkt, wenn es nichts mehr gibt, was du tun kannst oder irgend jemand sonst, ganz gleich, wie verzweifelt du bist oder wie sehr du dich bemühst? Vielleicht ist das der Moment, wenn du weder Kraft noch Stolz hast, in dem man durch eine unvorstellbar große Gnade erlöst wird.«

»Ich glaube nicht«, sagte Guariglia.

»Du glaubst nicht daran?«

»Nein.«

»Die Heiligen haben daran geglaubt.«

»Die Heiligen haben sich geirrt.«

Nachdem das Fußballspiel zu Ende und das Flutlicht gelöscht war, kehrte die Flußwache zu ihren Schlafplätzen zurück, und der

Vollmond stieg auf und hing über den Bergen. Die eine Hälfte der Soldaten schlief, die andere nicht. Das Land war nah, und die Feuerstreifen zogen durch die Dunkelheit die Küste hinauf und hinab. Jenseits der heiteren Wellen, jenseits des Strandes und jenseits der Berge lag Rom. Vielleicht wegen des pergamentfarbenen Mondes wurde Alessandro durch seine Liebe zu dieser Stadt getröstet wie durch die Leidenschaft einer unerwiderten Liebe.

*

Sie glitten in den geschützten Hafen von Brindisi, fuhren zwischen den Küstenbatterien auf windumtosten Wellenbrechern und einer blendend weißen Stadt auf einem Hügel hindurch. Brindisi war so heiß und hell, daß man blind wurde, wenn man zu lange hinschaute, und außer der Vergil-Säule war alles quadratisch und flach, als sei die Stadt aus Salz gehauen. Der Marinestützpunkt, der mit dem Gedanken an Afrika errichtet worden war, nun aber als Gefängnisaufseher der Habsburger Flotte diente, erstickte in Grau. Am Rande allerdings, wo die Kriegsschiffe weniger wurden, hingen riesige Fahnen von strahlendem Scharlachrot über Barkassen, die mit Sprengstoff beladen waren.

Die Flußwache war gewaschen und rasiert und stand an der Reling; die Männer spähten zum Land hinüber, ihre Gesichter rot von Wind und Sonne. Erst als sie den Gargano umrundet hatten und als sie in den Hafen von Brindisi kamen, hatten sie den Meeresgeruch und nicht den Landgeruch wahrgenommen – den reichen, feuchten Geruch von Salz, Jod und in der Sonne trocknendem Schellfisch. Brindisi war dort, wo die Adria ins Mittelmeer mündet, wo Wind und Wellen das Salzwasser hin und her durch die Korallen wiegten.

»Ah! Wir sehen gut aus, oder nicht!« sagte Fabio, ein junger Soldat, der unglaublich schmuck aussah. Jeder mochte ihn und lächelte in seiner Gegenwart. Er hatte tausend Freunde und hatte tausend Frauen gehabt, und er war die ganze Zeit über fröhlich, aber er fürchtete sich vor dem Alleinsein.

»Was soll das heißen?« sagte Guariglia. Guariglia bekam eine Glatze und war unförmig. Die Zähne in der rechten Mundhälfte waren größer als die in der linken, und seine Nase sah aus wie das

Horn von Afrika. Fabio war Kellner in einem hübschen Café in der Nähe von Guariglias Werkstatt gewesen, aber sie hatten sich nicht gekannt.

»Was soll das heißen?« wiederholte Guariglia.

»Was?«

»Was du gerade gesagt hast?«

»Was habe ich denn gesagt?«

»Du hast gesagt: ›Ah! Wir sehen gut aus, oder nicht!‹«

Fabio zwinkerte. »Ich habe mich gerade gefragt, ob es in Brindisi irgendwelche Frauen gibt.«

»Wie kann es in einer Stadt keine Frauen geben?« fragte Alessandro.

»Ich meine *Frauen*«, erwiderte Fabio. »Ich werde in ein Café gehen. Ich weiß, welche Frauen abgeschleppt werden wollen, und ich habe nie besser ausgesehen. In einer halben Stunde werde ich mit einer Frau im Bett sein, die Titten hat so groß wie das Matterhorn.«

Sie betrachteten ihn verwundert. »Was ist los mit dir, Fabio?«

»Mit mir? Nichts ist los mit mir. Ich trage eine weiße Jacke und glänzende Schuhe. Ich spare auf ein eigenes Automobil. Was ist los mit dir, Guariglia? Du sitzt in einer dreckigen Schürze rum und drückst dicke Nadeln durch Lederstücke. Manchmal wollen vier oder fünf Frauen pro Tag mit mir schlafen. Du, du hast Glück, wenn dir ein Pferd ins Gesicht furzt.«

»Aber Fabio«, sagte Guariglia, »du bist eine Feder.«

»Ich bin eine Feder?«

»Eine Straußenfeder. Ein Mann sollte keine Straußenfeder sein.«

Fabio strich sich das Haar glatt und schob sich sein Hemd in die Hose. »Du bist bloß neidisch, Guariglia. Du bist zehn Jahre älter als ich, und ich habe mit eintausendvierhundertsechzehn Frauen geschlafen. Wie viele Frauen hast du gehabt?«

»Du zählst sie?« fragte Alessandro.

»Ich schreibe sie alle in ein Buch. Wie viele, Guariglia?«

»Nur eine, meine Frau.«

»Dann kann ich mit dir nicht mal reden«, erwiderte Fabio triumphierend.

»Sie liebt mich«, sagte Guariglia zu den Wellen.

Nachdem der Viehtransporter an einer schmalen Pier an der Seeseite der Marinebasis festgemacht hatte, unweit der roten Fahnen, ging die Flußwache von Bord und marschierte einen felsigen Hügel hinauf zu einer offenen Scheune, in der Hängematten von den Querbalken hingen. Beim Essen verbreitete Fabio das Gerücht, daß sie ein paar Tage Ausgang in Brindisi bekämen. Selbst er glaubte es, bis man ihnen mitteilte, daß sie exerzieren und den Hügel hinauf und hinabrennen könnten, daß sie aber am Abend, wenn der Oberst einträfe, wieder aufbrechen würden.

Alessandro wurde in eine Ecke der Scheune gerufen, in der sich die drei Offiziere niedergelassen hatten.

»Alessandro, du wirst zum Oberst gehen und ihm mitteilen, daß wir eingetroffen sind. Du kannst gut reden, und ich bin sicher, du wirst einen guten Eindruck auf ihn machen«, sagte der Leutnant.

»Das solltest du auch«, fügte einer der anderen Unteroffiziere hinzu. »Es wird für uns die Hölle werden, direkt unter einem Oberst. Ich denke, du solltest wissen, warum wir dich schicken, und ich bin gewillt, offen zu sein.«

»Ich bin gewillt, Alessandro zu sein, und ich weiß es bereits.«

»Wirklich?«

»Sie wollen, daß ich den Blitzableiter spiele.«

»Nur, weil du intelligent genug bist, dich richtig zu verhalten.«

»Und Sie nicht.«

»Wenn einer von uns geht, wird er ihn wie einen Korporal behandeln. Wenn er aber sieht, daß wir den Befehl innehaben, weil wir dich geschickt haben, wird er uns vielleicht wie Majore behandeln. Schließlich ist er es gewohnt, mit Majoren umzugehen. Sag ihm, daß wir hier sind und bereit sind. Er wohnt im Hotel Monopol. Wir kennen natürlich seinen Namen nicht, aber wie viele Oberste wohnen schon in einem kleinen Hotel?«

»Wer, soll ich sagen, sind wir?«

»Wir.«

»Ja, aber wer sind wir?«

»Wir wissen es nicht, Alessandro, und selbst wenn wir es wüßten, könnten wir es nicht sagen, wie du weißt.«

»Kann ich nicht sagen, wir seien die Flußwache?«

»Nein. Ich denke, er weiß, wer wir sind, selbst wenn wir es nicht wissen.«

»Und wenn er es nicht weiß?«

»Deshalb haben wir dich ausgewählt, *Dottore*.«

Alessandro fuhr mit einer Hilfsmaschine zum Rand des Stützpunkts. Dann spazierte er nach Brindisi hinein und verschwand zwischen den Pferdemetzgereien und den Friedhöfen. Bevor er ins Hotel Monopol ging, kaufte er ein Kilo Prosciutto in drei Päckchen, eins für Guariglia und zwei für sich selbst.

Im Hotel Metropol, gegenüber dem Hotel Monopol, sagte ihm der Portier, daß der Oberst im vierten Stock, Zimmer 43, wohne.

Alessandro kämpfte sich die langen Treppen blankgescheuerter Stufen hinauf bis an ein offenstehendes Fenster, das zur Stadt und zum Meer hinausging. Er stand auf einem abgetretenen Perserläufer, der den Treppenabsatz bedeckte, und betrachtete fasziniert die strahlenden Farben. Die Stadt hatte für den Nachmittag geschlossen; außer den fernen Geräuschen der Motoren und Maschinen und einer gelegentlichen Dampfsirene in der Hafengegend war alles ruhig. Im Süden lagen keine Kriegsschiffe, dort gab es nur leere Hausdächer, Dattelpalmen und glitzernde rostfarbene Landzungen, die sich in eine aufgewühlte See vorstreckten. Alessandro lauschte dem Wind, der trocken über das Fensterbrett pfiff.

Er drehte sich beim Geräusch von Schritten um und sah eine Frau die Treppe hinunterkommen. Ihr Haar war schlecht genug blond gefärbt, um orange auszusehen, und sie war in ein bristolblaues Kleid gepfercht, das Teile von ihr viel schmaler erschienen ließ, als sie wirklich waren, und andere Teile zum Überquellen brachte. Sie war annähernd klein genug, um eine Zwergin zu sein, und ihr Gesichtsausdruck war der konstanter Verwirrung. Sie bemerkte Alessandro und begann, seltsam zu schwingen, als sie die Stufen hinunterkam.

»Wo ist deine Mama?« fragte er.

»Zu Hause«, antwortete sie.

»Und dein Papa?«

Sie schien ihn nicht zu verstehen und schaute ihn groß an.

»Dein Papa.«

Sie gab keine Antwort.

»Geh heim!« sagte Alessandro wie zu einem Hund, der ihm auf einer Landstraße nachgelaufen war, und sie rannte die Stufen hinab.

Er fand die Tür zum Zimmer des Oberst im vierten Stock, rückte seine Uniform zurecht, stand hab acht und klopfte fest. Als er keine Antwort erhielt, klopfte er erneut und klopfte weiter, bis eine ungeduldige Stimme schrie: »Was!«

»Herr Oberst.«

»Was!«

»Kurier.«

»Verdammt!« Für einen einfachen Soldaten war eine solche Verärgerung in der Stimme eines Oberst nicht ermutigend. »Einen Augenblick«, sagte der Oberst.

Alessandro stand weiter stramm, lauschte einer gedämpften Unterhaltung in dem Zimmer, hörte Fensterläden klappern, Türen schlagen, Schubladen schließen. Nach zehn Minuten stand er bequem. Nach einer halben Stunde begann er, auf und ab zu gehen. Nach einer Stunde setzte er sich auf den Boden, seine Beine in den Flur hinausgestreckt und auf dem karminroten Läufer ruhend. Eine weitere halbe Stunde verging, und er holte eines der Päckchen mit Prosciutto hervor und begann zu essen.

Dann hörte er die Türriegel. Bis sie geöffnet waren, war Alessandro auf den Beinen und versuchte den restlichen Prosciutto in die Verpackung zu stopfen, was aber nicht gelang, also versuchte er, kurz bevor die Tür sich öffnete, ihn zu essen, obwohl es ein sehr großes Stück war. Seine Wangen blähten sich bis zum Platzen auf, und ein längliches Stück, mit Fett und allem, hing ihm fast bis zum Schlüsselbein. Die Tür ging auf.

Eine Frau mit Hut, Sonnenschirm und Schmuck flog auf dem Weg zur Treppe an Alessandro vorbei. Sie sah sehr danach aus, als sei sie mit einem der Honoratioren der Stadt verheiratet.

Der Oberst war in Uniform, ungeheuer bebändert und mordlüstern. Er streckte seine Hand aus, als sollte eine Nachricht darin landen. Als er Alessandros vollgestopfte Wangen und den heraushängenden Schinken sah, schaute er verächtlich himmelwärts.

»Was ist das?« fragte er.

Alessandro führte die Hand zum Mund und spuckte einen riesigen Ball speichelbedeckten Prosciutto aus. Er sprang wieder in Habachtstellung, hielt den Prosciutto leicht hinter sich und aus dem Weg. »Herr Oberst!« sagte er.

»Seien Sie still!« brüllte der Oberst. Er deutete auf die Kuriertasche, die Alessandro mitgenommen hatte, um seine Einkäufe zu tragen. »Geben Sie mir einfach die Nachricht und verschwinden Sie schleunigst!«

»Oberst, ich ...«

»Schnauze!« schrie der Oberst. Er griff nach der Tasche, zerriß einen der Riemen und hinterließ einen Striemen an Alessandros Hals. Er riß sie auf und zog die zwei Päckchen hervor. Einen Moment lang hielt er sie in den Händen. Dann öffnete er eines davon. Als der Oberst den Schinken sah, dachte Alessandro, daß er ihn jetzt umbringen würde. »Schriftlose Nachricht!« sagte er, so schnell er konnte.

»Schriftlose Nachricht?« wiederholte der Oberst mit einem geschlossenen und einem zusammengekniffenen Auge und der um den Schinken geballten Faust.

»Ja, Herr Oberst!«

»Wie lautet die Nachricht?« fragte der Oberst und schnaubte wie jemand, der bald sterben würde.

»Wir sind hier.«

»Wer ist hier?«

»Wir, Herr Oberst.«

»Wer ist wir?«

»Meine Einheit, Herr Oberst.«

»Welche Einheit, Idiot!«

»Das kann ich nicht sagen.«

»Kannst du es nicht sagen, oder weißt du es nicht?« fragte der Oberst. »Wer hat dich geschickt? Du trägst keine Abzeichen. Warum ist deine Uniform unvollständig?«

»Die Offiziere haben mich geschickt, Herr Oberst.«

»Welche Offiziere?«

»Vom Viehtransporter.«

»Ich werde dich umbringen«, kündigte der Oberst an, »aber erst will ich wissen, was du hier machst. Wie heißt deine Einheit?«

»Das sollten Sie wissen, auch wenn ich es nicht weiß.«
»Wie heißt der Offizier, der dich geschickt hat?«
»Er hat keinen Namen, und *das wissen Sie*!«
»Und was ist mit dir, hast du einen Namen?«
»Natürlich nicht!« brüllte Alessandro.
»Deine Einheit hat auch keinen Namen.«
»Nein.«
»Du trägst keine Abzeichen.«
»Nein.«
»Bist du in der Armee?«
»Ja.«
»Also was zum Teufel willst du von mir?«
»Ich soll Ihnen mitteilen, daß wir angekommen sind.«
»Von wo?«

Alessandro glaubte, daß der Oberst entweder ein Idiot war oder ein Spielchen spielte. »Ich weiß«, sagte er, »daß Sie wissen, daß ich nichts weiß, aber Sie.«

»Wo bist du stationiert? Bist du aus einem Lazarett abgehauen?« Der Oberst war völlig außer sich.

»Wir sind nirgendwo stationiert. Wir treiben dahin. Ich bin einfacher Soldat, aber ich warne Sie, spielen Sie kein Spiel mit mir.«

Der Oberst blinzelte.

»Wir warten auf Ihr Eintreffen.«

»Wozu?«

»Damit Sie das Kommando übernehmen.«

Der Oberst war ein mit Orden dekorierter Offizier. Alessandro konnte an seinen Bändern erkennen, daß er im Kampf verwundet worden war. Der Oberst trat in sein Zimmer, schaute mit einem verletzten Gesichtsausdruck zu Alessandro zurück und schloß langsam die Tür.

»Mein Prosciutto«, rief Alessandro. »Geben Sie mir meinen Schinken!« Als er keine Antwort als das Schließen der Türriegel bekam, begann er, gegen die Tür zu treten. »Mein Prosciutto! Geben Sie mir meinen Prosciutto, Sie Bastard! Mein Schinken!« Eine Frau, die im Flur vorbeikam, drückte sich an die gegenüberliegende Wand und stürzte zum Treppenabsatz.

Alessandro stürmte die Treppe hinab und drängte die Frau gegen das Geländer. Er biß die Zähne zusammen, und als er in der Empfangshalle ankam, zitterte er. Er kam sich ausgenutzt und schikaniert vor. Er nahm die Masse halbgekauten Prosciutto von der linken in die rechte Hand und warf sie, so fest er konnte, in Richtung Portier. Der Portier duckte sich, und der Schinken klimperte gegen ein paar Schlüssel, bevor er tief in eines der Brieffächer hinter dem Empfangstisch eindrang. Der Portier erhob sich und hielt die Arme hoch, als wollte er sagen »*Was?*« und Alessandro trat auf die Straße.

Kaum war er auf dem Bürgersteig, als er auf der anderen Straßenseite ein Schild mit der Aufschrift *HOTEL MONOPOL* sah.

*

Sie waren seit Mitternacht unterwegs, befanden sich jenseits der Kaps von Otranto und Santa Maria di Leuca, mitten im Ionischen Meer, und fuhren südwärts in eine Weite hinein, die nur heiß, blau und leer war und in der nicht eine Wolke erschien und das Wasser die Farbe des Himmels hatte. Am Nachmittag legte sich der Wind vollkommen, also hatten sie nur noch die Brise, die sie durch ihre eigene Geschwindigkeit erzeugten. Die Soldaten hatten sich bis zum Gürtel ausgezogen und trugen die kurzen Armeehosen, die sie, außer zum Baden, die ganze Zeit über, die sie im Veneto gewesen waren, nie angehabt hatten. Trotz der Hitze mußten sie die Stiefel anbehalten, sonst hätten sie sich die Füße auf dem Deck verbrannt.

»Wir haben seit Brindisi die Richtung nicht geändert«, sagte Fabio.

»Woher weißt du das?« fragte Alessandro. »Du hast doch keinerlei Bezugspunkte.«

»Was sind Bezugspunkte?«

»Nichts.«

»Leck mich. Wir haben nicht gedreht.«

»Wir fahren direkt nach Süden, nach Afrika«, murmelte Guariglia.

»Weißt du, was die Türken machen, Guariglia?« fragte ein Stahlarbeiter, der Ricardo hieß. »Ich werde dir sagen, was sie machen.«

»Ich weiß, was sie machen ...«

»Sie zerschneiden dich bei lebendigem Leibe in tausend Stücke.«

Fabio blickte verstört drein.

»Was ist los, Fabio? Du wirst immer noch hübsch sein, wenn du in tausend Stücke zerteilt bist. Vielleicht sogar tausendmal hübscher, und denk nur, du könntest mit tausend Frauen auf einmal schlafen – wenn sie auf Shish Kebab stehen.«

»Fabio wäre lieber tot als verstümmelt, oder, Fabio?«

»Ja«, sagte Fabio. »Verstümmelt zu sein ist das Schlimmste. Ich kann mir nichts Schlimmeres denken.«

»Weil du eine Feder bist«, fügte Guariglia hinzu.

»Nein, weil ich in dem Wissen sterben möchte, daß ich ganz bin. Was ist daran falsch?«

»Mach dir keine Sorgen«, sagte Alessandro. »Vielleicht ertrinkst du.«

»Du hast gesagt, daß sie keinen Torpedo auf einen Viehtransporter verschwenden.«

»Jetzt sind wir auf offener See. Ein U-Boot kann auftauchen und uns mit einer Kanone versenken.«

»Wie sollen sie an die Kanone kommen? Wenn die kleinen Typen von innen hochklettern, werden hundertfünfzig von uns sie erschießen.«

»Sie können bei der Kanone aussteigen, die hat einen Schutzschild.«

Es war zu heiß zum Lesen, und die beiden Bücher, die Alessandro in seinem Seesack dabeihatte, waren nicht dazu geeignet, in der Sonne gelesen zu werden, sondern in einer warmen Bibliothek in einer Winternacht. Also starrte er auf die Wellen, die in sanften Bögen dahinrollten und sich nicht brachen. Das Wasser war durchscheinend, obwohl es voller Licht war. Eben und glatt wie Gelatine, bewegte es sich in flachen atemlosen Seufzern und war von tiefem, hypnotisierendem Blau.

Am Abend gab es Brot, Käse, Wein und viel Wasser. Nachdem sie den Sonnenuntergang beobachtet hatten, versammelten sie sich im Hauptladeraum.

Der richtige Oberst hatte Flutlicht angeordnet. Es leuchtete über ihre Köpfe hinweg und strahlte den vorderen Bug an, als sei er nur der Hintergrund in einem Theater. Vor dem rostigen Orange deutlich zu erkennen, setzte sich der Oberst auf einen Segeltuchstuhl.

Er war ein Neapolitaner von etwa fünfzig Jahren. Er hieß Pietro Insana, obwohl sie das nicht wußten. Er war klein, fett und väterlich in seiner Art. Er dachte sorgfältig nach, bevor er sprach, und besaß eine unheimliche Autorität. Alessandro begriff augenblicklich, daß sie hauptsächlich daher rührte, daß er wußte, was richtig war. Er war Politiker gewesen, aber er sprach ruhig, und obwohl sie sich vorstellen konnten, daß er nicht wußte, wie man mit einem Gewehr schießt oder eine Granate wirft, lag alle Macht bei ihm.

»Guten Abend«, sagte er, als alle verstummt waren. Über den Motorenlärm war er kaum zu hören, und er entspannte sich auf seinem Stuhl, als sei er zu Hause in Neapel, auf der Terrasse, und lausche dem Violinspiel seiner Tochter. Seine Füße reichten nicht bis auf den Boden, und manchmal blickte er in den Pausen und auch während er sprach, in den Himmel, wo die Sterne aufzuleuchten begannen.

»Ich bin euer Oberst, und ihr werdet vielleicht nicht überrascht sein, daß ich euch meinen Namen nicht nennen kann«, sagte er.

Die Soldaten schauten sich an und rollten mit den Augen.

»Verrückt, oder? Man hat euch befohlen, eure Namen nicht zu gebrauchen, ihr tragt keine Abzeichen, eure Einheit hat keinen Namen, und nun sind wir hier und fahren südwärts, vielleicht nach Afrika, glaubt ihr, ihr habt einen Oberst für drei Züge, und der Oberst ist kein Armeemensch. Was kommt als nächstes?

Dieses: Ihr dürft nicht nur untereinander die Nachnamen nicht mehr verwenden, ihr müßt sie vergessen. Ihr müßt die Namen eurer Freunde vergessen, und ihr müßt *euren eigenen Namen* vergessen.«

Dies rief nervöses Gelächter hervor.

»Und das ist nicht alles. Du!« wandte er sich an einen Soldaten in der ersten Reihe. »Wo kommst du her?«

»Santa Rosa delle Montagne«, sagte der Soldat und dachte an das befriedigende Leben, das er zurückgelassen hatte.

»Nein«, sagte der Oberst.

»Nein?« fragte der Soldat schwach.

»Du bist aus Mailand.«

»Aber Oberst«, wagte sich der Soldat vor, »ich bin aus Santa Rosa delle Montagne. Ich bin dort geboren. Meine Mutter und mein Vater sind dort ...«

»Nein«, unterbrach ihn der Oberst, »du bist aus Mailand. Von jetzt an seid ihr alle aus Mailand.« Er schaute beiseite und fügte hinzu: »Mailand ist sehr groß.«

»Ahhh!« machten sie fast im Chor.

»Bei Androhung der Todesstrafe«, bekräftigte der Oberst.

»Bei Androhung der Todesstrafe«, wiederholte ein Soldat.

»Wollt ihr, daß man eure Familien ermordet?«

Darauf reagierten sie mit äußerster Aufmerksamkeit.

»Ich halte es für einen Fehler, daß man euch zusammengebracht hat und ihr euch schon kennt, aber die Armee dachte, das sei gut für den Zweck – Marineinfanterie, nur hundertfünfzig Mann übrig und keine Aufgabe mehr. Zu eurem Unglück seid ihr zu wenige, um euch in konventionellem Sinne einzusetzen, und zu viele, um euch sausen zu lassen. Es ist gefährlich in einem Krieg, erfahren, kampferprobt und dezimiert zu sein, weil ihr gleichzeitig nützlich und überflüssig seid.

Wir wollten euch schon aus dem Verkehr ziehen, bevor ihr Mestre verlassen habt. Das zu glauben, mag euch schwerfallen, aber niemand weiß, wo ihr seid – weder die Armee noch die Marine. Ihr werdet keine Post schicken, und ihr werdet keine bekommen. Nicht, weil wir euch eures Heims berauben wollten, sondern weil wir keinerlei Spuren hinterlassen wollen, nicht zu euch und nicht von euch.«

Er rutschte etwas zur Seite und schaute zum Nachthimmel empor, der von einer Rauchfahne durchzogen war. »Warum?« fragte er fast wie ein Philosoph. In dem langen Augenblick, in dem der Oberst die Antwort auf seine eigene Frage vorbereitete, hätten tanzende Kurtisanen die Aufmerksamkeit der Flußwache nicht stärker fesseln können.

»Die Armee hat mehr Deserteure an der Front gehabt, als allgemein bekannt ist: Zehntausende. In den meisten Fällen verläßt sich die Armee auf die Polizei, die Carabinieri, oder die Militärpolizei. Es ist nicht schwer, Deserteure zu fassen, wenn man weiß, wo sie sind. Sie leisten selten Widerstand. Und wenn, reichen zwei oder drei Mann, um mit ihnen fertig zu werden, und damit ist die Polizei bestens vertraut.

Doch die Armee hat ein besonderes Problem. Deserteure gibt es in vielen Arten und Stärken, wie Sperma, das das Ei zu erreichen versucht. Die meisten sind schwach und verängstigt und werden gefangengenommen, bevor sie das Veneto verlassen. Manche kommen bis Rom oder Mailand, und diese machen Ärger unterschiedlicher Art. Die schwierigsten Fälle allerdings schaffen es bis Sizilien. Sizilien ist das Ei. Sie geben sich nicht damit zufrieden, einfache Deserteure zu bleiben. Viele von ihnen haben sich in die Berge zurückgezogen und zu Banden zusammengeschlossen. Nicht nur mit ihresgleichen, sondern mit der Mafia. Vor dem Krieg war ich Richter, und ich hatte mit dieser Art Problem zu tun. Wir hatten begonnen, gegen diese Leute vorzugehen. Die Hälfte von ihnen ist nach Amerika gegangen, und wir fingen an, hinter ihre Organisation zu kommen, doch seit der Krieg ausgebrochen ist, haben sie sich neu formiert, besonders jene, die tief im Landesinnern sitzen, weil die Armee das Land nicht mehr durchkämmt, wie sie es früher getan hat: wir haben nicht genug Leute, außer für den Kampf im Norden. Wir wissen nicht, in welchem Maße sie Kontakt zu ihren Brüdern in den Städten haben, aber wir müssen davon ausgehen, daß sie zusammenhalten und daß sie sich verstärkt haben.

Mehrere hundert Deserteure sind an einem halben Dutzend Orten in den Bergen und kontrollieren nun das Land, indem sie Befehle von Banditen entgegennehmen, die zuvor nur Schwerter und Musketen hatten. Der Krieg hat ihnen Repetiergewehre, Granaten, Bajonette und sogar Maschinengewehre verschafft.

Das allein wäre nicht so schlimm, doch die Gerüchte darüber haben sich bis zur Front verbreitet und die Österreicher haben damit begonnen, einige der Bergbanden mit Waffen zu versorgen. Sie tun dies per U-Boot.

Wir werden versuchen zu erreichen, was die Carabinieri und die örtlichen Armeegarnisonen nicht geschafft haben. Wir werden diese

Gruppen zerschlagen, mit machtvollen Überraschungsangriffen. Wir werden so viele Deserteure wie möglich gefangennehmen und sie nach Norden vors Kriegsgericht bringen.

Ihr werdet eure Namen in Sizilien nicht verwenden wollen, nicht, wenn euch eure Familien lieb sind.« Er rutschte auf seinem Stuhl herum.

»Und ihr braucht nicht so bestürzt dreinzublicken. Sie wissen nicht, daß wir kommen, sie wissen nicht, wer wir sind, wir werden sowohl vom Land als auch von See aus angreifen, und ich verspreche euch, daß wir mit unseren Gefangenen in dieser Richtung zurückfahren werden, bevor der Sommer vorüber ist.«

*

Sie schlugen einen weiten Bogen um das Land, um nicht gesehen zu werden. Nicht, daß sie glaubten, daß irgend jemand einen Viehtransporter mit 150 Elitesoldaten erwartete, sie mieden das Land selbst, als seien die unbewohnten Berge so beseelt, daß sie Augen hätten. Also ließen sie sich träge südwärts ins Mittelmeer zwischen Sizilien und Afrika treiben und verloren sich im Blau. Einmal sahen sie einen britischen Zerstörer, der auf einem entfernten Parallelkurs fuhr. Sie beobachteten ihn einen halben Tag, bis er abdrehte und zu einem Punkt wurde, einer Täuschung und dann Teil der pulsierenden Erinnerung dessen, was immer das Auge ausmacht – eine Störung im azurnen Blickfeld, etwas wie eine leicht weißliche Welle, am Ende nur eine Illusion.

Nachdem der Zerstörer verschwunden war, waren sie wieder allein auf dem Meer, abseits der Handelsrouten, abseits des Krieges, in völliger Stille, abgesehen von dem Geräusch ihrer eigenen Maschinen und dem Spiel der Wellen. 360 Grad ringsumher sahen sie nicht einmal eine einzelne Schaumkrone auf dem blauen Wasser, und der Himmel war ebenso leer – keine Wolken, keine Vögel, immer die gleiche Beschaffenheit.

Guariglia und Alessandro standen am Bug, während sie langsam durch eine leichte Dünung stampften. »Schau dir das an«, sagte Guariglia. »Nichts außer Blau. Wir können nichts damit anfangen. Daraus kann man nichts machen.«

»Es ist außerhalb unserer Reichweite«, antwortete Alessandro, »es ist wichtig, und wir sind es nicht.«

»Man kann es nicht mal berühren«, sagte Guariglia und schaute in die Unendlichkeit des Blaus hinaus. »Und wenn ich nicht eine Familie hätte, könnte ich für immer auf dem Meer bleiben.«

»Du möchtest nicht während eines Sturms auf See sein.«

»Selbst in Stürmen muß es unter der Oberfläche ruhig sein. Ich glaube, Ertrinken würde mir nichts ausmachen. Ich hätte keinen Körper, kein Gewicht. Ich wäre einfach ein Stück Blau – Guarigliablau.«

Der Kapitän des Viehtransporters kannte eine kleine Insel mit einer Quelle. Er hatte die letzten Schäfer zum Festland gebracht, als der Krieg ausbrach. Jetzt gebe es nur ein paar verwilderte Schafe dort, sagte er, merkwürdige Kreaturen, wild und verängstigt zugleich, und die Brunnen würden überfließen. Sie könnten auch etwas Unterholz sammeln, um die Kohle zu strecken. Man könnte von der Spitze dieser Insel aus die Südküste Siziliens sehen, und sie würden sich ihr von Süden her nähern, wo die Insel nicht einsehbar war.

Sie glitten ins seichte Gewässer, die Anker wurden geworfen, und die Soldaten ließen zwei Dinghis zu Wasser. Als der Oberst seine drei Züge schweigend über die Reling und die Maschinerie gelehnt sah, wie sie die Insel im Mittagslicht absuchten, gab er ihnen die Erlaubnis, an Land zu gehen. Die, die schwimmen konnten, waren über Bord, kaum daß sie ihre Stiefel ausgezogen hatten.

Alessandro sprang vom Bug. Nach einer Woche auf See gab er sich ihr hin. Er trug nur seine verdreckten Khaki-Shorts; es verlangte ihn, sich treiben zu lassen, und es schien, daß er stundenlang durch die Luft flog. Seine Arme in völliger Hingabe ausgebreitet, drehte er sich im Wind wie ein Blatt. Dann zerbrach er die glasige Oberfläche des Meeres zu Fontänen von weißer Gischt und riß die Luft tief mit sich hinab, bis sie rebellierte und ihn an die Oberfläche zurückdrängte. Die anderen Männer schlugen aufs Wasser wie Artilleriegranaten, und als Alessandro tauchte, die Augen schloß und gewichtslose akrobatische Drehungen vollführte, lauschte er den Einschlägen der Soldaten, die in die Wellen eindrangen, als seien sie Engel, die in die Atmosphäre eintauchten.

Irgend etwas ließ sie alle gleichzeitig losschwimmen, mehr als hundert von ihnen, und ein Wettrennen um den nahen Bogen der Bucht brach aus. Sie sahen wie ein Schwarm Tümmler aus. Sie zogen sich aus dem Wasser und begannen, die Hügel zu erklimmen. Sie kamen gut voran, obwohl sie barfuß waren, denn die Insel war mit Lichtungen überzogen, die weder dorniges Gestrüpp noch Felsen aufwiesen, sondern nur Kiefern, die über Jahrtausende hinweg ihre Nadeln abgeworfen und den Boden gepolstert hatten.

Sie erreichten die Kammhöhe in einer unregelmäßigen Linie, standen dort und blickten nach Norden zu den Gipfeln Siziliens in der flimmernden Hitze. Das Meer war völlig leer. Die Soldaten starrten hinaus, wobei sie die Augen mit ihren Händen beschirmten. Ein Wort machte die Runde, und obwohl es gerufen wurde, klang es wie etwas Magisches – *Sicilia*.

*

Sie fuhren westwärts und hielten sich mehrere Tage lang an die knochenbleiche Küste Tunesiens, bis sie um drei Uhr in der Frühe an der östlichen Seite des nördlichsten Vorsprungs von Sizilien ans Ufer glitten; die Sterne funkelten, und von der Stadt San Vito Lo Capo war kein einziges Licht zu sehen. Der Viehtransporter fuhr so schnell er konnte, dann wurden die Motoren abgestellt, damit er geräuschlos weiterfuhr. Das Schiff landete auf dem Sand, ohne Lichter, als sei es ein Stück Treibholz.

»Wie kommt ihr ohne Motorkraft wieder vom Strand weg?« fragte Fabio einen der Seeleute.

»Die Flut steigt, und die Strömung geht landauswärts. Bis die Sonne aufgeht, sind wir weit genug weg, um die Kessel anheizen zu können, ohne daß jemand in der Stadt aufwacht«, entgegnete der Seemann.

Munitionswagen und Nachschubkisten wurden mit Winden und Auslegern über Bord gehievt, während die Männer der Flußwache, ausgerüstet mit Gewehren und Marschgepäck, an Seilen von Bord gingen. Sie landeten im Wasser, das ihnen bis zur Hüfte ging, und hielten Gewehre und Munition in die Höhe, während sie hindurchwateten. Eine Gruppe wurde gebildet, die die Munitionswagen durch die flache Dünung ziehen sollte, und die Kisten wurden auf gefährlich überladenen Dinghis an Land geschafft.

Als das Schiff entladen war, hob es sich mit der Flut, genau wie der Seemann vorausgesagt hatte, und glitt ohne Motoren und ohne Lichter auf See hinaus.

Mit Sicht über den Strand zwischen der Stelle, wo sie gelandet waren, und der Stadt ein paar Kilometer weiter nördlich, lag eine Gruppe von Gebäuden, die durch massive, zu einem Schutzwall hochgezogene Steinwände miteinander verbunden waren. Dieser Komplex war einst ein Gefängnis gewesen und stand nun leer. Sie gingen darauf zu, vorsichtig, um keinen Lärm zu machen, und Abstand haltend zu einigen verdunkelten Häusern in der Nähe. Am Eingangstor warnten Schilder sie davor, daß Eindringlinge sich harter Bestrafung aus Rom aussetzten. Ein riesiges Schloß versiegelte ein stählernes, an die Eisentore geschmiedetes Schließband. Einer der Flußwachen spekulierte, daß sie die Wände erklimmen und die Munitionswagen und Kisten mit Seilen hochziehen müßten.

»Das wäre zu laut«, sagte der Oberst und kramte in seiner Kuriertasche herum. »Ich habe den Schlüssel.«

Katzen rannten verschreckt davon, die Flußwache marschierte in einen riesigen Innenhof, und das Tor wurde hinter ihr geschlossen. In der Dunkelheit konnten sie nur Dunkelheit ausmachen. An der Seeseite des *cortile* konnten sie die Brandung nicht hören, sahen aber die Berge, die sich im Landesinnern auftürmten. Zum Land hin konnten sie die Berge nicht sehen, hörten aber das Meer. Der Oberst befahl ihnen, an der Seite zum Landesinneren ein Biwak aufzuschlagen. »Kein Feuer«, sagte er, »und keinen Lärm. Stellt eure Gewehre zusammen und schlaft. Ich will eine Wache am Tor und eine auf dem Wall. Sobald der Himmel heller wird, schließt ihr das Fenster im Tor und kommt von dem Wall herunter.

Wir werden uns dann umsehen und entscheiden, was an Hausputz zu tun ist, obwohl ich hoffe, daß wir selten zu Hause sein werden.«

»Und warum nicht, Herr Oberst?« fragte ein dürrer Soldat mit Brille, der wie eine Marionette aussah, der aber, entweder dank seines Gewehrs, seiner Nerven oder seiner Herkunft als Sohn eines Waffenschmieds, einer der besten Schützen Europas war.

»Sie wandern doch gern, nicht wahr?« fragte der Oberst.

»Sehr, Herr Oberst«, antwortete der Marionettensoldat.

Sie stellten ihre Gewehre zusammen, legten ihr Gepäck ab und streckten sich aus. Einen kurzen Moment lang schaute Alessandro zu den Sternen. Zwar schlingerten sie nicht mehr wie auf dem Schiff, doch waren sie jetzt von dunklen Mauern eingerahmt. Er glaubte nicht daran, daß seine Mutter mit ihnen zog, doch da sie unveränderlich, unerreichbar und unbegreiflich waren, ließen sie auch den Gedanken zu, daß er sich vielleicht irrte.

*

Sie blieben mehrere Wochen lang in dem Gefängnis. Jeder hatte eine Zelle, wo er seine Ausrüstung aufbewahrte und zweimal täglich einer Inspektion unterzog, um sicherzugehen, daß er alles zusammengepackt hatte und abmarschbereit war – Rationen, Munition und Wasser in einem Rucksack, der an der Zellentür hing. Niemand ging bei Tageslicht in die Nähe der Fenster.

Ihre tägliche Routine ähnelte stark der in Mestre, nur daß alles lautlos vor sich ging. Sie exerzierten, rannten im Kreis um den *cortile*, reinigten ihre Waffen und wurden in fast völliger Stille gedrillt. Befehle wurden flüsternd erteilt. Wie schon in Mestre, aßen sie wenig. Bevor der Mond aufging oder wenn er verschwand, durften sie in der sanften Brandung hinter dem Gefängnis schwimmen, immer fünf auf einmal. Sie ließen sich an einem Seil hinab, das über die seewärts gelegene Mauer geworfen wurde, und rannten in die Brecher. Dabei stellten sie fest, wie stark sie geworden waren und daß sie mit großer Geschwindigkeit im Wasser vorankamen, ohne atemlos zu werden. Wenn sie das Seil hochkletterten, geschah dies so mühelos, als flögen sie. »Die Hundesöhne, hinter denen wir her sind«, erklärte Fabio, »müssen schon dicke Bäuche haben. Wahrscheinlich essen sie den ganzen Tag und trinken Wein. Wenn wir sie über die Hügel jagen, in der Hitze, und unsere Gewehre und Wasser dabeihaben, wer glaubst du, wird gewinnen?«

»Sie«, antwortete der Marionettensoldat. »Sie werden sich im Gestrüpp verstecken, und wenn wir an ihnen vorbei sind, werden sie rauskommen und uns von hinten abknallen.«

»Aber nicht alle hundertfünfzig.«

»Und was ist mit den Stellen, wo es weder Busch noch Baum gibt?« fügte Alessandro hinzu.

»Was werden wir essen?«

»Ich weiß nicht, was wir immer essen – Datteln, Feigen, Spaghetti und Trockenfleisch. Was erwartest du da oben«, fragte er und deutete auf die steilen Berge, die sich hinter dem Gefängnis auftürmten, »Restaurants?«

Nachts lag Alessandro in seiner offenen Zelle und lauschte dem Meer. Früher hätte er sich nach den Dingen, an die er sich erinnerte, gesehnt, und er hätte sich angestrengt, die Vergangenheit wachzurufen, indem er sich auf bestimmte Erinnerungen konzentrierte, Farben, Gefühle, das wechselnde Licht der Jahreszeiten. Früher hätte er geglaubt, daß er nur der Armee zu entrinnen und heimzukehren brauchte, und alles wäre wieder an seinem alten Platz, doch nun war er überzeugt davon, daß es nie mehr dasselbe sein würde, selbst wenn sie den Garten zurückkaufen, das Unkraut jäten, die Obstbäume stutzen, Gemüse anbauen, neue Sonnenstühle und faule Katzen an ihre Plätze setzen würden und Wasser in den Springbrunnen ließen. Es war verloren, und die Erinnerung bot wenig Trost, außer denen, die nicht ganz verstanden hatten, was sie geliebt hatten.

Alessandro starrte an die gewölbte Decke seiner Zelle und beschloß, die Fotografien seines Vaters und seiner Mutter wegzuwerfen, sollte er jemals nach Hause zurückkehren und versucht sein, sich mit seiner Erinnerung auf sie zu verlassen. Wieder zum Leben erweckt werden die Dinge nicht durch Vorsatz oder Bemühung, dachte er, und sollte die Vergangenheit jemals wieder lebendig werden, würde es eine große Überraschung sein, vor der Bilder und ritualisierte Erinnerung verblassen werden.

Einer der Offiziere kam vorbei. »Steh auf«, sagte er. »Wir gehen in die Berge.«

*

Sie waren zum Appell im *cortile* angetreten; fünf Mann wurden willkürlich ausgewählt, die zurückbleiben und die Maschinengewehre und andere schwere Ausrüstung bewachen sollten. Auch der Oberst würde hier bleiben, aber er hatte seinen Offizieren präzise Anweisungen erteilt: sie gingen in Fünfergruppen, überquerten die leere Straße und begannen den Aufstieg. Sie sollten sich am Gipfel treffen, wo sie zu kleineren Gruppen zusammengestellt würden. Es war fünf Uhr früh.

Sie überquerten unbemerkt die Straße, doch die allerletzten von ihnen mußten sich flach ins Gras drücken, als ein Bauer mit seinem Esel vorbeikam. Der Esel roch sie und schrie, wofür er Hiebe auf die Flanken bekam, als hätte er etwas falsch gemacht. Sobald die Luft rein war, erhoben sich die Männer vom Boden, nahmen ihre Gewehre und rannten auf den Hang zu.

Es war so steil, daß sie sich mit den Händen hochziehen mußten, und das Gras war so glitschig, daß sie sich mit den Fingern in den Boden krallten, nach Steinen griffen, die nur locker in der Erde saßen, und sich an Gestrüpp festklammerten, so buschig wie Pferdeschwänze. Fluchend und rutschend erreichten sie den Fels, was eine Erholung war, und sie kämpften sich weiter hinauf, bis sie sich am Gipfel wiederfanden, tausend Meter über dem Meer.

Während sie auf die Nachzügler warteten, schauten sie heimwärts. In San Vito Lo Capo brannte kein Licht, auch der Mond schien nicht; so konnten sie den Strand und das Meer nur bei Sternenlicht ausmachen, in dem gelegentlichen schwachen Glitzern, wenn sich die Wellen gerade so brachen, daß sie eine helle Sternenkonstellation einfingen und zum Berg hin reflektierten.

Zu Alessandros Gruppe gehörten Guariglia, Fabio und der Marionettensoldat, der wegen seiner Schießkünste eine echte Bereicherung war. Er war im Training unglaublich gewesen und hatte fast perfekte Ergebnisse aufzuweisen. An der Front war er die Geißel der Österreicher gewesen, weil er auch kleine, weit entfernte, sich schnell bewegende Ziele treffen konnte. Er konnte in kurzer Zeit mehr Schüsse abfeuern, als irgend jemand für möglich gehalten hätte.

Der dienstälteste Leutnant gab den Essensbefehl aus: sechs kleine Schlucke Wasser, eine Trockenfeige, einen Zwieback. Sie hatten an der Front gelernt, daß viele kleine Mahlzeiten viel länger vorhielten als wenige große. Das war eine Frage von größter Disziplin, und die hatten sie.

Die Offiziere studierten ihre Karten. Ein Informant hatte das erste Lager markiert, das sie angreifen wollten, und war nun auf hoher See, irgendwo zwischen Italien und Argentinien, wo er seinen Lebensabend zu verbringen hoffte. Der beste Weg führte die Straße nach Trapani entlang, doch der Oberst war auf der Hut. Sie sollten sich vielmehr vom Norden nähern, entlang einer Bergkette, die so verlassen und unwegsam war, daß niemand je seinen Fuß dorthin setzte, außer den Schaf- und Ziegenhirten. Drei Tage würden sie brauchen, sich in Stellung zu bringen, wenn sie ein tiefes Tal, das eher eine Sackgasse war, umgingen, statt die Straße zu nehmen, die dort hindurchführte.

»Drei Tage?« fragte Fabio. »Wir sollen drei Tage durch dieses Gestrüpp marschieren?«

»Wenn du zwei Tage einsparst und das Tal hinaufgehst«, sagte Guariglia, »können wir dich mit unzerkratzten Beinen begraben.«

»Im Zoo in der Villa Borghese, Guariglia, gibt es einen Affen ...«

»Ja, ich weiß«, unterbrach ihn Guariglia. »Nachdem der Zoodirektor in meiner Werkstatt war, ging er zurück und nannte den Affen *Adonis*.«

»Ihr nehmt den höchsten Kamm«, befahl der Offizier, »und denkt daran, daß die Geräusche an den Wänden entlang sehr weit tragen. Geht vor Sonnenaufgang in Stellung«, fuhr er fort und deutete auf eine Stelle auf der Karte, die einen Gipfel innerhalb der Bergkette bezeichnete. »Wenn ihr es nicht bis zum ersten Tageslicht schafft, bleibt in Deckung, wo ihr seid; die anderen werden warten, bis ihr in der Nacht dazustoßt. Teilt euch eure Ration für drei Tage ein. Ihr findet hier und hier knapp unter der Höhenlinie Wasser. Wenn ihr jemandem begegnet, bringt ihn mit.«

»Und wenn er Schäfer oder Ziegenhirt ist?«

»Und wenn schon.«

»Seine Tiere werden ihm weglaufen.«

»Er wird sie schon wiederfinden. Kein Feuer, natürlich. Los.«

Eine Brise, schwer vor Feuchtigkeit, zog vom Meer direkt die Hänge hinauf. Die Soldaten waren von der Weite und dem Wind beeindruckt. Selbst im Dunkeln konnten sie sehen, wie sich das Land hinzog und zu enormen Bergketten aufwarf. Wie schon auf See brannten die Sterne, doch hier wurden sie hin und wieder von sich auftürmenden schwarzen Formen verdeckt, die Tage um Tage entfernt waren.

*

Zwei Tage lang verloren sie sich auf dem hohen Bergkamm und kämpften sich durch das Grün und über Hänge mit hellem und gelbem Gras, wo alles sicher und das Leben zum Stillstand gekommen schien. Sie deckten eine unterbrochene Front von mindestens einem Kilometer Breite ab, einzeln oder in Gruppen von zwei oder drei. Sie konnten einander nicht sehen; nur wenn sie sich anstrengten, entdeckten sie ihre Kameraden zwischen Felsen und Gestrüpp. Von den Dörfern entlang des Meeres und von der Küstenstraße aus waren sie unsichtbar, während sie Sättel und Täler durchquerten, begleitet nur vom Wind. Wäre da nicht der schwere Stahl gewesen, den sie zu tragen hatten, hätten sie glauben können, der Geschichte selbst entronnen zu sein.

Als er sich seinen Weg über die Hänge bahnte, fragte sich Alessandro wieder und wieder, ob die Deserteure nicht doch recht hatten, Zuflucht in Gottes Frieden zu suchen. Seine einzige Antwort, so sehr er nach anderen suchte, war ja.

Vor Tunesien hatte Guariglia gesagt: »Einige dieser Männer haben die Front verlassen, nicht weil sie Feiglinge wären, sondern weil sie es nicht ertragen konnten, ihre Kinder nie mehr wiederzusehen. Und wenn das so ist, wie können wir guten Gewissens Jagd auf sie machen?«

»Das hat mit Gewissen nichts zu tun«, hatte Alessandro geantwortet. »Der Oberst will gegen die Mafia kämpfen, die Generäle müssen ihre Truppen davon abhalten, wegzurennen, und wir müssen tun, was man uns befiehlt. Wenn wir nicht jagen, werden wir gejagt.«

»Und was, wenn sich alle weigerten?«

»Die Armee würde sich auflösen, und die Österreicher wären in vierzehn Tagen in Rom.«

»Lohnt sich zu sterben, um sie davon abzuhalten?«

»Ja.«

»Warum?«

»Weil du sowieso sterben wirst, früher, als du glaubst. Abgesehen von der Unmöglichkeit, Österreicher mit Säbel und Federschmuck durch Rom laufen zu sehen, bräuchten sie uns – dich und mich –, um ihnen zu helfen, Frankreich und Griechenland zu erobern, und wenn wir ihnen nicht helfen wollten, würden sie uns jagen und erschießen.

In der Geschichte, Guariglia, ist der Wille nur Illusion, und Erfolg hält nicht an. Du kannst in der kurzen Zeit, die du hast, nur dein Bestes tun. Wenn du beschließt, die Welt zu erneuern, wird es nur darauf hinauslaufen, daß du aus revolutionärer Ungeduld und Siegeswillen Menschen tötest.«

»Also töten wir Deserteure.«

»Ja. Wenn wir uns ihnen anschließen, werden wir mit ihnen sterben.«

*

In der Morgendämmerung des dritten Tages befanden sie sich auf einem Gipfel, von dem aus sie ein steil abfallendes Tal überblicken konnten, das mit Felsvorsprüngen, Lorbeer- und Wacholdergestrüpp durchzogen war. Am Kopfende dieses Tals stand auf einer Anhöhe, wo Bäume in einer Linie gewachsen waren, die einen Bach andeutete, ein halbes Hundert weiße Zelte.

Als die Sonne hinter ihnen aufstieg, machten Ferngläser die Runde, und die Männer, die flach auf dem Bergkamm lagen, entdeckten, daß es in dem feindlichen Lager Frauen gab, Züge von Maultieren, Wäsche, die zum Trocknen aufgehängt war, Feuerstellen, um Fleisch zu braten, eine Plattform, die wie eine Bühne aussah, und Wachen, von denen mindestens ein Dutzend den Trampelpfad entlang stand, der zum Lager führte. Ein weiteres Dutzend war um das Lager herum postiert. Sie hatten den Bach für ihre Gärten umgeleitet, und sie hatten einen weiten Blick über das Tal.

»Sie sind Italiener«, sagte jemand über die Männer, gegen die sie vorzugehen hatten, doch der Morgenwind wehte den Gedanken fort.

Als das Lager erwachte, trug der Westwind den Duft frisch gebakkenen Brots und Kuchens, wie Wasser, das über einen Stein fließt, hinauf über den Kamm, wo die halbverhungerte Flußwache zwischen Fels und Dornen lag und bis Mittag auf sechs Schluck Wasser, ein winziges Stück Fleisch, fünf Salzkekse und ein einziges Stück Trockenobst wartete.

Die Offiziere zogen die Männer vom Bergkamm ab zu einem Waldstück aus Niederholz, in dem wilde Eber in ihren Gruben lagen und auf die Nacht warteten. Auf der Höhe blieben drei Beobachter mit Ferngläsern und Notizbüchern zurück. Sie lagen weit auseinander, und man hatte ihnen befohlen, geduckt zu bleiben. Alessandro war einer von ihnen – eine weisere Wahl, als man wissen konnte, denn er war auf dem Gianicolo mit einem Teleskop in seinem Zimmer aufgewachsen und hatte regelmäßig die Stadt Rom, die Berge dahinter und die hohen Wolken nach immer neuen Besonderheiten und Einzelheiten abgesucht, die nur für das geschulte und geduldige Auge erkennbar waren.

Als die drei durstigen und sonnenverbrannten Soldaten an jenem Abend ihre Berichte ablieferten, war offensichtlich, daß sie Zählungen durchgeführt hatten, doch dann sprach Alessandro.

»Es befinden sich mindestens zweihundertfünfzig Mann in dem Lager«, begann er.

»Wie kannst du das behaupten?« fuhr ihn einer der anderen Soldaten an. »Sie sind alle durcheinandergelaufen, im Lager und außerhalb.«

Alessandro schaute angewidert drein. »Ich habe eine beliebige Zahl von Zelten herausgenommen. Ich habe gezählt, wie viele Soldaten in jedem davon waren, und dann habe ich multipliziert, unter Berücksichtigung der Annahme, daß die Anführer Zelte für sich haben.«

»Sie sind ständig ein und aus gegangen. Uns war es unmöglich, festzustellen, wie viele Männer in einem Zelt waren.«

»Mir nicht.«

»Warum nicht?«

»Ich habe mir einfach gemerkt, wer hineinging und wer hinauskam.«

»Wie konntest du sie unterscheiden«, fragte einer der Offiziere.

»An Kleidung, Größe, Farbkombinationen, Gang und tausend anderen Dingen.«

»Und du konntest das alles im Gedächtnis behalten?«

»Ja«, sagte Alessandro. »Es sind nur sechs Mann pro Zelt.«

»Weiter.«

»Von den zweihundertfünfzig sind zwei Drittel ehemalige Soldaten. Ein Drittel war nie beim Militär.«

»Wie kannst du so etwas behaupten!« stieß einer der beiden anderen Beobachter neidisch hervor.

»Also, zum letzten Mal«, sagte Alessandro streng, »an der Art, wie jemand geht, wie er sitzt oder sich in der Gruppe bewegt, an der Kleidung, am Benehmen, an Farben, Gestalt, Ausrüstungsgegenständen, wie ein Feuer gemacht, ein Knoten geschlungen wird ... zum Beispiel steht jemand, der eine Zeitlang in der Armee war, leicht stramm, wenn er angesprochen wird, so wie du jetzt. Die anderen neigen eher ein wenig den Kopf. Bergbanditen putzen sich nicht die Stiefel und stapeln ihre Sachen nicht in Reihen ... also«, sagte er, »glaubt es oder laßt es bleiben.«

»Weiter, *Dottore*«, drängte der dienstältere Leutnant.

»Also gut. Sie sind nervös, schuldbewußt. Sie erwarten vielleicht nicht uns, aber sie erwarten jemanden. Ihre Kundschafter überwachen die Straße und sind rings ums Lager postiert. Sie sitzen im Gestrüpp, auf halber Höhe zu beiden Seiten des Tals. Einer saß unter uns, etwa vierhundert Meter entfernt. Er stammt aus Civitavecchia und sang *La Cincindella*.«

Den beiden anderen wurde das zuviel. »Wir haben ihn gesehen«, sagte einer von ihnen, »aber keiner konnte hören, was er sang. Und woher weißt du, daß er aus Civitavecchia stammt?«

Alessandro sah ihn groß an. »Ich konnte ihn nicht hören, aber ich habe es von seinen Lippen abgelesen und habe ihn seine Schultern bewegen sehen.« Beleidigt wandte er sich ab und ging fort.

»Komm zurück«, befahl der Leutnant. »Kümmere dich nicht um diese Idioten. Was noch?«

Alessandro fing wieder an. »Sie sind mit Mannlicher-Gewehren bewaffnet und haben jede Menge Munition, aber weder Minen noch Stacheldraht. Sie haben Wachen organisiert, das ist alles, einen Verteidigungsplan haben sie nicht. Das halbe Dutzend Frauen im Lager sind Prostituierte aus Palermo. Keine Kinder. Die Maultiere schreien regelmäßig wegen der wilden Eber, die durchs Unterholz streifen.

Am späten Abend und in den frühen Morgenstunden brechen sie durch das Buschwerk. Niemand wird uns dann kommen hören, es sei denn, wir schlagen mit den Gewehren gegen die Felsen.«

»Wer ist der Anführer?«

»Ich weiß es nicht. Vielleicht ist er in einer Villa in Messina.«

»Das zahlenmäßige Verhältnis steht nicht zu unseren Gunsten, und das Gelände ist weitläufig und schwierig«, stellte der Leutnant fest.

»Noch etwas, Herr Leutnant. Sie haben nur wenige Uhren, denn die Wachen trauen ihren Ablösungen nicht, daß sie die Zeit einhalten – sie wollen nicht auf einem Felsen sitzen und *La Cincindella* singen, während ihre Ablösungen schlafen oder im Bach schwimmen, Stunden, nachdem sie an ihrem Posten hätten sein sollen –, also nehmen sie die Uhren mit. Jeder Posten hat ein eigenes System, und sie kooperieren nicht, das kommt davon, wenn man auf einen Haufen von Disziplinarfällen angewiesen ist, nehme ich an. Sie ziehen gegen Ende ihrer Wache ständig die Uhren aus der Tasche und schauen nach der Zeit. Weil die Ablösungen nicht wissen, wie spät es ist, verlassen die Wachen ihre Posten und gehen ins Lager, um sie zu holen, was sehr dumm ist, besonders, wenn wir sie auf ihrem Rückweg abpassen.«

An diesem Abend aß die Flußwache den Rest ihrer Rationen auf, da sie vorhatten, am nächsten Morgen um ihr Brot zu kämpfen. Die Wachen sollten gefangengenommen oder mit einem Schlag mit dem Gewehrkolben auf den Hinterkopf niedergestreckt werden, je nach dem, was leiser war; danach würde die Flußwache ins Lager eindringen und die Zeltspannseile mit ihren Bajonetten kappen. Die allermeisten würden in den Zelten liegen, und die allermeisten würden in der Falle sitzen. Wenn sie einer nach dem anderen aus ihren zusammengefallenen Zelten krochen, würden sie als erstes in einen Gewehrlauf blicken.

Niemand glaubte, daß der Plan mit so wenigen Männern der Flußwache und so vielen Deserteuren klappen würde. Es würde schwer sein, alle Wachen auszuschalten, ohne Lärm zu machen, es würden nicht alle in den Zelten sein, und selbst wenn nur ein Mann entkam, würde ganz Sizilien von der Operation erfahren.

Guariglia schlug vor, die Straße zu blockieren und Männer auf den Kämmen zu postieren, doch die Offiziere hatten bereits zehn Mann dafür vorgesehen und erklärten, daß hundert Mann der Flußwache das Tal nach Flüchtigen durchkämmen sollten, sobald die Gefangenen zusammengetrieben waren.

Im Laufe der Nacht postierten sie sich während eines lärmenden Durcheinanders in der Nähe der Wachposten, so daß sie sich nicht verrieten, denn ein aufgescheuchter Eber rannte nahe an den Wachen vorbei und sogar durchs Lager. Das Tal hallte von Gewehrfeuer wider. Kugeln pfiffen, schnitten Blätter von den Stengeln und sprengten Steine.

Als dies vorbei war, hatte die Flußwache Posten bezogen; fünfzig Mann standen bereit, die Wachen auszuschalten, und weitere achtzig, das Lager zu stürmen, sollte jemand Alarm schlagen. Während der Schießerei, dem Geschrei und dem Verlassen der Posten und während unbewaffnete Männer Wildschweine durchs Gestrüpp schleiften, wollte jeder losschlagen, und jeder wußte, daß alle anderen dies auch wollten, doch weil sie so weit verstreut waren, hatten sie keine Möglichkeit, sich dies zu bestätigen, und obwohl die Dunkelheit einen Angriff begünstigt hätte, die Gefangennahme und Festsetzung der Gefangenen hätte sie nicht begünstigt, also warteten sie bis Sonnenaufgang und hielten die Bajonette aufgepflanzt, für den Fall, daß sie von Wildschweinen angegriffen wurden.

»Das ist doch egal«, sagte der Marionettensoldat zu Guariglia und Alessandro, als diese ihre Bajonette aufpflanzten. »Wenn ein Eber angreift, erschieße ich ihn. Dann werde ich brüllen: ›Ich hab ein Schwein getötet! Ich hab ein Schwein getötet!‹ Das ist alles.« Dennoch pflanzte er sein Bajonett auf – wegen der kleinen Schweine, die zwar nicht so furchterregend wie die ausgewachsenen waren, dafür aber sehr angriffslustig und um einiges schneller.

In den duftenden Kräutern liegend, lauschten sie den Vögeln, die den Sonnenaufgang ankündigten, und ihre Herzen begannen schneller zu schlagen. Um sechs Uhr war es hell, die Sonne schien heiß gegen die Berge, und das Tal lag im Schatten. Die Wachen kehrten ins Lager zurück. Einer von ihnen mit umgehängtem Gewehr stolperte in eine Gruppe von zehn Mann der Flußwache, die ihm ihre

Bajonette knapp vors Gesicht hielten. Er hob die Hände, schloß die Augen und hielt den Atem an.

Die anderen Wachen kehrten ins Lager zurück, und lange bevor ihre Ablösungen sich rührten, hatte die Flußwache Posten bezogen und wartete. Alle schwitzten, die meisten waren aufgeregt, einige hatten Angst. Sie waren an Schützengräben, Stacheldraht, Minenfelder und Artillerie gewöhnt. Sie warteten auf Pfeifsignale und Signalraketen als Zeichen für einen Angriff. Obwohl der Krieg an der Front viel gefährlicher war als das, was sie jetzt taten, an ihn hatten sie sich gewöhnt.

Eben erst geweckte Wachen stolperten verschlafen, planlos und unvorsichtig herum. Die Minuten ihres Wegs bis zu ihren Posten schienen sehr lang, und als sie die halbe Strecke zurückgelegt hatten, blieben sie plötzlich stehen. Eine Sekunde später schaute die Flußwache hoch und jeder legte den Kopf zurück, um besser zu hören. Motorengeräusch kam dröhnend das Tal hinauf und hallte von den Wänden wider.

Der Plan fiel in sich zusammen, als die Wachen zurückrannten, ihre Gewehre von den Schultern rissen und andere aus den Zelten stürmten. Zwei Doppeldecker tauchten über der Kammhöhe auf und flogen direkt über Guariglia hinweg, der versucht hatte, sie mit seiner Mütze zu verscheuchen. Dann flogen sie über das Tal und feuerten aus Maschinengewehren auf die Zelte.

Als sie ostwärts abdrehten und verschwanden, ließen sie das Lager in völligem Chaos zurück. Verwundete Männer, panische Wachen und nackte Frauen, die sich die Kleider an den Körper preßten, flohen barfuß und stolperten über den dornigen Boden, bis sie sich setzen mußten. Alle schrien. Als die Flugzeuge erneut das Tal hinaufkamen und feuerten, stand die Flußwache auf und die Männer schüttelten die Fäuste.

Die Kugeln schlugen im Boden ein, warfen die Zelte nieder und zerfetzten sie und schlachteten die schreienden Maultiere hin. Der durchdringende Lärm der Motoren schien alle Uhren und Register der Welt umzustellen.

Hunderte von halbbekleideten Männern hatten sich im Gestrüpp verteilt. »Wer hat diese Flugzeuge geschickt! Wer hat diese Flugzeuge geschickt!« schrie Leutnant Valtorta immer wieder, bis er heiser war, und dann begann er zu rufen: »Reihen bilden! Reihen bilden!« aber das war unmöglich, weil alle im Kreis ausgeschwärmt waren. Als die Flieger sich ein drittes Mal näherten, warfen sie ihre Bomben ab, die die Zelte niederrissen, bevor sie detonierten und vier riesige Explosionen auslösten.

Während des Angriffs sangen die Vögel in höchsten Tönen. Wenn sie dies trotz des Kampfes taten, dann war dies erstaunlich, und wenn sie es wegen des Kampfes taten, war dies ebenso erstaunlich. Der Kampf fand in kleinen Gruppen statt oder Mann gegen Mann, denn die Deserteure schlugen um sich wie wildgewordene Pferde. Zuerst hielt sich die Flußwache zurück, vielleicht weil sie sich schwer taten, Italiener zu töten. Erst nachdem ihre natürliche Hemmung einigen von ihnen das Leben gekostet hatte, begannen sie wie Männer zu kämpfen, die gegen Österreicher und Deutsche mit Bajonett und Kriegskeule vorgegangen waren. Sie erschossen ihren Feind, schlitzten ihm den Leib auf und erschlugen ihn mit ihren Gewehrkolben.

Als dies ein Ende hatte, brannte die Sonne heiß, und die Überlebenden glaubten, sterben zu müssen, wenn sie den Bach nicht erreichten. In vielen Fällen hatten sie damit recht.

*

Seine Beine reichten zwar nicht bis auf den Boden, wenn er auf seinem Feldstuhl saß, dennoch war der Oberst Pietro Insana ein Mann von großer Entschlossenheit. Sobald die Flußwache mit ihren Verwundeten und Gefangenen zurückgekehrt war, änderte er alles.

Er zog die Fahne auf, stellte Wachen an die Tore und sandte Männer in die Stadt, um für Proviant zu sorgen. Es waren so viele aus der Sackgasse entkommen, daß jedermann in Sizilien nun von der Flußwache wußte, die, statt sich vergiften zu lassen, das Einkaufen von Lebensmitteln fast ebenso schnell einstellte, wie sie damit begonnen hatte, und sich lieber auf die eigenen Vorräte und den Fischfang verließ. Jetzt patrouillierten sie entlang der Straßen und Hänge, drangen in langen Marschsäulen bis Trapani vor und zogen ostwärts fast bis Palermo, um zu zeigen, daß sie da waren.

Die Flußwache war so geheim geblieben, daß kaum jemand von ihrer Existenz wußte, geschweige denn, daß sie in Sizilien war. Die Doppeldecker waren von einem anderen Truppenteil entsandt worden, ein fataler Zufall, und waren fast augenblicklich in den Veneto zurückgekehrt. Das Auftauchen der Flußwache exakt im Augenblick des Angriffs ließ das Gerücht aufkommen, daß die italienische Armee Sizilien mit Flugzeugen, Maschinengewehren und Artillerie befrieden wolle. Obwohl kein Gemetzel beabsichtigt gewesen war, sprach der Tod von mehr als hundert Mann eine deutliche Sprache. In den alpinen Schützengräben weit im Norden, wo italienische Soldaten ihre Gewehre selbst Mitte Juli noch auf Schneewälle stützten, wurde das Debakel in der Sackgasse als der Überfall vom Monte Sparagio bekannt. Jeder, der daran teilgenommen hatte, so wurde allgemein behauptet, war verdammt, aber dem war nicht so. Niemand wußte, wer zu den bei Capo San Vito stationierten Streitkräften gehörte, und Listen wurden keine geführt, nicht einmal im Kriegsministerium in Rom, wo man die Listen vernichtet hatte.

Ein Kriegsschiff kam, die Gefangenen abzuholen. In Handschellen und Ketten wurden sie auf Motorbooten zu einem getarnten Zerstörer gebracht, der mit rauchenden Schornsteinen vor der Küste ankerte.

Im August vermißte die Flußwache den Norden mit einer Heftigkeit, wie nur jene sie kennen, die den größten Teil des Sommers über in einer Steinfestung in Sizilien verbringen müssen, mit langen und anstrengenden Hügelpatrouillen als einziger Ablenkung und gerade einem halben Dutzend Momenten unerwarteter Aufregung. Im Juni war eine Handgranate über die Mauer geworfen worden. Sie machte großen Lärm und tötete ein paar Hühner. Zwei blonde Frauen tauchten unerklärlicherweise am Strand jenseits der Nordmauer auf und badeten dort nackt. Der Oberst befürchtete eine Falle und befahl seinen Männern, den Wall zu verlassen, nachdem es bereits ernsthafte Verletzungen in Kämpfen um den Besitz einer unzureichenden Anzahl von Ferngläsern gegeben hatte. Die Frauen waren skandinavische Akademikerinnen, die die Italiener für sexuell unterdrückt hielten und die allein zu sein glaubten. In der Verwirrung von hundertfünfzig Männern, die wie gebannt waren von zwei nackten

Frauen in der Brandung, bemerkte zunächst niemand das winzige Stimmchen von unterhalb des Walls. Ein Soldat, den sie *Smungere* nannten, schrie seine übliche Predigt. »Bedenkt all den Verdruß und die Unreinheit in eurem Leben, die Sünde, das Leid, den Schmutz, die den niederen Beinkleidern und dem dazugehörigen Beiwerk, das an uns baumelt, zur Last gelegt werden können und wie sie die teuflischen Teile unserer Natur dem Haltlosen und Abscheulichen zutreiben. Gott sei Dank«, jammerte er in einer hohen Stimmlage, »für die Wunder der modernen Chirurgie. Eine einfache, schmerzlose, fast gefahrlose Prozedur kann uns zu einem reineren Leben führen. Die Spannung fällt von uns ab. Eine gewisse Ruhelosigkeit«, quengelte er, »weicht immerwährendem Seelenfrieden.« Niemand drehte sich auch nur nach ihm um. Wer immer ihn bekehrt hatte, mußte ein Genie gewesen sein, und nun fischte er in einem leeren Gewässer nach reumütigen Sündern. Bald nachdem die schwedischen Nackten aufgetaucht waren, wurde eine weitere Handgranate über die Mauer geworfen. Sie schlug einem Jungen einen Splitter in den Fuß; der schrie, genas aber schnell. Der Bombenwerfer wurde erschossen, als er davonrannte, und man ließ ihn liegen. Aus einem grausigen Zwang heraus beobachtete die Flußwache den allmählichen Verfall seiner Leiche – aus der Entfernung. Man konnte sie bei Nacht riechen; sie waren solchen Geruch gewöhnt. Es war so heiß, und die Vögel waren so emsig, daß alles, was nach einer Woche an der Stelle, wo der Körper liegengeblieben war, noch übrig war, Schuhleder, bleiche Knochen und ein schwarzer Fleck war. Mitte Juli zog die französische Flotte weit von der Küste entfernt vorbei. Sie sah spielzeughaft und gewaltig zugleich aus. Alessandro erzählte ihnen, daß Napoleons Muttersprache Italienisch gewesen sei und er Französisch nie vollständig beherrscht habe, und das gefiel ihnen ungeheuer, weil sie von Napoleon gehört hatten und eifrig Anspruch auf ihn erhoben. Bald nach Vorbeifahrt der Flotte fingen sie drei riesige Thunfische, die sie mit Öl einrieben und über Kräuter- und Weinfeuern brieten. Anfang August gab es einen großen Meteoritenschauer. Nachts lag die Flußwache rücklings auf dem Wall und beobachtete, wie der Himmel in leuchtspurartigen Schüssen von Silber und Weiß zerstob. Das Licht war still, und die Spuren der Sterne waren so kokett wie Mädchen im Frühling. Sie strahlten auf, sie lächelten, und sie verschwanden.

Eines Abends Anfang September holte sie der Oberst von den Pritschen und ließ sie in Formation antreten. »Keine Hurrarufe, keine Oohs, keine Aahs«, sagte er. »Wir gehen zurück nach Norden. Ich weiß nicht, was die mit uns vorhaben, wenn wir zurückgekehrt sind. Man hat es mir nicht mitgeteilt.«

Ein Soldat, der ansonsten recht schweigsam war, bat um die Erlaubnis, eine Frage stellen zu dürfen. »Woher wissen Sie solche Dinge? Es kommen keine Kuriere, und es gehen keine.«

»Ich habe einen kleinen Hund«, erwiderte der Oberst. »Er heißt Malatesta. Er kann sprechen, er kann schwimmen, und er kann fliegen. Er ist meine einzige Verbindung zur Außenwelt, doch durch ihn erfahre ich alles und kann alles bekanntmachen.«

Alessandro konnte sich eine Wortmeldung nicht verkneifen. »Herr Oberst?« fragte er.

»Ja?«

»Haben Sie jemals von dem gebenedeiten Lebenssaft gehört, der vom Mantel des Allerheiligsten auf dem Eukalyptusthron tropft, in den tiefen Schatten des gebleichten luftlosen Tals des Mondes?«

Der Oberst ignorierte seine Frage. »Wir brechen heute nacht auf«, sagte er. »Der Viehtransporter wird in einer Stunde hier sein. Ihr erinnert euch an den Viehtransporter. Auf unserer Reise nach Norden werden wir einen Überraschungsangriff starten. Wir werden den Ostteil der Insel angreifen, um ihnen zu zeigen, daß wir überall und jederzeit zuschlagen können. Mehrere Banden von Deserteuren liegen in der Nähe von Catania.«

»Sind es Armeeangehörige?« fragte jemand.

»Ja. Sie sind nicht gut organisiert, aber sie sind immerhin so stark, daß sie in Randazzo und Adrano Steuern eintreiben. Niemand hat sie bisher verfolgt, weil sie in dem wilden Gebiet auf und um den Vulkan herum operieren, doch wir werden aus dem Nichts kommen – keine Flugzeuge diesmal – und uns in kleine Kampfgruppen aufteilen. Dann werden wir die Verfolgung aufnehmen. Sie sind Gebirgsjäger, viel besser, als ihr seid, aber wir haben die Initiative.«

»Werden wir nach Catania kommen?«

»O ja, allerdings, aber es wird euch nicht recht sein. Wenn die Operation vorüber ist, werden wir die Gefangenen im Laufschritt durch die Straßen treiben. Rom besteht darauf, obwohl wir vielleicht aus den Fenstern beschossen werden.«

»Nicht mal Zeit für etwas Süßes?« fragte Fabio.

Der Viehtransporter hatte seine Motoren abgestellt und trieb auf der steten Strömung, die an dem Kap leckte, an den Strand. Sie hatten ihn nicht bemerkt, wie er rasch auf sie zukam.

*

Wieder kamen sie an den weißlichen Küsten Tunesiens vorbei und trieben so weit südlich, daß sie nahezu von allem auf der Welt abgeschnitten waren. Als befänden sie sich in einer Umlaufbahn um die Sonne Sizilien, fielen sie in einer Kurve durch die leeren heißen Räume und gaben dann ihr ruhiges Dahintreiben auf, um nach Norden zu fahren. Der Bug des Viehtransporters schnitt durch die See und rollte sie zu zischelndem Schaum, der immer und immer wieder dasselbe sagte, bevor er sich in den Wellen verlor. Sie umfuhren die Inseln und glitten ein paar Stunden nach Sonnenuntergang in eine verlassene Bucht an der Südküste.

Sie wateten an Land, nahmen diesmal aber weder schwere Ausrüstung noch Nachschub mit, sondern nur Gewehre und Rucksäcke. Weit links brannte ein einzelnes Feuer auf einem Hügel.

Der Leutnant und der Oberst studierten eine Karte. Sie waren einen Kilometer vom eigentlichen Ziel entfernt gelandet und müßten über einen Fluß setzen, der aber zu dieser Jahreszeit mit größter Wahrscheinlichkeit ausgetrocknet war. Nachdem der Viehtransporter wegzugleiten begann, überquerten sie den Strand zu einem riesigen Zitrushain, durch den sie im Dunkeln meilenweit liefen. Sie hatten Zeit, Orangen zu essen und auf den offenen Flächen zwischen den Bäumen zu stehen und den Vögeln in Gegenwindrichtung zu lauschen, die weder durch das Herannahen der Flußwache noch durch die Nacht zum Verstummen gebracht worden waren. Es war ein angenehmer Marsch, obwohl die Baumreihen nicht exakt ausgerichtet waren und die Soldaten deshalb in der Dunkelheit manchmal mit dem Kopf gegen einen Baumstamm stießen.

An einem höhergelegenen Bahndamm, weitab von Dorf oder Stadt, gruppierten sie sich neu und warteten, orangenessend und hingestreckt auf die Holzbohlen, die die Schienen trugen. Ein Sternenkorridor an einem mondhellen Himmel beleuchtete die Gleise, soweit das Auge reichte.

»Wenn wir nach Catania kommen«, sagte Fabio, »werde ich in ein Café gehen und fünf Tassen Capuccino trinken.«

»Wirst du nicht, Feder«, sagte Guariglia. »Du wirst wie wir alle durch die Straßen rennen, dein Gewehr auf die Gefangenen gerichtet, und hoffen, daß man dir nicht in den Hinterkopf schießt.«

»Nein«, sagte Fabio. »Capuccino, fünf Tassen.«

»Du wirst so dürr sein, wenn du vom Vulkan runterkommst«, sagte Alessandro, »*wenn* du vom Vulkan runterkommst, daß dein Körper keinen Capuccino mehr mag oder überhaupt erkennt. Du wirst kein Essen und keine Cafés brauchen, Fabio. Du wirst hart wie Stahl sein und nicht hungriger als ein Bajonett.«

Fabio zwinkerte. »Ich bin schon hart wie Stahl. Wir alle sind es.«

»Die Gebirgsjäger wissen, was sie tun«, fuhr Alessandro fort und preßte eine Handvoll Steine, bis die weicheren in seiner Faust zerbröckelten. »Wenn du das hier überstehst, wirst du in kein Café gehen wollen.«

»Was denn?« fragte Fabio.

»Du wirst Urin trinken, du wirst Steine zertrümmern, du wirst ein Kämpfer sein.«

»Ich war zwei Jahre an der Front«, protestierte Fabio. »Ich *bin* ein Kämpfer.«

»Du hast nie Dreck gefressen.«

»Stimmt«, sagte Guariglia. »Du hast nie Steine gefressen.«

»Ach, leckt mich doch«, sagte Fabio und biß in eine Orange.

Entlang der Bahnlinie, im Westen, erschien in weiter Ferne ein Licht. Zuerst war es nur ein Splitter Weiß, wie ein Stern, der sich in den Obstpflanzungen verirrt hatte, doch dann wuchs es mächtig zu einem hellen, blendenden Gelb an, das langsam die Schienen heraufwanderte. Die Offiziere befahlen allen außer Guariglia, sich in den Bäumen zu verstecken, und befahlen ihm, sich zwischen die Schienen zu stellen und eine Zigarre zu rauchen.

Obwohl Guariglia Angst hatte, protestierte er nicht, so groß war seine Liebe zu kubanischem Tabak. Er stand da, schmauchte zufrieden und fragte die Offiziere, die sich mittlerweile unter einem Orangenbaum unsichtbar gemacht hatten: »Und wozu das Ganze?«

»Der Zug hätte schon hier sein sollen, als wir eintrafen«, flüsterte der Oberst, obwohl es keinen Grund zum Flüstern gab.

»Verstehe«, sagte Guariglia.

»Wenn sie deine glühende Zigarre sehen, werden sie anhalten.«

»Das ist nett«, stellte Guariglia fest und verhüllte die Sterne mit einer riesigen Wolke duftenden Rauchs. »Wenn ...«

Das Licht kam näher und zitterte hin und her, wenn die Zugmaschine über kleine Unebenheiten in den ansonsten makellos parallel verlaufenden Stahlschienen wankte. Der Zug kroch dahin, als schäme er sich, zu spät zu kommen, und rollte mitten in die Kompanie von Soldaten, die zwischen den Bäumen auf ihn warteten.

Als er so nahe war, daß die mürrischen und nervösen Bewegungen der Pleuelstangen und Nocken zu hören waren, und als der Dampf, der aus dem halben Hundert Vorkriegsventilen entwich, wie eine Menagerie von Schlangen zischte, trat Guariglia von den Schienen und wedelte mit der Zigarre.

»Nicht mit der Zigarre wedeln«, hörte er den Oberst aus der Dunkelheit heraus sagen. »Wir sind keine Bittsteller. Diese Leute stehen unter unserem Befehl.«

Obwohl die Zugmaschine relativ klein war und nur drei Lorewagen zog, schien sie Guariglia, als sie auf ihn zurollte, wie ein riesiger Turm aus Eisen.

»Ich soll hier ein paar Leute abholen«, sagte der Lokführer. »Wo sind sie?«

»Ich will einen Blick in Ihre Wagen werfen«, verlangte Guariglia.

»Bitte.«

Sie waren alle leer. »Kommt raus«, rief Guariglia mit unverhohlenem Triumph in die Dunkelheit. »Es ist niemand an Bord.«

Von beiden Seiten tauchten die Soldaten aus der dunklen Obstpflanzung auf und kletterten in die Wagen. In kürzester Zeit waren alle drin, und die Offiziere hatten das Führerhaus erklommen. Nach ein paar Minuten stieg der Oberst auf eine Plattform am Ende der

Lokomotive. Über den Dampf, das Grollen des Feuers und das von den Kondensatoren und lecken Tanks herabtropfende Wasser hinweg sprach er zu seinen Männern.

»Der Zugführer sagt, es tut ihm leid, daß er zu spät gekommen ist. Aber seine Tochter hat heute geheiratet, und er konnte sich nicht von der Feier losreißen. Außerdem wäre es aufgefallen. Wenigstens hat er nicht gelogen und uns irgendeinen Mist über gebrochene Räder erzählt ... Er sagt, der Vulkan ist ein ganzes Stück von hier entfernt, das wissen wir, aber er sagt, daß er uns bis Tagesanbruch dorthin bringen kann, denn er versichert uns, daß sein Zug sehr schnell fahren kann, ganz gleich, welchen Eindruck er macht.«

»Bravo!« riefen einige Soldaten.

Der Lokführer tauchte unaufgefordert auf der Plattform neben dem Oberst auf. »Soldaten«, sagte er, »mein Zug ist sehr schnell. Es ist gefährlich, mit Höchstgeschwindigkeit zu fahren.« Er grinste in die Reihen schwer bewaffneter junger Männer. »Aber dies ist Krieg.«

*

Sie lehnten sich gegen die Seiten der Loren, ihre Gewehre neben sich; die gesicherten Bajonette ragten über die Stahlschotten hinaus und pfiffen im Wind. Guariglia hatte auf einer Kiste im ersten Wagen den einzigen Sitzplatz. Er hatte sich eine weitere Zigarre angesteckt und genoß sie, während der Wind vorbeiflog, ab und zu die Asche abstreifte und die Zigarre aufglühen ließ. Selbst der letzte Soldat im letzten Wagen konnte den Rauch riechen, und Guariglias Kopf war den Sternen zugewandt, so als säße er auf der Terrasse eines Sommerferienortes.

Weiter unten, rechts von Guariglia sitzend, schaute auch Alessandro zum Nachthimmel empor. Er war hungrig. Sie hatten nichts zu Abend gegessen außer Orangen; sie kamen sich körperlos vor, und ihnen war schwindlig. Als der Zug die Geschwindigkeit erhöhte, war es, als seien sie hoch oben in der Luft und würden mit den Sternen um die Wette rennen. Alessandro liebte die Sterne, weil sie unerschütterlich waren, und glaubte daran, daß jeder einzelne von ihnen sein Verbündeter sei. Wie einem anderen die Juwelen, die sich in seinem Besitz befinden, so verschafften sie ihm eine ungeheure Befriedigung. Wenn der Krieg den einzelnen Soldaten bedeutungslos machen konnte, konnte der Soldat sich wiederum freuen, daß die Sterne immer den Krieg für nichtig erklären würden.

Der Lokführer hatte die Wahrheit gesagt. Der Geschwindigkeit und dem Rütteln des Zuges nach zu urteilen, hatte er zwei Flaschen Schnaps intus, wie er da mit dem Hammer gegen eine Drosselklappe schlug. Metallene Gegenstände platzten und knallten. Die Waggons wollten sich voneinander losmachen und zerrten an ihren Kupplungen, wenn ein Wagen nach links und der andere nach rechts scherte. Der Wind wurde immer heftiger, und sie verließen das Unterland und stiegen zu Ebenen hinauf, wo nicht ein einziger Baum stand, der sie hätte stoppen können.

Als sie an eine Steigung kamen, wurden sie langsamer, und alle waren erleichtert, daß der Lokführer offenbar seinen Verstand wiedererlangt hatte, doch als sie den Kamm erreicht hatten und abwärts zu rollen begannen, wurde ihnen von der Beschleunigung schwindlig. Weder Vorsicht noch Einsicht, sondern die pure Schwerkraft hatte den Zug gebremst, und der Lokführer hatte geflucht; als sich die Lok dann nach vorne warf, segnete er sie.

In der tiefsten Nacht stürzten sie mit Höchstgeschwindigkeit auf eine riesige Ebene zu, die sich kaum dem Ansturm des offenen Himmels und seiner strahlenden, dreidimensionalen, phosphoreszierenden Fracht erwehren konnte. Ein spätsommerlicher Meteoritenschauer schoß durch den klaren Raum wie Leuchtmunition und verstärkte durch sein Leuchten so dicht über der Erde noch die Tiefe des Himmels. Nirgendwo war ein Licht oder ein Feuer, nur die Tiere waren wach und im Freien. Ihre Herren hatten sich in ihren Schlafkammern verbarrikadiert, doch sie lagen unter einem Sternenschauer, und obwohl sie niedere Kreaturen waren, leidend und stumm, sprach das Licht so deutlich zu ihnen, daß selbst sie verstehen konnten, wie es ihnen ein Ende ihrer Mühsal versprach, ihnen Seelen versprach und Zungen und ein geläutertes Wesen. Die Soldaten in den Lorewagen unter denselben Sternen, die über dieselben Felder rasten und dieselbe duftende Luft atmeten, waren in den Pakt miteingeschlossen. Auch ihnen wurde Erlösung, Liebe und ein Entkommen versprochen.

Sie wurden in verschiedenen Gruppen um den Fuß des Ätna herum abgesetzt. Während die Offiziere sich mit ihren Karten abmühten, legten sich viele Männer der Flußwache zum Schlafen nieder. »Ich dachte, es würde wie die Berge um Rom sein, dabei ist es hier so groß wie eine Provinz. Woher wissen wir, wo wir sie finden?« fragte Fabio Valtorta.

»Wir wissen es nicht«, antwortete der Leutnant. »Wir haben einen Abschnitt zu durchkämmen. Wenn sie in dem Abschnitt sind, werden wir sie finden. Wenn nicht, dann nicht. Wir fangen hier an und gehen im Zickzack, bis wir zum Gipfel kommen.«

»Das dauert ja eine Million Jahre, bis wir alles abgesucht haben«, protestierte Guariglia.

»Nicht, wenn wir einzeln gehen«, sagte Valtorta, seine Augen auf die Wolken am Gipfel des Kegels in dreißig Kilometer Entfernung gerichtet. Er begann seinen Rucksack zu packen. »Man führt so keine Kriege, aber dies ist nicht wirklich ein Krieg. Mit so vielen einzelnen Patrouillen am Berg können sie uns nicht entgehen.«

»Was ist, wenn einer von uns auf ein Dutzend stößt?« fragte Alessandro.

»Erschießt sie. Wir rücken dann alle beim Lärm des Feuers an.«

»Das könnte eine Stunde dauern.«

Der Leutnant ließ eine Unmenge Munition in die Seitentaschen fallen und zurrte sie zu. »Worüber macht ihr euch Sorgen? Ihr habt genügend Schuß und ein gutes Gewehr. Haltet Abstand; es wird schon gutgehen.«

»Sie werden ausschwärmen.«

»Wir werden von allen Seiten näherrücken. Wir werden sie einzeln erwischen oder sie ins offene Gelände treiben.«

»Wenn sie schlau sind, drücken sie sich an den Boden und warten, bis wir vorbei sind«, sagte Guariglia, »und flüchten dann ins Tal.«

»Ich glaube nicht«, sagte Alessandro. »Ich denke, sie werden wie gejagte Tiere Schutz im tiefen Wald suchen oder nach oben rennen. Der Oberst muß Jäger sein.«

»Das stimmt«, bestätigte der Leutnant. »Und du?«

»Nein, aber ich hatte ein Jagdpferd. Manchmal haben wir Wild gejagt, und abends fanden wir uns immer tief im Wald oder auf einem Hügel wieder.«

*

Es war immer noch früh am Morgen, als Alessandro und Guariglia, die zusammen losgezogen waren, um aneinandergrenzende Abschnitte zu durchkämmen, auf ein Bauernhaus stießen, das von Scheunen, einer Mühle und einer Zisterne umgeben war. Zwei Frauen wuschen Wäsche an einer Schleuse, durch die das Wasser so reichlich floß wie in den Alpen. Beim Anblick der schwerbewaffneten Soldaten erstarrten sie wie Rehe, beruhigten sich aber wieder, als Alessandro nach den Männern fragte. »Nur mein Vater ist da«, sagte die Jüngere, und dann legte sie sich die Hand vor den Mund, als hätte sie ihr eigenes Todesurteil unterschrieben.

»Haben Sie keine Angst«, sagte Guariglia zu ihr. »Wir wollen nur etwas essen und uns waschen.«

Sie rannte in den Garten, um ihren Vater zu holen.

»Warum soviel Wasser?« fragte Alessandro die andere Frau.

»Wir verkaufen es.«

»Werden Sie uns etwas davon verkaufen?«

»Warum nicht?«

Eine halbe Stunde später schwammen Alessandro und Guariglia in einer riesigen Zisterne, während der Vater eines der Mädchen ihnen eine feierliche Ansprache über Patriotismus und den König hielt. Er war Veteran des Afrika-Feldzugs. Er hatte andere Soldaten durch die Felder ziehen sehen, und er nahm an, daß Alessandro und Guariglia auf der Jagd nach den Deserteuren auf dem Vulkan waren. Obwohl er darauf bestand, daß sie umsonst badeten und aßen, weigerten sie sich, irgendeine seiner Fragen zu beantworten, aus Angst, daß er ein anderer wäre, als er vorgab.

»Woher wissen wir«, flüsterte Guariglia, während ihm das eiskalte Wasser aus dem Schnurrbart tropfte, »daß er uns nicht in dem Bekken erschießt, wie Euripides?«

»Er spielt nur mit unseren Gewehren, Euripides«, antwortete Alessandro und deutete auf den Bauern, der die Waffen zärtlich in der Hand hielt, »und er hat uns nicht erschossen, oder? Außerdem spielen nur alte Soldaten so mit Gewehren herum.« Dann tauchte Alessandro nach dem Grund. In völliger Dunkelheit schwamm er tiefer, bis der Druck auf seine Trommelfelle unerträglich wurde. Er kehrte um und schwamm so schnell er konnte, zur Oberfläche zurück, wobei seinen schmerzenden Lungen silberne Luftblasen entstiegen, die ihm beim Auftauchen vorausliefen, bis er mit einem Keuchen an die Luft stieß.

»Wie tief ist es?« fragte er den Besitzer.

»Ich weiß nicht«, sagte der alte Mann. »Es ist ein Teil des Berges. Manchmal blubbert es, aber nicht oft. Wir trinken es. Wir hatten noch nie eine Leine, die lang genug gewesen wäre, um bis zum Grund zu reichen. Als ich jung war, ließ mein Vater einmal eine Rolle mit tausend Metern Draht hinunter. Das Lot stieß nirgendwo auf. Darf ich mir die Bajonette anschauen?«

»Sicher«, sagten sie mit einiger Nervosität.

Er zog die Bajonette blank und betrachtete das funkelnde Licht auf den geölten Klingen.

»Er ist ein Spinner«, flüsterte Guariglia leise und trat Wasser.

»Ich kann nichts anderes behaupten«, erwiderte Alessandro.

Als sie aus dem Wasser gestiegen waren, rasierten sie sich mit heißem Wasser und zogen ihre frischgewaschenen nassen Uniformen an. Dann gingen sie in eine Loggia, wo sie die Gewehre auf ihre Rucksäcke stellten und sich zum Essen hinsetzten. Die Frauen, deren Männer seit Jahren im Norden waren und die sich die beiden Soldaten angeschaut hatten, während sie schwammen, hatten sich in Raserei versetzt. So als seien sie von einer Nervenkrankheit befallen, machten sie merkwürdige, unmißverständliche und dennoch obskure Gesten mit ihren Lippen, Zungen, Kiefern, Augen, Händen und Fingern.

Der alte Mann setzte sich zu Alessandro und Guariglia an den Tisch und sprach sich über die Österreicher und Afrikaner aus. Ab und zu schlug er mit der Faust auf den Tisch, übersah aber, daß die Augen seiner Tochter glasig waren oder daß seine Schwiegertochter sekundenlang hinter ihm stand, beide Hände gegen ihre Brüste preßte, mit der Zunge ihre Nase berührte, ihre Augen schloß, mit den Hüften wackelte und wie ein Wolf heulte.

Alessandro und Guariglia wußten nicht recht, was sie davon halten sollten. An der Art, wie ihnen die Münder offenstanden und ihre Augen hervortraten, glaubte der alte Mann ablesen zu können, daß sie von seinem Bericht über den Krieg in Eritrea vollkommen fasziniert waren und daß er sie mit Kampfeswillen erfüllte.

Die, die wie ein Wolf heulte, warf die Küchenläden auf, und ohne sie loszulassen, um sie sofort schließen zu können, falls ihr Vater sich umdrehen sollte, ließ sie ihre Bluse bis zur Taille fallen. Alessandro und Guariglia räusperten sich, seufzten, pfiffen durch die Zähne und stachen auf ihre Kalbskoteletts ein.

»So ist es recht!« rief der alte Mann. »Diese verdammten Türken! Wir wußten, was wir mit ihnen machen mußten!«

Als die Mahlzeit fast vorüber war, wandte sich die Schwiegertochter kurz um, schob sich ein riesiges sizilianisches Brot unter den Rock und hopste in die Küche.

»Und was jetzt, Jungs?« fragte der alte Mann.

»Vielleicht sollten wir etwas schlafen. Wir waren die ganze Nacht auf den Beinen«, schlug Alessandro vor.

»Und das Tageslicht vergeuden? Mein Gott! Als ich in der Armee war, sind wir wochenlang marschiert, Nacht für Nacht, und haben tagsüber gekämpft. Geht hinaus! Schnappt diese Bastarde!«

»Wenn wir schlafen, werden wir bessere Kämpfer sein!« bettelte Guariglia.

»Unsinn!« rief der alte Mann und sprang auf die Füße. »Und Gott mit euch!« Er holte ihre Gewehre und ihr Gepäck. Die drei verließen zusammen das Haus und stiegen einen Hang hinauf, der zum Vulkan führte. Er segnete sie, wünschte ihnen abermals Glück und machte sich auf zu seinen Feldern.

Alessandro und Guariglia gingen ein kurzes Stück und drehten sich dann um, um zu dem Haus zurückzuschauen. In den Fenstern im oberen Stock vollführten die beiden Frauen einen recht merkwürdigen Tanz.

»Sie sind nackt«, stellte Guariglia fest.

»Ich sehe es.«

»Laß uns zurückgehen.«

»Er beobachtet uns.«

Guariglia wandte sich um. »Er winkt. Dieser Mistkerl winkt. Er wird uns wie ein Hund beobachten, bis wir verschwunden sind.«

»Er hat sich einer Sache verschrieben.«

»Warte mal«, sagte Guariglia. »Wer ist das?«

Von der Seite her näherte sich ein Soldat mit einem Gewehr dem Haus; sie konnten ihn sehen, aber der Bauer nicht. Sein Klopfen an der Tür ließ die Frauen so schnell wie Windhunde von den Fenstern verschwinden.

»Wer ist das!« schrie Guariglia.

»Du weißt schon wer«, sagte Alessandro. »Schau ihn dir an, wie er da steht, sich das Hemd in die Hose steckt und sich übers Haar fährt. Wer sonst kann das sein? Wer sonst *sollte* es sein?«

»Ich bringe ihn um«, sagte Guariglia.

Dann trennten sie sich und begannen, die Flanke des Ätna im Zickzackkurs hinaufzusteigen. Die Sonne stand jetzt hoch, ihre Uniformen waren getrocknet, und ihnen war so heiß, daß sie nach der Höhe lechzten, und sei es nur, weil sie wußten, daß der Wind auf der Höhe kalt sein würde.

*

Alessandros Rucksack war zu schwer. Er hatte 150 Schuß Munition zu schleppen, wahrscheinlich mehr, als er brauchen würde, schwere Kleidung, genug zu essen für ein paar Tage, und Wasser. Das, zusammen mit dem Gewicht der Stiefel, Gürtel, Schnallen, Ledertaschen, Gewehr, Bajonett und Scheide, Pistole, Pistolenmunition und der vielen verschiedenen Dinge, die sich in seinem Rucksack und seinen Taschen angesammelt hatten, wog fast so viel wie er selbst.

Um vier Uhr nachmittags machte er auf einer Lichtung von jungen Kastanienbäumen halt. Noch bevor der Sommer vorbei war, begannen die Blätter gelb zu werden – nicht wie anderswo von der Hitze, sondern von der Kälte in der großen Höhe. In mehreren tausend Metern Höhe schien der langsam zurückweichende Wald eher zu Nordeuropa zu passen als zu Sizilien, und er war so dunkel und so wasserreich, daß er wie ein Wald im mittelalterlichen Frankreich aussah oder wie die Villa Borghese Anfang Dezember. Mit ihrem süßen Alarmruf schienen die Vögel sagen zu wollen, daß sie noch nie einen Menschen gesehen hatten, obwohl das nicht stimmen konnte, denn die Bauern stiegen auf den Ätna, um Kastanien zu sammeln. Vielleicht hatten die Vögel noch nie einen Soldaten gesehen.

Alessandro ließ Rucksack und Gewehr fallen, und ohne das Gewicht auf den Schultern kam er sich wie ein vom Himmel angezogener Engel vor. Er setzte sich. Viele Stunden lang hatte er sich den Berghang hinaufgekämpft, durch Wald, Gestrüpp, Weinberge, Felder und über schwarze Lavaströme, die seine Stiefel zerkratzten und seine Knöchel wundscheuerten. Seine Uniform war vom eigenen Schweiß eingedunkelt, und der Teil des Rucksacks, der ihm gegen den Rücken scheuerte, war zum Auswringen naß.

Zweimal war er Guariglia begegnet, sonst niemandem, und sie hatten festgestellt, daß sie nie jemand finden würden, weil sie mit ihren brennenden Augen und den vom Gewicht auf ihren Schultern nach vorn gebeugten Köpfen keine Beobachtungsfreiheit hatten. »Bestimmt«, hatte Guariglia gesagt, »bestimmt hören und sehen sie aber uns.«

Ein eisiger Bach in der Mitte der Lichtung war gerade tief genug, um über Alessandro hinwegzufließen, als er sich mittendrin nach unten drückte. Der Luftzug war kühl, und Alessandro wußte, daß die Nacht kalt sein würde, doch er würde Guariglia finden, zum erstenmal in seinem Leben jagen, und sie würden ihr Abendessen über einem Feuer braten.

Er tauchte aus dem Bach auf, schüttelte sich das Wasser ab, zog sich an und setzte sich auf seinen Rucksack. In weiter Ferne wurde das Meer vom heißen Nachmittagslicht beleuchtet. Irgend etwas an dem ruhigen und kühlen Blau weit entfernt in einem stillen glitzernden Band kurz vor dem Horizont erlaubte Alessandro, alle Vorsicht aufzugeben und den Augenblick auf sich wirken zu lassen.

Er beugte sich vor, griff sein Gewehr neben dem unteren Ende des Bajonetts und drehte es herum, um es gegen die Astgabel eines jungen Baums zu lehnen, griffbereit und in Sichtweite. Auf See bewegte sich ein Schiff langsam durch das blaue Band, und der weiße Fleck seines Fahrwassers wurde zu einem Faden, der schließlich verschwand. Alessandro hob eine Kastanie auf und roch daran. Der Geruch ließ ihn an Rom im Herbst denken, wie er zur Abenddämmerung von San Trinità dei Monti auf die Via Condotti hinabblickte und die Feuer in den Restaurants entlang des Tiber zu brennen begannen und sich vor dem dunkler werdenden orangefarbenen Himmel die königlichen Palmen auf dem Gianicolo abzeichneten. Er bedauerte es, seine Mutter nicht mitgenommen zu haben, um ihr die Ansichten von Rom zu zeigen, die er während seiner Kindheit kennengelernt hatte. Sie würde sie niemals mehr sehen, und niemals hatten sie sie zusammen gesehen, weil sie langsam ging und er nicht die Geduld hatte, langsam mit ihr zu gehen.

Plötzlich wurde er nach vorn geworfen, als hätte ihn von hinten ein Stier angegriffen. Er flog über die halbe Lichtung und wäre fast kopfüber gegen einen umgefallenen Baumstamm gekracht, als er in der Luft weggedreht wurde. Was immer ihn hochgeschleudert hatte, hing noch an ihm und hatte ihn zum eigenen Vorteil mit dem Bauch nach oben gedreht, so daß er nichts außer Blau sah.

Als sie auftrafen und alle Luft aus Alessandros Lunge entwich, bekam er einen ungeheuren Schlag ins Gesicht. Er hatte keine Möglichkeit, sich zu rühren, keine Gelegenheit, zu reagieren. In Sekundenbruchteilen versuchte er die Lage zu begreifen. Dann ließ ein riesengroßer, blauäugiger Mann mit schütteren Haaren ihn los, ließ ihn liegen und ging langsam zu dem Gewehr hinüber. Nachdem er es von der Astgabel genommen und die Scheide mit solcher Heftigkeit vom Bajonett gezogen hatte, daß sie durch die Luft flog, wirbelte er herum und kam auf Alessandro zu.

Sein eigenes Bajonett, mit dem er selbst einen Mann getötet hatte, kam wie ein Spürhund auf ihn zu, nur schneller und zielsicherer. Der Mann, der es führte, schien ungerührt, so als wolle er eine Schaufel in einen Erdhaufen schieben, bevor er sich zu Mittag niederließ.

Alessandro konzentrierte sich auf die geölte Silberspitze und sog die Luft ein. Er hatte die Wahl. Er konnte denken, jetzt sterbe ich und dies ist das letzte, was ich sehen werde, oder er konnte sich in einer Zehntelsekunde neben der Klinge wiederfinden, ihr gerade entronnen sein, ohne recht zu wissen wie.

Obwohl er kein Gleichgewicht und keine Kraft hatte, spannten sich alle seine Muskeln im selben Moment und er warf sich zur Seite. Das Bajonett drang in den weichen Waldboden und schnitt eine lehmfarbene Kerbe in die Unterseite des umgefallenen Baumstamms. Alessandro überschlug sich rückwärts ins Gebüsch, rollte den Hang hinab und riß sich an Felsen und Zweigen das Fleisch auf. Um den Fall zu beschleunigen, stieß er sich mit Füßen und Armen ab, wann immer er irgend etwas berührte, und ruderte sich tollkühn so den Abhang hinab, bis er sich, wie eine Hure schnaufend, am Fuße eines kleinen Grashügels wiederfand.

Er hatte klare Sicht bis zu der Stelle, wo er gewesen war, wunderbar weit weg. Er legte den Kopf zur Seite, um zu sehen, ob er verfolgt wurde. Die Luft bewegte nicht einmal die Blätter, und der blonde Mann mit dem schütteren Haar verschwand mit atemberaubendem Tempo einen Lavastrom steil nach oben, Alessandros Rucksack und Gewehr mit sich schleppend.

Ohne lange nachzudenken und im ersten Augenblick auf Händen und Füßen, setzte Alessandro ihm nach.

*

Er wollte ihn weder aus den Augen verlieren noch gesehen werden, also hielt er sich am Rand des Lavastroms zwischen Büschen und Bäumen. Die Schnitte in seinem Gesicht bluteten noch immer, der schwarze Staub, den er einatmete, setzte sich in die offenen Wunden, und er knickte ein halbes dutzendmal mit dem Knöchel um, doch schließlich kam er zu Atem und hörte zu bluten auf.

Er mußte sich leise bewegen, weil er so nah war. Der Deserteur stieg in der Mitte der Lava stetig nach oben und ging dabei so gleichmäßig wie ein Bergführer. Alessandro folgte ihm zwei Stunden lang, hundert Meter rechts von ihm und ein paar Meter hinter ihm zurückbleibend, und während der ganzen Zeit schaute sich der Deserteur nicht ein einziges Mal um, doch als die Sonne unterzugehen begann und ein Schatten den Osten bedeckte, blieb er stehen und suchte alles unter ihm am Berg ab. Alessandro drückte sich flach gegen die Felsen.

Der Deserteur richtete sich groß und gerade auf, von hinten von der Sonne beschienen. Der aufziehende Abendwind fing sich in seinem Haar und ließ es wild aufblitzen, so als trüge er einen goldenen Helm. Er stand mitten in Flecken von gelbem Gras, die dort, wo sich kleine Hügel erhoben und der Boden uneben war, immer noch Spuren von Grün zeigten. Hinter ihm war der Himmel leer. Es wurde kalt, und Alessandro konnte deutlich die Umrisse seines Gewehrs mit dem Bajonett erkennen, das sich der Deserteur über die Schulter gehängt hatte, dicht neben den Rucksack, in dem Essen, Wasser, Munition und warme Kleidung waren.

In der Dunkelheit ging Alessandro näher heran. Der Wind kam ihm entgegen, und er konnte seine Beute hören, ohne selbst gehört zu werden. Manchmal erhaschte er einen kurzen Blick auf die Umrisse des Mannes vor dem leicht violetten Himmel des frühen Abends, und später konnte er ihn sehen, wenn er die Sterne verdeckte.

Ab und zu hörte Alessandro von weiter unten Schüsse. Sie waren so schwach, daß er sich nicht sicher war, ob er sie sich nicht eingebildet hatte. Wenn sich der Wind nur ein wenig in seinen Ohren fing, verschwand das Geräusch, und im Vergleich zu den unsicheren Geräuschen waren die Schritte des Deserteurs wie Hammerschläge.

Gegen zehn Uhr machte der Deserteur am Kraterrand Rast. Ohne etwas anderes tun zu können, als nachzudenken und zu frieren, beobachtete Alessandro, wie er auf einen großen Felsbrocken kletterte und sich wie ein Säulenheiliger auf die Spitze setzte. Er wird sich bis zur Morgendämmerung ausruhen, dachte Alessandro, weil er nicht nachts durch den Krater gehen kann. Dann wird er schnell wie der Teufel nach Nordosten laufen und in Richtung Messina verschwinden oder in einer Höhle, wo er in Sicherheit ist.

Alessandro rollte sich auf einem weichen Grasflecken zusammen, umfaßte seine Knöchel und versuchte, mit seinen Armen soviel wie möglich von seinem Körper zu bedecken. Es war nicht sehr gemütlich, aber es war wärmer als zu stehen oder zu sitzen, und er schlief ein.

Er wachte um etwa vier Uhr früh in völliger Stille auf. Nicht einmal der Wind war schnell genug, ein Geräusch zu machen, und die Bergluft war klar und dicht; die Sterne und die Milchstraße strahlten hindurch, als seien sie aufgeregt und wütend. Eine Mondsichel, so dünn, daß sie wie ein himmlischer Glassplitter aussah, hing auf ihrem Weg zur anderen Seite der Welt gerade über dem Meer.

Alessandro beschloß, noch zwei, drei Minuten, nachdem der Deserteur aufgebrochen war, zu warten, dann war er sauber, ausgeruht, satt und überzeugt, in Sicherheit zu sein, dann dachte er nicht mehr an Alessandro und war sicher, nicht verfolgt zu werden. Und Alessandro würde genau dann zuschlagen, wenn sie beide von dem Sonnenaufgang in großer Höhe euphorisiert waren.

Er ging voran, um nach dem Pfad zu suchen, den Touristen und Naturforscher vor dem Krieg in den Kraterrand gelaufen hatten. Niemand, der über den Berg stieg, konnte ihn verfehlen. Obwohl Alessandro direkt auf den Kraterrand zukletterte, brauchte er länger, bis er dort ankam, als er angenommen hatte. Feuerseen tief unten im Krater schlugen über und kochten und wurden von schrecklichen roten Schuppen bedeckt, die aussahen wie die getrocknete Haut eines mythischen Tiers. Ab und zu schoß eine Flamme in die Höhe, fiel zurück und hinterließ für kurze Zeit einen Abdruck auf dem geschmolzenen See, aus dem sie gesprungen war. Die Luft, die über den Kraterrand stieg, war schwefelhaltig und nicht zu atmen; die bösartigen Seen hatten seit vielen tausend Jahren ihr nächtliches Werk verrichtet, Kundschafter in einem Krieg, der so gewaltig und so tief im Erdinneren stattfand, daß für die Erdoberfläche nur Verachtung blieb.

Alessandro ging den Pfad entlang, bis er östlich davon eine Gruppe von Felsbrocken fand. Er kletterte auf einen flachen Vorsprung und kletterte wieder hinab, um nach einem Stein mit einer scharfen und schartigen Kante zu suchen, der gut in seiner Hand lag. Gerade als die ersten Strahlen einer schwach rosenfarbenen Sonne auf die Stelle trafen, wo der Deserteur geschlafen hatte, flammte ein kleines Feuer auf, so abgezirkelt wie das Licht einer Laterne.

Als das Feuer ausging, setzte Alessandros Angst ein. In dem Minenmontagelager in Mestre war er im unbewaffneten Nahkampf ausgebildet worden, doch keine Übung konnte ihn darauf vorbereiten, was er jetzt zu tun hatte. In einem freimütigen Augenblick hatte sein Ausbilder der Truppe gesagt, daß sie kaum eine Chance hatten, gegen jemand zu bestehen, der viel größer war als sie, ganz gleich, wie gut sie waren. Alessandro hatte die Übungen nur zur Hälfte gelernt und hatte das Gelernte halb vergessen. Er dachte an die

Geschwindigkeit und Wendigkeit, mit der der Deserteur das Gewehr ergriffen, das Bajonett entsichert und geräuschlos die Klinge ausgerichtet hatte. Er dachte daran, mit welcher Kaltblütigkeit er angegriffen hatte, ohne auch nur schwer zu atmen. Alessandro versuchte, das mulmige Gefühl in seinem Magen unter Kontrolle zu bringen, indem er den Fels unter seinen Füßen anstarrte und ganz still blieb. Die aufgehende Sonne überstrahlte bald die geschmolzenen Seen, und obwohl diese im Dunkeln lagen, konnten sie sich nicht im entferntesten mit ihrem blutroten Kreis messen. Je höher die Sonne stieg, desto weniger Angst hatte Alessandro.

Der Deserteur kam den Pfad entlang, und Alessandro zitterte, aus Furcht, er könne ihn vorbeilassen oder daß er im Moment des Absprungs so panisch wäre, daß er zu früh oder zu spät springen würde.

Alessandro war nicht mehr wütend, jedenfalls glaubte er es nicht. Alles, was er wollte, war leben. Warum soll ich ihn nicht gehen lassen, dachte er. Laß ihn einfach vorbei. So bleibe ich wenigstens am Leben. Weil der Hundesohn mein Gewehr und meine Sachen gestohlen hat. Als er mit meinem eigenen Bajonett auf mich zukam, wollte er mich töten, und ihm machte das nichts aus.

Er preßte die Kiefer zusammen und ballte die Faust um den Stein. Jetzt blendete die Sonne, als sie wie ein Ballon über den Kraterrand stieg.

Alessandro dachte an einen Löwen auf einem Felsen, der auf seine Beute wartet. Ein Löwe war nicht ängstlich und nicht wütend, doch wenn er seiner Beute auf den Rücken sprang, machte er einen wütenden Eindruck. Er brüllte und riß mit seinen Krallen. Wie bei dem Löwen von Venedig war seine Mähne steif vor Sonne und Staub. Wie der Löwe von Venedig, mit dem traurigen Gesicht, das wild und weise war, ließ er sich von Gott und der Natur in seinem Kampf führen.

So mußte es auch bei Alessandro sein, denn er hatte keine Zeit, weiter nachzudenken. Er hörte schnelle Schritte. Der Deserteur tauchte auf. Er hatte keine Ahnung, daß jemand auf ihn wartete, und er kam näher wie ein Bergwanderer.

In der Sekunde, in der Alessandro durch die Luft segelte, verlor er alle Angst. Er war im Begriff, sich zu revanchieren, und stürzte herab wie ein Habicht. Als der Deserteur sich umdrehte, wollte Alessandro ihm mit dem Stein ins Gesicht schlagen, doch die Schwerkraft verschwor sich gegen ihn und der Schlag landete auf der Seite.

Sie gingen beide zu Boden, der Rucksack fiel hin und schien beinahe zu zerplatzen, und das Gewehr knallte auf die Felsen. Einen Moment lang bewegte sich keiner. Alessandro landete einen Schlag und spürte, wie seine Faust leicht auf eine Zahnreihe traf, doch das nächste, was er wußte, war, daß zwei Stiefel gegen seine Magengrube drückten. Sie traten ihn nicht einfach, sie drückten, bis er angehoben und gegen den Felsblock geworfen wurde. Der Stein flog ihm aus der Hand.

Der Deserteur ging direkt auf das Gewehr zu. Er legte seine Hand darauf und wollte sich gerade umdrehen, als Alessandro ihn anrannte wie ein Hammel und ihn vom Rand des Pfads zu einem Vorsprung weiter unten stieß. Der Deserteur verletzte sich bei dem Sturz. Alessandro hingegen kam ohne Schaden davon, doch war das Gewehr mit hinuntergefallen. Der Deserteur hob es langsam auf, spannte den Hahn und richtete es auf Alessandro, der sich so schnell von der Kante zurückzog, daß kein Schuß abgefeuert wurde.

Als Alessandro zwischen den Felsen hindurchspähte, sah er den Gebirgsjäger, der versucht hatte, ihm das Bajonett in den Leib zu rammen, auf den Kratergrund zuhumpeln. Er hielt das Gewehr in seinen Armen und blickte sich derart häufig um, daß es so aussah, als hätte er Mühe, sich zu entscheiden, in welche Richtung er gehen wollte.

Alessandro öffnete den Rucksack. Der Deserteur hatte nichts von der Pistole gewußt, die in der Pistolentasche steckte und am Boden der linken Innentasche deponiert war. Alessandro schnallte sie um. Er trank sein Wasser und aß Trockenfleisch, Zwieback und Trockenobst, während er die Habseligkeiten des Deserteurs inspizierte – einen zerrissenen Pullover, ein französisches Messer mit Holzgriff, ein sozialistisches Manifest vom Mai 1915, ein Glas Marmelade und eine Ansichtskarte von der Sixtinischen Kapelle. Die Karte stammte von einer Frau namens Berta – die schrieb, daß sie nach Danzig zurückkehre –, und sie war an Gianfranco di Rienzi in einem Bataillon der Alpini adressiert, von dem Alessandro wußte, daß es aus erstklassigen Bergsteigern, die jahrelang im Schnee gekämpft hatten, bestand.

Vielleicht, weil Alessandro nun den Namen des Deserteurs kannte, wußte, daß er Bergsteiger war und daß er Berta geliebt hatte und nicht wiedergeliebt worden war, hatte er nicht den Wunsch, ihn zu töten oder auch nur gefangenzunehmen, doch er konnte die Tatsache nicht akzeptieren, daß er sein Gewehr nicht hatte. Alessandro band sich einen Pullover wie einen Patronengurt um den Körper, trank den letzten Schluck Wasser und machte sich wieder an die Verfolgung. Er folgte dem Pfad und zog die Pistole, um sie zu überprüfen und zu entsichern, und als er sie wieder ins Holster steckte, spürte er die unerklärliche Energie, die Soldaten manchmal am Morgen nach einer durchwachten Nacht überkommt.

*

Als Alessandro die Caldera erreichte, war er sehr durstig, aber er wußte, daß Gianfranco di Rienzi noch durstiger sein mußte. Die Sonne brannte heiß, und die aus den Feuerseen aufsteigende Hitze bewegte die Luft, bis sie in senkrechten Lagen hin und her waberte, die wie Wasser aussahen.

Wegen der versteckten Magmabecken unter einer Kruste, die vom Gewicht eines Mannes zerbrechen konnte, schlug Gianfranco ab und zu mit dem Gewehrkolben auf den Boden, ähnlich wie ein Eisläufer mit den Füßen stampft, um das Eis zu prüfen.

Gianfranco drehte sich um, hob das Gewehr und feuerte in Alessandros Richtung. Der Schuß hallte durch die Dämpfe. Alessandro fuhr zusammen und warf sich auf ein Knie, doch die Kugel war bereits vorbei.

Der zweite Schuß war überlegter. Alessandro hatte Zeit, sich zu Boden fallen zu lassen, und hörte die Kugel über seinen Kopf hinwegsausen, doch er hatte keine gute Deckung. Gianfranco vergeudete zwei weitere Schuß und schaffte lediglich, Alessandros Gesicht zu verletzen, als die Kugeln die scharfen und schartigen Felsen in der Nähe zersprengten, wodurch sich Gianfrancos verbliebene Munition auf drei Schuß reduzierte.

Alessandro kam sich merkwürdig angstfrei vor, weil Gianfranco di

Rienzi nur noch drei Chancen hatte, drei kleine Kugeln. Im Glockenturm und später in den Gräben waren die Kugeln wie Regen gefallen. Drei Kugeln in einer riesigen weiten Landschaft machten keinen Eindruck auf Alessandro, also rannte er los, sprang über die heißen Nähte, die zwischen den Seen und den Pfaden kreuzten, und zwang Gianfranco, ihm in fünfzig Meter Abstand zu folgen und einen weiteren Schuß zu vergeuden. Dieser verfehlte ihn allerdings nur knapp. Es blieben bloß zwei, und Gianfranco tat, was Alessandro erwartete: er entschied, das Bajonett zu benutzen. Er zog sorgfältig die Scheide ab, hängte sie sich an den Gürtel, bückte sich und stürmte los.

Alessandro zog die Pistole, warf den Gurt fort, floh in eine felsige Senke und steckte die Pistole in den Bund. Als Gianfranco am Rand der Senke auftauchte, eingehüllt in Wolken sonnendurchfluteten gelben Dampfs, hatte er die Möglichkeit, Alessandro zu erschießen oder näherzukommen, um ihn zu erstechen. Alessandro wußte, daß Gianfranco seine letzten beiden Patronen aufsparen wollte, also setzte er sich auf einen Fels und hielt die Beine am Boden.

Gianfranco tauchte in den Schwefeldämpfen auf, war aber hinter Alessandro. Er hätte ihn erschießen können, doch sie hatten bereits fast einen ganzen Tag von den Fehlern des anderen gelebt, und es ging weiter. Gianfranco war geizig mit den zwei Patronen. Er begann, hinabzuklettern.

Als Alessandro das Kollern von Steinen hörte, die den Hang hinunterrollten, stand er auf und drehte sich um.

Gianfranco war sich sicher, ihn gestellt zu haben. »Warum hast du mich verfolgt, du Idiot? Ich habe mir genommen, was ich brauchte, und ich habe dich zweimal am Leben gelassen. Zweimal. Konntest du *mich* nicht leben lassen?«

»Nein.«

»Warum nicht?«

»Weil du ein Deserteur bist.«

»Magst du keine Deserteure? Bist du Monarchist? Du Blödmann!«

»Ich bin kein Monarchist«, sagte Alessandro, als sie so dicht beieinander standen, daß Gianfranco ihn mit zehn Schritten auf der Spitze seines Bajonetts gehabt hätte. »Ich mag keine Deserteure.«

»Warum nicht?«

»Wegen Guariglia. Guariglia hat Frau und Kinder. Als du der Front den Rücken gekehrt hast, du Arschloch, hast du es ihm noch schwerer gemacht, zu überleben.«

»Vielleicht hättest du und Guariglia auch desertieren sollen.«

»Nein, wegen der anderen Guariglias und wegen der anderen wie mich.«

»Vielleicht sollten sie ebenfalls desertieren.«

»Damit die Österreicher sie verfolgen statt der Italiener? Du weißt, was geschehen würde. Die Deserteure würden sich zusammenraufen, um gegen die Österreicher zu kämpfen, und schon wären sie eine Armee.«

»Ich verspreche dir«, sagte Gianfranco, »auch diese Armee würde ihre Deserteure haben.«

»Und *ich* verspreche dir«, erwiderte Alessandro, »daß Leute wie ich sie aufspüren würden.«

»Zu schade«, sagte Gianfranco, »daß wir in eine Sackgasse geraten sind. Wir haben beide interessante Argumente, aber ich habe das Gewehr.« Er ließ das Gewehr in Bajonettposition sinken und kam auf ihn zu. Seine rechte Hand griff nach dem Gewehrschaft, und sein Abzugsfinger verließ so seine Position.

Das verschaffte Alessandro gerade genug Zeit, einen Schritt zurückzutreten, nach der Pistole zu greifen und sie aus dem Hemd zu ziehen. Bis sie auf Gianfranco di Rienzis Kopf gerichtet war, hatte Alessandro den Hahn gespannt. Sollte Gianfranco weiter vorgehen oder die Haltung seiner rechten Hand ändern, würde er ihn erschießen.

»Direkt durch den Kopf«, rief Alessandro, seinen Finger so dicht am Abzug, daß er sich selbst nicht sicher sein konnte, ob er nicht schießen würde.

Ergab sich Gianfranco, würde er leben bis zur Hinrichtung. Jedenfalls konnte er nicht weiter vorgehen, also warf er das Gewehr hin, wich zurück und stürzte davon, weil er glaubte, daß Alessandro es nicht über sich brächte, zu schießen.

*

Von den sieben Gefangenen auf dem Viehtransporter waren drei verwundet. Sie lagen in Ketten unter einem Segeltuchdach an Deck. Die nicht verwundet waren, hofften, daß das Schiff auf eine Mine lief, denn dann würden sie losgebunden und hätten eine Chance im Meer, doch die Verwundeten hatten keine Hoffnung: Sie waren nicht kräftig genug, um an Land zu schwimmen, und im Wasser würden sie verbluten.

Gianfranco di Rienzi war an Schulter und Bein bandagiert. Er hatte einen leeren Gesichtsausdruck. Alessandro hatte ihn beobachtet, als sie durch Catania marschierten. Seine Augen sogen alles ein, doch gaben sie nichts zurück. Er war mit zwei anderen Gefangenen unter einer regendurchweichten Decke auf einem Karren gefahren. Catania ist flach, erweckt aber den Eindruck, als läge es auf einem Hügel über dem Meer. Alle Läden waren geschlossen, alles war grau. Sie kamen an einem Restaurant vorbei, und Fabio schlich sich hinein und versuchte, einen Capuccino zu bekommen. Obwohl er wieder in die Formation zurückgedrängt wurde, war er lange genug dort drin gewesen, daß das qualmende Feuer ihn nach Lamm und heißem Öl riechen ließ. Die Soldaten marschierten im Laufschritt und schoben den großen zweirädrigen Karren über die groben Pflastersteine. Der Regen lief ihnen in Strömen über die Gesichter. Ihre Uniformen waren naß, ebenso ihre Stiefel, Rucksäcke und alles, was darin war. Die Gewehre waren mit Regentropfen überzogen, und das Öl, das die Tropfen zusammenhielt, wurde flockig, als es abkühlte.

Nur dann und wann erschien ein Licht in einem Fenster, oder eine Frau oder ein Kind spähten durch einen Vorhang auf die Kolonne der Soldaten. Fegte Regen durch die Straßen Catanias, hatte die Stadt weder die passende Architektur noch die Art, sich selbst aufzumuntern, denn während Städte wie Salzburg oder London für Regen gebaut waren, hatte Catania alles auf ein blaues Meer und einen makellosen Himmel gesetzt.

Gianfranco di Rienzi verzog keine Miene, doch wie er von den überlaufenden Gullis zu den wasserglatten Fassaden und den regenschweren Palmen hinsah, die im Wind tropften, erinnerte sein Blick an den einer Mutter, die das Gesicht ihres Kindes ein letztes Mal berührt.

Schweigend bestiegen sie den Viehtransporter. Die Gefangenen waren erstaunt und niedergeschlagen, ihn zu sehen, so als glaubten sie, glücklicher gewesen zu sein, wenn sie auf einem neuen Zerstörer mit sandgescheuerten Decks und polierten Messingbeschlägen zu ihrem Hinrichtungsort gebracht worden wären, und vielleicht wären sie es auch gewesen. Beim ersten Anblick des Viehtransporters, der so tief im Wasser lag, daß es aussah wie ein Mann, dem der Gürtel in die Kniekehlen gerutscht ist, hatte ihre Traurigkeit einen gewissen Sinn bekommen, besonders in dem Nebel und dem Regen. Und als der Viehtransporter losmachte und nur langsam durch den Nebel zog, wurden die Gefangenen von tiefster Verzweiflung ergriffen. Motorengeräusch, Lichter und zügige Fahrt hätten ihnen das sichere Gefühl von Ordnung gegeben, einen Rhythmus, den ihre Finger mitklopfen und dem ihre Herzen folgen konnten. Wenn die moderne Welt sie exekutieren wollte, dann war sie dazu verpflichtet, sie vorher zu beschäftigen, doch statt dessen waren sie durchgeweicht, verwundet und trieben blind auf einem flachen grauen Meer. In gewisser Hinsicht war dies fast bedeutungslos, denn das Leben eines Soldaten ist eine Einführung in den Tod, und wenn der Tod eintritt oder bald eintreten wird, ist der Soldat wenigstens teilweise befriedigt.

Das Wetter beruhigte sich, als sie den Golf von Tarent durchquerten, und im Laufe des Vormittags, als der Himmel blau wurde und das Meer zum erstenmal seit Tagen glänzte, stattete Alessandro seinem Gefangenen einen Besuch ab.

»Es war aufmerksam von dir, mir nicht den Knochen in meinem Bein zu zerschmettern«, sagte Gianfranco di Rienzi zu ihm. »Ich bin so dankbar dafür, daß du mir in den Hintern geschossen hast.«

»Ich hab dich in den hinteren Oberschenkel getroffen.«

»Das ist der Hintern.«

»Ich habe nicht versucht, den Knochen zu schonen. Ich habe überhaupt nicht daran gedacht.«

»Danke. Ich bin sicher, du wirst meine Hinrichtung genießen.«

»Wer sagt, daß du hingerichtet wirst? Man wird dir den Prozeß machen. Vielleicht kriegst du ein paar Jahre, und sie lassen dich laufen.«

Gianfranco starrte Alessandro an, der sich vor ihm auf das Deck kniete. »Glaubst du das?« fragte er leise.

»Nein.«

»Ich auch nicht.«

»Wie sieht deine Akte aus?«

»Ich war ein guter Soldat. Ich habe eine Menge Deutsche getötet. Ich habe auch einen Mann von der Militärpolizei getötet.«

Alessandro hob den Kopf.

»Auf der Via Cardano in Pavia, vor hundert Menschen. Ich habe ihn mit meiner Dienstpistole in die Brust geschossen. In dem Augenblick wußte ich, daß ich tot bin, deshalb bin ich auf den Vulkan gestiegen.«

»Hast du uns erwartet?«

»Seit fünf Monaten.«

»Wir haben nicht nach dir gesucht, es war nur eine allgemeine Suchaktion.«

»Ich hätte dich töten sollen.«

»Du hast es versucht.«

Gianfranco lächelte. »Wie hast du diesen Sprung hingekriegt? Bist du eine Kakerlake? Menschen können nicht so rückwärts springen.«

»Hast du jemals ein Bajonett auf dich zukommen sehen?«

»Ja.«

»Was hast du da getan?«

»Ich habe geschossen.«

»Ich bin gesprungen.«

»Wenn ich könnte«, sagte Gianfranco, als sich der Nebel silbern glitzernd vom Meer hob, »würde ich die Fesseln lösen und nach Afrika schwimmen.«

»Du würdest im Wasser verbluten.«

»Das Risiko würde ich eingehen. Lös die Kette.« Die anderen Gefangenen hörten auf zu reden.

Alessandro würde gewiß keine Ketten lösen.

»Warum nicht?«

»Weil sie dann *mich* erschießen würden.«

»Komm mit uns.«

»Nach Afrika? Selbst wenn ich glaubte, daß du nicht im Meer

verbluten würdest«, sagte Alessandro und stand auf, »würde ich dir nicht die Fesseln lösen, weil ich zu meiner Familie zurückkehren möchte.«

»Die Armee hat dich wirklich am Arsch«, verkündete Gianfranco.

»Die Armee hatte mich schon immer am Arsch«, entgegnete Alessandro. »Seit dem allerersten Tag, und ich habe es immer gewußt, aber – weißt du was? – wir wurden im Veneto aufgerieben, und ich habe überlebt. Ich hatte Glück, und ich werde mein Glück weiter in Anspruch nehmen.«

»Schau mich an«, befahl Gianfranco. »Schau mich an.«

Alessandro tat wie ihm geheißen.

»Ich werde nicht mehr lange hier sein. Ich bin fast erleichtert, aber ich bin aufgeregt. Ich sehe Dinge. Ich sehe nun ganz klar.« Er machte eine Pause und zeigte deutliche Befriedigung. »Und du wirst es nicht schaffen.«

*

Der Viehtransporter umrundete die Landzungen von Otranto und drehte ab nach Norden. Die Gefangenen an der Steuerbordseite sahen ein scheinbar endloses Meer und wußten nicht, daß die unberührten Strände Süditaliens nur ein paar hundert Meter entfernt lagen oder daß es von der Backbordseite aus möglich war, das Land vorbeiziehen zu sehen, als gleite es auf Schienen.

Einer der Gefangenen, ein ausgemergelter, glotzäugiger, krankhaft nervöser Militärmusiker, der gefangengenommen worden war, als er Wäsche wusch, verlangte ständig nach einem Priester.

»Wir haben keinen Priester an Bord«, sagte man ihm. »Dies ist kein Kriegsschiff.«

Dann stellte er jemand anderem genau dieselbe Frage – »Kann ich mit einem Priester sprechen?«

»Wozu brauchst du einen Priester?« fragte Gianfranco.

»Damit er mir hilft, dem Tod ins Auge zu sehen.«

»Und was, wenn nicht?«

»Dann werden meine Innereien verrückt«, antwortete der Musiker.

»Und?«

»Ich könnte die Kontrolle über meinen Schließmuskel verlieren. Das möchte ich nicht. Du etwa?«

»Ich weiß nicht, welchen Schließmuskel du meinst, aber das ist ja auch egal, weil es sowieso ganz schnell vorüber ist.«

Der Musiker schaute Gianfranco an, als sei Gianfranco selber das Erschießungskommando.

»Und dann findest du etwas über die andere Seite heraus. Wenn da nichts ist, nun, welche Enttäuschung, aber davon wüßtest du ja nichts mehr. Wenn da was ist, dann wird es so sein, als ob du aus einer Kanone abgefeuert wirst.«

»Ich bin nie aus einer Kanone abgefeuert worden, aber ich habe mich oft gefragt, wie es sein wird, tot zu sein«, sagte der Musiker sarkastisch.

»Du wirst es erleben«, sagte ihm Gianfranco, »jetzt wirst du es herausfinden.«

»Hast du keine Angst?«

»Todesangst, aber ich spekuliere darauf, daß es eine andere Seite gibt.«

Alessandro und Guariglia hatten dem Gespräch vom schmalen Deck darüber gelauscht. »Warum?« fragte Alessandro.

Gianfranco blickte auf. »Du, du kannst mich mal«, sagte er. »Mein ganzes Leben habe ich von der anderen Seite gewußt, auf tausend Arten, aber ich bin mir nicht sicher, ich gehe einfach ein Risiko ein. Bald werde ich dank deiner Bemühung vor einem Erschießungskommando stehen. Wenn sie abdrücken, werde ich fliegen.«

Alessandro rutschte durch die Gitter und ließ sich auf das Gefangenendeck fallen. Guariglia folgte ihm über die Treppe.

»Ist es das, was dem Mann von der Militärpolizei in Pavia geschehen ist?« fragte Alessandro. »Ist er in ein Reich der Freude eingegangen? Oder war es einfach nur vorbei – erstarrt, zu Ende, dunkel. Ich würde gerne wissen, wie es für ihn war, als ihm die Kugel in die Brust drang und sein Herz zum Stillstand brachte. Hat ihn das aufgestaute und aus ihm sprudelnde Blut dorthin versetzt? Ist er so in die Glückseligkeit befördert worden?«

»Ich hoffe es«, antwortete Gianfranco, »denn wenn es wahr ist, werde ich genauso glücklich sein, und wenn nicht, werde ich genauso still sein.«

»Ich bin immer noch neugierig«, beharrte Alessandro. »Du hast gesagt, du wüßtest es auf tausend Arten. Nenn mir nur eine.«

»Das kann ich nicht, es überkommt einen wie ein Geist.«

»Ich weiß, daß es einen wie einen Geist überkommt, verdammt«, sagte Alessandro. »Schaut da rüber«, befahl er den Gefangenen und deutete zum Horizont. »Alles, was ihr seht, ist blaues Wasser. Im Norden, Osten und Süden, ein leerer Horizont. Sagt mir, was ist auf der anderen Seite?«

»Das gleiche«, antwortete ein Gefangener.

»Nein«, sagte Guariglia. »Wir folgen der Küste. Weil das Schiff einen flachen Rumpf hat, können wir in den flachen Gewässern bleiben und so den U-Booten aus dem Weg gehen. Auf der Backbordseite könnt ihr das Ufer sehen, ihr könnt jede einzelne Muschel auf dem Grund sehen, ihr könnt sogar die Bäume riechen, und auf der anderen Seite versteht man kaum den anderen, weil die Brandung so laut ist. Der Rauch von den Feuern auf den Feldern dringt euch in die Kleidung; ihr könnt Vögel umherfliegen sehen; die Berge sind nah, und im Gargano sind sie sehr hoch.«

»Bring uns auf die andere Seite«, sagte Gianfranco.

*

Nachdem sie den Gargano umfahren hatten, wo die hohen Berge und dichten Wälder wie das Paradies erschienen, drehten sie sich in einen stetigen Nordwind, der die Adria zu einer unebenen Straße machte. Selbst im Vergleich zu den Höhen des Ätna schien der Wind kühl, denn er war den Gletschern und eisigen Höhen der Alpen entsprungen. Obwohl die See wie ein Waschbrett war und die Fahrt darüber Brechreiz auslösend und kalt, wurde der bittere Qualm der Motoren des Viehtransporters vom Kamin zurückgestrichen wie die Haare eines Fliegers in einem offenen Cockpit und zog nicht mehr in Gegenwinden über die Decks, um die Verdammten und ihre Fänger gleichermaßen zu quälen.

Sie bekamen für Armeebegriffe ein ausgezeichnetes Abendessen – Käse, Tomaten, Rotwein und frisch gebackenes Brot. Der Anblick des vorbeigleitenden und im Süden verschwindenden Lands tröstete die Gefangenen, so als ob alles, was sie sahen, mit für sie zu Buche schlagen würde.

Sie glaubten, daß die Hügel in der Ferne und die Schatten vor ihnen, die gefiederten Linien der Feuer auf den Feldern, der Mond und die geheimnisvollen und betörenden Singvögel, die aus den Hecken und Bäumen emporstiegen und wie schwarzes Sonnenlicht umherflatterten, für immer bei ihnen sein würden.

Der Wind fuhr durch die Takelage und die Eisengitter, die Brandung war so geschäftig, als wolle sie ein Wunder vorwegnehmen, und die Weite der dunklen Luft über ihnen war erst blind und dann strahlend, als die Lichter der Sterne aufeinander trafen.

Sie vergaßen alles, was ihnen jemals gesagt worden war, sie ließen ihre Meinungen von sich abfallen, sie gaben ihre Erwartungen auf. Die Flußwache zog sich von ihnen zurück, weil die Gefangenen auf ihrem Weg waren, bald die Welt zu verlassen, und weil sie Mitleid oder Verständnis nicht mehr nötig hatten.

Obwohl Alessandro gern etwas über die Berta von der Postkarte der Sixtinischen Kapelle erfahren hätte und darüber, was Gianfranco di Rienzi vor dem Krieg gemacht hatte, gab er sich mit ausgedachten Antworten zufrieden, statt den Frieden zu stören, der sich mit jeder Stunde mehr auf die Gefangenen herabsenkte, während der Viehtransporter sich durch den Wind schob.

»Warum bist du desertiert?« hatte er Gianfranco gefragt, als sie noch durch den Golf von Tarent trieben.

»Ich war die Armee leid«, hatte Gianfranco geantwortet. »Ich hatte mir ausgerechnet, daß meine Chancen genauso gut, wenn nicht besser seien, wenn ich irgendwo bis nach dem Krieg abwarten würde, statt in meiner Brigade zu bleiben. Wir waren im Vormarsch. Alle sind umgekommen.«

*

Als sie sich den abgedunkelten Lichtern von Pescara näherten, legten sie sich schlafen. Die Küstenstädte sollten verdunkelt sein, aus Angst vor Seeangriffen, doch hielt man sich nie strikt daran. Der Mond schwamm über den Hügelkamm und flimmerte hell.

Die Soldaten breiteten ihre Decken und Bündel aus. Gewehre, Bajonette und andere Kriegsausrüstung lagen zwischen ihnen und deuteten in alle möglichen Richtungen. Die Männer der Flußwache waren so aufeinander eingeschworen und so fähig, daß sie fast alles ohne Anweisung tun konnten. Sie konnten Lager aufschlagen und abbauen, sich zu einem Angriff formieren, einen Angriff abwehren, an Bord eines Schiffes gehen, die Netze hinunterklettern, all dies mit erstaunlicher Geschwindigkeit und wortloser Abstimmung. Sie brauchten weniger als fünf Minuten, sich schlafen zu legen, und danach waren sie vollkommen still.

Alessandro und Guariglia hatten ihre Decken auf zwei aneinandergrenzenden Luken ausgebreitet, abseits der schlafenden Truppe, weil sie die Spätwache hatten. Da sie wußten, daß sie sich in ein paar Stunden aus dem Schlaf reißen müßten, hatten sie keine rechte Lust, sich hinzulegen. Also machten sie einen kleinen Gang. Auf ihrem Weg kamen sie an den Gefangenen ein Deck tiefer vorbei. Sie lehnten sich unbeobachtet über die Reling, beugten sich vor in das cremefarbene Mondlicht und schauten hinab. Nicht ein einziger der Gefangenen schlief. Alle starrten sie zur Küste, und ihre Augen schwammen in dem vom Meer widergespiegelten Licht.

»Hör doch mal«, flüsterte Guariglia Alessandro zu. Über den Wind hörten sie etwas. Die Brise legte sich ab und zu, und sie konnten besser hören. Jemand sang.

Gianfranco di Rienzi bewegte die Lippen, sein Kopf ging auf und nieder wie ein Floß auf den Wellen, und er wiederholte immerzu ein Wort: »*Gloria, gloria, gloria, gloria ...*«

*

»Ich mag ihn nicht«, sagte Alessandro zu Guariglia, als sie auf ihren Decken lagen, die Köpfe auf ihre Provianttaschen gelegt.

»Wer sagt denn, daß du ihn mögen sollst?«

»Bei dem, was ich denke, sollte ich ihn besser mögen.«

»Bist du verrückt?«

»Guariglia, ich habe schon viele Männer getötet, einige von ihnen waren zweifellos bessere Menschen als Gianfranco di Rienzi, aber ich habe noch niemanden zur Hinrichtung ausgeliefert.«

»Du kannst ihn nicht freilassen. Es gibt zwei Wachen rund um die Uhr. Selbst Fabio würde dich erschießen.«

»Wir sind um Mitternacht dran.«

»Du bist verrückt. Wenn er auf unserer Wache entkommt, werden sie *uns* erschießen.«

Alessandro lächelte.

»Er hat einen Militärpolizisten erschossen, Alessandro, und wie oft hat er versucht, dich umzubringen?«

»Zweimal.«

»Ist das nicht genug?«

»Nein, ist es nicht«, sagte Alessandro.

»Es wird schiefgehen.«

»Ja.« Alessandro drehte sich zur Seite und schlief ein. Guariglia beobachtete ihn eine Weile, und als er sich sicher war, daß Alessandro schlief, sprach er sein gewohntes Gebet, in dem er Gott darum bat, ihn noch einmal Frau und Kinder sehen zu lassen.

*

Ohne die Wünsche der Soldaten zu beachten, zog der Viehtransporter weiter. Ob halluzinierende Deserteure oder verantwortungsvolle Offiziere, das Schiff kümmerte sich nicht um ihre geheimen Sehnsüchte und rechnete ihnen ihre Taten nicht an. Es stampfte einfach gegen den Wind an, und seine stete Bahn entfachte die vielen Gefühlszustände, denen gegenüber es so gleichgültig war.

Alessandros Gesicht war in helles Mondlicht von Perlenfarbe getaucht, und graue, silberne und goldene Strahlen blitzten darin auf. Dasselbe Licht beschien auch Guariglia, dessen halb lächelndes Gesicht auf einem Kissen aus einem zusammengerollten Pullover ruhte. Guariglia schlief, und Alessandro träumte.

Er war am Strand zwischen Ostia und Anzio, an den er so oft gegangen war, zu allen Jahreszeiten, wo er in der Brandung schwimmen gelernt hatte und auf dem Rücken seines Vaters geritten war, während sie in den Wellen auf und ab hüpften.

In dem Traum setzte sein Vater ihn im Sand nah am Wasser ab. Ein Sturmwind kam auf, und hohe Wolken bedeckten Flecken von Blau wie windgebauschte Gaze. Direkt am Strand hatte die Luft die graue Beschaffenheit des Herbstes, und in dem Augenblick, da Alessandro abgesetzt wurde, wühlte der Wind die See zu grünen und weißen Bergen auf, so glatt und kühl wie Aspik. Die Brecher wurden vom Wind hochgedrückt und wellten und drehten sich in gegenläufigen Lufttrichtern und schwankenden Kuben aus Gischt.

Von Ostia bis Anzio war das Meer zu einer hohen Wasserwand zurückgeschoben worden. Zuerst fürchtete Alessandro, daß sie zusammenbrechen und die Tiberebene überschwemmen würde, wenn das, was immer diese unsichtbar gestützte Masse zurückhielt, einmal schwächer würde. Die Physik schrieb so etwas wie einen Sturz vor, und doch verwirrten die Berge der Brandung mit ihren eigenen Tälern, Gipfeln und Ebenen seine Erwartungen.

Als er die Augen öffnete, sah er den ungeheuer hell beleuchteten Globus des Mondes.

»Guariglia«, sagte er und drehte sich um, seinen Freund zu wekken. »Guariglia.«

Guariglia wachte auf.

»Wie spät ist es?«

Guariglia schaute auf seine Uhr. »Halb zwölf. Hast du mich geweckt, um mich nach der Uhrzeit zu fragen?«

»Wer ist jetzt auf Wache?«

»Fabio und Imperatore.«

»Wir lösen sie vorzeitig ab.«

Guariglia schaute Alessandro an und warf dann einen Blick über das Deck zum Wasser und in die Ferne. »Warum?« fragte er, aber er kannte die Antwort bereits. Rom lag direkt jenseits des Apennin.

*

Guariglia tauschte die Unsicherheit, niemals zu wissen, was aus ihm werden würde, gegen die süße Gewißheit, die seinen Tod bedeutete. Wie Alessandro beschloß er, heimzukehren, auch wenn das bedeutete, über die Berge zu gehen, und dies das Letzte wäre, was er je tun würde.

Obwohl Alessandros Überlebenschancen an der Front wahrscheinlich weder besser noch schlechter waren als auf der Flucht vor der Militärpolizei, lockte ihn das, was er liebte, nach Rom. Er dachte an die Eisenbahnen, die mit schrillem Pfeifen aus der Tiburtina stampften, an die perlgrauen Tauben, die um die hohen Kuppeln kreisten und sich mit dem blaßblauen Himmel vermischten; an den Tiber, der bei starken Regenfällen schnell über die Ufer trat; an die stillen Straßen und Treppen, die eine unerwartete Sympathie für die sterblichen Menschen gefaßt hatten, weil sie sie Generation um Generation beobachtet hatten; und an die Gewitter, die die Stadt reinigten und sie glänzend und dampfend in der Sonne zurückließen. Er wollte zu seiner Familie zurück.

Statt ihre Stiefel anzuziehen, knüpften er und Guariglia sie an den Schnürsenkeln zusammen und hängten sie sich über die Schulter.

Jede Infanterieeinheit hatte schwere Drahtscheren. Mit etwas mehr Druck konnten sie Handschellen und Fußeisen durchtrennen. Man mußte kein Mechaniker sein, um das zu wissen. Die Drahtscheren wurden in einer Holzkiste zusammen mit den Leuchtraketen und den Signalflaggen aufbewahrt, doch als Alessandro und Guariglia zu der Kiste kamen, sahen sie, daß das offene Schloß im Takt des leichten Schiffsrollens schwang und die Drahtscheren weg waren.

Sie stiegen zum Hauptdeck hinunter, in einem merkwürdig stelzenden Gang, weil sie nicht mehr gewohnt waren, ohne Stiefel zu gehen. Jemand stand an der Reling, wo die Gefangenen an das Deck gekettet gewesen waren. Sie dachten, es sei Fabio, doch als sie näherkamen, erkannten sie, daß es der Musiker war. Er starrte zu den Bergen hinüber und zum Ufer; seine Handschellen und Fußeisen waren ihm abgenommen worden.

Die Stelle an Deck, wo Gianfranco sich zu einer nicht völlig reinen Seligkeit verwandelt hatte, war leer, und alle anderen auch.

»Ich kann nicht schwimmen«, erklärte der Musiker, so als spräche er über seine Ausmusterung von einer Militäreinheit.

»Wo sind sie?« fragte Alessandro, obwohl er es wußte.

Der Musiker wies zu den Bergen.

»Wo ist Fabio?«

»Wer ist Fabio?«

»Der, der euch bewacht hat.«

»Der Kellner?«

»Ja.«

»Er hat die Ketten durchtrennt«, sagte der Musiker. »Er ist mit den anderen über Bord gesprungen.«

»Alle Gefangenen?« fragte Guariglia.

»Alle«, erwiderte der Musiker.

»Was meinst du mit *alle*?«

»Jeder einzelne.«

»Die Gefangenen.«

»Alle. Wenn ihr mir nicht glaubt, schaut nach. Wißt ihr nicht, was passiert ist? Jemand hat euren Oberst umgebracht.«

»Gianfranco?«

»Fabio hat die Ketten durchgeschnitten, der Kellner.«

»Er hat den Oberst ermordet?«

»Ich weiß nicht.«

Sie rannten die Kajütentreppe hinauf und prallten dann zurück. Der Oberst lag mit durchgeschnittener Kehle quer über dem Deck. Der Schnitt war breit und dunkelbraun, und das Deck war klebrig von Blut. Sie rannten zum nächsten Deck, auf dem Decken ausgebreitet waren, als ob unsichtbare Männer auf ihnen lägen.

Sie kehrten zu dem Musiker zurück. »Ich kann nicht schwimmen«, sagte er, »und irgendwen müssen sie ja erschießen. Deshalb bin ich ja überhaupt abgehauen«, fügte er lachend hinzu. »Alle wurden erschossen, und ich wollte nicht. Aber ich habe meine Meinung geändert. Ich kann ja doch nichts daran ändern, oder? Ich kann es genausogut zu Ende bringen.«

»Nimm einen Rettungsring.«

»Es gibt keine. Ist doch sowieso egal. Sie kriegen mich. Ich weiß, sie würden mich kriegen. Ihr habt mich ja auch gekriegt, oder?«

Das Schiff fuhr weiter, und sie starrten den Musiker an. Das kalte Licht unterstrich sein vogelartiges Aussehen, und sie dachten, wenn es eine Gerechtigkeit in der Welt gäbe, so würde er überraschend belohnt und allein durch sanftes Auf- und Abbewegen seiner Arme wie ein Vogel über die Berge ins Mondlicht fliegen.

»Und du kannst schwimmen«, wandte sich Alessandro noch einmal zu Guariglia. Irgendwie hatte Alessandro allein wegen Guariglias Aussehen nie geglaubt, daß er schwimmen konnte.

Guariglia schaute angewidert zurück. »Wie glaubst du, bin ich zu der Insel und zurück gekommen?«

»Ich wollte nur sichergehen.«

»Alessandro«, sagte Guariglia trocken, »glaubst du, ich bin zu häßlich, um zu wissen, wie man schwimmt?«

»Das hat nichts damit zu tun.«

»Sosehr es mich schmerzt«, sagte Guariglia, »wir sollten uns besser getrennt auf den Weg machen. Die Berge werden von Deserteuren nur so wimmeln. Warte ein paar Minuten, damit du ein Stück weiter nordwärts bist.«

»Wir könnten bleiben, Guariglia.«

»Nein. Sie werden alle erschießen. Das ist wie Wanzen zerdrükken. Sie werden uns eine Stunde lang verhören und dann an die Wand stellen. Arschlöcher, Arschlöcher allesamt. Ich gehe zu meinen Kindern.« Er kletterte über die Reling. »Vielleicht schaffen wir es.«

Guariglia sprang von Bord. Er tauchte fast geräuschlos ins Wasser ein und verschwand in den Wellen. Als er auftauchte, hatte er sich bereits Richtung Ufer gewandt und schwamm schnell davon. Die Art, wie er sich bewegte, erinnerte Alessandro an die Art, wie ein Tier schwimmt, dem ein über die Ufer getretener Fluß seinen Unterschlupf geraubt hat.

Der Musiker ging ans Heck und sprach mit sich selber wie ein Patient in einem Sterbeklinik.

Alessandro stand da, die Hände auf die Reling gelegt. Er hatte keine Möglichkeit, die Zeit genau zu messen. Wenn er zählte, würde er zu schnell zählen. Wenn er versuchte, den Lauf des Mondes von einer Bergkuppe zur nächsten zu verfolgen, würde er zu lange hypnotisiert sein. Also wartete er einfach, bis das Schiff parallel zu einem Strandabschnitt war, der weit und offen erschien.

Die See war nicht länger wie ein Waschbrett, denn der Mond hatte sie zu langen kringelnden Wellen gekämmt, die sagten, was die See bei Mondlicht zu sagen hat. Sie gaben dem Viehtransporter eine sanfte Bewegung, während er in die flachen Wellentäler glitt. Alessandro stieg auf die Reling und setzte sich.

Er schaute hinaus. Die See war mit Schaum gesprenkelt und

wurde in fließende Hügel und Täler gezogen, die kühl und glatt und vom Mond überflutet waren. Bald würde der Mond hinter den Bergen sein und Alessandro würde die Feuerreihen kreuzen. Er trat hinaus in den Raum und spürte, wie das liebliche Licht ihn mit Zärtlichkeit umfing. Er hatte nicht gewußt, daß etwas so Kaltes und Klares wie das Mondlicht so voller Verheißung sein konnte, und während er fiel, schien es ihm, daß seine Hände sich in einer Spur weißer Funken festkrallten, die durch die Luft schossen, doch das waren die Sterne.

VI. STELLA MARIS

Das Meer war warm und die Brandung für die Adria zu dieser Jahreszeit ungewöhnlich stark. Der Wind, der trocken und rauchbeladen von den Hügeln kam, scheinbar vom Mond getrieben, schlug die Schaumkronen von den Wellen, als seien sie leicht wie Schnee. In diesem wunderschönen Wasser mochte ein Schwimmer wohl ertrinken wollen, und die eigentliche Versuchung wäre nicht so sehr die Art der Empfindung, sondern die Bewegung des Wassers, wie es sich endlos wiegte, sich endlos mit dem Wind traf und von ihm zurückzog, in einem endlosen Gespräch mit ihm begriffen, weiser als jede willentliche Handlung.

Gewiegt und eingelullt von dem wispernden Geräusch der Wellen, hörte Alessandro auf zu schwimmen, doch im selben Augenblick, als sich seine Gedanken der Möglichkeit des Aufgebens zuwandten, wurde er von einer peitschenartigen Welle erfaßt und auf den Sand geschleudert, als sei er ein Stück Fleisch, das in einem vornehmen Metzgergeschäft auf eine Marmorplatte geworfen wird.

Obwohl es ihm den Atem verschlug, richtete er sich auf, um gegen die Unterströmung anzukämpfen. Er behielt sein Gleichgewicht, kam auf einen leeren Strand, in einen warmen Wind, der seine Kleidung getrocknet hatte, bevor er noch die Stiefel angezogen hatte, und der versprach, auch die Stiefel zu trocknen, bevor er die erste Feuerwand durchquerte.

Es war einfach zu gehen. Das Getreide war eingefahren worden, und die Felder waren flach und noch nicht umgepflügt; goldene Stoppeln bedeckten die Erde mit einer weichen Matte, die im Mondlicht glühte. Die Olivenbäume waren abgeerntet, und er ging zwischen ihnen hindurch wie auf einem Gartenweg.

Nach einer halben Stunde kam er an die erste Feuerreihe. Vom Viehtransporter aus hatten diese Reihen wie leuchtende goldene Borten gewirkt, die durch die Felder geflochten waren. Es hatte so ausgesehen, als ob man sie ganz leicht überqueren konnte, obwohl man selbst vom Meer aus den dicken Rauchvorhang ausmachen konnte, der sich über den trägen Flammen erhob.

Alessandro war überrascht festzustellen, daß die Flammen übermannshoch waren und in einer breiten ununterbrochenen Linie brannten, so weit er blicken konnte. In der Ferne kümmerten sich offenbar Gestalten in der Dunkelheit um die sich langsam bewegende Feuerwand. Sie hielten Fackeln, denn sie waren nicht gekommen, um das Feuer zu kontrollieren, sondern nur, um es anzufachen.

Die Linie war erstaunlich gerade, obwohl sie nicht an einer Kante entlanggezogen worden war, denn der Wind wehte ganz gleichmäßig. Es war so heiß und so hell, daß Alessandro kaum nah herangehen konnte.

Er fragte sich, ob er unversengt durch das Feuer könnte, so wie man einen Finger schnell durch eine Kerzenflamme führen konnte? Zuerst unternahm er zögernde Versuche und hielt sich die Hände vor die Augen, doch es war unerträglich heiß, und als der Wind das Feuer in seine Richtung trieb, mußte er sich zurückziehen.

Als er sich umschaute, was die Bauern taten, sah er, daß ab und zu eine der Fackeln auf die Flamme zueilte und darin verschwand und daß die Wand manchmal einen Feuertropfen ausspie, eine Fackel, von einem Mann getragen.

Alessandro begann zu laufen. Er hielt den Atem an, sprang auf die Flammen zu, und im Bruchteil einer Sekunde war er auf der anderen Seite. Er fühlte keinen Schmerz. Seine Kleidung hatte kein Feuer gefangen. Er hatte nicht einmal die Hitze mitten im Feuer gespürt, nur kurz davor und danach.

Auf der anderen Seite erstreckte sich ein weiteres Feld in Richtung der Berge. Obwohl der Boden verkohlt und mit Asche bedeckt war, war er weich unter den Füßen. Er würde eine Linie durchspringen und eine halbe Stunde lang Staub und Asche aufwirbeln, bis er sich einer weiteren Linie näherte, die er genau so überwinden würde wie die vorherige. Jedesmal, wenn er das Feuer durchquert hatte, fand er neuen Mut, und mit jedem Mal war er dem dunklen Berg näher, den er als Richtungweiser genommen hatte. Zu Anfang war der Mond direkt über ihm gewesen, doch nun stand er weit rechts. Einige der

Flußwachen, dachte Alessandro, die nicht damit vertraut waren, offenes Gelände zu überqueren, würden den Mond als Kompaß nehmen und eine merkwürdig gebogene Route zurücklegen.

Die letzte Feuerwand war auf einer felsigen Weide am Berghang. Weil der Boden nicht so eben oder gut angelegt war wie die Felder der Küstenebene, war die Linie unterbrochen, und Alessandro hätte durch die Lücken laufen können. Doch suchte er sich statt dessen die höchste Feuerwand aus, die er nun kaum noch sehen konnte, denn die Sonne ging hinter ihm auf und verbarg das Feuer, wenn sie auch den Rauch zeigte. Er ging hindurch wie ein Geist, ohne dabei die Augen zu schließen. Nun lagen nur noch die Berge zwischen ihm und Rom.

*

Im Gran Sasso gibt es Gipfel von fast dreitausend Metern Höhe. Im Vergleich zu den Alpen sind sie unbedeutend, doch nicht für jemanden, der ohne Nahrung und ohne Decken zwischen ihnen hindurch muß. Zwar mußte Alessandro mehr Straßen und Eisenbahnlinien überqueren, als er erwartet hatte, aber diese waren menschenleer, nur gelegentlich war in der Ferne ein Bauer zu sehen, der so langsam neben einem Ochsen oder einem Esel herging, daß Alessandro nicht sagen konnte, ob sie kamen oder gingen. Einmal ratterte ein Zug mit leeren Viehwaggons die verrosteten Schienen entlang, von einer Lokomotive gezogen, die halb demontiert schien. Alessandro fühlte sich versucht, aufzuspringen, denn der Zug fuhr mehr oder weniger westwärts, doch er wußte, daß die Hälfte der Soldaten der Flußwache diese leichte Möglichkeit der Heimreise wahrnehmen würde und daß die Militärpolizei Güterzüge mit besonderem Interesse inspizierte.

Er beobachtete ein paar Dörfer von höhergelegenen Hängen herab, ging aber in keinem von ihnen auf Nahrungssuche. In der Nähe eines kleinen Dorfes, das sich derart auf einen Felsen kauerte, daß es selbst einem Soldaten auf der Flucht einen beleidigend defensiven Eindruck machte, hatten die Bäcker gerade gebacken, und der Duft heißen frischen Brotes wäre beinahe sein Untergang gewesen, doch Alessandro marschierte weiter. Er umrundete Seen mit felsigen Ufern und überquerte geröllbedeckte Hügel und Lichtungen in Wäldern, in denen wahrscheinlich noch nie jemand gewesen war. Seine einzige Rettung war das klare Wasser, das in eiskalten Bächen aus den Seen floß, denn wenn er hungrig war, kniete er nieder und trank, bis er genug hatte. Dann zwang er sich, so lange weiterzutrinken, bis er aufgebläht war, wonach er wieder stundenlang gehen konnte, ohne an Essen zu denken. Das Land, das er hinter sich ließ, die Höhe, die er erreichte, und das Vergnügen, offenes Land zu durchqueren, versetzten ihn in jene Art von Ekstase, die er von seinen Ritten zwischen Rom und Bologna her kannte.

Als er den Gran Sasso überquerte, übermannte ihn beinahe sein ständig wachsendes Verlangen nach Frauen. Er brauchte die Umarmung einer Frau so nötig, wie ein Tier Salz braucht. Das Gleichgewicht, das so lange gestört gewesen war, schrie geradezu nach Wiederherstellung. Manchmal flog er halb über die Berge und rief sich die Erinnerung an fast jede Frau wach, die er einmal gekannt hatte, an all die Nackten auf den Gemälden, die sich in seinem quälend genauen Gedächtnis wiederfanden, an all die heftigen und aufwühlenden Begegnungen auf Straßen und in Parks, in Theatern und Hörsälen, wo man die Frau trifft, für die man geboren sein muß, und wo man dann die jähe und überwältigende Pein der Umstände verspürt, die sie davonziehen, weil sie den Zug noch erreichen muß, das Diner zu einer bestimmten Stunde beginnt oder das Geschäft, das ein bestimmtes Küchenutensil verkauft, in einer halben Stunde schließt.

Am Morgen seines dritten Tages ohne Essen hatte Alessandro den Gran Sasso überquert, und er saß auf einem Bett aus Kiefernnadeln oberhalb eines kleinen Sees. Der Wind rauschte in den Bäumen, und er war trunken von Bachwasser und seinem Starren auf den See. In diesem Zustand wartete er darauf, daß eine Schönheit aus dem Nichts auftauchen und ihn in ihre Arme schließen würde. Er war deshalb nicht überrascht, weiche Schritte und ein Klingeln, das wie Armreifen klang, hinter sich zu vernehmen. Er atmete tief ein und schloß die Augen, und dann strömten tausend Schafe und ein halbes Dutzend Hunde aus dem Wald, stießen gegen die Bäume, um sich zu scheuern, und knabberten an ungenießbaren Kiefernzapfen. Bald umringten sie Alessandro, so daß er nur noch Wolle sah.

*

Eine saftige Weide unberührten Grases lag auf beiden Seiten des Bachs, der den See speiste. Sie bedeckte die Fläche einer kleinen Stadt, und seit einem Jahr war kein Schaf auch nur in ihre Nähe gekommen. Hunde bewachten die Herde von Miniaturfelsen herab, auf denen sie wie Modelle der Sphinx hockten, und die Schäfer lagerten am Seeufer, während sie darauf warteten, daß die Schafe Fett ansetzten.

Von den tausend Schafen sollten vierhundert zum Schlachten nach Rom getrieben werden. Die drei Schäfer hatten sich seit Monaten darüber gestritten, wie sie das am besten bewerkstelligen sollten. Sollten sich zwei auf den langen Treck machen und nur einen zurücklassen, um auf sechshundert Schafe aufzupassen? Andererseits konnte man nicht von einem Mann erwarten, daß er vierhundert Tiere sechzig Kilometer durch unwegsames Gelände trieb, ohne die Hälfte oder mehr zu verlieren. Die einzige Lösung war, noch jemanden zu finden.

Sie kannten Alessandro nicht, sie fanden seine Sprache schwer verständlich, und er gab zu, nichts von Schafen zu verstehen, doch er war bereit, sie bis zum Mattatoio in Rom zu begleiten. Dort brauchte Alessandro nach einem Glas Wein mit seinem Begleiter und einer vorgetäuschten Aufteilung des Lohns nur noch den Tiber zu überqueren, und er wäre daheim.

»Mir gefällt die Idee nicht«, sagte der älteste Schäfer zu den beiden anderen und sprach über ein Feuer hinweg, das höher als hüfthoch loderte.

Es war Mitte September, sie mußten in ein paar Tagen aufbrechen, und in zweitausend Metern Höhe fiel des Nachts manchmal leichter Schnee, nur um am nächsten Morgen von einer heißen Sonne weggebrannt zu werden.

»Wir haben das hundertmal durchgekaut, Quagliagliarello«, sagte Roberto, ein Mann in Alessandros Alter, der mit ihm nach Rom ziehen sollte. »Wir schaffen es nicht zu dritt.«

»Aber er ist ein Deserteur.«

Alessandros Augen schossen kreuz und quer über die Flammen, um den verschiedenen Ansichten zu folgen.

»Na und. Er war zwei Jahre lang dabei. Was hast du getan?«

»Wir haben Schafe für die Armee gezogen.«

»Wir haben Schafe gezogen, weil das unser Geschäft ist.«

Der alte Schäfer blickte sich um. Er haßte es zu argumentieren, weil andere Leute immer viel schneller waren als er und er immer alles durcheinanderbrachte. »Wir ziehen Schafe auf, *weil das unser Geschäft ist*«, betonte er.

»Das sag ich doch«, sagte Roberto.

»Nun, es ist unser Geschäft.«

»Na gut, Quagliagliarello. Er war zwei Jahre lang bei der Armee. Was hast du getan?«

»Ich ziehe Schafe auf, weil das mein Geschäft ist.«

»Was ist wichtiger, die Verteidigung des Landes oder das Geschäft?«

»Du versuchst mir eine Falle zu stellen.«

»Antworte, wie du willst. Ist mir gleich.«

»Geschäft. Das Geschäft ist wichtiger.«

»Dann wird er uns beim Geschäft helfen.«

»Aber er ist ein Deserteur.«

»Na und?«

»Was ist wichtiger, das Geschäft oder die Verteidigung des Landes?«

»Sag du's mir«, verlangte der Jüngere.

»Das Geschäft!«

»Also warum fragst du dann?«

»Weil er ein Deserteur ist.«

»Na und?«

»Also, was ist wichtiger, das Geschäft oder die Verteidigung des Landes?«

»Das Geschäft«, antwortete Roberto. »Das hast du gesagt.«

»Das *sage* ich.«

»Ja.«

»Aber er ist ein Deserteur.«

»Na und?«

»Also, was ist wichtiger ...« Das ging so weiter, bis das Feuer weit genug heruntergebrannt war, daß der dritte Schäfer, ein Stummer namens Modugno, weitere Scheite nachlegte.

Sobald sie aufflammten, runzelte Quagliagliarello die Stirn und wandte sich an Roberto. »Mir gefällt das nicht«, sagte er.

»Warum nicht?« entgegnete Roberto.

»Er ist ein Deserteur.«

Roberto schrieb einen Brief an seine Schwester. Er schrieb sogar, während er mit Quagliagliarello diskutierte. »Na und«, sagte er mechanisch.

»Was ist wichtiger?« fragte Quagliagliarello.

»Das Geschäft oder die Verteidigung des Landes?« fuhr Roberto fort.

»Das Geschäft.«

»Richtig.«

»Aber er ist ein Deserteur.«

»Na und?« sagte Roberto und machte sich an die nächste Seite. Es war leicht, mit Quagliagliarello zu streiten, wenn man geduldig war und seinen Namen aussprechen konnte.

Alessandro kroch in einen Schaffellsack und drehte sich vom Feuer weg. Sie lagerten auf einer schmalen Sandbank, die in den See hinausragte, und während das Feuer langsam zusammensank, konnte er die Sterne ohne die Störung durch verwirbelte Luft oder vorüberziehenden Rauch sehen. Die Debatte zwischen Roberto und Quagliagliarello war so weit abgeklungen, daß sie sich wie eine rituelle Beschwörung anhörte, und der Wind war kalt und trocken.

*

Als sie durch die Berge nach Rom zogen, bewegten sie sich mit der Geschwindigkeit der Schafe voran, und die Schafe mit der Geschwindigkeit der Wolken, dem Wogen der Bäume und all der anderen Dinge in der Natur, die Blitze ausgenommen.

Die Schönheit der Seen, des Waldes und des ruhigen blauen Himmels sog langsam die Armee aus Alessandro heraus. Wochenlang hörten sie nichts als den Wind, das Blöken der Schafe und das regelmäßige Rollen und Aneinanderschlagen der kleinen Steinbrokken, die von der Herde losgetrampelt wurden.

Habichte, die auf unsichtbaren Flüssen aus Luft kreisten, stießen nicht herab, solange die Schäfer bei den Lämmern gingen. Alessandro war mit dem Geräusch des Windes und den leisesten Veränderungen darin so vertraut, daß er gehört hätte, wenn die Habichte niederstießen, und er wäre dort gewesen, wo sie landen wollten, bereit, seinen Stock einzusetzen.

Das einzige Mal, das sich Roberto und Alessandro nicht einig waren, war weit hinter L'Aquila, als sie an einen kleinen See kamen, wo Alessandro auf der östlichen Seite lagern wollte und Roberto die Schafe zur Westseite trieb. Obwohl sie zu weit auseinander waren, um übers Wasser zu rufen, ging ihr Disput darum, wie man ins Licht schaute. Alessandro wollte die Welt von dem über den See flutenden Sonnenlicht vergoldet sehen, wollte die Wärme auf dem Gesicht spüren und von Licht umgeben sein, wohingegen Roberto die Augen frei haben wollte, wenn die Sonne jede kleine Einzelheit der Berge gestochen scharf wiedergab. Alessandro stand da und schaute den Möwen auf dem See zu. Sie waren weißer als ein Gletscher. In den Sternen, Wolken und im Wind hoffte er das wiederzufinden, was er verloren hatte, denn jenseits von Auflösung und Licht, so die Philosophie und der Glaube des Westens, war Klarheit, Wiederherstellung und Liebe.

Je weiter sie sich Rom näherten, desto mehr Dörfer und Bauernhöfe mußten sie umgehen, damit die Schafe nicht auf einem noch nicht abgeernteten Feld grasten oder sich in engen Straßen verliefen. Wenn sie nicht auf offenes Land ausweichen konnten, hielten sie sich an Flüsse und Bäche und zogen manchmal nahe an einem Dorf vorbei, und alle vierhundert Schafe drängten voran, als ob sie wüßten, wo sie hingehen sollten. Als sie eines Morgens aus einem Wald über einer Anhöhe schauten, sahen sie Rom friedlich beiderseits des Tiber liegen, frisch, blaß und ohne Stofflichkeit. In dem östlichen Licht blitzten Zehntausende von Dächern wie die glitzernden Schuppen eines Fisches auf, dessen Streifen sich zu einem sterbenden Regenbogen trüben, wenn er aus dem Meer gezogen wird.

Sie kamen über Subiaco, San Vito Romano und Gallicano nel Lazio herab und betraten die Stadt von Süden. Obwohl häufig Schafe durch die Innenstadt Roms getrieben wurden, konnten zwei Mann nicht darauf hoffen, eine große Herde davon abzuhalten, sich in dem Straßengewirr aufzulösen. Alessandro und Roberto führten ihre Tiere die Via Ardeatina hinunter, bis sie an die Aurelianische Mauer kamen, der sie westwärts folgten. Sie hielten an, um einen Soldaten nach dem Tag zu fragen.

»Der fünfte«, antwortete der Soldat von der Mauer herab, auf der er mit einem Gewehr über der Schulter stand.

»Oktober?«

»Wo seid ihr gewesen?«

Sie kümmerten sich nicht um seine Frage, denn sie hatten selbst noch eine. »Welchen Tag haben wir?«

»Sagte ich doch schon.«

»Keine Zahl, den Tag.«

»Freitag«, sagte er ungläubig.

»Dann muß ich noch bis Montag Futtergeld zahlen«, sagte Roberto.

Die Luft war mild und sanft, und der Duft von Piniennadeln, Holzfeuern und heißem Olivenöl zog über die Mauer.

Sie trieben die Schafe die Viale del Campo Boario entlang und ließen sie am protestantischen Friedhof zur Mauerinnenseite wenden. Sie umkreisten den Monte Testaccio, auf dem viele Ziegen standen, kamen zum Mattatoio und trieben die Schafe durch ein weites Tor. Sobald die Tiere in den riesigen Innenhof voller klappriger Gatter kamen, wußten sie, daß man sie betrogen hatte. Obwohl das Schlachten für diesen Tag beendet war, gab es doch noch Stimmen, die sie hören konnten, und der Geruch des Todes ließ sie angsterfüllt blöken. Ihre Augen waren weit aufgerissen, so als könnten sie sehen, was auf sie zukam, doch die Zäune waren zu hoch, um darüberzuspringen, und die Mauern zu dick, um sie zu durchbrechen. Den Muttertieren mußte das Herz um ihre Lämmer brechen.

*

Alessandro folgte einer möglichst direkten Route durch die verwinkelten Gassen von Trastevere. Die Straßenecken, an denen seit Caligulas Zeiten die harten Jungs gestanden hatten, waren nun leer. Sie waren in der Armee, im Gefängnis, tot oder versteckten sich im Gebirge. Ab und zu kam er an jungen Soldaten mit gequältem Gesichtsausdruck vorbei, was hieß, daß ihr Urlaub bald zu Ende ging.

Sie schauten auf seinen Bart und sein Schaffell, sahen den Schäferstab und seine blitzenden Augen, und alles sagte, daß er die ganze Zeit an der frischen Luft zubrachte, und sie beneideten ihn.

Während er bei einem dämmrigen Oktober-Sonnenuntergang die tausend Stufen des Gianicolo hochstieg, roch er die Blätter, spürte die kühle Luft über den Steinen und freute sich an der eigentümlichen Dunkelheit des steilen Hügels, von dem er jede Kurve, jeden Stein und jedes klapprige Eisengeländer kannte.

Er war gewissermaßen davon überzeugt, daß der Aufstieg zum Gianicolo, der Weg die Stufen hinauf und das Umrunden der Ecken ein Pendel in einem großen Uhrwerk wäre, das alles wieder zurechtrückte. An einem Abend wie diesem würde sein Vater den Kamin anzünden und seine Mutter sich um das Abendessen kümmern, im Disput mit Luciana, wie der Tisch gedeckt werden solle oder wie lange etwas kochen müsse. Die Lichter würden durch die Fenster scheinen, und Rauch würde aus den Schornsteinen steigen. Die Blätter im Garten wären zusammengeharkt, die Gehwege gefegt. In der Dämmerung war das Haus wie eine Laterne.

Alessandro nahm eine Stufe nach der anderen und betete mit all dem Ernst und der Inbrunst, die in ihm waren, um das, was er früher einmal für ganz selbstverständlich gehalten hatte.

*

Als Luciana um Viertel vor elf nach Hause kam, öffnete sie die Eingangstür, trat ein und verriegelte hinter sich. Dann ging sie in das Dunkel, bis sie an die Wand neben der Treppe kam, wo sie nach dem Lichtschalter tastete. Als das Licht aufflammte, stand sie einen Moment lauschend da, schaute sich furchtsam um und hob den Blick zum oberen Treppenabsatz.

Obwohl das Haus kalt und leer war, saß Alessandro schon seit fünf Stunden im Wohnzimmer. Ihm war es in seiner Schaffellkleidung warm, und er war im Dunkeln geblieben, hatte sich kaum gerührt und hatte die blassen Schatten an der Decke angestarrt. Er hatte gerufen und war durch alle Zimmer gelaufen. Es war so, wie er es in Erinnerung hatte, aber es war niemand da, und er hatte keine Möglichkeit, herauszufinden, wohin sie gegangen waren.

Die Feuer waren erloschen und die Asche kalt. In der Küche gab es nichts Frisches zu essen. Mehrere Kartons mit Post standen auf seinem Bett, darunter ein Packen Briefe, die er aus dem Glockenturm geschickt hatte. Obenauf lag ein Brief aus dem Büro eines Adjutanten in Verona. *Familie Giuliani: Alessandro Giuliani, 5. Batt. Fant. Arresto. 19. Flußwache, ist zum Spezialeinsatz abkommandiert und bis auf weiteres nicht erreichbar. Bitte haben Sie für eine angemessene Zeit Geduld.*

Alessandro nahm an, alle seien zum Essen ausgegangen und würden später in einer Kutsche zurückkehren. Sein Vater würde lange zum Aussteigen brauchen, und dann würden sie die Auffahrt heraufkommen. Auch wenn die Lichter des Hauses nicht alle auf einmal brannten, die Feuer nicht angezündet waren, und die Räume nicht überraschend nach frischen Blumen dufteten, das machte nichts, solange sie nur zurückkehrten.

Vielleicht war seine Mutter nur schwerkrank gewesen und war gar nicht gestorben. Er glaubte keinem Bericht, wenn er nicht direkt von seinem Vater oder von Luciana stammte.

Als er in das Zimmer seiner Eltern trat, kam er sich wieder wie ein Kind vor, das von einem Gewitter oder dem Geräusch eines Eichhörnchens, das übers Dach kratzte, hierhin getrieben worden war, und er erinnerte sich daran, wie er zwischen Vater und Mutter gelegen hatte, Geister und Gewitter verhöhnend.

Schwache Beleuchtung drang durch die Fenster, die zur Stadt hinausgingen. Das Bett war merkwürdig steif und unberührt, mit Sommerleinen bezogen, doch die Gemälde hatten sich keinen Millimeter von der Stelle gerührt, und die Möbel standen exakt da, wo er sie das letzte Mal gesehen hatte. Er hielt den Atem an, als er die Kleiderschränke öffnete. Sie waren voller vertrauter Bademäntel, Anzüge, Kleider und Schuhe. Das Parfum seiner Mutter hing noch immer in ihren Kleidern, und die Jacken seines Vaters gaben ihren typischen Geruch von Pfeifentabak ab.

Er näherte sich dem großen Schreibtisch seines Vaters, der leergeräumt war, bis auf einen Gegenstand, das Bild von Alessandros Mutter in jungen Jahren. Die Fotografie eines lächelnden, siebzehnjährigen Mädchens im Jahre 1885 stand mitten auf der Unterlage. In dem

Sternenlicht konnte er ihr Gesicht nicht erkennen, doch er konnte die Gestalt des Hintergrunds ausmachen. Die Umrisse waren ihm vertraut wie ein Land auf einer Karte. Dennoch, eine Fotografie, mitten auf einem Schreibtisch aufgebaut, war nicht die Art Bestätigung, die ihn die Hoffnung verlieren ließ.

Als er das Zimmer verlassen wollte, um zum oberen Stockwerk zu gehen, blieb er kurz stehen. Sein Kopf sank, und er wandte sich um. Er suchte nach dem Lichtschalter und hatte Mühe, ihn zu finden. Dann fand er ihn, und das Zimmer wurde so hell, daß er für eine Sekunde nicht aufblicken konnte. Seine Augen schweiften überall umher, ließen aber den Tisch aus. Sie glitten über all die vertrauten Gegenstände – über die Gemälde, die Fenster, zum Bett, den Büchern –, doch er hatte im Augenwinkel genau das gesehen, wovor er sich fürchtete, und dann gab es keinen Grund mehr, nicht hinzuschauen. Die Fotografie des lächelnden jungen Mädchens steckte in einem neuen Rahmen. Der Rahmen war schwarz.

Während sich Lucianas Augen an die Helligkeit gewöhnten, rief ihr Bruder nach ihr, aber sie hörte ihn nicht. »Luciana«, sagte er mit gedämpfter Stimme, um sie nicht zu erschrecken.

Sie schlug die Arme vor die Brust. Mit geballten Fäusten trat sie zurück.

»Rafi?« fragte sie.

»Tut mir leid«, sagte Alessandro und trat ins Licht.

*

Die Sonntagmorgen auf dem Gianicolo waren so still, als sei die Zeit stehengeblieben. Eine Stunde oder länger fuhr nicht eine einzige Kutsche vorbei, und es konnte vorkommen, daß man den ganzen Tag keine Schritte auf dem Bürgersteig hörte. Wenn es naß war, hörte man nicht nur die Regentropfen, sondern auch das langsamere Tropfen des Wassers von den Dachrinnen und den Unterseiten der Eisengeländer, nachdem es sich in Reihen schwerer Tränen angeklammert hatte, die bis zu dem Punkt gewandert waren, wo sie gehenlassen mußten. Und waren die Sonntage sonnig und trocken, konnte man die Piniennadeln riechen, wenn die Sonne auf den weichen Boden unter symmetrischen Baumreihen traf.

Alessandro lag solang er konnte, in seinem Bett. Nachdem er die Augen geöffnet hatte und das wunderbare Ostlicht an der Decke und den Wänden seines Zimmers sah, erlag er der freundlichen Illusion, daß sich nichts geändert hätte. An diesem kühlen Oktobertag in Rom dachte er an einen Ausritt zum Meer, an Überlandpartien zu Pferde, durch Felder und an Feuern aus Olivenzweigen vorbei, die während der Ernte geschnitten worden waren, doch als das Licht stärker wurde, erinnerte er sich wieder.

Es war unsinnig luxuriös, ein Zimmer zu haben, in dem man allein schlafen konnte, Platz und Ruhe zu haben und in ein warmes marineblaues Seidennachthemd gehüllt zu sein. Die Gemälde und Statuen im Flur, das kühle graue Licht, das durch das Glasdach über dem Treppenhaus fiel, und die schiere Größe des Hauses bereiteten ihm einen ungeheuren Genuß. Er fuhr mit seinen Händen über den großen, alten Kirschholzschreibtisch, der an einer Wand seines Zimmers stand. Zu den vielen Dingen, die er in den zwei Jahren nicht gesehen hatte, gehörte poliertes Holz. Es kam ihm merkwürdig vor, daß er, während sein Vater schwerkrank in einem nahe gelegenen Hospital lag, seine Mutter tot war (Luciana war erstaunt darüber gewesen, daß Alessandro noch ein Jahr später fragen mußte, ob es auch wahr sei) und ihm selbst der Tod fast sicher bevorstand, Freude empfinden konnte bei der Berührung einer glatten Schreibtischfläche oder beim Klang von Gegenständen aus Messing. Aber warum nicht? Als Gianfranco di Rienzi glaubte, am folgenden Tag in Venedig erschossen zu werden, konzentrierte er sich auf den Mond, die Sterne und die Ackerfeuer, bis er fast in dem Licht zu schweben schien. Es machte nichts, daß dies nur Wahnvorstellungen waren. Am Ende war Wahnsinn angemessen.

Alessandro klopfte an Lucianas Tür.

»Komm rein«, sagte sie.

Ihr Zimmer war immer noch blau, die Möbelverkleidungen immer noch weiß mit blauen Punkten. Auf den Bücherregalen standen Reihen von Schulbüchern, japanische Puppen und Parfumfläschchen. »Wie spät ist es?« fragte er. »Ich habe keine Uhr mehr. Ich weiß nie, wie spät es ist.«

»Es ist zehn vor neun«, sagte sie, nachdem sie sich zur Seite gebeugt hatte, um auf eine zarte Damenuhr auf ihrem Nachttisch zu schauen.

»Wie kannst du das bei einer so kleinen Uhr ablesen? Man kann ja kaum das Zifferblatt erkennen.«

Sie setzte sich in den Kissen auf. Am Abend zuvor war sie müde und abgespannt gewesen, mit Ringen unter den Augen und nur wenig Farbe auf ihren Wangen. Alessandro war von ihrer Erscheinung angerührt gewesen, denn sie war kein Mädchen mehr, und sie hatte sorgenvoll ausgesehen.

Sie war allerdings jung genug, um nach einer Nacht Schlaf ihre Schönheit wiedererlangt zu haben. Jetzt waren ihre Wangen rosig, ihre Augen von dem gewohnten hellen Blau, und jedes einzelne ihrer langen blonden Haare, die auf dem Kopfkissen ausgebreitet waren, glänzte.

»Du hast zugenommen«, sagte er.

»Ich bin breiter geworden nach Mutters Tod, das ist wahr.«

Ihr Gesicht, ihre Schultern und Arme zeigten etwas ganz anderes. »Du bist sehr schön geworden.«

»Oh«, sagte sie, als wollte sie sagen, daß dies nicht wichtig war, weil sowieso alles vergeudet wäre.

Um ihr eine Freude zu machen, ging er ins Detail. »Deine Arme sind nicht mehr so knochig«, sagte er. »Du hast lange Arme, und früher sahst du mit ihnen wie ein Grashüpfer aus. Und deine Schultern ... Sie haben gerade die richtige Rundung und exakt genug Eckigkeit ...« Seine Stimme stockte einen Moment, als ihm bewußt wurde, daß ihre Arme und Schultern, abgesehen von den dünnen Trägern ihres Nachthemds, nackt waren und daß er eine Grenze überschritten hatte, die vorher nicht existiert hatte.

Sie allerdings war aus Mangel an Gesellschaft oder aus Mangel an Zuneigung erschreckend direkt. »Und hier«, sagte sie und drückte ihren Busen in einer schlichten Geste an sich, wie eine junge Mutter, die vom Stillen befriedigt ist. »Plötzlich bin ich hier voller.«

»Stimmt«, pflichtete Alessandro ihr bei und teilte ihren Stolz so sehr, daß sich seine Befürchtungen zerstreuten. »Luciana, ich bin gekommen, um dir etwas zu sagen. Früher oder später werden sie mich kriegen, es sei denn, ich gehe nach Amerika. Ich habe mich noch nicht entschieden, was ich tun soll, aber ich werde nirgendwo hingehen, bis Papa wieder gesund ist.«

»Wie willst du dich vor ihnen verstecken?«

»Ich habe mir etwas ausgedacht. Ich werde mich wie ein Bankier kleiden – «

»Das hast du doch noch nie getan«, unterbrach sie ihn.

»Deserteure versuchen, nicht aufzufallen. Sie blicken zu Boden und versuchen, unbemerkt vorbeizugehen. Meine größte Chance liegt darin, genau das Gegenteil zu tun. Der Weg bis zum Krankenhaus ist kurz, und wir können durch die Mauertür, so sieht uns niemand ins Haus gehen oder herauskommen. Wenn sie ins Haus eindringen, werde ich mich verstecken. Nur wir wissen von dem Versteck hinter dem Schrank im Gästezimmer.«

Luciana warf die Bettdecke zurück und stand auf. Obwohl sie dies mit größter Selbstverständlichkeit tat und sofort einen Morgenmantel überwarf, sah er praktisch jeden Teil ihres Körpers, als ihr Nachthemd hochrutschte oder eng an sie gepreßt wurde. Er war verwirrt, besonders weil sie sich ihrer Wirkung auf ihn bewußt zu sein schien. »Ich werde um zehn vor zehn fertig sein«, sagte er. »Ich möchte dort sein, wenn Einlaß ist. Es geht ihm doch gut, oder?«

»Diese Woche«, sagte Luciana, »haben die Ärzte gemeint, daß er nicht sterben wird.«

*

Sie verließen den Garten durch einen Durchlaß in der Aurelianischen Mauer. Sie tauchten zwischen den hohen gewundenen Pinien der Viale della Mura auf, und ein Passant hätte geglaubt, daß sie von der Porta San Pancrazio gekommen wären, denn die Mauer schien undurchdringlich. Die Polizei hätte den Hauseingang ein Jahrzehnt lang beobachten können und wäre nie darauf gekommen, daß Alessandro auf einer Straße kommen und gehen konnte, die schon fast in einem anderen Teil der Stadt lag.

Die Viale della Mura war die ganze Strecke bis zur Villa Sciarra menschenleer. Dort kamen sie an Hausfrauen auf ihrem Weg zum Markt vorbei und an einer Vorhut alter Männer, die jeden Tag kamen, um die Dominotische zu besetzen. Alessandro war frisch rasiert und steckte in seinem besten Anzug. Sein Haar war während der Wochen in den Bergen auf zivile Länge gewachsen, und er hatte es an diesem Morgen mit Shampoo gewaschen, etwas, das es in der Armee einfach nicht gab. Er war sonnengebräunt, er ging mit einem leichten Hinken, so daß man annehmen konnte, er sei verwundet und ehrenhaft entlassen worden, und er hatte sich vier Medaillen auf die Brusttasche geheftet. Das waren keineswegs diese Wald-und-Wiesen-Abzeichen, die die Soldaten an der Front sammelten, wenn sie länger als üblich in der aktiven Truppe dienten und wie er sie aus dem Glockenturm nach Hause geschickt hatte. Die meisten Deserteure hätten entweder solche Auszeichnungen nicht oder würden nicht daran denken, sie an einem Samstag in der Nähe der Villa Sciarra zu tragen.

»Ich gehe jeden Morgen hin«, informierte Luciana ihn zum zweiten oder dritten Mal, »und bleibe von zehn Uhr oder halb elf bis zum Mittagessen. Dann komme ich um fünf Uhr wieder und bleibe bis zehn oder elf.

Manchmal schläft er, und manchmal setzt er sich auf und scheint so gesund wie immer zu sein. Wir spielen Schach, ich lese ihm vor, und oft sagen wir gar nichts. Wir starren nur zum Fenster hinaus.«

»Und warum ist er dann da?«

»Ab und zu hat er fürchterliche Schmerzen. Vor ein paar Tagen waren wir gerade beim Essen – es war sehr nett ...«

»Sie bringen zwei Gedecke?«

»Wenn du bezahlst. Ich esse an einem kleinen Tisch neben dem Fenster. Plötzlich fiel Papa nach vorn, als hätte jemand ein Messer in ihn hineingestoßen. Alle Teller und sein volles Weinglas kippten erst auf das Bett und fielen dann auf den Fußboden. Die Schwestern hörten es und rannten herbei, um ihm eine Spritze zu geben. Ich mußte gehen. Seitdem hat er die meiste Zeit geschlafen, doch gestern abend war er lang genug wach, daß ich ihm etwas vorlesen konnte.«

»Sein Herz?«

»Ja, sein Herz. Sie sagen, er braucht etwas Ruhe in einem Krankenhaus.«

»Wie lang muß er bleiben?«

Luciana warf die Arme ein klein wenig in die Höhe. Der kaum

wahrnehmbare Luftzug kräuselte ihr Kleid wie Wasser in einem kleinen See. »Sie wissen es nicht.«

»Was hast du ihm vorgelesen?«

»Die Zeitungen. Er ist nur an den Kriegsberichten interessiert. Er wartet auf dich. Er will, daß ich ihm jeden Bericht von jeder Kriegshandlung und jeder Einheit vorlese. Manchmal ist er sehr durcheinander und glaubt, er hat dich gefunden.«

»Wie?«

»Ich weiß nicht, welche Gründe er hat, aber wenn er das Gefühl hat, daß du da bist, verborgen zwischen den Zahlen und Namen, dann verlangt er, daß ich es wieder und wieder vorlese.«

Sie gingen durch den Park der Villa Sciarra, der zwar privat, doch den Großteil des Tages der Öffentlichkeit zugänglich war, und Luciana nahm den Arm ihres Bruders.

Er war überwältigt von Sinneseindrücken, die so deutlich und klar waren, daß er sogar die Aussicht auf seinen eigenen Tod hinnehmen konnte, denn die tiefe Befriedigung, die er nun in fast allen Dingen fand, schien die Summe vieler Jahre zu sein.

Als er an jenem Morgen erwacht war, hatte er mit seinem Arm über die Bettdecke gestrichen. Das Geräusch des Leinens, kaum hörbar, war eine große Sache. Auch die Schwerkraft zu fühlen, war eine überraschende Freude, ebenso wie die Tatsache, daß er seinen Arm ausstrecken und wieder anwinkeln konnte und daß eine Kraft darin war, die von dem komplizierten Apparat aus Muskeln, Gelenken, Bändern, Sehnen und Knochen in seinem Arm eingesetzt wurde, wie man einen Flaschenzug einsetzte, um eine Sockelplatte zu heben.

Einen Moment lang blieben sie auf einer freien Stelle stehen, die mit glatten Steinen gepflastert war. Kinder spielten am Rand, kleine Jungen spielten Fußball, und Mädchen versuchten, Ringe über Steine zu werfen, was äußerst schwierig war.

Luciana stand nah genug neben ihm, daß er sie gelegentlich an seinem Schenkel spüren konnte, durch den Stoff seines Anzugs und die Seide ihres Kleides hindurch, das von mattem, aber kräftigem Blau war, mit kleinen schneeweißen Rechtecken in einem Muster. Ihr Haar schimmerte in dem indirekten Morgenlicht, ebenso ihre saphirblauen Augen. Weil sie seine Schwester war, nahm er an, daß er für ihre Schönheit nur dieselbe Begeisterung hätte wie für all die anderen herrlichen Einzelheiten, die nun so übergroß hervorstachen. Das Plätschern des Springbrunnens direkt gegenüber des Steinplatzes hätte ihn stundenlang festhalten können. Das Wasser war schwarz, kalt und kam zwischen ständig feuchten schwarzen Steinen hervor. Metallfarbene Goldfische schwebten dicht über dem moosbedeckten Beckengrund. Das Wasser würde weiter hinabstürzen und sich Wasserläufen anschließen, die sich fast unbemerkt ihren Weg durch die Stadt zum Tiber bahnten. Jedes Blatt auf dem Weg, orange oder braun, naß oder trocken, schien Alessandros Auge zu reizen. Er konnte die Luftfeuchtigkeit um die Pflanzen in den Mauern spüren, die mehr Regenwasser speicherten als die Bodengewächse und es nun in sanften und unsichtbaren Wolken abgaben, welche für kaum spürbare kühle Strömungen der Luft sorgten.

»Einen Moment, Luciana«, sagte Alessandro, der immer noch ihren Arm hielt. »Ich möchte den Himmel betrachten.«

»Wozu?« fragte sie und dachte, daß er sich, als er das sagte, genau wie ihr Vater angehört hatte.

Er schaute sie zur Antwort an, seine Augen blickten in ihre Augen und nahmen dann den ganzen Rest von ihr in sich auf, bevor er mit einem Lächeln antwortete. Als er emporschaute, legte auch sie ihren Kopf in den Nacken und kniff die Augen zusammen, um sie dem helleren Licht von oben anzupassen.

Es sah so aus, als starrten sie einem Flugzeug oder einem Ballon hinterher, und eine der Mütter im Park der Villa Sciarra schirmte ihre Augen mit einer Hand ab, fast wie zum Salut, und suchte den Himmel ab.

Anders als das spröde Blau des tyrrhenischen Himmels, das ihn von fern färbte, war der Himmel hier blaß und zart. Niedrige Wolken, leicht grau, leicht rosa und leicht golden, glitten auf dem Meereswind mit großer Geschwindigkeit und fast lautlos dahin.

*

Die monumentalen Hallengänge des Ospedale San Martino waren voll von Soldaten, die in schweigender Genesung begriffen waren oder bald sterben würden. Jeder einzelne von ihnen konnte hoch zum Licht schauen, wie es, ein strahlendes Uhrwerk, durch die leeren Höhen der langen Galerien zog, einströmend durch die Fenster in leuchtenden Bahnen, die den aufgewirbelten Staub trafen. Am Anfang und am Ende jeder Doppelreihe von Eisenbetten stand ein großer Tisch mit riesigen Blumenarrangements darauf. Einige Besucher waren bereits eingetroffen und standen neben den Betten ihrer Söhne.

Alessandro und Luciana stiegen eine breite Marmortreppe von Treppenabsatz zu Treppenabsatz und von Stockwerk zu Stockwerk hinauf. »Mußte er hier hinaufsteigen?« fragte Alessandro.

»Sie haben ihn auf einer Bahre getragen«, antwortete Luciana. »Sie hielten ihn absolut waagerecht, als sie hinaufgingen. Der Mann, der voranging, bückte sich, so tief er konnte, und der Mann hinten hob seine Arme in die Luft, wenn sie an den Absätzen wendeten. Papa schien es peinlich zu sein.«

»Früher einmal wäre er die Treppe hinaufgerannt, ohne Atem zu holen.«

»Ich werde mich niemals schämen, schwach zu sein«, sagte Luciana in jugendlichem Eifer.

»Ich auch nicht«, fügte ihr Bruder hinzu.

Das Zimmer des Anwalts Giuliani lag im obersten Stock in einer Ecke und ging nach Süden und Osten hinaus. Vier hohe Fenster gaben den Blick auf die Stadt und die Berge über den Baumwipfeln der Villa Sciarra frei. Die Tür stand offen, und durch einen kleinen Flur hindurch sah Alessandro seinen Vater. Der Anwalt Giuliani saß aufrecht in einem Eisenbett, eine winzige Gestalt in einer Wolke gletscherweißer Laken und Kissen. Eine rote Decke war unter der Schürze eines Lakens säuberlich nach oben gezogen. Dutzende gelber Rosen füllten zwei Vasen dicht neben seinem Bett, und er starrte sie an, wie das Morgenlicht sie beschien.

Alessandro wurde von einem kurzen Schrecken ergriffen, als er sah, wie zerbrechlich sein Vater in den zwei Jahren geworden war, die sie getrennt gewesen waren. Obwohl die Haare des alten Mannes die gleiche Länge hatten wie früher, schienen sie im Kontrast zu dem eingefallenen Gesicht und dem dünnen Hals viel länger. Auch seine

Beine sahen, selbst unter der Decke, abgemagert aus wie Stöcke; ihre Muskeln waren geschwunden.

Sein Vater trug nun einen Bart, einen eleganten, korrekten römischen Bart, der weiß war, zumindest silbern mit einigen dunkelgrauen Strähnen.

Luciana ging direkt ins Zimmer, näherte sich dem Bett und küßte ihren Vater. Sie wußte, daß Alessandro in der Tür stehengeblieben war, und sie tat nichts, um die Aufmerksamkeit ihres Vaters auf ihn zu lenken.

»Ein wunderschönes Kleid«, sagte ihr Vater mit gedämpfter Stimme. »Und von wunderschöner Farbe.« Seine Hände fuhren wie in einem automatischen Suchen über die Bettdecke, die Finger schlossen und öffneten sich, schlossen und öffneten sich, als hätten sie sich bereits auf eine eigenständige Reise begeben.

»Habe ich das Kleid schon einmal gesehen?« fragte er.

»Natürlich«, entgegnete Luciana abwehrend, »oft.«

»Ich kann mich nicht daran erinnern.«

»Ich hatte es in der Oper an.«

»Welcher Oper?«

»Als wir mit dem Richter aus Pisa, seiner Frau und seinem häßlichen Sohn ausgegangen sind.«

»Er war ein netter Junge«, sagte der Anwalt Giuliani.

»Nicht zu mir. Er war grob und ausfallend.«

»Weil er verletzt war.«

»Verletzt?«

»Ja.«

»Wer hat ihn verletzt?« fragte Luciana in einem Anflug von Empörung.

»Du.«

»*Ich?*«

»In dem Moment, als er dich sah«, stellte der Anwalt Giuliani fest und vergaß dabei, daß er müde war, »war er tief verletzt, weil du so schön bist und er so häßlich war. Er wußte, daß er keine Chance hatte.«

»Sein Aussehen wäre mir gleichgültig gewesen«, protestierte Luciana.

»Er bewunderte dich zu sehr, um das zu verstehen. Er war kein großer Mann, und er hätte einer sein müssen, um mit seiner Vernarrtheit fortfahren zu können, ohne sich selbst zu geißeln.«

Luciana verzog ungläubig das Gesicht. »Sich zu geißeln? Papa, bist du verrückt?«

»Ich bin nicht verrückt. Ich erinnere mich noch daran, wie diese arme Laus jede einzelne Minute von *Tancredi* litt.«

»*Nabucco*.«

»Was immer. Er saß da und glühte im Dunkeln, feuerrot, gekränkt, enttäuscht und beschämt. Er machte stärkere körperliche Qualen durch als ich jetzt.«

»Wie kannst du so etwas sagen?«

»Ich erinnere mich noch daran«, sagte ihr Vater. »Warum trägst du heute dieses Kleid?«

Luciana lächelte, und Tränen traten ihr in die Augen. »Eine Überraschung«, sagte sie.

»Was für eine Überraschung?«

»Schau, Papa.« Sie wies zur Tür und zu Alessandro.

»Alessandro?« fragte sein Vater. »Bist du das, Alessandro?«

Alessandro schloß die Augen.

»Gestern«, erklärte sein Vater unter großen Mühen, »flog ein Geschwader von Militärflugzeugen über die Stadt. Ich konnte sie genau sehen.« Er hielt seinen Kopf erhoben. »Ich konnte die Piloten sehen, ich konnte sogar ihre Handzeichen sehen. Ein Dutzend Flugzeuge in Formation.«

Er schwieg. »Ich sagte bei mir: ›Ich frage mich, ob sie mir wohl meinen Sohn bringen.‹«

*

Alessandro ertappte sich bei den obligaten Beschreibungen, für die ein Besucher zum Fenster tritt, um dem Patienten die Dinge zu schildern, die dieser nicht sehen kann. Es ist fast die Regel, daß sie von geringer Bedeutung und nebensächlich sind – eine Treppe mit ockerfarbenen Stufen, die den Hügel hinabführte, der schmale Abschnitt einer Brücke, die zum größten Teil hinter Palmen verborgen war, ein wenig auffälliger Teil einer Villa, eine braune Markise, ein

Pferdekarren, der durch eine Öffnung in der Aurelianischen Mauer rollte.

Sie sprachen über das Essen, als die Essenszeit nahte, und daß es stets zu spät kam, und sie bewunderten das Zimmer. Das Bad war klein, zugegeben, aber abgesehen davon war das Krankenhauszimmer des Anwalts Giuliani ein guter Ort, um sich zu erholen, es war ruhig, und es hatte eine hohe Zimmerdecke.

Am ersten Tag vergingen die Stunden schleppend, während sie voreinander alles außer einem gespielten Optimismus zu verbergen suchten. Nur Luciana hätte auf ihn hereinfallen können, wäre sie nicht in der Lage gewesen zu spüren, daß ihr Vater und ihr Bruder so ängstlich waren, als sollten sie ein Schiff besteigen, das sie an einen Ort brächte, wo sie für immer bleiben müßten, wo sie all ihrer Besitztümer beraubt wären und wo die Straßen voller Menschen wären, die eine fremde Sprache sprachen.

Sie fürchteten nicht nur, ihrer Kleidung und ihres Besitzes beraubt zu werden, sondern auch ihrer Sinne und ihrer Erinnerungen. Sie fürchteten, so leicht zu werden, daß das einzige passende Wort für das, was mit ihnen geschehen würde, *Himmelfahrt* wäre. Sie fürchteten, bald alles zu wissen, sich mit den Körpern von Männern und Frauen zu vermischen und sich in den Mechanismen allen Denkens und Berechnens zu verlieren, hoch oben auf Sandkörpern zu liegen, das Donnergeräusch zu fühlen, wenn sie umgewälzt wurden. Sie fürchteten, stromabwärts zu treiben, am Grunde des Meeres in der Dunkelheit zu verharren und mit den Wellen kalter Winterstürme an den Strand gespült zu werden.

Die Rivalitäten, die sie ausgetragen, die Ambitionen, die sie gehabt, die Kränkungen, die sie erlitten hatten, und die Wünsche, die ihre Herzen hatten schneller schlagen lassen, schienen, wenn nicht schon vergessen, so doch nebensächlich. Trotzdem vergingen die Stunden langsam, weil sie sich nicht zu sagen trauten, was sie wußten, und statt dessen von Dingen sprachen, die so merkwürdig und unerwartet waren, daß Luciana verwirrt war und oft nichts anderes tun konnte, als ihre Hände auf ihrem Schoß ruhen zu lassen. Der Anwalt Giuliani sah auf der Wand seines Zimmers ein Stück Meer. Manchmal bezeichnete er es als Wasserfall. Er war erstaunt, wenn er seinen Bewegungen zuschaute, und deutete auf springende Fische, Stürme und brechende Wellen, so als ob seine Kinder alles sehen könnten, was er sah.

Beim Essen nahm ihr Vater sein Glas Wein und hielt es gegen das Licht. »Schau, wie rot er ist«, sagte er. Lucianas Augen schossen zu ihrem Bruder.

»Treppenhäuser sind am Grund dunkel und kühl«, sagte der Anwalt Giuliani, »und dehnen sich auf den oberen Etagen mit dem Licht aus. Heutzutage begegnet man im Treppenhaus kaum noch jemandem, besonders an Sommertagen, wenn man wie ein Jäger eintritt und genau auf jedes Geräusch achtet, viel genauer, als man es draußen in der Hitze tut.

Warum sind alle Ärzte Ausländer?« fragte der Anwalt Giuliani.

»Was meinst du?« fragte Luciana alarmiert. Wenn ihr Vater die Kontrolle zu verlieren oder irrational zu werden schien, reagierte sie mit der Ungehaltenheit, die der Angst entspringt.

»Mein behandelnder Arzt ist Holländer«, sagte ihr Vater.

»Bestimmt wegen des Krieges«, erwiderte Alessandro.

»Ich glaube nicht. Als mein Vater starb, war der Arzt – nicht sein Hausarzt, sondern der, mit dem er es zum Schluß zu tun hatte – ein Spanier. Stellt euch vor, ein spanischer Arzt. Die Spanier sind Primitive, die gegen Stiere kämpfen, aber es war ein Sonntag im August, und alle unsere hochgeschätzten italienischen Ärzte schliefen in ihren Strandsesseln. Sein Arzt, den er seit fünfzig Jahren kannte, war nach Capri gefahren, und wir konnten ihn nicht erreichen.« Der Anwalt Giuliani dachte einen Moment lang nach. »Ich bin nicht sicher, daß er zurückgekommen wäre, selbst wenn wir ihn erreicht hätten. Der Tod eines alten Mannes ist nichts Ungewöhnliches. Die Leute sagen, nun, er hat achtzig Jahre gelebt, und er hatte Glück, ein so langes Leben gehabt zu haben. Und das, nachdem der betreffende Mann unter fürchterlichen Schmerzen und wahrscheinlich mit nicht weniger Angst gestorben ist, als wenn er ein Junge von achtzehn Jahren gewesen wäre – außer, daß es in gewisser Hinsicht schlimmer ist, denn bis man alt ist, hat man so viele Menschen sterben sehen, und man *weiß* es.

Und wenn eine Frau jenseits der Fünfzig stirbt, zuckt keiner außer ihrem Ehemann und ihren Kindern mehr mit der Wimper. Als eure Mutter starb – eure Mutter war jung. Ich erinnere mich noch, als sie neunzehn war, als sie das Gefühl hatte, ewig zu leben. Als sie starb, haben wir eigentlich von niemandem etwas gehört. Ist das nicht merkwürdig. Es kümmerte keinen.

Wenn ich sterbe, werde ich sie in meinem Armen halten, und sie wird ungefähr in deinem Alter sein, Luciana, und euch beide auch, als Babys. Als ihr noch klein wart, liebte ich euch mehr, als ihr euch vorstellen könnt. In meinem Flug durch die Dunkelheit werde ich mich an dieses Bild klammern: wir vier – eure Mutter in ihren frühen Zwanzigern und ihr beiden mit zweieinhalb oder drei.

Und mein eigener Vater«, sagte ihr Vater mit einer plötzlich hohen und schwachen Stimme. »Wenn ich ihn sehen werde, werde ich selbst wieder ein Kind sein. Ich werde nicht als alter Mann da sein können. Alessandro, kann ich meinem Vater zuliebe ein Kind sein und meinen Kindern zuliebe Vater? Wird Gott das zulassen?«

»Ich weiß nicht«, sagte Alessandro.

»Wie kann man es herausfinden?« fragte sein Vater.

Statt ihn zu enttäuschen, improvisierte Alessandro. »Ich bin mir nicht sicher«, sagte er, »aber ich kann mir nicht vorstellen, daß Gott, der so erfahren darin ist, Eltern mit Kindern zusammenzubringen, sie so grausam trennen sollte. Vielleicht entspricht das überhaupt nicht der Wahrheit. Vielleicht tue ich mir nur selber einen Gefallen damit. Ich weiß es nicht, aber ich glaube entgegen aller Wahrscheinlichkeit genau das, was du sagst.«

»Dir ist es gleich, was andere denken, oder?«

»Ja, Papa. Das war schon immer so.«

»Das kann nur sein, weil du glaubst.«

»Ja.«

»Und wie spricht Gott zu dir?«

»In der Sprache von allem, was schön ist.«

Alessandro starrte die Bettdecke an, die über den Beinen seines Vaters lag. Eine Krankenschwester trat schnell und geschäftig ins Zimmer und schob einen Wagen vor sich her. Als sie die Tür öffnete, wehten die Vorhänge zum Fenster hinaus und flatterten, als wollten sie entfliehen.

Obwohl der Anwalt Giuliani schwach und müde war, schien er weder krank noch in irgendeiner Gefahr, und Alessandro kam es so vor, als wäre sein Vater zur Strafe in eine Schule oder eine Kaserne verbannt worden, weil er keine Stufen hinaufstürmen konnte oder ihm nicht augenblicklich die Hauptstadt eines Protektorats in Arabien einfiel. Bald würde er heimkommen, und im Frühling würde er in den Ruinen des Gartens sitzen und über die Hinrichtung seines Sohnes nachdenken. Trotz seiner häufigen Erwähnung des Todes glaubten seine Kinder nicht, daß seine Zeit schon gekommen war, doch als sie am nächsten Abend kamen, schlief er und konnte nicht geweckt werden.

»Ist das schon einmal passiert?« fragte Alessandro Luciana, die gerade aus dem Schwesternzimmer kam.

»Ja.«

»Wann wacht er wieder auf?«

»Einmal ist er nach etwa einer Stunde aufgewacht. Ein anderes Mal lag er zwei Tage lang so da.«

»Wie heißt der Arzt?«

»De Roos. Man sagte mir, er sei am Nachmittag dagewesen, kurz nachdem wir gegangen sind.«

»Warum haben wir ihn nicht gesehen?«

»Ich habe ihn gesehen. Er macht seine Visite, wenn die Besucher gegangen sind. Er hat mir gesagt, daß Papa im Vergleich zu den meisten anderen seiner Patienten bei guter Gesundheit ist.«

»Aber Luciana, hinter den Vorhängen ist hier alles voller Soldaten mit Unterleibsverletzungen, ein ganzes Bataillon davon. Sie sterben.«

»Warum ist es dann so ruhig?«

»Sie schreien nicht, wenn sie sterben. Der Tod ist leise. Er erreicht sein Ziel mit kaum einem Wispern. Hier sterben wahrscheinlich zehn oder zwanzig pro Tag.«

»O Gott.«

»Wie sieht der Arzt aus?«

»Er ist in deinem Alter. Er trägt eine Fliege und raucht Zigarillos.«

Alessandro fand ihn, als De Roos gerade in das Zimmer mit den Patientenunterlagen gegangen war. Er war ein Muster an Höflichkeit und Takt, und Alessandro spürte bald, daß dies nicht allein eine Frage seiner Manieren war.

»Was kann ich für Sie tun?« fragte De Roos.

Nachdem sich Alessandro vorgestellt hatte, sagte er: »Bitte sagen Sie mir alles über meinen Vater. Verheimlichen Sie mir nichts. Er wird vielleicht keine Zeit mehr dafür haben, und ich auch nicht: Ich muß zurück an die Front.«

In seinem weißen Kittel und mit der Fliege, mit der kleinen Blechschachtel Zigarillos, die deutlich aus der Seitentasche lugte, und dem Stethoskop um seinen Hals, wie eine Katze, die gelernt hat, auf der Schulter ihres Besitzers zu reiten, war der Doktor ein Bild von Autorität und Sachverstand. Er verfügte über den neuesten Wissensstand. Er war frisch. Er würde weder ein Symptom übersehen noch einen Fehler aus Routine machen. Seine Intelligenz verlieh ihm eine so angenehme Aufmerksamkeit, daß er sich wahrscheinlich nicht auf die Gewohnheit verlassen mußte.

»Ich hege größere Hoffnungen für Ihren Vater als für viele meiner anderen Patienten. Er könnte hier wieder herauskommen.«

»Tun Sie alles, was in Ihrer Macht steht?«

»Nein. Wir sind unterbesetzt. Uns fehlen die nötigen Mengen an Medikamenten. Wenn Ihr Vater nicht die entsprechenden Dosierungen bekommen kann, fällt er in ein Koma. Wenn er stirbt, dann in einem solchen Augenblick.«

»Welche Medizin?«

De Roos nannte ein Wort, das Alessandro nicht mitbekommen konnte.

»Was war das bitte?«

De Roos wiederholte es langsam, doch als er sah, daß Alessandro es nicht verstand, holte er ein Stück Papier und einen Füllfederhalter aus der Tasche und schrieb das Wort so schnell auf, daß Alessandro es nicht hätte entziffern können, wenn er es nicht schon gekannt hätte. Das Wort sah aus wie ein Gewirr von Ästen im Wald, es war Latein, und die Wellen und ausgefransten Kanten der Schriftzüge des Arztes widersetzten sich Alessandros Augen. Trotzdem faltete Alessandro das Papier zusammen und steckte es sorgsam in seine Brusttasche.

»Die Armee hat es«, sagte De Roos hustend und schlug mit der flachen rechten Hand auf die Blechschachtel, als wolle er den Tabak züchtigen. »Man braucht es, um das Herz bei Operationen zu stabilisieren, und davon werden ja im Augenblick mehr durchgeführt als jemals zuvor in der Geschichte der Menschheit. Wir bekommen nur sehr wenig davon, aber ich hörte, daß Bataillone von Soldaten in den Bergen die Wiesen nach der Pflanze absuchen, aus der es gewonnen wird.«

Alessandro lief ein Schauer über den Rücken. »Kann man es auf dem Schwarzmarkt kaufen?« fragte er.

De Roos dachte über den Vorschlag nach. »Wahrscheinlich nicht. Der Großteil des Bedarfs ist gedeckt. Die Armee hat ihr eigenes geschlossenes System. Es sind nur die alten Leute, die nicht genügend bekommen, und ich glaube nicht, daß der Schwarzmarkt sich um ihre oder unsere Bedürfnisse kümmert.«

»Aber dies ist doch zum Teil ein Militärhospital.«

»Für Soldaten, die man abgeschrieben hat. Die Operationen werden im Norden durchgeführt. Dann schieben sie sie ab hinter die Front, damit sie sich erholen oder sterben. Etwa siebzig Prozent sterben.«

»Davon merkt man nichts. Die Besucher scheinen es nicht zu wissen.«

»Besucher schauen grundsätzlich besorgt drein.«

»Ja, aber sie reißen sich wirklich zusammen, und sie kleiden sich sorgfältig.«

»Ja, stimmt, aber gegen Ende zu bricht das alles zusammen.«

»Führen Sie hier keine Operationen durch, um die zu retten, die sonst sterben?«

»Wir legen die Wunden trocken, manchmal säubern wir eine Körperhöhle. Das kann man kaum als Operation bezeichnen. Jedenfalls hält die Armee es nicht dafür, so wie sie unseren Bedarf rationieren.«

Alessandro zog das kleine gefaltete Stück Papier hervor und hielt es hoch. »Wieviel brauchen Sie davon?«

»So viel wie Sie kriegen können.«

»Und wann werden Sie meinen Vater das nächste Mal untersuchen?«

De Roos schaute auf seine Uhr. »Wahrscheinlich etwa um Mitternacht. Genau kann ich es Ihnen nicht sagen. Wenn Sie wollen, schreibe ich Ihnen eine Erlaubnis, damit Sie hineinkommen und dabei sind, wenn ich ihn mir ansehe.«

»Danke.«

»Etwa um Mitternacht, kann auch etwas später werden.«

»Ich muß nur meine Schwester nach Hause bringen. Dann komme ich zurück.«

De Roos schrieb in derselben unleserlichen Schrift. »Sie kann auch dabeisein«, sagte er.

»Sie haben sie bemerkt?«

»Wie hätte ich sie nicht bemerken können?« Es kam Alessandro vor, als nähme der Arzt zu Zweideutigkeit Zuflucht, doch dann sagte De Roos: »Sie ist unglaublich schön.« Das war alles, was er sagte, und er war so vollkommen kontrolliert, als hätte er nur eine klinische Beobachtung gemacht. Er faltete das zweite Stück Papier und gab es Alessandro.

»Danke, vielen Dank.«

»Nein«, sagte De Roos, »danken Sie nicht mir. Die Verwandten der Patienten danken dem Arzt, als sei er Gott. Das ist nicht gut, und wenn der Patient stirbt, verwandelt der Dank sich in Asche – nicht nur für sie, sondern auch für mich, wie Sie sich denken können. Wir sehen uns später.«

Alessandro rannte die Treppen hoch. Wenigstens hatte er etwas getan, um die Chancen seines Vaters zu verbessern. Die beiden Zettel in seiner Tasche schienen ihn nach oben zu ziehen, als hänge er an einem Himmelshaken. *Himmelshaken* war ein Ausdruck, den sein Vater manchmal verwendete, und die Bedeutung hatte Alessandro niemals wirklich verstanden, denn schließlich gab es so etwas nicht.

*

Luciana schlief in ihrem Bett, als Alessandro verstohlen durch die Maueröffnung schlich und zur Villa Sciarra rannte. Wenn er zu dieser Tageszeit auf Carabinieri stieß, würden sie seine Papiere verlangen. Die Tore zum Park der Villa Sciarra waren verschlossen. Er kletterte hinüber, ließ sich fallen und bewegte sich nur nach den

Geräuschen der Kieswege unter seinen Füßen, den Bächen und den Brunnen als Wegweiser durch die Dunkelheit.

»Gut«, sagte De Roos leise, als Alessandro in das Zimmer seines Vaters trat. Der junge Arzt, der gerade gekommen war, schüttelte ein Thermometer ab. »Helfen Sie mir, Ihren Vater zu Ihnen hinüberzudrehen.«

Alessandro sah, daß sein Vater wach war.

De Roos sprach mit ihm. »Signore, wir werden jetzt Ihre Temperatur messen.«

Der Anwalt Giuliani, verwirrt, aber weise, nickte und versuchte, sich im Bett umzudrehen. Er schaffte es nicht. Alessandro nahm ihn in seine Arme und zog ihn zu sich heran. Sein Sohn hielt ihn, als stünden sie am Rande eines Abgrunds, dabei hatte der alte Mann sich doch nur auf seinen Kissen gedreht, damit der Arzt ihm das Thermometer in das Rektum einführen konnte.

»Siehst du, Alessandro, wie alles endet?« fragte er mit glasigen Augen.

»Papa«, sagte Alessandro. »Verzeih mir.«

»Wofür?« fragte sein Vater, und sein Kopf ruhte an Alessandros Schulter, während Alessandro ihn ganz fest hielt. »Weil du jung bist und ich alt?«

»Ja.«

»Dafür verzeihe ich dir nicht.« Sein Vater atmete auf, als das Thermometer entfernt wurde, ließ sich zurücksinken und schaute seinen Sohn an. »Das ist meine Erlösung.«

»Sie haben Fieber«, sagte De Roos laut ins rechte Ohr des Anwalts Giuliani, »denn Sie haben eine Herzentzündung. Die Herzschwäche erlaubt es der Infektion, zu toben, dadurch wird es weiter geschwächt, und so weiter. Wenn wir Ihr Herz stabilisieren können, können wir diesen Prozeß umkehren.«

»Gut«, sagte der Vater, als habe er nicht verstanden, als sei der Doktor ein Dummkopf, der nicht wußte, was vor ihnen lag.

»Wie fühlst du dich?« fragte Alessandro und nahm den gleichen autoritären Ton an.

Sein Vater schaute ihn halb fragend und halb amüsiert an. Er zuckte mit den Schultern. »Nicht so gut«, sagte er schwach.

»Haben Sie Schmerzen?« fragte De Roos.

»Nein.«

»Haben Sie Angst?«

»Nein.«

»Gut. Ruhen Sie sich aus, Signore. Wenn alles gutgeht, werden Sie gesund hier rauskommen.«

»Wenn alles gutgeht«, echote der Anwalt Giuliani mit derselben Stimme, die er gebraucht hätte, um auf eine falsche Vertragsklausel hinzuweisen.

De Roos nahm Alessandro beiseite, und sie sprachen in der besonnenen Art von jungen Männern, denen die Aufgabe zugefallen ist, Ereignisse zu kontrollieren, die sie noch nicht recht begreifen und von denen sie noch nicht wissen, daß sie unkontrollierbar sind. Der Anwalt Giuliani begriff dies und hatte es schon ein dutzendmal vorher gesehen. Er warf ihnen ihre Bemühungen nicht vor. Im Gegenteil, er ließ sich von der Hoffnung verführen, die ihnen so leicht zuzufließen schien. Er wußte, daß sie – selbst der Arzt – sich etwas vormachen mußten, um sich zurechtzufinden, wo sie nichts sehen konnten, fest zu bleiben im Angesicht des Unbekannten und das Richtige zu tun, wo sie doch gar nicht wußten, was das Richtige war. Als er sah, daß Alessandro das Unmögliche versuchte, erkannte er, daß Alessandro von Liebe getrieben war. Er begriff, daß Alessandro wußte, und wiederum auch nicht, daß sie sich bald für immer trennen mußten. Vor allen Dingen alarmierte ihn diese Haltung. Er erkannte den Ton wieder, zu dem Alessandro gezwungen war, weil er vor langer Zeit selbst einmal dazu gezwungen gewesen war.

*

Alessandro suchte Orfeo nicht zu Hause auf, denn ein armer Mann mit brennenden Ambitionen kann sein Haus ebenso hassen wie die vielen anderen Dinge, die auf ihm lasten. Statt dessen ging er in das palastartige Kriegsministerium, in dem Orfeo auf einem Podest saß und Hunderte von Schreibern, Typisten und Siegellackgehilfen beaufsichtigte, die damit beschäftigt waren, die Dokumente anzufertigen, die den Krieg speisten.

Orfeo saß über einen riesigen Tisch gebeugt und kratzte mit einer

Feder auf einer ausgebreiteten Pergamentrolle, die an den vier Ecken einfach mit schweren königlichen Siegeln beschwert war. Seine Füße versuchten nicht einmal, bis zum Boden zu reichen. Er war wie ein Dandy gekleidet, und jeder, der ihn anschaute, konnte sehen, daß er die Proklamation nicht einfach kopierte, sondern sie auch komponierte, denn die Züge seines ungewöhnlichen Gesichts schienen in schöpferischer Verzückung zu tanzen, und er summte ein Lied, das zum Rhythmus seiner Prosa paßte.

Eine Minute später, in seinem Privatbüro, in dem eine Wand aus schweren Tresortüren und eine andere aus Glas bestand, schaute er immer wieder durch die Scheibe nach seinen Unterschreibern und sprach zu Alessandro in einem verrückten Geflüster.

»Natürlich haben Schreiber zu allen Zeiten die Satzzeichen ihrer Herren verbessert und hier ein Komma, da einen Bindestrich hinzugefügt. Und Rechtschreibung, nun, das versteht sich von selbst. Wenn man das Wort ›Glockengeläut‹ kopieren soll, und da steht ›Gluckengeläut‹ oder ›verraucht‹ statt ›verrucht‹, was manchmal vorkommt, was soll man da machen, es so stehen lassen?«

Nun begann er, seine Stimme zu erheben, und Alessandro wurde klar, daß sie gegen Ende des Gesprächs heulen würde.

»Und dann sind da noch die Adverbien, falsch verwendete Präpositionen, etc. Wir korrigieren sie. Das müssen wir. Und wir betrachten unsere Herren mit nicht geringer Verachtung, wenn sie Schreibkrüppel sind.

Ah, und dann ist da noch der große sterbliche Sprung! Ich werde es Ihnen erzählen. Das ist dann, wenn der Erhabene dem Körper eines Schreibers genügende Mengen des Lebenssaftes einflößt, die in den kochenden Kanälen der knochigen Täler des Mondes . . .« Orfeo sprang plötzlich wie von einer Nadel gestochen auf. »Und Mars!« sagte er wie vom Schlag getroffen.

»Was?«

»Ja, der sterbliche Sprung ist ein Geschenk des Erhabenen an heiligem gebenedeitem Lebenssaft.«

»Ich verstehe kein Wort, Orfeo.«

»Das heißt, ich schreibe, was ich will!«

»Wirklich?«

»Ja. Gestern zum Beispiel sollte ein Bataillon *Bersaglieri* in einen neuen Abschnitt am Isonzo verlegt werden, doch ich zog sie zu einem Lager in der Poebene ab, nahm ihnen die Maschinengewehre weg und teilte ihnen riesige Mengen Rindfleisch zu.«

»Warum?«

»Weil«, sagte Orfeo gravitätisch, »der Mantel des Erhabenen durch die Poebene schleifen wird, wenn das Ende der Welt gekommen ist.«

»Himmel, Orfeo«, sagte Alessandro.

»Das ist gar nichts! Glauben Sie, der König selbst wäre meinen vom Lebenssaft gespeisten Bearbeitungen entgangen? Nicht ein Wort von ihm, das durch meine Hände kommt, bleibt unverändert – behutsam natürlich, aber es ist wichtig für mich, der Geschichte meinen Stempel aufzudrücken, indem ich sie auseinandernehme und wieder zusammensetze.«

»Aber das denken doch alle Revolutionäre, Orfeo«, stellte Alessandro fest, »und sie sind beim Zusammensetzen niemals so gut wie beim Auseinandernehmen.«

»Ich bin kein Revoluzzer«, sagte Orfeo. »Ich bin die Leitung, das Reservoir, der Kran des gesegneten Lebenssafts, der gegen die knochentrockenen Talsenken des Mondes schlägt. Der Lebenssaft läßt die Vögel fliegen. Er fließt durch ihre Herzen wie der Sprühregen eines Springbrunnens.«

»Orfeo.«

»Wenn Sprengstoff aus Fabrik Dreizehn in Pisa zu Fabrik Sechs in Verona gebracht werden soll, um in Artilleriegranaten gepackt zu werden, dann schicke ich ihn nach Mailand, damit er zu Leuchtgranaten verarbeitet wird. Ich leite den Krieg, wie ich es für richtig halte, und ich leiste gute Arbeit, denn ich wurde vom Erhabenen gesegnet, der meiner Person große Mengen des belebenden Lebenssaftes zugeteilt hat.

Der Barmherzige hat mich an diese Stelle gesetzt, weil es meine Bestimmung ist, die Armeen zu beleben und die Welt von Angsthasen und Abfall zu befreien. Obwohl ich manchmal aufhören möchte, alles anhalten möchte, statt zu streiten oder zu kämpfen, statt Cumbrinal der Oxitan und Oxitan der Loxitan, schaue ich zum Licht empor und bitte Gott, mich zu sich zu rufen und mir zu zeigen, was groß ist, damit ich nicht länger warten muß. Ich könnte fliegen. Mein Rücken wäre nicht gebeugt. Ich hätte keinen Buckel. Ich wäre schön. Ich wäre leicht. Ich wäre groß.« Er lächelte und legte dann einen Finger an seinen Nasenflügel. Ein Schreiber an einem der vielen langen Tische hatte um die Erlaubnis gebeten, austreten zu dürfen, und Orfeo hatte sie ihm erteilt.

»Orfeo, mein Vater braucht dies hier«, sagte Alessandro und entfaltete den Zettel, auf dem der Name des Medikaments geschrieben stand.

»Wer hat das geschrieben?« fragte Orfeo.

»Ein Arzt.«

Orfeo schüttelte langsam mit dem Kopf. »Die Welt geht wirklich vor die Hunde. Ich werde ihm morgen früh hunderttausend Einheiten schicken. Warum bittest du immer um Gefallen?«

»Was denn noch, von dem hier abgesehen?«

»Ich habe dir die ganze Zeit über Gefallen getan.«

»Wirklich?«

»Wer, glaubst du, hat dich in die Flußwache gesteckt; welche war das noch, die Neunte?«

Alessandro war plötzlich schwach vor Wut. Er konnte kaum sprechen. »Du?« fragte er.

»Ich, der Männliche, der Eine.«

»Warum?«

»Du warst für die *Euridice* eingeteilt, deshalb. Ich hatte ein schlechtes Gefühl dabei, also habe ich dich zur Flußwache versetzt. Wie viele haben auf der *Euridice* überlebt? Siehst du? Ich hatte recht.

Ich werde dir solche Gefallen tun, ja, denn ich schulde dir eine gewisse Portion Respekt und Dankbarkeit, aber Dankbarkeit hält nicht ewig an. Ich muß mich von der Vergangenheit ab- und dem Lebenssaft zuwenden. Offen gesagt, Alessandro, ich bin mit meinen Gefallen für die Giulianis am Ende angelangt. Jetzt bin ich die wichtige Person. Ich zittere nicht mehr. Ich muß nicht mehr dasitzen und meinen eigenen Lebenssaft verspeisen. Ich bin der Chefschreiber. Während die Kräfte durch meine Finger fließen, berühre ich das sanfte offene Auge des Monsters, das dieses Jahrhundert verschlingt. Cumbrinal der Oxitan. Oxitan der Loxitan. Loxitan der Oxitan. Ich habe dir einmal gesagt, daß ich auf seinem Rücken reiten werde. Nun bin ich sein Herr, der Herr der Welten. Du hast mich dazu getrieben, die sogenannte ›Schreibmaschine‹ hat mich dazu getrieben.

Politiker und Könige leiden unter der Marter der Beschränkung. Ich nicht, ich brauche nur meine Feder in den heiligen gesegneten Lebenssaft zu tauchen, und meine Befehle werden aufs Wort befolgt, ohne jede Konsequenz für meine Person, die völlig anonym ist. Doch ich bin noch mehr als das, ich bin gesegnet, ich bin allmächtig, ich bin vom Lebenssaft umhüllt.«

Ohne Alessandro noch einmal anzuschauen, trat Orfeo aus seinem Büro und stieg wieder auf das Podest. Schwer atmend fixierte er mit seinem Blick einen unsichtbaren Horizont und erklärte, daß die Schreiber und Gehilfen es hören würden: »Ich bin der Blitz! Ich bin ein Löwe!«

*

»Orfeo ist vollständig verrückt geworden«, erzählte Alessandro seiner Schwester während eines Gewitters; der Regen prasselte gegen die Scheiben seines Zimmers, und der böige Wind trieb das Wasser durch Ritzen hindurch, die versiegelt hätten sein müssen. »Er sitzt auf einem Podest inmitten von Hunderten von Schreibern. Er soll Befehle und Proklamationen kopieren, aber er ändert sie nach Gutdünken ab und schreibt neue, wie es ihm paßt – stets im richtigen Stil und mit den entsprechenden Siegeln und Kodes versehen.«

»Sollte man das nicht lieber melden?« fragte Luciana unschuldig.

»Wer?«

»Einer der Schreiber.«

»Die? Die sind völlig verängstigt. Sie heben die Hand, wenn sie nur mal aufs Klo müssen.«

»Wieso das?«

»Sie sind jung. Wenn er sie rausschmeißt, wandern sie direkt in die Schützengräben. Er hat alles unter Kontrolle. Nicht, weil er böse ist, sondern weil er das, was er tut, für seine Mission hält.«

»Der heilige Lebenssaft?«

Alessandro nickte.

»Alessandro, du mußt es jemandem sagen.«

»Ich? Es war schon schwer genug, ins Kriegsministerium zu kommen. Wenn ich eine Beschwerde über einen der Angestellten einreiche, wollen sie als erstes wissen, wer ich bin. Ich könnte mich genausogut auf der Stelle erschießen.«

»Ich werde es ihnen sagen.«

»Sie werden dir nicht glauben, und außerdem würde es wahrscheinlich keinen Unterschied machen. Morgen werden sie die Medizin ins Krankenhaus liefern. Laß die Dinge für eine Weile so, wie sie sind.«

»Sie werden es herausfinden. Er wird sich selbst verraten.«

»Er ist seit zwei Jahren da und scheint sich recht wohl zu fühlen.«

Als ein Windstoß Nebelschleier durch den Garten trieb, wandte Luciana den Kopf zur Seite, um zu lauschen, und die Linie ihres langen Nackens wurde sichtbar. Luciana war, wie sich De Roos ausgedrückt hatte, unglaublich schön geworden. In der ersten Woche hatte Alessandro sich alle Mühe gegeben, wegzuschauen. Zu Anfang fiel ihm das nicht schwer und war Gewohnheit, doch dann konnte er es nur, wenn er seine Aufmerksamkeit auf andere Dinge lenkte oder durch eine absichtliche Entspannung, bei der er alle Gedanken aus seinem Kopf verbannte. Er wollte sie berühren und küssen, und obwohl sein Verlangen nach ihr so falsch war, daß er es mit einer mitten im Haus gezündeten Bombe verglich, war es ihm unmöglich, das Bild ihrer zarten Hände, ihrer klaren blauen Augen und ihres Haars von der Farbe von Weißgold zu vertreiben.

Seinem Vater zuliebe, der sterbend in einem Krankenhausbett lag, und seiner Mutter zuliebe, die schon gestorben war, würde er sich nicht der Grazie seiner Schwester, ihrem pfirsich- und rosenfarbenen Fleisch und ihrem erschöpften, sorglosen Charme ergeben. Wenn er verhaftet wurde, würden sie ihn in eine Zelle sperren, sie würden ihn eines Morgens auf einem Hof an eine zerschossene Wand stellen, und er würde sehen, wie sein Leben zu Ende ging. Er fragte sich, ob er in jenem Augenblick an Luciana denken würde, und er hoffte, daß es nicht so wäre.

»Wir müssen schlafen«, sagte er, stand auf und wandte sich zum

Gehen. Sie schien beinahe gekränkt, doch als er den dunklen Flur zu seinem Zimmer entlangging, schloß sich ihre Tür wie immer.

Alessandro saß auf seinem Bett und lauschte dem Regen. Ohne die Füße vom Boden zu nehmen, legte er sich zur Seite, als umarme er eine unsichtbare Erscheinung. Er zog die Arme dichter an sich, bis sie gegen seine Brust drückten, und seine Augen füllten sich mit Tränen. Und dann sagte er in einem hoffnungslosen Flüstern: »Papa.«

*

Er wurde von Donnerschlägen aufgeweckt, die die Fensterscheiben zu zerschlagen drohten. Der Regen wurde so hart gepeitscht, daß er sich in den Rinnsteinen staute und in Kaskaden von Wasser, die silbern aussahen, wenn die Blitze zuckten, vom Dach stürzte. Regen wie dieser leerte die Straßen und verwandelte die Stadt in ein lebloses Modell ihrer selbst. Der Tiber würde bereits über die Ufer treten, und die einzigen Menschen auf der Straße wären die Wachen, die vor den Palästen und Ministerien standen, und selbst die hatten kleine Häuser, die für Schokoladensoldaten gemacht waren.

Alessandro ging zu dem großen Tisch, wo er sein Gesicht nahe an die Kutschenuhr aus Messing brachte, die Luciana stets aufgezogen hatte, auch während er nicht da war und auch, als seine Mutter an Grippe starb. Wenn sie die Uhren aufzog, wanderte sie allein von einem Zimmer zum nächsten, und die Schlüssel klirrten in ihren Händen. Er konnte das Ticken über den Regen hinweg hören, obwohl der Regen so hart war, daß er sich wie Kies anhörte, der über Metallplatten ausgeschüttet wird, aber die Zeiger konnte er nicht sehen. Er drehte sich zur Seite, um sie aus dem Augenwinkel zu erspähen, aber es war immer noch zu dunkel. Das Ticken wurde lauter. Er hatte keine Vorstellung davon, wie lange er vor der Uhr kniete, sie anstarrte, ohne etwas zu erkennen, und den Schlägen des Uhrwerks darin lauschte.

Dann schlug ein Blitz auf dem Gianicolo ein, irgendwo in der Nähe, und das Zifferblatt der Uhr wurde so hell beleuchtet, daß sein Bild minutenlang in Alessandros Augen brannte. Der Stundenzeiger hielt den Atem an und wies nach rechts, auf halbem Weg zwischen

Zwei und Drei, der Minutenzeiger hatte sich der Schwerkraft ergeben und ruhte eine Kerbe vor der halben Stunde. Jetzt war Alessandro hellwach; er zog eine Regenjacke an und ging nach unten, getrieben von dem Verlangen, in die Nacht hinauszulaufen.

Es regnete so stark, daß ihm das Wasser den Nacken hinunterlief und sein Hemd durchnäßte. Er trat in den Garten, der mit einem flachen Teich aus Wasser bedeckt war, welcher an hunderttausend Stellen explodierte, wo die Regentropfen aufschlugen. An einer Stelle beugte er sich vor und preßte die Hand flach gegen den weißen Kies auf dem Gehweg in der Mitte, so als ginge er in einem Flußbett. Windböen peitschten ihn von allen Seiten, und die Bäume und Hekken schüttelten sich unter dem Gewicht des Regens.

*

Am nächsten Tag war es sonnig, klar und ungewöhnlich still. Rom wurde manchmal so dramatisch still, als hätten alle die Stadt verlassen. Man konnte den Wind durch die Blätter und Zweige rauschen hören, als sei man am Meer, und der Himmel war von tiefem, verwirrendem, ozeanischem Blau. Die Kinder saßen in schattigen Klassenzimmern, Angestellte schrieben ihre Zahlen in kühlen Räumen, und die Baumwipfel glitzerten in der Sonne wie Ziermünzen.

Alessandro und Luciana saßen nahe dem Fenster im Krankenzimmer ihres Vaters und lauschten seinen Atemzügen im Schlaf. Die Sonne brach strahlend herein, badete die blutroten Geranien im Blumenkasten in überirdischer Fluoreszenz und malte ein klar umrissenes Schattendreieck auf das butterfarbene Fensterbrett. Ab und zu hob ein kühler Wind die Vorhänge nach innen und ließ sie wieder fallen, so als ritten sie auf den Wellen.

Sie warteten darauf, daß ihr Vater erwachte, und konnten daher nicht sprechen, doch gelegentlich traf sich ihr Blick. Die Krankenschwestern, die vorbeischauten, sahen zwei musterhafte junge Leute, gesund und stark, wie Patrizier gekleidet. Auch ihr Vater war ansehnlich und machte Eindruck, er sprach gewählt, er war gewinnend, er war offensichtlich ein Mann mit stattlichem Vermögen. An diesem kühlen Oktobertag schienen die Giulianis alles in der Hand zu haben.

Die Krankenschwestern eilten herbei, wann immer der Anwalt

Giuliani nach ihnen rief. Nichts wurde vergessen, das Gewünschte wurde prompt erledigt, und De Roos oder die anderen Ärzte, die ihre Runden machten – Spezialisten für Infektionen, Herz und Röntgentherapie – führten lange technische Gespräche mit Alessandro und hielten ihn so besser über den Zustand seines Vaters informiert als die meisten anderen Bittsteller, die täglich ins Hospital strömten.

Alessandro glaubte, wenn er besondere Aufmerksamkeit zeigte und verlangte, würde er vielleicht auf einen Fehler in der Behandlung stoßen oder die Ärzte und Schwestern anregen, selber noch stärker darauf zu achten; und er glaubte, daß er seinem Vater den kleinen Vorsprung verschaffen könnte, der in verzweifelten Umständen lebensentscheidend sein kann, wenn er sein privilegiertes Auftreten beibehielt, das, merkwürdig genug, seinen Anfang genommen hatte als die Methode eines Flüchtlings, sich der Gefangennahme zu entziehen. Er hatte es tausendmal bei der Flußwache erlebt: Tadellose, sorgfältige, gewissenhafte Soldaten schienen länger zu überleben, jedenfalls fiel es mehr auf, wenn sie überlebten, obwohl natürlich auch sie manchmal augenblicklich von einer Granate zerfleischt wurden, die aus dem Nichts kam.

Er stieß mit dem Fuß an Lucianas weißen Strumpf. Sie schaute ihn an, er hielt seinen Finger in die Höhe, als wollte er sagen, hör doch. Ohne die Geduld, die ihr Bruder in zwei Jahren Ausschauhalten nach anrückenden feindlichen Soldaten gelernt hatte, fiel sie in ihr Träumen zurück.

Er stupste sie erneut und deutete den Hügel hinab.

Sie beugte sich vor. Sie konnte gerade eben ein Geräusch irgendwo in den Straßen, die zum Tiber hinuntergingen, ausmachen.

»Ein Pferd, das einen Munitionswagen zieht.«

»Woher weißt du das?«

»Ich habe zwei Jahre mit diesem Geräusch zugebracht.«

In den nächsten fünf Minuten lauschte Alessandro dem Hufgeklapper eines von der Armee geschundenen Pferdes und dem deutlichen Quietschen eines Munitionswagens. Wie sie im Sonnenschein den Hügel heraufkamen, hörte er durch das Rot und Grün der sonnenbeschienenen Geranien, und er spürte den Wind, der das Geräusch herbeitrug.

Von einem Soldaten geführt, der zu schlafwandeln schien, zog das Pferd zum Hospital herauf. Der Soldat las das Schild auf dem schmiedeeisernen Tor des Krankenhauses und öffnete dann mit der tiefen Niedergeschlagenheit eines einfachen Soldaten, der zum Garnisonsdienst abkommandiert worden und dazu verdammt war, die aufregendste Zeit seines Lebens als Bürobote zu verbringen, den Deckel des Wagens und nahm ein großes Paket heraus.

Luciana beugte sich nun über das Fensterbrett, und ihr Haar fing die Sonne wie eine Fackel. »Vielleicht ist Orfeo gar nicht so verrückt, wie wir denken«, sagte sie.

»O doch«, korrigierte sie Alessandro. »Orfeo kann den sterbenden Soldaten nur die Arzneimittel geben, die er sterbenden Soldaten weggenommen hat.«

»Das ist nicht verrückt. Das ist neutral.«

»Das ist auf gar keinen Fall neutral, Luciana, es ist gewalttätig und verrückt.«

Der Anwalt Giuliani wachte auf und keuchte, als hole er nach einem Wettrennen Luft. Seine Augen strichen zuerst die kahlen Wände entlang, dann schauten sie ins Sonnenlicht und dann auf seine Kinder. Obwohl er wach war, schien er in gewisser Hinsicht wie ein Schlafender. Sein Atem war mühsam und laut, seine Augen glasig, und er bewegte sich kaum.

»Hast du das Gewitter gehört, Papa?« fragte Luciana.

Der Anwalt Giuliani wandte sich seiner Tochter zu und wartete auf ihre Erklärung. Sein Gesichtsausdruck zeigte, daß er keinerlei Erinnerung an ein Gewitter hatte. »Ich habe es verpaßt«, sagte er schwach.

»Es war riesig!« erklärte sie mit solcher Begeisterung und Lebhaftigkeit, daß Alessandro lächelte. »Zehn Blitze schlugen so nah am Haus und in so schneller Folge ein, daß ich dachte, es wirft mich um. Ich hatte das gleiche Gefühl, keine Kontrolle mehr zu haben, wie in einem zu kleinen Boot auf einem zu windigen Meer!«

»Das ist eine Blende«, sagte ihr Vater.

»Was ist eine Blende?« fragte Alessandro.

»Das ist die Erinnerung an solche Dinge wie Tage am Meer oder Gewitter.«

»Ich liebe solche Dinge«, sagte Alessandro. »Du kannst dir nicht vorstellen, wie sehr ich sie liebe.«

»In den Erinnerungen, Alessandro, stehen Dinge, Gegenstände und Gefühle für Menschen, die du liebst.« Er mußte sich ausruhen und Luft holen, bevor er fortfuhr. Nach einer Weile sagte er: »Wenn ich mich zurücksehne nach einem Gewitter in Rom von vor sechzig oder siebzig Jahren, nach dem schweren Regen und den wirren Blitzen, nach den nassen Bäumen, die völlig frei und verloren dastanden, dann nicht wegen des Regens, der Stille oder dem Ticken der Uhr im Flur – an all das erinnere ich mich –, sondern wegen meiner Mutter und meines Vaters, die mich am Fenster festhielten, während wir den Sturm beobachteten.«

»Papa«, sagte Alessandro mit sicherem Optimismus, »die Medizin ist heute morgen eingetroffen, in einem Munitionswagen. Orfeo hat sie geschickt. Das Hospital hatte keine mehr, aber jetzt können sie dein Herz stabilisieren. Nun wirst du das Fieber mit all deiner Kraft bekämpfen können, und in einer Woche oder zehn Tagen werden wir dich mit nach Hause nehmen.«

»Sandro, wie sehen meine Augen aus?«

»Sie sehen gut aus«, sagte Alessandro, obwohl die Augen seines Vaters wolkig und grau waren.

»Weißt du, was passiert?«

»Was wann passiert?«

»Wenn man seine Eltern betrügt.«

»Papa, du redest Unsinn.«

Der Anwalt Giuliani nickte, so als wollte er zustimmen, doch dann kam er auf das zurück, was er gesagt hatte. »Wenn die Eltern sterben, Alessandro, kommt man sich vor, als hätte man sie betrogen.«

»Warum?« fragte Luciana.

»Weil man seine Kinder mehr liebt. Ich habe meine Mutter und meinen Vater an Bilder auf Fotografien und ihre Handschrift in Briefen verloren, und als ich sie euretwegen aufgab, war das Traurigste, daß sie nicht protestierten. Selbst jetzt, da ich zu ihnen zurückkehre, tut es mir vor allem leid, daß ich euch zurücklassen muß.«

»Du kehrst zu niemandem zurück«, sagte Alessandro. »Wir werden diese Probleme später lösen.«

»Alessandro«, sagte sein Vater beinahe fröhlich, »du verstehst nicht. Dies ist eine besondere Art von Problem: *Es gibt keine Lösung.*«

*

Später am Morgen kam De Roos vorbei und hielt eine Spritze, als sei sie eine Duellpistole. Tropfen der Flüssigkeit traten aus der hohlen Spitze der Nadel und liefen langsam den Schaft hinunter. Der Anwalt Giuliani war teilnahmslos.

»Wir haben es«, verkündete De Roos. »Hunderttausend Einheiten. Das wird uns Monate reichen, eine tolle Sache. Dieses hier, Signore«, sagte er und rieb den dürren Arm des Anwalts Giuliani kräftig mit einem alkoholgetränkten Wattebausch ab, »wird Ihr Herz gleichmäßig und langsam schlagen lassen wie das Herz eines Fohlens. Nicht so stark«, fügte er hinzu und führte die Nadel ein, »aber ebenso gleichmäßig und stetig. Und wenn Ihr Herz nicht hinterherhinkt oder rast und Schläge nicht ausläßt, dann werden Sie sehen, folgt alles andere ruhig nach.« Er ergriff die Hand des Anwalts Giuliani, drückte sie und ließ sie schnell wieder los. »Sie haben jetzt eine gute Chance, Signore. Sie haben eine gute Chance.«

»Das hoffe ich«, sagte der Anwalt Giuliani leise, und De Roos verließ das Zimmer.

»Ich wäre sehr dankbar«, sagte er zu seinen Kindern, »wenn ich das hinausschieben könnte. Alessandro, versprich mir, daß du bei mir sein wirst, wenn die Zeit gekommen ist.«

»Ich werde da sein«, sagte Alessandro, »wenn ich bis dahin noch lebe.«

»Das Haus«, begann der Anwalt Giuliani, so als könne er nun nach dem Zustand des Hauses fragen, nachdem er davon überzeugt war, es nie wieder zu sehen, doch er wurde durch das plötzliche Erscheinen einer Gruppe von Krankenwärtern und Schwestern unterbrochen, die ungeschickt ein Bett hereinschoben, in dem ein bewußtloser Soldat lag.

Sie kümmerten sich nicht um die Giulianis und schoben ihren Patienten umher, als sei sonst niemand im Zimmer. Luciana spürte, wie ihr Herz stehenblieb. Alessandro fragte, ob sie sich im richtigen Zimmer befanden.

»Das ist das richtige Zimmer«, sagte ein Helfer, »und wir werden noch einen weiteren Patienten bringen.«

Der Anwalt Giuliani sank in seine Kissen zurück. Der sterbende Soldat, dessen Augen geschlossen und dessen Lippen weiß waren, hatte ihm weit mehr über seine Überlebenschancen gesagt als der Arzt.

»Wir brauchen das Zimmer für uns!« sagte Alessandro zu Luciana. »Er hat sich an diesen Raum gewöhnt. Sein Zustand ist nicht stabil.« Er ging hinaus, und Luciana wandte sich an ihren Vater, um getröstet zu werden und selbst zu trösten.

In den Krankenhausfluren betrieben die Helfer einen regen Linienverkehr, und jedes Bett im Krankenhaus schien unterwegs zu sein. Patienten aus den riesigen Sälen im Erdgeschoß wurden in die kleinen Zimmer nach oben verlegt. Auf den Stufen tauchte eine Prozession von Helfern und Nonnen auf, die Männer auf Bahren trug, wie direkt aus einem religiösen Tableau, denn sie bewegte sich durch schräg einfallende Lichtstrahlen voll flimmernder Staubteilchen.

Alessandro drückte sich gegen das Geländer, um die Bahrenträger vorbeiziehen zu lassen, und stieg die Treppe hinab. Als er De Roos gefunden hatte, fragte er: »Was ist los?«

»Man hat uns angewiesen, die Kapazität sofort zu verdreifachen.«

»Sofort?«

»Bis morgen nachmittag.«

»Warum?«

»Die Deutschen und Österreicher«, sagte De Roos, »sind am Isonzo durchgebrochen.«

»Wo?« fragte Alessandro.

»Überall.«

»Überall? Unmöglich.«

»Man hat uns gesagt, daß eine Million Mann auf dem Rückzug sind.«

Alessandro stürmte erhitzt die Treppe hinauf. Vielleicht konnten er und Luciana ihren Vater zu Hause versorgen. Vielleicht konnte er sich in dem Durcheinander von einer Million fliehender Soldaten wieder der Flußwache anschließen, oder vielleicht verkündete die

Armee eine Amnestie und berief die Deserteure ein, um dem Feind letzten Widerstand zu leisten, der nun in Italien stand.

Er fühlte sich wieder wie ein Soldat. Als er auf der Treppe einem Armeemelder begegnete, bestürmte er ihn mit der Frage, wo die Front zusammengebrochen war.

Der Melder schaute ihn mit dem brüderlichen Blick an, den Soldaten an zivilen Orten füreinander haben, und bemerkte Alessandros Orden. »Bei Caporetto«, antwortete er, »aber man sagt, die Front hat überall nachgegeben. Vielleicht kann man sie neu formieren.«

Alessandro stieg zusammen mit den Krankenschwestern, den Helfern und den auf Bahren liegenden, tödlich verwundeten Soldaten die Treppe hinauf und war voller Pläne. Sie würden ihren Vater mit nach Hause nehmen, ihn aus dem Zimmer, das nun ein Sterbezimmer geworden war, holen, damit er noch einmal Sonne und Ruhe genießen konnte. Er war in seinem achten Lebensjahrzehnt und hatte Ruhe und Ehre verdient. Wenn er genesen war, würde sich Alessandro, zusammen mit Guariglia und Fabio, wieder der 19. Flußwache anschließen. Sein Vater würde leben, und ihm würde verziehen werden. Der Winter würde hart und gefährlich werden, aber dann würde der Frühling kommen.

Er trat in das Zimmer seines Vaters, und sein Herz flog zu Luciana, denn nun lagen dort drei Soldaten. Keiner von ihnen war bei Bewußtsein, und die feinfühlige Luciana versuchte, mit den Ellbogen auf der Decke, ihren Vater vor der Anwesenheit des Todes abzuschirmen.

Alessandro näherte sich dem Bett. »Papa, ich habe mit De Roos gesprochen. Vielleicht können wir dich mit nach Hause nehmen, in dein eigenes Zimmer, mit einer Privatschwester.«

»Alessandro«, sagte sein Vater, »mach dir meinetwegen keine Sorgen.«

»Ich möchte dich nach Hause holen.«

»Du mußt begreifen, daß ich dein Vater bin, Alessandro. Ich bin dein Vater. Ich war vor dir da, ich habe den Weg in diese Welt bereitet, und ich werde den Weg in die nächste Welt bereiten. Das ist nicht unvernünftig, und du mußt dir keine Sorgen machen, denn eines Tages wirst du mir folgen, und dann wird sich alles klären.«

»Ich hole De Roos«, sagte Alessandro.

Er bahnte sich wieder seinen Weg nach unten und brachte den Arzt mit, der den Patienten sorgfältig untersuchte. »Sie wissen vielleicht etwas, das ich nicht weiß«, sagte De Roos zu ihrem Vater, »aber ich glaube nicht. Ich sehe keine unmittelbare Gefahr. Noch ein paar Tage, und dann können wir daran denken, Sie nach Hause zu schicken.«

Der Anwalt Giuliani hob seine Hand ein wenig, lächelte und schlief ein.

»Ich werde hierbleiben«, sagte Luciana zu Alessandro. »Geh und tu, was du tun mußt.«

Alessandro machte sich auf, und ihm wurde klar, daß dies vielleicht sein letzter Gang durch Rom sein würde; die Sonne strahlte in der kühlen Luft, und die Stadt war halb golden, halb blau.

*

Die Bäume am Ufer des Tiber hatten ihr Laub noch nicht verloren, und wenn der Wind durch sie hindurchfuhr, raschelte er mit ihren trockenen Blättern und löste phantastische schwarze Wolken aus, denn Rom war von Millionen von Vögeln besiedelt, die auf allen Zweigen saßen, sangen, als wollten sie den Wind erwärmen, und in wildem Durcheinander auf Geländern und Gesimsen umherhüpften. Die Stare, Grasmücken, Finken und Schwalben waren aus Nordeuropa herbeigeflogen, aus dem Baltikum und Skandinavien und waren auf ihrem Weg nach Afrika, in die Wüsten und Savannen, in den Kongo und zum Kap der Guten Hoffnung.

Ihre Reise war so tief in ihnen und so drängend, daß sie selbst in den Ruhepausen nur Taumel und Antrieb kannten, und ihr plötzliches und jähes Aufflattern bei jedem Geräusch oder jeder Bewegung war kein Anzeichen von Furcht, sondern kündete von der Freude des Fliegens. Wenn irgend jemand unten einfach nur in die Hände klatschte, wenn ein Lastwagen vorbeifuhr oder bloß der Wind auffrischte, dann erhoben sie sich in einer heiteren Wolke, die über den Bäumen schwebte wie eine Kugel aus heißem Rauch und sich dann zu einem Flügel formierte, der hin und her wogte, bis er in hunderttausend anarchische Flüge zerbarst und die Luft von Vögeln einheitlich gefärbt wurde, die auf den Lüften der Katastrophe dahinflogen.

Die kleineren Vögel stoben in einem ohrenbetäubenden Lärm auf. Manchmal wurde ihre flatternde Masse vom Wind getrieben, wie ein schwarzer Ballon, doch einer nach dem anderen kehrte zu seinem Rastplatz zurück und setzte mit der Ernsthaftigkeit junger Piloten zur Landung an, und dann sprangen und tschilpten sie in den Ästen, bis sie wieder in den Himmel aufstiegen.

Wenn die Grasmücken und Finken den Himmel erfüllten, schauten die Menschen zu dem Gewoge dort oben auf und spürten, wie ihre eher prosaischen Lasten leichter wurden. Die Stare waren eine Plage, fast wie Fledermäuse, wenngleich ihre Bewegungen etwas ruhiger waren. Sie waren die Vögel, aus denen sich die Wolken bildeten, die das Sonnenlicht und den Himmel verdunkelten und über dem angestiegenen Tiber schwebten. Obwohl sie mit großer Leichtigkeit hinzutreiben schienen, stellte Alessandro bei seinen Beobachtungen fest, daß die Bewegung eines jeden Vogels nicht weniger Kampf und nicht weniger schön war, nur weil sie in einer Weise ineinander verwoben waren, daß ihre einzelnen Flugbahnen schwer zu verfolgen waren, denn wenn man einem Vogel folgte und die Geduld hatte und die Augen schnell genug waren, um ihn von den anderen zu unterscheiden und ihn bei seinen verwirrenden Wendungen nicht zu verlieren, dann konnte man sehen, daß die Art, wie er sich der Luft bediente, etwas Großartiges war.

Doch von all den Vögeln, die gegen Ende Oktober in den Bäumen entlang des Tiber Rast machten, war keiner auch nur annähernd ein so guter Flieger, ein so guter Sänger, ein so guter Pfeifer oder annähernd so pfeilschnell wie die Schwalbe. Sie flogen in großen Kreisen, steigerten dabei ihre Geschwindigkeit und flatterten auf wie Blätter in einem Wirbelwind. In dieser Tollheit stiegen sie auf, stiegen und stiegen, bis sie zwischen den höheren und dickeren Wolken flogen, in den weichen und rosigen Wänden, in denen sie verschwanden und aus denen sie plötzlich und überraschend hervorstießen. Obwohl man sie kaum sehen konnte – bei diesen Höhen waren sie nur noch Punkte und Flecken, die so schnell verschwanden, wie sie sichtbar wurden, so als seien sie nur eine Luftfärbung –, war es doch deutlich, daß sie in den größeren Höhen auf etwas trafen, das von außerordentlicher Schönheit und Bedeutung war, und daß dies der Grund war, warum sie sich anstrengten, so hoch zu fliegen und so lang dort oben zu bleiben.

Sie kreuzten im rosigen Licht von Wolke zu Wolke und waren entkommen, sie kannten das Reine und das Unwirkliche und waren von allem befreit, außer dem Licht, der Kraft und der Harmonie. Die Wellen der Luft hoch über den Wolken waren berauschender als die Wellen des Meeres. Das Licht war ein Ausbruch von Rosa und Gold, und die Farbe des Himmels reichte von chinesisch Blau bis zu dem blassen Weiß der Sonne.

Und dennoch, obwohl sie vom Wind erfaßt worden waren und wie goldenes Konfetti in den Wolken flogen und dort hätten bleiben können, sanken sie herab, kamen sie nach unten, pfeifend wie Raketen, während sie zu Boden stürzten. Sie entschieden sich für die Rückkehr, als hätten sie keine andere Wahl, und Alessandro fiel vor allen Dingen die vollendete und entschlossene Schönheit ihres Falls auf. Das war kein Sturz aus Hoffnungslosigkeit, denn während sie herabschossen, kämpften sie gegen die Luft an und segelten, wenn sie mit großer Anstrengung für kurze Zeit wieder anstiegen, nach links oder rechts und kreisten über der Fläche, die sie gekennzeichnet hatten, bevor sie wieder zu einem schwindelnden Sturz ansetzten, zu einem weiteren Ausbreiten der Flügel und einem weiteren Abschnitt ihres Abstiegs.

Sie schienen schneller zu fliegen, als die Vorstellungskraft es sich vorstellen konnte. Sie wendeten mit atemberaubender Kraft. Sie flogen makellose Kurven. Die Luft sang bei ihrem Durchflug.

Und wenn sie geendet hatten, diese kleinen Vögel, die Goldflitter auf Licht und Wind gewesen waren an einem Ort, von dem sie niemals hätten zurückzukehren brauchen, ließen sie sich in den dunklen Räumen zwischen den Zweigen nieder, und hier sangen sie zuletzt ein einfaches und schönes Lied.

*

Guariglias Werkstatt lag in einem baufälligen Gebäude, das Teil einer Ruine war. Von schweren Holzbalken und schmiedeeisernen Stangen hingen Hunderte von Zaumzeugen und Zügel herab. Zwei Dutzend Sattel lagen auf kleinen Holzblöcken, die aus den Wänden ragten.

Guariglia sah ohne Uniform verändert aus, allerdings weder besser noch schlechter. Obwohl seine abgewetzte Lederschürze darauf hindeutete, daß er sein Handwerk verstand (und das tat er), schien er kein Mann mit rosigen Aussichten zu sein. Als Alessandro in die Werkstatt trat, war Guariglia besorgt.

Er ging durch den Raum, sperrte zu und hängte sein Mittagsschild in die Tür. Alessandro bemerkte, daß auch Guariglia all seine Orden trug. Ein kleiner Schauer lief ihm über den Rücken, als ihm aufging, daß zweifellos alle Deserteure in Italien auf dieselbe Idee verfallen waren. Auch Guariglia humpelte, doch er tat nicht nur so: Sein linkes Bein war vom Knie ab aus Holz.

»Was ist passiert?« fragte Alessandro.

»Ein Zaumzeugmacher braucht keine Beine. Er braucht nur seine Hände.«

»Wer hat dir das angetan?«

Guariglia ging zum hinteren Bereich seiner Werkstatt, und Alessandro sah seine Kinder, die vom Schein einer Kohlenpfanne beleuchtet waren – ein Junge von ungefähr fünf und ein Mädchen von drei Jahren. Sie kauerten in einer Ecke, hielten kleine Lederpferdchen in den Händen und wagten nicht, sich zu rühren.

»Ist schon gut«, sagte Guariglia zu ihnen. Er nahm eins nach dem anderen auf den Arm, und sie gingen spielen. Er hatte sie umarmt, als würde er sie nie wiedersehen, hatte tief geatmet dabei und kurz seine Augen geschlossen.

»Wie kannst du so leben?« fragte Alessandro, als die Kinder wieder mit ihren Lederpferdchen über imaginäre Felder und Wälder auf dem Fußboden galoppierten.

»Ich habe keine Wahl.«

»Ich verstehe nicht, warum du dir so etwas gefallen lassen hast. Es ist dein Bein, um Himmels willen.«

»Ich habe mir gar nichts gefallen lassen«, sagte Guariglia fest. »Zaumzeugmacher müssen manchmal mit den dicksten und widerspenstigsten Lederstücken arbeiten. Hast du jemals einen Sattel zugeschnitten? Ein Zaumzeugmacher weiß gar nichts, wenn er nicht zu schneiden weiß. Wir haben das Werkzeug und die Erfahrung, und wir schneiden den ganzen Tag Leder, Messing und Eisen.«

»Ein Zaumzeugmacher hat das getan? Du hast Glück, daß du nicht gestorben bist. Wer war es?«

Guariglia lächelte halb aus Verlegenheit und halb aus Stolz. Als Alessandros Schweigen für immer zu dauern schien, brach Guariglia es. »Ich habe es ihretwegen getan«, sagte er und schaute nach den Kindern. »Es war nicht so schwer, als ich daran dachte, wofür ich es tun mußte.«

»Wie bist du bei Bewußtsein geblieben?«

»Ich wollte es. Ich habe mir das Bein eine Zeitlang über dem Knie abgebunden. Danach war das ganze Ding taub und hat auch nicht sehr geblutet. Ich habe alles gesäubert, habe eine halbe Flasche Schnaps getrunken, alles in Alkohol gebadet, und ich hatte das richtige Werkzeug. Ich kann dir gar nicht sagen, wie weh es tut. Es dauerte eine Stunde. Das war vielleicht eine Stunde. Nachdem ich die Wunde ausgebrannt hatte, war ich eine Woche lang dem Tode nahe, aber dann ging es mir wieder besser.«

Alessandro war sprachlos.

»Wenn ich an Militärpolizisten vorbeikomme, salutieren sie! Wie gefällt dir das? Ich bin nicht ein einziges Mal nach meinen Papieren gefragt worden. In meinem Alter und mit diesem hier«, sagte er und schlug sich an das hölzerne Bein, »bei all den Orden ... Wir werden so bald wie möglich in den Süden ziehen. Ich werde einen anderen Namen annehmen. Nach dem Krieg, wenn sich alles beruhigt hat, werden wir zurückkommen.

Alessandro, ich habe mindestens acht Feinde umgebracht, von denen ich weiß. Ich habe über zwei Jahre an der Front gekämpft. Ich habe meinen Teil getan. Sie haben mich von ihr getrennt«, sagte er und meinte das Mädchen, »bevor sie ein Jahr alt war.«

»Du mußt dich nicht vor mir rechtfertigen, Guariglia. Die Idee stammte von mir.«

Guariglia schüttelte den Kopf. »Nein. Ich hab schon vom ersten Tag an daran gedacht. Ich glaube, die Idee stammte von mir.«

»Die Polizei kann einfach auftauchen und dich mitnehmen.«

»Wir machen uns bald auf den Weg«, sagte Guariglia. »Bis dahin habe ich keinen anderen Ort, wohin ich gehen könnte. Wir leben oben, und da kann ich genausogut auch arbeiten. Es kann Monate dauern, bis wir dran sind, und wenn sie kommen, werde ich ihnen erzählen, ich wäre mein Cousin. Ich werde mir was einfallen lassen. Sie werden mein Bein sehen.«

»Brauchst du Geld?«

»Ich brauche immer Geld, aber nicht, wie du meinst. Ich werde wissen, wenn sie kommen, denn zuerst werden sie Fabio holen.«

»Warum?«

»Wegen dem Alphabet. *Adami* kommt vor *Guariglia*. Er arbeitet in der übernächsten Straße in dem Café an der Ecke. Er trägt nicht mal seine Orden, weil er zu jung ist und weiß, daß der Trick bei ihm nicht ziehen würde.«

»Was ist mit Amerika?«

»Ihm ist alles egal, Hauptsache, er kann mit den Engländerinnen schlafen, die in sein Café kommen.«

»Vielleicht gefallen ihm die Amerikanerinnen. Davon gibt es in Amerika eine Menge, vielleicht weiß er es nicht.«

»So dumm ist er gar nicht, Alessandro, aber er ist so schön. Sein Gesicht huscht über sein Hirn, wenn du weißt, was ich meine. Wenn er nicht gefaßt wird, werde ich es auch nicht. Und wenn sie ihn holen kommen, gibt es ein Versteck unter der Erde, wo ich ein paar Tage bleiben kann.«

»Eine Katakombe?«

Guariglia nickte.

»Da werden sie wahrscheinlich zuerst suchen.«

»Die haben Angst. Da gehen die nur rein, wenn die Offiziere sie dazu zwingen.«

»Woher weißt du das?«

»Ich war schon da, Alessandro. Mindestens zehntausend Deserteure leben in diesem Augenblick unter der Stadt.«

»Sie werden sie ausräuchern. In der Menge liegt keine Sicherheit. Das Risiko ist zu groß.«

»Du kennst die Katakomben nicht. Es gibt Tausende von Aus- und Eingängen. Die Tunnel sind endlos. Von Rom liegt mehr unter der Erde als darüber.«

»Wie essen sie?«

»Mit dem Mund.«

»Hör schon auf.«

»Sie stehlen. Sie schlachten Kühe und Schafe, die sie sich von den Weiden holen – die Tunnel reichen bis weit jenseits der Stadtmauern. Und sie haben Helfer wie mich.«

»Ich werde zurückgehen«, sagte Alessandro.

»Sie werden dich ganz einfach erschießen.«

»Nicht im Moment«, sagte Alessandro.

»Wegen des Zusammenbruchs?«

»Ja.«

»Die werden jetzt so viele erschießen«, sagte Guariglia, »daß ihnen die Kugeln ausgehen werden.«

»Nein. Wenn sie die Truppe neu formieren, brauchen sie jeden einzelnen.«

»Du bist verrückt«, sagte Guariglia.

»Ich will nicht, daß sie mich vom Bett meines Vaters wegschleifen. Er ist krank. Das würde ihn umbringen. Ich habe das merkwürdige Gefühl, daß ich dazu beitragen kann, ihn am Leben zu erhalten, wenn ich die Wahrheit sage. Also werde ich ihm sagen, daß ich zurückgehen muß, und ich werde zurückgehen.«

»Wie du siehst«, stellte Guariglia mit einer Spur von Verbitterung fest, »selbst wenn ich dir zustimmen würde, könnte ich daran nichts ändern.«

»Ich weiß.«

»Aber du wirst meine Alarmglocke mitnehmen, oder?«

»Er mag ein kleines Licht im Kopf sein, aber er ist mehr als nur deine Alarmglocke, und er verdient eine Chance.«

»Komische Chance.«

»Es ist seine Entscheidung.«

»Natürlich ist das seine Entscheidung. Und er wird mit dir gehen. Er ist so jung und so dumm, daß er mit dir gehen wird. Sie werden euch beide schnappen und an die Wand stellen.«

»Vielleicht.«

Guariglia trat zu seinen Kindern, die neben der Kohlenpfanne spielten. »Schau sie dir an«, sagte er, »ich weiß, daß sie dir vielleicht nicht so schön vorkommen wie mir ...«

»Sie sind schön«, unterbrach ihn Alessandro.

»Nein«, beharrte Guariglia, »so gesehen sind sie nicht schön, aber mir, mir bedeuten sie alles, was gut und heilig ist. Ich kannte Gott nicht, bis ich sie sah. Es ist komisch, sobald du den Glauben verlierst, hast du Kinder, und das Leben erwacht aufs neue.«

Das kleine Mädchen kam zu ihrem Vater. »Dada? Wann machst du mir noch ein Pferd?« fragte sie.

»Ich werde an dich denken«, sagte Alessandro und ging. Guariglia schloß die Tür und wandte sich ins Haus zurück.

*

Bis Alessandro zu dem Café gekommen war, hatten die Wolken sich verzogen, und der Himmel war so blau wie ein Edelstein, ohne jede Trübung und ohne Weiß am Horizont. Obwohl der Tag heiß und blendend hell geworden war, war es im Café kühl und dunkel, und die Kellner blinzelten, wenn sie durch die großen Fenster auf die Straße blickten. Es war ruhig. Trotzdem dampften Batterien von Espressomaschinen wie Lokomotiven. Sie glänzten von poliertem Kupfer, Messing und Silber, und ihre Kessel waren voll mit unter Druck stehendem, kochendem Wasser, auf daß es in Armeen von Tassen neben Armeen von Untertassen und Brigaden von glänzenden Löffeln geleitet würde. Die beleuchteten Vitrinen waren vollgepackt mit Kuchen und Gebäck, und auf den Marmortheken standen zwischen Zuckerschalen und Milchkännchen marmorne Präsentierteller mit Holzstößen aus gebuttertem Brot. Die verschiedenen Aromen von Kaffee, Gebäck und Schokolade fochten Luftkämpfe aus wie Kampfflugzeuge. Alles war auf Hochglanz poliert, das Wasser kochte, und die Kellner, meist ältere Männer, standen entlang einer Kupfer-und-Mahagoni-Bar in einer ungeraden Linie, bereit, sich auf ihre Kunden zu stürzen.

Acht Augenpaare verfolgten jede Bewegung. Rutschte jemand unruhig auf seinem Stuhl herum, tauchte ein Mann mit einer Serviette über dem Arm auf, bereit, zum oder vom Tisch alles zu tragen, was innerhalb vernünftiger Grenzen lag. Die Kellner konnten Gedanken lesen. Sie konnten von einem Radfahrer vorhersagen, ob er bremsen und hereinkommen würde oder nicht, und genau angeben, was er bestellen würde, wenn er hereinkam.

Als Alessandro in die schummrige Kühle eintrat, sagte ein alter Kellner leise zu dem Mann hinter der Theke: »Eine heiße Schokolade, extra dunkel, sehr heiß, und drei Scheiben Brot.«

»Tee und zwei Brote«, sagte der Mann an der Espressomaschine, und sie wetteten darauf.

Fabio trat außer der Reihe vor. Daher wußten sie, daß der Gast Fabios Freund und die Wette ungültig war. Wie auch immer, in einer Stunde würden sie so beschäftigt sein, daß man sein eigenes Wort nicht mehr verstand.

»Nicht schlecht, Alessandro. Wir haben es geschafft!« sagte Fabio und beugte sich über die Speisekarte, als erläutere er sie einem Gast, den er nicht kannte.

»Kannst du dich setzen?« fragte Alessandro.

»Meinst du ganz allgemein?«

»Ich meine jetzt.«

»Auf meinen coccyx?«

»Was?«

»Gluteus Maximus? Obturator Internus? Pyriformis?«

»Was ist in dich gefahren?«

»Ich bin jetzt ein Intellektueller.«

»Warum?«

»Die Frauen von heute stehen auf Intellektuelle, besonders jene mit großem Busen, also bin ich ein Intellektueller.«

»Im Ernst?«

»Wirklich.«

»Kannst du dich über Plato und Giordano Bruno unterhalten?«

»Beides Männer.«

»Was ist mit Mallarmé?«

»Der Erfinder des Velozipeds.«

»Du bist immer noch derselbe.«

»Nein, ich bin anders.«

»Wie das? Und könntest du mir eine heiße Schokolade und etwas Brot bringen?«

Fabio rief die Bestellung hinüber. »Du wirst es mir nicht glauben. Du wirst mich für verrückt halten.«

»Nicht nach dem, wo wir gewesen sind.«

Fabio runzelte die Stirn und konzentrierte sich. Dann brach er in ein Lächeln aus und lachte, als lache er über sich selbst. »Ich schäme mich, es zuzugeben.«

»Sag es.«

»Nun ...« Er schaute Alessandro schweigend an, und viele Sekunden vergingen. Beide kamen sich wie Idioten vor. »Ich möchte zurück«, sagte er. »Es ist krank, aber ich wollte nie abhauen. Ich mußte.«

»Was ist passiert?«

»Ich hab's Guariglia erzählt. Er arbeitet ...« Fabio senkte die Stimme und verschwand fast hinter der Speisekarte. »Er arbeitet gleich um die Ecke.«

»Ich komme gerade von ihm.«

»Hat er dir nichts erzählt? Ich habe Gianfrancos Ketten zerschnitten. Dann nahm er mir die Bolzenschneider ab und machte die anderen los. In dem Moment kommt der Oberst ein Deck höher vorbei. Sobald er das sah, rannte er los, um ein Gewehr zu holen.

Gianfranco schwang sich auf das nächste Deck und folgte ihm. Er brachte ihn mit dem Bolzenschneider um. Und dann sprang er sofort ins Wasser, ohne sich umzuschauen, wie ein wildes Tier. Der Oberst war ein sehr netter Mensch, und er hatte eine Tochter. Du siehst, die Armee hatte recht. Gianfranco war zu nichts gut, und wahrscheinlich wird er ewig leben.

Wie auch immer, so fing es jedenfalls an. Je mehr über Bord sprangen, desto mehr von den Zurückgebliebenen wollten ihnen folgen. Selbst die Offiziere hauten noch vor mir ab. Niemand wollte die Schuld haben. Ich dachte mir, besser für eine Weile nach Hause zurückkehren und dann erschossen werden, als erschossen werden, wenn wir nach Venedig kommen, aber jetzt will ich zurück. Ich muß tatsächlich verrückt sein.«

»Ich bin gekommen, um dich genau das zu fragen.«

»Guariglia kann nicht. Er hat sich sein Bein amputiert.«

»Ich weiß.«

»Laß uns heute gehen. Vielleicht erschießen sie uns, aber ich glaube nicht.«

»Ich glaub's auch nicht, nicht jetzt.«

»Und wir könnten einfach an die Front gehen und uns in die Umformierung einreihen; die würden es nie merken.«

»Schon möglich.«

»Also auf.«

»Ich kann noch nicht weg«, sagte Alessandro und erklärte es ihm. Wenn sein Vater so weit wiederhergestellt war, daß er nach Hause zurück konnte, dann würde er aufbrechen, in einer Woche oder vielleicht zehn Tagen. Konnte Fabio so lange warten? Fabio konnte. Unter anderem hatte eine Neuseeländerin begonnen, das Café zu frequentieren.

»Neuseeland?«

»Messerscharfe Nase, kastanienbraunes Haar, grüne Augen und Brüste bis hier.« Er hielt die Speisekarte auf Armeslänge von sich.

»Nun gut«, sagte Alessandro. »Du machst bei ihr weiter, und ich komme wieder. Hoffen wir das Beste.«

»Natürlich«, entgegnete Fabio. »Intellektuelle hoffen immer das Beste. Man nennt es Zynismus.« Dann brachte er Alessandro ein Silberkännchen mit Schokolade und gebuttertes Brot. »Auf Kosten des Hauses«, sagte er und verschmolz wieder mit der Front.

Alessandro aß und blickte sich in dem geräumigen, halbleeren Raum um. Fabio stand in der Mitte der Gruppe von alten Kellnern, eine Serviette über dem Arm. Er paßte in seiner kleidsamen Kellnerjacke und dem Kummerbund genau zu seiner Umgebung und sah zugleich völlig fehl am Platze aus, denn Alessandro erinnerte sich äußerst lebhaft an den jungen Soldaten, dem das Gewehr so natürlich über der Schulter hing, als sei es ein Teil von ihm.

*

Am nächsten Abend, eine halbe Stunde, nachdem Alessandro zum Ospedale San Martino aufgebrochen war, kamen vier Soldaten im Kampfanzug zum Haus. Einer betrat den Garten von der Seitengasse aus und bezog hinter einem Baum Stellung. Er lud die Patronenkammer seines Gewehres, legte den Lauf in eine Astgabel und zielte auf die Hintertür. Während es dunkel wurde, wartete er so angespannt, als würden die Deutschen durch die Küche gestürmt kommen. Ein weiterer Soldat war auf der Straße postiert. Er hatte klares Schußfeld auf jeden, der das Haus verließ, und er würde so viel Zeit haben zu zielen, daß er sein Gewehr über der Schulter hängen ließ, sich auf ein Faß setzte und mit den Beinen baumelte wie ein Kind.

Die anderen beiden traten an beide Seiten der Vordertür, zogen ihre Pistolen und läuteten. Nach fünf Minuten wußten sie, daß niemand zur Hintertür hinausgegangen war, und sie rechneten mit einer von vier Möglichkeiten, die sie alle bereits mehrfach erlebt hatten. Entweder war das Haus sowieso verlassen, der Flüchtling verbarg sich in einem geheimen Versteck, er kauerte im Haus, oder sie mußten ihn in einem Kampf töten, der von Zimmer zu Zimmer gehen würde.

Ein Soldat bewachte die Fenster, sein Gewehr zielte nach oben, und er behielt den Finger am Abzug, und der andere öffnete das Schloß. Er brauchte zwanzig Minuten dazu, doch dann öffnete sich der Riegel so leise, als hätte der Anwalt Giuliani den Schlüssel gedreht. Sie drückten die Tür auf und spähten hinein. Dann stürmten sie los, schwer atmend, ihre Blicke in jeden Winkel schießend, beide Hände auf den aufgerichteten Pistolen, bereit, sich instinktiv herumzuwerfen und zu feuern. Dies taten sie im ganzen Haus, ohne an Anspannung nachzulassen. Mehrere ihrer Kameraden in derselben Einheit waren unvorsichtig geworden, nachdem sich ein Großteil der Häuser, die sie durchsucht hatten, als leer erwiesen hatte. Stets hatte in einem der allerletzten Zimmer – in einem Fall eine Wäschekammer und im anderen ein Weinkeller – ein selbstmörderischer Deserteur hinter einer Barrikade gewartet, bewaffnet wie von der Armee selbst.

Sogar nachdem sie alle Zimmer im Hause durchkämmt und die beiden anderen Soldaten hereingerufen hatten, steckten sie ihre Waffen nicht ein, denn man konnte ja nie wissen, ob ihnen ihre Beute nicht durch die Finger gerutscht war, plötzlich auftauchte und sie in den Rücken schoß. Die Leute verloren alle Beherrschung, wenn man sie in ihren eigenen Häusern in die Enge trieb.

Die vier verteilten sich im Erdgeschoß, nachdem die beiden von draußen nach oben gegangen waren, um sich Lucianas Unterwäsche anzuschauen, die über ihrem ungemachten Bett verstreut lag. Der

Anblick der rosenfarbenen Seide und der Duft des Parfums machte sie fast schwindlig vor Verlangen. Als sie ein Paar spitzer Schuhe entdeckten, die von demselben weiblichen Wesen in eine Ecke geschleudert worden waren, von dem sie wußten, daß es die Laken zerknüllt und sich an ebender Stelle, wo sie gerade standen, angekleidet hatte, waren sie für mindestens eine Minute zu nichts zu gebrauchen. Dann schlossen sie sich wieder ihren Kameraden an und stellten dem Mann, den sie für ihren Liebhaber hielten, einen Hinterhalt.

Sie versagten sich zu rauchen, denn sie wußten, daß man schon von weitem riechen konnte, wenn die Luft in einem Haus voller Nikotin war. Sie ließen sich leise im Wohnzimmer, dem Empfangszimmer und auf den Treppen nieder, gerade so, daß man sie nicht sehen konnte. Ein paar Minuten lang sprachen sie mit normal lauten Stimmen, doch dann sank ihre Lautstärke in direktem Verhältnis zu der Zeit, die verstrich, und der Wahrscheinlichkeit von Alessandros Rückkehr.

Einer brach das Schweigen. »Glaubt ihr, daß er kämpfen wird?« fragte er. »Kämpfen die Reichen?«

»Normalerweise nicht«, kam die Antwort vom oberen Treppenabsatz. »Sie wissen nicht, daß dies hier ihre beste Chance ist. Sie begreifen nicht, was passieren wird. Sie glauben, daß alles ins Lot kommt.«

Sie hörten ein Klicken. »Was war das?«

»Ich habe meine Pistole entsichert.«

»Sie war gesichert? Du Idiot.«

»Ich dachte, sie sei schon entsichert.«

»Schnauze!«

»Halt du die Schnauze.«

»Seid endlich still«, sagte jemand, und sie waren es. Sie warteten halb schlafend, in ihren kratzigen grünen Uniformen und den Ledergurten, mit den Händen an den Gewehren oder mit den Pistolen über der Brust.

»Was ist, wenn er gar nicht hier ist?« sagte der Soldat im Empfangszimmer mit unpassend lauter Stimme.

»Er ist hier. Jemand hat ihn verpfiffen.«

»Was, wenn er verschwunden ist?«

»Dann haben wir ihn verloren«, sagte die Stimme von der Treppe, »aber mach dir keine Sorgen, die kommen immer nach Hause. Deshalb sind sie doch überhaupt abgehauen.«

»Mir gefällt das nicht.«

»Du könntest gegen die Deutschen kämpfen, weißt du das?«

*

Alessandro wußte, daß sein Vater im Sterben lag, aber gleichzeitig wußte er es nicht. Das Leben des alten Mannes näherte sich seinem Ende, und die Zeichen waren unmißverständlich. Selbst Luciana bemerkte, was vor sich ging. Ihr Vater war erstaunt, manchmal erschrocken und voller Bedauern, aber er ließ sich nicht täuschen.

Auf der anderen Seite konnte Alessandro Dinge sehen, die es nicht gab, und jene Dinge nicht sehen, die es gab. Man weiß, wenn man etwas doppelt sieht, aber man ist ernstlich in Schwierigkeiten, wenn man sagen soll, welches der beiden Bilder das richtige ist. Alessandro beobachtete die zunehmende Gebrechlichkeit seines Vaters, seine schmerzliche Geistesabwesenheit, wenn er sich selbst voraus und in einer anderen Welt zu sein schien, die kleinsten Veränderungen der Atmung, des Zitterns und der Farbe, und die unwillentliche Art, wie die Hand seines Vaters über die Bettdecke strich, als suche sie etwas, das in einer anderen Dimension existierte. Nach Jahren der Solidität und Nüchternheit, der Weisheit, Macht und Beherrschung, war der Anwalt Giuliani nun vergeßlich, unangemessen belustigt und sich seiner selbst nicht bewußt. Er verließ sogar seine reizende Tochter, die er mehr als alle oder alles in der Welt liebte, auf seinen unkontrollierten Flügen, bei denen es seinen Kindern so vorkam, als ob ein Engel ihn an einen Ort führte, von dem er immer längere Blicke erhaschte. Er wollte nicht gehen, er hatte Angst, und er war traurig, aber der Engel obsiegte und bereitete ihn auf eine Reise in Dunkelheit, Licht und Unendlichkeit vor.

Alessandro kannte die Welt ohne seinen Vater nicht einmal für eine halbe Sekunde. Nicht alle Eltern lieben ihre Kinder über alles, und oft ist die Bindung zwischen Eltern und Kind geringer als ihre Rücksichtnahme auf Fremde oder auf Prinzipien, und erst nach dem Tode des einen weiß der andere von seiner Liebe, oder er verwechselt Liebe wiederum mit einer Idee, einem Prinzip oder mit Trauer, doch zwischen Alessandro und seinem Vater war schon früh etwas eingetreten, vielleicht durch die Art, wie der Vater seinen Jungen umarmte oder mit ihm bei Anlässen von großer Traurigkeit oder Furcht gesprochen hatte. Vielleicht war es einfach nur Liebe, jenseits von Berührung, Beteuerung oder Bewunderung. Oder vielleicht hatte der Anwalt Giuliani auch nur durch seine grenzenlose Liebe für seine Kinder deren grenzenlose Liebe für sich ausgelöst.

Alessandros Bemühungen und Gedanken konzentrierten sich auf Hoffnung und Wille. Er konnte seinem Vater nicht erlauben zu sterben. Er war angemessen sachlich und diszipliniert, wenn er mit De Roos oder mit den Fachärzten sprach, die mit der regelmäßigen Unpünktlichkeit von Straßenbahnen im Regen auftauchten. Er war wachsam, beobachtete genau, war schnell bei der Hand, wenn die Krankenschwestern geschickte Hilfe brauchten, und erstaunlich stark, wenn der Anwalt Giuliani gehoben werden mußte. Er war ein Muster an Wohlanständigkeit, wenn er mit den Nonnen sprach, und neigte seine Seele den ihren zu, so daß es ihnen angenehm war, auf die Station seines Vaters zu kommen. Er kleidete sich sorgfältig, war stets gepflegt und verbrachte Stunden damit, darüber nachzudenken, ob die Ärzte etwas übersehen hatten. Er wußte sie bei fraglichen Punkten unter Druck zu setzen, und er wußte sich wortlos zu entschuldigen, wenn er zu weit gegangen war.

Daß die italienische Front zusammengebrochen war, schien angemessen, so als ob der Anwalt Giuliani und Millionen von Soldaten den gleichen aussichtslosen Krieg an völlig verschiedenen Fronten kämpften, aber das taten sie nicht. Die Kriege waren verschieden. Alessandros Krieg ließ Stärke und Willenskraft noch zu. Er hörte auf junge Männer und nahm Rücksicht auf Chancen und Wünsche. Der Krieg seines Vaters war der große Krieg, weniger ein Wettstreit als ein Rätsel. Er war hauchzart, leise und absolut. Niemand hatte je in dem Kampf, den sein Vater kämpfte, gesiegt, außer durch Glauben und Vorstellungskraft, und dieser Siege konnte niemand so recht sicher sein.

Einer der Soldaten war gestorben, und sein leeres Bett war noch nicht wieder belegt worden. Die beiden anderen waren kaum mehr am Leben. Luciana saß steif neben ihrem Vater. Ihr Gesicht war verzogen und erinnerte Alessandro an den Gesichtsausdruck eines Soldaten, der herauszufinden versuchte, aus welcher Richtung das feindliche Feuer kam. Der Anwalt Giuliani war bleich und grau, so daß alles, was an ihm Weiß und Silber war, zu leuchten schien. Er war wieder bewußtlos und befand sich anscheinend in einem derart labilen Zustand, daß sie sich nicht trauten, ihn zu wecken.

»Wo bist du gewesen?« fragte Luciana ihren Bruder. Sie hatte sich vorgenommen, verärgert zu sein, doch war sie dazu zu müde.

»Ich habe einen Spezialisten gesucht, aber er war nicht da. Er ist in einem Armeekrankenhaus in Vicenza.«

»Was für ein Spezialist?«

»Für das Herz.«

»Aber wir haben doch schon einen.«

»Vielleicht würde dieser über noch größere Kenntnisse verfügen. Was ist schlimmer, ein schwacher Mistkerl, der dich wissen läßt, daß er die Schlacht verliert, oder ein starker Mistkerl, der dich bis zum Ende glauben läßt, daß er gewinnen wird? Ich begreife nicht, wie die Ärzte so arrogant sein können: die ganze Zeit über verlieren sie Patienten. Man sollte meinen, daß sie die bescheidensten Menschen auf der Welt wären, aber sie laufen herum wie Generäle.«

»Warum laufen Generäle herum wie Generäle?« fragte Luciana. »Sie verlieren die ganze Zeit über Soldaten. Wären sie Geschäftsleute, wären sie bankrott. Woher kommt es, daß man weniger zur Verantwortung gezogen wird, wenn man Seelen verliert, als wenn man Geld verliert?«

»Ich weiß es, Luciana«, sagte Alessandro, ohne sie anzuschauen. »Ich habe es mit eigenen Augen gesehen.« Er ging um das Bett herum. »Papa?« fragte er, obwohl er wußte, daß die Antwort ein rasselndes Atmen sein würde, ab und zu unerklärlicherweise von einer Stille unterbrochen, die sie voller Schrecken aufblicken ließe, selbst wenn sie halb eingeschlafen waren. »Er ist jetzt so klein. Schau ihn dir an. Ich kann es nicht fassen. Das ist unser Vater. Er ist so weiß und silbern wie sonnengebleichtes Schilf.«

»Sag so etwas nicht.«

»Es stimmt. Schau, was aus ihm geworden ist. Ich kann mich

daran erinnern, wie er weit über mir stand, als sein Haar pechschwarz war, als er braungebrannt und stark war.«

»Warum hat er aufgehört zu rudern?« fragte Luciana.

»Er hatte keine Zeit mehr. Als er älter wurde, fiel es ihm schwer, das Boot zu heben und gegen die Strömungen anzukämpfen, wenn der Fluß Hochwasser führte. Er ist so zart jetzt, als ob er sich sublimierte.«

»Was ist sublimieren?«

»Wenn ein fester Stoff sich in ein Gas verwandelt, ohne zu schmelzen, wie Schnee in der Sonne. Er verschwindet direkt vor deinen Augen.«

Einer der Soldaten begann im Schlaf zu stöhnen. Es hörte sich an wie das Ende. Seine Zähne klapperten wie ein Maschinengewehr. »Hol eine Schwester«, befahl Alessandro, und Luciana lief aus dem Zimmer.

Alessandro kniete nieder und drückte sein Gesicht in das Kissen seines Vaters. »Papa«, flüsterte er in das Ohr das alten Mannes, »hör mit all diesem Unfug auf, steh auf, lebe wieder, hör auf zu sterben.« Sein Vater schlug plötzlich die Augen auf, und Alessandro sprang beinahe rückwärts durchs Zimmer, und als der Anwalt Giuliani seinen Blick auf seinen Sohn richtete, sah er erstaunlich ausgeruht und wach aus.

»Alessandro, wo sind wir?«

»Im Krankenhaus.«

»Welches Krankenhaus?«

»San Martino.«

Der Anwalt schaute sich um, so gut er konnte. »Wann bin ich hierher gekommen?«

»Vor einem Monat.«

»Vor einem Monat?«

»Ja.«

»Wozu?«

»Wegen deines Herzens.«

»Ich komme mir vor, als träumte ich, aber ich träume doch nicht, oder?«

»Du wirst bald wieder gesund sein. Jetzt haben wir die Medizin, die du brauchst. Orfeo hat sie von der Armee besorgt. Dein Fieber ist gefallen.«

»Ich wußte gar nicht, daß ich Fieber hatte.«

»Wie fühlst du dich?«

»Ich fühle mich, als hätte ich keinen Körper. Ich schwebe, und das gefällt mir nicht. Ich bin doch nicht betrunken, oder?«

»Nein«, sagte Alessandro.

»Ich fühle mich ganz leicht, so als sei ich nur ein Paar Augen – nicht mal Augen, sondern nur ein Punkt, von dem aus ich sehen kann. Ich schwebe doch nicht, oder?«

»Du liegst im Bett. Du hast einen Körper.« Alessandro drückte die Hand seines Vaters. »Spürst du das?«

»Haben sie mir Medikamente gegeben?«

»Ja, daran liegt es vielleicht.«

»Das Schweben macht mir nichts aus, aber sag ihnen, sie sollen damit aufhören.«

»Das werde ich. Ich sag es ihnen.«

»Wo ist deine Mutter?«

Alessandro senkte den Kopf, weil seine Augen sich mit Tränen füllten. »Sie ist im Moment nicht hier«, sagte er. »Sie schläft. Wir haben uns an deinem Bett immer abgewechselt. Luciana ist hier, und sie wird in einer Minute zurück sein.«

»Luciana«, sagte sein Vater und schloß die Augen. Als er sie öffnete, fragte er: »Wo ist Luciana?«

»Sie ist hier. Sie ist in den Flur gegangen.«

»Ich dachte, du bist in der Armee, Alessandro.«

»Bin ich auch. Ich bin nur für eine Weile nach Hause gekommen.«

»Sie haben dich doch sonst nicht gelassen.«

»Ich muß bald wieder zurück.«

»Ich habe dich für tot gehalten.«

»Papa, ich bin hier.«

Luciana trat ein, und eine Schwester folgte ihr, die zu dem Soldaten ging, eine Stoffwand um ihn herum postierte und unbeobachtet das zu tun begann, was immer sie zu tun hatte.

»Er ist wach«, sagte Alessandro zu Luciana.

Ihr Vater rief nach ihr, und sie küßte ihn.

»Papa ist ein wenig verwirrt, aber ich habe ihm erzählt, was passiert ist: daß es ihm besser geht, daß das Fieber zurückgegangen ist, und daß er bald nach Hause kommen wird.«

»Wie spät ist es?« fragte ihr Vater.

»Es ist Abend, Vater, etwa neun Uhr. Wir werden hierbleiben, bis du dir nicht mehr vorkommst, als schwebtest du.«

»Das braucht ihr nicht.«

»Wir möchten es gern«, sagte Luciana.

»Luciana wird jetzt heimgehen, damit sie ein wenig schlafen kann, und ich werde bei dir bleiben.«

»Ich werde bleiben«, meldete sich Luciana.

»Du warst den ganzen Tag hier.«

»Ich sag dir was«, sagte sie. »Du gehst heim, schläfst ein wenig und kommst um Mitternacht zurück, um mich abzulösen. Die paar Stunden machen mir nichts aus, und wenn du die ganze Nacht aufbleiben willst, solltest du vorher ein wenig schlafen. Du kannst mich nach Hause begleiten und gleich wiederkommen.«

»Das hört sich vernünftig an«, meinte Alessandro.

»Ich wasche mir nur das Gesicht, bevor du gehst.« Sie wandte sich an ihren Vater. Seine Augen waren halb geschlossen und flatterten, als hätten die Lider kein Gewicht. »Ich bin sofort wieder zurück.«

Als Alessandro allein mit seinem Vater war, zögerte er einen Moment, beugte sich dann aber vor. »Papa, kannst du mich hören?«

»Ja«, sagte sein Vater so schwach, daß Alessandro seine Frage wiederholte.

»Kannst du mich hören?«

»Ja, ich kann dich hören«, sagte der Anwalt Giuliani irritiert, was Alessandro sehr freute, weil es ihm zeigte, daß er kämpfte.

»Ich wollte sagen ...«, begann Alessandro und hielt dann inne, weil er bewegt war. »Ich möchte, daß du weißt ... Erinnerst du dich noch, daß du mir aus einem Buch über deutsche Hasen vorgelesen hast, als ich zwei oder drei Jahre alt war?«

»Was für Hasen?«

»Ein Kinderbuch über eine Hasenfamilie auf einem Acker – wie die Jäger hinter ihnen her sind, ihre Abenteuer und so weiter?«

Der Anwalt Giuliani nickte.

»Ich habe auf deinem Schoß gesessen und mich gegen deine Brust gelehnt. Manchmal bin ich eingeschlafen.«

»Ich erinnere mich.«

»Du hast mir vorgelesen, wenn du aus dem Büro nach Hause kamst. Du hattest Hemd und Jackett an, vor dem Abendessen. Ich habe meinen Kopf an dein Hemd gelegt, und es roch nach Pfeifentabak. Ich wollte dir sagen ... Ich weiß nicht genau, wie ich das erklären soll, aber das waren die schönsten Zeiten meines Lebens. Ich war damals glücklicher, als ich jemals sonst gewesen bin. Die Welt war vollkommen.«

Alessandro weinte. Tränen flossen ihm über die Wangen, während er unbeweglich sitzen blieb, mit der Disziplin eines Soldaten. Sein Vater streckte seine Hand aus und griff auf dem Bett nach Alessandros Hand.

*

In allen Dokumenten, Nachrichten und Befehlen wurde die riesige Festung aus Beton und Stein auf einer Klippe über dem Meer südlich von Anzio als Militärgefängnis Vier oder M.G. 4 bezeichnet, aber niemand, der jemals drin gewesen war, nannte sie anders als Stella Maris. Sie schien über dem Meer zu schweben wie die Sternenebene, die in einer klaren Nacht auf dem Wasser und dem Wind reitet. In rätselhaften und tiefen Gesprächen, in den krachenden, zischenden, scheinbar belanglosen Geräuschen der Gischt, der Wellen und des Windes sprachen die Sterne zu dem entzückten Meer, und wie so viele ihrer größten Geheimnisse vertraute die Natur ihr Wissen jenen an, denen man keinen Glauben schenkte oder die nicht sprechen konnten. Ungeheure Mengen wunderbarer Information wurden zwischen den Wellen und den Sternen ausgetauscht, in einem Umgang, der so nah, direkt und erfüllt war, daß er jenseits der Begreifbarkeit lag, in Geräuschen, die in Dunst und Wolken aufstiegen, in klangvollen Dialogen und in unzähligen Stimmen, die zu unzähligen Lichtern sprachen. Die verdammten Soldaten von Stella Maris, ohne Ansehen, das es zu verteidigen galt, ohne Reichtümer, die sie sich hätten erträumen, und ohne Hoffnung, die sie hätten aufrechterhalten können, kannten die Seele des Meeres bei Nacht. Sie war ihr Trost und ihre Entschädigung.

Alessandro wurde mit einem halben Dutzend Einlieferungen nach Stella Maris, nicht weit von Rom entfernt, verfrachtet. Die Armee brauchte vier Tage und die Stempel und Unterschriften auf einem halben Hundert Papieren, um ihn von seinem Haus in eine winzige Zelle zu bringen, die aufs Meer hinausging.

Die letzten paar Kilometer ging er zu Fuß, in einer Reihe mit Männern, die alle gefesselt und am linken Knöchel aneinandergekettet waren. Die Wachen zählten sie immer wieder, so als trauten sie weder ihren eigenen Augen noch der Haltbarkeit von Stahl. Die Gefangenen waren in Uniform gesteckt worden, weil die Disziplin, die sie in ihnen wiedererweckte, ihre Bewachung erleichterte.

Sie stiegen zum Strand von Anzio hinab und gingen auf Stella Maris zu, das sie deutlich in der Ferne sehen konnten. Es war einer jener Novembermorgen, an denen die Sonne so stark ist, daß es Frühling oder Sommer zu sein scheint und der Herbst einzig an der Tiefe und Schwärze der Schatten zu erkennen ist. Die See war aufgewühlt und blau. Brecher schlugen gegen den Strand, und der Wind, der sie vor sich hergetrieben hatte, warf die Gischt weit hinter die Brandung, so daß die Soldaten, die Brillen trugen, durch eine Salzkruste auf ihren Gläsern spähen mußten. Selbst ohne die Gischt hätten sie ihre Schwierigkeiten gehabt, denn trotz des Windes schwitzten sie von der heißen Sonne und ihrem Widerschein auf dem Sand. Sie gingen zu dem Geräusch der heftigen Brandung, ihre olivfarbenen Hemden waren dunkelfleckig, und ihre Ketten glänzten.

Obwohl Alessandro sich an den Wellen und dem Wind, der sie vorantrieb, erfreute, war jeder Schritt von Rom weg eine Qual. Er war am Meer, ging in der Sonne, und sein Vater und Luciana waren ohne ihn in einem Zimmer im obersten Stock des Krankenhauses. Ohne Zweifel war der Himmel von strahlendem Blau und die Geranien in den Fensterkästen rot wie Blut, doch die kühle Nüchternheit der Straßen und Plätze, der schattigen Bäume und der Steine war weniger als das, was er hier hatte, als er auf Stella Maris zumarschierte.

Wären die Dinge nur ein wenig anders gekommen, dann könnten

die Giulianis jetzt zusammen am Strand sein. Sie hätten einen Picknickkorb mitgebracht, und Alessandro und sein Vater wären ins Wasser gegangen, stolz darauf, weniger empfindlich zu sein als die Signora und Luciana, die so tun würden, als widere es sie an, wie die beiden Männer nur so unsensibel sein konnten, im November im Tyrrhenischen Meer zu baden.

Alessandro hoffte, daß sein Vater mit Luciana an seiner Seite kämpfen würde, doch er befürchtete, selbst wenn man die Nachricht bis zum Sommer zurückhielte, würde der Schock der Mitteilung, daß Alessandro hingerichtet worden war, ihn umbringen. Und das wäre fast das Ende von ihnen allen. Aber vielleicht würde er doch noch weiterleben. Vielleicht würde, wenn Rafi überlebte, Luciana ein Kind bekommen, und der Anwalt Giuliani hätte ein Enkelkind mit goldenem Haar. Vielleicht würden sie das Kind Alessandro nennen, oder Alessandra.

*

Alessandro wurde in eine schmale Zelle mit einer kleinen Luke geworfen, von der aus er auf den Hof sehen konnte, wo die Hinrichtungen stattfanden. Jenseits des Hofs, hinter einer hohen Mauer, lag das Meer. In der Luke waren zwei Eisenstangen, aber kein Glas. Ein Geruch wie von einer häufig genutzten Küche durchdrang die Luft. Er hatte die weiche Eigenart von Vanillecreme, von etwas Weißem und Halbsüßem. Der Mitbewohner der Zelle, der von den Meereswinden, die durch den feuchten Gefängnistrakt pfiffen, bis auf die Knochen durchgefroren war, war in zwei Decken gehüllt wie ein Indianer.

Dieser Indianer trug eine Drahtgestellbrille und hatte das Gesicht eines Intellektuellen. Er schaute gequält, seufzte und warf eine der Decken ab. »Das ist deine«, sagte er.

»Ich will sie nicht«, sagte Alessandro, dem von dem Marsch in der Sonne noch warm war.

»Wenn du abgekühlt bist, wirst du sie haben wollen, besonders nachts. Zwei sind kaum genug. Jetzt werden wir beide frieren.«

»Wie heißt du?« fragte Alessandro, nachdem er sich vorgestellt hatte.

»Ludovico.«

»Ludovico und wie weiter?«

»Nur Ludovico.«

»Warum?« fragte Alessandro.

Angewidert entgegnete Ludovico: »Weil ich Kommunist bin.«

»Kommunisten haben keine Nachnamen?«

»Nicht, wenn sie zu Geheimorganisationen gehören. Wenn die Armee noch ein paar Puzzleteile zusammenfügt, werden sie meine Kameraden fassen und erschießen.«

»Du bist nicht desertiert?«

»Doch.«

»Wirst du wegen Desertierens hingerichtet oder weil du Kommunist bist?«

»Macht keinen Unterschied, aber es ist zu schwierig zu erklären, wenn ich durchgefroren bin.«

»Ist ja auch egal; es interessiert mich nicht.«

»Ich nehme an, weil du Vertrauen in das Rechtssystem hast, das uns vor Gericht stellt.«

»Ja. Ich vertraue darauf, daß man uns schuldig sprechen und erschießen wird.«

»Dein Vertrauen wird belohnt werden.«

»Warum? In den letzten Jahren war das nicht so.«

»Ich glaube, ich mag nicht mit dir reden«, sagte Ludovico. »Du bist weder wissenschaftlich noch rational.« Er ging wie ein beleidigtes Kind ans Fenster.

Alessandro schubste ihn zur Seite, um hinauszuschauen. Der Hof war etwa fünfundzwanzig Meter im Quadrat, und auf der gegenüberliegenden Seite stand eine Reihe von zehn Pfählen, jeder etwas kürzer als die Höhe eines Mannes. Sie waren zersplittert und bröckelig, so als ob Tausende von Frontsoldaten wochenlang an ihnen hinaufgeklettert wären, und die Wand dahinter war pockennarbig wie eine Ballwand. Dahinter lag das blaue Meer. Die Wellen bildeten spiegelnde Linien, die mehr als nur das Licht zu halten schienen, und die Schaumkronen auf der windigen Oberfläche blühten wie Blumen. »Da erschießen sie die Leute«, sagte Alessandro.

»Fünfzig am Tag«, bestätigte Ludovico. »Im Kommunismus würde es so etwas nie geben.«

»Natürlich nicht.«

»Es ist wahr.«

Alessandro schüttelte den Kopf. »Ludovico Indianer«, sagte er sanft, aber bestimmt, »seit Anbeginn hat die Welt Königreiche gesehen, Theokratien, Sklavenhaltergesellschaften, Anarchie, Feudalismus, Kapitalismus, revolutionäre Gesellschaften und alles, was du dir denken kannst, und gleichgültig in welcher Variation, die blutverschmierten Pfosten, Guillotinen und Hinrichtungsplätze bleiben.«

»Der wissenschaftliche Sozialismus wird das ändern.«

»Der wissenschaftliche Sozialismus wird die Hinrichtungen wissenschaftlich und sozialistisch machen«, erwiderte Alessandro.

»Einverstanden, es mag zu Anfang nötig sein, Gegner der Revolution zu liquidieren«, räumte Ludovico ein.

»Ja, ich weiß. Die Pfosten sind schon nützlich. Deshalb baut sie auch nie jemand ab.«

»Du begehst ein großes Unrecht«, erklärte Ludovico, »indem du den Glauben an die Verbesserung des Menschen aufgibst für Träume von einer himmlischen Stadt und einem Gott, der nicht bewiesen werden kann.«

»Die himmlische Stadt, an die ich glaube, Ludovico, kann nicht bewiesen werden. Das ist eine Frage des Glaubens und der Offenbarung, nicht der Vernunft. Du allerdings behauptest, daß deine himmlische Stadt beweisbar ist, und das ist sie natürlich nicht.«

»Noch zu unseren Lebzeiten.«

»Dir fehlen die Beweise ebenso wie mir. Der Unterschied ist bloß, daß du die Welt martern mußt, um zu beweisen, was du zu erreichen suchst. Meine Träume beruhen wenigstens nicht darauf, die ganze Menschheit zu zwingen, für sie als Demonstrationsobjekt zu dienen.«

»Was zum Teufel bist du?« fragte Ludovico, »ein Jesuit?«

»Nein.«

»Woher weißt du soviel über politische Systeme?«

Alessandro setzte sich auf eine Holzpritsche, die als Bett diente. »Ich hatte ein wunderbares Pferd«, sagte er.

»Und deshalb weißt du soviel über politische Systeme?«

»Ja.«

»Von einem Pferd?«

»Ja. Es hieß Enrico. Als der Krieg ausbrach, requirierten sie es für die Kavallerie. So wie ich ihn kenne, ist er noch irgendwo am Leben, aber natürlich nicht mehr so jung wie damals. Ich habe ihn gut trainiert. Wir liefen mit Lokomotiven um die Wette, und ich hatte einen Trick, den ich ihm beigebracht habe. Deshalb weiß ich soviel über politische Systeme.

Wir ritten oft durch den Park der Villa Doria Pamphili. Manchmal ist er für die Allgemeinheit geöffnet, manchmal nicht, aber das kann man einem Pferd nicht sagen. Pferde sind wie Kommunisten: Die Idee des Privatbesitzes gefällt ihnen nicht, und Enrico wollte in die Villa Doria, selbst wenn sie geschlossen war.

An der Nordseite, nahe beim Tor, gibt es einen mannshohen Eisenzaun, mit Pfosten, die mit Speerspitzen gekrönt sind. Die gesamte Bauchlänge von Enrico mußte über diesen Zaun, und seine Beine und seine komischen Pferdegenitalien.

Wir schafften es. Wir sprangen wirklich drüber. Nicht nur einmal, sondern immer.«

»Was hat das mit politischen Systemen zu tun?«

Alessandro beugte sich vor. »Weil, Ludovico Indianer, Probleme des Intellekts, politische Fragen eingeschlossen, dem sehr ähnlich sind – Rätsel und Irrgärten, in denen man sich für den Rest seines Lebens verlaufen kann, die einen hierhin und dorthin führen, bis dir manchmal so schwindlig wird, daß du nicht mehr weißt, was los ist.

Die Barrieren in diesen Irrgärten sind wie Eisenzäune mit geschärften Spitzen, sie verdammen die Intellektuellen dazu, herumzuwandern, aber wenn ein Intellektueller diese Zäune überspringen kann, kann er sehen, wie das Rätsel aufgebaut ist.

Nach all den Zäunen, die ich mit Enrico übersprungen habe, erscheinen die Probleme der politischen Systeme nicht unüberwindlich.«

»Du bist verrückt«, verkündete Ludovico.

Alessandro hob seinen Zeigefinger. »Ah!« sagte er, »aber ich kann dir wenigstens meinen Nachnamen nennen, und wenn sie *mich* zu den Pfosten bringen, fangen meine Träume vielleicht erst an, während deine, nach deiner eigenen Definition, an ihr dunkles Ende kommen müssen und werden.«

»Du machst dir nur was vor. Deine Illusionen werden noch vor dem Ende von dir abfallen. Sie werden dir gar nichts nützen. Du wirst schon sehen.«

Alessandro stand auf und trat ans Fenster. Ein Nachmittagsnebel hatte sich übers Meer gelegt, bis fast an den Horizont, wo es sich in ein Band blauen und weißen Lichts verwandelte. »Hättest du einem Pferd so viel Vertrauen entgegengebracht, dich immer wieder über die Spitzen zu tragen, ohne dabei aufgespießt zu werden?«

Ludovico verneinte.

»Ja«, sagte Alessandro. »Es war gefährlich, irrational, der Zaun war viel zu hoch. Als ich mich der Barriere näherte, glaubte ich selber kaum, daß er mich hinübertragen könnte.«

»Und warum hast du es dann getan?«

»Ich traute seiner Stärke und Gutmütigkeit mehr als meiner Schwäche und meinem Zweifel. Es hat immer geklappt. Das war eine gute Lektion.«

»Und wenn es schiefgeht?«

Alessandro lächelte. »Es geht schief.« Er lehnte sich gegen die Wand. »Na gut, Herr Indianer, worüber sprechen wir morgen?«

»Übers Essen. Alles, was ich sagen kann, ist: ein Glück, daß du nicht religiös bist. Wenn man die Religiösen an die Wand stellt, fallen sie auseinander, Furcht ergreift sie, und sie betteln Gott an. Sie sollten einfach still sein.«

»Aber ich bin religiös.«

»Ja, aber nicht von der gefühlsduseligen Sorte.«

»Nein, nicht von der gefühlsduseligen Sorte.«

*

Plötzlich, mitten in der Nacht, sagte Alessandro: »Der Unterschied zwischen Mann und Frau ist mir immer stärker zu Bewußtsein gekommen.«

»Was meinst du damit?« fragte Ludovico aus einem quälenden Halbschlaf heraus.

»Wenn du eine Frau wärst, selbst wenn du eine völlig Fremde wärst, hätten wir uns eine Viertelstunde nach Sonnenuntergang in den Armen gelegen.«

»Aber ich bin keine Frau.«

»Das weiß ich, aber deine Schwester, das wäre eine andere Geschichte.«

Ludovico sprang mit einem Satz auf, wie ein wilder Hund, der mit einem gewaltigen Tritt aus dem Schlaf gerissen wird. »Laß meine Schwester aus dem Spiel, sonst stirbst du, noch bevor du die Treppen runtergeführt wirst!« schrie er.

»Wenn deine Schwester zum Tode verurteilt worden wäre, dann wäre es dir egal, ob sie in meinen Armen Trost sucht, oder?«

»Ich weiß nicht.«

»Ich würde sie ganz sanft halten. Ich würde mein Gesicht an die Seite ihres Gesichts und an ihren Hals legen. Ich würde sie wärmen. Es wäre ganz unschuldig, Ludovico. Ich würde sie lieben, obwohl ich sie gar nicht kennte. Es wäre egal, ob sie schön ist oder nicht.

Der Unterschied zwischen Mann und Frau«, fuhr Alessandro fort, »ist etwas, das mir eine Menge Freude bereitet hat. Ich bin fast geneigt zu sagen, daß ich mir wünschte, mehr davon gehabt zu haben, wenn auch mindestens die Hälfte dieser Freude aus Zurückhaltung und Mäßigkeit erwuchs – und damit muß man, wie ich, leichthändig umgehen. Und vielleicht habe ich es gerade richtig so gemacht, selbst wenn ich damals glaubte, nicht stürmisch genug zu sein. Ich weiß nicht, aber hier, am Ende, wird mir klar, daß das Schönste zwischen Mann und Frau nicht die Befriedigung ihrer Liebe ist, sondern einfach ihre gegenseitige Achtung.«

»Das mag schon sein, aber wahrscheinlich weißt du das erst, wenn du sterben mußt.«

»Man muß immer sterben. Es ist nur eine Frage der Zeit.«

»Aber es ist schon komisch, wenn man nur noch ein oder zwei Wochen hat, oder nicht?« fragte Ludovico. »Zu dumm, daß sie hier keine Frauen hinrichten, denn dann könnten wir Frauen in unseren Zellen haben, und wir alle hätten es warm, wir wären glücklich und bescheiden.«

»Sie müßten sie ja nicht erschießen. Sie könnten sie einfach herbringen.«

»Gut«, sagte Ludovico und grinste so heftig wie die Cheshire-Katze. »Warum sagst du es ihnen nicht bei deiner Verhandlung?«

»Ich bin nicht so altruistisch wie du.«
»Weil du kein Kommunist bist.«
»Wie alt bist du, Ludovico?«
»Zweiundzwanzig.«
»Ich verzeihe dir.«
»Wie alt bist *du*?«
»Siebenundzwanzig.«
»Es ist nicht an dir, mir zu verzeihen. Ich werde als Kommunist sterben.«
»Ich weiß.«
»Was tust du eigentlich?«
»Warum fragst du?«
»Ich halte dich für einen gesellschaftlichen Parasiten.«
»Ich war gerade dabei, Professor für Ästhetik zu werden.«
»Ahhh! Sieh an! Du machst nichts, du tust nichts. Kein Wunder.«

Zuerst schossen Alessandro Wörter wie Maschinengewehrkugeln durch den Kopf, die die Luft über den Gräben reinigen. Seine noch immer intakte Erziehung war plötzlich aufgeheizt. Allein die Namen – all die Griechen natürlich und Descartes, Locke, Shaftesbury, Leibniz, Vico, Eberhard, Herder, Schiller, Kant, Rilke, Keats, Schelling und hundert andere, luden die Kanone und machten sie gefechtsbereit. Und er war bereit, feierlich die Gesetze der Intuition anzuführen, der Analogie, Sympathie, des Historizismus, Intellektualismus, Spiritualismus, der Beziehung zwischen Physik und Ästhetik, der verschiedenen theologischen Schulen ... Doch letztlich, sah er ein, war das alles nur Gerede, schöne Worte, ohne Kraft. Am Ende blieb die Schönheit unerklärbar, eher eine Frage der Anmut als eine des Intellekts, wie ein Lied.

»Du hast recht, Ludovico«, sagte er, und es tat weh.

Zehn Minuten lang pumpte der Seewind feuchten Dunst durch die Luke, und sie zitterten.

»Warte bis zum Morgen«, warnte ihn Ludovico, »wenn sie mit den Hinrichtungen beginnen. Es wird dich aufrütteln. Du wirst deine Gelassenheit schon verlieren. Ich habe es schon viele Male erlebt.«

»Ich habe die Männer an der Front sterben sehen«, entgegnete Alessandro.

»Das ist nicht dasselbe.«

*

Frühstück gab es vor Sonnenaufgang, wenn die Kerzen in den langen Fluren zwischen den Zellenreihen abgebrannt waren. Schläfrige, von mehreren Wachen beaufsichtigte Gefangene händigten kleine Tassen mit Milch und ungleiche Stücke Brot aus.

»Iß nicht zu langsam und nicht zu schnell«, warnte ihn Ludovico.

Alessandro fragte nach dem Grund.

»Wenn du zu langsam ißt, haben die Hinrichtungen schon begonnen, bevor du fertig bist, und dein Magen wird rebellieren. Wenn du zu schnell ißt, wird dein Magen rebellieren, wenn sie mit den Hinrichtungen beginnen.«

»Und was ist das richtige Tempo?«

»Mach es mir nach«, kommandierte Ludovico. Er aß schneller, als Alessandro je einen Menschen hatte essen sehen, und kaum hatte er geendet, wurden die Tore zum Innenhof aufgesperrt und geöffnet.

Ein Kommando von Soldaten in guter militärischer Haltung marschierte auf den Hinrichtungsplatz. Ihre Stiefel glänzten, ihre Uniformen waren gebügelt, und sie starrten geradeaus und absolvierten ihre Gewehrgriffe in einer Art und Weise, wie sie nur Eliteeinheiten ausführen, die nie kämpfen.

»Sie tun nichts anderes«, sagte Ludovico. »Es ist immer dieselbe Gruppe. Sie werden niemals mit dem leben können, was sie getan haben, aber meutern können sie nicht.«

Am Fenster stehend konnte Alessandro sehen, daß ihre Knöpfe glänzten und blitzten, obwohl nur wenig Licht auf sie fiel. »Sie wissen besser als jeder andere, was ihnen passieren würde, wenn sie es täten«, sagte er.

»Sie sollten weglaufen.«

»Alle, die sie erschießen, haben versucht wegzulaufen.«

Alessandro griff nach den Eisenstangen, als die zehn Mann, begleitet von drei Priestern mit aufgeschlagenen Bibeln, herausgeführt wurden. Ein Dutzend Wachen standen bereit. Die Handschellen und Ketten der Verurteilten wurden erst nach der Hinrichtung gelöst. Totengräber warteten zur Linken mit zweirädrigen Karren, die einige der Gefangenen schmerzlich beäugten.

Die Priester begannen aus den Bibeln vorzulesen. Manchmal schauten sie in die Gesichter der Männer. Es waren Soldaten in Uniform, und es war nicht leicht, einen vom anderen zu unterscheiden. Manche standen ungerührt da. Andere schwankten vor und zurück. Einer weinte und stand vornübergebeugt, als hätte er Krämpfe.

»Riechst du das?« sagte Ludovico zu Alessandro. »Das ist Scheiße. Sie scheißen sich in die Hosen. Du auch.«

»Bestimmt nicht«, sagte Alessandro. »Ich werde nicht vollgeschissen vor Gott treten.«

»Das hat jemand anderes auch gesagt«, fügte Ludovico hinzu. »Er sagte es, dann dachte er drüber nach und schaute mich an und sagte, macht nichts. Gott wird mich waschen lassen, bevor ich vor Ihn trete.«

Zwei Offiziere, die mit ernster Miene einige Papiere hielten, betraten den Innenhof. Sie lasen jedem einzelnen leise sein Urteil vor und traten zurück. Einer von ihnen erteilte einen Befehl, und die Gefangenen wurden an der Wand entlanggeführt, bis sie vor den Pfosten standen. Sie bewegten sich langsam, schlurften, stolperten, weinten.

Alessandro war von den unregelmäßigen und stolpernden Schritten der verurteilten Männer bestürzt. Vor siebzehn oder achtzehn Jahren hatten ihre Eltern sie hochgehalten und sie bei ihren ersten Schritten geführt. Und nun war es dazu gekommen. Stolpernd, zögernd und furchtsam gingen sie wieder wie ganz kleine Kinder.

Sie nahmen ihre Positionen vor den Pfosten ein. Sie brauchten nicht angebunden zu werden, weil sie nirgendwo hingehen konnten und dies auch wußten. Einer fiel auf die Knie. Die beiden nächststehenden Priester wollten ihm aufhelfen, aber er hatte seinen Mut verloren, und zwei Wachen traten vor, um seine Handschellen über einen Bolzen in dem Pfosten zu legen. Die Pfosten dienten nicht dazu, sie in einer Reihe, sondern sie aufrecht zu halten.

Wie können sie so etwas machen, fragte sich Alessandro. Diese Männer hatten nichts anderes getan, als zu einer bestimmten Zeit nicht an einem bestimmten Ort zu sein. Gäbe man ihnen noch eine Chance, würden sie kämpfen wie Gurkhas, doch würde andererseits die Front zusammenbrechen, wenn alle Frontsoldaten wüßten, daß die einzige Strafe für Fahnenflucht darin bestand, wieder an die Front zu müssen.

Obwohl Alessandro es nahezu unmöglich fand, zu glauben, daß Gewohnheit, Übereinkunft und Zivilisation so stark sein konnten, die zehn Männer dort unten dazu zu bringen, in den Tod zu gehen, wußte er, daß die Hinrichtungen genauso ablaufen würden, wenn auch weniger formell und weniger auf Abschreckung zielend, wenn es Zivilisation, Gewohnheit und Übereinkunft nicht gäbe.

Die Priester trugen schwarze Soutanen mit Rosenkränzen, an die sich einige der Gefangenen zu klammern versuchten. Sie wanderten zwischen den Männern, die bald sterben würden, hin und her und versuchten ihnen, so gut es ging, Trost zu spenden. Als sie sich aus der Schußfeld zurückzogen, starrten die meisten der Männer in die Wolken und den Himmel, über den sich das Licht der Morgendämmerung wölbte und nicht zurückgedreht werden konnte.

Eine Hälfte des Erschießungskommandos kniete hin. Ein Offizier zog seinen Säbel und streckte ihn in die Höhe. Befehle wurden gerufen, doch Alessandro war wie benommen und konnte sie nicht verstehen. Die Soldaten hoben gleichzeitig ihre Gewehre. Als sie die Gewehrhähne betätigten, um die Patronenkammern zu füllen, widerhallte das Geräusch von einer Wand zur anderen. Alessandro hatte dieses Geräusch bisher immer als angenehm empfunden. Es signalisierte Schutz und Bereitschaft. Selbst wenn es massenhaft zum Glockenturm hinaufwehte, wenn sich tausend österreichische Soldaten auf einen Angriff vorbereiteten, war es beruhigend gewesen und hatte seine Ängste vertrieben, doch nun war es das Geräusch der Verzweiflung.

Die Soldaten legten an. Sie standen so weit entfernt, daß es die Kugeln kaum direkt in die Herzen der Männer, die ihnen gegenüberstanden, schicken konnten, wie sie es eigentlich tun sollten – als ob sie genau wissen könnten, wo die Herzen dieser Männer saßen.

»Jetzt kommt es!« schrie Ludovico auf.

Der Offizier senkte seinen Säbel.

*

Nachdem Alessandro Zeuge einer Reihe von morgendlichen Hinrichtungen gewesen war, wußte er mehr Einzelheiten, als er je hatte wissen wollen. Wurden die Gefangenen auf den Hof geführt, berührte die Sonne gerade die Spitze der Westwand. Wenn sie an der Nordwand entlanggingen, beschien sie die Spitzen der Pfosten. Und wenn die Priester jene ihren letzten Augenblicken überlassen hatten, die nun sterben sollten, zog die Sonne ihre Bahn auf das Erschießungskommando zu und nahm den hellen Staub in ihren mächtigen Strahl. Es sah so aus, als ob das Kommando auf das vordringende Licht schoß, um den eigenen Augen zu ersparen, was die Gefangenen, die blinzelten und die Augen zusammenkniffen, gerade gesehen hatten. Wenn die Leichname von ihren Fesseln befreit und auf die Karren geladen wurden, schwärzten sich die Hemden der Männer, die diese Arbeit verrichteten, schnell mit Blut.

An bedeckten Tagen, wenn die Gefangenen keine Sonne blendete, schienen der Mangel an Ablenkung und die Gleichgültigkeit des Lichts sie noch stärker leiden zu lassen. Alessandro empörte sich mehrmals über die Totengräber, die die Körper mit geringer Sorgfalt auf die Karren luden. Ihr mangelnder Respekt war der Grund für das Schlenkern herabhängender Gliedmaßen, das Zurückfallen von Köpfen und das Aufklappen von Mündern. Er haßte es, wenn der Arm eines Mannes vom Karren baumelte und die leicht gekrümmten Finger im Staub schleiften.

An den Nachmittagen der klaren Tage, an denen das Meer so blau und weit war, daß sein Anblick schmerzte, starrte Alessandro direkt in die blendende Helle und fragte sich, warum er nicht eine der vielen Gelegenheiten genutzt hatte, mit einem kleinen Boot aufs Meer hinauszufahren und das Land hinter sich zu lassen. Lieber in den Wellen sterben als zwischen solchen Wänden. In der kalten Brandung zu Tode zu kommen, war dem Erschossenwerden durch eine Gruppe primitiver Scharfschützen vorzuziehen, die sich noch nicht einmal die Zähne von den *scungili* der vergangenen Nacht gesäubert hatten.

Stella Maris war errichtet worden, um vierhundert Mann aufzunehmen. Nun waren es achthundert, und bald würde es mit zwölfhundert Seelen überfüllt sein. Die vergleichsweise geringe Zahl von zehn Hinrichtungen pro Tag war nicht auf einen Mangel an Kandidaten zurückzuführen, sondern auf die Notwendigkeit, sie vor Gericht zu stellen, und auf die Schwierigkeit, den Papierkram und die Dokumente von und nach Rom zu transportieren. Die Erschießungskommandos im Norden waren effizienter; man sagte, daß manche von ihnen Maschinengewehre benutzten und es so gut wie keinen Papierkram gab, doch in Rom konnte man das einfache Volk nicht vor den Kopf stoßen. Ihm war die Nähe der Exekutionen erspart geblieben; nur wenige wurden in der Stadt selber durchgeführt, schließlich war Rom Regierungssitz, wo Unruhe nicht erwünscht war. Eine Wache hatte Alessandro und Ludovico gesagt, daß es sechzig Hinrichtungen pro Tag gäbe, wenn Stella Maris der Bürokratie näher wäre. Daß sie noch lebten, verdankten sie den langsamen Kurieren und der Tatsache, daß es die Offiziellen nicht schätzten, im Herbst an einem Badeort festgehalten zu werden.

Dennoch bedeutete der Verlust von zehn Mann pro Tag nach zwei Wochen, daß neue Gefangene eintreffen mußten, damit Stella Maris seinen geschäftsmäßigen Eindruck aufrechterhalten konnte. Leere Zellen deuteten auf Versagen hin, ebenso wie leere Zimmer in einem Urlaubsort oder leere Regale in einem Geschäft. Als die italienischen Armeen im November neu formiert waren und ihre Stellungen hielten, hatten die Gefangenen gehofft, daß die Armee, von dem fatalen Druck befreit, Gnade zeigen würde, doch gleichzeitig verzweifelten sie, als sie feststellten, daß ihre Henker nicht gestürzt wurden. Der Wechsel von Hoffnung und Verzweiflung war wie immer quälender als die Verzweiflung und mächtiger als selbst die Hoffnung, doch das Hin und Her ließ allmählich nach, wie die Tage vorüberzogen und die Gefangenen sahen, daß der italienische Erfolg keinerlei Einfluß auf Stella Maris hatte, daß die Hinrichtungen in Wirklichkeit noch zahlreicher geworden waren.

Hundert neue Männer, ausgepumpt vom Marsch über den Sand, standen eine Stunde lang im Hinrichtungshof, während kleine Gruppen zu den Zellen gebracht wurden. Obwohl sich Ludovico aus Prinzip keinerlei Schadenfreude gestattete, konnte er eine gewisse Belustigung über die Gesichter der Neuankömmlinge nicht unterdrücken, wenn sie hereingeführt wurden und die Pfosten und die pockennarbige Wand sahen. »Du solltest dir die Gesichter anschauen, Alessandro«, sagte Ludovico. »Ich weiß nicht, was so lustig daran ist, aber es ist lustig. Ihre Unschuld ist so beleidigt, daß man glauben könnte, sie seien nur aus Versehen hier. Sieh sie dir an.«

Alessandro betrachtete die neuen Gefangenen. Ihr Gesichtsausdruck war vertraut, und ihre Uniformen waren schwarz vor Schweiß. Das war die Armee, in der jeder gleich aussah, doch in der südwestlichen Ecke war ein Soldat, der einen Stock brauchte und sich auf einen Kameraden stützte. Alessandro drückte sich gegen die Stangen. Dann rief jemand nach ihnen. Auf dem Marsch am Meer entlang oder vielleicht in den Unterständen auf dem Weg von Rom hierher hatte man ihnen Spitznamen gegeben. Der, der humpelte, und der, der ihm half, hießen *Bruto* und *Bello*.

Als Alessandro die Namen hörte, erinnerte er sich an Guariglias Kinder, und die wohltuende Wirkung von Stella Maris und dem Meer, die begonnen hatte, ihm den Schmerz zu nehmen und ihn auf den Tod vorzubereiten, verschwand augenblicklich.

*

Alessandro rief nach Guariglia, aber nicht nach Fabio, weil er glaubte, sich wie ein Vogel anzuhören, wenn er »Fabio, Guariglia, Fabio, Guariglia« rief, und daß die Gefangenen ihn dann auslachten.

Die beiden wandten sich sofort um und gingen über den Exekutionsplatz, bis sie direkt unter Alessandros Fenster standen. Alessandro und Fabio lächelten verlegen, während Guariglia, der aussah, als würde er gleich zusammenbrechen, versuchte, eine starre Maske zu bewahren.

»Es hat nicht geklappt«, sagte er mit leicht nach oben gerichteten Kopf und beschirmte seine Augen mit den Händen vor der Helligkeit. »Die Katakomben. Ich bin hinuntergegangen und habe mich in der Dunkelheit bald verlaufen. Ich dachte, ich sei in Sicherheit, als die Soldaten, die mich verfolgten, umkehrten, aber ein paar Stunden später fuhr eine Straßenbahn drüberweg und die Decke stürzte ein. Zum Glück war die Erde leicht und trocken. Ich habe mir meinen Weg frei gegraben und bin durch ein kleines Loch in einen anderen Tunnel, wo ich mich ein paar Minuten durch die Dunkelheit vortastete und mich dann hinsetzte. Da war ich ein oder zwei Stunden, spuckte Dreck und versuchte zu atmen, als ich eine Laterne auf mich zukommen sah. Ich stürzte in die andere Richtung, direkt in eine Gruppe von Militärpolizisten. Ich schlug ein paar von ihnen nieder, als ich mit ihnen zusammenstieß, also schlugen sie mich mit ihren Gewehrkolben. Ich dachte, es ginge gleich da mit mir zu Ende, aber sie wollten mich an die Luft und das Licht bringen, also hörten sie auf.«

Fabio erzählte: »Drei Männer in Zivil kamen ins Café und setzten sich hin. Das war erst vor ein paar Tagen. Sie fragten nach mir. Ich hätte durch die Hintertür abhauen sollen, aber ich dachte, sie würden mir ein gutes Trinkgeld geben, also bediente ich sie. Kannst du dir das vorstellen? Sie nahmen Espressos und diese Kekse, die wir Klammerkekse nennen, die mit den kleinen Schokoladenenden.« Er lächelte. »Sie blieben eine halbe Stunde, und dann verhafteten sie mich. Ich war vielleicht blöd, o Mann.«

»Du warst nicht sehr klug«, sagte Alessandro.

»Sie haben Karten von den Katakomben«, sagte Guariglia zu Alessandro. »Sie haben Erkundungstrupps runtergeschickt und Karten anlegen lassen! Erst dann haben die alles ausgeräuchert. Warum kämpfen sie nicht in dem beschissenen Krieg so gut?«

»Jetzt macht es keinen Unterschied mehr.«

»Sie werden uns erschießen, oder?« fragte Fabio.

»Ja«, antwortete Alessandro von oben.

»Vor den Bäumen da.«

Alessandro nickte.

»Nun ja«, sagte Fabio.

Guariglia schloß die Augen.

»Alessandro«, begann Fabio voller Ernst. »Glaubst du, sie haben wunderschöne Frauen im Himmel?«

Guariglia krümmte sich.

»Millionen, aber woher weißt du, daß du in den Himmel kommst?«

Fabio schaute äußerst befriedigt drein. »Das hat mir meine Mutter gesagt«, antwortete er. »Sie sagte, ganz gleich, was du tust, du kommst in den Himmel. Sie hat es mir versprochen.«

Alessandro zuckte mit der Schulter.

»Wie ist das Essen in diesem Gefängnis?« fragte Fabio. »Ist es genießbar?«

»Manchmal kriegen wir ein Ei«, sagte Ludovico und trat an die Gitterstäbe.

»Was?«

»Manchmal kriegen wir ein Ei.«

»Wer ist das?« fragte Fabio.

»Er heißt Ludovico Indianer. Er hat keinen Nachnamen, er ist Kommunist.«

»Adami, Fabio«, stellte sich Fabio fast kokett vor, »und das ist Guariglia.« Guariglia starrte zu Boden. »Er ist ein richtiger Veteran, aber jetzt ist er nicht sehr glücklich.«

Ein Offizier betrat den Hof und befahl den Gefangenen, sich in Reih und Glied aufzustellen. Sie waren an solche Übungen gewöhnt, und im Nu bildeten sie zwei Reihen, in denen sie gewaltig aussahen, obwohl sie weder Waffen noch Ausrüstung trugen.

Der Offizier war noch so ein Studententyp mit Drahtgestellbrille, und er wandte sich an die Gefangenen. »Dies ist das M.G. Vier, ihr werdet es Stella Maris nennen. Ihr könnt nicht entkommen und jeder, der es versucht, wird auf der Stelle erschossen. Ihr bekommt drei Eier und zwei Orangen die Woche, einen Haarschnitt und ein Bad alle zwei Wochen. Beschwert euch nicht über das Essen, es ist so gut wie in jedem anderen Gefängnis, vielleicht besser. Wir werden die militärische Disziplin bis zum letzten Augenblick wahren, obwohl ihr hierhergebracht worden seid, um hingerichtet zu werden.

Jeder fragt, wozu, also werde ich es euch sagen. Es ist das einzige, was noch zu tun bleibt. Ihr geht durchs Leben und wißt, daß ihr eines Tages sterben müßt, oder nicht? Ihr macht trotzdem weiter. Ihr rasiert euch, spielt *Boccia*, poliert eure Türklinken, macht viel Wind darum, euch einen Schnurrbart wachsen zu lassen. Jeder vergeudet Zeit. Das gleiche gilt für Stella Maris. Ihr seid immer noch in der Armee, und ihr werdet die militärische Disziplin beachten, bis ihr sterbt. Das wird euch Befriedigung verschaffen. Andererseits, wenn ihr es nicht tut, werdet ihr euch fühlen wie eine Qualle und mehr als nötig leiden, und ganz zum Schluß werdet ihr euch in die Hosen machen. Ihr werdet alle bald sterben. Ich auch. Ich bin auch verurteilt. Am ersten Januar werde ich der Erste sein. Folgt meinem Beispiel. Beobachtet, was ich tue. Steht gerade, bis euch die Kugeln in die Brust fahren. Das ist die einzige Möglichkeit. Rührt euch! Stellt euch vor dem Tor auf.«

»Wer zum Teufel ist das?« fragte Alessandro Ludovico.

»Hast du die Rede nicht verstanden?«

»Nein, und ein Bad habe ich auch nicht nehmen dürfen. Ist der echt?«

»Er hat einen General getötet, weil der seine eigenen Männer umgebracht hat. Sie haben ihn zum ersten Januar verurteilt. Normalerweise bist du am nächsten Morgen dran, aber sie wollten ihm jede Menge Zeit zum Nachdenken geben.«

»Er besiegt sie.«

»Bis jetzt noch.«

»Und was ist mit dem Bad?«

»Heute abend. Und ein Haarschnitt.«

»Ich will keinen Haarschnitt.«

»Sturer Bock. Ich glaube, sie verkaufen die Haare, für Matratzen.«

»Das ist widerlich.«

»Ist es nicht. Vielleicht wird ein Baby auf der Matratze schlafen. Mir gefällt die Vorstellung.«

*

Die Barbiere kamen am Nachmittag. Es waren kleine, rundliche Männer, fast alle hatten eine Glatze; sie standen auf Munitionskisten und schoren den Soldaten die Haare vom Kopf, nachdem diese in langen Reihen für ihren Haarschnitt angestanden hatten.

Die Gefangenen wurden in Gruppen zu fünfzig Mann aus ihren Zellen geholt, in einem komplizierten Ablauf nach Zellenblocks und Fluren. Sie wurden in einer riesigen Halle zusammengebracht, in der die Barbiere auf ihren Munitionskisten standen und elektrische Haarschneider hielten, deren Kabel, zu einem Zopf geflochten, durch ein in die Wand geschlagenes Loch verschwanden.

In Fünfergruppen wurden die Gefangenen dann in den gekachelten Duschraum gebracht, in dem unglückliche einfache Soldaten sie eimerweise mit Seifenwasser begossen und mit Viehwasserschläuchen abspritzten, die aus einem Schlachthof entliehen worden waren. Nachdem sie abgeseift waren, wurden sie in ein flaches Becken mit Heißwasser gescheucht, in dem sie für ein paar Minuten bleiben durften. Danach marschierten sie einer nach dem anderen durch lange Gänge und wurden vom Wind getrocknet. Am Ende der Gänge bekamen sie ihre feuchten, frisch gewaschenen Uniformen zurück. Das Ganze wurde ›Die Waschmaschine‹ genannt.

Alessandro und Ludovico standen am Ende von zwei der Schlangen und ein weiterer Soldat, Fabio und Guariglia am Ende der anderen. Alles war gedrängt, und obwohl es ihnen nicht erlaubt war zu reden, taten sie es doch.

Sie erfuhren nie den Namen des anderen Soldaten, und sie sahen ihn niemals wieder. Er stand zwei Tage vor seiner Hinrichtung, und seine Verzweiflung machte ihn sehr gesprächig. Wahrscheinlich war er Physiker.

»Scheiß«, sagte er, was vielsagend genug war. »Verdammt! Ich kann nicht sterben. Ich muß überleben. Es wird vierzig Jahre dauern, bis ich meine Theorie entwickelt habe. Jesus, ich kann nicht sterben.«

»Was für eine Theorie?« fragte Fabio.

»Schwerkraft«, sagte der andere. »Ich habe die Schwerkraft enträtselt. Ich weiß, was Schwerkraft ist und Magnetismus, und nun werden sie mich erschießen, bevor ich meine Theorie entwickeln kann. Sie hören mir nicht zu. Ich versuche es ihnen zu erklären, aber sie hören mir nicht zu.

Es gibt gar keine Anziehungskraft. Das ist vielmehr ein Schub einer alles durchdringenden Kraft, aber die Kraft wirkt in geraden Linien, also wirft sie einen Schatten, weil sie Massen nicht umgehen kann. Sie durchdringt alles und wird absorbiert. Auf der gegenüberliegenden Seite wird ein anderer Gegenstand darauf zu beschleunigt, weil zwischen den beiden der Druck fehlt – weil die Gravitationsstrahlen, die dies ausbalancieren würden, geschwächt oder durch dazwischentretende Massen unterbrochen wurden.

Der perfekte radiative Körper ist der perfekte Absorber der Gravitationskraft, deshalb wird alles zu ihm gestoßen und kann nicht entkommen, weil nichts ihn durchdringt, um den Druckeffekt auf der anderen Seite zu vermindern.

Variationen in der Schwerkraft sind einfach nur eine Funktion intervenierender Massen. Masse ist eine Funktion von molekularer Resistenz gegen Schwerkraft, und was zählt, ist nicht das, was jedermann für den traditionellen Massedeterminanten hält, sondern vielmehr die Ausdehnung und Kraft der atomaren und molekularen Bindung.

Magnetismus ist der Ausschluß der Schwerkraft aus einem Feld zwischen zwei Körpern, also werden sie zueinander gezogen wie in einem Vakuum. Und elektrische Energie ist die Freisetzung des Potentials aus der Störung dieses Zustandes und kann jederzeit zur Wiederherstellung dieses Zustandes eingesetzt werden.

Da fliegen keine Teilchen oder Wellen durchs Universum, sondern eine Art Äther, und was wir experimentell als Bewegung erfassen können, ist das Öffnen und Schließen von Schleusen. Licht ist der Zustand bei geöffneten Schleusen. Deshalb interferiert Licht nicht mit sich selbst, und deshalb ist die Geschwindigkeit des Lichts immer dieselbe, ganz gleich, wie hoch die relative Geschwindigkeit seines Ausgangspunktes ist, und deshalb löschen sich zwei Lichtstrahlen, die genau aufeinander zielen, nicht gegenseitig aus.

Himmel, ich kann alles zusammenfügen. Ich habe mir hundert Beweisexperimente ausgedacht. Ich sehe Licht, Magnetismus, Elektrizität und Schwerkraft im Einklang. Die Theorie erklärt plausibel die Trägheit der Masse. Ich brauche ein Leben voller Experimente, aber ich kann alles zusammenbringen.«

Er wandte sich an den Barbier. »Sie müssen es ihnen sagen. Bitte! Sie müssen es ihnen sagen. Um Himmels willen, sagen Sie ihnen, daß ich die Newtonschen Gesetze mit der Relativitätstheorie in Einklang bringen kann. Sagen Sie ihnen, sie sollen einen Physiker herbeischaffen. In einer Stunde kann ich alles an ihn weitergeben. Holen Sie einen Offizier. Sagen Sie es einem Offizier.«

Der Barbier hatte nicht die leiseste Ahnung, wovon der Physiker redete. »Wenn *Sie* das gedacht haben«, sagte er, »dann wird auch schon jemand anderes daraufgekommen sein. Machen Sie sich keine Sorgen.« Er knipste den Haarschneider an, und die Elektrizität floß durch das Kabel, um die Magneten aufzuladen, die die Welle drehten, die die Zahnräder antrieb, die die Scherblätter bewegten, die den Physiker in Vorbereitung zu seiner Hinrichtung schoren. Ein blauer Funken spielte in dem Motor, zischelte und erzeugte Ozon.

Die Barbiere schoren nah am Skalp, wobei es oft zu Schnitten kam. Sie hatten gerade erst begonnen, und schon standen sie knöcheltief in Haaren, und der Klang der Scheren war wie der Klang eines mechanisierten Bienenhaufens. »Es wird dunkel, und sie werden müde«, sagte Alessandro zu Guariglia. »Schließlich haben sie schon einen Tag Arbeit in Rom hinter sich.«

»Ich hoffe, meine Kinder erfahren niemals, daß sie mir den Kopf geschoren haben, bevor sie mich erschossen haben.«

»Wenn deine Kinder es erfahren, werden sie dich um so mehr lieben.«

»Ich verliere sie. Sie werden sich nicht an mich erinnern.«

»Aber natürlich werden sie.«

»Nein«, sagte Guariglia. »Die Erinnerung wird verblassen. Sie sind zu jung.«

Alessandro, Ludovico, Fabio und Guariglia traten vor die Munitionskisten der Barbiere. Die Barbiere fuhren mit den Scheren über ihre Schädel, ihre Haare fielen zu Boden und vermischten sich mit den Haaren der Soldaten, die vor ihnen drangewesen waren. Dann gingen sie weiter, jeder von ihnen blutete aus kleinen Schnitten, und sie legten ihre Kleidung ab.

»Wie kriegen wir unsere Uniformen zurück?« fragte Fabio.

»Immer noch der Modegeck«, sagte Alessandro.

Ludovico erzählte ihnen, daß ein Soldat sie anschaute, ihre Größe einschätzte und, ohne zu gucken, in einen von drei Körben griff. »Er wirft dir das Zeug zu. Er schaut die Sachen nicht an, und er schaut dich nicht an, denn wenn er sie wirft, taxiert er schon den nächsten ein.«

»Halt's Maul«, sagte eine Wache, die an der Seite stand.

»Das nenn ich Maßschneiderei ...«, meinte Fabio.

»Halt's Maul«, wiederholte die Wache ohne jede Leidenschaft.

Der Duschraum roch nach Schimmel und Salz und wurde von einer klaren Glühbirne beleuchtet, die die scharfen Schatten ihres

Glühfadens auf die Wände warf. Die Körper der fünf Soldaten waren blaß, doch ihre Gesichter, Hälse und Unterarme waren braungebrannt. Mit geschorenen Köpfen und dem Blut, das ihnen auf die Schultern tropfte, schienen sie wie Tiere auf dem Weg zum Schlachten. Alessandro konnte sich kaum überwinden, auf Guariglias Stumpf zu sehen. Er war rund, mit frischen Narben bedeckt und noch immer entzündet.

Die Schläuche spannten sich, und die Männer wurden von schokkierend kalten Schlägen von Seewasser getroffen. Der erste Stoß riß Guariglia um und warf Alessandro auf die Knie. Er preßte ihnen die Luft aus den Lungen, öffnete ihre Schnittwunden und hielt Guariglia auf dem Boden, obwohl er tapfer versuchte, aufzustehen.

»Meerwasser!« rief jemand. Es war eisig kalt und brannte. Die beiden Soldaten bewarfen sie eimerweise mit kaltem Seifenwasser, und die Männer kämpften dagegen an wie gegen die Brandung.

Dann wurden sie wieder von dem Hochdruckstrahl getroffen. »Christus!« rief Fabio, und weil er protestiert hatte, richtete der Soldat mit dem Schlauch den Wasserstrahl auf seinen Kiefer. Fabio wurde gegen die Wand geschleudert. Als sie fertig waren, war er wackliger auf den Beinen als Guariglia.

Sie stolperten durch einen Korridor, gingen ein paar Stufen hinab und wurden buchstäblich in ein Warmwasserbecken gestoßen.

»Was ist das?«

»Ein Schwimmbecken«, sagte Ludovico.

»Dazu ist es zu flach.«

Sie konnten nicht herausfinden, worin sie da saßen, und lauschten dem Wind, der vom Meer kam.

»Ein Schaumbad«, sagte Fabio, die Hand an den Kiefer gepreßt. Dann sagte ein paar Minuten lang niemand etwas.

»Alessandro, du hast doch Geld, oder?« fragte Guariglia.

»Ich nicht. Mein Vater ist recht wohlhabend.«

»Das sagen alle reichen Söhne«, murmelte Ludovico.

»Im Vergleich zu mir bist du reich«, fuhr Guariglia fort.

Ludovico hatte den Ausdruck eines Vorstehhundes in einem Vogelschutzgebiet angenommen, denn für ihn war Reichtum ein unbestreitbares Zeichen des Bösen.

»Wenn du hier rauskommst«, fragte Guariglia, »wirst du dich dann um meine Kinder kümmern? Hilf ihnen ... es wird schwer werden für ihre Mutter.«

»Ich komme hier nicht raus, Guariglia ...«

»Schreibst du einen Brief?«

Luciana würde große Sorgen haben. Ihr Vater war dauernd behindert und würde Pflege brauchen. Alessandro kannte den Stand der Giulianischen Finanzen nicht, außer daß der Garten für das Land nahe der Villa Borghese verkauft worden war. Er wußte nicht, ob das Land jetzt irgend etwas wert war, oder ob sie es sich leisten könnten, es zu behalten. Wenn Rafi verwundet oder getötet würde, brauchte Luciana alles Geld, das sie kriegen konnte. Und dennoch, Guariglia war ein Zaumzeugmacher und hatte zwei kleine Kinder. Ihre Furchtsamkeit und Unschuld war wahrscheinlich das Schönste, was Alessandro seit Kriegsbeginn gesehen hatte.

»Dürfen wir denn Briefe schreiben?« fragte Alessandro Ludovico.

»Nach dem Prozeß hast du die ganze Nacht Zeit, Briefe zu schreiben. Sie geben dir Papier und Stift und zensieren nicht.«

Alessandro wandte sich an Guariglia. »Mach ich«, sagte er. »Wir sind nicht reich, aber wir haben etwas Geld. Ich werde meinen Vater bitten, es für mich zu tun, ich verspreche es.«

Guariglia senkte den Kopf, bis sein Gesicht fast das Wasser berührte.

*

Sie stiegen aus dem Becken und waren genauso verwirrt und atemlos wie vorher, als sie hineingestiegen waren. Am Ende des langen Korridors schleuderte ihnen ein Soldat Uniformen entgegen, und nachdem sie sich angezogen hatten, wurden sie auf eine lange Terrasse geführt, die von Zinnen umgeben war. Fabio schaute sofort über die Seite und berichtete, daß jeder, der hinunterstürzen wolle, sich die Mühe des Erschossenwerdens sparen könne.

Alessandro suchte nach Ketten, Seilen, Kabeln, Reben oder irgendwas, das beim Abstieg nützlich sein könnte. Er spähte über die Seite und suchte nach Griffstellen, doch die Wand war absolut glatt. Sie hockten sich in eine Ecke und warteten darauf, in ihre Zellen zurückgeführt zu werden.

Obwohl es nahezu dunkel war, beleuchtete die Sonne die Spitzen der riesigen Wolken, die vom Meer her aufgezogen waren. Sie gehörten nicht zu der Art von Meereswolken, die sich wie Berge auftürmen, sondern eher zu den Reisehügeln mit ausgefransten Ecken, schwarzer Unterseite und Rosa und Weiß an den höchsten Stellen. Der Himmel war vom zartesten Blau, das sie je gesehen hatten, und über dem Horizont leuchteten gerade zwei Planeten auf.

»Schaut euch die Wolken an«, sagte Alessandro. »Sie ziehen so leicht und ruhig vorbei, als hätten sie ein Ziel. Jemand hat mal gesagt, Wolken seien die Flöße der Seelen.«

»Das würde mir gefallen«, sagte Guariglia. »Ich würde es vorziehen, in der Nähe zu bleiben und hinunterzuschauen, wenn es über Rom hinweggeht. Das hört sich besser an als all dieses Zeug von wegen in den Sternen sitzen, weil man da oben doch keine Luft bekäme, und außerdem wäre es entweder zu hell oder zu dunkel. In den Wolken allerdings, ah, das wäre schön.«

»Ja«, fügte Fabio unschuldig hinzu. »Dann könntest du deine Kinder sehen. Du könntest über Rom paddeln und ab und zu nach ihnen sehen.«

»Ich werde meinen Kindern einen Brief schreiben und ihnen sagen, sie sollen in den Wolken nach mir Ausschau halten«, sagte Guariglia. »Selbst wenn es nicht wahr ist, ist das eine gute Art, sich zu erinnern.

Vor ein paar Tagen hat sich meine Jüngste, sie ist zweieinhalb, geweigert, ins Bett zu gehen. Sie weinte so sehr, daß sie nach Luft rang. Meine Frau meinte, ich solle sie lassen, das sei das einzig Richtige, wenn man ein Kind nicht verziehen wolle.

Aber in dem Weinen meiner Tochter spürte ich, daß sie verletzt war. Ich hob sie hoch und hielt sie im Arm. Ich konnte nicht anders. Es ist mir nahezu unmöglich, streng mit ihr zu sein: Die ersten zwei Jahre ihres Lebens habe ich sie gar nicht gesehen. Sie brauchte eine Viertelstunde, um mit dem Schluchzen aufzuhören. Kaum hatte sie für einen Moment aufgehört, fing sie wieder von neuem an. Sie war rot, ihr Gesicht war geschwollen, und sie trommelte mit ihren Fäustchen gegen meine Brust. Weil sie so heiß war – sie schläft in einer Art Schlafsack, den meine Frau ihr gemacht hat und der sehr warm ist –, nahm ich sie mit aufs Dach, und sie hörte zu weinen auf. Ich glaube nicht, daß sie je zuvor den Nachthimmel gesehen hat. Es ist Krieg, sagte ich zu ihr, aber der Himmel ist noch da und die Sterne auch.

Sie freute sich über die Sterne, wirklich, und sie hielt sich an meinem Hals fest und starrte in den Himmel, und eine halbe Stunde verging. Man konnte fast die dunklen Wolken über uns vorbeiziehen hören. Ich weiß, daß irgendwas dort oben zu der Seele meines Kindes gesprochen hat, also hat Alessandro vielleicht recht. Vielleicht sind die Wolken die Flöße der Seelen.«

Sie beobachteten, wie die Wolken in dem schwindenden Licht vorbeizogen, bis die Terrasse sich mit Soldaten füllte, die die Qual des Bades hinter sich hatten, und marschierten dann zurück in ihre Zellen. An jenem Abend gab es neben Brot und Wasser und einer Art Gemüsepaste eine Orange und ein hartgekochtes Ei für jeden. Noch lange nachdem sie aufgehört hatten zu reden, lauschten sie dem fernen Klappern der Scheren, doch als Alessandro etwa gegen vier Uhr aufwachte, war der vom Meer hereinkommende Wind das einzige Geräusch, das zu hören war.

*

Um zu träumen, brauchte er nun nicht mehr zu schlafen, brauchte nur noch nachzudenken und fand sich in ruhigen Szenen, in denen das Geschehen so zart war, daß es durchs Gedächtnis zog, ohne Spuren zu hinterlassen. Die Wachträume kamen und gingen wie Strandgut, das auf den Wellen herbei- und wieder fortgespült wurde. Er sah, von allen Seiten gleichzeitig, ein Schiff, das durch Luft, Wasser und Zeit fuhr. Obwohl niemand an Bord zu sehen war, leuchtete die Hecklaterne, und während es über das dunkle Meer glitt, zog das Licht eine dünne silberne Furche. Er wußte weder, wohin das Schiff fuhr, noch wie es seinen Weg fand, doch die winzige Laterne bewegte sich mit beharrlicher und erkennbarer Geschwindigkeit, bis sie nur noch ein winziger Punkt war.

Plötzlich wurde die Dunkelheit zu Licht und Hunderte von bunten elektrischen Birnen beleuchteten einen Kinderkarneval auf der Piazza Navona in den Tagen vor Weihnachten. Die Lichter und

Karawanen schienen eine einzige Masse zu sein, und das Geräusch der Menge war eine Mischung aus Stille, der Brandung und den schwachen hohen Rufen in der Ferne spielender Kinder.

Ein Gewirr aus Mänteln und Hüten zog vorbei, doch Alessandro stand zu nahe, um zu erkennen, was es war, oder zu begreifen, wie eine Menschenmenge so schnell und gleichmäßig an ihm vorüberziehen konnte wie Wasser in einem Strom. Die Menschen waren zu merkwürdigen Haltungen gebeugt, zu Gruppen auf kleinstem Raum zusammengedrängt und starrten gebannt auf die vor ihnen liegende kreisförmige Bahn. Alessandro trat zurück und sah eine Kette von elektrischen Lichtern, die sich über und mit ihnen bewegte. Erwachsene Männer und kleine Kinder saßen in winzigen Wägelchen, die auf einer Spur zogen. Jeder Wagen war an einer hölzernen Stange befestigt, und das ganze Gebilde drehte sich mit einer Geschwindigkeit, die genügte, um die Babys schwindlig zu machen, während die Väter vorgaben, richtige Autos zu lenken.

Alessandro folgte mühelos einem Vater und seinem Kind. Der Mann, der sich über den kleinen Jungen gebeugt hatte, trug einen braunen Mantel, graue Hosen und keinen Hut. Er hatte ihn abgenommen und ihn bei der Mutter des Kindes gelassen, um ihn nicht in dem Dezemberwind zu verlieren. Es war Alessandros Vater, und die Mutter hielt den Hut und sah ihnen von der anderen Seite der Brüstung zu. Gravitation und Fliehkraft erschwerten es Alessandro, sie zu beobachten, so als drehe er sich und nicht sie.

Der kleine Junge trug einen Wollmantel und eine engsitzende Mütze mit Ohrenschützern. Er drehte das Lenkrad hin und her, ohne daß dies auf die Bewegung des Wägelchens irgendeinen Einfluß hatte, und manchmal zog er aufgeregt an einem Seil, so daß eine Glocke anschlug, die auf der Motorhaube angebracht war. Ab und zu versuchte er, die Hupe an der Lenksäule zu drücken, doch er war nicht stark genug, ihr ein Geräusch zu entlocken, also hielt sein Vater seine Hand und half nach.

Alessandro versuchte in den Traum einzudringen. Er betrachtete das silberne Haar des Anwalts Giuliani, das in dem elektrischen Licht aufleuchtete, und für einen kurzen und ekstatischen Moment ruhten seine Augen irgendwo zwischen dem Mann und dem Jungen und er fühlte sich in ihre Umarmung eingeschlossen. Er spürte die Freude des Vaters, einen Arm eng um sein kleines Kind geschlungen zu haben, und er spürte die Freude des Kindes, festgehalten zu werden. Sie drehten und drehten sich und hofften, daß die Fahrt niemals enden würde.

*

Alessandro hatte die Spur der Tage verloren, doch an einem Dienstag um sieben Uhr dreißig wurde er aus seiner Zelle geholt und durch so viele lange, kalte Korridore geführt, daß er meinte, man zeige ihm einen unterirdischen Gang nach Rom. Schließlich kam er in eine Exerzierhalle, die als Gerichtssaal diente. An einem langen Tisch auf einem Podest am Ende des Saals saßen drei Oberste. Von der Tatsache abgesehen, daß der Oberst in der Mitte einen kleinen Hammer vor sich liegen hatte, hätten nicht einmal ihre Mütter sie auseinanderhalten können, und jeder von ihnen war etwa so groß wie ein dreizehnjähriger Junge. Sie schienen etwa siebzig zu sein, hatten schmale rosige Gesichter, die unvollständig in wenig beeindruckenden Unterkiefern endeten, welche unter einem Ziegenbart und einem dandyhaft gewichsten Schnurrbart, an den Enden gezwirbelt und wie beim König in langen Spitzen endend, verborgen waren. Sie trugen Jacken, die mit Litzen besetzt waren und zylindrische Militärkrägen hatten, spitze Hüte, hohe Stiefel, Säbel und Reithosen. Sie hatten sich allergrößte Mühe gegeben, den König nachzuahmen, und sahen aus wie Zirkusdirektoren.

Auf Bänken, die den Richtern gegenüberstanden, saßen die gefangengenommenen Überreste der 19. Flußwache in vier Zweiergruppen zusammengedrängt: Alessandro und Guariglia, Fabio und der Marionettensoldat und vier weitere in einer unerwarteten Zusammenkunft. Obwohl ihnen nicht erlaubt war, miteinander zu reden, sprachen ihr einfältiges Lächeln und ihre blitzenden Augen Bände. Einige waren bei der Arbeit gefaßt worden, andere zu Hause, einige auf der Straße, einer in der Eisenbahn und einer im Bordell. Sie nahmen an, daß sich diese Szene für den Rest der Flußwache in anderen Gefängnissen in anderen Landesteilen wiederholte, sich schon eingespielt hatte oder es bald hätte, doch sie wußten, daß wenigstens ein paar von ihrer ursprünglichen Zahl weiter in das Jahrhundert hineinleben würden, lange nachdem die Dringlichkeit des Augenblicks vorüber wäre, ganz gleich, wie der Krieg nun ausging, und ganz gleich, welche Maßnahmen noch ergriffen werden sollten, und daraus zogen sie einen gewissen Trost.

Obwohl sie sich von der Verhandlung nichts erhofften und wußten, daß sie sterben mußten, fanden sie es belustigend, die drei kleinen Oberste zu sehen, mit den vor ihnen liegenden Aktenstapeln, den Wasserkaraffen, die mit umgestülpten Gläsern verschlossen waren, und ihren stocksteifen kleinen Rücken.

Der mit dem Hammer redete am meisten. Zuerst nannte er alle mit Namen – alle von der Flußwache, außer einem, ein Soldat aus Mailand, an den sie sich erinnerten, weil er immer mürrisch und niedergeschlagen gewesen war. Aus diesem Grunde hatte ihn keiner näher kennenlernen wollen, und das hatte auch keiner. Sie erinnerten sich nicht an seinen Namen, bis der Gerichtspräsident ihn verlas. »Grigi, Alonzo«, sagte er. Ja, so hieß er, dieser erbärmliche und abstoßende kleine Hurensohn, Alonzo Grigi.

»Nein«, behauptete Alonzo Grigi zu aller Überraschung. »Ich bin nicht Grigi, Alonzo.«

»Sind Sie nicht?«

»Nein.«

»Wer sind Sie dann?«

»Ich bin Modugno, Giancarlo Scarlatti Modugno.«

Die Flußwache war von dieser Behauptung verblüfft.

»Können Sie sich ausweisen?« fragte der Vorsitzende des Gerichts.

»Natürlich nicht.«

»Warum nicht?«

»Ich habe meine Papiere im Bordell liegenlassen.«

»Was taten Sie im Bordell?«

»Was glauben Sie wohl, habe ich im Bordell gemacht?« fragte Grigi zur wilden Freude der Flußwache. »Was tut man schon in einem Bordell? Was tun Sie? Wie geht's Ihnen? Mir geht's gut, danke. Sie haben mich nicht zur Armee genommen«, sagte er und hob verärgert die Arme.

»Warum nicht?«

»Sie sagten, ich sei zu dumm. Ich habe mich freiwillig gemeldet, deshalb sagten sie, ich sei zu dumm. Ich hab's versucht, aber sie wollten mich nicht. Das ist nicht meine Schuld. Erschießen Sie mich nicht. Ich bin jemand anders.«

Der Gerichtsvorsitzende befragte den Rest der Flußwache, ob ihnen der Mann als Alonzo Grigi bekannt sei. Natürlich sagten sie alle, daß er nicht Alonzo Grigi sei, und so wurde er aus dem Gerichtssaal geführt und in seine Zelle zurückgebracht. Jetzt blieben sieben Mann der Flußwache zurück, und jedem von ihnen stand ein triumphierendes Grinsen ins Gesicht geschrieben.

Der Richter zur Rechten des Vorsitzenden rügte die Angeklagten. Er schüttelte den Kopf und appellierte an das Wissen des Soldaten um die Aussichtslosigkeit der Lage. »Er wird höchstens eine Woche dabei gewinnen.«

Ein Gerichtsbeamter wurde angewiesen, die Anklagen zu verlesen: Befehlsverweigerung, Fahnenflucht in Kriegszeiten, Feindbegünstigung, Freilassung von Gefangenen, Diebstahl von Staatseigentum, Verschwörung und Mord. Während die Wörter von der Zunge des Gerichtsbeamten rollten, wußte die Flußwache, daß der Tod nahe war.

»Normalerweise«, hielt der Vorsitzende fest, »haben wir nicht so viele Anklagepunkte. Erklären Sie sich im Sinne der Anklage für schuldig oder nicht schuldig?« Es war jedem klar, daß nichts im Universum die Flußwache hätte entlasten können, die wußte, daß sie in allen Punkten schuldig war, außer Mord.

Alessandro hob die Hand, und ihm wurde erlaubt, zu sprechen. »Einer der Gefangenen, Gianfranco di Rienzi, hat den Oberst umgebracht. Keiner von uns hat irgend etwas damit zu tun, und als wir es herausfanden, sind wir über Bord gesprungen.«

»Warum?« unterbrach ihn der Vorsitzende scharf und mit ehrlicher Verwunderung.

»An der Front wurden, sogar vor Caporetto, die Leute wie Hunde abgeknallt. Wir sind ins Meer gesprungen, um Zeit zu gewinnen.«

»Aber es war doch nicht sicher, daß man Sie erschossen hätte.«

»Das mag schon sein, aber uns war gesagt worden, daß wir wieder an die Front müßten. So zermürbt wie wir waren, hatten wir nicht viel Grund, auf Gnade zu hoffen.«

»Geben Sie Ihre Schuld zu?«

»Natürlich«, sagte Alessandro. Seine Stimmung wandelte sich langsam zu Entrüstung, und er wurde vom Rest der Flußwache darin unterstützt. »Können Sie sich vorstellen«, fragte er, »daß wir nach mehreren Jahren der Schlächterei an der Front und unserer Expedition in Sizilien angesichts der Wahrheit wie Feiglinge zittern? Glauben Sie, daß wir das, was wir getan haben, aus Mangel an Mut getan haben? Wir alle wußten genau, als wir gingen, daß wir hier enden würden. Wir beschlossen, Ihnen ein paar Tage und Wochen wegzunehmen, um unsere Familien zu sehen. Das war nicht anders, als in eine Schlacht zu ziehen. Das Gefühl war dasselbe. Die Gründe waren dieselben.

Was ich sagen will, Herr Oberst, ist, daß der Krieg Ihre Armee mutig genug gemacht hat, daß sie ihren eigenen Willen zum Ausdruck bringt. Wir sind nicht desertiert – wir haben rebelliert.«

»Das ist eine noch schlimmere Anklage als Mord.«

»Und leichter zu verzeihen.«

»Sagen Sie mir, wie kommen Sie auf solch einen ungeheuerlichen Gedanken?« verlangte der Vorsitzende zu wissen.

»Unsere Rebellion zeigt, daß Sie uns glauben können, wenn wir Ihnen sagen, was wir Ihnen zu sagen haben.«

»Dann sagen Sie uns, was Sie zu sagen haben«, erbat der Richter, der bisher noch nichts gesagt hatte.

»Lassen Sie uns an die Arbeit.«

»Welche Arbeit?«

»Den Feind bekämpfen.«

»Das haben wir versucht«, sagte der Vorsitzende.

»Aber Sie hatten dazu nicht unsere Einwilligung.«

»Ich hatte den Eindruck, daß wir Ihre Einwilligung nicht brauchten.«

»Die brauchen Sie aber. Sie brauchen unsere Einwilligung nicht, wenn Sie uns ins Gefängnis sperren oder uns hinrichten lassen, aber Sie brauchen unsere Einwilligung, wenn wir kämpfen sollen.«

»Das ist Unsinn«, stellte der Vorsitzende fest. »Die Bedingungen können nicht von unten diktiert werden, nichts liegt klarer auf der Hand.«

»Ganz im Gegenteil«, entgegnete Alessandro. »Sie haben uns reingelegt, und wir bieten Ihnen unsere Einwilligung an, weil Sie uns dazu gezwungen haben.«

»Nein, Sie sind schon ursprünglich dazu gezwungen gewesen, durch das Wissen nämlich, daß jeder, der sich dagegen entscheidet, verurteilt werden wird. Die Methode funktioniert; wenn wir Ausnahmen machten, würde alles auseinanderfallen.«

»Nun ist die Gelegenheit gekommen, Ausnahmen zu machen.«

»Wegen der Niederlage?«

»Die Armeen befinden sich auf dem Rückzug. Wir sind jetzt nichts Ungewöhnliches mehr.«

»Wir haben eine neue Front, und sie scheint zu halten«, erklärte der Vorsitzende.

»Wir versprechen, daß wir zurückkehren und wie der Teufel kämpfen werden: acht kampferprobte Soldaten.«

»Sieben.«

»Gut, sieben. Vergeuden Sie uns nicht. Wir haben uns niemals vor dem Kampf gefürchtet.«

Die Richter berieten sich. Dies war kein Zivilgericht, und sie kamen schnell zu einem Ergebnis. Nur Guariglia setzte Hoffnung auf den Erfolg von Alessandros Appell, und selbst er erlaubte sich nicht, seine Hoffnung zu zeigen.

Als die Richter fertig waren, begann der Vorsitzende seine Rede mit einem gesenkten Blick und einem Schütteln des Kopfes, und was danach kam, konnte niemanden überraschen.

»In Zeiten großer Bedrohung treten die Gesetze des Staates an, diesen zu schützen, und sie sind deshalb so ungeheuer wichtig, weil eine Entscheidung zu fällen so schwer ist. Wir stützen uns auf sie nicht nur aus Gründen des festen Glaubens an ihre Weisheit, sondern weil wir gezwungen sind, uns an etwas Solides und Unveränderliches zu halten. Außerdem liegt es nicht in der Macht dieses Gerichts, Ausnahmen zu machen.

Die einzige Möglichkeit, die wir hätten, wäre, Sie für nicht schuldig zu halten, doch steht es uns nicht frei, einfach den Fakten zu widersprechen. Wir haben Ihren Appell zur Kenntnis genommen, und Sie haben unser Mitgefühl, aber gerade jetzt, im Augenblick der Gefahr für die Nation, beweisen wir unsere Loyalität zum Staat. Strenge Gesetze geben uns in größten Notzeiten Vertrauen und stellen unsere feste Haltung wieder her. Wir nehmen die Menschlichkeit Ihres Appells zur Kenntnis, doch in Kriegszeiten ist Menschlichkeit Nebensache. Das wissen Sie ja bereits.«

Er hielt einen Moment inne. Vielleicht hatte er einen Sohn. Er nannte feierlich ihre Namen und sagte dann: »Das Gericht verurteilt Sie zum Tode. Das Urteil wird zur gewohnten Zeit in einer Woche, von heute ab gerechnet, auf dem Hinrichtungsplatz dieses Gefängnisses durch Erschießen vollstreckt.«

Dann fragte Fabio so kühl und gesetzt wie ein Kunde in einer Bank, der wissen will, warum seine Staatsanleihen nicht eingelöst worden sind: »Warum in einer Woche?«

Der Vorsitzende schritt gegen diese unangemessene Unterbrechung nicht ein, denn das Urteil war hart genug, um jegliche Beleidigung in Vergangenheit, Gegenwart, Zukunft und Phantasie abzudecken. Sein Ton war freundlich und irgendwie beruhigend. »Wir brauchen noch etwas Zeit für Ihren Freund Grigi.«

Daraufhin fingen die nun verurteilten Soldaten der 19. Flußwache an zu lachen, und der Hammer fuhr nieder.

*

Die Tage vor Dienstag vergingen langsam, doch im nachhinein waren es die kürzesten und schnellsten, an die sich Alessandro je erinnerte. Jede Minute nach dem Sonnenaufgang am Montag war eine Tageszeit, die er niemals wieder erleben würde, und er trennte sich von den kostbaren und vertrauten Stunden, während die Uhr sich nicht im Kreis, sondern in einer Spirale drehte. Dem Phantasieren nahe, als die Wolken sich zu weißen Bergen auftürmten und auf ihrem Weg ostwärts vorüberzogen, stellte er sich statt all der Uhren Europas eine ehrlichere Maschine vor, eine feingewundene dreidimensionale Spirale, die nicht nur das Kommen und Gehen von Tag und Nacht anzeigen würde, sondern auch, daß kein einziger Tag und keine einzige Nacht jemals wiederkehrten.

Ludovico Indianer wurde davon unterrichtet, daß er am Donnerstag zusammen mit vierzehn anderen seiner Brigade vor Gericht gestellt würde. Der Gerichtsapparat arbeitete nun ohne Pause, denn Tausende von neuen Gefangenen waren für Stella Maris bestimmt und die Zellen mußten geräumt werden.

Ludovico begann nun mit etwas, das wie eine Reihe von verzweifelten Kalkulationen erschien. Es war, als spürte er, daß er sich mit einem geschärften Verständnis für das Wirken der Ökonomie mit der Vorstellung von Ewigkeit vertraut machen könnte – doch wegen der geringen Beziehung zwischen Ökonomie und Ewigkeit war er gezwungen, immer schneller und schneller zu rechnen, und kam zu keinem Ergebnis.

»Der Marxismus wird dich nicht in die nächste Welt tragen«, sagte Alessandro. Und dann fragte er: »Wie kannst du deinen heiligsten Glauben einem rein beschreibenden System vorbehalten, und dann auch noch einem, das unvollständig ist? Ich kann mir nicht vorstellen, an Trigonometrie oder Buchführung zu glauben, aber du lenkst deine Seele aufgrund einer Theorie der Ökonomie.«

»Sie wird mich nicht so hängenlassen, wie es dein System tun wird.«

»Ich habe kein System.«

»Theologie ist ein System.«

»Meine Theologie nicht.«

»Und was ist deine Theologie?«

»Was es ist? Es ist die überwältigende Kombination von allem, was ich gesehen und gefühlt habe und nicht erklären kann, was mich beeindruckt hat und in mir nachklingt, was mich immer wieder zu einem Glauben treibt, dessen ich mir nicht sicher bin, was faszinierend ist, weil es sich der Beschreibung durch ein so unvollkommenes Wesen wie dem Menschen entzieht. Anders als der Marxismus ist es unbeschreiblich und kann nicht in Worte gefaßt werden.«

»Nun«, sagte Ludovico, »Sozialismus ist beschreibbar, das mag ich so daran. Er ist solide. Sehr wenig daran ist Mutmaßung. Er mag begrenzt sein, aber er ist ehrlich und handfest, und man kann ihn beweisen. Er gibt mir etwas, von dem ich weiß, daß ich mich darauf verlassen kann.«

»Warum verläßt du dich nicht auf eine Kloschüssel?«

»Ich würde eher einer Kloschüssel vertrauen, als an eine Ansammlung von hübschen Wunschvorstellungen zu glauben.«

»In dem Fall«, entgegnete Alessandro, »brauchst du dir nur eine Kloschüssel zu besorgen, und du hättest die Rätsel des Universums gelöst. Es wäre ein leichtes, jedermann bei seinem Tod mit einer Kloschüssel oder einem Porzellanamulett zu versorgen, und dann wäre die Welt vollkommen. Männer würden nicht um ihre Frauen und Frauen nicht um ihre Kinder trauern, Kinder würden nicht unter dem Verlust ihrer Eltern leiden und Eltern nicht unter dem Verlust ihrer Kinder, solange die Produktion geregelt wäre und die Arbeiter die Ökonomie kontrollierten.«

»Um die Wahrheit zu sagen, Alessandro«, meinte Ludovico streitsüchtig, »was nach dem Leben auf Erden geschieht, ist mir gleich, weil ich daran glaube, daß nichts geschieht. Ich kümmere mich um das, was mir gegeben ist, zur Hölle mit dem Ende. Das dauert nur eine Sekunde. Warum Zeit verschwenden und sich darüber Sorgen machen?«

»Die Antwort ist einfach.«

»Die Kirche hat eine einfache und unbeweisbare Antwort auf alles.«

»Es ist mir egal, was die Kirche sagt. Diese einfache Antwort kommt aus meinem Herzen. Ich habe viele Dinge gesehen und gefühlt, von denen ich nicht glauben kann, daß sie einfach nur materielle Artefakte sind. Sie übersteigen alles Irdische so leicht, daß ich keinen Zweifel daran habe, daß sie den Tod zum Narren halten können.«

»Was für Dinge?«

»Wenn du in den letzten siebenundzwanzig Jahren in meiner Nähe gewesen wärst, Ludovico, hätte ich sie dir eines nach dem anderen zeigen können. Es gibt sie überall. Es sind so einfache Dinge wie eine Mutter, die ihr Kind umarmt, so einfach wie Musik oder Wind. Man muß sie nur auf die richtige Weise sehen. Vielleicht hätte ich es dir nicht zeigen können. Die Frage, die mir dazu einfällt, ist nur, warum mußt du es gezeigt bekommen? Warum hast du es nicht schon selbst gesehen?«

»Wovon genau redest du eigentlich?«

»Ich rede von Liebe.«

»Das überzeugt mich nicht.«

»Ich habe nicht versucht, dich zu überzeugen. Ich bin nun gelassen genug, um nicht irgend jemanden von irgendwas überzeugen zu müssen.«

»Wirst du vor dem Erschießungskommando auch gelassen sein?«

»Ich weiß es nicht. Wir werden es morgen sehen. Du wirst es vom Fenster aus beobachten können.« Alessandro zwinkerte Ludovico zu, um ihm zu zeigen, daß er ruhig war.

»Wie du da gezwinkert hast«, sagte Ludovico anklagend, »wie du gezwinkert hast, genau wie ein religiöser Fanatiker.«

»Tut mir leid«, sagte Alessandro. »Ich werde versuchen, wie ein Marxist zu zwinkern.«

*

Gegen Abend öffnete eine neue Wache die Zellentür. Alessandros Eingeweide spannten sich. »Ich habe noch bis morgen früh«, sagte er.

»Sie haben Besuch«, verkündete die Wache.

»Niemand in Stella Maris hat Besuch.«

»Sie schon.«

Während Alessandro durch die langen, schwach beleuchteten Korridore ging, wurde er von Trauer und Schmerz überwältigt. Er war so erschöpft, daß er sich einfach auf den Boden hätte legen, sich gegen die Wand drücken und schlafen können. Ein Besucher, ganz gleich wer, brachte sein Gleichgewicht durcheinander und versetzte ihn in Panik.

Er wurde in einen kleinen Raum mit einem Fenster geführt, durch das man Bäume und offenes Feld östlich des Gefängnisses sehen konnte. Am Tisch saß mit gefalteten Händen Luciana. Selbst in der Dunkelheit konnte er das Blau in ihren Augen sehen.

»Gibt es hier ein Licht?« fragte er.

Mit einer millimeterhaften Drehung des Kopfes und dem leichten Schließen der Augen sagte sie, daß es keine Lampe in dem Raum gab.

Er setzte sich ihr gegenüber. »Ich bin auf der anderen Seite«, sagte Alessandro, »auf der Seite, die zum Meer hinauszeigt. Hier ist es viel wärmer, ohne den Wind.«

Luciana fiel nichts zu sagen ein.

»Wie hast du mich gefunden?«

»Orfeo.«

»Ich dachte, Orfeo wollte den Giulianis keinen Gefallen mehr tun.«

»Er sagte, dies sei der letzte.«

»Keine Begnadigung.«

»Er wollte nicht. Er war verbittert. Was wird geschehen?«

»Ich bin letzte Woche verurteilt worden. Sie werden mich morgen früh hinrichten.«

»Da bin ich, Alessandro. Sie haben mich abgewiesen. Sie haben Dutzende von Frauen abgewiesen – Mütter und Ehefrauen ...«

»Sie erschießen die Söhne und Ehemänner und begraben sie.« Alessandro stand auf und trat ans Fenster. »Ich möchte die Bäume sehen«, sagte er. »Auf der Seeseite habe ich die Bäume vergessen. Ich nehme an, ich werde nie wieder einen sehen, so wie ich nie wieder schwimmen werde, schlafen, lesen, oder ein Kind sehen, ein Tier, ein Feld.«

»Was soll ich sagen?«

Alessandro ließ seinen Blick über vergilbende Pappeln streifen, deren Blätter im letzten Licht kaum merklich glänzten, und fragte: »Wie geht es Papa?«

Luciana schloß kurz die Augen, glaubte, daß Alessandro sie nicht sah, doch er hatte ihr Spiegelbild in dem halb geöffneten Fenster, gerade deutlich genug, um in dem schwindenden Licht die Änderung ihres Gesichtsausdrucks zu bemerken.

Mit einer Selbstbeherrschung, von der er nicht geahnt hatte, daß sie sie besaß, sagte sie: »Es geht ihm gut.« Alessandro blickte weiter über die Felder, ihre Stimme zitterte nicht, und sie blieb unbewegt. »Er ist in den letzten Wochen wieder etwas zu Kräften gekommen, ich kann ihn bald nach Hause holen. Er ist wieder bei klarem Verstand. Er macht keine Bemerkungen mehr über Engel und Wasserfälle.«

»Ich nehme an, du hast ihm nichts von mir erzählt«, sagte Alessandro zu dem Spiegelbild.

»Nein. Er denkt, du bist wieder zur Armee gegangen, um im Norden zu kämpfen. Er liest die Kriegsmeldungen wie früher. Ich habe ihm gesagt, daß du dich Rafis Einheit angeschlossen hast, daß Orfeo dich dort eingeschleust hat und daß ihr zusammen seid. Das war auch, worum ich Orfeo gebeten hatte.« Sie schloß die Augen. »Ich habe Orfeo sogar angeboten, mit ihm zu schlafen, aber er blieb ungerührt.«

Noch immer aus dem Fenster schauend, zuckte Alessandro zusammen. »Warum hast du unserem Vater solche Sachen erzählt, wo die Wahrheit doch ganz anders ist?«

»Hättest du gewollt, daß ich sie ihm erzähle?«

»Warum nicht? Wegen seines schwachen Herzens?«

»Ja. Es würde ihm wehtun.«

»Aber es würde ihn nicht umbringen. Es würde ihn nicht umbringen, oder doch?«

»Man sollte ihm erlauben, den Rest seines Lebens ohne solche Schläge zu verbringen«, entgegnete sie.

Nun tauchten Sterne in dem Himmel über den Hügeln auf, und während Alessandro die letzten Spuren von Licht einsog, sah er, daß sich in Lucianas Augen Tränen zu bilden begannen.

»Du sagst, er spricht nicht mehr im Fieber von Engeln und Wasserfällen.«

»Nein, nicht mehr.«

»Als ich klein war, bevor du geboren wurdest, sagte er mir, daß Vögel Engel seien, daß sie von oben in den Himmel fallen und daß das Fliegen in der Luft für sie sei wie für uns das Schwimmen im Meer, weil die Luft so viel dicker sei als der Äther. Er sagte, daß sie ausgesandt seien, über uns zu wachen und um uns einen Grund zu geben, unsere Augen gen Himmel zu richten.

Und ich fragte ihn, ich sagte, Papa, sie sterben. Wie kann Gott seine Engel sterben lassen? Und er sagte, das ist das Traurigste, daß selbst Gott seine Engel sterben lassen muß.

Ich glaubte ihm, und dann glaubte ich ihm natürlich nicht mehr, aber nun ist es beruhigend zu denken, daß die Vögel da sind, weil

Engel in den Himmel gefallen sind, wie kleine Jungen, die in einen Fluß springen. Stell dir vor, wie aufregend das wäre. Wenn ich Vögel in großen Höhen fliegen sehe, Flecken, die zwischen den Wolken taumeln, denke ich gern, daß sie gerade herabgekommen sind und die Luft begreifen lernen, in der Hoffnung, wieder aufzusteigen und zurückzukehren.

Luciana, alles ruht jetzt auf dir und auf deinen Kindern. Selbst wenn Rafi nicht heimkehrt, mußt du Kinder haben.«

»Von wem? Dem Milchmann?« fragte sie mit ungewohnter Bitterkeit.

»Selbst vom Milchmann«, war die dringliche Antwort ihres Bruders, doch dann nahm er es zurück. »Du bist sehr schön. Du wirst die Wahl haben.«

Er erzählte ihr von Guariglias Kindern und bat sie, etwas Geld für sie beiseite zu legen, solange sie es konnte und solange sie es brauchten. Sie versprach es ihm.

»Ich lege dir diese Verpflichtungen auf, Luciana, nicht nur weil ich morgen sterben werde, sondern auch, weil ich für Mutter und Vater sprechen muß. Ich habe dich immer bewundert, schon seit du ein Baby warst.«

»Wirklich?« sagte sie überrascht.

»Ja. Ich habe dich immer für etwas weit Besseres als mich gehalten.«

Die Wache öffnete die Tür und schaute herein. Sie waren von dem elektrischen Licht geblendet, das zuvor so schwach erschienen war. »Kommen Sie bitte zum Ende«, sagte er leise.

Luciana zitterte, als sie aufstand; sie weinte.

»Ich liebe dich, Luciana, wie ein Bruder seine Schwester nur lieben kann.«

Sie hatte keine Worte.

Sie standen sich am Tisch gegenüber und schauten sich an. »Hast du unseren Vater neben unserer Mutter beerdigt?« fragte er.

»Ja.«

*

Um zehn Uhr kam ein Offizier, um Alessandro zu fragen, ob er bis zum Morgen allein sein wolle. Alessandro erklärte entschuldigend, daß ihm das sehr recht wäre. Er wandte sich an Ludovico und sagte: »Ich werde wahrscheinlich ohnehin die ganze Nacht reden oder singen, und ich würde dich wachhalten, ich kann nämlich unter anderem nicht singen.«

Sie lächelten. Ludovico griff Alessandros Hand und drückte seinen Ellbogen.

»Dank dir, Ludovico. Ich wünsche dir alles Gute.«

Dann sammelte Ludovico seine wenige Habe ein. Er starrte auf den Boden – er hatte fürchterliche Angst, weil er wußte, daß er bald an Alessandros Statt sein würde – und wurde aus der Zelle geführt. Die Tür fiel zu, Schlüssel drehten sich im Schloß, und Alessandro war allein.

Entgegen seiner Erwartung sprach er weder mit sich selbst, noch sang er. Die Nacht hatte keine Worte oder Melodien, sie war ungeheuer klar und kalt, so als sei es bereits Winter.

Niemals zuvor hatte Alessandro bei Sternenlicht blinzeln müssen, doch nun waren die Sterne so hell, daß er sich manchmal die Augen zuhalten mußte, und wenn sie zu hell brannten, um still stehen zu können, schossen sie manchmal in kurzen Ausbrüchen über den Himmel. Obwohl diese stillen Illuminationen fast so schnell verschwanden, wie sie auftauchten, hinterließen sie in dem ungenauen Gedächtnis der Augen ihre leuchtenden Spuren. Wenn sie stärker und beständiger gewesen wären und in einer blaßweißen Linie gehangen hätten, wäre Alessandro vielleicht nicht jedesmal, wenn er sie sah, das Herz aufgegangen. Sie waren weniger als kleine Rauchfahnen, ihre Spuren dünner als ein Haar und der Lichtausbruch nur eine Sache der Erinnerung.

*

Vor Sonnenaufgang wurde ein Schlüssel im Schloß gedreht, und die Tür ging auf. Ein Offizier, zwei Soldaten und ein Priester waren erstaunt, Alessandro tief schlafend anzutreffen. Einer der Soldaten trat ein und berührte seine Schulter. Dann mußte er ihn schütteln.

»Haben Sie diese Nacht geschlafen?« fragte der Offizier.

Alessandro, der völlig ausgeruht und zufrieden schien, sagte: »Ja, ich habe sehr gut geschlafen.«

»Ihre Nerven müssen wie Stahlseile sein«, sagte der Offizier.

Alessandro warf seine Decken von sich und wollte losgehen. Als die Wachen ihn festhielten und ihm die Hände auf dem Rücken zusammenbanden, war er so merkwürdig wenig verstört, daß sie selber verstört waren.

Als sie losgingen, fragte der Priester, ein alter Mann aus einem Dorf, Alessandro, ob er gläubig sei.

»Ja«, sagte Alessandro zu ihm, »aber ich brauche Ihre Worte nicht, um mich direkt in Gottes Hand zu begeben. Wenn Gott mich haben will, dann wird es auch ohne Einführung gehen.«

*

Als sie den *cortile* erreichten, begann das Licht gerade, die Sterne zu verbergen, und der Osten war blaßblau. Die acht Soldaten der 19. Flußwache waren mit jenem Teil des Militärlebens vertraut, wenn Männer zusammengerufen werden, bevor der Sonnenaufgang flüsternd spricht, die Gewehre sie drücken und ihre Körper frösteln. Stets waren die Gewehre, ob beim Übungsschießen oder vor einem Angriff, wie schwarze Silhouetten vor unerklärlich strahlenden Himmeln erschienen. Selbst an nebligen Tagen war ihnen die Luft bei Dämmerung klar erschienen, und selbst wenn man die Sterne nicht sehen konnte, spürte man, daß sie über einem schwebten.

Die zwanzig Soldaten des Erschießungskommandos in ihren gestärkten Uniformen, schlaftrunken, mit ihren schweren, gut geölten Gewehren über der Schulter, vermittelten der Flußwache das Gefühl eines weiteren Morgens in den Schützengräben, als sie noch eine gute Chance gehabt hatten, am Leben zu bleiben.

Ihnen folgten vier Priester; jeder von ihnen las mechanisch und aus tiefstem Herzen zugleich einen anderen Abschnitt aus der Bibel. Die Worte von großen Wahrheiten, die jeder von Geburt an gehört hatte, schienen ein passendes Ende, wenn sie sich zu unverständlichem Gemurmel vermischten, und die archaischen biblischen Verse, die wie ineinander verwobene Lieder gesprochen wurden, gaben der Flußwache weiteren Mut zu dem hinzu, den sie vorher gehabt hatten. Keiner der acht weinte oder klagte. Nach Jahren des Kampfes im schweren Gelände gegen einen grausamen Feind kam es ihnen gar nicht in den Sinn.

Die beiden Offiziere hatten Mühe, ihre Befehle bei dem Sternenlicht und dem Streif der Morgendämmerung zu entziffern. Alessandro hörte jemanden aus dem Erschießungskommando über ein Mädchen sprechen, und obwohl er weder eine Beschreibung noch ihren Namen hörte, wußte er von dem Klang und der Aussprache des Wortes *sie*, daß sie jung war.

Guariglia zitterte. »Reiß dich zusammen«, sagte Alessandro leise flüsternd zu seinem Freund. Guariglia rang fast nach Luft, so als könne er sich nicht länger zusammenreißen, doch wolle Alessandro wissen lassen, daß er noch da war.

»Reiß dich zusammen«, wiederholte Alessandro. »Deine Kinder und deine Frau müssen wissen, daß du trotzig gestorben bist. Wenn sie es erfahren, werden sie stolz auf dich sein.«

»Wer wird es ihnen sagen?« fragte Guariglia.

»Irgend jemand«, antwortete Alessandro. »Sie werden es erfahren. Guariglia, meine Schwester war letzte Nacht hier. Ich habe ihr von deinen Kindern erzählt, und ich habe sie gebeten, ihnen zu helfen, solange es nötig ist. Sie kommt fast wie mit Zauberei durch die Welt – sie werden sie nicht in Eisenbahnwaggons sperren und in Ketten legen oder sie vor einen Pfosten stellen und erschießen. Sie wird sich um deine Kinder kümmern können. Das wird so sein, als seien sie von einer Heiligen in Schutz genommen. Verstehst du?«

Guariglias Antwort war zu weinen, womit er die tadellose Selbstbeherrschung der Flußwache erschütterte.

»Am meisten brauchen sie dich«, sagte Alessandro, »aber es wird für sie gesorgt werden, und sie werden deine Liebe spüren.«

Guariglia nickte. »Ich liebe sie«, sagte er, »und sie lieben mich wirklich. Ich könnte zehnmal häßlicher sein, als ich bin, und sie würden mich trotzdem genauso lieben. Wenn sie mich anschauen, sehen sie etwas Wunderschönes, und dabei sind sie selber doch so wunderschön, du lieber Himmel.«

Ein dritter Offizier betrat den *cortile*, und die Soldaten der Flußwache wurden zu den Pfosten geführt.

Sie fühlten sich hohl und leer und so, als stürzten sie. Alessandro hatte das Gefühl, als steckten seine Füße in Feuer und Dunkelheit und als ginge er durch zähen Schlamm, doch mit jedem Atemzug spürte er die Kraft, seine Beklemmung zu bekämpfen. Wie bei einem Soldaten in den letzten Sekunden vor dem Kampf verband sich seine Furcht mit einem ungeheuren Verlangen nach dem Treffen, und er stellte sich vor, daß die Macht der Kugeln die wütenden Engel der Geschwindigkeit, der Schnelligkeit und des Licht entfesseln würde.

»Es gefällt mir nicht, daß sich niemand an uns erinnern wird«, sagte Fabio, als sie sich nach links zu den Pfosten wandten.

»Sie werden sich an *mich* erinnern«, sagte der Marionettensoldat. »Sie werden sich an mich als den besten Schützen der ganzen beschissenen Armee erinnern.«

Als sie die Pfosten erreichten, hörten sie zu sprechen auf und standen gerade. Kein einziger von ihnen fiel auf die Knie. Keiner bat um eine Augenbinde.

Die Priester summten wie Bienen im Sommer. Sie zogen sich zurück und sagten zu jedem: »Gott sei mit dir.« Sie hatten dies schon viele Male gesprochen, und sie würden es noch viele Male sprechen, und dennoch waren sie bewegt.

Das Erschießungskommando ging in Stellung, behielt aber die Gewehre umgehängt, bis befohlen wurde, sie abzunehmen. Das Kommando stand stramm, während die drei Offiziere ihre Unterlagen studierten. Einer der Offiziere zündete ein Streichholz an, und sie starrten auf die Dokumente, die sie kontrollierten. »Es stimmt«, sagte der zuletzt dazugekommene Offizier.

Sie kamen über den *cortile*, näherten sich jedem einzelnen und sagten seinen Namen. Als sie zu Alessandro kamen, sagten sie seinen Namen zweimal, und dann formten sie ihn zu einer Frage um: »Sind Sie Alessandro Giuliani?«

»Ja.«

»Rom hat Ihre Strafe umgewandelt.«

Ohne zu zögern sagte Alessandro: »Der Mann neben mir hat Kinder. Ich habe sie gesehen. Sie sind noch klein, wunderschöne kleine Kinder. Er sollte nicht sterben. Sie werden es nicht begreifen, und sie brauchen einen Vater. Bitte geben Sie ihm meinen Namen, und ich werde seinen nehmen. Keiner wird es erfahren.«

Der dienstälteste Offizier, ein Major, dachte einen Moment nach und erwiderte: »So etwas kann man im Norden machen. An der Front kann jeder tun, was er will, aber nicht in Stella Maris. Stella Maris ist zu nah bei Rom. Wir sind so machtlos wie Sie.« Er befahl einer der Wachen, Alessandro wegzuführen.

Alessandro weigerte sich. An Händen und Füßen gefesselt, wand und duckte er sich und versuchte, nicht von der Stelle zu weichen.

»Schlag ihn nieder«, befahl der Offizier, als hätte er so etwas früher schon erlebt.

Der Soldat hob sein Gewehr und traf Alessandro auf den Hinterkopf. Alessandro fiel nach vorn in den Schmutz. Sie hoben ihn hoch und ließen ihn hinter dem Erschießungskommando auf den Boden fallen.

Die Priester traten erneut vor. Alessandro konnte sich weder rühren noch sprechen, aber er konnte alles sehen. Er wollte der Flußwache zurufen, daß er sich erinnern würde, solang er lebe, und er versuchte es, doch der Hieb hatte ihm die Sprache genommen. Er hörte die Priester rezitieren – *Ave maris stella, dei mater alma, atque semper Virgo, felix coeli porta* – und er sah, wie sie sich zurückzogen.

»Gewehr ab«, befahl einer der Offiziere. »Laden. Legt an.«

Alessandro war vom Geräusch des Ladens überwältigt, doch dann war alles ruhig, und in der Stille vor dem Gewehrfeuer hörte er Guariglia sagen: »Gott schütze meine Kinder.«

VII. EIN FRONTSOLDAT

Tausend Soldaten schufteten an den Wänden eines kreideweißen Kessels im Apennin und schnitten Marmorplatten, um Gräber damit zu markieren. Zu Beginn des Krieges waren ein paar hundert Kriegsgefangene entsandt worden, um in einer Truppe von Steinbrucharbeitern mitzuarbeiten, doch im Laufe der Zeit und in der Folge der Schlachten war ihre Zahl erheblich angewachsen. Als die Arbeit bei Tage nicht ausreichte, die Toten zu ehren, war der Steinbrucheinsatz nach Arbeitsgruppen und Schichten aufgeteilt worden, die so kompliziert und verworren waren wie die Felswände, die sie abbauten, und ihre Arbeit erstreckte sich in schnellem und gleichmäßigem Tempo ober- und unterhalb des Scheins von Fackeln, Flutlichtern und Ketten klarer elektrischer Glühbirnen bis weit in die Nacht hinein. Die Motoren standen niemals still. Wurde einer abgestellt, übernahm der andere, sorgte für Strom, Zugleistung, Antrieb für die Sägeblätter, Kabel und Pumpen und für Dampf, um die Platten zu polieren, bis sie weißer waren als die Knochen, an die sie erinnern sollten. Nahmen die Mechaniker einen Generator außer Betrieb und schalteten auf einen anderen um, flammten die Lichter unter doppelter Spannung auf und fielen dann wieder in ihre gleichmäßige Helligkeit zurück.

Die wenigen Angestellten und Buchhalter, die sich hier neben revolutionären Fabrikarbeitern und gleichgültigen Bauern wiederfanden, hätten leicht ausrechnen können, daß selbst bei einer Fertigstellung von einem ganzen Stein pro Mann und Tag – und das war nicht der Fall, denn jeder Stein mußte aus den steilen Wänden herausgeschnitten, hinabgelassen, glattgeschnitten, abgekantet, poliert und transportiert werden – sie viele Jahre zu arbeiten gehabt hätten, um die Gräber ihrer Kameraden zu markieren.

Angesichts der Ausmaße des Betriebs – Männer, die wie Ameisen auf Gerüsten herumkletterten, die im Nichts hingen; die Mannschaften, die sägten, schnitten und Keile trieben; die Loren, die hin- und herfuhren und etwas transportierten, das wie Zuckerwürfel aussah –, war es schwer zu glauben, daß dieser Stein in ganz Italien geschnitten wurde, aber es stimmte.

Alessandro traf mitten in der Nacht ein. Zwei mit Pistolen bewaffnete Feldwebel holten ihn von einer kleinen Bahnstation in einigen Kilometern Entfernung ab. »Bist du der einzige?« fragten sie.

»Ja«, sagte er.

»Wir haben gemeint, daß ein Zug unterwegs sei.«

»Da hat man Ihnen etwas Falsches gesagt«, entgegnete er.

Weil er ihre Vertraulichkeit ablehnte, ließen sie ihn im Laufschritt eine mondbeschienene Straße entlangmarschieren, die sich zwischen kahlen Felsen hindurchschlängelte, und erlaubten ihm keine der üblichen Pausen an den Stellen, an denen es bergauf ging. Erst als sie zu der Anhöhe kamen, von der aus man den Steinbruch einsehen konnte, ließen sie ihn pausieren, und dies taten sie nicht aus Freundlichkeit, sondern um ihn mit der Jenseitigkeit ihrer Arbeit zu beeindrucken.

Aus dem Steinbruch stiegen in scharfen Winkeln Lichtszepter wie Mineralkristalle, und eine Lichtschwade markierte das Dickicht, dem sie entstiegen. Manchmal wurden die Strahlen in andere Positionen gerückt, so als ob sie sich neue Ziele unter den Sternen aussuchten. Hunderte von Männern arbeiteten dort unten in einer Helligkeit, die den riesigen Steinbruch wie ein Stück Mond erscheinen ließ, das auf die Erde gestürzt war. Sie schienen nicht Stein, sondern Licht abzubauen, und wenn sie den Marmor in Tafeln abtrugen und durch den leeren Raum gleiten ließen, von Suchscheinwerfern begleitet, an Spinnwebkabeln und unsichtbaren Ketten hängend, war dies, als hantierten sie mit Licht in kubischer Form, als schnitten sie es in dichten, sich selbst erzeugenden Mengen aus dem Herz der magischen Felsen und transportierten es ab.

Riesige rechteckige Massen weißen Marmors glitten in allen Richtungen auf schräg abfallenden Bahnen aneinander vorbei, tauchten aus der Dunkelheit plötzlich in den hellsten Schein und verschwanden dann, nur um wieder an Lichtstärke zuzunehmen, wenn sie die Stahlkonstruktionen erreichten, auf denen sie in gleißender Helligkeit zerteilt wurden.

Der Klang der Hämmer auf Fels und Stahl ließ niemals nach. Von oben schien es wie das individuelle Tick-Tack von Tausenden von Uhren, die von der Zeitangabe befreit worden waren und denen man das Sprechen beigebracht hatte. Muster und Gegenmuster stiegen aus ihrer aufgeregten Unterhaltung auf, Musik entsprang aus dem Geschwätz der Felsen.

Räder drehten sich hypnotisch, täuschende Lichteffekte zwischen ihren Speichen oszillierten hin und her. Offene Feuer, Schmieden und glühendheiße Kesselfeuer wurden von Heizern gefüttert und von Blasebälgen angefacht. Reihen von Maschinen, von Maschinenwarten und Schmierern umgeben, zogen ein erstaunliches Netz von Kabeln an unzähligen Rollen vorbei, die an jeder Schräge und an jeder Wand befestigt waren. Die Bewegung der Kabel erweckte den Eindruck, als ob die ganze Szene ständig in die Höhe steige. Dutzende von Männern zerrten ziegelfarbige Gummischläuche, aus denen Wasserstrahlen auf die Kabel gelenkt wurden, die sich langsam in den Marmor fraßen. In einem großen Abschnitt des Steinbruchgrunds arbeitete ein Trupp von Abkantern und Polierern in einer geordneten Menge, nicht unähnlich der in Rüstungsfabriken, wo Militärbedienstete um die Werkbänke kreisen. In den Zeltreihen, die dahinter lagen, schlief niemand, denn Alessandro war gerade zum Schichtwechsel eingetroffen, und die Gänge zwischen den Zelten waren voll mit Männern, die sich ankleideten. Lageröfen dampften mit Kesseln voller Brühe und Pasta. Alessandro konnte Kaffee, Tee und frisch gebackenes Brot riechen. Die Arbeitsschicht aß vorm Schlafengehen. Die neue Schicht aß vor der Arbeit.

»Hier essen alle viel«, sagte einer der Feldwebel. »Hier sitzt du nicht einfach auf dem Hintern rum wie an der Front. Hier wird gearbeitet. Jeder Mann ist eine verdammte Maschine, und Maschinen brauchen Brennstoff.«

Alessandro wußte nicht, was er sagen sollte, aber er wußte, daß er Hunger hatte.

»Hast du keine Sachen dabei?« wollte der gesprächige Feldwebel wissen. Obwohl er abgewiesen worden war, konnte er nicht damit aufhören, sich als Eigentümer aufzuspielen.

»Was für Sachen?«

»Geschirr, eine Decke. Du hast nichts, oder?«

»Nein«, antwortete Alessandro, als sie ihn den Weg hinunterführten, der von dem Verkehrsweg zum Steinbruch abzweigte. »Das ist mir alles abgenommen worden, bevor sie mich erschießen sollten, und ich habe es nie zurückgekriegt.«

»Was für ein Glück. Warum haben sie dich nicht erschossen?« wurde er fröhlich gefragt.

»Ich weiß es nicht.«

»Mach dir deswegen keine Gedanken. In deinen zwei Monaten hier kannst du die Grabsteine für die Jungs machen, die dich erschießen sollten. Wir brauchen Hammermänner. Du siehst so aus, als seist du ziemlich kräftig gewesen, bevor du in Stella Maris so ein Schwächling geworden bist, und in ein paar Wochen wirst du stärker sein als je zuvor in deinem Leben. Du wirst sechzehn Stunden am Tag einen Zehn-Kilo-Hammer schwingen, und damit meine ich nicht wie so ein Esel von Bürohocker. Ich meine sechzehn Stunden, und uns wirst du nicht um eine einzige Minute bescheißen.«

Dann kamen sie am Grund an und wurden in Licht und Lärm gebadet.

*

Wenn die Soldaten in dem Steinbruch aßen, dann grunzten, stöhnten und brummten sie, während sie ihr Brot und ihre Suppe zu sich nahmen. Die Hälfte von ihnen war ohne Hemd in dem kalten Nachtwind. Ihre Muskeln, scheinbar so hart wie Stahl, drückten sich wie Schwellungen gegen ihre Haut. Venen und Arterien, die nicht wußten, wohin, steckten isoliert zwischen hartem Muskel und elastischer Haut, wie die Reben, die Eichen abschnüren.

Alessandro hatte noch niemals menschliche Wesen gesehen, die so aussahen. Er war immer stark gewesen, besonders als er kletterte, aber diese Männer waren drei- oder viermal stärker als der starke Mann im Zirkus. Neben ihnen waren Gewichtheber fette Damen. Die einzigen Menschen, denen sie glichen, waren die antiken Gestalten, die als Modelle für anatomische Studien und Statuen gedient hatten. Hunderte von Männern, die als gewöhnliche Menschen geboren worden waren, einige von schmaler Statur, einige überraschte

Kellner und Schneider und andere unathletische Schwächlinge, waren so stark wie Galeerensklaven geworden. Welcher Prozeß auch immer sie in Stein verwandelt hatte, er hatte auch ihre Zungen erstarren lassen und ihnen einen mythischen Appetit verliehen. Ein riesiger dunkelhaariger Mann, der neben Alessandro saß, trank heiße Suppe, bis er in dem kalten Wind schwitzte, und aß, während Alessandro zusah, vier Laibe Brot.

»Ißt du immer so?« fragte Alessandro.

»Arrrghh!« lautete die Antwort auf seine Frage, gefolgt von einem langen ausgestreckten Arm, wie um ihn freundschaftlich zu stoßen, doch der Arm streckte sich zu einem der beiden Brotlaibe aus, die noch auf der Marmorplatte neben Alessandros halbvoller Suppenschüssel lagen.

»Bitte sehr«, sagte Alessandro, allerdings erst, nachdem der Brotesser die Hälfte davon verschlungen hatte. »Möchtest du die Hälfte von diesem? Ich schaffe nicht das ganze Brot. Hier.« Der Brotesser nahm es, wie eine Forelle eine Fliege fängt. »Für mich«, fuhr Alessandro fort, »ist es ein großer Luxus, soviel Brot zu haben. Ich war in einem Frontbataillon, wo wir nicht viel zu essen kriegten. Und dann, im Gefängnis, nun ich nehme an, im Gefängnis hungern alle.«

Der Gesichtsausdruck des Brotessers schien zu sagen, rede, soviel du willst, aber warte nur ab, bis du siehst, was mich dazu gebracht hat, fünf Laibe Brot auf einmal zu essen. Diese wortlose Aussage wurde von einem der Hammermänner unterstützt, der furzte, was die ungewöhnlichste Kettenreaktion bei allen auslöste, so als seien sie ein Exerziertrupp.

Alessandro, der das Gefühl hatte, nichts mehr zu verlieren zu haben, sprach den Hammermann an. »Ich möchte nicht so wie du werden«, sagte er. »Ich möchte kein muskelbepackter brotfressender Esel sein, der in einem Furzchor mitsingt.«

»Was hast du an der Front gemacht, Menschen umgebracht?« fragte ein dunkler kleiner Affe.

»Natürlich«, antwortete Alessandro. »Was soll ich wohl sonst gemacht haben?«

»Noch mehr Arbeit für uns«, sagte der Brotesser zu seiner Schüssel.

»Ist das hier eine Kompanie von Pazifisten?« wollte Alessandro wissen.

Sie grinsten in einer erstaunlichen Ansammlung von zahnlosen, halb zahnlosen und mit allen Zähnen versehenen Grinsern. »Weniger Arbeit«, sagte einer.

»Ich nehme an, die Soldaten, die getötet werden, sind euch egal, bis auf die Anforderung, die sie an eure Arbeit stellen?«

»Wir kriegen sie nicht zu sehen«, sagte der kleine Affe.

»Ihr solltet euch schämen«, sagte Alessandro zu ihnen. »Ich habe sie gesehen. Ihr solltet euch schämen.«

»Das sag uns, wenn du den Hammer geschwungen hast.«

»Das werde ich«, schoß Alessandro zurück. »Und ich werde auch keine sechs Laibe Brot auf einmal fressen. Man wird nur dann zum Affen, wenn man schon als Affe beginnt.«

»Wir sind nicht alles Affen«, wurde ihm von einem Soldaten beschieden, der tatsächlich wie das Modell zu einer Statue des Perseus aussah.

»Wenigstens du kannst reden.«

»Wir können alle reden, aber wir sparen unsere Kräfte.«

»Ich war zwei Jahre an der Front«, sagte Alessandro, wie um sich zu legitimieren und zu verteidigen.

»Das hier ist nicht die Front«, sagte Perseus, »sondern etwas völlig anderes. Das hier ist ein Traum.«

*

Als Alessandro in einer Reihe von drei- oder vierhundert Mann einen schmalen Pfad emporstieg, der zwischen den Schrägen und Vorsprüngen einer Steinwand hindurchführte, empfand er außergewöhnlichen Frieden. An einer Felswand aufzusteigen war Grund für inneren Jubel, der wie der glänzende Rotor eines elektrischen Motors wirbelte und die Seele des Kletterers so sicher stabilisierte wie ein Gyroskop, vielleicht, weil nichts an der Disziplin und der notwendigen Vorsicht, auf dem Pfad zu bleiben, vorbeiführte. Alessandro hatte dies einmal Rafi gegenüber bemerkt, als sie, für die Welt unsichtbar, in den Schründen einer Felswand in Wolken verborgen waren. Rafi hatte dies nicht nur verstanden, was Alessandro überraschte, denn Rafi interessierte sich nicht sehr für Metaphysik, er hatte auch sofort darauf geantwortet und zu Alessandro gesagt, daß die wirkliche Schönheit der Vorwärtsbewegung darin lag, daß sich, um sie zu erzielen, etwas anderes entweder um einen herum oder nach unten oder oben bewegen mußte – wie die Räder an einem Zug, die Propeller eines Flugzeugs, die Schrauben eines Schiffs, oder im Falle eines Gehers, seine Knochen, Sehnen und sein Herz.

Der Hammer war plump, sein Gewicht schlecht verteilt, und er war schwerer als ein Gewehr. Er brachte Alessandro aus dem Gleichgewicht und war schwierig zu tragen, und Alessandro fragte sich, wie er bloß die Kraft finden sollte, ihn durch einen Sechzehn-Stunden-Tag zu schwingen. Und dennoch schien er für die anderen leicht wie Luft zu sein.

Gruppen von Männern schwenkten auf verschiedenen Höhen zu Überhängen und Vorsprüngen aus, doch Alessandro, der am Ende der Schlange war, stieg so hoch es ging, bis auf eine Plattform aus blankem Stein, hundert Meter über dem Grund des Steinbruchs. Er wurde mit einem Dutzend anderer zu einem Wald aus Eisenpfosten geführt, die zu vielen Zwecken dienten. Sie bildeten Sollbruchlinien, wenn die Platten getrennt werden sollten, dienten als Basis und Achse für Kabel, Kräne und Haken und, in einem seltsamen Sinne, töteten sie den jungfräulichen Marmor, so wie eine Harpune einen Wal tötet, bevor auch er in Scheiben zerteilt wird.

»Nimm die«, wies ein Feldwebel Alessandro an und führte ihn zu einer Stange, die hüfthoch war. »Arbeite daran, bis du so viel Blut verloren hast, daß du ohnmächtig wirst.«

»Wie bitte?« fragte Alessandro.

»Ohnmächtig werden ist ein Vergnügen, und mach dir keine Sorgen, wir tragen dich runter.«

»Ich verstehe nicht.«

»Deine Hände. Die Haut wird dir von den Händen kommen.«

»Warum gibt es keine Handschuhe?« fragte Alessandro.

»Du fährst besser ohne«, sagte der Feldwebel. »Wenn du Handschuhe benutzt, dauert es länger, du bist erschöpfter, weil du noch nicht fit bist, und man neigt leichter zu Infektionen. Und ein Handschuh klebt einem an dem Fleisch unter der Haut.«

Alessandro fiel es schwer, der Erklärung des Feldwebels Glauben zu schenken, denn er hielt sich für stark genug, diese und weitere Stangen hineinzutreiben, ohne seinen Händen allzu großen Schaden zuzufügen. »Das hängt doch alles von der Beherrschung des Hammers ab«, sagte er zu ihm.

»Eben. Je mehr der Stiel sich bewegt, desto früher fällst du auseinander. Halt den Stiel fest«, sagte der Feldwebel, ehe er fortging.

Alessandro besah sich die Eisenstange. Der Kopf war teilweise abgeflacht und gesplittert, doch die Zerstörung war nicht weiter fortgeschritten, so als ob die Wucht des Hämmerns sie gehärtet hätte.

Er schwang den Hammer, und als er auf die Stange traf, hörte er einen lieblichen metallischen Ton, der sich dem schnelltaktigen Chor auf der Felsplatte anschloß. Die ersten Schläge waren angenehm, wie auch die folgenden ein oder zwei Dutzend, obwohl zehn Minuten Schwerarbeit die Stange nur um einige Millimeter tiefer trieben.

Da er wußte, daß er keine Pause machen durfte, begann er mit einem langsamen und bedächtigen Schlagtempo, von dem er hoffte, daß es ihn schützen würde. Nach einer halben Stunde war die Haut an seinen Handflächen und Fingern rosa und voller Blasen. Wenn er oder jemand anderes dies im Garten gemacht hätte, dann wäre er nun auf eine Limonade ins Haus gegangen.

Er machte eine Pause. Die Blasen schmerzten nicht, aber sie bedeckten die Innenflächen seiner Hände. Während er die Stange ansah und das Beste hoffte, kehrte der Feldwebel mit einem zweiten Feldwebel zurück. Diesmal fielen Alessandro die Pistolen an ihren Hüften überdeutlich auf.

»Was soll die Pause?« fragte der neue Feldwebel.

»Blasen«, sagte Alessandro, der ihre Antwort schon kannte und wußte, daß sie sie mit der allergrößten Gelassenheit geben würden.

»Ein, zwei Blasen sind kein Grund, aufzuhören.«

»Meine Hände sind wie Wasserhäute.«

»Die Stange hat sich kaum gerührt.«

»Na gut«, sagte Alessandro. »Wenn es sein muß«, und er wußte, es mußte sein.

Die Blasen platzten erst nach zwanzig weiteren Schlägen oder mehr auf, und als sie platzten, hielt die Flüssigkeit den Schmerz für weitere zwanzig Schläge von ihm fern.

»Weiter«, befahl der Feldwebel.

Als seine Hände abgetrocknet waren und der Hammerstiel heiß war, rollte jeder glockengleiche Schlag die lose Haut auf, die von seinen Handflächen hing, und riß sie ab, so daß sie schließlich zu Boden fiel. Nach einer Viertelstunde hatten seine Hände die Farbe einer Rose angenommen, und nach einer halben Stunde hatten sie zu bluten angefangen, schwitzten eine klebrige weiße Flüssigkeit aus und platzten auf.

Selbst die Luft schmerzte an seinen geschundenen Fingern und Handflächen. Etwas Festes zu umklammern war ausgeschlossen, einen schweren Gegenstand zu halten, war völlig verrückt, einen Vorschlaghammer zu schwingen, unvorstellbar – doch das tat er, denn er wußte, wenn er genug geblutet hatte, würde er ohnmächtig werden, und sie würden ihn nach unten tragen.

Es überraschte sie, wie lange er weitermachte, und sie mußten zurückweichen, weil das Blut in krummen Bögen umherspritzte, die breiter werdende Linien auf dem Fels hinterließen. Manchmal schien es aus einer dichten, vom Wind getriebenen Wolke zu regnen, deren Unterseite sich rot gefärbt hatte, während sie über ein wütendes Feuer zog. Die Feldwebel warteten darauf, daß Alessandro umfiel. Er fiel nicht. Statt dessen schlug er so fest er konnte, denn er stellte sich vor, ein Stück Sonne in seinen Händen zu halten und sie dazu verwenden zu können, den Fels zu spalten, so wie Guariglia sich das eigene Bein abgetrennt hatte. Seine Muskeln verspannten sich und entspannten sich wieder, seine Arme flogen vor ihm wie Gummibänder, und der Hammerkopf schlug mit einer Präzision, die ihn teuer zu stehen kam, auf die Stange. Die Stange wurde in den Fels getrieben, bis sie glatt im Boden verschwand.

Alessandros Kleidung war mit Schweiß und Blut getränkt, und seine Wimpern klebten von den Blutstropfen, die ihm wie Regentropfen in einer Bö ins Gesicht geflogen waren, an seinen Augenbrauen. Er ließ den Hammer fallen und wandte sich an die beiden Feldwebel. »War das so richtig?« fragte er und fiel auf der Stelle ohnmächtig um.

*

Drei Tage später erwachte er auf dem Rücken liegend in einem Zelt, durch dessen Plane das Sonnenlicht und der blaue Himmel weiß erschienen. Die vom Wind geblähten Stoffbahnen rüttelten an den mahagonifarbenen Zeltstangen.

Seine Hände waren mit sauberem Mull bandagiert, und er kam sich vor wie ein Kinderspielzeug. Unter dem Verband spürte er keine Schmerzen, nur Hitze. Nach drei Tagen Schlaf erwachte er so unbekümmert wie in einem Zelt am Strand während eines Urlaubs am Meer.

Perseus kam durch die Zeltbahn am Eingang. »Du hast noch zehn Minuten«, sagte er.

»Nein«, erwiderte Alessandro. »In der einen oder anderen Weise habe ich die ganze Ewigkeit und den Rest der Zeit.«

»Nicht bis du mit der Arbeit beginnen mußt.«

»Wie soll ich denn so arbeiten?« fragte Alessandro und hielt seine verbundenen Hände in die Höhe.

»Deine Hände werden in zehn Tagen abgeheilt sein«, sagte Perseus, »und dann wirst du wieder hämmern müssen, aber dann werden sie es dich etappenweise machen lassen.«

»Zehn Tage sind keine zehn Minuten, oder hat Orfeo die Zeit geändert?«

Perseus kannte keinen Orfeo. »Bis du wieder hämmerst, wirst du tragen. Dann wechseln sie Hämmern und Tragen ab. Deine Hände werden nach und nach härter, und zuletzt hämmerst du nur noch.«

»Was soll ich denn tragen?«

»Stahlstangen.«

»Es gibt doch Kräne«, protestierte Alessandro. »Und wenn sie mich jetzt nach und nach hämmern lassen, warum haben sie es dann nicht von Anfang an so gemacht? Wollten sie sehen, ob ich eine Spezialhaut habe?«

»Nein, die wollten dich so klein kriegen, daß du eher tragen als hämmern würdest.«

Ungläubig den Kopf schüttelnd, fragte Alessandro: »Warum haben sie mich nicht einfach zum Tragen eingeteilt?«

»Wenn sie das getan hätten, hätten sie dich nicht mehr zum Hämmern einteilen können. Jetzt brauchen sie dich nur zurückzuversetzen. Das ist leichter für sie.«

»Hast du denselben Wahnsinn durchgemacht?«

»Das haben wir alle.«

»Warum hast du mich nicht gewarnt?«

»Wenn du es schon vorher gewußt hättest, hätte es das nur schlimmer gemacht.«

»Was ist, wenn man die Arbeit verweigert?«

»Dann schlagen sie dich mit dem Gewehrkolben.«

»Und wenn man weiter verweigert?«

»Erschießen sie dich. Weißt du, wie viele Gräber ausgehoben werden müssen?« fragte Perseus. »Meiner Meinung nach gehören wir zu den wichtigsten Männern Italiens. Cadorna war ein Fatzke und ein Arsch. Niemand wird sich an ihn erinnern, aber unsere Grabsteine werden zehntausend Jahre überdauern.«

»Im Hof meines Hauses«, sagte Alessandro, »liegen Steinfragmente aus den Tagen des Römischen Reichs. Sie sind völlig sinnlos, bis auf die Eigenschaft, überdauert zu haben. Die alte Wäscherin, die die Blusen in einer Blechwanne wusch, interessierte mich hundertmal mehr. Eine Pinie, die sich im Wind wiegt, ein aufflatternder Vogel waren mir wichtiger als die alten Inschriften – dabei wußte ich, was sie bedeuteten, denn mein Vater hatte sie übersetzt und es mir erzählt. Er führte die Gäste nach dem Diner umher und sprach über die Fragmente. Ich kannte sie schon als kleines Kind ganz genau, aber wenn das Dienstmädchen im Korridor vorbeiging, mit ihren stämmigen Beinen wie Keulen und ihrem blauen Kleid, das überall faltig war, außer dort, wo die Hitze ihres Hinterns es geglättet hatte, war das viel interessanter.«

»Warum?«

»Sie war lebendig«, sagte Alessandro. »Ich denke nun an alles Lebendige so, wie ein Armer den Reichen beneidet.«

»Das ist ein weiter Sprung vom Hintern eures Dienstmädchens. Du bist offensichtlich gebildet.«

»Wie du.«

Perseus machte eine leichte Verbeugung. »Philosophische Fakultät, Rom, 1916 – abgebrochen«, sagte er.

»Bologna, 1915«, entgegnete Alessandro. »Fakultät für Ästhetik. Im Keim erstickt.«

Der Duft von heißem Brot drang unter den Zeltwänden hindurch, und Perseus sagte, daß die Öfen gerade geöffnet worden waren. »Du hast seit drei Tagen nichts gegessen. Besser, du stärkst dich.«

»Wie kann ich denn essen?« fragte Alessandro und deutete mit seiner Nase auf seine gepolsterten Hände.

»Mach dich nicht lächerlich, sie sind genau richtig, ein heißes Brot zu halten. Du siehst aus wie ein Känguruh, aber du wirst alles essen können, was du willst. Jetzt kannst du eine Schüssel kochendheißer Suppe in die Hand nehmen wie ein Kosak.«

»Warte. Bevor du gehst«, sagte Alessandro, als Perseus sich dem Ausgang zuwandte. »Rom ist immer noch schön. Die Proportionen sind dieselben, die Farben, das Licht, die Schatten.«

Perseus drehte sich um. »Ich weiß«, sagte er. »Ich war vor kurzem da. Die Frauen werden schon darauf aufpassen, oder? Sie werden die Wächterinnen sein müssen, jetzt wo so viele von uns tot sind und noch sterben werden.« Alessandro nickte. Er fand die Vorstellung beruhigend. »Das hat schon seinen Sinn«, fuhr Perseus fort, »daß wir sie lieben und daß ihnen alles Schöne anvertraut wird und die Kinder dazu.«

*

Nachdem er mehrere Laib Brot gegessen hatte und wegen seiner Känguruhpfoten Gegenstand freundschaftlicher Scherze geworden war, machte sich Alessandro an die Arbeit. Sie hängten ihm ein Tragegestell um und beluden es mit Eisenstangen, bis die Sehnen in seinen Knien so hart gespannt waren, daß sie Schatten warfen. Es war fast zuviel. Er strauchelte schon bei den ersten Schritten und keuchte bereits ein kurzes Stück vom Grund des Steinbruchs entfernt, und an den Kurven mußte er um sein Gleichgewicht kämpfen, damit sich nicht seine Erschöpfung und die Schwerkraft verbündeten, ihn über den Rand des ungesicherten Pfades zu stürzen.

Hier und da waren Eisenstifte und Drahtseile im Fels verankert, doch der größte Teil der Strecke bestand aus einem einfachen schmalen Pfad voller Felsvorsprünge, gegen die seine Eisenstangen schlugen und ihn so auf den Abgrund zustießen.

Jeder Schritt war schmerzhaft, doch bald fand er seinen Rhythmus, kannte die Tritte, gewann an Kraft und war in der Lage, Tagträumen nachzuhängen.

Seine bandagierten Hände bewegten sich vor seinen Augen, wenn er sie für die Balance und als Gegengewicht brauchte, und er neigte zu Selbstmitleid. Bandagiert wie er war, kam er sich selbst rührend vor. *Es war einmal während des Krieges, da ergriffen sie einen guten Pandabären, der ganz allein war, und verbanden ihm seine großen Pfoten, bis er mit ihnen nichts mehr anstellen konnte. Dann ließen sie ihn Eisenstangen steile Stufen hinauftragen, bis er vor Erschöpfung hätte umfallen können. Sie waren böse, und er war gut. Er wußte stets, das Richtige zu tun, und sie wußten stets, dies nicht zu tun. Und all das, weil die kleine Holzpuppe mit den quietschenden Gelenken die Verantwortung hatte und mit ihren Beinchen von einem hohen Stuhl im Kriegsministerium baumelte, wo sie die Befehle verfaßte, die alles auf den Kopf gestellt hatten. Die teuflische kleine Holzpuppe lachte und schaukelte auf ihrem Sitz vor und zurück, während der Panda schleppte und schleppte, doch eines Tages würde der Panda den Verband von seinen Pfoten nehmen, den Zug nach Rom besteigen und die hölzerne Puppe in tausend Stücke schlagen.*

Zuerst war die Vorstellung, Orfeo umzubringen, wenig erfreulich. Alessandro hatte keine Neigung zum Töten, und er fragte sich, ob er sich selbst wohl dazu bringen konnte, eine solche Tat zu begehen – doch es mußte sein. Es war offensichtlich, daß Europa nicht deswegen auseinandergefallen war, Millionen von Menschen nicht deswegen hatten sterben müssen, weil große historische Kräfte sich verschoben hatten oder wegen der Zufälle des Schicksals oder der Bestimmung, wegen der Schüsse in Sarajevo, dem Kolonialstreit oder wegen irgend etwas anderem. Es war, weil Orfeo von seinem Stuhl im Büro des Anwalts Giuliani gerutscht und von der Flut getrieben worden war, wie eine verkorkte Flasche voller Scheiße, bis er auf dem Podest im Kriegsministerium angelandet war, wo seine fiebernde Hand und sein nur teilweise unschuldiges Vorstellungsvermögen die Maschinerie der Nationen in einer Hommage an den Erhabenen und den heiligen gebenedeiten Lebenssaft dirigierten.

Da saß er nun, halslos und mit den sexuellen Empfindungen eines

Nachttopfs, und sein rechter Fuß wippte zum Rhythmus seiner Hand, während diese Befehle und Erlasse in geschwungenen Linien und Bögen, die wie Weinranken oder schmiedeeiserne Geländer aussahen, heraussang. Wenn seine Füße vielleicht bis zum Boden gereicht hätten, oder wenn in seinem Gesicht nicht Muttermale gewachsen wären, wie die Steinhaufen, die Touristen auf Wanderwegen oberhalb von Bergseen zurücklassen, oder wenn er sich nicht sein rabenschwarzes Haar mit Tinte und Olivenöl eingeschmiert hätte, wäre Europa vielleicht nicht vor die Hunde gegangen. Ganz gleich, er mußte getötet werden, und Alessandro war derjenige, der ihn töten mußte.

Alessandro wußte nun, wie man tötet. Er wußte genau, was zu tun war – ein Bajonett in einem Fünfundvierzig-Grade-Winkel in Orfeos Brust stoßen, gerade unterhalb des Halses. Dazu mußte er seine linke Hand hinter Orfeos Kopf legen, wie aus Zuneigung, um den kleinen Schreiberling festzuhalten.

Er stieg unter seiner nahezu unerträglichen Last die Stufen hinauf, geläutert und klarsichtig, denn er wußte, daß das Schicksal Europas von seinem Mut und seiner Entschlossenheit abhing. Tausende, Zehntausende, Millionen von Gräbern würden sich füllen, wenn er zögerte. Liebliche junge Mädchen in ungezählten verdunkelten Häusern in der ganzen Welt würden ohne die Männer auskommen müssen, für die sie und die für sie geboren waren.

Alessandro war nicht so töricht anzunehmen, daß der Krieg unter dem Geschepper fortgeworfener Gewehre und Bajonette gleich zum Stillstand kommen würde, sobald er das tintige Wesen getötet hätte. Etwas so Großes wie der Krieg würde aus eigener Schwerkraft weiterlaufen, wie die Scheibe eines Töpfers, doch wenn der winzige Edelstein, auf dem das Rad im Innersten ruhte, zerschmettert war, würde das Rad langsam zum Stillstand kommen.

Er wußte, sobald Orfeo ihn die langen Gänge zwischen den Reihen der Schreiber entlangkommen sah, zwanzig Jahre alt und narbenbedeckt, würde er zu Boden springen und wie Quecksilber verschwinden. Vielleicht zog er sogar eine Pistole und schoß hinter dem Pult hervor auf Alessandro, und seine Beine zuckten bei jedem Schuß, doch das machte nichts, Alessandro würde jede Kugel entgegennehmen, als sei er eine Eiche oder eine Wassermelone. Vielleicht würde er anfangen zu bluten, auf einem Auge blind werden oder spüren, wie das warme Blut in ihn hineinschoß wie in einen Wassersack, doch er wäre immer noch in der Lage, zu beschleunigen, an den stupsnasigen Angestellten vorbeizustürmen, die noch immer Befehle schrieben, das Bajonett zu ziehen und den Zwerg zu erledigen.

Aus diesen Gedanken zog Alessandro große Befriedigung, Freude sogar, während er unter einem sich schnell ändernden Winterhimmel in dem Steinbruch schuftete. Nachdem er sich nun zu dieser Tat entschlossen hatte, spürte er, wie er seine Kraft zurückgewann, denn er hatte herausgefunden, wie man das weiße Eis brechen konnte, das den blauen See Europas bedeckte.

Die Wachen wunderten sich darüber, wie schnell sich der neue Mann an die Dinge gewöhnte. Er kam nicht mehr außer Atem, sein Herz schlug nicht übermäßig, und er kehrte ein ums andere Mal regelmäßig schweißgebadet zurück und verlangte eine weitere Ladung, die er auf die Anhöhe schleppte, als sei er ein Packesel oder ein Bergsteiger, mit Waden so dick und stramm wie die Rohre kleiner Kanonen.

*

Sie ließen ihn einige der Stangen eintreiben, die er schleppte, erst fünf, dann zehn, fünfzehn undsoweiter, bis seine Hände, drei Wochen nachdem seine Pandatatzen entfernt worden waren, so voller Schwielen waren, daß er in aller Ruhe heiße Kohlen halten konnte. Acht oder zehn Stunden am Tag mit siebzig Kilo Stahl die steilen Pfade hinaufsteigen und sechs oder acht Stunden einen schweren Hammer schwingen, verwandelte ihn körperlich in ein Wesen, das er nie zuvor gewesen war. In den ersten Tagen verschwand einfach sein weicheres Fleisch. Ohne Fettreserven, begann er vier Laibe Brot auf einen Sitz zu verschlingen, wovon er behauptet hatte, daß er es niemals tun würde.

Herz und Lunge dieses Soldaten Ende Zwanzig wurden derart überbeansprucht, daß sie beinahe kollabierten, doch bald fingen sie sich wieder. Er dachte an sich wie an eine Maschine. Um die ungeheuer feste und kraftvolle Muskulatur anzutreiben, brauchte er große Blasebälge und eine erstklassige Pumpe, und die hatte er. Er stieg die Steinwände hinauf und hinunter und schwang den Hammer wie die Alten, von denen er gelesen hatte, wie ein Phrygier, der in den Minen arbeitete, wie ein Gefangener in Knossos oder ein palakonianischer Sklavenjunge.

Hatte Alessandro seine Mahlzeit verschlungen, wusch er sich in einem rohrgefaßten Strom eisigen Wassers und rannte ins Zelt, wo er zehn Sekunden damit verbrachte, seine Stiefel auszuziehen, zehn, seine Knöpfe zu öffnen, und fünf, die Decken auszubreiten und aus seinen Kleidern ein Kissen zu formen. Sobald sein Kopf darauf lag, war er bewußtlos, von einer schwindelnden Schwärze umgeben, die ihn in weichen erschöpfenden Bögen wiegte und wie ein Pendel oder eine Schaukel mit der Schwerkraft im Einklang stand, und dann war er für acht Stunden frei.

Selbst im Schlaf wußte er irgendwie, daß dies seine gute Zeit war, daß er besser so tief einsank wie möglich, und beim Wecken, gleich ob am Tag oder bei Nacht, hatte er große Schwierigkeiten aufzustehen und fühlte sich, als wiege er tausend Kilo oder als käme er von den Toten zurück.

Harte Arbeit, tiefer Schlaf, einfaches Essen, kaltes Wasser, das Fehlen jeglicher Besitztümer und die Gegenwart der Morgensterne beim Aufstehen gaben den Steinbruchsoldaten so viel Kraft und Energie, daß sie ebensogut die Herrscher Europas hätten sein können, die sich in manischen Eroberungen verloren hatten. Noch Stunden nach Sonnenaufgang stürmten sie die Pfade hinauf und hinunter und schlugen wie Athleten oder Ritter auf die Stangen ein. Bei Einbruch der Nacht waren sie erschöpft; dann flammten die Lampen auf, und die Flut von weißem Licht, die durch den Staub und Sprühregen drang, verlieh ihnen neue Energie, bis sie viel später dem Umfallen nahe waren und voller Freude an den Schlaf dachten, der mit strahlenden Träumen erfüllt war.

So wie sein Leben scharf in fiebernde Aktivität und absolute Ruhe unterteilt war, waren es auch seine Gedanken. Er tötete Orfeo hundertmal am Tag, und jedesmal wurde es so kunstvoll ausgestaltet wie ein Stierkampf. Er sah sich den Gang entlang gehen und das Bajonett aus dem geölten Schaft ziehen. Er ging im Geiste tausend Versionen seiner Rede durch, die er halten würde, vor dem Stoß, dem Drehen des Bajonetts, und was er dann sagen würde, wenn er sich den soeben befreiten, erstarrten Schreibern zuwandte.

Er schlug auf die Stangen und ermordete Orfeo, und wenn der Kopf der Stange die Höhe von Alessandros Solarplexus erreicht hatte, verwandelte er sich in Orfeos Kopf.

Nachts tauchte Orfeo nicht auf. Alessandros Träume waren von Besessenheit so frei, wie seine wachen Stunden davon erfüllt waren. In der Nacht verknüpfte er Bilder miteinander, bis sie sangen. Ihre Intensität spiegelte den Zustand wider, in den er gefallen war, und die Welt, von der er inständig hoffte, eines Tages in sie zurückzukehren.

Bei der 19. Flußwache hatte es geheißen, wenn ein Soldat soviel Glück hatte, den Krieg zu überleben, würde er den Rest seines Lebens damit verbringen, herauszufinden, warum. Die wenige Zeit, die sie noch hatten, wurde ihnen vom Gas, einer Kugel, einer Granate, vom Typhus oder wenn nicht davon, dann von einer Reihe von unbeantwortbaren Fragen genommen, die sie mit ins Grab nehmen würden. Indirekt begann Alessandro, sich diese Fragen in seinen Träumen zu stellen.

Ein halbes Jahr lang war der Tiber nichts als Schlamm und Schilf, und nur selten war er nicht trüb; so waren es die Springbrunnen Roms, über die die Jugend Roms nachsann wie über einen Fluß. Einmal hatte Alessandro nach einem jugendlichen Angriff auf die Geduld seines Vaters und einem entsprechenden Verlassen des Hauses all seine vorherigen Rekorde gebrochen und sieben Stunden neben einem einfachen runden Becken in einem kleinen Park in einem damals noch neuen Vorortviertel im Süden verbracht, und wenn es wahr ist, daß nichts jemals vergessen wird, dann trug er die Bilder und Koordinaten von hundert Millionen Bahnen herabstürzenden Wassers und zögernder Tröpfchen, die an der Spitze von sonnenbeschienenen zitternden Bögen kreisten, in sich. Wenn es wahr ist, daß nichts jemals vergessen wird, dann mochten die Bilder, die er sich von einem Strom, der in sanftem Schwingen von einer Seite zur anderen in sich zusammenfiel, ins Gedächtnis rief, genügend Material liefern, daß in seinem Unterbewußten die außergewöhnlichen

Wasserfontänen wiedererstanden, die er in seinen Träumen sah und die er in seinen Träumen, aus Mangel an einem besseren Wort, Springbrunnen nannte.

Wahrscheinlich träumte er, was er träumte, um des hell erleuchteten Kampfes an der Spitze ihrer Fontänen willen. Hier, gerade nach der größtmöglichen Zerstreuung des Hauptstroms, wenn das Wasser in einer ständigen und stürmischen Explosion auseinandergestoben war, flogen einzelne Tröpfchen davon. Wenn ihnen ein Wesen hätte zugeschrieben werden können, wäre es eines des Optimismus und der Hoffnung gewesen, denn wenn sie weggetrieben wurden und in ihre eigenen Richtungen davonschossen, kamen sie in ein heiteres Rollen und drehten sich, als wollten sie an Höhe gewinnen.

Trotz ihres hoffnungsvollen Gewirbels fiel die Masse der Tröpfchen zurück und verschwand, doch Alessandro hatte zu viele Springbrunnen betrachtet, um nicht zu wissen, daß einige der Tropfen entkamen. An der obersten Spitze der Fontäne, in dem größten Kampf und Durcheinander, wird das Wasser zerschlagen und zu einem feinen Nebel pulverisiert, und die Luft, die von dem aufsteigenden Wasserstrahl beiseite gedrückt wird, reißt den Nebel in ihren eigenen Bögen mit, bis dieser langsam in transparenten Schleiern zu sinken beginnt, die in der Brise oszillieren. Einige Tröpfchen verbinden sich und andere werden getrennt. Die, die sich verbinden, fallen mit größerer Geschwindigkeit. Die, die weiter zerteilt werden, hängen in der Schwebe, wehen auf und nieder und glänzen im Licht.

Steht der Wind günstig, werden einige von ihnen mit hoher Geschwindigkeit in den Himmel getragen. Sie schrumpfen und lösen sich auf, bis sie unsichtbar sind und auf den hohen blauen Winden reiten können, die die Erde umspannen.

Alessandros Traum trug ihn an die Spitze des Bogens, von wo aus er die Explosionen der Gischt beobachtete, den Kampf gegen die Schwerkraft und den Absturz, bei dem die Wasser sich wie eine Armee auf dem Rückzug vereinten. Obwohl er nicht mit dem Nebel aufsteigen konnte, leugnete er doch nicht die Tatsache seines Aufsteigens und verfolgte es mit hoffnungsvollem Blick.

Dann verwandelte sich das Wasser von sprühendem Schaum zu

einer geschlossenen Oberfläche, so hart und glatt wie Eis, und Alessandro wurde zusammen mit der Sonne, die sich in den darunterliegenden Wellen brach, darübergeschleudert. Die Motoren eines Wasserflugzeugs liefen auf vollen Touren, und der Lärm war so hämmernd und dramatisch wie ein endloser Zusammenstoß. Alessandro konnte das kalte, frische Seewasser schmecken, und seine Handflächen verbrannten sich an dem heißen Metall des Motors. Die Schwimmer, die über die Wasseroberfläche glitten und versuchten, freizukommen, waren aus poliertem Rosenholz, das von kräftigerer Farbe war als das Licht auf einer Lichtung bei Sonnenuntergang. Sie glichen in Art und Qualität den Ruderbooten, in denen Alessandro so gern Rennen gerudert war, doch waren sie schwerer und stärker und hüpften wie Bobschlitten über die durch die Geschwindigkeit hart gewordene Oberfläche des Sees.

Die Motoren erreichten schon früh ihre volle Leistung. Ihr Geräusch veränderte sich nie, doch das Flugzeug wurde immer schneller – nicht weil der Schub immer weiter zunahm, sondern weil der Widerstand sich verminderte. Als das Flugzeug vom eiskalten See abhob, verschwand das Echo von den Bergen.

»Sie haben versagt«, sagte ein Mann, der zwischen zwei anderen Männern an einem mit grünem Filz bezogenen Tisch saß. Sie trugen außergewöhnlich kunstvolle Roben, die mit Bändern besetzt und mit purpurnen Streifen, roten Pompoms, Fuchsschwänzen, Ketten, Schlüsseln und Hermelin verziert waren. Alessandro trug eine schwarze Robe; ihre einzige Dekoration bestand in seinem Kopf, der über den flachen Kragen ragte.

»Ich?« fragte Alessandro, der sich der Tatsache deutlich bewußt war, daß sie die Fuchsschwänze trugen.

»Sie, ja, Sie«, erwiderte einer von den beiden, die Dozenturen innehatten und sich hauptsächlich auf einsilbige Wörter beschränkten, selbst wenn sie unauslotbare Mengen an mehrsilbigem Magma unter ihren dünnen Krusten bargen, das nur darauf wartete, zu einer Professur zu eruptieren.

»Warum? Ich habe versucht, die Wahrheit hinter den Dingen zu sehen.«

»Aber Sie waren nicht klug genug.«

»Ich war klug, als ich noch ein Kind war. Ich konnte alle möglichen Dinge; ich konnte auswendig lernen, analysieren und argumentieren, bis meine Gegner sprachlos waren, doch jedesmal, wenn ich diese Dinge tat, spürte ich Scham.«

»Scham?« fragten die Professoren verärgert und erstaunt.

Für einen Moment verlor Alessandro sich in der großen Halle, in der die Bücherregale bis zur gewölbten Decke in fünf Stock Höhe reichten und in der die Bleiglasfenster zu beiden Enden den Studenten das Gefühl gaben, in einem tropischen Meer zu tauchen und gleichzeitig bereit zu sein, wenn der Scholastizismus der Theokratie untergeordnet werden sollte. Er wurde durch seinen Inquisitor scharf zurechtgewiesen. »Scham? Weswegen?«

»Es war leicht, klug zu sein, aber schwer, in Gottes Antlitz zu schauen. Er gründet sich nicht so sehr auf Klugheit, sondern auf Stille.«

»Ist das der Grund, warum so viele dumme Menschen an Gott glauben?«

»Wenn ein Idiot die Sonne sieht, heißt das, daß die Sonne nicht existiert?«

»Warum haben Sie sich für eine akademische Laufbahn entschieden?«

»Mein Vater wollte, daß ich ihm in der Ausübung der Jurisprudenz nacheifern sollte, aber ich spürte, wie sehr er unter der Anforderung, klug zu sein, litt. Das trennte ihn von seiner Seele und brachte ihm nichts außer seinem Lebensunterhalt ein. Er sagte, daß er die meiste Zeit damit verbringe, im Dreck zu wühlen. Ich dachte, daß ich bei meiner Karriere zur Suche nach der Wahrheit verpflichtet wäre. Es tut mir leid, daß ich die Anforderungen falsch verstanden habe.«

»Sie hätten sich der Kirche anschließen sollen.«

»Nein. Die Kirche trägt Streit und Auslegungsfragen direkt bis vor die Himmelstür.«

»Aber Sie hätten doch auf einer Steinsäule in der Wüste leben oder in eines jener Klöster gehen können, wo man nicht miteinander spricht.«

»Italiener sind keine guten Eremiten.«

»Sie sind durch das Examen gefallen, weil Sie nicht jene Klugheit an den Tag legen konnten, die bewiesen hätte, daß Sie verstanden haben.«

»Wem bewiesen?«

»Uns.«

»Ich sah keine Notwendigkeit, es Ihnen zu beweisen.«

»Sie wußten also, daß Sie durchfallen würden?«

»Ich hatte gehofft, so durchzukommen. Meine Leidenschaft gilt nicht der Analyse, sondern der Beschreibung.«

»Jeder kann beschreiben.«

»Jeder kann analysieren. Sie, Herr Professor, arbeiten in einem großen Warenhaus mit vielen Dingen in den Regalen. Sie sortieren sie und sortieren sie um, aber etwas so zu beschreiben, daß man sich dessen Wesen annähert, ist wie Singen. Das sagte ich Ihnen bereits, als ich über Oderisi da Gubbio und Franco Bolognese schrieb. Oderisis ›*Più ridon* ...‹, so legte Dante sein Augenmerk auf die Demut der Miniaturenmaler, die mit den einfachsten, dichtesten Pinselstrichen versuchten, das Wesen dessen, was sie sahen, zu vermitteln, und nicht an diskursiven Interpolationen, Täuschungen oder verwirrenden Exkursionen interessiert waren, um sich vor ihren Zeitgenossen zu beweisen – obwohl sie einiges davon tun mußten, um ihre Gönner auf sich aufmerksam zu machen.«

»Oderisi da Gubbio ist keine Ausrede dafür, bei dem zu versagen, was Sie angeboten haben.«

»Ich hatte gehofft, daß Sie meine Liebe zur Schönheit als Klugheit mißverstehen würden.«

»Das mag in Frankreich klug sein, wo sie Weisheit mit Wertschätzung verwechseln, aber nicht in Bologna, wo wir uns im Krieg mit der vollkommenen Welt befinden, die Gott erschaffen hat. Unsere Leidenschaft, um nichts geringer als die Ihre, besteht darin, in die Tiefe zu gehen und die Dinge auseinanderzunehmen. In dieser Hinsicht sind wir, die wir im Dreck wühlen, Desperados und Gesetzlose, und unser Leben ist ungeheuer aufregend.«

»Am Ende«, verkündete Alessandro, »wird Ihre Werkstatt voller Einzelteile unendlich viel weniger sein als das Ganze, und Sie werden nicht einmal wissen, was Sie da auseinandergenommen haben, und noch weniger, wie Sie es wieder zusammensetzen sollen. Sie haben nur Ihre Bemühungen, die verdampfen werden wie warmes Bier, ich aber werde die Welt betrachtet und dargestellt haben, nur um herauszufinden, was sie ist, und das ist bei weitem solider und vernünftiger als warmes Bier.«

»Sie sind verurteilt.«

»Lieber möchte ich in den Wellen verloren sein, als auf einer dünnen Plattform über dem Meer zu stehen.«

Dann erfolgte eine Salve Gewehrfeuer, die ebensowenig wie das Geräusch der Artillerie oder der Kernpunkt, um den Alessandros Träume kreisten, genau beschrieben oder ins Gedächtnis zurückgerufen werden konnte. Die Schärfe und Erschütterung war, wie das Dröhnen großer Motoren, in der Erinnerung stets geringer.

Alessandro stand am Hang eines Hügels in einem sonnendurchfluteten Hain, ein halbes Jahrhundert nach dem Krieg. Als alter Mann mit weißem Haar und weißem Schnurrbart war er gekommen, um an einer Gedächtnisfeier für die Schlacht, die Gefallenen und den Frieden teilzunehmen.

Er sah sich selbst von außen, wie das in Träumen möglich ist. Er war Mitte Siebzig, seine Gestalt war hager, und er trug eine erstaunliche weiße Haarpracht. Das Alter hatte ihn kleiner werden lassen, und nur Gott allein wußte, welcher Unfall oder welche nach und nach eingetretene Behinderung ihm die Gelegenheit geboten hatte, den Stock mit Goldgriff zu tragen, den er in einer hageren, knorrigen Hand hielt.

Keiner der Anwesenden hatte einen besseren Grund, anwesend zu sein, als er, ein alter Mann an einem Herbsttag, der mit hohem Kragen und in einem steifen Cut, so leicht wie eine Heuschrecke, auf eine lange Reihe von weißen Grabsteinen herabblickte. Er bemühte sich, sich selbst zu sehen, und spürte einen Druck in seiner Brust, als lehnte er gegen eine Brüstung.

Zwei alte Männer, einer davon mit einer doppelten Amputation, saßen zu seiner Rechten; sie trugen die Uniform aus dem Weltkrieg und hatten die Köpfe gesenkt. Neben ihnen saß ein jüngerer Mann, der den Krieg nicht erlebt haben konnte, der aber genauso betroffen war, als wenn er es hätte: Er konnte entweder nur Politiker oder ein verwaister Sohn sein. Ein Tisch, der auf dem Gras stand, war über und über mit weißen, phantastisch duftenden Blüten bedeckt.

Die Grabsteine, mit Namen, Daten und Angaben zu Schlachten versehen, die durch gehärteten Stahl in scharfen Kerben hineingegraben worden waren, zogen sich in langen Reihen hin, soweit das Auge reichte, genauso wie Divisionen in Reih und Glied durch die Straßen marschiert waren. Doch diese Straßen hier waren still und ordentlich, denn alle waren angekommen.

Der Wind, der durch die Pinien strich, ließ ihre biegsamen Äste den tiefblauen Himmel übermalen. Jenseits der ersten Reihe von Grabsteinen feuerten drei Schützen Salven in die Luft. Derselbe Luftzug, der die Zweige bewegte, peitschte Seidenfahnen an Fahnenstangen, die wie zum Angriff nach vorn geneigt waren, und trug die kleinen Rauchwölkchen, die aus den Gewehren stiegen, hinauf über die Köpfe der Menge.

Während eine kleine Abordnung junger Soldaten sich bemühte, sich den Krieg vorzustellen, hatten die beiden Veteranen an Alessandros rechter Seite ihre Köpfe in einer Geste des Scheiterns gesenkt. Auch Alessandro war nach all den Jahren noch immer verwundert und versuchte, einen Sinn in die Erinnerungen zu bringen, die sich niemals geordnet hatten.

Vorn in der Menge standen zwei Mädchen von neun oder zehn Jahren; die eine trug einen Mantel und einen Hut aus marineblauer Wolle, die andere ein sommerliches Kleid und einen Hut mit Blumen um den Rand. Ihre Köpfe reichten gerade bis zu den Ellbogen der Schützen. Die in dem Wollmantel hatte sich die Hände vor die Ohren gelegt und die mit den Blumen auf dem Hut war bei jedem Schuß hochgeschreckt; beide lächelten überrascht über die Lautstärke des Geräuschs. Sie hatten wohl ein wenig Angst und fragten sich wahrscheinlich, wie die Männer mit Gewehren schießen konnten, die sie so eng an sich drückten, ohne dabei mit der Wimper zu zucken.

*

Am letzten Arbeitstag vor der Entlassung, als die Feuer unter den Maschinen wegen ihrer Wärme sehr willkommen waren, schneite es. Niemand hatte jemals den Steinbruch im Schnee gesehen.

Als früh am Morgen die ersten Flocken fielen, blieben alle stehen und starrten. Einen Moment lang war alles still, bis auf die Maschinen, und selbst die liefen im Leerlauf, weil ihre Maschinisten sich dem Himmel zugewandt hatten, um die winzigen Schneekristalle auf ihren Gesichtern zu spüren.

Der Schnee wurde im Laufe des Nachmittags immer dichter, bis der weiße Marmor mit Weiß bedeckt war, und Ketten aus schwebendem Eis tanzten in Wirbelwinden um die Beine der Soldaten und tauchten sie in gefrierende Wolken.

In der Nacht schnitten die Strahlen der Suchscheinwerfer durch den Schnee und ließen ihn je nach ihrer Bewegung schneller oder langsamer werden; manchmal schien die immense Zahl der Teilchen auf den Boden zuzustürzen wie abstürzende Flugzeuge, dann wieder schienen sie festgefroren oder dorthin zurückzukehren, woher sie gekommen waren.

Durch Muster von Licht und Lärm, die immer verwirrender und intensiver wurden, geblendet, hatten sich die Soldaten in ein fiebriges Tempo hineingearbeitet, um mit dem Takt des fallenden Schnees und der rasenden Kolben gleichzuziehen; in tausend Rhythmen gefangen, schien Alessandro zu schweben. Dutzende von Marmorplatten glitten über die luftigen Schienen, blinkten durch Rauch, Licht und Schnee, trafen und kreuzten sich, während Hämmer und Sägen gegen den Stein gellten. Die Musik seines Herzens und seines Atems, die Schneederwische, die manchmal blendeten und manchmal die Augen erfreuten, die jammernden Dampfpfeifen, das Geratter der Loren, die über unebene Schienen zogen ... das Gewebe hier war so dicht, wie es nur sein konnte, dicht genug, um die körperlosen Seelen zu erheben, die darin schufteten, bis sie wie Schwimmer trieben. Das Gewebe hatte ein Eigenleben, doch dieses Eigenleben wurde plötzlich unterbrochen, als Blitze durch den Schnee schossen und auf das Eisen zielten, das an hohen Stellen mühsam hineingetrieben worden war. Eine halbe Stunde lang wurden Hunderte von sprachlosen Soldaten von Donner und Blitzen bombardiert, die die Marmorklippen mit Helligkeit peitschten. Der Donner rüttelte die schweren Maschinen, und die Blitze ließen die Feuer unter ihnen dunkel und kühl erscheinen.

In den Intervallen des Bombardements waren die Soldaten geblendet, doch wenn die Blitze einschlugen, sahen sie jede Einzelheit, die ihnen mit gnadenloser Klarheit aufgezwungen wurde, denn was immer es war, das die Welt verhexte, es sandte auch Stürme von Klang und Licht, um diesen Bann zu brechen.

*

Der Zug nach Norden hielt in Rom vierzig Minuten lang, die Türen der fensterlosen Viehwaggons wurden aufgerissen, und die Männer durften aussteigen. Im Glauben, daß sie auf dem Weg zurück zum Isonzo waren, stürmten die meisten von ihnen zu den Prostituierten und den Restaurants, die praktischerweise in und um den Bahnhof herum angesiedelt waren.

»Jene von euch, die die Büchereien und Museen besuchen wollen«, hatte ein sarkastischer junger Offizier gesagt, »sollten im Hinterkopf behalten, daß die, die nicht im Zug sind, wenn er abfährt, wahrscheinlich zum Tode verurteilt werden.«

Wenige verließen den Umkreis des Bahnhofs. Jene, die es wagten, trauten sich kaum weiter als ein oder zwei Straßen, wo sie eine halbe Stunde damit verbrachten, auf einer Frau in einem Bett auf und niederzuhüpfen oder ein Mahl von übertriebener Üppigkeit zu sich zu nehmen, das sie womöglich später gegen ihren Willen vor ihren Kameraden in den schaukelnden Viehwaggons ausbreiteten.

Doch Alessandro rannte schnell wie ein Pferd durch Rom. Er berührte kaum einen Bürgersteig, zog die Straße vor. Seine Papiere und seinen Ausweis hielt er in der linken Hand, und unter seinem Waffenrock hatte er ein Bajonett verborgen.

Die Straßen waren am frühen Abend belebt, also setzte sich Alessandro eine Frist von einer Viertelstunde, um zum Kriegsministerium zu gelangen. Angenommen, er konnte der Verhaftung entgehen, würde er fünfzehn Minuten brauchen, um zurückzukehren. Die schwierige und vielleicht unmögliche Aufgabe, in das Ministerium einzudringen und Orfeo zu finden – wenn er denn dort war – eingerechnet, hätte Alessandro zehn Minuten, seine Tat auszuführen.

Hätte der Wechsel der Lokomotiven, das Füllen der Wassertanks und das Nachschubfassen weitere zwanzig Minuten gedauert, wäre

Alessandro nach Hause gerannt, um Luciana zu sehen, doch der Zufall hatte ihn angewiesen, den alten Schreiber zu ermorden.

An jenem Abend kam der Wind von Nordost, von dort, wo die Schlachten und der Winter gleichzeitig im Gange waren. Die Stadt war vor kurzem hauchdünn mit Schnee bestäubt gewesen, der nicht lange gehalten hatte, doch die Kälte war geblieben. Die Menschen trugen schwere Mäntel und Pelze. Viele Soldaten in allen möglichen Uniformen spazierten umher, marschierten in Einheiten, trugen Meldungen aus, lenkten Fuhrwerke. Keiner schien Notiz von Alessandro zu nehmen.

Er rannte durch Straßen und über Piazze und die engen Gassen und Alleen, die sie umgaben wie dichtes Unterholz, und er roch Schokolade, Kaffee und heiße Milch in den Espressobars und Backfisch in Olivenöl, Rindsbraten und gebackenes Brot. Standen die Türen zu einem Ledergeschäft, einer Papierhandlung oder einem Weißwarengeschäft offen, während er vorbeiflog, roch er den Duft ihrer Waren und erinnerte sich an die Freuden des Friedens. Er liebte Rom am meisten, wenn der Wind kalt und die Piazze leer waren. Dann konnte man, wenn man genau hinhörte, das Lied der Stadt vernehmen, das sich angesammelt hatte, Relikt und Nachhall vom Aufstieg und Untergang ganzer Epochen. Er kam sehr schnell voran, doch ab und zu warf er einen sekundenlangen Blick durch die Häuserzeilen, um den Gianicolo und sein eigenes Haus zu sehen, das hoch auf dem Hügel lag wie ein Felsvorsprung. Er hielt nach Lichtern Ausschau und war verwirrt, weil er keines sah.

Man konnte nicht ohne einen Passierschein oder eine Verabredung ins Kriegsministerium, und ein halbes Dutzend aufmerksamer Wachen lenkten den hereinkommenden Verkehr. Sie kontrollierten jeden Ausweis und hielten die Leute, die Verabredungen hatten, zurück, bis sie eine telefonische Bestätigung bekamen. Alessandro näherte sich dem riesigen Gebäude und hoffte, einen unbewachten Eingang oder einen Zaunabschnitt zu finden, den er übersteigen konnte. Einer der hinteren Eingänge war mit Motorwagen blockiert, die Waren ausluden. Alessandro dachte daran, wie Odysseus unter dem Bauch eines Hammels zu reiten, und ging eine Auffahrt hinauf, auf der ein halbes Dutzend Lieferantenfahrzeuge parkten. Dann bog er zur Laderampe ab, in der Hoffnung, beim Tragen helfen oder einfach so an zwei weniger aufmerksamen Wachen vorbeigehen zu können. Schließlich trug er die Uniform der italienischen Armee, und er glaubte, das Recht zu haben, hier zu sein. Er kam an einem mit Wein beladenen Lieferwagen vorbei und bemerkte, daß dessen Vorderräder mit Keilen gesichert waren. Er entfernte die Keile.

Der Lieferwagen war mit Fünf-Liter-Flaschen Chianti überladen. Er rollte lautlos die Auffahrt hinunter, prallte gegen eine Steinsäule und kippte zur Seite, so daß die Flaschen hinausflogen und in einer Reihe von gedämpften Explosionen zerschellten.

Keiner konnte dem umgestürzten Lieferwagen widerstehen, die Wachen rannten zum Ort des Geschehens, hielten ihre Gewehre am Lauf und schwangen die Kolben wie Pendel, und Alessandro ging an einer Phalanx von Köchen vorbei, die herbeigestürzt war, um sich die Bescherung anzusehen. Innerhalb einer Minute wanderte er unbehindert durch die Korridore, so wie alle anderen Angestellten oder Ordonnanzen.

Der Saal der Schreiber war dämmrig und halb verlassen. Nur das graueste, blasseste Tageslicht drang durch die hohen Fenster, und das verlosch langsam. Einige Gaskandelaber waren entlang den Reihen zwischen den Tischen angezündet, doch die meisten der Schreiber hatten ihre eigenen elektrischen Lampen ausgeschaltet und waren heimgegangen. Jene, die noch geblieben waren, beugten sich in Becken aus fröhlichem gelben Licht in der Mitte ihrer Tische. Das Kratzen der verbliebenen Federn, gelegentliches Stühlerücken und das leise Atmen paßten zu einem Prüfungssaal, und dennoch war hier, wo das endgültige Schicksal von Hunderttausenden entschieden wurde, als sei dies der Himmel selbst, nichts von dem Schrecken und der Dringlichkeit eines Prüfungssaales der Universität zu spüren, wo die Einsätze geradezu bedeutungslos waren. Hier hörte sich das Federkratzen an wie Blätter oder Mais knabbernde Insekten, während es bei den großen schriftlichen Prüfungen in Bologna geklungen hatte wie Flammen, die ein Haus verschlingen.

Orfeos Lampe brannte, aber er saß nicht an seinem Platz auf dem erhöhten Podest. »Wo ist Signor Quatta?« befragte Alessandro einen umherstreifenden Schreiber.

»Der Chef ist nicht an seinem Platz.«

»Das weiß ich. Wo ist er?«

»Er ist an einem anderen Ort.«

»Wo?«

»Er ist nicht erreichbar.«

»Entschuldigen Sie«, sagte Alessandro nach einem Moment des Überlegens. »Wären Sie wohl so nett und zeigten mir den Weg zur Toilette?«

»Natürlich«, entgegnete der umherstreifende Schreiber. »Den Hauptgang entlang, direkt außerhalb der Eingangstür, links.«

Ein Paar spitzer schwarzer Reitschuhe hingen über dem Boden, und die Absätze ruhten über dem Porzellanfuß einer Toilette, wobei sie zueinander einen Neunzig-Grad-Winkel bildeten. Bevor einem der Blick weiter hinauf durch die Kabinettür abgeschnitten wurde, war die auf dem Kopf stehende Schlagzeile einer Zeitung zu sehen. Rauch stieg in einer weißen verwirbelten Säule auf, und ab und zu hallte ein bitteres Lachen zwischen den Marmorwänden des verschlossenen Kabinetts. Alessandro rüttelte mit martialischer Gewalt an der Tür.

»Was? Besetzt!« schrie Orfeo, doch Alessandro rüttelte so wild an der Tür, daß sich die Schrauben aus dem Marmor zu lösen begannen. »Besetzt! Besetzt! Besetzt!« schrie Orfeo.

Dann begann Alessandro, die Tür einzutreten.

Orfeo schrie: »Was?«, und die spitzen Schuhe sprangen zu Boden. Als das Schloß zerbrach und die Tür aufflog, hatte Orfeo gerade seinen Gürtel zusammengezogen und versuchte, seinen Hosenschlitz zuzuknöpfen.

Alessandro tauchte mit gezogenem Bajonett auf. Es glänzte von Gewehröl, das die Blutrinne hinunterrann.

»Schmutzig! Schmutzig!« kreischte Orfeo. »Davon bekommt man eine Infektion.«

»Eine Infektion ist nicht mehr von Bedeutung.«

»Ich habe dein Leben gerettet.«

»Du ermordest andere.«

»Was bedeuten sie dir schon? Wenn du mir davon erzählt hättest, hätte ich sie auch retten können. Es ist mir nicht mal im Traum eingefallen.«

»Du schreibst die Hinrichtungsorders?«

»Natürlich. Wir müssen alles in gleichmäßigem Tempo erledigen. Wenn wir nicht – ähm, nun – der Stapel mit den Hinrichtungsformularen im Materialschrank ist höher als die anderen, und es sieht unsymmetrisch aus. Also müssen wir für jede Versetzung und für jeweils zehn Requirierungen, fünf Entlassungen, etcetera, etcetera, *toga virilis*, eine Hinrichtung anordnen.«

Alessandro starrte Orfeo ungläubig an, während die Zeit gefährlich schnell verstrich und das Wasser in den Toilettenrohren gurgelte wie Sänger in einer Irrenanstalt. Er erinnerte sich daran, wie Guariglia gestorben war, drückte Orfeo weiter zurück in das Kabinett und schloß die Tür hinter sich.

»Ich mußte es tun! Ich mußte es tun! Man kann die Dinge doch nicht asymmetrisch werden lassen. Wenn man eine Arbeit erledigt, dann macht man es auch richtig – *totus porcus, hocus pocus, diplodocus, fari quae sentiat le farceur!*«

»Jesus!« rief Alessandro.

Orfeo hatte sich bis zur Kloschüssel zurückgezogen und stand mit einem Bein darin. »Um Himmels willen, töte mich nicht auf einer Toilette«, bettelte er.

Schwer atmend trat Alessandro zurück und lehnte sich gegen die Tür. »Wo möchtest du denn getötet werden?«

Orfeo räusperte sich. »Ich möchte gern getötet werden ... im weißesten knochenlosesten Tal des Mondes, wo der geheiligte Lebenssaft zu Alabaster gerinnt und in teigigen Schichten fließt. Ich möchte in Hörweite des klanglosen Rauschens der heiligen goldenen Robe des Erhabenen ermordet werden, während sie die atemlosen Atmosphären der leichteren Planeten enthauptet und dem unveränderlichen Pfad des heiligen gebenedeiten Lebenssaftes die Luft des Tages entnimmt.« Er machte eine Pause. »Ich möchte nicht mit einem Bajonett getötet werden«, sagte er lächelnd.

»Nein?«

»Nein, es würde ihm nicht gefallen.«

»Wem?«

»Dem großen Meister des heiligen barmherzigen Lebenssafts, dessen Fuß Sonnen zermalmen und der durch meine angespannte Hand den unregelmäßigen Fluß des heiligen gebenedeiten Lebenssaftes dirigiert und interpretiert. Der Lebenssaft seiner äußersten Kapillargefäße verwüstet die Erde, denn wie der Lebenssaft in Linien und Kurven entströmt, so schwingt die Sense des Schicksals. Leben und Tod folgen dem bezaubernden Fall des heiligen gebenedeiten Lebenssaftes. Nicht einmal eine brechende Welle könnte härter schlagen als der gebenedeite Lebenssaft, der leise auf Papier und Pergament trocknet, die dem Inneren der fromm tanzenden Schafe abgerungen worden sind.«

Alessandro ließ das Bajonett sinken und lehnte sich gegen die Tür.

»Meine Schreiber bewundern mich«, fuhr Orfeo, noch immer in der Kloschüssel stehend, fort. »Sie putzen mir die Stiefel, bügeln meinen Mantel und bringen mir mein Essen auf einem Silbertablett. Wenn ich ihnen von dem heiligen Lebenssaft erzähle, lauschen alle. Eine Symmetrie ist entstanden, weil der Lebenssaft nicht nachgeben wird. Der Heilige nähert sich und wirft Schleier von Lebenssaft vor sich her wie eine Gottesanbeterin.

Ich ermorde niemanden. Ich sitze da mit meinem Lebenssaft. Ich erfinde keine neuen Befehle mehr. Das habe ich vor langer Zeit aufgegeben. Es war der anmutigen Symmetrie des Lebenssaftes zuwider.«

»Und jetzt schreibst du die Befehle exakt ab?«

»Exakt, bis auf eine Sache. Ich transponiere die Zahlen. Aus einhundertachtundsiebzig Pionieren für Padua werden achthunderteinundsiebzig. Aus dem zehnten Mai wird der fünfte November und so weiter.«

»Es überrascht mich, daß wir den Krieg nicht längst verloren haben.«

»Ganz im Gegenteil«, sagte Orfeo und winkte mit dem Finger, »der Krieg läuft großartig, und mir ist es gleichgültig. Mein Einfluß auf den Krieg ist der eines Gewitters auf eine Segelregatta. Mich interessiert nur der Lebenssaft. Es macht keinen Unterschied. Das ist wie diese Käfige voller Affeneier. Es ist egal, an welchem man zieht – außer für die Affen –, der Effekt ist derselbe. Was willst du von mir? Wirklich! Ich habe dich gewarnt. Ich habe alle gewarnt.

Ihr wart alle zu angespannt und zu groß. Ihr glaubtet, das Leben sei anmutig und würde anmutig bleiben, und ihr würdet niemals von Leuten wie mir hören, doch nun singt das Harpsicord für meine Art – nicht wegen unserer Bemühungen, sondern wegen der verrückten Drehung des Affeneis.

Na los, töte mich. Ich werde in Freuden sterben. Ich stehe in dem knochenbleichen Tal des Mondes. Meine Füße gründen in künstlichen Wasserläufen. Das Herz in meiner Brust singt mit all dem Schmerz des kleinen Mannes, und ich finde meinen Triumph in Trauer, Schmerz und Lebenssaft.«

»Wie kann ich dich töten?« fragte Alessandro wie aus Verzweiflung.

»Nach all diesen Jahren weißt du doch, wie man tötet, oder nicht? Hast du getötet?« Alessandro nickte. »Und dennoch kannst du mich nicht töten. Warum? Weil ich ekelhaft bin. Das bin ich. Ich bin wie der kleine stinkende ölige Fisch, der mit Schuppen und Schleim bedeckt ist und den die Fischer in den kleinen Booten schleunigst zurück ins Meer werfen.

Als meine Mutter meine verbogenen Beine und meinen übergroßen Kopf sah, wollte sie mich auch töten, aber sie konnte nicht, weil ich zu ekelhaft war. So blieb ich zurück, um den Lebenssaft zu verkünden. Ich habe mein ganzes Leben lang gelitten. Ich war keinen Augenblick frei davon. Ich bin nicht eine Sekunde lang glücklich gewesen. Es war immer das Aufflammen von Blitzen oder das Dunkel eines Begräbnisses.«

»Für mich war es auch nicht so einfach«, sagte Alessandro. »Nicht in letzter Zeit. Aber bevor ich sterbe, werde ich so verrückt sein wie du.«

»Das liegt bei dir«, sagte Orfeo. »So wahr ich hier auf diesem Nachtstuhl stehe, ich werde die Kraft haben, auf den heiligen Lebenssaft zu warten. Ich werde in Nebel, Regen oder auf einem Berg darauf warten, aber ich werde warten, und der gebenedeite Lebenssaft wird kommen, und weißt du, was er tun wird? Ich werde es dir sagen. Er wird die Schreibmaschine *ficken*.«

Alessandro war fassungslos. Dennoch brachte er die Kraft auf zu sagen: »Ich habe im Schreibersaal Schreibmaschinen gesehen.«

»Niemand hat behauptet, daß die Schlacht einfach sein würde. Sie kriechen auf mir herum wie eine saugende Wanze. Den ganzen Tag lang tick-tock tick-tock tick-tock, ding! Tick-tock tick-tock tick-tock, ding! Wer immer diese Maschine erfunden hat … « Seine Augen sprühten vor Zorn.

*

Als der Viehwaggon versiegelt worden war und bis auf wenige Ausnahmen sich alle drinnen in Sicherheit befanden und der Zug nach Norden zu den Fronten rollte, berichtete jeder Soldat von den Freuden, die er in Rom genossen hatte. Die Geschichten der Fleischeslust waren so anschaulich, real und ausführlich, daß einige der Soldaten züchtig mit ihren Knien gegen die Brust gedrückt oder mit Zeitungen im Schoß dasitzen mußten. Ihre Not wurde noch dadurch vergrößert, daß die Geschichten geschlechtlicher Lust mit der Litanei der Kochschule abwechselten: »Zuerst brachten sie einen Teller *zuppa di pesce*. Die aß ich, während mein Steak auf dem Herd briet und der Chef die Pasta mit Öl mischte. Links von mir stand ein Teller mit frischem Basilikum und Tomaten …«

Als Alessandro an die Reihe kam, brannte ein Feuer im Bullerofen, und das Teewasser kochte. Während die Nacht kälter und der Waggon wärmer wurde, sprach er zu den Männern, die von den Flammen halb beleuchtet waren, aber er sprach auch zu der Dunkelheit hinter ihnen. »Ich habe nicht gegessen«, sagte er, »ich habe mich bei keiner Frau vergnügt, und ich bin nicht nach Hause gegangen. Was habe ich gemacht? Ich stand in einer Toilettenkabine im Kriegsministerium und stritt in meinem Herzen, ob ich einen kleinen Zwerg, der sich das Haar mit Tinte und Olivenöl kämmt, töten soll oder nicht. Er kauerte auf der Schüssel vor mir, mit einem Fuß in der Schüssel, und ereiferte sich über die Ankunft des heiligen Lebenssaftes, wie er es nennt.«

»Und hast du ihn getötet?« fragte ein Mann, dessen Gesicht gelb, orange und schwarz war, wie ein Planet in einem mit Kerzen beleuchteten Planetarium.

»Nein.«

»Warum nicht?«

»Deine Frage trifft den Kern der Sache. Im Augenblick, und vielleicht für immer, weiß ich darauf keine Antwort.«

Alessandro genoß es, aus einer großen Blechtasse kochendheißen Tee zu trinken. Draußen pfiff die kalte Nachtluft vorbei, während der Zug durch die Tunnel des Apennin schoß, und die Schwärze der Nacht glich einer Kathedrale. Seine Augen suchten nach ihrer unermeßlich hohen Decke, und obwohl sie nichts fanden, hatte er das Gefühl, nicht einem obskuren Tod entgegenzugehen, sondern der Wiederherstellung von Schönheit und einer Wiederbegegnung mit jenen, die vor ihm gegangen waren. Der Zug fuhr in offenes Land hinaus, bahnte sich einen Weg durch die dichte kalte Luft und jagte den Wintermond, und Alessandro war so zufrieden wie ein Kind in den Armen der Mutter.

*

Irgendwo hinter Bologna und vor Ferrara fuhr der Zug auf ein Nebengleis, und die Türen wurden geöffnet. Die Soldaten falteten ihre Decken zusammen und sprangen aus den Viehwaggons, um an einem Winternachmittag, der vorzeitig in den Abend überging, auf den aufgeweichten Feldern umherzugehen und frische Luft zu schöpfen. Der Himmel war dunkelgrau, mit dichter Bewölkung und gelegentlichem Regen.

Alessandro ging auf Inseln, die kaum aus den vom Wind aufgewühlten Pfützen ragten, über ein nasses Feld, roch die Luft und wurde an andere Winter und andere dunkle Orte erinnert, an denen die Schlacht vorbei war, wenn man aus der Kälte hereinkam. Vor allen Dingen in einem Punkt unterschied sich die Armee vom Zivilleben: In der Armee lebte man draußen. Wind und Kälte drangen unter die Zeltplanen, durch die Laschen und selbst durch die Kleidung, durch Nähte und Gewebe: Ein Luftzug, der durch ein Zelt pfeift, ist erstaunlich kalt und schneidend und manchmal nicht nur stark genug, um einzudringen, sondern auch wieder hinauszufahren.

Ein Soldat, der Jahre an der frischen Luft verbracht hat, bekommt etwas von einem Hirsch. Er kann aus dem Wind Ereignisse hören und das Gelände lesen und ohne weiteres den Duft eines Kiefernwaldes, der auf Regentropfen daherkommt, welche horizontal durch ihn hindurchgeweht worden waren, vom Duft der Luft unterscheiden, die aus einem mit kaltem Wasser getränkten Feld voller Sprößlinge und Stoppeln aufsteigt. Jäger, die in Novembernächten zurückkehren, sind dankbar, wenn die Haut gereizt und die Nase kalt ist und die Sinne so scharf wie die der Tiere sind, die sie erlegt haben. So ist es auch mit Soldaten in Kriegszeiten, und noch viel stärker, denn sie leben jahrelang in Wind und Kälte.

An einer Hecke aus undurchdringlichem Gezweig kehrte Alessandro um und ging quer übers Feld zurück zum Zug. Mehrere tausend Mann hatten sich um kleine Feuer gruppiert: Ab und zu besprühten starke Windböen sie mit Wasser, doch der Wind war kalt und trokken genug, um das Wasser fast augenblicklich verdunsten zu lassen.

Ein großer Soldat mit einem so dicken und schwarzen Bart, daß er wie ein Perser aussah, flüsterte einem Mann in dem Viehwaggon zu, ihm ein Gewehr zu bringen. Er hatte ein Reh gesehen, das still stand und sich in einem Gebüsch von gleicher Farbe verborgen hatte. Die Gewehre waren angekettet. »Hol einen Offizier«, flüsterte der Mann aus dem Waggon zurück.

Den Blick starr auf die Stelle im Gebüsch gerichtet, wo er das Reh vermutete, stolperte der Perser das Gleisbett entlang, bis er einen Offizier fand. Sofort interessiert, schloß der Offizier einen Gewehrschrank auf, und der Perser verschwand in der Dämmerung, während sich der Offizier fragte, ob er wohl zurückkehren würde.

Zehn Minuten später krachte ein Schuß übers Feld, und alle starrten ins Halbdunkel. Dann tauchte der Perser als tanzender schwarzer Punkt auf, dem schließlich Arme wuchsen, die andere herbeiwinkten, ihm zu helfen. Bald war das Reh herbeigetragen, Kopf und Geweih hingen herab, und die Nase glänzte noch. Das Fell, von der Farbe irgendwo zwischen Kastanie und Staub, wies außer dem Einschußloch keinerlei Verletzung auf.

»Man muß das Blut auslaufen lassen; das dauert mindestens einen Tag«, schlug jemand vor.

»In Friedenszeiten läßt man das Blut auslaufen, aber jetzt besorgt man sich einen Fleischer«, erwiderte der Perser.

»Woher?«

Man rief nach einem Fleischer, und bald fanden sich zwei, die das Wild mit Bajonetten ausweideten, häuteten und zerlegten und mehrmals Pausen einlegten, um die Klingen an Schleifsteinen zu schärfen, die sie in ihren Taschen trugen. Alessandro stellte sich vor, daß die Fleischer sie aus ihrem Zivilleben mitgenommen hatten, so wie er einen kleinen Band über Giorgione mitgenommen hatte.

Für ihre Mühen erhielten sie ein paar Stücke Wildbret, und der Rest blieb für die Soldaten in Alessandros Wagen, wobei der Perser sowohl die Zubereitung als auch die Verteilung vornahm. Das Holzfeuer war zu klein und bereits heruntergebrannt, also nahmen sie eine Gasflasche aus dem Bremserhäuschen und ließen eine Schweißflamme zu einem Kochfeuer aufflammen, das so hell loderte wie eine goldene Flagge in der Mittagssonne.

Aus ihren Ladestöcken bildeten sie ein Gestell und fuhren mit der Flamme hin und her, als sei sie eine riesige Bratbürste. Als das zischend heiße Wildbret ausgeteilt wurde, tauchte ein Zug aus dem Norden in der Dunkelheit auf, quietschte an ihnen vorbei und ließ die Erde beben. Kaum war er vorbeigefahren, befahl man ihnen, wieder einzusteigen.

Alessandro kehrte mit einem bankettgroßen Stück Fleisch, das zu heiß zum Essen war, zu seinen Decken zurück. Das Feuer im Bullerofen wurde wieder angezündet, die Türen zugeschlagen, und der Zug nahm seine Fahrt auf. Während er über die Weiche klapperte, die ihn wieder aufs Hauptgleis zurückführte, anhielt, damit der Weichensteller aufspringen konnte, und wieder Geschwindigkeit gewann, verschlangen die Soldaten schweigend ihren Braten, der der beste war, den Alessandro je gegessen hatte, obwohl er ohne Salz, Gewürze oder Wein zubereitet worden war. Er versuchte, nicht an den Kopf und das Geweih zu denken, die in einem Durcheinander auf dem Feld lagen, wo kein lebendes Wesen in der Nähe war, kein Licht und kein Geräusch außer dem Wind, der ab und zu Regenschwaden durch die Dunkelheit trieb.

*

Der Zug rollte über jeden Millimeter Eisenbahnschienen in Italien und fuhr auf jedes Nebengleis, um geduldig die Vorbeifahrt von Generälen in ihren Privatwaggons abzuwarten. Nach dem Schlachten des Rehs waren die Soldaten im Dunkeln geblieben. Sie stiegen nur bei Nacht aus, um zu essen und sich zu recken, auf kalten Feldern und in feuchten Wäldern, durch die ihre Lagerfeuer wie Lichter in einem ausgehöhlten Kürbis schienen.

Und dann wurden die Soldaten eines Morgens plötzlich still, als die schweren Riegel geöffnet wurden. Kurz bevor die Türen aufgeschoben wurden, nutzte ein Mann aus Pisa die Gelegenheit zu sagen: »Die Luft ist dünn. Wir sind in den Bergen.«

Alessandro streckte seinen Rücken und hob den Kopf. Die Berge, unvorhersehbar in ihrer Kraft, waren das Herz seiner Erinnerungen, und er wußte, daß der Pisaner recht hatte. Er hatte es die ganze Zeit schon gemerkt, an der Art, wie der Zug die vielen Steigungen nahm, an dem metallischen Donnern der Brücken, über die er mitten in der Nacht gerollt war, und an dem Rauschen der Bäche, die mit Geschwindigkeiten stürzten und dahinflossen, die nur durch gewaltige Berghänge hervorgerufen sein konnten.

Die Türen öffneten sich, und die Berge erschienen in riesigem Maßstab. Sie schienen auf den Waggon zuzukommen und drohten, dessen dreckige Holzwände einzudrücken. Sie waren blendend weiß und von solch großer und kalter Masse, daß sie das Auge zwangen, sich weit zu öffnen, um das Tageslicht hereinzulassen. In fünfzig Kilometern Entfernung glänzten die eisbedeckten Bergspitzen in der Morgensonne. Unten in einem Tal, das endlos lang schien, dessen Boden unter tiefem Schnee verborgen lag und dessen Seiten mit einem Flickenteppich aus Kieferngehölzen und Bergauen in einem scheckigen Mantel aus Grün und Weiß, mit Grenzlinien so genau wie militärische Haarschnitte dalagen, erhoben sich Wände aus glänzend grauem Fels bis in spektakuläre Höhen, und Bänder aus Wasser und Eis stürzten lautlos von Überhängen und Vorsprüngen. Bevor noch das Wasser den Grund erreichte, gefror es zu Nebel, leuchtete in der Sonne kurz golden auf und verschwand im Wind.

Dieser Anblick ließ die Soldaten in dem Güterwaggon schwindeln wie Segelflieger, und Alessandro wurde schmerzlich in seine Kindheit zurückversetzt: wie er einmal aus einem dunklen Wald getreten war und sich angesichts einer plötzlich auftauchenden, sonnenbeschienenen Bergkuppe festhalten mußte oder von oben beobachtet hatte, wie der Nebel durch ein Tal wallte, als bewegten ihn menschliche Empfindungen. »Das Tal ist müde und krank«, hatte sein Vater gesagt. »Wolken und Nebel sind gekommen, um es einzuhüllen, während es sich ausruht.« Mit zehn Jahren hatte Alessandro die tiefere Bedeutung von Wörtern wie *Ruhe* und *Frieden* nicht gekannt, und obgleich er es jetzt tat, wurde ihm doch klar, daß er die Berge in all ihren Gestalten und Verzauberungen wohl niemals völlig begreifen würde.

Der Leutnant, der die Tür aufgeschoben hatte, befahl seiner Kompanie, ihre Bündel und Waffen einzusammeln und Aufstellung zu nehmen. Als die Soldaten zu Boden sprangen, schlugen ihnen die Gewehre gegen die Rücken und weckten sie mit der genauen Erinnerung daran auf, wer sie waren und was sie taten. Das Gewehr, so wußte Alessandro seit langem, ist Werkzeug, Privileg und Geburtsrecht des Infanteristen. Hat er keines, ist er eine Kreatur von unendlicher Verzweiflung – eine Gazelle ohne Beine, ein Rhinozeros ohne Horn. Hat er eins, dann kennt er seinen kleinen Platz im Universum und weiß, daß kein lebendes Wesen ihn für selbstverständlich hält, bis er mausetot ist.

Immer noch auf volle Fahrt eingestellt, schnaufte die kompakte Maschine, die den Zug durch die alpine Morgendämmerung gezogen hatte, in kurzen Abständen aus. Sie rüttelte und tropfte, würziger Kiefernrauch flog aus ihrem stummligen Schornstein, und die Männer stellten sich in Formation auf, zogen Riemen und Gürtel zurecht, richteten ihre Gewehre aus und drückten ihre Rücken durch. Zweitausend Mann ohne Frühstück im Bauch standen schließlich in Kolonnen zu je fünfzig stramm.

Offiziere der unteren Dienstgrade inspizierten sie, redeten ihnen gut zu und bereiteten sie auf zwei Dinge vor. Die Sonne sollte im Südosten über den Bergen aufgehen und eine Landschaft überstrahlen, die schon jetzt mit Licht erfüllt war, und man erwartete einen General. Keiner wußte, was zuerst eintreffen würde, und nur wenige begriffen, was wichtiger war.

»O Jesus«, flüsterte der Mann neben Alessandro.

»Was ist los?« fragte Alessandro.

»Wir können den ganzen Tag auf Generäle warten.«

»Aber wenn sie kommen, dann lächeln alle.«

»Stimmt«, sagte der Soldat, »warum bloß?«

»Deshalb sind sie Generäle«, stellte Alessandro fest. »Sie besitzen die Fähigkeit, eine beliebige Zahl von armen Schweinen lächeln zu lassen wie Idioten in der Klapsmühle. Selbst ich, der ich das ganz genau weiß, beginne mich wie ein dankbarer und bewundernder Hund zu fühlen.«

»Ja, ja, stimmt. Wie machen die das?«

»Ich denke, das stammt noch aus der Feudalzeit«, antwortete Alessandro. »Wenn der Gutsherr zu seinen versammelten Leibeigenen kam, waren diese stets vor Freude außer sich, einer Freude, die sie weder begründen noch erklären noch in seiner Abwesenheit beibehalten konnten.«

»Was hast du vor dem Krieg gemacht?« fragte der andere Soldat, der wie ein Mailänder sprach.

»Ich war eine Sardine«, sagte Alessandro und blickte starr geradeaus. »Eine blaugoldene Sardine im Mittelmeer.« Alessandro warf einen verstohlenen Blick auf den Mailänder – noch ein Intellektueller mit einem Anflug von größter Ernsthaftigkeit. »Ich bin umhergeschwommen. Ich habe winzige Meerestiere gefressen. Bei Nacht war ich Direktor einer Firma, die Achterbahnen ausstattete.«

»Die Wirtschaft ist vielfältig und komplex, wir haben vieles gemeinsam«, sagte der Mailänder.

»Wieso?«

»Ich war auch Direktor einer Firma, die Achterbahnen ausstattete, und ich arbeitete fast ausschließlich bei Nacht.«

»Vielleicht war es dieselbe Firma. Wo war das?«

»Wo war deine Firma?« fragte der Mailänder.

»In Rom.«

»Meine war in Ostia.«

»Wir hatten eine Zweigstelle in Ostia.«

»Dann warst du unsere Konkurrenz.«

»Der Zweig war außer Betrieb.«

»Unserer auch.«

»Schnauze!« brüllte ein Offizier. In einer von Meuterei zerrütteten Armee waren solche Unterhaltungen nichts anderes als kodierte Aufwiegelei, und wenn der Offizier den Code nicht verstand, war das mehr als Grund genug, die Unterhaltung zu unterbinden.

Der Mailänder sagte, so leise, daß nur Alessandro ihn hören konnte: »Du solltest etwas genauer sein.«

»Was verlangst du von einer Sardine?«

»Präzision. Die Sardine ist eine präzise Art von Fisch. Schau bloß, wie viele man in eine Dose kriegt. Sie machen keine Fisimatenten, weil sie keine Köpfe haben. Wir sollten auch so sein.«

»Wir sind so.« Alessandro grinste den Mailänder an, der kurz zurücklächelte. Dann, als die Reihen stiller wurden, starrten sie geradeaus, lauschten dem gelegentlichen Zischen des Dampfs und schauten zu, wie ein Vorhang aus Licht die Bergkette vor ihnen umhüllte.

In der Ferne hörten sie das Motorengeräusch eines Automobils. Offiziere begannen, an sich herumzuzupfen, und einige rannten hin und her. Es war genau wie das Geschehen auf der Bühne, bevor der Vorhang für die Elefantenszene in *Aida* aufgeht.

»Hunde«, sagte jemand und meinte damit ihre Offiziere, aber dennoch standen die Reihen – ohne Befehl – stramm.

Ein Dienstwagen näherte sich von weiter unten an der Bergseite, kurvte durch ein kleines Alpendorf und schaltete für den letzten, schneebedeckten Abschnitt zurück. Alessandro hatte noch nie ein Auto im Schnee bergauf fahren sehen. Dieses hier hatte Ketten auf den Antriebsrädern, und die Reifen gruben sich wie Backförmchen in den festgedrückten Straßenbelag.

Der General war zwar jung, aber er war schon seit Jahren in den Bergen, und ihn interessierte nicht die Szenerie, sondern die frische Truppe. Sie stand stramm, doch war um sie immer noch eine Spur von Verwirrung und Benommenheit. Er jedoch hatte die Größenverhältnisse der Berge seit langem in sich aufgenommen.

Er merkte, daß es schwierig sein würde, den Lärm seines Automobils zu übertönen, also signalisierte er seinem Fahrer, er solle den Motor abstellen. Dann war, außer dem unregelmäßigen Zischen der Lokomotive, das einzige Geräusch das Wehen des Windes. Ein Habicht kreiste über ihnen, und der General ließ ihn für sich sprechen, und erst als der Vogel entschwunden war, begann er, indem er seinen Stock erhob, um auf den Abschnitt des Blaus zu deuten, den der Habicht verlassen hatte.

»Habt ihr das gesehen?« fragte er und meinte den Habicht. »Das ist die ganze Geschichte. Hier oben gibt es immer noch eine Menge Habichte. Sie fressen kein Aas. Sie fliegen über uns hinweg, als seien wir keiner Beachtung wert, was in ihrer Welt, mit ihrer Zeit bestimmt wahr ist. So unmöglich das jetzt klingen mag, die Berge werden bald wieder still sein. Wir und unsere Gewehre werden gekommen und gegangen sein, doch der Wind und die Bäume werden auf ewig bleiben.

Dieser weiße und silberne Vogel, der über unsere Köpfe hinwegflog, zog nach Norden, das Tal hinauf. Man könnte glauben, daß ich ihn geschickt habe, denn dort werde ich euch auch hinschicken.« Er drehte sich nach Norden und nahm mit noch immer ausgestrecktem Arm drei Viertel der Drehung zurück – eine eindrucksvolle Geste, die anzudeuten schien, daß er Paradoxa und Widersprüche durchaus verstand.

»Dieser Kamm im Westen«, sagte er und deutete auf eine Linie weit oberhalb der Baumgrenze, die in der Masse weißer Gipfel verschwand, »reicht bis Innsbruck. Zwischen diesem Kamm und seinem Zwilling im Osten, nicht weit nördlich, liegt der Brenner. Einige von euch haben den Brenner auf dem Weg nach München oder Warschau passiert. Wir werden auf unserem Weg nach Innsbruck dieselbe Route nehmen, weil wir keinen anderen Weg haben. Wenn wir durch das Tal kommen, werden sie auf uns herunterschießen, also müssen wir weitergehen und uns auf ein schmales Gefechtsfeld konzentrieren.

Mir wäre es lieber, wenn ich sie über Norwegen oder das Schwarze Meer umgehen könnte, aber da wir keine Briten sind, haben wir diese Möglichkeit nicht. Für uns heißt es, ab durch die Mitte. Sie wissen, daß wir kommen, und sie haben die Strecke mit Reihen von Schützengräben, mit Minenfeldern und Schußpositionen befestigt.

Das sind recht ausgeklügelte Kunstwerke, wenigstens in einem germanischen Sinn. Wo immer es einen Graben gibt, liegen dahinter weitere Gräben wie Zithersaiten. Wenn ihr Stacheldraht seht, dann heißt das Minen. Und es scheint, daß sie sich niemals mit nur einer Reihe zufriedengeben. Sie wechseln sich in vielen Lagen ab. Schließlich haben sie die Sachertorte erfunden, oder?

Ihr mögt euch fragen, wie ich euch nur bitten kann zu sterben, damit wir ihre Schichttorte auseinandernehmen können, besonders wenn ihr wißt und ich weiß, daß die Berge bald wieder still sein werden, ganz gleich, was wir tun. Wie komme ich nur dazu, euch erschießen zu lassen, wenn ihr euch vor dieser sinnlosen Aufgabe drückt?

Das ist ganz einfach. Wenn ich mich vor dieser unangenehmen Aufgabe drücke, werde ich auch erschossen. So geht das durch alle Ränge bis zur Spitze, und ihr wißt so gut wie ich, daß die Vorgesetzten, wenn sie kapitulieren, von eben den Leuten erschossen werden, die sie für ihr Kapitulieren erschießen würden.

Dies ist ein unlösbares Problem, dem man nur entrinnen kann, indem man die Leute auf der anderen Seite erschießt, und deshalb geht ein Krieg immer weiter. Und wenn die ganze Welt verrückt geworden sein sollte, wir werden unseren Verstand durch eine lohnenswerte Fiktion Stück für Stück zurückgewinnen. Ich bitte euch darum, nach Innsbruck zu gehen. Jeder Meter wird umkämpft sein, und für jeden Meter wird jemand sterben, doch wir werden unseren Verstand behalten, indem wir jedem Krümel Boden einen künstlichen Wert beimessen. Das hat man in der Geschichte mit Metallen und Gewürzen gemacht. Kaufleute messen ihr Leben in Zahlen, und sie sind fast immer schlauer als jene, die nach der Wahrheit suchen. Wie Kaufleute werden wir unseren Verstand auf künstliche Normen stützen – eingenommenes Land und Anzahl der Tage, die man am Leben ist.

Ich bin Rom gegenüber für Landgewinne verantwortlich, und daran kann ich nichts ändern. Ich bin euch gegenüber verantwortlich, daß ihr am Leben bleibt, und daran will ich nichts ändern. Ich tue mein Bestes, dies beides miteinander in Einklang zu bringen. Wir praktizieren hier nicht dieselbe Art Gemetzel wie weiter unten. Das liegt am Gelände, der dünnen Luft und unserem relativen Mangel an Masse. Und der Norden ist nicht die Unendlichkeit, denn die Berge hören irgendwann auf, und dann seid ihr in Deutschland. Wenn ihr überlebt, werdet ihr euch daran erinnern können, dort gewesen zu sein. Ihr werdet in fünfzig Jahren daran zurückdenken, an einem ruhigen Ort, von Kindern umringt, und keines davon wird etwas von dem Unfug wissen, dem ihr verpflichtet wart, und alle werden nur allzu schnell bereit sein, sich erneut auf ihn einzulassen.«

Er zögerte. »Und wenn ihr diesen Ort niemals mehr verlaßt ... Nun, die Luft ist wunderbar, ebenso die plötzliche Dunkelheit und die Kälte. Am Tage, im Licht, bei wechselndem Himmel, ist nichts ganz lebendig. Bei Nacht oder im Sturm ist es hier wie der Tunnel zum Tode. Versteht mich nicht falsch. Ich will, daß dieser Tunnel so mit brüllenden Feinden überfüllt ist, daß darin kein Platz mehr für uns ist, aber solltet ihr es nicht zurück bis zu einem Tisch auf der Piazza schaffen, dann werdet ihr an dem besten Ort zum Sterben gestorben sein, den die Welt je gesehen hat. Was ich meine, ist, hier steht ihr praktisch vor dem Tor.«

*

Nach dreistündigem Marsch verließen sie die Straße und traten in einen Kiefernwald voller feuchtem Schnee, dem letzten Baumbewuchs vor den Almen, die womöglich nach Innsbruck führten. In kurzer Entfernung konnten sie die italienischen Befestigungen und Gräben sehen und dahinter die österreichischen.

Ihnen wurde nur eine kleine überfüllte Ecke des Waldes zugewiesen. Zwischen den Bäumen lagerten bereits zwanzigtausend Mann, die schon seit geraumer Zeit hier zu sein schienen: Sie hatten spezielle Zelte, Blockhütten und Unterstände für ihre Kochstellen. Kein einziger Baum war für Feuerholz oder Befestigungsarbeiten gefällt worden, denn die Bäume schützten sie vor feindlicher Beobachtung und brachen die Kraft der einschlagenden Granaten.

Alessandros Brigade teilte sich in Bataillone, Kompanien und Züge und schlug Zelte aus sandfarbenem Segeltuch auf. Sie banden die Zeltseile an Stämme und Äste, spannten sie in alle Richtungen und verlängerten sie, um an die Ankerpunkte heranzureichen. So verwandelte sich der dicht bevölkerte Wald, der offen und frei von Unterholz gewesen war, in ein Gewirr sich windender Pfade, die sich zufällig dort bildeten, wo das Spinngewebe der Zeltseile nicht den Weg blockierte.

Auf kleinen Lichtungen standen Feldküchen und Latrinen unangenehm Rücken an Rücken. Das Kochgerät für Alessandros Bataillon glühte auf dem Ofen, während die Köche immer noch mehr *tortellini in brodo* zubereiteten. Der Grund, warum Italien in den Krieg eingetreten war, hatte Guariglia gesagt, war, die Produktion von *tortellini* anzukurbeln. Die Brühe war zwar wäßrig und die *tortellini* darin voller undefinierbarem Zeug und Eselsfleisch, doch war sie heiß, und in den Bergen war alles, was heiß war, eine Wohltat.

Alessandro belegte einen Platz in der Ecke eines Zehn-Mann-Zelts. Er wollte niemanden kennenlernen, er war zu müde, und er wußte, daß es nicht der Mühe wert war, denn sie würden sterben oder verschwinden, so wie alle anderen, die er jemals in der Armee kennengelernt hatte. Daß er sich mit dem Mailänder zusammengetan hatte, war nur ein Zufall gewesen. Der Mailänder sah Alessandro sehr ähnlich, doch Alessandro hielt ihn für einen härteren Burschen – stärker, älter und militärischer. Weil ihm nicht bewußt war, was aus ihm selber geworden war, hatte Alessandro unrecht. Sie sprachen miteinander in leichten Beleidigungen und halbirrer Weitschweifigkeit.

Als sie sich nach Suppe und Brot anstellten, begann es zu schneien. Fast die ersten in der Schlange, hatten Alessandro und der Mailänder unabhängig voneinander die Suppe so schnell getrunken, wie sie konnten, hatten sich das Brot in die Tasche gesteckt und waren zu den Latrinen gerannt. Durch den zischenden Schnee drang eine unsichtbare Stimme aus einer stinkenden Segeltuchkabine. »Es hat natürlich seinen Sinn, daß zwei Achterbahnfahrer so essen wie wir und sich ihr Brot einstecken, aber wenn wir auch im Zivilleben denselben Beruf teilen ...«

»Nebenberuf«, unterbrach Alessandro ihn. »Für mich war es nur ein Hobby.«

»Natürlich«, sagte der Mailänder, der wegen des ungestümen und explosiven Charakters der Armeeverpflegung nicht weitersprechen konnte.

Nachdem sie ihr Eßgeschirr abgewaschen hatten, stapften sie durch den Schnee zum Zelt, wo sie nur einen jungen Mann vorfanden, der zu krank war, um zu essen. Sie holten Wollpullover aus ihren Rucksäcken, zogen sie unter ihren Mänteln an und legten sich zum Schlafen. Es war nicht sehr kalt, doch als die Wirkung der heißen Brühe nachließ, begannen sie zu zittern und breiteten ihre Decken aus.

»Ein Fleischochse«, verkündete der Mailänder plötzlich. »Ich war ein Fleischochse.«

»Was?« fragte der kranke Junge mit glasigem Blick und drehte sich auf seinem Ellbogen um.

»Keine schlechte Möglichkeit, seinen Lebensunterhalt zu verdienen, wenn man seine Chancen richtig nutzt«, sagte Alessandro.

»Überhaupt nicht schlecht.«

»Sag mal«, fragte Alessandro, »woher hast du gewußt, wie man an den Anfang der Schlange kommt, schnell ißt, zur Latrine rennt und all das?«

»Woher wohl?«

»Ein Veteran der Front.«

»Genau wie du.«

»Was hast du im Marmorbruch gemacht?«

»Was hast *du* gemacht?«

»Zu ernst, um es zu erzählen«, entgegnete Alessandro und dachte an seinen Vater, an Fabio und Guariglia, »und zu traurig.«

»Da unterscheiden wir uns«, erklärte der Mailänder. »Ich, ich war zu leichtfertig.«

»In der Armee? Wie hast du das geschafft?«

»Ich schäme mich fast, es zu sagen. Ich habe die Reihen verlassen – ich bin desertiert, wenn dir das lieber ist –, weil ich ein unbezwingbares Verlangen habe.«

»Wonach?«

»Ich schäme mich.«

»Sag schon.«

»Nach Büromaterial.«

Alessandro starrte den Mailänder nur deswegen ungläubig an, weil er wußte, daß er die Wahrheit sagte. Der kranke Junge drehte sich um, seufzte wie im Traum, und der Mailänder setzte sein Bekenntnis fort. »Der Krieg macht verrückte Sachen. Ich mochte schon immer feines Papier und Briefumschläge, teure Füller, Schubladen voller kleiner Messingbüroklammern, Schilder, Tintenfässer – du weißt schon. Und Klammeraffen. Und ich hatte immer eine Vorliebe für Aktentaschen, Briefmappen und Aktenkoffer, und Briefwaagen. Diese Dinge sind ... sie spenden Trost. Sie sind wie Geschenke unterm Weihnachtsbaum. Mein Verlangen nach ihnen entspringt demselben Impuls, glaube ich, der den Nationalcharakter der Schweiz geformt hat. Ich mag sogar Gummistempel.«

»Was ist mit Briefmarken?« hakte Alessandro nach.

»Ich liebe Briefmarken. Es gibt nichts Beruhigenderes.«

»Was macht dein Vater?«

»Er starb, als ich sieben war. Er hatte ein Schreibwarengeschäft«, sagte der Mailänder. »Warum fragst du?«

»Nur so«, sagte Alessandro.

Und dann fuhr der Mailänder fort. »Es gibt nichts Beruhigenderes als einen guten Vorrat an Büroklammern. Wenn man sie in kleinen Lederschachteln aufbewahrt, kommt man sich vor wie Cesare Borgia.«

»Und du bist desertiert«, fragte Alessandro, »um Büromaterial zu kaufen?«

»Nicht zu kaufen. Um in seiner Nähe zu sein. Es wird mich am Leben erhalten.«

»Wie das?«

»Ja. Mein Schreibtisch zu Hause ist komplett ausgestattet. Ich habe die kompletteste Auswahl an Papier, Umschlägen, Schreibgerät, Stempeln und Material, die du dir vorstellen kannst. Ich habe venezianisches Briefpapier und florentinische Schachteln und genug Briefmarken für zwanzig Jahre – wenn ich lebe, mir keinen Leberschaden zuziehe, keinen Schlag bekomme oder irgendwas Derartiges. Ich habe mein ganzes Geld dafür ausgegeben, und alles ist perfekt arrangiert.«

»Wie hält es dich am Leben?« fragte der kranke Junge. Er schien nicht mehr so krank zu sein.

»Meine Bücher sind abgestaubt, alphabetisiert und katalogisiert. Jede Woche zieht meine Mutter die Uhr auf. Im Ofen liegt Holz und wartet nur darauf, angezündet zu werden. Meine Post liegt sorgfältig gestapelt in einer Walnußschachtel. Die Lampen sind auf Hochglanz poliert.«

»Aber wie erhält dich das am Leben?«

»Solange alles in bester Ordnung ist«, sagte der Mailänder mit entwaffnender Logik, »verleiht mir das eine beschützende Aura. Sie umgibt mich, umschließt mich wie die Atome eines Kristalls. Kugeln können mir nichts anhaben, solange mein Büro ungestört ist.«

»Was ist, wenn deine Mama reinkommt und alles durcheinanderschmeißt?« fragte der Junge.

Der Mailänder lächelte. »Dann werde ich sterben.«

Alessandro schaute weg. »Wie lange warst du an der Front?«

»Anderthalb Jahre«, sagte der Mailänder.

»Das hat dich verändert, weißt du.«

»Kann schon sein, aber ich werde am Leben bleiben. Wie lange warst du an der Front?«

»Zwei Jahre.«

»Erzähl mir nicht, daß dein Verstand davon völlig unberührt geblieben ist.«

»Hab ich das behauptet?«

»Angedeutet. Wo warst du?«

»Meist am Isonzo. Und du?«

»Genau hier«, sagte der Mailänder auf eine hoffnungslose und resignierte Weise.

»In diesem Wald?«

Der Mailänder nickte. Alessandro konnte sogar hören, wie sich seine Decken bewegten. »In diesem Wald, in jeder Ecke davon und in den Gräben auf dem Hügel. Ich kenne jeden Graben und die österreichischen auch. Das waren mal unsere.«

»Es ist nicht gut, an denselben Ort zurückzukehren.«

»Ich habe meine Aura.«

»Reicht deine Aura ein paar Meter weit? Eine Aura kann doch nicht so eng sitzen wie ein Seidenstrumpf.«

»Aber natürlich kann sie das. Sie sitzt noch enger als ein Seidenstrumpf. Eine Aura hat es so an sich, daß es den Mann neben dir in winzige Stücke zerreißen kann und du selber unbeschadet bleibst. Tut mir leid. Und da ist noch was, worüber du dir Sorgen machen solltest, wenn du keine Aura hast.«

»Und das wäre?«

»Es gibt keine Artillerie. In der ganzen Brigade haben wir kein einziges Maschinengewehr. Ich habe weder Mörser noch Granaten noch Leuchtraketen gesehen, und wir haben nur vier Streifen Munition pro Gewehr.«

»Was kann denn zwischen heute und morgen passieren?« fragte Alessandro.

»Sie könnten angreifen.«

»Aber die Gräben ... wir sind in der Reserve. Du glaubst doch nicht, daß die Gräben heute nacht nachgeben, oder?«

»In den Bergen sind die Gräben flach und unzureichend, deshalb sind wir hier – um bereitzustehen, wenn die österreichischen Linien nachgeben, und um die Front zu halten, wenn unsere Verteidigung überrannt wird, damit die strategische Reserve hinter uns genug Zeit hat, zu mobilisieren. An der Westecke des Waldes sind wir in der gefährdetsten Position. Wir sollten unsere Artillerie jetzt hierhaben. Wir hätten sie haben sollen, als wir eingetroffen sind.«

»Ist das schon vorgekommen?« fragte Alessandro. »Sind sie bis in dieses Lager vorgedrungen?«

Der Mailänder schaute Alessandro mitleidig an. »So was ist zweimal die Woche vorgekommen.«

Dann begannen die anderen Männer, zurück ins Zelt zu kriechen. Sie schüttelten sich den Schnee ab und gingen zu ihren Decken, wo sie zitternd im dämmrigen Nachmittagslicht lagen. Die Soldaten schliefen, und Brigaden von Wolken spähten über die Bergflanken, wanden sich durch den Kiefernwald und vermischten sich mit dem Rauch der verglimmenden Feuer in den Feldküchen. In ihrem Abschnitt waren keine Wachen aufgestellt worden, denn wenn sie auch nah beim Feind waren, so lagen sie doch direkt neben Tausenden von anderen Soldaten. Der Schnee strich über die Zelte und glitt an den Planen herab, und die Wolken wurden so dicht, daß es wie Nacht war.

*

Alessandro wachte um fünf Uhr nachmittags auf; eisiger Nebel stürmte vorbei wie Wasser aus einem gebrochenen Damm, und Alessandro fühlte sich fiebrig und krank. Er hatte sich nicht erkältet, hatte ausreichend Ruhe gehabt und war weder durchnäßt noch erschöpft, und kam sich dennoch vor wie ein Typhuskranker. Er war der lähmenden Ohnmacht nahe vor Schmerz, hatte keine Energie und war glühendheiß.

Das Mittel dagegen war aufzustehen und umherzugehen. Eine Tasse Tee, ein paar tiefe Atemzüge, eine Unterhaltung und vielleicht eine Aufgabe, die er zu erledigen hätte, würden ihn wieder auf die Beine bringen. Niemand war im Zelt. Er hatte Mühe, sich die Stiefel anzuziehen, legte seine Decken zusammen und stolperte zur Zeltöffnung hinaus. Sobald er im Freien war, fühlte er sich nicht mehr so fiebrig, aber er war immer noch unsicher auf den Beinen und schwach.

In der Mitte der Brigadelichtung brannte ein riesiges Feuer; auf Nebenlichtungen klapperten die Bataillonsküchen und schüttelten sich, während der Dampfdruck langsam stieg; und so weit der Blick in den dunklen Wald reichte, wiederholten sich die Feuer, bis der Schein der entferntesten von ihnen kaum mehr durch das schneeige Gewirr der Bäume drang. Das Ganze machte den Eindruck sowohl von der Hölle als auch von einer Sommernacht auf Feldern, über denen es vor Glühwürmchen wimmelte. Die Hälfte der Soldaten hatte sich ihre Decken übergeworfen, was Alessandro für einen Fehler hielt, denn die Decken wurden naß und dreckig.

Der aromatische Rauch war nur schwer von dem Nebel zu unterscheiden, außer daß der Nebel, der in Wirklichkeit aus tiefhängenden Wolken bestand, Feuchtigkeit hinterließ, die im Schein des Feuers glitzerte, und der Rauch einen Duft abgab, der jedem einzelnen Soldaten für den Rest seiner Tage anzuhängen versprach. Eine Kette von Packmaultieren in der Nähe stampfte und schrie. Trupps aus anderen Brigaden wanderten durch das Lager, gingen zwischen ihren Zelten, den Gräben, dem Hauptquartier und der Straße hin und her.

Das riesige Feuer wurde von einem sufischen Ring aus Männern umgeben, die sich langsam im Kreise drehten, um sich zu wärmen. Freie Plätze in dieser Reihe waren schwer zu finden und wurden eifersüchtig bewacht. Wie durch Zauberei freibleibende Lücken öffneten sich für rätselhaft ausgewählte Ministranten und Helfer, die das Feuer mit riesigen Fichtenstämmen fütterten, welche so schwer waren, daß sie wie das Kreuz getragen werden mußten.

Alessandro gab es auf, den Mailänder unter fünfzehnhundert

Mann in Halbdunkel und Nebel zu suchen, von denen jeder Uniform trug und viele in Decken gehüllt waren wie in eine Verkleidung, und er kehrte zum Zelt zurück, um Tasse und Schüssel zu holen.

Als er seine Hand auf den Kolben seines Gewehrs legte, um es während des merkwürdigen kleinen Knicks festzuhalten, den man an Zelteingängen machen muß, hörte er das tiefe Rollen, das er seit fast einem Jahr nicht mehr vernommen hatte, das vertraute und grauenhafte Geräusch, das bald brüllende Fühler, besetzt mit Sprengladungen, ausstrecken würde, die das Dunkel erleuchteten. Hunderte von Gewehren feuerten gleichzeitig. Er wußte, daß die Schußbahnen in seine Richtung wiesen, er spürte die Einschläge in seiner Brust widerhallen – hohles metallisches Krachen wie eine Mischung aus Donner, Zimbeln und Bomben – und er sah das Licht ins Zelt schießen, als bestünde der Sinn der Beschießung darin, Schatten auf Armeeleinwand zu werfen.

Junge Offiziere huschten eilig durch den Wald und rannten in den gewundenen Korridoren hierhin und dorthin. Bald tappten dünne Reihen von Soldaten, von denen bei einigen die Gurte und offenen Packtaschen durch die Luft schleuderten und deren Stiefel nicht ganz zugeschnürt waren, in alle Richtungen über die Pfade auf dem schneebedeckten Waldboden.

Die Offiziere in Alessandros Brigade waren wegen einer Lagebesprechung im Hauptquartier nicht anwesend, und den nicht diensthabenden Offizieren wurde schmerzlich bewußt, daß ihre Männer schlecht bewaffnet waren. Unter keinen Umständen konnten die Soldaten einer gerade erst zusammengestellten Brigade zu Kampfeinheiten umgruppiert werden, wenn keiner seinen Zugführer kannte und es keinen Übungsplatz gab, um alles auf die Reihe zu bringen. Das Ergebnis war, daß alle durcheinanderrannten und kein Mensch wußte, was zu tun war.

Der Mailänder kehrte zum Zelt zurück und sagte: »Das ist keine gute Zeit zum Kämpfen«, und rollte sich in seine Decken ein.

»Warum nicht?« fragte Alessandro. Er konnte den Mailänder nicht mehr sehen und hörte nur noch seine leicht gedämpfte Stimme.

»Meine Mutter zieht morgen die Uhr auf, und ich mag nicht kämpfen, wenn die Uhr nicht ganz aufgezogen ist.«

»Mach dir keine Sorgen«, sagte Alessandro aus einem Reflex heraus. Dicke Schneeflocken begannen zu fallen wie Asche aus einem Vulkan.

»Und die Gewehre. Ich habe noch nie so viele Gewehre gehört.«

»An einigen Abschnitten des Isonzo«, bemerkte Alessandro, der immer noch kniete, »massierten sich Tausende von Gewehren.«

»Schau«, sagte der Mailänder, »die Österreicher sind durchgebrochen, und sie dringen immer bis zu den Bäumen vor. Wenn sie dort ankommen, sind sie wilde Männer, und jetzt habe ich nur noch zwanzig Schuß Munition. Jeder hat nur noch zwanzig Schuß. Vor dem ersten Angriff kannst du locker drei Dutzend verbrauchen. Was sollen wir tun? Außerdem mag ich nicht im Nebel kämpfen. Wenn man die Sterne sieht, ist es irgendwie leichter zu ertragen, und in der kalten Luft hier oben spielen die Sterne verrückt. Sie sind so hell, sie springen umher wie Flöhe, sie brennen wie Magnesium. Wenn du in einer solchen Nacht getötet wirst, steigst du direkt auf.«

»Wie viele schaffen es bis zu den Bäumen?«

»So viele, wie nicht auf dem Feld oder der Kuppe sterben. Es ärgert sie, daß wir diesen Ort halten und vor ihrer Artillerie geschützt sind. Es ist so dumm, daß es verrückt ist. Der Angriff wird in weniger als einer Stunde losgehen. Schlaf, und wenn die Gewehre aufhören, wirst du erfrischt aufwachen.«

»Wie kannst du schlafen?«

»Ich denke an ein Mädchen, das ich an der Universität kannte. Ich hatte nie eine Chance bei ihr, obwohl ich für sie und sie für mich wie geschaffen war. Sie heiratete jemand anderen. Wenn ich an ihr Gesicht denke, kann ich einschlafen, weil sie so schön ist und ich sie so sehr liebe, daß die Trauer darüber, daß ich sie verloren habe, mich nach unten zieht und vom Leben entfernt.«

»Und was ist mit deinem Briefpapier?«

»Ein schwacher Ersatz.«

Alessandro wickelte sich in seine Decken und versuchte zu schlafen. Er war nicht müde, und obwohl die Granaten über sie hinwegflogen, schienen Explosionen den Waldboden zu erschüttern. Dennoch schlief er schließlich ein, und in einem Traum sagte er sich zwei Dinge. Zwischen den Einschlägen der Artillerie sagte er bei sich, daß er unruhig schlafe und nicht gesund sei. Und er schimpfte mit sich, immer wieder, tausendmal, daß er nicht wach war, denn wenn er nicht wach wäre, hätte er vielleicht nicht genug Zeit, wenn der Befehl erteilt wurde, die Bajonette aufzupflanzen. Er schlief seinen anstrengenden Schlaf, bis der Beschuß aufhörte. Dann sprangen er und der Mailänder auf, als sei die Stille ein Artilleriegeschoß, das in ihren Ohren explodiert war.

»Und jetzt gehen wir an die vorderste Front und verpulvern all unsere Patronen«, sagte der Mailänder.

Sie tasteten im Zelt herum und suchten nach Munition, fanden aber keine. Dann traten sie in die Dunkelheit zwischen den Bäumen und sahen, daß die Wolken vom Wind auseinandergerissen und in höhere Höhen gedrängt worden waren. Die Sterne wurden in den Zwischenräumen sichtbar und ließen die Himmelsstücke aussehen wie Ozeandampfer, die auf einem schwarzen Meer auftauchen.

»Es ist kälter«, sagte Alessandro, »und es ist fast trocken.«

Auf dem Kamm, wo die Bäume von vorbeizischenden Granaten gekappt worden waren, lag eine lange Reihe von Soldaten mit Gewehren vor sich auf dem Boden. Eine riesige Grasfläche erstreckte sich nach Nordosten und fiel jenseits der Gräben ab. Sie warteten darauf, daß der Boden seine Farbe änderte, wenn die Österreicher massiert vorrückten. Die Feldwebel hatten nur ein paar Kisten Munition von der Brigade östlich ergattern können, und zusätzliche Patronen wurden so knauserig ausgegeben, als handelte es sich um Roastbeef oder Geld. Eine Maschinengewehrschwadron hatte sich ein Maschinengewehr besorgt, hatte aber nur zwei Kisten mit Munitionsgurten.

Jemand fragte, warum die Gräben sich nicht über die Wiese erstreckten. Ein gedrungener Feldwebel mit Narbengesicht sagte ihm, daß unter dem Gras Fels war und sie sich, wenn der Schnee schmolz oder es im Sommer regnete, in eine Abflußrinne verwandelte.

»Wo ist unsere Artillerie?«

»Wozu Granaten verschwenden?« war die sarkastische Antwort von jemandem etwas weiter in der Linie.

Weiterer Sarkasmus wurde vom Auftauchen einer dunklen Masse am Fuß des Hügels abgeschnitten. Nicht nur, daß die Masse zu langsam und gleichmäßig war, um der Schatten einer Wolke zu sein, der Mond war auch noch nicht aufgegangen, und die Schatten, die die Sterne warfen, waren zu schwach, als daß man sie hätte sehen können.

Die Unterhaltung war beendet. Die Kompanien in den Gräben links und rechts begannen ein Flankenfeuer, doch feindlicher Granatwerferbeschuß, der wie eine riesige Welle auf einen stillen Strand stürzte, brachte sie augenblicklich zum Schweigen – ihre Schießscharten zeigten in die falsche Richtung, und sie konnten nur schießen, wenn sie ihre Deckung verließen. Zur gleichen Zeit erhob sich der Großteil der Österreicher aus den vorderen Gräben in das offene Gelände.

Einen Augenblick später änderte der schwarze Schatten am Fuß des Hügels seine Form, als fünftausend Mann und mehr, die vorher gekrochen waren, plötzlich zu rennen begannen.

In der unbefestigten italienischen Linie wurden Patronen in die Kammern gerammt und Hähne gespannt. Der Klang glich dem Klappern von Münzen in einem mechanischen Sortierer. Vermischte und formlose Gebete stiegen auf und waren vergessen, sobald das Schießen begann. Feldwebel fluchten über voreiliges Feuer, wurden aber bald durch die anwachsende Kaskade zum Verstummen gebracht, und bei den ersten Mündungsblitzen von dem sich nähernden Feind eröffnete die gesamte Front das Feuer, bis die Gewehre einen solchen Rauch und Lärm machten, daß niemand irgendwas sehen oder hören konnte. Sie schossen auf den Feind dahin, wo sie meinten, daß er gestanden hatte, und der Magen sackte ihnen, weil sie wußten, daß er in Wirklichkeit viel näher war.

Eine Windböe hob den Qualm. Die kompakte Masse der Angreifer verteilte sich und begann, in vielen Richtungen gleichzeitig auszuschwärmen. In der italienischen Linie wurden Befehle gerufen, und Gruppen von Männern sprangen auf und rannten wild zu anderen Stellungen. Alessandros Brigade, ohne Formation, ohne Offiziere, ohne Munition, war in Panik geraten. Als die Österreicher sich verteilten, um den Hügel zu umzingeln und in den Zeltwald einzudringen, blieben einige der Männer der Brigade an der Anhöhe und andere zogen sich zu den Bäumen zurück.

Alessandro und der Mailänder blieben, bis sie keine Munition mehr hatten. Sie hatten gewartet, bis sie einzelne Soldaten unterscheiden konnten, und fällten sie mit plazierten Schüssen, doch die meisten Männer in ihrem Abschnitt hatten aus Unerfahrenheit ihre Munition beim ersten Feuern aufgebraucht und waren nicht in der Lage gewesen, irgend etwas mit den ihnen verbliebenen Patronen zu treffen. Die feindlichen Soldaten waren sehr nah und kamen rennend auf sie zu.

Als die Brigade das Keuchen der Österreicher hören konnte und sie aus dem Qualm auftauchen sah, versuchten sie, sich in beide Richtungen zu wenden, doch ihre eigenen Linien hatten an den Flanken nachgegeben, und sie mußten sich zurückziehen. Das taten sie, ohne zu zögern, und rannten durch die Bäume wie aufgescheuchte Wildvögel.

Alessandro und der Mailänder blieben sogar beim Laufen zusammen und fanden sich mit tausend verschreckten Soldaten auf der Brigadelichtung wieder. Einige Offiziere, die es auf ihrem Rückweg vom Hauptquartier durch das Sperrfeuer geschafft hatten, brüllten Befehle zum Sammeln, doch es war hoffnungslos. Dann gaben sie es auf, Formationen bilden zu wollen. »Kämpft zwischen den Bäumen! Kämpft zwischen den Bäumen!« brüllten sie, als die Österreicher ins Unterholz drangen und zu schießen begannen.

»Wir haben keine Munition«, bekamen sie zur Antwort.

»Pflanzt die Bajonette auf! Bleibt zwischen den Bäumen!« riefen die Offiziere, die wußten, daß es das Ende wäre, aufs offene Gelände getrieben zu werden.

Alessandro und der Mailänder pflanzten ihre Bajonette auf und standen zwischen den Kiefern. Die Kugeln klopften gegen die Baumstämme wie Spechte, und abgeschossene Äste fielen herab, so als ob hundert Waldarbeiter in der Luft über ihnen wären und die Bäume beschnitten. Ein dritter Soldat schloß sich ihnen an. »Was sollen wir tun?« fragte er, und als er keine Antwort bekam, verschwand er.

Es war keine Zeit für eine Antwort geblieben. In dem Glauben, daß die Italiener darauf gedrillt waren, in der Deckung nicht weiter zu schießen, hatten die Österreicher das Feuer eingestellt und griffen mit Bajonetten und Knüppeln an. Selbst die Unerfahrensten unter den Italienern, die kleinen Angestellten und die Jungen, die noch nie von zu Hause fortgewesen waren, wußten, daß sie jetzt eine echte Chance hatten.

Die Österreicher waren fast sämtlich größer und trugen wilde Mäntel und Pelze, vor denen es den adrett gekleideten Italienern schauderte. Alessandro glaubte, seine eigene Uniform ließe ihn im Vergleich zu den Pickelhauben, Stahlhelmen und Schaffellwesten des Feindes klein und schwächlich erscheinen. Die Österreicher rannten zwischen den Bäumen umher, zerhieben die störenden Zeltschnüre mit Bajonetten und Seitengewehren, und als eine Kette von Feinden, die ihre Arme beim Knüppelschwingen angewinkelt hatten und ihre Gewehre mit den Bajonetten nach vorne stießen, auf Alessandro zurannte, hatte er den Einfall, die ganze italienische Armee sei gekleidet wie Kellner. Er hätte gleichzeitig lachen und weinen können, und als er merkte, daß er keines von beidem konnte, wurde er wütend.

Drei Männer näherten sich. Niemals in seinem Leben würde er sie vergessen. Der zur Linken hatte keinen Hals, einen Unterkiefer wie eine kräftige Schildkröte, eine kurzgeschorene Schaffellmütze und in der rechten Hand eine Keule, an deren Ende vier Messingplatten, besetzt mit Stahlspitzen, angebracht waren. In der linken Hand hielt er ein Seitengewehr. Der Mann in der Mitte, in Fellweste und Pickelhaube, war mit seinem Bajonett sprungbereit, und der zur Rechten hatte einen roten Bart und trug alle möglichen Sorten von Ledergurten und Scheiden, die er über den Mantel geschnallt hatte. Er hob sein Gewehr, als wolle er schießen.

Der Mailänder war nirgendwo zu sehen, und Alessandro hatte keine Rückzugsmöglichkeit. Zwar stellten diese drei die direkte Bedrohung dar, doch ihre Kameraden hatten den Wald vollständig besetzt und sie alle waren umzingelt. In der festen Überzeugung, nun sterben zu müssen, beobachtete Alessandro, wie der rotbärtige Mann langsam auf seine Brust zielte.

»Du hast deine Uniform verloren«, sagte Alessandro, in dem Glauben, daß diese nutzlose Erklärung seine letzte sein würde, doch zu seiner Überraschung sah er, daß die drei plötzlich ihre Augen von ihm abwandten. Er hörte ein lautes Knacken und sah den roten Bart zurückkippen, als der Schütze auf der Stelle tot umfiel. Der für

Alessandro bestimmte Schuß ging los, als sich der Finger des toten Mannes um den Abzug krallte, doch die kurze Mauser zeigte bereits in die Bäume.

»Ich hab mir meine Kugel aufgehoben«, sagte der Mailänder und trat hinter einem Baum vor. »Ich brauch sie nicht. Ich hab meine Aura.«

Dann kam der Mann mit der Pickelhaube und der Tierfellweste angerannt, und das Bajonett glitt vor ihm her. Solange es eine Klinge war, löste Stahl, der auf ihn zukam, mit welcher Geschwindigkeit auch immer, eine Woge der Freude bei Alessandro aus, die unzweifelhaft von den vielen Stunden wilder Erleichterung und guter Kameradschaft in den Fechtklassen herrührte, die das tagelange Versenken in Griechisch und Latein unterbrochen hatten. Er blieb stehen, parierte die Klinge und trieb sie nach links. Der Österreicher, der selber nicht unerfahren war, fing den Stoß ab und drehte sein Gewehr so, daß der Kolben auf Alessandros Kiefer zuflog.

Ich habe keinen Helm, dachte Alessandro in dem Augenblick, in dem er sein Gewehr hob und den Schlag abblockte. Die Waffen schlugen gegeneinander, und beide Männer zogen sie so schnell sie konnten an sich, rissen ihre Gewehre nach unten und wieder nach vorn, doch während der Österreicher den direkten Weg nahm und sofort angriff, als seine Klinge ausgerichtet war, machte Alessandro einen kleinen Schritt nach links und schlug mit seinem Bajonett das Gewehr seines Gegners ebenfalls leicht nach links. Durch diese Abwehrhaltung war er im Vorteil. Der Österreicher zog durch und verfehlte ihn, und als er versuchte, seinen Schwung abzufangen, machte Alessandro einen winzigen Schritt zurück, wippte eine halbe Sekunde lang und trieb die Spitze des Bajonetts eine Hand tief durch das Schaffell dem Mann in die Seite.

Der Österreicher zuckte, und sein Bajonett tat einen sauberen Schnitt durch Alessandros linken Unterarm und öffnete ihn, wie ein Fleischer ein Steak abtrennt, doch seine Kraft war verpufft und er konnte sie nicht wieder sammeln. Sein Bajonett zeigte zur Seite und er bekam Alessandros vollen Schlag gegen den Solarplexus, und als die Spitze des Messers die Wirbelsäule erreichte, erzitterte der ganze Körper und tat einen steifen Sprung vom Boden.

Alessandro sprach mit sich selbst, stöhnte und rang nach Luft, als er die Klinge herauszog. Er drehte sich um und sah den Mailänder gegen einen Baum gelehnt, sein Gewehr vor sich haltend, um sich vor dem letzten Österreicher zu schützen, der seine Keule schwang wie ein Ritter. Die Keule zersplitterte den Gewehrkolben des Mailänders, zerbrach den Abzugshahn und hinterließ Kerben und Dellen im Lauf. Die Hände des Mailänders waren zerschunden, blutbedeckt, doch er hielt das Gewehr fest, selbst dann noch, als er zusammenbrach.

Der Österreicher schlug immer stärker auf ihn ein, und Alessandro rannte los. Die Keule riß fast alle Finger von der blutigen linken Hand des Mailänders. Das Gewehr fiel zu Boden, der Kopf des Mailänders sackte zur Seite, und die Keule traf wie eine Maschine, die denken konnte, schnell und hart auf Gesicht und Schädel, zertrümmerte ihn an zwanzig Stellen und verwandelte die Hälfte des Kopfes in etwas, das wie haschiertes Fleisch aussah. Seine Wangen flatterten, und Luft kam rasselnd aus seinem Mund wie Wind, der durch Schilf fährt.

Alessandro biß die Zähne zusammen und stieß sein Bajonett in Richtung des Barbaren mit der Schaffellmütze. Der wußte, wie man kämpfte. Mit seinem linken Arm hielt er sein Seitengewehr hoch, um Alessandros Bajonett abzulenken, und mit seiner rechten Hand schwang er unter ungeheurem Stöhnen die Keule auf die Gewehrmitte zu, um es Alessandro aus den Händen zu schlagen.

Alessandros Körper vibrierte, und nur weil er in Rage war, konnte er das Gewehr festhalten. Die Keule hatte sich in das Holz des Gewehrs gegraben und darin verkeilt. Bei jeder Bewegung der beiden Männer ertönte ein Heulen oder Grunzen, als hätten sie keine andere Möglichkeit zu atmen.

Alessandro zerrte heftig an seinem eigenen Gewehr und riß dem Österreicher die Keule aus der Hand, der jetzt nur noch den Säbel hatte, wie in einer Fechtstunde.

Alessandro konnte jede Bewegung voraussehen. In der Schule wäre der Kampf abgebrochen und ein besserer Gegner für den Italiener gesucht worden. »Erziehung«, sagte Alessandro und trieb den Mann stetig und leicht zurück. Er entblößte seine Zähne, wie er das

Wort formte, und mit weit geöffneten Augen sagte er mit grausamer Stimme auf Deutsch: »*Erziehung! Erziehung! Erziehung!*«

Er schlug ihm das Seitengewehr aus den Händen und trieb ihm das Bajonett in den Leib. Der Österreicher war zurückgesprungen, doch Alessandro war ihm nachgesetzt, und er hörte ein Geräusch, das klang, als teile man einen Apfel in zwei Hälften. Der Mann war nicht tot, aber er lag im Sterben. Alessandro wandte sich ab.

Sein Arm schmerzte. Er drückte die Wunde zusammen, um den Blutfluß zu stoppen, fiel auf die Knie und kroch zum Mailänder hinüber. Dessen Mund stand offen, seine Zunge quoll hervor, noch immer strömte Blut aus ihm heraus. Die Seite seines Kopfes war in eine anatomische Zeichnung verwandelt worden. Sein rechtes Auge, aus der Höhle gerissen, lag zwischen seinen Beinen im Schnee, und sein linker Arm wies in die Höhe, in der Haltung erstarrt, die er entschlossen beibehalten hatte, bis ihm das Gewehr aus der Hand geschlagen und die Finger abgetrennt worden waren, und auch noch danach. Der Mailänder sah wie eine Leiche aus, die tagelang im Schützengraben gelegen hatte, dabei war er noch keine zwei Minuten tot.

Alessandro kannte nicht einmal seinen Namen. Er starrte die Leiche an und dachte an eine Frau, die in ein sauberes kleines Zimmer trat und sorgfältig die Uhr aufzog.

*

Als sie Alessandro fanden, war er bewußtlos, doch er kniete, die Schulter an den Baum gelehnt, und sein Mund stand offen. Sie kamen direkt zu ihm, weil er wie jemand aussah, der gleich aufstand. Sein Puls lag bei zwanzig, und der Sanitäter, der die Wunde schloß, meinte, daß er sterben würde.

Der Name des Dorfes, in das man Alessandro geschickt hatte, damit er sich erholte, war von Grünsee, einem See, in dem sich die smaragdenen Almen spiegelten, in Vittorio umgewandelt worden, wo die italienische Armee den Schwung aufgebracht hatte, den sie brauchte, um zu Dörfern wie diesem zu gelangen und ihnen ihre neuen Namen aufzuzwingen.

Drei Viertel der Bevölkerung waren geflohen, und von den Übrigen sperrte man die Hälfte ein. Die fünfzig leeren Häuser, drei kleinen Hotels und zwei öffentlichen Gebäude waren in ein Lazarett umgewandelt worden. Zum ersten Mal seit er von Orfeos Toilette im Kriegsministerium durch die Straßen Roms zum Bahnhof gelaufen war, sah Alessandro Frauen – nicht nur jene störrischen österreichischen Matronen, die hiergeblieben waren, um sich um das Vieh und die kleinen Kinder zu kümmern, sondern eine große Zahl von Armeekrankenschwestern und Freiwilligen: nicht nur Italienerinnen, sondern auch Französinnen, Engländerinnen, Amerikanerinnen und Skandinavierinnen. Sie gingen allein oder in kleinen Gruppen, und in den verwundeten Soldaten, die von der Front abgezogen worden waren, erweckten sie ein völlig neues Gefühl für die Welt.

Als Alessandro auf der Ladefläche eines Lastwagens in Grünsee einfuhr, stürmte der Anblick dieser Frauen mit größerer Wucht auf ihn ein, als es die fellbekleideten Österreicher getan hatten. Ihre Freundlichkeit, Zurückhaltung und Schönheit erweckten in ihm den Eindruck, als träume er lebhaft. Einige trugen graue Uniformen, andere graue Mäntel über weißen Uniformen. Das Berglicht verlieh blondem Haar einen zarten metallischen Schimmer von Weißgold, und dunkleres Haar leuchtete in voller Farbe. Das Licht, das von weit entfernten Schneefeldern und Gletschern herüberschien, erfüllte die Gesichter dieser Frauen, als seien sie Engel.

Kurz bevor der Lastwagen hielt, kam er an einer Apotheke vorbei. Eine junge Krankenschwester in einem weißen Kleid stand in der Tür und betrachtete die Berge. Sie war schlank und blond und hatte ein schönes, ebenmäßiges Gesicht. Eine gestärkte Schwesternhaube saß fast unsichtbar auf ihrem Hinterkopf und rahmte ihr Gesicht mit einer dünnen weißen Linie wie ein schwedischer Lichtkranz. Ihre Standard-Schwesterntracht war am Hals mit einem emaillierten rotweißen Kreuz geschlossen, das sich in Stoff auf einer weißen Binde um ihren linken Arm wiederholte, und das Kleid, das mit einem Gürtel aus der gleichen faltigen Baumwolle zusammengehalten war, fiel glockenförmig. Ihre Hände hatte sie im Rücken gefaltet, sie wippte leicht von den Fersen zu den Zehen vor und zurück, und ihr Kopf neigte sich in Richtung der Berge. Eingehüllt in das graue Licht, das von den Schneefeldern zurückgeworfen wurde, waren ihre

Augen braun, mit einem leichten Ton von Schiefer und Grün. Wären sie blau gewesen, wäre ihr goldenes Haar nicht so warm gewesen. Sie war die allerschönste Frau, die er je gesehen hatte.

*

Nachdem Alessandro von einem Krankenwärter aus dem Gang der Ambulanzklinik 2 geschoben worden war, brachte eine Krankenschwester ihn in ein Untersuchungszimmer. Sie hatte kleine schwarze Locken und Zähne so weiß wie das Eis auf den Bergen. Ihre hellen Augen wurden durch eine Brille vergrößert, wodurch sie schimmerten, als seien sie feucht. Sie trennte den blutigen Ärmel auf, ihr Kleid fiel nach vorn, und Alessandro sah ihre Brüste. Doch obwohl ihr Körper fast den seinen berührte, starrte er weiter die Bergkette an, die Grünsee von der Schlacht dahinter trennte. Das Licht verschwand, doch das Bild von der Krankenschwester in der Nachmittagssonne verblaßte nicht.

Alessandros Uniformjacke war zerfetzt, und der Verband, den ihm die Krankenschwester mit der Brille anlegte, wurde durch das warme Blut immer schwerer. Er beobachtete, wie die Berge sich in einem so zarten Licht golden und dann lachsfarben einfärbten, daß es schien, als könnte es ausgeblasen werden wie eine Kerze. Kalter Regen zog durch das tiefer liegende Tal und überfiel die Felder um Grünsee, und die Berge, die hindurchleuchteten, schienen auf beweglichen Plattformen aus Wolken zu schweben.

Alessandro war nicht überrascht, wie lange er warten mußte. Wenn man in der Armee, so sagte man, mit einem Pfeil im Herzen in einer Apotheke erschien, dann mußte man mindestens vier Stunden warten, und einem Gerücht zufolge, das nach Caporetto die Runde gemacht hatte, war einem Soldaten, der mit dem Kopf unterm Arm in einem Feldlazarett erschienen war, gesagt worden, er solle später wiederkommen.

Als schließlich ein Arzt Alessandros Verband abnahm, tat er dies mit einer Grobheit, die mehr als nur Übermüdung anzeigte. Alessandro spürte einen kalten und heimtückischen Schmerz durch seinen Körper hallen. Der Schnitt zog sich glatt von kurz unter dem Ellbogen bis kurz vor das Handgelenk, und unter dem Schmerz lag eine fröstelnde Gefühllosigkeit, so als ob das Fleisch bereits tot wäre oder abstürbe.

»Keine Spur von Wundbrand. Die Blutzirkulation ist behindert, daher das Gefühl, als würden Sie sterben. Schauen Sie«, sagte der Chirurg und zog die Wunde auseinander, um sie zum Reinigen vorzubereiten – und brachte den Patienten fast um. »Es ist purpurn. Hat kaum den Muskel getroffen, außer in der Mitte. Woher haben Sie das?«

»Bajonett«, antwortete Alessandro und verzerrte das Gesicht vor Schmerz.

»Wessen Bajonett?« fragte der Arzt aggressiv.

Als die Anschuldigung deutlich wurde, überkam Alessandro eine Woge von Verachtung. »Ich kannte seinen Namen nicht, und nachdem ich ihn getötet habe, war er tot, also konnte ich ihn nicht fragen.«

Der Chirurg tauchte eine Handvoll Gaze in ein Glas mit Alkohol und warf sie auf die Wunde. »Das tue ich«, erklärte er, »um die Wunde zu reinigen, damit Sie nicht an einer Infektion sterben, und wegen der Art, wie Sie mit Offizieren reden.«

Alessandro hatte keine Worte. Er versuchte, sich vorzustellen, daß sein Arm nicht zu ihm gehörte und daß der verdammte Arzt nicht da war.

»Manche Soldaten verletzen sich selber, um von der Front wegzukommen«, sagte der Arzt und beendete das Auswaschen der Wunde. »Sie kommen haarscharf an den lebenswichtigen Teilen vorbei und machen dennoch überzeugend blutige Wunden, man könnte glauben, sie seien Chirurgen. Aber so klug, wie sie meinen, sind sie nicht, und ein Drittel von ihnen stirbt an Sepsis.

Also das hier«, fuhr er fort und untersuchte die Wunde, »ist sehr hübsch gemacht. Das sieht so aus, als hätten Sie jemanden dafür bezahlt.«

»Habe ich nicht.«

»Wie auch immer, Sie werden einen ordentlichen Schluck brauchen, während ich Sie zusammenflicke. Ich werde nur zwanzig oder dreißig kleine Stiche machen müssen, aber ein paar davon gehen durch den Muskel.«

»Was trinken?«

»Grappa.« Der Arzt trat an einen Schrank, goß Grappa aus einem Fünf-Liter-Kanister in ein Laborgefäß und gab es Alessandro.

»Ist das viel? Ist das genug?« fragte Alessandro.

»Hier, ich helfe Ihnen.« Der Arzt nahm einen Schluck.

»Wenn Sie das austrinken, werden Sie nicht mehr laufen können. Stecken Sie diese Tabletten ein. Später, wenn Sie sich krank fühlen, nehmen Sie ein oder zwei, in Wasser aufgelöst.«

Alessandro fügte sich.

»Trinken Sie, soviel Sie können.«

Alessandro hatte schon vor langer Zeit im Wein seinen Meister gefunden, von dem er höchstens ein Glas am Tag trank und stets mit Wasser vermischt wie ein Zehnjähriger, und er hielt den Atem an und stürzte den Grappa hinunter. Er brannte ihm im Hals, aber die Hitze war nicht ganz unangenehm: Sein Gesicht glühte, bis es die Farbe des roten Samtes hatte, mit dem teure Logen in der Oper oder die Räume in einem ägyptischen Bordell ausgeschlagen sind.

»Behalten Sie es bei sich«, befahl der Chirurg. »Ich bin in zehn Minuten wieder da. Fallen Sie nicht vom Stuhl. Stellen Sie sich vor, Sie seien auf einem Schiff. Wenn ich Sie nähe, werden Sie nichts davon wissen. Spüren Sie schon was?«

»Ja.«

»Wenn ich fertig bin, wird Sie eine Schwester in Ihr Zimmer bringen. Sie werden gehen können. Spüren Sie es?«

»O ja. Eine Nonne?«

»Was meinen Sie, eine Nonne?«

»Bringt mich ins Zimmer.«

»Eine Krankenschwester, keine Nonne. Wir haben hier keine Kinderschwestern.«

»Welche Krankenschwester?«

»Ich weiß nicht.«

»Holen Sie die mit dem schönen Gesicht.«

»Dem schönen Gesicht?«

»Die Schöne.«

»Für Soldaten, die von der Front kommen«, entgegnete der Chirurg, »sind sie alle schön.«

Als Alessandro allein war, redete er mit sich selbst. Dabei wurde er so laut und ereiferte sich derart, daß eine Krankenschwester zu ihm kam, sich einen Finger vor die Lippen hielt und sehr langsam und mit großer Anteilnahme »Schsch!« machte.

Alessandro wankte behaglich in einer kleinen Ellipse und war davon überzeugt, daß sein Geist seinen Körper verlassen hatte und hoch oben im Untersuchungszimmer dahinschwebte, doch er weigerte sich, der Vorstellung zu trauen, daß frei umherzuschweben ihm ewige Freude bringen würde, und hielt die Augen geöffnet.

Der Chirurg kam von zwei Krankenwärtern begleitet zurück. Sie traten so schnell auf ihn zu und waren so geschäftsmäßig, daß sie ihn hochgehoben und auf einen Tisch in der Raummitte gelegt hatten, bevor er noch wußte, wie ihm geschah. Sie banden ihm die Knöchel, den gesunden Arm und nur einen Oberschenkel fest, weil einer der Fußgurte gerissen oder durchtrennt war. Die Wärter hielten sein Handgelenk und seinen Kopf.

Zuerst schien nichts davon eine Bedrohung oder Demütigung zu sein. Er hatte keinen Körper, und sein Geist, der nun merkwürdigerweise auf dem Kopf stand, beobachtete alles mit Gleichgültigkeit.

Dann begann der Chirurg, die Fäden durch seine Nadeln zu ziehen. Diese waren gebogen, von unterschiedlicher Länge und Stärke und glänzten im Schein der Petroleumlampe, bei dem er zu arbeiten gedachte. Alessandros Geist sagte »O nein«, als der Chirurg sein spärliches Arsenal ausbreitete. Wie ein Taucher, der aus einer Höhe springen will, die ihm Angst macht, betrachtete der Chirurg die Wunde für lange Zeit. Dann nahm er mit der rechten Hand die erste Nadel und mit der linken einen alkoholgetränkten Tupfer.

Jedesmal, wenn der Chirurg eine der Stahlnadeln durch Alessandros Fleisch drückte, machte sich dessen Körper so steif wie ein Kanonenrohr. Die Nadel arbeitete sich mit drei oder vier Bewegungen pro Stich vor, und bei jeder von ihnen zuckte Alessandro wie einer von Galvanis Fröschen. Tauchte die Nadel auf, wurde der Stich festgezurrt, und Alessandro schauderte aus Angst vor dem nächsten. Einige Stiche tiefer im Muskel waren schlimmer als andere. Nach einer halben Stunde banden ihn die Wärter los und gingen zu einem Patienten, der auf einer Bahre im Flur geschlafen hatte, und bald reichten die Schreie dieses Patienten aus, um all die Soldaten aufzuwecken, die im Alto Adige gestorben waren. Obwohl er betrunken war, war Alessandro bei klarem Verstand. Er wußte, daß sein Körper in den nächsten Wochen auf die gerade vergangene halbe Stunde reagieren würde, doch während sich der Körper noch Klarheit darüber zu verschaffen suchte, was ihm zugestoßen war, genoß Alessandro seinen Gleichmut.

»Und was ist mit Essen?« fragte Alessandro in die Luft. Als niemand antwortete, schien er leicht enttäuscht zu sein.

Nach einer Weile kam die Krankenschwester, die sich den Finger an die Lippen gelegt und »Schsch!« gesagt hatte, um ihn zu dem Haus zu bringen, wo er schlafen sollte. Wieder machte sie »Schsch!« Er glaubte, daß dies vielleicht die Art wäre, wie sie atmete, oder daß sie vielleicht ein Emphysem hätte oder einem Hindukult anhinge. So etwas hatte es vor dem Krieg gegeben, man brachte den Menschen bei, wie man atmete und wie man lachte. Doch der unausgesprochene Zweck von all dem war, dem Tod eins auszuwischen, und vertrauenswürdige Hindus, die nach Italien gekommen waren, wurden reich dabei.

Alessandro konnte nicht erkennen, wie die Krankenschwester aussah, weil sie einen Lodenmantel mit einer Kapuze trug, die ihr Gesicht verdeckte. Sie trat mit ihm hinaus in die Dunkelheit, was das Erkennen zusätzlich erschwerte. Alessandro versuchte es zwar, konnte aber nur sagen, daß sie groß und dünn war, fast wie ein Storch. Ab und zu beugte er sich vor, fiel beinahe um und versuchte, unter die Kapuze zu schauen.

»Versuchen Sie nicht, mich zu küssen«, sagte sie. »Das ist gegen die Vorschriften, und außerdem küsse ich nicht jeden.«

»Ich möchte Ihr Gesicht sehen«, sagte er. »Sind Sie Hindu?«

»Keine Küsse«, war ihre Antwort. Abgesehen davon sprach sie ununterbrochen, irgendwas über Friseurläden in Kurorten, und daß sie nach dem Krieg entweder in einem arbeiten, in einen einheiraten, selber einen aufmachen oder alles drei zugleich tun würde, weil die Bäder nach dem Krieg mit Verletzten und Gebrechlichen überfüllt sein würden – und ihren Frauen.

Kurz bevor sie das Sommerhaus erreichten, in dem er schlafen sollte, versuchte er erneut, ihr Gesicht zu sehen. »Ich habe kein Wort von dem verstanden, was Sie da erzählen«, sagte er. »Ich weiß nicht, warum und ob Friseusen wie sind, ich bin noch nie bei einer gewesen. Was sind sie?«

»Nein, nein, nein«, entgegnete sie und schob ihn in einen Flur. »Keine Küsse.« Und das sagte sie, weil die Krankenschwestern, die den ganzen Tag mit Männern zu tun hatten, von ihnen umgeben waren, sie badeten und trugen, manchmal, in privaten Augenblicken, ihre Patienten küßten – und ihren Patienten erlaubten, sie zu küssen – innig. An einem Ort, an dem auch unscheinbare Frauen wunderschön waren, kam dies alle Tage vor.

Gemeinsam mit einer kräftig gebauten jungen Schwester half sie Alessandro zwei Treppen hinauf, einer breiten und einer schmalen. »Müssen Sie die Toilette benutzen?« fragten sie.

»Als was?« wollte er wissen.

»Was meinen Sie damit?«

»Als Besen, Bajonett, Hut oder was?«

Verständnislos blickend, betteten sie ihn.

»Nein! Öffnen Sie das Fenster«, protestierte er. »Ich mag frische Luft.«

Sie öffneten es. »Sie werden sechs Decken brauchen.«

»Zwei reichen schon, wenn Sie eine doppelt legen.«

Sie deckten ihn zu und legten seinen Kopf auf ein Kissen in einem eiskalten weißen Bezug, der so sehr gestärkt war, daß Alessandro zuerst dachte, er sei aus Holz.

Obwohl das Zimmer gerade schrankgroß war, war es sein eigenes, es war keine Zelle, und die Tür war nicht verriegelt. Die Wände waren aus Zedernholz. Es war ein Kinderzimmer gewesen, und das Bett war zu klein, doch das Kissen machte das wieder wett: Er hatte seit fast drei Jahren, außer bei seinem kurzen Aufenthalt daheim, kein Kissen mehr gehabt.

Frei und allein, die Stiefel endlich von den Füßen, einen Arm in der Schlinge und mit einem Feuer, das angenehm in ihm brannte, während er unter den drei Lagen Wolle lag, atmete er die reine Luft ein, die wie ein Fluß von den Gletschern herabkam, und sank in den glänzenden Kissenbezug.

Er wartete darauf, daß der Mond die Wolken geisterhaft silbern färbte, doch er befürchtete, daß er wohl schon eingeschlafen wäre, bis der Mond sein Zimmer mit Licht überflutete. Er lächelte vor sich hin, in Bewunderung der Berge, denn obwohl er erst zwei Tage hier war, fügten sich neue Bilder und lösten sich mit atemberaubender Geschwindigkeit wieder auf, so als ob jedesmal, wenn die Sonne oder der Mond von Wolken verborgen oder von steigenden Nebeln enthüllt wurde, eine neue Welt entstand. In großen Höhen hatte er dies schon erlebt. Die Zeit war gedrängt und gedehnt zugleich. Die Luft, die durchs Fenster kam, war voller Botschaften, die Alessandro nicht mehr verstand. Als sie zu Millionen zerbarsten wie die Schaumkronen auf dem Meer, störten sie den Frieden des Raums und stellten ihn wieder her, in einem Rhythmus, der wie Ebbe und Flut stieg und fiel und den verwundeten Soldaten in Schlaf wiegte.

*

Als er aufwachte, glaubte er, der nächste Morgen sei angebrochen, doch es war nur später am Abend. Er roch Essensduft, und es wurde ihm nicht nur schlecht davon, es ergab auch keinen Sinn, denn er kannte keinen Ort, schon gar nicht in der Armee, wo man schon von Rindfleisch zum Frühstück gehört hätte.

Er hatte hohes Fieber bekommen, das ihn in seiner Intensität an die Raserei in einer Granate erinnerte. Sein Körper glühte angenehm gleichmäßig, und sein Gesicht war so heiß wie nach mehreren Stunden in der Sonne. Die Verbrennung war derart, daß der Heizer der Natur, wenn es einen gegeben hätte, sicher mit angezogenen Füßen dagesessen und sich über die Flamme gewundert hätte.

Alessandro hob die rechte Hand von der Bettdecke und berührte seine Nase, die, im Gegensatz zu seinem restlichen Körper, eiskalt war. Sollte er durch irgendeinen Zufall an einer unbedeutenden Verletzung sterben, dann war der schmerzlose Tod im Fieber sicher das Beste. Aus tiefstem Innern murmelte er vor sich hin, sanft und schnell, daß es fast wie ein Singen war: »Vielleicht ähnelt das Gehen durch die Tore des Todes dem ruhigen Durchschreiten eines Tores in einem Weidenzaun. Auf der anderen Seite geht man weiter, ohne sich noch einmal umsehen zu müssen. Kein Schock, kein Drama, nur das Anheben von ein, zwei Querbalken in einem einfachen Holzzaun auf einer Lichtung. Kein Schmerz und keine Ströme von Licht, keine großartigen Stimmen, nur das leise Überqueren einer Weide.«

Nun war es dunkel, und nicht einmal ein Habicht hätte einen weißen von einem schwarzen Faden unterscheiden können. Alessandro versuchte, seinen Kopf vom Fenster weg der Tür zuzudrehen, doch sein Hals war steif und er konnte sich kaum rühren. Er hielt dies für die ersten Anzeichen des Todes, und obwohl er sich dreinschickte, wollte er wenigstens in der Illusion von Wärme und Licht sterben.

Er mußte es wohl laut ausgesprochen haben, denn eine Frau, die in der Zimmerecke hinter ihm auf einem Stuhl mit geflochtenem Sitz saß, beantwortete die Frage, die er nicht wirklich gestellt hatte.

»Sie werden nicht sterben«, sagte sie.

Es war ihm peinlich, daß sie die ganze Zeit bei ihm gewesen war und er es nicht bemerkt hatte. »Woher wissen Sie das?« fragte er.

»Das ist nicht das Haus dafür.«

»Es ist nicht recht«, sagte Alessandro, »daß Sie mir zuhören und mich nicht beizeiten auf Ihre Anwesenheit hingewiesen haben.«

»Normalerweise halte ich es nicht für nötig, Leute vor meiner Anwesenheit zu warnen, besonders wenn sie nicht bei Bewußtsein sind. Ich wußte nicht, daß Sie wach sind.«

»Ich auch nicht. Haben Sie mich nicht gehört?« fragte er.

»Ich hörte jemand im Schlaf oder im Fieber sprechen. Sie phantasieren jetzt.«

»Ich hätte nicht gesprochen, wenn ich gewußt hätte, daß Sie hier sind.«

»Aber ich bin zu müde, um mich von diesem Stuhl zu rühren, nur um Ihnen diese Peinlichkeit zu ersparen.«

»Ich kann Sie nicht sehen«, sagte er mit plötzlicher Verärgerung. »Ich kann mich nicht drehen, und es ist dunkel.«

»Wozu wollen Sie mich sehen?« fragte sie.

»Damit ich weiß, mit wem ich rede. Warum kommen Sie nicht ans Fenster, so daß ich Sie sehen kann?«

»Weil ich recht bequem auf diesem Stuhl sitze. Mir ist warm, ich habe meinen Mantel an. Ich bin hier, um sicherzugehen, daß Ihr Fieber Sie nicht umbringt, und um Ihnen etwas zu essen zu bringen, wenn Sie es möchten, und ich habe nicht vor, ans Fenster zu gehen, damit Sie mein Gesicht sehen können. Wozu wollen Sie mein Gesicht sehen?«

»Wozu haben Sie ein Gesicht? Wozu haben Sie einen Körper?«

»Aus dem gleichen Grund, aus dem alle anderen ein Gesicht und einen Körper haben, damit ich durchs Leben komme.«

»Und was ist dann falsch daran, mir zu zeigen, was es ist, das Ihnen erlaubt, durchs Leben zu kommen?«

»Wenn Soldaten von der Front kommen und seit Monaten oder einem Jahr ohne Frauen waren ...«

»Oder zwei Jahren.«

»... verlieben sie sich in die erste Frau, die sie sehen. Man könnte ein Buttermesser sein, und sie würden sich trotzdem in einen verlieben. Das ist nicht sehr schmeichelhaft, das passiert andauernd, und es langweilt mich. Und die, die erblindet sind, von Granaten verstümmelt, die ihnen im Gesicht explodiert sind, verlieben sich, obwohl sie nicht zu hoffen wagen, jemals wieder geliebt zu werden, in eine Stimme. Und was kann ich ihnen geben? Nichts. Ich bin nur eine Frau. Ich bin nicht das Ende des Krieges oder das Ende ihres Leids oder irgendein magisches höheres Wesen, das alles rückgängig machen könnte, was sie gesehen haben.«

»Kennen Sie sich mit Giorgione aus?« fragte Alessandro, der sich aufzusetzen versuchte und wieder zurückfallen ließ. »Giorgione hat ein Bild gemalt, das Sie glatt widerlegt. Es widerlegt Sie glatt. Auf dem Gemälde beruhigt eine Frau den Sturm und stellt so die einzige Hoffnung eines Soldaten dar. Die Idee mag Ihnen vielleicht nicht gefallen, sie mag Ihnen zuviel sein, aber was Sie leugnen und was Giorgione bekräftigt, ist wahr.

Ich weiß, daß einige Soldaten von der Front kommen und mit körperlicher Lust angefüllt sind. Ich habe Männer reden hören wie Tiere, selbst wenn es um ihre eigenen Frauen ging. Sie kehren im Urlaub heim und vögeln ihre Frauen, bis sie wund sind.«

»Bis wer wund ist?« fragte sie und wunderte sich, warum sie einem Mann erlaubte, so mit ihr zu reden.

»Beide. So als wollten sie Blut sehen. Es geht stets bis aufs Blut oder darüber hinaus.«

»Woher wissen Sie das?«

»Sie sprechen frei darüber. Die Rohen unter ihnen denken ganz mechanisch – so viele Tage ohne körperliche Liebe, eine simple arithmetische Theorie des Drucks, Wasser hinter einem Damm, was Sie wollen. Und dann reden sie darüber, als seien die Soldaten, die sie aus dem Schlamm heraus anstarren, wichtiger als die Frauen, die sie zu Hause zurückgelassen haben. Sie sind wie Katzen, die einem ihre Beute zu Füßen legen.«

»Davon verstehe ich nichts.«

»Aber ich. An der Theorie sich akkumulierenden Verlangens ist was dran, und viele Soldaten spüren, daß sie von etwas getrieben werden, das weniger roh ist, als sie glauben, doch wer hat schon Zeit, darüber nachzudenken?«

»Sie.«

»Nur, weil Sie mich gezwungen haben, zu denken und zu sprechen. Wenn ich Sie sehen könnte, wäre das unnötig.«

Sie erwiderte nichts. Das ermutigte ihn.

»Nun gut. Ich werde weiterreden müssen – ich rede gern mit Ihnen. Wenn Soldaten nach Hause kommen, ist ihr erster Gedanke, ob sie es wissen oder nicht, Kinder zu haben, denn Kinder sind das einzige Gegenmittel gegen den Krieg. In dem Gemälde von Giorgione sind Mutter und Kind unerschütterlich, Mittelpunkt des Universums. Der Soldat mag vom rechten Weg abkommen, das Wasser mag steigen, doch Mutter und Kind werden die Welt retten, immer und immer wieder.«

»Was hat das mit mir zu tun? Genau wie ich gesagt habe. Ich könnte *irgendeine* Frau sein.«

»Ja. Und ich, im Graben liegend, zitternd, verwundet, könnte irgendein Mann sein. So auf das Elementare reduziert zu sein, ist nicht ehrlos. Niemals wird Sie jemand besser kennen als derjenige, der Sie kannte, als Ihnen alles, was Sie hatten, genommen war. Niemals wird Sie jemand besser kennen als so, wie Sie jetzt sind, auf einem Stuhl sitzend, den Mantel an, in diesem kalten dunklen Zimmer, hungrig und erschöpft.«

»Sie können mich nicht sehen«, sagte sie. »Sie kennen mich nicht. Wir haben niemals des anderen Gesicht gesehen. Wir empfinden vielleicht eine gewisse Zuneigung, weil wir möglicherweise einen ähnlichen Hintergrund haben und uns jetzt an diesem Ort abmühen, doch nach dem Krieg würde sie verschwinden. Wenn zwei Menschen auf einem Floß auf dem Meer gerettet werden, ändert sich alles für sie.«

»Das kommt darauf an, wie lange sie auf dem Floß gewesen sind«, sagte er.

»Sie geben wohl nie auf, oder?«

»Noch nicht.«

»Sie sind einer von einer Million Soldaten. Ich rede mit Hundert am Tag. Die Hälfte von ihnen verliebt sich in mich. Das bedeutet nichts.«

»Ich habe um nichts gebeten.«

»Glauben Sie, daß Sie mich erobert haben?«

»Nein.«

»Warum sind Sie plötzlich so sicher?«

»Sicher wessen?«

»Gleichgültig zu sein.«

»Ich bin nicht gleichgültig. Ich bin mir nur sicher, an die Wahrheit gerührt zu haben.«

»Woher wissen Sie, daß ich wiederkommen werde? Es wäre ein leichtes für mich, mit einer anderen Schwester zu tauschen. Außerdem werden wir genauso umgruppiert und versetzt wie Sie. Morgen könnte ich zurück in Trento sein. Vielleicht sterben Sie.«

»Dann bin ich nicht im richtigen Haus.«

»Tut mir leid. Das Fieber ist ein gutes Zeichen. Sie sind im richtigen Haus.«

»Warum kann ich mich nicht umdrehen? Ich komme mir vor wie gelähmt.«

»Wenn Sie Fieber haben und in ein und derselben Haltung bei kalter Luft schlafen, kann so etwas vorkommen.«

»Wenn Sie nicht zurückkommen«, sagte er, »dann kommen Sie eben nicht zurück, das heißt, Sie sind nicht die Frau, für die ich Sie halte. Ich war mir sicher. Ihre Stimme ist wunderschön. Aber dennoch, es macht nichts, wenn Sie beide verschwinden, weil die andere bleiben wird.«

»Sie phantasieren«, sagte sie zu ihm.

»Stimmt.«

»Wenn ich in ein paar Stunden wiederkomme und Sie sind wach und phantasieren nicht mehr, dann braucht es Ihnen nicht peinlich zu sein.«

»Die Liebe ist nur denen peinlich, die nicht lieben können. Und außerdem habe ich nicht gesagt, daß ich mich in Sie verliebt habe. Das haben Sie gesagt.«

»Obwohl ich Sie nicht gesehen habe, würde ich nicht sagen, daß ich Sie nicht anziehend fände, aber ich denke, in ein oder zwei Tagen könnte ich Sie vergessen. So geht das hier. Man kann niemanden in fünf Minuten kennenlernen. Man kann sich nicht in fünf Minuten verlieben.«

»Bitte kommen Sie zurück«, sagte er.

*

Am nächsten Morgen kam die storchenhafte Krankenschwester, die Hindu, um Alessandros Temperatur zu messen, den Verband zu wechseln und Frühstück zu bringen. Als sie sich um den Verband kümmerte, war ihre Berührung so sanft und mitteilsam wie nichts sonst, was Alessandro je kennengelernt hatte. Wer immer sie heiratete, hätte ihre Intelligenz, Dankbarkeit und Freundlichkeit für den Rest seines Lebens und würde vielleicht etwas viel Bezauberndere kennenlernen als romantische Liebe.

»Wann kommen Sie wieder?« fragte Alessandro.

»Zu Mittag.«

»Und abends?«

»Ich habe keinen Nachtdienst.«

»Wer denn?«

Die Störchin zuckte mit ihren hohen Schultern. »Jemand anderes.«

»Wissen Sie wer?«

»Nein. Der Plan ändert sich ständig.«

Alessandro insistierte nicht weiter, aber die schlanke Krankenschwester war nett. »Ich könnte es herausfinden«, bot sie an, »und Ihnen morgen Bescheid geben, wenn sie nicht schon heute nacht zurückkehrt.«

»Das ist nicht nötig«, sagte er. »Ich war nur neugierig, wer das Abendessen bringt.«

Sie ging, und Alessandro schlief ein, wurde aber nachmittags durch das Echo von Artillerie in den Bergen geweckt, die einen halben Tag entfernt war. Es klang wie ferner Donner – obwohl es nicht wie Donner rollte und sich nicht wie Donner ausruhte und in der Geschichte der Natur Donner wahrscheinlich noch nie so angespannt, so rasch aufeinanderfolgend und so gnadenlos in der zeitlichen Abfolge gewesen war. Halb aufgerichtet, lauschte Alessandro für eine Weile und sank dann wieder in sein warmes Bett. Er schlief bis zum Sonnenuntergang und lag dann wach und wartete darauf, daß sie kam.

Im unteren Stockwerk des Sommerhäuschens war ein Dutzend Verletzter einquartiert, die sich in verschiedenen Stadien der Rekonvaleszenz befanden und herumgehen konnten. Bald sollten sie zu ihren Einheiten zurückkehren; sie spielten Karten und redeten am Kamin. Einer spielte Zither. Es war nicht anzunehmen, daß ein Italiener Zither spielte. Vielleicht war es ein Einheimischer, der im Dorf zurückgeblieben war, ein verwundeter Österreicher, der auf wunderbare Weise von den italienischen Mannschaften aufgenommen worden war, oder einer der Kollaborateure, die den Italienern dabei halfen, die frisch eroberten Gebiete auszukundschaften. Wer auch immer, seine Musik jedenfalls hatte einen traurigen Unterton. Alessandro fragte sich, wie ein Lied gleichzeitig traurig und fröhlich sein konnte und sein Kontrapunkt vorwärts tanzte, selbst wenn er sich zurückhielt.

Das kam daher, daß die Welt ihr eigenes Leben hatte. Ob man den Winter in Ruhe ließe oder ihn zu Tode beobachtete, er würde allmählich in Sommer übergehen. Wunder und Paradoxa konnten mit den herrlich unabhängigen Weisen ihrer Elemente erklärt werden, und vielleicht ließ sich wahre Schönheit teilweise dadurch erklären, daß sie nicht nur eine Kombination, sondern auch eine Auflösung war; daß die Fäden, nachdem sie gewebt und verknüpft waren, sich wieder voneinander lösten und ihre eigenen Wege nahmen; daß die Züge, die in einem fesselnden Schauspiel in den Bahnhof einfuhren und Dampfwolken in die Mitternachtsluft ausstießen, dann in verschiedene Richtungen davonfuhren und verschwanden; daß das Drama einer schlagenden Uhr unmöglich war ohne die Stille, die Vorspiel und Epilog dazu bildeten. Musik war eine Kette, die sich zur Hälfte aus Stille und zur Hälfte aus Klang zusammensetzte, Liebe war nichts ohne Sehnen und Verlust, und hätte die Zeit nicht an ihrem Ende die Abwesenheit von Zeit aufzuweisen und wäre der Abwesenheit von Zeit nicht die Zeit vorausgegangen, wären beide ohne jede Konsequenz.

In dieser Metaphysik, und nur in dieser Metaphysik, machte es kaum einen Unterschied, ob sie kam oder nicht. Er schloß die Augen ersuchte sich daran zu erinnern, wie sie in dem Licht ausgesehen hatte, das von den Gletschern zurückgeworfen worden war. Er hatte sie zwar nur aus der Entfernung gesehen und nur für einen kurzen Moment, doch erinnerte er sich an die Art, wie ihr Kleid gebauscht von den Schultern fiel, an die rot und weiß emaillierte Brosche, die wie auf einem Gemälde aufleuchtete und den Halsausschnitt in geradezu klassischer Manier zusammenhielt. Wieder sah er das Licht auf ihrem Gesicht, als sie in den Wind starrte, der die kühle Luft von den Eisfeldern herwehte. Der Lastwagen war um die Ecke gefahren, und plötzlich war sie von hinten beschienen gewesen, ihr Haar hatte aufgeleuchtet, ihre Hände hatten sich hinter ihrem Rücken gefaßt, und sie wippte auf ihren Füßen. Er hatte sie für immer. Sie hätte nicht zurückzukehren brauchen. Doch sie tat es.

*

Als sich die Tür öffnete und schloß und die Beine des Stuhls mit dem geflochtenen Sitz über den Fußboden schrammten, konnte Alessandro kaum sprechen.

»Wann geht der Mond auf?« fragte er schließlich so sachlich, als hätte er einen Schalterbeamten nach der Ankunft des Zuges gefragt.

»Wie bitte?«

»Der Mond.«

»Was ist mit dem Mond?«

»Wann geht er auf?«

»Ich habe keine Ahnung. Ich habe keine Uhr. Manchmal weiß ich nicht mal, welchen Tag wir haben, und noch viel weniger, wann der Mond aufgeht.«

»Ich dachte, Sie wüßten es.«

»Sollten Krankenschwestern wissen, wann der Mond aufgeht?«

»Ja. In Rom weiß jede Krankenschwester, wann der Mond aufgeht.«

»Wie Sie unzweifelhaft hören können«, sagte sie, »bin ich aus Rom, und Sie wissen, daß ich Krankenschwester bin. Ich weiß nicht, wann der Mond aufgeht, Sie etwa?«

»Wofür halten Sie mich?« fragte Alessandro, »für einen *idiot-savant*? Der Mond ist bis an die Grenze des Wahnsinns kapriziös. Er geht an allen möglichen Orten und zu unterschiedlichen Zeiten auf und unter. Man weiß nie, was er vorhat. Manchmal taucht er gar nicht auf, manchmal ist er als schmale Sichel verkleidet, manchmal sieht man ihn am hellichten Tag. Die Sonne scheint nie nachts, oder?«

»Nicht in Europa.«

»Stellen Sie sich vor, die Sonne würde wie der Mond machen, was sie wollte. Nur ein *idiot-savant*, jemand der besoffen ist von Logarithmen und Eisenbahnfahrplänen, weiß, wann der Mond aufgeht.«

»Und wissen Sie es?« fragte sie.

»In etwa einer Stunde.«

»Sie sind ein *idiot-savant*.«

»Ich wäre beinahe ein *idiot-savant* geworden, aber ich habe es nicht geschafft. Als ich in der Mittelschule war, konnte ich dreihundert Worte Französisch in einer Minute behalten. So kurz davor war ich.«

»Ich bin nicht beeindruckt«, erklärte sie.

»Warum nicht? Wie viele Worte Französisch können Sie in einer Minute behalten?«

»Alle.«

»Alle?«

»Ja«, sagte sie. »Jedes einzelne.«

»Und wie geht das?«

»Ich bin Französin.«

»Ich glaube Ihnen kein Wort. Sie haben überhaupt keinen Akzent.«

»Mein Vater war Italiener.«

»War?«

»Er starb am Isonzo.«

»Das tut mir leid.«

»Mir auch«, sagte sie langsam.

»Und Ihre Mutter?«

»Sie war Französin. Als ich noch klein war, starb sie an einer Lungenentzündung.« Alessandro konnte selbst jetzt eine Veränderung in ihrer Stimme hören. »Ich wurde Krankenschwester.«

»Sie sind wegen Ihres Vaters hierhergekommen?«

»Ja. Zu Beginn des Krieges war ich an der Somme. Ich habe meinen Vater sehr geliebt. Er war Römer und sprach wie ein Florentiner. Er war genau wie Sie.«

»Woher wissen Sie, was ich bin?«

»Sie sind ein gebildeter Mann, der in Rom geboren wurde und dort sterben wird«, sagte sie.

»Sie haben recht. Ich bin in Rom geboren und bin fast zu Tode gebildet worden. Wie war es an der Somme?« fragte er. »Ganz gleich, wie viele Tausend hier sterben, stets bleibt uns das Gefühl, daß wir nur so tun, als würden wir Krieg führen, und daß der richtige Krieg dort stattfindet.«

»Der richtige Krieg findet dort statt«, bestätigte sie. »Wenn er dort endet, ist er auch hier zu Ende. Wenn er dort weitergeht, wird er hier weitergehen. Frankreich ist das Herz des Krieges. Frankreich ist immer das Herz des Krieges.«

»Warum?«

»Geographie, Einbildung, oder weil sich die Franzosen für den Mittelpunkt der Welt halten. Das Land ist so schön, daß die Welt, wenn sie mit ihrer Arbeit fertig ist, sich in Frankreich nach dem umschaut, was sie liebt. Und wenn alle Köpfe in diese Richtung gedreht sind, wird daraus der Mittelpunkt. Ich kann das sagen, nicht weil ich Französin wäre, sondern weil ich Italienerin bin.«

»Sie denken in weiten Begriffen.«
»Manchmal.«
»Sie sind Krankenschwester.«
»Ja, ich bin Krankenschwester.« Nach kurzem Nachdenken forderte sie ihn heraus. »Wären Sie überrascht zu erfahren, daß ich ein Buch über Ökonomie gelesen habe?«
»Ich denke, das wäre ich wohl.«
»Und was ist mit zwanzig Büchern?«
»Zwanzig?«
»Ja, Ökonomie – Geschichte, Theorie, Preise, Inflation, warum nicht? Es stimmt.«
»Als Frau kann man sich den Lebensunterhalt nicht als Wirtschaftswissenschaftlerin verdienen.«
»Ich weiß.«
»Mich beeindruckt eine Frau, die lediglich aus purer Begeisterung zwanzig Bücher über Ökonomie gelesen hat, sehr.«
»Ich habe dann damit aufgehört.«
»Warum?«
»Ich wollte etwas Lebendigeres. Das erste Buch, das ich danach gelesen habe, war eine Beschreibung des Südpazifik. Jede Seite war himmelblau.«
»Lassen Sie mich Sie sehen.«
»Nein.«
»Und was, wenn das Haus von einer Granate getroffen wird?« fragte er.
»*Pouf, au revoir*, auf Wiedersehen«, sagte sie. »Glauben Sie, daß eine einschlagen wird?«
»Nein.«
»Also glauben Sie, daß Sie sich umdrehen sollten?«
»Nein.«
»Warum nicht?«
»Weil ich der einzige Soldat unter den Tausenden bin, die Sie gesehen haben, ausgenommen die, die erblindet sind, der sich in Sie verliebt hat, ohne Sie zu sehen.«
»Und welche Bedeutung könnte das wohl haben?«
»Weil Sie schön sind.«

»Vielleicht bin ich es, vielleicht auch nicht, ich weiß es wirklich nicht. Drehen Sie sich nicht um.«

»Es ist schwer.«

»Dann wird vielleicht etwas Gutes dabei herauskommen.«

»Ich weiß nicht einmal Ihren Namen.«

»Ich glaube nicht, daß ich ihn Ihnen sagen sollte. Je mehr Zeit vergeht, in der Sie weder meinen Namen kennen, noch sonst irgend etwas von mir, und in der Sie mich nicht gesehen haben, desto besser werden Sie mich kennen. Das ist Ihre Hypothese, aber ich glaube nun selber dran.«

»Das ist gut.«

»Aber sind Sie nicht enttäuscht, daß Sie mich eines Tages kennen werden, meinen Namen, mein Alter, mein Gesicht.«

»Ich kenne Ihr Alter.«

»Wirklich? Woher?«

»Aus Ihrer Stimme. Sie sind dreiundzwanzig.«

Sie war erstaunt. »Und wann ist mein Geburtstag?«

Statt darüber nachzudenken, zu raten oder Angst davor zu haben, danebenzutippen, sagte Alessandro: »Juni«, und hatte wieder recht. »Sie sind in Rom geboren, im Juni. Ich war damals vier Jahre alt und liebte es, auf Karussells und in Ponywägelchen herumzufahren. Zumindest haben wir beide mehrere Jahre in Rom gelebt, ohne daß wir voneinander wußten, obwohl sich unsere Wege vielleicht ein dutzendmal gekreuzt haben. Kleine Kinder sehen rührende Einzelheiten sehr genau, selbst wenn sie bald lernen, sie zu vergessen.«

»Aber Sie nicht.«

»Ich hoffe nicht.«

»Sie erkennen mich an meiner Stimme.«

»Das ist nicht schwer, das liegt an der wunderschönen Art, wie Sie sprechen.«

»*Le refus de la louange est un désir d'être loué deux fois*«, sagte sie.

»Das brauche ich nicht zu übersetzen«, sagte er ihr. »Nur in Frankreich müssen die Verwundeten Französisch sprechen, und selbst dort ist diese Anforderung schwer zu erfüllen, denn das Leben ist so schon schwer genug, selbst wenn man es nicht korrekt aussprechen muß. Haben Sie gelächelt?«

»Ein wenig.«

»Sagen Sie mir Ihren Namen.«

»Nein. Das nehme ich Ihnen übel. Ich nehme Ihnen übel, daß Sie mich sehen können, ohne mich anzuschauen. Ich nehme Ihnen übel, daß Sie sich vielleicht in mich verliebt haben, ohne mich gesehen zu haben. Ich nehme Ihnen übel, daß Sie da liegen, verwundet, und Ihre Kraft schwirrt durch den Raum.«

»Sie wollten nicht, daß ich Sie sehe«, entgegnete er, »aber ich habe Sie gesehen. In unserer Unterhaltung waren Sie nicht unterlegen. Unsere Kräfte sind exakt gleich.«

»Ja, aber Sie sind verwundet!«

»Und Sie sind erschöpft. Wir sind exakt gleich, bis auf die letzte Dezimalstelle, präzise, und das wird immer so bleiben. Die Balance ist perfekt, und Sie wissen es.«

»Wenn es wahr ist, ist es nicht fair«, sagte sie.

»Warum?«

»Weil Sie zurück an die Front gehen.« Ihr Kleid raschelte unter ihrem Mantel, als sie sich von ihrem Stuhl erhob. Und dann ging sie.

Alessandro lag im Bett und betrachtete das Mondlicht, das die Fenster erhellte und den Himmel mit Silber wusch. Er spürte, wie sein Fieber die Decken wärmte und sein Gesicht glühen ließ. Er wartete ruhig und war darauf gefaßt, länger zu warten.

Es verging eine halbe Stunde, genügend Zeit für sie, nach Hause zu gehen und zurückzukommen. Sie war die Anmut selbst, und vielleicht würde er sie auf der Treppe nicht hören, besonders wenn sie jeden Schritt vorsichtig setzte.

Jetzt war der Mond in voller Größe durch das offene Fenster zu sehen, vollkommen rund und strahlend. Obwohl sie nicht zurückgekehrt war, setzte er seinem Warten keine Grenze und weigerte sich, an ein Ende des Wartens oder eine Enttäuschung zu denken. Er war entschlossen, nach ihr zu lauschen, bis seine Kräfte nachließen. Der Mond zog durchs Fenster, und sein erbarmungsloses Licht ließ die Seite des Zimmers im Dunkeln zurück, die er zuerst beschienen hatte. Die Uhr im Dorf schlug die Viertelstunden, die halben Stunden und die vollen Stunden. Die schneebedeckten Straßen, die in Weiß gebadet waren und vor Eis glänzten, waren leer, und die Wachen am Dorfrand wären eingeschlafen, wenn nicht das blendende Mondlicht gewesen wäre, das ihnen wundersame Wachträume bescherte.

Es war nicht die Zeit, zu kommen und zu gehen, doch Alessandro hörte, wie sich die Tür öffnete. Sie war zurückgekehrt. Sie sprach zögernd und voller Gefühl.

»Ich bin zu Bett gegangen, aber dann bin ich wieder aufgestanden und habe mich angezogen. Ich kann nicht bleiben. Ich heiße Ariane«, sagte sie. »Ihr Name, Alessandro, steht auf der Tafel.«

*

Am nächsten Tag kam Ariane nachmittags um halb sechs. Als Alessandro sie vor der Apotheke hatte stehen sehen, wie sie in einem halben Salut mit der linken Hand ihre Augen vor dem grellen Licht der Gletscher schützte, hatte sie daran gedacht, daß sie einen Mann haben wollte, selbst wenn er kaum akzeptabel wäre. Es wäre nicht die allergrößte Sünde, einen Mann zu nehmen, der vielleicht ein wenig grob oder nicht von ihrer sozialen Herkunft war, einen, der sie später verließ, oder der ein Schürzenjäger war, oder starb, bevor er die Berge verlassen könnte. Die Seelen stürmten in derart großer Zahl zum Himmel, daß Gott ihr sicher vergeben würde, wenn sie eine unten behielt und in der Wärme ihres Betts eng an sich drückte. Sie wollte einen Mann, der die aufgereihten Toten gesehen hatte, die zerlumpten Kerle, die endlosen Marschsäulen erschöpfter Soldaten, die verbittert von einem Ort zum andern zogen, die Leichen im Stacheldraht. Sie hätte nicht gewußt, wie sie mit einem Mann reden sollte, der nicht wie sie diese Dinge gesehen hatte, und noch weniger, wie sie mit ihm hätte schlafen sollen, und hier wußte jeder Mann, was sie wußte.

Einer der kleineren Verluste des Krieges war ihre Erwartung gewesen, jemanden unter Begleitumständen kennenzulernen, die lustiger waren als die von Apotheken in Grünsee – bei einem Diner, einem Ball, einem Picknick, auf der Pferderennbahn oder auf der Terrasse einer Villa am Cap d'Antibes, umgeben von Geranien und Bienen. Sie hatte angenommen, daß die Liebe unter blauem Himmel erschiene, vielleicht Anfang Juni, in Form eines jungen Mannes mit guten Zukunftsaussichten und aus guter Familie, vielleicht auch wohlhabend, vielleicht eine ebenso angenehme wie eindrucksvolle Erscheinung. Sie interessierte sich nicht für riesige breitkiefrige Männer mit großen herrischen Gesichtern, die wie Pferde mit pferdeartigen Frauen gekreuzt werden sollten. Sie wollte jemanden, der zu ihrer Feingliedrigkeit paßte – einen Mann, dem seine Männlichkeit nicht aus allen Poren quoll, sondern einen, der statt dessen gewissenhaft und bescheiden war.

Nach Monaten schlafloser Nächte und erschöpfender Tage in dem vom Schnee eingeschlossenen Dorf voller verwundeter Soldaten fragte sie nicht länger nach einem, der ihr wie von einem linden Lüftchen zu einer schönen Jahreszeit gesandt würde. So sehr es sie nach Liebe verlangte, sie mußte sie zurückweisen. Kaum einen der Männer, die hier durchkamen, selbst jene, die verheiratet waren, verlangte es weniger verzweifelt nach Zuneigung als sie, und jedesmal genügte diese Symmetrie, ihr Herz zu verschließen. Jungen, die verstümmelt worden waren und im Sterben lagen, riefen mit ihren Augen nach ihrer Liebe, und daß sie sie nicht lieben konnte, brachte Ariane langsam um.

Zuerst hatte sie sich in Alessandros Zimmer nur deshalb aufgehalten, weil sie fror und müde war. Ihre Augen mußten sich noch begegnen, ihr Urteilsvermögen war nicht außer Kraft gesetzt, und der Zufall, der ihre Geduld auf die Probe gestellt hatte, schien die Terrasse beim Cap d'Antibes nach Grünsee versetzt zu haben, so als hätten sich die zarten Reize, nach denen Ariane sich sehnte, auf hypnotische Weise mit den stärkeren Dingen vermählt, die Männer zu Frauen und Frauen zu Männern hinziehen, an einem Ort wie diesem, der ersten Zuflucht nach der Schlacht.

»Es ist Ariane«, sagte sie, als sie das Zimmer betrat.

Alessandro war stets von der Selbstsicherheit einer Person beeindruckt gewesen, die auf diese Art, mit ihrem eigenen Namen, von sich sprach.

»Ich habe ein paar andere Dienstschichten übernommen. Ich werde den ganzen Abend über vorbeischauen können.«

Alessandro setzte sich etwas gerader in seinem Bett auf. Er zupfte an seinem Krankenhemd, bis es glatt war. »Wenn Sie solche Sachen machen wie mir das Essen bringen und meine Temperatur messen, könnte das Spiel vorüber sein.«

»Das ist kein Spiel«, sagte sie und schloß die Tür hinter sich. Das Schloß schnappte zu.

Sie hatte ihr Cape nicht abgelegt, und ihre rechte Hand berührte die Goldkette, die es dicht am Hals zusammenhielt. Sie trat ans offene Fenster, schloß es abrupt und drehte sich um.

Sie rührte sich nicht und sprach kein Wort, und sie hatte die Farbe einer Rose angenommen. Wieder von dem verdämmernden Abendhimmel von hinten beleuchtet, wippte sie fast unmerklich vor und zurück, nicht, weil sie fror, sondern weil ihr Blut so heftig durch sie pochte, daß sie davon tatsächlich leicht wankte.

Alessandro saß in seinem Bett, sie stand still, und er verliebte sich derart tief, heftig und schnell in sie, daß er sogar ihre Schweigsamkeit begreifen konnte. Sie löste die Goldkette, legte ihr Cape auf dem Fensterbrett ab und stand in dem fließenden Faltenrock der Schwesterntracht vor ihm.

»Mein Vater sagte immer«, begann sie, »daß ich nach jemandem Ausschau halten sollte, der in der Lage wäre, ein Schiff durch einen schweren Sturm zu steuern, der ein Meister seines Fachs wäre und der Kinder liebte. Und er sagte immer, daß ich nach jener Art Mann suchen sollte, der mich in die Privaträume eines teuren Juweliers führen könnte, um mir Diamanten und Smaragde zu zeigen. Was er damit meinte, war nicht, daß diese Person reich sein sollte – ich glaube, er dachte an einen Angestellten –, sondern daß er geduldig, vertrauenswürdig, aufmerksam und kultiviert sein müßte.«

»Ich fahre leicht aus der Haut«, sagte Alessandro.

»Nicht bei mir«, entgegnete sie. »Bei mir niemals.«

Er ließ den Kopf sinken und schloß kurz, wie um einen Schwur zu leisten, die Augen. »Niemals.«

Sie wußte nicht, was sie sagen sollte, und fragte ihn, ob sie ihm sein Essen bringen solle.

»Warum müssen wir so früh essen?«

»Aus dem gleichen Grund, aus dem Sie an der Front so früh essen, damit die Leute nämlich nicht zu lange im Dunkeln arbeiten müssen.«

»Ich denke nicht ans Essen.«

»Nein?«

»Nein.«

»Woran denken Sie denn?«

»Ich denke an Sie«, sagte er. »Ich habe vergessen, wie es ist, eine Frau zu berühren. Ich habe vergessen, wie es geht, aber vor allen Dingen möchte ich Sie küssen und festhalten. Verzeihen Sie mir, wenn ich zu Anfang etwas unbeholfen bin?«

»Ja.«

»Verzeihen Sie mir, wenn ich zu Anfang etwas kalt erscheine?«

»Ja.«

»Und daß ich im Augenblick nur einen gesunden Arm habe?«

»O ja.«

Ariane ging zu ihm hin, bis sie neben dem Bett stand. Ihre Augen glitten hinunter zu ihren Füßen, und während sie die Schuhe abschüttelte, preßte sie die Lippen aufeinander. Dann hob sie den Kopf, und ihr Blick traf sich mit dem Alessandros.

*

Ein paar Stunden später überquerte Ariane den Rasen, um den Dienstplan der Krankenschwestern abzuzeichnen; ihr Gesicht war gerötet und ihr Haar auf eine Weise in Unordnung, die weder das Zusammendrücken beim Schlafen noch die Einwirkung des Windes anzeigte, sondern etwas ganz anderes. Ihre Augen weigerten sich, genau zu blicken, und es kam ihr vor, als schwebe sie durch das Mondlicht. Ihre Vorgesetzte, eine Schwedin, die noch mit Fünfzig ihr blondes Haar in einem Zopf tragen konnte und immer noch wie eine junge Frau aussah, stand plötzlich von dem kleinen Tisch auf, an dem sie gesessen und geschrieben hatte, näherte sich Ariane und legte ihr den Handrücken auf die Stirn. Als sie bemerkte, daß Hals, Brust und Schultern der jungen Frau fast rosa und rot waren und ihr Haar in Unordnung war, denn eine Locke fiel vorn herab und berührte die rechte Augenbraue an der höchsten Stelle ihres erstaunlich kühnen Bogens, ließ sie ihre Hand sinken und trat einen Schritt zurück.

»Sie sollten weniger auffällig sein. Sie sollten nicht auf diese Weise in der Öffentlichkeit erscheinen«, sagte sie auf Französisch.

Ariane wurde rot.

»Es ist offensichtlich, daß Sie entweder Typhus haben oder die letzten drei Stunden mit einem Mann verbracht haben. Selbst in Frankreich würden Sie in diesem Zustand für Aufsehen sorgen, glauben Sie nicht?«

»Das hängt von dem Grund ab, Madame.«

»Wie auch immer, wir sind nicht in Frankreich. Versuchen Sie, diskreter zu sein. Und wenn man Sie entdeckt, kommen Sie zu mir. Ich werde sagen, daß Sie Fieber haben, und alles ist in Ordnung.«

Ariane lächelte dankbar.

»Ariane.«

»Ja?«

»Der Krieg hat vieles verändert. Man kann nicht darauf hoffen, daß die Formen der Vergangenheit fortbestehen werden, doch werden Sie diesen Mann heiraten?«

Ariane preßte die Lippen zusammen und sog die untere etwas an, wie sie es oft tat, wenn sie sich mit einer schwierigen Frage auseinandersetzte. »Ich hoffe, Madame, daß er nicht ums Leben kommt.«

*

Hoch oben in den Bergen werden Sommer und Winter so zufällig durchs Jahr gemischt wie Spielkarten, und in den letzten Tagen von Alessandros Rekonvaleszenz zog für kurze Zeit der Sommer ins Alto Adige ein. Die Sonne schien von morgens bis abends durch eine klare stille Luft, die leidenschaftslosen Farben des Winters wurden angereichert, die Vögel sangen, als ginge es um ihr Leben, und es war so warm und hell, daß die teilweise gesundeten Soldaten zu den Schneefeldern spazierten, wo die Luft heiß war vom blendenden Widerschein.

Eines Morgens betrat Alessandro den Wohntrakt der Krankenschwestern, um Ariane zu wecken, die in einem Bett direkt hinter der Wand lag, welche den Schlafteil von Eßecke und Küche trennte.

Die anderen Schwestern, die halb bekleidet an Bügelbrettern standen, Wasserkessel hielten oder auf ihren Pritschen saßen und sich die Stiefel zubanden, erstarrten, als Alessandro neben Ariane kniete. Er legte ihr seine linke Hand unter den Kopf und seine rechte auf die

Schulter und hob sie sanft aus dem Schlaf, und niemand rührte sich. Die jungen Frauen schauten zu, als hinge die Welt davon ab, bis Ariane sich züchtig ihre Decke fast bis ans Kinn zog. Dann fuhren sie in ihren Tätigkeiten fort.

Alessandro wartete draußen, gegen die von der Sonne bereits gewärmte Mauer gelehnt, und dachte an die Frauen, die mit Ariane in dem Sommerhaus lebten. Er sehnte sich nach der Sanftheit ihrer Lebensweise, dem Frieden und der Sicherheit. Selbst ihre Finger waren wunderschön – die Art, wie sie sich das Haar bürsteten, ihre Stimmen, die Art, wie sie ihre Stiefel zubanden und sich dabei mit ihren Zöpfen vorbeugten, die kurz davor waren, nach vorn zu fallen, aber wie durch ein Wunder zurückgehalten wurden. Selbst ihre Art zu atmen, war schön. Einige Tage zuvor, als Ariane ihr Kleid ausgezogen hatte, hatte Alessandro das Heben und Senken ihrer Brust beobachtet, die kaum sichtbare Bewegung ihres Brustkorbs unter der Haut und die Änderungen der Farbe, die das gleichmäßige Geräusch ihres Atems begleiteten. Weder er noch Ariane wußte es, doch sie trug sein Kind.

Sie trat, vom Schlaf erfrischt, aus dem Haus, und Alessandro fragte: »Glaubst du, du schaffst den ganzen Weg hinunter bis zum Adige?«

»Ich denke schon«, antwortete sie. »Bei dir bin ich mir nicht so sicher.«

»Ich laufe ja nicht auf meinem Arm. Und wenn ich Schwierigkeiten habe, kannst du mich ja tragen.«

*

Der Hang von Grünsee zum Adige war makellos weiß. Alessandro und Ariane rutschten eine Stunde lang darüber und hinab. Hinzufallen war nicht schmerzhaft, nur überraschend, denn der Schnee war pulvrig und trocken, und selbst wenn sie fielen, blieben sie warm. Obwohl ihnen von der Helligkeit der Augenhintergrund schmerzte und sie bald einen Sonnenbrand hatten, fühlten sie sich wie die Engel, die die kühle Luft über einer Klamm bewohnen und die nichts zu tun haben außer zu singen und dem Wasser sein ruhiges und hypnotisches Geräusch zu verleihen.

Am Flußufer fanden sie einen blanken, nach innen gewölbten Felsen, der nach Süden zeigte, und blieben dort so lange, wie die Sonne sie wärmte, und verloren sich in der Liebe, wobei Arianes Haar manchmal über den Felsrand hing und von dem eiskalten Adige benetzt wurde, der dort aufwallte und zurückfiel. Der Fluß dröhnte, und auf ihrer Granitplattform war es so heiß und hell, daß sie sich hinunterbeugten, um das kalte Wasser in den Händen zu fangen und zu trinken.

»Wie heißt das Gemälde?« fragte Ariane, als sei ihr plötzlich eingefallen, daß sie sich nicht mehr daran erinnern konnte.

»Es heißt *La Tempesta* und hängt in Venedig in der Gallerie dell'Accademia. Man fragt sich, was es wohl darstellen soll, eine Frau mit Kind, unbekleidet, und der Soldat, der abseits von ihr steht, allein. Aber ich weiß genau, was es bedeuten soll. Heute habe ich etwas sehr Schönes gesehen – Krankenschwestern, die sich ihre Schuhe zubanden, die Haare bürsteten, ihre Ohrringe anlegten. Wäre ich ein Maler, hätte ich das malen wollen. Bei Giorgione das gleiche. Er beabsichtigte, die elementaren Dinge zu preisen, und er wollte einen Soldaten kurz vor der Heimkehr zeigen. Es überrascht mich nicht, daß die Gelehrten und Kritiker es nicht begreifen. Giorgione lebte in Zeiten der Pest, und die Gelehrten und Kritiker, jedenfalls die meisten, hatten weder mit Pest noch mit Krieg etwas zu tun, die die einfachen Dinge, die man für selbstverständlich hält, aufleuchten lassen wie Gold. Was bedeutet das Gemälde? Es bedeutet Liebe. Es bedeutet Heimkehr.«

Alessandro war zu einer Einheit der Alpini beordert worden, weit nördlich von Grünsee. »Wenn der Krieg vorüber ist«, sagte er und hielt sie voller Hoffnung, »heiraten wir, wir werden in Rom leben, und wir werden Kinder haben.«

Sie weinte.

*

Am Morgen von Alessandros Abreise warf eine Staffel von sechs österreichischen Doppeldeckern auf einem schneebedeckten Feld in der Nähe von Innsbruck die Motoren an. Die kräftigen Winde in großer Höhe, mit Auf- und Fallwinden und Wirbelstürmen, die um die Gipfel rasen, machten die Fliegerei gefährlich, doch diese Flugzeuge waren viel schwerer und stärker als die meisten der leichten Maschinen, mit denen die Waghälse vor dem Krieg durch die Berge geflogen waren, oder selbst die Kampfflugzeuge, die losgeschickt wurden, um die Italiener in ihren soliden Gräben und Befestigungsanlagen auszukundschaften und zu stören. Im allgemeinen waren Flugzeuge in der Weite des Gebirges kaum bedrohlicher als Insekten. Diese jedoch trugen vierhundert Kilogramm Bomben. Mit zweitausendvierhundert Kilogramm hochexplosivem Sprengstoff und Brandbomben konnte eine kleine Flugzeugstaffel, wenn sie geschickt eingesetzt wurde, einen Eisenbahnzug vernichten, ein Munitionsdepot in die Luft sprengen, einer Marschkolonne große Verluste zufügen oder einen Flußübergang zerstören.

Allein schon in den Alpen zu fliegen, weit und breit keinen Platz zum Landen, war ein tollkühner Akt. Mit dem Fallschirm auf einen Gletscher oder die Hänge eines Berges abzuspringen, war extrem gefährlich, doch im Vergleich zum Fliegen in den Winterwinden und Stürmen, die über die Bergwände stiegen wie Soldaten aus einem Graben, schien Fallschirmspringen geradezu harmlos. Als die Flugzeuge auf dem Flugplatz aufgereiht standen, die Motoren brüllten und der Schnee flächenweise vom Boden angehoben wurde und auf dem Wind davonflog, überwanden die Piloten ihre Hemmungen, und in dem unerträglichen Lärm der Motoren und den unablässigen Vibrationen vergaßen sie Angst und Zaudern völlig.

Ein Flugzeug nach dem anderen holperte auf dem in der Morgendämmerung noch violetten Schnee vorwärts, die Motoren heulten auf, und sie segelten die Piste entlang. Die Piloten trugen Leder und Pelz. Sie hatten Heißwasserflaschen dabei, die sie über Bord warfen, wenn ihre Wärme abgeklungen war, Thermosflaschen mit heißem Tee und Schinkenbrote. Sie wären zwar nicht lange in der Luft, aber dennoch wollten sie es warm haben, und die kalte Luft machte hungrig.

Sie verließen die Talsenke und waren bald in den Bergen, einem abstrakten Gebilde aus Eis und Fels, bar jeden Grüns und Menschenwerks. In den Schatten unter ihnen hatten die blaugrauen Grate, die sich durch einsame Schneefelder zogen, die Farbe eines erfrorenen Körpers. Die Maschinen drehten nach Westen ab, flogen kurz über der Schweiz und setzten dann zu einer weiten Linkskurve an, die sie, die Morgensonne im Rücken, von hinten an die italienischen Linien brachte. Als den Piloten im Wind die Gesichter zu erfrieren begannen, warfen sie ihre verbrauchten Wärmflaschen ab und machten mit Handzeichen Witze darüber, daß sie die Gletscher bombardiert hätten. Das Eis unter ihnen war noch immer blau.

Als die Sonne, die nun hoch genug stand, um der Welt Gelb und Gold zu bringen, die Schneefelder mit Schatten überzogen hatte, waren sie über Italien und schnitten geduldig in einem weiten Bogen durch die Luft. Sie öffneten ihre Thermosflaschen und Brotpakete. Sie waren so dankbar für die Hitze, daß sie sich von dem Tee verbrennen ließen. Die Hitze durchzog ihre teegefärbten Schnurrbärte, und der Dampf aus den Thermosflaschen blieb sofort zurück und hing still in der eisigen, sonnendurchfluteten Luft mehrere tausend Meter über einem schneebedeckten Plateau.

Eine italienische Ulaneneinheit, die an diesem Morgen um drei Uhr aufgestanden war, wie Einheiten von Soldaten dies oft tun, brach ihr Lager unter einem blinkenden Sternenhimmel ab. Sie brauchten eine Stunde, sich anzuziehen, sich in dem donnernden schwarzen Adige zu waschen und die Frühstücksfeuer zu entfachen. Das Flußwasser war so kalt, daß die Luft darüber erschien wie die Morgenluft in Rom im späten Frühling. Allein den Nebel einzuatmen, der über den Stromschnellen hing, war wie hundertmal erwachen.

Die Feuer brannten schnell und knisterten heftig. Orangefarbene Funken stiegen aus wellenförmigen Flammen, die von gleicher Intensität und gleichem schattenhaften Glühen waren wie Rampenlichter. Die tausend Ulanen nahmen ihr Brot und ihren Kaffee neben Dutzenden dieser Feuer zu sich. Sie waren alle bis auf den letzten Mann schweigsam und nachdenklich und dachten an ihre Familien in Erinnerungsbildern, die ihnen die eigenartige Schönheit des frühen Morgens gebracht hatte. In Augenblicken wie diesen hatten sie das Gefühl, der Krieg sei vorbei, sie hätten gewonnen und sie würden zur Heimkehr aufbrechen.

Bei Anbruch des Tages waren die Reste des Lagers am Fluß vergessen und die hellen Feuer hatten sich in Flecken lauwarmer Asche verwandelt. Eine Marschkolonne von tausend Mann und fast zweitausend Pferden, Wagen und auf Lafetten montierten Maschinengewehren bewegte sich langsam nordwärts auf den Brenner zu, den Fluß stets in Sichtweite. Jetzt war das schwarze Wasser, das in dem Sternenlicht so schnell vorbeigeflossen war, hellblau oder weiß an den Stellen, wo es über Felsen brauste. Zwischen großen Steinen im Flußbett hindurchgepreßt, stieg das Wasser in schlangenhaften Bögen mit silbernen Unterseiten an. Das Sattelzeug und die Geschirre waren schon vor langer Zeit zu weichen dunklen Farben abgenutzt worden und machten kaum Geräusche, doch das Klicken der Metallstücke, wenn nervöse Pferde ihre Kiefer hin und her schoben, das Schnauben und Wiehern, das Knarren der Wagenräder, das Schlagen der Säbelscheiden gegen die Flanken der Pferde und die lauten Befehle, die die Offiziere erteilten, trieben auf dem Geräusch des Wassers, und wenn die Kolonne um eine Biegung kam und von kalten Windböen angegriffen wurde, gaben die Lanzen und Standarten ein Pfeifen von sich.

Sie marschierten nordwärts auf einer schneebedeckten Straße, weil ein General, der in Rom eine Karte studiert hatte, die langen, engen Zungen flachen Bodens auf den großen Nord-Süd-Höhen entdeckt und entschieden hatte, daß zu einem richtigen Sieg ein Kavallerieregiment gehörte. Es gab nicht viel Manövrierraum, doch eine kleine Kavallerieeinheit mochte mit gesenkten Lanzen wohl eine Bresche in die feindlichen Linien schlagen und über das windzerzauste Gelände zur nächstgelegenen Schanze vorstoßen.

Die Männer der Kavallerie waren nicht an die Berge gewöhnt und die Offiziere nicht mit dem Gelände vertraut. An die dichte süße Luft der Bauernhöfe auf Meereshöhe gewöhnt, waren die Pferde unruhig und vom Licht, der dünnen Luft und der Art, wie sich die Geräusche anhörten, entnervt. Felsen, die in schwindelerregende Höhen ragten, lagen jenseits ihres Erfahrungshorizonts, und sie wurden bockig, als sich die Straße zu steilen Serpentinen wand.

Kurz vor zehn Uhr morgens begannen die Ulanen über das Plateau zu ziehen, auf dem Grünsee lag. Die Vorhut der Kolonne machte an einer Weggabelung halt. Der Weg zur Rechten führte nach unten zum Tal und wieder hinauf, und der Weg zur Linken führte durch Grünsee zu den Hochplateaus, die das Ziel der Ulanen waren. Sie waren seit sechs Stunden unterwegs und wollten nun wirklich nicht wieder absteigen, nur um wieder steigen zu müssen, also gingen sie links auf das Dorf zu.

*

Die Einheit der Alpini, der Alessandro zugeteilt worden war, lagerte weit im Norden unterhalb der steilen Wände des Cima Bianca. Bei dem Versuch, den Österreichern die Höhen dieses Massivs abzuringen, hatte sie schwere Verluste erlitten und brauchte Männer, die an den Maschinengewehren arbeiteten, Wache hielten, Holz herbeischafften und die isolierten Vorposten besetzten.

Der Wagen, der geschickt worden war, um Alessandro abzuholen, war übergroß im Vergleich zu der kleinen Plattform, auf der der Fahrer saß, und dem winzigen Kastenaufbau, so daß Alessandro deswegen fragte. Man sagte ihm, daß die Maschine Feldgeschütze die Bergstraßen hinaufschleppe und keinen großen Aufbau brauche, und daß er auf dem Trittbrett fahren würde.

Er inspizierte die geriffelten Metallräder, warf sein Bündel in den Kasten und ging, um Ariane Lebewohl zu sagen, während der Motor im Leerlauf lief. Er wollte ihr sagen, daß er sie liebte, und von ihr Abschied nehmen, als sähen sie sich am nächsten Tag wieder. Er wußte, was zu tun war, und er würde wiederkommen.

Er überquerte den Dorfanger von Grünsee mit leichtem Schritt. Die Sonne strahlte heller und stand höher, der Sommer kam. Eines Tages würde er ein alter Mann sein, der in Rom an einem Brunnen saß, mit dem Stock gegen die Umrandung klopfte, um die Fliegen zu vertreiben, seine Augen vor der Sonne schützte und auf den Herbst wartete, wenn die Felder abgeflämmt würden, der Geruch der Asche das Land überziehen und auf kühlen Luftströmen über den Tiber in die Stadt wehen würde.

Alessandro sah die Kolonne der Ulanen ins Dorf einziehen, hundert Meter von der Apotheke entfernt, in der Ariane Dienst hatte. Die Kolonne war etwa zur Hälfte die Straße entlangmarschiert, als zwei Ärzte aus einem der Häuser herbeirannten, ihre Hände in

Schulterhöhe hielten, die Handflächen nach vorn, und eine Geste machten, die sagte, *zurück*. Grünsee war medizinische Schutzzone, in der aktive Einheiten nicht geduldet wurden.

Der Streit mit dem Oberst an der Spitze der Truppen war kurz. Er hatte nicht vor, auf der engen Straße zu wenden, seine ermüdeten Ulanen und ihre Pferde zurückgehen zu lassen und ins Tal hinabzusteigen, um jene weiße Alm zu erreichen, die sein Ziel war, jetzt, wo sie über dem Dorf zu sehen war wie ein Tanzboden in einem Seebad, nur wenige Kilometer entfernt. Die Kolonne bewegte sich vorwärts, und die Lanzen reichten bis zu den oberen Stockwerken der Häuser.

Krankenschwestern, Krankenwärter und Patienten standen an den Fenstern, um die vielen Pferde, Männer und Wagen und all das im Licht glänzende Metall zu betrachten. Alessandro sah Ariane mit ihrem in der Sonne schimmernden Haar aus einem der oberen Fenster schauen.

Aus der Luft betrachtet war Grünsee ein Fleck am Hang eines riesigen schneebedeckten Hügels. Dahinter, weit im Norden, erhoben sich die Zinnen des Cima Bianca wie eine Mauer, rosenfarben am Fuß und so weiß wie eine Leuchtkugel an der Spitze. Jenseits des Tals des Adige und westwärts in Richtung Schweiz fingen weitere Berge und ihre Gletscher das Licht ein und warfen ländergroße Schlagschatten. Die Formation der Flugzeuge, die von Süden auf Grünsee zuflog, wurde durch die Lage der Berge und die Spur der Sonne geradewegs darauf zugetrieben.

Als sich die Piloten Grünsee näherten, sahen sie eine schwarze Linie, die sich auf das Dorf zu bewegte und von Norden nach Süden erstreckte. Zuerst sah es aus wie ein Knopfloch mit einem Knopf darin. Dann sah es aus wie die Peitsche eines Maultiertreibers im Schnee. Und dann, als die Piloten nahe genug waren, um zu erkennen, daß dies keine geschlossene Linie, sondern etwas Unterbrochenes war und aus vielen Teilen bestand und sich bewegte, wußten sie, daß sie ein geeignetes Ziel gefunden hatten.

Sie zogen ihre Handschuhe straff und zurrten an ihren Gurten, und ihr Gesichtsausdruck veränderte sich. Der Anführer signalisierte, sich zu einer Reihe zu formieren und ihre Bomben entlang der Linie der feindlichen Kolonne abzuwerfen. Dann wollten sie von

Norden hereinkommen, um sie von Ost nach West und von West nach Ost zu beschießen. Die Sonne würde ihnen auf dem Rückflug in die Augen scheinen, doch die Straße zeichnete sich zwischen Häusern und steilen Matten deutlich ab, die Kolonne war auf einer schmalen Achse gefangen und das Ziel nahezu automatisch anvisierbar. Der Staffelführer zog nach vorn, kam etwas ab und korrigierte seine Bahn während des Abstiegs, und die anderen folgten in exakter Formation. Alle Piloten berührten leicht die Bombenauslöser, um sicherzugehen, daß ihre Hände sie im richtigen Augenblick schnell finden würden, so wie Fahrer blind ihre Armaturen tätscheln, bevor sie bei einem schwierigen Manöver gebraucht werden. Hier war das Manöver präzise und gefährlich, denn wenn eine Bombe zum falschen Zeitpunkt ausgelöst wurde, konnten ihre Druckwellen ein Flugzeug zum Absturz bringen, und wenn die Auslöser nicht symmetrisch bedient wurden, konnte die Gewichtsverlagerung bei langsamer Abwurffrequenz zur Folge haben, daß die Maschine Schlagseite bekam und sich in die Erde bohrte.

Der erste, der die Flugzeuge sah, war ein junger Offizier, der sein Pferd gewendet hatte, um zum Ende der Kolonne zu galoppieren. Seine Augen waren auf die oberen Fenster der Häuser gerichtet gewesen, wo er hoffte, das Gesicht einer schönen Frau zu erblicken, um es im Gedächtnis zu behalten, wenn er in die Schlacht zog. Statt dessen sah er schwarze Punkte in dichter Gruppe, die sich bewegte wie in Öl getaucht. Einen Augenblick lang zögerte er. Er riß an den Zügeln seines Pferdes und nahm seinen vorherigen Befehl zurück. Verdrossen und verwirrt, schnaufte das Pferd und trippelte. Der Offizier blinzelte mit den Augen. Jetzt war er sich sicher und rief.

Der Oberst wandte sich im Sattel um. Es war schwer, die Formation der Flugzeuge zu erkennen, denn sie kamen aus der Sonne, und er hörte sie, bevor er sie sah. Aus der Entfernung klangen sie wie Insekten. Er konnte jede einzelne Maschine hören und wie sie sich zu dem Dröhnen vereinten, das sie verschlang.

Seine Kolonne war in dem Straßengrab gefangen, konnte nirgendwo hin und fand keine Deckung, also befahl der Oberst seinen Männern, abzusitzen und zu schießen. »Maschinengewehre! Maschinengewehre!« brüllte er, doch es war zu spät.

Der Befehl wurde mit ungeheurer Geschwindigkeit weitergegeben. Bevor die Flugzeuge über ihren Köpfen waren, waren die meisten der Soldaten abgestiegen, und ein paar rissen ihre Gewehre in die Luft und schossen. Die Pferde gerieten in Panik und sprangen von einer Seite zur anderen, vor und zurück, bäumten sich hysterisch auf, zerbrachen Wagendeichseln und prallten gegen Hauswände, die wie bei einem Erdbeben erzitterten. Einige Tiere standen still und wieherten so leise, als kommentierten sie die Szene. Andere bleckten die Zähne und hatten rotunterlaufene Augen, wie sie ihre Geschirre zerrissen und aus der Reihe der Wagen und Karren ausbrachen. Einige der Männer, die zu Boden geworfen wurden, lachten, weil sie und ihre Freunde so dumm aussahen.

Alessandro hatte nicht begriffen, was da vor sich ging. Dann hörte er die Flieger und stand versteinert im Schnee und sah sie. Als die ersten Bomben fielen, rannte er so schnell er konnte, auf die Apotheke zu.

Die Flugzeuge rasten direkt über die lange Marschkolonne hinweg, eine Lanzenhöhe über den Schornsteinen. Der Motorenlärm war ohrenbetäubend. Als sie die Bomben abwarfen, gaben sie Vollgas, zogen abwechselnd nach links und rechts ab und erhoben sich in einem Dröhnen, das sich mit den Erschütterungen der Explosionen hinter ihnen verband.

Pferde, die auf Geysiren aus dreckigem Blut und Rauch in die Höhe geworfen wurden, überschlugen sich und landeten tot auf dem Rücken. Männer wurden zerfetzt, lösten sich in Luft auf oder wurden durch die Druckwellen umgeworfen. Andere, denen Schrapnells durch die Wangen oder Schultern gefahren waren, stolperten blind davon, doch viele der Verwundeten reckten ihre Gewehre in die Höhe und feuerten.

Blutige Pferde rannten die Schneebänke hinauf und pumpten sich mit ihren Schenkeln die Höhe hinauf. Einige zerrten tote Soldaten hinter sich her, die sich in den Steigbügeln verfangen hatten. Andere humpelten und keuchten. Als ein Pferd, das eine Lanze hinter sich herschleifte, an Alessandro vorbeistürmte, sah er, wie das vorletzte Flugzeug seine Bomben ausklinkte. Sie segelten durch die Luft und trafen die Seite der Apotheke, wo er einen Augenblick zuvor Ariane gesehen hatte. Sie schlugen mit einem dumpfen Geräusch ein, und das Gebäude stürzte in sich zusammen; es war zur Hälfte eingefallen, zusammengepreßt und weißen Staub ausstoßend, als die Bomben explodierten. Bei der Explosion dehnte sich das Gebäude auf das Dreifache seines Volumens aus, und undefinierbare Teile wirbelten über einer orangenen Flamme, die die Ruine für eine scheinbar unmöglich lange Zeit aufrechthielt, durch die Luft. Erst nachdem alles zusammengestürzt war, hörte das Feuer auf, in einem Kreis zu brennen, und die Flammen richteten sich auf. Das Haus mit zweieinhalb Stockwerken hatte sich in einen Schutthaufen von einem Meter Höhe verwandelt, der so heftig brannte, daß Alessandro sich wegen der Hitze die Hände vor die Augen schlagen mußte.

Die Flugzeuge kamen zurück, um sie zu beschießen. Sie flogen die Kolonne hinauf und hinunter und feuerten mit ihren Maschinengewehren auf die Überreste. Kugeln drangen in den Boden, in die Pferdekadaver und in die Mauern. Erst jetzt hatten sich die Maschinengewehrschützen aufgebaut und zu feuern begonnen.

Alessandro gab sich seinem Schmerz hin. Seine Strafe bestand darin, daß nichts in der Welt ihm etwas anhaben konnte. Seine Strafe bestand darin, daß Gott ihn in die Schlacht geschickt hatte und ihn vor ihren Gefahren bewahrte.

*

Die Zugmaschine mit dem kleinen Kastenaufbau wand sich durch sonnendurchflutete Bergwälder, steile Serpentinen hinauf und durch dunkles Laubwerk in den Einschnitten der Bäche, die sich beeilten, den Adige zu treffen. Direkt neben der Straße standen Reihen von Haubitzen, und Marschkolonnen der Infanterie kamen oft in großem Aufzug vorbei, Bäume sangen im Wind und wiegten sich hin und her, als sei alles in Ordnung.

Alessandro stand auf dem rechten Trittbrett. Wind und Sonne verbrannten ihm das Gesicht, und das Gefühl, in geringer Höhe schnell über dem Boden dahinzugleiten, glich dem in einem Traum vom Fliegen, und wenn sie in den Kehren der Serpentinen wendeten, fand er sich über dem Rand eines fünfhundert Meter tiefen Abgrunds hängend und sah weiter nichts als dicke perlgraue Wolken.

Der Fahrer starrte angestrengt durch seine Fahrerbrille und bemühte sich, seine Maschine sicher auf dem Weg zu halten. Ab und zu warf er seinem Passagier, der auf dem Trittbrett stand und sich mit seinen pelzbesetzten Handschuhen an dem schweren nickelbeschlagenen Spiegel festhielt, einen Blick zu.

Als sie durch den Wald kamen, in dem der Mailänder gestorben war, wandte sich Alessandro um und schaute in das Dickicht der Bäume. Die Brigaden waren weitergezogen, und der Wald war verlassen. Die Zugmaschine fuhr über eine Behelfsbrücke über die österreichischen Gräben hinweg und kämpfte sich bis auf die Höhe des Bergkamms. Abgesehen von den grasbewachsenen Senken, in denen im Sommer die wilden Blumen vor dem Wind geschützt wachsen konnten, war das Gelände hier bis zum Cima Bianca flach. Sie kamen mit der angenehmen Bewegung eines Schleppers auf hoher See voran, und von der Höhe jeder Bodenwelle aus glänzte der Cima Bianca in der Entfernung. Es blinkte in Linien entlang der niedrigeren Kämme, und anders als das Funkeln der Sonne in Kristallen im Fels oder auf gebrochenen Wasseroberflächen bewegte sich das Aufblinken langsam. »Was bedeutet dieses Funkeln unterhalb der Schneegrenze?« fragte Alessandro.

Der Fahrer drehte sich um, beinahe erfreut, reden zu können: »Welche Schneegrenze? Der Schnee ist überall.«

»Die Gletscherlinie, meinetwegen«, antwortete Alessandro.

»Mündungsfeuer«, rief der Fahrer, und seine Worte wurden ihm von der Kraft des Windes halb in die Lunge zurückgefegt. »Die Österreicher feuern ihre Kanonen ganz waagerecht ab, und die Granaten fallen auf unsere Befestigungen. Die Flugbahnen sind dieselben, als wenn man von ebener Erde feuern würde, doch statt die Kanonenrohre hochzustellen, ist die ganze Erde gebogen worden.«

»Verstehe«, sagte Alessandro.

»Ich will es mal anders ausdrücken. Statt die Kanonen hochzurichten, wurde das Ziel tiefergelegt. Also zeigen die Kanonen direkt geradeaus, und von hier aus schauen wir direkt hinein. Sie feuern mit Vorliebe zur Mittagszeit. Sie essen früher als wir, und bei denen ist das keine große Angelegenheit, also versuchen sie, uns das Essen zu vermiesen. Das Feuer dauert nie länger als eine Viertelstunde, weil sie es sich nicht leisten können, Granaten zu verplempern. Weißt du, wie schwer es ist, Granaten auf diese Höhe zu schleppen?«

Alessandro hörte kaum zu, aber der Fahrer fuhr fort. »Dann feuern sie alle paar Minuten eine ab, nur um uns bei Laune zu halten. Sie können uns mit ihren Ferngläsern so deutlich sehen, daß sie wissen, wann wir essen, und sie zielen auf die Küchen, aber wir haben aus Bozen Ofenrohre kommen lassen, und jetzt leiten wir den Rauch von den Kochstellen weg. Die Österreicher zielen auf den Rauch, und wir können in Ruhe essen.

Ich hab Hunger. Vor uns ist ein guter Platz zum Essen. Hast du was dabei?« Als Alessandro keine Antwort gab, sprach der Fahrer lauter. »Hast du was zu essen dabei?«

»Ja. Ich habe ein Brot und eine Thermosflasche Tee.«

Das Feld, auf dem sie hielten, war windgeschützt und von Toten übersät. Nachdem der Fahrer sein Mittagessen ausgepackt und sich auf das windabgewandte Trittbrett gesetzt hatte, goß sich Alessandro Tee ein, hielt die dampfende Tasse in den Händen und trank. Dann stellte er die Tasse auf die Motorhaube der Zugmaschine und zog sich wieder die Handschuhe an. Von einem leichten Wind begleitet, ging er in die Mitte des Feldes.

Einige gelbe Stoppeln ragten wie Heu aus dem Schnee, wo im Sommer das Gras hoch gestanden hatte. Uniformierte Leichen, keine zwei Wochen alt, lagen vereinzelt und in Gruppen. Sie waren Deutsche, Österreicher, Ungarn und Italiener gewesen. Einige waren im Nahkampf gestorben, doch die meisten waren entweder erschossen worden, als sie über das Feld auf die Gräben an beiden Enden zurannten, oder waren von Artillerie getötet worden. Sie lagen in unnatürlichen Stellungen. Schlafende Männer wären nicht in der Lage gewesen, die Positionen beizubehalten, die sie hatten, mit gebeugten Nacken, nach vorne gezogenen Schultern und in den Schnee gedrückten Köpfen. Selbst jene, die auf dem Rücken lagen, sahen nicht aus wie Schlafende, denn welche noch Gesichter hatten, starrten mit offenen Augen in den Himmel, und ihre Münder waren im Ausdruck des Erstaunens verzerrt.

Hier lagen dreihundert Väter, Brüder und Söhne. Ihren Familien war nur mitgeteilt worden, daß sie vermißt seien. Hätten die Menschen, die sie liebten, davon gewußt, dann wäre jeder dieser Leichname geborgen und behutsam gewaschen worden, ihre schmutzigen Wangen wären geküßt und ihre Hände von Eltern, Kindern und Frauen gestreichelt worden. Doch sie sollten unter freiem Himmel liegen und wie Äste verfaulen.

*

Obwohl die reguläre Armee immer noch auf der Ebene am Fuße des Cima Bianca festsaß und dort dem tückischen Bombardement der Berggeschütze ausgesetzt war, die schnurgerade zu feuern schienen, waren die Alpini in die östliche Flanke eingedrungen und hatten einen Krieg auf größeren Höhen angezettelt.

Hier, wo die Luft dünn und der Boden baumlos war und ein einziger unachtsamer Schritt leicht ein Leben beenden konnte, waren die großen Nationen, die sich im Krieg befanden, an ihre Grenzen gegangen. Zu ebener Erde und in dichterer Luft hatten ihre riesigen Wirtschaftsapparate Millionenheere geschaffen, die mit allem ausgestattet waren und von monströsen Maschinen unterstützt wurden, die auf Schienen über Land oder über Wasser fuhren. Hier hingegen war alles auf ein paar Mann reduziert, die Holz oder Munitionskisten die Höhen hinaufschleppten. Eine einzige Granate, in einer Sekunde abgefeuert und kaum je treffend, bedeutete die Arbeit eines Tages für einen starken Mann, der sie den Berg hochgetragen hatte.

Die Unterkünfte hingen oft freitragend über Abgründen oder waren an schweren Ketten befestigt, die von Seilschaften hinaufgeschleppt worden waren. Jeder Meter Holz, jeder Löffel Zucker und jeder Tropfen Kerosin war von Eisenbahn, Lastwagen, Maultier und Mann herbeigeschafft worden. Befestigungen wurden von Hand in die Dolomiten geschlagen, bei Kälte und in einer Luft, bei der die Neuankömmlinge nach Atem rangen. Wenn die Luft auch dünn war, der Wind war derart stark, daß Außenposten manchmal buchstäblich davongefegt wurden. Die Wirkung auf die Treffsicherheit war verheerend, aber das war kaum weiter von Bedeutung, denn die Entfernungen waren so groß, daß der Großteil der Schießerei nur dazu diente, dem Feind klarzumachen, daß eine Höhe oder ein

Kamm erreicht oder eingenommen war: Der Krieg wurde nicht so sehr zwischen den beiden Armeen ausgetragen, sondern zwischen jeder der Armeen und dem Gelände, und die Aufgabe bestand weniger darin, den Gegner zu bekämpfen, als vielmehr ihn zu erreichen.

Die Ostseite des Cima Bianca zerfiel in eine Unzahl von Karen und Zinnen, jene Art mit Perspektiven und Anblicken aufgeladene Landschaft, die sich mit jedem Schritt verändert. Berghänge, Felskamine, kleine Gletscher und schneebedeckte Plateaus schienen, je nach Standort, verwirrend nah oder verwirrend weit entfernt. Selbst genaues Kartenstudium hielt das Gelände nicht davon ab, sich ständig zu verändern. Sobald man meinte, die Relation der einen Besonderheit zu einer anderen verstanden zu haben, kam man zu einem neuen Standort, und alles sah wieder ganz anders aus. Die Karten waren nicht sehr verläßlich, und beurteilte man das Gelände, indem man das Kartenbild mit dem tatsächlichen Anblick verglich, ging dies ebenso fehl wie der bloße Augenschein.

In Friedenszeiten bedeutete der vielgestaltige Charakter der Berglandschaft nicht mehr, als daß Gruppen von Sportlern sich verirrten und dazu gezwungen waren, ihre Nahrungsmittelrationen zu strekken, damit sie für ein paar zusätzliche Wandertage reichten. Manchmal bedeutete es, daß Bergsteiger die falsche Route nahmen und ein Mitglied ihrer Seilschaft durch Steinschlag oder Kälte verloren, doch waren diese Tragödien selten.

Im Krieg war das anders. Außergewöhnliche Anstrengungen wurden unternommen, um diesen oder jenen Gipfel zu erobern, und wenn die Schlacht vorüber war, erkannten die Soldaten, die vorangedrängt waren, daß sie sich in Wirklichkeit auf dem Rückzug befanden oder daß sie und ihre Kameraden gelitten hatten und manche sogar gestorben waren, nur um auf nutzloses Gelände Anspruch zu erheben, das weit von jedem strategisch wichtigen Punkt entfernt lag. Das Kämpfen wurde durch Lethargie verlangsamt, die aus der Erkenntnis erwuchs, daß alle Bewegungen wie in einem Traum erfolgten, denn die kleinen Gruppen von Männern, die in den Karen und auf den Zinnen kämpften, waren nicht nur den Wünschen aus Rom oder Wien unterworfen, sondern auch den Täuschungen von Zeit, Raum und hochalpiner Luft.

Als Alessandro zum Brigadehauptquartier ging, um seinen Posten zugewiesen zu bekommen, ließ man ihn draußen vor dem Bunker warten, in dem der Major, der über sein Schicksal zu entscheiden hatte, über das Schicksal der Person entschied, die vor ihm eingetroffen war. Er saß fünf oder sechs Stunden, während der die Sonne schien und von der Steinwand hinter ihm reflektiert wurde, auf einer Bank neben seinem Marschgepäck. Seit Sizilien war ihm nicht so warm gewesen.

Alle halbe Stunde tauchte ein Oberfeldwebel auf und erklärte Alessandro, daß er eine weitere halbe Stunde warten müßte. Schließlich, nach zehn solcher Ankündigungen, von denen Alessandro nicht einer einzigen glaubte, war es dem Oberfeldwebel peinlich genug, so daß er einen freundlichen Ton anschlug. »Soll ich Ihnen mal etwas zeigen?« fragte er Alessandro und ging um eine Ecke des Bunkers. Alessandro schulterte sein Gepäck.

»Nein, lassen Sie das hier«, sagte der Feldwebel zu ihm. »Es ist gleich da oben.«

Sie stiegen eine Leiter zu einer mit Sandsäcken geschützten Feuerstellung hinauf, die von einem stumpfsinnigen Wachmann besetzt war, dem die Sonne die Farbe von geräuchertem Schinken eingebrannt hatte. Selbst als die beiden Besucher erschienen, rührte er sich kaum.

Innerhalb des Rings aus Sandsäcken stand ein Granatwerfer neben zwei massiven Eisenpfosten. Auf den einen Pfosten war ein Luftabwehrmaschinengewehr montiert und auf den anderen ein Fernglas, das so lang war wie Alessandro groß. Der Feldwebel entfernte Metallkappen von den Okularen und Objektiven und brachte das Fernglas in Position. Dann trat er zurück und forderte Alessandro auf, einen Blick hindurchzuwerfen. Das Instrument war auf einen Bergkamm in drei bis vier Kilometern Entfernung gerichtet.

Als Alessandro sein Auge vor das helle Glas brachte, sah er wie durch Zauberei eine Gruppe von Männern auf einer Brustwehr. Einige aßen, andere unterhielten sich, und wieder andere durchkämmten die unter ihnen liegende Ebene mit Ferngläsern und einem Teleskop auf einem Stativ. Sie trugen Pelzumhänge und schneeweiße Gesichtsmasken, als seien sie eine bestimmte Affenrasse, und während sie an der Grenzlinie ihrer Befestigung entlanggingen, ließ der Wind ihre Umhänge tanzen. Mit ihren umgehängten Gewehren und ihren von spitzen Kapuzen verschatteten Gesichtern sahen sie nicht wie eine Armee von Lebenden aus.

»Das ist der Feind«, sagte der Feldwebel, der beobachtete, wie Alessandros rechtes Auge den Gestalten in der Ferne folgte.

»Warum sind sie so vermummt?« fragte Alessandro.

»Dort oben ist es kälter.«

»Sind das Deutsche?«

»Deutsche, Ungarn, Bulgaren, wer weiß, aber jetzt können Sie sie aus der Nähe betrachten.«

»Wie bitte?« fragte Alessandro.

»Den Feind«, wiederholte der Feldwebel.

»Sie glauben, das sei nah?«

»Man kann die Finger an ihren Händen erkennen.«

»Haben Sie jemals einen berührt?« fragte Alessandro weiter.

»Einen berührt? Natürlich nicht. *So* nah kommt man nun auch nicht heran.«

»Ich schon. Ihr Blut ist wie eine warme Dusche über mich gespritzt. Ich war in einen Kampf mit ihnen verwickelt. Ich weiß, wie sie riechen, und ich habe ihre Gebisse gesehen.«

»Sind Sie Zahnarzt?« fragte der verdutzte Feldwebel.

»Nein«, erwiderte Alessandro. »Sie etwa?«

*

Der Major war ein Aristokrat. Alessandro dachte, er hätte der Sohn eines methusalemischen Kunstkenners sein können, der in einer von Fluten bedrohten Villa lebte. In der Villa gäbe es Gemälde und Bücher in Latein und Griechisch, die der Major gelesen und in sich aufgenommen hätte, wodurch er sich vom Großteil der menschlichen Gesellschaft distanziert hätte, noch bevor er ihr überhaupt beigetreten wäre. Und jetzt war er hier, reich, weltmännisch und großartig, mit dem grünen Hut der Alpini mit roter Feder, und erledigte in einem Bunker in zweitausend Meter Höhe den Papierkram.

Wie so mancher kampferprobte Veteran konnte Alessandro sich eine Provokation nicht verkneifen.

»Wie viele Dutzend obskurer lateinischer und griechischer Bände haben Sie gelesen, während Ebbe und Flut über die Marschen gingen, die Insekten um das Marmormausoleum summten und die Motten die Tweed-Jagdröcke Ihres Vaters zernagten?« fragte er, nachdem er es versäumt hatte zu salutieren.

Dem Major stand der Mund offen, so als sauge er kühle Luft an, weil er sich gerade die Zunge verbrannt hatte. »Wie bitte?« fragte er und vergaß die militärische Etikette, wie dies schon der einfache Soldat getan hatte, der in sein Büro gestiefelt war wie ein General, dem der Abschnitt unterstellt ist.

Alessandro wußte, daß der Major ihn gehört hatte, setzte sich hin, sah ihn groß an und weitete seine These aus.

»Sie haben mit einem englischen Gewehr auf Tontauben geschossen, stimmt's? Sie haben gelernt, Aquavit zu trinken und Apuleius zu lesen. Ihr Vater war immerzu besorgt, daß die Fundamente der Villa verfallen würden und daß er nicht die Kraft hätte, die heruntergefallenen Blätter zusammenzukehren, von denen er glaubte, daß sie giftig sein könnten, wenn ihr Extrakt in die Wasserversorgung sickern würde.«

»*Mein* Vater?«

»Weiße *baffi* und hervorquellende Augen. Er trug Morgenmäntel und schrieb mit einem Füllfederhalter aus Ebenholz und Gold. Erinnern Sie sich nicht? An das Marschland?«

»Mein Vater war Ingenieur«, sagte der Major verteidigend, und seine Stimme wurde lauter. »Wir lebten in einer Wohnung auf der Via Cola di Rienzo. Was soll das mit diesen Motten, die seine Tweed-Jagdröcke zernagen? Er hatte keine Tweed-Jagdröcke.«

»Woher sollte ich etwas über die Garderobe Ihres Vaters wissen?« fragte Alessandro entrüstet. »Wer bin ich, sein Schneider?«

»Sie sagten, er hatte Jagdröcke aus Tweed.«

»Ich habe so gut geraten, wie ich anhand der mir vorliegenden Informationen konnte.«

»Welcher Informationen?«

»Ihr Gesicht.«

»Wer sind Sie?« fragte der Major verdutzt. »Sie haben nicht mal salutiert. Sie sitzen in meinem Sessel.«

»Der Teil von mir zwischen dem oberen Ende meiner Beine und meiner Taille, im Rücken, der zweigeteilt und abgerundet ist, ist müde«, erwiderte Alessandro.

»Ist Ihnen klar«, fragte der Major, leicht über seinen Schreibtisch vorgebeugt, »daß Männer schon für geringere Insubordination erschossen worden sind?«

»Nein, das ist mir nicht klar, aber in Stella Maris habe ich sie wie die Fliegen sterben sehen. Ab und an«, fuhr Alessandro fort, nachdem er sich geräuspert hatte, »versucht man, auch mich zu erschießen, aber immer vorbei, oder ich werde abgezogen. Wie? Das spielt keine Rolle. Ich habe erst kürzlich entdeckt, erst seit ich verbittert bin, daß ich Immunität besitze, keine Aura, sondern eine komische Immunität.«

»Komische Immunität?«

»Ja. Es ist ein Witz. Ich habe *laissez-passer* und beobachte, wie alle anderen in Stücke gerissen werden. Daran ist dieser Bastard schuld, dieser kleine Zwerg, Orfeo. Er hat das getan.«

»Wie bitte?«

»Glauben Sie, Giolitti und der Kaiser haben den Krieg gemacht? Franz Joseph?«

»Nein?«

»Ein Zwerg hat alles im Griff, vom ersten bis zum letzten Schuß, der Zwerg Orfeo Quatta. Wenn ich das nur vorher gewußt hätte. Wissen Sie, wie viele ungerechte, mutwillige, *leichtfertige* Hinrichtungsbefehle dieser kleine Hundesohn unterzeichnet hat? Er hat ganze Brigaden ins Feuer geschickt. Ich habe ihm nicht geglaubt, als ich neben ihm saß, um den portugiesischen Vertrag zu kopieren, aber er muß wohl die Wahrheit gesagt haben.

Er sagte, einer der Schreiber meines Vaters, ein Turiner namens Sanduvo, hätte eine Methode entdeckt, wie man Hühner dazu brächte, sieben Eier pro Tag zu legen. Es hätte etwas damit zu tun, ein bestimmtes Rondo auf dem Harpsichord zu spielen, während die Hühner mit wasserfester Tinte eingerieben würden. Orfeo hatte vor, die Methode zu stehlen und einen Hühnerhof anzulegen, doch er hatte Angst, Sanduvo würde ihn umbringen, wenn er es herausfände, also plante Orfeo, Sanduvo zuerst zu töten. Natürlich hatte Sanduvo nur einen Scherz gemacht, denke ich, aber das hielt Orfeo nicht davon ab.«

»Er hat ihn getötet?«

»Man fand Sanduvo im Tiber, mit eingeschlagenem Kopf und ertrunken.«

»Was hat das alles mit ...«

»Ich hätte Orfeo damals schon umbringen sollen. Es ist mir nie in den Sinn gekommen. Als er sich aus dem Fenster lehnte, um den angeblichen afrikanischen Opernsängern Münzen zuzuwerfen, hätte ich ihn hinausstoßen können. Der Welt wäre vieles erspart geblieben, und alle, die ich liebe, wären heute noch am Leben. Ich hätte in Rom von einem Fest zum nächsten gehen können, hätte mit vierzehnhundert ausländischen Frauen schlafen können, wie Fabio, hätte auf dem Tiber rudern können. Ich hätte Bücher lesen und alt werden können und hätte mich an Speis und Trank ergötzt. Im Herbst wäre ich in den Tweed-Jagdjacketts Ihres Vaters mit den Mottenlöchern die Via Cola di Rienzo entlangspaziert.«

Der Major wußte nicht, was er von alldem halten sollte, nahm sich eine Zigarette aus seiner mattierten Militärzigarettendose aus Aluminium, bot Alessandro vergebens eine an, zündete sein Sturmfeuerzeug und starrte schwermütig an die Decke des Bunkers. Alessandro fuhr fort: »Der Boden des Schranks war von dem, was die Motten fallengelassen hatten, fleckig, obwohl es ein Zedernschrank war.«

»Machen Sie Witze über meinen *Vater*?« fragte der Major.

»Ich habe Ihren Vater geliebt«, antwortete Alessandro. »Er war meinem Vater sehr ähnlich. Wie könnte ich Witze über ihn machen? Ich mache nur Witze über mich selbst.«

»Warum?«

»Warum? Weil jedesmal, wenn ich jemanden liebe, diese Person verschwindet.«

Der Major sagte zu der Decke des Bunkers: »Selbst die frischen Truppen, die sie mir schicken, sind schon kampfgeschädigt.«

»Ich bin nicht kampfgeschädigt«, fuhr Alessandro dazwischen. »Ich bin für den Kampf aufgezogen und ausgebildet worden. Ich bin über zwei Jahre an der Front gewesen. Ich bin nicht müde. Ich habe keine Angst. Ich bin nicht irrational. Ganz im Gegenteil, ich lehne nicht nur die Tode ab, die in einer Schlacht eintreten, sondern auch die anderen. Wenn eine Reinemachefrau in ihrem Bett in Trastevere stirbt, ein Soldat von einer Granate ausgelöscht wird oder ein afrikanischer Häuptling einem infizierten Straußenbiß erliegt, dann ist das alles dasselbe, oder nicht? Wozu Unterschiede machen? Ich zweifle sehr daran, daß Gott welche macht. Für den Touristen in der Pinacoteca di Brera sind die Gemälde dieselben, ganz gleich ob er mit der Bahn, zu Pferde oder im Automobil angereist ist. Ich bin nicht geschädigt. Ich lehne nur all dieses Sterben ab.«

»Das tut mir sehr leid. Was wollen Sie dagegen tun? Man kann die Toten nicht zurückholen.«

»Ich weiß. Ich habe es versucht.«

»Wie bitte? Sie haben es versucht?«

»Ach, ich verstehe«, sagte Alessandro. »Ich nehme an, Sie halten das für irrational. Es ist irrational. Außer in der materiellen Welt kann man recht wenig mit dem Verstand anfangen. Warum sollte ich mich auf den Verstand beschränken?«

»Weil Sie sonst niemand verstehen wird.«

»Ganz im Gegenteil. Wie auch immer, der Verstand ist genauso irrational, und jene, die rational sind, sind genauso unvernünftig wie alle anderen.«

»Was?«

»Sie sind doch ein moderner Mensch. Stimmt doch. Sie akzeptieren die Evolutionstheorie, oder nicht?«

»Ja.«

»Natürlich, das ist eine Grundvoraussetzung Ihres Denkens. Und die Idee der Entropie, kennen Sie sich damit aus?«

»Ja, das tue ich«, sagte der Major.

»Akzeptieren Sie sie ebenso?«

»Ich weiß nicht.«

»Die meisten Menschen tun es. Sie glauben, daß das, was für klare physikalische Prozesse zutrifft, auch auf die Kosmologie angewendet werden kann.«

»Was soll das?«

»Nur folgendes. Sie glauben an die Entropie, die postuliert, daß alle Phänomene dazu neigen, auf niedrigere Organisations- und

Energieebenen abzusinken, und an die Evolution, die postuliert, daß die Geschichte des Lebens genau das Gegenteil davon tut. Menschen wie Sie halten beide Theorien für richtig. Das ist *de rigueur.* Ist das rationaler Verstand? Ich sage, Scheiße. Mein ganzes Leben habe ich mich der Aufgabe gewidmet, die Toten zurückzuholen, nur um festzustellen, daß es sinnlos ist.«

»Was haben Sie getan, Séancen abgehalten? Sind Sie ein Mystiker?«

»Ich habe gelernt, widerstrebende Kräfte und Empfindungen zu vereinen und vereint wirken zu lassen, wie Musik, wie ein Lied, auf etwas hin, das ein Eigenleben hat. Ein Lied ist doch so, oder nicht, es scheint ein Eigenleben zu haben, es geht seine eigenen Wege und nimmt einen dabei mit.

Ich habe keinerlei musikalische Ausbildung, aber ich habe Musiktheorie studiert, ich kenne die aristotelischen Regeln, und ich werde durch Musik auf das stärkste bewegt. Ich kann kein Instrument spielen, außer Schlagzeug, und das kann jeder, und ich kann nicht komponieren.«

»Ach«, warf der Major ein, der fast regungslos in seinem Sessel hockte.

»Ich bin Kunsthistoriker. Ich schreibe Essays über Werke der Kunst. Das ist, als sei man Eunuch im Serail, aber unerwiderte Liebe ist die süßeste, und ich habe den nötigen Abstand. Ich kann die Eigenschaften der Schönheit, die ich zu sehen gelernt habe, verdichten, sie speichern und auf Abruf in den Kombinationen hervorholen, die ich will.

Bilder. Tausende, Hunderttausende von Bildern. Mein Gebiet war die Ästhetik der Malerei. Ihr zu Ehren bewahre ich die Bilder zu winzig kleinen Rechtecken komprimiert auf, die Werke von Oderisi da Gubbio oder Franco Bolognese zum Beispiel, wie kleine Briefmarken. Jedes einzelne glüht. Das ist so, als schaute man durch ein Guckloch in eine Brennkammer oder in eines jener Ostereier, in die Szenen hineingemalt sind, oder als beobachte man einen hell erleuchteten und weit entfernten Teil einer Stadt durch ein Teleskop mit schillernder Optik. Jedes Bildchen trägt das tiefe Rot, das Grün und die dunklen Blautöne in sich, die die Italiener nie in dem Maße beherrscht zu haben scheinen wie die Engländer und Holländer, obwohl wir alle anderen Farben fast unter Verschluß haben. Wenn ich diese Bilder vor meinem inneren Auge vorüberziehen lasse, den *Bindo Altoviti, La Tempesta*, die *Uccelli* und all die anderen, die nicht nur die Maler für mich geschaffen haben, sondern auch die Sonne, wenn sie untergeht oder safranfarbene Gebäude bescheint, den Anblick vollkommen proportionierter Plätze, der Galerien und Campanile, dann sehe ich etwas Lebendiges, lebendig wie ein Lied, und in den Liedern, die in meinem Gedächtnis aufsteigen wie wirbelnde Rauchfahnen aus der Dunkelheit der Opernhäuser, die von der Hitze der Rampenlichter aufsteigen und durch den leeren Raum darüber ziehen, dann sehe ich die Gesichter der Menschen, die ich liebe, die Gesichter meiner Eltern und Guariglia und Ariane ... und sie werden fast zum Leben erweckt.«

»Das werden sie aber nicht.«

»Nein.«

»Warum nicht?«

»Meine törichten Phantasien werden niemals genügen, die Toten zum Leben zu erwecken. Kunst hat keine Grenzen außer dieser. Man kann dem Entzücken nahe kommen und mag unter der Wucht ihres Schlags vergehen, aber man kann die Toten nicht zurückholen. Es scheint, als hätte Gott die Mächte der Kunst freigesetzt, um den Menschen Seinen Gefilden so nahe kommen zu lassen, daß er beinahe begreift, wie Er wirkt, doch am Ende verschließt Er die Tür vor unserer Nase und sagt, überlaßt das mir. So als sei das Ganze nur eine Lektion. Die Schönheit der Welt zu sehen heißt, die Hände auf Stränge zu legen, die ununterbrochen Leben und Tod durchziehen. Sie zu berühren ist ein Akt der Hoffnung, denn vielleicht berührt sie jemand auf der anderen Seite auch, wenn es denn eine andere Seite gibt.«

»Wer ist Ariane?« fragte der Major.

Alessandro schien ihn nicht zu hören. Er wandte sich dem Türrahmen zu und betrachtete das Rechteck blauen Himmels, das er eingrenzte. Der Major öffnete eine Schublade in seinem Schreibtisch und nahm eine Pistole heraus, die in ihrem Holster steckte und in einen Ledergurt eingewickelt war. »Sie sind kein Offizier«, sagte er zu Alessandro, »aber solange Sie meinem Kommando unterstehen, werden Sie eine Seitenwaffe tragen. Das ist ein Revolver.«

»Wozu?«

»Wegen des Postens, zu dem ich Sie entsenden werde. Ich hoffe, daß Sie dort weniger über Kunst und mehr über den Krieg nachdenken, damit Sie den Krieg überstehen und den Rest Ihres Lebens damit verbringen können, über Kunst nachzudenken.

Wenn Sie sich nach ein paar langen Märschen und Abstiegen hinunter ins Tal an die Höhe gewöhnt haben, werde ich Sie an einen Posten versetzen, wo Sie der nördlichste, der höchstplazierte und der einsamste italienische Soldat der Front sein werden.«

»Warum?«

»Weil«, sagte der Major, »es das ist, was Sie wollen. Sie sind hierhergekommen, um mich darum zu bitten.«

*

Es war erstaunlich, die ganze so weite und so blaue Welt von einem Ort aus zu sehen. Geradeaus hatte der Himmel ebensolche Tiefe und Weite wie obendrüber, und angesichts der Wolken, die unter ihm bis zum Horizont dahinzogen wie ein weißer Teppich, glaubte Alessandro, eher im Himmel als unter ihm zu sein. Aus diesem Grund, aber nicht nur aus diesem Grund, kam er sich fast die ganze Zeit so vor, als flöge er; kein Schwindel oder ein Gefühl, daß er sich bewege, sondern eine Aura von Leichtigkeit, Losgelöstheit und Stille. Gletscherlicht, das aus dem blauen Eis aufsteigt, blendet und ist kalt; wenn es sich mit dem Licht des Himmels vermischt, löst es Staunen und Ehrfurcht aus, so als ob mit diesem Licht die eigentliche Arbeit der Welt geschafft wäre und das Wirken des reicheren, wärmeren Lichts weiter unten zu einer geringeren, gefallenen Ordnung gehörte.

Dreißig Mann, darunter Alessandro, waren in der Dunkelheit um ein Uhr geweckt worden und hatten sich auf einem flachen Schneefeld direkt unterhalb des Lagers versammelt. Sie bildeten sechs Seilschaften zu je fünf Mann und überprüften ihre Ausrüstung. Zusätzlich zu den Rationen, die zum Aufstieg nötig waren, trug jeder Mann eine Tagesration Essen, Petroleum und Munition bei sich. Einige trugen elektrische Lampen, Seile und zusätzliche Ringhaken, für den Fall, daß die Haken in der Felswand, die sie besteigen wollten, ausgewechselt werden mußten, und jeder Mann hatte ein Gewehr, Bajonett, Eispickel, Seilschlingen, Felshammer und Steigeisen bei sich.

Alessandro war niemals so schwer bepackt in den Bergen gegangen. Besonders das Gewehr war eine Last, denn zusammen mit Bajonett, Tragriemen und fünfzig Schuß Munition wog es fünf Kilogramm. An den Käppis der Soldaten waren Grubenlampen mit dikken Kerzen befestigt. Weil diese Art Lampen erstaunlich hell brannten, rußten sie nicht, und so blieben die auf Hochglanz polierten Reflektoren sauber.

Als Alessandro aufwachte, war er auf Kälte und Wind gefaßt. In den Bergen ist es am frühen Morgen meist kalt und naß, und der Wind bläst feuchte Wolken über die Felsen und Schneefelder. In der stockfinsteren Dunkelheit einen Aufstieg zu beginnen, ist das Widernatürlichste, was ein Mensch tun kann, doch der Morgen, an dem Alessandro zu dem Posten 06 aufstieg, war warm und trocken. Es schien unglaublich, daß der Himmel, wie brennender Phosphor schäumend und kochend, still war, denn sein Licht und Gewoge deutete auf Donner, Explosionen und das Geräusch des Meeres hin. Die Sterne waren geschäftig und aufmerksam, so als ob sie sich vor Mondaufgang von allem befreien mußten, was sie während der Tagesstunden gesehen hatten, als sie nicht sprechen konnten. Nun tobten sie wie wild, und ihr Licht ließ die Schneefelder leblos und düster erscheinen.

Die Ausrüstung war überprüft, und die Handschuhe wurden Dutzende von Malen an- und wieder ausgezogen, um die Seile zurechtzurücken, Schnallen fester zu zurren und Knoten zu binden. Ein Soldat ging mit einer kleinen Fackel von einem zum anderen und zündete die Laternen an, während die Männer sich leicht nach vorn neigten. Nachdem die Laternen angezündet waren, ließ jeder Soldat deren Glasschild herunter, richtete sich auf und stapfte mit seinen Steigeisen in den Schnee, bereit zum Abmarsch.

Die sechs Seilschaften bildeten eine Linie; Alessandro war ziemlich am Ende. Er beobachtete, wie die vorderen Lichter sich auf den Gletscher zubewegten, als wollten sie den Sternen Konkurrenz machen, denn nicht nur, daß jede Lampe wie eine kleine goldene Sonne funkelte, sie warf auch einen kleinen Kreis gelben Lichts, der vor seinem Träger hin und her schoß und oszillierte, wenn er seinen Kopf bewegte. Die Prozession der Lichter und Kreise tanzte über den Schnee wie eine glühende Schlange, deren viele leuchtende Abschnitte beständig zitterten. Bald kam sie an den zerklüfteten Teil eines kleinen Gletschers, und ohne langsamer zu werden, sprangen die Soldaten über Spalten, und manchmal landeten sie so, daß die einzige Möglichkeit, nicht in den Abgrund zu stürzen, darin bestand, den spitzen Eispickel nach vorn zu schlagen und sich an ihm hochzuziehen.

Die Kolonne erklomm einen steilen, staubbedeckten Grat. Er wies nach Süden, und der Schnee war geschmolzen, wie um einen Pfad zu bilden. Steigeisen rutschten auf den Felsen aus und tauchten in den Staub ein. Es glich einem Aufstieg in einer Sanddüne, während man sich mit einem langsamen Schauer von kleinen Felsbrocken herumzuschlagen hatte, die von den Vorderleuten ausgelöst wurden. Die Brocken rollten gleichgültig gegen Knöchel, und ab und zu sprang ein kleiner runder Stein seinen flacheren Vettern davon und hüpfte in einer Reihe von Sprüngen in die Luft, um sich bis zur Geschwindigkeit eines Projektils zu steigern. Jemand weiter vorn stieß einen Schrei aus, alle Lampen sanken wie auf Befehl, und der Stein pfiff vorbei wie eine Artilleriegranate. Dann richteten sich die Laternen wieder auf, und der Aufstieg ging weiter.

Der Mond ging auf und wieder unter, und sie marschierten über Gletscher, staubige Grate und flache Senken aus blankem Eis, auf denen sie Schlittschuh hätten laufen können. Wenn sie anhielten, um etwas zu trinken und zu essen, froren sie bald im Wind und zitterten unwillkürlich, doch wenn sie wieder aufbrachen, war ihnen bald erneut heiß. Die Luft wurde dünner, sie keuchten, und als die Sonne aufging, saßen sie in Gruppen auf einer verschneiten Plattform mehr als tausend Meter über ihrem Ausgangspunkt.

Ihre Hemden waren steif vor Salz, sie keuchten wie Verwundete, und sie sprachen kein Wort. Mit der Sonne kam ein derart kalter und starker Wind auf, daß ihnen das Wasser in den Feldflaschen gefror. Keine einzige Wolke stand am Himmel, bis auf den weißen Teppich am Horizont, und als die Sonne höher stieg, legte sich der Wind, und die Luft wurde angenehm warm. Sobald sie aufhörten zu zittern, aßen sie. Wer vergessen hatte, seine Lampe auszumachen, tat dies jetzt, und sie brachen wieder auf, diesmal auf reinem Schnee, der sich über einen ungeheuer steilen Buckel bis zu einer hohen Felswand erstreckte.

Mehrere Stunden lang marschierten sie den Hang hinauf, Steigeisen preßten sich in den Schnee, und Metall klirrte in hypnotischen Rhythmen. Bei dieser dünnen und flüchtigen Luft begann Alessandro, seine Kleidung zu riechen. Sie war gerade erst gewaschen worden, doch die Feuerstellen in den Unterständen des Hauptquartiers hatten ihnen einen salzigen, rauchigen Geruch verliehen, süß wie Harz, so daß Alessandro hier oben, wo niemals Bäume wuchsen, bis zur Verzückung den Wald spürte.

Als die Sonne hoch genug stand, machten sie auf dem blendenden Schnee Rast, stießen ihre Eispickel hinein, damit sie als Mantelhaken für ihre Anoraks dienten; sie zogen die Pullover aus und stopften sie in die ohnehin überquellenden Rucksäcke. Dann zogen sie die Anoraks wieder über, und die Soldaten aßen Zwieback und nippten an dem schmerzend kalten Wasser aus ihren halb gefrorenen Feldflaschen. Gerade als sie, fünfhundert Meter vom Fuß der Felswand entfernt, wieder aufbrechen wollten, eröffneten die österreichischen Geschütze weiter unten das Feuer.

Zuerst kam der Blitz, dann der Donnerschlag und dann ein zerschmetterter Chor verschachtelter Echos, jedes in Tonhöhe und Lautstärke leicht verändert, die um die Abgründe rasselten wie ein Gewitter. Bei drei oder vier Geschützen, die pro Minute ein Geschoß abgaben, erinnerten die Erschütterungen und Echos an das Hämmern vom Regen angeschwollener Wasserfälle.

»Es ist noch nicht Zeit fürs Mittagessen«, sagte Alessandro zu dem Vordermann. »Warum schießen sie?«

»Sie schießen auf uns.«

»Auf uns?«

»Ja, aber so weit reichen sie nicht. Die Granaten landen auf dem Gletscher gegen Westen, und wir können nicht mal sehen, wie sie explodieren. Sie haben uns mit ihren Teleskopen erfaßt, und es gefällt ihnen nicht, daß wir so weit hinter ihren Linien sind. Sie können uns nicht sehen, bis wir über den Buckel sind, und bis dahin sind wir außer Reichweite. Sie ertragen es nicht, daß wir sie vom ersten Augenblick an im Visier haben, wenn sie aufbrechen. Es macht sie besonders wütend, daß sie eine Kompanie losgeschickt haben, die uns stören sollte, als wir den Ausguck errichtet haben, und daß wir sie mit unserer Artillerie vernichtet haben, bevor sie den Gletscher überwinden konnte. Die Granaten, die auf dem Eis explodierten, waren so furchtbar wie eine Bombe in einem Spiegelsaal. Das Eis hat sie getötet und begraben.«

»Und warum machen sie sich dann die Mühe, auf uns zu schießen, wenn wir so weit außer Reichweite sind?«

»Sie versuchen, eine Lawine auszulösen. Fünfzehn von unseren Soldaten liegen deswegen am Fuß dieser Rampe begraben.«

»Und fünfzehn sind entkommen?«

»Keiner ist entkommen. Zu der Zeit wurde 06 im Zwei-Wochen-Rhythmus bemannt. Das haben wir auf einen Monat verlängert, um die Möglichkeit, erwischt zu werden, zu verringern. Mach dir keine Sorgen, es hat nicht viel Schnee gegeben, und trocken war es auch. Außerdem haben wir mehr als drei Viertel von diesem Hang hinter uns und die größte Gefahr ist vorüber. Je höher wir kommen, desto kleiner die Lawine und desto größer die Chance, daß wir überleben.«

Felsen in allen Größen ragten aus der Wand. Je näher die Nachschubseilschaft kam, desto stärker war der Schnee mit immer größer werdenden Steinen durchsetzt. Es schien, als hätten die Österreicher der italienischen Kolonne einen Gefallen getan, indem sie den Steinschlag ausgelöst hatten, bevor sie dort ankamen.

Der Fuß einer mehrere hundert Meter hohen Wand und das Ende einer zweitausend Meter langen Schneerampe trafen in einer schmalen ausgezackten Eiskante aufeinander, die in den schmalen Spalt zwischen den beiden stürzte, wenn man sie mit dem kleinen Finger drückte. Daß zwei solcher Massen sich mit derart unvergleichlicher Zartheit berühren sollten, ließ Alessandro an das Meer und die Küste denken. Als die Soldaten am Fuß der Wand Rast machten, sich vor etwaigem Steinschlag fürchteten und stiller waren als sonst, sprach

Alessandro über die Veränderlichkeit des Atlantik. Er hatte Bilder von Häusern in Frankreich und Spanien gesehen, die in einer sicheren Entfernung von fünf Metern von der höchsten Flut und zwei Meter darüber standen. Ihre tatsächliche Entfernung vom Meer betrug also weniger als fünfeinhalb Meter. Er nahm sechs Meter an und dividierte sie durch die zwölftausend Kilometer, die er als direkte Entfernung über die offene See bis zum südlichen Argentinien schätzte, und berechnete so, daß die Wassermassen mit all ihrem unvorstellbaren Gewicht und Volumen sich niemals mehr als ein Zweimillionstel ausdehnten und eigentlich sogar noch viel stabiler waren, denn er hatte vergessen, das ungeheure Volumen des Ozeans einzuberechnen. Die Ränder des Meeres waren so zart und unbeweglich wie die feine Eisgrenze, die an die Steilwand rührte.

»Und was schließt du daraus?« fragte ihn ein Soldat, der neben ihm saß, mit einer Spur Feindseligkeit.

»Daß die natürliche Welt unendlich zuverlässiger ist als die Welt des Menschen«, sagte Alessandro, »und daß wir in der kurzen Spanne unseres Lebens unbeständig sein müssen, um die Bewegung kennenzulernen. Wenn wir mehr Zeit hätten, könnten wir vielleicht etwas gesetzter und glücklicher sein.«

»Du bist verrückt.«

»Stimmt. Und du?«

»Anschließen«, befahl der kommandierende Offizier und wies mit seiner behandschuhten Hand auf zwei Seilschaften. »Bildet sechs Paare. Ich will schnelle Wechsel sehen, damit wir hier wegkommen. Die Österreicher konnten keine Lawine auslösen, aber die Nachmittagssonne kann das.«

Es waren dreißig Mann nötig gewesen, um den Nachschub bis zu diesem Punkt zu bringen; die restlichen fünfhundert Meter legte ihr Gepäck, das sie umpackten und zusammenstellten, am Seil zurück, weitergereicht von Team zu Team. Nur Alessandro würde bis zum Ausguck aufsteigen, der immer noch unsichtbar in der Felswand verborgen lag. Die anderen verteilten sich entlang der Route, lagerten auf Vorsprüngen oder hingen an Haken an der blanken Felswand und mühten sich ab, den Nachschub an Seilen und Rollen hochzuziehen.

Alessandro und der Soldat, der ihm von den Lawinen erzählt hatte, bildeten die Führungsgruppe. Der andere schaute sich Alessandro lange an. »Und du weißt, was du zu tun hast?«

»Ich bin seit einigen Jahren nicht mehr geklettert. Ich bin am Anfang vielleicht etwas langsam, wenn ich die Leiter wechsle, doch wenn die Haken schon stecken, werde ich zurechtkommen. Ich habe den Westturm des Cima Bianca dreimal bestiegen. Beim dritten Mal habe ich geführt.«

Der andere war beeindruckt.

Alessandro griff nach dem ersten Karabiner und hängte die Steigleiter ein. Schon bald waren die zwei Soldaten, die schneller aufstiegen, als sie vielleicht erwartet hatten, hundert Meter über der Schneerampe. Die Welt schien in weite Ferne gerückt zu sein. Wieder war sie auf einfache und befriedigende Dinge reduziert: Wenn ein Karabiner in einen Haken schnappte, war man in Sicherheit. Über die letzte Position hinauszuklettern, setzte genug Angst frei, um das erneute Einhängen dort, wo es sicher war, ungeheuer köstlich werden zu lassen, und während der Zyklen von Angst und Erleichterung spürte man immense Befriedigung über die Aufwärtsbewegung. Am oberen Ende des letzten Abschnitts erreichten sie einen breiten Sims, auf dem sie sich an einem größeren Haken als üblich sichern konnten, und Alessandro floß vor Freude schier über, wenn auch nur für einen Augenblick. Sein Gefühl ähnelte sehr der unverhältnismäßigen Befriedigung, die ältere Menschen, unabhängig von ihren Verlusten, Behinderungen und erlittenen Enttäuschungen, aus kleinen Dingen beziehen, wie unter einem Baum zu sitzen und den Vögeln zuzuschauen, die von einem Ast zum anderen hüpfen, oder den Tee aus einer Porzellantasse mit Goldrand zu trinken.

»Es kommt einem vor wie vor dem Krieg«, sagte er zu seinem Seilkameraden.

Der andere Soldat sog den süßen Duft der Steinflechte ein. »Ja«, erwiderte er. »Denk nur, wie schön es sein wird, wenn Stunden um Stunden vergehen, ohne daß ein einziger Schuß zu hören ist oder droht – jahrelang. Das Leben wird wie ein Traum sein.«

»Und keiner wird es zu schätzen wissen«, sagte Alessandro zu den ungeheuren Weiten um sich herum.

»Außer uns, und zur Hölle mit den anderen.«

Fünfundzwanzig Meter über ihnen schaute ein bärtiges Gesicht in aufgeregter Erwartung hinab. Dann verschwand es wieder im Schutz des Beobachtungspostens, und zwei Seile segelten durch die Luft. Die zu Schlingen geknoteten Enden schlugen auf halbem Wege gegen den senkrechten Fels und zappelten den Rest des Weges hinab, weil der Mann oben sie langsam von Hand runterließ. Bald schon baumelten sie direkt vor Alessandros Gesicht.

»Mach's gut«, sagte der andere Soldat. »Er wird dir sagen, was zu tun ist.«

»Was hat er vor, will er uns aufhängen?« fragte Alessandro und schaute die beiden Schlingen an, die neben ihm schwangen.

»*Bilgiri*.«

»Ohne Sicherung?«

»Er ist ein guter Mann. Ich würde mir keine Sorgen machen.«

Alessandro löste sich von dem Haken, entknotete das Seil und stand auf dem Sims, der nun, Tausende von Metern über dem Talboden, recht schmal erschien. Er steckte einen Fuß in jede Schlinge und hielt sich an den Seilen fest. Als der Beobachter das sah, verschwand er erneut, und sofort spürte Alessandro, wie das Seil unter seinem linken Fuß sich zu heben begann. Er folgte ihm und beugte sein Knie, und dann stieg er auf und legte sein Gewicht hinein. Als der Beobachter das linke Seil gesichert hatte, zog er das andere Seil einen Schritt weiter, und so fort, und indem Alessandro sein Gewicht von einer Schlinge in die andere verlagerte, während die eine Schlaufe an der anderen vorbeigezogen wurde, erklomm er eine Leiter, die bei jedem Schritt für ihn erbaut wurde. In Friedenszeiten wäre er mit einem Seil um den Bauch gesichert gewesen. Jetzt hatte er eine solche Garantie nicht.

Wenn er gestürzt wäre, wäre er ein- oder zweihundert Meter weiter unten an verschiedenen Stellen gegen den Fels geschlagen und auf die Schneerampe geschleudert worden, vielleicht nah genug am Fuß der Wand, um nicht weiter hinabzurutschen. Nicht daß es einen Unterschied gemacht hätte, aber aus seiner freischwebenden Position heraus sah es so aus, als würde er im Oberlauf des Talvera landen, der eine unordentliche grünweiße Linie durch den grauen

Fels des tieferen Tales zog. Die Luft schien so dünn, daß ein Mann, der abstürzte, kein Pfeifen gehört und keinen Wind gespürt hätte.

In dem Augenblick, in dem Alessandro seine Hände auf die Felskante legte, über welche die Seile lagen, begann der Beobachter ihn auszufragen. »Du bist neu«, sagte er. »Ich kenne dich nicht. Was ist passiert?«

Immer noch in den Schlingen stehend, entgegnete Alessandro: »Stimmt. Darf ich reinkommen?«

»Sind sie überrannt worden? Ich habe nicht mit ihnen gesprochen, seit meine Batterien vor fünf Tagen am Ende waren.«

»Wenn es dir nichts ausmacht?« fragte Alessandro und strengte seine Bauchmuskeln an, um hereinzuklettern.

»Ich helf dir.«

Der Beobachter stellte sich so ungeschickt an und war so enthusiastisch, daß er Alessandro kopfüber hochzog und sie beide sich in einem Gewirr aus Seilen, Haken und leeren Rucksäcken verhedderten. Alessandro schaute sich in der in den Fels gehauenen Zelle um und fragte sofort, ob er mit den Decken schlafen müsse, die der Beobachter den ganzen letzten Monat über benutzt hatte.

»Sie haben frische Decken für dich und auch ein paar Überraschungen. Hier oben ist es gar nicht übel, wenn es einem nichts ausmacht, allein zu sein. Wir haben jetzt sieben Bücher hier oben, und die haben bestimmt noch eins mitgebracht. Wenn der Krieg noch fünf Jahre dauert, dann haben wir hier oben achtundsechzig Bücher, und dann wäre das der Welt höchstgelegene Bücherei.«

»Und was ist mit Potala?« fragte Alessandro.

»Wer ist das denn?«

»Das große Kloster in Tibet.«

»Das kann mich mal.«

Alessandro und der Beobachter arbeiteten fieberhaft, um den Nachschub hochzuschaffen. Während sie an den Seilen zogen, sprach der Beobachter mit großer Schnelligkeit und erklärte Alessandro die Aufgaben und die Tricks, die er zu beherrschen hatte. Als alles eingeholt war, führte der Beobachter ihn herum und zeigte ihm, wie man die Scharten öffnete, die Batterien austauschte und die Koordinaten aufzeichnete. Durch ein starkes Teleskop, das an einer

Platte in der Decke festgekettet war, um nicht aus Versehen zum Fenster hinauszufallen, zeigte er ihm die neuesten österreichischen Anlagen, für die er Experte geworden war. Er erläuterte die Gefahren und Verteidigungsmöglichkeiten des Beobachtungspunktes, das System der Rationierung und das Wunder des Telefons, das auf einem Tisch in der Mitte der Kammer stand und dessen Kabel direkt von einem hölzernen Balken darüber hing, so als sei dies ein Geschäftsbüro in Rom und nicht eine Zelle im Fels kurz unterhalb des Gipfels eines Berges in mehreren tausend Metern Höhe.

Hunderte von Spulen mit Telefondraht waren heraufgeschleppt, sorgfältig miteinander verbunden und verstärkt und dann auf der anderen Seite des Gipfels heruntergelassen worden. Das Kabel fiel eine senkrechte Wand bis zu einem Gletscher hinunter und machte dann einen Umweg über die Schneefelder, denn wenn man es über den Gletscher verlegt hätte, wäre es in den Verschiebungen der Eisspalten zerrissen worden. Mehrere Kilometer weit lag es unter Schnee begraben, bis es im Hauptquartier wieder auftauchte. Am Tage wurden alle zwei Stunden Berichte abgegeben. Bei Nacht wurde Alessandro ab und zu geweckt, damit er lauschte, ob unter ihm Haken in den Fels getrieben wurden.

Nachdem der Beobachter sich abgeseilt hatte, war Alessandro ganz allein in einer wundersamen Kammer, die aus dem Fels zu schlagen dreihundert Alpinisten vier Monate gebraucht hatten und wegen der fünfzehn Mann auf dem Gletscher begraben lagen und zwei abgestürzt waren.

*

Sie hatten eine Kammer ausgehöhlt, die sieben Meter tief, zwei Meter hoch und vier Meter breit war. Sie erstreckte sich der Länge nach in den Berg, war eben und gerade, und ihre Granitwände waren makellos glatt und trocken. Zwei Kamine zogen sich zehn Meter durch den Fels und hatten ihren Abzug unter regensicheren Tarnungen. Die Kaminschächte waren schmal, aber der Qualm der Lampen und des Kochofens wurden in schnellen Wirbeln aufgesogen, die Alessandro wegen der wechselnden Geschwindigkeit und Verzögerung der Spiralen an Zirkusakrobaten in kerzenbeleuchteten Zelten erinnerten. Seit seiner Kindheit hatte Alessandro gewußt, daß der Zirkus eine bittersüße Angelegenheit war, und nachdem er die Lampen angesteckt hatte, schaute er zu, wie der Rauch in die Kamine wirbelte, während er durch die verschiedenen Zirkusse schwebte – verarmte Zigeunerzirkusse in den Küstendörfern Siziliens, die einen Kontrast bildeten zu den blauen Wellen und den Zitrushainen; baltische Zirkusse, die farbenfroh und warm waren trotz der schmutziggrauen Wolken, die die Zelte mit Regen peitschten; und römische Zirkusse, mit Zelten aus safranfarbenem Segeltuch, mit funkelnden Lichtern, in jeder Hinsicht harmonisch, genau wie Rom selbst.

Eine Wand war leer, und das ließ den Raum größer erscheinen. Auf diese Wand war ein Gitternetz gemalt, das von einem Ende zum anderen reichte und in dem jeder Bewohner drei Felder hatte, in die er seinen Namen, die Daten seines Aufenthalts und einen Kommentar schreiben konnte: »Bottai, Rudolpho. Ich war der Erste. Schreib mir eine Postkarte und sag mir, was du davon hältst.« »Giammati, Andrea: Führ keine Selbstgespräche und grins nicht so dumm.« »Labrera, Anselmo: Jede Frau käme mir recht, selbst eine mit einer Warze auf der Nase.« »Ceceni, Michele: Ich habe vor dem österreichischen Angriff auf die 5te gewarnt.« »Agnello, Giuseppe: Tötete mehrere Feinde, die versuchten, diesen Posten einzunehmen. An der Schulter verletzt.« »Costanza, Benito: Warum sollte ich keine Selbstgespräche führen? Ich rede die ganze Zeit mit mir selber.«

Alessandro schrieb impulsiv seinen Namen, das Datum seines Aufenthalts und seinen Kommentar, denn er wollte nicht einen Monat damit verbringen, die Weisheit der Jahrhunderte in eine Zeile zu destillieren. Er schrieb: »Obwohl ich nun der sicherste Mann Italiens bin, kann ich es kaum erwarten zu fliegen.« Sollen sie doch versuchen, das zu verstehen, dachte er, aber die meisten würden wohl annehmen, daß er entschlossen war, Pilot zu werden. Aber vielleicht auch nicht – nicht, nachdem sie einen Monat damit zugebracht hatten, die Wolken anzustarren, zu beobachten, wie die Vögel zu Orten jenseits des Krieges über das Meer und die Inseln verschwanden, wo die Tiere noch nie den Knall eines Gewehrs gehört hatten.

Eine weitere Wand war vollständig mit schweren Zedernregalen bedeckt, die einen Duft verströmten, der die Kammer erfüllte. Auf ihnen lagen militärisch aufgereiht Nachschub und Ausrüstung, die um solch hohen Preis hier hinaufgeschafft worden waren. Das meiste lag schon bereit, doch Alessandro stapelte und sortierte auch das, was er mitgebracht hatte, damit er im Verlauf der Zeit seinen Vorrat rationieren konnte. Dreißig Päckchen jeweils mit Brot, Pasta, Marmelade, Zucker, Tee, Suppenpulver, Trockenobst, Schokolade und Trockenfleisch; ein kleiner Sack Kartoffeln und Zwiebeln; zwei Büchsen Lachs; ein winziger *panettone*; zwei Literflaschen Rotwein; ein Topf Butter; ein Bund Karotten, anderthalb Kilo Käse; zwei Stück Seife; eine Schachtel Zahnsalz; Jodtupfer; Verbandszeug; Aspirin; Opiumtinktur; sechs frischgewaschene Wolldecken; ein Daunenkissen; acht Rollen Klopapier; zehn Granaten; zwanzig Signal- und Leuchtraketen; eine Mauser 98; fünfhundert Schuß Munition in zehn Schachteln zu je fünfzig Schuß; ein Bajonett; ein Erste-Hilfe-Kasten; ein Felshammer; zwei Dutzend Kletterhaken; 150 Meter Seil; eine Schachtel Haken und Nägel; eine Zange; ein Schraubenzieher; acht extra Trockenzellen für das Telefon; ein Waschbekken; zwei riesige Flaschen, in die durch einen Schlauch, der mit einem Verschlußhahn in der Wand verbunden war, Wasser aus einer kleinen Zisterne floß; und acht Liter Petroleum zum Kochen und für Licht, zusammen mit Extradochten für die Lampen und mehreren Schachteln Streichhölzer.

In der Mitte des Raumes stand ein riesiger Eichentisch, den man in der Kammer zusammengebaut hatte, nachdem die Einzelteile per Seil hochgezogen worden waren. Darauf standen das Telefon und vier hintereinandergeschaltete Batteriezellen, um es zu betreiben; das Teleskop, dessen Kette zu der Platte in der Decke reichte; eine Peilscheibe, um genaue Peilungen vorzunehmen; ein optischer Entfernungsmesser; ein Tageslogbuch; ein Codebuch; eine Schachtel mit Bleistiften und ein Bleistiftmesser, um sie anzuspitzen; ein Fernglas – selbst der König hatte kein besseres; und eine Petroleumlampe mit einem blankpolierten Reflektor. Zwischen Bücherstützen aus massivem Granit standen die Bibel; *Scaramouche* von Rafaello Sabbatini; Baedekers *Die Schweiz* von 1909, Untertitel *Oberitalien, Savoyen und Tirol*; *Orlando Furioso*; die französische Originalausgabe von *La Chartreuse de Parme*; ein Pfadfinderhandbuch, das in zwei Teile geteilt worden war; ein kleines Bändchen von Dante mit dem Titel *Vita Nuova – Rime*; und eine außergewöhnlich kurze englische pornographische Novelle (die Alessandro las, bevor er noch ausgepackt hatte), in der ein kaum getarnter Prinz von Wales nach Paris reist, um einige Zeit in einem warmen Bad mit einem halben Dutzend der schönsten und freizügigsten Frauen der Welt zu verbringen, mit jedem Teil seiner Anatomie jeden Teil der ihren erforscht, während sie dasselbe mit ihm und untereinander tun. Das Ende verkam zu einem derartigen Wirrwarr von schönen Gliedmaßen, riesigen Brüsten und offenen Mündern, die sich gegen den fetten Bauch des Prinzen von Wales drückten, daß Alessandro an einen Belegnagel in einem Faß voller *calamari* denken mußte.

An der Außenwand war die große Öffnung, durch die er eingestiegen war, und zwei schmale Fenster zu beiden Seiten. Alle drei waren mit Stahlklappen verschlossen, die am oberen Ende ein Scharnier hatten. Ein kleines Fenster befand sich in der großen Platte, die den Eingang verschloß, und diese Platte war so schwer, daß sie mit einer Winde gehoben oder gesenkt werden mußte. Eine stählerne Falltür führte ohne dazugehörige Leiter aufs Dach; man mußte hochgreifen und sich aus eigener Kraft hindurchziehen. Das Dach selbst, kaum mehr als ein schmaler Sims, der in den Fels gehauen worden war, bildete den Zugang zu einer völlig senkrechten Felswand darüber, die noch einmal gut hundert Meter zu einem Gipfel anstieg, der aus nichts anderem bestand als einer Nadel von der Größe eines Pfostens, um ein Pferd daran zu binden. Diese Dachplattform war zugleich die Latrine, auf der man sich, an zwei Haken festhaltend, über einen Abgrund von fast tausend Meter Tiefe hinauslehnen mußte.

Alessandro zündete die Lampen an. Ein dünner Strich orangefarbenen Lichts markierte den Westen, und die Lichter in den österreichischen und italienischen Schützengräben funkelten in der Dunkelheit, in der sie bereits eine Stunde zuvor versunken waren.

Er faltete die Rucksäcke zusammen und verstaute sie im Regal, schlug sein Bett auf (eine Pritsche an der Wand mit den Inschriften) und legte sich alles zurecht, für den Fall, daß die Österreicher so kühn waren, in der Nacht anzugreifen, was er für noch unwahrscheinlicher hielt als einen Angriff bei Tag. Dennoch verriegelte er die Stahltüren, reinigte und lud die Mauser, stellte sie in die Ecke und hing seinen Revolver und das Bajonett an Zapfen neben dem Bett. Die Zapfen waren säuberlich in Löcher eingepaßt worden, die in den Granit hineingebohrt worden waren, was ihn an den Prinzen von Wales denken ließ, und in jener Nacht träumte er von wundervoll parfumierten Frauen mit rosigem Fleisch und trunkenen, wollüstigen Blicken. Doch als er mitten in der Nacht erwachte, erinnerte ihn der Gedanke an ihre wunderschönen Körper so sehr an Ariane, daß er völlig verzweifelt war.

*

Vielleicht weil Isolation die Mutter peinlicher Genauigkeit ist, hielt Alessandro seinen Horst sauberer und besser organisiert als die Brücke eines Flaggschiffs der Königlichen Marine. Wenn die Glokken des Telefons bimmelten, war er stets zur Stelle, um seine Berichte abzuliefern, und er las sie in präzisem militärischem Jargon vor, als hätte er sein Leben lang nichts anderes getan. Innerhalb der ersten zehn Tage konnte er die italienischen Vorposten bei zwei Gelegenheiten vor drohenden Luftangriffen warnen. Wegen der starken Winde hatte er sie nicht hören können, doch er hatte sie mit dem Teleskop entdeckt, als sie die östlichsten Gipfel der Schweiz umflogen. Er hätte sie niemals einzeln entdecken können, aber fünf Flugzeuge, die sich wie eines bewegten, waren mit Hilfe eines Teleskops zu erkennen, selbst in hundert Kilometern Entfernung. Seine Warnungen wurden hoch geschätzt, doch ihm wurde dadurch klar, daß er, wenn er österreichische Geschwader in hundert Kilometer Entfernung in der Eiswelt sehen konnte, dann vielleicht selber von jemandem gesichtet werden konnte. Er entspannte sich nie, schaute wiederholt nach der Falltür und lauschte darauf, ob in den Fels unterhalb von ihm Haken eingeschlagen wurden. Ein Haken konnte langsam und leise eingetrieben werden. Die Seilschaft, die zu ihm unterwegs wäre, könnte stückchenweise vorankommen und sich dann bis zur nächsten Nacht zurückziehen. Es war auch möglich, daß die Österreicher den mühsamen Anstieg über die andere Bergseite wagten, wo sie unbeobachtet wären und sich in völliger Stille zu seinem Posten abseilen könnten.

Die Kammer war kalt. Wenn die Stahlklappen offenstanden, und das taten sie die meiste Zeit, gefror das Wasser. Die Winde waren manchmal so schnell, daß seine Ohren von dem Luftdruck knallten, und das normalerweise hypnotische Pfeifen des Windes durch die Ritzen in den Klappen wurde lauter als das Pfeifen eines Schnellzugs. Weder ließ sich das Geräusch überhören, noch konnte er irgendwas dagegen unternehmen, bis es von allein aufhörte, und manchmal war es so laut, daß die Gegenstände über den Tisch zitterten und die Sachen von den Zapfen in der Wand fielen.

Während eines großen Sturms mit Blitz und Donner, zwei Tage nach seiner Ankunft, waren die Vibrationen durch den Wind so stark, daß sie die Handgranaten alle auf einmal zu Boden schleuderten. Alessandro hatte diesen Alptraum durchgemacht, während er auf einem geflochtenen Stuhl saß, in Decken gehüllt, und eine Tasse heißes Wasser trank. Plötzlich begannen die Granaten mit dem sprödesten und fürchterlichsten Geräusch, das er je gehört hatte, über den Steinboden zu hüpfen. Es gab keinen Ort, an den er hätte fliehen können, und nicht genügend Zeit, die Klappe zu öffnen und sie hinauszuwerfen, und so wartete er auf die Explosion, die die Wände mit seinem Fleisch tapezieren und mit der Farbe seines Blutes anstreichen würde. In diesem Augenblick schaute er die Tasse mit dem heißen Wasser an und dachte, daß dies das letzte sei, das er jemals sehen würde, und er verspürte ein so großes Bedauern, daß ihm die Blechtasse wie das traurigste Ding der Welt erschien. Die Granaten blieben intakt. Von dem Moment an bewahrte er sie in einer säuberlichen Reihe auf dem Boden auf.

Die sexuellen Abenteuer des Prinzen von Wales langweilten ihn bald. Nachdem er sie ein halbes dutzendmal gelesen hatte, waren die Vorkommnisse in dem Pariser Bordell nicht aufregender als die tägliche Routine in einem Eisenwarenladen. Nach drei Tagen öffnete er das Päckchen, das beschriftet war: »*Überraschung: Erst nach drei Tagen öffnen.*« Es enthielt eine frische Zitrone. Vielleicht weil sie wiederholt aufgetaut und gefroren war, hatte sie einen merkwürdigen Geschmack angenommen, doch er benutzte sie, um seinen halben Vorrat an Lachs und zwei Tassen Tee damit zu würzen.

Er brachte nicht die Energie auf, mehr als ein paar Verse aus der

Vita Nuova auf einmal zu lesen. Diese nahmen eine magische Qualität an, und er konnte sie im Dunkeln unter der Felsdecke schweben sehen, wie sie sangen und sich in der Luft wanden wie ein fremdartiger Fisch in den Tiefen des Meeres.

Am Tage saß er stundenlang in Decken gehüllt auf dem geflochtenen Stuhl und lauschte auf das langsame Pochen seines Herzens. Wenn sein Puls unter vierzig fiel und seine Arme und Beine vor Kälte gefühllos wurden, zwang er sich, sich zu bewegen. Es war schmerzhaft, sich von dem Stuhl zu erheben und die Decken abzuwerfen, aber er tat es und begann, langsam in der Kammer umherzugehen. Zuerst stolperte er. Dann rannte er auf der Stelle und beugte sich vor. Wenn er sich wieder am Leben fühlte, machte er Gymnastik, mehrere Stunden lang, bis er keuchte, schwitzte, ihm heiß wurde und er rot anlief und glühte. Bei diesen Übungen erlangte er seine physische Stärke wieder. Die Höhe, die mageren Rationen und die Abhärtung seines Körpers waren Exerzitien für seinen Geist. Er hörte auf zu lesen, doch die Zeilen kamen immer wieder und kreisten glühend im Dunkeln, jeweils eine Wendung oder ein Wort. Das Wort »*Bellezza*« zum Beispiel hielt, nachdem es sich wie ein funkensprühendes Rad gedreht hatte, plötzlich an und zog sich zurück wie eine Frau, die schamlos danach verlangt, bewundert zu werden. Dann lächelte es grausig, pulsierte in widerwärtig grünem Licht und explodierte in silberne Trümmer, die in der Schwärze verschwanden. Andere Worte hatten ihr eigenes Repertoire. Manchmal trafen sie sich vor seinen Augen in der Luft, zum Kampf oder in verführerischer Umschlingung.

Abends, nach den Mahlzeiten, beobachtete er die Flamme der Lampe. Wenn der Wind mit großer Stärke heulte, bewegte sie sich, als ob der Abgrund sie hinwegzuzerren versuchte. Wind und Dunkelheit schienen zu sagen, daß die Flamme, wenn sie nur aufgeben und, eine Spur weißen Rauchs hinterlassend, verlöschen würde, mit unvorstellbarer Geschwindigkeit und in unvorstellbarer Kälte, pfeifend wie eine Million Flöten, hoch über die Berge aus Eis getragen würde, die steil emporragten in die Dunkelheit des Raums, über Weiten hinweg, die ohne Grenzen waren, und Zeiten ohne Ende – doch die Flamme brannte weiter, flackerte gefährlich hinter einer dünnen Schale aus sprödem Glas, beleuchtete den Raum und verwandelte alles in Gold.

*

Die Österreicher konnten sich weder zu einem Angriff sammeln, noch die frische Luft genießen, solange Alessandro sie von seiner Kammer im Fels aus sehen und die Granaten direkt auf die Eingänge ihrer Tunnel und Gräben dirigieren konnte, und an bestimmten Punkten machte er sich wie ein Minenarbeiter zu schaffen, bis er einen Bunker knacken oder einen Tunnel ausgraben konnte und die Männer sich zerstreuen sah, nachdem er die Leerräume getroffen hatte. Es war nur natürlich, daß sie das übelnahmen.

Um vier Uhr früh riß ihn das Klingeln des Telefons aus dem Tiefschlaf. Er rollte aus dem Bett, fand im Dunkeln den Tisch und nahm den Hörer ab.

Alle möglichen Arten von Rauschen waren in der Leitung zu hören. »Ja«, sagte er.

»Alessandro?« fragte eine unbekannte Stimme, die in Lärm getaucht war.

In der Dunkelheit, mit den Decken, die schwer auf seinen Schultern lasteten, und über den Tisch gebeugt und das Telefon haltend, hatte Alessandro die Orientierung verloren und kam sich vor, als schwebe er durch den Raum. »Was?« fragte er.

»Bist du das?«

»Hier spricht der König.«

»Ich wollte nur sichergehen, daß sie dich noch nicht gekriegt haben.«

»Wer?«

»Heute nacht ist es aufgeklart, vor etwa einer halben Stunde, und wir haben Lichter über dir gesehen.«

»Über mir?«

»Ja. Sie müssen auf der anderen Seite aufgestiegen sein.«

»Bei Nacht?« fragte Alessandro ungläubig.

»Wir haben sie beobachtet, doch dann ist es zugezogen. Du solltest dich darauf vorbereiten.«

»Danke«, sagte Alessandro. »Wie viele?«

»Vier.«

Alessandro dachte einen Moment lang nach und lauschte über den Wind und das Rauschen in der Leitung hinweg nach Schritten oder klapperndem Metall. »Danke«, sagte er erneut und hängte auf.

Der Wind pfiff durch die Ritzen zwischen dem Fels und den Eisenklappen, und er starrte in die Dunkelheit und sah nichts außer den unerklärlichen Blitzen, die in seinen eigenen Augen erschienen.

Er zündete die Lampe an, schob eine hölzerne Munitionskiste an sein Bett und stellte die Lampe darauf. Er legte die *Vita Nuova* aufgeschlagen auf den Boden neben das Kopfende des Betts. Dann warf er die Decken ab, steckte sich das Hemd in die Hose, zurrte den Gürtel fest, zog seinen dicksten Pullover an und setzte sich auf den Boden, um seine Stiefel zu schnüren. Seine Finger bewegten sich wie die Teile eines Webstuhls. Noch nie hatte er schneller hantiert, und schon war er mit Schwung aufgestanden und beugte sich über das Bett, um Pistole und Bajonett von der Wand zu nehmen. Als er sich die Pistole umschnallte, war er beunruhigt, weil er noch nie mit ihr geschossen hatte. Er brachte wertvolle Sekunden damit zu, die Waffe aus dem Holster zu ziehen und aufzuklappen. Die sechs runden Enden der Patronen in den Kammern bildeten einen bronzefarbenen Ring, dessen Anblick beruhigend wirkte. Von diesem Metall würde sein Leben abhängen, wo es schon so oft an noch kleineren Stücken Stahl gehangen hatte, die in den Fels getrieben worden waren.

Er warf die leeren Rucksäcke durch den Raum zu seinem Bett hinüber. In großer Hast nahm er die Rucksäcke, um einen Mann daraus zu modellieren, der mit dem Gesicht zur Wand auf der Seite lag. Die Beine mußten viel flacher als Hüften und Schultern sein. Das Ganze deckte er mit zwei seiner Decken zu, und es wirkte echt, doch in der ganzen Kammer gab es nichts, abgesehen von seinem Kopf, das annähernd kugelförmig war. Er begnügte sich damit, ein paar Kleidungsstücke in eine Socke zu stopfen und das Ende so zu arrangieren, als sei es der Zipfel einer Nachtmütze. Er hätte sich darüber amüsiert, wenn er dazu die Zeit gehabt hätte.

Dann hörte er das scharfe schnelle Klicken winziger Kieselsteine, die auf das Steindach und den Rahmen der Falltür fielen, und er erstarrte. Wer immer dort kam, hatte beim Abstieg einige Steine herausgeschlagen, und Alessandro hoffte, daß sie es nicht bemerkt hatten.

Sein Herz raste mit doppelter Geschwindigkeit, und so schnell er konnte, lehnte er ein paar schwere Bohlen gegen die Wand und hob den Tisch in drei Teilen von seinem Fußgestell, wuchtete die Tischplatte gegen die Bohlen und bildete so einen Anbau. Er verwendete eine Metallplatte, die unter großen Mühen und ohne ersichtlichen Grund heraufgeschafft worden war, um damit das Holz zu verkleiden. Dann hängte er alle Seile und andere lose Ausrüstungsgegenstände, die er finden konnte, über die Seite dieser Konstruktion, griff nach seinem Erste-Hilfe-Kasten und kroch zwischen Anbau und Wand.

Während er sich Watte in die Ohren stopfte, fiel ihm ein, daß er die Falltür verriegelt hatte. Er fluchte leise, kroch aus dem Versteck, sprang in die Raummitte und sperrte leise den Riegel auf. Wie er so stand mit zurückgelegtem Kopf und auf den Riegel starrte, hörte er den dumpfen Tritt eines Stiefels über sich.

Mit zusammengebissenen Zähnen und rasendem Herzen schob sich Alessandro leise in sein gepanzertes Heiligtum. Er preßte sich die Watte fest in die Ohren und hielt ein Stück davon zwischen den Zähnen. Dann zog er die Pistole aus dem Holster und legte sie vor sich und zog das Bajonett aus der Scheide. Sechs Schuß, dachte er, und vier Mann. Entweder blieb er ruhig und zitterte nicht, oder er würde in der Dunkelheit mit dem Bajonett um sich dreschen.

Sie warteten eine Zeit, die ihm wie Stunden vorkam, bis sie die Tür anhoben, und als sie es taten, gingen sie sehr langsam dabei vor. Alessandro versuchte verzweifelt, unhörbar zu atmen, und sah dabei, wie große Schneebrocken hereinfielen und sich in der Luft verteilten, bevor sie auf dem Boden kleine Haufen bildeten. Er sah, wie sich das Gesicht eines Mannes vorsichtig durch die Falltür schob. Auch er atmete leise. Er sah die Lampe und das Bett und zog sich wieder zurück.

Zuerst geschah nichts. Dann, nach zwei schweren metallischen Schlägen, wurde die Falltür zugeschlagen. Alessandro biß die Zähne zusammen, zog sich die Decke um den Kopf und hielt soviel davon vor die Ohren, wie er konnte.

Er zählte. Eins ... Zwei ... Drei ... Vier ... Obwohl er absichtlich langsam war, zählte er doch so schnell, daß die Explosionen erst bei Zwanzig kamen. Eine folgte sofort auf die andere. Sie preßten ihn gegen die Felswand und schleuderten die Metallplatte an die Decke, doch die Tischplatte gab kaum nach. Alessandros Kiefer schloß sich um die Watte, und er erhielt einen Schlag gegen den Solarplexus, daß ihm der Atem aussetzte. Trotz der Watte, der Decken und seiner vorgehaltenen Hände klingelten ihm die Ohren, und seine Augennerven veranstalteten ein Feuerwerk.

Er warf die Decke ab, spuckte die Watte aus, zog sich die Bäusche aus den Ohren und nahm die Pistole in die Hand, doch die Hand zitterte so sehr, daß er die Waffe wieder hinlegen mußte. Er fragte sich, ob er wohl rechtzeitig mit dem Zittern aufhören konnte, und versuchte, sich dazu zu überreden, so als versuche er, einem Pferd den Galopp auszureden. Während sie sich durch die Luke fallen ließen, die bei den Explosionen aufgerissen worden war, mußte er mit der Pistole vor sich daliegen und darauf hoffen, daß seine Hand im letzten Augenblick still und stark genug war, nach der Pistole zu greifen und zu zielen.

Bevor sie eindrangen, leuchteten sie mit ihren Helmlampen in dem Raum umher, und einer von ihnen schoß fünfmal in schneller Folge mit einer halbautomatischen Pistole auf die zugedeckten Rucksäcke.

Der erste Mann sprang zu Boden. Kaum hatten seine Füße den Boden berührt, richtete er die Pistole, mit der er gerade geschossen hatte, auf das, was er für Alessandros Kopf hielt, und leerte das Magazin. Die Waffe noch in der Hand, schaute er sich um; der Strahl seiner Lampe huschte über den Schutt, und er entspannte sich. Die Kammer war von Rauch erfüllt.

Mit einer Stimme, die erleichtert und triumphierend klang, rief der erste die anderen zu sich. Sie ließen sich einer nach dem anderen hinab, und als sie sprachen, sprachen sie sehr aufgeregt und in dem Glauben, es geschafft zu haben.

Die Strahlen ihrer Lampen blieben zögernd bei dem toten Soldaten im Bett stehen und bewegten sich dann schnell weiter. Einer der Eindringlinge entdeckte das Telefon. Es war zerbrochen, doch der

Hauptteil war immer noch an dem Draht angeschlossen, der von der Decke hing.

»Schaut, ein Telefon. Wir rufen mal die Italiener an!«

Sie versammelten sich um das Telefon und drehten an der Kurbel. Sie lachten wie kleine Jungen, und ihre Lampen beleuchteten das demolierte Instrument, das sie zum Leben wiederzuerwecken versuchten, als Alessandros Hand zu zittern aufhörte.

Als er sie um die Pistole klammerte, war sie unglaublich ruhig, viel ruhiger als vor dem Angriff, ruhiger als sie jemals beim Übungsschießen gewesen war.

Er zielte auf den, der die leere Pistole in der Hand hielt, was nicht gerade die beste Taktik war, und zog den Hahn zurück.

Als sie das Klicken des Hahns hörten, drehten sie sich um und starrten. Unfähig, das Geräusch in der Dunkelheit und dem Rauch zu lokalisieren, waren sie wie gelähmt. Selbst als der erste tot umfiel, waren die anderen drei eher erstaunt als erzürnt und rührten sich kaum. Alessandro spannte den Hahn erneut und schoß einem von ihnen durchs Herz. Als dieser zusammenbrach, sprangen die anderen beiden in verschiedene Ecken der Kammer. Sie boten leichte Ziele, denn sie hatten keine Zeit gehabt, ihre Lichter fortzuwerfen, und Alessandro gab zwei schnelle Schüsse auf den zu seiner Linken ab, gerade als dieser eine Pistole zog.

Bevor sich Alessandro umdrehen konnte, hatte der letzte begonnen, den Raum mit Kugeln zu durchsieben. Er war so verängstigt, daß er wild um sich schoß, manchmal nicht einmal in Alessandros Richtung. Alessandro warf sich auf die Knie und kroch auf dem Fußboden hinter das Bollwerk aus Tischplatten. Der feindliche Soldat schoß auf sie, und die Kugeln splitterten durchs Holz, das vor Alessandro stand, und zogen in einem so gleichmäßigen Muster und in so stetiger Folge von rechts nach links, daß Alessandro wußte, wenn er stünde, hätte er Zeit, einen Schuß abzugeben, bevor das Muster durchbrochen würde. Vor Angst zitternd holte er Luft und richtete sich auf. Er hob seine Waffe und gab zwei Schuß auf das Grubenlicht ab. Das Licht ging aus, und plötzlich war es in dem Raum still. Nun lagen drei Grubenlampen auf dem Boden und ihre Lichtstrahlen deuteten in merkwürdigen und unwahrscheinlichen

Winkeln, und der Rauch verzog sich langsam. Die Luft roch nach Schießpulver und Blut. Alessandro lud den Revolver nach und lauschte angespannt, denn jemand atmete.

*

Die Explosion hatte ihn zwar nicht verletzt, aber Alessandro wurde es plötzlich schlecht. Der Schmerz, der sich hinter seiner Stirn und seinen Augen gesammelt hatte, ließ ihn sich zusammenkrümmen, und dabei mußte er sich übergeben. Er konnte sich kaum rühren und dachte, daß er ersticken müsse. Während der Rauch sich verzog, fiel er in Ohnmacht.

Er wachte eine Stunde nach Sonnenaufgang auf, in einer Luft, die rein und kalt war. Die Sonne fiel durch die Ritzen und wurde durch die Luke reflektiert. Nach einer Weile hörte er das Atmen. Es war so schwach, daß er sich nicht sicher war, ob er sich nicht nur daran erinnerte.

Einer der Österreicher war noch am Leben. Er lag mit verschränkten Armen auf dem Rücken und preßte eine Wunde an der rechten Brustseite zusammen. Er war groß und stark, sein Gesicht war brutal und blaß, mit fleischigen Lippen, seine Augen waren von Augenwülsten beschattet, und er hatte einen kurz geschorenen blonden Bart. Er sah wie ein Bergführer aus. Sie waren wahrscheinlich alle Bergführer gewesen.

»Tut es weh?« fragte Alessandro auf Italienisch, zu elend, um in einer anderen Sprache zu sprechen, obwohl er es vorgehabt hatte.

Der Österreicher nickte.

»Wirst du sterben?«

»*Nein*«, lautete die Antwort, deren Promptheit Alessandro nicht mit Grobheit, sondern mit Tatkraft assoziierte.

Alessandro sah sich in dem Raum um. Drei Leichen begannen, dort wo sie lagen, starr zu werden, und der Boden war mit Lachen gefrorenen Blutes bedeckt. Wie immer, lagen die Toten in Haltungen aus Schock und Bedauern da.

Alles, was Alessandro so sorgfältig auf Tischen und Regalen arrangiert hatte, lag nun in Trümmern. Bohnen und Reis waren auf dem Boden verstreut wie Hagel und Schotter, steckten in dem gestockten

Blut und waren zu kleinen Haufen in die Ecken getrieben. Patronengurte waren zerschossen worden, die Regale waren zersplittert, die Fischdosen waren derart zusammengequetscht worden, daß aus einigen von ihnen Öl tropfte. Alles war überall verstreut – die Seiten der *Vita Nuova* lagen umher wie aus einem Flugzeug abgeworfene Flugblätter, Instrumente und Metallstücke steckten in Holz und waren merkwürdig verbogen, die Hälfte der Mitteilungen auf der Wand war vom Feuer geschwärzt. Alessandro hatte keine Ahnung, wie er das hatte überleben können, doch er bemerkte, daß die runden Gegenstände – Kugeln, Granaten, runde Büchsen, alles, was rollen konnte – besser durchgekommen waren als Gegenstände mit Ecken und flachen Oberflächen. Das Telefon sah tödlich verwundet aus; eine der Spulen hatte sich losgemacht und stak zur Seite heraus wie ein horizontaler Springteufel. »Ich werde dich zurückbringen müssen«, sagte er zu dem Überlebenden.

Der Österreicher zog eine Grimasse, so als wollte er Alessandros Fähigkeit dazu in Frage stellen.

»Mach dir keine Sorgen«, versicherte ihm Alessandro. »Eine Kette von schweren Haken geht bis ganz nach unten. Du wirst in Sicherheit sein. Wenn du hier bleibst, wirst du bestimmt sterben.«

Alessandro steckte die Pistole ein, sicherte den Hahn und holte den Erste-Hilfe-Kasten. Die Kugel war nicht ausgetreten, sondern schien eine Rippe zertrümmert zu haben und dort abgeblockt worden zu sein. Nachdem er Verbandszeug zurechtgeschnitten hatte und dieses vor sich ausgebreitet hatte, um eine Schiene anzulegen, säuberte Alessandro die Wunde, legte Verbandmull auf und ließ den Österreicher dies so fest andrücken, wie er konnte. Dann suchte er nach einem Stück Holz.

Er fand ein paar Balkenreste, wickelte dann eine weitere Rolle Gaze ab und griff nach der Schere. Sie war nicht da. Er schaute neben seine rechte Hand, wo er sie hingelegt zu haben meinte. Er schaute nach links. Er gab die Suche auf und war gerade dabei, die Gaze zu zerreißen, und hatte seine Ellbogen zu der symmetrischen Bewegung angehoben, wie man sie beim Zerreißen von Verbandszeug oder Band macht. Dann zögerte er, doch es war bereits zu spät.

Mit all der ihm verbliebenen Kraft brachte der verwundete Soldat seinen rechten Arm in einem mächtigen Schwung nach oben und trieb Alessandro die Schere in die Brust. Alessandro fiel zurück, griff nach den Schneiden, die in dem Muskel über seinem Herzen steckten, und brüllte vor Schmerz. Er war so erschreckt, daß er kaum begriff, als der Soldat verzweifelt versuchte, ihm die Pistole aus ihrem engen Holster zu zerren. Alessandro rollte über die Körper auf dem Boden. Er blieb auf der Seite liegen, auf einer Leiche. Der Schmerz in seiner Brust war unerträglich, und als er die Schere herauszog, fiel er beinahe erneut in Ohnmacht. Sein Hemd und sein Pullover waren blutgetränkt.

Der österreichische Soldat versuchte ihn zu erreichen und keuchte, während er über die Körper seiner Freunde kroch, doch er hielt inne, als er die Pistole sah, die einer von ihnen noch in der Hand hatte. Sie war noch geladen. Alessandro schüttelte den Kopf, als wolle er ihm noch eine Chance geben, doch der Österreicher glaubte ihm nicht und stürmte nach der Pistole.

Alessandro löste seinen Revolver und riß ihn aus dem Holster. Es war ein Wettrennen, bei dem er es sich leisten konnte, sorgfältig zu sein. Er hob die Waffe und zielte, und als der andere Soldat die Halb-Automatik aus dem Griff des Toten zog, spannte Alessandro den Hahn mit seinem Daumen.

Als der Österreicher bemerkte, daß es zu spät war, lachte er und wandte sich zu Alessandro. »Ich habe Durst«, sagte er und lächelte schüchtern, so als ob er am Leben bleiben würde.

*

Der Knall des letzten Schusses klang ihm noch im Ohr, als Alessandro zu der Klappe ging und sie aufdrückte. Die Welt draußen war strahlend blau, die Luft kalt und sauber. »Ich lebe noch«, sagte er zu sich selbst und schaute auf die großen Bergmassive hinaus, und dann begann die eigentliche Arbeit.

Weil er seine Wunde nicht verbinden konnte, mußte er mit der Hand dagegenpressen. Er hätte einen dicken Bausch mit alkoholgetränkter Gaze nehmen, ihn über den Schnitt legen und sich ins Bett legen können, doch es gab zuviel zu tun.

Zuerst schaffte er die Leichen hinaus, was in gewisser Hinsicht schwieriger war, als die Männer überhaupt zu töten. Sie protestierten nicht, als er sie zum Fenster schleifte, er mühte sich ab, sie auf den Sims hochzuzerren, und ihre Arme und Beine hingen wie lose Äste, und ihre Augen waren auf unangemessene Ziele in unangemessenen Entfernungen gerichtet. Er warf sie in die Luft, und sie stürzten wie Granatenhülsen. Er wußte, daß er sie vielleicht auf dem Gletscher unten wiedersehen würde, halb vom Schnee bedeckt, mit gebrochenen Gliedmaßen und zerschmetterten Schädeln, ihre Haut pergamentfarben und blau. Der letzte war noch warm.

Alessandro schloß die Luke und eine der Klappen, damit die frostige Luft nicht so stürmisch durch sein verwüstetes Quartier blies. Nachdem er den Schutt durchkämmt und alles fortgeworfen hatte, was unwiederbringlich zerstört war, begann er, die Überreste zu sortieren.

Weil die Hälfte der Petroleumbehälter geborsten war und er Feuer machen mußte, stapelte er alles zersplitterte und zerbrochene Holz in einer Ecke. Waffen, Munition, Kletterausrüstung, Werkzeug, Kleidung und Kochutensilien wurden aussortiert und reparaturbedürftige Sachen beiseite gelegt.

Er baute den Tisch wieder auf seinem Gestell auf, machte sein Bett und stellte die Bücher wieder hin, von denen die meisten im Rücken auseinandergebrochen waren. Die *Vita Nuova* zusammenzutragen brauchte am längsten, und einige ihrer Seiten blieben mit Blut und Lymphe am Fußboden angeklebt.

Er legte die Teile des Telefons wieder zurück auf den Tisch. Der Holzkasten war zerschlagen, und ein Großteil des Metalls und der grünen Verkabelung darin war verbogen oder abgerissen. Er glaubte, es reparieren zu können, wenn er den Zweck eines jeden Teils bestimmen könnte. Er hatte noch nie das Innere eines Telefons gesehen. Er mußte es effektiv neu erfinden, eine Prüfung nicht nur für seine Physiklehrer und für ihn, sondern auch eine Prüfung des Aufbaus des Telefons selbst. Er freute sich auf diese Aufgabe, doch er wußte, daß er damit warten mußte, bis er seine Kraft wiedererlangt hatte. In der Zwischenzeit ordnete er die Teile und legte sein Werkzeug säuberlich daneben.

Dann kam die Essensfrage. Zehn Stunden lang klaubte er Reiskörner vom Boden und sammelte Pasta, Zucker und einzelne Teeblätter auf. Er wollte nichts essen, was mit Blut verschmiert war; es blieb ihm weniger als ein Drittel seiner Rationen. Einiges – Kakaopulver zum Beispiel – ließ sich nicht aufsammeln oder war vom Wind weggeblasen worden. Er hatte Petroleum für einen Topf Heißwasser und eine Stunde Beleuchtung pro Tag. Einige der Decken wiesen Schußlöcher auf.

Er schnitt Schlitze in seine Pullover und Hemden, damit er seine Wunde waschen konnte, ohne sich in der Kälte ausziehen zu müssen, und er faltete die Decken und Überzüge so, daß sie ihre Wärme am besten speicherten. Mit drei Lagen Wolle unter sich und sechs Lagen über sich, würde es ihm warm genug sein, um nicht zu frieren oder einen Schock zu bekommen, so hoffte er.

Er reihte die Bestandteile einer Mahlzeit auf, darunter Wasser in einem Topf auf dem Ofen, ein Streichholz neben seiner Reibfläche und fünf Teelöffel Zucker in einer Tasse mit dem Tee und einem Löffel. Er hatte nur ein Dutzend Stückchen Schokolade, aber zwei davon legte er neben die Teetasse. Er aß, was von einer zusammengequetschten Büchse Ölsardinen übriggeblieben war, warf die Reste hinaus und leckte sich das Öl von den Fingern. Dann schnitt er sich ein Stück Käse ab und trank einen Liter Wasser. Er hatte keinen Durst, aber er wußte, daß er die Flüssigkeit brauchte.

Er wartete darauf, bis das Wasser durch seinen Körper geflossen war, um nicht später aus einem warmen Bett aufstehen zu müssen, streifte sich mehrere Lagen Socken und Pullover über und setzte eine Wollmütze auf. Dann ging er ans Fenster und pinkelte ins Leere, wodurch er sich einen Moment lang wärmer fühlte.

Nachdem die Klappen geschlossen waren, durchschnitten dünne Lichtstrahlen die Dunkelheit und beleuchteten riesige Mengen von verrückt gewordenem Silberstaub. Alessandro setzte sich aufs Bett und tränkte die Wunde mit Alkohol. Die Verbandsschere war einen Daumennagel tief eingedrungen. Hätte er nicht die harte Schale des Muskels über diesem Teil der Brust gehabt, dann hätte die Spitze wohl sein Herz erreicht.

*

Er schlief drei Tage lang, was ihm länger vorkam. Als er aufwachte, konnte er sich kaum rühren, und er hatte sich in einen Hochofen verwandelt. Die Decken waren heiß und gemütlich, sein Gesicht kühl und seine Nase frostig. Er fiel in Träume und wachte wieder auf, und sein Atem ging flach und war heiß. Als er die Decken hob, wurde ihm schwindlig. Er schnürte mit großer Mühe und unter Schmerzen seine Stiefel, und bevor er den Mantel anzog, besah er sich die Wunde. Obwohl der Einschnitt geschlossen war und klein gewesen war, blieb noch immer die Gefahr einer Infektion.

Beim Teetrinken erinnerte er sich, daß sein Schlaf voller Träume gewesen war, aber er konnte sich nichts Bestimmtes ins Gedächtnis zurückrufen, außer daß es ihm vorgekommen war wie eine Reise durch eine Galerie, in der die Farben der Gemälde die Betrachter einhüllten.

Er machte sich an die Reparaturen und begann mit dem Telefon. Der Beobachtungsposten war für den Verlauf des Krieges dort unten wichtig, und weil der Feind wußte, daß der Versuch, ihn von dort zu verjagen, fehlgeschlagen war, mußten sie annehmen, daß seine Mitteilungen durchkamen. Dies schien an der Art ihres Aufmarschs erkennbar zu sein, der statisch und defensiv geblieben war.

Bevor er sich daranmachte, das Telefon wieder zusammenzusetzen, mußte er seine Vorgehensweise durchdenken und alles Nötige beschaffen, das er brauchte und das ihm dabei wichtig werden konnte. Zuerst stellte er Leim her. Zwei Tage lang hielt er ohne etwas Warmes zu essen oder zu trinken aus und verwendete den Brennstoff, um Buchbinderleim zu schmelzen, den er mit Zucker, Nudeln und Petroleum zu einer zähen Masse kochte. Theoretisch müßte sich das Petroleum verflüchtigen, wenn die Mischung aus ihrem luftdichten Behälter genommen wurde, und der Klebstoff würde anziehen.

Er zog alle Drahtstifte aus den kleinen Munitionskisten, spaltete Holz, um es als Schiene zu verwenden, und hielt überall Ausschau nach Draht, der dünn genug war, um Einzelteile damit festzuknüpfen oder miteinander zu verbinden. Diesen fand er, lange nachdem er aufgegeben hatte, um die zylindrischen Objektivlinsen des Teleskops gewickelt, die er auf der Suche nach Klebstoff ausgebaut hatte.

Während er Werkzeug und Material zusammensuchte, begann er,

mechanische Probleme zu lösen, und arbeitete sich logisch seinen Weg zu den Innereien vom Draht und von den Teilen her vor, die benutzt wurden, um das Instrument zu betreiben: Mundstück und Hörer, Kurbel und Glocke. Er sprach mit sich selbst, um sicherzustellen, daß er seinen Gedankengang nicht vergaß, um nicht einer zu einfachen Schlußfolgerung zu erliegen, und zur eigenen Unterstützung. Am Ende war es einfach. Das Mundstück, das jetzt leer war, mußte mit den Kohlekörnchen gefüllt gewesen sein, die er nach den Explosionen mühselig in eine Tasse gesammelt hatte. Wenn sich eine kleine Kupfermembran unter dem Luftdruck seiner Stimme bewegte, wurde das Granulat mehr oder weniger stark zusammengepreßt und transportierte mehr oder weniger Strom. Der Strom, der nur sehr gering sein konnte, floß offensichtlich in einen spulenartigen Verstärker, um dort vor der Reise den Berg hinab verstärkt zu werden.

Der erste Schritt bestand darin, den Behälter für die Körnchen zusammenzukleben. Danach füllte er sie wieder ein. Dann stellte er die Verbindungen zu dem Verstärker wieder her, spulte ihn neu auf und montierte ihn wieder unter Zuhilfenahme von Drahtstiften, Draht und Schienen zusammen. Die gleiche Prozedur wiederholte er bei dem Hörer, der aus einem Magneten nahe einer Metallmembran bestand, und er wickelte die Magnetspulen neu.

Das dauerte mehrere Tage, denn die Teile mußten zurechtgebogen, umgeformt, angepaßt, organisiert oder ersetzt werden. Als alles soweit war, stand das Telefon, das zerbrechlich und armselig aussah, auf dem Tisch. Er hatte nicht die Zeit, das Material und nicht die Kraft, es auseinanderzunehmen und noch einmal zu versuchen. Es hatte fast eine Woche gedauert, es zusammenzusetzen, und es war weniger als eine Woche, bis sein Dienst zu Ende war. Entweder es funktionierte, oder es funktionierte nicht.

Er starrte es an und hatte Angst, es zu berühren. Dann, in der Gewißheit, versagt zu haben, nahm er den Hörer in die Hand und drehte an der Kurbel.

»Hallo?« sagte jemand völlig überrascht.

»Können Sie mich hören?« fragte Alessandro noch überraschter.

»Wer ist da?«

»Können Sie mich hören?«

»Ja, ich kann Sie hören. Wer ist da?«

»Ich bin's«, sagte Alessandro.

»Und wer sind Sie?«

»Alessandro. Alessandro Giuliani. Ich habe das Telefon repariert.«

Nach einer langen Weile sagte der Soldat am anderen Ende: »Wir haben geglaubt, du seist tot.«

In diesem Augenblick war Alessandro elektrisiert, so als sei ein Blitz ins Telefonkabel eingeschlagen oder Elmsfeuer fülle die Kammer aus, denn ein Teil des Traums, den er sich nicht ins Gedächtnis hatte rufen können, war ihm urplötzlich eingefallen.

Da er noch nie in einem Flugzeug geflogen oder mit einem Ballon gefahren war, konnte er Venedig noch nie von oben gesehen haben, denn anders als so viele andere italienische Städte hatte Venedig keine Hügel oder Berge in der Nähe, um einen solchen Blick zu gewähren. Doch in seinem Traum flog er in weitem Bogen über Venedig und wurde von den Zentrifugalkräften der Drehung nach unten gedrückt.

Von oben gesehen war die Stadt orangefarben, ihre Kanäle glänzten im Sonnenlicht blau, blaugrün und hinter den Motorbooten, die wie Hunde nach vorn sprangen, sogar weiß. Alessandro konnte jede Einzelheit und jede Farbe der Stadt sehen, und darüber das schwindelerregende Blau, in dem er sich bewegte.

Die Straßen waren schattige Schluchten, deren Grund ab und zu von Sonnenlicht beschienen war, das über die Piazze floß, oder wenn sie in Richtung der Sonne einen weiten Bogen machten. Die rosen- und orangefarbenen Dächer waren heiß und in einen warmen Schimmer von Sonnenlicht getaucht. Niemals zuvor hatte Alessandro so etwas wie diese skarabäusförmige Stadt gesehen, die auf dem Wasser ruhte und von Schönheit und der Vergänglichkeit der Zeit umwittert war. Sie schien die Quelle allen Lebens zu sein.

*

Obwohl erst eine Gruppe von Soldaten abkommandiert werden mußte, Holz zu sammeln und ein riesiges Feuer aufzuschichten, wurde es Alessandro gestattet, eine heiße Dusche zu nehmen, die fast eine Stunde dauerte. Das Wasser aus einem Gletscherbach wurde über großen Tannenstämmen erhitzt, die wie Gewehrschüsse krachten. Der Dampf aus der Dusche vermischte sich mit dem Nebel und dem harzigen Rauch des Feuers und zog über Schützengräben und Unterstände.

Alessandro rasierte sich und zog eine frische Uniform an. Weil sie nichts anderes hatten, trug er nun die Uniform der Alpini – genagelte Schuhe, weiße Wickelgamaschen, grüne Wollhose und -jacke mit scharlachfarbenen Paspeln und einem scharlachfarbenen Kragen und einen Hut mit Federn. Diese Kleidung war schöner, wärmer und entschieden unbequemer als seine Armeesachen. Nach einer Mahlzeit aus Brühe und gegrilltem Barsch trat er hinaus in die Abendluft. Die Sterne pulsierten in Seen in den schweren Wolken, die unterhalb der Nadeln und Türme des Kars dahinsegelten.

In einer tiefen Einbuchtung, in der mehrere lange Schützengräben aufeinanderstießen, hatten sich zwei Dutzend Infanteristen und einige Offiziere um ein Lagerfeuer versammelt. Sie drehten sich langsam im Kreis, um sich von allen Seiten zu wärmen, und ihre Gesichter fingen sich in dem flackernden Licht, das mit Zungen der Schwärze, angelockt aus der Dunkelheit, tanzte.

Viele von ihnen hatten stachlige Schnurrbärte und die eingefallenen glänzenden Augen von Infanteristen an der Front. Ihre Mäntel waren mit Ledergurten und Patronengurten umschnürt, und ihre Gewehre hingen ihnen über der Schulter, das Bajonett in einem Winkel aufgerichtet wie der eine verbliebene Flügel eines verwundeten Engels.

Alessandro trat an das Feuer und spreizte seine Finger. Sein Gesicht glühte in dem Feuerschein, und seine neue Uniform nahm schnell den süßen Geruch des Rauchs an. Die anderen Soldaten sahen ihn an, wenn er nicht schaute, denn die Geschichte von dem, was ihm zugestoßen war, war weiter ausgeschmückt worden, als sie die Runde machte.

Der Wind pfiff und trieb nasse Nebelbänke vor sich her, die so dick waren, daß manchmal das Feuer dahinter verschwand, und die Wolkendecke war gerade tief genug, um vom Feuer beschienen zu werden. Wenn die Soldaten nicht in den zerfetzten Nebelschwaden verschwanden, konnten sie weit in das Kar hineinblicken, so als sei es eine Bucht mit schwarzem Wasser.

Sie hatten sich um das Feuer versammelt, um sich aufzuwärmen, bevor sie sich in ihre kalten Kojen verzogen. Einige schliefen auf hölzernen Pritschen in klammen Bunkern, und die im vordersten Graben schliefen im Schlamm, in ihre Decken eingewickelt und zitternd.

Am Ende des Kars stieg eine Leuchtrakete in einem strahlenden Bogen aus den österreichischen Schützengräben, und als sich ihr Fallschirm öffnete, verwandelte sich das Strahlen in eine Sonne. Sie wiegte sich im Wind, sank und glitt langsam nach links, von der Felswand weg, auf die sie ihr Licht warf.

Die Unterseiten der Wolken reflektierten das Licht, so als ob die Sonne in der Dunkelheit aufgehen wollte, und dann hinterließ eine weitere Leuchtrakete eine anmutige ballistische Bahn, bis sich ihr Fallschirm öffnete und sie hin und her schüttelte, und dann noch eine. Die drei segelten unter ihren Reflexionen in den Wolken dahin, brannten wie Altarkerzen und warfen Spektralschatten auf die hohen Felsen, bis der Wind sie um eine Zinne trug.

Eine weitere Serie von Leuchtraketen wurde gezündet, doch diese waren von den italienischen Linien aus schwerer zu sehen, weil Wolkenfetzen ihr Licht dämpften. Zwei Offiziere traten in die Dunkelheit hinter dem Feuer, hoben Ferngläser an die Augen und fuhren über die Felswand. Die Österreicher hatten begonnen, direkt auf die Berge zu feuern. Obwohl Steinschlag und Lawinen auf die Erschütterungen folgten, blieb die Wand des Schattenhorns, ihr Ziel, glatt und stark.

Die Österreicher leuchteten und griffen eine der Felswände an, die Alessandro und Rafi zweimal bestiegen hatten. Ein riesiger bogenförmiger Spalt erstreckte sich fast bis nach oben. Er bot weite Vorsprünge und Nischen, die von Überhängen geschützt waren, und bildete so den perfekten Berg, um ihn bei zweifelhaftem Wetter zu erklettern, denn er bot Schutz vor den Stürmen, die über die Nordostseite hereinbrachen. Einmal hatten Alessandro und Rafi aus dem Inneren eines Hohlraums im Fels beobachtet, wie Blitz und Donner mit blendendem Licht und ohrenbetäubenden Erschütterungen angriffen und nichts ausrichten konnten.

»Was bezwecken sie damit?« fragte Alessandro einen Offizier, den das Fehlen der korrekten Anrede nicht zu stören schien und der antwortete, ohne sein Fernglas von den Augen zu nehmen.

»Sie versuchen, Fels oder Eis auf einen unserer Männer niederprasseln zu lassen. Wir können ihn sehen, aber sie nicht, weil sie in einem steileren Winkel hinaufblicken müssen. Sie verfehlen ihn um fünfzig Meter. Er wird trotzdem sterben.«

»Warum?« fragte Alessandro.

»Sie haben ihn bei Tageslicht getroffen und seinen Kameraden getötet. Er ist in einen Hohlraum auf einem Vorsprung gekrochen, und sie hatten vergessen, wo er war. Letzte Nacht hat er Signale gegeben. Sie haben es bemerkt, und jetzt versuchen sie, ihn herunterzuholen. Er sollte dort oben eine Stellung hinter ihren Reihen errichten.«

»Was hat er signalisiert?«

»Als er sich auf den Vorsprung zurückziehen konnte, von dem aus die Österreicher sein Licht nicht sehen konnten, hat er uns seine ganze Lebensgeschichte erzählt. Er ist verwundet, und der andere ist tot und hängt immer noch an einer Sicherung fünfzig Meter unter ihm. Er ist im Oberschenkel getroffen, und er hat uns mitgeteilt, daß wir ihn nicht holen sollen, weil er tot wäre, bevor wir dort eintreffen würden.

Außerdem weiß er, daß es unmöglich ist. Er sitzt in dem Spalt, dort wo er nach links geht. Die Traverse, die zu ihm führt, ist der schwierigste Abschnitt der Route. Bis wir dort hinkommen, ist es zu spät. Aber das ist egal, denn selbst wenn er noch am Leben sein sollte, müßte er neben der Route abgeseilt werden, und selbst wenn er es bis unten schaffte, wäre er direkt über den österreichischen Gräben. Er sagt, daß er ganz genau weiß, wo er ist, und daß es unterhalb von ihm keine Haken oder natürliche Sicherungspunkte gibt.«

»Er lügt«, sagte Alessandro. »Wenn er weiß, wo er ist, dann muß er auch wissen, daß es eine gute Reihe von Haken bis nach unten gibt. Ich kenne die Wand des Schattenhorns. Er ist direkt auf der Abstiegsroute.«

»Warum sollte er lügen?«

»Weil er glaubt, daß jeder, der ihn holen kommen will, erschossen wird.«

»Er hat recht, und außerdem hat der Major es untersagt.«

»Darf ich bitte mal durch Ihr Fernglas sehen?«

In den Schatten konnte er den vertrauten Riß erkennen, der sich fast tausend Meter hinzog, und im Licht der hinabsinkenden Leuchtraketen folgte Alessandro ihm bis zu der hohen Traverse, die er kannte, und dann zu dem darunterliegenden Vorsprung, wo der verwundete Bergsteiger nun schon die zweite Nacht verbrachte, wenn er noch am Leben war. »Schade«, sagte Alessandro. »*Ich* werde ihn nicht holen.«

»Die Kälte wird ihn umbringen, wenn sie es noch nicht getan hat«, sagte der Offizier. »Letzte Nacht haben wir gefragt, ob er einen Priester will, und er hat abgelehnt. Wir dachten, welche Art von Letzter Ölung könne er wohl schon mit dem Flackern von Kerzen in der Dunkelheit erhalten, aber das war nicht der Grund seiner Ablehnung. Nach einer Weile hat er wieder geblinkt, und wir konnten unseren Augen nicht trauen.«

»Warum nicht?«

»Er wollte einen Rabbi. Können Sie sich das vorstellen, einen Juden bei den Alpini? Er hat keine Chance.«

*

Während sich Alessandro seinen Weg durch den Nebel über einem riesigen Schneefeld bahnte, dachte er, daß die Armee sich wohl gar nicht erst damit abgeben würde, ihn nach Stella Maris zu schicken, sondern ihn gleich an die Wand stellen und erschießen würde. Das machte wenig aus. Angesichts der Umstände, seiner Kletterpraxis und des feindlichen Feuers würde die Armee wohl nie die Gelegenheit dazu haben.

Der Kreis würde sich schließen, außer für Luciana, die übrigbleiben und Kinder gebären würde, die stark wie Fohlen wären. Sie würden an den Krieg wie an ein Märchen oder einen Traum denken. Alessandro und alle anderen würden Gespenster sein – stumme Bilder auf Fotografien, die die Menschen bald nicht mehr sahen, selbst wenn sie sie betrachteten.

Trotz der 250 Meter Seil und der anderen Ausrüstung kam er schnell über das Schneefeld voran. Er hatte die Jacke der Alpini gegen einen einzigen Pullover eingetauscht, aber sein Tempo hielt ihn warm. In den Löchern im Nebel, der an ihm vorbeifegte, glaubte er eine österreichische Patrouille auszumachen, die langsam seinen Weg kreuzte und abwärts ging, weit genug entfernt, um kaum größer als Gewehrkugeln zu erscheinen. Einen Moment lang tauchten sie in den Lücken auf und verschwanden dann wieder.

Um ihnen aus dem Weg zu gehen, brauchte er sich nur rechts zu halten und ihnen zu erlauben, weiter nach links zu gehen, doch er war in Eile und freute sich auf den Zusammenstoß. Er zog die Pistole, die er auf dem Vorposten benutzt hatte. Ohne sein Tempo zu verändern, ging er auf sie zu. Als sie ihn sahen, blieben sie stehen. Sie waren verwirrt, weil er allein und schwer beladen war, sich schnell bewegte und keinerlei Versuche unternahm, sich zu verbergen, und als er näher kam, sahen sie, daß er kein Gewehr hatte.

Sie hielten ihn für einen der ihren, oder vielleicht für einen verrückten Neutralen – einen Indonesier oder Peruaner, der in einer Winternacht mitten durch das Kampfgebiet trottete –, und sie waren nicht alarmiert, denn sie waren zu viert und hatten Gewehre und er war allein und hatte keines.

»Hallo! Hallo!« riefen sie. Dann, als er keine Antwort gab und näherkam, schauten sie sich gegenseitig in ihren Pelzmützen und bestickten Umhängen an und entschieden fast augenblicklich, daß sie ihn besser erschießen sollten.

In dem Augenblick, in dem ihre Körper die charakteristischen Bewegungen machten, um ein Gewehr von der Schulter zu nehmen, eine leichte, schnell korrigierte Hüftverrenkung, hob Alessandro die Pistole und begann zu schießen.

Sie rutschten so schnell den Hang hinab, daß sie bereits weit weg waren, als er ihren Pfad kreuzte. Sie warfen sich in den Schnee und begannen, in seine Richtung zu feuern, doch er wurde von den Wolken verhüllt, und wenn sich die Wolken verzogen, war seine dunkle Silhouette vor dem schwarzen Himmel kaum auszumachen, denn sie verdeckte nur die Sterne.

Um elf Uhr nachts trat er an die Felswand. Statt in der Kälte zu zögern, schnallte er sich den Pistolengurt ab, band sich den Klettergurt um Beine und Taille, brachte seine Ausrüstung an, nahm ein Stück Schokolade und etwas Wasser zu sich und zog seine Handschuhe an, wollgefüttert und hirschledern, dünn und weich genug, um ihm ein Gefühl für den Fels zu geben. Er hoffte, daß der Boden und die Vorsprünge in dem Tausend-Meter-Spalt, den er hinaufsteigen wollte, relativ schneefrei waren, und begann mit dem Aufstieg.

Es dauert Wochen und Monate, sich an das Bergsteigen zu gewöhnen. Ist man das nicht, braucht man zuviel Energie, um sich an den Fels zu klammern, sich übermäßig zu sichern, nicht zu verkrampfen und sich zu ängstigen. Nach einer Weile kommt ein Bergsteiger viel leichter mit den Bergen zurecht und kann ohne großen Aufwand jene Ziele erreichen, zu denen er einmal alle Kraft aufwenden mußte, die er besaß, denn die Höhe verliert nach und nach an Bedeutung. Am Rand eines zweitausend Meter tiefen Abgrunds zu stehen wird nicht weniger beschaulich, als auf Capri in einem Rohrsessel zu sitzen, denn es ist möglich, etwas von der Selbstsicherheit zu erlangen, die es den Bergziegen erlaubt, stundenlang auf einem winzigen Vorsprung über einem Abgrund zu stehen.

Alessandro wurde fast augenblicklich in diesen Zustand versetzt. Obwohl es kalt war und die Schneeflecken, über die er zu kriechen hatte, wie Glasperlen raschelten, war ihm warm. Je schneller er vorankam, um so wärmer wurde es ihm. Sein Gesicht glühte, und die Innenseiten seiner Handschuhe waren feucht.

Es war dunkel, und er konnte nur sehr wenig von dem sehen, was vor ihm lag, doch er konnte gerade weit genug sehen, um schnell einen Weg den Fels hinauf zu finden, der bequem, solide und vertraut schien. Erst als er seinen Eispickel nehmen mußte, um ein Stück harten Schnees abzuschlagen, das daraufhin in der Luft verschwand, zu kompakt, als daß er mit der Schuhspitze Tritte hätte hineinschlagen können, ging ihm auf, daß er nicht nachgedacht hatte, und wie aus einem Traum erwachend begann er, einen Augenblick lang seine Chancen zu überschlagen und sich vorzustellen, wie er es schaffen sollte, Rafi herunterzuholen. Er trieb den Pickel in den Schnee, der in dem Sternenlicht matt leuchtete, und überließ sich wieder der alles überflutenden Freude, aus der er aufgewacht war und die ohne Gedanken und Hoffnung, ganz Bewegung und Wagemut war.

*

Lange vor dem Krieg hatten Alessandro und Rafi eine Methode entwickelt, wie man sich bei Alleingängen selbst sicherte. Hätte er genug Zeit gehabt, dann hätte er diese Methode den ganzen Weg über angewandt, aber weil er so schnell wie möglich bei Rafi sein mußte und bei Morgendämmerung so weit wie möglich über den Geschützen sein wollte, verwendete er sie nur an den schwierigsten und am weitesten überhängenden Abschnitten der Route.

Der Bergsteiger klettert ungesichert, bis er glaubt, eine Sicherung zu brauchen. Dann treibt er einen Haken in den Fels und befestigt daran einen speziell geformten Karabiner mit zwei Bandschlingen, die senkrecht von der Mitte der Klinke zum Verschluß und zum genau entgegengesetzten Karabinerschaft laufen. Das Seil gleitet zwischen der am Schaft befestigten Schlinge und der Stelle, wo die Klinke gegen den Schaft drückt, hindurch. Stürzt der Bergsteiger, zerreißt das Seil das untere Band, bringt den Karabiner in die richtige Stellung, und die Klinke schließt sich. Fällt er nicht, zerreißt ein kräftiger Zug von oben dasselbe Band, bewegt das Seil an der Klinke vorbei und bringt die zweite Schlinge über dem Kopf des Hakens in Stellung, so daß ein weiterer Zug sie zerreißt und den Karabiner löst.

Wenn das zweite Band zerrissen ist, schließt sich die Klinke, und der Bergsteiger kann alles bergen außer dem Haken in der Wand. Er ist also abhängig von der Zahl der Haken, die er tragen kann, kann aber nur jeweils fünf Meter zwischen jeder Sicherung zurücklegen, denn ein Sturz von mehr als zehn Metern reißt entweder den Haken aus der Wand, zerreißt das Seil oder bricht dem Bergsteiger das Rückgrat.

Alessandro kam auf den weiten Felsvorsprüngen, die erstaunlich schneefrei waren, schnell voran. Es war so dunkel, daß er kaum sehen konnte, was unter ihm lag, und durch Mangel an Licht und den Nebel, der ihm ebene Erde vorgaukelte, der schwindelerregenden Details enthoben, bewegte er sich äußerst schnell. Vor dem Krieg hatte er diese Art des Kletterns als leichtfertig bezeichnet.

Unter dem Eindruck ungestörter Aufwärtsbewegung interessiert sich der Bergsteiger nur für den nächsten Griff, und er braucht keine so festen Haltepunkte, wie wenn er sich auf ihnen ausruhen will.

Alessandro kletterte auf diese Weise über dreihundert Meter hoch, sprach mit sich selbst, ließ Griffe und Tritte hinter sich, kaum daß er sie erreicht hatte, keuchte schwer und ließ Ruhepausen aus, wenn er eine sichere Galerie oder einen Sims nahe des Risses erreicht hatte. Statt dessen lief er bis ans Ende, von wo aus er, immer noch außer Atem, weiterkletterte.

Er hielt am Anfang des schwierigsten Teils der Route inne, an der Stelle, die er und Rafi den umgekehrten Trichter genannt hatten. Hier unterbrach der Riß seinen Linksdrall und stieg senkrecht über fünfzig Meter an, bevor er seine Schrägbahn wieder aufnahm. Vierzig Meter Aufstieg in diesem Riß waren nicht allzu schwer. Er hatte die richtige Größe für einen Kaminaufstieg und wies Tausende stufenartiger Vorsprünge auf. Doch die ersten zehn Meter des Abschnitts, an dem die Route senkrecht wurde, waren auf der linken Seite offen und trichterförmig.

Das verlangte perfekte Plazierung von Händen und Füßen sowie Kraft und Körpergröße. Rafi, der viel größer war als Alessandro, hatte diesen Abschnitt als Seilerster, gut gesichert, bei hellem Tageslicht, ohne Eis und Schnee, gemeistert. Selbst damals war es schwierig gewesen.

Nachdem er Rucksack und Seil abgelegt hatte, zog Alessandro seinen Felshammer heraus und prüfte einen großen Haken, der bereits in den Fels getrieben worden war. Dann hängte er seine Selbstsicherung ein, seilte sich an und wandte sich dem offenen Trichter zu.

Die andere Seite war eisverkrustet. Er war sicher, daß er scheitern würde. Andererseits hatte Rafi beide Male geführt, und Alessandro war als zweiter geklettert. Arme, Bauch und Schenkel hatten geschmerzt, aber er war nicht gestürzt.

Er begann vorsichtig und überlegt. Die Griffe waren schmal, manchmal mit Eis bedeckt, und bald kam er an den Punkt, an dem die Schwerkraft ihn zurückzog, an der Trichterseite vorbei. Obwohl er sie zu kontrollieren versuchte, zitterten alle seine Muskeln wie in einem Anfall. Noch fünf Sekunden, und er würde abstürzen. Wenn sein Seil hielt, überlebte er es vielleicht, aber wahrscheinlich würde er sich dabei die Rippen brechen. Selbst wenn er unverletzt bliebe, war er vielleicht nicht mehr in der Lage, wieder hochzuklettern, und würde am Ende des Seils hängen, bis er starb.

Zwei Sekunden waren vorüber. Er war kurz davor, das Schlimmste zu akzeptieren. Er schaute auf. Genau jenseits seiner Reichweite war der Kopf eines Hakens. Jemand hatte den Trichter auf mechanischere Weise als er überwunden, und dieser jemand war Rafi gewesen. Der Haken war waagrecht eingetrieben worden. Alessandro hatte keine Möglichkeit, herauszufinden, ob er hielt – er konnte ihn kaum sehen –, aber er hatte nichts anderes.

In der letzten Sekunde holte er tief Luft, um das Zittern zu unterbinden. Der Preis dafür war, daß er seine Position unmöglich länger halten konnte. Lautlos schwang er sich vom Felsen fort, wobei sein Fußhalt den Drehpunkt bildete. Er hatte begonnen, zu fallen, doch er hatte einen Augenblick, den Bruchteil einer Sekunde, um den Fall in einen Sprung zu verwandeln, und das tat er.

Er schrie, was seine Lungen entkrampfte und ihm größere Beweglichkeit verlieh. Seine rechte Hand ergriff den Haken. Sein Aufwärtsschwung und der hauchdünne Vorteil, daß er den Haken von der Außenseite her greifen konnte, hatte ihm gerade genug Zeit gegeben, seinen Mittelfinger durch die Öffnung des Hakens zu stecken.

Einen Moment lang hing er nur an einem Finger. Das konnte natürlich nicht lange andauern, und so rollte er seinen ganzen Körper zusammen, wie ein Maßband, das sich um seinen unsichtbaren Kern aufrollt, um seine Beine gegen die andere Seite des Trichters zu stemmen.

Seine Füße schlugen gegen den Fels und sprengten einen Eiszapfen los, der lautlos hinabstürzte, und er fiel zurück, wieder nur an einem Finger baumelnd. Erneut klappte er sich zusammen und stieß seine Beine von sich. Diesmal fand er einen Halt unterhalb des Hakens, griff mit der linken Hand danach und nutzte ihn, um sich zu strecken.

Seine Füße drückten sich fest gegen die andere Seite des Trichters. Der Eiszapfen hatte sich dort gebildet, weil er seinen Sitz im Winkel eines Vorsprungs hatte, der nahezu groß genug war, um darauf Platz nehmen zu können. Hier hatten Alessandros Nagelschuhe festen Halt.

Er zögerte, den Haken loszulassen, aber dennoch begann er, mit der linken Hand die Wand entlang zu gleiten. Als er einen Griff fand, der ihm genug Widerstand bot, ließ er den Haken los und streckte die rechte Hand aus. Er spannte seine Bauchmuskeln an, um sich aufzurichten, und drückte sich fest gegen die Wand vor ihm, obwohl sie fast durchweg mit glattem Eis bedeckt war.

Als er sich in einem Winkel von fünfundvierzig Grad befand, stieß er schließlich auf einen Vorsprung mit einer kleinen Einkerbung. Er griff mit der Rechten danach, fand mit der Linken einen Spalt und drückte drei Finger hinein. Dann schwang er mit den Füßen zu der Wand zurück, an der er sich festgekrallt hatte, und zappelte mit ihnen, bis sie auf einem Buckel im Fels Stand fanden, und dann stieg er den Kamin direkt hinauf.

*

In der Morgendämmerung hoben sich die Wolken, und strahlende, windverwehte Kränze aus Schnee peitschten gegen die Bläue, als Alessandro bei Rafis Kameraden eintraf, der an dem Seil hing und sich leicht im Wind bewegte. Alessandro konnte weder sein Gesicht noch seine Hände sehen. Das einzig Menschliche an ihm war ein Stiefel, der in die Luft deutete. Er hatte seinen Kopf bedeckt, um sich warm zu halten, und die Kapuze war mit Schnee bestäubt.

Wenn Alessandro das Seil durchtrennte, würde die Leiche gegen die Felsvorsprünge schmettern und vielleicht in dem Fluß verschwinden, der parallel zum Wandfuß verlief. Wenn nicht, würde er monatelang in der Luft hängen, bis das Seil verrottet war oder durch die Reibung am Fels zerriß, wenn der Körper sich im Wind bewegte. Dann würde er zerfetzt werden, wenn er auf die Vorsprünge oder den Grund schlug. Die Chancen, geborgen zu werden, waren zwar gering, aber im Augenblick größer, und vielleicht konnte so eine Frau in Verona oder Padua getröstet werden oder ein alter Mann in Mailand seine Tage in Seelenfrieden beenden. Alessandro klappte sein Taschenmesser mit der einen Klinge auf und zerteilte das Seil mit acht Schnitten. Der Körper fiel völlig lautlos. Erst war er dort, einen Meter unter ihm, und dann war er verschwunden.

Als Alessandro bei Rafi ankam, war es hell geworden. Rafi lag völlig still da, er hatte sich in eine fötale Position zusammengerollt und dabei den Rücken gegen den Fels gepreßt; sein Rucksack lag über ihm und diente ihm als Behelfsdecke.

Alessandro kroch auf Knien über den Vorsprung. Er beugte sich neben Rafi nieder und entblößte dessen Gesicht.

»Rafi«, sagte er und schüttelte ihn, doch Rafis Augen blieben geschlossen.

Mit zittrigen, erfrorenen Fingern zog Alessandro eine winzige Flasche Grappa aus seinem Rucksack, schraubte die Kappe auf und führte den Flaschenhals an Rafis Lippen, in der Hoffnung, daß das Feuer des Grappa ihn wecken würde. »Rafi«, bettelte er und rieb seine Hand an Rafis kalter Wange.

Der Grappa floß über Rafis Kinn, und Alessandro schüttelte ihn ärgerlich. Er war sicher, daß er sehen konnte, wie sich Rafis Brust hob und senkte. Er öffnete Rafis Jacke und legte seine Hand hinein. Das Herz stand still, die Haut war gefroren.

Alessandro war so erschöpft, daß er sich, ohne sich zu sichern, auf den Felsvorsprung legte und schlief. Die Sonne war kräftig, und er hatte seine Augen schließen müssen, um nicht geblendet zu werden. Wenn er sich im Schlaf gedreht hätte, wäre er davongeflogen.

*

Als er aufwachte, hatte der Wind sich gelegt, und die Sonne knallte in sein sonnenverbranntes Gesicht. Er wandte sich zu Rafi. Alessandro wollte ihn nach Hause bringen, er glaubte, daß er es schaffen könnte. Es war immer noch früh, es war warm, seine Hände würden nicht erfrieren, und er hatte ausreichend Seil dabei.

Der schwierigste Teil der tausend Meter Abseilarbeit bestand darin, Rafis Arme von seinem Körper wegzubekommen, damit er ein Seil um seine Brust legen konnte. Der Körper war steif. An den Handgelenken zu ziehen führte zu nichts: Die Hebelwirkung war an den Ellbogen zu Ende, die sich beugen ließen, ohne daß die Oberarme sich bewegten. Alessandro mußte seinen Eispickel zu Hilfe nehmen, um die Oberarme auseinanderzubiegen. Mit Rafis Körper umzugehen, als sei er ein Holzscheit oder ein Brett, war fürchterlich, ekelerregend und traurig. In Romanen und im Theater ging man mit den Körpern vorsichtig um: eine sanfte Berührung, ein Kuß, der federleichte Zug an einem Leichentuch, das sich dann in einem kaum wahrnehmbaren Lufthauch über das Gesicht des Verstorbenen legte. In der klassischen Literatur ging man mit den Leichen vorsichtiger um als mit Neugeborenen, doch an einem einzigen Morgen hatte Alessandro einen Körper tausend Meter tief auf Fels und Eis stürzen lassen und drückte die Arme eines anderen mit einem Eispickel auseinander. Gott allein, so schien es, war in der Lage, sich um die Toten zu kümmern, sie anzuheben, ohne daß sie dabei Schaden nahmen, und ohne Schmach mit ihnen umzugehen. Die Seele, so sagte sich Alessandro, war schon lange auf und davon, und ich tue nur, was ich tun muß.

Er entschuldigte sich, als er Rafi das Seil umband und es hinter seinen Schulterblättern verknotete, und er entschuldigte sich dafür, was er noch zu tun hätte. Die Linie der Haken und Vorsprünge, die sie für ihren Rückweg verwendet hatten, lag zwanzig Meter weiter auf der Traverse. Sie bildeten einen ausgezeichneten Weg nach unten, und die Haken waren in Intervallen eingeschlagen, so daß am Ende jeder Seillänge ein Vorsprung lag, der groß genug war, um darauf zu stehen.

Rafis Leiche mußte vom Vorsprung gezerrt werden und würde wie ein Sandsack hin und her schwingen, um die Abstiegslinie zu erreichen. Das würde seinen Körper übel zurichten, was irgendwie ungeheuer grausam erschien. Alessandro hängte sich seinen Rucksack um und kletterte zum Abstieg hinüber.

Der Schnee schmolz, und zum erstenmal war der Fels nicht unangenehm kalt. Der Spalt lag geschützt, und nur ab und zu fuhren einzelne Böen die ganze Länge entlang und sprangen wieder in den Abgrund. Sie bliesen Alessandros verschwitzte Haare durcheinander und kühlten seinen Kopf. Er hielt zweimal an, einmal, um seine Mütze aufzusetzen, ein anderes Mal, um sie abzunehmen, und als er sie abnahm, ließ er sie fallen. Sie verschwand erst aus seinem Blick, als sie bereits eine ganze Minute gefallen war.

Als er die Abstiegslinie erreichte, gestatteten die Sonne und der Felswinkel dem Feind, ihn weit über sich klettern zu sehen, und er verlor keine Zeit. Bald hallten hohle Erschütterungen durch die Felsklüfte und lösten einen Schwall gelockerten Eises und Schnees aus, während die Granaten an den Felsen explodierten. Die Österreicher verwendeten immer noch die Phosphorgranaten, die in der Nacht zuvor neben den Kanonen aufgeschichtet worden waren, und wenn diese explodierten, wurden sternförmige Arme aus weißem Rauch mit den aufsteigenden Winden davongetragen. Die italienische Seite erwiderte dies mit Gegenfeuer, das aber die Österreicher nicht von weiteren Schüssen abhielt und die Berge nur noch lauter widerhallen ließ.

Unter Beschuß zu liegen, machte Alessandro mutig, und die seinen Körper erschütternden Einschläge erregten ihn mehr als alles andere. Der Haken am Beginn des Abstiegs saß fest. Zweihundert Meter tiefer lag, fast nicht zu sehen, ein breiter Vorsprung. Zweihundert Meter weit abzuseilen erforderte ein leichtes Seil, das die Deutschen, und nur die Deutschen, Reepschnur nannten. Statt das Seil zum Abseilen doppelt zu nehmen, verwendete man diese Schnur, um das Seil durch den Ring am Haken zu führen. Das Seilende war verknotet, damit es nicht durch den Ring rutschte, und die Schnur wurde zwischen Knoten und Ring an dem Seil befestigt. Zog man an der Schnur, konnte man zweihundert Meter des schwereren Seils durchziehen, sofern die Schnur nicht unter dem Gewicht und durch die Reibung der ersten unvorsichtigen Zugbewegungen zerriß. Wenn das geschah, gab es nur eins, man mußte wieder hoch, indem man Seilbremsschlingen verwandte. Ein solcher Aufstieg über eine Höhe von zweihundert Metern würde Stunden dauern. Alessandro hoffte, daß die Schnur halten würde, allerdings war sie noch dünner als die, die er normalerweise verwendet hätte, aber er hatte nichts anderes finden können.

Er führte das Seil durch einen Ring, den er mit einer Knotenschlinge an einem Haken befestigte, und als alles fest saß, zog er stark an, um Rafi von dem Vorsprung zu ziehen. Rafis Querung schien alle Zeit der Welt zu dauern. Der Körper schlug gegen die Felswand, drehte sich und drehte sich schneller. Alessandro lehnte sich zurück und hing über dem leeren Raum, um den Aufwärtszug abzufangen. Das Gewicht, das unter ihm vorbeizog, hin und her schwang, war der Mann, den Luciana hatte heiraten wollen.

Die Österreicher konnten nicht wissen, was es war, aber sie schossen darauf, so als wollten sie den Weg blockieren.

Alessandro ließ Rafi auf den ersten Vorsprung hinab. Das mußte langsam geschehen, und er mußte alle paar Minuten eine Pause einlegen, damit der Ring von der Reibung nicht so heiß wurde, daß er das Seil durchbrannte.

Als Rafi den Vorsprung erreichte, war Alessandro nicht in der Lage, ihn darauf zu manövrieren. Der Körper lag halb darauf, halb darüber und bewegte sich hin und her, während der Wind gegen das Seil drückte und die Last um ihren winzigen Drehpunkt schwenkte. Das bedeutete, daß das Seil das Gewicht sowohl von Rafi als auch von Alessandro tragen mußte und daß es stramm und unflexibel sein würde, wenn es durch die Abseilsicherung glitt, die Alessandro aus vier seiner Karabiner angefertigt hatte.

Er befestigte die Reepschnur und warf sie hinab. Sie entrollte sich wie ein Wasserstrahl, der auf eine Klippe springt und in Wellen hinabstürzt, die andere Wellen vor ihnen überholen und dann von anderen Wellen überholt werden. Nachdem er die Sicherung eingehängt hatte, trat er rückwärts über die Wand hinaus.

Der Zug, den Rafis Körper auf das Seil ausübte, das eigentlich aus drei aneinandergeknoteten Seilen bestand, und das Gewicht des Seils selbst hatten einen Effekt, den Alessandro nicht vorausgesehen hatte. Nicht nur daß das Seil strammgezogen wurde, es wurde auch gegen den Felsen gepreßt, so daß er seine Füße nicht nur dazu verwenden konnte, sich abzustoßen, sondern auch dazu, sich abzustützen und Zug auf die Sicherung auszuüben. Langsam stieg er an der Felswand hinab, auf die Granateneinschläge zu.

Als er den Vorsprung erreichte, zog er Rafi zu sich, band ihn los, löste die Sicherung vom Seil und zog an der Reepschnur. Obwohl er zu Anfang mit aller Kraft ziehen und sich an die leichte Schnur hängen mußte, klappte es.

Darauf mußte er zweihundert Meter Seil erdulden, die auf ihn stürzten und ihn mit schnellen unausweichlichen Schlägen trafen.

Das war so, als ob man von einer Menschenmenge verprügelt wird. Der zweite Teil des Seils fiel über den Felsvorsprung die Wand hinab. Als das Ende an ihm vorbeischoß, verwandelte sich Alessandros Erleichterung in Panik. Das Seil war schwer, es stürzte schnell, und er hatte es versäumt, sich zu sichern. Bei zu starkem Zug würde das Seil ihn mit sich reißen. Ließ er es los, hatte er kein Seil mehr. Er wickelte sich das Ende um den Unterarm und wartete auf den Schlag.

Als er kam, riß er ihn von der Stelle, wo er mit dem Rücken gegen die Wand saß, hoch in den Stand. Er stürzte beinahe kopfüber über die Kante, doch er zog dagegen, richtete sich explosionsartig auf und neutralisierte so die abwärts gerichtete Zugkraft.

Nun machte er sich schnell bereit. Er bewegte sich so schnell, und er hatte so wenig Zeit, daß er Rafis Körper tatsächlich über den Vorsprung stieß. Er schwitzte, die Artillerieeinschläge wurden immer lauter, und die Granaten schlugen hundert Meter unter ihm zu beiden Seiten des Seils ein. Der Geruch von Schießpulver, Lignit und Phosphor stieg in feuchten Wolken auf. Zehntausend Dudelsäcke hätten nicht mehr tun können, um seine Lebensgeister zu wecken, als die Instrumente, die seinen Tod suchten. Er zitterte, als er die Sicherung anbrachte und von der Kante abstieg, und er zitterte, als er sich zu explodierenden Granaten hinabbewegte, aber er zitterte nicht aus Furcht. Der Feind hatte ihm mit dem Kanonenfeuer einen großen Dienst erwiesen, und er glitt zwischen den Granateinschlägen hinab wie ein Mann, der in Flammen stand.

Je größer die Erschütterungen wurden, desto größer war seine Befriedigung und desto leichter fiel es ihm, sich zu ihnen hinabzulassen. Sein natürlicher Instinkt war, wie es schien, der Kampf. Die Kanoniere legten eine Pause ein, um ihr Ziel neu anzuvisieren, und er bewegte sich so schnell und so unregelmäßig, wie er konnte, um ihre Schwierigkeiten mit der Höhenausrichtung noch zu vervielfachen.

Die erste neu eingerichtete Granate schlug links von ihm ein. Als sie explodierte, machte die Erschütterung ihn taub, und der Luftdruck stieß ihn von der Explosion fort. Er schrammte am Fels entlang und drehte sich im Seil. Wie im Nahkampf brüllte er, als er sich auf den Felsen zu drehte. Sie hatten genau die richtige Höhe erwischt. Alles, was sie noch tun mußten, war eine winzige Regulierung in der Querachse.

Er löste die Sicherung und ließ sich zwanzig Meter auf einmal fallen. Seine Füße und Knie schlugen gegen die Wand. Das Seil glitt durch seine Hände, die hirschledernen Handschuhe qualmten. Das Seil brannte sich durch sie hindurch und riß ihm die Haut von den Handflächen. Blutstropfen fielen wie warmes Wasser von der Stelle, an der er einen Augenblick zuvor gewesen war. Granatsplitter und Steine regneten nieder. Um die Geschwindigkeit aufrechtzuerhalten, drückte er sich von der Wand ab, wann immer er langsamer wurde, und die Karabiner der Sicherung wurden so heiß, daß das Seil schmauchte, als es durch sie hindurchglitt. Trotz der um ihn herum explodierenden Granaten und dem Feuer in seinen Händen erreichte er den zweiten Vorsprung, ließ sich in einem Haufen neben Rafis Körper fallen, und trotz der Schmerzen und dem Schock des Falls war seine erste Handlung, die Seilsicherung aus dem Seil zu lösen.

Eine Viertelstunde lang, in der die Österreicher Granaten gegen die Wand über ihm schossen, um ihn mit Felsbrocken und herabstürzenden Schrapnells zu bombardieren, lag er auf dem Vorsprung. Es war bereits nach Mittag und wirklich heiß, obwohl die im Schatten liegenden Höhlungen nahe seines Ruheplatzes mit Schnee und Eis gefüllt waren.

Kaum hatte er sein Seil befestigt und über die Kante geworfen, begannen sie zu feuern. Während er Rafi hinabließ, konnte er das Mündungsfeuer sehen. Seine Hände öffneten sich, denn bei jedem Kanonenblitz sah er Lichtsterne vor Schmerz. Als Rafi unten war, folgte ihm Alessandro, und er fiel mehr, als daß er sich abseilte. Die Granaten folgten seinem Abstieg, aber die Kanoniere konnten nicht schnell genug an ihren Rädern drehen, um ihn zu erwischen.

Während er zu dem dritten Vorsprung hinabglitt, hatte er das Gefühl, als ob all seine inneren Organe geplatzt und auch all seine Gelenke, Beine und Arme gebrochen seien. Das Blut floß ihm aus dem Mund. Aber er war entschlossen, seine Arbeit zu Ende zu bringen. Alle paar Sekunden spuckte er aus, um den Hals freizubekommen. Er holte das Seil ein und ließ dessen Schläge über sich ergehen.

Dann seilte er sich wieder an und bemerkte mit kaum einem Gedanken, daß eine der Granaten Rafis Beine abgerissen hatte und daß eine klebrige Pfütze aus Blut und Lymphe aus seinen Beinen geflossen war.

»Ab mit dir«, sagte er und stieß Rafi hinab, so als ob er und Rafi später in der Lage wären, über das Geschehene zu diskutieren und sich vielleicht deswegen zu streiten. Er seilte ihn ab und wartete auf die Artillerie, doch die Österreicher hatten durch ihre Fernrohre genug gesehen und stellten das Feuer ein, während Alessandro sich abmühte, sich und seine Last zum Fuß der Wand hinabzulassen.

Seine Hände taten ihm derart weh, daß er an nichts anderes denken konnte, als sie sich abnehmen zu lassen, wenn er unten war. Seine Kleidung war mit Schweiß, Blut und Dreck vollgesogen, sein Gesicht geschwärzt und sein Haar an den Kopf geklatscht. Er bewegte sich wie schlafwandlerisch, aber er tat, was zu tun war, und die letzten zwanzig Meter Seillänge fiel er nur noch bei halbem Bewußtsein hinab.

Schließlich landete er neben Rafi, der am Ende bei ihm war, und sie baumelten vier oder fünf Meter über dem Fluß unter einem Überhang. Dort drehten sie sich langsam und wurden von dem Luftzug gekühlt, der von dem eiskalten Wasser aufstieg.

Hundert Österreicher in Mänteln, Mützen, Schaffellen und Umhängen starrten schweigend auf die halb tote, halb lebende Masse, die in kurzer Entfernung über ihnen baumelte. Zuerst hing Alessandros Kopf schlaff herab, so als sei auch er tot, aber dann hob er ihn und schaute sie an. Sie standen am Flußufer, und ihre Gewehre lagen auf dem Boden oder hingen über ihren Schultern.

Alessandro verlor die Kontrolle über seine Blase, und während er sich im Seil drehte, trat ihm immer noch Blut aus dem Mund. »Könnt ihr ihn begraben?« fragte er, aber über den reißenden Strom hinweg konnten sie ihn nicht verstehen. Sie legten sich die Hände hinter die Ohren, und einige lehnten sich vor.

»Könnt ihr ihn begraben?« fragte Alessandro erneut. Sie nickten.

Er griff in seine Tasche. Das Messer war noch da. Er wußte, daß das Wasser eiskalt sein würde, und kurz bevor er das Seil durchschnitt, schloß er die Augen.

VIII. DER WINTERPALAST

In der ersten Juniwoche des Jahres 1918 wurde Alessandro jeden Morgen bei Sonnenaufgang durch die heftigen und unverständlichen Streitereien unter den bulgarischen Soldaten geweckt, die zu nichts anderem taugten, als Kriegsgefangene zu bewachen. Diese ehemaligen Arbeiter, Feldarbeiter und Banditen trugen Schaffellwesten, bauschige Beinkleider und Feze oder graue Schaffellkappen, alles völlig unpassend bei der glühenden Hitze, die über die ungarische Ebene dahinging.

Am zweiten Juni hatten sie an einem opalisierend blauen See haltgemacht. Das Land war so flach, daß man das gegenüberliegende Ufer nur sehen konnte, wenn man auf einen Baum kletterte. Wenn man, umgeben von Apfel- oder Kirschblüten, in der Astgabel stand, konnte man die Ebene jenseits des Sees erkennen und stille schafartige Haufen von Wolken, die sanft über Ozeane von grünem Weizen zogen.

Die Bulgaren schienen das Blut von Kampfhähnen in ihren Adern zu haben, und Alessandro, der keine der slawischen Sprachen konnte, geriet bei jeder merkwürdigen Silbe in Verzückung. Gefährlich, vielversprechend und furchtbar, war die Sprache seiner Bewacher eine Sensation, die so ähnlich war, als beobachte man einen Tiger, der das Seil verschlingt, mit dem einem Hände und Füße gebunden sind. Für ihn klang das wie: *Blit skaratsch mi schpolga. Trastritsch minoja drawic naschkoldy apraschga. Scharga maslowny borec.*

Schon beim Aufstehen boxten, traten und schlugen sie sich gegenseitig. Manche zogen ihr Messer, aber nach viel Geschrei tauschten sie es gegen die langen Peitschen, die sie bei den Maultieren verwendeten. Während sie sich zeremoniell mit diesen Peitschen duellierten und dabei außer Reichweite der Gefahr standen, spuckten sie, knirschten mit den Zähnen, und die Venen und Arterien ihrer Hälse und Gesichter standen hervor wie Ranken an einem Haus in den Cotswolds.

Sie waren verwirrt, denn selbst sie, die keine Zeitungen lesen konnten und zwölfhundert Kilometer von der nächsten Front entfernt waren, wußten, daß ihre Sache verloren, Österreich-Ungarn dem Untergang geweiht war und die Welt vor dem Zusammenbruch stand. Und dann waren auch sie buchstäblich verloren. Sie wußten, daß sie in Ungarn standen, waren aber nicht in der Lage, ihre Position genauer zu bestimmen. Unter ihnen hatten sich vier Fraktionen gebildet, von denen jede einzelne sicher war, daß ihr Ziel in einer anderen Himmelsrichtung lag. Die Gebildeteren wußten, was Süden und Osten war, und fragten die Ungebildeten, die nach Norden oder Westen ziehen wollten, wie Bulgarien nördlich oder westlich von Ungarn liegen konnte. Die Nord- und Westfraktionen konnten den Zusammenhang nicht begreifen und deuteten einfach auf den Horizont, hinter dem, so glaubten sie jeden Tag mehr, Bulgarien lag. Durch den perfekten Ausgleich von vier heftig auseinanderstrebenden Sehnsüchten blieben sie bewegungslos am Ufer des außergewöhnlich schönen Sees und hungerten sich in dem phantastischen Sommerwetter zu Tode.

Alessandro und mehrere hundert andere Gefangene – Italiener, Russen, Griechen, Franzosen, Engländer und Sudanesen, von denen einige groß genug waren, um über den See zu blicken – waren den Bulgaren übergeben worden, damit sie Erdarbeiten an der bulgarischen Front, der Griechen, Franzosen und Engländer gegenüberstanden, ausführten.

Ende März waren die siebzig in Schaffell gehüllten Bulgaren und fünfhundert Gefangenen bei kaltem Regen von Klagenfurt in Richtung Sofia aufgebrochen. Der Versorgungszug war nicht ausreichend gewesen, und ab Mai blieb den 570 Mann nichts anderes übrig, als vom Land zu leben. Sie machten verzweifelte Umwege durch Ungarn und wurden dabei weder vom Kompaß noch von der Sonne geleitet, sondern von der Notwendigkeit, eine Weide zu erreichen, wo sie ein Schaf entdeckt hatten, oder eine Scheune, in der sie Hühner zu finden hofften.

Der See bot einige Fische, und die Höfe an seinem Ufer waren reich. Dennoch hatten sie sehr wenig zu essen, denn nach mehreren tausend Jahren beutegieriger Steuereintreiber und fremder Armeen waren die ansässigen Bauern Experten darin, Nahrungsmittel zu verstecken. Es mag angenehmer sein, im Sommer statt im Winter zu hungern, besonders bei glühender Hitze, denn dann kann man sich einbilden, es sei einem kühler, wenn man dünner ist, aber trotzdem war es schwierig.

Gefangene und Wachen gleichermaßen schwammen in dem See und öffneten unter Wasser die Augen, in der Hoffnung, einen Fisch zu sehen. Die Sudanesen machten runde Netze und warfen sie weit übers Wasser, wo sie mit einem Zischen landeten, aber die europäischen Fische waren zu gewieft für diese Technik, obwohl ab und zu ein Fisch aus reinem Zufall ins Netz ging und fast am Stück in einem vollkommen verwässerten Fisch-Kartoffel-Eintopf landete.

Im März und Anfang April, als die Kolonne in Reichweite der italienischen Linien und der Adria war, war Flucht sehr beliebt. Die Bulgaren versuchten kaum, sie zu verhindern, aber wenn ein Gefangener nach ein paar Tagen des Hungers im kalten Regen zurückgebracht wurde, und das war häufig der Fall, dann waren sie unerbittlich und jagten ihm eine Kugel in den Kopf.

Alessandro hatte nicht einmal daran gedacht, es zu versuchen. Er erholte sich immer noch von seinen Verletzungen; er hatte Schwierigkeiten zu laufen und war mit frischen Narben übersät, die er nicht dadurch wieder aufreißen wollte, daß er durch Unterholz rannte oder auf felsigen Untergrund sprang. Er fragte sich, wie er wohl aussah, denn er hatte seit Monaten keinen Spiegel mehr gesehen. Wenn er andere darum bat, ihn zu beschreiben, sagten sie: »Du hast eine Narbe, die reicht von deiner Wange bis zum Ohr.« Das war alles. Sie konnten sein Gesicht nicht beschreiben, besonders weil sie nicht wußten, wie er sich verändert hatte. Einer der Sudanesen hatte ihm auf Englisch gesagt, daß er wie ein kleines Tier aussah, das gerade noch einem Löwen entronnen sei, nachdem es von seinen Pranken traktiert worden war, und die Narben, sagte der Sudanese, waren rosa wie der Sonnenuntergang nach einem Sandsturm.

Nicht weit von ihrem Lagerplatz stand eine Kirche inmitten der Obstgärten, und dorthin führten die Bulgaren die Gefangenen gruppenweise, damit sie auf dem kühlen Steinboden liegen konnten. Etwa eine Stunde lang lagen sie auf ihren Rücken und starrten in ein Gewölbe hoch über ihnen, das rot durchglüht und verloren in der Dunkelheit hing, oder sie drehten die Köpfe, um die strahlenden Bilder in den Bleiglasfenstern zu betrachten. Während dieser wunderbaren Stunden sprachen nicht einmal die Bulgaren, auch nicht die Sudanesen, die Moslems waren. Statt dessen konnten sie, auf den Rücken liegend und die Augen bewegend, umherschweben, als seien sie unter Wasser, Seite an Seite mit erleuchteten Heiligen und Säuglingen, die in blendendes Weiß gewickelt waren.

Die Heiligen und die Kinder waren zwar in Glas eingeschlossen, aber sie bewegten sich so frei wie das Licht, das durch sie hindurchschien. Daß sie in ihrer Unbeweglichkeit so lebensvoll und beseelt waren, ließ Alessandro Mut fassen. Hier hörte er Guariglia sagen: »Gott schütze meine Kinder«, die Erinnerung an die Hand seines Vaters, wie sie zum letztenmal nach der seinen gegriffen hatte, ließ ihn die Faust in einer nachahmenden Geste schließen, und Ariane schwebte in einem silbernen Kreis, der so fließend war wie das Netz, das die Sudanesen auswarfen.

*

Die Bulgaren aßen Rosenblütenblätter mit Ziegenkäse, Zwiebeln, Olivenöl, Pfeffer und Salz. Es war zwar noch zu früh für Beeren, aber es war gerade die richtige Zeit für Rosen, die zwischen den sonnengetränkten Feldern undurchdringliche Wände bildeten, jedes Haus und jede Scheune umgaben und ungehindert aus dem Innern geborstener Steinmauern wuchsen.

Olivenöl und Ziegenkäse gab es nur für die Bulgaren, also aßen die Gefangenen ihre Blumen ohne Beilage. Eine so zarte Blume mit einem so feinen Duft hat dennoch einen Geschmack, der strenger und weniger angenehm ist als der Geschmack der Endivie und von dem einem sehr schlecht werden kann. Weil die Gefangenen irgend etwas essen mußten, erlaubten ihnen die Bulgaren, ziemlich weit weg vom Lager auf Nahrungssuche zu gehen, doch wer erst nach Einbruch der Dunkelheit zurückkehrte, wurde erschossen. Zwei, die so unglücklich waren, die Dämmerung noch für Tageslicht zu halten, beendeten ihr Leben mit einem bitteren Lächeln auf den Lippen, während die anderen Gefangenen zusahen, und von diesem Augenblick an wagten nur wenige zurückzukehren, wenn die Sonne nicht mehr hoch am Himmel stand.

Alessandro war die Westseite des Sees abgewandert auf der Suche nach etwas Eßbarem. Obwohl er vor Hunger schwach war, ging er doch gern alleine, inmitten von Feldern, Obstgärten und blauem Wasser. Manchmal warf er sich ins Gras und schlief ein, zwei Stunden lang, um sich vom Schwindelgefühl des Hungers zu erholen.

Gegen Mittag war er vier Stunden vom Lager entfernt und hatte nichts Eßbares gefunden. Er legte sich hin und beschloß, gegen zwei oder drei Uhr aufzuwachen, um bis gegen sechs oder sieben Uhr zurück zu sein, was absolut sicher war, weil die Sonne bis gegen neun Uhr am Himmel stand, doch er schlief und träumte so tief, daß er erst gegen sechs Uhr aufwachte. Er war so verwirrt, daß er nicht wußte, was geschehen war. Mit einem Sonnenbrand, als sei er in einer Wüste gewesen, ging er zum See. Das Wasser schwappte in schnellen Wellen, die kaum fingerbreit tief waren, ans Ufer. Er legte seine Hände auf zwei flache Steine direkt unter der Wasseroberfläche und tauchte mit dem Kopf ein. Nachdem er genug getrunken hatte, saß er am Ufer und versuchte, wach zu werden, und dann begriff er, was er getan hatte.

Selbst wenn er rannte, und er hatte nicht die Kraft dazu, hatte er keine Gewähr, vor Sonnenuntergang im Lager einzutreffen. Entweder kämpfte er sich über tausend Kilometer durch feindliches Gebiet und versuchte, die Serben zu erreichen, oder er machte sich direkt in Richtung Adria auf, was eine bemerkenswerte Leistung für einen hungernden Italiener wäre, der nicht ein Wort der Landessprachen verstand. Er begann, in Richtung Italien zu gehen.

Nach zwanzig Minuten Fußmarsch in Richtung der Sonne, die ihm in die Augen schien, kam er an eine Anhöhe in der Grasebene, und auf dem höchsten Punkt tauchte eine Gruppe von sechs berittenen Bulgaren auf.

Der Anführer, ein vertrautes Gesicht unter den Wachleuten, sagte zu Alessandro, daß er in die falsche Richtung gehe.

»Oh«, sagte Alessandro.

»Selbst wenn du in die richtige Richtung gehen würdest, würdest du zu spät im Lager ankommen«, sagte der Anführer, zog eine Dienstpistole und richtete sie auf Alessandros Kopf.

»Wenn Sie mich auf Ihrem Pferd mitnehmen, komme ich rechtzeitig im Lager an.«

»Wenn nicht, dann nicht, und dann werde ich dich erschießen müssen.«

»Das stimmt, aber wenn, dann brauchen Sie mich nicht zu erschießen.«

»Ich werde dich erschießen müssen, weil ich nicht vorhabe, dich mitzunehmen.«

»Sie wollten mich auch nicht erschießen, also werden Sie mich mitnehmen müssen.«

Während sie die Straße entlanggaloppierten, entfernten sie sich vom See, und Alessandro fragte, warum sie nicht direkt zum Lager zurückritten.

»Vielleicht gibt es in dieser Richtung etwas zu essen«, rief der Reiter gegen den Wind.

»Und wenn wir nicht rechtzeitig eintreffen?«

»Du weißt schon.«

»Werden Sie das berücksichtigen?«

»Nein.«

Der Karabiner auf dem Rücken des Reiters traf Alessandro bei jedem Schritt des Pferdes beinahe ins Gesicht. Wenn Alessandro ihn an sich riß und vom Pferde sprang, konnte er einen Bulgaren erledigen und hätte das Gewehr gegen die anderen fünf. Wenn er dies schnell genug und in einem günstigen Moment in der Nähe einer Deckung tat, könnte er es schaffen. Auf der anderen Seite kamen sie vielleicht rechtzeitig im Lager an, und Deckung gab es nur wenig.

Während er sich mit dieser Frage herumplagte, senkte sich die Sonne nicht langsamer zur Erde, aber er brauchte sich nicht für das eine oder andere zu entscheiden, denn sie hielten auf einen Bauernhof zu, der in einer Gruppe kleiner Bäume abseits der Straße lag.

Ein junger Bauer trat aus seinem Haus, machte ein paar Schritte auf die Pferde zu und grüßte sie, so als wüßte er, daß sie gekommen waren, sein Essen zu stehlen.

»Wo sind deine Vorräte?« fragte einer der Bulgaren unvermittelt.

»Habe keine.«

»Du lügst. Du bist nicht dünn genug, um die Wahrheit zu sagen.«

»Ich habe schwere Knochen.«

»Erschieß den Bastard«, sagte der Anführer.

Der Bauer war entsetzt. Das waren befreundete Truppen. Er hatte nicht verstanden, daß der Anführer es nicht ernst meinte, aber das hatte einer der anderen Reiter auch nicht, der, während die anderen lachten, sein Gewehr lud und dem Bauern durch den Kopf schoß.

Eine Frau kam aus dem Hausinneren herbeigerannt und beugte sich über ihren Mann. Ihre Schreie waren nicht nur erschütternd, sie waren auch zu ihrem Unglück noch sehr häßlich und furchterregend. Der Soldat, der ihren Mann erschossen hatte, legte sein Gewehr erneut an. Alessandro hatte das Gefühl, als wäre die Zeit stehengeblieben, und seine Verzweiflung war unermeßlich, als die Frau schnell mit zwei Schüssen niedergestreckt wurde.

Ein Kind, ein kleines Mädchen von etwa drei Jahren, kam schnell zur Tür heraus und lief auf ihre Eltern zu.

Alessandro hatte nicht die Zeit, zuzuschauen, was geschah. Vielleicht erschossen sie das Kind, vielleicht auch nicht, aber wenn sich Alessandro nicht gerührt hätte, bevor er das Ergebnis kannte, dann wäre er zu spät gewesen. Er wollte es nicht tun, denn er war sich sicher, daß sie ihn töten würden, wenn er es tat, aber selbst als er versuchte, sich zurückzuhalten, griff seine Hand nach dem Karabiner, und er riß den Bulgaren vom Pferd und würgte ihn mit dem Gurt. Das Pferd bäumte sich auf, der Bulgare rang nach Luft, und in der Verwirrung hatte Alessandro Zeit genug, eine Kugel in die Kammer zu laden und einen Schuß abzufeuern, der einem Pferd in den Oberschenkel drang.

Die Bulgaren versuchten, ihre Pferde zu zügeln, waren daher nicht in der Lage, ihre Gewehre zu ergreifen, und während die Pferde sich aufbäumten, durchzugehen drohten, seitwärts tänzelten und aneinanderstießen, hatte Alessandro das Gefühl, einen Schießstand vor sich zu haben.

Er riß den Karabiner hoch, feuerte und holte einen der Bulgaren für immer von seinem Pferd. Er machte einen halben Schritt nach vorn und feuerte erneut, doch die zufällige Bewegung eines Pferdes bewahrte einen Mann vor der Kugel.

Zwei Bulgaren waren abgestiegen und rannten auf Alessandro zu, der eine mit einem Säbel und der andere mit einem Bajonett. Er brachte einen von ihnen zu Fall, doch währenddessen wurde er von dem niedergeschlagen, den er aus dem Sattel gestoßen hatte. Der Säbelträger trat ihm den Karabiner aus der Hand, drehte sich um und ging auf das Kind los.

Alessandro kroch auf das Mädchen zu, während er von Gewehrkolben und den Hufen verwirrter Pferde getroffen wurde. Durch die kastanienbraunen Pferdebeine und den Staub hindurch sah er, wie sich der Säbelträger dem kleinen Mädchen näherte und das Eisen über seinen Kopf hob. Das Kind blieb regungslos. Es hatte dunkle kleine Augen, wie Rosinen, und einen schüsselförmigen Haarschnitt. Nur seine Augen bewegten sich, als der Säbel erhoben wurde, und dann fuhr er nieder, schneller als das Auge sehen konnte.

Alessandro schloß die Augen und glaubte, daß sie ihn auf der Stelle töten würden. Er hatte sich geirrt.

Sie ließen ihn auf dem Boden liegen, während sie ihre Pferde beruhigten, über die sie richtig wütend waren, und kümmerten sich um den Toten und den Verwundeten. Der verwundete Mann lehnte gegen einen kleinen Baum, er war offensichtlich nicht allzu schwer verletzt, und der Tote sah aus wie ein aufgerollter Teppich.

Zwei Bulgaren gingen ins Haus und kamen mit mehreren hölzernen Käfigen zurück. »Was ist in den Käfigen?« fragte der Verwundete, der wohl meinte, seine Wunde sei nicht umsonst gewesen, wenn sich in den Käfigen Kaninchen oder Hühner befanden. In den Käfigen hockten vier fette Ratten.

Die Bulgaren plünderten so viel sie konnten. Sie zerrten Flickendecken und Laken aus einer großen Pinientruhe und warfen sie umher. Sie nahmen die Kleider des Bauern und die Schmuckstücke seiner Frau. Eine Fotografie des Kindes wurde auf den Boden geworfen.

Die Pferde beruhigten sich, und die Bulgaren starrten auf die Ratten und versuchten zu einer Entscheidung zu kommen, ob sie sie essen sollten oder nicht, und Alessandro wurde befohlen, zwei Gräber auszuheben. Eines war flach, das andere tief.

Alessandro schossen viele Gedanken durch den Kopf, und als die Bulgaren die Pinientruhe in den Boden senkten, nahm er an, daß dies der Sarg für ihren Kameraden sein sollte, doch dann begruben sie ihren Kameraden in dem zweiten Grab.

Da die Bulgaren keinerlei Interesse für die von ihnen ermordete Familie zeigten und nicht einmal in ihre Richtung schauten, schloß Alessandro, daß sie das Grab für ihn bereitet hatten, aber es ergab keinen Sinn, daß der Bulgare in der bloßen Erde und Alessandro in einem Sarg begraben werden sollte.

Dann sah er, wie einer seiner Bewacher mit einem Hammer und einer Handvoll selbstgemachter Nägel aus dem Haus kam. Alessandro sah die Bulgaren an, die lachten, und dann sah er die Ratten an. Dann stürzte er los.

Es war fast dunkel. Er stürmte durch ein paar Hecken und rannte, so schnell er konnte. Obwohl er den Bulgaren den Weg bahnte, waren sie langsamer, denn ihre Belohnung dafür, durch das Gestrüpp zu streifen, war viel geringer als seine.

Alessandro dachte, daß er entkommen konnte, wenn die Dunkelheit ihn schützte, und rannte noch lange, nachdem die wenigen Gewehrschüsse der Bulgaren verhallt waren. Nach einer Stunde warf er sich tief ins Unterholz und lag vollkommen still da. Er lauschte die ganze Nacht und hörte nur den Klang der Nachtigallen und einen Bach.

*

Gegen Abend des nächsten Tages kam Alessandro, nachdem er über die hitzeerfüllte Ebene gewandert war, ohne etwas zu essen zu haben, an einen kleinen Hügel, auf dem eine Menge Blumen unberührt und ungegessen blühte, in Farben, so reich wie die Bilder der Heiligen und Wickelkinder, die er den Bulgaren und Sudanesen überlassen hatte. Während er aß, glaubte er einen Soldaten zu sehen, doch der Mann, der stocksteif hinter einem Fingerhutbusch stand, trug mohnrote Hosen, eine königsblaue Jacke mit weißem Besatz und einen goldenen Helm. Er war so reich mit Knöpfen, Schnüren und farbigen Streifen verziert, und seine Stiefel und sein Schnurrbart waren derart schwarz und gewichst, daß Alessandro annahm, er sei eine Halluzination oder ein Spielzeug.

»Fingerhut ist schon recht bemerkenswert«, sagte die Halluzination auf Deutsch. »Noch Monate, nachdem man ihn geschnitten hat, blüht er. Das kommt von dem Gift, daß er so lange hält. Ich hatte mal welchen auf meinem Landsitz, und wir schnitten ihn ab, um Platz für einen Tennisplatz zu schaffen. Drei Monate später schlug ich einen Ball über den Zaun, und als ich ihn holen wollte, sah ich den zu einem Haufen aufgeschichtenen Fingerhut, und die Mücken umtanzten ihn in einem Lichtstrahl; seine Farben waren nicht verblaßt.«

Alessandro wandte sich an seine Vision. »Wo ist dein Landsitz?« fragte er in stockendem Deutsch.

»Kurz vor Wien.«

»Ich wußte nicht«, sagte Alessandro und fuhr fort, die Blütenblätter abzugrasen, »daß Deutsch die Sprache meines Unbewußten ist.«

»Deutsch ist die Sprache meines Unbewußten«, erwiderte die Halluzination.

»Kannst du kein Italienisch?« fragte Alessandro und schaute ihn an.

»Ja natürlich. Möchten Sie lieber Italienisch sprechen?«

»Es wäre leichter.«

»Mit Vergnügen«, sagte die Halluzination auf Italienisch mit schwerem deutschen Akzent.

»Kannst du nicht akzentfrei sprechen?«

»Tut mir sehr leid, aber Ihr Deutsch ist auch nicht gerade astrein.«

»Ja, aber du bist meinem Geist entsprungen und solltest perfektes Italienisch beherrschen.«

»Bilden Sie sich ein, daß ich nur eine Einbildung sei?« fragte die Halluzination.

»Da bin ich mir absolut sicher.«

»Das ist sehr interessant. Ich bin noch nie jemandem begegnet, der glaubte, daß ich eine seiner Einbildungen sei, während wir uns unterhielten. An Ihrer Verkleidung ist außerdem zu erkennen, daß Sie ein Verrückter sind. Habe ich recht? Wo ist Ihr Hospital? Sind Sie entflohen, oder haben sie Sie freigelassen, um Blumen zu essen?«

»Verschwinde, Spielzeug«, sagte Alessandro und machte mit der linken Hand eine verscheuchende Geste.

»Ich weigere mich.«

»Verschwinde!« befahl Alessandro und schnippte mit den Fingern. Die Halluzination lächelte und blieb. Alessandro richtete sich plötzlich auf, tat einen Schritt zurück und bewunderte einen Rosenstrauch, der so groß war wie er selbst und der Dutzende von tiefgelben Blüten trug. »Ich denke, alle mißverstehen Rosen«, sagte er.

»Sie natürlich nicht. Sie essen sie.«

»Still. Das hat nichts damit zu tun. Man redet über Dornen und Blüten. Vergiß die Dornen: Nur Idioten werden gestochen. Das Bemerkenswerte an Rosen – den verschwenderischen femininen Blüten, die einen mit ihrem Duft, ihrer Zartheit und ihrem rosigen Hauch anziehen, als seien sie wirklich eine Frau – ist nicht, daß sie an einem Strauch sprießen, der Dornen hat, sondern daß sie an einem Strauch wachsen, der so unschön ist: ungleichmäßig, knotig und dürr, wie ein junges Mädchen, das in ihrer Jugend fürchterlich ungelenk ist und sich dann in die schönste Frau der Welt verwandelt. Das hat nichts mit Dornen zu tun. Deshalb sollte der Kanon der poetischen und visuellen Metaphern revidiert werden.«

»Was taten Sie, bevor Sie verrückt wurden?«

Alessandro erklärte es ihm und wandte sich dann wieder den Blüten zu, um sie zu essen.

»Dann sind Sie bloß ein entflohener italienischer Kriegsgefangener, der aus Hunger Rosen ißt und glaubt, daß ich ein Traum sei.«

»Stimmt«, sagte Alessandro sarkastisch. »Das genau bin ich.«

»Und wenn Sie umherwandern, werden Sie den Bulgaren überstellt, die Sie erschießen werden.«

»Mit Sicherheit.«

»Ich werde Ihnen eine Frage stellen«, sagte die Halluzination, »und Ihre Antwort wird darüber entscheiden, ob Sie leben oder sterben werden. So oft im Leben ist alles so einfach.«

Alessandro schaute zu der Halluzination auf, die näher gekommen und so unglaublich real war, daß selbst die Zähne in ihrer Unvollkommenheit menschlich wurden.

»Sie müssen eine absolut ehrliche Antwort geben, denn ob Sie ehrlich geantwortet haben oder nicht, wird sich bald herausstellen.«

»Die Wahrheit ist alles, was ich noch habe«, sagte Alessandro.

»Können Sie reiten?«
»So gut wie ein Kavallerist.«
»Dann werden Sie leben. Wir brechen im Morgengrauen auf.«

*

Zwei stämmige Reiter, die fast genauso gekleidet waren wie die Halluzination, fanden Alessandro, wie er sich mit der rechten Hand an einen Rosenbusch klammerte. Sie hoben ihn hoch und halfen ihm, auf den Hügel zu steigen. »Sie sind ein Glückspilz«, sagte einer von ihnen. »Strassnitzky hat Sie gerettet, und Sie haben eine große Karriere vor sich.«

Vom Kamm einer kleinen Anhöhe blickte Alessandro hinab auf einen grasbewachsenen Fleck Land neben einem Fluß, der aus einem blauen See floß. Die Szene, die sich ihm in den außergewöhnlichsten Farben darbot, schien eher etwas mit *Orlando Furioso* zu tun zu haben als mit dem Krieg, den er kannte, und ähnelte eher den Vorstellungen, die Männer haben, bevor sie in den Krieg ziehen und desillusioniert werden.

In einer völlig geraden Reihe grasten Hunderte von kastaninenbraunen und schwarzen Araberpferden, alle von einer Größe, zwischen dem Fluß und dem Lager. Hundert weiße Zelte, deren Segeltuch so straff gespannt war, daß eine Münze darauf springen konnte, waren U-förmig angeordnet, und der offene Teil wies zum Fluß. Sättel, Gewehre und Säbel waren in Gebilden aufgeschichtet, die wie Miniaturtürme aussahen, aus deren Mitte jeweils eine Lanze mit einer Standarte ragte. Wachen marschierten steif um die Außengrenze und zwischen dem Sattelzeug und den Waffen umher, die im Licht der untergehenden Sonne blinkten. Wasserkocher und Öfen aus Chrom und Messing dampften und schimmerten, und ihr Inneres war mit Feuer gefüllt.

Zwischen den Wagen und den Pferden standen lange Lagertische, gedeckt mit Porzellan, Glaskelchen und Besteck. Hälften von Wildbret steckten an Spießen, die sich über Haufen rotglühender Kohlen drehten, und neben einer Eismaschine stand eine gewaltige Zinkwanne, gefüllt mit zerstoßenem Eis und Jeroboams voller Champagner.

Offiziere und Kavalleristen trugen die rot-blaue Uniform, die Alessandro nicht für echt gehalten hatte. Andere waren überhaupt nicht bekleidet, lagen noch im Fluß oder wateten nach ihrem abendlichen Bad zum Ufer. Andere lasen, schrieben, spielten Schach.

Alessandro fuhr sich mit einer Hand über die Augen und schloß sie. Als er sie wieder öffnete, hatte sich nichts verändert.

»Die Ersten Husaren von Belvedere«, sagte der Reiter, »Seiner Kaiserlichen Hoheit Leibhusarenregiment.«

*

Bald fand sich Alessandro in einer Wanne mit brühend heißem Wasser wieder. Nachdem er sich mit Seife abgeschrubbt hatte, beugte sich ein Barbier über den Holzrand der Wanne und rasierte ihn, ohne ihn zu verletzen. Der Barbier schnitt ihm das Haar, Alessandro wusch es sich dreimal und tauchte so geschniegelt aus der Wanne auf, als hieße es, vor Gott zu treten.

Sie kleideten ihn schnell in graue Hosen aus Köper mit blauen Biesen, braune Reitstiefel, die ihm fast bis zu den Knien reichten, ein marineblaues Hemd aus ägyptischer Baumwolle, einen braunen Ledergürtel mit Bronzeschnalle und Bronzesporen. Sie gaben ihm einen Zinnkamm und wiesen ihn an, sich zu kämmen und die Ärmel aufzukrempeln.

Alessandros Kraft, Intelligenz, Haltung und Selbstbewußtsein ließen ihn nicht nur unter den Gefangenen, sondern auch unter den Kavalleristen und ihren Offizieren hervorstechen. »Was bin ich?« fragte er.

Der Barbier fragte einen Offizier, der erwiderte, daß er das Strassnitzky fragen müsse. Beim Essen saßen die Gefangenen und Hilfskräfte an einem Tisch mit den Kavalleristen und Offizieren. Alessandro saß an Strassnitzkys Tafel, obwohl der weit weg von ihm saß.

Zwar waren die Austern aus dem Glas und nicht aus der Schale, dennoch waren sie frisch, und Alessandro war zu überrascht, um zu fragen, wie eine Kavallerieeinheit in den Weiten Ungarns im Sommer an in Eis gepackten Schellfisch kam. Nach den Austern gab es Beluga-Kaviar mit Zitronenvierteln, gehackten Eiern und gewürfelten

Zwiebeln. Ein Leutnant, der neben Alessandro saß, entschuldigte sich dafür, daß sie den regulären Fischgang auslassen würden. »Aber ich bitte Sie«, sagte Alessandro.

»Worum bitten Sie mich?«

Alessandro schaute den jungen Offizier an und sagte: »Das ist nur eine Redewendung. Sie bedeutet: *Es ist ohnehin alles hervorragend.*«

Der Leutnant leistete Wiedergutmachung, indem er Alessandros Champagnerglas nachfüllte. Der Hauptgang bestand aus Wild, das über den rubinfarbenen Gruben aus Holzkohle gebraten worden war. Dazu gab es einen vorzüglichen dekantierten Rotwein, einen Salat aus Endivien und Tomaten und neue Kartoffeln, in Olivenöl und Paprika gebraten. Zum Dessert Sachertorte und Darjeeling.

»Sind Ihre Mahlzeiten immer so?« fragte Alessandro seinen Nachbarn.

Der Leutnant, ein Tscheche, lief rot an, so peinlich war es ihm. »Manchmal sind die Mahlzeiten einfacher – Consommé, ein Salat, Räucherfisch mit Wachteleiern und Zitrone und dann Tee, Obst und Schnaps.«

»Und was ist mit dem Essen im Manöver?«

»Dies ist das Essen im Manöver.«

»Und die Frontrationen?«

Dem Leutnant, der ein wenig zu füllig war, wenn auch die Fülle durch sein gut zirkulierendes Blut von bester Farbe war, begann die Befragung zu mißfallen. Seine Antwort war defensiv. »An der Front essen wir wie alle anderen: Pâté-Brote, Trüffeln, türkische Aprikosen und Brandy aus der Flasche.«

»Und in der Garnison? Was gibt es da?«

»Darauf gebe ich keine Antwort.«

»Ach bitte.«

»In der Garnison«, sagte der Leutnant, »spielen der Chef und die Sous-chefs verrückt. Sie sind überglücklich, wenn sie zu ihren Nudelhölzern, Marmorblöcken und ihren begehbaren Eisschränken zurückkehren. Wenn wir nach den Entbehrungen des Manövers wieder in der Garnison sind, übertreiben wir alle ein bißchen – besonders, wenn Seine Kaiserliche Hoheit unsere Offiziersmesse mit Ihrer Anwesenheit beehrt. Vielleicht begegnen Sie ihm sogar.«

»Was für eine merkwürdige Sache.«

Die Kavalleristen hielten sich nicht mit ihrem Nachtisch auf, doch Alessandro, der nicht wußte, was er tun sollte, blieb am Tisch sitzen. Ein hochrangiger Offizier, dessen Abzeichen so rätselhaft waren wie sein Akzent, kam auf Alessandro zu. »Der Feldmarschall möchte Sie sprechen.«

»Der Feldmarschall?« entgegnete Alessandro.

»Graf Blasius Strassnitzky. Haben Sie schon von ihm gehört?«

Alessandro schüttelte den Kopf.

»Keine Sorge. Je weniger beeindruckt Sie von ihm sind, desto mehr wird er Sie mögen. Er ist so.«

Alessandro, der blitzschnell die möglichen Motive durchging, weshalb ein neuer Gefangener in das Zelt des Feldmarschalls beordert würde, beschloß, das Thema anzuschneiden, bevor er sich verpflichtet sehen könnte, sich selbst vor ein Erschießungskommando zu bringen. »Dieser Strassnitzky, der ist doch nicht etwa, ähm ...«

»Wofür halten Sie uns? Für Griechen?«

*

Strassnitzky saß in seinem Zelt auf einem Feldstuhl, hatte sich die Jacke ausgezogen und die Ärmel aufgekrempelt. Er war fast genauso gekleidet wie Alessandro, bis auf die Tatsache, daß seine Hosen rot und seine Stiefel schwarz waren. Er saß zwischen niedrigen Tischen voller Karten, Depeschenblocks, Büchern, Zeitungen, Magazinen und Hartholzkästen für Fernrohre, Federhalter und dergleichen.

»Spielen Sie Schach?« fragte er und wies Alessandro einen Stuhl ihm gegenüber.

»Nicht gut«, sagte Alessandro. »Sollte ich nicht salutieren?«

»Sie sind nicht in der Armee, oder?«

»Wir mußten vor unseren bulgarischen Wachen salutieren – sie waren einfache Soldaten –, und Sie sind ein Feldmarschall.«

»Solange meine Männer bereit sind, für mich zu sterben«, sagte Strassnitzky, »solange sie meine Befehle pünktlich befolgen und ihre Arbeit mit der Umsicht erledigen, die ich von ihnen erwarte, verzichte ich auf die Zeremonie – nur dort nicht, wo die Leute das mißverstehen könnten.

Ich bin Feldmarschall, weil wir die Leibhusaren des Kaisers sind. Normalerweise wäre ich Oberst, aber da es niemandem erlaubt ist, dem Kommandeur eines Leibregiments Seiner Kaiserlichen Hoheit zu befehlen, außer Seiner Kaiserlichen Hoheit selber, wird der Oberst zum Feldmarschall.«

»Mit den Privilegien eines Feldmarschalls?«

»Haben Sie gegessen?«

Alessandro lächelte.

»Der Kaiser schützt seine Privilegien, indem er seine eigenen Leute schützt.«

»Werden seine eigenen Leute nicht fürchterlich übergewichtig?«

»Warten Sie bis morgen. Wenn Sie zwölf Stunden lang scharf reiten, können Sie alles essen, was Sie wollen, und dennoch so schlank wie ein Windspiel bleiben.«

»Und wie halten die Wagen das aus?«

»Die Wagen nehmen den direkten Weg. Wir durchkämmen die Gegend im Zickzack. Während die Wagen fünfzehn oder zwanzig Kilometer zurücklegen, schaffen wir nicht weniger als fünfundsiebzig, und wenn man dann noch die Kämpfe mit einrechnet, dann verbrauchen wir eine Menge Energie, die wieder aufgefüllt werden muß.«

»Wann haben Sie das letzte Mal gekämpft?« fragte Alessandro.

»Heute.«

Alessandros Gesicht verzog sich ungläubig. Der Krieg war noch nicht bis in die Pußta, die Ebenen Ostungarns, vorgedrungen. »Die Griechen sitzen in Saloniki fest, die Italiener im Veneto, die Russen sind zusammengebrochen, die Serben wurden ins Meer gejagt. Gegen wen haben Sie gekämpft?«

Strassnitzky seufzte. »Vor zwei Tagen haben wir eine Kolonne von feindlichen Partisanen gestellt: Serben, Rumänen, Griechen, Bosnier, weiß der Teufel was noch, alle beritten wie *csikosok*. In einer zweistündigen Schlacht, die sich über zwanzig Kilometer flaches Land erstreckte, haben wir sie vollständig aufgerieben und dabei viele unserer eigenen Männer verloren. Heute haben wir wieder gekämpft, und von unseren verbliebenen sechshundertvierundachtzig Mann haben wir dreiundvierzig verloren. Jetzt sind wir sechshunderteinundvierzig.«

»Ihre Haltung und ihre Verfassung nach einer solchen Schlacht sind außergewöhnlich«, sagte Alessandro.

»Orden ringsumher«, verkündete Strassnitzky. »Meine Männer sind die besten.«

»Herr Feldmarschall«, fragte Alessandro plötzlich, »wo ist die andere Einheit?«

»Welche andere Einheit?«

»Die anderen dreihunderteinundvierzig. Ich habe Ihre Pferde gezählt – dreißig Gruppen zu je zehn.«

»Zahlen im Krieg – wie heißen Sie?«

»Giuliani, Alessandro.«

»Zahlen im Krieg, Giuliani, sind nicht wie Zahlen im Frieden.«

»Nicht?«

»Das müßten Sie doch wissen. Wie viele Jahre haben Sie gedient?«

»Drei.«

Strassnitzky zuckte mit den Schultern. »Nun, dann müßten Sie es wissen. Der Krieg übt eine Wirkung auf die Arithmetik aus, die der der Gravitation auf Licht entspricht. Dies ist ein höchst kompliziertes System, von dem ich kaum glaube, daß die Italiener es wirklich verstanden haben.«

»Ich bin damit vertraut«, erklärte Alessandro.

»Ach ja«, fuhr ihn Strassnitzky verächtlich an. »Wie das?«

»Ganz einfach«, sagte Alessandro, »weil ich die Schrift über die Allgemeine Relativitätstheorie gelesen habe, als ich am Isonzo im Schützengraben lag, 1915. Mein Vater hat sie mir geschickt. Das war die letzte Post, die durchkam. Das Verhalten des Lichts ist für die Ästhetik so wichtig wie die Physik für das Ingenieurswesen. Und was das Verhalten des Lichts angeht, bin ich mit den Arbeiten Eddingtons vertraut, weil bei uns englische Journale ziemlich schnell eintreffen. Schneller als bei Ihnen, nehme ich an. Sie kommen einfach mit der Post, aber Ihre Spione müssen sie in London in Koffer mit doppeltem Boden stopfen oder sie in winziger Schrift kopieren lassen, damit man sie einer Brieftaube ans Bein binden kann.«

»Sie sind Physiker?« fragte Strassnitzky wie jemand, der meint, direkt ins Schwarze getroffen zu haben. »Ich bin Physiker. Nun, ich bin nicht *wirklich* Physiker, aber ich habe eine Ausbildung in Physik hinter mit. Begonnen habe ich mit Ballistik ...«

»Meine Arbeit schließt so viel Physik und Kosmologie ein, wie ich aufnehmen kann«, sagte Alessandro, »aber das macht mich kaum zu einem Physiker.«

»Ihr Gebiet ist die Ästhetik?«

»War.«

»Croce?«

»Croce, ja, unter anderem.«

»Ich habe nicht gewußt, daß unsere beiden Gebiete so eng miteinander verknüpft sind, daß Sie Kenntnis von dem haben, was ich wissen muß.«

»In gewisser Hinsicht sind beide ein und dasselbe. Man kann die Naturwissenschaft nicht ohne die Kunst und die Kunst nicht ohne die Naturwissenschaft verstehen. Nur die jeweiligen Fachidioten denken, daß die beiden etwas anderes seien als zwei Seiten ein und derselben Medaille.« Alessandro beugte sich vor. »Aber was hat das mit den Zahlen im Krieg zu tun? Ich bin nicht sicher, daß ich Ihnen folgen kann.«

»Lassen Sie es mich erklären. Es ist verblüffend. Zahlen sind, wie Sie wissen, empfindliche Illusionen. Man muß nicht Archimedes über Hasen und Schildkröten reden hören, um zu wissen, daß man wie ein Druide singt, wenn man mit negativen Zahlen beginnt wie unsere jungen Schulkinder. Oder etwa nicht? Aber natürlich.

Und? Im Krieg tun sich der Schrecken, die Komprimierung eschatologischer Fragen, die Einschränkung der Gesetze der Menschen, das Fehlen jeglichen Sinns, die Verwirrung, die Entropie ... all das tut sich zusammen, um die Bedeutung und Integrität der Zahlen völlig zu ruinieren. Sehen Sie sich die Kriegsausgaben an. Sehen Sie sich die unglaublichen Verlustzahlen an der Westfront an, oder, was das betrifft, am Isonzo. Sehen Sie sich die völlige Verwirrung der Zeit an. Zeit, etwas, das analog mit Zahlen ausgedrückt wird, kommt im Krieg völlig durcheinander, wie Sie wohl wissen. Genauso ist es mit den numerischen Abstraktionen.«

»Aber wo«, fragte Alessandro, »wo sind die anderen 341 Mann?«

»Glauben Sie mir. Bestimmte Dinge sollte man nicht allzu genau diskutieren. Es ist Krieg, Sie sind ein feindlicher Gefangener, und ich bin Feldmarschall. Sie erwarten doch nicht von mir, daß ich mich mit Ihnen über Militärgeheimnisse unterhalte, oder?«

»Nein.«

»Sie werden es schon noch verstehen. Sagen Sie, Sie haben doch eine gute Ausbildung genossen, können Sie auch elegant schreiben?«

»Nein.«

»Nicht? Wie schade.«

»Für mich ist Schreiben, als wenn ich elektrische Pole unter Spannung anfasse. Meine Hand und mein Arm wollen alles, nur nicht das, was ich von ihnen will, und es tut weh. Dennoch muß ich ständig Aufsätze und Artikel schreiben, und ich habe weder das Naturell noch die Gelegenheit zu diktieren. Als ich in der Anwaltskanzlei meines Vaters aushalf, Gott steh mir bei, habe ich als Schreiber gearbeitet. Er hat nicht gewußt, wie schwer das für mich war. Er dachte, ich sei einfach nur nachlässig. Ich habe ihm verziehen.«

»Warum haben Sie nicht einen anderen Beruf gewählt, in dem Sie nicht zu leiden brauchten?«

»Ist das so ungewöhnlich, daß sich jemand hingezogen fühlt zu etwas, das er nicht beherrscht?«

»Und wie ist das mit diesen Dingern, wie heißen sie noch, die, Buchstaben drucken, wenn man draufschlägt?«

»Schreibmaschinen.«

»Nein, irgendwie anders, französisch, so ähnlich wie *rotopisseur*.«

»Das ist eins dieser Pinkelhäuschen.«

»Ah, jetzt weiß ich, es heißt *engrosseur papyréanne*.«

Alessandro begann, unruhig zu werden. Natürlich verwirrte ihn jede Art von Enthusiasmus für die Schreibmaschine zutiefst, in welcher Hinsicht auch immer, und er hoffte, daß Strassnitzky das Thema wechseln würde.

»Können Sie eine bedienen?«

»Erstaunlicherweise recht gut, bedenkt man meine Schwierigkeiten der Muskelkontrolle. Mein Problem ist das Greifen. Wenn meine Finger frei fliegen können, können sie fast alles. Aber die gelehrten Journale rümpfen bei Schreibmaschinenmanuskripten immer noch die Nase, also bin ich verdammt. Zugegeben, eine winzige Verdammnis.«

»Ich habe Grund zu fragen. Ich brauche einen gebildeten Mann als Privatsekretär, bis wir nach Wien zurückkehren. Dort wird sich uns mein persönlicher Sekretär wieder anschließen, nachdem er sich von einer Verletzung erholt hat, die er sich beim Russisch Roulette zugezogen hat.«

»Wie konnte die Kugel sein Hirn verfehlen?«

»Das war ganz einfach.«

»Haben Sie eine Schreibmaschine?«

»Wir haben eine kleine Maschine, die das Ministerium an alle Stäbe der Feldmarschälle ausgegeben hat.«

»Verzeihen Sie bitte, aber warum nehmen Sie nicht einen Ihrer Offiziere? Ihr Deutsch ist besser, Sie können ihnen mehr vertrauen als einem Gefangenen, und sie sind mit den Anreden und Grußformeln vertraut.«

»Nein«, sagte Strassnitzky. »Sie ziehen es vor, die Geschichte ihrer Heldentaten nicht selber zu verfassen. Sie finden es peinlich. Mein Sekretär ist Zivilist, müssen Sie wissen. Deshalb dachte ich, ein Gefangener sei ein guter Ersatz.«

»Ich würde es gern versuchen«, sagte Alessandro.

»Gut. Ich werde Sie nach dem üblichen Satz entlohnen. Dankwart ist sehr zufrieden mit meiner Bezahlung: Er hat eine Wohnung in der Stadt und ein Sommerhäuschen bei Innsbruck, wo er skispringt.«

»Aber ich bin Kriegsgefangener.«

»Der Krieg wird bald vorbei sein, das Kaiserreich ist erledigt, und alles hat sich geändert. Lassen Sie uns unser Leben in Gerechtigkeit und Anstand wieder aufnehmen.«

»Das ist großzügig von Ihnen«, sagte Alessandro. »Und nach Wien, was wird dann mit mir?«

»Bei dem Tempo, das wir Richtung Norden vorlegen, sollten wir Wien irgendwann im September erreichen. Bis dahin ist der Krieg vielleicht vorüber. Wenn nicht, wird er es bald sein. Holen Sie die Schreibmaschine. Die Dinge ändern sich rasend schnell, und sie erwarten wohl die Berichte eines Feldmarschalls in Reinschrift. Warum hätten sie sonst den Engrosseur geschickt?«

*

Nachdem Alessandro eine halbe Stunde damit zugebracht hatte, sich und die Maschine in die richtige Position zu bringen, damit seine Ellbogen sich genau im richtigen Winkel befanden, war er bereit, Strassnitzkys Diktat aufzunehmen.

»Ich werde die Namen der Einheiten und die Codes später eintragen. Lassen Sie entsprechende Freiräume. Fertig?«

»Ja.«

»4.00: Wir brechen das Lager bei Szegy-Maszlow in der Dunkelheit ab und halten uns im Schein des Viertelmonds nordwestlich; vier Marschsäulen in zwei Kilometern Abstand.

6.00: Bei Tageslicht wendet sich die Kolonne nach Norden und teilt sich in Schwadronen auf, um ein Gebiet von fünfzig Kilometern zu durchkämmen.

7.00: Pferd durch Sturz verletzt. Beinbruch. Erschossen. Ersatzpferd von Rückzugsstaffel erhalten.

12.00: Mittagspause.

12.30: Erkundung in nördlicher Richtung fortgesetzt.

13.15: Suchtrupp wendet sich westwärts und nähert sich in vollem Galopp einer Hügelgruppe, die sich von Nordost nach Südwest erstreckt. Unsere Karten weisen hinter diesem kleinen Anstieg einen See aus. Patrouillen während des Halts entsandt, um Bedingungen der Hügel und des Terrains jenseits zu erkunden.

13.37: Vorreiter der Westpatrouille kehrt zurück und berichtet von Rauch und Geschützfeuer am Seeufer.

13.40: Neuformierung zu vier Kolonnen, Vormarsch über Hügel. Reiter als Vorhut entsandt.

13.50: Halt auf Hügelkuppe. Geschützfeuer hörbar, Rauch sichtbar, West-Nordwest beim See. Erwarten Rückkehr der Patrouillen.

14.00: Patrouillen kehren in einer Gruppe zurück, Verlust zwei Mann (Verlustbericht siehe beiliegend). Eine Gruppe von Kriegsgefangenen, die nahe dem See lagerte, hatte rebelliert, nachdem sie die Wachen in einem günstigen Moment überrumpelt hatte. Die Eskorte, alles Bulgaren, wurde bis auf den letzten Mann ermordet, und die Gefangenen, viele davon fähige Soldaten mit einiger Erfahrung, hatten mindestens hundert Gewehre und Pistolen an sich genommen. Obwohl ihre Munitionsvorräte beschränkt waren, hatten sie, wie unsere Patrouillen berichteten, Verteidigungsstellungen aufgebaut und wußten von unserer Anwesenheit. Vielleicht waren sie klug genug, an der feinen Staubwolke, die sich jenseits der Hügel in die Lüfte erhob, zu erkennen, daß achthundert Pferde im Anmarsch waren. Aufgrund der Geologie einer bestimmten Region kann man manchmal am Boden hören, wenn sich eine große Kavallerieeinheit nähert. Des weiteren haben wir seit Wochen Luftspiegelungen über der Ebene gehabt, und vielleicht sahen sie uns in der Hitze, die das Licht krümmt, über den Himmel galoppieren.«

Alessandro nahm dies fast ohne zu atmen auf.

»Aus der Überlegung heraus, daß der Feind um so weniger Zeit hätte, Verschalungen, Feuerstellungen und Barrieren zu errichten, je früher wir kämpften, teilte ich das Regiment in acht Formationen auf und ließ augenblicklich angreifen. Der Befehl lautete einfach, das feindliche Lager durch einen direkten Angriff von drei Seiten so schnell wie möglich zu überwinden. Die Reiter wurden angewiesen, tief zu zielen, um nicht ihre Kameraden zu verwunden, die aus einer anderen Richtung angriffen.

14.08: Gleichzeitiger Feindkontakt auf drei Seiten. Ihre Brustwehren waren noch nicht fertiggestellt und nicht allzu hoch, so daß unsere Pferde sie überspringen konnten. Wir durchdrangen die Linien, indem wir in derartigem Tempo über sie hinwegsetzten, daß wir alle in ein oder zwei Minuten im Lager waren. Nach einer Pause, in der wir und sie die Lage einschätzten, kletterten sie auf die andere Seite ihrer Brustwehren und begannen zu feuern.

Ohne Anlauf wollten unsere Pferde nicht springen, besonders als sie sahen, daß jene, die es versuchten, gestoppt wurden.

Gegen 14.10 befahl ich dem Trompeter, zum Absitzen zu blasen. In diesen Minuten erlitten wir unsere größten Verluste. Das feindliche Feuer war genau und kontrolliert. Fiel einer der Feinde, übernahm ein anderer seine Waffe. So zog sich die Schlacht in überraschender Intensität hin.

Gegen 15.00 befahl ich dem Zweiten Bataillon aufzusitzen. Sie fanden einen Weg durch die Lücken in der Verteidigung und kreisten dann den Hauptteil der feindlichen Kräfte ein, der gegen 15.30 ausgeschaltet war.

Gegen 16.00 ließen wir die beiden anderen Bataillone aufsitzen und setzten den Versprengten nach.

17.30: Erholten uns am Seeufer. Tränkten die Pferde. Begruben unsere Toten. Dreiundvierzig Tote, keine Verletzten. Der Feind hatte seine Kugeln zur Einschlagmaximierung gekerbt, und die Schußdistanzen waren extrem kurz. Zählten fünfhundertvierzehn tote Feinde. Etwa dreihundert entkommen. Ein Gefangener (siehe beigefügten und ergänzenden Bericht des Adjutanten).

20.00: Schlugen unser Lager am Südufer des Flusses auf, der, wie beschrieben, dem See entspringt. Werden um 4.00 morgen früh nach Nordwesten weiterziehen.«

Als Alessandro mit der Tipperei fertig war, zitterten seine Finger.

»Ich habe den Krieg nicht gemacht«, sagte Strassnitzky, »und Sie auch nicht. Unsere einzige Verpflichtung besteht darin, ihn so gut wie möglich hinter uns zu bringen. Das Kaiserreich ist am Ende und Italien auch. Italien wird siegen, aber es wird nach innen kollabieren. Ich denke, Gott hat diesen Krieg gemacht, damit Sie und ich hier beim Schein der Lampe schweißbedeckt an diesem Fluß sitzen können und darüber erstaunt sind, wie wir es geschafft haben, einander nicht umzubringen.

Wie auch immer, morgen früh um vier Uhr reiten wir, ohne Frühstück. Deshalb essen wir abends so fürstlich, wenn auch einige Männer Schwierigkeiten haben, nach einer ausgiebigen Mahlzeit zu schlafen. Die Launen des Verdauungstrakts sind ohne Sinn und Verstand. Eines Tages wird man Röntgenogramme verwenden, um Karten des Magens anzulegen.«

*

Um drei Uhr morgens, unter einem von Sternen übersäten Himmel, wurden die Reiter, ihre Gefangenen und die Zivilbediensteten von einem gedämpften Trompetensignal geweckt. Die Posten waren froh, daß ihre Wache vorüber war und sie nicht länger die einzigen waren, die derart lange vor der Morgendämmerung wach waren.

Um vier Uhr hatten die Soldaten sich nach Schwadron und Kompanie versammelt und sahen sich Strassnitzky und seinen Offizieren gegenüber, deren Pferde, anders als die weniger nervösen Tiere der niedrigeren Dienstränge, hin und her tänzelten. Alessandro hatte man eine Stute zugewiesen, die im Vergleich mit Enrico gut abschnitt, und das Sattelzeug war besser als alles, was er je besessen hatte.

Alessandro hatte die italienische Kavallerie auf den Straßen gesehen, die nach Rom führten, wie sie zwischen den Reihen der schlanken Pappeln hindurchritt, die im Wind und in der Sonne glitzerten. Die Lanzen- und Säbelträger hatten stets einen ernsten Gesichtsausdruck gezeigt, so als seien sie nicht sicher, ob sie sich auf ihren Pferden würden halten können, und ihre Bewaffnung schien rein zeremoniell zu sein. Strassnitzkys Männer hingegen waren eher wie Infanteristen bewaffnet denn wie Kavallerie. Hundert von ihnen waren Lanzenträger, und alle trugen sie einen Säbel, doch damit endete die Ähnlichkeit mit der traditionellen Kavallerie auch schon.

Jeder Reiter hatte eine halbautomatische Pistole, die an seinem Gürtel hing. Dahinter reihten sich zwei Beutel für weitere Magazine an, und ein Lederbeutel mit einem halben Dutzend weiterer Magazine hing am Sattel. In einem Halfter, das sich links vom Sattel unter der Wade des Reiters entlangzog, steckte ein Gewehr, eine Mauser 98: Es hatte niemals Ladehemmung, war schußstark und treffsicher. Das Bajonett steckte wie in einem Känguruhbeutel am Halfter. Weitere Ledertaschen, mit Riemen verschnürt, waren am hinteren Ende des Sattels befestigt. Darin befanden sich Gewehrmunition, Drahtscheren, ein Stahlhelm, Verbandszeug, eine Feldflasche und zwei Handgranaten. Jeder dreizehnte Mann trug zusätzlich zu Gewehr und Satteltaschen ein leichtes Maschinengewehr, das über ein besonderes Gestell am Ende seines Sattels geschnallt war und durch eine geometrische Anordnung von Gurten, die schnell gelöst werden konnten, im Gleichgewicht gehalten wurde. Die großen Mengen an Munition für diese Maschinengewehre wurde fast gleichmäßig unter allen verteilt. Strassnitzky selbst ritt mit fünfzig Schuß.

Viele der Reiter hatten sich Messer über die Brust gebunden, zusätzliche Patronengurte und Keulen. Alessandro hatte das Gefühl, daß es tausend oder mehr Mann der normalen italienischen Infanterie bedurft hätte, um es mit diesen dreihundert Mann aufzunehmen. Jeder von ihnen war ein erfahrener Reiter und Soldat. Tief beeindruckt, stellte sich Alessandro vor, daß er in wenigen Tagen die fürchterlichen Kampfhandlungen auf dem Balkan erleben würde, von denen er am Isonzo gehört hatte. Sie hatten mythische Ausmaße angenommen, denn wenn die italienischen Truppen bei Sonnenaufgang nach Osten schauten, hatten die Berge einen Hauch der Entrücktheit von Raum und Zeit. Er fragte sich allerdings irritiert, wo sie denn auf einen Feind treffen wollten, denn soweit er wußte, war das gesamte Land um sie herum absolut friedlich.

Strassnitzky trabte zu der Einheit, bei der Alessandro im Sattel saß und nervös auf den Abmarschbefehl wartete. Die Sterne rollten über den Himmel, und ein schmales Lichtband wurde an der Hügelkette sichtbar. Strassnitzky betrachtete es und richtete sich in seinen Steigbügeln auf. Er setzte sich wieder und wandte sich Alessandro zu. Sein Pferd schüttelte sich, machte zwei Schritte zurück und dann zwei nach vorn. »Wenn Sie nicht wie ein Kavallerist reiten können, wie Sie mir versichert haben«, sagte er leise, »erschieße ich Sie.«

»Sie wären nicht der erste Österreicher, der auf mich schießt«, sagte Alessandro zu ihm.

»Ich habe nicht gesagt, daß ich auf Sie schieße.«

»Präpositionen sind in der Sprache das, was bei einem Gewehr das Zielen ist«, stellte Alessandro fest.

»Exakt.«

»Wo ist der Feind?« fragte Alessandro, denn sie standen bereit, als ginge es in die schwerste Schlacht, dabei waren sie tausend Kilometer von der nächsten Front entfernt.

»Der Feind«, sagte Strassnitzky, »ist dort draußen.«

Strassnitzky führte sein Pferd ins offene Gelände. Er stellte sich erneut in die Steigbügel, damit seine Stimme über die Köpfe der Männer in der ersten Reihe hinwegtrug. »Sechs Gruppen, eng aufschließen, westwärts auf der Straße bis zur Dämmerung. Dann nordwärts. Abmarsch!«

Er gab seinem Pferd die Sporen und hielt auf den Fluß zu. Im Wasser bewegte sich das Tier wie ein Schaukelpferd und warf Bögen von Weiß vor sich her. Dann nahm er das gegenüberliegende Ufer und verschwand jenseits der Böschung auf der Straße. Die anderen folgten und durchpflügten den Fluß. In wenigen Minuten galoppierten die dreihundert Pferde in vollem Tempo, und es klang wie ein Gewitter, das sich auf der Ebene verloren hat.

*

Ab und zu kamen sie an Reihen kleiner Bäume vorbei, die die Straße säumten wie jene Säulengalerien in Rom, wo die Geschäftsleute und Anwälte dreistündige Mittagspausen im Schatten verbringen. Schon vor Sonnenaufgang schien die kühlere Luft sich in dem Raum zwischen den beiden Baumreihen zu halten. Als die Sonne die Felder schräg beleuchtete und die Seiten der Hügel in schattenloses Licht tauchte, füllte der Duft von Gras und Tau die Atmosphäre mit einem Versprechen von Zufriedenheit. Und als die Sonne den Reitern auf die Schultern fiel und ihre Pferde monströs verlängerte Schatten warfen, wandte sich die Kolonne nach rechts und stürmte mit ungeheurer Geschwindigkeit nach Norden.

Das Geräusch der eisenbeschlagenen Hufe, die das Gras zusammenpreßten, erinnerte an ein Feld, das von Heuschrecken abgefressen wird. Die Pferde atmeten gleichmäßig und machten den Eindruck, als könnten sie wie Flugzeugmotoren ohne ein Rucken stundenlang so fortfahren. Sie waren immer bereit, durchs Unterholz zu preschen, über Hecken und Mauern zu setzen und sich zwischen den Bäumen hindurchzuwinden. Sie flogen bei vollem Tempo über Gräben, Sümpfe und Baumstämme, zögerten nie und reagierten auf Hindernisse, nicht indem sie langsamer, sondern indem sie schneller wurden.

Auf diese Weise zu reiten ist fast so anstrengend, als wenn der Reiter das Pferd tragen würde. Er verlagert sein Gewicht so oft, daß all seine Muskeln ständig beansprucht werden, seine Augen schießen hin und her, und er ist so konzentriert, während er vorangetrieben wird, daß die Zeit vergeht, als fiele er von einem Felsen. Als sie gegen Mittag Rast auf einem heißen Feld voll gebleichter goldener Stoppeln von abgeerntetem Winterweizen machten, war Alessandro schweißgebadet und keuchte wie ein waidwunder Hirsch. Acht Stunden lang hatte er an nichts anderes gedacht als an das, was ihm die Physik des Vorwärtsstürmens aufgezwungen hatte. Er war wie ein Adler oder ein Hirsch gewesen, der ohne jede Möglichkeit des Nachdenkens ist, ohne Zeit für die Zukunft, ohne Zeit für die Vergangenheit, der nichts ist als eine übergewaltige Fülle an Bewegung, Farbe, Geruch und Geräusch. Er liebte es.

Es gab nur warmes Wasser aus ihren filzumhüllten Feldflaschen und ein paar Miniaturpfirsiche, die so hart wie Stein waren. Dann ritten sie ohne größere Rast weiter in drei Täler hinein, die sich, laut Karte, bei einer Stadt namens Janostelek trafen. Um sechs Uhr abends ritt Alessandros Bataillon, das Zweite, in Janostelek ein, nachdem sie das mittlere Tal durchkämmt hatten, und fand den Marktplatz voller Tische und Stühle vor, an denen die Männer der anderen Bataillone saßen, Strassnitzky an der Ecke eines der Tische mit drei schönen, betrunkenen Dirnen.

Kellner liefen aus den Restaurants herbei, die den Platz umsäumten. Die Feuerstellen davor loderten, während schwitzende Kinder die Spieße drehten und ihre Väter und Mütter das Fleisch bestrichen und teilten. Zwei Orchester spielten verschiedene Csárdás, einen, der türkisch, und einen, der richtig klang, bis sich Strassnitzky von seinem Tisch erhob und sie vereinte, physisch und musikalisch, damit sie die bezaubernden Walzer spielten, auf die seine Hauptstadt und sein Volk so ungeheuer stolz waren.

Die Kavalleristen waren vollständig bewaffnet, ihre Hemden weiß vom Salz, ihre Gesichter und Hände völlig verdreckt. Sie aßen unter Glyzinien und Weinreben und verschlangen alles, was ihnen die Kellner servieren konnten. Auch die Pferde waren beschäftigt; sie standen in langen geraden Reihen um den Platz, fraßen Hafer und tranken aus einem Trog, durch den ein Strom kalten Wassers floß.

Alessandro sah, wie die gleichgültigen Formen der Gebäude und Bäume auf Geheiß der Musik zu neuem Leben erwachten. Strassnitzky hatte in Gold bezahlt, und die Stadt stand ihm offen. Selbst in den Geschäften konnte sich jeder Mann bedienen, fast wie er wollte, und in Janostelek verkauften die Geschäfte Zeitungen, Gemüse, Eisenwaren, Süßigkeiten, Bücher, kurz, alles, was Soldaten selten zu sehen bekommen.

Die meisten der anständigen Frauen waren zwar in ihren Häusern geblieben, doch die Dirnen waren vollzählig erschienen, wenn auch die Stadt gerade groß genug war, um acht von ihnen ein Betätigungsfeld zu bieten. Die drei an Strassnitzkys Tisch tranken zuviel, kicherten und strichen ihm in jener entzückten und besitzergreifenden Art von Dirnen übers Haar, so als hätten sie noch nie zuvor Haare gesehen.

Alessandro hatte sein Pferd versorgt und ging zu Strassnitzky.

»Ich denke, ich werde meinen Bericht heute nacht recht spät abgeben«, sagte Strassnitzky, »und ich denke, ich werde nichts zu berichten haben.« Die Dirnen brachen in schrilles Gekicher aus.

»Ich habe Sie reiten sehen. Ich dachte, Sie würden vielleicht wie ein Gentleman oder ein berittener Bote reiten – auf eine Art, die Ihnen gerade erlaubte, mitzuhalten und im Sattel zu bleiben. Und dann«, sagte er, »dachte ich ...« Er nahm einen großen Schluck Champagner. »Ich dachte, nun, dieser Knabe reitet wie einer auf der Fuchsjagd. Und dann schaute ich noch etwas genauer hin, und mir ging auf, daß Sie so gut sind wie irgendeiner meiner Männer. Sie reiten wie jemand – wie ich –, der schon bevor er zehn war, Schul- und Jagdreiten gelernt hat und sich dann später auf seinem eigenen Pferd bis zum äußersten erprobt und das Gelände zu seiner Akademie gemacht hat.«

»Mein Pferd hieß Enrico«, sagte Alessandro, »mein Vater hat es für mich in England gekauft.«

»Sind Sie Italiener?« fragte eine der Dirnen. »Ich habe ein Buch in meinem Zimmer über der Bäckerei. Es ist auf Italienisch. Ich hab es nie lesen können. Vielleicht können Sie mir sagen, was drinsteht.«

»Na los«, sagte Strassnitzky.

»Kommen Sie«, sagte die Dirne und überließ Strassnitzky ihren beiden Kolleginnen. »Ich habe auch eine kleine Dampfmaschine, die Ihnen vielleicht gefällt. Mein Bruder hat sie mir gegeben, bevor er einberufen wurde.«

»Lebt Ihr Bruder noch?« fragte Alessandro, während sie über den Platz gingen.

»Ja. Er ist Bäcker, und er ist immer außer Reichweite der Geschosse. Ich habe sein Zimmer übernommen.«

»Was ist mit Ihren Eltern?«

»Meine Mutter war Sängerin. Unseren Vater haben wir nicht gekannt und sie auch nicht. Sie gab uns zu unserer Tante, die uns zu unserer Großmutter gab, die starb, und dann wollte uns unsere Mutter nicht zurück – sie singt immer noch; sie zieht umher. Da war mein Bruder schon alt genug, in die Lehre zu gehen, und ich bin Hausmädchen geworden.

Als er zur Armee ging, wollte er, daß ich mich um sein Zimmer kümmere, und weil ich seine Schwester bin, bekomme ich etwas Geld vom Staat.« Sie schaute Alessandro an und lächelte. »Ich bin frei«, sagte sie. »Ich mache, was ich will. Und was ist mit Ihnen?«

»Ich mache nie, was ich will«, sagte Alessandro.

»Das meine ich nicht. Ich meine mit Ihrer Familie.«

»Alle sind tot außer meiner Schwester.«

»Das verbindet uns, nicht?«

»Warum?«

»Sie haben nur Ihre Schwester, ich habe nur meinen Bruder.«

»Ich glaube nicht, daß uns das verbindet.«

»Dann sollten wir vielleicht etwas anderes versuchen.«

»Sie reden wie eine Frau, die ich einmal in Toulon kannte«, sagte Alessandro zu ihr. »Sie war die Tochter eines Admirals, und sie sah Ihnen sehr ähnlich – groß, blond, sonnengebräunt, vielleicht nicht so kräftig gebaut. Wir saßen zufällig im selben Zugabteil. Sie sagte, sie liebe es, italienisch zu sprechen, und während wir uns unterhielten, sie stotterte ziemlich, sagte sie, daß irgendwas mit ihrem Büstenhalter los sei. Ich dachte, sie wollte sich entschuldigen, doch sie bat mich, ihn zu richten.«

»Das klingt nett.«

»Ich konnte ihn nicht richten. Ich wußte nicht mal, was damit los war, doch je mehr ich versuchte, und je mehr sie sich mühte, desto mehr zerriß alles und fiel auseinander, bis der Büstenhalter nur noch an einem Faden hing. Dann holte sie tief Luft und der Faden zerriß.«

Die Zähne der Frau bissen leicht aufeinander, und während sie atmete, stieg der Geschmack des Champagners aus ihren Lungen auf. Ihre Augen verengten sich und schauten leicht verschwommen. Sie eilten durch die Straßen zu ihrem Zimmer über der Bäckerei.

*

Alessandro war auf dem Weg zu Strassnitzkys Lager vor den Toren der Stadt. Die Galerien um den Platz herum waren leer und die Straßen so still, daß er mehrere Brunnen und einen Fluß hören konnte, der von gemauerten Böschungen kanalisiert war. Er überquerte diesen Fluß auf einer der Brücken, die ihn überspannten, und schaute hinab auf das unten vorbeifließende Wasser. In den dunkelsten Abschnitten fanden sich die hellsten Widerspiegelungen der Sterne.

Das Lager der Husaren befand sich auf einem großen Feld, das an allen vier Seiten von hohen, sich leicht im Wind wiegenden Bäumen umstanden war. Die Größe des Feldes ließ das Lager besonders weiträumig und friedlich erscheinen.

Alessandro machte einen äußerst zufriedenen Eindruck, als er sich vorbeugte, um Strassnitzkys Zelt zu betreten, in dem der Feldmarschall auf einem Klappstuhl saß, die Füße hochgelegt, und in die Laterne starrte.

»Meine waren etwas anspruchsvoller, fürchte ich«, sagte Strassnitzky.

»Ach, wirklich?«

»Vielleicht hätten Sie besser meine genommen und ich Ihre. Sie waren unersättlich, fast gewalttätig. Vielleicht glauben sie, daß Soldaten eine solche Behandlung verlangen. Gerade sie sollten wissen, daß bestimmte Körperteile, ganz gleich wie sehr sie in Übung sind, nicht abgehärtet werden können.«

Alessandro setzte sich an die Schreibmaschine und knackte mit den Fingerknöcheln, um sie zu lockern. »Wir sind über die Bäckerei nicht hinausgekommen. Der Bäcker hat uns frisches Brot und Tee gegeben, und jetzt werde ich wohl heute nacht nicht mehr zum Schlafen kommen.«

»Das macht nichts«, sagte Strassnitzky. »Bis wir fertig sind, wird es ohnehin fast Zeit zum Aufbruch sein. Sagen Sie mir, warum sind die italienischen Männer so unberechenbar, wenn es um Frauen geht?«

»Wie meinen Sie das?«

»Sie wollte Sie. Sie brannte darauf. Ich habe es gesehen.«

»Ich wollte nicht.«

»Warum nicht?« Strassnitzky richtete sich auf.

»Als wir da so in der Bäckerei saßen, an dem Marmortisch, an dem der Bäcker seinen Teig knetet, verschwand mein Verlangen nach ihr, das stark gewesen war, völlig. Der Tod schwächt die Treue nicht ab, er stärkt sie noch.«

»Wer ist tot?« fragte Strassnitzky.

»Die Frau, die ich liebe.«

»Ach.«

»Erst wenn man aller Gelegenheit entsagt, erwacht die Hingabe zum Leben.«

»Dante und Beatrice.«

»Vielleicht.«

»Ich weiß, wie die Italiener denken«, sagte Strassnitzky. Er war nicht dazu verpflichtet, seinem Gefangenen gegenüber höflich zu sein. »Geh völlig in der geistigen Welt auf, und du wirst bereit sein, wenn sie dereinst kommt. Widme dich den Fragen der Ewigkeit und leide, und du erlebst keine Überraschungen. Sie sind ein Romano, richtig?«

Alessandro nickte.

»Natürlich. Rom ist eine Schule für die himmlische Stadt, ein Startplatz. Man nimmt die irdischen Vergnügungen an und übersetzt sie anmutig in die Sprache des Göttlichen.«

»Das nennt man Kunst«, sagte Alessandro.

»Aber was ist, wenn der Tod nur Leere ist?«

»Selbst wenn der Himmel nicht existiert, werde ich ihn schon zuvor kennengelernt haben, weil ich ihn erschaffen haben werde.«

»Was ist mit Vergnügen und Unbeschwertheit?«

»Man kann so unbeschwert sein, wie man will, und dennoch voller Hingabe sein.«

»Wie Thomas von Aquin und Augustin?«

»Sie hatten ihren Spaß.«

»Den hatten sie wirklich.«

»Ja«, sagte Alessandro. »Besonders Augustin.«

»Ich denke, es wird Ihnen noch leid tun, daß Sie das Mädchen nicht mit nach oben genommen, ihr die Beine gespreizt und sie so tief genommen haben, wie Sie konnten. Sie hätte es gemocht. Sie hätten es gemocht.«

»Ich bin sicher, daß Sie recht haben«, erwiderte Alessandro, »aber ich sehe ein hohes Fenster, das durch die Dunkelheit ringsum leuchtet. Es ist voller Licht, als sei die Sonne in der Nähe, und in diesem Fenster steht Ariane, so als sei sie noch am Leben, auch wenn ich sie nicht direkt anschauen kann. Die Zeit vergeht, sie strahlt immer stärker, und ich liebe sie immer mehr.«

»Am Ende findet Dante seine Beatrice.«

»Ja«, sagte Alessandro. »Das tut er, auf die eine oder andere Weise.«

»Wie ist sie gestorben?«

»Durch Ihre Flugzeuge. Das Gebäude, in dem sie war, wurde bombardiert und stürzte ein. Die Hitze war so groß, daß nichts als Asche übrigblieb.«

»Krieg ist Krieg«, sagte Strassnitzky.

»Krieg ist Krieg«, antwortete Alessandro, »und ich werde den Piloten finden.«

»Wie? Sie haben ihn doch sicher nicht erkannt.«

»Ich habe ihn gesehen. Ich habe sein Gesicht gesehen, aber wegen seiner Flugbrille und der Kappe konnte ich ihn nicht richtig erkennen.«

»Dann werden Sie ihn nie finden.«

»Selbst die unbürokratischsten Deutschen«, sagte Alessandro und schaute Strassnitzky wie durch einen Tunnel an, »selbst die lässigsten und die menschlichsten führen genauestens Buch und bewahren diese Dinge auf.«

»Und?«

»Das Flugzeug hatte eine Nummer.«

»Sie haben sie gesehen?«

»Ich habe sie gesehen.«

Leicht enerviert durch das, was er für einen germanischen Zug an einem Mann hielt, den er bisher einfach für einen italienischen Intellektuellen genommen hatte, der Blumen aß, argumentierte Strassnitzky: »Diese Unterlagen sind geheim, unter Verschluß des Kriegsministeriums. Wie, glauben Sie, bringen Sie die Nummer mit dem Mann zusammen?«

»Ich habe nicht die leiseste Ahnung«, sagte Alessandro fast überheblich, »aber Gott kümmert sich um alle Dinge, die Leben und Tod angehen. Das habe ich im Krieg gelernt.«

»Sie glauben, daß Gott Sie zu den Kriegsaufzeichnungen der österreichischen Armee führen wird?«

»Ich weiß es nicht, aber wenn Er dies vorhätte, glauben Sie nicht, daß Er mich als erstes nach Wien bringen würde?«

*

Strassnitzky war immer für große Überraschungen gut. Am Tag darauf, nachdem weder er noch die meisten seiner Männer auch nur eine Sekunde in ihrem hell erleuchteten Lager vor der Stadt geschlafen hatten, ließ er sie auf eine Bergkette zu galoppieren, die zwischen Sternenlicht und Morgendämmerung purpurn war und dann blutrot, rosenfarben, rosa und schließlich so weiß wie Kreide, mit einem Lichtschleier, der wie ein Vorhang von den goldgesprenkelten Felsen herabhing.

Er suchte nach einer Stelle, die er noch aus der Zeit vor dem Krieg kannte, und führte seine Kavalleriekolonnen durch Eichenwälder am Fuß der Hügel, schlug eine Schneise, sprang über Baumstämme und kam an gestreiften und gefleckten wilden Ebern vorbei, die verschreckt beobachteten, wie dreihundert Reiter sie gnädig übersahen.

Dann stiegen sie oberhalb des Eichenbestandes in eine Region rötlicher Felsen, kleinwüchsiger Nadelhölzer, Almen und Hochmoore auf und kamen an einen wunderschönen See; zwischen glatten Granitvorsprüngen ringsum lagen Buchten von so feinem Sand wie dem in einem Stundenglas.

Sie wollten überall haltmachen, doch Strassnitzky führte sie zum westlichen Seeufer, wo der Fluß, der den See speiste, von den Bergen herabkam. Eine große flache Granitzunge, selber einem Fluß ähnlich, bildete eine Rampe, die ins Wasser hineinreichte, und der Fluß strömte in einem halben Dutzend sich erwärmender Bäche darüber hinweg, wirbelte und ruhte in kleinen Becken, stürzte zu Kaskaden zusammen und verteilte sich dünn über Felspfannen, die so grau waren wie ein Elefantenrücken. Die Sonne erwärmte das Wasser an den seichten Stellen, so daß es sauerstoffreich und angenehm lau war, bis es in einer Senke wieder Tiefe gewann.

Hier verbrachten sie den Tag. Sie stellten ihre Waffen zusammen und schliefen auf ihren Sätteln. Sie gingen in Kreisen den Wasserläufen nach, die in die Becken im Fels führten und wieder hinaus, lagen in den flachen wärmenden Mulden, sprangen den zehn Meter tiefen Wasserfall hinab, der den See speiste, und kletterten unter Zuhilfenahme von leiterartigen Tritten und harzigen Kiefernästen, die fest im Fels verankert waren, wieder den Granit hinauf.

Sie aßen nichts und tranken eine Menge Wasser. Nach mehreren Stunden, in denen die meisten Soldaten schliefen, wurde Alessandro zu Strassnitzky gerufen, der auf einem flachen Fels saß, über die Wipfel der Kiefern blickte und eine Pfeife rauchte, die so süß roch wie die Nadelhölzer. Er wandte sich an Alessandro.

»Überraschung«, sagte er und wies auf die kleine Schreibmaschine, die allein für sich auf einem Felsbrocken in der Nähe stand und in die bereits ein Blatt Papier, das sich im Wind sacht hin- und herbewegte, eingespannt war. »Der Reinschreiber. Bernard, der sich mit Maschinen auskennt, hat sie auseinandergenommen, damit er die Walze in einer seiner Satteltaschen und die Typenhebel und Tasten in einer anderen transportieren kann. Was für eine Kulisse für die Büroarbeit! Wir werden in dieser schönen Umgebung die Berichte für zwei Tage erledigen, vielleicht für drei oder vier.«

»Wie soll das gehen?« fragte Alessandro. »Der heutige Tag ist noch nicht einmal vorbei.«

»Schablonen«, entgegnete Strassnitzky. »Schablonen und Dekorationen.«

Alessandro, der sich nicht streiten wollte, nahm die Schreibmaschine auf den Schoß und knackte mit den Knöcheln. Er dachte, daß er sich möglicherweise die Ellbogen verrenken würde, wenn er die Maschine so nah vor sich hatte.

»Sind Sie soweit?« fragte Strassnitzky und schützte seine Augen vor der starken Sonne.

»Ja.«

»Also gut. Auf geht's. Ich werde die Uhrzeiten und all das auslassen und ihnen sagen, daß ich das alles geschrieben habe, lange nachdem alles vorbei war.«

Strassnitzky begann zu diktieren und Alessandro zu tippen.

»Aufgrund der Ereignisse, die ich im folgenden beschreiben werde, verfasse ich diesen Bericht nach einigen Überlegungen am Tag nach dem Geschehen. Wir verließen das Lager zur üblichen Zeit, teilten uns in sechs Marschsäulen auf und hielten uns etwa zwanzig Kilometer west-südwestlich, bis wir uns nordwärts wandten, wie wir dies bisher stets getan haben. Da die Berge und ihre vorgelagerten Hügel bis in die Pußta reichen, durchstreiften wir nicht länger flaches und endloses Land.

Schließlich sahen wir drei kleine Täler vor uns, die bei der Stadt Janostelek zusammentreffen. Unsere Informationen durch die örtliche Bevölkerung führten uns zu der Annahme, daß die Serben eines oder mehrere der Täler und möglicherweise auch die Stadt kontrollierten. Das Zweite Bataillon im mittleren Tal stieß als erstes auf die Serben.«

Alessandro blickte auf. »Ich war beim Zweiten Bataillon«, sagte er.

»Und?«

»Wir sind keinen Serben begegnet. Wir sind niemandem begegnet. Wir sind in Ungarn. Die Serben sind in Serbien. Die *Ungarn* sind in Ungarn.«

»Alles hier oben drin«, sagte Strassnitzky, tippte sich an die Stirn und schloß die Lippen, um an seiner Pfeife zu saugen.

»Was ist alles da oben drin?«

»Alles.«

»Vielleicht meinen Sie das Erste oder Dritte Bataillon?«

Strassnitzky dachte nach. »Na gut«, sagte er, »das Dritte Bataillon. Wissen Sie, Sie sind Italiener, und ich bin aus Wien, und hier sind wir in Ungarn. Also warum können die Bosnier nicht auch hier sein?«

»Sie meinen die Serben.«

»Ja, die Serben.« Er fuhr mit seinem Diktat fort. »Das Dritte Bataillon hatte als erstes Feindberührung mit den Serben, die sich hinter Bäumen und breiten Vorsprüngen verbargen, von denen aus sie die Marschroute überblicken konnten. Die Serben bewiesen die ihnen charakteristische Disziplin und eröffneten das Feuer erst, nachdem die Kolonne völlig umstellt war. Unsere Männer saßen ohne Befehl ab und bildeten Angriffsschwadronen. Im Nahkampf zwischen den Bäumen und an den steilen Talseiten vertrieben sie den Feind und töteten achtzehn von ihnen. Sechs Mann des Dritten Bataillons wurden getötet, neun verwundet.

In der Zwischenzeit zog sich das Zweite Bataillon im mittleren Tal, als man das Gewehrfeuer vernahm, zurück, um einen Hinterhalt zu vermeiden.«

»Nein, das taten sie nicht«, verkündete Alessandro.

»Taten sie doch.«

»Nein, taten sie nicht. Ich war den ganzen Tag dabei. Wir haben nichts gehört. Wir haben uns nirgends zurückgezogen.«

Strassnitzky klopfte seine Pfeife gegen den Felsen und leerte die Tabakasche aus. »Nun gut«, sagte er. »Korrektur: Drittes Bataillon.«

»Aber Sie sagten doch gerade, daß das Dritte Bataillon ...«

»Entschuldigung, Erstes Bataillon.«

Alessandro tippte: »Erstes Bataillon.«

Strassnitzky fuhr fort. »Bei diesem Rückzug ritt das Erste Bataillon direkt in einen Hinterhalt aus Granatwerfern und Maschinengewehren. Die Granaten wurden allerdings zu früh abgefeuert, und nur eine davon detonierte nahe der Kolonne, so daß diese genügend vorgewarnt war und anhalten konnte, bevor sie ins Schußfeld der Maschinengewehre geriet. Die Kolonne rückte in Artillerieformation vor, in dünner Linie, vor allem weil sie einem schmalen Pfad durch das Tal folgte. Deshalb richteten die Granaten nur geringen Schaden an, töteten ein Pferd, verletzten ein weiteres und durchtrennten den Ledergurt am Fernglas eines der Reiter. Die Männer, deren Pferde getroffen worden waren, besorgten sich schnell zwei Ersatzpferde, und alle zogen sich aus dem Schußfeld zurück.

Die Serben stellten das Feuer ein und hielten ihre Stellungen, weil sie annahmen, daß der Einsatz beendet sei, doch das Erste Bataillon fand heraus, daß die eingeschlagene Route zu einem Gelände oberhalb des Feindes führte. Es wurde Absitzen befohlen, und die Reiter hielten ihre Gewehre schußbereit. Die Serben hatten sie gesichtet und feuerten einige Granaten und Maschinengewehrsalven ab, die aber nutzlos waren, da unsere Männer außer Reichweite waren. Der Feind jedoch war innerhalb unserer Reichweite, wenn auch nur sehr knapp, in einer Entfernung von zwölfhundert Metern. Weil wir von oben herab schossen, hatten wir guten Grund anzunehmen, sie zu treffen, besonders angesichts der Konzentration und Stärke des Beschusses. Als die Mauser feuerten, fielen drei der Feinde auf der Stelle, und der Rest zog sich aus dem offenen Gelände zurück, wobei sie einen weiteren Mann verloren.

In der Zwischenzeit bahnte sich das Zweite Bataillon unbehindert seinen Weg durch das mittlere Tal«, sagte Strassnitzky und legte eine Pause ein, »bis auf einen Erdrutsch, der von Partisanen weit oberhalb von ihnen ausgelöst wurde.«

»Was für ein Erdrutsch?« fragte Alessandro.

Strassnitzky wurde plötzlich wütend. Er wandte sich zu Alessandro, seine Pfeife ließ zuviel Rauch aufsteigen, und er sagte: »Hören Sie! Sie schreiben, was ich diktiere, oder Sie sind gefeuert!«

»Wie können Sie mich feuern? Ich bin Gefangener.«

»Sie haben recht, ich kann Sie nicht feuern, aber ich kann Sie erschießen. Schreiben Sie.«

Alessandro hielt seine Finger in einer Geste der Ergebenheit über den Tasten.

»Als sich die Bataillone außerhalb der Stadt vereinten, entdeckten wir, daß die Stadt vom Feind besetzt gehalten wurde, der Artillerie und Maschinengewehrposten aufgestellt, Stacheldraht gezogen, Minenfelder angelegt und Sandsackbarrikaden errichtet hatte.«

Alessandros Augen schossen hin und her, während er tippte, so schnell er konnte.

»Wir sind leichte Kavallerie, schlecht ausgerüstet, um eine Stadt zu belagern. Wir haben keinerlei Artillerie und nur ein paar leichte Maschinengewehre. Der Feind war nicht sehr zahlreich, etwa einhundertfünfundsiebzig Mann, deshalb waren die Hinterhalte kaum mehr als lästig, doch hatten wir nicht mehr viel Tageslicht für einen Angriff. Ihre Artillerie war beeindruckend, ebenso ihre Verteidigungsanlagen, außerdem ist die Stadt halb von einem Kanal umschlossen, was einem Verteidiger die Aufgabe sehr erleichtert. Nur der offene Teil der Stadt bedurfte schwerer Verteidigungsanlagen, und hier waren Stacheldraht verlegt und Maschinengewehrposten errichtet worden.

Als wir eintrafen, begannen die Granaten um uns herum einzuschlagen. Wir befürchteten, daß die Gruppen aus den Hinterhalten uns von hinten einkreisen konnten, vielleicht mit zusätzlicher, uns unbekannter Hilfe. Die Stimmung unter den Männern war gedrückt; sie waren müde und hungrig. Meine Offiziere drängten mich, die Stadt zu umgehen.

Ich lehnte diesen Gang der Entwicklung indes ab und weigerte mich, einen Rückzug vor dem Bombardement zu befehlen. Doch etwas bereitete mir Sorgen. Obwohl Granaten einschlugen, waren die Werfer nicht zu sehen, und unsere Männer waren selbst beritten in der Lage, die Beobachter (die sich in einem Kirchturm aufhielten) mit nur wenigen Schuß aus ihren Gewehren zu erledigen. Dies war der zweite Zwischenfall an einem Tag, der den weisen Beschluß bestätigte, die Kavallerie mit langläufigen Gewehren auszustatten.

Während die Granaten um uns herum einschlugen und unsere Pferde aufgeregt mit den Hufen stampften, fand ich, wonach ich suchte. Ich befahl einem Reiter, zu Fuß vorzugehen und den Wasserlauf auszumessen. Es bedurfte eines weiteren Mannes, denn sie mußten ein Seil zu Hilfe nehmen. Als sie zurückkehrten, ließ ich sie das Seil auf den Boden legen. Dann ließ ich einen Zaun abtragen und der Länge nach an das Seil legen. Ich wendete mein Pferd und lenkte es auf die Straße zu. Dann wendete ich es wieder und spornte es an, direkt auf den Zaun zu. Mein Pferd nahm ihn zwar ohne Spielraum, aber es nahm ihn.

Dies beflügelte die Männer. Sie wußten wie ich, daß ein fünfhundert Meter langer Abschnitt entlang des Flusses nur von einem Dutzend Schützen verteidigt wurde, die jeden abwehren sollten, der mühsam in das Flußbett steigen, den Fluß durchschwimmen und herausklettern könnte.

Wir bildeten zwei Linien und stellten uns zum Fluß hin auf. Die zwölf Schützen begriffen, was geschehen würde, und begannen zu feuern. Dann griffen wir an. Ich führte die erste Linie hinüber; wir sprangen direkt an den Schützen vorbei, um die anderen von hinten anzugreifen, bevor sie ihre Gewehre umkehren konnten.

Die zweite Welle tötete die Schützen mit Pistolen und Säbeln. Acht unserer Männer fielen; sie wurden erschossen, oder ihre Pferde sprangen zu kurz und schleuderten sie gegen die Böschung, woraufhin sie in den Fluß stürzten. Insgesamt siebzehn Pferde schafften den Sprung nicht, doch von diesen fanden wir später auf einem Feld westlich der Stadt sechs wieder, denen die Sättel unter dem Bauch baumelten.

Die Schlacht um die Stadt war schnell, heftig und verlustreich. Der erste Trupp verteilte sich in den Straßen und traf in kleinen Gruppen auf die feindlichen Verteidigungen, und zwar nicht gleichzeitig, sondern kurz hintereinander innerhalb einer Minute. Der Feind schien weniger durch unser Eintreffen in seinem Rücken, durch unser Feuer und durch unsere Säbel und Lanzen besiegt worden zu sein, als vielmehr durch seine eigene Überzeugung, vernichtend geschlagen zu sein. In solchen Momenten sind Verrückte oder wilde Teufel besser in der Lage zu kämpfen als einfache Soldaten, denn sie begreifen das Kalkül der Niederlage nicht, kämpfen weiter und wenden manchmal das Blatt im Kampfgeschehen.

Wäre nur einer der Feinde wütend dazwischengegangen oder hätte Kampfgeist gezeigt, dann wäre das Ergebnis vielleicht anders ausgefallen, doch unsere Pferde brachten uns mit großer Geschwindigkeit von hinten an die Feinde heran, und als diese sich umwandten, waren sie in ihren eigenen Barrikaden gefangen. Wir verloren achtundzwanzig Mann, und fünfzig wurden verwundet. Einige der Verwundeten werden sterben. Einundsechzig feindliche Gefangene werden der nächsten Strafkolonne, der wir begegnen, übergeben. Die Verwundeten haben wir bei den örtlichen Wachen zurückgelassen. Der Rest, mehr als hundert Mann, ist tot.«

»Ist das alles?« fragte Alessandro.

»Nein«, sagte Strassnitzky und fuhr fort.

»Unsere Reihen lichten sich ständig durch den beinah täglichen Kontakt mit starken feindlichen Verbänden, die über die Berge im Westen herandrängen. In dieser Hinsicht hat sich unser Informationsdienst als unschätzbar erwiesen, da die örtliche Bevölkerung uns auf Feinde hinweist, die es vorzögen, einem starken Gegner auszuweichen.«

»Jetzt begreife ich, wo Ihre andere Einheit ist«, sagte Alessandro. »Sie ist in Ihrem Kopf. Sie reiben sie in erfundenen Kämpfen Stück für Stück auf, bis Sie bei Ihrer Rückkehr nach Belvedere massive Verluste erlitten haben werden – jeder zweite Mann gefallen –, und dennoch werden sie alle unversehrt und vom Kampf unangetastet als Gruppe einreiten. Welch ein System! Der Krieg wird vorbei sein, und Sie werden ein großer Held sein, weil Sie siegreich durch die tiefsten Täler des Todes marschiert sind.«

Strassnitzky zog seine Pistole aus seinem verzierten Holster. »Machen Sie sich auf den Tod gefaßt.«

»Sehen Sie«, sagte Alessandro. »Ich habe Ihnen gesagt, daß die Wahrheit alles ist, was ich noch habe. Und die Wahrheit wird mich durch den Tod begleiten. Ich bin bereit zu sterben, seit ich das erste Mal an der Front war. Was ich gesagt habe, ist wahr. Sie können mich tausendmal erschießen, die Wahrheit wird das nicht ändern.«

»Ist es die Wahrheit wirklich wert zu sterben?« fragte Strassnitzky und spannte den Hahn der Pistole. Alessandro konnte sehen, daß sie entsichert war. Er dachte, daß sein Leben nun zu Ende ginge, und er verspürte ein Gefühl ungeheurer Erleichterung und Klarheit.

»Ja«, sagte er. »Ja, das ist sie.«

Strassnitzky zielte auf Alessandros Herz und drückte ab. Der Hahn klickte, aber es löste sich kein Schuß. Alessandro war die ganze Zeit über ruhig geblieben. Langsam gewöhnte er sich an solche Dinge. Er hatte das Gefühl, als würde er jeden Moment an Schnüren, die von oben herabhingen, hochgezogen, daß er aber vor seinem schwindelerregenden Aufstieg noch durch die Geschichte herumgeschwenkt werden sollte.

»Sie ist nicht geladen«, verkündete Strassnitzky. »Sie haben sich tapfer gehalten. Jetzt, da Sie sich mit dem Tod ausgesöhnt haben, werden Sie ein wundervolles Leben führen, ganz gleich, was Ihnen noch zustößt.«

»Warum ist sie nicht geladen? Haben Sie Angst, Sie könnten sich beim Reiten selber treffen?«

»Natürlich nicht. Diese Waffen gehen nicht zufällig los. Man muß fünf Dinge hintereinander tun, bevor man damit schießen kann, und der Zufall kann selten weiter als bis drei zählen – ein Geheimnis der Wahrscheinlichkeit, bei dem mir meine Intuition sagt, daß es direkt am tiefsten Grund der Physik verwurzelt ist.

Nein, sie ist niemals geladen. Ich bin Pazifist.«

»Pazifist!«

»Als ich noch zur Schule ging«, sagte Strassnitzky, »bin ich eines Morgens in Reitkleidung und schweren Stiefeln aus dem Haus gegangen, und als ich die letzte Stufe nahm, auf einen jungen Vogel getreten, der von einem Habicht angegriffen worden war und nun am Fuße der Treppe lag. Mein Gewicht preßte ihm die Luft aus den Lungen, und als ich mich umdrehte, um zu sehen, was dieses unirdische Geräusch verursacht hatte, schaute mich der Vogel auf eine Weise an, daß ich sofort wußte, daß auch Tiere eine Seele haben. Nur eine beseelte Kreatur konnte derart ausdrucksvolle und verständige Augen haben, und ich hatte sie zermalmt, während sie im Sterben lag. Der Vogel brauchte einen ganzen Tag, um zu sterben, und seitdem bin ich das, was man einen Pazifisten nennt. Der Begriff ist nicht exakt und geht zu weit, denn ein Pazifist hat keinen Seelenfrieden, und er verspürt Wut wie jeder andere auch, doch er wird einfach niemals töten.«

»Und was ist mit den Menschen in Ihrer Einheit, die sich nicht verteidigen können? Würden Sie nicht töten, um sie zu retten, wenn es sein muß?«

»Ich würde sie in meinen Armen halten und wir würden gemeinsam sterben.«

»Verzeihen Sie«, sagte Alessandro, »ich bin zwar Italiener und religiös und finde Ihre Prinzipien faszinierend, aber ich möchte die Unterhaltung gern auf etwas Praktischeres lenken.«

»Das wäre?«

»Wie wird ein Pazifist Feldmarschall?«

»Wenn der Kaiser es wüßte, würde er mich erschießen lassen.«

»Selbstverständlich. Für eine Autoritätsperson ist Inkonsequnz gleichbedeutend mit Verrat, und Sie sind sicherlich der einzige Feldmarschall auf der Welt und in der Geschichte, der nach den Prinzipien der Gewaltlosigkeit lebt. Wie sind Sie so weit gekommen?«

»Durch Heirat. Ich habe nie gedacht, daß wir einen richtigen Krieg bekommen würden, niemand hat das. Ich war ein ausgezeichneter Reiter, meine Familie gehört dem Hochadel an, und wir sind recht wohlhabend. Es war nur natürlich, daß ich mich den Husaren anschloß, aber die Husaren waren eine Zirkustruppe. Um es kurz zu sagen, das Ganze bestand aus Paraden, schönen Pferden, blitzenden Bajonetten, einer hervorragenden Wäscherei und einem Corps von Schneidern. Wir wurden zum Töten ausstaffiert, aber keiner im ganzen Regiment hat je einen Schuß im Zorn abgefeuert. So sollte der Krieg sein, denke ich.

Wenn ich nicht bei Paraden mitritt, tanzte ich auf kaiserlichen Empfängen. Im Sommer 1908 tanzte ich mit einer Prinzessin, einer Favoritin bei Hofe, und zu Weihnachten waren wir verheiratet. Die Beförderungen stellten sich danach schnell ein. Als der Krieg ausbrach, war ich bereits Oberst, und dann starb der Kommandierende General an schwerer Gicht.

Der Befehl wurde mir übertragen, man beförderte mich zum General und entsandte mich nach Serbien, wo ich dank meines Einfallsreichtums ehrenhaft diente, aber keine Seele umbrachte. Und glauben Sie mir, bei den Serben ist das sehr schwer, weil sie selbst sehr einfallsreich sind und einen Hang zum Märtyrertum haben.

Seit zwei Jahren bin ich Feldmarschall. Ich habe so viele Orden, daß ich wie eine Auslage in einem Trödelladen aussehe, wenn ich sie trage.«

»Und keinen einzigen davon verdient«, warf Alessandro ein.

»*Au contraire*«, konterte Strassnitzky. »Jeden einzelnen davon. Von meinen dreihundert Mann, die wirklich existieren, habe ich nicht einen einzigen verloren. Wir haben kein einziges Kind seines Vaters beraubt oder eine Mutter ihres Sohnes oder eine Frau ihres Mannes oder Bruders. Wir haben keine einzige Stadt niedergebrannt und kein einziges Feld zertrampelt. Wenn wir auf hungernde Bauern treffen, nutzen wir unsere reichlichen Vorräte, um ihnen Nahrung zu geben. Wir befreien Gefangene, versorgen die Kranken, wir töten nicht.«

»Aber wie sind Sie der Entdeckung entgangen? Wie können Sie existieren, ohne in eine Schlacht geschickt zu werden? Das verstehe ich nicht.«

»Das war noch schwieriger, als ich nur einfacher General war«, sagte Strassnitzky und blickte an den rostfarbenen Zweigen der Kiefern vorbei auf die Berge, die in der blauen Luft glühten, »aber mit diesem Feldmarschallstatus ist das sehr einfach. Ein Feldmarschall kommandiert gewöhnlich eine oder mehrere Armeen. Der Posten ist halb-politisch, und normalerweise würde ich einen ganzen Frontabschnitt befehligen. Da ich jedoch nur dreihundert Mann unter mir habe, kommt das nicht in Betracht. Statt dessen gehe ich dorthin, wohin ich will, und tue, was ich will, und versuche, niemandem auf die Zehen zu steigen. Wenn ich in den Operationsbereich eines anderen Feldmarschalls komme, stellt meine Anwesenheit seine Autorität in Frage, also ist es wohlüberlegte politische Finesse, wenn ich wieder verschwinde. Alle sind dankbar. Auf diese Weise ziehen wir umher und gehen überall hin, nur nicht dorthin, wo gekämpft wird, und schlagen imaginäre Schlachten, die niemand sonst bestätigen oder anzweifeln kann.

Ich habe die anderen dreihundert Mann erschaffen, Geld für ihre Ausbildung und ihre Verpflegung angefordert, habe dreihundert wirkliche Kavalleristen von der russischen Front abgezogen und sie zu ihren Familien nach Hause geschickt, habe ihre Namen ein wenig geändert, und *voilá*, meine Geistereinheit, Abteilung für Abteilung, Mann für Mann mit der existierenden Truppe vermischt. In den Schlachten fallen nur sie.

Der reale Soldat mag Hartmut Dankhauser geheißen haben. Er ist entlassen worden, bevor wir noch losgezogen sind, und statt dessen zog ein Hartmut *Dink*hauser mit uns. Wenn Dinkhauser stirbt, wird sein Name in der Zeitung veröffentlicht, aber wen kümmert's? Glauben Sie, daß irgend jemand tatsächlich Aufzeichnungen darüber führt?«

»Ganze Bürokratien existieren nur deswegen«, widersprach Alessandro.

»Eben. Ein Feldmarschall hat seinen eigenen Stab! Wenn man in einem Industriestaat oder einer Wehrpflichtigenarmee die Kontrolle über den Papierkram erlangt, kann man alles machen. Der Krieg beginnt mit einer Erklärung auf dem Papier, und er endet mit einem Papiervertrag. Und das Papier hält auch das dazwischen in Gang. Schlachten sind nebensächlich. Sie dauern nur eine kurze Weile, die Ergebnisse sind häufig unwesentlich, und man erinnert sich an sie … auf dem Papier.

Ich hätte vielleicht gekämpft, wenn die Mongolen oder Türken vor Wien gestanden hätten, wäre ich nicht Pazifist gewesen, aber jetzt kämpfen wir für absolut gar nichts. Niemand weiß, was er bewahrt, und es wird nichts bewahrt. Eine Million Mann sterben beim Angreifen und beim Verteidigen eines Stück Bodens, das vor dem Krieg unbedeutend war und es nach dem Krieg wieder sein wird. Wenn man diese Zeit rückwirkend betrachten wird, dann wird man mit den Augen der Besiegten schauen. Sie haben doch die Schlachtfelder übersät mit Toten gesehen, oder nicht? Natürlich haben Sie. Das erste Schlachtfeld, das ich gesehen habe, hat meinen Glauben an alles außer der Liebe und dem Frieden erschüttert. Ich sah es und dachte, es hat mehrere Milliarden Menschen und mehrere tausend Jahre gebraucht, um dies hier zu perfektionieren und die Espressomaschine. Wir kämpfen weder für ein Ideal noch ums Überleben. Die Regierungen auf beiden Seiten sind sich gleich. Wir haben die Gesellschaft des anderen vor dem Krieg genossen und werden dies auch hinterher wieder tun.

Stimmt schon, Sie haben uns bei einer günstigen Gelegenheit in Südtirol angegriffen, aber nach dem, was wir im Balkan angerichtet haben, haben wir das mehr als verdient. Die modernen Zeiten sind zu schnell für Kaiserreiche, die sich nur in einer Welt der langsamen Gangart bilden und halten können. Je schneller die Dinge werden, desto geringer die Chance, daß man viele Menschen beherrschen kann, weil die Bewegungen und Veränderungen aufeinanderbezogener Positionen zu schnell gehen. Österreich-Ungarn kann gar nicht anders als zerfallen. In der Hofburg wollen sie natürlich nicht aufgeben. Warum sollten sie? Wie alle anderen auch, wissen sie, was geschehen wird, wenn Österreich seine Nationalitäten verliert, es wird nämlich auf der Landkarte wie ein Stück Mäusedreck aussehen. Aber schrumpfen wird es auf jeden Fall. Angesichts all dessen ist das Verhalten meiner Einheit in diesem Krieg mustergültig.«

»Wie«, fragte Alessandro, »können Sie guten Gewissens in völliger Sicherheit übers Land reiten, als seien Sie in den Ferien, und haltmachen, nur um ein Bad zu nehmen oder Austern zu schlürfen, während woanders die Männer im Dreck der Schützengräben vernichtet und zerrieben werden?«

»Weil das Objekt des Krieges der Frieden ist und ich einfach den Mittelteil eliminiert habe. Wenn alle dasselbe täten, würde niemand in den Schützengräben vernichtet und zerrieben werden.«

»Dieses Privileg hat nicht jeder. Sie haben es, weil Sie ein Feldmarschall sind, der eine mikroskopisch kleine Einheit befehligt.«

»Das ist mir klar«, sagte Strassnitzky, »und da ich diese seltene Gelegenheit habe, von der die meisten Männer nicht einmal träumen können, wäre es doch ein unverzeihlicher Fehler, wenn ich sie nicht ergreifen würde, oder? Ich nutze sie restlos aus.«

Alessandro war erstaunt. Er dachte, daß niemand den Krieg je begreifen würde, denn er war so vielgestaltig wie das Leben selbst. Den Krieg einfach nur als Kampf darzustellen wäre ein großer Fehler. »Sie haben die Marschkolonne der Gefangenen nicht vernichtet?«

»Wir haben ihnen eine Wagenladung Büchsenfleisch und Brot mitgegeben, aber sie werden es nie bis Bulgarien schaffen, ganz gleich, in welchem Zustand sie sind. Ich möchte Sie etwas fragen.«

»Was?«

»Einige Offiziere haben Opernsänger gefangengenommen. Es ist ein wirklicher Coup für mich, einen italienischen Intellektuellen gefangengenommen zu haben, da es, wenigstens aus Wiener Sicht, so wenige davon gibt. Aber dennoch, können Sie singen?«

»Nein.«

»Wirklich nicht?«

»Ich kann nicht besser singen als die meisten Menschen, die nicht singen können.«

»Aber Sie sind doch Italiener.«

»Und deshalb soll ich singen können?«

»Ja.«

»Sie sind Österreicher.«

»Ja?«

»Jodeln Sie.«

Strassnitzky lächelte. »Lassen Sie uns den Bericht der heutigen Schlacht schreiben«, sagte er, »und wenn wir noch Zeit haben, dann den von morgen auch gleich.«

*

Den ganzen Juli und August über stürmte Strassnitzkys Einheit von einer Grenze des Kaiserreichs zur anderen. Die dreihundert schwerbewaffneten Kavalleristen auf ihren kastanien- und mahagonifarbenen Pferden machten ihre Sache großartig. Wenn sie in einer langen, zwei- oder dreifach gestaffelten Reihe galoppierten oder in Schwadronen und Gruppen ausbrachen und sich in vollem Ritt so reibungslos wieder vereinigten, als befänden sie sich auf geölten Schienen, dann lösten sie Donner und Staub aus, und ihre Waffen klirrten. Stets ritten sie entweder auf eine Schlacht zu ... oder davon weg, und so nahm jeder an, daß sie sich entweder dem Kampf stellten oder gerade einen Kampf hinter sich hatten. Obwohl niemand je gefragt hatte, an welchem Punkt sie umkehrten, geschah dies normalerweise dann, wenn Strassnitzky Gewehrschüsse hörte oder das Feuer einer Kanonenmündung sah. Dann ließ er die Kolonne anhalten und lauschte. Darauf richtete er sich im Sattel auf, deutete von dem Lärm weg und rief »Vorwärts!«, und sie machten kehrt und ritten mindestens fünf Stunden lang, so schnell sie konnten.

Sie waren zwei Wochen lang zur russischen Front unterwegs, obwohl die Kämpfe dort eingestellt worden waren, und um sicherzugehen, daß die Russen sich nicht irgendeinen Hinterhalt ausgedacht hatten, patrouillierten sie fast den ganzen August lang und zogen sich in den Ruhephasen an die Ufer unberührter Seen und auf Bergalmen zurück, wo sie Fußball spielten und Wurfringe warfen.

Die kleinen Städte und Dörfer im Landesinneren, die, abgesehen von der Abwesenheit und dem Tod so vieler ihrer männlichen Einwohner, vom Krieg unberührt geblieben waren, lagen still und sommerlich da und erinnerten Alessandro an Italien vor 1911. In diesen abgelegenen Orten, wo nie etwas geschah, würde Strassnitzkys Marschkolonne an einer Bahnstation eintreffen, um Verpflegung aus Wien in Empfang zu nehmen, und zehn Stunden lang auf den Stationsvorsteher warten, der aus den Bergen kam, wo er seine Ziegen gehütet hatte. Züge fuhren einmal die Woche, und nach einem Regen bildete sich eine leichte Rostschicht auf den Schienen.

Schließlich machten sie halt in einer kleinen Stadt irgendwo in den Bergen der Slowakei, und Strassnitzky stellte seine Berichte ein. »Sollen sie sich eine Weile wundern, bis wir in Wien einreiten«, sagte er. »Bis dahin haben sie die letzten Schlachten vergessen, also werden sie auch nicht allzu viele Fragen stellen. Wir werden allgemein erschöpft wirken, und außerdem haben wir genug gekämpft. Alle, die nicht existieren, sind nun gefallen.«

Alessandro hatte nichts zu tun. Es waren nur noch vier Tagesritte bis Belvedere, und sie bedurften keiner weiteren Versorgung mit Proviant. Die Schreibmaschine wurde in einem der Wagen verstaut und die Aktentaschen daneben. In der ersten Septemberwoche wartete die Kolonne, deren Zelte auf einer Wiese oberhalb einer Kirche aufgeschlagen worden waren, darauf, daß der Krieg zu Ende ging und das Wetter sich änderte.

Das Wetter änderte sich. Nachts froren die Pferde, und am Tage schien die Sonne strahlend und die Luft war kühl. Alessandro schwamm in dem Fluß, der durch die Stadt floß, und konnte es gerade lange genug im Wasser aushalten, um ein paar Felsen in der Flußmitte zu erreichen, auf denen er sich in der Sonne ausstreckte. Eine Woche lang tat er dies Tag für Tag zur Mittagszeit, denn das Mittagessen war abgeschafft worden.

Strassnitzky hatte entschieden, daß sie alle zu fett waren und daß es nur unnötige Nachforschungen nach ihrer Lebensweise provozieren würde, wenn sie wie gut gemästete Gänse in die Hauptstadt zurückkehrten. Die Wagen wurden heimgeschickt, Wachen aufgestellt, um den kleinen Nahrungsmittelvorrat zu bewachen, und der Feldmarschall drohte jedem die Todesstrafe an, der die Regimentsdiät mit anderweitig beschafften Vorräten anreicherte. Die zwei Mahlzeiten waren völlig gleich. Am Morgen gab es ein Ei, einen Zwieback und einen Teller klarer Fleischbrühe. Am Abend gab es ein Ei, einen Zwieback und einen Teller klarer Fleischbrühe. An besonderen Tagen war ihnen eine Karotte erlaubt.

Alle aßen langsam und gingen wie in Trance umher. Wegen des vielen Reitens und Schwimmens waren sie sowieso nicht dick gewesen, doch Strassnitzky wollte, daß sie abgemagert aussähen. Er wollte auch, daß sie sonnengebräunt und stark wären, also verordnete er ihnen Krafttraining und ließ sie von morgens bis abends in der Sonne bleiben. Das war nicht unangenehm, denn im Schatten war es kalt.

Alessandros Tag begann gegen sechs Uhr, wenn er hungrig erwachte. Frühstück gab es um acht. Von acht Uhr dreißig bis Mittag stand das allgemeine Training an; wenn sie danach zu erschöpft waren, um weiterzumachen, gingen viele von ihnen hinunter zum Fluß und schwammen zu den Felsen, auf denen sie stundenlang bewegungslos lagen wie Eidechsen. Alessandros Felsen war der am besten gelegene und bequemste, und es war seiner, weil er der einzige war, der hinaufklettern konnte. Auf diesem Felsen über dem Wasser, aber nahe genug, um vom Rauschen der Strömung beinahe überwältigt zu werden, wurde Alessandro bewußt, daß er den Krieg überlebt hatte.

Selbst ohne Zeitungen konnten die Männer in Strassnitzkys Bataillonen spüren, daß der Krieg fast vorüber war. Soldaten an der Front hatten die besondere Angst, die erst kurz vor Kriegsende einsetzt, und fürchteten, einen Monat, eine Woche, eine Stunde oder gar nur eine Minute vor dem Waffenstillstand zu fallen. Als alle wußten, daß das Feuer zu einem bestimmten Zeitpunkt eingestellt werden sollte und daß die Spanne zwischen Erklärung und Vollzug nur eine Frage der Bürokratie und Übermittlung war, war der Tag davor der allerschwerste.

Für Alessandro und die merkwürdige Formation, der er angehörte, war das Gefühl ein anderes, denn sie waren in Sicherheit. Das Zivilleben und seine Annehmlichkeiten lagen in greifbarer Nähe. Das Wetter änderte sich, wie es das in jedem elektrisierenden Herbst tut; bald schon war die Luft kalt, und die Winde trugen die Krähen aus den Steppen Rußlands ins vergleichsweise warme Wien. Alles würde beginnen, ein neues Schuljahr, die Oper, bis hin zu neuen Regierungen und einer neuen Welt. Die Truppen würden zurückkehren und neue Frauen finden, die sich in neue Kleider kleideten, und neue Kinder würden geboren.

Hier und da begännen die Gelehrten, Geschichte zu schreiben. Irgendwie würde Alessandro nach Rom zurückkehren, obwohl er niemanden hatte, zu dem er zurückkehrte. Er fragte sich, ob in der erschöpften Welt eines klaren römischen Herbstes Bekanntschaften nun wichtiger werden würden, als sie einmal gewesen waren. Vielleicht würde er einfach alles von vorn beginnen, von Anfang an.

Strassnitzky verschwand am Siebten des Monats und kehrte am

Zehnten zurück. Er war allein nach Prag geritten, wo er festgestellt hatte, daß der Krieg, wie er erwartet hatte, vor seinem Ende stand. Um sicherzugehen, würde er mit seinen Männern bis zum ersten Oktober auf der Wiese oberhalb der Kirche bleiben.

Da hatten sie bereits seit einer Woche Frost. Abends hielten sie sich in der Kirche auf, bis sie sich auf ihre Pritschen zurückzogen. Die Kirche wurde von einem riesigen weißgoldenen Ofen erwärmt, in dem Fichte und Kiefer wie zwei aufeinandertreffende Armeen brannten und krachten. Alessandro konnte nicht mehr zu dem Felsen hinüberschwimmen: Der Fluß war angestiegen, und es war zu kalt.

Am neunundzwanzigsten September gab es gebratenes Hähnchen zu Mittag, und am dreißigsten wurde ihnen klar, daß sie die Zelte, die seit einem Monat auf der Bergwiese standen, nicht mitnehmen konnten, da die Wagen bereits vorausgeschickt worden waren, und am ersten Oktober gab es Tee, Brot, Butter und Marmelade zum Frühstück. Sie packten ihre Satteltaschen und traten um neun Uhr früh in Formation an. Die Zelte zurücklassend, verließen sie die Wiese und ritten langsam durch die Stadt, und als sie die Hauptstraße erreichten, fielen sie in Galopp. Nach vier Tagen scharfen Reitens, während denen sie wenig aßen, wenig schliefen und sich weder rasierten noch die Kleidung wechselten, befanden sie sich auf der Ebene, die zur Donau führte.

Früh am Nachmittag sahen sie den Kahlenberg. Bald konnten sie auch die Stadt erblicken. Nach all den kleinen Städten und Bergdörfern schien sie Energie auszustrahlen wie ein Feuer. Die gedeckten Dächer und schwarzen Kuppeln leuchteten klar, und die Kavalleristen konnten die langen, riesigen Schatten der großen Kirchtürme und -spitzen sehen. Die Straße war voller Verkehr, zwar düsterem und ernstem, aber dennoch Verkehr. Alessandro war ungeheuer aufgeregt bei der Aussicht, Sonnenlicht auf einer Teetasse gespiegelt zu sehen, eine Familie im Park, ein schönes Mädchen, das die Treppe hinunterkam – jene Dinge, um derentwillen all die großen Schlachten geschlagen worden waren und vor denen sie verblaßten.

Sie waren so aufgeregt in Erwartung des Friedens, daß sie ihren Pferden den ganzen Weg bis zur Donau die Sporen gaben.

*

Die Wachen der Hofburg führten Alessandro in einen gekalkten Kellerraum mit Tonnengewölbe. Etwa hundert italienische Gefangene in pyjamaartigen Uniformen, die Alessandro mit den Männern assoziierte, die unterwürfig über Hotelkorridore schlurfen und unterwürfig Krümel in ein Kehrblech fegen, standen demütig hab acht.

Die Italiener, die weich, schwammig und blaß waren, sahen so aus, als ob sie seit Anbeginn der Zeit nicht mehr gekämpft hätten. Im Gegensatz dazu erschien Alessandro in Stiefeln, Reithosen und Lederjacke wie ein Ritter. Daß er schlank, stark und tiefgebräunt war, machte den Unterschied noch deutlicher.

»Heh! Du!« sagte ein Lakai mit einer gepuderten Perücke beleidigend. »Du bist Italiener?«

Alessandro nickte und bemerkte erst in diesem Augenblick, daß von oben Musik drang, zusammen mit dem rhythmischen Stampfen von Füßen, die endlose Runden um den Scheitel des Gewölbes zogen. Die Gefangenen waren unter einem Ballsaal zusammengepfercht. Alessandro blickte empor und stellte sich alles vor, was es dort oben gab.

»Du siehst nicht italienisch aus«, sagte der Diener mit der Perücke spottend.

Alessandro wußte aus langer Erfahrung als Untergebener, daß man von ihm erwartete, auf feige Art zu lächeln und etwas Herabsetzendes über sich selbst zu sagen. Statt dessen starrte er durch seinen Befrager hindurch zu den Italienern, die seine Haltung bereits bemerkt hatten. Sie schauten erst Alessandro und dann die zwanzig Lakaien ängstlich an, die an der Wand entlang standen und von denen jeder einen knotigen, ihm bis zum Brustbein reichenden Rohrstock hielt.

»Ich bin Klodwig«, wurde Alessandro in hysterisch atemloser Rede mitgeteilt. »Ich bin dein Vorgesetzter. Dies«, sagte er und wies auf die anderen Perücke tragenden, gepuderten Lakaien in Goldjakken, weißen Kniestrümpfen und Schnallenschuhen, »sind meine Assistenten. Du wirst deine Vorgesetzten mit *Hoheit* anreden. Du kannst doch Deutsch? Zusätzlich wirst du ihre Namen auswendig lernen, damit du auf ihn verweisen kannst.«

»Als Verweis?«

»Als Verweis, *Hoheit*!«

»Als Verweis, *Hoheit*!«

»Wenn dir zum Beispiel jemand aufträgt, die Seife zu einem anderen zu tragen, oder wenn du dich bei ihm in der Kerzenkammer melden sollst.«

»Ich verstehe.«

»Ich verstehe, *Hoheit*!«

»Ich verstehe, *Hoheit*!« sagte Alessandro und schrie so laut er konnte *Hoheit*, daß man ihn selbst im Ballsaal über die Musik hinweg hören konnte und einige der Tanzenden auf den Boden schauten.

»Du brauchst nicht zu übertreiben.«

»Sie auch nicht.«

Klodwig überhörte Alessandros Bemerkung, aber die Italiener nicht, die völlig verschreckt waren. Sie kannten diesen Ton sehr genau, wohingegen Klodwig noch ahnungslos war, und hielten Alessandro entweder für einen hoffnungslosen Idioten oder für ein Phänomen.

Klodwig wandte sich seinen Assistenten zu und machte jene Art von mikroskopischer Verneigung, die jemand von königlichem Geblüt einer Ameise gegenüber gemacht hätte. »Paß gut auf. Wenn du sie vergißt, frag die anderen.« Und dann sagte er ihre Namen auf: »Liborius, Mamertus, Markwart, Nepomuk, Nabor, Odo, Onno, Ratbod, Ratward, Pankratius, Hilarius, Knud, Polykarp, Gangolf, Kilian, Cacilia, Saturnin und Cornelius.«

Am Ende der Liste sagte Alessandro: »Das meinen Sie nicht ernst.«

»Wie bitte?« fragte Klodwig halb schockiert.

»Sie machen Witze.«

»Worüber?«

»Das sind keine Namen.«

Alle Assistenten waren vorgetreten und umklammerten erwartungsvoll ihre Rohrstöcke.

»Nicht!« sagte einer der Italiener zu Alessandro, doch kaum hatte er seinen Mund geschlossen, zuckte eine weiße Perücke, ein Stock pfiff durch die Luft, und Alessandro fiel zu Boden und hielt sich den Magen.

Klodwig kniff die Augen zusammen und näherte sich Alessandros Gesicht auf Fingerbreite. »Ich wollte dich dort oben einsetzen!« brüllte er und deutete zur Decke, »weil du so gut aussiehst. Aber nun nicht mehr!« Er lächelte in unzugänglichem Irrsinn, wie Alessandro fand.

»Auf die eine oder andere Weise«, sagte Klodwig, »wirst du unterwürfig sein müssen. Das verlangen wir.«

Alessandro blinzelte.

»Nun? Kannst du unterwürfig sein?«

Die Italiener hielten den Atem an.

»Ja, ich kann unterwürfig sein«, sagte Alessandro und enttäuschte seine Landsleute. »Ich bin Meister in Unterwürfigkeit – nach italienischer Art. Da Sie so viele Italiener beaufsichtigen, *Hoheit*, werden Sie diese Art doch sicher kennen.«

»Nein«, erwiderte Klodwig voller Neugier.

»Möchten Sie sie sehen?«

Klodwig nickte.

»Es geht so«, sagte Alessandro. Er drückte die Augen zusammen und lehnte sich etwas zurück, dann sprang er von einem Fuß auf den anderen und versetzte Klodwigs Kiefer den härtesten, wütendsten, brutalsten Schlag, den er je in seinem Leben jemandem versetzt hatte.

*

Während Alessandro an Handschellen hing, die an einen schweren Balken gekettet waren, und Klodwig ihn mit einem Lederriemen auspeitschte, spielte das Orchester über ihnen *An der schönen blauen Donau*. Alessandro kannte das Stück seit seiner Jugend. Er hatte es in Berghütten gehört und in Botschaften dazu getanzt.

Im Winterpalast, den seinem Schicksal überantworteten Kaiser Österreich-Ungarns direkt über seinem Haupt, hing er an Ketten, während er von einem geistesgestörten Lakaien mit gepuderter Perücke ausgepeitscht wurde. Abgesehen von seiner Schwester waren fast alle Menschen in seinem Leben, die er geliebt oder für die er

Zuneigung empfunden hatte, gestorben, einige vor seinen Augen, von Flammen verzehrt, hingerichtet, niedergemetzelt, zerfetzt. Wie die hundert Italiener in ihren Pyjamas unzweifelhaft bestätigen würden, war die Welt einfach an ihr Ende gekommen. Die Melodie von der schönen blauen Donau, die ungeheuer schön war, schien nun grausam und albern. Wenn er ein Revolutionär gewesen wäre oder sonst ein Zyniker, dann hätte er die Offiziere in ihren weißen Hosen mit ihren Goldbiesen und die vornehm gekleideten Frauen, die über ihm dahinglitten, hassen können, doch er empfand keinen Haß ihnen gegenüber; er war in einer Welt, die er sich selbst erschaffen hatte.

Mit jedem Schlag von Klodwigs Peitsche füllte sich der Raum mit roten und gelben Blitzen, und wenn der Schlag vorüber war, war Alessandro immer noch derselbe. Selbst Klodwig, der vorgehabt hatte, ihn zu schlagen, bis er aufgab, war entsetzt darüber, daß Alessandro im Verlauf der Stunde nicht laut geschrien hatte.

Einmal, etwa nach der Hälfte, war Klodwig um Alessandro herumgegangen, um zu sehen, ob er noch lebte. Alessandro folgte ihm mit seinem Blick und lächelte bei sich, denn er wußte, daß er in diesem Augenblick alles in seiner Gewalt hatte – nicht Klodwig, die Hofburg, den Krieg oder die Welt, sondern sich selbst.

Bei jedem einzelnen Schlag und bei jedem lieblichen Taktschlag der betörenden Musik über ihm vernahm Alessandro ganz, ganz leise eine andere Musik, die alles durchzog, hinter der es keine andere Musik mehr gab und die zugleich zu dem übermütigen Tanz im Ballsaal und seiner Tortur in dem Keller paßte, weil sie beides miteinander verband und gleichermaßen unwichtig werden ließ. Es schauderte ihn, seine Haare standen zu Berge, und Elektrizität durchfuhr seinen Körper.

»Was?« fragte Klodwig, überrascht darüber, daß Alessandro, obwohl sein Blut in den Abfluß tropfte, vor sich hinzusingen begonnen hatte.

*

Zivilisten begreifen selten, daß Soldaten, einmal vom Krieg gezeichnet, ihn für den normalen Zustand der Welt halten und alles andere als Illusion betrachten. Der ehemalige Soldat geht davon aus, daß er, wenn die Zeit den Traum vom Zivilleben abschwächt und die Sicherheiten schwinden, zu dem Zustand zurückkehren wird, der sein Herz auf immer umschlossen hält. Er träumt vom Krieg und erinnert sich in ruhigen Zeiten an ihn, in denen er sich anderen Dingen zuwenden könnte, und er ist für den Frieden verloren. Was er gesehen hat, ist so mächtig und rätselhaft wie der Tod selbst, und dennoch ist er nicht gestorben, und er fragt sich warum.

Als Alessandro wieder soweit war, um arbeiten zu können, kam Klodwig zu ihm und weinte. Klodwig hatte anscheinend noch nie jemanden ausgepeitscht, der nicht geschrien hätte, und dies zusammen mit dem bevorstehenden Ende des Krieges und den einschneidenden Veränderungen im Winterpalast hatten ihn mit zitternder Zerknirschung nach Puder-Perücken-Art erfüllt.

»Sag mir, was ich tun kann, um dir zu helfen«, sagte Klodwig und setzte sich auf Alessandros Bett.

»Zuerst rücken Sie einmal ein wenig weg.«

Klodwig war bestürzt. »Was kann ich tun«, bettelte er.

Alessandro legte sich die Hände vor den Mund und öffnete sie, als wollte er ein Megaphon bilden. »Informationen«, flüsterte er.

»Informationen?«

»Den Namen eines Piloten eines bestimmten Flugzeugs, das letzten Winter in den Bergen geflogen ist, und seinen Aufenthaltsort.«

»Ein Pilot?«

»Ich habe seine Flugkünste bewundert. Er war zwar ein Feind, aber wir ließen ihn hochleben, und ich möchte ihm das sagen. Jetzt, da der Krieg fast vorbei ist, möchte ich ihm meine Hand entgegenstrecken.«

»War er hübsch?«

»Ja«, sagte Alessandro, »*sehr.*«

»Dann tue ich es nicht!« rief Klodwig und krümmte sich inwendig.

»So hübsch nun auch wieder nicht.«

»Nein?«

»Nein.«

»Wie sah er aus?«

»Er sah aus wie eine byzantinische Vase, eine Amphore.«

Klodwig war wie verzaubert.

»Seine Ohren«, sagte Alessandro, »sahen wie Tongriffe aus, und sein Gesicht war pockennarbig, mit kleinen roten und goldenen Keramiksteinchen. Ich habe seinen Körper nicht gesehen, nur seinen Kopf, aber seine Augen waren rot. Das Flugzeug drehte sich um seinen Kopf, wenn er wendete oder auf dem Kopf flog – weil er so mutig war.«

»Das kann ich nicht machen«, sagte Klodwig. »Alles, was du über ihn sagst, macht mich unglücklich.«

Alessandro nahm Klodwigs Weigerung hin.

»Aber ich bin gekommen, um dir zu sagen, daß ich dich nicht zum Abfallschleppen, Töpfeschrubben oder Ausmisten einteilen werde, da du dich noch erholen mußt. Statt dessen wirst du die Tabletts in den Fluren zusammentragen.«

»Was meinen Sie damit?«

»Hunderte von Adligen, Gästen und Bediensteten wohnen zur Zeit hier. Wenn sie um etwas bitten, ganz gleich zu welcher Tages- oder Nachtzeit, wird es ihnen auf ziselierten Tabletts gebracht. Manchmal läuten sie nach einem Diener, damit er abräumt, doch häufiger beweisen sie ihre Noblesse und stellen das Tablett vor die Tür. Wir brauchen keine livrierten Diener, um die Tabletts aufzusammeln. Die italienischen Gefangenen haben dies schon früher getan. Du mußt sehr leise sein, und wenn dir jemand Höherstehendes begegnet, verbeugst du dich ein wenig, wenn du ein Tablett trägst, und richtest den Blick zu Boden. Wenn du kein Tablett trägst, verbeugst du dich tief und blickst auch zu Boden. Du mußt wissen, sie treiben es die ganze Zeit miteinander, und man erwartet von uns, unsichtbar zu sein und nichts zu sehen.«

»Was ist die Alternative?«

»Hast du jemals ausgemistet?«

»Nehmen wir an, einer dieser Leute wacht um vier Uhr morgens auf und verlangt Artischocken und Kaviar oder ein Lachssoufflé. Stehen die Köche auf und machen Feuer?«

»Die Köche warten, und die Feuer brennen. Alles steht bereit. Alles ist auf Abruf. Die Küchen sind so groß wie Palermo.«

»Fabelhaft«, sagte Alessandro.

»Ich habe den Eindruck«, stellte Klodwig fest, »daß der König von Italien recht gewöhnlich sein dürfte, ja vielleicht sogar entmachtet. Er hat solche Dinge nicht, oder?«

»Nein«, sagte Alessandro, »aber er hat einen besonderen Gummithron mit elektrischen Kugeln und Hüten, die tote Strauße zum Leben erwecken können.«

»Elektrische Kugeln?« fragte Klodwig und rückte näher.

»*Hoheit*, wissen Sie, warum Krähen schwarz sind?«

»Nein, darüber habe ich noch nie nachgedacht.«

»Sie schmecken lausig, und sie sind schwarz, um ihren Freßfeinden klarzumachen, daß sie Krähen sind und lausig schmecken.«

»Warum sind sie nicht gelb?«

»Sie leben in kalten Klimazonen, und Schwarz saugt die Wärme auf. Sie brauchen keine Tarnung, also können sie es sich zunutze machen, daß ihre Farbe das Sonnenlicht aufsaugt.«

»Warum fragst du mich so was?« wollte Klodwig wissen.

»Um Sie daran zu erinnern, *Hoheit*, nicht mit der Natur zu streiten.«

Am nächsten Abend ging Alessandro an die Arbeit. Die Winterwinde hatten die Stadt genügend mit Eis und Grau überzogen, daß man die Öfen in den riesigen Salons und den ungeheuer langen Fluren des Palastes angezündet hatte. Mehrere Stunden lang führte ihn einer von Klodwigs Assistenten durch die Gänge. Ihm fiel auf, daß alle, denen sie begegneten, verschreckt und bedrückt dreinsahen.

Alessandro führte die düstere Stimmung auf den Zustand des Kaiserreichs und den Einbruch des Winters zurück, doch selbst wenn es bis zum Frühling grau bleiben sollte, konnte er nicht begreifen, warum einige der Frauen, die vorbeikamen, weinten und einige der Männer stolperten und kaum laufen konnten. Er konnte sehen, wie ihnen die Herzen gegen ihre maßgeschneiderten Hemden und Westen pochten.

»Warum sind diese Leute so bedrückt?« fragte Alessandro seinen Führer.

»Weißt du noch nicht?«

»Nein.«

»Österreich hat heute kapituliert. Der Krieg ist vorbei.«

Alessandro blieb stehen. Er dachte an Guariglias Kinder. »Was für eine Verschwendung«, sagte er. »Wann werde ich frei sein?«

»Die Italiener haben Hunderttausende von Gefangenen gemacht. Der Austausch wird Teil des Friedensvertrags sein, und wer weiß, wie lange das dauert. Vielleicht im Frühling«, sagte der Assistent. »Mach dir keine Sorgen, du wirst schon nach Hause kommen.«

»Zu was?«

*

Alessandro begann seine Arbeit abends um zehn und beendete sie um acht Uhr morgens. Theoretisch sollte er ein unsichtbarer Nachtportier sein, der in Filzpantoffeln durch die Gänge schlurfte und nur den Nachbildern der Aristokraten begegnete, wie sie in den Räumen der anderen verschwanden, doch wenn er anfing, kam er in ein reges Treiben der Palastbewohner, die dann gerade am lebhaftesten und hoffnungsvollsten waren. Sie rannten umher, als liefen sie vor einem Flächenbrand davon, denn gegen zehn Uhr waren sie von Brandy und Champagner betrunken und nach einem halben Dutzend Tassen Kaffee und Schokolade übermütig.

Dieses Gebräu von Drogen und die Walzer, die über die Innenhöfe und durch das Gebäude zogen, waren die Quellen eines Rausches, der gut zu dem Warten auf das Ende der einen Lebensart und dem erzwungenen Beginn einer anderen paßte.

Obwohl man von Alessandro verlangt hatte, den Blick abzuwenden, tat er dies nicht. Er suchte die Augen und durch sie hindurch die Seelen all derer, an denen er vorbeikam. Die Hälfte der Leute torkelte durch die weitläufigen Korridore und prallte nach wiederholtem leichtem Anstoßen von den vergoldeten Wänden ab.

Sie glitten an Alessandro vorbei und sprachen mit sich selbst, oder sie schleppten sich, den Tränen nahe, vorbei, den Blick zu Boden gesenkt, ganz so, wie man es von ihm verlangt hatte. Der Gesang berühmter Sopranistinnen und Baritone, selbst in den Fluren, Heerscharen von Orchestern und Kammerensembles, die eine Musik spielten, zu einer Zeit komponiert, als das Kaiserreich im Aufblühen begriffen war, die Feuer und der Kerzenschein, die Unterhaltungen auf Französisch und Englisch zwischen Menschen mit blauem Blut und der starke Eindruck von einem Schiff, das gerade unterging, hielten Alessandro die Nächte hindurch auf den Beinen.

Diese Menschen sprachen zwar die gestelzte selbstbewußte Sprache des Hofes, bei der jedes Wort wie eine für den Juwelenkaiser bestimmte Perle war, doch in der Frühe gegen ein oder zwei Uhr, wenn die Musik beendet und man auseinandergegangen war, hörte Alessandro das wahre Konzert des Kaiserreichs – Männer, die wie Frauen redeten, und Frauen, die wie Männer redeten, das Klicken der Türschlösser, Seufzer, Grunzer, Fürze, Schreie, Weinen, das Geräusch kleiner Peitschen, Streitereien, die so heftig waren wie zwischen schwarzen Jaguaren in smaragdenen Dschungeln, und über allem immer das Geräusch von Menschen, die allein waren und mit sich selber redeten, denn selbst bei den Aristokraten, oder vielleicht gerade bei ihnen, hatte der Krieg viele Familien getrennt.

Sie hätten die Lieder der Zigeuner und Juden gebraucht, sizilianische Balladen, mährische Klagegesänge, Musik des Herzens, die aus der Niederlage aufsteigt, doch alles, was sie hatten, war die Musik des Rauschs und des Aufstiegs, die, kaum daß sie sich in die Lüfte erhob, auf den Boden stürzte und wie Glas zersprang.

Die Gefangenen lebten in unterirdischen Kasematten, und das wenige Licht, das zu ihnen drang, kam durch die Souterrainfenster herein. Reihen von hölzernen Pritschen, auf denen dünne graue Dekken lagen, standen an den Wänden entlang und zogen sich durch die Mitte des Flurs. Zwei Gaslaternen beleuchteten alles unter der gekalkten Decke.

Sie waren abgearbeitet, unterernährt (Italiener zu sein heißt unter anderem, sich nicht von Kartoffeln und Salz ernähren zu können) und geistig krank. Die meisten von ihnen waren in den ersten Schlachten gefangengenommen worden und von allen Kriegsnachrichten abgeschnitten gewesen. Als sie hörten, daß der Krieg zu Ende war und daß sie die Sieger wären, verzweifelten sie, denn an ihrer Situation änderte sich nichts, und sie glaubten, auf alle Ewigkeit in Schlafanzüge gekleidet zu sein und von den sadistischen Dienern geschlagen und geküßt zu werden. Als Alessandro ihnen sagte, daß sie in ein oder zwei Monaten freikämen, weigerten sie sich, ihm zu glauben.

Wegen der Art, wie Alessandro sprach, und weil sein Trotz ihn zum Anführer gestempelt hatte, suchten Sozialisten und Anarchisten den Kontakt mit ihm; sie waren vorrangig daran interessiert, Anweisungen zu erteilen, und straften all die, die nicht genügend von ihrer Vision erfüllt waren – zurückhaltend freilich (Strafen, so glaubten sie, waren etwas, worauf die Welt wohl verzichten konnte, wenn die Welt nur entsprechend uniform wäre), doch mit Enthusiasmus.

In die Quere kam ihnen vor allem der starke Sinn fürs Religiöse unter den Soldaten in den Untergrundkasematten, die geradezu mystisch glaubten und offen beteten und deren Erinnerungen an zu Hause und den Frieden sich mit der Kirche und ihren Sakramenten verbanden. Die Propagandaarbeit der Sozialisten und Anarchisten unter den Soldaten hatte im Keller einen Glaubenskrieg entfacht, und wütende theologische Debatten schleppten sich zwischen den erschöpften Gefangenen hin und her.

Alessandro lag um acht Uhr morgens auf seiner Pritsche und wartete darauf, daß die Tagarbeiter gingen, damit er schlafen konnte, als sich ihm drei der Gefangenen, freundlich, aber bereit zu ideologischem Kampf, als Abordnung näherten. Während der sich anschließenden Diskussion blieb er liegen, wie ein Krankenhauspatient, der von Medizinstudenten umringt ist. Er beobachtete eine winzige rote Milbe, die in einer flachen daumengroßen Delle in dem Seitenbrett seiner Pritsche gefangen war. Die Milbe mühte sich ab zu entkommen und taxierte unentwegt ihre mißliche Lage, zog sich zurück, um den Rand der Einbuchtung zu begutachten, rannte vor, um die Wände zu erklimmen, und kreiste entmutigt umher. Sie schien voller Entschlossenheit, Enttäuschung und Plänen zu stecken.

»Du bist doch gebildet und mutig«, sagte der Anführer der Abordnung zu Alessandro.

»Bin ich das?« fragte Alessandro.

»Wir sind mitten in einem wichtigen Kampf«, sagten sie, unfähig dazu, eine entspannte Unterhaltung zu führen, »und wir hätten gern gewußt, ob du an Gott glaubst.«

»O Herr«, sagte Alessandro.

»Soll das ja heißen?«

»Ja«, antwortete Alessandro.

»Kannst du Seine Existenz beweisen?«

»Nicht mit dem Verstand.«

»Und warum nicht?«

»Der Verstand schließt Glauben aus«, erwiderte Alessandro und beobachtete die blutrote Milbe, die einen Ansturm auf den Rand unternahm. »Er unterliegt bewußter Beschränkung. Der Verstand funktioniert nicht mit der Materie der Religion. Man kann mit dem Verstand nahezu beweisen, daß Gott existiert, aber man kann es nicht vollständig beweisen. Man kann mit dem Verstand allein überhaupt nichts absolut beweisen. Der Verstand stützt sich auf Postulate. Postulate sind nicht beweisbar, und dennoch sind sie für die Vernunft essentiell. Gott ist ein Postulat. Ich glaube nicht, daß Gott an der Beweisführung Seiner Existenz interessiert ist, und also bin ich's auch nicht. Außerdem habe ich berufliche Gründe zu glauben. Natur und Kunst kreisen hoffnungsvoll um Gott. Selbst Hunde wissen das.«

»Es gibt Möglichkeiten, gegen blinden Glauben zu argumentieren«, sagte der Wortführer der Abordnung. »Das können wir später tun, aber sag mir doch einmal, was glaubst du, bringt dir der Glaube?«

»Nichts«, erwiderte Alessandro.

»Nichts? Also glaubst du denn wirklich?«

»Ich habe meinen Religionsunterricht nie sehr ernst genommen«, sagte Alessandro zu ihnen, »weil er in der Sprache der Vernunft abgehalten wurde. Ich habe jeden gefragt, den ihr euch vorstellen könnt, von den Nonnen angefangen, als ich noch ein Kind war, bis hin zu Bischöfen, Philosophen und Theologen, warum redet ihr von Gott in der Sprache der Vernunft? Und sie sagten, dies käme daher, weil Gott jene, die an Ihn glauben, mit der Unmöglichkeit gestraft habe, Seine Existenz zu beweisen, es sei denn in der Sprache Seiner Feinde, also in einer Sprache, mit der man Seine Existenz nicht beweisen kann. Wozu dann also, fragte ich. Ihre Antworten zeigten mir, daß sie auch nicht stärker an Gott glaubten als ihr. Könnt ihr euch eine Gruppe von Menschen in einem Sturm am Strand vorstellen, die in der Brandung ihr eigenes Wort nicht verstehen, denen die Haare vom Kopf geweht werden und die Augen tränen, während sie zu beweisen versuchen, daß es den Wind und das Meer gibt?

Ich will nicht mehr als das, was ich habe, denn das ist genug. Ich bin dankbar dafür. Ich erwarte keine Belohnung, kein ewiges Leben. Ich nehme an, daß ich weitere Stücke meines Herzens an diesem oder jenem Ort zurücklassen werde, und dennoch liebe ich mit jedem Atom meines Wesens Gott und werde Ihn lieben, bis ich dem schwarzen Vergessen anheimfalle.«

»Du bist dankbar für das, was du hast?« fragten ihr Blick und das Verziehen ihrer Lippen zu einem bitteren Lächeln. Der Wortführer sagte: »Du bist ein Stück Scheiße in einem Verlies. Du lebst von Kartoffeln und Salz, und du bist ein Knecht des sterbenden Abfalls einer sterbenden Welt. Und dafür bist du dankbar?«

Alessandro dachte einen Augenblick nach, und dann sagte er: »Ja.«

»Warum?«

»Ich weiß, was ich war, was ich hatte und was mir fehlt. Ich kann die Augen schließen und sehe Gesichter. Selbst wenn ich die Augen schließe, sehe ich immer noch Licht. Und im Alto Adige kannte ich einen Mann, einen Mailänder, der sich noch an sein Gewehr klammerte, nachdem ihm die Finger von seiner Hand abgetrennt worden waren. Ist das nicht merkwürdig?« fragte Alessandro sie. »Ich glaube ohne jede Hoffnung an Gott, an einen Gott der Herrlichkeit und des Schreckens, und ihr glaubt nicht, weil ihr Vergewisserung wollt, weil ihr einen kollektiven Geist wollt wie Gott selbst, um bestätigt zu bekommen, daß ihr euch richtig verhalten habt und keiner Illusion erlegen seid. Ihr habt vor allen Dingen Angst davor, euer Gewicht an einen Lichtstrahl zu hängen, der zerbrechen kann.«

»Diese Illusionen, deine Illusionen«, sagte der Wortführer zu Alessandro, »sind deine Strafe. Wenn du dich von ihnen befreien könntest, würdest du etwas verspüren, das du vielleicht als etwas Heiliges verstehen könntest. Du wärst von einer großen Last befreit.«

»Ich wäre von der Last der Liebe befreit und würde ohne Standhaftigkeit, ohne Ziel und kampflos an den Toren des Todes eintreffen.«

»Sag mir mal eins«, sagte der Anführer. »Welchen Sinn hätte denn Standhaftigkeit an den Toren des Todes?«

»Das Leben geht so schnell vorüber, daß es sich nur vor den Toren des Todes abspielt, und der Wert der Standhaftigkeit besteht darin, daß sie das Leben beschleunigt.«

»Es fällt mir schwer, das zu begreifen.«

»Natürlich«, sagte Alessandro. »Natürlich fällt dir das schwer. Du kannst das Licht nicht sehen. Licht sagt dir gar nichts. Dir bringt es keine Botschaft.«

»Aber dir bringt es eine?«

»Ja, das tut es, und das liebe ich.«

Als sie gegangen waren, fiel er todunglücklich zurück auf seine kissenlose Pritsche und versuchte, an Rom zu denken und sich Visionen von rosenfarbenen Gebäuden und hellgrünen Palmen heraufzubeschwören, von einer Sonne, die in messingfarbenen Lichtspiegelungen von Dach zu Dach tanzte, von tiefen Schatten in dichtbewachsenen Gärten und von dem Sprühregen eines Springbrunnens, der sich vor einem tiefblauen Himmel ausbreitete.

Er fragte sich, ob er sich wohl trösten könne, wenn er sich selbst über die Stirn fuhr und sich daran erinnerte, wie es als Kind war, wenn er Fieber hatte und sein Vater ihn in den Armen hielt und seine Mutter langsam mit der Hand über seine Brauen fuhr. Das Hemd seines Vaters hatte nach Pfeifentabak gerochen, und die Hände seiner Mutter erzählten ihm all das, was er nicht verstanden hätte, wenn sie es nur gesagt hätte. Das hohe Fieber war mit Schüttelfrost einhergegangen, sie hatten geglaubt, ihn zu verlieren, sie hatten alles getan, was sie konnten, und jetzt hielten sie ihn einfach und strichen ihm über den Kopf. Das schnell atmende Kind konnte seine Augen nicht von dem Fenster abwenden, denn die Fensterläden waren zwar geschlossen, aber das Licht schien durch die Ritzen und drang durch die Spalten hindurch.

*

Schnee fiel in verwirrend grauen Strähnen an dem alten Glas der Palastfenster vorbei, und Alessandro saß an dem langen hölzernen Tisch, an dem die Gefangenen aßen. Er und Tausende anderer waren wütend und aufgebracht darüber, Kriegsgefangene zu sein, nachdem die Feindseligkeiten eingestellt worden waren, und er beschloß, vor Weihnachten zu verschwinden, ganz gleich, was geschah. Das Licht draußen ließ nach, und die Laternen wurden hell und warm und nahmen die Farbe von Bernstein an oder die der Sonne Afrikas. Alessandro aß langsam seine Kartoffeln mit Salz. Jeder der Gefangenen bekam einen halben Liter Bier. Es gab den Kartoffeln wenigstens irgendeinen Geschmack und versetzte alle in eine etwas weniger fürchterliche Laune.

Er hatte sich auf einen Platz in der Nähe der Ausmister gesetzt. Während er darauf wartete, daß sie aus der Reitschule zurückkehrten, dachte er über seine Flucht nach. Eine Uniform mit Goldlitzen und Orden und ein Lipizzaner konnten ihn in der Hauptstadt überall hinbringen. Er wußte, wo das Kriegsministerium lag. Er sprach ein passables Deutsch, und er konnte einen ungarischen Akzent nachahmen. Er würde sich so offiziell und ungeduldig wie möglich geben, die Auskunft verlangen, und wenn er sie hatte, direkt zu dem Piloten reiten, und sei es bis in die entlegenste Ecke des Kaiserreichs. Die meisten Piloten waren bestimmt schon früh demobilisiert worden, und es war wahrscheinlich, daß sie in oder in der Nähe der Hauptstadt lebten.

Alessandros Spekulationen wurden durch die Ankunft der Stallknechte unterbrochen. Sie sahen eher wie unterdrückte Arbeiter aus und nicht wie Gefangene. Seit fast vier Jahren hatten sie Lipizzanermist weggeschafft, und in dieser Zeit waren sie nicht imstande gewesen, die ganz normale menschliche Neigung zum Vertrauten zu überwinden. Zuerst konzentrierte sich Alessandro auf die beiden, die sauberer und zivilisierter waren als ihr Kollege, der Dritte, ein ungekämmter Riese mit fleischigen roten Lippen und hervorquellenden Augen, doch die gewöhnlich Aussehenden waren mit sich beschäftigt und wollten nichts davon wissen, die Arbeit zu tauschen. Was, wenn Klodwig es herausbekäme, was er bestimmt täte? Warum wollte Alessandro überhaupt tauschen? Warum sich Ärger einhandeln, wenn sie ohnehin bald freikämen? Sie wollten nichts mit ihm zu tun haben.

Er wandte sich zögernd an den Riesen, in dessen blutunterlaufene hervorquellende Augen er kaum schauen konnte. »Und wie ist es mit dir?« fragte er.

»Was soll mit mir sein?«

»Möchtest du die Arbeit tauschen?«

»Wozu?«

»Alles was du zu tun hast, ist, durch die Flure zu laufen und ab und zu ein Tablett aufzusammeln. Du kannst die übriggebliebene Schokolade essen, die Krabben und Brötchen, und du hörst eine Menge Musik.«

»Was sind Krabben?« fragte der Riese.

»Eine Meeresfrucht«, sagte ihm Alessandro.

Der Riese rutschte auf seinem Platz herum. »Was ist der Haken an der Sache? Warum willst du deine Arbeit aufgeben und meine machen? Warum sollte ich das tun? Was hast du davon?«

»Ich habe ... fürchterliche Kopfschmerzen, wenn ich nicht frische Luft und Bewegung bekomme. Ich mag es nicht, drinnen zu arbeiten, auch nicht im Winter. Die meisten Leute haben diese Unverträglichkeit nicht und würden gern die einfache Arbeit meiner jetzigen Stellung übernehmen.«

»Ich mag meine Arbeit«, sagte der Riese. »Wir können im Heu schlafen, und niemand stört uns.«

»Ihr werdet nicht bewacht?«

»Für drei Mann? Dafür sich Sorgen machen?«

»Aber du könntest dir einfach ein Pferd schnappen und davonreiten.«

»Wer kann schon reiten?« sagte der Riese. Er rollte den Kopf von einer Seite zur anderen. »Was habe ich davon? Ich habe noch nie von Krabben gehört.« Seine Augen funkelten, soweit man dies von ihnen behaupten konnte.

Alessandro hielt sich zurück, ihn weiter auszufragen, denn er wußte, daß schon herauskommen würde, was immer in dem Riesen umging, genau wie im Falle des Mannes, der wieder und wieder seine Münzen zählt und jedesmal eine fallen läßt.

»Außerdem«, sagte der Riese mit einem verdorbenen Grinsen, »kann mir deine Arbeit nicht das bieten, was ich bei meiner habe.«

»Und das wäre?«

»Klodwig ist ein Warmer. Alle Diener sind schwul. Und eine Menge unserer Jungs sind nach all den Jahren ohne Frauen auch schwul geworden.«

»Aber du nicht.«

»Ich nicht«, sagte der Riese mit einem Grinsen, bei dem ein paar Spuckebomben fielen.

»Weil du«, sagte Alessandro, »du ...«

»Was ist los, kannst du es nicht aussprechen? Vielleicht bist du auch schwul. Sag es. Ich *tue* es.«

»Du tust was?« fragte Alessandro taktvoll.

»Ich bumse die Pferde.«

»Auch die Hengste?«

»Natürlich nicht. Nur die Damen. Ich stelle mich auf einen Stuhl, schließe die Augen und stelle mir vor, ich bumse Quagliagliarella, aber wenn ich nach Hause komme, werde ich Quagliagliarella wohl nie wieder bumsen. Ich sollte mir Arbeit im Zoo besorgen. Eines Tages werde ich es mit einem Rhinozeros treiben oder vielleicht mit einer Giraffe.«

»Was ist mit einem Elefanten?«

»Keine Elefanten. Die und Nilpferde machen mich nicht an. Also«, sagte der Riese und lehnte sich zurück. »Was kannst du da oben schon haben, was besser ist als das, was ich habe?«

*

Nachts, wenn er durch die verlassenen Korridore des Palastes ging, hatte Alessandro genügend Zeit, seine Situation zu überdenken. In den hohen logenartigen Fluren, deren Enden so weit voneinander entfernt waren, daß er nicht beide zugleich sehen konnte, tanzten pechschwarze Schatten mit den orangefarbenen Feuerlichtern aus den emaillierten Öfen, die so groß waren wie Hochöfen. Dies war ein Ort, an dem man Geister hätte beschwören können.

Zwischen zwei und sechs Uhr früh stieß er selten auf ein Tablett und konnte sich auf irgendeinen der verbotenen vergoldeten und velourbezogenen Stühle setzen, die entlang seiner Route standen. Klodwig hätte ihn ausgepeitscht, wenn er es entdeckt hätte, aber Klodwig und seine Dienerschar hatten einen bombastischen Schritt, der sie schon vorher verriet, und etwas, das sich bewegte, war viel leichter zu erkennen, als etwas, das still saß. Alessandro mußte nur sichergehen, daß er nicht einschlief. Einmal, als es ihm doch passiert war, war er von einem Diener geweckt worden, der »Schlafen Sie?« geschrien hatte, doch der Diener hatte sich als der Bedienstete einer polnischen Fürstin entpuppt, der nicht einmal wußte, daß Alessandro ein Gefangener war.

Manchmal rannte Klodwig umher wie eine seidige Fledermaus, die schläfriges Gesinde jagte, doch wenn er um die Ecken kam, verriet er sich durch den Luftzug, und bis seine Augen richtig sehen könnten, würde Alessandro auf dem Boden knien und Krümel unter dem Stuhl hervorfegen, auf dem er gesessen hatte. Klodwig fühlte immer auf der Sitzfläche nach. Also blies Alessandro beim Krümelfegen kühle Luft über das Polster, und das funktionierte.

Bis eine Woche vor Weihnachten hatten seine Fluchtpläne zu nichts geführt. Alessandro stand neben einem der riesigen Öfen am Ende eines Ganges von einem halben Kilometer Länge. Der Ofen war ein bauchiges, glattes, schneeweißes Ding, so hoch wie fünf Mann und häßlich mit Goldblättern besetzt. Der Wind strich über die Schornsteine, ließ die Flammen flackern, und ihr Widerschein flog über die Wände und die Decke wie ein rätselhaft schneller Schwarm riesiger schwarzer Vögel.

Es war vier Uhr dreißig in der Früh. Beim Abendessen hatten Alessandro und die anderen Gefangenen ein Orchester über dem Speisesaal der Diener üben hören. Immer und immer wieder, vielleicht einhundertfünfzigmal, hatten sie mit Fagotten, Oboen und Piccoloflöten, die in den Blechbläsern und Streichern eingebettet waren wie Singvögel in einer Hecke, das Schweizer Jodellied gespielt, und nun bekam Alessandro es nicht aus dem Kopf. Das war die perfekte Begleitung für die kalten Nebel und Schneeböen, die an den Palastfenstern vorbeifegten, denn jenseits des Nebels und des Kohlenqualms lagen die hohen Berge, die mit blendendem Eis bedeckt waren und zu denen er stets zurückgekehrt war, um die menschlichen Verirrungen abzustreifen.

Unendlich erschöpft, wiegte er sich leicht hin und her, das Jodellied hallte in seiner Seele nach, und er unterhielt sich mit seinem Vater. Wie im Leben erzählte er ihm die Neuigkeiten. Obwohl Europa nun Frieden hatte, war Alessandro ein Kriegsgefangener, der ein schlafanzugartiges Kostüm mit roten Streifen an den Handgelenken und Schultern trug. Er wanderte von abends bis morgens durch die Gänge des österreichischen Kaiserpalastes, sammelte Tabletts ein, von denen er Schokolade und Krabben stahl und den besten, mittlerweile warmen und schalen Champagner vom Grunde so mancher Flasche trank.

Abgesehen davon lebte er nur von Kartoffeln und Salz. Er schlief am Tage und spielte des Nachts ein endloses Spiel namens Fang-mich-doch-wenn-du-kannst mit einem fledermaushaften Diener in einer gepuderten Perücke.

Um zu entkommen, mußte Alessandro eine Möglichkeit finden, einen Mann zu verlocken, dessen Traum darin bestand, mit einem Rhinozeros zu kopulieren, eines der weltberühmtesten und, unnötig zu erwähnen, auffälligsten Pferde zu stehlen, in einer stiebitzten Uniform durch Wien zu reiten, sich deutsch mit einem ungarischen Akzent sprechend durchs Kriegsministerium zu mogeln, einen unbekannten Flieger zu finden und zu töten und zu den Alpen zu gelangen, deren weiße und schicksalhafte Einöde er zu Fuß überqueren wollte, alles nur, um nach Rom zurückzukehren.

*

Um sechs Uhr früh ging Alessandro, der versuchte, Visionen, die die Erschöpfung auslöste, zu unterdrücken, und der sich langsam bewegte, um Kräfte zu sparen, an den warmen Kellerküchen vorbei, in denen tausend Dinge köchelten und buken, Köche Spritzbeutel preßten, als kämpften sie mit Anakondas, und erschöpfte Gefangene bis zu ihren Ellbogen in riesigen Zubern steckten und in Seen aus lauwarmem Wasser voller Seife und Schmutz angetrocknete Essensreste abschrubbten. Sie hatten zwölf bis fünfzehn Stunden vor sich, und es war nicht gerade die leichteste Zeit des Tages.

Er kam an den Kühlkammern und den Werkstätten der Zaumzeugmacher vorbei, der Schreinerwerkstatt, dem Perückensalon und dem Saal, in dem Legionen von Dienern auf Abruf bereitstanden und wie Springteufel aufsprangen, wenn auf einer riesigen Mahagonitafel ihre Klingel ertönte. Er kam an der Waffenkammer vorbei, in der tausend gut geölte Gewehre und blitzende Bajonette in symmetrischen Reihen warteten. Und kurz vor der gepflasterten Biegung in dem langen Tunnel, der in der einen Richtung zur Spanischen Hofreitschule und in der anderen zur Winterreitschule führte, kam er zur Wäscherei.

Dreißig Kupferkessel so groß wie Kutschen standen über salamanderhaften Fackeln brennenden Methans, die langsam hin und her schwankten wie Bouquets aus windzerzauster Zuckerwatte. In brodelnden Seen, die unter Kupferkuppeln gefangen waren, schwammen die Kleider, Hemden, Uniformen, die Unterwäsche, Mäntel, Handtücher, Bettlaken, Servietten, Tischdecken und Wandbehänge des Kaiserreichs. Die Wäscherei rühmte sich, daß sie in drei Schichten arbeitete und niemals geschlossen hatte. Eine Schlange von Dienern und Zimmermädchen, einige mit Körben und andere mit kleinen Karren, stand vor einem langen Schalter, hinter dem ein halbes Dutzend Wäschereiangestellte die vielen verschiedenen Sachen, die durch die Kessel gingen, entgegennahmen oder ausgaben. Die Angestellten verschwanden in einem dunklen Wald eiserner Regale und kehrten mit Armen voller Kleidung oder Wäsche zurück. Alessandro stellte sich an und beobachtete die Prozedur.

Jenseits der zwanzig Diener und Zimmermädchen vor ihm standen die Angestellten. Die Zimmermädchen sprachen einen Wäschereicode, allerdings zu leise, um sie hören zu können, und kurz darauf schlangen sich ihre Arme um füllige Seide und samtene Kleider. Die Schlange rückte vor, und Alessandro wußte nicht, was er tun sollte, bis ein gebrechlicher Diener eine farbenprächtige Uniform voller Orden auf die Theke legte und verkündete, daß er sie auf Geheiß von Leutnant Fresser vorbeibringe. Ein kleiner alter Mann trug die Uniform in die Tiefe und Dunkelheit der Regale.

Wenige Minuten darauf stand Alessandro vor einer stämmigen Frau mit starken Händen und Brille. Der alte Mann war wieder in das Meer aus Kleidern getaucht und nirgendwo mehr zu sehen, also sagte Alessandro so beiläufig wie er konnte: »Leutnant Fresser braucht seine Uniform jetzt.«

»Sollte sie heute morgen fertig werden?« fragte die Frau, als verkörpere sie das Gesetz.

»Nein, sie wurde gerade eben gebracht.«

»Es dauert fünf Tage, um sie auseinanderzutrennen, zu reinigen und wieder zusammenzunähen«, sagte die Frau, die glücklich darüber war, einen Sklaven in die Geheimnisse des Wäschewaschens für die oberen Schichten einzuweihen.

»Leutnant Fresser ist an die Front gerufen worden.«

»Solange er nicht uns dafür verantwortlich macht, daß wir sie nicht gereinigt haben«, sagte die Frau. Sie rührte sich nicht, bis Alessandro dem zustimmte, und er zögerte damit absichtlich.

Dann verschwand sie und kehrte mit der Uniform zurück, die sie wie ein Neugeborenes zur Schau stellte. »Ist sie das?«

»Ja. Da ist sein Orden von der Schlacht bei Sborniki Setaslava.«

Alessandro eilte mit unterwürfigen Schritten davon. Er bemerkte, daß die Uniform in etwa seine Größe hatte, rollte sie zusammen, klemmte sie unter den Arm, kehrte in die leeren Kasematten zurück und breitete sie unter seiner Matratze aus, wo sie sicherer war als die Kronjuwelen von Österreich, denn wer um alles in der Welt würde jemals unter der Matratze eines italienischen Kriegsgefangenen nach ihr suchen?

Alessandro trank einen Schluck Wasser, putzte sich die Zähne und warf sich aufs Bett. Würde er einen oder zwei Monate warten, oder vielleicht bis zum Frühjahr, dann würden sie ihn freilassen. Jedoch wollte er den Winterpalast nicht in einer grauen Schlange von Gefangenen verlassen, sondern auf einem weißen Pferd. Er wollte nicht durch Österreich fahren und die Berge in einem Dritter-Klasse-Waggon überqueren, sondern vor den Überresten der ihm nachsetzenden österreichischen Armee.

Er wußte, dies kam daher, daß der Krieg noch in ihm steckte, und dies würde auch noch für eine lange Zeit so bleiben, denn echte Soldaten sind für immer Soldaten. Sie passen sich niemals an. Selbst wenn sie schließlich zur Ruhe kommen, ist diese Ruhe nur oberflächlich, denn wenn sie die Augen schließen, sehen sie ihre gefallenen Kameraden. Daß sie nicht vergessen können, daß sie nicht vergessen werden und daß sie sich selbst niemals erlauben, ganz zu heilen, ist ihre Art, ihre Liebe zu den Freunden zum Ausdruck zu bringen, die umgekommen sind. Und sie werden sich nicht ändern, denn sie sind geworden, was sie sind, um die Gefallenen am Leben zu erhalten.

*

In einer der oberen Etagen lag ein Flur mit dem typischen Ofen an beiden Enden. Weil er nur über Wendeltreppen zu erreichen war und in eine Sackgasse mit drei Suiten führte, wurde er selten genutzt. Die Gäste, die in die oberen Räume verfrachtet wurden, waren von relativ niedrigem Stand, die wußten, daß sie sich unauffällig zu verhalten hatten, und da sie aus entlegenen Provinzen stammten, gingen sie früh zu Bett. Bei mehreren Gelegenheiten hatte Alessandro den riesigen Flur von abends bis morgens für sich allein gehabt.

Er hatte einfach frech auf dem Teppich geschlafen und die Öfen geheizt, bis sie weiß glühten wie Hochöfen. Der Flur war mit flakkernden Schatten übersät, und winzige Lichtexplosionen stiegen von dem frostüberzogenen Glas zu den Engeln empor, die auf die hohe Decke gemalt waren. Sie zwinkerten, ihre Flügel flatterten wie die Flügel von Kolibris, und die wellenförmigen Muster, die den Tausenden von kurzen Schlägen entsprangen, waren wie die magische Rückwärtsbewegung eines sich schnell drehenden Rades. Und der Schnee, der gegen die Fenster fiel und dann verschwand, schien wie geschaffen für einen Gefangenen, der vor Melancholie und Erschöpfung halluzinierte.

Alessandro verbrachte die Stunden in Gedanken an Rom und den Süden versunken, und sein Hals wurde ihm steif vor Anstrengung, wenn er den Kopf so unnatürlich hielt, damit seine Augen das ungesehene Licht der Erinnerung einfangen könnten. Eine Elektrizität durchfuhr ihn derart, daß er vielleicht Funken gesprüht hätte, wenn er aus Metall gewesen wäre. In ungeschützten Gesprächen hatten die Beobachter am Isonzo auf derartige Dinge angespielt, auf Geister und Visionen, die ihnen kurz vor Sonnenaufgang erschienen, wenn ihnen das Herz bis zum Halse schlug und die Augen aufgerissen waren, als hingen sie an einem unsichtbaren Haken.

Gegen drei Uhr morgens, als die Schneeflocken vor den Fenstern umherwirbelten wie die Übertreibung eines Künstlers von einem Sturm auf hoher See, vernahm Alessandro ein leises Geräusch, das aus einer der Suiten kam. Es wurde lauter, so als ob wer immer es verursachte, seine anfängliche Furcht vor Entdeckung abgelegt hätte und von seiner eigenen Musik gefangen wäre.

Und was für eine Musik. Alessandro hatte noch niemals solche

Klänge gehört. Er erkannte weder die Instrumente noch die unwiderstehlichen Tonleitern, die aus den riesigen und trägen Weiten einer anderen Welt zu kommen schienen. Er glaubte zu träumen.

Er war so ungeheuer müde, als er sich dem Geräusch näherte, daß er sich vergeblich bemühte, sich an seinen Namen zu erinnern, so als sei er nur halb aus einem Winterschlaf erwacht. Es war ihm untersagt, die Höhergestellten anzuschauen, geschweige denn, unangekündigt ein Zimmer zu betreten, doch er drückte die Türklinke und trat leise ein, geschützt nur durch eine mögliche Zuflucht bei Aussagen und Fragen wie: »Sie haben nach mir gerufen, damit ich abräume?« oder »Der Chef de Cuisine empfiehlt die Lachspastete.«

Kaum war er in das Empfangszimmer getreten, nahm er einen merkwürdigen Rauch wahr, gegen den sich alle seine Sinne zur Wehr setzten, um die Kontrolle nicht zu verlieren. Er gewann diesen Kampf, während er sich dem Salon näherte, aus dem die nun lauter werdende, allumfassende und unerträglich hypnotisierende Musik kam.

Unter einer Wolke blauen Dunstes, die dort hängen blieb, obwohl die Fenster derart weit aufgerissen waren, daß Wind und Schnee in regelmäßigen Abständen ins Zimmer drangen, saßen drei Musiker mit überkreuzten Beinen auf einem Perserteppich. Sie mochten Inder, Türken oder Zigeuner sein, und ihre Instrumente hatten jene merkwürdigen Proportionen und gewölbten Formen, die die Instrumente des Westens vor langer Zeit verloren haben. Das Griffbrett des Saiteninstruments war so lang, wie der Mann groß war, der es spielte, und der Klangkörper sah aus wie ein Flaschenkürbis. Es war ein Flaschenkürbis. Die Trommeln rührten kurz und heftig. Sie klangen nicht wie Donner oder Gewehrfeuer, sondern wie die schnellen Hufschläge von Ziegen. Alessandro fragte sich, für wen die Musiker spielten. Für sich selbst? Für einen Adligen? Für einen Satyr, der sich hinter einem Paravent mit einer Kiste ägyptischer Sexualutensilien beschäftigte? Alessandro ließ seinen Blick durch das Zimmer schweifen und sah nichts außer einem riesigen Podest, bedeckt mit etwas, das wie einer der großen Kleiderberge aussah, die man den Toten nach einer großen Schlacht abgenommen hatte. Er fragte sich, was dies in einer Suite von Gästezimmern in der Hofburg verloren hatte, desgleichen indische Musiker unter einer Wolke von Opiumrauch. Vielleicht, dachte er, handelte es sich um ein religiöses Objekt, um einen Schrein wie die Kaaba in Mekka. Oder vielleicht war es ein Zelt, in dem ein ausschweifender österreichischer Adliger saß, eine Wasserpfeife schmauchte oder eine Cousine belästigte.

Der Haufen bewegte sich, schwankte von links nach rechts und wieder zurück und erhob sich in der Mitte, bevor er wieder hinsank. Alessandro kannte den Hinterkopf einer Person heraus. Er ging herum, um den Bewohner zu betrachten, da er glaubte, daß ein Mann oder eine Frau auf einem Sessel in einer Art Zelt hockte. Während er dies tat, stieg eine bläuliche Rauchsäule aus dessen Nasenlöchern.

Als Alessandro der Person direkt gegenüberstand, die den Rauch ausgeatmet hatte, fiel ihm der Mund auf. Es war ein Wesen – das ganze Ding –, das auf einem Stuhl saß, den es vollständig verdeckte. Die Berge von Stoff waren nur ein paar Capes, einer Frau übergelegt, welche das Ende einer Wasserpfeife in der rechten Hand hielt. Ihre Linke zitterte leicht, wie sie, von Ausläufern von Fettpolstern gestützt, in der Luft hing.

In einem seiner Aufsätze über Malerei hatte Alessandro die Ansicht vertreten, daß man ein Gesicht nicht adäquat mit Worten beschreiben oder in einer Skulptur abbilden könne und daß dies ausschließlich den Malern vorbehalten sei, denn ein Gesicht zu begreifen sei völlig abhängig von den unbeschreiblichen Variationen von Licht und Farbe, für die es in der Sprache nur wenig Worte und in der Bildhauerei keine Schatten gebe. Für die unendliche Vielfalt von Linien und Schnittwinkeln, die ein Lächeln bilden, hat die Sprache keine Worte, nicht einmal Zahlen. Zehn Seiten lang hatte Alessandro über die Hilflosigkeit von Fotografien und vielen Gemälden spekuliert, über die fürchterliche Unzulänglichkeit von Statuen und Totenmasken und sogar über die Unzulänglichkeit des Gesichts selbst, nach dem Tode. Nur die großen bildnerischen Künstler könnten ein Gesicht beschreiben, hatte er gesagt, und daß die Dichter klug daran täten, es gar nicht erst zu versuchen.

Doch in diesem Moment, als er vor dieser großartigen Kreatur stand, wußte er, daß er es nicht richtig erfaßt hatte. Es wurde ihm fast schockartig klar, daß ein Gesicht vollkommen angemessen mit Worten beschrieben, fotografiert oder als Maske dargestellt werden konnte – wenn es nur ausreichend häßlich war. Das Kinn war nicht vorhanden. Ihr Kiefer allerdings war riesig. Der untere Teil sah aus wie ein Balkon in der Oper und war mit schlaffer, fleckiger Haut und mit Leberflecken bedeckt, aus denen Büschel schwarzer Haare sprießten. Ihr weißliches Zahnfleisch blutete, denn ihre Zähne standen im Krieg miteinander, wie gekreuzte Säbel oder hingestreckte Körper; sie zeigten entweder aus ihrem Mund heraus oder in ihn hinein und versuchten, durch horizontale Sprünge die riesigen Lükken zwischen sich zu überbrücken. Selbst einzeln betrachtet waren sie nicht bewundernswert, wie Pianotasten oder Mah-Jongg-Steine, denn sie waren schwarz oder braun und sahen wie Stümpfe aus, die man mit Dynamit auseinandergesprengt hatte.

Und dies war nur der Anfang ihrer Häßlichkeit. Ihre Lippen waren so dick und fleischig, daß sie wie die Gummipuffer an einem Hafenschlepper wirkten, und das glatte Rosa der Innenseite war von blutenden Rissen und abheilendem Schorf durchsetzt. Die Flügel ihrer Schweinsnase flatterten bei ihrem mühsamen Atmen, und ihre Augen traten derart hervor, daß der entsetzte Alessandro bereitstand, sie aufzufangen, sollten sie wie Champagnerkorken auf ihn zuknallen.

Und dann schauderte ihn vor Ehrfurcht. »Ich kenne Sie«, sagte er und dachte, daß er vielleicht träumte.

Sie sprach mit einer froschartigen Stimme aus einer tiefen Opium- oder Haschischtrance. »Ich verberge mich, aber viele Menschen kennen mich.«

»Ich träumte, ich tanzte mit einem Schwan«, sagte Alessandro. *»Er hatte die wunderbarsten flauschigen Polster an den Füßen. Und er war auf einem Mondstrahl in mein Zimmer gekommen.«*

Sie rührte sich. Sie schien mit ihrem Gedächtnis zu kämpfen, doch vielleicht wegen der Drogen oder weil sie zu sehr gerührt war von den Erinnerungen an eine Zeit, in der sie – wenigstens relativ gesehen – eine Elfe gewesen war, erwiderte sie nichts.

Alessandro, der nicht wußte, was er sagen sollte, versuchte, eine Unterhaltung anzufangen, war aber so überwältigt, daß er nur sagen konnte: »Und wieviel wiegen Sie jetzt?«

Eine dunkle Wolke zog über sie hinweg. »Fünfhundertsechzig Kilogramm.«

»Aber die Wendeltreppe ...«

»Draußen am Fenster gibt es einen Balken, einen Haken und einen Flaschenzug«, sagte sie und senkte den Kopf voller Scham, wenn sie ihn auch nicht sehr weit senken konnte. »Das waren Sie?« fragte sie.

Er nickte.

»Ich erinnere mich«, sagte sie. »Und jetzt sind Sie ein Gefangener, obwohl der Krieg vorüber ist?«

»Ich denke schon, ja.«

»Nicht viele Gefangene schaffen es bis in die Hofburg.«

»Strassnitzky hat mich hierhergebracht. Er hatte in Belvedere keine Verwendung für mich.«

»Blasius Strassnitzky?«

»Ja.«

»Armer Blasius. Er hätte für Sie sowieso keine Verwendung mehr gehabt.«

»Wieso?«

»Er ist gefallen.«

Alessandro schloß kurz die Augen. »Sie müssen sich irren.«

»Nein«, sagte Lorna. »Die Italiener hatten zuviele Gefangene. Der Kaiser brauchte mehr Gefangene zum Austausch, und um den Thron halten zu können, mußte er eine letzte Geste zeigen, eine letzte Großtat vollbringen, obwohl er das Reich bereits in die Hände des Feindes gelegt hatte. Seine letzte Geste war Strassnitzky. Er und nahezu alle seine Männer starben bei einer Kavallerieattacke auf eine befestigte Linie mit Maschinengewehren. Sie machten keine Gefangenen, sie opferten nur sich selbst.

Blasius war immer sehr lustig«, fuhr sie fort. »Wir haben als Kinder miteinander gespielt. Er schien so lebhaft, war immer voller Geschichten und Tricks und hatte eine so lustige Art, Dinge zu sagen. Es tut mir leid, es tut mir sehr leid, daß er umkommen mußte.

Für ihn muß es schwer gewesen sein zu sterben. In dieser Hinsicht werden sich unser beider Leben, die wir gemeinsam begannen, am Ende sehr unterscheiden. Für mich ist die Welt kaum eine Freude.

Ich rauche Opium und Haschisch, damit ich mein Leben träumend verbringe – zu sterben wird leicht sein.«

»Wovon träumen Sie?« fragte Alessandro, der die Augen wieder geöffnet hatte.

Ihr Gesicht wurde fast sonnig.

»Ich träume von der Zeit, als ich ein Baby war. Mein Vater und meine Mutter liebten mich. Sie trugen mich in ihren Armen und küßten mich. Sie konnten kaum damit aufhören, mich zu küssen. Selbst noch, als ich drei und vier Jahre alt war, umarmten sie mich die ganze Zeit. Wenn ich ein Kind hätte, würde ich es mehr lieben, als sich irgend jemand überhaupt vorstellen könnte. Ich würde für mein Kind leben. Ich habe so viel Liebe in mir, so viel. Sie geht nirgendwohin, nur in die Träume.«

»Warum hatten Sie kein Kind?« fragte Alessandro.

»Das Kind wäre auch häßlich«, entgegnete sie, »und würde leiden, wie ich gelitten habe. Außerdem hat mich nie ein Mann umarmt oder mich gar geliebt. In meinen Träumen träume ich auch davon.«

»Müßte er zärtlich sein?« fragte Alessandro.

»Nein.«

»Müßte er wissen, was es heißt, zu lieben und geliebt zu werden?«

»Nein«, sagte sie. »Ich könnte so tun als ob.«

Alessandro, der kaum glauben mochte, was er da tat, sprach mit einer Stimme, die sie erschreckte. »Ich kenne einen Mann, der sich nach Ihnen verzehrt.«

Sie weinte.

»Aber *ich* brauche auch etwas«, rief er. »*Ich*!«

»Was denn«, fragte sie unter Tränen.

»Sie gehören zur kaiserlichen Familie. Sie können doch Dinge erledigen lassen.«

»Welche Dinge?« fragte sie, »welche Dinge?«

»Sie könnten dafür sorgen, daß jemand in einer Akte nachschlägt, um etwas über einen Kriegshelden herauszufinden.«

»Ja, ja, sicher. Ich gehöre zur kaiserlichen Familie.«

»Dann, Lorna«, sagte Alessandro, »gehen Sie einen Pakt mit Ihrem Schwan ein.«

*

Als die Mahlzeit vorüber war und die Gefangenen ihre Bänke verließen, saß der Riese immer noch unter der Petroleumlampe in der Mitte eines der Tische. Jemand sang so wunderschön »*Libiamo* ...« aus *La Traviata*, daß die Flammen in den Lampen vor Freude zu tanzen schienen. Alessandro trat um den Tisch. Weil er den Blick auf den gigantischen Kopf des Riesen gerichtet hatte, schien der Raum um ihn herum zu kreisen.

Er beobachtete das gewaltige neapolitanische Gesicht, das doppelt so groß war wie ein normales Gesicht, und während der bewegte Hintergrund sich mit der Arie verband, dachte er an den Unterschied zwischen der Musik seines Landes und der Musik des Landes, in dem er als Gefangener war. Italienische Musik wurde stets von den Grenzen des menschlichen Herzens bestimmt, war niemals überschwenglicher oder erhabener, als ein Herz ertragen konnte, ohne zu brechen, oder trauriger, als ein Herz sein konnte, ohne wieder Hoffnung zu schöpfen. In der Musik des Nordens vertiefte Trauer die Freude nicht in diesem Maße, und in der Schwermut erhob sich kein Licht gegen die Dunkelheit. Die Extreme waren wunderschön, aber sie hatten nicht jenes menschlichste aller Attribute, die Ausgewogenheit.

Es schien, daß selbst der gigantische Neapolitaner, ein Vergewaltiger von Zugtieren, von der Arie bewegt war, also eröffnete Alessandro die Unterhaltung auf einer relativ hohen Ebene.

»So schön wie ein Sonnenuntergang über den Dächern Neapels.«

»Welcher Sonnenuntergang?« fragte der Riese.

»Der im Westen.«

»Welcher ist das?«

»Das ist der, der abends stattfindet. In der Bucht von Neapel brechen Schiffe zu allen Teilen des Mittelmeers auf, verschwinden in der Dunkelheit und bewegen sich langsam und stetig unter den verschwindenden und schwankenden Lichtern.«

Der Riese unterbrach seine Mahlzeit, wandte sich Alessandro zu und betrachtete ihn sehr sorgfältig. »Du bist kein Priester«, sagte er.

»Nein, bin ich nicht.«

»Du kleidest dich nicht wie ein Priester.«

»Stimmt.«

»Also worüber redest du?«
»Über Musik.«
»Welche Musik?«
»Indische Musik. Magst du indische Musik?«
»Ich weiß gar nicht, was das ist.«
»Das ist Musik aus Indien.«
»Indien?«
»Ja, ein Land mit vielen Rhinozerossen.«
Der Riese war skeptisch. »Wie viele?«
»So viele du willst.«
»Wem gehören sie?«
»Der Bank von Indien. Aber alle Bürger und alle Besucher dürfen auf ihnen reiten und sich um sie kümmern, sie mit Heu füttern und mit Hafer ... sie betten.«
»Wo ist dieses Land?«
»Weit weg, aber nicht sehr weit. Man fährt mit dem Schiff dorthin. Möchtest du dir nicht die Musik anhören? Die Musik stammt daher, wo die Rhinozerosse in großen Mengen umherwandern. Ich könnte es arrangieren, daß du sie hörst. Soll ich?«
»Ich weiß nicht«, sagte der Riese. »Darf ich das denn?«
»Manchmal«, sagte Alessandro, »tun wir Dinge, die wir nicht tun sollten, oder?«
»Ja.«
»Gut. Ich werde alles arrangieren. Eine Nacht lang wirst du meine Arbeit übernehmen und ich deine.«
»Eine ganze Nacht? Ich möchte nicht eine ganze Nacht lang indische Musik hören.«
»Dort, wo ich dich hinschicke, wirst du viel mehr finden als nur Musik«, sagte Alessandro.
»Wirklich?«
»Ja.«
Die Augen des Riesen funkelten gläubig und ungläubig zugleich, und Alessandro dachte, mach dir keine Sorgen um ihre Traurigkeit, denn sie muß sich direkt an Gott wenden, der gar nicht anders kann, als ihr zu antworten.

*

Lorna kannte einen Beamten im Kriegsministerium, der ihr Zwillingsbruder hätte sein können. Obwohl sie sich wohl nur ein- oder zweimal begegnet waren – zwei Gefangene, die auf derselben Bank gefoltert werden, hätten keine größere gegenseitige Sympathie und kein größeres Vertrauen zueinander haben können. Für einen anderen Menschen die Regeln zu verletzen, für den von Geburt an keine Regeln galten, war sowohl süße Rache als auch Ursache großer Befriedigung: Die Akte des Piloten war in einem Dutzend verschiedener Abteilungen kopiert und zusammengestellt worden, *sub rosa* und ohne eine Spur zu hinterlassen, und war sorgfältig zwischen graue Buchdeckel mit geprägten Silberlettern gebunden worden. Alessandro nahm an, daß ein hoher Beamter, der einen Bericht anforderte, etwas Vergleichbares in die Hand bekäme, das auf hadernhaltigem Papier getippt und durch eine Schreibmaschine gelaufen war, die dreifarbig rot, grün und schwarz drucken konnte.

Die Formation über Grünsee war die Kampfstaffel D3 gewesen, die Maschinen des Typs Hansa-Brandenburg-D3 flogen. Eine säuberlich getippte Liste brachte die Piloten mit ihren Maschinen in Verbindung, und in 5X, einer Nummer, die sich für immer in Alessandros Gedächtnis gegraben hatte, hatte ein Major Hans Alfred Andri gesessen, dessen Einsatzbericht beigefügt war. Er hatte eine feindliche berittene Marschkolonne gründlich beschossen und bombardiert und mehrere Häuser in Grünsee zerstört, war aber nicht gründlich genug gewesen, in seinem Bericht zu erwähnen, daß alle Gebäude in Grünsee auf dem Dach ein rotes Kreuz auf weißem Grund getragen hatten. Vielleicht würden in fünf oder zehn Jahren beim österreichischen Außenministerium Anfragen eingehen und eine Untersuchung dieses Punktes auslösen.

Andri hatte dreiundsechzig Einsätze geflogen und war nach Kriegsende nach München, in die Schellingstraße 87/1/4, zurückgekehrt. Die Schellingstraße war nicht weit von der Alten Pinakothek entfernt, wo Alessandro zum ersten Mal die Kanonen gehört hatte.

*

Als Alessandro im Morgengrauen geweckt wurde, war der Tag mit der Energie eines Schneegewitters aufgeladen. Er konnte kaum die

Glieder stillhalten, während er den kollernden schwarzen und grauen Wolken folgte, die über die Stadt fegten und auf ihrem ersten Licht ritten, nachdem sie in den Steppen Rußlands geboren worden waren. Riesige Gewitterwolken türmten sich im Osten und wuchsen weiter an. Die Wirbel, Drehungen und Abstürze in ihnen verliehen den festen schwarzen und grauen Massen einen Ausdruck von Bewegung. Die Krähen, die im Winter aus Rußland in Richtung der österreichischen Ebenen geflohen waren, kreisten zu Tausenden in der Höhe wie schwarzes Konfetti vor dem Licht. Sie fielen und stiegen mit bemerkenswerter Geschwindigkeit und spannten ihre Flügel bei dem Versuch, in den heftigen Luftwellen stillzustehen.

Alessandro und die beiden Kollegen des Riesen trafen in den Ställen ein, lungerten herum, bis sie zu lange herumgelungert hatten, und machten sich dann an die Arbeit. Jeder von ihnen hatte eine Schubkarre und eine Mistgabel, und jeder nahm sich eine Reihe von Pferdeboxen vor. Als sie Alessandro nicht mit dem Mist aus seiner Reihe wiederkehren sahen, nahmen sie an, daß er langsam arbeitete. Dann sahen sie, wie er mit Sattel und Zaumzeug in den Armen den Gang entlangwankte.

»Was tust du da?« fragte einer von ihnen. In den vier Jahren hatten sie so etwas noch nicht gesehen.

»Wonach sieht es denn aus?« entgegnete Alessandro.

Sie folgten ihm in die Box eines Lipizzaners und sahen zu, wie er das Pferd sattelte und ihm das Zaumzeug anlegte. »So etwas darfst du nicht!« sagten sie.

»Ich weiß.«

»Und warum tust du es dann?«

»Warum bin ich hier?« fragte Alessandro die beiden, sich für kurze Zeit von seiner Arbeit abwendend. »Und ihr? Seid ihr hier geboren? Der Krieg ist vorbei.«

»Die Wache wird dich erschießen, wenn du wegwillst«, sagte einer von ihnen und lächelte dabei fast vor Befriedigung. »Du kommst keine zwanzig Meter weit.«

Als er mit dem Pferd fertig war, zog sich Alessandro Hemd, Hose und Stiefel aus, bis er völlig nackt vor ihnen stand. Sie hielten ihn für verrückt, bis er die Uniform ausbreitete, und dann sagten sie: »Ah!«

Er kleidete sich schnell an und stand vor den beiden Stallknechten, denen die Mäuler offenstanden. »Starrt mich nicht an, als wäre ich Zeus«, befahl er ihnen.

»Sie werden dich erschießen«, warnten sie ihn.

»Nein, werden sie nicht. Ich werde sie erschießen, und dann werde ich heimkehren. Ich bin in völliger Sicherheit. Ich kann in die Zukunft sehen, und die Wolken verziehen sich.«

»Du kannst in die Zukunft sehen? Wie kannst du denn in die Zukunft sehen?«

»Ich weiß genug über die Muster der Vergangenheit, um zu sehen, wie sich die Dunkelheit der Zukunft vor dem goldenen Licht der Zeit auflöst. Hinter den Wolken liegt die Morgenröte. Woher ich solche Dinge weiß? Tatsache ist, ich weiß sie. Also paßt auf.«

Sie protestierten, daß man sie erschießen würde, wenn er fliehen würde, also mußte er ihnen mit einer Mistschaufel über die Hinterköpfe schlagen. Weil sie Angst vor dem Kampf hatten, etwas, das sie nie gesehen hatten, mußte er sie durch den ganzen Stall jagen. Sie glaubten, daß ein Schlag mit der Schaufel sie töten würde, was durchaus möglich war, aber Alessandro schaffte es, sie sanft im Heu zu betten.

Er band den Lipizzaner los. Mit Zügel und Zaumzeug in der linken Hand und der Schaufel in der rechten, ging er auf das Wachhäuschen an der Rampe zu.

Der Wachposten trat heraus, weil ihn die von ihm bereits als Unregelmäßigkeit erkannte Situation neugierig machte. »Halten Sie die Zügel«, sagte Alessandro zu ihm. Dies tat er gehorsam.

»Sie sind Deutscher, Herr Leutnant?« fragte er, als Alessandro hinter ihn trat.

»Nein«, sagte Alessandro, »Italiener«, und schlug ihm dann mit der Schaufel über den Kopf. Er nahm dem Wachmann die Pistole und eine mit Geld vollgestopfte Brieftasche ab, schleifte ihn dann in das Wachhäuschen und breitete eine Decke über ihn aus.

Das Pferd war nervös. Seine Muskeln zuckten, und seine Kraft bettelte danach, sich beweisen zu können.

*

Durch die offene Tür des Güterwaggons, in dem Alessandro auf Linz und München zu fuhr, konnte er sehen, wie der Mond über Felder und Berge leuchtete und von einem Ort zum anderen zu springen schien, wenn der Zug seine Richtung änderte. Die Illusion, daß der Mond in dem Schein des schneebedeckten Bodens badete, rührte daher, daß der Mond nicht sein eigenes Licht erzeugt, sondern von anderswo her angestrahlt wird. Die Soldaten im Zug konnten die Sonne nicht sehen, die nun in der westlichen Hemisphäre aufging, aber sie sahen den gleißend hellen Schnee, und wahrscheinlich, weil ihre Welt auf den Kopf gestellt worden war, ertrugen sie die Illusion ohne Protest.

Der Mond war so nahe und so voll, daß er wie der römische Mond im August aussah, der so erstaunlich leicht und absolut rund ist, wenn er über den Horizont schwebt wie ein Floß auf den Wellen, und der die Palmen des Tiber, die verfallenen Monumente und die aschfarbenen Felder in das warme Licht seiner Jugend taucht, bevor es in der Kälte zu Silber wird.

Zusammen mit Alessandro fuhren Deutsche und Österreicher, die im Osten in Kriegsgefangenschaft geraten waren, Franzosen, die sich nach Paris durchzuschlagen versuchten, Diebe, Deserteure, aktive Einheiten, die zu ihren Stützpunkten und Lagern zurückkehrten, Bauern, die zu ihren Höfen zurückwollten, und Väter, die nach Hause zu ihren Kindern unterwegs waren. Sie trugen Dutzende unterschiedlicher Uniformen, Nicht-Uniformen, Militärmäntel ohne Abzeichen, Zivilmäntel mit Abzeichen und sogar Decken, die mit Lagernamen und Anweisungen, wie man Brände löscht, bedruckt waren. Sie trugen Pickelhauben, italienische oder britische Flachhelme, Schaffellkappen, Wollmützen und Offizierskäppis, und sie trugen Bündel, Packen und Säcke, die mit Bändeln von Wickelgamaschen und Artillerieschlingen verschnürt waren. Nach Jahren schmerzhaften Rasierens mit Klingen, die sie in der bloßen Hand gehalten hatten, mit kaltem Wasser und ohne Seife, trugen sie nun Bärte in allen möglichen Längen; sie wußten, daß sie ihre Familien erschrecken würden, wenn sie in Lumpen und Decken, mit ausgemergelten Gesichtern und Augen, die wie Sterne blitzten, nach Hause kämen, daß aber, wenn sie erst gebadet hätten und langsam wieder an Gewicht zunehmen würden und das Blitzen in ihren Augen verlören, ihre Familien allmählich begreifen würden, was sie durchgemacht hatten, und sie wieder bereitwillig aufnähmen.

Nicht alle hatten Familie. Alessandro hatte keine. Er fand, daß gewisse Beunruhigungen ihm abgingen, denn anders als Reisende, die man erwartete, brauchte er sich nicht zu Hause zu melden oder Telegramme zu schicken. Er konnte einen Umweg über Portugal oder Japan machen, und niemand würde ihn vermissen. Wo immer sich Luciana aufhielt, sie konnte nur gehört haben, daß er tot sei.

Er starrte den Mond an, der ganz leicht über die Berge schwebte, und dachte, daß in ganz Europa jetzt Menschen heimkehrten, die man als vermißt aufgegeben hatte, die irrtümlicherweise auf die Namenslisten der Gefallenen geraten waren, die verschwunden waren, gefangengenommen worden waren oder die man für tot gehalten und liegengelassen hatte. Nach all den unerwarteten Heimkehrern würden sogar die Familien der Toten Hoffnung schöpfen, die erst nach der Enttäuschung der Jahre, die folgten, zerstört werden würde.

Hunderttausend Wunder warteten auf ihren Augenblick, und Millionen von Tragödien mußten neu durchlitten werden. Alessandro dachte mit einiger Verbitterung an die Ehemänner, die unerwartet zu ihren Frauen zurückkehren, und an die Väter, die ihre Kinder beim Spiel im Vorgarten überraschen würden, doch während er vor sich sah, wie die Kinder vor Schreck erstarrten und dann ihren Vätern in die Arme stürzten, verließ ihn die Bitterkeit. Je plastischer er sich die Szenen der Rückkehr vorstellte, desto mehr wünschte er jenen, die solches Glück hatten, das Beste, und desto mehr liebte er sie und ihre Kinder.

*

Auf einem Haufen Stroh liegend, versuchte Alessandro, den Wind nicht unter die zwei Decken fahren zu lassen, die er gekauft hatte, und hielt die 9-mm-Pistole, die er der Wache abgenommen hatte, in der Hand, für den Fall, daß irgendeiner unter den vielen Männern in dem Waggon Italiener nicht mochte oder mit seinen Habseligkeiten liebäugelte. Er versuchte, sich etwas auszudenken, was er den Grenzwachen erzählen konnte. Im Chaos der Niederlage waren die Grenzen zwischen Deutschland und Österreich nicht geschwunden, und beide Seiten bewachten eifersüchtig, was ihnen geblieben war.

Der lange Zug hatte dort in Rußland seine Fahrt aufgenommen, wo die Spurbreite der Schienen sich änderte, und war so voll von Männern ohne Papiere, daß Alessandro die Hoffnung hatte, übersehen zu werden. Wenn er all seine Antworten aufschrieb, hielten sie ihn vielleicht für einen Deutschen. Viele Deutsche, die in der österreichischen Armee gedient hatten, waren ohne Befehl aufgebrochen, als das Kriegsende ihren Appetit auf die Heimat weckte; doch Alessandro hatte keine Wunde am Hals, auf die er zeigen, keine rosafarbene Linie oder sternartige Narbe, die einen Sprachverlust hätte erklären können. Hätte irgend jemand Alkohol dabei gehabt, hätte er Trunkenheit vortäuschen können, aber mit Kartoffelsuppe konnte er sich nicht betrinken. Auch geistige Unzurechnungsfähigkeit vorzuspielen, wäre keine Lösung, denn dann würde es ihm schwerfallen, die Pistole, die relativ hohe Geldsumme und die Uniform eines kaiserlichen Offiziers zu erklären. Die Pistole selbst war ein Problem, aber wenn er sie versteckte, sah er sie vielleicht nicht wieder, und er brauchte sie.

Es war zu kalt, er war zu müde, und der Zug fuhr nun viel zu schnell, als daß er hätte abspringen können. Er dachte daran, daß sie ihn verhaften und als Spion erschießen könnten, wenn die Gewohnheiten des Krieges zählebig waren, und es schien so, als ob der Krieg noch recht lebendig war. Wie konnte man sich auch sicher sein, solange es nicht eines von Orfeos offiziellen Dokumenten mit einem Wachssiegel so groß wie ein Dessertteller gab?

Nach dem, was in den vergangenen Jahren alles geschehen war, schienen eine Grenze und deren Wachen nicht unüberwindlich; doch er konnte nicht vom Zug springen, und er war zu müde, um nach einer Möglichkeit zu suchen, sich selbst zu retten, also dachte er nicht weiter darüber nach und schlief ein.

Als er aufwachte, hatte der Zug in dem kalten Winterlicht gehalten, das bei Morgendämmerung über die Berge zieht. Obwohl die Türen kurzzeitig nach Süden zeigten und in Richtung der aufgehenden Sonne wiesen, war die hereinströmende Luft unvermindert kalt.

Gewehrspitzen zogen an der Öffnung vorbei, und Alessandro

hörte Schritte auf dem Schnee, doch niemand schaute herein. Er vernahm die gedämpften Stimmen von Grenzbeamten am frühen Morgen. Die Beamten waren immer wacher und bestimmter als die Passagiere, doch tief drinnen waren sie viel müder.

Sie ignorierten Alessandros Waggon, denn im angrenzenden Waggon war ein Mann getötet worden; ein Bajonett war ihm ins Herz gestoßen worden, weil jemand seinen Wollhut haben wollte. Der Körper mußte entfernt werden.

Dann zogen sich zwei Beamte mit einer gekonnten Bewegung hoch und überragten die Männer, die auf dem strohbedeckten Boden lagen. Sie hatten die instinktive Grausamkeit von Grenzwachen, waren aber so verwirrt, daß sie den Krieg verloren hatten, daß sie Schwierigkeiten damit hatten, streng nachzuforschen. Einer verlangte die Papiere zu sehen, winkte aber ab, als ein zerlumpter Soldat seinen Rucksack nicht aufbekam, um sie hervorzuholen. Der andere fragte, ob irgend jemand Geräusche aus dem Waggon nebenan gehört hätte. Schweigen schlug ihm entgegen und das Zischen einer Dampfmaschine im Leerlauf. Er schaute sich um, musterte jedes Gesicht, und als er bei Alessandro ankam, beschleunigte er seinen Schritt und würdigte ihm kaum eines Blicks. Alessandro, so schien es, sah in Ordnung aus. Außerdem, wer wollte schon in aller Frühe in der Kälte zwischen verlausten und verflohten Gefangenen und einfachen Soldaten herumsteigen, die aus dem Osten zurückkehrten?

Er sprang behende auf die Erde, und die andere Wache folgte ihm. Nach ein oder zwei Minuten legte eine andere Gruppe von Beamten ihre Hände an die Türen und wollte gerade aufspringen, als ihnen jemand etwas über das Feld zurief und sie beide ihre Meinung änderten.

Bald rollte der Zug, die Sonne war aufgegangen, und Alessandro schlief. Die Decken waren jetzt warm genug, die Luft war frisch, und gegen Nachmittag würden sie in München eintreffen. Bevor er eingeschlafen war, hatte ihn ungeheure Angst vor dem, was er vorhatte, befallen, doch das rhythmische Schlagen der Räder über den Nahtstellen der Schienen warf ihn in die Dunkelheit.

*

München war eine feindliche Stadt, und eine Stadt der Kunst. In der Nacht zuvor hatte es heftig geschneit, und am frühen Nachmittag griffen die Winde, die einen spröden blauen Berghimmel herangeführt hatten, verletzliche Schneeböen an, verwirbelten sie zu ungebärdigen Türmen, und aus dem Nebel, in dem sich die Sonne fing, bildeten sich glitzernde Derwische.

Das erste, was Alessandro in München sah, war ein beleibter Bettler, der in einem Restaurant in der Nähe des Bahnhofs zwischen den Speisenden hindurchging, für die er Porträtsilhouetten aus Brot fertigte. Mit zwei langen, schmalen, absolut mäuseartigen oberen Vorderzähnen sägte er das exakte Profil von jedem, der ihm ein Stück Brot gab. Alessandro beobachtete, wie er die letzten Bisse an ein Roggenporträt einer Frau legte, deren ungeheuer spitze Nase so weit vor ihrem Gesicht zu stehen schien, daß sie wie etwas in der Luft Schwebendes wirkte. Dann aß der Bettler die Kunst auf und ging an den nächsten Tisch. Nur in Deutschland, dachte Alessandro, konnte ein Bettler fett sein.

Er begann umherzuwandern und suchte nicht nach den Straßen, die gemütlich und eng waren, sondern nach denen, die wie Londons Straßen kerzengerade in einem Punkt in der Ferne verschwanden. Er schaute eine lange Allee entlang und sah Bäume, die den Schnee himmelwärts warfen, wenn der Wind sie schüttelte. Wegen des hellen Lichts konnte er zehntausend glänzende Fenster sehen und eine nahezu unendliche Zahl von Einzelheiten, die die Jahrhunderte in den Stein gegraben hatten. Der Himmel über München war saphirfarben und weißlich über den Alpen, wo die Masse des weit entfernten Schnees die Wahrnehmung der Farbe Blau veränderte.

Verzaubert von der Form und der Farbe des Friedens, wanderte er ziellos umher, wohl wissend, daß er schließlich ein Hotel finden und sich zivile Kleidung und eine Zeitung kaufen würde – eine italienische Zeitung, wenn es eine gab – und daß er ein Bad nehmen und für extra Heißwasser bezahlen würde. Hätte er nicht vier Jahre im Krieg verbracht, dann hätte er nicht mehrere Stunden lang hungrig und frierend durch die Straßen laufen können, denn Kälte war etwas, das zu ertragen er gelernt hatte, und Hunger war ein Zustand, den er wochenlang aushalten konnte. Er lief durch die Stadt und schaute den Frauen und Kindern, den Alten und den anderen, die hiergeblieben waren, in die Gesichter, denn sie zeigten noch den altmodischen Ausdruck von Behaglichkeit, so als könnte ihnen die Schwärze oder das Feuer niemals widerfahren, in denen Alessandros Soldatenkameraden zu Millionen verschwunden waren.

Als ein Schwarm Gänse den Himmel über ihm kreuzte, dachte Alessandro an Raffael. Die Formation durchschnitt die Linie der Allee, der Zug der Vögel flog eng zusammen, um einer starken Windböe zu widerstehen, und schnellte wie von einer Rampe abgeschossen in die Höhe, wie der Schwanz eines aufsteigenden Drachens. In der Loggia Leos X. im Vatikan hatte Raffael eine V-Formation von Gänsen, die Flügel eng beieinander, um gegen einen heftigen Wind anzukommen, in die Wolken geschickt. Er hatte große perspektivische Leistungen vollbracht und das Auge zu dem Glauben verleitet, daß eine solide Decke eine Reihe von luftigen Fenstern ins Blaue war, und in diese Fenster hatte er Vögel plaziert, die mit dem Wind kämpfen. Im zentralen Bildfeld, in fahlen Wüstenfarben, die feuergebrannt sind, überreicht Gott, umgeben von geflügelten Engeln und Cherubim, Moses die Gesetzestafeln, doch das Auge wird nach links und rechts gelenkt, um durch die kleineren Felder, die den offenen Himmel darstellen, in die Höhe geleitet zu werden. Links sind die Gänse, geschüttelt von der Gewalt des Windes, und rechts in einem nahezu leeren Raum eine Eule und eine Schwalbe. Die Eule blickt herab, als säße sie auf dem Dach und schaue hinein. Die Schwalbe fliegt mit großer Geschwindigkeit von einer Ecke zur anderen, nahe an dem imaginären Fenster vorbei. Sie ist nur für einen Augenblick zu sehen, doch die Kraft ihrer ausgestreckten Flügel, die Länge ihres schmalen geteilten Schwanzes und der geschoßförmige Körper, der durch den Wind schneidet, haben diesen Eindruck für immer in das Glas gebrannt.

In seiner Jugend hatte Raffael mit Farben gesungen und mit dem Mut eines Soldaten gemalt, doch in den späteren Arbeiten hat er das Exquisite zugunsten der Tiefe aufgegeben, so als hätte er mit Augen gesehen, die nicht nur offen waren für die Welt, sondern auch für den viel größeren Raum, in dem die Welt sich befindet – als hätte er eine neue Perspektive wahrzunehmen begonnen, neue Farbe, neue

Schwerkraft und neues Licht. Und all dies war in eine Frage gekleidet, denn obwohl er ahnte, was jenseits lag, konnte er sich zum ersten Mal in seinem Leben nicht auf seine außergewöhnliche visionäre Kraft verlassen. Er konnte nur fühlen, doch was er gesehen hatte und wie er es wahrgenommen hatte, führte ihn in eine Dunkelheit, die mit Fragen angefüllt war, die er nicht beantworten, und mit einer Dankbarkeit, die er nicht erklären konnte. Die Figuren in seinen Bildern sind plötzlich unsicher und begreifen nicht, was geschieht. So als seien sie Zeugen eines Wunders, das noch lange nicht vorbei ist.

*

Alessandro fand sich in einem heißen Bad wieder, wie er es erhofft hatte. Er war beinahe frei, doch quälten ihn Erinnerungen, und Bilder tauchten in rascher Folge auf und verschwanden wieder, bevor er ihre abgeschlossene Unterhaltung mit seiner Seele verstehen konnte. Während er neue Kleidung kaufte, in einem Restaurant aß und im Hotel ein Bad bestellte, flogen sie ihm zu wie Vögel in einem Sturm, und er konnte sich nicht von ihrem belastenden Druck befreien, denn jede von ihnen rührte in gewisser Weise an die Wahrheit. Nach Jahren des Krieges auf diese Weise zu erwachen, war unerträglich, und um sich selbst davor zu bewahren, unter dieser Belastung zu zerbrechen, versuchte er es mit einfachen Bestandsaufnahmen: Er redete mit sich selbst darüber, was er an diesem Tag gemacht hatte, und nahm die Kleinigkeiten in dem Badezimmer zur Kenntnis, in dem er bis zu seinem gesegneten Schlüsselbein in einer dampfenden Wanne heißen Wassers lag.

Die Decke reichte fünf Meter hoch in eine schmale Schachtel Dunkelheit, die mit Dampfwolken gefüllt war. Die Wände waren glänzend weiß und die Raumtemperatur kaum höher als die Außentemperatur. In einem hoffnungslosen Versuch, den überschüssigen Dampf zu beseitigen, der aus seinem extravagant verschwendeten heißen Wasser aufstieg, hatte Alessandro das Fenster einen Spaltbreit geöffnet. Dahinter lag die Schwärze der Nacht, und es drang eine derart kalte Luftströmung herein, daß der Zusammenstoß zwischen dieser und dem aufsteigenden Dampf weiße, sich wild verwirbelnde Wolken über die Wasseroberfläche rollen ließ, die über die Wanne stürzten und in Kaskaden zu Boden fielen.

Der Heißwasserboiler war an der Wand befestigt. Eine Korona von Gasflammen fauchte in dem Stahlfuß, während der Boiler gurgelte, kochte und wie ein Teekessel pfiff. Aus einem Hahn, der über den Porzellanrand der Badewanne ragte wie ein Elefantenrüssel, schoß ein dicker Strahl heißen Wassers, das auf den Boden der Wanne stürzte und sich beim Aufsteigen verteilte. Überschüssiges Wasser floß durch einen Überlauf ab, mit einem ähnlichen Geräusch wie dem von Wasser, das zwischen zwei Felsen hindurchfließt und so schnell wird, daß es silbern wird.

Heiß, rot und nur halb bei Bewußtsein, warf Alessandro einen Blick auf den Stuhl, auf dem seine neuen Kleider lagen: ein Paar lederne Bergsteigerstiefel, die geölt waren, um sie wasserdicht zu machen, ein marineblaues Flanellhemd, ein Chamonix-Pullover, ein Anorak von der Farbe eines Gewehrs, mit einer Kapuze, die im Kragen zusammengerollt war, Dachstein-Handschuhe, ein Filzhut und ein Angoraschal. In seinem Eiger-Rucksack waren ein halbes Dutzend Tafeln Schokolade, ein halbes Kilo Trockenfleisch, ein Kilo Brot und etwas Früchtebrot. Er hatte eine Wasserflasche, einen Kompaß, eine Laterne mit Kerzen, Streichhölzer und Ersatzkerzen. Ein Paar Steigeisen hingen an dem Rucksack und an beiden Seiten, durch eigens zu diesem Zweck angebrachte Ösen geführt, zwei Eispickel, ein kurzer und ein langer.

Er hatte diese Dinge in einem Geschäft für Bergsteigerausrüstungen gekauft, das er schon vor dem Krieg aufgesucht hatte und das nun weder Kunden noch Karten hatte. Man sagte ihm, daß es beides wohl erst nach dem Vertrag gebe, weil die Berge und Hügel von strategischer Bedeutung seien.

In einer Tasche von Alessandros Parka steckten eine Eisenbahnfahrkarte nach Garmisch-Partenkirchen und die Pistole, die er der Wache in der Winterreitschule abgenommen hatte. Er hatte nicht genügend Zeit gehabt, um die Ersatzmunition aus dem Gurt des Soldaten zu ziehen, und mußte sich so mit zehn Schuß begnügen. Einer mußte für Andri langen, vielleicht zwei, und mit den acht oder neun übrigen mußte er sich vor den deutschen und österreichischen

Bergdivisionen verteidigen, die den Weg nach Süden versperrten. Er war weder optimistisch noch pessimistisch, was seine Chancen anlangte, denn er hatte gelernt, daß in gefährlichen Alleingängen, Schlachten und Fluchten Optimismus und Pessimismus keinen Platz haben.

Von den Sensationen des Bades ganz benommen – nur gelegentlich aufgeschreckt vom Auffliegen des Fensters oder weil ein Zug auf einem nahe gelegenen Gleis vorüberfuhr –, fühlte er sich alles andere als soldatisch. Er hatte ein üppiges Mahl, bestehend aus Rindfleischbrühe, Braten, Kartoffeln, Salat und Bier, zu sich genommen. Er schlief beinahe ein, und es fiel ihm schwer aufzustehen, nachdem er das Wasser aus- und die Schwerkraft eingelassen hatte. In seinem Zimmer waren die Laken kalt und weiß und die Luft von Winterwinden, die durch die Ritzen drangen, frisch. Einen Moment lang lag er da und starrte seine Kleider und seine Ausrüstung an, die ordentlich neben dem Bett lagen. Als er das Licht ausschaltete, war das Zimmer erfüllt von den Farben Raffaels – den Grün- und Rottönen, die keinen Namen hatten. Sie kamen herbei, als wollten sie ihn über die Bergwände hinab zu der Wärme und dem Glanz Roms geleiten.

*

Alessandro ging am frühen Morgen durch die Straßen Münchens, der Schnee war weicher als am Tag zuvor und die Sonne heißer. Er legte ein soldatisches Tempo vor, und als er an die Wohnungstür des Majors klopfte, war sein Atem flach, als sei die Luft dünn. Er blinzelte, nicht wegen des Lichts, sondern weil seine Gesichtsmuskeln so angespannt waren.

Die Tür ging auf, und im Türrahmen stand ein großer Mann in einem Anzug nach Vorbild König Edwards, über dem er einen Arztkittel mit dem Stab des Äskulap auf dem Ärmel trug. Die Jacke war mit Ölfarbe in vielen Farben verschmiert, und der Geruch von Terpentin zog mit der geheizten Luft des Hauses zur Tür hinaus.

Zuerst war der frühere Major überrascht, einen Mann zu erblikken, den er dem Aussehen nach für einen englischen Bergsteiger hielt. Alessandro schob ihn in die Wohnung, schloß die Tür hinter sich und zog die Pistole. Andri traute sich nicht zu sprechen.

Alessandro schob ihn rückwärts in ein großes Zimmer, von dem aus man durch Flügeltüren auf einen Garten hinausblicken konnte. In diesem Atelier, das mit Bildern vollgestellt war, stand eine zu drei Vierteln fertiggestellte Studie von Männern im Schützengraben, die, mit dem Rücken zum Betrachter, über eine Landschaft zerschossener Bäume und brennenden Unterholzes hinausspähen.

»Zum Teufel mit dir«, sagte Alessandro. »Es ist mir egal, ob deine Bilder gut sind oder nicht.«

Andri begriff die Situation, doch er war ebenso wie Alessandro Soldat gewesen und hatte keine Angst zu sterben. Ihn überkam das gleiche Gefühl, wie es ihn jedesmal überkommen hatte, wenn er sein Flugzeug in eine Kurve zog oder scharf wendete, um eine Gruppe feindlicher Kämpfer anzugreifen. Er lächelte bitter und sagte: »Ich sehe, der Krieg hat Wunder vollbracht, was die Kunstkritik betrifft. Ihr wart relativ ängstlich, aber jetzt kommt ihr gleich zur Sache. Sie sind gekommen, um eine Luftaktion zu rächen.«

»Ja«, entgegnete Alessandro.

»Sie waren Pilot?«

»Infanterist.«

»Der Beschuß am Col di Lana? Eure Gräben waren schlecht angelegt. Für uns war das ein gefundenes Fressen. Ihr hattet nur ein Luftabwehrgeschütz, und das stellte das Feuer ein. Ich könnte verstehen, daß Sie hier sind, wenn Sie am Col di Lana waren.«

»Es war nicht der Col di Lana.«

»Die Kleinalpenspitze?«

Alessandro schüttelte den Kopf.

»Die Große Schönleitschneid? Ihr nennt sie wohl Dolomiti di Sesto?«

Bei jeder falschen Vermutung spürte Andri, daß er sein Grab ein wenig tiefer schaufelte, doch daß es noch schlimmer wäre, damit aufzuhören.

»In der Brenta?«

»Ja.«

»Die berittene Kolonne bei Grünsee.«

»Nicht die berittene Kolonne, das waren Soldaten.«

»Was dann?« fragte Andri und hob die Schultern.

»Das Krankenhaus.«

»Meine Bomben sind fehlgegangen«, sagte Andri mit einer winzigen Spur Entrüstung in der Stimme und sehr überzeugt. »Die Kolonne stand mitten zwischen den Gebäuden.«

»Das ist deine erste Lüge.«

»Nein.«

»Doch. Ich war dabei. Ich habe es gesehen. Die Kolonne war zerstreut, es gab nichts mehr zu bombardieren; und dennoch seid ihr zurückgekehrt. Du flogst in einem Querwinkel. Das war ein gezielter Treffer.«

»Stimmt nicht!« beharrte Andri.

»Stimmt doch«, fügte Alessandro ruhig hinzu. »Ich habe den Einsatzbericht gelesen, den du geschrieben hast.«

»Wie denn das?« fragte Andri, und seine Stimme wandelte sich von Entrüstung hin zu etwas, das eine Kombination aus Panik und Verwirrung war. »Wie haben Sie mich gefunden? So haben Sie mich gefunden? Sie haben den Bericht von der österreichischen Armee bekommen? Sind die verrückt?«

»Bemerkenswert, nicht wahr?« stellte Alessandro fest, »daß die Meister der Bürokratie die Herren der Welt sind.«

»Solche Dinge passieren im Krieg«, sagte Andri, der sein Leben zu retten versuchte. »Keine Seite hat die Tugend für sich gepachtet.« Er verzweifelte. »Sie sind gekommen, um mich zu töten.«

»Ja.«

»Was für eine Vergeudung. Ich könnte malen. Ich könnte vierzig Jahre lang malen.«

»Du wirst sterben.«

»Wozu soll das gut sein?«

»Das ist nicht mein Gedanke dabei. Für mich geht es nur um Gerechtigkeit – nicht so sehr aus Gründen des Nutzens, sondern der Ästhetik. Befrag deine Bücher über Symmetrie. Wozu das gut sein soll? Nun, vielleicht hättest du in einem anderen Krieg ein weiteres Krankenhaus bombardiert.«

»Es wird keinen weiteren Krieg geben, nicht zu unseren Lebzeiten.«

»Nicht zu deinen«, sagte Alessandro und spannte den Hahn. »In dem Haus, das du bombardiert hast, waren viele Soldaten. Einige lagen bereits im Sterben. Einige glaubten, es geschafft zu haben und zu ihren Familien zurückkehren zu können. Und wer kümmerte sich um sie?« Einen Moment lang konnte Alessandro nicht sprechen. Dann fuhr er mit zittriger Stimme fort. »Krankenschwestern, ein Dutzend oder mehr.« Er beugte sich vor. »Was, glaubst du, sind Krankenschwestern? Junge Frauen. Nachdem du weggeflogen bist, brannte der Schutt so heiß, daß meine Augen es nicht aushalten konnten.

Eine von ihnen war ...« Alessandro konnte den Satz nicht beenden. Er stand nur da.

»Hätte sie gewollt, daß Sie das tun?« fragte Andri.

Nun schien Alessandro seine Ruhe wiederzugewinnen. Nach einer Weile lächelte er und sagte: »Warum fragst du sie nicht?«

Andri nickte resignierend. »Nun gut, ich habe keine Argumente. Ich dachte, ich hätte das hinter mich gebracht. Ich habe versucht, die vergangenen Monate glücklich zu sein. Ich denke, das war's.«

Eine Tür sprang auf und erschreckte Alessandro derart, daß er sich umdrehte, um die Pistole darauf zu richten; er hielt sie fest mit beiden Händen umklammert, doch vor ihm stand ein Mädchen von sechs oder sieben Jahren. Sie hatte einen Lodenmantel an, ihr Haar war zu einem Zopf geflochten, und sie trug einen Schulranzen.

»Du bist spät dran«, sagte Andri. »Die Lehrerin wird schimpfen.«

Sie blieb in der Tür stehen.

»Das ist Ilse Maria, meine Tochter. Ilse ... geh.«

Sie rührte sich nicht von der Stelle.

Alessandro schaute das Kind an, und dann wandte er sich zu dem Vater, ließ die Pistole sinken und sagte: »Du hast mich ein zweites Mal besiegt.«

*

Als Alessandro das erste Mal von Angesicht zu Angesicht vor Bindo Altoviti gestanden hatte, war er so reich an Beziehungen gewesen, daß ihn die Idee der Einsamkeit faszinierte. Das Haus auf dem Gianicolo war eine Festung gegen die Zeit gewesen. Stets war er zu einer liebevollen Familie heimgekehrt, er hatte die Kameradschaft der

Universität für selbstverständlich gehalten, und die Welt war ein Garten vollkommener und unanfechtbarer Frauen gewesen.

Wieder ging er in den Saal der Alten Pinakothek. Die Hand des Bindo Altoviti, die fast zu anmutig auf seinem Brustbein ruhte, sah nicht aus wie das Werk Raffaels, sondern wie das eines Assistenten. Tausend Motive Raffaels schossen Alessandro zum Vergleich durch den Kopf – ballonartige Kriegspferde, deren Ausdruck den Tieren gerecht wurde und die den Ausdruck der Menschen wiedergaben; Szenen und Gesichter, bewußt im goldenen Schein der Abenddämmerung dargestellt; Cherubim, die den Ausdruck älterer Kinder hatten, weil Säuglinge nicht einmal für Raffael stillsitzen wollten.

Anders als bei den neueren Gemälden mit ihren wirren und halluzinatorischen Farben, war bei Raffael jeder einzelne Pinselstrich, waren all seine glänzenden Flächen, die Darstellung der Luft in Licht – ob sie nun hell oder bedeckt war, Morgenhimmel oder Abendstern – von äußerster Disziplin. Hier gab es keine Kunstgriffe und Spielereien, nichts Zentrifugales, nichts Wildes, nichts außerhalb der reichen Harmonie, die die Welt selbst zu sein schien, wie sie im himmlischen Gedächtnis aufbewahrt war. Das einzige Gewicht, das alle Elemente verband und alle Widersprüche und Variationen in Einklang brachte, war die Bürde der Sterblichkeit.

In endloser Vielfalt spiegelten die Objekte des Malers, wie Alessandro meinte, die Überzeugung wider, daß sie nur für kurze Zeit auf die Erde gekommen waren, nachdem sie aus einem Sturm der Seelen hervorgegangen waren. Das Saphirblau und die windstillen Himmel waren Zufluchtsorte, boten Schutz vor großen und überwältigenden Schlachten, bildeten einen friedlichen Himmel, der zu schnell entschwand und von den meisten nicht erkannt und zugunsten eines plump erdachten Paradieses vernachlässigt wurde, das man aus seinen Elementen plagiiert hatte. Die Welt ist ein ruhiger Ort, dachte Alessandro, und ihre Bilder stehen für immer fest. Sie verschwinden nicht. Man kann sich an sie erinnern, und man kann sie voraussehen. Nichts und niemand ist verloren. Darin lag das Versprechen und die Bedeutung des Gemäldes und die Quelle von Bindo Altovitis Gleichmut. Vielleicht würde Alessandro die Dinge eines Tages ebenso gelassen betrachten wie der junge Florentiner, doch im Augenblick mußte man ihm seine Ruhelosigkeit verzeihen, denn er war im Begriff, über die Berge von Deutschland nach Italien zu gehen, im Winter, und das war eine Aufgabe, die nicht Kontemplation, sondern Glück und Energie erforderte.

*

Der Zug nach Garmisch-Partenkirchen war fast leer, und Alessandro saß allein in einem Abteil zweiter Klasse. Die Tür und die Fenster, die nach Osten gingen, wandten sich langsam südwärts, und während der Zug dahinschaukelte, schlief Alessandro mit der Sonne im Gesicht, und seine linke Hand hing schlaff von der Kante seines Sitzes herab.

Am frühen Nachmittag wurde er von dem Geräusch geweckt, als der Zug langsam über eine Stahlbrücke fuhr. Tief drunten stürzte ein Fluß über eisbedeckte Felsbrocken, so groß wie Häuser, und Dunst füllte die Schlucht wie Morgenröte, stieg und fiel in großen Bögen, die sich hoben, drehten und manchmal in sich zusammenstürzten. Der Zug rollte kaum schneller, als ein Mensch gehen konnte, einen steilen Hang hinauf, über Gerüste und durch Tunnel. Die Luft war ursprünglich und frisch, und trotz des Gestanks der Braunkohle, mit der die Maschine befeuert wurde, roch sie nach Nadelhölzern und Berglorbeer. Direkt im Süden lag Österreich.

Alessandro würde sich an deutschen, österreichischen und italienische Armeen, Wachposten, Miliz und Polizei vorbei und in Gegenden zurechtfinden müssen, in denen Fremde sowohl abgelehnt wurden als auch unbekannt waren. Er dachte daran, sich den Schweizern zu stellen. Obwohl er deren Haltung entflohenen Nachkriegsgefangenen gegenüber nicht kannte, nahm er doch an, daß sie ihm etwas zu essen geben, ihn Formulare ausfüllen lassen und ihn einem italienischen Konsul übergeben würden, der ihn auf beide Wangen küssen und ihn in einen Zug nach Rom setzen würde. Allerdings sahen die Berge im Westen entschieden höher aus als die im Süden; je länger er im Zug bliebe, desto weniger Tageslicht hätte er noch, und weil die Gegend Richtung Westen eine natürliche Verbindung zur Schweiz bildete, würde sie wohl strenger bewacht sein.

Er öffnete die Wagentür, stieg auf die Stufen, beugte sich vor und sprang in den Schnee. Er traf auf den Boden, lief und hielt sich eine kurze Weile auf den Beinen, seine Stiefel rannten unter ihm, doch dann verlor er das Gleichgewicht und rollte in eine Schneewehe. Der Zug fuhr vorbei und klapperte stetig, während er um eine Schonung mit Kiefern verschwand, die so dicht wie Kaninchenfell aussahen.

Alessandro klopfte sich den Schnee von den Kleidern. Obwohl die Luft im Schatten kalt war, erschien der Tag in der Sonne frühlingshaft, und die Schneeschmelze leuchtete blau und golden. Nasse Eiskrusten gaben den Blick frei auf Grassoden, auf denen wilde Blumen nicht überraschend gewesen wären. Alessandro, der noch etwa vier oder fünf Stunden Tageslicht und eine Stunde Dämmerung hatte, machte sich in der Erwartung, bei Mondschein zu gehen und zu klettern, in gleichmäßigem Tempo auf den Weg.

Der erste Abschnitt des Geländes, den er durchquerte, war jene Art steiler, bewaldeter Hügel, die man von Zügen aus sieht und die trotz ihrer Nähe zu einer Eisenbahnschiene wild und verlockend sind. Er mußte ein halbes Dutzend solcher Hügel überqueren, bis er zu den hochgelegenen Almen gelangte, die zu den Schneefeldern und Gletschern führten. In den Wäldern war der Schnee nicht so verweht oder verharscht wie auf den offenen Almen und an den Berghängen.

Er bewegte sich zwischen den Bäumen hindurch, lauschte dem Wind, der durch die oberen Zweige pfiff, und betrachtete die Seen blauen Himmels durch duftendes Geäst. Während er aufstieg, langsam warm wurde, Gleichgewicht und Trittsicherheit fand, die er für das Gebirge brauchte, hörte er die Einschläge von Artilleriegeschossen. Obwohl die Geräusche nur eine Einbildung seiner Erinnerung waren, hallten sie zwischen den Bäumen, und die größeren Detonationen krachten über die granitenen Vorsprünge wie gerissene Kabel.

Dieses Geräusch beruhigte ihn. Es fielen ihm dabei nicht nur seine Ideale, Freundschaften und Lieben ein, sondern zugleich auch, wie sie zerstört worden waren. Im Geräusch der Artillerie vernahm er die Berufung seines Glaubens, und dies gab ihm die Kraft, die Hügel mit einem Ziel zu erklimmen, so als ob jenseits der Berge, dort, wohin er nicht blicken konnte, jemand auf ihn wartete.

*

Er überquerte sechs Hügelketten, von der jede höher war als die vorhergehende, bis er an einen Punkt kam, von dem aus er keine Bäume mehr sehen würde, bis er in Italien war, und als er aus dem Wald trat, stand er einer Welt gletscherüberzogener Berge gegenüber. In der Abenddämmerung waren sie von der Farbe staubiger Rosen, und die Entfernung bis zu ihnen schien so weit, daß er glaubte, einen Monat zu brauchen, um zu ihnen zu gelangen, doch es handelte sich nur um eine Licht- und Schatten-Täuschung; sie waren weder so weit weg noch so hoch, wie es schien.

Hier und dort standen heugefüllte Schober auf den schneebedeckten Weiden, in denen er Schutz vor dem Wind finden konnte. Er suchte sich den aus, der am weitesten entfernt von jedem Bauernhaus oder Dorf war und am nächsten zu dem großen Gletscher, über den er bald gehen wollte. Mehrere Stunden nach Einbruch der Dunkelheit machte er am äußersten Ende der Alm halt, an einem Ort, wo der Gletscher so nahe war, daß er die Ströme kalter Luft spüren konnte, die von ihm aufstiegen und seine Geräusche mitbrachten – das gedämpfte Geräusch eines gebremsten Rades, das über eine Stahlschiene gleitet, donnerartiges Krachen, ein tiefes, kaum wahrnehmbares Rumpeln, so als ob man ein riesiges Möbelstück langsam über einen rauhen Fußboden zerrt.

Er fand eine kleine Hütte und trat ein, verbarg sich unter dem Heu und rollte sich wie ein schlafender Hund zusammen. Obwohl ihm von der Anstrengung heiß war, wußte er, daß er in einer halben Stunde frieren würde. Er wollte einschlafen, solange ihm noch warm war, damit er bewußtlos durch die Kälte gleiten konnte, die darauf folgte. In dem Augenblick, als er aufwachte, mußte er sich wieder auf den Weg machen, Mondenschein oder nicht, denn die einzige Waffe, die er gegen die Kälte besaß, bestand darin, sich zu bewegen. Die Augenblicke, bevor er einschlief, waren wie ein Sommertag.

Er wachte gegen Mitternacht auf und zitterte so heftig, daß er Schwierigkeiten hatte, auf die Beine zu kommen. Er knöpfte sich fest zu, steckte die Hosenbeine in die Socken, zog jedes Stück Wolle über, das er finden konnte, drängte zur Tür hinaus und stürzte beinahe den Hang hinab, der zur Gletscherzunge führte.

Der Mond war untergegangen, in seinem Kopf pochte es, und seine Finger waren zu steif, als daß er sein Essen hätte auswickeln können, selbst wenn ihm warm genug gewesen wäre, zu versuchen, etwas zu essen.

Er mußte beide Eispickel benutzen. Steigeisen brauchte er nicht, er hätte sie sowieso nicht anlegen können. Nachdem er sich eine schmale, zerklüftete Eiswand hinaufgekämpft, das heißt, mit den Armen hinaufgezogen hatte, stand er auf dem Gletscher. Der stieg sanft bis zu einer Bergkette an, die dann in die Höhe schoß wie der Schaum einer Welle, die durch einen Schlund gepreßt wird. Mit etwas Glück hatte er den Mond oder einen Himmel, der klar genug war, das Sternenlicht durchzulassen, und mit ein wenig mehr Glück konnte er die Berggipfel bei Tagesanbruch erreichen.

Der Himmel war fast wolkenlos, und er konnte etwas erkennen, wenn auch nur mit Mühe. Gegen Ende des Sommers hatten Ströme geschmolzenen Schnees neue Spalten in den Gletscher gefressen und waren manchmal versiegt, kurz bevor der Spalt sich dem Himmel öffnete. Eine makellos ebene Schneeschicht von nur wenigen Zentimetern Dicke konnte hauchdünn einen Abgrund bedecken, der zwanzig Stockwerke tief war. Alessandro war nie gern über Gletscher gegangen, selbst nicht in einer Dreier- oder Viererseilschaft: Es glich viel zu sehr einem Marsch über ein Minenfeld. Jetzt hatte er kein Seil, keine Kameraden, kein Licht, nicht einmal eine Spur von Pfad, dem er hätte mehr vertrauen können als einer gestaltlosen Fläche.

Zuerst umging er selbst die kleinsten Gletscherspalten. Dann begann er, über sie hinwegzuspringen, und die, welche er bereit war zu überspringen, nahmen an Zahl und Breite zu, bis er, als der Mond aufging und die weiße Fläche beschien, in der er sich verlor, Anlauf nahm und über Spalten hinwegsegelte, die an ihrer schmalsten Stelle mehr als einen Meter breit waren.

Er landete auf Rändern und Vorsprüngen, die gerade lange genug hielten, um seinen Sprung aufzufangen, und dann abbrachen. Das kühle Licht des Mondes hatte sich nicht durchsetzen können gegen die Dunkelheit der Gletscherspalten, die so aussahen wie Ströme schwarzen Öls.

Bald nahm der schnelle Aufstieg Alessandro völlig gefangen. Das

Risiko und die Anstrengung beflügelten ihn. Er fühlte sich erhaben und unverwundbar. Leicht wie eine Gazelle flog er über die Spalten, und wenn er auf der anderen Seite landete, lief er weiter, weil er sich zu stark fühlte, um nicht zu laufen.

Lange vor dem ersten Schein des Tageslichts sprang er über einen schmalen Spalt, der kaum die Breite einer Zeitung hatte. Vier oder fünf Meter dahinter lag ein weiterer, für den er Anlauf nehmen mußte, also machte er längere Schritte, sprang weit und hoch und landete hart auf einem flachen, glatten Schneefeld. Die Schneebrokken, welche die Luft um ihn herum erfüllten, während er stürzte, waren sehr zart: Er wäre auch durch sie hindurchgefallen, wenn er auf Zehenspitzen über sie hinweggegangen wäre.

Er empfand weder Furcht noch Enttäuschung, und die Zeit stand still, während er fiel. Er verspürte ein Gefühl großer und überwältigender Freude. Während er stürzte, stoben Schneeflocken und Eiskristalle an seinem Gesicht vorbei, und für einen langen Augenblick war er frei von jedem Gefühl des Bedauerns, der Schuld, der Trauer, der Hoffnung und des Ehrgeizes.

Etwas stieß ihn aus furchtloser Vollkommenheit und grenzenloser Freude in Besorgnis und Entschlossenheit, und er drehte den langstieligen Eispickel, bis er sich im rechten Winkel zu den immer enger werdenden Wänden der Gletscherspalte befand und Spitze und Kopf des Eispickels gegen das Eis schlugen und darin immer tiefer werdende Rinnen gruben. Sich an den Stiel des Eispickels zu klammern war so, als ob man sich am Ende eines Seils festhielt, das durch einen Ring lief und ständig nachgab.

Er fiel langsam genug, daß er hoffen konnte, nicht auf einem zerklüfteten Eisboden zu zerschmettern, doch als er unten aufstieß, entdeckte er, daß der Grund der Gletscherspalte aus weichem Schnee bestand. Er landete auf einem Knie, das andere Bein war abgeknickt, der Eispickel quer darüberliegend. Er war erstaunt, daß er völlig unversehrt und glücklich war.

Kurz vor einem Januarmorgen kniete Alessandro Giuliani auf dem Dach Europas, Kilometer entfernt vom nächsten Licht, in völliger und absoluter Dunkelheit auf dem Grund der Spalte eines Gletschers von dem Ausmaß einer Großstadt. Das Blut dröhnte ihm in den Ohren, sein Herz raste, und er begann zu lachen – weil er in diesem Augenblick genau die Pose Sir Walter Raleighs eingenommen hatte, eines Mannes, an den er seit seinem neunten Lebensjahr nicht für den Bruchteil einer Sekunde gedacht hatte.

*

Die Sonne ging bei klarem Himmel auf, und bis sich Alessandro selbst aus der Spalte befreit hatte, beschien sie die östlichen Bergflanken mit dem grellen schattenbrechenden Glanz, der auf das schwache und zögernde Licht der Morgendämmerung folgt. Gegen Mitte des Morgens hatte er den Gletscher hinter sich gelassen und erklomm ein vereistes Eiscouloir, das ihn höher bringen würde, als er jemals gewesen war. Die Sonne war heiß, und sein Gesicht war schnell verbrannt. Er hatte versäumt zu essen, doch der Mangel an Nahrung schien ihn nur leichter zu machen, während er in die dünner werdende Luft aufstieg.

Als er bemerkte, daß er zu schnell an Energie verlor, versuchte er sich beim Anstieg zu mäßigen, langsamer zu atmen und weniger zu hetzen, doch er konnte es nicht. Er wurde von einem Verlangen getrieben, das er sich nicht erklären konnte, und von einer großen Kraft getragen, von der er nicht gewußt hatte, daß er sie besaß. Er stieg ohne jede Sicherung und wäre fünfhundert Meter tief gestürzt, wenn er den Halt verloren hätte.

Am Ausstieg des Couloirs fegte der Wind mit solcher Wut, daß Alessandro blinzeln mußte, um etwas zu sehen. Der Abstieg auf der Südseite war längst nicht so steil wie der Anstieg, und so konnte er gehen. Er tat einige Schritte vom Grat weg und überblickte, was unter ihm lag. Zur Linken lag Innsbruck, ein winziger Fleck aus Weiß, Terrakotta und Blau, in dem Tal, das zum Brenner führte. An den Talseiten lagen die großen Militärlager, die Alessandro vor Jahren aus dem Zug gesehen hatte. Wenn sie besetzt waren, dann waren ihre Bewohner jetzt kampferprobte Soldaten und keine frischen Rekruten mehr. Er stieg in ein bewohntes österreichisches Tal hinab, das er sich vorgenommen hatte, bei Tage zu durchqueren.

Am Talboden angekommen, machte er, um zu essen, an einem Fluß Rast, der nach dem Anschwellen wieder zurückgegangen war und dabei ein trockenes schneefreies Ufer zurückgelassen hatte, das so warm war wie im Frühling. Er begegnete auf der Straße Menschen und grüßte sie mit dem bekannten Tiroler Gruß und einer Handbewegung, die sie glauben ließ, die Alpinisten seien in ihre Region zurückgekehrt. Nur einmal begegnete er einer Patrouille berittener Dragoner. Fünfzig Reiter kamen plötzlich in einer Straßenkurve an ihm vorbei. Sie tauchten aus dem Nichts auf und donnerten an ihm vorbei, während er verlegen lächelte. Vielleicht lag es unter der Würde von fünfzig berittenen Dragonern, einen Mann in Kniebundhosen zu befragen, der am hellichten Nachmittag über eine Bergstraße wanderte, oder vielleicht war er ihnen einfach gleichgültig, doch als sie ihn passierten, erhöhten sie noch ihr Tempo. Alessandro begriff wieder einmal, daß die Freuden der Flucht schöner sind als die Freuden, einfach nur frei zu sein.

Am Eingang des Stubaitals hatte er mehr als die halbe Wegstrecke nach Italien hinter sich. Er entschloß sich zum Aufstieg, selbst wenn er im Dunkeln klettern mußte, doch in jener Nacht schien der Mond so hell, daß es kaum etwas ausmachte, und am nächsten Morgen fand er sich auf der nördlichen Hochebene des Pan di Zucchero wieder, einen Berg von den italienischen Linien entfernt. In wirbelndem Nebel, der dicht über dem Boden lag, unter einem Himmel, der so kalt und blau war, daß er die Dunstschleier zusammenpreßte und sie mit Windböen von sinnloser Geschwindigkeit peinigte, aß Alessandro, tropfnaß und durchgefroren, den Rest seines Proviants auf, warf seinen Rucksack fort und bereitete sich auf den letzten Vorstoß vor.

Er kannte den Pan di Zucchero von der anderen Seite, wo ihn eine lange Felsrampe an den italienischen Linien vorbei talabwärts geleiten würde, über sanft abfallende Schneefelder, die ihn zwar mit den Widerspiegelungen der Sonne blenden mochten, aber ihn nie zögern oder fallen sehen würden.

*

Die Sonne brannte den Nebel fort, der aufstieg, zerfiel und wie Rauch verschwand. Sie beschien die Ostflanke des Pan di Zucchero mit jener Art frühen Morgenlichts, die Alessandro zwei Tage hintereinander vorwärtsgetrieben hatte. Jetzt war er erschöpft und einige seiner Finger wiesen bereits schwarze Frostflecken auf. Sein Gesicht war sonnenverbrannt und voller Blasen, und sein stoppeliger Dreitagebart war mit Rauhreif durchzogen.

Wäre das Wetter schlechter gewesen, und es hätte hundertmal schlechter sein können, hätte er sterben können, doch die Sonne war warm, und der Himmel war von der Farbe, die die Bergsteiger dazu ermuntert, sich zu Orten vorzuwagen, von denen sie manchmal nicht zurückkehren.

Gewaltige Couloirs zu klettern war ihm nun zur zweiten Natur geworden. Nach ein oder zwei Übungsversuchen an einer schwindelerregenden Wand scheint es nur natürlich, sich tausend Meter über allem andern an winzigen Griffen hinaufzukämpfen oder sich eine unwirtliche Eiswand hochzuarbeiten. Jeder Griff und jeder Schritt ist eine Kunst, doch im Laufe der Zeit werden Griffe und Tritte sicherer und fast automatisch. Ängstlichkeit weicht der Zuneigung für die Höhe und dem Stolz darüber, auf Tritten sicher stehen zu können, was die Bergziege ihr ganzes Leben lang empfindet.

Auf halbem Weg in einer massiven Wand, die zu dem Grat führte, den er überqueren mußte, bevor er wieder absteigen konnte, begann Alessandro sich schwach und schwindelig zu fühlen. Er wollte ausruhen, aber natürlich konnte er nicht. Er traute sich nicht einmal, langsamer zu werden.

Er keuchte in kurzen Atemzügen, was ihn beruhigte und ihm als Metronom diente, nach dem er die Pickel benutzte, und drehte sich ab und zu um und spuckte aus. Nach einer Stunde vermeinte er, rote Algen auf dem Schnee zu entdecken. Er kam der Kammlinie immer näher und dachte nicht mehr daran, bis ein Flecken makellos sauberen Schnees mit roten Punkten übersät war, nachdem er in dessen Richtung gespuckt hatte.

Fünfzig Meter über seinem Kopf explodierte der Bergkamm in schwebenden Halbmonden aus Schnee, der von einem Sturm aus aufsteigenden Eiskristallen gepeitscht und aus einer verborgenen Quelle in Licht getaucht wurde: die Sonne, die unsichtbar hinter der anderen Kammseite hing. Schnee schoß in Strömen auf, die sich dem Wind überließen und sich in Wellen aus Nebel und glitzerndem

Dunst verteilten. Auf dem Kamm bewegte sich alles, alles war hell und alles lebte.

Doch Alessandro war still. Ab und zu schlief er einen Augenblick und riß sich wieder hoch. Der Schlaf war mehr als nur wohltuend. Er war schwarz und warm und allumfassend.

Dann wachte er durch einen Willensakt auf und schob sich weitere zwanzig Meter voran. Er wußte, daß er Frieden finden würde, wenn er nicht mehr weitermachen konnte. Wieder schlief er ein, und während der Schlaf weich, warm und tröstend wurde, stürzte er beinahe ab, doch er schreckte hoch, als wenn ihn ein Blitz durchzuckt hätte, und seine Erschöpfung verwandelte sich in Wut und Willen.

Seine Pickel bewegten sich so heftig, daß er sie kaum sehen konnte. Obwohl seine Sonnenbrille mit Blut und Eis bedeckt war, konnte er weder Zeit noch Energie damit vergeuden, sie sich vom Gesicht zu reißen. Als er nach oben schaute, entdeckte er, daß die Schneepfeile, die glitzernde Gischt und der singende Wind in der Sonne unmittelbar über ihm waren. Genau jenseits des Gipfels, das wußte er, flog der Wind eine mehrere Kilometer lange Felsrampe hinauf, und die Spinnwebströme aus Schnee, die er vor sich hertrieb, sprangen hier ins Blaue hinein. Vor ihm lag ein leichter Abstieg, der ihn bis zur Abenddämmerung hinter die italienischen Linien bringen würde. Würde er die Kraft für die letzten zwei Meter aufbringen, dann wäre der Krieg vorbei. Er würde hinabblicken und weit hinaus, und dort läge in wunderbar klarer Luft die dunkelblaue Masse der Poebene, eine dünne Linie jenseits der schneebedeckten Dolomiten. Dort, auf weniger widrigem Gelände, strömten die Flüsse dahin und wiegten sich die Bäume in warmen Winden. Zwei Meter unterhalb des Grats überkam ihn ein Schwall von Zuneigung für den goldenen Herbst in Rom. Dort lag seine Zukunft und seine Vergangenheit, all das, was verloren war, und all das, was er vielleicht wieder zusammensetzen konnte. Er schaute ruhig zu den Schneewehen vor dem kalten blauen Himmel hinauf, und mit der letzten Kraft, die sein Herz noch aufbringen konnte, kletterte er geradewegs in den Schnee hinauf.

IX. LA TEMPESTA

Die Adria ist flach und begrenzt. Ihre Stürme sind grimmig in der Luft und grimmig im Licht, doch auf dem Wasser brechen die Wellen, bevor sie zu den beweglichen Bergen des Ozeans werden, und die Wasserfläche blitzt von den sich kräuselnden Schaumkronen, bis sie wie ein Schaffell im Mondschein aussieht. Wenn der Atlantik wütend ist, dann äußert sich dies in einem wilden Angriff auf Erde und Himmel: bei der Adria hingegen in maßvoller Selbstbestrafung, in einer Konvulsion, die so schnell und hell ist wie die Pfeile butterfarbener Blitze, die über das Wasser tänzeln wie Stelzen.

Fast die gesamte Adria liegt zwischen langen Gebirgsketten, an denen sich die Stürme sammeln, nachdem sie die Pässe überwunden haben wie Springfluten die Wehre. Dort erheben sie sich purpurn, grau und schwarz zu einer wütenden Wand, welche die sinkende Sonne in friedliches Gold taucht.

Als eine dieser niedrigen grauen Wände im Osten auftauchte, ähnlich einer weit entfernten Nebelbank, bemerkte dies kaum jemand, und jene, die es bemerkten, machten sich keine Gedanken. Die Kinder bauten Burgen und Löcher im Sand; die alten Leute lasen Zeitungen vom Vortage aus Rom oder Mailand; und junge Mädchen, gerade ins jugendliche Alter gekommen, stolzierten ungelenk am Strand entlang und freuten sich, daß Männer verschiedensten Alters ihren schwanengleichen Gliedmaßen und weichen goldenen Haaren Aufmerksamkeit schenkten.

Nur Alessandro Giuliani, der unbeweglich in einem mit Stoff bezogenen Liegestuhl saß, beobachtete den näherkommenden Sturm. Er hatte es versucht, aber er war außerstande gewesen, die gestrige Ausgabe des *Corriere della Sera* zu lesen, denn obwohl die Sonne hell und heiß war wie in Afrika oder Sizilien, schüttelten die sanften Böen des kühlen Septemberwinds die Seiten der Zeitung. Als die Wolken so hoch und nah waren, daß die älteren Leute unruhig wurden, weil sie, anders als ihre Enkelkinder, nicht in der Lage waren, schnell über den Sand zum Hotel zu rennen, faltete Alessandro den *Corriere della Sera* zusammen und legte ihn sich unter den Oberschenkel, um ihn vor den dicken Regentropfen zu schützen, die mit der Vorhut des Sturms eintrafen.

Der Wind verhedderte die Bänder auf den Gondolierehüten der Kinder, die Alten stapften mühsam durch den Sand, und Mütter und Väter riefen nach ihren Söhnen und Töchtern. Dann schlugen die Blitze weit entfernt mit einer stillen Lichtexplosion im Meer ein, und der Strand verwandelte sich in eine Szenerie der Panik. Babys wurden hochgehoben, so als schössen die Blitze über den Sand. Sonnenschirme wurden zusammengefaltet. Handtücher peitschten frei im Wind.

Die Strandkellner waren dürre Jungen mit großen feuchten Augen. In ihren Uniformen, in denen sie aussahen wie die Affen der Drehorgelspieler, sammelten sie verzweifelt und atemlos Liegestühle und Schirme zusammen und rannten über den Sand. Einer dieser Jungen, der dichte schwarze Augenbrauen hatte, die seine makakenhafte Nase zu überbrücken drohten, näherte sich Alessandro.

»Sie müssen hineingehen«, sagte er. »Ich muß den Stuhl wegräumen.«

Alessandro betrachtete weiter den Sturm.

»Signore?«

Alessandro, der absichtlich mit der Zeit spielte, die so schnell und gefährlich verrann, wandte sich langsam zu dem jungen Makaken und blickte ihn groß an, als wollte er sagen: *Bitte?*

Der Makake ließ zwei Reihen unglaublich weißer Zähne aufblitzen. »Signore!« rief er und deutete mit dem aus einer Faust gereckten Daumen auf den Sturm hinter ihm.

»Ja?«

»Sie müssen hineingehen, wegen der Blitze!«

Während sich Alessandros Augen mit dem weit entfernten Gespinst des wilden Lichts füllten, verzogen sich seine Mundwinkel zu einem kaum wahrnehmbaren Lächeln. Als er dies sah, stürmte der verschreckte Makake los wie ein Rennpferd aus der Startbox und überquerte den Strand gerade noch vor einem heftigen Regenschauer. Er suchte Schutz unter der Veranda des Hotels, auf der die Gäste, in Bademäntel gehüllt und ihre Körbe haltend, hinter Glaswänden standen, um dem Sturm zuzuschauen, und während er und seine Freunde die Stühle und Schirme beim Schein einer elektrischen Glühbirne zusammenstellten, erzählte er ihnen von Alessandro, der bestimmt zu Asche verglühen und in die Wolken geblasen würde.

Von der Veranda aus konnten alle sehen, daß Alessandro noch immer still im Regen saß; sein Kopf ragte gerade über den Liegestuhl, und sein Haar wehte wild im Wind.

Blitze von der Farbe weißen Goldes tanzten steif über die zerrissene Wasserfläche, warfen ihren Schein gegen die dunklen Wolkensträhnen, aus denen sie herabgekommen waren, und stürzten in flachen Winkeln und gebogenen Linien über sich selbst zusammen. Donnerschläge, in der Luft zusammenstoßend, drückten löffelartige silberne Vertiefungen in das Wasser und rüttelten an den Glasfenstern des Hotels.

»Es wird ihn umbringen«, sagte eine Frau auf dem von den Fenstern am weitesten entfernten Abschnitt der Veranda. »Was macht er da?«

»Er tut, was wir auch tun«, entgegnete ein alter Mann, »nur etwas intensiver. Er scheint die Gewohnheit, an seine Sicherheit zu denken, aufgegeben zu haben.«

»Vielleicht hat er sie nie besessen!« erklärte die Frau mit fröhlicher Unduldsamkeit, wandte sich um und ging hinein.

Nein, dachte der alte Mann. Das ist etwas, auf das zu verzichten man nach und nach lernt.

Die Blitze schlugen so dicht neben Alessandro ein, daß es ihn in seinen Stuhl drückte und die hölzernen Stuhlbeine sich wie Bögen krümmten. Geblendet wartete er auf den nächsten Blitz, der ihn aus der taumelnden Dunkelheit befreien sollte, denn die Logik des Gewitters beim Ansturm über das Meer glich der Logik eines ansteigenden Crescendos in der Musik. Er war sicher, daß es mit absoluter Treffsicherheit über ihn herfallen würde, war sicher, daß das Licht immer heller und der Schlag übermäßig stark werden würde, war sicher, daß der näherkommende Angriff mit ihm enden würde, und war es zufrieden.

Doch das tat das Gewitter nicht. Es fehlte ihm schließlich doch an Lebenskraft, und es ging nicht mit einem freundlichen und schnellen Schlag nieder, der Alessandro dorthin getragen hätte, wo einem das Herz nicht gebrochen werden kann. Es ließ ihn auf einem Strand zurück, dem der Regen die Farbe städtischer Betonflächen verliehen hatte, und er starrte zehn Minuten lang in ein Blau wie das eines Rotkehlcheneies, das in der Luft über Istrien hing. Dann setzte ein kalter und ruhiger Regen ein, der bis zur Dunkelheit anhielt. Erst dann stand Alessandro auf und ging ins Hotel, das am Strand lag und mit seinen künstlichen Lichtern strahlte wie ein in einer warmen Sommernacht über den Horizont gleitendes Schiff.

*

Wie so oft nach den Septemberstürmen wurde das Wetter kühl und klar. Am Strand trugen die Kinder Pullover. Die Schiffe zogen gemächlich die weit draußen liegenden Meereskorridore entlang und waren so klar zu erkennen wie Abziehbilder; nicht daß das Meer selber ruhig war, es war immer noch frisch, aufgewühlt und windig und schlug und wirbelte in Wellen, die so ungleichmäßig waren wie Bruchstücke dicken Glases.

In dieses Meer tauchte Alessandro zu seiner täglichen Ertüchtigung. Er war der einzige, der bis ins tiefe Wasser hinausschwamm, wofür man ihn halb bewunderte, halb belächelte. Ihm war es gleichgültig, denn sobald er den flachen Uferstreifen hinter sich gelassen hatte und in schwindelerregender Höhe über dem Meeresgrund schwamm, weiter hinaustrieb und durch die Wellentäler glitt, die ihn den Blicken der Zuschauer entzogen, war er glücklich. Je weiter vom Strand entfernt er schwamm, desto gelassener war er, und mitten in Wellen, die niemals den Strand berührt oder gegen ein Schiff geschlagen waren, legte er sich auf den Rücken, ließ sich treiben und richtete seinen Blick auf die riesigen weißen Wolken. Mehrere Kilometer weit hinaus trieb er, drehte sich um und tauchte mit geöffneten Augen direkt nach unten. Als er so tief war, wie es ging, entspannte er sich völlig, breitete Arme und Beine aus und ließ sich so lange von den Strömungen unter der Wasseroberfläche in dem dunkel smaragdenen Licht umherstoßen, wie er konnte, ohne Luft zu holen. Dann ruderte er durch das Salzwasser, schwamm wie wild an die Oberfläche und brach durch das silberne Dach in die klare Luft und den stechenden Sprühnebel.

Er liebte es, in einem Winkel zum Strand zurückzuschwimmen und so weit entfernt von seinem Ausgangspunkt an Land zu gehen, daß er wieder trocken und seiner selbst gewiß zu seinem Stuhl zurückkehrte. Nachdem er sich so wieder an Schwerkraft und Licht gewöhnt und wieder klaren Blick gewonnen hatte, schlug er die Zeitung auf, lehnte sich zurück, faltete sie wieder zusammen und sank in traumschweren Schlaf.

»Ich spreche leise, denn wenn Sie schlafen, möchte ich Sie nicht wecken und gehe wieder, aber wenn Sie nicht schlafen, dann können Sie mir vielleicht sagen, ob Sie schlafen oder nicht«, sagte jemand zu Alessandro, der seine Augen geschlossen hielt und so tat, als hätte er nichts gehört.

»Wissen Sie, ich habe jetzt ein Telefon in meinem Büro. Wenn ich jemanden anrufe oder jemand ruft mich an, fängt das Gespräch immer mit ›Habe ich Sie geweckt?‹ an, selbst um zwei Uhr nachmittags. Und selbst wenn man den Apparat um vier Uhr früh benutzt und sie das fragt, sagen sie, ›Nein, Sie haben mich nicht geweckt‹. Warum schämen sich die Menschen ihres Schlafs?

Ich denke, der Telefonverkehr sollte um Mitternacht eingestellt werden, wie die Busse, aber ich nehme an, der Wert des Telefons zeigt sich auch bei Notfällen. Ich muß allerdings gestehen, daß ich es nicht sehr mag. Ich mag nicht, was es mit den Menschen macht. Wenn ich einen Klienten anrufe, sagt seine Sekretärin irgendwas wie ›Signor Ubaldi ist in einer Besprechung‹. ›Na und?‹ sage ich, und sie sagt: ›Darf ich um Ihren Namen bitten?‹ Darauf erwidere ich stets: ›Ah! Wir können unsere Flitterwochen im Sudan verbringen!‹ aber das verstehen die nie. So etwas stellt das Telefon mit den Menschen an.«

Alessandro schlug die Augen auf und sah vor sich auf dem windigen Strand einen Mann mittleren Alters in einem dicken weißen Bademantel stehen. Er hatte schütteres Haar, war untersetzt, verlegen und von der Farbe der Molasse braungebrannt, mit einer Patina von vulkanischem Rot, die besagte, daß er eine Menge Blut in sich hatte und daß es mit großer Kraft zirkulierte. Er sprach auch mit großer Kraft, mit einer Beweglichkeit und Zuverlässigkeit, ohne die ein türkischer Ringer weder sein Handwerk ausüben noch sein Leben fristen könnte. Und doch verbarg sich dahinter Feingefühl und Zurückhaltung, wie sich die Farbe seines Blutes unter seiner gebräunten Haut verbarg.

»Meine Frau läßt fragen, ob Sie mit uns vielleicht ein Glas Limonade und ein Canapé zu sich nehmen wollen. Mein Sohn hat Sie beim Schwimmen beobachtet. Ich habe ihm von der Gefahr erzählt, und er hält Sie für einen Helden.«

»Das ist sehr freundlich von Ihnen«, erwiderte Alessandro. Bevor er noch hinzufügen konnte, daß er weder durstig noch hungrig sei und sich nur ausruhen wolle, sagte der Ringer »*Magnifico!*« und machte auf dem Absatz kehrt.

Der Sohn war eine Miniaturausgabe des Vaters, mit mehr Haaren auf dem Kopf und weniger Haaren auf dem Körper; die Gattin war eine reizende Frau von äußerster, bezaubernder Zartheit. Alessandro verspürte beängstigend schnell den Wunsch, sie an sich zu ziehen und sie auf ihr wunderschönes winziges Gesicht zu küssen. Sie reichte ihm nur bis zur Brust, und ihre Hände waren so schmal und zart, daß sie ihn an die süßen, unschuldigen Mäuse in Kinderbüchern erinnerten. Sofort sah er, daß der Ringer der beste Mann für sie war, ihr ergebener und zärtlicher Beschützer. Und sofort bemerkte er, daß der kleine Junge etwas Besonderes war, daß er mit solch einem kraftvollen Vater und einer so zarten Mutter, zwischen deren unterschiedlichen Eigenschaften ständig vermittelnd, dazu ausersehen war, weise zu werden, selbst wenn er bereits mit neun Jahren aussah wie ein türkischer Ringer. Alessandro mochte sie. Sie waren so unvollkommen und so bewundernswert, daß er nicht anders konnte, als sie zu mögen, und es tat ihm nicht leid, daß er von ihnen angesprochen worden war.

»Momigliano, Arturo«, sagte der Ringer und stellte sich auf die formelle Art vor, Nachname zuerst.

»Giuliani, Alessandro«, erwiderte Alessandro und verbeugte sich leicht.

»Meine Frau Attilia und mein Sohn Raffaello.«

Alessandro dachte an Rafi, ein anderer Raffaello mit jüdischem Namen. »Ein Freund von mir hieß Raffaello – Raffaello Foa«, sagte Alessandro zu dem Jungen.

Der Ringer war etwas verwirrt. »Jeder kennt die Foas«, sagte er. »Wer ist der Vater?«

Alessandro sagte es ihm.

»Ich kenne ihn nicht. Was macht er?«

»Er ist Metzger in Venedig.«

»Ich kenne nur die Foas in Rom und Florenz. Sie sind alle Angestellte und Rabbis. Und Ihr Freund, Raffaello, was macht er heute?«

»Er ist im Krieg umgekommen.«

»Das tut mir leid. Ich hoffe, er mußte nicht leiden.«

»Er hat sehr gelitten.«

»Sind Sie sicher? Auf mündliche Aussagen kann man sich nicht verlassen, und man sollte nicht immer das Schlimmste annehmen.«

»Ich spüre noch immer sein Gewicht«, sagte Alessandro, »und sein Blut.«

Attilia schaute Alessandro auf eine Weise an, daß ihn ein weiterer Schwall an Zuneigung überkam, die noch verstärkt wurde, weil offensichtlich war, daß Attilia sich selbst nicht hoch einschätzte, vielleicht weil sie so klein war. Alessandro ließ aus seiner Begeisterung für sie Respekt vor ihrem Gatten werden, obwohl er nur ahnen konnte, daß Arturo Achtung verdiente.

»Nun, hören Sie zu«, sagte Arturo. »Er muß mit den Foas verwandt sein, die ich kenne. Ich werde fragen, wenn ich sie sehe. Ich kenne sie, weil ich auch Buchhalter bin – ein erfolgloser Buchhalter.«

»Erfolglos?«

»Ja. Deshalb sind wir hier«, sagte Arturo, »in diesem nicht gerade luxuriösen Hotel in der Nachsaison, statt auf Capri im August. Das soll natürlich nicht heißen, daß ich jeden der hier Anwesenden für erfolglos halte, aber ich bin es.«

»Wahrscheinlich haben Sie recht. Ich bin selber im Augenblick arm wie eine Schwalbe«, sagte Alessandro – nicht wie jemand, der davon träumt, eines Tages reich zu sein, sondern aus Überzeugung. »Und ich habe einen niederen, langweiligen Beruf. Ich bin Gärtnergehilfe. Nicht mal Gärtner, nur Gehilfe.«

»Für jemanden, der so gut reden kann und ein so mutiger Schwimmer ist ... darauf wäre ich nie gekommen, aber was ich tue, ist noch schlimmer«, versicherte Arturo.

»Warum ist ein so starker und begeisterungsfähiger Mensch wie Sie ein erfolgloser Buchhalter? Sie sind doch nicht dumm?«

»Unglücklicherweise nicht, nein.«

»Also warum haben Sie dann keine Fabriken und Schiffsflotten? Sie machen den Eindruck eines mürrischen Magnaten. Zwar mürrisch, aber dennoch ein Magnat.«

»Ich bin geboren, um nicht ich selbst zu sein«, sagte Arturo.

Alessandro setzte sich auf seinen Stuhl, und Raffaello brachte ihm ein Glas Limonade, das er so vorsichtig hielt, als würde die Welt untergehen, wenn er etwas verschüttete. Attilia reichte Alessandro einen Teller mit Käse, Stangensellerie und Brot. Einen Moment lang vergaß Alessandro, daß er alles und alle verloren hatte.

»Mir ist es immer so vorgekommen«, sagte Arturo, »als ob die Männer mit großen Ambitionen und großem Erfolg – in der Kunst gibt es Ausnahmen, Männer wie Beethoven oder Chateaubriand – ...«, Alessandros Augen weiteten sich, » ... reibungslos durchs Leben kommen, so als ob sie stets auf den Wellen ritten und niemals in ihnen. Ich habe festgestellt, daß Mißerfolg die Zeit abbremst.«

»Das ist nur eine Ausrede, Arturo«, sagte Attilia, allerdings auf freundliche, liebevolle Art, die zum Ausdruck brachte, daß sie sich nicht sicher war, daß es ihr aber nichts ausmachte, wenn es so wäre. Arturo verlor sich inzwischen in geplanten Erklärungen.

»Ich kann aus mehreren Gründen kein erfolgreicher Buchhalter sein. Zuallererst, ich bin absolut ehrlich. Ich habe großes Vergnügen daran, auf meine eigenen Interessen zu verzichten, nur um absolut ehrlich zu bleiben. Ist das nicht furchtbar?«

»Ja«, sagten Alessandro, Attilia und Raffaello leise und gleichzeitig.

»Und dann«, fuhr Arturo fort, und die Worte kamen friedlich aus dem schildkrötenartigen Mund in dem Zenturionengesicht mit den glitzernden schwarzen Augen, »die meisten Buchhalter lieben Spiele, und für sie ist die Arbeit ein Spiel. Ich habe Spiele immer gehaßt. Ich habe in ihnen nie mehr als Zeitverschwendung gesehen. Für mich ist die Buchhalterei harte Arbeit. Ich leide, wenn ich arbeite, und das erlaubt mir wunderbare Visionen.«

»Welche Art von Visionen?« fragte Alessandro.

»Religiöse und poetische.«

»Sie meinen, Sie fallen in Ekstase, wenn Sie Ihre Zahlenkolonnen addieren?«

Arturo beugte den Kopf. »Ich kann Zahlen nicht ertragen. Sie treiben mich in den Wahnsinn, so wie Zwangsarbeit Galeerensklaven zu Mystikern gemacht hat.«

»Hat sie das?«

»Haben Sie nicht *Digenis Akritas Calypsis* gelesen?«

»Sie meinen *Digenis Akritas*, den ersten byzantinischen Roman?«

»Nein, *Digenis Akritas Calypsis*«, sagte Arturo. »Der erste byzantinische Roman war *Melissa*, oder?«

»Das hätte ich wissen müssen«, sagte Alessandro.

»*Digenis Akritas* entstand kurz danach. Oder vielleicht habe ich die Reihenfolge durcheinandergebracht.«

»Macht nichts.«

»Der andere Grund, warum ich als Buchhalter so erfolglos bin, ist der, daß ich runde, gerade Zahlen mag. Ich führe meine Bücher nach ästhetischen Gesichtspunkten.

Wenn Sie zum Beispiel mein Klient wären und Sie hätten, sagen wir mal, dreiundsiebzigtausendvierhundert Lire in Kriegsanleihen, neunundsechzigtausendzweihundertundzweiunddreißig Lire auf dem Sparkonto und bezögen monatliche Mieteinkünfte von zehntausenddreihundertundfünfzig Lire, dann würde ich alles so drehen, daß Sie zum Beispiel hunderttausend in Kriegsanleihen, fünfzigtausend auf dem Sparkonto, zehntausend auf dem Girokonto und zehntausend an Miete im Monat hätten, Ihr Mieter aber das Gas bezahlen müßte.

Ich würde dafür sorgen, daß Ihre Zinseinnahmen auf ein separates Sammelkonto gingen, und im Falle einer ungeraden Endsumme würde ich es abheben und Ihnen etwas absolut Symmetrisches kaufen – eine Glaskugel zum Beispiel.

Ich präsentiere meinen Klienten die Berichte über ihre Finanzlage in schönen ledernen Aktendeckeln, in Gruppen ausgewogener Sätze, mit Zahlen und Schriften in einem möglichst deckungsgleichen Raster. Das finanzielle System der Klienten besteht aus Behältern von konstantem Volumen, die sich, sollten sie überfließen, in andere Behälter von konstantem Volumen ergießen. Ungerade Überschüsse fließen sofort in die täglichen Ausgaben. Ich sorge sogar dafür, daß meinen Klienten funkelnagelneue Geldscheine in edelformatigen braungoldenen Umschlägen zugestellt werden, in Beträgen von tausend, zweitausend, vier-, sechs- und zehntausend Lire.

Ich verhandle über Verträge, Verkaufspreise und zu zahlende Gehälter in großen, runden, ganzen Zahlen, weil mich ausgefranste Ketten von Nichtnullen an eine Insektenplage erinnern oder an jemanden, der seit langer Zeit kein Bad mehr genommen hat«, sagte Arturo, dessen Augen das Azur des Himmels widerspiegelten und dessen Fäuste fest geballt waren, während er fortfuhr. »Ich sorge dafür, daß die Dienstleistungen in glatten Summen entlohnt werden, und wenn ich einen Fehler mache, und sei es am Ende einer Seite voller Berechnungen, dann streiche ich ihn nicht aus, ich radiere ihn nicht weg, ich werfe die Seite fort und fange noch einmal von vorne an. Für mich ist ein schlecht formulierter Brief oder eine undeutlich geschriebene Zahl ein Fehler.«

»Und dennoch«, sagte Alessandro, »sind Ihre Kleider und Ihr Aussehen nicht makellos.«

»Es ist mir egal, wie ich aussehe, ich kümmere mich um das, was außerhalb meiner selbst ist, deshalb habe ich keinen Erfolg. Ich gebe mir in einer Welt, in der der Erfolg jenen zufließt, die habgierig alle Mühen scheuen, zuviel Mühe, aber ich kann es nicht ändern. Es bereitet mir Kummer, schlampig und unsymmetrisch zu arbeiten. Deshalb«, sagte er und wurde rot, aber nicht so rot wie Attilia, »habe ich mich auch so in meine Frau verliebt, denn sie ist ein Juwel von anmutiger Gestalt.

Aber das ist auch der Grund, warum wir in der Nebensaison kommen, zweiter Klasse, und warum wir in einer Wohnung ohne Ausblick in der Via Catalana wohnen.«

»Im zweiten Stock«, warf Raffaello ein.

»Im zweiten Stock.«

»Die Wohnung ist groß«, sagte Attilia zu ihrem Mann.

»Ja«, erwiderte er, »aber sie hat keine Terrasse, keine Aussicht, und sie liegt zu nah an der Straße.«

»Sie liegt nahe der Synagoge.«

»Und weit vom Büro.«

»Du gehst doch gern zu Fuß.«

»Nicht, wenn es regnet.«

»Die meiste Zeit regnet es nicht.«

»Die meiste Zeit laufe ich nicht.«

»Du meinst, es regnet, wenn du läufst?«

»Du solltest deine Einschätzung der Regenhäufigkeit auf die jeweils entsprechende Zeit beschränken. Sonst begehst du statistische Irrtümer.«

»Ich verstehe dich nicht, Arturo. Alles, was ich weiß, ist, daß für uns gut gesorgt ist und Raffaello auf einer ehernen Säule steht – auf dir.«

Arturo betrachtete den Sand und wandte sich dann, weil ihn das Kompliment verlegen gemacht hatte, mit einem Gesichtsausdruck an Alessandro, der zu sagen schien: Was ist mit dir? Jetzt bist du dran, uns etwas von dir zu erzählen, als Ausgleich für meine Beichte.

»Ich bin Gärtnergehilfe. So einfach ist das. Wenn ich das sage, fragt mich keiner mehr, was genau ich tue oder warum.«

»Ich frage«, sagte Arturo. »Ich frage. Es interessiert mich sehr.«

Bevor er begann, lehnte sich Alessandro in seinen Stuhl zurück und betrachtete den Himmel, als wolle er sich an dem Licht erfrischen. »Als ich aus dem Krieg heimkehrte, hatte ich alles verloren, aber ich war dennoch dankbar, am Leben zu sein. Trotz allem, was ich gesehen hatte, trotz der Zerstörung all der Dinge, die ich einst für gegeben gehalten hatte, trotz der Wunden, die mir zugefügt worden waren, und trotz der Erinnerung an Männer, die weit besser waren als ich und ausgelöscht worden waren, war ich von Dankbarkeit überwältigt, von unerbittlicher, berauschender Dankbarkeit.

Nach meiner Entlassung aus dem Militärdienst nahm ich den Zug von Verona nach Rom. Ich wußte, daß bei meiner Ankunft in Rom zum erstenmal weder meine Mutter noch mein Vater noch sonst irgend jemand auf mich warten würde. Es war Winter. Es war kalt und grau. Der Zug war voll von ehemaligen Soldaten wie mir.

Es war ein Militärzug, ein Eilzug, der nicht überall anhielt, der schneller und schneller zu werden schien und der sanft hin und her schaukelte und über die Felder stürmte, an den Sträuchern vorbei, aus denen aufgeschreckte Vögel wie Rauch aufstiegen.

Ich schaute zum Fenster hinaus und betrachtete das Land, das vorbeiraste, wenn ich mich auch manchmal selbst in dem Glas gespiegelt sah, betrachtete die alten Städte und Gebäude in all ihrer Ruhe und wie der Wind in seinem nie endenden Streit mit dem Land das Schilf niederdrückte.

Vielleicht gewisser Gedanken und Erinnerungen wegen, die ich nicht loswerden konnte, verwandelte sich Landschaft in einer Vision, wie ich sie seitdem nie wieder gehabt habe. Die Landschaft war grau und tot, mit verrottendem Stroh und mit Stoppeln übersät, von Scheewehen halb zugedeckt. Die Bäume waren schwarz, ihre Borke durchweicht, und sie trugen keine Blätter, und Wolken und Himmel sahen aus wie Rauchwolken über einer brennenden Stadt.

Das also lag vor mir, das, so glaubte ich, erwartete mich, und das war, was ich sehen wollte. Aber es war alles ganz anders.«

»Was haben Sie gesehen?« fragte Attilia.

»So wahr mir Gott helfe, ich sah den Frühsommer. Ein Schwall hellen Grüns flutete leicht durch die Bäume. Sprößlinge und Knospen bedeckten die Erde und spalteten die Zweige, und wo ich nicht Grün sah, sah ich Gelb und Blau. Die Farben waren tief, die Formen zart. Der reiche Sommer, den ich mir einbildete oder an den ich mich erinnerte, war aus der Zeit herausgetreten und hatte den Winter besiegt.

Wenn ich so etwas Erstaunliches und Schönes wie das, was ich an jenem Tag vom Zug aus gesehen habe, nur vor dem Krieg gesehen hätte ... aber seitdem nicht mehr. Nie wieder. Zum erstenmal hatte ich den Sieg von der Seite des Verlierers aus gesehen, und weil der Sieg nicht meiner war und ich nicht dazugehörte, spürte ich ihn um so mehr. Es war Gottes Sieg, der Sieg der Fortdauer der Welt. Er würde mir nichts bringen und meine Reichtümer nicht mehren. Es war bitter, und ich würde auf immer ausgeschlossen bleiben, aber noch nie habe ich eine tiefere Freude empfunden, noch nie eine tiefere Befriedigung, denn wenn auch von *mir* nicht mehr viel übrig war, so war doch die Welt erfüllt. Und ich war nicht der einzige. Tausend Mann saßen sieben Stunden lang in dem Zug, und ich glaube, in der ganzen Zeit ist kein einziges Wort gefallen.

Waren Sie in der Armee?« fragte Alessandro Arturo.

Arturo verneigte sich ein wenig und blinzelte. Als er sich wieder aufrichtete, sagte er: »Ich war Waffenmeister in Trento.«

»Dann wissen Sie ja, welches Glück Sie haben, zu Ihrem Sohn heimgekehrt zu sein.«

Arturo legte den rechten Arm um Raffaellos Schulter und zog den Jungen zu sich. »Natürlich weiß ich das«, sagte er. »Er war noch ein Baby, als ich ging, und ich dachte, er müsse ohne mich aufwachsen.«

»Papa! Papa!« jammerte Raffaello peinlich berührt, als Arturo ihn küßte.

»Warum sind Sie nicht zur Kirche gegangen?« fragte Arturo Alessandro. »Bei solchen Gefühlen hätten Sie der Kirche mit genau der Einstellung beitreten können, die man von Männern im Dienste Gottes erwartet, nicht von den jungen Burschen, die all das auswendig lernen, was ein Mann nicht lernen kann, bevor er gebrochen ist.«

»Ich habe nicht das Naturell dazu. Und ich wußte auch, daß ich nicht mit dem weitermachen konnte, was ich vor dem Krieg getan hatte, zumindest eine Zeitlang nicht, und zumindest nicht als Meßdiener.«

»Was haben Sie denn gemacht?«

»Ich gehörte den unteren akademischen Rängen an. Ich schrieb Aufsätze über Musik und Malerei, weil ich Musik hören und mir Gemälde ansehen wollte und weil ich meinen Lebensunterhalt verdienen mußte. Es war Quälerei. Ich war zu jung, mich einem Kunstwerk anders als mit Eifer und Freude zu nähern. Nun kann ich auch kontemplative Aufsätze schreiben, der Krieg hat das bewirkt, obwohl der Krieg selbst keinerlei Ästhetik besitzt. Lebensläufe, die man zusammengebracht hätte, damit sie einen harmonischen Abschluß finden, werden plötzlich abgeschnitten. Personen tauchen nicht dort wieder auf, wo sie unter den Bedingungen einer friedlichen Ästhetik wieder hätten auftauchen sollen, denn sie sind getötet worden. Das Gleichgewicht zwischen Mann und Frau ist zerstört. Die Zeit verliert ihre Fülle. Ruhe existiert nicht mehr. Das Fehlen einer Ästhetik befördert die Extreme, und diese stellen den Krieg falsch dar; sie glorifizieren ihn entweder oder sie glorifizieren dessen Horror, wohingegen der Krieg irgendwo zwischen purem Horror und purer Großartigkeit liegt, mit Anklängen von beidem.

Und nun kann ich besinnliche Essays schreiben, aber ich tue es nicht, weil ich nicht will.«

»Sie sind Gärtnergehilfe.«

»Ja. Nach meiner Rückkehr nach Rom war ich mit vielen praktischen Fragen beschäftigt. Es ist kompliziert, aber alles hat mit der Tatsache zu tun, daß ich kein Geld habe. Außer ein paar Freuden, die sich die Menschen törichterweise selbst vorenthalten, lebe ich wie ein Mönch.

Ich arbeite in einem halben Dutzend Gärten auf dem Gianicolo, darunter auch in dem Garten, der zu dem Haus gehört, in dem ich aufgewachsen bin. Mein Vater verkaufte ihn den Leuten, die gegenüber von uns wohnten. Meine Schwester hielt mich für tot, als ich Kriegsgefangener in Österreich war, sie verkaufte das Haus und wanderte nach Amerika aus.

Dinge kann man zurückkaufen. Die Leute, die das Haus erwarben, kauften auch den Garten zurück. Nun sind Haus und Garten wieder vereint, und drei Kinder wachsen in ihm als ihrem eigenen auf.

Früher einmal gehörte er mir, und ich war darin glücklich. Immer wieder sehe ich meinen Vater, meine Mutter und meine Schwester vor mir, wenn ich dort arbeite. Die alten Gärtner sind verschwunden, und niemand weiß, daß dies früher einmal mein Haus gewesen ist. Ich muß aufpassen, nicht zu besitzergreifend zu sein, doch manchmal sage ich den neuen Eigentümern mit einer ihnen unverständlichen Sicherheit, wo sich etwas befindet, selbst wenn es vergraben ist, oder was an einem bestimmten Platz war, auch wenn es verschwunden ist.

Ich habe Glück, etwas zu haben, das ich liebe. Obwohl mir der Garten nicht mehr gehört, ist er doch schön, und ich erinnere mich. Die Sprößlinge aus dem Boden schießen zu sehen, die Pinienzweige, die ich gut gestutzt halte, vor dem blauen Himmel wehen zu sehen, und die Kinder des Hauses zu sehen, wie sie mit der zarten Illusion aufwachsen, daß dies ihres ist, ist der Grund für diese große Befriedigung.«

»Wird das immer so sein?« fragte Arturo.

»Nein. Selbst dieser Ort wird für mich nicht immer grün sein, aber im Augenblick ist das alles, was ich brauche. Ich bin zufrieden.«

»Sie werden heiraten und Kinder haben«, sagte Attilia. »Sie werden sehen. Alles wird sich ändern. Die Zeit wird es gut mit Ihnen meinen, mehr noch als der Garten.«

*

Nicht lange nach ihrer Begegnung am Strand saßen Alessandro und die Familie Momigliano an einem Tisch im Speisesaal des Hotels. Es war einer dieser Tage im Herbst, an denen der Sommer in jeder Hinsicht wiederkehrt, außer in einer, der Stärke des Lichts. Ein solcher Tag hat die Merkmale eines alten Mannes, der alle Fähigkeiten und eine ungebrochene Vitalität besitzt und allein durch die abgelaufene Zeit verurteilt ist. Obwohl es heiß war, lag das Licht doch im Sterben.

Doch schwindendes Licht ist der krönende Abschluß am Strand und traumhafter Lohn für die Mühen des Sommers. Im Sommer schleppen sich die Wellen heran, doch wenn die Luft heiß, aber das Licht schon herbstlich ist, sind die Wellen Meister der stillen Aussprache: sie brechen nicht, sie wispern eher.

Alessandro tauchte den Löffel in einen Teller mit Hühnerbrühe und Gnocchi, die fast so goldfarben war wie das Licht draußen. »Die Suppe ist gut«, sagte er. »Sie versalzen sie nicht. Der Grund, warum die Leute eine Hühnersuppe versalzen, ist der, daß sie dann vorgeben können, etwas zu essen, was tatsächlich nichts ist, doch die Wahrheit dieses tatsächlichen Nichts ist unendlich viel mehr als die Lüge, die fast nichts in eine Menge Etwas verwandelt.«

»Wie wär's mit Brot und Butter?« fragte Arturo. »Nehmen Sie Butter aufs Brot?«

»Nicht seit 1915.«

»Seit der Armee? Wir hatten die meiste Zeit Butter.«

»Wir hatten Schmalz, also lernte ich, das Brot so zu essen.«

Auf der Veranda stand ein gußeiserner Tisch und auf ihm ein

Phonograph. Der Fuß des Phonographen war aus rosenfarbenem Mahagoni, die Metallteile aus glänzendem Nickel, und der Trichter hatte eine blumenartige Form aus Elfenbein, Ebenholz und Bernstein. Während des Mittagessens ging ein Junge von sechzehn oder siebzehn Jahren, der zu aufgeregt war, um mit seiner Familie zu essen, auf die Veranda und spielte den zweiten Satz von Beethovens Siebter Symphonie immer und immer wieder.

Der Klang war von einer zerbrechlichen Schönheit, die gut zu dem schwindenden Licht paßte. Alessandro dachte über diese Ähnlichkeit nach und über die Fähigkeit der Zerbrechlichkeit, sich in Stärke zu verwandeln, als er ein großes Scheppern und dann das Kratzen der Phonographennadel über die Walze vernahm, das sich anhörte wie ein Säbel, der Sehnen durchtrennt.

Alessandro stand vom Tisch auf, und Arturo folgte ihm mit eiligen kleinen Schritten. Auf der Veranda starrte der Junge, der den Phonographen gespielt hatte, mit Tränen in den Augen wütend sechs einheimische Grobiane an, die auf der Veranda, der Treppe und davor standen, alle in der Pose des Rückzugs; bereit, loszuschlagen, standen sie starr da mit ihren Knüppeln, um jeden anzugreifen, der auftauchen sollte. Als nur Alessandro und Arturo, die Serviette noch in der Hand, erschienen, traten die sechs Rabauken einen Schritt vor.

Sobald Alessandro dies sah, wurde ihm klar, daß nun ein komplexes Ritual folgen würde, in dessen Verlauf entweder er und Arturo oder die sechs Jungen durch Lautstärke, List, Geschicklichkeit und Beherrschung der Angst besiegt werden würden, doch wollte er an diesem Spiel nicht teilnehmen.

»Wer war das?« fragte er. Beim Tonfall seiner Stimme schlugen sie mit den Knüppeln auf den Boden.

»Wir hören in Italien keine deutsche Musik.« Sie waren kaum auseinanderzuhalten, und ihre Gesichter sagten, daß sie bedauerten, den Krieg versäumt zu haben, und daß sie das an so vielen Menschen auslassen wollten wie möglich.

»Ach, tun wir nicht? Und warum nicht?« fragte Alessandro. Arturo lachte.

»Weil die Österreicher Italiener umgebracht haben!« erklärte einer von ihnen mit vorsätzlicher Empörung.

»Und was weißt du davon?« fragte Alessandro. »Außerdem hören Italiener auch italienische Musik und Italiener bringen Italiener um, wie du gleich sehen wirst.«

»Richtig«, rief Arturo. Dann stürzten sich Arturo und Alessandro auf die sechs Jungen, die zum Halbkreis zusammenrückten und mit Knüppeln und Fäusten näherkamen; einige teilten Tritte aus. In den ersten zehn Sekunden atmete keiner von ihnen.

Alessandro bekam einen Schlag auf seinen erhobenen Arm, auf Ohr und Kopf. Der Junge, der den Schlag gelandet hatte, glaubte, daß Alessandro sich zurückziehen würde, doch Alessandro packte ihn bei den Schultern und gebrauchte seinen eigenen Kopf als Amboß, gegen den er das Gesicht des Jungen hämmerte.

Drei hatten sich auf Arturo gestürzt, stießen ihm in die Rippen und schlugen ihm mit den Knüppeln auf den Kopf, doch seine Arme waren noch frei und er befreite sich, jagte einen der Angreifer, während die anderen ihn weiter verfolgten, holte ihn ein und grub ihm die Zähne ins Fleisch. Der Junge schrie derart vor Entsetzen, daß sie alle kehrtmachten und über die Brüstung sprangen; Alessandro und Arturo setzten ihnen sofort nach. Als sie sie einholten, schlugen sie mit Fäusten auf sie ein und versetzten ihnen Fußtritte. Dann ließen sie sie laufen, statt sie umzubringen, was sie auch hätten tun können.

Alessandro spürte, wie ihm das Blut in warmen Strömen den Hals hinunterlief. Seine Kleidung war zerrissen und blutbeschmiert, und er humpelte. Arturo war in einem ähnlichen Zustand.

Sie standen am Strand, vom Rauschen der Wellen und dem Geruch der See umgeben, und Arturo wandte sich an Alessandro. »Sehen Sie«, sagte er und keuchte glücklich. »Sie leben. Sie können kämpfen. Sie können kämpfen, bis Sie sterben.«

»Aber ich will nicht«, erwiderte Alessandro.

»Warum nicht?«

»Die wahre Kraft ist bei denen, die für immer still sind, und ich möchte bei ihnen sein.«

»Gütiger Himmel. Warum?«

»Weil ich sie liebe.«

»Sie meinen wie Hamlet, der ins Grab springt?«

»Ja.«

»So was können Sie nicht tun!« rief Arturo. »Dies ist das zwanzigste Jahrhundert. Und außerdem sprang er wieder hinaus.«

»Er stieg hinaus.«

»Na gut, er stieg hinaus. Es wäre besser, wenn Ihre Seele in Flammen stünde. Sie steht in Flammen, und wenn Sie Luft daranlassen, wird sie aufflammen wie die Sonne. Selbst ich ... meine Seele steht in Flammen ... und ich, ich bin ein Buchhalter!«

*

In jener Nacht zog ein Sturm vom Meer herein und verwandelte die Luft in ein dreidimensionales Schlachtfeld wütender Blitze und Donnerschläge, die auf dem Wind ritten und an dem Hotel rüttelten, als hätten sie es bei den Schultern gepackt.

Von einem Korbstuhl auf seinem Balkon aus beobachtete Alessandro, wie das Meer sich streckte und buckelte wie eine Katze, die auf dem Rücken liegend kämpft. Jedesmal, wenn ein Blitz zuckte, enthüllte er einen mächtigen Kampf in der Dunkelheit und eine Wasseroberfläche, die so aufgewühlt war wie eine Ebene, auf der zwei Armeen seit Tagen kämpfen.

Durch den Lärm des Windes drangen unverständliche Worte zu ihm, und er hörte Musik, die klang, als käme sie von dem Phonographen auf der Veranda. In den letzten Satz des Dritten Brandenburgischen Konzertes mischte sich, seine unvergleichliche Herrlichkeit störend, eine Art Pochen, das Alessandro nicht einordnen konnte und das so laut wurde, daß es über dem Vorandrängen der Musik dröhnte wie das Echo von Kanonen im Gebirge.

Er dachte daran, wie er sich in jungen Jahren Gott nähern konnte, indem er die brennende Nessel der Schönheit ergriff, doch nun wagte er es nicht mehr.

Der ganze Himmel entzündete sich in einem schmerzlichen Blitz. Sogleich folgte ein zweiter, und er wußte, daß es mehrere Minuten dauern würde, bis er wieder die schwachen Umrisse von Meer und Strand ausmachen konnte. Obwohl er aufrecht saß, kam es ihm so vor, als läge er auf dem Rücken oder wirbelte kopfüber durch den Raum. Obwohl das pochende Geräusch wie das Schlagen einer Kesselpauke dem beharrlichen Tempo der Streicher angepaßt war, setzte es sich darüber hinweg. Sooft es schwächer wurde, gewann es wieder an Kraft und wurde immer intensiver, bis die ganze Welt zu erzittern schien. Alessandro versuchte, das Geräusch zu identifizieren. Sein Gesicht verzerrte sich in dem Bemühen, nicht die Lautstärke, sondern die Besonderheiten des Geräuschs innerhalb der Lautstärke besser zu hören. Es schien, als sähe er eine herannahende Armee, wolle aber wissen, aus welchen Elementen sie sich zusammensetzte.

Dann wurde ihm auf einmal ohne erkennbaren Grund bewußt, daß das Geräusch weit jenseits des Donners, das den Rhythmus beibehielt und niemals stockte, das Schlagen eines Herzens war, und es sagte ihm, allem zum Trotz, was er wußte, und allem zum Trotz, was er Grund hatte zu glauben, daß er Ariane noch nicht verloren hatte.

*

Der nächste Morgen war mit dickem grauem Nebel verhangen. Dutzende von Menschen, die unglücklich durch die Flure und Gemeinschaftsräume des Hotels wanderten, verwandelten dieses in eine Art Nervenheilanstalt. Alessandro, der nervös über die rubinroten Perserteppiche schritt, spielte seine Rolle eines Insassen. Er hatte sich nicht rasiert und nur ein oder zwei Stunden geschlafen, während der er eine ungeheure Energie beim Träumen verbraucht hatte.

Als Arturo ihn zum Mittagessen abholen wollte, glaubte er, Alessandro sei krank. »Haben Sie letzte Nacht nicht geschlafen?« fragte Arturo, während sie auf den Speisesaal zustürmten und beinahe alte Leute mit Gehstöcken umgerannt hätten.

»Ich habe wie ein Aal geschlafen. Beeilen wir uns.«

»Wozu? Wir werden nur länger am Tisch sitzen, bis sie das Essen auftragen.«

»Wenn wir uns beeilen, beeilen sie sich vielleicht auch.«

»Welchen Unterschied macht das schon? Selbst wenn sich der Nebel lichtet, dann nicht vor dem Nachmittag. Wo wollen Sie hin?«

»Ich weiß nicht«, sagte Alessandro. »Ich denke, ich werde heimfahren.«

Bis Attilia und Raffaello von einem Spaziergang unter nebelnassen Pinien zurückkehrten, spielte Alessandro mit seinem Besteck, klopfte gegen das Porzellan und das Wasserglas, ließ das Messer rotieren, schlug es an und hielt es an sein Ohr, obwohl es keinen Ton abgab.

Arturo versuchte Alessandro in praktische Fragen zu verwickeln. »Was meinten Sie damit, als Sie sagten, Sie seien arm wie eine Schwalbe, aber nur im Augenblick? Leben Sie von Reis und Lotterielosen?«

»Ich kaufe keine Lose«, erwiderte Alessandro abwesend. »Mein ganzes Glück ist dabei aufgebraucht worden, mich im Krieg am Leben zu erhalten. Für Zahlen ist keins übriggeblieben. In zehn Jahren, jetzt in neun, werde ich ein Einkommen haben. Es ist kompliziert.«

»Ich bin Buchhalter.«

Alessandro zuckte mit den Schultern. »Mein Vater hatte einen bescheidenen Besitz: Bankkonten, einige Investitionen, ein Haus auf dem Gianicolo und Anteile an dem Haus, in dem seine Kanzlei sich befand. Ihm gehörte auch ein Stück Land am Ende der Via Veneto.

Dreimal hat mich die Armee auf ihren Vermißten- oder Verlustlisten geführt, alles, nachdem ich wegen Desertion hatte hingerichtet werden sollen. Meine Schwester erbte alles, verkaufte alles außer dem Land und ging nach Amerika.

Alles, was sie hatte, überließ sie der Treuhänderschaft der Kanzlei meines Vaters, und die investierten alles inklusive einer enormen geliehenen Summe in den Bau von drei Gebäuden – einem Hotel, Büros, Geschäften und Wohnungen – auf dem Grundstück. Sämtliche Einkünfte fließen in die Rückzahlung der Hypotheken. Je nach den Mieten, die von der Entwicklung der Stadt und der wirtschaftlichen Lage allgemein abhängig sind, wird das noch acht bis zehn Jahre dauern. Von da an steht mir die Hälfte der Einkünfte zu, da mir das Kapital zur Hälfte gehört.«

Alessandro warf das Messer auf die Tischdecke. »Bis dahin werde ich vierzig sein und werde die vorangegangen fünfzehn Jahre meines Lebens mit Kämpfen und Küchen-, Steinbruch- und Gartenarbeit verbracht haben.«

»Aber die ganze Zeit über werden Sie nachgedacht haben.«

»Denken, ja, ich werde nachgedacht haben.«

»Besser, man hat Geld in mittleren Jahren als in der Jugend. Das mittlere Alter ist die Zeit, in der man es braucht und zu würdigen weiß.«

»Ich werde es niemals würdigen. Ich habe es mir abgewöhnt. Ich will kein Geld. Ich will viel mehr. Ich will, was es nur selten gibt. Ich will, was die meisten Menschen sich nicht einmal vorzustellen wagen.«

»Was zum Beispiel?«

»Wiederauferstehung, Erlösung, Liebe.«

»Verzeihen Sie, Alessandro, ich bin nicht so gebildet wie Sie, aber ich bin älter, und meine Erfahrung sagt mir, daß Sie sich mit weniger zufriedengeben müssen – von der Liebe einmal abgesehen.«

In diesem Augenblick betraten Attilia und Raffaello den Speisesaal; sie waren vom Strand zurückgekehrt, und ihre Haare glänzten von feinen Tröpfchen, die sie aus dem Nebel gekämmt hatten. Gereizt und mißmutig schöpfte ein Kellner Suppe aus einer großen weißen Terrine.

»Signora«, sagte Alessandro zu Attilia förmlich, als wollte er damit sein unordentliches und übernächtigtes Aussehen wettmachen, »kennen Sie sich mit Träumen aus? Meine Mutter war eine Meisterin der Traumdeutung.«

Attilia entgegnete: »Für solche Dinge ist Ihre Ausbildung die richtige und meine zählt gar nicht.«

»Meine Ausbildung hat mich früher einmal in die Lage versetzt, wie ein Vogel zu fliegen, doch was wird aus einem Vogel mit einem gebrochenen Flügel?«

»Also, erzählen Sie.«

»Ich habe letzte Nacht nur ein oder zwei Stunden geschlafen, doch der Traum dauerte Wochen und Monate. Ich war mit meiner Familie mitten in einem Sturm. Es graupelte und war sehr kalt, und der Wind warf uns fast um. Wir kämpften uns durch die Dunkelheit. Wir starben. Manchmal war ich der Vater und manchmal der Sohn. Wenn ich der Sohn war, machte ich mir um meine Eltern Sorgen und wollte nicht, daß sie starben. Wenn ich der Vater war, wurde ich fast wahnsinnig, weil ich nicht in der Lage war, meine Kinder in Sicherheit zu bringen.

Ich sah auch die Familie von außen, und manchmal war ich die kleine Schwester, die Mutter, sogar der Wind. Ich glaubte, daß das Kind in den Armen der Mutter tot sei. Halb wahnsinnig und zitternd sanken wir am Straßenrand nieder, doch auf dem Boden zu liegen war nicht wärmer, als zu stehen oder sich weiter voranzukämpfen.

Dann wurde alles schwarz und still. Ich weiß nicht, wieviel Zeit verging, doch als ich aufwachte, schneite es noch immer, und wir waren mit Schnee bedeckt. Wir sahen ein riesiges Haus mit Lichtern in allen Fenstern; drinnen brannte ein Feuer. Wir schafften es, auf die Beine zu kommen. ›Sie werden uns bestimmt helfen‹, sagte mein Vater und schickte mich vor, daß ich an die Tür klopfte.

Sie öffnete sich auf mein Klopfen, aber es war niemand da. Ich rief, bekam aber keine Antwort. Trotzdem traten wir in die Halle.

Das Haus war wunderbar erleuchtet, und fahle Schatten huschten über die Decke. Wir traten in ein Zimmer, in dem ein Kaminfeuer brannte, so als sei es vor einer Viertelstunde angezündet worden. Es war so warm, daß wir unsere Mäntel auszogen. Die Küche quoll über vor allen möglichen Delikatessen, und alles war eingepackt, als käme es aus den teuersten Geschäften der Via Condotti. Schals aus weicher Wolle lagen auf den Sofas und Sesseln, Bücher stapelten sich auf den Tischen, und in den Ecken lagen Kinderspiele, alle funkelnagelneu.

›Sie müssen ausgegangen sein‹, sagte mein Vater, ›vielleicht holen sie ihre Gäste ab. Wir sollten in der Halle auf sie warten.‹ Und das taten wir. Die Feuer brannten nieder, wir schliefen die ganze Nacht auf dem Teppich in der Halle, und niemand kam.

Die ganze Zeit über, die wir darauf warteten, daß die Eigentümer des wunderbaren Hauses zurückkehrten, sah ich meine Eltern und meine Schwester nur aus dem Augenwinkel. Langsam nahmen wir Besitz von dem Haus. Wir aßen, wir schichteten neue Feuer auf, wir lasen, und schließlich schliefen wir in den Betten.

Zu Anfang achteten wir sorgsam darauf, alles wieder an seinen Platz zurückzulegen. Wir saßen steif auf den Sofas, so daß wir, sollten die Eigentümer zurückkehren, schnell aufstehen und die Kissen aufschütteln könnten, bevor wir uns entschuldigen und alles erklären würden, doch bald machten wir es uns bequemer und begannen, die Sachen an anderen Orten abzulegen, und wir verschlossen die Tür.

Dort zu leben war wunderbar. Meine Eltern waren verliebt. Sie scherzten miteinander. Meine Schwester und ich spielten glücklich. Aber dann schauten wir uns an. Wir sahen, daß unsere Gesichter aschgrau waren und daß ihnen all die warmen und unvollkommenen Farben fehlten, die Leben anzeigen. Und als uns bewußt wurde, daß wir gestorben waren, löste sich der Traum in dem allergrößten Schrecken auf, den ich je erlebt habe – und ich war fast vier Jahre lang Frontsoldat oder Gefangener.«

»Die meisten Träume sind nicht so offensichtlich«, sagte Attilia. »Was soll man da noch interpretieren? Ist er Ihnen nicht klar? Es ist doch so deutlich. Wissen Sie es nicht? Sie lieben noch immer.«

*

Als Alessandro das Hotel verließ, kam er sich vor, als ob er die Besitzer in Zeiten größter Not im Stich ließe. Diese jedoch, zumindest die Tochter des Besitzers, die an der Rezeption stand, als Alessandro abreiste, hatten keinen Bedarf für seine Beschützerrolle. Der Sommer war geschäftig und einträglich gewesen. Normalerweise war der Ort zu dieser Zeit bereits verwaist, und eigentlich freuten sie sich auf die Ruhe des Winters.

Doch Alessandro brannte vor Schuld. Das Mädchen hinter dem Tisch konnte nicht verstehen, warum er das Hotel, das bestenfalls mittelmäßig war, so lobte, als sei es eines der Paläste an einem Schweizer See. Während er das Etablissement rühmte und darauf beharrte, daß sie ihm nicht den Preis für eine volle Woche zurückerstattete, wurden ihre Augen immer größer. Sie konnte die kühlen Wasser des tiefen Sees förmlich spüren, wie sie sich glatt und sanft vor der geräuschlosen Barkasse teilten, die die Gäste brachte. Die sonnendurchflutete Lichtung zwischen den Kiefern, auf der es stand, war kühl genug, um das Tragen ausgefallener und eleganter Kleider zu erlauben. Und der Service, von dem er sprach, konnte nur von einem Corps von Ex-Kardinälen und verarmten Adligen geboten werden und nicht von den paar geilen Makaken, die ihr Vater tagtäglich dabei erwischte, wie sie durch die Schlüssellöcher linsten.

»Es tut mir sehr leid«, sagte Alessandro zu ihr.

»Ist schon in Ordnung«, erwiderte sie. »Wir freuen uns darauf, Sie nächstes Jahr wieder begrüßen zu dürfen.«

»Ich hatte vorgehabt, noch eine weitere Woche zu bleiben, doch ich wurde in einer dringenden Angelegenheit zurückgerufen.« Daraufhin schien er an Ort und Stelle im Boden zu versinken, und die Lüge trieb ihm das Blut derart heftig ins Gesicht, daß die Angestellte hinter der Rezeption alles andere vergaß und zuschaute, wie er von Karmesin bis Purpur erglühte.

»Ja«, sagte sie. »Das verstehe ich vollkommen. Wir werden Ihnen den nicht in Anspruch genommenen Betrag zurückerstatten. Das ist bei uns üblich.«

»Nein!« schrie er in einem Anfall von Tollheit, der ihm noch mehr heißes Blut ins Gesicht trieb. Die Adern auf seiner Stirn waren derart stark hervorgetreten, daß die Angestellte glaubte, Zeugin eines Herzanfalls zu werden. Und dann ging er.

Sie hatte angeboten, nach einem Wagen zu schicken, der ihn zum Bahnhof bringen sollte, doch er hatte nur einen Rucksack und hatte erklärt, er wolle laufen, und er ging die zehn Kilometer durch den von der Adria herüberziehenden Morgennebel. Er hörte Stimmen im Nebel. Er konnte sich nicht erklären, warum er mit einemmal so melancholisch war, und er konnte die Stimmen nicht identifizieren; es war wie der Chor in der Oper, den er jetzt, wegen der allzu vielen Gewehrschüsse und Granateinschläge, kaum noch hören konnte und der sich wie im Geräusch der Brandung oder heftig auf einen See prasselnden Regens verlor.

Obwohl er nur wenig vor sich erkennen konnte, gefiel Alessandro die Straße sehr. Sie bildete eine schmale, sandige Spur zwischen schönen Bäumen, die ihre Zweige der Sonne und dem Wind entgegenstreckten, wie es ihnen gefiel.

Obwohl er wußte, daß es nicht stimmte, hatte er das Gefühl, als ob in Rom jemand auf ihn wartete. Es mochte daher rühren, daß Städte die magische Kraft besitzen, auch denen die Illusion von Liebe und Familie zu gewähren, die beides nicht haben. Lichter, die Geschäftigkeit der Straßen, ja sogar die eng beieinanderstehenden Gebäude, die endlose Vielfalt und Tiefe, all das ist geeignet, einsame Menschen anzuziehen, und ganz gleich, was sie wissen, im Innersten ihrer Herzen fühlen sie immer, daß jemand darauf wartet, sie voll Liebe und Vertrauen zu umarmen.

Obwohl Ariane in keiner Liste geführt wurde, weder als tot noch als vermißt, war er von einer Stadt in die andere gefahren und hatte nach ihr gesucht, doch sie hatte keinerlei Spuren hinterlassen. Die Städte waren verlassen gewesen, ihre Wärme und Behaglichkeit nur eine Illusion, doch jedesmal, wenn sein Zug seine Fahrt in den Vororten verlangsamte und zwischen den Gießereien, Schrottplätzen und Garagen hindurchfuhr, die die Begleiter der Eisenbahn bis ins Herz der Stadt sind, schöpfte er neue Hoffnung, und seine Energien flackerten wie bei einem Verkäufer auf, wenn er die Riemen an seinem Gepäck festzurrt und sich darauf vorbereitet, in das Getriebe der Straßen einzutauchen.

Er beendete seine Wanderung zum Bahnhof gegen zehn Uhr morgens. Es war Samstag, auf dem Fahrplan in zwei kurzen Kolonnen dargestellt. Der Zug nach Ancona und Rom fuhr um 11 Uhr 32, der Zug nach Bologna und Mailand um 13 Uhr 45 und der Zug nach Ravenna und Venedig um 10 Uhr 27.

Er wollte sich ins Bahnhofsbüfett setzen, die Zeitung lesen und einen Tee und ein *cornetto* zu sich nehmen, doch der Zeitungsstand und der Fahrkartenschalter hatten geschlossen. Die Stadt war weit entfernt, wenn man sie auch am Hang liegen sehen konnte, und eine mürrische Frau, die das Büfett allein bediente, war nicht daran interessiert, einen Tee zu machen oder zu erklären, warum keine *cornetti* zu haben waren.

Er gab sich mit Tomatensuppe, Brot und keiner Zeitung zufrieden. »Reist denn niemand samstags morgens?« fragte er, als er die Suppe bezahlte.

»Wer ist denn hier? Der Sommer ist vorbei. Alle schlafen.«

Alessandro setzte sich an einen Tisch vor den offenen Türen, die zu den leeren Gleisen hinauszeigten. Nebel rollte herein, wo einst die Sommergäste eingetreten waren, um der Hitze zu entfliehen. Die Frau verschwand, und Alessandro war nun die einzige Person in dem Bahnhof. Seinen Rucksack wie einen Reisebegleiter auf einem Stuhl neben sich, die Brotstange wie eine Weizenähre in der linken Hand und mit den Füßen auf den Marmorfußboden klopfend, aß Alessandro die Suppe und lauschte dem Ticken der Uhr.

Es war eine ungeheuer laute Eisenbahnuhr. Die Ticks und Tacks hallten durch den Bahnhof. Alessandro schaute sie um 10 Uhr 26 an. Das Ticken donnerte, während er dem gebrechlichen Sekundenzeiger zuschaute, wie er um das Zifferblatt zitterte, bis der Minutenzeiger auf 10 Uhr 27 sprang. Er legte den Löffel in die Suppe und berührte seinen Rucksack. Während der Sekundenzeiger sein an eine Gottesanbeterin erinnerndes Rennen fortsetzte, hörte Alessandro eine Lokomotive.

Ein Zug fuhr ein. Er zischte, seufzte und sprühte Funken. Männer stiegen aus. Türen öffneten sich. Türen wurden zugeschlagen. Das war zwar der Zug nach Venedig, doch Alessandro stand auf, nahm sein Bündel und trat auf den Bahnsteig.

Dort stand ein Schaffner, der auf seine Uhr schaute, seine Hand hochreckte und bereit war, dem Lokführer mit einer Pfeife und einem Abwärtsschlag das Signal zur Abfahrt zu geben. Als er Alessandro sah, sagte er: »Los geht's!«

*

Hinter Ravenna, in einem Sumpfland, das sich bis zu einem absolut bogenförmigen Horizont erstreckte, schnellte der Zug aus dem Nebel in eine Kuppel von hellem Blau, unter der jede Farbe verdichtet war und leuchtete, ob es das Gras war, die schimmernden Silberkanäle dazwischen oder die fetten plumpen Wolken darüber.

Die Plätze am Fenster trugen nun kleine Plaketten, mit denen sie den Männern reserviert wurden, die im Krieg versehrt worden waren. Der Unterschied zwischen den Versehrten und den einfachen Verwundeten lag darin, daß die Verwundeten sich vielleicht erholen würden; Alessandro war sich nicht sicher, wo er sich hinsetzen durfte. Wenn er einen Fensterplatz einnahm und es käme ein Mann mit nur einem Bein oder einem Arm, dann würde er seinen Platz freimachen, doch was, wenn der Mann mit dem einen Bein oder einen Arm zufrieden und stolz wäre? Oder wenn er ein Krimineller wäre? Müßte Alessandro auch dann den Platz räumen? Müßte er sich ausziehen, um sich auf einen Krieg der Narben einzulassen, oder würden Narben automatisch gegen fehlende Gliedmaßen oder Metallplatten im Hinterkopf verlieren? Und wie standen sie im Vergleich zu Glasaugen? Galt die Reservierung auch für Blinde? Wozu brauchten Blinde einen Fensterplatz, außer vielleicht wegen der besseren Luft und dem Gefühl der Abendsonne auf ihren Gesichtern?

Zuerst versuchte Alessandro zu glauben, er habe den Zug nach Venedig bestiegen, weil er noch eine Woche Urlaub hatte und weil plötzlich ein angenehm leerer Zug bereitstand, ihn in ein Venedig ohne Touristen zu bringen, zu einer Jahreszeit, die sowohl neblig als auch unnachahmlich golden sein konnte. Wenn er dies geglaubt hätte, so wäre es eine Lüge gewesen, die vergeblich versuchte, einen Traum zu unterdrücken.

Er dehnte seinen Urlaub nicht aus. Ferien bedeuteten ihm wenig. In der Armee hatte er keinen Urlaub gehabt, und davor, als Artikelschreiber und Kunststudent, hatte er keinen gebraucht. Er fuhr nach Venedig, weil er nach den vielen Jahren des Fallens die Möglichkeit, sich wieder aufzurichten, ahnte.

»Wo ist Ihre Fahrkarte?« fragte ein Schaffner. »Ich frage nun zum drittenmal. Sind Sie taub?«

Alessandro schreckte überrascht zurück, was wiederum den Schaffner zurückschrecken ließ.

»Meine Fahrkarte?«

»Ihre Fahrkarte. Dies ist ein Zug, und Sie brauchen eine Fahrkarte.«

»Wohin?«

»Wohin wollen Sie denn?«

»Nach Venedig. Ich habe keine Fahrkarte. Ich muß eine kaufen.«

»Wie viele Jahre waren Sie dabei?« fragte der Schaffner.

Alessandro dachte einen Augenblick nach. »Etwa vier.«

Der Schaffner ging, Alessando steckte die Fahrkarte ein und nahm wieder seine Position am Fenster ein, wie ein Soldat, der in die Feuerstellung klettert und spürt, wie sein Herz schneller schlägt, weil er an eine Grenze gestoßen ist. Das Meer zog einen Bogen nach Nordosten, wo Venedig lag, und der Zug lehnte sich leicht nach rechts, als er seine Fahrt in jene vielversprechende Richtung beschleunigte.

*

Er traf so spät am Nachmittag in Venedig ein, daß die Dämmerung den Himmel schon blasser werden ließ, als er vom Bahnhof in Richtung Ponte dell'Accademia aufbrach. Der Mond war aufgegangen, er war riesig und voll, so als würde er mit den Kuppeln von Santa Maria della Salute zusammenstoßen, doch er zog an ihnen vorbei und schwebte so gewichtslos in der schimmernden Luft wie ein Lied.

Passagierdampfer lagen am Canale di San Marco vor Anker und waren mit Lichterketten behängt, die sie wie gebleichte Städte oder beleuchtete Schneeberge aussehen ließen. Träger Verkehr auf dem Kanal durchtrennte den Silberteppich, den der Mond ausgebreitet hatte, und rollte auf kaum hörbaren Wellen über ihn hinweg. Die Menschen hatten begonnen, durch die Straßen in Richtung der Plätze zu gehen, wo sie in Pullovern draußen an den Tischen saßen. Das Wetter war makellos, die Luft klar und die Stadt leer.

Alessandro fand eine *pensione* nahe der Brücke und ließ seinen Rucksack mitten auf dem Bett zurück, von dem die Besitzerin gesagt hatte, daß bereits fünf Soldaten oder acht holländische Touristen auf einmal darin geschlafen hatten. Es sei so groß, sagte sie, daß sie es auch für Betrunkene nähme, denn wenn die erst einmal mitten daraufflägen, wäre es nahezu unmöglich, daß sie herausfielen.

Er ging wieder an die frische Luft, zu einem Café in einem Garten hinter einem gußeisernen Zaun. Er war zwar nicht hungrig, doch er fühlte sich nicht wohl und zwang sich, etwas zu sich zu nehmen, um Kraft zu haben für das, was noch kommen könnte.

Die Mahlzeit, die er bestellte, war einfach: *pesce al vino bianco*, Brot, Salat und Mineralwasser. Als der Kellner das Brot brachte, fühlte sich Alessandro schwach und fiebrig. Als er die Rechnung bezahlt hatte, pochte ihm das Herz in der Brust, er keuchte, schwitzte, und heftige Schmerzen durchfuhren seinen Körper und ließen keine Stelle aus.

Zur *pensione* zurückzufinden war so schwierig, daß er verzweifelte, als er glaubte, die falsche Abzweigung genommen zu haben und noch einmal zum Ausgangspunkt zurückgehen zu müssen. Die Besitzerin war nicht da. Er fand sein Zimmer, verschloß die Tür und kroch in das riesige Bett.

Er hatte das Fenster geöffnet, und der Mond, nun so kalt und weiß wie der Mond im Winter, flutete derart hell herein, daß ihm die Augen schmerzten. Alles schmerzte seine Augen. Er traute sich nicht zu stöhnen, weil er fürchtete, in ein Krankenhaus eingeliefert zu werden, wenn man ihn hörte, also atmete er unter Schmerzen, machte aber kein Geräusch dabei. Statt dessen sprach er mit seinen Händen, fuhr mit ihnen durch die Luft oder ballte sie zur Faust und entdeckte, daß eine solche Sprache für diesen Zweck völlig ausreichte und vielleicht sogar vorzuziehen war. Sich zu bewegen war besser als Schreien, selbst wenn die Besitzerin bei dem Schaukeln des Betts annehmen mochte, er habe eine Frau mitgebracht, und versuchen würde, ihn am nächsten Morgen für zwei Personen zahlen zu lassen.

Was immer durch seinen Körper kreiste, eine Lebensmittelvergiftung, eine Infektion, die er sich von einem der Invaliden im Seebad geholt hatte, oder etwas anderes, es war schnell, gnadenlos und wurde schlimmer. Nach ein paar Stunden hatte sich der Mond aus dem Zimmer herausbewegt und begonnen, die Gebäude jenseits des Kanals mit einem Hagel kalten Lichts zu besprühen.

Die Vorstellung, allein in einem Bett zu sterben, in dem acht Holländer auf einmal geschlafen hatten, machte ihn wütend und traurig. All die Jahre, in denen er bei hoher Geschwindigkeit auf den Rücken gefährlicher Pferde geritten war oder sich an Felswänden über schwindelnden Abgründen festgeklammert hatte, und all die Bajonette, Artilleriegranaten und Maschinengewehrkugeln, die auf wundersame Weise um ihn herumgelenkt worden waren, sollten nun von einer Mikrobe übertrumpft werden, die ihn in einem billigen Hotel niederstreckte. Die Hotelbesitzerin würde ihn am Morgen finden, nicht eine Seele würde zu seiner Beerdigung erscheinen, und er würde weit weg von seinen Eltern in einem anonymen Grab in dem nassen und verrotteten Boden einer Insel in der Lagune verscharrt werden.

Er hatte keine Kraft mehr zum Kämpfen. Er hielt seinen Rucksack fest und beugte seinen Kopf hinein, als sei das jemand, den er liebte. Er berührte einen Lederriemen an dem Rucksack, als sei er die warme und zarte Hand Arianes, und er starrte in das Mondlicht, das die Steinpalisade jenseits des Kanals weiß färbte. Irgendwo in der

Ferne sang eine Frau mit einer klaren und hellen Stimme eine Arie, zu deren Klang Alessandro zu sterben meinte.

*

Wer war das, der eine halbe Stunde vor der Schließzeit kam, langsam die Stufen hinaufstieg und all die Bilder ignorierte? Jeder Wärter in jedem Museum der Welt bekommt Magenbeschwerden, wenn solche Menschen in seinem Bereich auftauchen, denn diese unrasierten Männer mit glasigem Blick sind es, die Messer aus ihren Jacken ziehen und die Werke zerstören, welche der Seele des Menschen so nahestehen. Sie sind diejenigen, die Zimmermannshämmer nehmen, um marmornen Madonnen die Nasen abzuschlagen. Sie attackieren Gemälde, weil sie in jedem großen Bild den düsteren Abglanz Gottes sehen, weil sie sich selbst als im Besitz der Wahrheit sehen und weil sie alles sehen, was diese Wahrheit nicht enthält und sie deshalb in Wut versetzt.

Ein Museumswärter vom Typ eines französischen Bahnpolizisten von sehr zarter Gestalt, mit öligem schwarzem Haar, schlechter Gesundheit und zuviel Alkohol folgte Alessandro mit so zaghaftem Schritt und so voller Angst über den auf Hochglanz polierten Boden, daß er sich anhörte wie ein umherspringender Hund mit zu langen Krallen. Alessandro drehte sich um und fuhr ihn an. »Bringen Sie sich vielleicht in Stellung, um mir in den Hintern zu beißen?« rief er.

Der Wärter preßte den Mund zusammen und nahm all seinen Mut zusammen. »Dies ist ein Museum«, sagte er.

»Ich weiß, daß dies ein Museum ist«, erwiderte Alessandro.

»Mehr wollte ich nicht sagen.«

Alessandro wandte sich ab und ging durch die großen Portale von Raum zu Raum, bis er vor Giorgiones Gemälde stand.

»Das ist *La Tempesta*«, sagte der Wärter, der ihm direkt auf den Fersen geblieben war.

»Ah ja«, sagte Alessandro.

»Es ist sehr schön, und niemand weiß, was es darstellen soll.«

»Was glauben Sie denn, daß es darstellt?« fragte Alessandro.

»Ich denke, es wird gleich regnen und der Bursche wundert sich, warum sie ein Bad nehmen will.«

»So ähnlich wird es wohl sein.«

»Man sagt, daß man es nie herausbekommen wird.«

»Das sollte meine Lebensgeschichte sein«, sagte Alessandro mit jener Art von Zuneigung, die man der Niederlage entgegenbringt, welche so nah am Sieg war, daß sie ihn hätte küssen können. »Ich war Soldat, die Welt lag im Sturm, und sie saß unter einem Baldachin aus Licht, unberührt, mit dem Kind im Arm.«

»Sie haben gekämpft? Dann könnten Sie es sein«, sagte der Wärter, der plötzlich der Meinung war, daß Alessandro kein Bilderschlitzer, sondern nur einer der vielen unglücklichen Soldaten war, die die Straßen der Städte füllten und die ihre Herzen und ihren Verstand in den Erinnerungen an den Krieg verloren hatten. »Sie werden eine Frau finden, werden heiraten, *binga, binga, binga, binga*, schon haben Sie ein Kind.«

»So einfach geht das nicht.«

»Warum nicht?«

»Glauben Sie mir einfach.«

»Na gut, ich glaube Ihnen.«

Alessandro konnte spüren, wie der schnelle Wind nahte, und er hörte die Blätter in den Bäumen zittern und rascheln. Während sich der Sturm näherte, schien das Licht zugleich friedvoll und dem Untergang geweiht zu sein. Der Soldat war ruhig, weil er so manchen Sturm überstanden hatte, und die Frau war ruhig, weil sie den Grund aller Geschichte und die Ursache ihrer unerschöpflichen Energie an ihre Brust hielt. Zwischen den beiden schwebte ein Blitz, der sich ihnen anschloß und sie weihte.

»Manchmal«, sagte der Wärter, »kommen Leute hierher, schauen sich das Gemälde lange an und weinen.«

Nach einer Stille, in der sich etwas sehr schnell aufgebaut zu haben schien, fragte Alessandro: »Wer? Soldaten?«

»Nun, nein, keine Soldaten.«

Ohne die Position seiner Füße zu verändern, drehte sich Alessandro um eine Vierteldrehung zu dem Wärter. »Wer?«

»Alle möglichen Leute.«

»Ja?«

»Was wollen Sie von mir, die Namen?« fragte der Wärter.

»Erzählen Sie mir von ihnen.«

»Wozu?«

»Ich bin einer von ihnen, oder nicht? Ich will es wissen.«

»Es ist fast Zeit zu schließen.«

»Werden Sie morgen hiersein?«

»Ich werde hier sein, aber ich werde Ihnen nichts sagen können, was ich Ihnen nicht auch jetzt schon sagen kann.«

»Also reden Sie endlich.«

»Oh! Was wollen Sie? Soll ich sie beschreiben?«

»Ja. Beschreiben Sie sie.«

»Nun gut. Da war ein Mann, etwa zehn Jahre älter als sie ...«

»Machen Sie mit dem nächsten weiter.«

»Ich habe doch noch gar nichts gesagt!«

»Ich bin nicht an ihm interessiert. Weiter.«

Der Wärter schaute Alessandro mit einem Gesichtsausdruck an, der andeutete, daß er zu seiner ursprünglichen Bewertung von Alessandros geistiger Verfassung zurückgekehrt war. »Dann war da noch ein Mann«, begann er.

»Ich bin auch nicht an ihm interessiert.«

»Das ist verrückt«, sagte der Wärter.

»Weiter.«

»Ich nehme an, die alte Dame interessiert Sie auch nicht ...«

»Nein.«

»... die ihren Mann verloren hat.«

»Nein.«

»Oder die Frau ... die ... mit dem Baby kam.« Alessandro unterbrach ihn nicht. Darauf eingestellt, unterbrochen zu werden, wiederholte der Wärter seine letzten Worte. »Mit dem Baby.« Nach einer langen Pause sagte er: »Und die vor dem Gemälde stand und weinte.«

Von Elektrizität durchzuckt, die an seiner Wirbelsäule hochfuhr und durch seine Gliedmaßen hinausschlug, fragte Alessandro leise: »Wann war das?«

»Vor einer Weile. Irgendwann im Frühjahr. Es regnete die ganze Zeit, und es war ziemlich kalt. Ich hatte Wollsachen an und habe Suppe zu Mittag gegessen, weil es so kalt war.«

»Wenn Sie sich daran erinnern«, stellte Alessandro vorsichtig fest, »dann haben Sie vielleicht ein ungewöhnlich gutes Gedächtnis für Details.«

»Nicht ungewöhnlich«, sagte der Wärter stolz, »doch wenn man den ganzen Tag hier steht und die Gemälde betrachtet, wissen Sie, und wenn man nicht gerade ein Idiot ist, dann lernt man, auf Dinge zu achten. Man erinnert sich dran.«

»Wie sah sie aus?« fragte Alessandro.

»Sie war sehr schön.«

»Welche Farbe hatte ihr Haar?«

»Blond, aber sie war Italienerin.«

»Woher wissen Sie das?«

»Weil«, sagte der Wärter, der zu Recht stolz darauf war, sich daran erinnert zu haben, »sie Italienisch sprach. Sie sprach auch Französisch mit dem Baby. Sie war sehr gebildet, und solche Leute reden Französisch mit ihren Babys.«

»Die Farbe ihrer Augen?«

»Ich erinnere mich nicht. Ich merke mir nie die Augenfarbe der Leute.«

»Was hat sie getragen?«

»Das weiß ich auch nicht mehr, aber meine Frau könnte Ihnen das sagen. Sie erinnert sich an die Sachen von vor vierzig Jahren.«

»Ihre Frau hat sie gesehen?«

»Nein, nein, ich meine, wenn sie sie gesehen hätte.«

»Und Sie haben sie nur einmal gesehen?«

»Ich kann mich nur an das eine Mal erinnern. Das heißt aber nicht, daß sie nicht häufiger hier war.«

»Was wissen Sie noch von ihr?«

»Nichts. Das Baby hat sich gut benommen. Es schrie nicht.«

»Was noch?«

»Nichts. Das ist alles.«

»Denken Sie nach!«

»Ich kann nicht.«

»Schließen Sie die Augen.«

»Das sollte ich nicht tun.«

»Warum nicht?«

»Na gut, wenn Sie da hinübergehen«, sagte der Wärter und zeigte auf die Mitte des Bodens.

Alessandro ging gehorsam in die Mitte des Raums. »Wir schließen! Wir schließen! Wir schließen!« riefen die Wärter, aber dennoch schloß Alessandros Wärter die Augen. Alessandro betete schneller, bevor er noch wußte, wofür er betete.

»Ich hab's!« sagte der Wärter, immer noch mit geschlossenen Augen.

»Was haben Sie?«

Er öffnete die Augen. »Mir ist etwas eingefallen. Noch etwas. Sie trug das Kind auf dem Arm, in einer Schlinge. Kinderwagen sind nicht sehr praktisch in Venedig. Und wenn man mit einem Kind herumläuft, dann muß man Sachen mitschleppen. Und sie trug all die Sachen, die sie brauchte, in einer Segeltuchtasche, so einer, die die Touristen kriegen, die für einen Tag zum Lido gehen. Sie tun ihr Essen und ein Buch und ihre Badesachen in diese Beutel. Im Sommer kann man sie sehen.«

»Und was sagt mir das?«

»Auf der Tasche steht der Name des Hotels«, sagte der Wärter und lächelte.

»Und daran können Sie sich erinnern.«

»Ja, das tue ich. Wissen Sie, warum? Ich sag Ihnen, warum. Es ist ein kleines Hotel nahe beim Campo San Margherita. Das weiß ich, weil ich früher in der Nähe davon gewohnt habe und jeden Tag auf dem Weg zur Arbeit daran vorbeigekommen bin. Es war das Hotel Magenta. Das stand auf der Tasche – *Magenta.* Ich wußte doch, da war noch was.«

»Wir schließen! Wir schließen!« riefen die anderen Wärter mit hohen Stimmen, die durch die Säle hallten.

Alessandros Wärter schaute auf seine Uhr. »Tatsächlich«, sagte er, »es ist Zeit, heimzugehen. Sagen Sie dem Bild Auf Wiedersehen, denn es ist Zeit, heimzugehen.«

*

Alessandro lehnte sich gegen einen schmiedeeisernen Zaun, durch den sich die weichen Spiralen junger Efeuranken wanden. Auf der anderen Straßenseite lag das Hotel Magenta; es war trotz des frühherbstlichen Wetters fast leer. Ein Angestellter in einer recht passablen Imitiation der Uniform eines britischen Admirals tauchte mit der Regelmäßigkeit eines Metronoms hinter der Rezeption auf und verschwand wieder. Alessandro beobachtete, wie er sich geräuschlos zwischen den hellen Lampen und dem polierten Messing hin und her bewegte. Das Hotel, zwar nur klein und nicht sehr bekannt, war elegant. Der einzige Hinweis auf die Farbe Magenta war ein schärpenartiger magentafarbener Balken über der linken oberen Ecke der Menükarte, die in einem beleuchteten Glaskasten an dem Zaun gegenüber von Alessandro aushing.

Er hatte vor, in dem Hotel zu wohnen, statt einfach nur das Personal auszufragen, das sich an nichts erinnern würde, wenn es nicht genau in der richtigen Gemütsverfassung war, doch er war sich nicht sicher, was genau er fragen sollte oder warum er fragen sollte. Viele Frauen hatten Babys und sprachen Französisch. Was hatte das mit ihm zu tun? Und was, wenn er sich von Anfang an geirrt hatte und die Frau, die er im oberen Stock des Krankenhauses gesehen hatte, nicht Ariane gewesen war, sondern jemand, der ihr nur ähnlich sah, oder wenn sich in dem Augenblick, in dem er nach oben zu den angreifenden Flugzeugen geschaut hatte, die Zeit gedehnt hätte, wie sie es in einer Schlacht tut, und sie einfach zur Hintertür hinausgegangen wäre, kurz bevor das Gebäude zerstört worden war?

Das Kind? Das Kind konnte von ihm sein. Warum hatte sie nicht nach ihm gesucht? Die Frage war angesichts dessen, wie oft er für tot erklärt worden war, leicht zu beantworten.

Wie der Portier, den er beobachtete, bewegte er sich zwischen der einen und der anderen Sache hin und her. Hoffnung flackerte auf, und er schauderte von dem starken Gefühl, das der Ahnung oder der Vorstellung von einem Wunder angemessen war, doch dann sank sein Mut wieder, wenn er glaubte, sich selbst zu täuschen.

Es wäre sicherer, weniger schmerzlich und schließlich auch billiger, nach Rom zurückzukehren. Wenn er langsam wieder zu arbeiten begann und langsam die Lebensweise eines Bourgeois annahm, unterrichtete und schrieb, bis das Geld verfügbar wurde, würde die Zeit ihn vielleicht zu einem anderen Menschen machen.

Er wußte aber, daß die Zeit nur freilegte und enthüllte und daß er sich niemals anders einer wichtigen Frage genähert hatte als durch genaue Erkundung. Er stand in der dunkler werdenden Straße und erkannte ein Muster in seinem Leben. Er hatte sehr schnell gelernt, nicht nur durch hingebungsvolles Studium, sondern durch ein gewisses natürliches Verständnis, so tief in ein Gemälde oder ein Lied einzudringen, daß er hinübergehen konnte in eine Welt schmerzlicher Schönheit und dort, gleichsam schwebend, die tiefe, absolute und sofortige Bestätigung der Hoffnungen und Wünsche erfuhr, die im normalen Leben nur eine Sache der Spekulation und der Erörterung waren.

Das hatte sich allerdings alles während des Krieges sehr schnell geändert. Manchmal regneten nach dem Einschlag einer Granate Blut und zerfetzte Körperteile auf die Soldaten nieder, die zu verstört waren, um sich zu rühren, und die dastanden, als seien sie von einem plötzlichen Regenschauer überrascht worden; in solchen Augenblikken schämte sich Alessandro für das Leben, das ihm beigebracht hatte, zu vertrauen und zu hoffen.

Der Widerstreit zwischen seinen wechselnden Glaubenszuständen würde sich nicht legen, bevor er nicht außerstande wäre, das Ergebnis zu registrieren, und wie Dunkelheit und Licht hielt sich auch seine Überzeugung nicht in Abend- oder Morgendämmerung auf. Warum auch? Die Antwort lag nicht im Kompromiß, sondern in dem einen oder dem anderen.

»Ich bin in der Brenta gewandert«, sagte er dem Portier. »Ich brauche eine gute Mahlzeit, ein Zimmer mit Bad und eine Wäscherei.«

Der Portier nannte ihm den Preis für ein Zimmer. Er war exorbitant hoch.

»Hat es einen Balkon?«

»Nein. Das darüberliegende Zimmer hat einen Balkon und ein extra großes Badezimmer. Es ist allerdings annähernd doppelt so teuer.«

»Ich nehme es«, verfügte Alessandro und schrieb schnell seinen Namen auf die Meldekarte. Er gab dem erstaunten Portier ein Trinkgeld, das seinem eigenen Wochenlohn entsprach.

»Hier«, sagte Alessandro, als sie zu dem Zimmer kamen, und gab dem verblüfften jungen Mann einen weiteren Wochenlohn.

Beim Essen war er besonders freigiebig, stellte allerdings keine einzige Frage. Er hoffte, daß am Morgen, wenn sich seine Großzügigkeit herumgesprochen hätte, keine einzige Seele in dem Hotel mehr zögern würde, ihm jede Frage zu beantworten, die er stellen mochte.

Er versuchte, sich davon zurückzuhalten, doch in jener Nacht, in einem Zimmer mit Balkon im Hotel Magenta, in einem Bett mit dicken weißen Laken, die sorgfältig gebügelt waren und sich kühl anfühlten, lag er da und dachte an Ariane, so als sei sie am Leben.

*

Beim Frühstück hatte Alessandro zwei Kellner, und der Küchenchef beugte sich aus der Küche, um einen Blick auf ihn zu werfen. Er verteilte noch mehr Geld, so als sei er nicht reich, sondern verrückt. Jedesmal, wenn er einen Geldschein in jemandes Hand legte, dachte er daran nicht als das Paar Schuhe, den Füllfederhalter oder das Zwei-Jahres-Abonnement, auf das er nun verzichten mußte, sondern als eine unbedeutende Summe, die er auf eine Wette mit ungewissem Ausgang setzte, obwohl er bezweifelte, daß er sie gewinnen würde. Du kannst die Ereignisse nicht durch deinen Willen ungeschehen machen, sagte er bei sich. Du kannst nicht durch einen Angriff auf die Gehaltsstruktur eines kleinen Hotels hoffen, die Toten zum Leben zu erwecken. Und wirkst keine Wunder, indem du in den falschen Zug einsteigst.

Während er sich mit dem Frühstück Zeit ließ, dachte er an die vielen Male zurück, die er die Toten aus einer Straßenbahn hatte springen oder eilig eine Straße hatte entlanggehen sehen. Er hatte ihre Gesichter erkannt, ihre Kleidung, ihren Gang, und selbst als sie dagegen protestierten, daß er sie betrachtete, als seien sie dem Grab entstiegen, glaubte er immer noch, sie zu sehen, und ihn überkam das gleiche Gefühl, das die Schäferinnen haben, wenn sie auf ihren felsigen duftenden Hügeln die Jungfrau Maria erblicken.

Sein Vater war in der Uniform eines Majors in den Schützengräben neben ihm erschienen, und obwohl er seinen Sohn nicht erkannte, war er es. Auch andere kehrten zurück, wenn auch nur für Augenblicke, vielleicht nur, weil er es so wollte. Leichentücher sind sehr leicht. Wenn sie über eine Leiche gebreitet sind, kann schon die Luft in dem Zimmer sie genug bewegen, daß jemand, der sich vor Kummer verzehrt, meint, der Mensch, um den er trauert, atme und lebe. Rufen Sie die Schwestern. Rufen Sie die Ärzte. Etwas Wunderbares ist geschehen. Er lebt. Man hat nur geglaubt, er sei tot. Selbst wenn man das Leichentuch abnimmt, scheint sich die Brust sanft zu heben und zu senken. Manche haben lange Zeit darauf gewartet, daß die Person, die da atmet, erwacht, Minuten, die dramatischer sind als der Untergang von Weltreichen.

»Können Sie mir wohl bezüglich einer Frau behilflich sein, die hier Anfang des Jahres gewohnt hat?« fragte Alessandro den Portier, der an seinen Posten zurückgekehrt war.

»Natürlich. Wie war der Name?«

Alessandro nannte ihn. »Sie hatte ein Kind bei sich.«

Der Portier ging sein Register durch und blätterte schnell durch die Seiten. »Nein«, sagte er, »niemand dieses Namens seit Anfang dieses Jahres bis heute.«

»Haben Sie einen Hinweis auf eine Frau mit Kind? Weist Ihr Register aus, wann ...«

»Ja«, sagte der Portier und drehte das Register auf seinem Drehfuß. »Dort würde dann stehen *mit Kind* oder *bewohnt von* soundso, *Sohn* oder *Tochter*, wenn das Kind älter ist.«

Alessandro verbrachte eine halbe Stunde mit dem Register. Er suchte sogar unter seinem eigenen Namen nach Ariane, für den Fall, daß sie ihn angenommen hätte. Er fand nichts. Nur in zwei Fällen hatten alleinstehende Frauen mit Kind hier gewohnt. Beide waren Engländerinnen. Vielleicht waren sie Kriegerwitwen oder wollten zu ihren Ehemännern im Osten fahren. Im Herbst und im Winter kamen die Briten oft durch Venedig, weil die Adria besser vor Stürmen geschützt war als das Tyrrhenische Meer.

»Sind Sie sicher, daß alle, die hier übernachten, in diesem Buch aufgeführt sind?«

»Das ist Gesetz«, sagte der Portier.

Alessandro gab ihm erneut ein Trinkgeld und ging auf sein Zimmer. Er war gerade dabei, einzuschlafen, doch bevor er träumen konnte, sprang er vom Bett auf und stürmte aus dem Zimmer. Der lange luftige Korridor war mit roten und goldfarbenen Teppichen belegt. Er rannte sie entlang, bis er zum Treppenhaus kam. Dann rannte er weiter, durch die Flure, und versuchte, das Zimmermädchen zu erwischen.

Im dritten Stock sah er eine Karre, aus der die Besen herausragten wie ein Strauß Narzissen, und es verschlug ihm den Atem, so als hätte er den Wagen von Ur entdeckt. »Ich habe vergessen, Ihnen ein Trinkgeld zu geben«, brüllte er eine ältere Frau an, die sich vor Angst ans Herz faßte. Er zog wie irre Banknoten aus einem Bündel und weigerte sich, damit aufzuhören, so als wollte er den Henker bestechen.

Als die Frau einen Monatslohn erhalten hatte, dankte sie ihm so überschwenglich, daß er nicht ein Wort verstand. Er legte sich einen Finger vor die Lippen und sagte »Signora!« Und als sie still war, wurde sie ausgefragt. Sie mochte wohl befürchtet haben, daß er das Geld zurückfordern würde, obwohl sie es in eine Tasche gesteckt und die Lasche zugeknöpft hatte, doch sie konnte ihm nicht sagen, was er wissen wollte. Es tat ihr leid, als sie ihm von den beiden Engländerinnen und ihren Kindern erzählte, denn sie sprachen weder Italienisch noch Französisch, die eine Frau hatte einen Jungen von etwa acht Jahren und die andere zwei heranwachsende Töchter.

»Noch jemand anderes? Ein Baby, ein kleines Baby? Eine Mutter mit blondem Haar.«

»Nein«, sagte das Zimmermädchen. »Es tut mir sehr leid. Nein.«

Alessandro machte die Fenster in seinem Zimmer weit auf, und die Seeluft, durch mehrere Reihen von Gebäuden und die Wipfel der Bäume gefiltert, wehte von der Adria herein. Zuerst war der Meeresrand über den Baumwipfeln blau, doch im Laufe des Nachmittags wurde er durch das schmerzende Sonnenlicht grau gefleckt. Die Luft war kühl und klar, als Alessandro unter einer dicken Daunendecke einschlief. Wann immer er tagsüber schlief, glühte er, als hätte er Fieber. In der Dämmerung waren Meer und Himmel nicht zu unterscheiden blau-grün. Er dachte, er träume, und mußte sich sechsmal Wasser ins Gesicht spritzen, bevor er sicher war, wach genug zu sein, um das Abendessen zu bestellen.

Vielleicht weil ein Schiff angelegt oder eine Reisegruppe das Hotel gebucht hatte, war der Speisesaal mit mindestens hundert Menschen bis an die Grenze seiner Kapazität gefüllt und hatte die lärmige, heiße, bienenstockartige Qualität eines überfüllten Speiserestaurants. Die Geräusche von Metall gegen Porzellan, von Porzellan gegen Porzellan und Metall gegen Metall ließen keinen Augenblick nach, wie auch die Schwingtür zur Küche nicht aufhörte, in kurzen Abständen vor- und zurückzuschwingen wie die Klappe in einem Herz.

Obwohl die Kellner sich Mühe gaben, waren sie nicht in der Lage, so aufmerksam zu sein, wie sie es gern gewesen wären. Alessandro bekam seine Suppe, sein Brot, sein Beefsteak und seinen Salat und erst auf weitere Anfrage eine Flasche Mineralwasser. Er aß still vor sich hin, beobachtete die Frauen mit ihren Hüten nach der neuesten Mode und an einem Tisch eine fünfköpfige Familie, die während des Essens nicht sprachen und sich dann von ihren Stühlen erhoben und in verschiedene Richtungen davongingen.

Er würde am Morgen aufbrechen. Er hatte gerade noch genug Geld für eine Fahrkarte dritter Klasse nach Rom.

*

In Rom wächst das Gras sogar im Januar, und selbst im Dezember und Februar wird geerntet, wenn auch nur wenig. Unbehindert von Kälte und Regen kann ein schöner Tag zu einem Überbleibsel des goldenen Herbstes aufflammen. Die Gärtner stutzen und schneiden. Sie trimmen Hecken, rechen Laub, jagen Katzen davon, und wenn das Wetter trocken ist, verbrennen sie Äste und Zweige. Weißer Rauch steigt über der ganzen Stadt auf. Weil das Gras und die Bäume nicht ausgetrocknet sind wie im August, haben die Gärtner keine Bedenken, die Feuer sich selbst zu überlassen, wenn es Zeit ist, heimzugehen, und die Feuer, oder was von ihnen übriggeblieben ist, leuchten in der Nacht wie Irrlichter und zischeln darüber, daß man sie verlassen hat.

Nachdem die anderen Gärtner nach Hause gegangen waren, kniete Alessandro nieder und streckte seine Hände nach der Asche und den glühenden Resten aus. Er lauschte dem Wind, der durch die Aurelianische Mauer, die Obstgärten und die Pinien pfiff und sich wie Brandung anhörte. Niemand sah ihn, wenn er in der Dunkelheit ein oder zwei Stunden länger blieb, denn alle waren drinnen, wo die Lichter brannten.

Oft aß er in der Cafeteria der Eisenbahnarbeiter, wo man ihn für einen der ihren hielt. Obwohl sie allen zur Verfügung stand, fühlten sich die Leute, die nicht entsprechend aussahen, dort nicht wohl. Alessandro mochte nicht zu Hause essen, nicht einmal zum Frühstück. Wenn man allein zu Bett geht und allein aufsteht, kann sogar der Klang eines einzigen Löffels in einer Porzellantasse sehr früh am Morgen so unangenehm sein wie das Geräusch eines Güterzugs, der absichtlich langsam diagonal über einen Rangierbahnhof fährt und bei jeder Weiche quietscht.

Eines Nachts im Dezember kam er spät und aß kaltes Huhn, Suppe, ein hartgekochtes Ei und Salat. Er hatte die Zeitung nicht gelesen und fühlte sich nicht dazu berufen, an den ständigen Debatten über Kommunismus, Leninismus, Sozialismus, Kapitalismus, Faschismus und Syndikalismus teilzunehmen. Die Debattierenden gehörten außerdem zu jenen Menschen, wie er ihnen sein ganzes Leben begegnet war, die fanden, daß die Kunst etwas Losgelöstes und die Politik Sitz der Leidenschaft und Emotion sein sollte. Obwohl Alessandro sich in politischen Theorien recht gut auskannte und schnell zum Kern nahezu jeder intellektuellen Frage vordringen konnte, sagte er jedem, der mit ihm über Theorie oder Revolution reden wollte, daß er nicht qualifiziert sei, darüber zu reden, und daß er es vorzöge, Äste zu schneiden und zu verbrennen. Er würde lieber einen kleinen Blütenkelch betrachten, der gerade an einem kurzen Stiel aus dem Boden gesprießt wäre, sagte er zu ihnen, als darüber zu reden, wie man die Welt verändert. »Ich bin ein einfacher Mann«, sagte er dann.

Doch während er aß, konnte er nicht anders, als einigen Faschisten zuzuhören, die aus Mailand gekommen waren. Einer von ihnen, ein wahrer Dickkopf, war faszinierend; er hatte sowohl eine unglaubliche Kleinlichkeit an sich als auch eine Form von verschrobener Würde. Viele der Eisenbahner unterbrachen ihre Mahlzeit, wenn er sprach, und wenn ein Eisenbahner seine Mahlzeit unterbrach, dann hieß das, daß etwas los war. Alessandro fürchtete, daß die Faschisten mit der Linken liebäugeln würden, und daß sie sich, statt sich gegenseitig zu vernichten, zusammenschließen würden, doch er hielt es zumindest in den kommenden fünf oder zehn Jahren nicht für wahrscheinlich – das Land war zu erschöpft. Bestimmt würde der Sturkopf, der so lächerlich wie unwiderstehlich war, nichts ausrichten.

Normalerweise kam Alessandro spät nach Hause. Sein Zimmer war so karg, daß es nur zum Schlafen gut war, doch am Morgen begann die Welt von neuem. Stets war er früh an der Luft, vor allen anderen, außer den Bäckern und Zeitungsausträgern, weil die Luft und der Himmel ihn am Leben erhielten und er es wußte.

Eines Abends zündete er beim Nachhausekommen die Lampe an und stellte den Docht so ein, daß das Licht bronzefarben war wie die Sonne im südlichen Indien; er hatte seine Jacke schon halb ausgezogen, als er bemerkte, daß ein Brief unter der Tür durchgeschoben worden war. Er zog die Jacke wieder an und starrte auf den Umschlag.

Er bekam nie Post. Seine Finanzgeschäfte, so es solche gab, wurden von der ehemaligen Kanzlei seines Vaters besorgt. Er wollte einige davon Arturo übertragen, wenn sich die Lage besserte, doch im Moment benutzte er die Adresse der Anwaltskanzlei für alle Dinge dieser Art, und er bekam keine andere Art von Post, weil ihn niemand mehr kannte.

Er hatte Ariane geschrieben, und sein erster Brief an sie hatte mit dem Gedanken angefangen, daß ihr Tod seine Briefe an sie zu Selbstgesprächen machte. Natürlich schickte er die Briefe nicht ab, und wenn er es getan hätte, hätte er sie nicht adressieren können, und wenn er sich eine Adresse eingebildet hätte, wären die Briefe nie bei dieser Adresse angekommen, und wenn sie dort angekommen wären, wären sie nicht beantwortet worden.

Er bückte sich, um den Umschlag aufzuheben, und kehrte zur Lampe zurück. Der Brief war aus Venedig, auf dem Briefpapier des Hotels Magenta. Er überflog schnell die Anrede und vier oder fünf Zeilen holpriger Förmlichkeiten in einer ungeübten Handschrift. Dann las er sehr sorgfältig.

Ich habe bis jetzt nicht geschrieben, weil Gisella, die Tochter meiner

Schwester, im Dezember konfirmiert worden ist und ich etwas für sie basteln mußte. Ich arbeite in Holz. Ich habe einen Ozeandampfer mit kleinen elektrischen Lichtern gemacht, die durch die Bullaugen leuchten, sie hat ihn in ihrem Zimmer stehen und schaut ihn sich an, bevor sie zu Bett geht.

Maria erzählte mir, daß Sie nach ein paar Leuten gefragt haben. Andere erzählten dasselbe. Man hat sie mir beschrieben. Ich bin Kellner und hatte frei, als Sie hier waren. Im letzten Frühjahr aßen eine Mutter und ihr Kind, ein Junge von etwa zwei Jahren, mehrere Male im Restaurant. Ich würde mich wahrscheinlich nicht daran erinnern, aber ich liebe Kinder über alles, und dieses Kind war sehr schön, seine Mutter auch, und es hatte ein Boot – ein Segelboot aus Holz, und das fiel mir auf, denn seitdem ich in der Marine in Libyen oder vor der Küste Libyens war, ich weiß nicht genau, bastle ich Boote aus Holz.

Es war diese Art Rennschoner, die die Kinder in den Brunnen segeln lassen wollen, aber sie sind nicht richtig bespannt, um tatsächlich segeln zu können. Man sollte darauf achten, eine lange Stange in der Nähe zu haben, um das Boot zurückzuholen! Nun, ich dachte, Sie wollten das wissen. Sie waren hier. Sie waren zwar keine Gäste des Hotels, aber ich gab der Mutter einen Beutel, um das Boot darin zu tragen – einen Picknickbeutel, wie wir sie in der Küche haben, das Boot paßte genau rein. Ich wollte ihn erst wiederhaben, doch als ich sah, wie genau er paßte, sagte ich, behalten Sie ihn, und das tat sie dann auch. Sie ist eine Romana. Sie erzählte mir, daß ihr Mann im Krieg getötet wurde, daß sie aber keine Unterstützung bekommen könnte und bei ihrer Cousine oder einer Schwester oder so ähnlich leben würde.

Der Junge läßt sein Boot immer im Park der Villa Borghese segeln. Ich hielt ihn hoch und küßte ihn. Die Mutter war gerührt, und er erinnerte mich an meinen eigenen Sohn, als er klein war. Ich glaube, sie kamen zweimal, dann nie wieder. Wenn ich sie sehe, werde ich ihnen von Ihnen erzählen. Wir haben ein Kreuzchen neben Ihren Namen im Register gemacht, für den Fall, daß wir ihn vergessen.

Hochachtungsvoll,
Roberto Genzanoa

*

Den ganzen Winter 1920/21 ging Alessandro zu dem Springbrunnen in der Villa Borghese, wo im Sommer die Kinder versuchten, bei Windstille Boote segeln zu lassen, und mit ansahen, wenn diese in der Flaute aus ihrer Reichweite abdrifteten. Abgesehen von den münzengroßen Blättern, die in den Winterböen umhergetrieben wurden, war der Springbrunnen leer. Im Frühling brachte ein Mann, der wie Alessandro den größten Teil des Winters draußen verbracht hatte und das Gefühl von Kälte, Wind, Regen und Dunkelheit kannte, ein oder zwei Stunden damit zu, das Bassin zu reinigen. Er polierte die wie Äschen geformten Hähne, reinigte die Abflüsse und drehte an dem Ventil, so daß die Rohre einen glänzenden Wasserstrahl von sich gaben. Das Wasser floß heraus, spritzte auf den Boden, breitete sich aus und stieg dann bis zu einer Höhe von einigen Zentimetern. Niemand schaute zu, während der Strahl das Bassin allmählich füllte, ein makellos runder Teich frischen Wassers, das niemals stillstand, aus dem die Hunde tranken, in das alte Männer ihre Taschentücher eintauchten, bevor sie sie sich um die Köpfe banden, und in dem Kinder ihre Boote segeln lassen konnten.

Manchmal kehrte Alessandro zur Zeit der Abenddämmerung an den Springbrunnen zurück und verwandelte für eine halbe Stunde oder länger das Grau in Blau. In der Stille und Kälte heizte er die Sonne an, beblätterte die Bäume und bevölkerte den Park mit Kindern und ihren Müttern.

Auf dem Weg vom Gianicolo zur Villa Borghese verfeinerten sich seine Träume mehr und mehr. Wann immer er die Stadt durchquerte, wurde er froh bei dem Gedanken daran, was ihn wohl erwarten mochte. Er glaubte niemals, daß seine Hoffnung keine Täuschung wäre, daß sie nicht bloß seiner Liebe entsprungen wäre, seiner Einsamkeit und all den Leinwänden mit der Jungfrau und dem Kind, die er gesehen hatte. Vielleicht war sie direkt dem Giorgione entstiegen, und er hatte begonnen, das Gemälde nachzuleben.

Den ganzen Winter über stellte er sich bei der Arbeit eine so vollkommene und gerechte Welt vor, daß er manchmal vergaß, daß sie nicht wirklich existierte. »Bist du fromm geworden?« fragte einer der Gärtner, als sie Erde für ein Frühbeet mit Glasabdeckung aushoben.

»Nein, wieso fragst du?« antwortete Alessandro.

»Na, wie du da mit dir selbst sprichst und Katzen und Vögel anlächelst. Nur Priester und Verrückte lächeln Katzen an. Du redest mit jemandem.«

Alessandro grub weiter. »Und wenn?«

»Was?«

»Was, wenn ich fromm geworden wäre?«

»Nichts. Daran ist nichts falsch«, sagte der Gärtner, beugte sich vor und wischte sich die Erde von den Händen. »Aber welchen Glauben?«

»Welchen Glauben denkst du denn?«

»Buddhismus?«

»Buddhismus! Wieso Buddhismus?«

»Beten die denn keine Katzen an?«

Alessandro lachte. »Keine Katzen, Frösche.«

»Frösche, du betest Frösche an?«

»Der Froschgott«, sagte Alessandro und grub weiter, »lebt in den Drainagerohren. Wenn man ihn zu Gesicht bekommt, und sei es nur seinen Fuß, läßt er einen achtundsechzig Stunden lang unaufhörlich kotzen.«

»Warum?«

»Er mag es, allein zu sein.«

»Warum mag er allein sein?«

»Er braucht Zeit«, sagte Alessandro, richtete sich auf und schaute den Gärtner groß an.

»Du machst Witze«, sagte der andere Gärtner. »Da gibt's keinen Frosch.«

»Wenn du mir nicht glaubst«, sagte Alessandro, »frag dich doch mal, woher ich wußte, wo all die Rohre vergraben sind.«

»Woher *wußtest* du das denn?«

Im März kündigte er.

*

Wenn er auch nicht mehr in den Gärten des Gianicolo arbeitete, konnte er sie sich doch ins Gedächtnis rufen, und er kannte jeden Baum, der sich im Wind wiegte, jeden Sprößling, jedes raschelnde Blatt, den Duft des Grases, die Farbe des Himmels, die Abenddämmerung, die Frühe und den Regen. Am häufigsten erinnerte er sich an die heißen und glühenden Feuer, die er und andere aus Ästen gemacht hatten, die zu toten Haufen aufgeschichtet worden waren, zersplittert und naß, schwarz vom Regen, und dennoch hatten sie gebrannt, und die Hitze, die aus dem Herzen des Holzes drang, war gut im Kampf gegen die Winternächte.

Er begann, sich für Ariane feinzumachen, so als ob er um sie warb. Er nahm eine Stelle als Nachtangestellter in einem Telegrafenamt an und übersetzte kurze Abschnitte in ein halbes Dutzend und aus einem halben Dutzend Sprachen. Die Drähte waren fast immer belegt, sie sangen über Bergketten und Meere hinweg und trugen Botschaften von allergrößter Wichtigkeit, Geburtstagstelegramme und Bestellungen für Eckenkrägen.

Er mietete eine Wohnung, die erheblich respektabler war als die, die er aufgegeben hatte. Sie war klein, doch sie ging auf einen Garten hinaus, und Alessandro stellte richtige Möbel hinein. Er hatte begonnen, eine neue Bibliothek anzulegen. Daß Luciana seine Bücher verkauft hatte, war ein Schlag, der einem weiteren Todesfall gleichkam. Nun ließen ihn die neuen Bücher wenigstens ahnen, daß sich nicht alles geändert hatte.

Er trug einen weißen Anzug, wenn ihm das Wetter auch nur die geringste Entschuldigung dafür gab, nicht von dem leuchtenden Weiß Mexikos oder Indiens, sondern von einem viel wärmeren Ton, beinahe cremefarben, der sein Gesicht strahlen ließ. Sein Gesicht hatte sich verändert. Seine Augen lagen tiefer, und er hatte eine gewisse Bedächtigkeit des Ausdrucks angenommen. Man konnte sehen, daß die Gedanken in ihm umgingen wie schnell dahinziehende Wolken.

Er war glücklich, daß er, selbst nachdem so viele Jahre vergangen waren, seit er das Zivilleben zum ersten Mal aufgegeben hatte, immer noch leichtsinnig genug war, ein Faible für etwas entwickeln zu können – einen Spazierstock, der zu seinem Anzug paßte und wie ein Pferd über das Kopfsteinpflaster trippelte.

Als er gegen Ende April in die Villa Borghese ging, sah er wie ein Mann aus, der viel älter war. Er suchte sich eine Bank in der Sonne nahe beim Brunnen und beobachtete, während sein Spazierstock neben ihm lehnte, ein Buch oder eine Zeitung auf seinem Schoß lag und sein Haar vom Wind zerzaust wurde wie struppiges Gras.

Der April war zu kalt. Obwohl Alessandro stundenlang dasaß und den anmutigen Ergießungen des Springbrunnens lauschte – und dessen wurde er nie müde –, kam niemand vorbei. Niemand kam, um ein Boot segeln zu lassen. Jede Nacht kehrte Alessandro heim, und in der Zeitspanne zwischen seiner Rückkehr und dem Augenblick, wenn er zur Arbeit gehen mußte, saß er niedergeschlagen und mit gesenktem Kopf da. Er atmete so langsam wie jemand, der eine Verletzung erlitten hat, aber dann erfüllte ihn das Bild von Ariane mit Freude und Wärme, so als hielte er sie im Arm, und am nächsten Tag hatte er wieder die Kraft, zur Villa Borghese zu gehen.

Manchmal schlief er ein oder zwei Stunden in der Sonne, denn er hatte nie genug Schlaf, und fürchtete dann, daß sie gekommen und wieder gegangen waren, während er geschlafen hatte. Die ersten beiden Maiwochen waren ungewöhnlich kalt, und dann wurde es heiß.

Die Menschen kamen zahlreich. Alessandro beobachtete sorgfältig die Segelboote, die bei Flaute auf dem Springbrunnen dümpelten, und die Kinder, die am Beckenrand standen. In der dritten Maiwoche gab er das Zeitunglesen auf und konzentrierte sich auf die Kinder. Er zog ungeheure Befriedigung daraus, ihre Gesichter zu betrachten. Wenn er einen Vater sah, der ein Kind im Arm wiegte, den Vater, der das Kind bestaunte, das Kind, das schwebte, empfand er weder Neid noch Fremdheit.

Das Monatsende wurde durch Regenfälle kompliziert, und mehrere Tage lang schaffte es Alessandro nicht, früh genug aufzuwachen, um vor dem späten Nachmittag in der Villa Borghese zu sein. Er dachte, daß der Juni besser wäre und daß die Antwort eines Statistikers auf die Frage, in welchem Monat die Kinder wohl am wahrscheinlichsten ihre Boote auf den Brunnen segeln ließen oder, wenn nicht das, wann ihre Mütter sie wohl am wahrscheinlichsten im Park spazierenführten, immer Juni lauten würde. Von anderem abgesehen, war der Juni der Monat, in dem die Kinder den Sommer zum erstenmal entdecken und in dem ihre Mütter sich sicher sind, daß er beginnt. Es war der Monat der Ferien und des Eintreffens der Touristen und die Zeit, in der die Sonne ihre größte Pracht, aber nicht ihre größte Hitze erreicht.

Vielleicht war die Frau, ob sie nun Ariane war oder nicht, krank gewesen. Vielleicht war das Kind krank gewesen. Vielleicht waren sie umgezogen oder woanders zu Besuch oder hatten das Interesse an dem Park verloren oder waren gerade dann hier gewesen, wenn er nicht da gewesen war. Und vielleicht hatte er sie viele Male gesehen, die Mutter und das Kind, die in Venedig gewesen waren, und sie waren Fremde.

*

Gegen Ende Juni gab Alessandro seine gewohnte Bank auf und setzte sich an die Südseite des Brunnen. Viel mehr Menschen nahmen den südlichen Weg, weil die Bäume entlang des Nordpfads dicker waren und ihre Schatten wie eine Barriere wirkten. Auf der Südseite beschien die Sonne Alessandro nicht vollständig, sondern zielte nur auf sein rechtes Auge und die rechte Hälfte seines Halses. Wenn diese normalerweise recht wenig exponierten Partien von ihm für Stunden der direkten Sonne ausgesetzt wären, bekäme er einen Sonnenbrand.

Er brachte es aber nicht über sich, wegzurücken. Er sagte sich, daß dies nichts ausmache, und rührte sich nicht von der Stelle. Wie er da unbeweglich auf der Bank saß, erinnerte er sich an die Geschichten, die er von Soldaten an der Front gehört hatte, welche Engel gesehen hatten – ganze Bataillone von ihnen. Die Engel flogen über das Niemandsland zwischen den Gräben, und während sie flogen, erhoben sich die Seelen der Körper, die auf der von der Artillerie durchwühlten Erde lagen und allmählich zerfielen, und schlossen sich ihnen an. Nur die geschlagenen Verbände berichteten von Engeln und nur im Verlauf schwieriger Schlachten. Keiner der Andersdenkenden stellte ihre Berichte in Frage. Nichts ist so schön wie ein Engel, sagten die Soldaten. Sie bewegten sich in großer Zahl zehn oder zwanzig Meter über dem Boden. Sie blickten unbeirrt nach vorn und sandten pulsierendes Licht aus, das die Landschaft glühen ließ, schöne körperlose Wesen, die Gott erblickt hatten. Auch die Seelen, die aufstiegen, waren sichtbar, und man konnte die strahlende Gruppe aus großer Entfernung wahrnehmen, wie sie durch die riesigen und furchtbaren Räume zwischen den Linien schwebte. Viele der Soldaten nahmen an, daß die Welt in der Nacht zu Ende gehen würde, in der sie die Engel sahen, und für manche tat sie dies auch.

Alessandro hatte nicht nur seinen gewohnten Platz aufgegeben, er konnte auch keine Zeitung mehr lesen. Er begann mit einer Spalte und folgte ihr bis zum Ende, ohne sich an irgend etwas zu erinnern. War es denn zuviel verlangt, daß Ariane vor mehreren Jahren ein Gebäude verlassen hätte, bevor es zusammenfiel? Käme das der Forderung gleich, das Universum neu zu ordnen? Stand das im Widerspruch zur Physik? Nein, und dennoch wäre es ein Wunder, das auch Divisionen, ganze Armeen von Skeptikern nicht anfechten könnten.

Und dennoch war es zuviel verlangt, und sei es auch nur, weil er so sehr danach verlangte, also verlangte er nicht mehr danach. Während der Nachmittag heißer wurde, begann er auszutrocknen, und er spürte, wie die Zukunft ihren Gang ging. Nichts würde aus seinem Glauben und seinen Wünschen werden.

Er faltete seine Zeitung zusammen und wollte gerade aufstehen. Im Augenwinkel sah er einen weißen Blitz, von der Ostseite des Brunnens, als das schmale Dreieck eines Rennschoners auf seine bewegungslose Position nahe der Mitte zuschoß, wo nur das Wasser ihn langsam an den Rand schieben würde, nicht der Wind und nicht das Segel.

Das Kind, das das Boot auf das Wasser gesetzt hatte, war ein etwa dreijähriger Junge, dessen Haar in der Sonne pures Gold war. Seine Augen waren braun, er trug blaue kurze Hosen und ein weißes Baumwollhemd, und er hatte das Gesicht eines Kindes, das eine große Last trägt.

Alessandro schaute an ihm vorbei zu drei Frauen hinüber, die auf einer Bank saßen. Zwei sprachen miteinander. Die Dritte nähte, und sie war es, die ihre Augen auf den kleinen Jungen mit dem Boot gerichtet hatte.

Ariane war nirgendwo zu sehen. Alessandro stand auf und ging in Richtung Tiber, doch nach ein paar Schritten wandte er sich in die andere Richtung, weil er beschlossen hatte, bei den Bauarbeiten am Ende der Via Veneto vorbeizuschauen, um die Veränderungen auf dem Grundstück zu sehen, für das sein Vater den Garten verkauft hatte.

Als er das letztemal vorbeigekommen war, hatten Eisenträger begonnen, aus dem Fundament zu ragen, und er wollte sehen, wie weit sie schon gewachsen waren.

Als er um den Brunnen ging, schaute er noch einmal zu dem Kind hinüber. Der Junge schaute Alessandro direkt an und wies auf sein Boot. Er wollte, daß Alessandro es ihm mit seinem Stock holte.

»Er ist zu kurz«, sagte Alessandro, »und das Wasser ist zu tief.«

Das Kind weigerte sich zu akzeptieren, daß Alessandro ihm nicht helfen konnte. Er deutete wieder zum Boot.

Alessandro trat auf ihn zu. Er wollte sich vorbeugen und es erklären, doch die Worte blieben ihm im Halse stecken, und er blieb abrupt stehen. Direkt hinter dem Jungen, vor Alessandros Blicken verborgen, bis er näher gekommen war, lag eine abgenutzte Segeltuchtasche mit Schlingen als Griff.

Die Seite, die ihm zugewandt war, war unbedruckt. Er griff die Tasche an den Schlaufen. Darauf stand die Frau von der Bank auf und kam auf ihn zu. Alessandro drehte die Tasche um, fast wie in Zeitlupe, und sah auf der anderen Seite Buchstaben in deutlicher Farbe – *Magenta*.

»Wie heißt du?« fragte Alessandro das Kind.

»Paolo.«

»Und dein Nachname?«

Bevor der Junge antworten konnte, schaute er hoch. Die Frau war hinzugetreten. Obwohl sie nicht Ariane war, hatte auch sie blaue Augen, und Alessandro versuchte, seine leichtfertige Schlußfolgerung, sie könne die Cousine sein, im Zaum zu halten.

»Guten Tag«, sagte sie mit vorsichtiger, aber herausfordernder Stimme.

Alessandro konnte kaum atmen. »Sind Sie seine Mutter?«

»Nein«, sagte sie, als wollte sie sagen *Was geht Sie das an*?

Er zitterte. »Ist der Name seiner Mutter Ariane?«

»Ja«, antwortete die Frau und entspannte sich. »Kennen Sie sie?«

X. LA RONDINE

Alessandro Giuliani und Nicolo Sambucca waren zwei Tage und zwei Nächte in Richtung Monte Prato gegangen. Die Straße, der sie folgten, und die Abkürzungen, die sie über Kammlinien und durch Engpässe aus gebleichtem Fels nahmen, führten sie am Höhengrat des Apennin entlang, auf der Linie des westlichsten Kamms. Während sie bei Tageslicht oder unter den Sternen wanderten, kam es ihnen so vor, als ob sie auf einer Mauerkrone herumkletterten, die so hoch war, daß die Städte Italiens, die unter ihnen in der warmen Sommerluft glänzten, wie Orte in einem Kinderbuch oder einem Märchen erschienen. Selbst das Meer, ein marineblaues Band bei Nacht oder türkisfarben gegen Mittag, war die unverkennbare Schöpfung eines einfühlsamen Illustrators und fügte sich nahtlos in die Intarsien aus Feldern und Himmel ein, die durch einen schwerelosen Dunst silbernen Lichts zum Glänzen gebracht wurden.

Sie waren erschöpft und hatten große Schwierigkeiten beim Gehen, doch das weite Land, die Stille und die Höhe erlaubten ihnen die Illusion, daß sie ohne Mühe vorankamen, so als stiegen und fielen sie vom Wind getrieben über die sanften Wellen eines bunt bebänderten Meeres. Nach ihrer Begegnung mit den heimkehrenden Bauern hatten sie keine einzige Menschenseele gesehen oder gehört. Die Route war entlegen genug gewesen, um Städte und Dörfer still und regungslos daliegen zu sehen, mit Ausnahme eines blinkenden Lichts oder des langsamen Aufsteigens einer Rauchsäule in eine azurne Endlosigkeit hinein, die sie schnell auslöschte.

Sie hatten Stunden bleierner Bewegung und pochender Herzen gehabt und Stunden des Fliegens, doch in der Erinnerung schienen sie alle gleich, denn die Kette, die sie gebildet hatten, lag nun zum Großteil hinter ihnen, und sie hatten nicht mehr weit zu gehen. Nicolo war schon lange an der Weggabelung vorbeigelaufen, wo er nach Sant' Angelo hätte abbiegen müssen, und vor Sonnenaufgang hatten er und Alessandro auf einem Hügel, von dem aus man Monte Prato überblicken konnte, eine Rast eingelegt.

Die Straße machte eine Linkskurve und führte dann über Felsenbänke in den Hügeln zurück in Richtung des Dorfes, doch wenn man zum Talgrund hinunterging, den Fluß überquerte und wieder hinaufstieg, kam man direkt zu der Kirche und der Piazza, nachdem man an Reihen von Olivenbäumen und an Steinmauern vorbeigekommen und über Felder gelaufen war, auf denen Garben aus silberblondem Heu standen wie verstreute Infanteristen.

»Nehmen Sie nicht die Straße?« fragte Nicolo.

»Nein.«

»Sie müssen den ganzen Weg hinab und dann wieder hinauf.«

»Habe ich das nicht schon die ganze Zeit über getan?«

»Aber Sie sind hier. Wozu das Herz gefährden, wenn Sie es schon geschafft haben? Sie haben schon geklagt, daß es ausgesetzt hat.«

»Ich habe nicht geklagt.«

»Sie sagten, es setze aus.«

»Das hat es auch getan.«

»Die Straße ist einfach«, sagte Nicolo.

Alessandro warf den Kopf in einer geradezu löwenhaften Geste der Ungeduld zurück. »Die Sonne wird erst in zwei Stunden aufgehen. Ich werde hier rasten.«

»Wie geht es Ihnen?« fragte Nicolo ängstlich und besorgt.

Alessandro setzte sich auf einen glatten Felsen, der aus einer Bodenwelle im Hügel ragte, und lehnte sich zurück, bis sein Kopf auf dem weichen Gras ruhte. »Ich erinnere mich noch aus meiner Jugend«, sagte er und sprach ebenso zum Himmel wie zu dem Jungen neben sich, »an den Grund für eine solche Frage. Du denkst, daß bei einem so alten Mann wie mir ganze Seen von Blut gegen Dämme aus Papier drücken, oder nicht? Wenn ich einen Schritt in die falsche Richtung mache oder mich ein wenig beim Essen verschlucke oder höre, daß Octavian bei Actium den Sieg davongetragen hat ... peng! Der Damm bricht, alles in mir drin zerreißt, und ich bin tot.«

»Das meinte ich nicht, Signore.«

»Doch, doch. Im Vergleich zu dir bin ich ein Gabelbein. Ich erinnere mich noch, wie ich damals war.«

»Sie sind nicht so zart, nicht nach all dem, was Sie durchgemacht haben.«

»O doch, Nicolo, das bin ich, und das ist eine Gnade. Mein Körper zwingt mich nicht länger zu ertragen, was ich früher einmal ertragen mußte. Wenn irgend etwas ein zu großer Schlag für mich ist, zu unerfreulich oder zu schmerzlich, wird Gott so schnell kommen wie eine Krankenschwester auf Wache. Je trockener und dünner der Knochen, desto leichter bricht er.«

»Wie kann das gut sein?«

»Du wärst überrascht.«

»Ich möchte niemals sterben. Ich werde bis zum Ende kämpfen und in einem richtigen Kampf untergehen.«

»Ich weiß, ich weiß«, sagte Alessandro. »Du fühlst die Zeit noch kaum, und dennoch hütest du sie eifersüchtiger, als du es jemals wieder tun wirst.«

»Aber Sie haben doch so oft gesagt, daß Ihnen von irgendwoher Kraft zufloß, als Sie keine mehr hatten; sie strömte in Sie, und es überraschte Sie.«

»Stimmt«, bekräftigte Alessandro. »Das tut sie immer noch, aber auch sie wird leiser und leiser, so wie ich.«

»Signore!« sagte Nicolo, gegen Alter und Sterblichkeit protestierend.

»Du hast mich gefragt, wie ich mich fühle.«

»Ja.«

»Ich fühle mich gut.«

»Wirklich?«

»Ja.«

»Und Ihr Herz?«

»Nun, mein Herz fühlt sich nicht so wohl, aber was soll's.«

»Wie fühlt es sich denn?«

Alessandro drehte den Kopf zu Nicolo, der den rechten Fuß und die rechte Wade untergeschlagen hatte und dasaß wie die Mädchen, erinnerte sich Alessandro, wenn sie Beeren pflücken. »Es fühlt sich an, als ob ein Mann drinsteckt, der mit Händen und Füßen gegen die Wände drückt. Und mein Arm fühlt sich auch so an.«

»Ist es was Ernstes?«

»Es ist nichts Komisches.«

»Brauchen Sie einen Arzt?«

Alessandro lachte. Die Kraft seines Lachens überraschte Nicolo.

»Was ist daran so lustig?«

»Was ich brauche, ist, keinen Arzt zu brauchen. Wenn man stirbt, hängen die Ärzte wochenlang herum, und die armen bedauernswerten Menschen, die man zurückläßt, müssen alle Möbel verkaufen, um sie zu bezahlen, selbst wenn ... was tun sie denn schon? Man bezahlt sie dafür, daß sie den Takt aufbringen, die nackte Wahrheit über den Menschen, der im Sterben liegt, vor einem zu verbergen.

Das Geld ist unwichtig. Was schmerzt, sind die falschen Hoffnungen, an denen man genauso schuld ist wie die Ärzte.«

»Wenn jemand meinen Vater dafür bezahlt, die Wäschestangen zu befestigen«, sagte Nicolo, »und beide fallen um, dann würde mein Vater das Geld zurückgeben.«

»Aber?« fragte Alessandro.

»Aber was?«

»Aber?«

»Ich habe nicht *aber* gesagt.«

»Das hättest du aber sollen.«

»Das hätte ich.«

»Red weiter.«

»Aber ... aber... aber ich weiß doch nicht, was aber! Aber die Menschen! Die Menschen sind so verschieden.«

»Ja, red weiter, red weiter.«

»Menschen sind keine Wäschestangen. Sie sind kompliziert. Sie leben nicht ewig. Selbst Wäschestangen können umfallen, bei einem Erdbeben, und das wär' nicht die Schuld meines Vaters, und er würde das Geld behalten.«

»Ja!« sagte Alessandro halb verschluckt mit einem langen Lufthauch. »Weißt du was, Nicolo?«

»Was?« fragte der Junge und lächelte wie ein Lamm.

»Du denkst, und vor zwei Tagen hast du das noch nicht getan.«

Nicolo dachte über diese Möglichkeit nach. Wenn es nicht schwärzeste Nacht gewesen wäre, hätte Alessandro sehen können, wie sein Gesicht aufleuchtete.

»Denken, Fragen stellen, etwas durchdenken, ist wie ein Ball, verstehst du? Wenn er einmal den Hügel hinabrollt – selbst wenn er ganz langsam anfängt –, dann hält er nie wieder an. Verstehst du?«

»Nein.«

»O doch, das tust du.«

»Nicht genau.«

»Aber natürlich. Du freust dich nur so für dich selbst, daß du willst, daß ich es beschreibe, damit du es genießen kannst. Das werde ich nicht tun. Das Vergnügen sollte ohne den Ratschlag eines Experten sein, so wie dein erster Orgasmus.«

»Was ist ein Orgasmus?«

Alessandro seufzte.

»Wirklich«, sagte Nicolo. »Ich bin nicht wie Sie. Ich habe nicht viel Geld. Ich kann mir nicht mal ein Fahrrad leisten, geschweige denn einen Orgasmus.«

»O Herr«, sagte Alessandro, und seine Augen fuhren nach oben.

»Ein Orgasmus ist ein Auto, nicht?«

»Du meinst, wie ein ... *Hispano-Suiza*?«

»Ist es das?«

»Nein«, sagte Alessandro, und seine Stimme ließ nach, »es ist eine Art japanischer Laterne.«

»Wir brauchen keine Orgasmusse, wir haben Glühbirnen«, sagte Nicolo.

»Aber schon bald wirst du all deine Glühbirnen eintauschen wollen für einen Orgasmus.«

»Das glauben Sie«, sagte Nicolo erzürnt. »Glühbirnen sind teuer. Ich würde nicht eine einzige für einen Orgasmus tauschen.«

»Das glaubst du.«

»Sie sind von vielen Dingen überzeugt, nicht? Wenn es nach Ihnen geht, werde ich der Präsident der F.A.I. sein.« Er wartete darauf, daß Alessandro ihm widersprach. »Ich werde in einem großen Haus wohnen und eine Menge Lederbücher besitzen ...«

»Ledergebundene.«

»Ledergebundene. Ich werde mit meiner Jacht im Sommer in die Schweiz segeln.«

»Von wo aus?«

»Von Capri.«

Nach einer Pause sagte Alessandro: »Ich wollte dich gerade auslachen, aber die Rhone geht bis Genf und fließt dort in voller Breite aus dem Genfer See. Wer weiß?«

»Warum nicht direkt übers Meer?« fragte Nicolo.

»Das geht nicht. Die Schweiz hat keine Küste, doch wie ich schon sagte, der Neuenburger See leert sich in den Genfer See. Vielleicht könnte man noch weiter. Das ist so ein Punkt, mit dem man sich an ein geographisches Magazin wendet.«

»Reiche Leute.«

»Ja. Reiche Leute wenden sich an geographische Magazine. Die armen Leute wissen nicht einmal, wo sie anfangen sollen, und sie haben keine Jachten. Der Unterschied zwischen den Klassen besteht darin, daß die Mehrheit sich an ihre Jugend als ihre glorreiche Zeit erinnert und die allerkleinste Minderheit, die einem Leben der Schufterei und der wachsenden Schwierigkeiten entrinnt, etwas noch Besseres findet.«

»Vielleicht macht mich Gott eines Tages reich.«

»Schon möglich.«

»Gott hat mich jedenfalls nicht reich beginnen lassen. Ich glaube sowieso nicht an Ihn. Meine Schwester schon.«

»Wenn du nicht an Ihn glaubst, wie kann Er dich dann reich machen?«

»Wenn nicht, ist es auch egal.«

»Ich glaube nicht, daß Er es tun wird. Du kannst dich selbst reich machen. Ihm ist es gleichgültig.«

»Wirklich?«

»Ja. Da bin ich sicher.«

»Warum?«

»Geld ist eines der wenigen Dinge, die nicht Er selbst erfunden hat. Er hat Vögel, Sterne, Vulkane, die Seele, die Lichstrahlen erfunden – aber kein Geld.«

»Sie glauben an Gott, nicht wahr?«

»Ja.«

»Wie denn das? Was hat Er je für Sie getan?«

»Das ist nicht der Punkt, was Er für mich getan hat oder nicht.

Tatsächlich hat Er eine Menge getan, doch für manche hat Er noch weniger als nichts getan. Außerdem ist das keine Frage, ob man an Gott glaubt oder nicht.

Allerdings habe ich diese Frage gestellt«, sagte der alte Mann, »auch mir selber, als ich jünger war. Seine Existenz ist keine Frage, über die man streiten kann, sondern eine Frage der Wahrnehmung. Entweder man nimmt Gott wahr oder nicht.«

»Und Sie?«

»Ja, sehr stark, doch manchmal auch nicht. Je älter ich werde und je mehr ich erkenne, wie das Leben eingerichtet ist und mit welcher Sicherheit und Vorhersagbarkeit wir von einem Schritt zum nächsten kommen, desto stärker glaube ich an Gott, desto stärker fühle ich Seine Gegenwart, und desto mehr bin ich von der Macht Seiner Werke beeindruckt. Und dennoch, je älter ich werde und je mehr ich von Leiden und Tod sehe, desto unnahbarer wird Gott, und desto klarer scheint es, daß Er nicht existiert. Weil Er sehr klug ist, hat er das Leben zu einer großen Frage geformt, an der die Lebenden zerbrechen und die erst mit dem Tode beantwortet wird. Ich bin mir weniger sicher als in jungen Jahren. Manchmal glaube ich und manchmal nicht.«

»Was macht den Unterschied aus?«

»Meine Stärke, die Klarheit meiner Vision, die Verzweiflung meines Herzens – dies allein.

Ariane hat mir einen Brief hinterlassen. Abgesehen von den Straßenschildern, die ich las, als ich heimfuhr, waren dies die ersten Worte, die ich sah, nachdem sie gestorben war. Es war so, als ob sie zu mir spräche, und sie sagte: ›Solange du Leben und Atem hast, glaube. Glaube für diejenigen, die es nicht können. Glaube selbst dann, wenn du zu glauben aufgehört hast. Glaube den Toten zuliebe, der Liebe zuliebe, deinem Herzschlag zuliebe, glaube. Gib niemals auf, verzweifle niemals, laß dich von keinem Geheimnis zu dem Schluß verleiten, daß das Geheimnis nicht auch deins sein kann.‹«

»Bei allem Respekt, Signore, Sie werden mich überzeugen müssen«, forderte ihn Nicolo heraus, der dachte, erwachte und bereit war für eine zehnstündige Disputation.

»Nein, das werde ich nicht, ich nicht«, sagte Alessandro. »Ich habe Nächte genug an längst toten Dinertafeln verbracht und meinen Blutzucker angeheizt, bis er verbraucht war. Ich muß dich nicht überzeugen. Die Welt wird dir die Beweise liefern, und die Wahl wird bei dir liegen. Sie wird völlig davon abhängen, wie klar du aus dem Gewirr deiner physischen Erscheinung und deinem stolzen Intellekt blicken kannst.«

»Ich habe einen Intellekt?«

»Das habe ich nicht gesagt.«

»Was ist ein Intellekt?«

Alessandro änderte seine Körperhaltung und schnaufte, um mehr von der köstlichen Nachtluft einzuatmen. »Das ist ein Ding, das du in deinem Hirn hast. Es erinnert sich an andere Dinge und gibt dir die Möglichkeit, sie hin und her zu wälzen, damit du sie begreifen kannst.«

»Oh.«

»Du hast einen, aber du mußt ihn üben, damit er größer wird.«

»Die Menschen, die einen solchen Intellekt haben, die sind klug, oder?«

»Nicht so klug, wie sie glauben.«

»Sind sie nicht?«

»Nein. Sie wissen es nicht, aber der Intellekt ist die Eigenschaft, die man am ehesten entwickeln kann, und wenn er für den Rest überdimensional geworden ist, dann halten sie sich für klug – dabei sind sie nicht klüger als ein Telefonbuch. Eine Tatsache, die sich durch die gesamte menschliche Geschichte zieht, ist die Wünschbarkeit, die Notwendigkeit eines Ausgleichs zwischen Intellekt, Geist und Fleisch.«

»Fleisch, welchem Fleisch?«

»Der Kasteiung des Fleisches.«

Nicolo zog sich fast unmerklich zurück.

»Was, glaubst du, haben wir gerade getan?« fragte Alessandro. »Dieser Marsch, tage- und nächtelang an der freien Luft ohne Schlaf, unter Sonne, Mond und Sternen, ist Kasteiung des Fleisches. Wie donnernde Musik erschüttert sie die Seele, bis sie aufsteigt. Im Islam verwenden die Sufis und Derwische Drogen, um das zu erreichen. Wir sind Christen, wir nicht. Wir erheben unsere Seelen mittels der

Geschütze der Kunst und der Disziplin, und in jeder beliebigen Nacht schweben Armeen von hell wirbelnden Geistern über den Schornsteinen Europas, auf halbem Wege zu den Sternen, Geister, die wie Feuerwerkskörper aufgestiegen sind und von den Seelen jener Männer und Frauen gebunden werden, die durch Reflexion, Selbstkasteiung und Hingabe mühelos selbst Könige einschüchtern.«

»Ja, aber Sie ... Sie unternehmen doch nicht jeden Tag solche Wanderungen«, sagte Nicolo, »und wenn das alle täten, wäre die ganze Welt verrückt, oder nicht? Alle laufen mitten in der Nacht in den Bergen herum, Himmel!«

»Sag mal«, sagte der alte Mann schelmisch. »Du glaubst nicht, daß es andere Möglichkeiten gibt?«

»Welche zum Beispiel?«

»Also doch.«

»Das habe ich nicht gesagt.«

»Hast du doch.«

»Nun gut, welche Möglichkeiten?«

»Wann stehst du morgens auf?« fragte Alessandro.

»Ich?«

»Ist sonst noch jemand hier?«

»Halb acht. Warum?«

»Damit du zur Arbeit gehen kannst?«

Nicolo nickte.

»Und an den Tagen, an denen du nicht zur Arbeit gehst?«

»Neun, zehn, wann immer.«

»Du stehst um halb acht auf, weil du mußt.«

»Ja.«

»Ich bin im Ruhestand. Ich muß zu keiner bestimmten Zeit aufstehen. Wenn ich will, kann ich den ganzen Morgen verschlafen. Wann, glaubst du, stehe ich auf?«

»Woher soll ich das wissen?«

»Rate mal.«

»Ich sagte doch schon, ich weiß es nicht.«

»Deshalb sollst du ja raten, wenn du es nicht weißt. Ich wußte, daß du es nicht weißt – woher auch? Deshalb habe ich dich gebeten, zu raten.«

»Halb zehn?«

»Nein. Um fünf.«

»Um fünf?«

»Ich sitze um halb sechs an meinem Schreibtisch.«

»Sie müssen verrückt sein.«

»Du bist ein toller Läufer«, sagte Alessandro. »Ich habe gesehen, wie du kilometerlang hinter dem Bus hergerannt bist. Wie oft in der Woche trainierst du bis zur Erschöpfung?«

»Wenn wir ein Fußballspiel haben. Und Sie? Sie können doch nicht bis zur Erschöpfung trainieren. Sie würden sterben.«

»Viermal. Ich rudere. Ich rudere, bis ich Visionen bekomme. Ich trinke Limonade. Ich höre Musik. Ich höre selbst dann Musik, Nicolo, wenn keiner sie spielt. Und du?«

»Nein. Manchmal höre ich sie nicht mal, *wenn* sie jemand spielt.«

»Schläfst du in einem Bett?«

»Natürlich schlafe ich in einem Bett. Wer schläft denn nicht in einem Bett?«

Alessandro lächelte.

»Sie schlafen nicht in einem Bett? Wo schlafen Sie dann?«

»Auf dem Boden.«

»Auf dem Boden, Sie schlafen auf dem Fußboden? Warum?«

Der alte Mann schaute den Jungen an und sagte mit dem Ton eines Menschen, der ein großes Geheimnis verrät: »Weil der Fußboden hart und kalt ist.«

»Ich glaub es nicht«, sagte Nicolo zu einem imaginären Dritten.

»Wann, glaubst du, stehen die Nonnen deiner Schwester morgens auf?«

Nicolo zuckte mit den Schultern.

»Frag sie.«

»Himmel«, sagte Nicolo. »Ich will doch keine Nonne werden.«

»Ich habe nicht gesagt, daß du eine Nonne werden sollst«, sagte Alessandro. »Ich habe dich nicht gebeten, irgendwas zu tun. Ich sag nur, daß der Intellekt zu nichts nütze ist, wenn er nicht durch Kasteiung des Fleisches diszipliniert wird, damit er der Seele dient. Das ist alles. Der Intellekt denkt. Der Körper tanzt. Und die Seele singt. Ein Lied, ein einfaches Lied. Wenn Liebe und Erinnerung einen übermannt und die Seele, obwohl sie niedergedrückt ist, sich aufschwingt, dann tut sie das in einem einfachen Lied.«

»Woher wissen Sie das?«

»Ich habe es gehört.«

»Was sagt es?«

»Es sagt, daß es ganz zum Schluß, in der letzten Konzentration all dessen, was du weißt, nur ein Ding gibt, ein Ding, das vielleicht auf die Reise geht, wenn auch nur Gott allein weiß, wie.«

»Was soll ich damit anfangen?« fragte Nicolo. »Sie reden immer über solches Zeug. Geben Sie mir ein konkretes Beispiel.«

»Ein Ding?«

»Ja, ein Ding.«

»Das hat mit *Dingen* nichts zu tun.«

»Das ist mir egal, geben Sie mir ein Ding, ein Ding.«

»Na gut«, sagte Alessandro und blickte über das mondbeschienene Tal und die silbrigen Hänge und frisch gemähten Felder. »Hier ist ein winziges Beispiel, eins von Millionen, mikroskopisch, aber vielleicht reicht es als Ding, denke ich.

Ich habe einen Tischkalender, ein Lederbuch, das aufgeschlagen neben meinem rechten Ellbogen liegt. Es ist ein Ding. Jetzt, da ich alt bin, ist es immer leer, aber ich kaufe jedes Jahr ein neues – aus Gewohnheit, und wenn ich einmal eine Verabredung habe, dann ragt sie großartig aus den leeren Seiten hervor, wie ein vom Eis eingeschlossenes Schiff am Nordpol.

Es hat einen roten Lesefaden, damit man die Seite markieren kann, und fast fünfzig Jahre lang lag dieser Faden so glatt wie eine Lotschnur im Falz. Vor kurzem erst griff ich mit der rechten Hand nach dem Telefon und hielt mit der linken ein Buch aufgeschlagen. Ich schaute nicht hin und wischte den Lesefaden in einem Fünfundvierzig-Grad-Winkel und einer halben Drehung über die Seite.

Als ich das Telefonat beendet und das Buch weggelegt hatte, bemerkte ich den Faden. Er hatte ein Eigenleben, jenseits meiner Gewohnheiten, Absichten, meiner Ordnungsvorstellungen, meiner Ideen und Praktiken. Der kleine abgewinkelte Lesefaden stand aus der Seite wie ein Banner im Wind, wie eine Feuersäule.«

»Und was soll das bedeuten?«

»Auf irgendeine Weise sagt es mir, daß ich nicht allein bin. Und selbst wenn es mir das nicht sagen sollte, will ich es glauben, denn über die Zeit hinweg schmerzt es sehr, allein zu sein, obwohl man sich so daran gewöhnen kann, daß man kaum noch etwas anderes erträgt. Wenn man allein ist, kann man sich derart heftig nach etwas wie einer Umarmung sehnen, daß man sie aus der Luft erschafft. Man findet sie in Bedeutungen, die man anders vielleicht nicht erfaßt, und deshalb ist es hilfreich, früh am Morgen aufzustehen, wenn der Verstand klar und das Herz sanft ist.«

»Das ist nicht gut genug.«

»Glaubst du nicht?«

»Nein.«

»Warum?«

»Das war nur Intellekt.«

»Aha!« sagte Alessandro Giuliani, »und was fehlte dabei?«

»Es fehlte, nun ... geben Sie mir noch eins.«

»Noch ein Beispiel?«

»Ja.«

»Kennst du das ›*Madre, non dormi ...*‹ aus *Il Trovatore*?«

»Nein.«

»Wenn du zu Hause bist, such es dir raus. Es fängt mit einer neuntaktigen harmonischen Entwicklung von Dis-Dur über A-Dur zurück zu Dis-Dur an.«

»Und was ist das?«

»Ein Haufen Töne.«

»Und?«

»Und, mein Sohn hatte einen Brummkreisel. Wenn man ihn aufzog, dann drehte er sich und gab genau die Tonfolge von ›*Madre, non dormi ...*‹ von sich. Wie der Ton fiel und wieder anstieg, weiß ich nicht. Wenn der Brummkreisel langsamer wurde, fiel vielleicht eine Innenklappe zurück und gab den Durchgang frei auf ein höheres Register. Ich weiß nicht, wie der Kreisel das machte, aber er tat es. Er war ein sinnreiches und köstliches Wunderwerk.

Die Sequenz zu Beginn des Liedes ist eines der traurigsten und schönsten Dinge, die ich je gehört habe. Ihrer melancholischen, klaren Entwicklung zu lauschen, bringt die Zeit zum Stillstand. Sie machte die Kindergesichter unendlich rührend, unendlich schön und unendlich traurig. Wenn ich sie mir mit Paolo anhörte, brachte sie mich bis zu dem Punkt, an dem wir uns für immer trennen würden, was, wie ich annahm, sein würde, wenn ich stürbe.

Diese einfache Tonfolge besitzt eine Kraft, die in keinem Verhältnis zu ihren Elementen steht, denn sie kommt der elementaren Wahrheit nahe, in der sich Hoffnung, Erinnerung und Liebe vereinen. Nach einem Leben des Nachdenkens über die Frage der Schönheit – das war mein Job, so wie du Propeller baust – habe ich nichts anderes gefunden, das Schönheit erhellt oder vermittelt, als eine weitere Schönheit. Es gibt keinen schöneren Glanz auf einem Gemälde als ein Lied, keinen schöneren Glanz auf einem Lied als seinen Text. Und am Ende ist vielleicht nichts so schön wie ein Lied, vielleicht weil nichts anderes so traurig sein kann.

Zu früh und zugleich zu spät wurde mir bewußt – vor langer Zeit und doch war ich schon alt genug, um bereits dieses Zittern in der Hand zu haben –, daß das, was ich in tausend schönen Dingen suchte, immer nur eine Schönheit war, und daß ich sie gehabt hatte und wahrscheinlich nie wieder so haben würde wie damals, als ich auf dem Fußboden in Paolos Kinderzimmer saß und ihm dabei half, seinen Brummkreisel zu drücken.

Ich fragte mich, warum liebe ich und worin besteht die Kraft der Schönheit, und ich begriff, daß jeder einzelne Moment des Schönen ein Versprechen und ein Beispiel für ein Leben ist, en miniature, das in Ausgewogenheit, Symmetrie, Zweck und Hoffnung zu Ende gehen kann – selbst wenn sich dies nie erklärt. Schönheit muß nicht erklärt werden, doch ihre Vollkommenheit löst Liebe aus. Ich fragte mich, ob es mit meinem Leben wohl genauso sein würde, ob sich am Ende die Elemente auch so zusammenfügen würden, um eine einfache Melodie erklingen zu lassen, so mächtig wie die in Paolos blechernem Brummkreisel, ein Lied, das zwar nicht die verzweifelte und schmerzliche Vergangenheit erklären würde, aber sagen würde, daß sie der Liebe wert gewesen wäre.

Natürlich weiß ich das noch nicht. Gott verhelfe mir zu einem Moment seiner traurigsten Schönheit, in dem ich es weiß.

Vielleicht wandere ich dann gerade. Vielleicht war das mein Sinn.

Egal. Ich kann wandern, weil meine Vorstellung davon, was es bedeutet, zur Ruhe zu kommen, klar und unbeschwert ist, und ich diesen Moment noch finden werde.

Du siehst, der Brummkreisel, den mein kleiner Junge mit drei Jahren herumwirbelte, spielte ein schönes Lied – ein Lied, das ich ab und zu immer noch höre. Was ist das Lied? Das Lied ist Liebe.«

*

Nachdem sie eine Weile geschwiegen und zugesehen hatten, wie die Bäume sich im Wind bewegten, der über die schwarzen Hügel kroch, als sei er blind, setzte sich Nicolo auf und deutete hinauf.

»Was ist das?« fragte er wie ein Seemann, der ein Seeungeheuer gesichtet hat.

»Was ist was?« entgegnete Alessandro wie ein alter Soldat, der die Spannung eines unmittelbar bevorstehenden Angriffs niemals vergessen wird.

»Da oben.«

Alessandro drehte den Kopf. »Die Perseiden«, sagte er.

»Die was?«

»Die Perseiden, ein Meteoritenschauer, der im August erscheint. Das muß der erste Tag sein. Letzte Nacht habe ich sie nicht gesehen, und letzte Nacht waren wir auf einer hohen, offenen Anhöhe, wo man die Sterne bis hinunter, wo sie vom Dunst über dem Meer verdeckt werden, sehen konnte.«

»Geben Sie mir Ihre Brille«, sagte Nicolo.

Als er sie aufgesetzt hatte, starrte er in den Himmel und schaute gleichzeitig nachdenklich und hellwach drein. Alessandro erkannte in der Art, wie der Junge seinen Kopf hielt, in der Weichheit seiner Gesichtszüge und der Frische seiner Bewegungen nicht das Abbild seiner selbst in diesem Alter, das war so lange her, daß er es fast vergessen hatte, sondern das Abbild seines Sohnes.

»Wo kommen sie her?« fragte Nicolo. »Schauen Sie! Tausende davon. Wie brennendes Magnesium.«

»Sie treiben durchs Sonnensystem«, erklärte Alessandro, »und jedes Jahr um diese Zeit stoßen sie mit der Erde zusammen. Sie kommen aus der Richtung des Perseus, und wenn sie auf unsere Luft stoßen, werden sie davon entzündet und verglühen. Die Blitze, die du siehst, sind ihre letzten und hellsten. Du kannst sie dir die ganze Nacht anschauen und könntest dir vorstellen, daß jeder einzelne winzige Blitz ein Mann ist, der fällt, und dennoch würdest du gerade nur die Gefallenen von wenigen Divisionen sehen.«

»Sie sind wunderschön«, sagte Nicolo. »Sie müssen so heiß sein, und trotzdem sehen wir nur einen Streif kühlen Lichts.«

»Eine der Kategorien für Schönheit«, sagte Alessandro weniger zu Nicolo als zu einer unsichtbaren Zuhörerschaft Gleichgesinnter, »die Aristoteles und Croce unerklärlicherweise vernachlässigen, ist die Schönheit dessen, was verloren ist. Wie stark und mit welch großer Anteilnahme nehmen wir uns ein Leben zu Herzen, das keine Chance auf Berichtigung hat.«

»Wo stürzen sie herab?« fragte Nicolo.

»Die meisten von ihnen verbrennen einfach in der Luft«, antwortete Alessandro, der an Engel dachte, die heftig durch blasses und endloses Licht geschleudert wurden. »Von denen, die auf die Erdoberfläche treffen, werden zwei Drittel, schätze ich, ins Meer tauchen, und das andere Drittel versinkt in den Wäldern oder rutscht über Savannen und Steppen.«

»Fallen sie auch auf Italien nieder?«

»Ich bin sicher, daß ein paar auch auf Italien niedergegangen sind. Vielleicht kann man sie in Naturkundemuseen sehen.«

»Auf Städte?«

»Ich weiß nicht. Warum? Machst du dir Sorgen? Glaubst du, du solltest einen Helm tragen?«

»Nein, ich möchte nur mal einen sehen, nachdem er gelandet ist. Er würde gar nicht wissen, wie ihm geschieht, oder? Für eine Milliarde Jahre da draußen im All, mit einer Geschwindigkeit von einer Million Kilometer pro Stunde, ohne Luft, ohne Geräusche und nichts als den Planeten, die vorbeiziehen. Und dann, bumm! Da liegt er nun auf dem Fußboden in einer Metzgerei in Trastevere, und ein Haufen alter Damen und eine Katze drücken sich gegen die Wand und kreischen, weil er in die Fleischauslage gefallen ist!

Es täte mir sehr leid, daß er nach einer Milliarde Jahre, die er durch das All geschossen ist, nun auf einem Tablett mit Schweinekoteletts enden würde, aber ich würde ihn gerne mal berühren, um zu sehen, wie er sich nach all der Zeit an der frischen Luft anfühlt. *La Madonna*! Ich hoffe, er würde nicht beißen!«

»Warte beim Metzger«, sagte Alessandro zu ihm.

»Ich weiß nicht. Ich hänge lieber bei der Arbeit rum. Das Propellermachen fehlt mir direkt.«

»Aber du darfst sie ja noch nicht einmal berühren.«

»Daran zu denken, sie zu machen, fehlt mir. Eines Tages werde ich sie bauen. Warum strahlen diese Meteroide so auseinander?«

»Meteo*rite*. Tun sie gar nicht. Das sieht nur so aus. Sie fallen in Wirklichkeit parallel zueinander und gerade, wie Eisenbahnschienen, die ja auch von einem zentralen Punkt auszugehen scheinen.«

Nicolo gab ihm die Brille zurück. »Wenn ich nach Rom zurückkomme«, sagte er, »werde ich mir auch eine besorgen. Ich bin erst seit zwei Tagen fort, aber ich brauche nur daran zu denken, zurückzukehren, und bin schon ganz aufgeregt.«

»Rom ist nun mal so. Das war schon immer so. Die Stadt ist wie eine Familie, wie Freundinnen, Liebhaber, Kinder. Ich kann nicht genau sagen warum, aber sie entfaltet sich vor einem mit der Anmut des Wassers, das aus einer Fontäne sprüht. Ich denke so über Rom, weil ich viele Jahre in Rom Kind, Liebhaber, Vater und Freund war, und das hallt in mir nach; ich werde es hören, bis ich sterbe.«

»Was geschah dann? Als die Frau sagte: ›Ja, kennen Sie sie?‹ War es Ariane?«

Alessandro zögerte, schloß die Augen und lächelte. »Ja. Und das Kind am Brunnen war mein Sohn. Ich wollte ihn nicht erschrecken, also sagte ich nichts. Ich hielt meine Gefühle im Zaum. Ich hob ihn nicht hoch. Ich beugte mich nur vor und schaute ihm ins Gesicht – erstaunlich. Wie schön. Wie rund. Wie ein Eichhörnchen. Seine kleinen Beine waren fett wie Würste. Seine Finger waren so zart und klein, daß die Fingernägel wie die kleinsten weißesten Maiskörner aussahen, die süßen ganz am Ende des Kolbens.

Ich sagte: ›Schau, dein Schiff liegt in einer Flaute und wird von der Strömung in die Mitte des Springbrunnens getrieben. Wir müssen uns einen Stock besorgen.‹

In der Nähe stand ein Straßenkehrer. Ich rannte zu ihm und gab ihm Geld, ein Bündel Geldscheine, glaube ich, weil ich kaum wußte, was ich tat; ich nahm einen Rechen von seiner Karre und rannte zurück zu dem Springbrunnen, wo ich mich übers Wasser beugte und langsam das Segelboot einholte, dessen Segel sich durch die Bewegung nun blähten.

Ich wußte, ich konnte der Frau, der Cousine, die Ariane nie erwähnt hatte, weder erklären, wer ich war, noch was geschehen war. Ich gab mich damit zufrieden, mit Paolo zu spielen, während sie die Zeitung las. Das ist mehr als vierzig Jahre her, aber ich erinnere mich ganz genau. Wir ließen das Boot schnell um den ganzen Brunnen herum segeln, nur so konnten die Segel den Luftzug einfangen.

Er bekam andauernd Steine in die Schuhe, und jedesmal zog ich ihm den Schuh aus und holte den Stein heraus. ›Wie heißt deine Mama?‹ fragte ich. Er sagte: ›Mama!‹ Und als ich ihn nach dem Namen seines Vaters fragte, schaute er mich nur groß an.

›Ist Ariane zu Hause?‹ fragte ich die Cousine, als sie gehen wollte. ›Das wird sie wohl sein‹, antwortete die Cousine, ›bis wir zu Hause sind.‹

›Darf ich Sie begleiten?‹

›Natürlich.‹ Die Cousine wunderte sich, wer ich war, aber sie sagte kein Wort, und als wir durch den Park der Villa Borghese gingen und dann durch die Straßen, begann ich zu glauben, daß ich einer fürchterlichen Täuschung unterlag und daß ich die Mutter des Jungen nicht wiederkennen würde, wenn ich sie sah.

Sie wohnten im Erdgeschoß, und am Türrahmen war eine auf Hochglanz polierte ovale Plakette mit der Hausnummer angebracht. Die Cousine klingelte, damit Ariane herauskam. Wenn ich eine unerwünschte Person wäre, könnten sie mich an der Tür abwimmeln. Oder vielleicht dachte die Cousine, daß Ariane vielleicht im Bad war.

Sie *war* im Bad, und als sie nach so langer Zeit vor mir erschien, war ihr Haar aufgelöst und sie hatte sich in ein Handtuch eingewikkelt.

Die Tür öffnete sich. Es war sehr merkwürdig. Die ganze Zeit über, die ich nach ihr gesucht hatte, hatte sie keinen Hinweis darauf, daß ich vielleicht noch am Leben sein könnte. Als man mich nach dem Luftangriff nirgendwo finden konnte, dachte sie, daß ich ums

Leben gekommen sei, zusammen mit Hunderten anderer, die auf der Straße durch das Dorf starben und von denen viele bis zur Unkenntlichkeit verstümmelt wurden.

Die Überlebenden waren nach Trento gebracht worden und dann nach Verona, und in dem Durcheinander war ich auf die Totenliste gesetzt worden. Als ich nach Rom zurückkehrte, stellte ich fest, daß die italienische Armee mich für tot hielt – in Grünsee, auf dem Beobachtungsposten und auf dem Cima Bianca. Daß ich dreimal für tot erklärt worden war, schien das Vertrauen der offiziellen Stellen in die Berichte keineswegs zu erschüttern, im Gegenteil, verstärkte es nur. Bei der Armee müssen sie wohl angenommen haben, daß jemand, der dreimal ums Leben gekommen war, mit größter Wahrscheinlichkeit toter war als einer, der nur einmal getötet worden war.

Ich änderte niemals etwas an meinem Status. Ich machte mir wegen der Fahnenflucht Sorgen, und in den Jahren direkt nach dem Krieg war sich niemand sicher – wenigstens keiner der ehemaligen Soldaten –, daß er nicht wieder einberufen würde, aus welchem Grund auch immer.

Es war tatsächlich Ariane gewesen, die ich, kurz bevor das Haus bombardiert wurde, gesehen hatte, doch meine Zeitvorstellung war falsch gewesen. Sie war die beiden Treppen hinuntergerannt und wollte mich treffen, doch die Bahren blockierten den Gang, der zum Hauptausgang führte, also machte sie kehrt und nahm den Hinterausgang. Sie hörte, wie die Bombe durchs Dach schlug. Sie sagte, es habe sich angehört wie ein Bastkorb, den man zerschlägt, bevor man ihn wegwirft. Die Bombe schlug durch die Decken des zweiten und ersten Stocks und des Erdgeschosses. Sie erinnerte sich daran, daß sich dies anhörte, als mische jemand Karten.

Die Bombe explodierte im Vorderzimmer, und die Druckwelle stieß die Innenwände in einem Stück gegen die Außenwände des Gebäudes, das dann in sich zusammenfiel. Im Augenblick der Detonation stand Ariane in der offenen Tür, und die im Gebäude zusammengepreßte Luft schleuderte sie zehn Meter vom Haus weg. Sie landete auf dem Gras, wo sie wie gelähmt und kaum fähig zu atmen dalag. Alle anderen in dem Gebäude waren zerfetzt, verbrannt, ausgelöscht.

Und dann, plötzlich, stand sie an einem ruhigen Tag im Juni in Rom direkt vor mir, in ein Handtuch gewickelt. Ich hielt sie fest ... Ich wollte sie nicht loslassen. Das währte wohl eine Stunde. Sie konnte nichts sagen, denn jedesmal, wenn sie zum Sprechen ansetzte, weinte sie. Das Handtuch rutschte hinunter, und sie war nackt in meinen Armen. Die Cousine war zwar erstaunt, aber Paolo, unser Sohn, klammerte sich fest an den Hals seiner Mutter, wegen ihrer Tränen, und kümmerte sich nicht um die skandalösen Umstände.

Sie weinte. In ihrem Weinen lachte sie manchmal, aber nicht oft, und das Kind weinte und strich ihr übers Haar, und ich, ich war überwältigt; doch obwohl ich überwältigt war, dachte ich wieder an das Gemälde und, mein Gott, Ariane war nackt und hielt ein Kind in ihren Armen, und ich hatte sie gefunden, und ich konnte es nicht fassen, aber es war wahr, es war bestimmt wahr, und wenn du mich fragst, wie oder warum das geschah, dann kann ich es dir nicht sagen, aber Leben und Tod haben ihren eigenen Rhythmus, einen sich abwechselnden Rhythmus, und man weiß nie, was einen erwartet, da es in Gottes Hand liegt, und ich wartete auf ein Gewitter, wartete darauf, daß der Himmel sich verdüsterte, auf Blitz und Wind. Wir waren so betäubt wie die Menschen in der Bibel, auf die es Wunder regnet, und obwohl das Gewitter erst in der darauffolgenden Nacht einsetzte, war jeder einzelne Blitz und jeder einzelne Donnerschlag ein Triumph.«

*

»Dann ist alles gut geworden«, sagte Nicolo. »Alles hat sich aufgeklärt.«

Alessandro schaute ihn scharf an, so als sei er trotz der von Nicolo gutgemeinten Bemerkung beleidigt worden.

»Natürlich nicht«, sagte Alessandro. »Du hast mir doch zugehört. Wie kannst du so etwas glauben?«

»Sie sagten ... Sie sagten doch, daß Sie sie gefunden haben, wie in dem Gemälde. Es war perfekt: die Frau, das Kind, Sie hatten den Krieg überlebt, Sie hatten gewartet, und Sie haben sie gefunden. Glauben Sie nicht, daß alles gut geworden ist?«

»Wenn alles damals und dort zu Ende gewesen wäre«, sagte Alessandro zu ihm, »aber es war nicht zu Ende, es ist nie zu Ende. Und was ist mit all den anderen: Fabio, Guariglia, dem Gitarristen, den beiden Mailändern, Rafi? Ich hab's dir gesagt, schau zu den Perseiden hinauf. Du kannst sie viele Male in der Sekunde aufblitzen sehen. Sie kommen fast schneller ans Ende ihrer langen, stillen Reise, als du sehen kannst, doch auch wenn du sie stundenlang beobachtest, wirst du nicht einmal die Toten von mehreren Divisionen sehen.

Jeder dieser Blitze ist wie das Leben eines Menschen. Wir sind zu schwach, um die ganze Bedeutung eines solchen Verlustes zu fühlen, also machen wir weiter, oder wir reduzieren ihn auf eine Abstraktion, auf ein Prinzip. Es braucht mehr, als irgend jemand aufbringen kann, um das Leben eines anderen Menschen zu begreifen – wir können nicht mal unser eigenes Leben begreifen – und mehr Kraft und Mitgefühl, als menschenmöglich ist, um auch nur eines dieser Leben in Erinnerung zu behalten, die mit einem solchen Tod enden.

Man kann gerade eben den kleinsten Teil der Liebe, des Bedauerns, der Aufregung und der Melancholie von einem dieser kurzen Blitze erfassen. Aber zwei? Und drei? Bei zweien bist du schon im Reich der Abstraktion und denkst und sprichst notwendigerweise in Abstraktionen.«

»Was meinen Sie mit Abstraktionen?«

»Ich meine, stell dir einfach mal ein Glas Wein vor, bei dem du eine halbe Stunde brauchst, um es zu trinken, während allmählich der Abend dunkler wird, und dann stell dir zehn Liter Wein vor und dann zehntausend Liter. Wenn du sie nicht trinken kannst, dann sind das Abstraktionen. Die Menschen gehen sehr leichtfertig mit Abstraktionen um, weil sie sie nicht durchleben müssen, und dann übernehmen die Abstraktionen ihr Leben.«

»Also durchleben sie sie.«

»Nein, das tun sie nicht. Sie leben ihr Leben, das von ihren Vorstellungen beherrscht wird, und die sind normalerweise etwas völlig anderes, etwas monströs anderes. Du weißt nicht, was ich meine, oder?«

»Nein.«

»Du kennst doch die Menschen, die aus Prinzip gegen den Krieg sind?«

»Ich bin aus Prinzip gegen den Krieg«, sagte Nicolo entrüstet, »obwohl ich gerne in einem kämpfen würde.«

»Du kannst nicht aus Prinzip dagegen sein, wenn du ihn prinzipiell nicht erfassen kannst, und das kannst du nicht. Du kannst nur den kleinsten Teil davon begreifen, und der ist schon genug.«

»Also warum kann ich nicht aus Prinzip dagegen sein?«

»Wenn du behauptest, du würdest den Krieg prinzipiell begreifen, dann tust du nur so als ob, und wenn du nur so tun kannst, als ob du ihn begreifst, kannst du auch nur so tun, als seist du dagegen. Viele Menschen wollen nur zeigen, daß sie die richtigen Gedanken haben. Und da sich die ›richtigen‹ Gedanken ändern wie der Wind, tun die Menschen es auch.«

»Was soll man also tun?«

»Man braucht nur die Geschichte eines dieser Blitze zu kennen. Das genügt. Die ist eindringlicher als jedes Prinzip. Und, schau, das Schlimmste davon bringt dir nur frühzeitig und plötzlich zu Bewußtsein, was sonst langsam und spät käme – also übertreib nicht. Ich habe mich fast mein ganzes Leben mit diesem Gedanken getröstet, der kein sehr tröstlicher Gedanke ist.

Das Problem mit dem Krieg, wie ich ihn kennengelernt habe, ist nicht so sehr, daß er Leid und Trauer bringt – die würden früher oder später sowieso kommen. Die Versündigung liegt in dem unvermittelten Abbrechen jener Entwicklungslinien, die sich sonst wunderbar hätten miteinander verbinden können, um ein Leben zu bilden. Kinder bleiben ohne Väter und Mütter zurück. Väter und Mütter sterben mit der unerträglichen Gewißheit, daß ihre Kinder allein sind auf der Welt. Die Liebe eines Mannes und einer Frau kann sich weder erfüllen noch darf sie aufflammen und vergehen. Generationen enden, Familien hören auf zu existieren. Die Linie, die Geschichte, ist für manche zu Ende, und ich denke, das ist das Schlimmste. Wenn deine Kinder vor dir sterben, dann gibt es keine Heilung, außer vielleicht in der unerklärlichen Gnade Gottes, in Geschehnissen, von denen niemand jemals berichtet hat, an einem Ort, von dem noch niemand zurückgekehrt ist.

Und im Krieg, wie ich ihn kannte, sterben die Kinder, und ihre Eltern bleiben mit ihrem Kummer allein.«

»Aber nicht Guariglias Kinder.«

»Nein. Er kam um, aber sie wurden gerettet.«

»Was ist mit ihnen geworden?«

»Als ich zurückkam, war die Sattlerei noch da, aber mit einem anderen Sattler – er hatte zwei Beine – und dessen Familie. Sie hatten den ganzen Laden von Guariglias Witwe gekauft.

Ich fragte nach, wo sie die Kinder hingebracht hatte, und der Sattler sagte mir: ›In den Norden, um Arbeit zu finden.‹ In welche Stadt? Mailand? Turin? Genua? Er wußte es nicht. Welche Art von Arbeit? Das wußte er. Irgendeine Arbeit, hatte sie ihm gesagt, was kommt.«

»Genau wie mein Vater und meine Mutter, genau so«, sagte Nicolo. »Wir sind in Rom gelandet, weil da jemand auf dem Bahnsteig stand und meinem Vater eine Stelle in einem Restaurant anbot. Meine Mutter stieg mit den Babys aus, und mein Vater reichte mich und die Koffer ihr und dem Restauranttypen hinaus. Der Zug fuhr schon wieder los, und mein Vater mußte abspringen. Wir bekamen etwas Geld von den Fahrkarten zurück, und mein Vater arbeitete in der Küche in dem Restaurant von diesem Typen. Alles reiner Zufall, nichts geplant. Haben Sie sie gefunden? Wie hätten Sie sie finden können?«

»Ich setzte winzig kleine Annoncen auf die letzte Seite von Zeitungen. In jenen Tagen waren die Zeitungen voll mit solchen Anzeigen. Ich konnte mir nicht mehr als eine oder zwei Zeilen leisten: *Signora Guariglia. Rom Sattlerei. Kontaktieren Sie Alessandro Giuliani*, und meine Adresse. Im ersten Jahr gab ich sie zweimal auf, zweimal im zweiten, dann einmal im Jahr, ab und zu, weniger häufig als die Aufrufe, die ich für Ariane veröffentlicht hatte und die sie niemals sah.«

»Und, sah sie Guariglias Frau?«

»O ja, *sie* schon. Sie war in Mailand, wo sie gleich die erste las. Sie schnitt sie aus und legte sie in ihren Nähkasten.«

»Warum?«

»Warum? Du willst, daß ich dir erkläre, was im Kopf der Witwe eines römischen Sattlers vorgeht? Jahre später fragte ich sie, als sie sich schließlich mit mir in Verbindung setzte. Unversehens schickte sie mir eine Weihnachtskarte. Sie sagte, sie wisse nicht, warum, nicht weil sie zu beschäftigt gewesen wäre oder Angst davor gehabt hätte, ich könnte eine Rechnung eintreiben wollen, doch sie hatte geglaubt, so etwas gehöre in ihren Nähkasten, damit sie darüber nachdenken könnte. Sie mußte es reifen lassen, verstehst du?

1925 kam sie mich mit all ihren Kindern besuchen. Sie war mit einem Gießereiarbeiter verheiratet, und sie hatten genug Geld, also legte ich ein Sparbuch für die Kinder an. Ich eröffnete es in einer Mailänder Bank und zahlte jedes Jahr etwas ein. Ich nahm die Kinder mit zur Bank und machte meine Einzahlung im Büro für Treuhandkonten – eine ständig anwachsende Summe im Laufe der Zeit –, und dann gingen wir in ein Restaurant, wo ich ihnen anderthalb Stunden lang von ihrem Vater erzählte.

Der Gießereiarbeiter hatte damit seine Schwierigkeiten, doch das anschwellende Treuhandkonto in einem blau-goldenen Portfolio beruhigte seine Nerven. Die Mutter liebte Guariglia, aber sie konnte den Kindern nicht viel von ihm erzählen. Sie war immer in der Rolle der Unterwürfigen gewesen; er hatte die ganze Zeit arbeiten müssen; und sie war jene Art Frau, die vergilbte Zeitungsausschnitte in einem Nähkasten aufbewahrt.

Aber ich erzählte es ihnen. Jedes Jahr war es das gleiche. Ich erzählte ihnen, wie mutig er an der Front, im Glockenturm, gewesen war. Ich erzählte ihnen von der anderen Welt, die wir zusammen in Sizilien gesehen hatten; und wie tapfer sich ihr Vater in einem Kampf geschlagen hatte, der genauso im Mittelalter hätte stattfinden können. Ich erzählte ihnen von dem Viehtransporter und daß er sich selbst das Bein abgenommen hatte, um am Leben zu bleiben – ihretwegen.

Das dauerte eine Weile, wie du dir denken kannst. Gegen Ende der Erzählung – sie dauerte über anderthalb Stunden – war das Restaurant leer, bis auf mich und die Kinder, und die Kellner lehnten an den Büfetts, die Leinenhandtücher hingen immer noch über ihren Armen, und sie machten ein Nickerchen, aber mit dem Gesicht zur Straße, für den Fall, daß ein Gast sie störte ... zuletzt berichtete ich ihnen dann von Stella Maris. Jedesmal, wenn ich ihnen erzählte, wie ihr Vater mit klarer Stimme gesagt hatte, *Gott schütze meine Kinder*, weinte ich, und sie weinten auch. Selbst, als sie schon älter waren, umarmte ich sie dann jedesmal – mitten in diesem gottverdammten Restaurant –, aber das war in Ordnung, weil um die Zeit sonst niemand mehr da war und die Kellner zu schläfrig waren, um davon Notiz zu nehmen.

Sie waren so jung, als er starb, daß sie ihn vielleicht vergessen hätten, aber ich denke, sein Bild und die Geschichte, die ich jedes Jahr erzählte, taten ihre Wirkung – denn wie sich herausstellte, liebten sie ihn über alles.

Eines der Mädchen sagte zu mir: ›Zuerst habe ich ihn wie einen Heiligen verehrt, aber dann, als ich älter geworden bin und mehr über ihn erfahren habe und ihn mir besser vorstellen konnte, war es nicht so wie bei einem Heiligen. Heilige lassen einen vor Ehrfurcht erstarren, und dann vergißt man sie. Ich habe angefangen, meinen Vater die ganze Zeit zu vermissen. Wenn ich aufschaute, merkte ich, daß ich an ihn gedacht hatte und daß ich ihn bei mir haben wollte. Von einem Heiligen will man das nicht, oder?‹

Seine Kinder wuchsen so auf, wie er es wohl gewollt hätte. Und als sie selber Kinder hatten, löste ich das Treuhandkonto auf; ich habe sie nie wieder gesehen. Und jetzt denke ich ab und zu an ihren Vater. Wäre er körperlich nicht so häßlich gewesen, hätte ich ihn vielleicht nicht derart geliebt, und vielleicht hätten auch seine Kinder ihn nicht so geliebt, wie sie es taten. Er war ein guter Mann. Er war ein Mann, der einem wirklich das Herz brach.«

*

Ein Vogel hatte begonnen, ein ruhiges langsames Lied zu zwitschern, das vor den ersten Anzeichen der Morgendämmerung, und doch lange, nachdem die Nachtlieder aufgehört hatten, einsetzte. Alessandro wäre es zufrieden gewesen, wenn er einfach nur hätte lauschen können, aber Nicolo war ungeduldig und wollte mehr wissen. »Was ist mit Fabio?« fragte er.

»Was soll mit ihm sein? Ich habe gesehen, wie er starb. Sie legten seinen Körper auf einen hölzernen Karren und warfen ihn ins Grab, dieses vollkommen geformte Gesicht mit den überwältigend blauen Augen, den Leib, den die Frauen so gern mit ihren Fingern und

Mündern berührt hatten, um ihn zu umarmen und mit ihren Gliedern daran entlangzustreifen, um sich wunderbar und geliebt zu fühlen, wie etwas Leichtes, aus Seide gemacht, etwas, das auf dem Wind davonschweben konnte, das wußten sie, ich bin sicher.

Die Totengräber hatten viele Männer zu begraben, und sie legten sie nicht sanft hin. Sie warfen sie in die Gräber, mit ihren angewinkelten Gliedmaßen und unnatürlich herabbaumelnden Händen, damit sie in der Erde gefangen und eingeschlossen würden wie in Bernstein.«

»Haben Sie versucht, seine Familie zu finden?«

»Nein. Nein. Ich hatte nicht die Kraft, noch andere außer Guariglias Familie zu suchen. Ich hatte mein eigenes Leben, meine eigenen Sorgen. Fabio hatte bestimmt jemanden, doch Gottes Geschenk an ihn war er selber. Er vergeudete alles auf einmal, und angesichts dessen, was geschehen ist, hatte er vielleicht recht damit. Als er gestorben war, war er weg. Wir liebten ihn, weil er auf seine eitle Art so wunderbar dumm war. Wenn ich an ihn denke, muß ich immer lächeln, und ich bin sicher, daß er das gewollt hätte.«

»Was ist mit Orfeo?«

»Willst du, daß ich jedes lose Ende in meinem Leben für dich verknüpfe?«

»Ich will es nur wissen. Sie haben mir von diesen Menschen erzählt. Sie sagten, es hört nie auf: Ich will wissen, was geschehen ist.«

Alessandro schwieg. Dann hob er die Hand, als wollte er sagen, *Warte*. Er hatte lange aufrecht auf dem Felsvorsprung gesessen, hatte sich aus seiner Ruheposition aufgerichtet, und als er zögerte, dachte Nicolo, er würde sich zurücklehnen und wieder ausruhen, doch statt dessen sprach er.

»Schau«, sagte Alessandro, »ich will dir nichts vormachen. Ich werde heute sterben, heute morgen. Der Marsch war zu anstrengend für mein Herz. Ich versuche, mich auszuruhen, aber es kämpft sich erschöpft voran und ich kann es nicht kontrollieren. Es donnert in mir und scheint aus dem Rhythmus geraten zu sein. In meiner Brust gibt es Hohlräume wie Luftblasen. Ich kann mein Herz weder beruhigen noch den Schmerz anhalten.«

»Ich werde ins Dorf rennen, um einen Krankenwagen zu holen«, sagte Nicolo, dessen Körper sich anspannte, als er sich aufrichtete. Alessandro konnte sehen, daß Nicolo darauf brannte, zu rennen.

»Ich will keinen Krankenwagen. Ich will, daß du dich hinsetzt und den Mund hältst.«

»Aber Signore, ein Krankenwagen könnte Sie ins Krankenhaus bringen. Sie könnten Ihnen helfen.«

»Ich will nicht in einem Krankenhaus sterben.«

»Sie würden nicht sterben! Sie würden leben!«

Alessandro kniff ein Auge zu. »Ich will auch nicht in einem Krankenhaus leben.«

»Sie möchten lieber draußen sterben? Auf der Erde?«

»Ich war immer gern draußen, auf der Erde. Die Erde war meine Erlösung. Hier unter den Sternen zu sitzen gibt mir das Gefühl, einen Platz zu haben, so als täte ich das Richtige, so als sei dies der Ort, zu dem ich wollte. Also halt bitte den Mund und laß mich fortfahren.«

Nicolo sank niedergeschlagen zurück.

»Ich werde heute sterben, glaube ich, also kann ich es dir erzählen. Ich habe es nie jemandem gesagt: meiner Frau nicht und auch nicht meinem Sohn. Ich habe es nie einem Priester gesagt. Ich wollte es beichten, aber jedesmal, wenn ich daran dachte, mußte ich grinsen, also wäre ich mit meiner Beichte wohl nie sehr weit gekommen. Sie mögen es nicht, wenn man über seine eigenen Sünden lacht, und ich tue das immer, ich Gottloser, aber das hat mich am Leben erhalten. Vielleicht sollte ich es dir nicht erzählen. Wer sagt denn, daß ich heute sterbe?«

»Sie sagen es.«

»Wer weiß? Und was, wenn nicht?«

»Ich werde es keinem weitersagen.«

»Und was, wenn doch?«

»Na und?«

»Meine Vorstellung vom wohlverdienten Ruhestand schließt nicht sechs oder sieben Jahre mit Verhören und Zeugenaussagen ein.«

»Sie haben mir alles andere erzählt«, sagte Nicolo, der beleidigt klang.

»Ich habe nicht einmal an der Oberfläche gekratzt.«

»Es gibt so etwas wie Verjährung.«
»Woher weißt du das?«
»Ich komme woanders her als Sie.«
»Schwöre, daß du es nicht weitersagst.«
»Ich schwöre.«
»Die Menschen versprechen etwas, und dann rutscht es ihnen doch aus Versehen heraus, aber angesichts deines Schwurs und meines Zustandes denke ich, kann ich es dir sagen. Ich habe ihn umgebracht.«
»Orfeo?«
»Orfeo.«
»Das glaube ich Ihnen nicht.«
»Aber die Geschichte willst du trotzdem hören.«
»Ja.«

*

»Selbst jetzt, mit vierundsiebzig Jahren, kann ich den Krieg nicht loswerden. Er war zu stark – nie ist etwas so gewesen. Ich träume häufiger vom Krieg als von der Gegenwart oder von meiner Jugend. Er ist die Grundbedingung, zu der ich stets zurückkehre und auf die ich mich stets beziehe. Wenn ich ausgleite, werde ich dort fallen; wenn ich schwächer werde, werde ich dort liegen bleiben.

Alle Kirchen der Welt, mit ihren Kerzen, die in der kühlen Luft flackern, und all die Messen und Fugen können ihm nicht gerecht werden. Meine quälenden und immer wiederkehrenden Träume ließen erst nach zwanzig Jahren nach, und das nur, weil meine Zeit vorüber war und mein Sohn auszog, um meinen Platz an der Front einzunehmen.

Was ist der Krieg, der durch die Geschichte zieht und fürchterlicher ist als der Tod, in dessen Mantelfalten das Leben aber dichter ist als in den glorreichsten Friedenszeiten?

Ich habe niemals etwas fester Zusammengeschweißtes gesehen als eine Gebirgsdivision, zu tausend Seilschaften verbunden, nachts marschierend, jeder einzelne mit seinem eigenen Licht, wie Ketten von Papierlaternen, die über einen halb von Wolken verdeckten Gletscher in einem See aus Schwarz schweben. Eine ganze Stadt von Männern, die sich schweigend um drei Uhr früh auf den Feind zu bewegt, an einem Ort, der seit Anbeginn der Welt kaum einen Fußstapfen gespürt hatte. Ich erinnere mich daran, wie sie aufstiegen, wie ihre Lichter schwankten und das Eis von den Kerzen und Spiegeln auf ihren Helmen schwach beleuchtet wurde. Die Südseite des eisbedeckten Bergs glänzte, während sie darüber hingingen.

Und die Kavallerie, gleich ob die österreichische oder die unsrige ... Selbst die gröbsten Klötze waren vom Anblick von tausend Reitern, die sich in Stellung begaben, bewegt. Wenn die Linie zu einem bestimmten Punkt vorgerückt war und zum Angriff überging, blieben die Herzen vor Staunen stehen, und die Weltuhr fing zu schlagen an, als sei es das erste Mal. Hast du jemals gesehen, wenn ein Händler seine Rechenmaschine auf Null zurückstellt? Wenn ein Kavalleriesturm sich erhebt, werden alle Register auf Null gestellt und das Leben beginnt von neuem.

Ich träumte von diesen Dingen. Ich konnte meinen Geist nicht von ihnen losmachen. Sie hatten ihr eigenes Leben nach ihrer eigenen Logik. Der Krieg kann nicht mit den Begriffen der Welt, die wir kennen, erklärt werden, doch wenn er sich durch alles hindurchzieht, das wir kennen, tut er dies ungestraft und überraschend.

In den Jahren, die auf den Waffenstillstand folgten, waren ich und Millionen andere immer noch in den Schlachten gefangen, die gerade beendet waren. Der Krieg war vorbei, aber nicht für uns, wenigstens nicht für diejenigen, die töricht genug waren, sich damit abzuplagen, irgendeinen Sinn in all dem zu entdecken –, und zu diesen gehörte ich sicherlich. Heute führe ich mein aussichtsloses Verlangen auf meine Bildung zurück, die in mir den phantastischen und leichtfertigen Glauben geweckt hat, daß alles erklärt werden könnte.

Damals dachte ich, und in gewisser Weise tue ich es noch heute, daß der Krieg eine Welt für sich ist, für die manche geboren sind und manche nicht. Guariglia zum Beispiel war es nicht.«

»Und was ist mit Ihnen?«

»Ich bin geboren, um Soldat zu sein«, sagte Alessandro, »aber die Liebe hat mich zurückgeholt. Sie hat, was ein müheloses Weiterkommen hätte sein können, manchmal in etwas unerträglich Schwieriges verwandelt. Ich begriff meine Zurückhaltung und gab sie rechtzeitig auf, um mein Leben zu retten. Sie kam und ging. Das Schicksal schickte sie mir zur rechten Zeit, und das Schicksal erlaubte mir, sie beiseite zu schieben, wenn sie mich getötet hätte.

Manche hatten einen solchen Widerstreit nicht in sich. Jeder Frontsoldat kann die, die für den Krieg geboren sind, sofort erkennen. Ich bestimmt, da sie und ich derselben Wurzel entsprungen sind.

Mein Sohn wurde mir in voller Blüte geschenkt, ganz, wie aus dem Nichts, das schönste Kind, das ich je gesehen hatte, mein eigenes Kind. Zuerst verzweifelte ich daran, daß er so leben sollte, wie ich es getan hatte, und dann fand ich mich schließlich mit dem Gedanken ab, ich mußte es, denn er kam nie zurück. Er ist der Grund, warum ich mich mit all diesen Fragen abquäle und nicht in Frieden sterben kann. Er und die anderen sind der Grund, warum ich mich so vergeblich um einen Zugang zu einer anderen Welt bemüht habe. Ich kann jene unwahrscheinliche Chance der Freude in diesem Leben nicht drangeben, weil ich mich zu gut an die erinnere, die gefallen sind. Ich bin ständig darauf vorbereitet – obwohl ich das in all diesen Jahren nur indirekt war und mir die unmittelbare Erinnerung für den letzten Augenblick aufgehoben habe, um sie so zu ehren und sie für immer zu bewahren.«

»Das verstehe ich nicht.«

»Das brauchst du auch nicht. Hör dir einfach die Geschichte an.

Orfeo – dieser kleine italienische Ballsaalköter, diese verbogene und außergewöhnliche Kreatur, war nun wirklich nicht für den Krieg geboren, doch er war in das Lager derjenigen übergelaufen, die es waren. Er gab seinen Verstand her, damit seine Obsessionen ungehindert in ihm kreisen und ihn auf eine Ebene ungeheurer Macht heben konnten, Macht, die nur deshalb so unwesentlich erschien, weil er so komisch war. Aber das war sie nicht. Ich kannte ihn gut genug, um zu wissen, wie untrennbar sich sein Wahn mit dem Geist des Krieges verband.

Ich war verzweifelt bemüht, meinen Sohn zu schützen. Und ich war selbst auch noch ein wenig verrückt. Ich bedauerte, daß ich Orfeo nicht in der Toilettenkabine getötet hatte. Er war derjenige, der Rafi zum Cima Bianca geschickt hat. Er war es, der mich abkommandiert hat. Er hat uns alle abkommandiert. Der Teufel lag nicht im Stahl, sondern auf dem Papier, und dieser kleine Hundesohn wußte das und unterwarf sich ihm völlig.«

»Und was haben Sie gemacht?«

»Ich habe ihn umgebracht.«

»Sie haben ihn umgebracht?«

»Um meinen Sohn und andere Söhne und andere Kinder zu schützen. Um alle Kinder Italiens zu schützen.«

»Aber es hat nichts geholfen.«

»Ich konnte nicht in die Zukunft sehen.«

»Wie haben Sie es gemacht?«

»Ich habe zwar Männer in den Schützengräben und Befestigungen und zwischen den Bäumen getötet, aber niemals kaltblütig. Der Unterschied ist gewaltig. Es ist einem gesunden Menschen nahezu unmöglich, einem anderen menschlichen Wesen, das ohne Verteidigung und regungslos ist, ein Bajonett in die Brust zu stoßen. Beim Bajonettexerzieren weltweit wird dem Soldaten, der das aufgepflanzte Bajonett führt, befohlen zu schreien, wenn er zusticht. Zivilisten nehmen an, daß der Schrei dazu dienen soll, dem Gegner Angst einzujagen, doch das stimmt nicht. Er dient dazu, den natürlichen Widerstand dagegen, eine lange Klinge in ein lebendes menschliches Wesen zu jagen, zu überwinden und das fürchterliche Geräusch zu übertönen, wenn Stahl durch Fleisch und Knochen schneidet. So entsetzlich die Aufgabe auch ist, aber wenn dein Feind auf dich zukommt, dann erledigst du ihn so schnell und erbarmungslos, daß, wie soll ich es beschreiben? Es scheint nicht schwieriger oder beunruhigender zu sein, als ein Streichholz anzuzünden.

Ich wußte, ich würde Orfeo niemals kaltblütig ermorden können. Ich mußte ihn provozieren, aber ich wußte nicht, wie.«

»Sie hätten ihn beschimpfen können.«

»Er *war* der Schimpf. Das hätte ihm nur geschmeichelt.«

»Sie hätten ihn stoßen und ihm eine scheuern können. Das hätte ihn wütend gemacht.«

»Er wäre nur weggehumpelt.«

»Sie hätten ihn zum Duell fordern können.«

»Er war ein halbblinder, fetter alter Zwerg mit Lähmungen und Zuckungen. Er hätte nur gelacht.«

»Wie haben Sie es dann geschafft?«

»Du wirst es nicht glauben.«

»O doch«, protestierte Nicolo.

»Nein, wirst du nicht, aber es ist wahr.

Zuerst mußte ich ihn finden. Ich ging in den riesigen Saal im Kriegsministerium, wo Orfeo auf einem Podest über den anderen Schreibern gesessen hatte. Er war leer, bis auf die Regimentsfahnen, die von den Wänden hingen, und das Podest war verschwunden.

Ein fetter kleiner Kerl in einem Büro am Ende eines Ganges sah mich und rief die ganze Zeit: ›Heh! Sie!‹ und winkte mich herbei. ›Ich habe gesehen, wie Sie da so erstaunt geguckt haben‹, sagte er. ›Sie müssen schon hiergewesen sein, als der Krieg von diesem Saal aus geführt wurde.‹ Ich nickte. ›Jetzt ist es eine Aufmarschhalle für neue Rekruten, die darauf warten, ins Ausbildungslager zu kommen. Aber wer zum Teufel will schon zur Armee, jetzt, wo der Krieg aus ist?‹

›Die Klugen‹, sagte ich.

›Das ist doch ein wenig so wie ein *coitus interruptus*, oder nicht?‹

›Manche Leute können nun mal nicht anders, wenn sie jung sind‹, sagte ich ihm.«

»Was ist ein *coitus interruptus*?« fragte Nicolo.

»*Coitus* ist, wenn man miteinander schläft«, sagte Alessandro, »und *interruptus*, wenn man plötzlich damit aufhört.«

Nicolo lachte laut auf. »Warum sollte jemand denn *interruptus*?«

»Warum wohl?«

»Weiß ich nicht. Ich finde, das klingt ziemlich dumm. Warum aufhören, wenn man damit angefangen hat? Warum anfangen, wenn man dann aufhört? Ich dachte, wenn man miteinander schläft, hört das langsam auf, so wie eine Ente, die auf einem Teich landet.«

»Ja, aber kannst du dir nicht denken, warum man an einem bestimmten Punkt damit aufhört?«

»Nein.«

»Denk scharf nach.«

»Ein Feiertag?«

Alessandro runzelte die Stirn.

»Ich weiß es nicht! Was wollen Sie von mir? Ich würde dafür

sterben, mit einer Frau zu schlafen. Na gut. Manche Leute hören mittendrin auf. Bumm! Das ist deren Problem. Sie können mir gestohlen bleiben. Weg mit ihnen. Das ist so dumm, wie nach dem Krieg zur Armee zu gehen.«

»Was ist mit den Babys?«

»Was soll mit ihnen sein?«

»Mit dem Kriegen.«

»Mit dem *was* kriegen?« fragte Nicolo aufgebracht.

»Mit dem Kinderkriegen.«

»Was soll damit sein?«

»Vielleicht ist das ein guter Grund, plötzlich damit aufzuhören.«

»Damit man ein Kind kriegt?«

»Nein, du Idiot! Damit man keins kriegt!«

»Das verstehe ich nicht.«

Alessandro richtete sich auf. »Wie, glaubst du, werden Kinder gezeugt?«

»Na, irgendwas machen Vater und Mutter vor dem Sex, irgendein Stoff oder Kraut oder ein hartgekochtes Ei, das der Vater der Mutter einführt oder so was, mit einer Gummikugel und einem Glaskolben.«

»Nein«, sagte Alessandro. »Nicht ganz.«

»Nein?«

»Nein. Man schläft einfach miteinander – wenn du verheiratet bist, fünfzigmal; wenn du nicht verheiratet bist, einmal.«

»Sie machen Witze!«

»Ich mache keine Witze.«

»Ich dachte, man muß noch was anderes machen.«

»Nichts anderes.«

»Gut zu wissen«, sagte Nicolo, »weil, Sie wissen schon, vielleicht habe ich – Sie wissen schon.«

»Verstehst du nun, wie verrückt die Welt ist, Nicolo? Ganz gleich, wie unerträglich schön sie ist. Ich wäre nie darauf gekommen, daß ich meine letzten Stunden damit verbringen würde, auf einem Felsen unterm Sternenlicht zu sitzen, von Berglorbeer umgeben, und einem Lehrling in einer Propellerfabrik Sexualhygiene beizubringen.«

»Nun, jetzt weiß ich es.«

»Gut.«

»Aber was ist mit Orfeo?«

»Was ist mit Orfeo? Der fette Kerl redete weiter. ›Erinnern Sie sich noch an die hundert Leute, die da drin an ihren Tischen saßen?‹ fragte er. Ich sagte ja. ›Jeder Befehl und jedes Kriegskommuniqué ging durch deren Hände, und wenn Sie versprechen, es nicht weiterzusagen, werde ich Ihnen etwas verraten, das Sie wirklich erstaunen wird.‹

›Was?‹ fragte ich und stellte mich dumm.

›Nicht ein einziger Befehl oder ein einziges Kommuniqué wurde jemals so weitergegeben, wie es hereinkam. Wenn auf der Meldung stand, *Zwanzig Kilometer vorrücken, Schwenk nach rechts, bis Feind angreift, und Stellung auf der Flanke halten, während Hauptangriff von Süden erfolgt,* dann ging sie vielleicht folgendermaßen raus: *Fünfzehn Kilometer vorrücken, Schwenk nach links, Stellung verändern je nach Sachlage, während Scheinangriffe von Osten erfolgen.*

Oder ein Marinebefehl. Die Koordinaten wurden vertauscht, Schiffstypen geändert. Ich schwöre bei Gott, italienische Schiffe wurden nach Polynesien entsandt und irgendwie endeten japanische Schiffe im Mittelmeer. Wissen Sie, wie viele Männer erschossen wurden, die gar nicht hätten erschossen werden müssen? Wie viele nicht erschossen wurden, die hätten erschossen werden können? Ich weiß nicht, wie die Armee sich ernährte. Der Zimt ist eines Tages bis auf das letzte Gramm einer Luftabwehrbatterie in Treviso geschickt worden. Das war alles, was sie den ganzen Krieg über zu essen hatten – zweiundzwanzigeinhalb Tonnen Zimt, und niemand sonst hatte auch nur ein Stäubchen. Ein Infanteriebataillon an der französischen Grenze bekam ständig Waggonladungen voller Pfeifentabak, und es gab einen Kreuzer, ich schwöre es, der mehrere Jahre lang nichts anderes als Anchovispaste bekam.‹

Ich sagte dem fetten Kerl, daß das, was er da beschrieb, für mich wie eine recht treffende Beschreibung des Lebens in der Armee klang, und ich fragte ihn, warum er denn nicht versucht hätte, dem Einhalt zu gebieten, wenn er es doch wußte.

Er sagte, er habe es versucht, er sei zu Generälen und Zivilbeamten gegangen und hätte ihnen davon berichtet, doch diese hätten nur gesagt: ›Was soll's? Wir gewinnen.‹

Wir hatten gewonnen, Nicolo, aber wir hatten mindestens siebenhunderttausend Tote zu beklagen und ein Mehrfaches davon an Verwundeten. Kommissionen wurden eingesetzt, um die Zahl der Opfer zu bestimmen, doch weil die Aufzeichnungen so chaotisch waren, konnten sie sich nicht einmal auf hunderttausend mehr oder weniger einigen. Niemand weiß, wie viele gestorben sind. Vielleicht Hunderttausend, vielleicht Zweihunderttausend sind durch die Ritzen gefallen, verschwunden. Der Verlust eines einzigen hätte die Welt zum Stillstand bringen sollen.

Ich fragte ihn, warum denn die Befehle geändert wurden, und er erwiderte: ›Ein Zwerg, ein kleines fledermausartiges Ding namens Orfeo Quatta. Er saß auf einem Podest in der Mitte des Raumes. Er war der Chefschreiber. Für seine Angestellten war er der Kaiser Augustus.‹

›Konnte man ihn denn nicht ablösen?‹

Der kleine fette Kerl lächelte. ›In seinem Geheimfach hatte er die Siegel, die Formulare für Beförderungen, Versetzungen, Proklamationen, Deklarationen und Erlasse. Er bildete eine Regierung innerhalb der Regierung – indem er bei Zuwendungen und Gehältern die Dezimalstellen verschob, seine sprachlosen Feinde in winzige Städte in Kalabrien versetzte und Speichellecker mit Pfründen belohnte.

Er hatte Anfälle von Wahnsinn und Größenwahn, während er da auf dem Podest hockte, und die Schreiber taten, die Köpfe vor Schreck gesenkt, so, als hörten sie nichts.‹

Ich redete lange mit dem kleinen fetten Kerl. Er sagte, daß alle Orfeo umbringen wollten, daß das eine weitverbreitete Wunschvorstellung war. ›Aber niemand tötete ihn‹, sagte er, ›so ähnlich, wie man auch nie dazu kommt, die schönste Frau der Welt zu umarmen.‹

›Die schönste Frau der Welt findet immer einen Liebhaber, oder nicht?‹ fragte ich. Natürlich mußte er das bejahen. Dann sagte ich: ›Es gibt immer jemanden, der es schafft, sie zu berühren.‹

›Ja.‹

›Dann‹, sagte ich, ›muß auch jemand Orfeo umgebracht haben. Oder wird es noch tun.‹

›Nein‹, sagte er, ›das hat noch keiner getan.‹

›Wie kam er hier weg?‹

›Der Krieg ging zu Ende. Das war einfach so, als ließe man das Wasser aus einer Badewanne.‹

›Wo ist er hingegangen?‹

Am nächsten Morgen ging ich auch dorthin. Er lebte in einer Höhle, die in den Grund des Testaccio gegraben worden war.«

»Was ist der Testaccio?« fragte Nicolo.

»Du weißt doch, wo die Pyramide ist?«

»Ja, in Ägypten.«

»Nein. Ich meine die in Rom.«

»Es gibt in Rom eine Pyramide?«

»Warst du jemals in Ostia?«

»Ja.«

»Wie?«

»Mit dem Zug.«

»Und du hast nicht die Pyramide auf der anderen Straßenseite vom Bahnhof gesehen?«

»Das Ding?«

Alessandro nickte besonders heftig, damit Nicolo seine Antwort auch im Dunkeln sehen konnte. »Wofür hast du es gehalten?«

»Ich dachte, sie bauen da was und hätten die andere Seite noch nicht fertig.«

»Nein. Es ist eine Pyramide. Die Straße entlang, hinter dem protestantischen Friedhof, liegt ein großer Hügel namens Testaccio. Er besteht aus zerbrochenen Amphoren, die als Ballast auf den Schiffen verwendet wurden, welche im Tiber anlegten. Man wußte, daß man den Fluß zuschütten würde, wenn man die Scherben weiter hineinwerfen würde, also legten sie einen Hügel an. Die Gegend ist auch Heimstatt des Mattatoio und derjenigen, die so arm sind, daß sie nicht einmal auf den Straßen der anderen Stadtteile sitzen können, damit die anderen Leute nicht aus ihrer Eitelkeit und ihren Träumen von Erfolg gerissen werden. Du und ich und alle anderen sind nur ein Fingerschnippen entfernt von den Wracks mit funkensprühenden Augen und geschwärzter Haut, die umherziehen und wissen, daß sie in ein oder zwei Wochen verschwunden sein werden. Der einzige Unterschied zwischen mir und ihnen besteht jetzt darin, daß ich sauber bin und reden kann.«

»So sauber sind Sie auch nicht mehr, Signore. Sie sind voll Staub, und Ihre Augen sind wie die Augen eines Wolfs.«

Alessandro lächelte. »Wie ein Wolf?«

»Wie ein Wolf.«

»Na gut, ich bin nicht sauber, mein Herz gibt auf, und ich liege auf dem Boden, aber ich kann reden. Ich rede doch ziemlich schnell, oder nicht?«

»Wie eine Windmühle«, sagte Nicolo.

»Gut«, erwiderte Alessandro. »Das kann dir ja nicht unangenehm sein, wenn ich an deinen Beruf denke.«

»Erzählen Sie mir von Orfeo, bevor Sie sterben«, sagte Nicolo und spielte weiter seine Rolle.

»Ich werde nicht sterben, bevor es heiß wird.«

»Woher wissen Sie das?«

»Weil ich es so will, und ich werde es auch.«

»Wenn Sie mir nichts von Ihrem Herz erzählt hätten, hätte ich nichts davon gemerkt.«

»Ich möchte es.«

»Warum?«

»Ich bin bereit.«

»Sie sind des Lebens müde?«

»Ich bin schon seit langem der Welt überdrüssig, und ich laufe jetzt schon halb in einem anderen Reich. Das ist nicht unangenehm; es ist nicht dunkel. Ganz im Gegenteil, das ist ein Land des Lichts, und bald werde ich dich fragen müssen, ob ich schwebe.«

»Möchten Sie, daß ich bei Ihnen bleibe?«

»Nein. Wenn es hell wird, gehst du zurück auf die Straße und besuchst deine Schwester. Ist sie hübsch?«

»Ein bißchen.«

»Ich hätte sie gern kennengelernt, aber sie hätte es nicht verstanden. Sie wäre wahrscheinlich mißtrauisch gewesen oder wenigstens schüchtern.«

»Ich glaube nicht. Sie war mal Hure.«

»Wer könnte schüchterner sein als eine Hure in einem Konvent?«

»Sie mußte es tun, aber nur für sechs Monate. Ein Turm stürzte ein, als mein Vater oben war und die Leinen zog. Er war einen

Monat bewußtlos und konnte lange Zeit danach nicht laufen. Er wußte nichts davon. Sie hat ihm erzählt, daß sie in einer Cafeteria arbeitete, und sie wechselte die Kleider im Hotel. Sobald er eine Arbeit angenommen hatte, wo er Ziegel machte, hörte sie auf damit. Das hätte ich Ihnen nicht erzählen sollen – sie würde mich umbringen –, aber Sie haben mir von Orfeo erzählt.«

»Laß mich zu Ende erzählen, dann sind wir quitt.

Warum lebte er in einer Höhle im Testaccio? Ich weiß es nicht. Ich hätte angenommen, daß er klug genug gewesen wäre, eine Milliarde Lire auf ein geheimes Bankkonto in der Schweiz zu transferieren und sich dort zur Ruhe zu setzen – wie jeder andere Italiener, der so etwas macht –, umgeben von Leibwächtern, Dobermännern und Frauen mit riesigen Brüsten.

Aber nein, er lebte in einer winzigen Kammer, die in einen Berg aus Tonscherben gehauen war. Er sprach immer von den gebleichten Knochen in den Tälern des Mondes. Vielleicht glaubte er, er lebe in einem Berg aus Knochen und der Erhabene käme bald, um ihn von dort zu holen. Nun, der Erhabene kam.

Er hatte zwei Fenster und eine Tür am Eingang zur Höhle, und an den Fenstern hingen grell gelbe und violette Vorhänge: Iris und Narzissen. Mir fallen solche Dinge wie Schuhe und Vorhänge nie auf, ich schaue direkt an ihnen vorbei, aber die hier waren magnetisch. Als ich an dem Tor zu dem kleinen Garten vor seinem Haus stand, bemerkte ich, wie er hinter diesen scheußlichen Vorhängen hervorlugte.

Er wußte nicht, daß ich ihn beobachtete, und er glaubte, daß ich nicht bemerkte, wie er mich beobachtete. Sein Gesichtsausdruck zeigte tiefe Konzentration und Besorgnis, wie bei einem Tier, das daran gewöhnt ist, frei umherzulaufen, und plötzlich feststellt, daß es in der Falle sitzt.

Ich konnte immer nur ein Viertel seines Gesichts sehen, doch er bewegte sich genug, so daß ich schließlich jeden Teil davon gesehen hatte. Sein schwarzes Haar war glatt an den Kopf gestrichen, und er sah flink und gepflegt aus. Er war alt, aber er gehörte zu jener Art von Männern, die noch mit neunzig einen Purzelbaum rückwärts machen können. Ich dachte, daß wir mit dem Faschismus sicher wieder Krieg haben würden, und mich überkam das allergrößte Verlangen, Orfeo zu beseitigen.

Ich wartete mehrere Monate und ließ mir einen Bart stehen. Ariane war höflich, aber sie mochte mich lieber ohne Bart. Paolo war erstaunt und belustigt. Ich versprach, ihn noch vor dem Herbst wieder abzunehmen. Unter falschem Namen trat ich in einen Schwimmclub nahe des Tiber ein. Es war ein fürchterlicher Club, immer voll und chaotisch, besonders, wenn die Schüler des nahe gelegenen *liceo* frei hatten. Ein Schwimmbecken, für sieben Streckenschwimmer gedacht, war plötzlich mit hundert kreischenden Jugendlichen überfüllt. In den Umkleideräumen herrschte ein solcher Tumult, daß kein Erwachsener, der noch richtig im Kopf war, auch nur in deren Nähe kam. Gut so, Teil meines Plans.

Ich zog los und schaute mir die Höhle neben der von Orfeo an; sie stand leer. Eine alte Frau, die in einer weiteren Höhle saß, sagte mir, daß ich mit dem Besitzer einer Espressobar nahe des Mattatoio sprechen müsse, wenn ich sie mieten wolle.

Es war eine Bar der Schlachthofarbeiter, und mir wurde von dem Gestank schwindelig, während ich zur Theke ging. Der Kellner dort holte den Besitzer.

›Ich bin Angestellter in einer Gummifabrik‹, sagte ich dem Chef, ›und ich arbeite in der Nachtschicht. Meine Mutter hatte einen Unfall, als sie in Ancona vom Boot kletterte, da leben wir nämlich, und jetzt kann sie keine Fische mehr ausnehmen, und ich muß sie unterstützen.‹

›Was hat das alles mit mir zu tun?‹ fragte er.

›Ich habe tagsüber noch eine Arbeit für eine Möbelfabrik angenommen und tippe die Bestellungen. Sie machen eine Menge Geschäfte mit Griechenland, und weil mein Vater in Griechenland geboren ist, spricht er Griechisch, und ich kann auch ein wenig; zwar tippt meine Schreibmaschine nicht Griechisch, aber ich schreibe das, was ich tippe, auf Griechisch darunter.‹

›Wozu erzählen Sie mir das!‹ brüllte er. Er hielt mich für verrückt. Er sah aus wie Mussolini. Ich denke, das war auch seine Absicht.

›Meine Vermieterin in Trastevere schläft gerne tagsüber‹, sagte ich. Dann machte ich eine Pause. Ich wollte, daß er sich immer an mich erinnerte. ›Sie sagt, ich kann nicht in meinem Zimmer tippen. Da habe ich einen Tisch auf die Straße gestellt, aber es war zu voll, um dort zu arbeiten.‹

Er wurde verrückt. Dann kam ich zum Ende. ›Ich brauche einen Platz. Ihre Räume im Testaccio sind perfekt. Dort ist es den ganzen Tag still.‹

›Ah!‹ sagte er. ›Aber da werden Sie schnell wieder verschwinden.‹ Er klang enttäuscht. ›Es gibt dort eine Menge Verrückter.‹

›Sind sie gefährlich?‹

›Wer weiß? Das ist nichts für normale Menschen.‹

›Meine arme Mutter‹, sagte ich. ›Die Möbelfirma zahlt mich gut, weil sie mir kein Büro stellen müssen. Deshalb kann ich Sie gut bezahlen.‹

Als ich ihm die Summe nannte, die dreimal höher war als das Höchste, was er sich erhoffen konnte, rannte er los, um den Schlüssel zu holen. Als zusätzlichen Haken im Fleisch zahlte ich mehrere Monate im voraus.

›Ich hoffe, Ihrer Mutter geht es bald wieder besser‹, sagte er in einem Ton, der bewies, daß selbst jemand, der wie Mussolini aussah, schmeichlerisch sein konnte.

Ich wollte dafür sorgen, daß die Polizei nicht einmal nach dem Mörder suchen würde, wenigstens nicht allzu intensiv, doch wenn, dann würden sie jedenfalls nach einem bärtigen alleinstehenden Mann griechischer Abstammung suchen, der in Trastevere wohnte, als Angestellter in einer Gummifabrik arbeitete und dessen Mutter vor kurzem einen Unfall auf einem Boot in Ancona gehabt hatte.«

»Was ist mit Fingerabdrücken?«

»Ich hatte nicht vor, welche zu hinterlassen. Außerdem waren meine Fingerabdrücke nicht in der Kartei, und selbst wenn, ich war kein Verdächtiger, also wären sie nicht darauf gekommen, sie miteinander zu vergleichen. Zu der Zeit arbeitete die Polizei immer noch nach dem Bertillon-System und war sehr langsam darin, die neuen Techniken einzusetzen.

Einen Monat lang näherte ich mich von Trastevere über den Ponte Sublicio dem Schwimmbad, machte unterwegs Station in einer Kaffeebar und redete endlos über das Tippen von Möbelbestellungen.

Jedesmal, wenn ich eintrat, sank dem Barkeeper das Herz. Einmal kaufte ich auf dem Heimweg einen Hammer und eine Brechstange und erzählte dem Eisenwarenhändler, daß ich an einem Ort im Testaccio Reparaturen ausführen würde, den ich angemietet hatte, um Möbelbestellungen zu tippen und all das.«

»Sie sind damit durchgekommen, oder?«

»Ja, das bin ich«, antwortete Alessandro, »auf mehr als eine Weise, denn obwohl ich ihn ermordet habe, brauchte ich nicht so weit zu gehen, wie ich vorgehabt hatte. Er griff dem Ganzen vor. Er tat es für mich.«

»Wirklich?«

»Ja.«

»Er beging Selbstmord?«

»Nein. Ich werde es dir erzählen.

Ich hatte vorgehabt, einen Tisch und eine Schreibmaschine – die ich natürlich in Trastevere gekauft hatte – auf dem verwilderten Stück Garten vor der Höhle aufzustellen, die ich angemietet hatte. Ich wußte, daß Orfeo nicht in der Lage sein würde, das Geklapper der Tasten und das Schlagen der Buchstaben gegen die, wie er sie nannte, *infernalische Gummiwalze* zu ertragen. Im Laufe des Tages arbeiteten ein paar Leute in ihren Gärten, fegten aus oder saßen wie Heliotrope herum. Sie sollten die Zeugen sein, wenn Orfeo die Nerven verlor und mich mit meinem eigenen Renovierungswerkzeug attackierte, das praktischerweise in der Nähe liegen sollte, wenn das aufgebrachte Rhinozeros durch den morschen Zaun zwischen seinem und meinem Teil brach.

Ich wollte mich von ihm verletzen lassen. Alle würden mein Blut vor dem seinen sehen, und natürlich würde er völlig zum Berserker werden, während ich nur erstaunt wäre.

Aber solche Dinge lassen sich nicht vorherbestimmen. Sie geschehen auf die ihnen eigene Art, also auch dieses hier.

Ich traf gegen zehn Uhr dreißig ein. Die Sonne stand hoch, und drei oder vier Müßiggänger verfolgten jede meiner Bewegungen. Ich konnte Orfeo nicht sehen, aber ich hörte, wie er mit sich selbst sprach, was ich als gutes Zeichen nahm.

Innerhalb von Minuten nach meinem ersten Tastenschlag stürmte er, wutentbrannt wie ein Hochofen, zur Tür heraus. Die Augen, der Mund, die Hände, Füße und Arme bewegten sich planlos, doch die Beine trugen das rauchende, schäumende Faß auf die Straße und in meinen Garten.

Er erkannte mich nicht. Wahrscheinlich wegen meines Bartes und der getönten Brille, die ich trug, ein ungewöhnlich geformtes Exemplar, wie ich es bis zu jenem Tag noch nicht getragen hatte und seitdem auch nicht.

›Würden Sie! Bitte! Diesen entsetzlichen Lärm einstellen!‹ brüllte er auf eine zugleich unterwürfige und gewalttätige Weise, die neu für mich war und die ich auf der Stelle mit nichts anderem als brennendem Öl vergleichen konnte. ›Jedermann weiß, daß gewisse Praktiken‹, sagte er, ›und gewisse Maschinen, infernalische Maschinen, in Wohngebieten keinen Platz haben. Also bitte! Die Schreibmaschine stammt aus Ägypten und hat mehr gute Menschen ruiniert, als Sie sich vorstellen können. Meine Kollegen sind in ihrem Rachen verschwunden. Hören Sie auf, oder ich bringe Sie um.‹

Ich hörte auf, er verschwand, aber sowie er über der Schwelle war, tippte ich wieder und legte einen monotonen Rhythmus vor. Er begann, in seinem Haus Gegenstände zu zertrümmern, und die Leute kamen auf die Straße, um zu sehen, was da los war.

Orfeo brüllte, lachte, schrie – all dies mit einer selbstzerstörerischen Anspannung, die mir deutlich machte, daß ein Angriff unmittelbar bevorstand. Es kostete mich ungeheure Disziplin, an der Liste verschieden großer Zapfen und Eckkrampen weiterzutippen, doch ich blieb dran.

Orfeo stolperte zur Tür heraus und brach durch den Zaun, wie ich es vorhergesehen hatte. Er stand vor mir, zitternd vor unterdrückter Wut. Ich sah, daß er etwas in der Hand hatte, und ich war alarmiert, weil ich es für ein Gewehr hielt. Verrückte, wütende, merkwürdige Leute schießen nicht sofort, doch bei dieser Entfernung hatte ich keinen Grund, allzu sicher zu sein.

Es war kein Gewehr, es war eine Handgranate. Granaten haben mich immer sehr nervös gemacht, und ich stand sofort auf. Ich nehme an, du hast noch nie eine geworfen?«

Nicolo schüttelte den Kopf.

»Man gewöhnt sich nie daran, ganz gleich, wie oft man es schon getan hat. Wenn man den Zünder zieht, rüttelt es einen richtig durch, und wenn man die Granate wirft und die warnende Detonation hört, dann fühlt sich die Wirbelsäule an wie ein Bandgenerator.

So fühlt es sich an, wenn *du* eine Granate wirfst. Das Ganze ist noch intensiver, wenn sie jemand *auf* dich wirft. Du mußt die Sekunden zählen – und das schaffst du nie akkurat – vom ersten Knacken an, wenn du das Glück hattest, es zu hören. Dann mußt du herausfinden, ob du sie zurückwerfen willst, Deckung suchst oder dich einfach zu Boden wirfst und zusammenrollst. Jemand mit Erfahrung wird die gezündete Granate die halbe Zeit ihrer Lebensdauer in der Hand behalten, bevor er sie wirft. Am Isonzo zögerten die Deutschen so lange damit, daß die Granaten in der Luft über dem Ziel explodierten.

Orfeo zog den Zünder, und ich begann zu denken, daß ich vielleicht doch nicht so klug war. Im Augenwinkel konnte ich sehen, daß meine Zeugen mit offenen Mündern auf der Stelle festgefroren waren.

Ich trat zurück. Orfeo stolperte vor, sein Gesicht bewegte sich in hundert verschiedene Richtungen gleichzeitig, und eine abgründige Rezitation kam ihm über die Lippen. Er war nicht hinter mir, sondern hinter der Schreibmaschine her.

Er kniff die Augen zusammen, während er darauf zutrat. Er fluchte, spuckte und zitterte, und mit einem Urschrei warf er die Granate in die Schreibmaschine. Ich hörte das erste Knacken, als der Zünder gezogen wurde. Orfeo hatte wahrscheinlich noch nie eine Granate geworfen und hatte seine Finger nur zufällig um die Zündschlaufe gehalten. Als der Zünder knackte, dachte er, die Granate sei explodiert, und zog in einer Reflexbewegung den Arm zurück.

Sein Ärmel verfing sich in dem Teil der Schreibmaschine, mit dem man die Walze dreht und den Wagen zurückschiebt. Er trug eine schwarze Wolljacke aus einem fadenscheinigen löchrigen Gewebe, und der Chromgriff ging direkt hindurch.

Orfeo trat zurück, die Schreibmaschine flog vom Tisch und schlug ihm gegen die Knie. Er schrie. Er trat gegen die Schreibmaschine und schlug sie mit seiner freien Hand. ›Laß mich los! Laß mich frei!‹

Doch die Granate saß unverrückbar in der Schreibmaschine fest, und die Schreibmaschine klammerte sich an Orfeo.

Als er begriff, daß die Maschine mehr tun würde, als ihm nur einfach gegen die Knie zu schlagen, und daß er sie nicht abschütteln konnte und daß es nur eine Frage von Sekunden war, bis sein Fleisch und die vielen tausend Stücke der Schreibmaschine sich in der letzten Mixtur seiner Existenz durchdringen und vermischen würden, lächelte er und begann zu lachen.

Seine letzten Worte fielen, als hätte er schließlich entdeckt, wonach er sein ganzes Leben gesucht hatte. Weißt du, was er sagte? Er sagte: ›*Mondkälber zerbersten im Wind*!‹

Ich warf mich hinter einem Haufen von Amphorenhenkeln zu Boden. Eine weitere Sekunde verging, und ich hörte eine ungeheure Explosion. Orfeo und die Schreibmaschine regneten auf den Testaccio nieder, wie ich es in den Gräben hundertmal gesehen hatte, und ich dachte bei mir: Gut, jetzt ist ein kleines Stückchen Krieg bei dem Papierschieber angekommen.

Ich hatte zwar früher einmal Zuneigung für ihn gehabt, aber ich fühlte kein Bedauern. Ich war härter geworden und selbst leicht verrückt, und auf diese Weise konnte ich einiges von dem, was ich gesehen hatte, weitergeben, statt den Schlag allein zu erdulden. In unseren modernen Zeiten ist es eine Art Sakrileg, die Mauern zwischen dem einfachen Soldaten und den Bürokraten und Angestellten, die ihn in den Tod schicken, zu durchbrechen. Es wird nicht erwartet, daß man die Verbindung zwischen ihnen herstellt, und sie, die Angestellten, sollen immun bleiben.

Nimmst du aber einen Soldaten und zapfst ihm Blut ab, dann ist keiner mehr sicher, nicht einmal die Generäle. Ich dachte, was gut genug war für Fabio und Guariglia, ist auch gut genug für Orfeo, also sorgte ich dafür.

Ich ging ins Schwimmbad und rasierte mich inmitten von mehreren hundert kreischenden Jugendlichen an einem Waschbecken in einer vom Dampf halb verborgenen Badezelle. Niemand bemerkte mich.

Ich schwamm hundert Bahnen und zog einen weißen Anzug an. Ich stopfte meine anderen Sachen in eine Papiertüte und warf sie in den Abfall. Auf meinem Heimweg über den Aventin kam ich mehrmals an Polizei vorbei. Sie schauten nicht einmal in meine Richtung. Ich war betäubt. Ich hatte es getan. Ich hatte tatsächlich einen Bürokraten umgebracht.

Ariane sagte mir, daß ich ziemlich verwirrt wirke, aber ich sagte, daß ich mir nur merkwürdig vorkomme, so rasiert. Ein Tag an der Sonne, sagte ich, und ich sehe nicht mehr aus wie ein geschälter Apfel.

Und Paolo – er war glücklich, seinen Vater wieder zu haben. In meiner Dummheit empfand ich jedesmal Erleichterung, wenn ich ihn anschaute, weil ich mir einbildete, seine Zukunft vom Krieg befreit zu haben.

Im Laufe der Jahre, als ich erkannte, daß ich einer Illusion erlegen war, empfand ich Reue wegen Orfeo, doch immer wenn ich Reue um Orfeo empfand, dann war es nicht schwer für mich, meine Gewissensbisse beiseite zu drängen und an die zu denken, die vor ihm gegangen waren.«

*

»Die Sonne geht bald auf«, sagte Alessandro.

Nicolo wandte den Kopf wie eine Eule nach Westen.

»Nach meiner Erfahrung«, sagte Alessandro zu ihm, »ist sie noch immer im Osten aufgegangen, also in jener Richtung.« Er deutete nach Osten, und sein Arm schien so gerade und reglos, daß sich Nicolo nicht gewundert hätte, wenn sich an ihm entlang plötzlich ein Banner entrollt hätte. »Natürlich bin ich gewillt, mich eines Besseren belehren zu lassen. Warum nicht? Ich werde den Süden und Norden kontrollieren. Du beobachtest den Westen.«

»Ich weiß, daß die Sonne im Osten aufgeht«, sagte Nicolo, »da, wo das Moos sitzt. Ich wußte einfach nur nicht, wo der Osten war, das ist alles.«

»Ist.«

»Was ist?«

»Der Osten ist. Er hört niemals auf, der Osten zu sein.«

»Woher wissen Sie, daß er da ist?« fragte Nicolo.

»Wir sind von Nord nach Süd gelaufen. Bei jedem Schritt lag der

Osten zu unserer Linken und der Westen zu unserer Rechten. Ich spürte es ununterbrochen, und jedesmal, wenn ich mich aus der Nord-Süd-Achse herausbewegt habe, spürte ich den Druck, und die Karte wendete sich.«

»Sind Sie ein Kompaß?«

»Eine der großen Freuden meines Lebens bestand darin, stets zu wissen, wo ich war, wo ich bin, wohin ich gehe und in welche Richtung ich schaue. Wir beziehen unsere Vorstellungen von Engeln von den Vögeln, und sie beherrschen die Richtung nicht durch Zufall, sondern weil sie von so weit oben schauen. Die Welt ist weniger verwirrend, wenn man sie von oben betrachtet, und bei der hohen Geschwindigkeit, mit der sie fliegen und wenden, werden Schwerkraft und Magnetismus verstärkt. Vögel können die Trägheit der Richtung spüren.«

»Woher wissen Sie das mit den Vögeln?« fragte Nicolo, denn es war nun wirklich nicht das erste Mal, daß sich Alessandro auf sie bezogen hatte.

»Ich habe viel Zeit damit verbracht, sie zu beobachten, wenn ich selbst so niedergeschlagen war, daß mir das Gefühl für die Überlegenheit des Menschen abhanden kam.«

»Und haben Sie es jetzt?«

»Wie kann ich mich einem Lebewesen wie der Schwalbe überlegen fühlen, die immer und immer wieder so schnell steigt und mit solcher Hingabe herabstürzt, die schnell und einfach begreift, was das Leben von ihr fordert, und trotz dem, was sie weiß, in der Luft bleibt.«

»Haben Sie sie mit einem Fernrohr beobachtet? Hatten Sie einen Naturführer, wie ein Engländer?«

»Nein. Sie kamen nahe heran. Ich brauchte kein Fernrohr. Und ich war nicht daran interessiert, Beobachtungen zu sammeln. Um ehrlich zu sein, ich interessierte mich nicht für das, was man aus einem Buch über sie lernen kann. Ich bewunderte ihre außerordentlichen Fähigkeiten, die offensichtlich und überdeutlich sind – daß sie in der Bläue wenden und zwischen den Wolken schweben können und sich dennoch immer dafür entscheiden, zur Erde zurückzukehren, zu ihren Strohnestern auf verschmutzten Balken unter den Dächern von Scheunen und Kirchen; daß sie schweigen, trotz der Dinge, die sie gesehen haben, außer sie singen; daß sie Familien bilden, obwohl sie das Symbol der Freiheit sind; daß sie unvorstellbare Fähigkeiten und Ausdauer besitzen und dennoch friedlich schlafen und die meiste Zeit über so sanft wie Heilige sind.

Ich beobachtete sie auf Terrassen und Dächern, in Holzschuppen, in Wald und Flur, von Vorsprüngen wie diesem, von mancher Schiffsreling aus und von Klippen über dem Meer. Als mein Sohn klein war, verbrachten wir Jahre draußen – in den Bergen, auf den Ebenen, die Rom umgeben, auf den Feldern und auf Flüssen treibend. Was für ein Leben wir führten. Ich hätte es für unmöglich gehalten. Die meisten Menschen, die tun können, was ihnen gefällt, würden niemals begreifen, was wir für ein Leben führten.«

»Das meine ich«, sagte Nicolo. »Woher nahmen Sie die Zeit dazu? Mein Vater, den sehen wir nie, außer sonntags. Er hat immer Sorgen. Das einzige, was ihn an Vögeln interessiert, ist, wie sie schmecken.«

»Nach dem Krieg«, sagte Alessandro, der bemerkte, daß der Osten eine Spur heller als Schwarz war und die Sonne daher hoch in den Himmel über Indien stieg und bald das Mittelmeer bescheinen würde, »waren Krankenschwestern und bewaffnete Wachen, wie du dir denken kannst, nicht gerade knapp. Europa hatte mehr Krankenschwestern als der Rest der Welt zusammen. Du hast eine Frau angesehen ... sie war Krankenschwester.

Und eine ganze Generation von Jungen war mit Gewehr und Bajonett als Handwerkszeug aufgewachsen. Für sie war nichts so real wie die Schützengräben, also stürzten sie sich nicht gerade mit Eifer in die traditionellen Berufe. Sie hielten den Frieden für einen Traum und hatten Schwierigkeiten damit, in eine Illusion zu investieren. Einige blieben in der Armee oder ließen sich nach ein oder zwei Jahren draußen wieder anwerben. Einige wurden Bankwächter. Weil es keine Jobs gab, die wir machen wollten, blieben uns nur die Jobs, die kein anderer machen wollte.«

»Sie waren Gärtner.«

»Ein paar Jahre lang. Dann hatte ich eine Stelle, die die meisten meiner späteren Studenten in Erstaunen versetzt hätte, wenn sie davon gewußt hätten.«

»Als was?«

»Zehn Jahre lang war ich Holzspalter in einer Sägemühle nahe der Bahnstation Tiburtina. Das machte ich, weil ich meine eigenen Arbeitsstunden festlegen und so wenig oder so viel arbeiten konnte, wie ich wollte.«

»*Ich* würde kein Holz spalten«, sagte Nicolo.

»Warum nicht?«

»Das ist das Letzte.«

»Ich war zufrieden. Ich stand um fünf Uhr auf und war um sechs bei der Arbeit. Normalerweise arbeitete ich von sieben Uhr früh bis Mittag. Das waren fünf Stunden Stahlschwingen, fünf Stunden der Koordination von Hand und Auge und fünf Stunden des Träumens. Meine Hände rochen nach Hirschleder und der süßen Flechte auf der Borke, und gegen ein Uhr war ich daheim; Ariane war seit zehn Uhr bei der Arbeit, und Paolo hatte drei Stunden mit Arianes Cousine Bettina verbracht.

Wir aßen Mittag zusammen, nur Paolo und ich, und machten uns um halb zwei, wenn alle schliefen, auf den Weg. Manchmal nahmen wir die Straßenbahn, um dann vier Stunden zu Fuß zurückzulaufen. Manchmal stürmten wir los, hatten unser Essen im Rucksack dabei und nahmen einen frühen Zug zum Strand.

Das taten wir fast jeden Tag, und um halb sechs standen wir vor der Tür des Krankenhauses, um Ariane abzuholen. Wir aßen auf unserer Terrasse und schauten zu, wie zu Tausenden sacht die Lichter Roms angingen, und beobachteten, wie die in der Dämmerung herabstoßenden Vögel und Fledermäuse sich gegen den Sonnenuntergang abzeichneten.«

»Wieviel Geld haben Sie verdient?« fragte Nicolo.

»Du wärst überrascht. Wir beide zusammen verdienten genug, um unsere bescheidenen Ansprüche zu befriedigen; unser größter Aufwand bestand in einem hübschen Platz zum Leben, einer heruntergekommenen, an einem Hang gelegenen Villa, deren Mauern sich mit der Zeit gesenkt hatten und nachgedunkelt waren. Es gab darin keine einzige scharfe Kante, und die Treppen waren in der Mitte ausgetreten von Jahrhunderten von Fußstapfen auf dem Stein. Es war ruhig dort. Umgeben von einem friedlichen, ungepflegten und vergessenen Garten war dieses Haus ein Heiligtum, das tausend Jahre Krieg überdauert hatte. Die safranfarbenen Wände, die die Zeit geglättet hatte, waren ein Schutzschild für Erinnerung und Ruhe.

Wir aßen einfach, wir waren gesund, und wir interessierten uns nicht für jene Dinge, die man Besitz nennen sollte, nicht weil man sie besitzt, sondern weil sie einen besitzen. Diese zehn Jahre waren die glücklichsten meines Lebens, abgesehen von den ersten zehn, den Jahren, in denen ich weder Position noch Erfolg hatte und in denen keiner Notiz von mir nahm. Das waren die Jahre der Eltern, die ihr Kind in den Armen halten, es hoch in die Luft heben und an sich drücken. Wenn ich meinen Sohn hielt, als er noch ein Baby war, dann war Gott direkt dabei.«

»Und warum haben Sie aufgehört?«

»Womit aufgehört?«

»Mit dem Holzspalten.«

»Als ich über vierzig war, fiel es mir immer schwerer, diese Art von Arbeit zu tun. Ich wurde schneller müde. Verletzungen brauchten länger, um zu heilen. Ich brauchte viel öfter Pausen. Als Paolo in die Schule kam, konnten wir nicht mehr jeden Tag umherwandern. Wir drei machten Wochenendausflüge und legten große Entfernungen zurück. Ich glaube, die Leute hielten uns für Touristen aus Nordeuropa – ich, eine blonde Frau und ein Kind mit hellen Haaren, alle mit Rucksäcken. Seit wann tragen Italiener Rucksäcke? Einmal gingen wir in den Sommerferien die Via Appia (wo wir sie finden konnten) von Rom nach Brindisi und improvisierten den ganzen Weg über, was wir aßen und wo wir schliefen.

Ich hatte eine Mauser dabei, nicht um zu jagen, sondern weil es auf den Bergstrecken in Süditalien Banditen gab. Heute kommt es mir so vor, als sei ich sehr leichtsinnig gewesen, doch damals hatte ich keinen Zweifel daran, daß ich mich behauptet hätte, wenn wir angegriffen worden wären. Ich wußte, wo wir nachts schlafen konnten, worauf wir bei Tage zu achten hatten und was wir notfalls hätten tun müssen. Die Gegend war offen und bergig, also kam ich mir heimisch vor, selbst mit Banditen.«

»Das brauchen Sie mir nicht zu sagen«, erklärte Nicolo bewundernd. »Sie waren ein richtiger Killer.«

Alessandro schmerzte das. »Ja«, entgegnete er, müde der Weiterungen, über die er nicht länger nachdenken wollte. »Das war ich. Ich bin nicht stolz darauf, aber ich schäme mich deswegen auch nicht.«

»Wissen Sie«, sagte Nicolo, »etwas verwirrt mich. Jemand wie Sie, der alles hätte tun können, was er will, und Sie hacken Holz, was eigentlich Leute wie ich machen müssen. Warum haben Sie das getan?«

»Du hättest keinen Grund, verwirrt zu sein, solange ich mich nicht beklagte. Ich mochte es.«

»Aber nur, weil Sie wieder Professor waren, als Sie aufgehört haben, und was haben Sie dann gemacht, Sie haben Bücher gelesen und von ihnen geredet. In Ordnung, *ich* könnte das nicht, aber wenn ich es könnte, würde ich das nicht Arbeit nennen.«

»Es ist traurig«, sagte Alessandro, »daß Menschen in unterschiedlichen Berufen glauben, daß außer ihnen niemand arbeitet und außer ihnen niemand Mühe hat. Die meisten von diesen Professoren, von denen du glaubst, daß sie nicht arbeiten, glauben auch nicht, daß du arbeitest. Für sie ist das, was du tust, wertlos, und sie glauben, daß Menschen wie du weniger als Idioten sind.«

»Das ist keine Arbeit, wenn man nicht müde dabei wird.«

»Aber natürlich wirst du müde dabei. Dein Hals wird müde, und für manche Menschen ist der Hals wichtig, denn er hält den Kopf gerade.

Zu der Zeit gab es keine Möglichkeit für mich, Professor zu sein oder auch nur in untergeordneter Stellung zu unterrichten. Die Universitäten waren auf den Faschismus eingeschworen. Wirkliche intellektuelle Unabhängigkeit wurde einfach nicht geduldet. Ich hatte Anstellungen hier und da, aber ich blieb nicht. Zuerst konnte ich einfach den Konformismus und die Feigheit nicht ertragen, und dann geriet ich in Konflikt mit Treueschwüren und Spitzeln, und das Ergebnis war vorhersagbar. Ich wäre sowieso gegangen. Nachdem ich den Krieg mitgemacht hatte, konnte ich die Bereitschaft meiner Kollegen, sich in Wortklaubereien zu verlieren und wegen der Bedeutung eines Abschnittes beleidigt zu sein oder für ihre idiotischen Theorien und Schulen zu leben, zu sterben und sich zu zerstreiten, nicht verstehen. Und nahezu alles, was sie sagten, schien im Widerspruch zu der Wahrheit dessen zu stehen, was ich gesehen hatte.

Aber wenn du mich fragst, was das war, kann ich es dir nicht sagen. Ich kann dir nur sagen, daß mich die Erkenntnis überwältigte, daß all die schwierigen und herrlichen Dinge der Welt nichts weiter sind als die Figuren eines Geistes, wie Feuer und Licht, der ein endloses Aufrühren von Liebe und Anmut ist. Ich kann dir nur sagen, daß Schönheit nicht in einer Theorie oder mit einer Idee ausgedrückt oder erklärt werden kann, daß sie sich nach ihren eigenen Gesetzen vollzieht, daß sie Gottes Weise ist, Seine verzweifelten Kinder zu trösten.

Eine solche Ansicht führt einen nicht geradewegs in die Hörsäle. Nein. Ich bin erst nach dem Zweiten Weltkrieg an die Universität zurückgekehrt, und selbst dann hatte ich politische Schwierigkeiten, weil ich nicht im Widerstand gewesen war.«

»Warum waren Sie nicht im Widerstand?«

»Ich war müde. Und man braucht ein gewisses Temperament dazu. Man muß auf einen Punkt fixiert sein. Man braucht das, was Politiker haben, die Abwesenheit eines Gefühls der Sterblichkeit. Dies erwächst wie eine Droge aus Bewunderung und Unterwerfung. Revolutionäre beziehen es aus Träumen. Sie sagen, daß nichts unpolitisch ist, daß Politik, der Fels des Lebens, etwas ist, dem man sich nicht entziehen kann. Ich sage, sie können mich mal.

Ich interessierte mich für Vögel. Sind Vögel politisch? Und ich dachte, das Schönste in meinem Leben wäre, bei meinem Sohn zu sein, solange er klein ist. Die Leute schauten uns an, wenn wir mitten am Tag umherwanderten, und fragten sich, was ein Mann tut, der sich um ein Kind kümmert, doch jedes Wort, das von ihm kam, jeder Ausdruck, jedes Lächeln, selbst seine Tränen waren eine millionmal mehr wert als jeder angesehene Beruf.

Damals schrieb ich meine Bücher. Sie waren nicht aufwieglerisch in einem politischen Sinne, weil sie unpolitisch waren, auch wenn unpolitisch zu sein manchmal die extremste politische Aussage ist, die man machen kann. Selbst Mussolini fand sie nicht aufwieglerisch, trotz meiner Bewunderung für Croce. Dennoch mußte ich sie im Ausland veröffentlichen, weil die Bücher nicht im Geiste des Faschismus geschrieben waren und nicht den Themen und den Prinzipien huldigten, aufgrund derer man akzeptiert wurde oder nicht. Salvemini half mir, sie in Amerika zu veröffentlichen, und ich konnte gerade eben unseren Lebensunterhalt davon bestreiten. Nach dem Krieg kehrten die Bücher nach Italien zurück wie ein Wanderschwarm Vögel. Die Menschen sagten: ›Wo ist er gewesen?‹ Ich sagte: ›Ich bin die ganze Zeit über hiergewesen, wo wart ihr denn?‹

In den Dreißigern setzten die Einkünfte aus dem Grundstück an der Via Veneto ein, das Geschenk meines Vaters an uns, obwohl Luciana es nicht brauchte, wie sich herausstellte. Sie hatte einen Mann geheiratet, der einfach reicher und reicher wurde – so ist das in Amerika, weil sie ihre Kriege in der Ferne führen, so daß sie als Nation bewahren können, was sie schaffen. Sie überließ uns ihren Anteil. Für sie war es ein Taschengeld.

1955 fuhr ich sie besuchen, ein Jahr nach Arianes Tod. Sie lebt auf einer großen Farm nördlich von New York, sie züchten Preisschafe. Die Schafe hatten so viel Wolle, daß sie kaum laufen konnten, und ihre Söhne ließen sie den Hügel hinunterkollern. Weil sie schon als Lämmer den Hügel runtergerollt wurden, machte es ihnen nichts aus. Siehst du, das ist der Unterschied zwischen uns und den Amerikanern. Unser Boden ist zu felsig, um Schafe die Hügel runterzurollen, aber selbst wenn nicht, glaubst du, wir würden so etwas tun?«

Nicolo schüttelte langsam den Kopf.

»Natürlich nicht. Es war sehr nett. Es war irgendwie süß. Auch lustig. Aber es liegt mir nicht.«

»Erzählen Sie von Amerika.«

»Was soll ich erzählen? Wir fuhren mit einem Auto ins Kino, die Museen sind gut beleuchtet, die Italiener sind wirklich Sizilianer, es gibt keinen guten Kaffee, und die Zeitungen bringen Fotos von Frauen in Büstenhaltern.«

»Ist Ihre Schwester Amerikanerin geworden?«

»Ja. Sie ist nun schon lange dort, und sie spricht ein fast akzentfreies Englisch, glaube ich. Ihr fiel es leicht, sich einzufügen, denn sie ist blond und blauäugig, und das mögen sie sehr. Als ich sie im Juli 1955 auf der Pier sah, weinte ich. Ich wollte gar nicht. Ihr Mann und ihre Söhne waren dabei, und Amerikaner sind nicht so gefühlsbetont wie wir.

Ich liebe meine Schwester. Ich liebe sie aus vielen Gründen, und der keineswegs kleinste davon ist, daß sie die einzige Verbindung zu meinen Eltern und zu meiner Kindheit darstellt, die ich habe. Nach vierzig Jahren war sie immer noch schön, und sie sah genauso aus wie meine Mutter. Einen Augenblick lang dachte ich, sie *sei* meine Mutter, und weil wir an einem riesigen Pier anlegten und Lichtstrahlen die Dunkelheit, den Lärm und den Staub durchbrachen, dachte ich für eine Sekunde, für weniger als eine Sekunde, daß ich mich im Kreis gedreht hatte. Das letzte Mal hatte ich Luciana gesehen, als ich in Stella Maris zum Tode verurteilt gewesen war. Also weinten wir, und obwohl wir Rafi nicht erwähnten, damals nicht und später auch nicht, wußte ich, daß sie um ihn weinte.«

»Sehen ihre Söhne aus wie Sie?«

»Nein, sie sehen wie ihr Vater aus. Sie kämpften im Pazifik. Einer war Kampfflieger, der andere war bei der Infanterie. Sie sagten mir, daß es ihnen leid tat, nie ihrem Cousin begegnet zu sein, meinem Sohn, und sie waren nicht nur einfach höflich, denn sie waren Soldaten gewesen, und sie wußten Bescheid.«

*

»Der Grund von alldem«, sagte der alte Mann, »ist die Erinnerung an diesen Jungen, an seine Mutter, an die Männer, die im Krieg umkamen, und an meine Eltern. Das ist das Problem, das ich nicht lösen, die Frage, die ich nicht beantworten, die Hoffnung, die ich nicht aufgeben kann, und das Risiko, das ich eingehen muß. Ich habe sie nicht vergessen. Darf ich dir sagen, was es ist ...«

»Ja«, erwiderte Nicolo. »Ich werde bei Ihnen bleiben.«

»Wenn es hell ist«, sagte Alessandro bestimmt, »wirst du gehen.«

Nicolo zuckte ergeben die Schultern. Ihm kam der alte Mann verloren vor, und obwohl er annahm, daß es schwer und unnatürlich sein würde, sich von ihm zu trennen, wußte er, daß er es tun würde, wenn es hell war.

»Eines Tages, Nicolo, solltest du, wenn du die Gelegenheit hast, nach Venedig fahren und dir *La Tempesta* ansehen. Und dann stell dir vor, daß der Soldat durch die Gnade Gottes seine Zurückhaltung aufgibt und daß der Sturm, dem er entkam, durch die Gnade Gottes vorüberzieht und daß das Kind in den Armen der Frau durch die Gnade Gottes das seine ist.

In Giorgiones Gemälde gibt es nur wenig Rot. Die dominierenden Farben sind Grün und Gold: Grün ist natürlich die Farbe der Natur und Gold die göttliche und besänftigende Farbe, von der es, wie von der Vollkommenheit, so wenig gibt. Fast alle Maler zu Giorgiones Zeit sprachen in diesen Begriffen. Rot war das Mittel, mit dem sie Sterblichkeit darstellten; Grün die Natur; Gold Gott. Bis auf deutlich erkennbare Ausnahmen unter den Malern und Schulen wirst du dies im Subtilen wie im Einfachen bestätigt finden.

Du wirst wahrscheinlich noch nie anders an Rot gedacht haben als an eine Farbe zum Schmücken, doch Rot ist ein äußerst kostbares Zeichen, wenn du etwa neben der Bettstatt eines Menschen sitzt, den du gerade verloren hast, denn sie haben keine Spur davon. Und Rot ist die Farbe der wahren Liebe zwischen einem Mann und einer Frau. Seine Abwesenheit auf der Haut beim Akt der Liebe sagt viel mehr aus als jede Erklärung oder jeder Schwur. Tatsächlich ist das Rot auf der Wange einer Braut während der Hochzeitszeremonie ihr wirkliches Gelübde, der Rest nutzlos und profan.

Ich glaube, wenn Giorgione eine Fortsetzung von *La Tempesta* gemalt hätte, in der der Soldat sich der Frau und dem Kind nähert, dann hätte er ihnen Rottöne gegeben und Teile der Landschaft in Karmesin erstrahlen lassen. All das Gold und Grün, der Blitz, das widergespiegelte Sonnenlicht und die kühlen Farben des Sturms erzeugen eine traumartige Stimmung. So als schwebe man in den klaren Sommerbuchten der Ägäis, oder als trenne sich der Körper von seinen Gefühlen, kurz bevor die Sinne sich von der Seele trennen und die Seele aufsteigt. Das ist der natürliche Gang, und darauf begründeten Giorgione und Raffael und die anderen ihr Werk. Auch bei Dante werden die Farben mit der Seele geläutert, bis man zum Ende hin durch immer heller werdende Töne von Blau, Silber und Gold aufgestiegen ist, und das, was übrigbleibt, ist ein einfaches Weiß mit einem silbrigen Glanz, das viel zu hell ist, um es zu sehen oder zu begreifen.«

»Was ist damit? Was ist damit?« fragte Nicolo, der glaubte, daß der alte Mann geschwollen daherredete und mit seinem Gerede über Farben nicht auf den Punkt kommen konnte.

»Was, wenn du *nicht* in diese Richtung gehen wolltest?« fragte Alessandro mit so erschreckender Dringlichkeit, daß sich die Haare auf Nicolos Armen und in seinem Nacken aufstellten.

»Ich verstehe immer noch nicht.«

»Was, wenn du die Gegenwart Gottes erfahren hättest, die stimmlose Vollkommenheit, die endlose Stille der endlosen Bewegung, und du würdest trotzdem bitten, freigelassen zu werden, zurückkehren, wieder hinabsteigen, nach unten gehen und dich zurückverwandeln zu dürfen? Was, wenn du dich statt für Silber und Gold und das Weiß, das zu hell ist, um es wahrzunehmen, für den lebendigen Puls des Rots entschiedest?

Ich habe diese Vollkommenheit gespürt. Ich habe einen Streif des Lichts gesehen. Ich habe eine Ahnung, vielleicht mehr als nur eine Ahnung, von der Ewigkeit in ihrer makel- und wunschlosen Harmonie. Im Vergleich dazu sind die lichtesten Augenblicke reinste Finsternis und Gesang wie Stille. Welche große Sünde begehe ich also, wenn ich mich an etwas klammere, das unvollkommen ist?

Denn als ich Ariane in meinen Armen hielt, war sie rot. Ihre Wangen und ihr Hals glühten wie von der Sonne verbrannt oder mit Rouge geschminkt, und die Farbe breitete sich zu ihren Brüsten und ihren Schultern aus und verblaßte erst, nachdem sie wie ein dickflüssiger Wasserfall ihren Rücken hinabgeflossen war.

Das Kind folgte seiner Mutter in diesem Farbanflug, wie ein Chamäleon dem Licht folgt. Sie wendete die Augen ab. Sie blickte nicht auf.

Was, wenn dieser Augenblick angedauert hätte? Welches metaphysische Entzücken hätte seinem Wesen, seiner Zerbrechlichkeit und Schönheit entsprochen? Hat man uns denn nicht beigebracht, daß es besser ist, in einem einfachen Haus zu leben, das auf einen Garten oder das Meer hinausgeht, als in einem großartigen Palast zu residieren?«

»Wovon *reden* Sie, Signore?« fragte Nicolo.

»Ich rede davon, daß ich jetzt genau weiß, was ich will, und daß ich es wagen werde, obwohl ich bezweifle, daß es in den Plan der Dinge paßt.«

»Was geschah, als Sie ein Baby bekommen hatten, ohne verheiratet zu sein?« fragte Nicolo, der wie stets dem Praktischen zugewandt war und Alessandro mit sich zog.

»*Sie* hatte das Baby bekommen. Ich war nicht dabei.«

»Sie wissen schon, was ich meine.«

»Habe ich den Priester im Glockenturm erwähnt?«

»Nein.«

»Im Glockenturm, am Isonzo, kam er vorbei, um die Messe zu lesen, nur war das nicht immer am Sonntag; sie fand immer dann statt, wenn er nirgendwo anders war und der Artilleriebeschuß leicht genug war, daß er durch den Verbindungsgraben hüpfen konnte.

Der Priester hieß Pater Michele. Er war in meinem Alter. Er hatte eine ungewöhnliche Art zu sprechen, und alles, was er sagte, schien, kurz bevor er es herausließ, überprüft und begutachtet worden zu sein, so als hätte er eine kleine Inspektionsschachtel im Kopf und jeder Satz würde dort einer gnadenlosen Prüfung auf seinen Wahrheitsgehalt und seine Wirkung hin unterzogen.

Seine Gesichtszüge entsprachen seiner Sprechweise. Er hatte eine große Nase, tiefliegende Augen, trug eine Drahtgestellbrille, und sein Mund war etwas schief, wahrscheinlich deshalb, stelle ich mir vor, weil er jedes sorgfältig gewählte Wort sorgfältig aussprach.

Eine ganze Reihe von Soldaten hielten seine Zögerlichkeit für Schwäche. Ich anfangs auch, doch dann beobachtete ich ihn, und mir wurde klar, daß es nicht Schwäche war, was ihn so sorgfältig denken und zögernd sprechen ließ, sondern Aufrichtigkeit. Unser Bedürfnis, uns durchzusetzen, läßt uns die Haltung der Bestimmtheit annehmen: Er verweigerte sich dieser Gewohnheit und sprach, als sei alles neu und unerprobt.

Eines Tages – ich weiß nicht einmal mehr, welche Jahreszeit wir hatten, denn im Glockenturm sah man manchmal nichts weiter als ein kreisrundes Stück Himmel über dem Hof – war er gekommen, um die Messe zu lesen, und wurde festgehalten, denn die Österreicher hatten ihre Geschütze auf unseren Abschnitt konzentriert und wir standen rund um die Uhr unter Beschuß.

Bis zur Dämmerung des folgenden Tages wurde niemand verletzt. Ein Soldat aus Otranto ... Ich kannte ihn nicht wirklich. Er war siebzehn oder achtzehn.« Alessandro hielt inne und wandte sich direkt an Nicolo. »Er sah aus wie *du*. Er war jung und hatte wenig zu sagen, und wenn er sprach, dann immer über seine Eltern. Sein Vater war Steinmetz, und der Sohn bewunderte ihn, als sei er der Papst. Die anderen Soldaten machten sich deswegen über ihn lustig, und das verletzte ihn tief. Und seine Mutter, nun, du kannst dir denken, was er für seine Mutter empfand. Und er brauchte sie noch.

Ich kannte ihn kaum. Gegen Sonnenaufgang ging er in den Hof zum Sockenaufhängen. Alle rannten für ein, zwei Augenblicke hinaus für solche Sachen. Das war ein Risiko, das man einging.

Eine Fünfundvierzig-Millimeter-Granate schlug von nirgendwoher ein. Sie waren so klein, daß man sie erst hörte, wenn man nichts mehr dagegen machen konnte. Sie schlug vor seinen Füßen ein und schleuderte ihn gegen die Mauer, riß ihm das rechte Bein ab und trieb ihm einen trichterförmigen Tunnel in den Leib. Er war blutüberströmt, seine Eingeweide quollen heraus ... Wir hatten das zu oft gesehen, um nicht zu wissen, daß er verloren war.

Er lebte noch zehn Minuten. Er war bei Bewußtsein und empfand keinen Schmerz, weil er schon zu weit weg war, um Schmerzen zu empfinden, aber er wußte, daß er starb, und die heilige Furcht überkam ihn, während er langsam niedersank.

Pater Michele trat zu ihm, denn das war schließlich der Job, den Pater Michele sich ausgesucht hatte. Er hatte einen Haufen auswendig gelerntes Zeug parat, das er aufsagen konnte, Dinge, die über Jahrhunderte erprobt waren, die funktionierten und die man von ihm erwartete. Man erwartete von ihm, daß er die Letzte Ölung gab, damit er die Seele des Jungen rettete.

Aber ich habe dir ja gesagt, daß er alles als das nahm, was es war, und alles neu beurteilte. Er tat nicht, was man von ihm erwartete. Wir beobachteten es von den Türen aus, die offenstanden.

Er hatte den Jungen in seine Arme genommen, und er war in Blut gebadet, aber er hielt ihn so, wie man ein Kind hält, und er weinte und sprach mit ihm, bis er starb.

›Ich kann nichts sehen‹, sagte der Junge. ›Ich kann nichts sehen.‹

Und Pater Michele sagte, es waren die einzigen Worte, die er ihm aus der Bibel zitierte: ›Wie ... eine Schwalbe ... versagen meine Augen beim Blick himmelwärts.‹ Der Soldat starb schnell. Seine Seele war schon halb an einem anderen Ort.

Der Priester sagte: ›Wo du hingehst, gibt es keine Furcht und keinen Tod. Deine Mutter und dein Vater werden dort sein. Sie werden dich wie ein Baby wiegen. Sie werden dir über den Kopf streichen, und du wirst selig in ihren Armen schlummern.‹

›Ich wünschte, es wäre so‹, sagte der Junge.

›So wird es sein‹, sagte Pater Michele, und er wiederholte es wieder und wieder: ›So wird es sein, so wird es sein‹, bis der Junge starb.

Später, als er sich gesäubert hatte, ging ich auf Pater Michele zu und fragte ihn, ob er glaube, was er gesagt hatte. ›Nein‹, sagte er zu mir, ›aber ich habe zu Gott gebetet, daß er es so macht.‹

›Wird nicht von einem erwartet, daß man den Mund hält und auf bestimmte Dinge wartet – tiefste Dunkelheit, wenn man Atheist ist; überwältigendes Licht, wenn man gläubig ist?‹

›Ich nehme es an‹, erwiderte er, ›aber ich bin das Risiko eingegangen, Gott ins Gesicht zu sagen, daß Er bei Seinem Entwurf versagt hat und daß der Junge, der heute gestorben ist, keinen Glanz braucht, sondern nur Mutter und Vater. Vielleicht bin ich ein Häretiker, aber damit werde ich mich nach dem Krieg auseinandersetzen.‹

Ich fand ihn. Das war leicht. Die Kirche scheint immer zu wissen, wo ihre Priester sind, selbst wenn sie auf Reisen sind. Er erinnerte sich an mich. Sein Haar war fast vollständig ergraut, aber er hatte immer noch seine freundliche, zögernde Art.

Ich erzählte ihm die Wahrheit, genau, was geschehen war.

›Das Kind ist unehelich geboren‹, sagte er, ›aber den Vater des Kindes hielt man für gefallen. Wenn Sie jetzt die Mutter heiraten, können Sie ihn adoptieren. Dann werden wir ‚herausfinden', daß er nicht nur Ihr Adoptivsohn ist, sondern Ihr richtiger Sohn. Also, er *war* Ihr Sohn, er *ist* Ihr Sohn, er wird Ihr Sohn *bleiben*, Sie werden seine Mutter geheiratet haben, und Sie werden von den Toten auferstanden sein‹, sagte er und zählte es an seinen Fingern ab. ›Was wollen Sie mehr? Fünf von Sechsen. Ich habe nicht mehr Finger an dieser Hand.‹

›Ich möchte nicht, daß er unehelich ist‹, sagte ich.

›Das wird er nicht.‹

›Wie das?‹

›Ich werde dafür Sorge tragen.‹

›Wie?‹

›Ich weiß nicht, aber ich werde.‹

Und das tat er auch.«

»Wie?« fragte Nicolo.

»Er bemühte sich um einen Dispens, und er bekam ihn. Die Kirche machte zahlreiche Ausnahmen während des Krieges und danach. Die ganze Welt lag in Trümmern, und ich denke, der Papst versuchte, sie wieder zusammenzusetzen.«

»Also heirateten Sie sie.«

»Natürlich heiratete ich sie. Erinnerst du dich daran, was ich über das Rot auf den Wangen einer Braut sagte? Ich habe aus Erfahrung gesprochen. Sie trug ein sehr schlichtes Hochzeitskleid; wir konnten uns nicht mehr leisten. Der Ring war so dünn, daß er wie Draht aussah. Sie besaß sonst keinen Schmuck, doch ihr Haar krönte ihr Gesicht, und durch das Kleid hindurch konnte man ihren Halsansatz sehen, der immer so schön war, besonders, wenn sie errötete. Unter der Satinspitze sah es aus wie ein Rosenbeet.

Nur an sie zu denken macht mich schon glücklich. Wenn ich sterbe, wird niemand mehr an sie denken, deshalb halte ich durch. Auf der anderen Seite, sollte ich mich nicht freuen, mich ihnen anzuschließen, wenn sie schon alle gegangen sind, auch wenn es nichts anderes bedeutet, als einfach nur ausgelöscht zu sein? Wenigstens bin ich in dem Bewußtsein, daß ich ihnen folge und daß ich meinen Gefühlen treu geblieben bin, während ich in die Dunkelheit falle.«

»Haben Sie mit ihr geschlafen?« fragte Nicolo.

Alessandro schaute ihn ungläubig an. »Natürlich habe ich mit ihr geschlafen! Sie war meine Frau! Wir waren dreiunddreißig Jahre verheiratet!«

»Wie war das?«

»Du mußt schon recht verzweifelt sein«, sagte Alessandro.

»Nein«, protestierte Nicolo wenig überzeugend.

»Für solch eine Frage sollte ich dich erschießen.«

»Haben Sie ein Gewehr?«

»Nein, ich habe kein Gewehr, aber du erwartest doch sicher nicht, daß ich über solche privaten Dinge spreche.«

»Warum nicht? Sie haben sie geliebt. Sie sagten, sie war schön. Sie haben die ganze Zeit drumherumgeredet. Warum nicht?«

Alessandro dachte nach. »Na gut«, sagte er. »Warum nicht? Es kommt sowieso alles an die Oberfläche, und wenn ich es dir nicht erzähle, wird es mit mir untergehen, sich in Luft auflösen wie Rauch, und wenn ich es dir erzähle, dann nicht. Vielleicht hätte sie ihre Freude daran.

Als ich jung war, war ich ein guter Ruderer, ich ritt, ich kletterte, ich focht, ich war so fit wie ein Leopard. Einmal, in Bologna, hatte ich eine Affäre mit einer Frau, die in der Bibliothek arbeitete. Wir wohnten im selben Haus, also nickte ich ihr zu, wenn ich an dem Tisch mit den Neuerwerbungen vorbeikam oder wenn ich sie an der Tür im Hauseingang traf. Ich werde dir ihren Namen nicht nennen.«

»Sie muß siebzig sein!«

»Das ist nicht das Ende der Welt. Sie ist wahrscheinlich an die achtzig. Sie hat ihre Erinnerung, oder nicht? Wie auch immer, ich brachte sie nie mit Sex oder körperlichem Verlangen in Verbindung, obwohl sie sehr hübsch war, und ich denke, auch sonst niemand tat das. Ich habe sie nie mit einer anderen Person zusammen gesehen, sie war stets sehr geschäftig und immer züchtig gekleidet, selbst im Sommer. Man konnte kaum erkennen, daß sie eine Frau war.

Eines Nachts im Juli kam ich vom Dach herunter, wo ich mich zum Schlafen hingelegt hatte, weil es in meinen Räumen zu heiß war. Gegen vier Uhr früh war ich mit Asche und Funken eingeregnet worden, wahrscheinlich von der Werkstatt eines Hufschmieds, wo sie versuchten, bis Mittag ihre Arbeit getan und die Feuer gelöscht zu haben.

Als ich die Treppe hinunterschlich, nur mit Rudershorts bekleidet und eine Baumwolldecke und ein Laken unterm Arm, öffnete sich ihre Tür einen Fingerbreit. Ich blieb stehen und spähte in die Dunkelheit, und währenddessen ging die Tür weit auf und gab den Blick frei auf die Frau, mit offenem Haar und ohne Brille, mit leicht gerötetem Gesicht und zusammengekniffenen Augen.«

Nicolos Augen tanzten wie Glühwürmchen.

»Vielleicht sollte ich dir das nicht erzählen«, sagte Alessandro.

»Ach, kommen Sie schon!« rief Nicolo beinahe.

»Das dient nur zur Erläuterung. Ich werde nicht frivol sein, nicht an meinem Todestag.«

»Erläutern Sie! Erläutern Sie!« sagte der Junge.

»Sie trug so ein Baumwollding – ich weiß die Bezeichnungen für Frauenbekleidung nie –, das keine Ärmel hatte und ihr nur von den Achseln und bis zu den Schenkeln reichte. Eigentlich sollte es mit einem Bändchen obengehalten werden, aber das Bändchen war aufgebunden und die beiden Enden hingen zwischen ihren Brüsten. Das einzige, was ihre Bekleidung daran hinderte, zu Boden zu gleiten, war die Tatsache, daß ihre Brustwarzen fest und aufgerichtet waren.«

»Was taten Sie dann?« fragte Nicolo, der kaum atmen konnte.

»Was taten Sie dann?« äffte Alessandro ihn verächtlich nach. »Das ist die dümmste Frage, die ich in meinem ganzen Leben gehört habe. Ich stürzte mich auf sie, und sie verschlang mich mit jedem Teil ihres Körpers, der sich bewegen oder bewegt werden konnte. Obwohl das außerordentlich genußvoll war, kam ich mir vor wie ein gefälltes Gnu, auf das sich gerade ein Rudel Löwen stürzt. Sie war überall gleichzeitig. Jede Berührung löschte, zuerst nur für sie, dann auch für mich, zehn entfachte Feuer, entflammte jedoch fünfzehn neue. Sie mochte vielleicht in der Bibliothek arbeiten, aber es brach eimerweise unter Stöhnen, Schnaufen, und all dem aus ihr heraus.

Jede Nacht, einen Monat lang. Dann ging ich in die Berge, und als ich wiederkam, war sie verschwunden. Ich sah sie nie wieder.

Das erzähle ich nur zur Erläuterung.«

»Natürlich. War es mit Ariane auch so?«

»Nein. Die Frau aus der Bibliothek, an die ich mich stets als einen *succubus* erinnert habe ...«

»Was zum Teufel ist das?« fragte Nicolo.

»Das ist Latein. Schlag es nach. Eines Abends wollte sie, daß ich mich auf ihr Bett stellte, nackt. Dann ging sie um das Bett herum, ihre Augen auf mich geheftet, und sie geriet erneut in Ekstase.

Ich konnte so eigentlich nur von einer Frau betrachtet werden, die in der Julihitze ein wenig außer sich ist, doch ihre Bewunderung öffnete in mir und in ihr Kanäle, die – wie soll ich sagen – recht breit und recht tief waren.

Ich bewunderte Ariane mit derselben Erregung, aber aus viel größerer Überzeugung. Natürlich lebten wir in besonderen Umständen. Wir hatten geglaubt, einander verloren zu haben, und als wir herausfanden, daß dies nicht so war, waren wir in der Lage, uns völlig frei zu geben. Ich glaube, es braucht ein furchtbares oder großes Ereignis, um zwei Menschen ohne Hemmungen miteinander verschmelzen zu lassen. Ohne Hitze oder Schock geht das nicht. Ich glaube, das ist der Grund, warum die körperliche Liebe, obwohl sie es nicht zu sein bräuchte, so eng mit der Sünde verflochten ist.

Wenn Ariane – die Frau, die ich fast mein ganzes Leben lang geliebt habe – und ich uns liebten, dann kehrten wir die normalen Erwartungen um. Normalerweise gibt es eine Menge Bewegung in einer relativ kurzen Zeit, verstehst du, doch wir rührten uns kaum, und das ging stundenlang so. Wir klammerten uns aneinander, erstaunt, starr wie Katzen. Und obwohl wir uns kaum bewegten, schwitzten wir Haut an Haut, und unser Engagement war so heftig, ausdauernd und erschöpfend, daß wir Halluzinationen bekamen.

Sie hatte wunderschöne, makellos gewachsene, gletscherweiße Zähne, und wenn sie vom Speichel feucht waren, glänzten sie, und ich hielt sie für die Pforte zu Arianes Seele. Ich küßte ihre Zähne, wieder und wieder. Ich liebte Ariane.«

»Ich habe noch nie eine Frau berührt«, sagte Nicolo in tiefer Verzweiflung.

»Das wirst du schon noch. Du wirst Jahre brauchen, bis du gelernt hast, was du tun mußt – nicht weil das eine Frage der Technik wäre, sondern weil es das genaue Gegenteil davon ist. Es ist eine Frage tiefen Verständnisses und von Liebe. Heutzutage haben die Menschen Probleme mit dem Sex, glaube ich. Die populäre Kultur ist besessen davon. Es ist schon fast zur Krankheit geworden. So war es nicht, als ich ein junger Mann war, und auch nicht, als ich in der Blüte meiner Jahre stand.

Alle scheinen vergessen zu haben, daß die körperliche Liebe aus zwei Gründen existiert«, sagte er, »um einen Mann und eine Frau zu verbinden und, deshalb, Kinder zu zeugen. Wenn du das nicht begreifst, dann wird dein Vergnügen rein oberflächlich bleiben.«

»Das ist, was der Papst sagt!« stellte Nicolo mit der Dringlichkeit eines Fasans fest, der aus der Deckung flüchtet. »Das *genau* sagt der Papst.«

»Und er hat recht, doch wie er darauf kommt, kann man nur ahnen. Warum, glaubst du, sind Priester unverheiratet? Ja, ja. Um sich Gott zu weihen, doch was heißt das? Es heißt, daß sie nicht zwischen Gott und Familie wählen müssen. Es heißt, daß sie letztendlich frei sind, in die Glorie und das Licht und all das einzugehen – weil, verstehst du, wenn sie Frau und Kinder hätten, wären all die Ekstase und das Licht nicht genug.«

»Sie sind wirklich schon sehr alt, oder?«

»Ja, bin ich. Du hingegen bist modern. Du stehst am Gipfel der Geschichte, schaust zurück und hinab. Du siehst alte Menschen wie mich in sonderbarer Bekleidung, die sich steif und unbeholfen bewegen, und du, du kannst unsterbliche Räder schlagen. Ich erinnere mich daran. Ich erinnere mich an das Vergnügen, das einfach der Freude an der Bewegung meiner Gliedmaßen entsprang – wie ein elektrischer Strom, ein glücklicher elektrischer Strom.«

»Ja.«

»Doch wie wirst du den Generationen erscheinen, die dich überleben? Zuallererst werden sie keinen Unterschied zwischen dir und mir feststellen können. Wir sind ein und dasselbe, wir, die wir so modern sind, der Höhepunkt aller menschlichen Vollkommenheit, wir, die wir gerahmtes Kristallglas auf unseren Nasen tragen, deren Zähne mit Gold und Silber gefüllt sind, deren Haut mit Bildern von Bestien und Schiffen bemalt ist, die Mäntel aus Tierhäuten und Fellen tragen und herumlaufen, die Füße in gegerbte Kuhfelle gehüllt, wir, die wir uns mit Granaten und Bomben gegenseitig in die Luft jagen und angezündete Stengel mit brennenden Blättern mit uns herumtragen, damit wir ihren Rauch inhalieren können, die wir voller Entzücken den Saft verrotteter Früchte zu uns nehmen und dann auf die Straße kotzen, und die liebend gern lebende Mollusken, rohes Fleisch und alte, mit Schimmel überzogene Ziegenmilch essen.«

»Sie sind nur neidisch.«

»Vielleicht.«

»Ich habe noch nie jemanden getroffen, der bei Sex derselben Meinung ist wie der Papst.«

»Nicht hundertprozentig.«

»Wieviel denn?«

»Fünfundsiebzig.«

»Sie glauben fünfundsiebzig Dinge?«

Alessandro bemerkte, daß Nicolo nicht wußte, was Prozente sind, und sagte: »Ja, das tue ich.«

»Und Sie wollen, daß ich sie auch glaube.«

»Das ist mir egal. Das liegt an dir. Ich habe meine eigenen Probleme.«

»Aber normalerweise wollen die alten Leute doch, daß alle anderen das glauben, was sie glauben – und wehe, sie tun es nicht.«

»Die Dummen, die, die ausgebrannt sind.«

»Was ist mit Priestern?«

»Das ist ihre Aufgabe, so wie Propeller bauen oder Schornsteine fegen. Eine Aufgabe ist immer stärker als deine Zurückhaltung. Und den Besten, wie Pater Michele, scheint es gleichgültig zu sein, was man denkt – obwohl es ihnen nicht gleichgültig ist, doch sie überlassen es einem selber.«

»Also ist es Ihnen egal, was ich tue?«

Alessandro warf die Hände hoch. »Ich hoffe das Beste für dich. Du wirst tausend richtige Entscheidungen treffen und zehntausend Fehler ausbügeln müssen, aber ich werde dabei keine Rolle spielen. Ich war nicht einmal für meinen Sohn da.«

»Er war Ihr einziger Sohn?«

»Ja.«

*

Die Sonne erhellte die östlichen Kämme des Apennin, nachdem sie eine Sichel von sich über die entflammten Hügel geschoben hatte, so als begänne sie ihr weißes Dauerfeuer von einer Schießscharte aus. Alessandro blinzelte zu ihr hin, was er seinen Augen sein Leben lang erspart hatte, um nun zu sehen, daß ihre Oberfläche wie ein Wellental bei starkem Wind war und innerhalb eines Bogens, so strahlend und klar wie Kristall, in Wirbeln und Strudeln aufgelöst war. Sie stieg in vollkommener Beherrschtheit auf, ihre Detonationen waren geräuschlos, ihre Feuer zusammengepreßt, und sie schwebte über den Bergen und überflutete sie mit Licht.

»Ich merke jetzt erst, daß mir kalt ist«, sagte Alessandro, als die Wärme der Sonne ihn erreichte. »Hast du dich jemals gefragt, wie die Sterne wohl aus der Nähe aussehen?« fragte er Nicolo. »Sie würden so aussehen«, sagte er und beschirmte schließlich seine Augen mit der Hand. »Wenn du zu ihnen gelangtest und vorbeikämst, würden sie aufflammen und brennen und ihre Gase würden durcheinanderwirbeln wie das Becken unter dem Kolben des Niagarafalls.

Die Sonne erweckt Rom am Morgen zum Leben. Die Sonne schiebt die Busse aus ihren Garagen, entfaltet die Segel der Boote und öffnet die Bürotüren. Sie bringt all diese kleinen Autos auf die Autobahnen, deren Motoren heulen wie unkontrollierbare Gedärme. Ich hasse Autos. Ich habe Autos immer gehaßt. Sie sind häßlich. Sie sind häßlich, wenn man sie mit einem Pferd vergleicht, das schön ist. Sie schlagen die Luft zu Wellen und verdrecken sie mit ihren Abgasen, und jetzt rattert die ganze Stadt, wo sie doch früher so still war, daß man den Wind in den Bäumen hören konnte.«

»Sie klingen wie Orfeo«, sagte Nicolo zu ihm.

»Nein. Ich habe mich an die Dinge gewöhnt, wie sie nun mal sind, aber ich habe nie vergessen, wie sie früher einmal waren. Er, der kleine Wahnsinnige, hat sich nie daran gewöhnt, wie die Dinge nun mal waren, aber er hatte auch völlig vergessen, wie sie vorher waren. Er war dumm, sich nicht in die Schreibmaschine zu verlieben. Eines Tages wird die Schreibmaschine überflüssig sein, antik. Das hätte er wissen müssen.

Als ich noch ein Junge war, war ein Großteil des Landes um Rom herum gut für die Jagd. Man konnte durch Wald und Flur zum Meer reiten, ohne je auf eine Straße zu stoßen. Die Felder waren dunkelgrün, und dort, wo Gräben sie zerteilten oder ein Flußufer sichtbar wurde, war das Rot der Erde sehr dunkel.

Vor zwei Monaten, im Juni, habe ich einen Nachmittagsspaziergang gemacht und ihn bis in die Nacht hinein fortgesetzt.«

»Ach! So etwas tun Sie?«

Alessandro lächelte. »Ich nehme es an. Um vier Uhr morgens überquerte ich die neue Ringstraße, die sie um Rom herum legen. Männer arbeiteten unter Ketten von elektrischen Lichtern. Sie schienen vom Lärm ihrer Maschinen wie besessen zu sein, wie Infanterieschwadronen, die bis über die Belastbarkeit unter Druck stehen und sich nur durch Willenskraft und Furcht aufrechthalten. Sie bissen die Zähne zusammen, als sie einen Hügel in Angriff nahmen. Sie sprengten und bohrten, und bevor sie auf den Kalk stießen, der die Luft mit Staub und Qualm erfüllte, mußten sie eine Erdschicht durchdringen. Dort, beim Kreischen der Maschinen, sah ich dasselbe Rot, das ich von damals kannte, als das Land, das heute Autobahn ist, eine lange Allee von Fasanen im goldenen Unterholz war.

Wenn man in die Glieder der modernen Welt schneidet, ist das Blut dasselbe. Ich habe das am Isonzo gesehen, aber die Lektion habe ich erst spät gelernt.«

»Aber was ist mit Ihrem Sohn?«

»Als ich in der Militärausbildung war, bevor ich wußte, wie es werden würde, obwohl ich von der Schlächterei in Frankreich gelesen hatte – das kannst du einfach nicht begreifen, bevor du es nicht selbst gesehen hast –, marschierten wir zu einem Theater in Lucca, einen halben Tag vom Camp entfernt ...«

»Signore ...«

»Wir dachten, der Marsch sei eine Feldübung oder Teil unserer körperlichen Ertüchtigung. Die erzählen einem nie was. Sie sind wie Gott. Man lernt, in Rätseln und Wut zu leben.

Wir schleppten halbes Marschgepäck und Gewehre mit aufgepflanzten Bajonetten. Ich kann mich nicht an die Organisation der Ausbildungskader erinnern, aber wir waren etwa zweitausend Mann. Den ganzen Morgen drohte es zu regnen, und ab und zu traf einen ein riesiger staubiger Tropfen mitten ins Gesicht, doch der Himmel brach erst auf, als wir beim Theater ankamen.

Die Hälfte von uns ging hinein, und die andere Hälfte stellte sich vor dem Theater in Reih und Glied auf. Das Theater war gerade umgebaut worden, und die Architekten wollten die Akustik testen. Dazu brauchten sie Körper, und die Analogie zum Militär muß ihnen wohl aufgegangen sein, sie bot sich ja auch an.

Kaum hatten wir unsere Plätze eingenommen, bekamen wir unseren ersten Eindruck vom Krieg – mit einem Streit epischen Ausmaßes zwischen dem Intendanten und den Architekten auf der einen und unserem Major auf der anderen Seite. Die Zivilisten waren unglücklich darüber, daß ihre Akustikprobe, für die sie alle möglichen Meßinstrumente und Trichter aufgestellt hatten, um den Klang zu messen und aufzunehmen, durch den Wald von Bajonetten beeinträchtigt würde, der von den Sitzen emporragte.

Zwei Akustikidioten begingen den Fehler, den Major vor der Hälfte seiner Männer anzugreifen und zu beleidigen. Er konnte unmöglich nachgeben. ›Bajonette zücken!‹ brüllte er zu uns hin. Die Scheiden kamen wahrhaft in einem Blitz herab. Das Geräusch ließ einen frösteln, und der Geruch von Gewehröl erfüllte augenblicklich die Luft.

Ich erinnere mich an den Gesichtsausdruck der beiden Idioten. Ihnen war nicht klar gewesen, wie auch sonst niemandem in der Welt, mit wem sie es zu tun hatten, und sie wußten auch nicht, daß unser Major nur Spaß machte. ›Erstes und Zweites Bataillon, *Fanteria*, aufstehen.‹ Wir standen wie ein Mann auf. Mit einem Schlag klappten die Sitze zurück. ›Fertig!‹ bellte er. Unsere Gewehre wurden an unsere Schultern gedrückt. ›Legt an!‹ brüllte er.

Wir legten auf die beiden Akustikidioten an. Wir hatten nicht geladen, aber das wußten sie ja nicht. Der Major schaute sie an und sagte: ›Seien Sie bitte so freundlich, uns das volle Ausmaß Ihrer Zugeständnisse und Entschuldigungen zu präsentieren‹, und als sie dies getan hatten, befahl uns der Major, die Bajonette zurückzuziehen.

Nachdem der Friede wiederhergestellt war, begannen sie mit ihren Tests. Das Theater wurde verdunkelt, der Vorhang hob sich, und obwohl die Bühne leer war, erstrahlten die Lichter in all ihren wunderbaren und aufregenden Farben in einem erwartungsvollen Glühen, und in den Kreis, den sie ausleuchteten, trat eine junge Frau. Ein Murmeln erhob sich unter den tausend Rekruten. Gewöhnlich ist das Publikum in der Oper nicht bewaffnet und ist nicht monatelang aller Weiblichkeit beraubt gewesen. Sie war so nervös wie eine Kerze in der Hölle, doch dann begann das Orchester zu spielen, und sie sang.

Ein gewaltiges *Ah!* erhob sich unter den Soldaten – ich machte es selber –, als wir merkten, daß sie ›*Addio del passato*‹ aus *La Traviata* sang, ein Lied von einer Frau, die auf eine entschwundene Vergangenheit zurückblickt und Gott um Gnade bittet.

Sie sang wunderschön, oder vielleicht auch nicht, aber es war der schönste Gesang, den ich je gehört hatte. Sie schaute zu uns herab, und ich glaube, sie war ebenfalls gerührt. Dann begann es zu regnen. Wir konnten den Wind und den Regen auf dem Dach hoch über uns hören, und ein gelegentlicher Donner, wie Artillerie, hallte zwischen den Hügeln von Lucca.

In dem Gewitter wurde ihr Gesang immer schöner. Nach jeder zweiten Wiederholung ging eine Kompanie, und eine andere kam von draußen herein. Die, die im Regen gestanden hatten, waren so verfroren, daß sie zitterten. Die, die gingen, machten einen hoffnungslosen Eindruck. Das rührte die Sängerin. Das muß sie gerührt haben.

Und dann mußte sie eine Pause einlegen, und ein Tenor trat auf, der den ›*Parigi*‹ sang. Das war unvergleichlich schön, und wir, die wir hart wie Stein und an die Verstellung von Verzweiflung gewöhnt waren, saßen in der Dunkelheit und weinten. Die beiden Sänger wußten, daß viele von uns bald getötet würden, und ihr Gesang kam aus ihrem Herzen. Ich höre es immer noch. Ich kann es mir ins Gedächtnis rufen. Ich höre immer noch den Regen auf dem Dach. Oh, manchmal konnte man den Regen kaum hören, aber er war da.«

»Signore«, sagte Nicolo. »Bevor ich gehe, wenn ich gehe ...«

»In einer großen Arie«, fuhr Alessandro fort, so als ob er Nicolo nicht gehört hätte, und vielleicht hatte er das auch nicht, »verbinden sich Klarheit und Vollkommenheit der Form mit der alles beherrschenden Zerbrechlichkeit einer menschlichen Seele, und wenn diese Elemente miteinander verknüpft sind, folgt ein eindrucksvoller Kampf. Einmal, auf dem Cima Rossa, sah ich, wie ein Adler mit großer Geschwindigkeit in einen Schwarm von Vögeln tauchte, der um den Berg gekreist war. Der Adler verfügte über die Kräfte, die einen derart in Bann ziehen können, daß man darüber das Leben vergißt und drangibt; die Vögel waren das Leben, das sich, trotz seiner Schwäche und Verletzlichkeit, oder vielleicht deswegen, über die Vollkommenheiten erhebt, die gegen es gerichtet sind. Ich beobachtete, wie der Adler den Vogelschwarm zerstörte, und konnte kaum atmen. Für jemanden, der mit Gewalt und Tod lebte, war es besonders erschütternd zu sehen, wie sie angegriffen wurden, doch ich hatte das Gefühl, daß die Bedeutung dieses Geschehens sich nicht darin erschöpfte und von diesem Kampf noch etwas anderes ausging als nur Leid. Ich glaube das immer noch, ich spüre es immer noch, ich will es immer noch, und ich habe es immer noch nicht erfahren. Aber, denk doch mal, wenn es keine Dunkelheit gäbe, wie könntest du dann wissen, was Licht ist? Du könntest es nicht.«

»Ihr Sohn«, unterbrach ihn Nicolo.

Alessandro richtete sich auf und legte den Kopf zurück, als wollte er den Himmel betrachten, der jetzt von frühem Morgenlicht zu sehr erfüllt war, um blau zu sein. Dann ließ er den Kopf auf die gebogenen Finger und das angewinkelte Handgelenk sinken und preßte seine Stirn so stark, daß sie weiß wurde. Sein langsames, bedächtiges Atmen glich dem zufriedenen Atmen bei tiefem Schlaf.

Er öffnete sein linkes Auge, nur sein linkes Auge, und sah Nicolo mißbilligend an. Er hob den Kopf. Der weiße Fleck auf der Stirn nahm allmählich wieder die dunklere Farbe seines Umfelds an. Zum ersten Mal, soweit Nicolo sich erinnern konnte, sah Alessandro verbittert, gequält und verärgert aus.

»Mein Sohn ist 1942 in Libyen gefallen«, sagte Alessandro, »als er dreiundzwanzig war.«

»Wie kam er um?«

»Ich weiß es nicht. Er war Maschinengewehrschütze, und zuerst wurde er als vermißt gemeldet. In Anbetracht meiner eigenen Erfahrungen und des Verlaufs des Krieges wußte ich, daß er vielleicht in Gefangenschaft geraten sein konnte.

Die Briten zerfetzten unsere Divisionen. Wäre da nicht das Afrikakorps gewesen, wäre es schnell vorüber gewesen, aber da die Deutschen uns den Rücken stärkten, hatten wir die Gelegenheit, noch viel mehr Männer zu verlieren. Die Deutschen töten und sterben für Ordnungsprinzipien. Für sie haben diese Prinzipien mehr Macht und Anziehungskraft als das Leben selbst. Solche Wahnvorstellungen verwirren uns völlig, und wir wissen nicht, was wir tun sollen, wenn wir uns ihnen gegenübersehen. Es war in der Wüste, 1942, und ich weiß nicht, wie er umkam.

Wir wollten seinen Tod nicht wahrhaben, erst einige Jahre nach dem Krieg, als alle Gefangenen nach Hause gekommen waren: selbst jene mit den weißen Lippen aus Rußland. Wir wollten es nicht wahrhaben, bis wir selbst zum Schlachtfeld reisten. Ein britischer Offizier brachte uns durch die Minen. Er sagte, daß niemand identifizierbar sei und daß wir nur Knochen finden würden, die abgenagt und in den Kämpfen zwischen Hunden und Aasgeiern verstreut worden waren. Wir sagten, daß wir trotzdem dorthin wollten. Wir wollten es sehen. Er war unser einziges Kind.

Wer immer gesehen haben mochte, was mit Paolo geschah, war höchstwahrscheinlich selbst umgekommen, und die Männer seiner Kompanie – sie zogen kompanienweise über den Sand –, die übriggeblieben waren, um die Geschichte von der Schlacht, in der er getötet worden war, zu erzählen, waren nicht in seiner Nähe gewesen.

Das Schlachtfeld sah aus, wie man es erwarten konnte: Sand, Metall und Knochen. Sie brachten die Knochen schließlich heim und begruben sie alle zusammen. Wir hatten einige davon berührt, als wir nach Erkennungsmarken suchten. Ariane drückte noch tagelang ihre Finger an die Brust, weil sie dachte, sie habe vielleicht unseren Sohn berührt. Auf dem Heimweg fuhr das Halbkettenfahrzeug, in dem wir saßen, über etwas, das vor ein paar Jahren ein Mann gewesen war. Der Offizier war höflich: Er entschuldigte sich immer wieder, und wir fuhren über den holprigen Untergrund, ohne mit der Wimper zu zucken. Die ganze Zeit über konnte ich den Gedanken nicht loswerden, daß dies der letzte Ort gewesen war, den mein Sohn gesehen hatte, und daß die abweisende Landschaft, ohne irgend etwas Freundliches und ohne Grün, nur von Mündungsfeuer im Pulverdampf aufgehellt worden war, denn die Schlacht hatte nachts stattgefunden. Ich war mit den Geräuschen und Lichtmustern vertraut, die er gesehen hatte, und Ariane ebenfalls, wenn sie sie auch nur aus der Ferne gesehen hatte.

Sie und ich, wir hatten nach dem Ersten Weltkrieg begriffen, daß das Leben eine Reihe von Intervallen ist, von denen jedes anders ist.

Wir hatten gewußt, daß unser Glück zu Ende gehen würde, aber wir hatten nicht gedacht, daß es völlig zerstört würde, wie aus Rache.«

»War er eingezogen worden, oder ging er freiwillig?« fragte Nicolo, denn er kam selbst bald ins militärfähige Alter.

»Er war einberufen worden. Schon 1937 wollte ich ihn nach Amerika schicken, damit er bei Luciana blieb, und das tat er beinahe auch. Wir hatten hundert Streitereien, die die halbe Nacht dauerten. Ich bot alles auf, was ich wußte, aber obwohl er wenig aus eigener Erfahrung kannte, konnte er so gut wie ich argumentieren, vielleicht besser, und letztlich konnte ich ihn nicht überzeugen. Ich konnte die Argumente der Erfahrung nicht adäquat in Argumente des Prinzips umsetzen, und er, dem die Erfahrung fehlte, konnte die einzige Sprache, mit der ich ihn hätte überzeugen können, nicht verstehen. Außerdem kannte er mich. Ich hatte wie jeder vernünftige Vater versucht, diese Dinge von ihm fernzuhalten, aber er fand es auf indirektem Wege heraus. Er konnte auf mein Beispiel verweisen, und mein Beispiel entkräftete fortwährend meine Worte.

Ich hatte geglaubt, daß ich trotz allem den Krieg wenigstens überlebt hatte, aber das hatte ich nicht. Der Tod war in mir, wie ein Samen, und nach einer Weile ging er noch grausamer auf als für Guariglia.

Ich erinnere mich an unsere Diskussionen. Ich saß. Er ging auf und ab. Er wurde nicht einmal um zwei Uhr morgens müde. Er gestikulierte mit den Händen und sprach großartig. Er war Antifaschist, und er glaubte, weniger Recht und Überzeugungskraft nach dem Krieg zu haben, ganz gleich wie dieser ausging, wenn er ihn nicht mit dem Rest seiner Generation durchgemacht hätte. Er hatte natürlich recht damit, aber ich beharrte darauf, daß es das Risiko nicht wert sei. Er beharrte darauf, daß es das wohl sei. Das ganze Leben ist ein Risiko, sagte er, und wie konnte ich dagegen argumentieren, wenn ich nicht das Wort *ganz* in Frage stellen wollte?

Ich erzählte ihm von denen, einem nach dem anderen, die das Risiko eingegangen waren und verloren hatten. Ich wurde sehr deutlich, wie ich es bei dir auch war, und das bewegte ihn. Er war ein guter Junge, selbstlos und idealistisch, wie man das in diesem Alter eben ist. Meine Erzählung ging ihm so nahe, daß er, verdammt noch mal, die Menschen, von denen ich berichtet hatte, dadurch ehren wollte, daß er sich an ihre Stelle begab, um ihr Risiko zu teilen und, wenn es denn so weit käme, auch ihr Schicksal. Und das tat er.

Ich habe ihn geliebt, vom ersten Augenblick an, den ich ihn sah, am Rande des Springbrunnens im Park der Villa Borghese, bis zum letzten, als wir uns an der Tür umarmten und er sich umdrehte, um die Straße hinunterzugehen, einen Seesack unbekümmert über die Schulter geworfen. Ich wußte, er wollte mich glauben machen, daß er ihn unbekümmert trug. Ich hatte genau das gleiche für meinen Vater getan.

Aber es gab einen Unterschied. Bevor er nach Nordafrika ging, erfuhr er, daß seine Frau schwanger war. Hätte er die Geburt seines Kindes erleben können und es ein paar Tage im Arm halten und sich um es kümmern können, wäre er nicht gegangen, wenn er die Wahl gehabt hätte. Sein ganzer Idealismus wäre vor dem ersten Schrei des Babys dahingeschwunden, aber er wußte es nicht besser...«

Alessandro wandte sich zu Nicolo. »Was, glaubst du, ziehe ich vor, zu leben und all diese Erinnerungen wachzuhalten, obwohl sie nur ein armseliger Ersatz für das Leben sind, oder zu sterben und darauf zu hoffen, daß ich mich ihnen anschließen werde, auf irgendeine Weise, die ich nicht ermessen kann, durch ein Wunder vielleicht, so unwahrscheinlich es sein mag?«

»Zu leben«, sagte Nicolo. Er hatte einmal Sachen an der Straße verkauft und konnte ein einfaches Geschäft abwägen.

»In all den Jahren habe ich dem zugestimmt, denn das ist genau das, was ich getan habe, aber wenn der Tod naht, selbst wenn er nicht heute oder morgen oder dieses Jahr kommt, liegt die Wahl nicht wirklich bei mir, und langsam stellt sich mir die Frage, ob ich mich vielleicht nicht richtig entschieden habe. Vielleicht wird mein Urteil zu sehr von Furcht überschattet und zu wenig von Hoffnung und Vertrauen beseelt.

Mein ganzes Leben lang habe ich gesehen, wie sich Tod und Leben abwechseln, eins folgt auf das andere, und beide tauchen auf, wenn du es am wenigsten erwartest. Wenn es keinen Grund gibt zu glauben, daß das Leben sich nach dem Tod behaupten wird, wie erklärst du dir dann sein ursprüngliches und unverständliches Entstehen?«

»Ich?«

»Ja, du. Du bist geboren worden. Das war nicht logischer oder erklärlicher als wenn du, nachdem du gestorben bist, eine weitere Überraschung vorfindest, die unlogisch und unerklärlich ist.«

»Glauben Sie?« fragte Nicolo, in der Hoffnung, daß Alessandro es tatsächlich herausbekam und ihm seine eigene Frage auf der Stelle gleich hier beantworten konnte, denn schließlich war Alessandro alt, und Nicolo glaubte, daß er über den Rand hinausblicken konnte.

»Ich weiß es nicht, aber ich glaube, es steht mir an zu entscheiden, wie ich sterbe: nicht, indem ich die Kontrolle übernehme und sie sofort wieder abtrete, sondern indem ich mein Leben zusammenschließe, ihm eine kunstvolle Form gebe, um zum Ende zu bekräftigen, daß alles nicht einfach nur zufällig ist, um das zu ehren, an was ich glaube, und um vielleicht zum letzten Mal meine Liebe zu bekunden, auch wenn dies nichts bedeuten sollte.

Nicolo, so sehr es mir Freude gemacht hat, mit dir auf der Straße nach Monte Prato entlangzuwandern, so sehr deine Jugendlichkeit mich durchflutet und den Teil meiner Seele wachgerüttelt hat, der sich schlafen legen wollte; das ist etwas, das ich nur allein tun kann. Ich bin müde, und die Sonne geht auf.«

*

»Wollen Sie, daß ich gehe?« fragte Nicolo.

Alessandro schüttelte langsam den Kopf.

»Dann bleibe ich.«

»Nein.«

»Warum nicht?«

Alessandro lächelte.

»Na gut, ich gehe«, sagte Nicolo. Er wollte nicht gehen, weniger, weil er glaubte, Alessandro könnte seine Hilfe brauchen, sondern eher, weil er sich nicht vorstellen konnte, allein auf der Straße glücklich zu sein, ohne den alten Mann und vor allem dessen Geschichte, obwohl er diese mit sich nehmen konnte. Doch er wollte, daß sie weiterging. Obwohl er wußte, daß er sehr viel mehr von seinem eigenen Leben leben müßte, bevor er Alessandros Leben verstehen könnte, wußte er doch auch, daß Alessandro etwas Wunderbares getan hatte: Er hatte seine Liebe lebendig erhalten trotz allem, was geschehen war, und das war etwas, von dem sich Nicolo nicht losreißen wollte.

Er stellte sich vor, wie er wieder auf der Straße war, einige ihrer Schritte zurückverfolgte und dann in seine eigene Richtung weiterging. Obwohl es in der Hitze des Tages sein würde, würde es kalt und still sein. »Was wird geschehen?« fragte er.

»Mit wem?«

»Mit Ihnen. Mit mir.«

»Das ist einfach«, sagte Alessandro. »Ich werde sterben, und du wirst erwachsen werden. Du läßt dich doch nicht durch irgend etwas ablenken, was ich dir gesagt habe?«

»Nein.«

»Das dachte ich mir. Es verlangt dich unzweifelhaft mit derselben Macht nach dem Schmerz der Welt, wie es dich danach verlangt, eine Frau zu lieben.«

Nicolo machte eine Geste erfreuter Zustimmung. Es war wahr.

»Während sich dein Leben entfaltet, wirst du dir dessen nicht mehr so sicher sein, aber du hast recht, es leidenschaftlich zu wollen. Wenn du es jetzt nicht tust, wirst du es niemals durchstehen.«

»Das verstehe ich nicht ganz«, sagte Nicolo.

»Das wirst du schon noch. Ich denke, du wirst erwachen, wie ich erwacht bin. Ich denke, als du dich entschlossen hast, den Bus zu erreichen, obwohl er dich zurücklassen wollte, hast du eine Reihe von Zündschnüren angesteckt, die in ihrem Verlauf Funken sprühen.«

»Signore, es mag sich komisch anhören, aber ich möchte etwas für all die Menschen aus der Zeit tun, von der Sie gesprochen haben. Ich möchte es sehr gern, aber ich kann nicht, oder?«

»Aber natürlich kannst du. Es ist ganz einfach. Du kannst etwas Richtiges tun, und das ist, sich an sie zu erinnern. Erinnere dich an sie. Denk an sie in Fleisch und Blut, nicht wie an Abstraktionen. Mach keine Verallgemeinerungen über Krieg oder Frieden, die ihre Seelen verschütten. Zieh nicht ihretwegen Schlüsse aus der Geschichte. Ihre Geschichte ist vorüber. Erinner dich an sie, erinner dich einfach an sie – all diese Millionen –, denn sie waren nicht

Geschichte, sie waren einfach nur Männer, Frauen und Kinder. Ruf sie dir, wenn du kannst, mit Anteilnahme ins Gedächtnis zurück, und ruf sie dir, wenn du kannst, aus Liebe zurück. Das ist alles, was du tun mußt, was sie angeht, mehr verlangen sie nicht.«

Während Nicolo seine wenigen Sachen zusammensammelte und sich darauf vorbereitete, aufzubrechen, wurde er von Gefühlen übermannt. Selbst in seinem Alter und obwohl er schon in der Propellerfabrik arbeitete, weinte er ab und zu, und sein Vater nahm ihn in den Arm wie einen kleinen Jungen. Er war erstaunt, wie schnell es über ihn kam und wie natürlich es ihm erschien und daß sein Vater immer unbegreiflich dankbar war, wenn es geschah. Also konnte er es nicht vermeiden, obwohl er es versuchte. Er hielt seine Tränen zurück, solange er konnte, und als er nicht mehr konnte, hielt er sie auch nicht mehr zurück.

Alessandro schaute ihn verständnisvoll an. »Nicolo«, sagte er. »Du bist ein guter Junge, du bist ein sehr guter Junge. Ich würde dich gern so im Arm halten, wie ich meinen Sohn gehalten habe, aber ich kann nicht. Das ist etwas für deinen Vater. Und für mich ist es etwas, von dem ich vor vielen Jahren erfahren habe, daß ich es nie wieder tun könnte.«

»Ich verstehe schon, Signore, ich verstehe schon«, sagte Nicolo, wischte sich mit der Hand übers Gesicht und erholte sich langsam, bis er aufstand, erleichtert aufseufzte und sich räusperte. Der Sturm, der über ihn hinweggezogen war, war schnell vergangen, und nun war er gefaßt.

»Soll ich Sie einfach hier zurücklassen?« fragte er.

»Mach dir meinetwegen keine Sorgen«, sagte Alessandro zu ihm. »Mach dir keine Sorgen.«

»Na gut«, erwiderte Nicolo und hob schwungvoll Alessandros Aktentasche an den Riemen hoch.

»Das ist meine, aber du kannst sie haben, wenn du magst.«

Nicolo sagte: »Hatte ich ganz vergessen«, und setzte sie ab.

Alessandro bemühte sich aufzustehen.

»Stehen Sie nicht auf, stehen Sie nicht auf«, sagte Nicolo.

»Ist schon gut«, sagte Alessandro. »Ich werde von hier aufbrechen und den Hügel hinabgehen, wo mehr Sonne ist.« Er erhob sich unter großen Mühen, und dann stand er und schwankte leicht vor und zurück, gerade soviel, daß Nicolo es bemerkte.

Nicolo trat auf ihn zu, und sie umarmten sich. »Verlauf dich nicht«, sagte Alessandro.

*

Was ihm nun zu tun blieb, war die einfachste Sache der Welt. Obwohl ihm jeder Schritt schwerfiel, wie er sich seinen Weg durchs Gestrüpp zum offenen Gelände bahnte, spürte Alessandro eine Welle der Zufriedenheit, denn endlich näherte er sich dem Tor, über das er sein ganzes Leben lang gerätselt und nachgedacht hatte, und was einst Nachdenken gewesen war, wurde jetzt wundersamerweise zu einer Art Arie, und er ließ sich von innerem Gesang leiten. Er nahm an, daß dieser Gesang vollständig seiner Erinnerung entsprang, und war erschüttert über die Fülle und Reinheit seines Klangs. Er hatte im Gesang schon immer eine kurzzeitige Fluchtmöglichkeit vor den Mühen der Sterblichkeit gesehen, und während er sich darauf vorbereitete, zu steigen oder zu fallen, um vielleicht von Strömen strahlender Geschwindigkeit mit fortgetragen zu werden, überraschte es ihn nicht, ineinander verschlungene Stimmen zu hören, so fröhlich, mächtig und schön, daß sich auf ihnen all die schwierige Vergangenheit mühelos hob wie ein Schiff in einer Schleuse.

Wenn es auch nicht das einfache und schöne Lied war, das er sich das ganze Leben gewünscht hatte, war es doch herrlich, und zu dieser Musik drängte er sich zwischen Kiefern und Lorbeer hindurch und brach so viele trockene Äste ab, daß es sich wie Feuer anhörte, das im Unterholz knistert. Ein Mann, der Tausende von Meter im senkrechten Fels, so glatt wie Beton, erklommen hatte, hatte Mühe, über Vorsprünge und Stufen hinabzusteigen, die kaum höher waren als sein Knie. Die Luft war erfüllt vom Geruch würziger Blätter und Nadeln, die er beim Gehen zertreten hatte: Die Düfte stiegen und fielen, und ihre Ströme zogen in vielen verwirrenden Richtungen über den Hang.

Als Alessandro auf offenes Gelände kam, keuchte er, als hätte er an einem Rennen teilgenommen, und seine Atmung stimmte genau überein mit den kleinen Explosionen, die er in seinem Herzen spürte, mit diesem nicht gänzlich unangenehm sanften und hohlen Pochen und mit den von einem ekstatischen, gewichtslosen Gefühl begleiteten, erstaunlichen Momenten, wenn das Herz tatsächlich stehengeblieben zu sein schien.

Seinen Stock in der Mitte und am Knauf wie ein Kanupaddel haltend, setzte er sich hin. Seine Finger waren bleich, denn er bekam nicht genug Sauerstoff, doch er brauchte seine Finger nicht zu betrachten, um das zu wissen. Er war so müde, daß Dinge, Gedanken und Bilder über ihn hereinbrachen, in Strudeln, in Wirbelwinden, die in die Erinnerung hineinstoben, als sei sie das raschelnde Blattwerk auf dem Hang. Und er dachte: Gönnt mir einen Augenblick Ruhe in meinem Sterben, damit ich sehen kann, wo ich bin.

Er saß auf einem Abhang. So einfach war das. Vielleicht befand er sich gegen Abend immer noch hier, ausgeruht und noch am Leben, wie er mit seinem Stock wedelte, um die Aufmerksamkeit eines Bauern zu erregen, der ihm zurück auf die Straße helfen würde. Und es war auch durchaus möglich, daß sein Herz sich erholen und er in der Lage sein würde, weiter den Hügel hinabzugehen und auf der anderen Seite wieder hinauf.

Einmal, im Alto Adige, war er ins Tal des Talvera hinabgestiegen, in weniger als einem halben Tag von den hohen schneebedeckten Graten bis zum Ufer des Flusses hinab, der, eiskalt von den Gletscherbächen, die sich in ihn ergossen, über Matten von dichtem Grün floß, welche die Ufer des Po hätten bedecken können. Vor Hitze hatten die Soldaten ihre Jacken und wollenen Hemden ausgezogen, und sie hatten unter ihren Rucksäcken geschwitzt, als wäre es Sommer gewesen. Die Sonne schien, die Straße war staubig, und sie stützten sich mit ihren Handflächen auf flache Felsbrocken im eiskalten Wasser und tranken aus dem Fluß. An einem Hang des Apennin erinnerte sich Alessandro an das Geräusch, als ihre Gewehre gegen die Felsen schlugen, und an das Geräusch des Wassers, das vorbeischoß, als stürze es geradewegs in einen Abgrund. Zu hören war nur ein Zischen dort, wo das Wasser sich am Rand rieb.

Im Tal des Talvera boten die Ruinen von Steinhäusern und überwucherte Gärten Unterschlupf für Männer und Frauen, die mit hohlen Augen den vorbeiziehenden Soldaten nachstarrten. Hier schien die Sonne nur zur Mittagszeit. Hierher kam nur selten jemand, denn die Brücken lagen weit entfernt, und um an dieser Stelle zum Flußufer zu gelangen, mußte man sich durch Unterholz kämpfen, das seit Anbeginn der Zeit ungehindert wuchs. Wer also waren sie? Sie schienen keine Sprache zu haben. Die Männer waren hager, unrasiert und hungrig. Sie machten die vorbeiziehenden Soldaten nervös, denn die wienerten ihre Stiefel, polierten ihre Gürtelschnallen und wuschen sich die Gesichter im Schnee, was alles dazu diente, ihren Stolz zu bewahren und sich am Leben zu erhalten.

Wären sie Deserteure gewesen, wären sie nicht herausgekommen, um die Marschkolonne zu betrachten. Wären sie Bauern gewesen, hätten sie einen anderen Eindruck gemacht, und sie hätten Bauernhöfe gehabt. Es blieb ein Geheimnis, und nachdem die Kolonne eine halb verfallene Brücke gefunden hatte und auf geborstenen Balken und an hängenden Seilen, die über den Stromschnellen pendelten, hinübergekommen war, stiegen Alessandro und die anderen zu klarer Luft und Sonnenschein auf, fort vom Fluß, der geradezu wie in die Unterwelt hinabstürzte.

Das Tal im Apennin war völlig anders. Es war am Talgrund breit, und wo einst ein Fluß gewesen sein mochte, waren nun Getreidefelder. An höhergelegenen Stellen gab es Weinreben an uralten Spalieren und noch weiter oben, auf dem Sattel des Hügels, nahe dem Dorf, Olivenhaine. All dies war untergliedert in offene Flächen und dichtbewachsene Zonen; geschlängelte Linien von Buschwerk zogen sich hindurch, und niedrige Bäume füllten Einschnitte und Senken, in denen Hunderttausende von Schwalben Zuflucht gesucht hatten. Die Morgendämmerung hatte sie geweckt, und ihr Gesang füllte das Tal – das waren die Materialien, die Alessandros weit zurückreichende Erinnerung zu einem Lied verdichtet hatte –, aber sie hatten ihre Schlafplätze und Zweige noch nicht verlassen, sie waren noch nicht mit der Flut des Tageslichts aufgestiegen, die bald schon durch den Morgen trieb.

Vielleicht konnte er den Hügel langsam hinuntergehen, die Felder überqueren und dann wieder hinaufsteigen, indem er seine Schritte zeitlich so bemaß, wie sein Vater es vor so langer Zeit getan hatte, um zu seinem Büro hinaufzusteigen. Wenn er das Dorf erreichte, würden sie sagen, daß er sich verlaufen hatte und ziellos in den Hügeln herumgewandert war, wie so manch alter Mann, der in seiner Erinnerung lebt und mit der Gegenwart nicht zurechtkommt. Vielleicht hatte er gar keinen Grund mehr, zu fallen oder zu steigen, und er bliebe besser am Hang – wenn schon nicht auf der Kuppe des Hügels, dann wenigstens hoch genug, um die schönen Dinge zu betrachten, die aus der Nähe so schwer zu überblicken sind.

Er brauchte seine Gedanken nicht zu sammeln: Sie sammelten sich wie in einem Sturm, wie Blätter oder Vögel, die der Wind vor sich hertreibt. Obwohl die Bilder und Erinnerungen vorbeirasten wie all die Klänge der vielen Instrumente und vielen Stimmen, die in den Ozean einer Oper fließen, spürte er, wie sich die Elemente verbanden, denn sie begannen, in einen Strom zusammenzufließen.

Er schloß die Augen und sah den Isarco und den Adige nach der Schneeschmelze im Frühling vor sich, wie sie von eilenden Wellen glänzten, die mit dem Gehalt und dem Ziel einer einzigen Kraft hinabglitten. Obwohl die Wasser auf langen Abschnitten von Flußsilber und in weißen Kaskaden herbeigeschafft wurden, die sich in alle möglichen Richtungen ergossen, verbanden sie sich zu einem schönen abwärts gerichteten Strom, der sie zum Meer bringen würde.

In erstaunlich kurzer Zeit und aus Gründen, die er nicht begreifen, aber fühlen konnte, wurde er von den kleinlichen Beschämungen und Peinlichkeiten eines ganzen Lebens befreit. Er lächelte, als er sich kurz nach dem Marsch auf Rom in seinem verdunkelten Arbeitszimmer sah, die Pistole in der Hand und bereit, sich gegen Eindringlinge zu verteidigen, die er sicher gehört zu haben meinte. Bevor er noch Licht machen konnte, traf ihn von rechts oben ein ungeheurer Schlag. Er feuerte kurz hintereinander drei wohl plazierte Schüsse ab, jeden aus einer anderen Position, da er jedesmal zur Seite trat, um sich von dem verräterischen Blitz an der Mündung der Waffe zu entfernen. Nachdem das Dröhnen in seinen Ohren abgeklungen war, lauschte er, ob er Atemzüge oder das Tropfen von Blut hören konnte.

Als er in dem Zimmer Licht gemacht hatte, kam Ariane mit dem weinenden Paolo auf dem Arm, und die Polizei stürmte angstvoll auf den Schauplatz. Der Lärm der vermeintlichen Eindringlinge stammte von einer Reihe von Büchern, die umgefallen waren, und Alessandro hatte seine soldatischen Fähigkeiten dazu verwandt, ein Lehrbuch der Physik zu exekutieren. Der erste Schuß hatte den Einband getroffen und das Buch in seine Richtung aufgeschlagen, und die beiden folgenden hatten es an die Wand genagelt. Die Polizei ließ ihn die Geschichte zwanzigmal wiederholen, weil sie nicht glauben konnte, daß er im Dunkeln so gut geschossen hatte, doch er hatte schon viel genauere Schüsse an Orten abgegeben, an denen es noch viel dunkler gewesen war.

Sein Herz schlug schneller bei der Erinnerung an die kindlichen Freuden, die er als kleiner Junge gehabt hatte – die Lieder, die er ohne Scheu in Gegenwart von Erwachsenen, die er kaum kannte, gesungen hatte, die Art, wie er unbefangen über die Straße gehüpft und getanzt war –, denn diese Erinnerungen brachten ihn seinem eigenen Kind näher. Selbst wenn er Paolo voller Liebe betrachtet hatte, wie er dasselbe tat, war Alessandro nicht in der Lage gewesen, das Unbehagen gegenüber sich selbst abzulegen, doch jetzt fielen seine Schamgefühle von ihm ab. Er erinnerte sich daran, daß er einmal aus purer Lust auf der Straße vor seinem Haus getanzt hatte. Ein Erwachsener, der vorbeikam, hatte gerufen: »Schaut euch bloß dieses verrückte Kind an!« und noch nach Jahren lief Alessandro bei der Erinnerung an diese Worte und an das anschließende Gelächter vor Scham rot an. Doch nun konnte er sich von Scham und Verlegenheit befreien, weil ihm klar wurde, daß diese Empfindungen daher rühren, auf sich selbst zurückgeworfen und allein zu sein, und daß sie Exerzitien in Gnade und Vergebung sind, ein Abstreifen des Stolzes und für einen Augenblick der Tod der Eitelkeit, wie eine Lichtung in dichten Wäldern oder das Auge eines Sturms.

Verschwunden waren die Verlegenheiten, und an ihre Stelle war die Liebe getreten; die Liebe zu den Kindern, ihn selbst eingeschlossen, zu den Kindern, die wie Lämmer umhergesprungen waren; Liebe zu all denen, die unbeholfen waren; und Liebe zu denen, die gescheitert waren. Der Strom floß weiter, wurde stärker, tanzte durch Landschaften und stürzte durch Städte; alles auf seinem Weg zum Meer.

Wie an Szenen aus seinem eigenen Leben, so erinnerte er sich auch an die Gemälde, die er bewundert hatte. Sie sich in all ihrer Farbenpracht vorzustellen, wie sie sich vermischten und eins ins andere überging, war ein großes Geschenk, denn sie hatten ihn das Sehen gelehrt. Wie Musik kamen sie auf unerklärliche Weise der Wahrheit nahe; und sie waren brüchig und verblaßt von der Schönheit des Verfalls und Alters. Die Maler hatten Landschaften, Schlachten, Wunder und die menschliche Gestalt gemalt. Bei den Schlachten war selbst der Ausdruck der Pferde von Bedeutung. Die angespannten, aufmerksamen, außerirdischen Gesichter der Soldaten waren so real, als ob die Gegenwart des Todes die Leinwand mit einer Lasur von Wahrheit überzogen hätte. Und Raffael, der Engel und kleinen Kinder niemals müde, hatte Wunder gemalt, weil seine Malerei selbst ein Wunder war, und so folgte der Gegenstand dem Medium mit der Leichtigkeit und der Anmut des Windes.

Die Ästhetik des Westens war mit den Begriffen der Religion verknüpft, und die Religion war mit den Begriffen der Ästhetik verknüpft. Farbe, Wunder und Lied waren köstlich miteinander verwoben, stets stark genug, um die Sünden von Politik und Krieg zu überstehen; das war ein Faden, der nicht zerrissen, ein Banner, das nicht herabgerissen werden konnte. Alessandro hatte daran geglaubt – selbst mitten in der Schlacht, selbst in Stella Maris, selbst in dem dunklen Wald, in dem er den Mailänder zurückgelassen hatte –, weil darin Wahrheit lag; sie war stark und strahlend, und doch waren die größten Monumente um des menschlichen Leids willen erschaffen worden. Und schließlich, am Ende, hatte er daran geglaubt, weil der Gedanke so schön war, daß er sich nicht von ihm losreißen konnte; zu welchem Nutzen, konnte er nicht wissen.

Die ganze Zeit über, die er diese Dinge dachte, saß er in hellem Sonnenschein auf der Erde, seinen Stock neben sich, sein weißes Haar vom Wind bewegt. Der Untergrund war duftend und trocken und fast so verdorrt und hell wie die Hügel in Sizilien. Und die ganze Zeit über, die er diese Dinge dachte, spürte er eine große Wärme und Traurigkeit. Die bloße Vorstellung gab ihm, ohne daß er die

Arme bewegte, ohne sonst einen Vorwand von Körperlichkeit, das Gefühl, als hielte er seine Frau und seinen Sohn in den Armen.

Es war nun Vormittag, und sein Herz war erfüllt, als die Schwalben sich aufschwangen. Sie verließen die Bäume in lebhafter Schar, die nach oben schwebte wie eine Wolke. Ihre Zahl war so groß, sie waren so schnell und flink beim Drehen, Wenden und Gleiten, daß es aussah, als ob der Himmel in schwarze Flammen aufging, und sie gaben der leeren Luft Tiefe und Masse und veränderten ihr Wesen, daß es schien, als hätte sie sich plötzlich verfestigt.

Als geborener Soldat bemerkte Alessandro im Augenwinkel etwas, das eine uralte Reaktion auslöste. Er wandte sich um und konzentrierte sich auf das Heranpirschen eines Jägers, der sich durch die Olivenhaine bewegte, langsam von rechts herunterkam und in das Tal hinabstieg, das die Schwalben erfüllt hatten und aus dem sie sich nun zu immer größeren Höhen aufschwangen.

Alessandro wendete sich wieder den Schwalben zu. Obwohl die Sonne sie in blendende Strähnen von Silber verwandelte, bedeckte er seine Augen nicht und schaute zu, wie sie den Himmel erfüllten. Als sich der Jäger dem unteren Rand der Vogelwolke näherte, machte er keine Anstalten, leise zu gehen oder sich zu verbergen.

Alessandro folgte den Flügen einzelner Schwalben, die in steilen Bögen hochschnellten oder hinabstürzten. Wie rasch sie wenden konnten, wenn das Wenden in Formation erfolgte, wie schnell sie herumwirbelten und durch Gruppen von Vögeln schossen, die in einem auseinanderstiebenden Stern auf sie zukamen. Dies taten sie aus eigenem Antrieb, und sie taten es wieder und wieder.

Für Alessandro waren sie die Vereinigung von Wagnis und Hoffnung. Es ist schwer, ihnen bei stürmischen Winden hoch oben im Blau zu folgen, wo sie sich in der Farbe zu verlieren scheinen, doch solange sie ihre großartigen Möglichkeiten in den Lüften nutzen, solange sie in Flügen umherstürzen, die sie dem Tode nahebringen, kann man nie sagen, ob sie abstürzen werden, wenn sie aufgestiegen sind, oder ob sie aufsteigen, wenn sie herabgestürzt sind.

Die Schwalben, die allein durch das Blau schnellten, waren längst außer der Reichweite der Flinte, doch wenn sie wieder niedergingen, war der Jäger da.

Dies waren die Vögel, die Alessandro sein Leben lang gesehen hatte, die einfachen Bewohner von Scheunen und Türmen, die in Dachrinnen und auf Vorsprüngen nisteten, wo sie ihre Jungen versorgten, und die Generation um Generation die Morgenluft mit Wirbeln von Schnelligkeit erfüllten. Er stellte sich vor, wie heftig ihre Herzen während des Flugs schlugen, und er stellte sie sich während der Rast vor.

Er wußte, was geschehen würde. Sie würden in der Luft hingeschlachtet werden, mitten im Flug. Ihr Leben würde in einem Blitz enden. Das rührte ihn zuerst nicht, denn er hatte viel Schlimmeres gesehen und er bereitete sich darauf vor, ihnen an diesem Vormittag zu folgen. Er glaubte, kein Gefühl für sie zu haben, dachte, daß er ihnen in den Tod folgen würde wie einer von ihnen, ohne Mitgefühl, auf die Art von Soldaten, wenn sie sich alle demselben Schicksal gegenübersehen. Doch so war es nicht, denn Alessandro brannte innerlich von den Bildern jener, die er liebte. Er warf alle großen Dinge, die er kannte, von sich, er warf die unbeschreiblich schönen Dinge und das Prinzip des Lichts von sich, und er brannte in Erinnerung an die von ihm geliebten Menschen.

Der Jäger ging in Stellung und hob die Flinte. Zwei Schüsse knallten in rascher Folge, und Vögel begannen, aus der Luft zu regnen; sie taumelten und wirbelten, als sie mit überraschten und gebrochenen Flügeln stürzten. Er lud nach und feuerte wieder und wieder.

Die Schüsse bohrten Löcher in den Himmel, wo Dutzende von Schwalben mitten im Flug getroffen wurden, in Gruppen, in Paaren, in ganzen Familien, die abstürzten. Der Jäger zielte gut, doch selbst während die einen fielen, stiegen andere auf und stiegen immer weiter.

Alessandro glaubte, keine Wahl zu haben, denn während er der Schlächterei zusah, war er stärker gerührt, als er ertragen konnte. Ihm fiel ein, wie sein kleiner Sohn einmal geweint hatte, aus einem Grund, den Alessandro längst vergessen hatte. Er hatte nichts zurückgehalten. Sein ganzes Herz hatte in diesem Weinen gelegen, und danach hatte er Frieden gehabt. Wie schön er war, wenn seine Augen in Tränen standen.

Beim Anblick der Schwalben, die mitten am Himmel starben, konnte Alessandro schließlich seinen eigenen Segenswunsch anschließen. »Lieber Gott, ich habe nur eine Bitte. Laß mich zu denen, die ich liebe. Trag mich zu ihnen, vereine mich mit ihnen, laß mich sie sehen, laß mich sie berühren.« Und dann verschmolz alles, wie ein Lied.

***